Histoire Du Socinianisme...

Louis Anastase Guichard

HISTOIRE
DU
SOCINIANISME,

DIVISE'E EN DEUX PARTIES.

OÙ L'ON VOIT SON ORIGINE,

& les progrès que les Sociniens ont faits dans
differens Royaumes de la Chrétienté.

AVEC LES CARACTERES, LES

avantures, les erreurs, & les livres de ceux qui
se sont distinguez, dans la secte des Sociniens.

A PARIS,

Chez FRANÇOIS BAROIS, ruë de la Harpe, vis-à-vis le
Collège de Harcourt, à la Ville de Nevers.

M. DCC. XXIII.

Avec Approbation & Privilege du Roi.

AVERTISSEMENT.

C E n'est pas sans peine que je me suis déterminé à donner au Public l'Histoire du Socinianisme. Je n'avois d'abord entrepris cet Ouvrage que pour mon utilité particuliere, & pour celle de quelques personnes de mes amis qui m'avoient témoigné un empressement extrême de connoître à fond la Secte des Sociniens, & de sçavoir non-seulement les divers évenemens qui composent son Histoire en général ; mais encore tout ce qui concerne en particulier les Auteurs qui ont paru avec plus d'éclat parmi les Sociniens, & les dogmes dont on fait profession dans cette espece de Religion. Mais dans la suite quelques personnes de merite, & aux conseils desquelles je n'ai pu me dispenser de déferer ; ayant estimé que cet Ouvrage pourroit être utile au Public, & m'ayant flaté qu'il en seroit bien reçû, j'ai consenti de le mettre au jour.

J'espere que je ne serai point trompé dans la confiance qui m'a fait rendre à leur avis ; la matiere que je traite aura au moins le merite de la nouveauté. Nous n'avons encore rien eu de complet en ce genre, la plupart des Auteurs Sociniens sont peu connus des Catholiques, ceux même des differentes sectes qui s'accusent mutuellement de Socinianisme ne paroissent pas assez connoître cette héresie qu'ils reprochent à leurs adversaires. L'ouvrage que nous donnons au Public pourra instruire les uns & les autres, & les Catholiques surtout y trouveront dequoi se confirmer avec plus de connoissance de cause dans l'horreur que l'Eglise leur inspire pour une secte qui est aussi dangereuse, par la subtilité de ceux qui la professent que monstrueuse par l'énormité d'une doctrine qui renverse toute la Religion de Jesus-Christ.

Dans la premiere Partie, je parlerai de l'origine, du progrès, & de la décadence du Socinianisme.

Dans la seconde, je traiterai en particulier des Auteurs

ã ij

Sociniens qui ont eu le plus de reputation. J'espere executer ce dessein d'une maniere qui ne m'attirera de la part des
Catholiques aucun reproche ; mais je ne compte pas de même
de satisfaire les Lutheriens, les Calvinistes, les Anabatistes, &c.
La raison que j'ai de le croire, c'est que ceux-ci font profession d'opposition au Socinianisme, & l'Histoire des Sociniens
fera connoître que ceux qui ont quitté l'Eglise Catholique
pour embrasser le Socinianisme, ont passé presque tous par
le Lutheranisme, le Calvinisme, & l'Anabatisme. Si ceux
qui professent ces sectes differentes me sçavent mauvais gré
de l'origine que je donne aux Sociniens, il me suffit d'être au-
thorisé par la réalité des faits. Un Historien ne doit pas af-
fecter de choquer ceux qui ont interest dans son histoire, mais
il doit dire la verité comme elle est.

Je comptois de joindre ici la troisiéme Partie de l'Ouvrage,
qui contient l'exposition suivie des dogmes du Socinianisme ;
cette troisiéme Partie même avoir été approuvée, & je l'an-
nonce souvent dans les deux premiers Livres ; mais pendant
le cours de l'impression, j'ai fait des réflexions qui m'ont obligé
de differer à la rendre publique, & la principale a été que la
secte des Sociniens étant celle qui éblouït davantage par la
subtilité du raisonnement, il ne suffisoit pas seulement de lui
opposer, comme je faisois, les principes solides qui servent à
la renverser, mais qu'il falloit entrer dans le détail de ses
erreurs, la suivre dans ses détours, & dévoiler ses artifices
dans une étenduë qui ne laissât rien à désirer s'il étoit possible,
afin que les plus foibles même fussent hors d'atteinte du poi-
son qu'on est obligé d'exposer à leurs yeux : Et comme l'execution de ce dessein porteroit l'ouvrage au-de-là des bornes d'un
juste Volume, & que d'ailleurs le travail qu'il demande sera
encore de quelque durée ; sur l'avis de personnes habiles, j'ai
cru que l'on pourroit toûjours publier les deux premieres Parties de l'ouvrage : Elles contienent seules dequoi satisfaire la curiosité du Public, & l'on a d'ailleurs des lumieres sur la troisiéme, par les ouvrages excellens dans lesquels on a refuté
la plupart des erreurs des Sociniens. Ainsi j'espere que l'on
me pardonnera si je differe à mettre la troisiéme Partie au
jour, je tâcherai que le délai tourne à l'avantage des Lecteurs,
par l'application que j'aurai à perfectionner un ouvrage de
cette importance.

TABLE

DES CHAPITRES CONTENUS EN CE VOLUME.

PREMIERE PARTIE.

Où l'on voit l'origine des Sociniens, & les progrès qu'ils ont faits dans differens Royaumes de la Chrétienté.

SECONDE PARTIE.

Où l'on voit les caracteres, les avantures, les erreurs & les livres de ceux qui se sont distinguez dans la secte des Sociniens.

ē

J'Ai lû par l'ordre de Monseigneur le Chancellier un Manuscrit qui a pour Titre : *Histoire du Socinianisme. &c.* Cet Ouvrage m'a paru exact, & travaillé avec soin. Comme aucun Auteur que je sçache n'a point encore donné au Public en notre langue une Histoire complete des Sociniens, on doit présumer que celle-ci sera bien reçuë. Les Chrétiens qui vivent de la Foi, en lisant cet Ouvrage, auront horreur des dogmes monstrueux que cette secte soutient avec opiniâtreté ; & ceux qui par amour de la nouveauté, ou par le déreglement de leurs passions, se sont malheureusement engagez dans les sentimens des Sociniens, pourront par cette lecture connoître le faux, & se dégoûter d'une hérésie, subtile à la verité, & proposée avec tous les tours d'une imagination vive & feconde, & avec tous les efforts d'un esprit seduit ; mais qui dans le fond n'a que quelque chose d'éblouïssant, & rien de solide. J'ai paraphé toutes les pages de ce Manuscrit. A Paris ce 19. Juin 1721.

DARNAUDIN.

PRIVILEGE DU ROT.

LOUIS PAR LA GRACE DE DIEU ROY DE France & de Navarre : A nos amez & feaux Conseillers les gens tenans nos Cours de Parlemens, Maîtres des Requêtes ordinaires de notre Hôtel, Grand Conseil, Prévôt de Paris, Baillifs, Sénéchaux, leurs Lieutenans Civils, & autres nos Justiciers qu'il appartiendra : Salut. Notre bien amé *François Batois Libraire à Paris*, Nous ayant fait remontrer qu'il lui auroit été mis en main un Manuscrit qui a pour titre *Histoire du Socinianisme* ; Mais craignant que d'autres Libraires ou Imprimeurs ne lui contrefassent ledit Livre, il nous auroit en consequence très-humblement fait supplier de vouloir bien lui accorder nos Lettres de Privilege sur ce necessaires. A ces Causes, voulant favorablement traiter ledit Exposant, Nous lui avons permis & permettons par ces Presentes, de faire imprimer ledit Livre en tels volumes marge, caractere, conjointement ou separement, & autant de fois que bon lui semblera, & de le faire vendre & débiter par tout notre Royaume, pendant le tems de huit années consecutives, à compter du jour de la datte desdites presentes ; Faisons défense à toutes sortes de personnes de que que qualité & condition qu'elles soient des introduite d'impression étrangere dans aucun lieu de notre obéis-

fance ; comme auffi à tous Libraires, Imprimeurs & autres, d'imprimer, faire imprimer, vendre, faire vendre, débiter ny contrefaire ledit Livre en tout ni en partie , ni d'en faire aucuns extraits fous quelque pretexte que ce foit, d'augmentation, correction, changement
de titre ou autrement, fans la permiffion expreffe & par écrit dudit
Expofant, ou de ceux qui auront droit de lui , à peine de confisca-
tion des Exemplaires contrefaits, de quinze cens livres d'amende contre chacun des contrevenans, dont un tiers à Nous, un tiers à l'Hôtel-
Dieu de Paris , l'autre tiers audit Expofant, & de tous dépens dom-
mages & interefts ; à la charge que ces préfentes feront enregiftrées
tout au long fur le Regiftre de la Communauté des Libraires & Imprimeurs de Paris , & ce dans trois mois de la datte d'icelles ; que
l'impreffion de ce Livre fera faite dans notre Royaume, & non ailleurs, en bon papier & en beaux caracteres, conformément aux Reglemens de la Librairie , & qu'avant que de l'expofer en vente, le Manufcrit ou Imprimé qui aura fervi de copie à l'impreffion dudit Livre, fera remis dans le même état ou l'Approbation y aura été donnée
és mains de notre cher & féal Chevalier Chancellier de France, le
Sieur Dagueffeau ; & qu'il en fera enfuite remis deux Exemplaires dans
notre Bibliothéque publique , un dans celle de notre Château du Lou-
vre, & un dans celle de notre trés cher & féal Chevalier Chancellier de
France le Sieur Dagueffeau , le tout à peine de nullité des Prefentes, du contenu defquelles vous mandons & enjoignons de faire joüir
l'Expofant ou fes ayans caufe pleinement & paifiblement , fans fouffrir qu'il leur foit fait aucun trouble ou empêchemens ; Voulons que
la Copie defdites Prefentes qui fera imprimée tout au long au commencement ou la fin dudit Livre , foit tenu pour dûement fignifiée,
& qu'aux Copies collationnées par l'un de nos amez & féaux Confeillers & Secretaires, foi foit ajoutée comme à l'Original. Commandons au premier notre Huiffier ou Sergent de faire pour l'execution
d'icelles, tous Actes requis & néceffaires , fans demander autre permiffion , & nonobftant Clameur de Haro , Chartre Normande &
Lettres à ce contraires. Car tel eft notre plaifir. Donné à Paris le
vingt-quatriéme jour du mois de Juillet , l'an de grace mil fept cens
vingt-un , & de notre Regne le fixiéme. Par le Roy en fon Confeil.

C A R P O T.

*Regiftré fur le Regiftre IV. de la Communauté des Libraires-Imprimeurs
de Paris , pag. 759. N. 823. conformement aux Reglemens , & notam-
ment à l'Arreft du Confeil du 13. Aouft 1703. A Paris le 29. Juillet
1721.*

DELAULNE, *Syndic.*

HISTOIRE

HISTOIRE
DU
SOCINIANISME.

PREMIERE PARTIE.

Où l'on voit son Origine, & les progrès que les
Sociniens ont faits dans différens Royaumes
de la Chrétienté.

CHAPITRE PREMIER.

L'Origine du Socinianisme.

'ORIGINE des Sociniens est plus ancienne que
l'on ne le suppose ordinairement. On peut dire qu'elle a commencé dès les premiers siécles de l'Eglise,
dans les Hérésiarques, qui s'éleverent contre la Trinité des Personnes divines, la Consubstantialité du
Verbe, la Divinité de Jesus-Christ, &c. contre qui
les saints Peres se sont soulevez, & que l'Eglise a
condamnez dans ses premiers Conciles.

Aussi les Historiens les plus éclairez de la Secte se font honneur
d'avoir succedé à Theodote de Byzance, à Artemon, à Berylle Evêque
de Bostre, à Paul de Samosate, & à Photin Evêque de Sirmich.

A

2

Narratio compendiosa Bibl. Anti. p. 209.

Talis fuit, ce sont les paroles de Wissovats, *circa annum Christi nati* 190. *Theodotus Byzantinus : tum Artemon cum nonnullis sibi adharenti bus circa annum* 200. *Beryllus Episcopus Bostrensis circa annum* 240. *Paulus Samosatenus Episcopus Antiochenus circa annum* 260. *cum suis asseclis. Deinde post Concilium Nicenum Photinus Episcopus Sirmiensis circa annum* 350. *cum ejusdem sententia sectatoribus.*

Ils pouvoient ajouter, pour prendre leur origine de plus loin, & la continuer jusqu'au 4e siecle, qu'ils avoient succedé à Cerinthe, à Carpocrate, à Ebion, à Elxaï, à Valentin, qui ont précedé Theodote, à Praxée, à Noëtius, à Sabellius, à Arius, & à Priscillien, qui ont marché sur les traces de ceux-là.

Tous ces Héretiques ont été les Chefs des Sociniens. Ceux-ci ont suivi les sentimens de ceux-là, se sont servis de leurs preuves, ou leur ont donné un nouveau tour.

Cerinthe.

S. Epiphane, l. 28. c. 1.

S Irenée l. 1. c. 25.

Cerinthe, qui a commencé à dogmatiser vers la fin du premier siecle, & du vivant de saint Jean l'Evangeliste, mettoit une grande distinction entre Jesus-Christ & le Christ ; il vouloit que Jesus-Christ fût un homme né comme les autres de Joseph & de Marie ; mais qu'il excelloit sur tous les autres en justice, en prudence & en sagesse ; que ce Jesus ayant été baptizé, le Christ du Dieu souverain, c'est-à-dire selon saint Epiphane, le S. Esprit étoit descendu sur lui sous la figure d'une Colombe, lui avoit revelé le Pere, qui étoit encore inconnu, & par son moyen l'avoit revelé aux autres : que c'étoit par la vertu de Christ que Jesus avoit fait des miracles ; que ce Jesus avoit souffert, & qu'il étoit ressuscité ; mais que le Christ l'avoit quitté, & étoit remonté dans sa plenitude sans rien souffrir. Ainsi il ruinoit, comme les Gnostiques, cette verité fondamentale de notre salut, que le Verbe a été fait Chair : quoiqu'il prétendît que Jesus fut né de Joseph, il sembloit neanmoins qu'il disoit, qu'il étoit Fils du Createur, & que même par son union avec le Christ il étoit devenu Fils du Dieu suprême. Quelques Sociniens ont parlé ainsi, & particulierement François David, comme nous le verrons dans la suite.

Tillemont, Hist. Eccl. t. 2. p. 9.

Carpocrate.

Carpocrate voulut vers l'an 130. se distinguer par quelques dogmes extraordinaires de ceux de Saturnin & de Basilide : ceux-ci soutenoient que Jesus-Christ n'étoit pas véritablement homme. Carpocrate donna dans une extremité opposée ; il soutint qu'il étoit un pur homme, fils de Joseph, né comme les autres, ne differant en rien d'eux, si ce n'est par ses vertus, qui avoient attiré sur lui la vertu d'en haut, par laquelle son ame délivrée de son corps avoit obtenu le pouvoir de monter vers Dieu son pere, & être placée au-dessus des Anges & des Puissances celestes. Il y avoit des Sociniens en Hongrie, qui parloient de même.

Ebionites.

S. Irenée.

Eusebe.

Les Ebionites qui, selon l'opinion d'Origene & d'Eusebe, viennent du mot Ebion, qui signifie un homme méprisable, parce qu'ils avoient de bas sentimens de Jesus-Christ, & qui, selon l'opinion la plus commune, viennent d'un homme nommé Ebion, Philosophe Stoïcien, disciple de Cerinthe, & son successeur, ne convenoient pas entr'eux sur ce qui regarde Jesus-Christ. Les uns disoient qu'il étoit né comme un autre homme de Joseph & de Marie, & qu'il n'avoit acquis la sanctification que par ses bonnes œuvres : & les autres avoüoient qu'il étoit né d'une Vierge ; mais ils ne vouloient pas qu'il fût le Verbe & la Sagesse de Dieu, ni qu'il eût été avant sa génération humaine ; ainsi il n'y a pas d'apparence qu'il l'appellassent *le Verbe de Dieu*. Ils se contentoient de dire, qu'il étoit le seul vrai Prophete, mais cependant un pur homme, qui par sa vertu étoit arrivé jusqu'à être appellé Christ & Fils de Dieu. Il y a peu de Sociniens, qui ne s'expliquent ainsi.

Elxaï Juif se joignit aux Ebionites du tems de l'Empereur Trajan, lui & ses disciples appellez *Elcesaïtes* ou *Sampseens*, admettoient un Christ descendu du ciel dans Jesus-Christ ; mais prétendoient que ce Christ n'étoit pas le Fils de Dieu, & qu'il étoit un Ange, ou une Vertu descenduë du ciel, pour détruire les sacrifices du Createur ; c'est-à-dire, qu'ils nioient absolument la Divinité de Jesus-Christ.

Les *Valentiniens* n'avoient pas d'autres sentimens de Jesus-Christ. Selon eux il n'étoit qu'un pur homme, dans lequel le Christ celeste étoit descendu, & que le S. Esprit n'étoit qu'une Vertu divine : langage ordinaire des Sociniens.

Theodote de Byzance, que les Sociniens prennent pour le premier de leurs Heros, étoit corroïeur de profession, versé dans les belles Lettres, & assez heureux pour avoir souffert la persecution sous Marc-Aurele, mais assez malheureux pour n'avoir pas persévéré. Tous ceux qui avoient été pris avec lui, souffrirent le martyre pour Jesus-Christ ; & lui pour l'éviter, renia Jesus-Christ. Ce lâche procedé lui attira de grandes confusions dans son païs. Ne pouvant les supporter, il vint à Rome ; & pour s'excuser il y soutint, que ce n'étoit pas un peché, ou au moins un peché considérable, de renoncer Jesus-Christ, puisqu'il déclare lui-même, que ce qu'on auroit dit contre lui, seroit pardonné. De-là il passa à un plus grand blasphême, disant qu'il n'avoit point renoncé à Dieu, mais seulement à un homme, sçavoir à Jesus-Christ. Ce blasphême lui attira une excommunication de la part du Pape saint Victor. Ses disciples, qui ont retenu le nom de Theodotiens, ont soutenu la même erreur. Tertullien, S. Augustin & S. Philotraste rapportent sa chûte à peu près de même ; & S. Epiphane dit qu'il croyoit que Jesus-Christ étoit né de la même maniere que les autres hommes. Neanmoins Tertullien, ou un autre Auteur du même tems, dit qu'il reconnoissoit qu'il étoit né de la Vierge par l'opération du S. Esprit, mais sans aucune autre prérogative, que celle d'une justice, & d'une vertu plus éminente. Et c'est-là le paradoxe favori des Sociniens d'aujourd'hui.

Artemon, ou *Artemas*, enseigna quelque tems après Theodote que Jesus-Christ étoit né d'une Vierge, & qu'il étoit Dieu, mais après sa naissance, & qu'il ne l'avoit pas été auparavant, ni comme homme,

ni comme Dieu. Ce fentiment femble être different de celui de Theodote. Neanmoins Theodote n'y trouve aucune différence. Il veut que
toute l'héréfie d'Artemon confiftât à dire, que Jefus-Chrift n'eft pas
le grand Dieu, mais un pur homme. Et Eufebe parlant d'un écrit
contre Artemon, dit, qu'il a été fait contre cet Hérétique auffi-bien
que contre Theodote : ce qui nous apprend que ces deux hommes
avoient la même héréfie, que Theodote en a été l'auteur, & qu'Artemon l'a renduë celebre. S. Epiphane appelle les difciples de ces Hé-
réfiarques *Aloges*, c'eft-à-dire, fans Verbe, parce qu'ils ne reconnoiffoient pas le Verbe annoncé par S. Jean. Il parle auffi des *Melchifedeciens*, fortis d'un autre Theodote, dit le Banquier. Ils croyoient que
Jefus-Chrift n'étoit qu'un pur homme, mais né d'une Vierge par
l'operation du S. Efprit ; & ces Melchifedeciens n'étoient différens des
Theodotiens ou *Aloges*, qu'en ce qu'ils élevoient Melchifedech au-
deffus de Jefus-Chrift.

Tertullien parle de deux Hérétiques, l'un nommé *Hermogene*, &
l'autre *Praxée*. Celui-ci fut le premier, qui ofa foutenir dans Rome une
nouvelle héréfie. Il reconnoiffoit un feul Dieu ; mais quand il en parloit, il ruinoit entierement la diftinction des Perfonnes : il vouloit que
le Pere fût le même que Jefus-Chrift, & que c'étoit lui qui s'étoit incarné, qui étoit né de la Vierge, qui avoit fouffert, & qui étoit lui-
même affis à fa droite. Il eft vrai qu'il fe retracta par les foins de Tertullien, & que les Catholiques ont confervé fa rétractation écrite de fa
main. Mais fon retour à l'Eglife ne dura pas long-tems.

Berylle Evêque de Boftres en Arabie, dont les lettres & les autres
ouvrages furent recüeillis par S. Alexandre de Jerufalem, dans la Bibliotheque, qu'il dreffa, parut vers l'an 235. fous Alexandre Severe, & fous
Maximin & Gordien : il gouverna pendant quelque tems fon Eglife avec
beaucoup de réputation ; & enfin il tomba dans une héréfie, qui nioit
que J. C. ait eu une exiftence propre avant l'Incarnation ; & il prétendoit qu'il n'avoit commencé à être Dieu qu'en naiffant de la Vierge,
& même qu'il n'étoit Dieu, que parce que le Pere demeuroit en lui,
comme dans les Prophetes. Les Sociniens ne parlent pas autrement.
Il feroit à fouhaiter pour eux, qu'après l'avoir imité dans fon éga re-
ment, ils le fuiviffent dans fon retour, puifqu'ils le confiderent comme un de leurs Héros. Origene le convertit parfaitement fous l'empire
de Gordien. On affembla un Synode à fon fujet, & on y condamna fon
héréfie, & Eufebe le mit au nombre des illuftres Ecrivains ecclefiaftiques.

Noëtius Afiatique d'Ephefe ou de Smyrne marcha au commencement du 3e fiecle fur les traces de Praxée. Il enfeigna que le Pere Eternel n'étoit pas différent du Fils ; qu'il n'y avoit qu'une feule Perfonne
en Dieu, qui prenoit tantôt le nom de Pere & tantôt le nom de Fils,
qui étoit né de la Vierge & qui avoit fouffert fur la Croix.

Son difciple *Sabellius* de la Pentapole, Province de la Libye Cyre-

---

Hiſt. l. 2. c. 5.

Aloges.

*Melchiſede-
ciens.*

*Hermogene
& Praxée.*

Berylle.

Noëtius.

Sabellius.

naïque en Egypte, sembloit avoüer, qu'il y avoit trois Personnes en Dieu ; mais il ne les reconnoissoit pas distinctes réellement, & subsistantes : il les consideroit seulement comme trois Noms & trois Vertus différentes. Les Sociniens adoptent volontiers une telle Trinité.

Paul de Samosate Evêque d'Antioche, autre Patriarche des Sociniens, soutenoit que le Verbe ne s'étoit point uni véritablement à l'Humanité de la Personne de Jesus-Christ, & nioit encore que ce Verbe fût une Personne distinguée du Pere. Il est dit dans une lettre, que les Peres du second Concile d'Antioche envoyerent au Pape Denis, & qui tomba entre les mains de Felix son successeur, qu'ils avoient condamné Paul de Samosate, principalement parce qu'il renouvelloit l'erreur d'Artemon, enseignant que Jesus-Christ étoit un pur homme, qui n'avoit point subsisté avant qu'il fût né de la Vierge Marie.

Arius Prêtre de l'Eglise d'Alexandrie, s'expliqua autrement vers l'an 318. Il avança, que le Verbe de Dieu étoit une créature tirée du neant, & d'une substance différente du Pere, qu'il avoit eu un commencement, & qu'il étoit capable de changement ; ainsi il nioit la Trinité des Personnes, la Consubstantialité du Verbe, la Divinité souveraine de Jesus, & tous les Mysteres qui en suivent.

Photin le dernier Patriarche que les Sociniens reconnoissent, étoit originaire de Galatie, Evêque de Sirmich, & disciple de Marcel Evêque d'Ancyre. Il ne dissimula point ses sentimens au sujet du Sabellianisme, dont son maître avoit été soupçonné par les Ariens : il soutint nettement que le Verbe n'étoit pas une Personne distinguée du Pere, & qu'on ne devoit point lui donner la qualité de Fils de Dieu, avant qu'il fût né de Marie. Ainsi parlent la plûpart des Sociniens.

Ajoutons à tous ces Hérétiques les *Priscillianistes*, qui ont paru au milieu du 4e siecle. Ils avoient plusieurs hérésies, mais particulierement celles des Manichéens, & celles qui reviennent à notre sujet. Turribius, dans son Memoire adressé au Pape S. Leon, nous apprend qu'ils enseignoient avec les Sabelliens, que le Pere, le Fils, & le S. Esprit n'étoient qu'une seule Personne ; & avec Paul de Samosate & Photin que Jesus-Christ n'étoit appellé Fils de Dieu, que parce qu'il étoit né d'une Vierge.

C'est la conformité qu'ont les Sociniens d'aujourd'hui avec ces anciens Hérétiques, qu'ils reconnoissent eux-mêmes pour leurs Peres avec la diversité des sentimens de ceux, qui les premiers d'entr'eux se sont déclarez contre la Divinité de Jesus-Christ. La bizarrerie des expressions, dont la plûpart se sont servis dans leurs livres & dans leurs Controverses ; les changemens qui sont arrivez dans le système de leur créance & de leur discipline ; & les villes où ils se sont d'abord établis pour y faire une Societé séparée des autres Sectes, c'est, dis-je, tout cela qui a porté les Historiens à leur donner différens noms, qu'il faut ici rapporter pour un plus grand éclaircissement de notre sujet.

Paul de Samosate.

Arius.

Photin.

Priscillianistes.

CHAPITRE II.

Les différens noms qu'ont eus, & qu'ont aujourd'hui les Sociniens.

LEs Catholiques, les Lutheriens, & les Calviniftes voyant combattre au commencement de la prétenduë Reforme, les Myſteres de la Trinité, & de la Divinité de Jeſus-Chriſt, donnerent à ceux qui s'écartoient ainſi des premiers élemens de leur religion, des noms conformément à leurs erreurs : ils les appellerent Ebionites, Samoſatiens, nouveaux Ariens, Sabelliens, Photiniens, Trinitaires, Unitaires, Antitrinitaires, Déiſtes, Trithéites. Quelque tems après les noms changerent ; ils les appellerent Pinczowiens, Racoviens, Sandomiriens, Cujaviens, Freres Polonois, & aujourd'hui Sociniens, Monarchiques, Arminiens, Mennonites, Tolerans & Latitudinaires.

Trinitaires. Ils les appellerent *Trinitaires* : c'eſt qu'il y en avoit, qui au commencement confeſſoient trois choſes dans la Trinité ; mais ils ne vouloient pas que le Pere, le Fils, & le S. Eſprit fuſſent trois Perſonnes ; qu'il y avoit bien une Nature ou Déité commune à tous les trois ; mais non pas une Eſſence ; qu'il n'y avoit qu'un Dieu ſouverain, grand, éminent, Créateur de tout ; que l'on nommoit le Pere, & que le Fils & le Saint Eſprit n'étoient pas le vrai Dieu. Servet eſt le chef de cette eſpece de Sociniens, & tient de l'héréſie de Sabellius, qui ſoutenoit une unité de nature, & nioit la Trinité des Perſonnes ; mais nous devons ajouter que c'eſt improprement qu'on les appelloit Trinitaires : ce nom ne peut convenir qu'à ceux qui confeſſoient trois Perſonnes réellement diſtinctes & ſubſiſtantes dans une ſeule Eſſence ou Nature divine.

Unitaires. Ils les appellerent *Unitaires*, à peu près pour la même raiſon : ce fut ainſi qu'on appelloit en Tranſylvanie, & en Hongrie, tous ceux qui croyoient en Dieu le Pere, le Fils, & le S. Eſprit ; mais qui ne reconnoiſſoient qu'une Perſonne, ſçavoir, le Pere tout-puiſſant, & ſeul Dieu ; qui n'admettoient que le Symbole des Apôtres, & la doctrine de la primitive Egliſe, ſans gloſe ; & qui diſoient, que comme il n'y avoit qu'un Dieu en Eſſence, auſſi n'y en avoit-il qu'un en Perſonne, ou qu'une Perſonne : cependant ils adoroient encore Jeſus-Chriſt comme l'unique Seigneur, & l'unique Fils du Dieu très-haut ; & c'eſt de-là qu'on les appella par mépris Ebionites, Samoſatiens, Ariens, Photiniens, &c.

Antitrinitaires. Ils les appellerent *Antitrinitaires*, parce qu'entre ces Novateurs, il y en avoit qui ne pouvant comprendre la doctrine des Unitaires, & ne voulant rien admettre en matiere de Religion, qui ne fût conforme à leur raiſon, prirent le contre-pied des autres. Les Unitaires & les Trinitaires admettoient une eſpece de Trinité. Les Antitrinitaires n'en admirent point du tout, & ne voulant rien de réel en Dieu que ſon Eſfence, ils ne compterent pour rien les Personnes divines, & les Personnalités; & par une consequence naturelle ils ne donnerent aucune prérogative au Fils & au S. Esprit, qui marquassent, qu'ils fussent Dieu. Ce furent certains Ministres de Pologne, qui les premiers se forgerent ce système.

Ils les appellerent *Trithéites*. Les anciens Trithéites, pour ne point confondre les Personnes, ont admis & distingué trois natures en Dieu, en divisant l'Essence divine en trois Personnes, & nommant l'une le Pere, l'autre le Fils & la troisiéme le S. Esprit, comme si chaque Personne n'avoit pas été parfaitement Dieu, mais seulement une intelligence; ce qui faisoit trois substances en Dieu. Aussi ceux, dont nous faisons l'histoire, établirent comme trois Dieux en différens degrez, Dieu le Pere, Dieu le Fils & Dieu le S. Esprit, avec cette différence que, le S. Esprit n'étoit pas tant Dieu que le Fils, & que le Fils ne l'étoit pas tant que le Pere, & que le Pere étoit le vrai & le souverain Dieu. De-là on concluoit qu'ils étoient de véritables Trithéites. On veut que Gregoire de Paul, Ministre de Cracovie, & Valentin Gentilis ayent inventé cette ingénieuse chimere.

Ils les appellerent *Déistes* pour la même raison; car en faisant le Pere plus grand que le Fils, & que le S. Esprit, ils ne vouloient pas que le Fils & le S. Esprit fussent Dieu. Ce furent Gomés & Farnovius, qui s'expliquerent ainsi, pour ôter la Divinité à Jesus-Christ.

Ils les appellerent *Pinczouviens, Racoviens, Sandomiriens, Cujaviens*, parce que les premiers qui se déclarerent contre la Divinité de Jesus-Christ, demeuroient à Pinczow, à Racovie, à Sandomir, & dans la Cujavie; & aussi ce n'étoit que dans la Pologne qu'on leur donnoit ces noms.

Ils les appellerent les *Freres Polonois*, parce que tous les nouveaux sectaires, qui se déclarerent en Pologne contre les Mysteres de la Trinité, & d'un Dieu incarné, firent une espece de confédération pour se maintenir contre ceux qui ne pensoient pas comme eux; & tous ceux qui entrerent dans cette confédération, affecterent de s'appeller mutuellement *Freres*.

Ils les appellerent *Sociniens*, de Fauste Socin, qui voyant tous les Ministres Unitaires de Pologne divisez ensemble, jusqu'à faire plus de trente sortes de Sociétés ou Communions, toutes différentes en dogmes à la réserve de celui, qui ôtoit la Divinité suprême à Jesus-Christ, & dont tous convenoient, les réunit tous par ses nouveaux systêmes & les nouveaux tours qu'il donna à sa doctrine, & se fit par-là leur maître & leur chef, quoiqu'ils ne voulussent jamais avoir de société religieuse avec lui, & même qu'ils l'excommuniassent.

Ils les appellerent les *Monarchiques*, c'est le nom que Zwicker donne aux Unitaires de Pologne, pour dire qu'ils ne reconnoissoient que Dieu le Pere pour l'unique & le souverain Dieu.

Ils les appellent maintenant en Hollande & en Angleterre *Menno-*

Trithéïte — 15

Déistes

Pinc-
vviens.
Racovi s.
Sand
riens.
Cujavie
Freres
lonois.

Sociniens

Monarchi-
ques.
L. Revelatio
cathol. veri.

Mennonites
Arminiens.
Cocceïens.
Trembleurs.

nites, *Arminiens*, *Cocceïens*, *Trembleurs*, ou *Kouakres*, &c. parce que le nom des Sociniens étant odieux par-tout, la plûpart se sont aggrégez à ces Communions tolérées, & d'autant plus volontiers, qu'elles conviennent assez bien avec les Sociniens sur ce point essentiel : je parle de Jesus-Christ, que ces Communions ne reconnoissent pas pour le grand Dieu, ou dont la Divinité leur paroît problematique, ou un point dont la créance, qui n'est pas essentiel au salut, comme nous le verrons en parlant de ces Sectes.

Latitudi-
naires.

Enfin le Ministre Jurieu les appelle *Latitudinaires* & *Tolerans*. Sa raison est que les Latitudinaires sont des gens ennemis de tous les Mysteres de la Religion Chrétienne, qui réduisent les articles de la Foi à croire un Dieu, une Providence, un paradis, & un enfer, qui croyent à peine un Jesus-Christ crucifié pour le salut du monde, & qui élargissent si bien les voyes du salut, que tous les Hérétiques, Juifs, Mahometans & Payens y peuvent entrer sans rien changer de leurs sentimens. Aussi les Sociniens se déclarent-ils ennemis de nos Mysteres, se contentent d'adorer un Dieu, de reconnoître une Providence telle quelle ; c'est-à-dire, qui ne prévoit pas les futurs contingens ; d'admettre un paradis & un enfer, de croire un Jesus-Christ non pas comme le grand Dieu, mais comme un homme, grand roi, spirituel, & juge établi de son Dieu ; se trouvent fort bien des Juifs, des Mahometans & de toutes les autres Communions ; & insistent beaucoup pour la tolérance & la liberté de conscience.

CHAPITRE III.

Le motif qui a donné la naissance au Socinianisme.

Quoique nous ayons établi, que les Sociniens ont pris leur origine des Hérétiques, qui ont divisé l'Eglise dès son commencement ; nous devons neanmoins croire, que ces anciennes hérésies s'étant assoupies pendant l'espace de plusieurs siecles, les Sociniens ne se sont pas mis en tête de les renouveller sans quelque nouveau motif. Ce motif est la prétenduë Reforme, que Luther, Zuingle, Calvin, Mennon, & autres ont introduite dans le Christianisme. Wissowats

Narratio
compendiosa
B. A. p.
209.

l'avouë lui-même. *Postquam orbi Christiano nox ista atra errorum in Religionem pedetentim introductorum per aliquot sacula incubuisset ; rursus postliminio, divina aspirante gratia, dies veritatis divina revertens, gradatim, ut fieri solet, cœpit affulgere. Lutheri, Zuingli, Calvini, Mennonis, velut aurora ac diluculi apparitio praecessit, hanc deinceps solis reducis clariores radii sequebantur.* C'est donc à ces nouveaux prétendus Reformateurs que les Sociniens se croyent redevables de leurs nouveaux paradoxes.

En effet, tous ces prétendus Reformateurs ne voulant point d'autre
juge

juge des difputes qui s'excitent fans ceffe fur les matieres de la Religion, que la feule Ecriture fainte, ni d'autres interprétes, pour en
trouver le fens, que fon propre genie. Il fe trouva parmi eux des hommes qui pousserent fi loin le libertinage de leur efprit, qu'enfin ils ne
voulurent aussi avoir d'autre religion que celle que leur genie particulier pouvoit leur infpirer fur la fimple lecture des livres facrez, & ne
rien admettre dans leur créance, que ce que l'Ecriture leur marque-
roit d'une maniere claire & fans replique. Et comme les mots
de Trinité, de Confubftantialité, de Fils éternel, de baptefme pour les
enfans, ne fe trouvoient pas dans l'Ecriture d'une maniere qui leur
parût décifive; ils commencerent à retrancher de leur créance les mots
de Trinité & de Confubftantialité, la divinité fuprême de Jefus-
Chrift, fon éternité, le baptefme des enfans & autres dogmes, dont le
détail nous conduiroit trop loin.

Ces nouveautés ne manquerent pas d'exciter de grands bruits, non
pas tant parmi les Catholiques, qui n'attendoient rien moins que de
telles nouveautés de la part des gens qui avoient fait divorce avec
l'Eglife; que parmi les Lutheriens & Calviniftes. La plûpart les dé-
teftoient ouvertement, & les combattoient par-tout avec chaleur &
violence; mais aussi ceux qui y adhéroient, ne manquoient pas de replique, & fe fervant des principes, ou des paroles de Luther & de
Calvin ils mettoient leurs adverfaires, quoique leurs maîtres, hors
de combat.

En effet, que pouvoit repliquer un Lutherien, quand ces nouveaux
Arianizans lui montroient que Luther avoit dit dans l'Evangile du Dimanche de la Trinité, (après avoir établi que la Tradition, les Conciles & les Peres n'ont aucune autorité pour la Foi, & que l'Ecriture
fainte eft la feule regle de notre créance) 1°. Qu'on ne trouvoit point
dans cette Ecriture le mot de Trinité & que les hommes l'ont inventé
d'eux-mêmes; que ce mot lui paroissoit froid & qu'il feroit plus expedient de dire Dieu, que Trinité. 2°. Que le mot d'*Humoufion* a été rejetté de beaucoup de perfonnes, & que S. Jerôme même fouhaitoit de
l'ôter & de faire en forte qu'on n'en parlât plus. 3°. Que bien qu'il
y ait de la peine à fupporter ce mot, il ne s'enfuit pas de-là qu'il foit
hérétique. 4°. Que dans fa verfion Alemande du Nouveau Teftament,
il n'a pas voulu traduire ces paroles de la premiere Lettre de S. Jean,
chap. 5. *Il y en a trois qui rendent témoignage dans le ciel, le Pere,
le Fils & le Saint Efprit, & ces trois ne font qu'un.* 5°. Que dans l'explication du premier chap. de la Genefe il dit, que le Fils de Dieu eft
l'inftrument de la création. 6°. Que quand il fait l'éloge du Sauveur,
il ne l'appelle qu'héros, dans le temps qu'il devroit l'appeller Dieu;
& enfin 7°. Que quatre ans avant fa mort il avoit ôté des litanies des
Saints, *Sancta Trinitas unus Deus, miferere nobis.*

Que pouvoit aussi repliquer un Calvinifte, quand ces nouveaux
Ariens lui montroient que Calvin avoit fouvent dit, 1°. Que les mots

B

Nuclæus,
Hist. Eccl.
de substance & de personnes en Dieu lui paroissoient impurs & barbares ; qu'il auroit bien voulu les supprimer & les ensevelir dans un éternel oubli. 2°. Que cette priere, *Sancta Trinitas unus Deus, miserere nobis,* ne lui plaisoit point, qu'elle sentoit la barbarie de l'Ecole. 3°. Que le mot de *Trinité* étoit profane, barbare & d'un mauvais goût. 4°. Qu'on ne pouvoit entendre sans éclater de rire ces paroles : *Croyez-vous en Dieu ?* c'est-à-dire, dans une Trinité. 5°. *Un Dieu, un Médiateur,* c'est-à-dire, une Trinité. 6°. *Tout ce que vous demanderez à mon Pere,* c'est-à-dire, à la Trinité. 7°. Qu'il s'ensuivroit qu'il y auroit trois essences en Dieu, s'il étoit vrai que le Pere Eternel eût son estre de lui-même, que le Fils l'eût du Pere, & le S. Esprit du Pere & du Fils. Ils pouvoient lui citer encore beaucoup d'autres endroits des Ecrits de Calvin, où cet hérésiarque s'explique d'une maniere qui leur étoit favorable. Qu'on lise ses Lettres aux Polonois ; ce qu'il a fait contre Servet & son Harmonie sur S. Matthieu, on en sera convaincu. Il y avance, 8°. Que le Christ, selon même sa nature divine, est

Epist. 1. &
2. ad Polon.
moindre que le Pere. 9°. Que le Fils selon la même nature est soumis au Pere. 10°. Que le Pere est le grand & le principal Dieu. 11°. Que le nom de Dieu est approprié au Pere, avant qu'on puisse l'approprier au Fils. 12°. Que le Fils est le second après le Pere selon l'ordre & selon la dignité. 13°. Que le Pere est l'origine du Fils selon sa maniere

Contra Ser-
vetum.
d'estre. 14°. Que le Fils est conforme au Pere & qu'il a une substance différente de la sienne. 15°. Que si l'essence du Pere est dans le Fils, sa personne y est aussi. 16°. Que si le Pere a communiqué son essence à son Fils, ou il la lui a communiquée toute entiere & selon toutes ses perfections, ou il ne la lui a communiquée qu'en partie ; si en partie, le Fils ne peut donc pas être le grand Dieu ; si toute entiere, le Pere ne l'a donc

Hermen.
in Matth.
plus. 17°. Que ces paroles, *Estre assis à la droite du Pere,* se prennent dans un sens métaphorique & qu'elles signifient seulement que Jesus-Christ a la seconde place ou le premier degré d'honneur après Dieu, comme étant son lieutenant. 18°. Enfin qu'on ne peut pas inférer la Consubstantialité de Jesus-Christ avec Dieu son Pere, de ce que Jesus-Christ a dit : *Mon Pere & moi nous ne faisons qu'un.*

Que pouvoit encore repliquer un Calviniste, quand ces nouveaux Ariens lui alléguoient 19°. les Catéchismes & les Prieres de Calvin, où on ne trouvoit ni le nom de la Trinité ni aucunes prieres adressées au Fils ni au S. Esprit ? 20°. Quand ils lui apportoient le Nouveau Testament imprimé à Zurich en 1538. où on a mis, *Hi tres serviunt in unum* pour, *Hi tres unum sunt,* comme porte notre Vulgate ?

Enfin que pouvoient dire de raisonnable les Lutheriens & les Calvinistes, puisqu'ils rejettoient la Tradition, l'autorité des Conciles & ne vouloient que l'Ecriture sainte expliquée à leur fantaisie ? conduite des Arianizans. Ils expliquoient aussi l'Ecriture selon leur goût ou leurs préventions & en concluoient une bonne partie de leur créance.

Il est donc vrai que Luther, que Calvin, & tous ces prétendus réforma-

teurs ont fourni les motifs aux Sociniens de se révolter contre les Mysteres de la Trinité & de l'Incarnation du Fils éternel de Dieu. Aussi
ceux-ci ont-ils été assez moderez dans les loüanges qu'ils se sont données & dans les apologies qu'ils ont faites de leur créance, pour ne s'en
pas dire les auteurs; mais bien pour l'avoir mise dans son beau jour, après
que Luther, que Calvin & les autres ont commencé à la débroüiller de
la crasse, dont à leur dire les erreurs & les préjugez de l'Eglise Romaine l'avoient couverte.

C'est ce que Lubieniesci avouë dans son Histoire de la Réformation
des Eglises de Pologne, où après avoir voulu nous persuader, que la
doctrine de la Foi avoit été corrompuë par les Conciles de Nicée, de
Constantinople & autres, dit que Dieu a suscité Luther pour réformer
les abus qui depuis ces temps s'étoient introduits dans l'Eglise; qu'il
lui a donné pour l'aider dans cet ouvrage Melancthon, Bucer, Car-
lostrad, Buchanaham; & que n'ayant pas assez matté les Ministres de
l'Eglise Romaine, leur laissant encore le pouvoir de confesser & de cele-
brer la Messe; Dieu avoit suscité Zuingle, Oecolampade, Calvin, Pierre
Martyr, qui tous ont écorné le pouvoir des Prêtres, renversé les Images, aboli le Sacrifice de la Messe & tous les abus de l'Eglise Romaine; & que Dieu, qui ne fait jamais les choses à demi, suscita d'autres
Docteurs pour la purifier de plus en plus; & ces Docteurs sont ceux
qui ont dit, qu'il n'y avoit point d'autre Fils de Dieu, d'autre Mediateur, d'autre Sauveur & d'autre Seigneur que Jesus-Christ conçû par
le S. Esprit, né de la Vierge Marie, ressuscité par la puissance du Pere
& glorieux dans le Ciel; Docteurs que le vulgaire appelle Ebionites,
Samosatiens, & quelquefois (à cause de leurs différentes expressions)
Ariens & Photiniens. Il a raison; mais ce n'est pas tant pour ces
loüanges, qu'ils donnent à Jesus-Christ, que parce qu'ils lui ôtent la
qualité de Fils éternel du Pere.

Ce fut sans doute pour nous laisser un monument perpetuel qu'ils
reconnoissoient les Lutheriens & les Calvinistes comme leurs maîtres
ou comme les premiers Fondateurs de leur Secte, qu'ils firent quelques
tableaux, où ils représenterent un Temple magnifique, Luther dessus
le toît, qui faisoit de grands efforts pour en ôter les tuiles & la char-
pente; Zuingle & Calvin, qui employoient différentes machines pour
en renverser les murailles; Servet, Blandrat, Gregoire Pauli & quelques autres, qui ne ménageoient rien & qui se servoient de tout comme des erreurs anciennes & nouvelles, pour en saper les fondemens,
& en ôter la derniere pierre ou la pierre angulaire, sçavoir la Divinité
de Jesus-Christ, l'adoration qui lui est duë, & sa médiation: sur quoi est
établi l'édifice spirituel de l'Eglise de Dieu.

Ce fut encore à ce dessein, qu'ils ne se lasserent point de dire, que
Luther & Melancthon avoient été comme Moyse & Aaron, qui avoient
jetté les fondemens de la véritable Eglise en ôtant les superstitions de
l'Egypte & combattant les erreurs les plus grossieres qui s'étoient

Hist. Re
Eccl. Pol
4.

glissées parmi les fideles ; que Zuingle , Calvin, & Pierre Martyr, étoient venus après comme les Prophetes Isaïe, Jérémie, Ezéchiel, &c. pour retrancher les erreurs les plus délicates, & pour commencer la pratique d'un culte plus dégagé du sensible : mais que Servet & Erasme étant venus les derniers, avoient, comme Jean-Baptiste, & comme Jesus-Christ même aboli la Trinité, la divinité du Fils & du S. Esprit, & par-là mis la religion dans sa véritable perfection, en ne proposant qu'un Dieu Esprit & Verité, pour l'adorer en esprit & en verité.

N. 111, p. 4.

De-là nous conclurons que les Sociniens, de leur aveu même, ont pris naissance dans les sectes nouvelles ; & que c'est à l'occasion de leurs principes, qu'ils ont renouvellé les anciennes hérésies sur la Trinité, sur la consubstantialité du Verbe, & sur la divinité de Jesus-Christ. Aussi ceux, qui ont écrit sur la secte des Sociniens, ont eu soin de nous faire remarquer, que les premiers qui ont combattu la Divinité de Jesus-Christ, étoient ou Lutheriens ou Sacramentaires, ou Anabaptistes, ou Calvinistes, ou attachez à quelques-unes des sectes qui se sont élevées dans le seizième siecle, & qu'on n'en a point vû qui d'un plein sault soient tombez de la Foi Romaine dans l'abyme du nouvel Arianisme. Ces premiers qui des erreurs des nouveaux sectaires, donnerent dans l'Arianisme, furent Fabritius Capito, Cellarius, Halzar, Valdés, Campanus, Schuvenfel, Illyricus, Michel Servet & tous ceux qui se sont distinguez parmi les Anabaptistes, & dont je ferai l'histoire, en parlant du Socinianisme des provinces du haut & bas Rhein, introduit dans la communion des Mennonites.

CHAPITRE IV.

Le Socinianisme en Italie, par qui, & comment il s'est répandu dans differens lieux.

Tandis que quelques disciples de Luther faisoient parler d'eux en Alemagne par la nouveauté des dogmes qu'ils débitoient sur le mystere de la Trinité, quarante personnes des plus distinguées par leurs rangs, leurs emplois & leurs talens établirent en 1546. une espece d'académie à Vicence, ville de l'Estat Vénitien, pour y conferer ensemble sur les matieres de la religion, & particulierement sur celles qui faisoient alors plus de bruit. Rien ne les retenant dans les bornes de la Foi & du respect dû à l'Eglise, ils prirent la liberté de révoquer en doute une bonne partie des articles de notre créance.

Hist. Ref.
Eccl. Pol.

Ils convinrent aisément qu'il n'y avoit qu'un Dieu très-haut, qui avoit créé toutes choses par la puissance de son Verbe & qui gouvernoit tout par ce Verbe ; que ce Verbe étoit son Fils ; que ce Fils étoit Jesus de Nazareth, fils de Marie, & homme véritable, mais un homme qui avoit quelque chose de plus que les autres hommes, ayant été engendré d'une Vierge & par l'opération du S. Esprit; qu'il est celui que Dieu a promis aux anciens Patriarches, & qu'il a donné aux hommes; qui a annoncé l'Evangile, & qui a montré aux hommes ses voies pour aller au ciel, en mortifiant sa chair & en vivant dans la pieté; qu'il est mort par l'ordre de son Pere, pour nous procurer la remission de nos pechez; qu'il est ressuscité par la puissance du Pere & qu'il est glorieux dans le ciel.

Ils ajoûterent à ces dogmes, qui dans le sens qu'ils présentent d'abord à l'esprit, n'ont rien que d'orthodoxe, que ceux qui étoient soumis à ce Jesus étoient justifiez de la part de Dieu: que ceux qui avoient de la pieté en lui, recevoient en lui l'immortalité, qu'ils avoient perduë dans Adam; qu'il étoit lui seul le Seigneur & le Chef du peuple, qui lui étoit soumis; qu'il étoit le Juge des vivans & des morts; qu'il reviendroit vers nous à la consommation des siecles. On peut dire que ce fut dans ces seuls points qu'ils firent consister toute leur Religion.

Quant aux autres dogmes de la foi Chrétienne, sçavoir s'il y a une Trinité, ou un Dieu en trois Personnes réellement distinctes, éternelles & consubstantielles: si Jesus-Christ étoit Dieu & un Dieu consubstantiel au Pere Eternel: si le S. Esprit étoit aussi un Dieu procedant du Pere & du Fils de toute éternité: si la justification se faisoit par les mérites de Jesus-Christ & des nôtres, ou non. Ils ne s'en embarrasserent nullement: ils envisagerent tous ces dogmes, que nous considerons comme essentiels à la Religion Chrétienne, comme des points de la Philosophie des Grecs, & non point comme appartenant à la Foi, & se confirmerent dans cette pensée par toutes les preuves dont les anciens Hérétiques s'étoient servis contre nous, prévenus d'ailleurs qu'un bel esprit ne pouvoit pas s'attacher pour long-temps aux dogmes de l'Eglise Romaine.

Ces assemblées ne furent pas si secretes, qu'une Republique aussi policée & aussi vigilante que celle de Venise, n'en apprît enfin des nouvelles, aussi-bien que des matieres qu'on y agitoit; & appréhendant les suites fâcheuses & inséparables des nouveautés en matiere de Religion, elle fit décreter contre ceux qui faisoient, ou qui se trouvoient à ces assemblées, & ordonna de s'en saisir. Deux furent pris & executez à mort, sçavoir, Jule Trevisanus, & François de Rugo, on les étouffa. B. Okin, L. Socin Pazuta, Gentilis, Jacques de Chiari, François le Noir, Darius Socin, Alciat, l'Abbé Leonard, &c. se sauverent, l'un en Suisse, l'autre en Turquie, & le reste où il put.

Ce fut cette dispersion, qui causa tout le mal répandu en différentes régions au sujet de la Foi que nous avons sur le mystere de la Trinité & de l'Incarnation du Fils de Dieu. Il est vrai que tous n'eurent pas les mêmes travaux ni les mêmes succès. Nous ne savons rien de Darius Socin, ni de François le Noir, ni de Jacques Chiari; mais nous verrons en écrivant l'histoire des autres, qu'ils firent grand bruit par la

Narra comp. B.
p. 110

nouveauté de leurs dogmes , & qu'ils se concilierent beaucoup de Néophytes en Pologne , en Hongrie , en Transylvanie , & ailleurs.

CHAPITRE V.

Le Socinianisme s'est introduit en Pologne au temps de Sigismond I. par un Hollandois nommé L'Esprit ou Spiritus

Sigismond I. Roi de Pologne , étoit , au sentiment des Historiens , le Salomon de son temps : rien de plus sage que sa conduite , & nul estat mieux gouverné que son roiaume : aussi n'épargnoit-il rien pour y maintenir la foi Catholique & Romaine & pour empêcher que les nouvelles hérésies , qui faisoient grand bruit dans tous les estats de la Chrétienté , ne s'introduisissent dans son roiaume. Cependant il faut l'avoüer , comme il le reconnut lui-même avant que de mourir , toute la Pologne fut infectée de son temps des hérésies des Hussites , des Picards , des Anabaptistes , des Bohemiens , des Lutheriens , des Sacramentaires , & même des nouveaux Ariens.

L'Esprit Hollandois

B A Narratio comp Append. p. 216.

N. 1. p. 6.

Le premier , qui a commencé à gâter la foi des Polonois sur les Mysteres de la Trinité , de la Divinité de Jesus-Christ , & du S. Esprit , est un Avanturier Hollandois , à qui on donne le nom d'Esprit. *Homo natione Belga , Spiritus , hoc enim nomen Belga erat.* Cet homme , que quelques-uns croient avoir été Adam Pastoris , un des chefs des Anabaptistes , qui ont paru vers le bas Rhin , & que d'autres disent n'avoir été que le Disciple de Pastoris , avoit de l'esprit & cultivé par l'étude de la Philosophie & de l'Ecriture Sainte. Il se trouva à Cracovie en 1546. & y fut invité à un festin , que Jean Tricessius , homme distingué par sa naissance , par ses belles lettres & par son érudition dans les Langues Grecque & Hébraïque , donnoit à Fricius Modrevius , à Bernard Wojewodza Imprimeur & Préteur de Cracovie , à Jacques Prillusius Avocat , & à quelques autres personnes de distinction.

Tous ces conviez , en attendant qu'on mit le couvert , entrerent dans la Bibliotheque de Tricessius , qui passoit pour une des mieux fournies de la Ville , & chacun y prit le livre qui lui convenoit , ou qui tomboit entre ses mains : l'Esprit en prit un qui renfermoit différentes prieres & telles que les fideles ont coutume de réciter dans leurs dévotions : il en remarqua une adressée au Pere éternel , une autre au Fils , la troisiéme au S. Esprit & la quatriéme à la sainte Trinité : il n'en fallut pas davantage au Hollandois pour faire connoître ce qu'il pensoit sur la Trinité. En poussant ceux qui étoient auprès de lui , il leur dit , comme étonné : Quoi donc , vous avez trois Dieux ? *Tres-ne vos habetis Deos , ô boni ?* Non , lui répondirent-ils , nous croions un Dieu en trois Personnes & trois Personnes en Dieu. Mais , repliqua le Hollandois , *Qui habet & qui ha-*

beur *diverfa funt ;* celui qui a, eſt différent de ce qu'il a : ſi Dieu a trois
Perſonnes & s'il y a trois Perſonnes en Dieu ; Dieu eſt donc différent
des trois Perſonnes & les trois Perſonnes ſont donc différentes de
Dieu. Vous êtes captieux, lui répondirent les conviez, *Sophiſtam agis,*
ô *Spiritus :* nous parlons ſimplement, nous croyons qu'il y a un Dieu
& qu'il y a trois Perſonnes en Dieu & que ces trois Perſonnes ſont
Dieu. Ce Dieu, reprit L'Eſprit, vous eſt donc un, & vous, eſt trois : *Eſt*
igitur Deus vobis & trinus & unus. Oui, lui avoüa-t'on, mais ſous différens rapports. Si cela eſt, conclut le Hollandois, c'eſt-à-dire, ſi Dieu
eſt un & s'il eſt trois ; vous ne devez donc pas vous adreſſer à ces trois
Perſonnes par trois différentes prieres, puiſque l'une de ces trois ne
peut rien vous donner, que dépendamment des deux autres ou conjointement enſemble. *Si igitur iſte trinus unus eſt, cur diverſis orationibus*
eos compellatis ? cur in his orationibus diverſa beneficia, qua in genus morta-
lium conferant, ab illis petitis ?

Ce raiſonnement, quelque captieux & ridicule qu'il fût, ne laiſſa pas
d'embarraſſer ces Meſſieurs, tant il eſt vrai qu'il n'appartient pas à
des laïques de diſputer ſur les Myſteres de la Religion, à moins qu'ils
n'en aient fait une étude particuliere. Leur ſurpriſe alla juſqu'au ſi-
lence : leur Foi leur perſuadoit la vérité d'un Dieu en trois Perſonnes ;
& leur Religion ne leur permettoit pas alors de conteſter ſur cette vérité, ils rompirent la diſpute le mieux qu'ils purent & ſe mirent à
table.

Modrevius, qui nous fait ce détail, ajoute que s'étant retiré chez lui
la tête échauffée du raiſonnement du Hollandois, entreprit de l'approfondir, & s'y enfonça ſi bien, qu'il ſe l'adopta & devint un véritable Arien. Puiſque Dieu n'eſt qu'un, ſe diſoit-il, que tout ce qu'il a
fait hors de lui ou à l'extérieur, eſt commun aux trois Perſonnes divines, pourquoi une priere au Pere, pourquoi une autre au Fils, pourquoi une troiſiéme au S. Eſprit & pourquoi encore une quatriéme à la
Trinité ? Le Pere ne nous peut pas donner ce que nous lui demandons,
ſans que le Fils & le S. Eſprit ne nous le donnent avec lui ; la diverſité
de ces prieres eſt donc inutile & même ridicule, ou notre créance
n'eſt pas juſte ſur un Dieu en trois Perſonnes diſtinctes réellement &
néanmoins conſubſtantielles. Modrevius, avec tout ſon bel eſprit, ne
put pas ſe repréſenter Dieu, cet Eſtre infiniment parfait, ſous différens
rapports, ſous leſquels on peut lui adreſſer nos prieres ; autant pour
honorer ces rapports, c'eſt-à-dire, ſes attributs, ſes perfections, ſes
relations & lui-même dans ces rapports, que pour enflammer de plus
en plus nos prieres & notre dévotion ; & s'entêta ſi bien de ce raiſonnement, qu'il ne s'en départit jamais ; il alla de pire en pire dans ſes
imaginations & ſe déclara ſi hautement contre un Dieu en trois Perſonnes, qu'on peut aſſurer, qu'eu égard à ſa qualité, ſon crédit, ſon
eſprit, ſa capacité, & ſon entêtement, le Socinianiſme lui eſt rédeva-
ble de ſon établiſſement & de ſon progrés dans la Pologne ; & pour

L 1. Sylva-
rum tract.
2. c. 2.

nous en convaincre ou pour voir comment cette Secte s'est introduite dans ce Royaume, il nous faut faire attention en quel estat il étoit au temps de Sigismond Auguste.

CHAPITRE VI.

L'estat de la Pologne sous le regne de Sigismond Auguste & le progrès qu'y fit le Socinianisme.

SIgismond II. se gouverna tout autrement que n'avoit fait son pere Sigismond I. celui-ci n'épargna rien pour empêcher que les héresies nouvelles & anciennes ne s'introduisissent dans ses estats : celui-là, sans neanmoins quitter la religion Romaine, prit toutes les mesures possibles pour leur donner entrée, & pour les y fortifier : à la vérité, ce fut plus par foiblesse ou par necessité, que par malice ou impieté.

Ce Prince étoit le dernier des Jagelons, qui en ligne masculine occuperent environ deux cens ans le trone de Pologne, & on peut dire après un de nos Historiens, qu'il avoit ramassé en sa personne la meilleure partie des bonnes & des mauvaises qualités de ses ancêtres : il étoit généreux, prudent, & presque toujours heureux dans ses combats. En 1552. il établit Alexandre dans la Principauté de Valachie, après en avoir chassé Estienne, & pacifia les troubles de Dantzic; en 1556. il chassa de la Prusse Henri Duc de Brunsvic; en 1557. il réduisit au devoir Guillaume de Furstemberg, Grand Maître de l'Ordre Teutonique; en 1559. il protegea la Livonie contre les entreprises de Basile grand Duc de Moscovie; en 1562. il établit Gothard Ketlerus Duc de Curlande. Il a vaincu plus de dix fois les Moscovites & les a forcez de vivre en paix avec lui. Les Tartares le craignoient & il les maintenoit dans leurs bornes, après les avoir battus & chassez plusieurs fois dans les courses qu'ils entreprenoient sur ses terres. En 1569. il força Soliman II. Empereur des Turcs, homme si redoutable à toute la Chrétienté, à bien vivre avec lui, & à lui envoier son fils pour négocier ensemble un traité de paix; la même année il reconcilia Jean Sepus, Roy de Hongrie & son neveu, avec l'Empereur Maximilien II. en 1570. il reconcilia Jean Roy de Suede & son beau-frere avec Frederic II. Roy de Dannemarc, & pacifia les divisions qui regnoient entre les Polonois & les Lithuaniens. C'est par-là, dit un auteur Socinien, que ses sujets l'aimoient, que ses voisins le respectoient, que les étrangers l'admiroient, & que ses ennemis le redoutoient.

Mais il faut avoüer que ces belles qualités trouvoient un fâcheux contrepoids dans celles qui étoient mauvaises : on nous le représente comme un homme d'une foible complexion, d'une très-petite capacité pour les affaires, d'un penchant extrême & opiniâtre pour ses plaisirs, inflexible

Lubien. Hist. Ref. Eccl. Pol. l. 3.

infléxible dans le mal qu'il avoit projetté, infenfible au point d'honneur, pourvû qu'il parvînt à ce qu'il fouhaitoit, ennemi des affaires d'eftat, ne voulant pas même en entendre parler; fi bizarre dans fes amours & dans les plaifirs qu'on y recherche, & fi extravagant dans les manieres qu'il y fuivoit, qu'il fuffifoit de l'avoir pratiqué un quart-d'heure pour le bien connoître, & pour le méprifer toûjours.

Les novateurs toûjours attentifs à répandre leurs erreurs, & à chercher les fecrets d'établir leur fecte, jugerent bien à ce caractere, qu'ils trouveroient enfin les moyens de fe multiplier, que le défunt Roy leur avoit ôté avec tant de prudence & de religion. Ils ne fe tromperent pas. Pour nous en convaincre, il nous faut faire attention à l'amour que ce Roy eut pour Barbe de Radzivil, dame des plus nobles & des plus riches familles de Lithuanie, veuve du Palatin Geofoldus, ou Gaftold; mais dame dont la vie étoit fort déréglée, & encore plus décriée. La Reine mere, & les Princeffes fes filles apprehendant que cet amour n'allât jufqu'au mariage, firent tout ce qu'elles purent pour en arrêter le cours. Elles fçavoient les galanteries de Radzivil; auffi en parloient-elles fouvent, & particulierement la Reine mere, qui ne laiffoit échapper aucune occafion d'en faire des plaintes & des reproches à fon fils, pour l'en dégoûter. Tout cela ne fit pas grande impreffion fur un efprit auffi leger, & fur un cœur auffi infenfible à l'honneur, qu'étoit celui de Sigifmond; & même tout cela ne fervit qu'à irriter fon amour pour fa maîtreffe, & à le porter à en pourfuivre le mariage. La Reine outrée de ce deffein, paffa des plaintes aux murmures, & des murmures aux menaces, proteftant fouvent & hautement qu'elle remueroit tout dans la republique, pour empêcher qu'une courtifane auffi décriée que Radzivil, devînt fa bru, fa Reine, & fa fouveraine.

Le Roy, qui ne confultoit que fes paffions, ne s'étant pas embarraffé des remontrances & des plaintes de fa mere, s'embarraffa encore moins de fes menaces. Jufqu'alors il n'avoit fait que des projets de mariage; & pour braver fa mere, il voulut y mettre la perfection, par une déclaration autentique. Tout autre que Radzivil, & du même caractere, en feroit demeurée là; mais c'étoit trop peu pour fon ambition d'avoir fa part dans le lit du Roy, elle voulut encore joüir de la qualité de Reine, & des droits qui en font inféparables; auffi ne donna-t'elle point de relâche au Roy, qu'il ne lui eût accordé ce qu'elle prétendoit fur ces prérogatives; mais la chofe ne dépendoit pas uniquement de lui; il falloit que le Senat, & que les Palatins y confentiffent: auffi Sigifmond fit de fon mieux pour avoir leur confentement, tandis que la Reine mere & les Princeffes fes filles, faifoient de leur côté tout ce qu'elles pouvoient pour faire que ce mariage fût rompu, ou du moins qu'il ne fût pas reconnu de la Republique, & que Radzivil n'eût ni le nom, ni les droits de la royauté. Ces peines furent inutiles.

C

Le Roy, qui vouloit abfolument que fon mariage fût reconnu legitime, affembla le Senat, & tous les Grands, & leur tint ce difcours : » Ma foi & mon falut me font plus chers que tous les royaumes du » monde ; & puifque j'ai donné cette foi à madame de Radzivil pour » être mon époufe, il faut donc que je la lui conferve, quoi qu'il m'en » doive coûter, pour ne pas être parjure, & ne pas renoncer à mon falut. Que s'ils prétendoient le forcer de manquer de foi à une perfonne, après la lui avoir donnée avec folemnité, & avec toute la liberté poffible, il ne comprenoit pas comment eux-mêmes pourroient compter fur la foi qu'il leur avoit donnée à fon facre ; & que puifqu'ils vouloient, fous peine de lui ôter la couronne, qu'il leur fût fidele dans ce qu'il leur avoit juré aux *Pacta Conventa*, ils devoient donc, s'ils ne vouloient pas avoir deux balances dans leurs jugemens, une de poids pour eux, & l'autre de fauffe mefure pour lui, ils devoient, dis-je, l'obliger fous peine de perdre fa couronne, de tenir & d'executer la foi & le ferment qu'il avoit fait à madame de Radzivil, de la prendre pour fa légitime époufe : & pour confirmer fon raifonnement, il produifit un livre, & il y lut : Que fert à l'homme de gagner tout le monde, s'il perd fon ame ? Que me fervira donc, conclut-il, d'être votre Roi, & en cette qualité de vous gagner des batailles, fi après cela, je manque de foi à mon époufe, puifque par-là je perds mon ame, & que je me damne ? Prenez maintenant votre refolution ; pour moi je veux me fauver ; & pour cela je ne me départirai point de la foi que j'ai donnée à madame de Radzivil, & je l'aurai pour époufe.

Après ce difcours, les Seigneurs déclarerent que fon mariage étoit legitime, que madame de Radzivil étoit l'époufe du Roi, & leur legitime Reine ; auffi commencerent-ils à lui déferer les honneurs qui lui étoient dûs comme à leur Souveraine.

Complaifance qu'ils voulurent bien avoir, ou par compaffion fur les foibleffes de leur Roi, ou par l'efperance qu'ils conçûrent que fes fucceffeurs pourroient faire le même honneur aux Palatins en époufant leurs filles ; ou pour ménager leur fortune & leur rang à la Cour ; ou parce qu'ils étoient convaincus de la juftice de fa demande ; ou enfin, pour le porter lui-même à les favorifer dans les opinions nouvelles, que plufieurs d'entr'eux avoient déja embraffées.

Il eft aifé maintenant de comprendre ce que nous dit l'Evêque d'Amelia, que, pendant ces divifions domeftiques, ces amours du Roi, & ces baffes follicitations de part & d'autre auprès des Grands, l'autorité royale étoit étrangement affoiblie ; que la licence s'augmenta à l'excès ; que les crimes demeurerent impunis, & que les novateurs fçûrent bien fe prévaloir de ces defordres, pour s'infinuer par-tout, & pour fe fortifier. Alors, ajoûte cet Auteur, on fe mocquoit du culte & des ceremonies de l'Eglife Romaine ; on profeffoit publiquement les doctrines nouvelles de Luther & de Calvin ; il n'y avoit point de jours aufquels on ne fift des affemblées & de nouvelles cabales. Les prieres

Lubienius Hift Ref. Eccl. Pol.

N. 1. p. 7.

Vie du Cardinal Comendon.

publiques, & la celebration des faints Mysteres se faisoient selon les
manieres nouvellement introduites. La Religion ancienne passoit pour
un amas monstrueux de ceremonies ridicules ; le culte en fut aboli en
plusieurs endroits. On se saisit des Temples des Catholiques, pour en
faire des Prêches aux novateurs ; tous les trésors des Eglises tomberent entre les mains des laïques ; les Prêtres furent chassez de leurs
maisons, & dépoüillez de leurs biens : les premiers de la cour, & une
partie du Senat prirent parti, ou par inclination, ou par interêt dans
cette malheureuse contagion, & tout le gros du peuple se trouva assez
fort pour ne craindre ni l'autorité des loix, ni le pouvoir du Roi.

Bien plus, les étrangers qui avoient embrassé les opinions nouvelles, & à qui Sigismond I. avoit défendu l'entrée de ses estats, y vinrent
de France, de Suisse, d'Italie, d'Allemagne, & d'autres lieux, prirent
la licence d'y vivre conformément à la corruption de leur cour, &
d'y répandre les mauvaises doctrines dont ils avoient l'esprit gâté. On
compte parmi ces novateurs étrangers Servet, Blandrat, Lelie Socin, Alciat, Okin, Gentilis, Gribauld, Stator, & beaucoup d'autres,
qui tous avoient embrassé le nouvel Arianisme, & s'étoient déclarez
contre le mystere de la Trinité ; & comme ils ne manquoient ni d'esprit, ni de capacité, ni d'adresse, ni d'amis, ils firent tant de tours de
souplesses, & remuerent tant de machines auprès des Grands, qu'enfin ils en trouverent, & des plus considerables de l'estat, qui, par vanité,
ou par rebellion, ou par interêt, ou par un dégoût qu'ils avoient conçû
de la foi Romaine, ou par quelqu'autre motif, se firent un devoir de
leur donner leur protection ; & par-là ces nouveaux Arianisans ayant
accès chez ces Grands à la Cour, & ne craignant rien, ils trouverent
le moyen de faire goûter leurs nouveautez à un grand nombre de personnes de toutes sortes d'estats & de sexes.

Plusieurs personnes de distinction s'étoient déja déclarées pour
eux dès le regne de Sigismond I. comme Jean Ericessius & son fils,
André & Jean Philipovius, Jacques Prilussius. *Viros nobilissimos & do-
Etrinâ conspicuos, initiis reformationis Sigismundo primo Rege factis : sociis
eorum Fricius Modrevius, &c.* auxquels on ajoûte Modrevius, Nicolas
Olesnicius, Stanislas Lassocius, son frere Christophe Jerôme Philipovius, Martin Chelmius, Nicolas Rejus, Stanislas Cicovius, & après
eux (c'est-à-dire, après le schisme qui se fit en 1565. entre les prétendus Reformez, & les Unitaires,) Jean Lutomirscius, & son frere
Stanislas, Nicolas Sicnicius, appellé le Demosténe de la Pologne, Te-
nutarius, Jean Niemojevius, & quelques autres. *Aliique firmo pede se-
cuti sunt.* Tous ces hommes distinguez par leur naissance, leurs qualitez, leurs emplois, leur esprit, & leur capacité, se déclarerent d'abord
pour le dogme qui combattoit le mystere de la Trinité, & la divinité
de Jesus Christ, & prirent en consequence de cette déclaration le
nom d'*Unitaires*, qui ne connoissent qu'un Dieu, & qu'une Personne
en Dieu. *Zelosi & fortes Patroni sententia Unitaria extiterunt.* La plû-

*Vindiciæ
Unitarior.
B. Anti p.
81. &
81.*

part de ces hommes étoient puiſſans en œuvres & en paroles ; les uns
exerçoient le miniſtére de la prédication parmi les prétendus Réformez ; les autres occupoient des charges & même les premiéres à
l'armée, à la Cour, dans la République, dans le Sénat, dans les Palatinats, & dans les Villes ; & il y en avoit qui poſſedoient l'eſprit du
Roi ou de la Reine mere, & on ne peut pas aſſez exagérer les progrès que fit la ſecte ſous de tels héros, & même avant le ſchiſme qui
ſe fit à la Diete de Pétricovie en 1565. entre ces Unitaires & les prétendus Réformez. Dès l'année 1552. & 1555. ils furent en aſſez grand
N. 2. p. 8. nombre pour former des Egliſes à Pinczow, à Racovie, à Lublin,
à Luclavie, à Kiovie, dans la Volnie, & ailleurs, & s'y diſtinguerent
ſi-bien des autres novateurs par la ſingularité des ſentimens qu'ils
avoient ſur la Trinité, qu'on ne les appella plus nouveaux Ariens,
mais Pinczowiens, Racoviens, &c. & ſe rendirent aſſez puiſſans pour
pouvoir dominer dans les Synodes que les prétendus Réformez &
eux faiſoient en Pologne ſous le regne de Sigiſmond Auguſte, comme
nous le verrons dans les Chapitres ſuivans.

CHAPITRE VII.

Le premier Synode tenu à Pinczovu, & ceux qui l'ont ſuivi juſqu'en 1561.

Hiſt. Ref.
Eccl. Pol.
Oleſnicius.
P Inczow eſt une petite ville du Diocéſe de Cracovie. Elle avoit
vers le milieu du 16e ſiécle pour Seigneur *Oleſnicki*, homme d'eſprit, & encore plus entreprenant : ſa famille étoit une des plus diſtin-
guées de la Province, unie à celle des Sieniniuski ; & le Cardinal Sbi-
gneus en étoit ; au reſte l'homme du monde le plus amateur des nouveautez en matiére de Religion. Il renonça à la foi Romaine, pour
embraſſer le Luthéraniſme. Dégoûté des opinions de Luther, il prit
parti parmi les Sacramentaires, & ſe déclara le protecteur de tous
ceux que les Evêques pourſuivoient pour leur hétérodoxie. Un des
premiers qu'il honora de ſa protection, fut Stancar Italien de naiſſance, homme verſé dans les langues orientales, & que l'Evêque de
Cracovie avoit entrepris, & mis en priſon, pour les héréſies qu'il
avoit répanduës, & d'où il ne ſortit que par les menées & les intrigues de Staniſlas Laſſocius, de Triceſſius, & de quelques autres. La
retraite qu'Oleſnieski donna à ce broüillon, lui attira de gros démêlez de la part de Macicijovius Evêque de Cracovie, mais dont il ne
s'embarraſſa pas beaucoup ; il ſe faiſoit toûjours accompagner par un
bon nombre de gens armez. Stancar lui conſeilla de chaſſer les Cordeliers de ſa ville, de profaner leur Egliſe, & de s'approprier leur
maiſon, avec tout ce qu'ils pouvoient poſſeder. Mais conſeillé par
des perſonnes moins turbulentes, il n'en fit rien, & ſe contenta de

servir Dieu dans son château à la maniére des Zuingliens, dont Stancar lui prêchoit les hérésies.

L'Evêque, qui ne pouvoit pas réduire ce Seigneur, le fit comparoître au Conseil du Roi ; mais inutilement. Olesnieski s'y justifia aisément, & en sortit sans qu'on eût rien décrété contre lui. Ce procédé de la part du Conseil, qui étoit comme une abrogation de la loi de 1524. qui défendoit l'exercice des nouvelles hérésies dans la Pologne, fut comme une permission autentique aux autres Seigneurs d'introduire dans leurs terres les hérésies, qui étoient le plus à la mode, & à leur goût. Olesnieski le comprit bien ; victorieux par-là de son Evêque, il persécuta ouvertement les Prêtres & les Religieux, les chassa de Pinczow, & se déclara encore plus qu'il n'avoit fait, le protecteur de tous les gens d'Eglise qui apostasioient pour se marier, & qui étoient pour ce sujet poursuivis par leurs Evêques.

Le premier des Prêtres qu'il honora de sa protection fut Valentin Curé de Krzconovie; il s'étoit marié publiquement ; l'Evêque de Cracovie le fit paroître devant lui, Valentin obéït, & il lui soutint hardiment, qu'il n'avoit fait que ce qu'il pouvoit faire, & que son mariage étoit légitime. L'Evêque, quoique Chancelier, ne poussa pas la chose plus loin ; il prévoyoit que ces poursuites juridiques n'aboutiroient à rien, & que le Seigneur Olesnieski sçauroit bien en empêcher l'effet pour soutenir celui qui s'étoit mis sous sa protection.

Cette complaisance, ou cet entêtement d'Olesnieski à recevoir tous ceux qui se déclaroient pour les hérésies nouvelles, donna lieu à Blandrat, à Gregoire Pauli, à Crovicius, à Stator, à Schomann, à Brélius, à Tricessius, à Lasco, & à quelques autres, de se retirer à Pinczow, pour y former une Eglise contre la Trinité, & qui devint si fameuse par les Ministres qui la gouvernerent, & par les choses extraordinaires qui s'y passerent, qu'on ne parloit plus en Pologne que de cette bourgade, comme on parloit d'Athénes dans la Gréce & dans le beau monde.

Les Pinczowiens, (c'est ainsi que nous appellerons les nouveaux Ariens, ou Unitaires) assez forts en nombre & en hommes sçavans pour soutenir leurs nouveaux dogmes contre les prétendus Réformez leur demanderent une conférence, & ceux-ci scandalisez des erreurs qu'on répandoit impunément dans leurs nouvelles Eglises, y consentirent aisément.

Ils s'assemblerent pour la premiere fois en 1555. à Pinczow, sous la protection d'Olesnieski. La premiere résolution qu'on y prit fut d'examiner la doctrine, les maniéres, l'esprit & la religion des Freres de Moravie, à qui l'on donnoit communément le nom de Vaudois, de Pauvres de Lyon, de Pikards, d'Hussites, d'Anabatistes, & qui étoient unis de communion à quelques Freres de Pologne ou nouveaux Ariens. Cette résolution prise, on mit en délibération, si on écriroit à Lisismaninn, qui étoit en Suisse, & nouvellement marié,

Synode de Pinczow.

Hist. Ref. Eccl. Pol c. 4.

pour l'exhorter de revenir inceſſamment dans le royaume. *Les Sei-*
gneurs patrons des nouvelles Egliſes, & quelques miniſtres qui avoient
beſoin de ce Cordelier apoſtat, pour appuyer de ſon crédit & de ſon
eſprit, la cauſe commune, conclurent qu'il falloit lui écrire, & ſe
chargerent eux-mêmes de cette commiſſion : mais Sarnicius homme
de qualité, d'un eſprit aigre & dominant, miniſtre zélé pour la prétenduë Réforme, & ennemi déclaré des Pinczowiens, s'oppoſa fortement à cette déliberation, & au retour de Liſiſmaninn, mais inutilement ; on écrivit à Liſiſmaninn, & Budzinius ſe chargea de ces lettres, comme auſſi de celles que le Roi eut la complaiſance d'écrire aux
Miniſtres des Cantons Suiſſes, & dont nous parlerons dans le chapitre de Liſiſmaninn. Après ces délibérations, Stator, Stancar, Blandrat, de Laſco, & quelques autres diſputerent fortement ſur Jeſus-
Chriſt en qualité de médiateur, les uns vouloient qu'il ne le fût
qu'entant qu'homme, & les autres, qu'il le fût entant qu'homme
Dieu.

Ce Synode ne ſe tint pas ſans que Zebridovius Evêque de Cracovie
n'en fût averti ; pour le diſſiper ou pour en arrêter le cours, il y envoya des ſoldats avec ſon Chancelier. Oleſnieski, plus prudent que
les enfans de lumiére, avoit pris la précaution de faire fermer les
portes de la ville, & d'y mettre de bonnes ſentinelles. Le Chancelier,
qui vouloit éxécuter les ordres de ſon Evêque, trouva le moyen de
faire ſçavoir au Synode, qu'il venoit de la part du Roi, & qu'il étoit
chargé de ſes ordres. A cet avis, on délibéra & on conclut, qu'il entreroit lui quatriéme ; on les conduiſit dans le cimetiére des Cordeliers, eux n'y étant plus, & où ſe tenoit l'aſſemblée. Oleſnieski accompagné de quelques Seigneurs, éxamina les ordres, dont le Chancelier étoit chargé, & les voyant ſignez de Przerembſius petit Chancelier de la couronne, & celui-là même, qui un peu auparavant l'a-
voit cité au tribunal du Roi, & qu'ils étoient ſcellez du ſceau du Roi,
il reçut & toute l'aſſemblée ce ſceau avec leur reſpeĉt & leurs cérémonies ordinaires, & ſe mocquerent des ordres, diſant, que les Evêques Catholiques les avoient écrits à l'inſçû du Roi, & continuerent
leur aſſemblée, dont les autres délibérations ne ſont pas venuës à la
connoiſſance de Lubienieski.

Diete de
Vvarſovie
en 1556. En 1556. on tint une Diéte à Warſovie, où après beaucoup de conteſtations de la part des Prélats & des Catholiques contre les prétendus Réformés, ceux-là voulurent faire un decret pour obliger les Miniſtres évangéliques, qui étoient dans les châteaux & dans les maiſons
des Seigneurs, à ſe faire inſtaler & approuver par les Evêques des
lieux à prêcher l'Evangile ſelon le ſens que lui donnent S. Auguſtin,
S. Jerôme, S. Chryſoſtome & S. Ambroiſe, & à payer les dixmes &
autres droits eccléſiaſtiques. Ceux-ci pour éluder cette délibération,
ſoutinrent, que ces Peres s'étoient éloignez de la pureté de la foi des
Apôtres, des hommes apoſtoliques, & même du Concile de Nicée.

Ces répliques firent qu'on laiſſa les prétendus Réformés dans la liberté qu'ils s'étoient arrogée, pour ne point violenter celles dont joüiſſoient les Catholiques.

Ce fut en conſéquence de cette liberté, que les Pinczowiens & que les prétendus Réformés s'aſſemblerent la même année à Seceminie, où Pierre Gonés ſe donna de grands airs; il y ſoutint avec oſtentation & opiniâtreté la prééminence du Pere éternel ſur le Fils & ſur le S. Eſprit; que le Symbole des Apôtres étoit le ſeul, qui devoit être la régle de notre créance; que celui de Nicée, & celui, que nous attribuons à S. Athanaſe étoient des ouvrages purement humains; que la ſainte Trinité n'étoit pas un Dieu; que le Fils étoit moins que le Pere; qu'à la vérité il étoit Dieu, mais un Dieu, qui avoit toûjours honoré ſon Pere, de qui auſſi il avoit reçû tout ce qu'il avoit; que la communication des idiomes étoit une chimére, auſſi-bien que la conſubſtantialité du Verbe avec le Pere. Il ajoûta à ces paradoxes, que le Verbe, qui eſt inviſible, s'étoit changé en chair dans le ſein de la Vierge Marie, ou que Dieu s'étoit changé en homme, & quelques autres impietez, qu'il avoit empruntées de Servet. *Synode de Seceminie.*

Ce diſcours fit différentes impreſſions ſur les eſprits de l'aſſemblée; les Pinczowiens en furent contens & édifiez, & les prétendus Réformés en furent ſcandaliſez, & auſſi en firent-ils grand bruit. Pour les appaiſer on réſolut d'examiner à fond ces queſtions, & d'envoyer à Philippe Mélanchton, pour ſçavoir de lui ce qu'il en penſoit. Sur cette réſolution, Gonés ſoumit ſa foi & ſa perſonne au Synode, & jugea qu'il étoit plus expédient de déferer à un petit nombre de Lutheriens, de Sacramentaires & d'Unitaires, qu'à l'Egliſe Romaine, aux anciens Peres & aux Conciles.

Cette déférence lui fit honneur; on le choiſit pour porter lui-même à Melanchton les lettres du Synode, & même celles qui le regardoient, où on expoſoit la doctrine & l'opinion qu'il avoit ſur le *Logon*; voulant qu'il fût inférieur au Pere éternel, & où on lui donnoit beaucoup de loüanges. Melanchton chargea Selnecejus du ſoin d'examiner les lettres & cette profeſſion de foi: & après que ce cenſeur lui eut rapporté que cette profeſſion ſentoit l'Arianiſme, il renvoya ce Polaque & toute ſa troupe, ſans leur faire l'honneur de les entendre. Le Synode n'en demeura pas là: conformément au decret, que l'on avoit fait dans l'aſſemblée de Pinczow en 1555. qu'on examineroit la religion des Freres de Moravie, on y travailla, & on blâma l'union que les Freres de la prétenduë Réforme avoient faite avec eux dans Kaminiek, & on leur reprocha que cette union avoit renverſé la diſcipline des Egliſes Réformées.

En 1558. on fit une autre aſſemblée à Pinczow, où ſe trouverent Blandrat, Gonés, Stancar, Liſiſmaninn, Crovicius, qui eurent de gros démêlez ſur la prééminence du Pere éternel conformément aux idées de Servet. André Subienieski ancien des Synodes fit de ſon *Synode de Pinczow en 1558.*

Hiſt. Ref.

mieux pour les accommoder enfemble ; il crut en avoir trouvé le fecret, en rejettant de la créance commune le dogme d'un Dieu en trois
Perfonnes.

Sur ce deffein, on fit au mois de Novembre de la même année une
nouvelle affemblée. Jean de Lafco furintendant, (c'eft-à-dire Evêque) des Eglifes de la grande Pologne, Gregoire Pauli, Staniflas Sar-
nieki, Felix Cruciger, & d'autres perfonnes de diftinction y affifte-
rent ; & après y avoir bien difputé, on fe fépara fans rien conclure,
& chacun demeura dans fon opinion ; & celui qui nous a laiffé les mémoires de cette affemblée, dit, qu'elle ne fe fit, que pour combattre
le Myftere de la Trinité, & que pour en ôter la foi, que les Chrétiens en ont. *Ad hanc Synodum annotat Chronicon Lubieniecii fuiffe magnum ingreffum ad demoliendum dogma Trinitatis.*

' Les Miniftres fe raffemblerent le 15. Decembre de la même année à
Briefcie en Lithuanie, & c'eft le neuviéme Synode qu'ils ont tenu. Gonés y fit plus de bruit, qu'il n'avoit fait aux autres Synodes. Il y attaqua le bâteme des petits enfans, & foutint, que ce n'étoit qu'une
invention humaine, & produifit un livre qu'il avoit fait fur ce fujet.
Les Pinczowiens voulurent, qu'on en fift la lecture dans l'affemblée ;
on la fit : les prétendus Réformés en furent fcandalifez, blâmerent
cette doctrine tant de fois anathématifée en la perfonne des Anabatiftes, & voulurent entreprendre Gonés ; mais Jerôme Pickerski, qui
étoit de fon fentiment, l'honora de fa protection, & les efprits fe cal-
merent fur cette matiére pour donner ouverture à une autre, qui n'é-
toit pas d'une moindre conféquence, & que Gonés débita avec encore
plus de hardieffe, qu'il n'avoit fait la premiere; elle regardoit le Myftere
de la Trinité, la diftinction des Perfonnes, la communication des
idiomes, les deux natures en Jefus-Chrift, & quelques autres points
communément reçûs par les catholiques & les Proteftans : il nia tous
ces myfteres, & foutint qu'ils étoient de pures chiméres introduites
dans l'Eglife par l'autorité des Papes. Ces nouvelles entreprifes renouvellerent les plaintes des prétendus Réformés ; ce qui obligea le
Préfident de l'affemblée de défendre à Gonés, fous peine d'excommunication, de foutenir dans la fuite les erreurs qu'il avoit avancées,
mais inutilement ; ces fortes de gens ne s'embarraffent pas des cen-
fures ecoléfiaftiques : il répondit en fanatique, qu'il avoit des lumiéres intérieures, & qu'il les devoit fuivre plutôt que le commandement des hommes : c'eft ce qui donna lieu à Piekerski (à qui on avoit
fait la même défenfe) de haranguer le Synode fur les erreurs & les défordres, qui, felon fa penfée, s'étoient gliffez dans l'Eglife, & le fit
avec tant de grace, de force & de patétique, que plufieurs fe déclarerent pour lui, & embrafferent la doctrine de Gonés. C'eft pourquoi,
malgré les différens mouvemens que fe donnerent les Prélats & les
prétendus Réformés, & malgré les anathêmes qu'ils prononcerent
contre les ennemis de la Trinité & du bapteme des enfans, on reçut
                                                                    dans

dans l'Eglise de Pinczow les erreurs de Gonés sur la prééminence du Pere, & sur le baptesme des enfans, à qui on le refusa dans la suite. On prétend, que Blandrat & Lisismaninn eurent bonne part à cette innovation; & c'est ce qui attira à celui-ci de gros démêlez de la part de Gregoire Pauli, qui ne s'étoit pas encore déclaré pour l'éminence du Pere sur le Fils.

Les prétendus Réformés allarmés du mépris que l'on faisoit des decrets de leurs Synodes, & des censures qu'on y fulminoit contre les désobéïssans, & contre ceux qui répandoient de mauvaises doctrines, s'assemblerent pour la dixiéme fois le 25. Avril 1559. & choisirent pour leurs présidens le sieur de Lasco, & Sarnicius bons Protestans, & ennemis déclarez des Pinczowiens. Ils commencerent par faire un decret, qui obligeoit tous les ministres de rendre compte de leur doctrine, & de ce qu'ils croyent sur l'unité de Dieu, sur la Trinité des personnes. Ils esperoient par-là purger leurs Eglises de l'Arianisme, & y mettre des ministres d'une saine doctrine; mais ce decret n'eut aucun succés, & voici comment.

Le dixiéme Synode.

Le 22. Novembre de la même année ils s'assemblerent à Pinczow : Stancar y disputa fortement pour soutenir que Jesus-Christ n'étoit notre médiateur, que selon sa nature humaine, & on y lut les lettres de Remi Chelmski, qui portoient que les Seigneurs Polonois avoient de gros scrupules sur les prieres que nous adressons au S. Esprit, parce que la plûpart de ces prieres se terminoient au Pere par le Fils. On prétend, que ces prétendus scrupules leur avoient été suggerez par Stator de Thionville.

Le douziéme Synode de Pinczouu 1559.

En 1560. mois de Septembre, les novateurs firent une assemblée à Xianz, & qui passe pour le dix-neuviéme de leurs Synodes, Blandrat y fit paroître tant de capacité, & y trouva de si bons amis, que de malheureux fugitif qu'il étoit, il fut fait le plus ancien des Eglises de la petite Pologne.

Synode de Xianz.
B. A. p. 285.

CHAPITRE VIII.

Suite des Synodes des prétendus Réformés, & des Pinczouuiens depuis l'an 1561. jusqu'à l'an 1562. où la divinité du S. Esprit est combattuë.

LE 30. Janvier 1561. les prétendus Réformés & les Pinczowiens tinrent à Pinczow leur dix-neuviéme Synode : le tout roula sur la réponse que l'on avoit faite à Chelmski, & sur la nouvelle qualité que l'on avoit donnée à Blandrat. Stator, qui ne demandoit qu'à faire ostentation de sa doctrine, dit qu'il avoit appris de bonne part, que Chelmski n'étoit pas content de la réponse qu'on lui avoit faite, qu'il lui en avoit écrit ce qu'il en pensoit, sans néanmoins avoir osé ap-

Synode de Pinczouu.

D

profondir la matiere, & lui marquer au juste ce qui en étoit; mais
que puisqu'il avoit aujourd'hui l'honneur de se trouver devant des
personnes, qui pouvoient juger de sa doctrine & la goûter, & qu'un
ministre du saint Evangile ne doit jamais rougir de dire la vérité
quand il la doit dire : il leur dira qu'il est très-convaincu, que c'est
une pure idolâtrie d'invoquer le S. Esprit, & qu'il démontrera quand
on voudra, qu'il n'y a dans l'Ecriture aucun passage qui prouve la divinité du S. Esprit, ni son adoration, ni son invocation, ni même la
foi que nous devons avoir en lui.

Comme la nouveauté plaît toûjours aux esprits volages, ces paradoxes parurent plausibles à quelques-uns de l'assemblée, & voulurent
les faire accepter par le Synode : d'autres en furent scandalisez, demanderent justice contre celui qui les avançoit, & se mirent en estat
de le convaincre par l'Ecriture, qu'il étoit dans l'erreur ; mais Stator,
qui avoit bien étudié sa matiere, qui parloit aisément, & qui manioit
l'Ecriture comme il vouloit pour la faire venir à son but, prévint lui-
même ses adversaires, & voulut leur prouver par l'Ecriture même,
que le S. Esprit n'étoit pas Dieu, & par conséquent qu'on ne lui devoit aucun culte religieux.

Preuves de
Stator con-
tre la divi-
nité du S-
Esprit.
Lubienieski
hist. ref.
Eccl. Pol.

1. Il n'est pas Dieu, disoit-il, (il faut ici remarquer, que tels étoient
aussi les argumens de Gonés & de tous ceux qui alors s'étoient révoltez
contre la divinité du S. Esprit) il n'est pas Dieu : quand les apôtres ont
enseigné aux fidéles la doctrine qui regarde le S. Esprit, ils ont dit
seulement de bien examiner si leur esprit étoit de Dieu, ou non, (ils
distinguoient donc Dieu du S. Esprit) ou bien examiner s'ils étoient
du S. Esprit, ou s'ils étoient de Dieu.

2. Il n'est pas Dieu, puisqu'il n'est pas la vie éternelle, notre souverain bien, ni celui à qui nous devons tendre : quand Jesus-Christ enseigna aux hommes en quoi consistoit la vie éternelle, & le moien
pour y arriver, il dit seulement, que c'est connoître son Pere & Jesus-
Christ son fils & son ambassadeur : on ne voit rien ici du S. Esprit : &
quand Jesus-Christ a fait des miracles , les Evangelistes nous aver-
tissent bien, qu'il en a fait beaucoup, afin que ses disciples crussent en
lui, qu'il étoit le Christ fils de Dieu vivant, & que par cette créance
ils pussent avoir la vie éternelle : ici on ne parle point du S. Esprit, ni
comme fin derniere, ni comme moien pour y parvenir.

3. Il n'est pas Dieu, puis il n'est pas une Personne de la Trinité. Quand
Jesus-Christ monta au ciel il dit à ses Apôtres, je m'en vais à mon Pere
& à votre Pere, à mon Dieu & à votre Dieu, & ne parle point du
S. Esprit.

4. Il n'est pas Dieu, on n'est pas obligé de croire en lui & à lui :
quand Jesus-Christ enseignoit ce que nous devons croire, & en qui
nous devons croire, il dit bien, croiez en Dieu, & croiez en moi ;
mais il ne nous commande pas de croire aussi au S. Esprit. Et si les
Apôtres dans leur symbole veulent que nous croions au S. Esprit, il

ne s'enfuit pas de là que cet Efprit foit Dieu, puifque par le même fymbole nous devons croire à l'Eglife, & neanmoins l'Eglife n'eft pas Dieu : ils veulent feulement que nous croions, qu'il y a une certaine vertu que Dieu excite dans nos cœurs, qu'il donne par mefure & comme il lui plaît, par diftinction à Jefus-Chrift à qui il l'a donnée dans toute fa plénitude ; & puifqu'il ne le donne que par mefure & qu'il le divife en différentes parties, ce n'eft pas un Dieu, qui de fa nature n'a point de partie & ne peut fe divifer : ce n'eft donc pas à lui que nous devons adreffer nos prieres, mais au Pere feul par le Fils, ou à celui qui nous donne par mefure ce S. Efprit, & non pas à cet Efprit, & s'il n'eft pas Dieu, nous ne lui devons donc aucun culte de latrie.

Les miniftres de la prétenduë Réforme ne manquerent pas de citer plufieurs paffages tirez de l'Ecriture pour réfuter ces argumens néga-tifs, qui au fonds ne prouvent rien contre la divinité du S. Efprit : mais comme ils ne paroiffoient pas affez clairs & décififs à un Efprit auffi entêté qu'étoit celui de Stator, il fallut avoir recours à la tradi-tion & aux explications que les anciens peres ont données à ces paf-fages ; & comme la tradition & les peres étoient une marchandife de contrebande dans un Synode de prétendus Réformés, on en vint aux emportemens & aux invectives.

Stator bien loin d'en eftre ébranlé, fe perfuada, que puifqu'on n'a-voit que des injures pour réfuter fon paradoxe, on le déclaroit le maître du champ de bataille, & enflé de fa victoire il continua à par-ler en maître. Il fe plaignit hautement de la conduite des miniftres de Geneve, & particulierement de celle de Calvin ; l'accufa d'avoir violé toutes les loix de la charité & de la juftice à l'égard de Blandrat, parce qu'il l'avoit accufé d'héréfie & flétri d'infamie par une fentence, dont il avoit la copie, qu'il produifit ; on la lut, plufieurs la trouverent jufte & digne de louange. Le ton plaignant ne réuffiffant pas à Stator, il fe fervit d'une autre batterie contre Calvin : il dit, qu'il ne lui ap-partenoit pas d'accufer fes freres d'arianifer, lui qui fabellianifoit, puifqu'il admettoit trois Dieux, & qu'il avoit écrit, que le Pere étoit non engendré, que le Fils étoit engendré, & que le S. Efprit étoit produit. Ce raifonnement parut ridicule à plufieurs, il changea de ton & foutint qu'on avoit grand tort de l'accufer, & Blandrat d'hé-térodoxie, eux qui ne parloient fur les matieres en queftion, que comme on parle dans les églifes de la Réforme : qu'au refte fi c'eft être hérétique de croire au Pere, au Fils & au Saint Efprit, & d'en croire tout ce qu'en difent les faintes Ecritures, & rien autre chofe ; il avouë ingénument qu'il eft hérétique, & qu'il eft preft d'endurer, pour foutenir ces prétenduës héréfies, tout ce que la jaloufie & la ma-lice de fes ennemis pourront lui fufciter au fujet de fa créance ; trop content du bon témoignage que lui donne fa confcience fur fa doctri-ne : il finit ainfi le rôle de fa fcene.

Blandrat pour foutenir un tel ami qui l'avoit fi-bien défendu, ne

D ij

parla pas moins hardiment pour sa justification. Il soutint que la foi étant simple & divine dans son motif, aussi-bien que dans son objet, il ne falloit rien croire que ce qui étoit formellement dans l'Ecriture, & que ce qui pouvoit en estre déduit par des conséquences claires, naturelles, & décisives : il adjoûta que ce qui étoit dans le symbole des Apôtres n'étoit pas tout-à-fait conforme à l'Ecriture, & encore moins ce qui étoit contenu dans le symbole de Nicée ou de Constantinople, & dans celui que nous attribuons à S. Athanase. *Videmus in symbolo apostolico quasdam phrases scripturæ inusitatas, quarum plures in Nicano, plurimas in Athanasio, videre est.*

Hist. Ref. Eccl. Pal.

Jérôme Ossolinius ou Ossolinski, homme de qualité, outré de la licence avec laquelle Blandrat avoit parlé, lui annonça de la part du Synode, que l'assemblée étoit scandalisée des mauvaises doctrines qu'il soutenoit & qu'il répandoit parmi les fidéles ; & pour s'autoriser dans ces reproches il cita Lisismaninn comme un témoin présent, qui avoit trouvé mauvais, que Stancar eût donné un mauvais livre à lire à une dame de qualité. Lisismaninn ne parut pas content qu'on le citât sur ce sujet, ne voulant pas qu'il fût dit, qu'il eût des sentimens contraires à Blandrat : Il reprit la matiere de la prééminence du Pere éternel sur le Fils, & prétendit en convaincre Ossoliniski par l'autorité des anciens Peres, comme il avoit déja fait dans sa lettre à Jean Charninski ; ce qui donna lieu à de grandes contestations & à des reproches mutuels sur l'hétérodoxie. Les Modérateurs pour y mettre fin, obligerent ceux qui avoient accusé Blandrat & Lisismaninn d'hérésie, de leur faire réparation d'honneur, à condition neanmoins que Blandrat signeroit la profession de foi, après quoi il demeureroit justifié du crime d'hérésie dont on le chargeoit.

Comme l'esprit & les lettres de Calvin avoient eu beaucoup de part aux confusions qu'on avoit faites à Blandrat dans ce Synode, on crut qu'il étoit du devoir de l'assemblée d'écrire à Calvin & à Bulinger ce qui s'y étoit passé. Lisismaninn se chargea de ces lettres, & l'année suivante Ezechovius les porta à Geneve avec les lettres du Palatin de Radzivil : celles-ci marquoient, qu'il ne pouvoit pas condamner Blandrat, persuadé qu'il croïoit sincerement trois consubstantiels, coéternels, & coégaux dans Dieu ; & que si on vouloit le forcer à condamner cet homme, il faloit auparavant que les ministres de Geneve & de Zurich condamnassent cette doctrine. Par-là il sembloit que le Palatin ne s'en rapportoit pas uniquement à Calvin, & qu'il se méfioit de son ressentiment contre Blandrat. Après tant de contestations on finit le Synode : on ôta Luthoremiski du ministeriat de Pinczów pour le faire surintendant, ou évêque, des Eglises de la petite Pologne.

Synode de Cracovie 1561.

Le 16. Septembre de la même année les novateurs s'assemblerent à Cracovie ; cette assemblée fait leur 20ᵉ Synode. On y lut les lettres de Calvin qu'Ezechovius y avoit apportées de Geneve. Ces lettres exhortoient les Eglises de la prétenduë Réforme, & particulierement *B. A. p.* celles de Cracovie & de Pinczow, à bien veiller sur Blandrat, & à se *185.* méfier de sa doctrine. Elles déplurent à plusieurs, & particulierement *N. I. p. 8.* à Ossolinski, qui s'écria qu'il auroit été à souhaiter, que l'on n'eust jamais parlé ni écrit sur le mystere de la Trinité : *Vtinam & scripta de Trinitate sparsa non essent.* (Par-là il blâmoit visiblement les Peres & les Conciles, qui nous ont instruits sur ce mystere, & qu'il faloit s'en tenir à la seule Ecriture.) Ces plaintes furent soutenuës par Blandrat & Lisismaninn, aussi y étoient-ils les plus interessez, & ils s'écrierent : Hélas ! que tous les docteurs parlent tant qu'ils voudront des myste-res de la religion, mais qu'ils nous laissent un Dieu seul, qu'ils ne le divisent pas, & qu'ils se fassent un médiateur tel qu'ils le voudront : *Relinquant mihi omnes doctores unum Deum, nec illum dividant, habeant mediatorem qualem sibi confinxerunt,* & nous ne nous en embarasserons pas. Cependant tout ce grand bruit & ces plaintes n'aboutirent à rien ; il falut conformément aux lettres de Calvin, que Blandrat don-nât des marques de son orthodoxie sur le mystere de la Trinité & la consubstantialité des Personnes : il le fit ; il signa le formulaire de foi communément reçu dans les Eglises de la prétenduë Réforme, & l'on fit un crime à Lisismaninn d'avoir écrit à Jean Charninski sur l'éminence du Pere Eternel à l'égard du Fils.

Lubieniesci nous parle d'un autre Synode tenu à Pinczovv le 19. *Synode de Pinczovv 1561.* Novembre de la même année : on y voulut tirer raison des impiétés que Stator avoit avancées contre la divinité du S. Esprit, & on l'o-bligea de donner par écrit ses sentimens sur ce sujet, pour s'expli-quer mieux qu'il n'avoit fait. Il tergiversa, dit Jean Stoinski ministre de Cracovie, & n'osa écrire tout ce qu'il en pensoit : pour se justifier, il représenta que puisque les ministres étoient contens de Blandrat, & qu'ils avoient loué sa foi, quoique condamnée par Calvin, ils pouvoient bien le laisser en repos sur sa créance, lui qui n'en avoit point d'autre sur la matiere en question, que celle qu'en avoit Blandrat : qu'à la vérité si ceux-là sont hérétiques, qui croient au Pere, au Fils & au S. Esprit il convient qu'il est un hérétique, aiant cette croiance.

Synode de Pinczovv 1561. *Hist. Ref. Eccl. Pol.*

CHAPITRE IX.

Suite des Synodes des prétendus Réformés & des Pinczovviens depuis l'année 1562. jusqu'à la Diete de Petricovie.

L 'An 1562. mois de Mars les novateurs se rassemblerent à Xianz, *Synode de Xianz.* & c'est leur 21e Synode : Blandrat mécontent de la violence qu'il *1562.* prétendoit lui avoir été faite au Synode de Cracovie au sujet de sa signature, présenta une nouvelle profession de foi. Elle portoit, que *B. A. p.* le Pere, le Fils, & le S. Esprit étoient trois hypostases différentes, & *26.*

qu'elles étoient essentiellement Dieu : qu'il reconnoissoit la génération éternelle du Fils & sa divinité, & que le S. Esprit étoit véritablement Dieu éternel procédant du Pere & du Fils. Quelque orthodoxe que parût cette déclaration, le Synode ne voulut pas lui faire l'honneur de souffrir qu'on la lût dans l'assemblée. Quelques particuliers l'examinerent ; il y en eut qui la louerent, il y en eut aussi qui la blâmerent, sans doute parce qu'il n'y rétractoit pas l'opinion qu'il avoit soutenuë avec chaleur, sçavoir que le Pere avoit une prééminence sur le Fils.

Synode de Pinczovv. 1562.
B. A. p. 185.

Le Synode de Pinczovv du mois d'Avril 1562. composé de vingt-deux ministres & de douze gentilshommes patrons de leurs Eglises, lui fut plus favorable. Aprés y avoir examiné la profession de foi de Gentilis, qui s'y étoit trouvé, & où il établissoit le pur Arianisme, on lut la sienne, & on l'agréa parce qu'elle étoit autorisée de quelques passages de la sainte Ecriture, & qu'il y promettoit de se reconcilier avec Calvin, à condition neanmoins que ce ministre laisseroit la liberté de croire que le Christ étoit fils de Dieu très-haut & très-puissant, & de parler de ce Dieu haut & puissant d'une maniere simple & sans aucune interprétation ; qu'il ne prendroit pour régle de la foi que l'Ecriture sainte & le symbole des Apôtres, & qu'il rétracteroit ce qu'il avoit mis au commencement de la préface de son Commentaire sur les actes des Apôtres. Blandrat ne risquoit rien en mettant ces conditions à sa réconciliation avec Calvin : il connoissoit assez bien le génie de son ennemi pour croire qu'il fût un homme à chanter la palinodie dans la seule vûë de se concilier l'amitié d'un homme comme lui, dont il avoit un souverain mépris. Cependant ces conditions furent envoiées à Calvin, & aussi ne servirent-elles qu'à irriter sa bile contre ce malheureux fugitif, & à lui fournir mille moiens pour le forcer de sortir de Pologne.

Aprés l'affaire de Blandrat, on fit un decret pour défendre aux ministres & aux autres prédicans de parler en philosophes sur les dogmes de la Trinité, de l'essence divine, de la génération, de la spiration & des processions éternelles, & qui leur ordonnoit, que quand ils seroient obligez d'exposer ces mysteres au peuple, de le faire conformément à ce que l'Ecriture & le symbole des Apôtres nous en disent. C'est à la faveur de ce decret que les Pinczowiens s'accréditerent beaucoup dans les Eglises des prétendus Réformés, qu'ils ruinerent la foi de la Trinité parmi les autres sectaires, & qu'ils n'en parlerent plus dans les chaires & dans les assemblées que pour le combatre.

Le premier qui suivit ce decret, & qui y ajouta du sien, fut Gregoire Pauli ministre de Cracovie & surintendant des Eglises de la petite Pologne. Non seulement il ne parla plus en philosophe sur les mysteres de la Trinité, de l'essence divine, de la génération, & des processions, mais il n'en parla en aucune maniere. Quand il prêchoit il lisoit le nouveau Testament par ordre, & sans y rien adjouter que les

gloſes, les commentaires, les paraphraſes, & les réflexions morales
qu'il lui plaiſoit d'y faire ; & en qualité de ſurintendant des Egliſes
de la prétenduë Réforme, il défendit à tous les miniſtres de ſon diſtrict d'invoquer & même de prononcer le nom de la Trinité au commencement de leurs diſcours.

Cette nouveauté fit grand bruit parmi les prétendus Réformés.
Sarnicius bon proteſtant, zelé défenſeur du myſtere de la Trinité, &
encore plus envieux du poſte que Gregoire Pauli occupoit, blâma hautement la conduite de celui-ci ; & pour ne pas rompre avec lui ſans
prendre quelques meſures de charité ou de bienſéance, il le pria de
ne point introduire de telles innovations dans les Egliſes de Jeſus-Chriſt, d'inſtruire les peuples à la maniere accoutumée, & d'expliquer par détail & par des paraphraſes ſenſibles, non le texte du nouveau Teſtament, mais le ſymbole des Apôtres & les points qui regardent uniquement la créance des fidéles. Gregoire Pauli, qui avoit
l'humeur haute, & qui ſe prévaloit de ſa qualité de ſurintendant des
Egliſes, mépriſa les plaintes, les avis & les prieres de Sarcinius, &
continua ſes nouveautés dans ſes inſtructions & même en ſa préſence.
Sarnicius ainſi mépriſé rompit avec lui, & lui intenta un procès devant le magiſtrat de Cracovie, & l'accuſa d'Arianiſme, & de favoriſer
les erreurs de Servet.

Au mois de Juillet de la même année, Bonarus n'ayant pû reconcilier ces deux miniſtres, Staniſlas Szefranécius homme de qualité
aſſembla en la maiſon de Rogow un nombre de miniſtres & de perſonnes de qualité en forme de Synode, & une des premieres choſes qu'on
y fit, fut de travailler à la réconciliation de ces deux hommes. Auſſitôt que Gregoire y eut la liberté de parler, il harangua l'aſſemblée
ſur le prétendu zele qu'elle avoit pour la pureté de la foi, blâma les
diſſentions qui regnoient dans leurs Egliſes, les attribua à Satan auteur de la diſcorde, proteſta qu'on lui faiſoit injuſtice de les lui attribuer, & de l'accuſer en général & en particulier de prêcher l'Arianiſme, parce qu'il prêchoit un ſeul Dieu Pere de notre-Seigneur Jeſus-Chriſt. Il ajouta que s'il étoit hérétique pour prêcher cette vérité, il
faloit donc taxer d'héréſie les Apôtres, eux qui n'ont point eu d'autre
objet dans leurs prédications que le ſeul Dieu, le Dieu d'Iſraël, le
créateur du ciel & de la terre, & Jeſus de Nazareth, le Meſſie promis aux anciens patriarches, le Roi du peuple ſaint, & le ſauveur du
monde, & qu'il n'ignoroit pas que depuis les Apôtres il s'étoit gliſſé
dans l'Egliſe de Chriſt beaucoup d'erreurs, comme l'avoüe Egeſippe
chez Euſebe de Céſarée, & particulierement ſur les trois Perſonnes
dans une nature divine, & ſur les deux natures en Jeſus-Chriſt ; nouveautés, continuë-t'il, que les apôtres ont ignorées, & que nous pourrions ignorer ſans rien riſquer pour notre ſalut : que pour ne pas donner dans ces erreurs & dans cette corruption des dogmes, il faloit
s'en tenir à la ſeule Ecriture, éprouver tout, comme dit l'Apôtre, &

Synode de
Rogow
Hiſt. Ref.
Eccl. Pol.

L. 3. Hiſt.
Eccl. 5. 29.

retenir le bon ; qu'on y verroit la prééminence du Pere Eternel fur le
Fils, ce qui lui feroit facile de prouver : qu'à la vérité le Concile de
Nicée avoit défini, que le Fils étoit confubftantiel au Pere, mais auffi
qu'il y avoit beaucoup de Peres, à qui ce terme ne plut pas ; que le
Concile n'ofa rien décider fur la divinité du S. Efprit ; que S. Hilaire,
dans fes douze livres fur la Trinité, n'avoit jamais donné au S. Efprit
la qualité de Dieu, & qu'il n'avoit point dit qu'il fallût l'adorer &
l'invoquer ; que S. Athanafe eft le premier & le feul qui ait avancé
que le S. Efprit fût Dieu, ou s'il y a des Peres qui l'aient enfeigné
avant lui, il y en a peu, & de nulle confidération, puifqu'au rapport de
S. Gregoire de Nazianze, ce dogme n'a commencé à être enfeigné
dans l'Eglife, que vers l'an 365.

Après ce difcours, il fe mit en devoir de prouver la prééminence
du Pere fur le Fils, par l'autorité de S. Hilaire, de S. Jean Chryfofto-
me, de S. Cyrille, de Theophilacte & de quelques autres Peres, parce
que ces anciens ont quelquefois appellé le Pere Eternel la caufe ou le
principe du Fils ; & pour fe juftifier contre Sarnicius de ce qu'il ne parloit pas de Trinité, d'effence de perfonnes, d'hypoftafes ; il allegua
l'autorité du Synode de Pinczovv, la préférant à celle de tant de Peres & de Conciles anciens, qui veulent que nous nous fervions de ces
termes, & que nous difions, *Homoufion, hypoftafes, confubftantialité*,
&c.

Sarnicius ne demeura pas court à ce difcours ; il avoua que la corruption s'étoit gliffée parmi les Chrétiens, depuis la mort des Apôtres,
mais que cette corruption étoit dans les Ebionites & dans les fectaires
de Cerinthe, de Simon le Magicien, de Paul de Samofate & d'Arius ;
& après cet aveu il combattit par l'Ecriture, par les Conciles & par
les anciens Peres les erreurs de Gregoire Pauli.

Il arriva à ce fujet ce qui arrive dans la plûpart des difputes que
l'on fait fur les matieres de la religion : chacun prit fon parti ; il y en
eut qui applaudirent à Gregoire, & il y en eut qui fe déclarerent pour
Sarnicius. C'eft ce qui donna lieu à Gregoire de revenir à la charge ; il
protefta qu'il n'avoit rien de commun avec les Ebionites & les anciens
hérétiques, ajouta que toutes les autorités dont Sarnicius s'étoit fervi
pour combattre fon opinion, ne faifoient aucune atteinte aux preuves qu'il avoit apportées lui-même, & tirées de l'Ecriture : que tout
ce qu'il difoit des Peres pour le combatre, ne fervoit de rien, puifqu'ils étoient des hommes : que l'hymne *Gloria Patri & Filio & Spiri-
tui fancto*, dont il faifoit trophée, n'avoit été en ufage qu'au commencement du quatrième fiécle, au rapport d'Eufebe & de Nicetas ; qu'elle ne pouvoit donc fervir de preuve, n'en recevant point d'autre, conformément aux principes de la réforme, que la feule Ecriture, & fans
glofe : au refte, qu'il croit en Dieu par Jefus-Chrift, & qu'il lui défere
toute gloire par Jefus-Chrift médiateur ; qu'il s'en tient à la fimplicité
de Pierre pêcheur & du fymbole des Apôtres ; en quoi il différe du Juif.

Celui-ci

Celui-ci croit en un Dieu puissant, & moi je crois encore en Jesus-Christ son Fils, le Messie promis, conformément au précepte qu'il nous en a fait chez saint Jean : *Creditis in Deum , & in me credite.* Enfin il soutint si-bien sa cause ; que tous ceux qui se trouverent à ce Collo-que inclinerent pour lui, & conclurent que pour entretenir la paix dans les Eglises, les Evangelistes & les Calvinistes souffriroient les Pinczowiens , & que les Pinczowiens ne troubleroient point les Evangelistes & les Calvinistes ; qu'on ne parleroit plus de nouveaux formulaires de foi, à moins qu'ils ne fussent parfaitement conformes à l'Ecriture, & qu'on s'en tiendroit pour le reste au dernier Synode de Pinczow. Décider ainsi , c'est donner gain de cause aux Pinczowiens ; par-là ils avoient ce qu'ils demandoient, la paix , la liberté, & la seule Ecriture pour regle de leur créance.

Sarnicius vit bien les suites de cette résolution , & qu'elle ne servi-roit qu'à ruiner dans les nouvelles Eglises de la réforme la foi de la Trinité : c'est pourquoi à la sortie du Colloque, ou par un véritable zele pour la foi de la Trinité, ou par un desir extreme de se mettre en la place de Gregoire Pauli (car on l'accuse de cette ambition) il s'en alla réiterer ses plaintes chez Bonarus & chez Miscovius contre Gre-goire, & l'accusa d'hérésie. Ceux-ci pour faire droit à ses plaintes fi-rent venir chez eux Gregoire, avec Wisnovius & quelques autres Ministres. Sarnicius leur reprocha d'abord qu'ils n'invoquoient pas Jesus-Christ dans leurs prieres. Wisnovius soutint le contraire ; des paroles on en vint aux invectives ; ils se reprocherent mutuellement leurs erreurs : enfin Sarnicius y eut le dessous ; les plus anciens de l'E-glise de Cracovie le prierent de cesser ses poursuites, de laisser les Eglises en paix , de s'en tenir au decret du Synode de Pinczow, de ne point commettre les freres & les Ministres avec les seigneurs leurs Patrons, & qu'il vécût en paix avec Gregoire Pauli.

Ces exhortations ne firent pas grandes impressions sur l'esprit de Sarnicius ; il le fit connoître dans la maison de campagne du Châte-lain Bonarus, où se trouverent plusieurs Ministres pour chercher le sens le plus naturel de ces paroles : *Unus Deus, unus & Mediator Dei & hominum, homo Christus Jesus.* Il y a un Dieu & un Médiateur entre Dieu & les hommes, qui est Jesus-Christ homme. Sarnicius voulut que ce nom de Dieu fût pris pour la Trinité, & Gregoire le nia sur un sens forcé qu'il donna à ces paroles. Sarnicius s'écria à l'hérétique , de-manda qu'il fût déposé de sa charge, & qu'il fût chassé de Cracovie comme un homme qui renouvelloit les héréfies d'Arius & de Servet.

Pour arrêter le cours de ces contestations, & voir qui avoit tort, on indiqua un nouveau Synode à Pinczow au mois d'Août 1562. Sar-nicius y fut invité, promit de s'y trouver, & jugea à propos de ne pas tenir sa parole. Ceux qui s'y trouverent y donnerent leur profession de foi ; ces professions de foi vinrent à la connoissance de Sarnicius, & il s'en servit pour convaincre Bonarus & les Moderateurs que ces

1. Tim. 1. 2. v. 5.

Synode de Pinczow 1562.

E

hommes penſoient mal de la Trinité, & par-là mit la diviſion dans les Egliſes de la prétenduë Réforme.

La mort ſubite du Châtelain Bonarus qui avoit donné ſa protection à la nouvelle Egliſe de Cracovie, & le mariage de ſa veuve qui ſe fit peu après changerent, les affaires de Gregoire Pauli. La terre où étoit ſon Egliſe tomba entre les mains d'un nouveau maître; & Cichovius Archicamerien de Cracovie (qualité qui approche de celle de Séna-teur, & de celle de Tribun du peuple Romain : *Archicamerarius , quæ dignitas apud nos ſenatoriæ eſt proxima , tribunum plebis Romano more rectè vocaveris*) homme conſideré parmi les prétendus Réformés pour leur avoir donné une de ſes maiſons de Cracovie qui leur ſervoit d'Egliſe, fit une aſſemblée chez lui, où la brigue de Sarnicius & de Laurent Praſnicius ſon collegue fut ſi puiſſante, qu'enfin on fit le procès à Gregoire Pauli, quoique abſent; il y fut condamné à perdre ſa Surin-tendance des Egliſes de la petite Pologne, & de ſortir de Cracovie, comme un homme qui renouvelloit les héréſies d'Arius. Le decret eut tout ſon effet; mais il n'alla pas loin, il trouva bien-tôt des gens qui l'honorerent de leur protection, & qui lui donnerent une retraite aſſurée : on met de ce nombre Cichovius même, Lutoromiski, Ne-mojovius, Philippovius, Lazanovius, Crovicius, Pacleſius Scho-man, &c.

Sarnicius n'en demeura pas là : il ſentit bien que ce n'étoit faire les choſes qu'à moitié pour la bonne cauſe, en chaſſant Gregoire de ſa ſurintendance, ſi en même temps on ne mettoit un frein à la deman-geaiſon qu'avoient la plûpart des Miniſtres de prêcher les erreurs que les Pinczowiens avoient ſur la Trinité. Revêtu de la ſurintendance des Egliſes de la petite Pologne en la place de Gregoire, il fit faire une nouvelle profeſſion de foi contraire à celle des Pinczowiens, & y ajouta un decret qui portoit, que tous ceux qui prêcheroient que le Pere Eternel eſt plus éminent que le Fils, ſeroient dépoſez. Ce de-cret, quoique agrée & ſigné du Synode, n'eut aucun effet, les Mini-ſtres allerent toujours leur train.

Les Anciens, qui ſentoient bien que par une telle conduite le feu de la diſcorde s'allumeroit de plus en plus dans leurs Egliſes, convin-rent de faire un nouveau Synode à Pinczow au mois de Novembre. Ils exhorterent Sarnicius de s'y trouver; & lui qui n'étoit pas d'hu-meur d'y paroître en écolier, mais en maître, refuſa d'y aſſiſter, pré-voiant bien qu'il n'y auroit pas cette derniere qualité.

Synode de Mordas en 1563.

Au mois de Juin 1563. les Pinczowiens, à la ſollicitation de Lutho-romiski, s'aſſemblerent au nombre de vingt-deux Miniſtres à Mordas ville du Palatinat de Vilna, & ils y firent un decret contre ceux qui ſoutenoient le dogme d'un Dieu en trois Perſonnes. Ce decret fut comme le premier coup du toxin qui ſouleva la plûpart des Egliſes de la prétenduë Réforme contre le myſtere de la Trinité. Grand nombre de Miniſtres, de Magiſtrats, de Nobles, de Chevaliers, de Satrapes, de

B. A. p. 282.

Palatins, de Generaux d'armées, de Gouverneurs de Provinces, de Secretaires d'Estat de la grande & petite Pologne, de la Lithuanie, de
la Russie, de la Podolie, de la Volinie, de la Prusse, de la Moravie,
de la Silesie & de la Transilvanie, se déclarerent pour le nouvel Arianisme, & pour ennemis de la divinité, de l'égalité & de la consubstantialité de Jesus-Christ ; & si ce parti ne fut pas le plus fort & le plus
étendu parmi les ennemis de l'Eglise Romaine, du moins parut-il terrible aux Evangelistes & aux Calvinistes. Ce fut pour l'abbatre, ou
pour y mettre un frein, qu'ils demanderent dans la Diete de Petricovie en 1565. la liberté d'entrer en Conference publique avec tous ceux
qui s'étoient déclarez contre le mystere de la Trinité, & ceux-ci qui
ne demandoient pas mieux, elle leur fut accordée.

CHAPITRE X.

*Le progrès que le Socinianisme fit en Pologne après la Diete de
Petricovie en 1565.*

NOus pouvons croire que les Novateurs n'eussent jamais pû obtenir de Sigismond Auguste la permission de faire une Conference
publique sur les dogmes de la foi, si la plûpart des Nobles qui composoient la Diete de Petricovie, n'eussent été infectez des héresies
nouvelles. La chose étoit trop criante contre un Roi Catholique, &
qui veut demeurer dans le sein de l'Eglise Romaine. Ceux qui soutenoient les Evangelistes & les prétendus Réformés, étoient outrez de
voir leur secte diminuer ou changer tous les jours de face, & devenir l'objet des railleries des Pinczowiens qui les provoquoient continuellement à la dispute : & ceux qui adhéroient aux Pinczowiens
ou qui vivoient dans l'indifférence sur les controverses de la religion, & qui étoient en grand nombre, par la licence que les hérésies & le mauvais gouvernement y avoient introduite, étoient ravis
de voir leurs gens aux prises avec leurs adversaires, comptant que
leur capacité avec leur prétendu bon droit les rendroient victorieux.
C'est ce qui les porta tous à prier le Roi de leur accorder cette Conférence, d'en prescrire les regles, d'en nommer les Commissaires &
d'en désigner les Theologiens: les Seigneurs Catholiques qui se trouverent à cette Diete ne manquerent pas de s'écrier contre un tel procedé;
& le grand Osius Cardinal du saint Siege, qui en vit les consequences,
prit la peine malgré son grand âge & les fatigues du voiage qu'il avoit
essuiées à son retour de Trente, de venir trouver le Roi pour lui re-
présenter que son honneur & la Religion étoient interessez dans cette
Conférence ; qu'il étoit de son devoir roial de révoquer sa parole, &
le pouvoir qu'il avoit donné sur ce sujet aux Hérétiques, & même de
dissiper ces sortes de Colloques, où la Foi étant exposée aux argumens

E ij

d'un Sophiſte, étoit toujours en grand danger. Quelque judicieuſe que
fût la repréſentation de ce Cardinal, elle n'eut aucun effet. Le Roi
comme enchanté ou de la paſſion de voir ces Novateurs aux priſes
avec leurs adverſaires, ou des ſollicitations que lui firent les Grands
du Roiaume ſur ce fait, ou de la crainte de déplaire à ceux qu'il craignoit ou qu'il aimoit, voulut que les prétendus Réformés diſputaſ-
ſent publiquement avec les Pinczowiens ſur les points controverſez
parmi eux. Ce procedé déplut tant au Cardinal & aux Seigneurs Catholiques, qu'ils ſortirent de la Diete, pour ne pas être témoïns dès
blaſphêmes qu'on devoit débiter dans cette conférence contre la ſainte Trinité.

Ceux qui formerent cette conférence ſont, de la part des Pinczowiens Gregoire Pauli, Staniſlas Luthoromiski Surintendant des
Egliſes de la petite Pologne, & Secretaire du Roi, ſon frere Jean,
Nicolas Sienicius, Jean Niemojovius, Caſanovius, Paracliſius, &c.
& de la part des prétendus Réformés, ſont Sarnicius, Silvius, Pluſius
& quelques autres des plus diſtinguez parmi eux.

Dans la premiere ſéance on regla avec aſſez de peine les places:
on y convint que les Pinczowiens parleroient les premiers; après
eux les prétendus Réformés, & chacun à ſon tour. On nomma pour
Secretaire de la part des premiers, Caſanovius, & de la part des autres, Pluſius. Les Commiſſaires furent pris des deux partis, & préſide-
rent à leur tour. Le premier fut Jean Frelai Palatin de Cracovie,
grand Maréchal de la Couronne, & bon Calviniſte: en finiſſant un petit diſcours qu'il avoit fait pour exhorter les parties à procurer une
ſolide paix dans les Egliſes, il dit: commençons donc au nom de Dieu
& de la ſainte Trinité. A ce mot un Pinczowien, qui pourroit bien
être Gregoire Pauli, ſe leva fierement contre le Préſident, & dit avec
un regard effraié: nous ne connoiſſons point de Trinité; nous ne dirons donc pas *Amen*. Le Maréchal, qui ſans doute auroit dû faire taire
cet homme, puiſqu'il parloit hors de propos, & qu'il ne pouvoit pas
encore ſavoir ſi le Préſident n'auroit point quelques loix ou quelques
autres choſes à preſcrire pour la Conférence, le Maréchal, dis-je,
répartit: commencez donc votre diſpute par ce myſtere.

Alors Gregoire Pauli ſoutenu de Gentilis & de quelques autres,
mit en œuvre tous les argumens dont les anciens Ebionites, Samoſatiens & Ariens ſe ſont ſervis pour combattre la Trinité des Perſonnes,
la conſubſtantialité du Fils, ſon éternité & ſes autres attributs divins.
Sarnicius, Silvius & quelques autres Miniſtres de la prétenduë Réforme, avant que d'entrer en diſpute, voulurent convenir d'un point de
qui aſſurément dépendoit le ſuccès de leur cauſe, ſavoir ſi les Pinczowiens recevroient pour preuve l'autorité de la Tradition, des anciens Peres & des premiers Conciles: ceux-ci agguéris dans les principes & dans les maximes de la prétenduë Réforme, répondirent, que
Luther, Zuingle & Calvin ne vouloient ni Tradition, ni Conciles, ni

Peres, ni Eglise, mais seulement l'Ecriture sainte sans glose & sans interprétation, pour la seule preuve des dogmes de la Foi, & qu'ils les imiteroient; & qu'eux Lutheriens, Calvinistes & Sacramentaires, ils ne pouvoient pas renoncer à cette regle, & recevoir pour preuve l'autorité de la Tradition, des Conciles & des anciens Peres, sans donner gain de cause aux Catholiques Romains sur un grand nombre de points controversez entr'eux, puisque de leur aveu, les Catholiques étoient fondez sur la Tradition, les Conciles & sur les Peres, & d'une maniere si claire, qu'on ne pouvoit y repliquer avec quelque sorte de raison. Or, ajouterent-ils, l'Ecriture prise dans son sens naturel, & tel qu'il paroît d'abord à l'esprit, ne dit pas qu'il y ait trois Personnes en Dieu, & que le Fils soit consubstantiel au Pere ; donc vous ne devez point admettre de Trinité & de consubstantialité. Au reste, s'il nous faut expliquer l'Ecriture par les Conciles, nous croions avoir autant de raison de nous en tenir à l'explication que les Conciles de Sirmium & de Rimini ont donnée sur cette matiere, qu'eux Evangelistes & Sacramentaires en avoient pour s'en tenir à la décision du Concile de Nicée, & même qu'ils avoient bien plus de raison de s'en tenir aux Conciles de Sirmium & de Rimini, que n'en avoient ceux qui s'en tenoient au Concile de Nicée, puisque les Conciles ausquels ils adhéroient avoient été libres, & que celui de Nicée ne l'avoit pas été, par la présence du grand Constantin qui tenoit tous les Peres en respect & dans la nécessité de faire sa volonté : c'est ce qu'il auroit fallu prouver, & c'est ce qu'ils ne firent pas, jugeant le fait averé, ou du moins inutile à leur dessein.

Il fallut donc que les prétendus Réformés se renfermassent dans les seules bornes de l'Ecriture, & qu'ils s'en servissent sans glose : ils le firent, mais ils n'allerent pas loin. On commença à entrer en matiere sur l'explication de ces paroles de saint Jean, *Au commencement étoit le Verbe.* Les Pinczowiens, qui étoient aguéris sur ce passage par les paraphrases que Lelie Socin en avoit faites, y donnerent un sens figuré, & confirmerent leur explication par d'autres passages ausquels les prétendus Réformés donnoient eux-mêmes un sens figuré, comme à ces paroles, *Ceci est mon corps, je suis la vigne, mon Pere est le vigneron ; je suis l'eau qui réjaillit jusqu'à la vie éternelle, &c.* Les prétendus Réformés ne manquoient pas de preuves tirées de la Tradition, des Conciles & des Peres, pour éluder ces fictions & ces explications nouvelles ; mais ils n'osoient s'en servir ; & enfin après beaucoup de paroles & d'invectives de part & d'autre, les prétendus Réformés ne pouvant alléguer des preuves tirées de l'Ecriture, ausquelles les Pinczowiens ne pûssent répliquer, ils entonnerent de toute leur force & en pleine Assemblée : *Gloria Patri Deo, gloria Unigenito, cum Spiritu Paracleto, & nunc & in perpetuum ;* gloire à Dieu le Pere, gloire à son Fils unique, & à l'Esprit de consolation, maintenant & toujours.

Ce procedé, qui au fonds devoit passer pour une preuve de leur

C. I.

ignorance & de la perte de leur cause, fut pris dans un autre sens par les Pinczowiens. Ils se mirent en tête qu'on blasphêmoit contre Dieu pour les insulter, en demanderent justice à l'Assemblée; protesterent qu'ils ne souffriroient plus que l'on fît de telles injures à la majesté du grand Dieu; & feignant d'être extremement outrez, ils rompirent l'Assemblée & se separerent ainsi.

Après leur sortie, les prétendus Réformés presserent le Palatin Firlai de faire quelques reglemens pour mettre la paix dans leurs Eglises, & arrêter les nouveautés des Pinczowiens: on leur promit; & il y fut arrêté, qu'on n'accorderoit plus aux nouveaux Ariens de Conférence publique; que le dogme d'un seul Dieu en trois Personnes consubstantielles & coégales en tout, seroit maintenu, & que toutes les Eglises de la prétenduë Réforme seroient obligées d'y adhérer.

Tous les Ministres Pinczowiens qui ne s'étoient pas trouvez à ce reglement, protesterent contre, & dirent qu'on avoit agi contre les conventions faites avant la Conférence, en condamnant Gregoire Pauli & ses adhérans sans les avoir entendus, & soutinrent si-bien leur cause, que l'Assemblée se divisa en deux bandes, dont l'une se déclara pour la grande Trinité, & l'autre pour la petite Trinité: ceux-là appellerent ceux-ci Ariens, & ceux-ci appellerent ceux-là Blasphêmateurs. Les premiers, qui ne savoient à qui s'en prendre du mauvais succés de leur dispute, & de ce qu'ils n'avoient pas confondus leurs adversaires, se reprochoient mutuellement d'avoir donné naissance à ce nouvel Arianisme. Les Calvinistes en accusoient les Evangelistes, parce que Luther avoit dit, qu'il avoit peine à souffrir le mot de Trinité & de consubstantialité. Les Evangelistes aussi ne demeuroient pas court sur de tels reproches: ils n'ignoroient pas que plusieurs termes avoient échappé à Calvin contre la Trinité, & que les plus déterminez Ariens comme Blandrat, Alciat, Gentilis, Gribauld, &c. avoient été Calvinistes, & qu'ils avouoient eux-mêmes avoir trouvé dans la doctrine de Calvin les principes des opinions qu'ils soutenoient. Les seconds, je veux dire les Pinczowiens, allerent toujours leur train, cependant avec moins de chaleur & d'ostentation, parce qu'on les avoit étrangement décriez de vive voix & par écrit, particulierement Philoppovius & Lassicius. On ne demandoit pas moins qu'on les traitât en Pologne comme on avoit traité Servet à Geneve.

Hist. Ref. Eccl. Pol.

CHAPITRE XI.

On y agite la matiere du Baptême des petits enfans.

CE fut à peu près dans le même temps qu'on agita avec beaucoup d'aigreur de part & d'autre la matiere du batême des petits enfans. Les Pinczowiens n'en vouloient point, fous prétexte que l'Ecriture, felon le fens qu'ils lui donnoient, n'en parloit point formellement; & les prétendus Réformés le vouloient, fous prétexte que l'Ecriture n'y étoit pas oppofée, & que la tradition depuis les Apôtres jufqu'à eux l'autorifoit.

Les premiers qui fe fouleverent contre le batême des petits enfans, furent les Ariens de Cujavie, de Briftie & de plufieurs Eglifes de Lithuanie. Avant cette révolte prefque univerfelle fur ce fujet, Sandius dit que Farnovius & Vifnovius avoient déja commencé à rebatifer les adultes, qui avoient reçû le batême dans leur enfance. On fait l'honneur de cette innovation à Gonés, qui dès l'année 1562. avoit fait un livre contre le batême des enfans; à Pierre Pulchranius Alemand de nation, Recteur du College de Bieha dans la Province de Lublin; à Paclefius, à Mathias Albinus Miniftre d'Ivanovie, à Jerôme Piekarfius & à Martin Czechovius. Ce dernier tourna fi bien l'efprit de ceux de Cujavie, province de la Pruffe, qu'il les obligea à ne batifer que les adultes.

Simon Zacius Proffevicius ancien de l'Eglife de Vilna, avoit produit dès l'année 1559. un formulaire de foi contre le batême des petits enfans. Ce formulaire caufa dans la fuite de violentes conteftations entre Czechovius, Nicolas Wandrogovius, & Paul Surintendant des Eglifes de Lithuanie: celui-ci étoit pour le baptefme des enfans, & les deux autres le combattoient. Dans le deffein de les accommoder on indiqua en 1565. un Synode à Brefnie, où fe trouverent trente-deux Miniftres, mais fans fuccès; ce nombre n'étoit pas fuffifant pour fermer la bouche ou pour arrêter l'impetuofité des deux rebatifans. On remit l'affaire à un autre Synode.

On le tint le 25. Decembre 1565. à Wengrovie ville de Podlakie. Luthoromiski prit la peine d'écrire aux Eglifes de Vilna pour les prier d'y envoier leurs députez. Quarante-fept Miniftres, feize perfonnes de qualité, grand nombre de Lithuaniens, qui n'étoient pas pour le batême des enfans, s'y trouverent. Philoppovius y préfida du confentement de toute l'Affemblée: on y lut les lettres de mad. Kifciana & de mad. Anne de Radzivil Palatines. Ces lettres lûës, on examina celles des Eglifes de Lublin, de Sidlovie, de Brefcie, &c. des Anciens de ces Palatinats, & de plufieurs autres perfonnes de l'un & de l'autre fexe, & de différens eftats. Tous demandoient qu'on ne décidât rien fur la matiere du batême des enfans, que fur les termes de l'Ecriture, & qu'on s'appliquât à pacifier les troubles qui étoient dans les Eglifes. On fut fix jours à contefter pour & contre le batême des enfans, & avec autant de chaleur qu'on avoit fait dans les autres Synodes pour & contre le myftere de la Trinité, fans neanmoins rien conclure; *Utraque pars permanfit in fua fententia.*

Cependant les Miniftres de Lithuanie retournez dans leurs Eglifes,

Nucleus Hift. Eccl.

Synode de Brefnie 1565.

Synode de Wengrovie 1565.

Hift. Eccl. 1. vol.

publierent hardiment que le Synode avoit condamné le batême des enfans, & qu'il avoit déclaré qu'il falloit se faire instruire dans la Foi avant que de recevoir le batême. Quelques Ministres de Vilna qui étoient pour le batême des enfans protesterent contre ce faux bruit, & écrivirent d'une maniere vive & piquante à ceux de Brescie, sur ce qu'ils vouloient introduire dans les Eglises la pernicieuse coutume de ne pas batiser les petits enfans des fidéles. Ces hommes de rien (c'est ce que portoient leurs lettres) ont d'abord demandé que l'on batisât les seuls adultes, pour mettre leur conscience en sureté sur ce sujet ; & allant d'abyme en abyme, ils ont révoqué en doute la validité de leur batême, & ont soutenu hautement qu'ils n'avoient pas été batisez. Un temps viendra, ajoutent ces lettres, qu'ils croiront qu'on n'est pas obligé de batiser les adultes, étant tous spirituels ; & enfin ils en viendront à cet excès, que d'ôter aux hommes toutes les voies du salut. Après ces plaintes, elles exhortent ceux de Brescie de fuir cette engeance d'Anabatistes, de s'en tenir à la simple institution du batême & à l'Evangile, & leur promettent de prier Dieu de les délivrer de ces esprits inquiets & turbulens. Ces lettres sont dattées de Vilna 1566.

Les Ministres de Brescie reçurent fort mal ces lettres ; ils y répondirent sur le même ton. Vous dites (ce sont leurs paroles) que la doctrine qui combat le batême des enfans, est la peste & la ruine de la République & des Eglises de Dieu ; & nous, nous l'appellons la doctrine & le commandement des Apôtres, & nous la suivrons. Aussi depuis ces contestations ils demeurerent fermes dans leur erreur, & ne batiserent plus les enfans.

Quelques autres Eglises, particulierément celles de Russie & de Transilvanie ne se contenterent pas d'embrasser l'erreur sur le batême des enfans ; ils appellerent ce batême une idole, le comparerent au serpent d'airain, & ajouterent que ceux qui s'attachent à la necessité de ce batême sont semblables à ceux qui cherchent l'Arche de Noé, le joug de Jérémie, & les fléches de Joas, & soutinrent que ce batême qui avoit été necessaire au commencement de l'Eglise, étoit inutile aujourd'hui, puisque les enfans des fidéles sont appellez saints par les Apôtres, & qu'étant véritablement saints, c'étoit une erreur de leur imputer le peché originel ; d'où ils concluoient, qu'il étoit inutile de leur donner le batême, dautant que dans les principes de ceux qui le donnent, ils ne le donnent que pour ôter le peché originel, pour faire des saints, & pour augmenter l'alliance & la famille de Dieu & de Jesus-Christ son fils.

Sur ces maximes, ils renouvellerent l'ancien usage de l'Eglise à l'égard des Cathécumenes, & prirent le soin d'instruire ceux à qui ils conféroient le batême. A la vérité ces pratiques n'étoient pas universelles ; & même pour éviter les poursuites qu'on auroit faites contr'eux r'eux en justice , si on avoit eu connoissance de leur procedé ; on laissoit aux particuliers la liberté de faire dans ces occurences ce que la raison, la conscience & l'interêt leur inspireroient.

CHAPITRE XII.

Suite des Synodes des prétendus Réformés & des Pinczouviens , depuis l'an 1566. jusqu'à l'an 1568.

LEs contestations de la prééminence du Pere, de la consubstantia- *Hist. Ref.*
lité du Fils & du batème des enfans, s'échaufferent de plus en *Eccl. Pol.*
plus. Pour y mettre fin, les seigneurs Catholiques & quelques Mini- *Diete de*
stres de la prétenduë Réforme, comme Sarnicius, Gilovius, Silvius *Lublin.*
Zachius, Trecius, se plaignirent hautement de ces impietés, & en de- *1566.*
manderent justice à la Diete de Lublin en 1566. Le Roi Sigismond Auguste qui la tenoit, pour faire droit à leurs plaintes, decreta contre
les rebatisans , & contre ceux qui combattoient le mystere de la
Trinité, & les obligea de sortir du Roiaume dans le terme d'un mois.
  En consequence de cet édit on entreprit Philoppovius ; on l'accusa
devant le Roi (peut-être y avoit-il dans cette accusation autant de vengeance, de jalousie & d'avarice, qu'il y avoit de justice & de vérité)
on l'accusa, dis-je, d'avoir renouvellé le batème de quelques Adultes , & d'avoir enseigné des doctrines impies contre la sainte Trinité. Cette accusation prouvée, il fut condamné à perdre la tête, sans
que personne osât se déclarer pour lui , parce que ceux qui s'étoient
déclarez contre lui étoient puissans auprès du Roi, & dans la Diete.
Abandonné de tous ses amis, à la reserve de Prilecius, & se voiant devant le Roi, il s'écria : *Veniet tempus quo alius rex judicet, & superior*
causa evadet, qui suos tutabitur ; il viendra un temps auquel un autre
Roi jugera, la cause prendra le dessus, & ce Roi conservera les siens.
Zamosiski bon Catholique, & dont nous parlerons, l'entendant parler ainsi, l'accusa de menacer la République d'un nouveau Roi qui le
justifieroit, & d'être par-là l'ennemi du Roi & de l'Estat. Sigismond
même en fut émû, & s'imagina que son criminel étoit un nouveau
Prophete, qui lui prédisoit malheur , ou un Astrologue qui à la faveur
de sa science avoit connu que dans un an il y auroit quelque changement dans la Republique; & c'est ce qui l'indisposa encore plus contre
son criminel.
  Philoppovius sensible à cette nouvelle accusation, vouloit en demander justice à la Diete, soit pour gagner du temps, soit aussi pour
marquer son affection au Roi & pour la tranquilité publique ; mais
Cicovicius lui conseilla de n'en rien faire pour ne pas irriter davantage les esprits contre lui. Le parti qu'il prit fut de s'abandonner aux
larmes, & dans cet estat s'adresser au pere de Zamosiski pour lui de-

mander juſtice à lui-même contre l'injuſtice que lui faiſoit ſon fils.
Ce ſeigneur qui connoiſſoit Philoppovius par de beaux endroits qui
méritoient ſa protection, menaça ſon fils qu'il le tuëroit lui-même,
s'il ne donnoit une prompte ſatisfaction à l'accuſé. Ce fils, qui avoit
toutes les qualités de l'honnête homme, le fit, & d'une maniere ſi gé-
nereuſe, qu'il diſpoſa le Roi à revenir en faveur du condamné. Ce procedé tourna ſi-bien les affaires de Philoppovius, que toutes les accuſations portées contre lui, les pourſuites & les inſtances de ſes ennemis,& l'arrêt de mort ſi ſolemnellement prononcé,n'aboutirent à rien.

Dans le même temps, & en vertu de l'édit de la Diete, le Curé de
Biacie entrᴏᴜᴛ quelques perſonnes accuſées d'Arianiſme & d'Ana-
batiſme, mais ſans ſuccès: auſſi-tôt qu'ils eurent paru & déclaré
qu'ils n'étoient ni Ariens, ni Anabatiſtes, & qu'ils s'en tenoient à
l'Ecriture, au ſymbole des Apôtres & à la foi des premiers ſiecles, on
les mit en liberté & hors de procès.

Gregoire Pauli, qui appréhendoit qu'à la faveur de cet édit, Miſ-
covius ne l'entreprit ſur ſes erreurs, prit la fuite avec quelques autres Miniſtres, qui penſoient comme lui: les uns gagnerent les forêts
pour y vivre en paix; les autres ſe retirerent chez Albinus, & pluſieurs chez Philoppovius: Rudzinius qui y demeuroit, les y reçut *in
viſceribus Chriſti*, dans le ſein de Chriſt; il les conſola ſur les perſecutions qu'on leur faiſoit, & les exerça dans les œuvres de la ſecte,
c'eſt-à-dire, dans la priere, dans la céne & dans la prédication, ce
qu'il continua de faire tandis qu'on eut du reſpect pour l'édit de la
Diete; ils appréhendoient qu'en allant contre, on ne les traitât comme on avoit traité Servet,& comme on avoit ſupplicié ceux qui avoient
eu des opinions erronées & ſemblables aux leurs.

*Synode de
Lublin.
1566.
Teſtam. de
Schoman.
B. A. p.
194.*
Dans le même temps les Evangeliſtes & les Calviniſtes autoriſez
par la Diete de Lublin, y firent un Synode, où ils ſe trouverent ſi
puiſſans en nombre & en autorité, qu'ils empêcherent les Pinczowiens
d'y aſſiſter, & même les forcerent de ſortir de Lublin avec précipitation. Les choſes auroient été plus loin, ſi Nicolas Sienieſki Internonce à la Diete n'eût prié le Roi de maintenir la liberté des Dietes &
parmi ſes ſujets, Le Roi fut ſi complaiſant pour ce ſeigneur, que non
ſeulement il défendit de faire aucune violence aux Pinczowiens,
mais voulut encore les honorer de ſa protection. Cependant ils eurent la prudence de ne ſe pas trouver aux autres Dietes, ou de s'y
trouver rarement & en petit nombre, pour ne pas faire ombrage aux
prétendus Réformés, où pour ne ſe pas attirer de nouvelles inſultes.
Cette prudence ne leur réuſſit pas: les prétendus Réformés ſe trouvant par-là les plus forts, & comme les maîtres dans ces Aſſemblées,
pouſſerent leurs plaintes le plus loin qu'ils purent contre les Arianiſans, & firent de continuelles inſtances auprès des ſeigneurs chez qui
ces Ariens ſe retiroient, pour les prier de les chaſſer de leurs terres;
ce que quelques-uns voulurent bien faire.

George Schomann met dans cette année 1566. l'époque de l'opinion favorite des Pinczowiens, & qui dans la suite fut éclaircie par Fauste Socin. L'esprit rempli des rapsodies de Lelie Socin, il commencerent à s'affranchir de l'Arianisme pour donner dans le Samosatien : *Sub id ferè tempus ex rhapsodiis L. Socini quidam fratres didicerunt Dei Filium non esse secundam Trinitatis Personam, Patri coeffentialem, &c.* Ce n'étoit pas assez de donner une préference au Pere Eternel sur le Fils, & de nier la consubstantialité de celui-ci, son éternité & sa personnalité réellement distincte de celle du Pere; ils lir... hardiment que Jesus-Christ n'étoit pas Dieu, mais un homme comme les autres, né à la vérité d'une Vierge par l'opération & la vertu du S. Esprit. Ce fut un Luc Sternberg qui le premier soutint en Pologne cet impie paradoxe : beaucoup voulurent l'approfondir, y adhérerent, & donnerent par-là le commencement au Socinianisme : *A quibus nos commoniti sacras litteras perscrutari, persuasi sumus.*

Quoique les Pinczowiens ne se trouvassent plus aux Dietes pour disputer, ils ne discontinuoient pas neanmoins de faire des Assemblées & des Synodes, où ils faisoient grand bruit. Farnovius soutint dans un Synode *Staneutum*, que le Verbe étoit avant le monde : quelques Ministres Pinczowiens l'entreprirent vertement sur ce dogme, & un nommé Jean Bon Sacramentaire les entreprit à son tour, & les traita d'Ariens. Après beaucoup d'emportemens & d'invectives de part & d'autre, qui n'aboutirent à rien pour la cause commune, ils se séparérent fort mécontens, après avoir indiqué un Synode pour le 24. Juin 1567.

Il se tint à Serinie, bourgade de la petite Pologne. Cent dix personnes distinguées par leur noblesse & leurs emplois, & un grand nombre du menu peuple de l'un & de l'autre sexe, y vinrent de Pologne & de Lithuanie, soit par curiosité, soit par necessité. Philoppovius en fut encore le Président, malgré les oppositions de quelques Sacramentaires qui s'en méfioient. Criscovius & Swzechovius en furent secretaires de la part de Casanovius, Farnovius, Niemojevius, Zilinus, Cechovicius, Daniel, Bielinus, qui tous soutenoient que le Verbe, ou le Fils de Dieu, avoir été avant Marie, & qu'il étoit le Créateur du ciel & de la terre, aussi-bien que le Pere : c'est-à-dire qu'ils étoient encore Ariens, & qu'ils en vouloient soutenir les sentimens, puisqu'ils n'ajoutoient pas que le Verbe étoit éternel. Coscianus & Budzinius y furent établis secretaires de la part de Schomann, de Gregoire Pauli, de Securinus, d'Albinus & de Calinovius, qui soutenoient que le Fils, le Verbe, l'interprête du Pere, ou Jesus, n'étoit pas avant le monde, & qu'il n'avoit commencé d'être qu'au temps de saint Jean-Baptiste, & de l'Empereur Auguste : c'est-à-dire qu'ils adhéroient au sentiment de Lelie Socin, que Jesus-Christ n'avoit commencé d'être que quand Marie l'a enfanté. On disputa long-temps; & après qu'un chacun eut expliqué les passages de l'Ecriture,

Synode de Serinie. 1567.

qu'il alleguoit conformément à son propre génie, & à l'interêt de sa cause ; on se sépara avec un peu moins de trouble que dans les Synodes précedens.

Mais Farnovius homme de grand bruit, & qui ne cedoit pas volontiers, s'avisa d'écrire fortement contre ceux qui vouloient que Jesus-Christ ne fût pas avant sa Mere ; ce qui causa de nouvelles divisions dans les Eglises, & forma un quatriéme parti, à qui on donna le nom de *Binaturiens*, ou *Farnoviens*, pour le distinguer de celui des Catholiques, des Evangelistes & des Calvinistes.

Pour pacifier le tout, & sans bruit, on confia l'affaire, les argumens & les réponses a Stanislas Cichovius Archichamerien de Cracovie. Les choses en cet état, on mit fin au Synode par un avis que Philoppovius donna aux parties, qui portoit qu'il falloit s'en tenir au dogme communément reçu sur la Trinité, & se traiter mutuellement avec charité, & la permission à tous d'écrire sur leur opinion, mais sans aigreur contre ceux qui ne sont pas de leur sentiment ; qu'ils pourroient assister aux prieres & aux sermons qui se font dans les Eglises de la Réforme, pourvû que le tout soit conforme au stile & au sens le plus naturel des saintes Ecritures, & renvoyer au Tribunal de la conscience ceux qui prieront, ou qui prêcheront autrement. Il décida de même à l'égard du batême des petits enfans, je veux dire, qu'il laissa la liberté à un chacun de faire ce qu'il croiroit le mieux, en attendant le jugement dernier, où on verra qui de tous aura raison. Voilà la tolerance établie dans les Eglises de la prétendue Réforme, & par une autorité Synodale.

C'est ainsi que le Président termina ce Synode, & où, comme il est facile de voir, un chacun gagna son procès, & fut maintenu dans ses opinions ; mais cette décision qui tenoit plus du Pyrrhonisme & du libertinage, ou d'un homme mol & trop complaisant, que d'un homme sage & Chrétien, ne fut pas approuvée universellement. Farnovius homme de faction remua si-bien les esprits, que les Eglises des Pinczowiens se diviserent en tant de branches & d'opinions, que l'on comptoit alors jusqu'à trente-deux Sectes différentes en sentimens, & qui neanmoins convenoient en ce point, que Jesus-Christ n'étoit pas le vrai & le grand Dieu. Cette diversité jointe aux guerres que ces Novateurs se faisoient mutuellement, & que les prétendus Réformés leur faisoient, donna un juste motif de les tourner en ridicules, & de leur reprocher que leur Eglise n'étoit pas la véritable Eglise de Dieu, puisqu'il y avoit tant de divisions sur les points fondamentaux de la Foi. Ils sentoient bien que ce reproche n'étoit que trop véritable. Pour y apporter remede, ils resolurent de faire un nouveau Synode.

Synode de Cracovie. 1568.
Un grand nombre de Ministres & de Theologiens Pinczowiens, Evangelistes & Calvinistes s'assemblerent en 1568. à Cracovie ; & après y avoir bien raisonné & disputé sur les moyens de se réunir, & ne faire plus qu'une Eglise, pour l'opposer à celle des Catholiques, ils reso-

lurent de faire une nouvelle formule de Foi, qui pût être agréée de tous les partis de la prétenduë Réforme. La piece composée conformément au projet, on la présenta à Sigismond Auguste. Ils comptoient que ce Prince, qui avoit donné la liberté de conscience aux Lutheriens & aux Calvinistes, la donneroit aussi aux Pinczowiens, à la vûë de cette formule de Foi qui les confondoit ensemble pour ne plus faire qu'une Eglise, & qu'à la faveur de cette liberté de conscience, on ne les excluroit plus des charges & des dignitez dûës à leur naissance & à leur mérite. Peut-être que leur esperance n'auroit pas été vaine, si le Conseil du Roi eût eu l'esprit gâté des hérésies nouvelles; mais heureusement il eut assez de lumieres pour voir que cette piece étoit impie, & même incompréhensible à ceux qui l'avoient composée, & eut aussi assez de courage pour la rejetter, & pour rebuter ceux qui avoient osé la présenter au Roi.

Ce refus les déconcerta. Ils ne purent jamais se réunir, quelques mesures qu'ils prissent à Sandomir en 1568. & à Rocavie en 1569. (si toutefois cette ville éto t bâtie dans ce temps, c'est ce que nous verrons ailleurs.) Quoi qu'il en soit de l'époque de la fondation de cette ville, on nous dit que quelques Gentilshommes, Theologiens & Ministres s'y assemblerent pour examiner quelques points de l'Ecriture, & pour faire des reglemens; qu'on n'y put jamais trouver le point de la concorde, & qu'après beaucoup de disputes on rompit l'Assemblée, tous également mécontens, & s'appellant mutuellement Pharisiens, Saducéens, Juifs, Athées. Les choses y furent poussées si chaudement, qu'on interdit tous les Ministres, à la reserve de Czechovicius; & il y a apparence qu'on auroit apporté quelque remede au mal qui croissoit de jour en jour, si un Simon Apoticaire, & que les Pinczowiens considererent à ce sujet à peu près comme les Juifs considererent Esdras à leur retour de Babylone, n'eût empêché par son crédit & son sçavoir faire l'execution de cet interdit, & n'eût fait remettre tous ces Ministres & Prédicans dans l'exercice de leurs fonctions, qui poussèrent les choses si loin pendant le regne de Sigismond Auguste qui mourut en 1573. que si le parti des Pinczowiens, & de ceux qui s'étoient déclarez contre la divinité de Jesus-Christ, ne fut pas le dominant en Pologne; du moins parut-il terrible aux Evangelistes & aux Calvinistes, aussi-bien qu'aux Catholiques, tant par le grand nombre des Eglises qu'ils formerent à Cracovie, à Lublin, à Pinczow, à Novograd, à Racovie, dans la campagne & sur les terres de plusieurs Seigneurs, que par le grand nombre des personnes distinguées par leur noblesse, leurs emplois & leur capacité qui l'y attacherent, & dont je donnerai le caractere, II. Part. si ce n'est pas de tous, ce sera de ceux qui ont fait le plus de bruit. Je passe en Hongrie & en Transilvanie, où les nouveaux Ariens, à qui on donna le nom d'*Unitaires*, ne faisoient pas moins de progrès qu'ils faisoient en Pologne.

C H A P I T R E X I I I.

L'état de la Hongrie & de la Transilvanie sous le regne de Si-
gismond Zapoliha, & le progrès qu'y fit le Socinianisme après
la mort du Cardinal Martinusius.

POur donner jour aux gros démêlez qui ont éclaté en Hongrie &
en Transilvanie au temps de Ferdinand & de Sigismond Zapoliha,
En 1525. & qui ont favorisé le commencement, & le progrès du Socinianisme
dans ce Royaume, il faut remarquer qu'après la sanglante bataille des
plaines de Mohats, ou Mohagzie, que les Turcs remporterent sur les
Hongrois, & où leur Roi Louis, âgé de vingt ans, périt dans un marais, Ferdinand, frere de Charlequint, se fondant sur les droits d'Anne son épouse, & sœur de Louis, aussi-bien que sur des Traitez faits
par ses prédecesseurs avec les Rois Mathias & Uladislas, se fit élire
Roi de Hongrie par un gros parti de Hongrois, qui avoit à sa tête la
Reine mere veuve de Louis, Estienne Bathori Palatin du Royaume,
grand nombre de Prélats & de Barons. Jean Zapoliha Vaivode de
Transilvanie, & Comte de Scepus, qui sur d'autres droits avoit déja
disputé la Couronne à la mort d'Uladislas, se fit aussi élire en 1526.
Roi de Hongrie par une autre brigue, que l'on dit avoir représenté
les Etats du Royaume, & se fit couronner par l'Archevêque de Strigonie. Mais n'ayant pas les forces & l'argent pour soutenir son élection contre un competiteur aussi puissant que pouvoit être le frere
de Charlequint, il se retira en Pologne chez le Palatin Jerôme Laski,
& attendit que tout le Royaume se déclarât pour lui ; ce qui se fit par
les intrigues d'un Moine nommé George Martinusius, ou Martinu-
sias, dont voici l'histoire.

G. MARTINUSIUS.

Martinusius étoit d'une famille noble, mais pauvre, & si pauvre
qu'il fut obligé d'entrer en condition dès son bas âge chez la mere de
Jean Zapoliha, où il se comporta si sagement, qu'étant venu en
état de prendre un parti, elle lui procura une entrée chez les Bene-
dictins, d'autres disent chez des Religieux de saint Paul l'Hermite ;
& Frapolo veut que ce soit chez des Moines de saint Basile. Après y
avoir pris la Prêtrise, il se laissa aller à son génie, qui étoit fin, adroit,
entreprenant, capable de grandes choses, & même des plus difficiles,
& assez heureux pour réussir par-tout ; & remua si-bien les esprits des
Hongrois en faveur de son ancien maître, qu'il les porta à se déclarer pour lui contre Ferdinand. Ces mesures prises, il s'en alla chercher son maître chez le Palatin Laski, pour lui dire en quel état
étoient les Hongrois à son égard, & qu'il feroit bien de se servir du

temps pour entrer dans son héritage. Zapoliha, qui s'ennuyoit d'une vie privée, & qui ne desiroit rien tant que de profiter de son élection, renvoya Martinusius en Hongrie, lui promit de le suivre bien-tôt, & l'engagea à faire de son mieux pour faire réussir ce qu'il avoit commencé.

Pendant que le Moine remuoit toutes les machines dont il étoit capable, le Palatin Laski persuada à Zapoliha la necessité où il étoit d'implorer l'assistance de Soliman II. Empereur des Turcs, pour faire tête à Ferdinand. Zapoliha goûta ce conseil. Laski alla lui-même à Constantinople, & obtint de Soliman du secours, àcondition que Zapoliha payeroit un tribut à la Porte. Sur ces conditions, Zapoliha vint en Hongrie. Il y eut des guerres à soutenir contre son competiteur; & après beaucoup de combats, & de villes prises de part & d'autre, on fit une paix, où on convint que les deux Rois conserveroient les villes qu'ils avoient conquises; & que si Zapoliha mouroit sans enfans, tout le Royaume retourneroit à Ferdinand.

Du Verdier, hist. des Turcs.

La paix concluë, Zapoliha, pour reconnoître les obligations qu'il avoit a Martinusius, le fit Conseiller d'Etat, grand Tresorier de la Couronne, & Evêque de Varadin. En 1540. il porta sa reconnoissance plus loin: au moment qu'il eut pris par force & après un long siege le château de Foragas (où Estienne Mailats, le plus opiniâtre des partisans de Ferdinand, s'étoit retiré, & où il attendoit le secours que le Roi lui envoyoit sous la conduite de Nadaski, pour soulever la Transilvanie) il reçut un courier qui lui apporta la nouvelle de la naissance d'un fils que Dieu lui avoit donné le 7. Juillet. De joye, il donna un repas, & y but à la Hongroise. Cet excès augmenta sa maladie: il pensa sérieusement à la mort, fit son testament, y déclara Martinusius Regent du Royaume, & tuteur de son fils conjointement avec Isabelle son épouse, & fille de Sigismond I. Roi de Pologne; & peu de jours après il mourut à Sassabes, âgé de 53. ans.

Disc. hist. & pol. sur les causes de la guerre de Hongrie. à Cologne ?. 12. c. 237.

Martinusius ne fut pas long-temps sans exercice, & sans donner des preuves de son habileté. A peine Zapoliha eut-il payé le tribut à la nature, que Ferdinand voulut bien oublier une des clauses de la paix, qui portoit qu'il ne seroit Roi de toute la Hongrie, qu'en cas que Zapoliha mourût sans enfans; & répeta les villes que le feu Roi avoit conquises avant la paix. La Reine, amoureuse du repos, auroit bien voulu les lui ceder, pour ne point s'engager dans une guerre qui pourroit bien avoir de mauvaises suites. Mais Martinusius n'en voulut rien faire. Il lui représenta que le procedé de Ferdinand étoit une injustice criante, & que ce Monarque vouloit apparemment se prévaloir de l'enfance d'un pupile qui n'avoit que 13. jours, de la timidité d'une Reine, & de la prétenduë ignorance d'un Regent qui avoit été élevé dans un Cloître: d'ailleurs que les Grands du Royaume seroient les premiers à se plaindre contre elle & contre lui, s'ils relâchoient ces appanages de la Couronne de Hongrie, & qu'il laisseroit en proye le reste du Royaume à Ferdinand & à Soliman, s'il abandonnoit ces villes qui étoient les plus fortes. Après ces réflexions & ces remontrances, il s'opposa aux entreprises de Ferdinand, fortifia ses frontieres le mieux qu'il put, envoya un Ambassadeur à Soliman, pour le conjurer de venir au secours de son pupile; & en l'attendant il s'enferma dans Bude avec le Roi & la Reine.

Ferdinand, pour s'emparer des villes qu'il prétendoit lui appartenit, envoya une armée en Hongrie sous la conduite de Roccendolphe, ou Regendolfe, qui après avoir pris quelques villes frontieres, vint mettre le siege devant Bude. Martinusius s'y défendit assez de temps pour donner lieu à l'armée Turque de venir à son secours. A peine fut-elle arrivée, que les Allemans leverent le siege, & laisserent les Turcs maîtres de la campagne & de la ville. Soliman qui suivoit son armée, sur cette nouvelle vint à grandes journées à Bude, & s'en empara, aussi-bien que du reste de la Hongrie dépendant du jeune Roi Estienne, à qui il donna le nom de Jean Sigismond. Il couvrit cette invasion du prétexte de se dédommager des frais qu'il avoit faits, & d'être toûjours en état d'empêcher Ferdinand de faire de nouvelles incursions en Hongrie. Neanmoins il voulut garder quelques mesures de bienseance dans cette usurpation, qui devoit passer pour un monstre de perfidie à tout autre qu'aux Turcs : il prit le Roi & la Reine sous sa protection, leur donna en souveraineté la Transilvanie qu'il avoit depuis peu enlevée à Ferdinand, & pria la Reine de lui envoyer le jeune Roi pour le voir. Elle le fit, & lui le reçut avec des ceremonies *Tom. 1. p.* que l'on peut voir dans le Moine Hilarion de Coste, Eloges des Da-
631. & 632. mes Illustres, & fit sçavoir à cette Reine, que s'il ne le voyoit pas, c'étoit de peur que sa visite ne fist tort à sa réputation.

Martinusius, que Soliman avoit confirmé dans la Regence, se retira à Lippa ville de Transilvanie, & où la nouvelle Cour faisoit sa residence. Là il fit de sérieuses réflexions sur les fausses démarches qu'il avoit faites auprès des Turcs, & sur leur perfidie. Pour y apporter du remede, il chercha les moyens de faire la paix avec Ferdinand. La chose ne fut pas difficile. On la fit à la seule condition, que si Jean Sigismond mouroit sans enfans, Ferdinand entreroit dans tous ses droits, & seroit reconnu pour seul Roi de toute la Hongrie & de la Transylvanie.

Le Traité fait, Ferdinand, pour recompenser Martinusius, & le *Frapolo.* mettre entierement dans ses interêts, lui donna, ou lui fit promettre une pension de quatre-vingt mille livres, d'autres disent de quatre-vingt mille écus, à quoi il ajoûta l'Archevêché de Strigonie, la plus riche & la plus considerable Prélature de Hongrie, montant à plus de 25000. ducats de rente. Enfin pour pousser sa magnificence jusqu'où il pouvoit la porter, il lui procura le 12. Octobre 1551. un Chapeau de Cardinal, avec permission de Jules III. de porter ce Chapeau & l'Ha-
Frapolo. bit rouge sans aller à Rome, nonobstant l'Habit de son Ordre qu'il
étoit

étoit obligé de porter. Ces gratifications étoient capables de flater & captiver un homme qui s'étoit vû pauvre, domestique, & Moine. Neanmoins tout cela fit moins d'impression sur ce grand cœur, que les obligations qu'il avoit à la famille de Zapoliha, & que l'honneur de son devoir. Par malheur pour lui, pour l'Etat, & même pour la Religion Catholique, on ne s'en apperçut que trop. La suite le manifeste.

Hist. de Coste.

Jean-Baptiste Castalde, Marquis de Cassane, Italien de nation, homme rusé, fort attaché à la Maison d'Autriche, & nourri chez François d'Avalos, Marquis de Pescaire, commandoit alors, ou en chef, ou sous ce Marquis le corps d'armée que Ferdinand entretenoit en Transilvanie, sous l'apparent prétexte de conserver cette Principauté contre les entreprises des Turcs; mais véritablement à l'instance de Martinusius, qui vouloit borner l'autorité de la Reine mere, & la forcer de dépendre de lui dans le gouvernement de l'Etat. Ce Marquis s'imagina que le Cardinal ne faisoit pas grand cas de tous les bienfaits dont la Cour de Vienne l'avoit prévenu; qu'il n'avoit aucune amitié pour Ferdinand, dont il sacrifioit aisément les interêts aussi-tôt qu'il les voyoit concourir avec ceux de Jean Sigismond son pupile, & qu'il pouvoit être riche d'un million d'or, somme considerable pour le temps & le pays.

Sur ces imaginations, il forma le dessein de se défaire de Martinusius. Pour s'affermir dans cet horrible dessein, il voulut bien se persuader qu'il feroit plaisir à la Maison d'Autriche; qu'il trouveroit dans le million d'or, dont il s'empareroit, de quoi satisfaire ses troupes qui commençoient à se mutiner & à se débander faute de payement, & même qu'en récompense d'un si bon service rendu à Ferdinand, ce Roi ne manqueroit pas de le faire Regent de la Principauté, ou au moins qu'il seroit délivré d'un homme dont l'autorité bornoit extrêmement la sienne.

Frapaole.

Pour donner quelque couleur de justice à cet assassinat qu'il vouloit executer, il fit accuser le Cardinal à la Cour de Vienne de collusion avec les Turcs; qu'il ne machinoit pas moins que de rendre la Transilvanie Mahometane, d'en chasser le jeune Roi & la Reine mere, & de s'en faire le Souverain sous la protection de la Porte, aux conditions de lui payer un gros tribut. Sur ces propositions, la Cour de Vienne consentit, ou comme d'autres disent, décréta la mort du Cardinal.

Castalde revêtu de ce decret, aposta seize Italiens, & mit son Secretaire à leur tête. Tous vinrent à Binse, ou Binge (château que ce Cardinal avoit nouvellement bâti sur les ruines du Monastere où il avoit été Moine.) Le Secretaire dit au Valet de chambre du Cardinal qu'il avoit à parler à son maître de la part du Marquis. Le Valet le laissa entrer seul, & voulut fermer la porte après lui; mais le Marquis de Sforce Capitaine, & un des assassins, mit le genoüil dans l'ouver-

G

ture de la porte, & dans le temps qu'il contestoit avec le Valet, le
Secretaire porta un coup de poignard dans la gorge de Martinusius,
au moment qu'il se mettoit en état de signer un papier que ce Secretaire lui avoit présenté. Le Cardinal blessé, s'écria : *Vierge Marie !* Et
donna un coup de poing à ce Secretaire, qui le renversa par terre.
Le Marquis de Sforce à ce spectacle, força la porte, & vint décharger un coup de sabre sur le Cardinal, lui fendit la tête, & ne lui donna que le temps en expirant de dire : *Jesu, Maria, quid est hoc, fratres ?*
Jesus, Marie, qu'est-ce que cela, mes freres ?

Ce coup se fit le 18. Decembre 1551. Les Cardinaux & les Prélats
qui étoient au Concile de Trente firent leurs réflexions sur les mauvaises suites que pourroit avoir cet attentat, conjurerent le Pape
d'en prendre connoissance, & d'en punir les auteurs. Pour l'y engager, ils l'assurerent que Martinusius avoit un million d'or ; qu'il étoit
mort sans tester, & que par droit ce million appartenoit à la Chambre
Apostolique. Le Pape députa des Cardinaux pour en connoître sur les
Frapaolo. lieux : les informations chargerent Ferdinand, & les gens qu'il avoit
en Transilvanie. Il renvoya des Commissaires à Vienne pour informer plus amplement du fait. On dit à ce sujet qu'en consequence des
informations faites en Transilvanie, le Pape excommunia l'Empereur & ses Ministres, & que par les informations qui se firent à Vienne, on leva ces censures. Quoiqu'il en soit, il est certain que ces derniers Commissaires déclarerent Martinusius innocent des crimes dont
Castalde l'avoit accusé, & qu'ils déclarerent absous Ferdinand, &
tous ceux qui n'avoient pas été présens au meurtre, avec cette clause ;
posé que les choses rapportées dans le procès fussent vraies. Mais cette clause qui mettoit en doute l'innocence de Ferdinand, fut retranchée sur les plaintes qu'en firent les Ministres de ce Roi. Ceux-là seuls
qui avoient fait le coup, allerent à Rome pour en obtenir l'absolution, non pas tant comme des criminels, que comme des gens qui
avoient fait une action digne de récompense.

Ceux qui ont voulu raisonner sur les jugemens de Dieu au sujet de
cet assassinat, disent que si ces gens ont pû se justifier à la Cour de Rome,
ils n'ont pû surprendre la Justice divine ; que Marc-Antoine de
Ferrare, le Secretaire qui avoit donné le coup de poignard, eut la tête
tranchée en Alexandrie de la Paille, dont il étoit natif : que Sforce
N. i. p. 2. Pallavicin mourut prisonnier entre les mains des Turcs : que Movin,
un des assassins fut décapité pour un crime fait à saint Germain en
Piémond : que le Chevalier Campege, un de ceux qui acheverent le
massacre, fut déchiré par un sanglier, aux yeux même de Ferdinand :
que Lopez garda la prison, sous prétexte qu'il avoit volé le trésor
du Cardinal : que le Marquis Castalde ne servit plus en Allemagne, ni
en Transilvanie, & qu'il se retira en Italie, haï des Allemans & des
Transilvains : que la Maison d'Autriche ne tira aucun avantage de
cette mort. (Le Cardinal avoit peu avant sa mort employé son argent

aux befoins de l'Etat & des pauvres, & ce qui lui reftoit fut pillé par les foldats :) que les Tranfilvains devinrent furieux à l'égard des Allemans : que les Turcs s'emparerent de la Principauté, après que Ferdinand y eut perdu en 1556. tout ou une bonne partie de ce qu'il pouvoit y poffeder ; & ce qui eft de particulier pour notre fujet, c'eft que Petrowitz Seigneur de Dalmatie, favorifé de la Reine mere, & attaché aux nouvelles opinions, entra en la place de Martinufius, & par là devenu tout-puiffant dans l'Etat, il favorifa de tout fon pouvoir les nouvelles Se&tes, & les augmenta, particulierement celle des *Unitaires* (c'eft ainfi qu'on appelloit les nouveaux Ariens de Hongrie & de Tranfilvanie) par le moyen de Georges Blandrat, qu'il fit venir de Pologne en Tranfilvanie.

CHAPITRE XIV.

Suite du même fujet. Le Socinianifme introduit en Tranfilvanie fous Jean Sigifmond Prince de Tranfilvanie, par les intrigues de Blandrat.

JEan Sigifmond, âgé environ de vingt-trois ans, fur le rapport qu'on lui fit de l'habileté du Medecin Blandrat, lui fit écrire pour l'avoir auprès de lui en qualité de Medecin. Blandrat, qui dans ce temps étoit fort broüillé dans les Eglifes prétenduës Réformées de Pologne & même perfecuté, ne fe fit pas écrire deux fois fur ce fujet ; il partit auffi-tôt, & arriva en Tranfilvanie l'an 1563.

A peine y fut-il, qu'il fe rendit célébre par quelques cures d'importance qu'il entreprit avec fuccès. Il n'en fallut pas davantage pour lui donner accès chez les Grands, & pour l'y accréditer. Petricowitz qui goûtoit beaucoup fon efprit, fes manieres & fa doctrine, le prit en affection. Les Princes Eftienne & Chriftophe Batori s'en fervirent comme de leur Medecin ordinaire ; & même Eftienne en fit fon ami & fon confeil. Jean Sigifmond le déclara fon premier Medecin & prit tant de confiance en lui, qu'il n'avoit jamais tant de plaifir que lorfqu'il étoit avec lui. Blandrat auffi fin & ardent qu'il étoit pour fa fortune, & pour infinuer fes opinions nouvelles, fçut bien profiter de tous ces avantages.

On nous fait remarquer que quand il avoit fait retirer les malades du danger de la mort, ou des douleurs de la fiévre, il leur faifoit des contes divertiffans ; que par fon humeur enjoüée, il s'infinuoit aifément dans leur confiance, & particulierement dans celle des perfonnes de qualité ; que quand il avoit gagné leur amitié, il les entretenoit de chofes férieufes, telles que font celles de la Religion, de la Politique, & de l'Etat ; & comme l'affaffinat de Martinufius leur tenoit encore extrêmement à cœur, d'autant plus que les mourtriers s'en glorifioient, & que les Allemans difoient hautement, qu'ils avoient conſervé par ce meurtre l'Etat & la Religion ; auſſi c'étoit ſur ce ſujet que Blandrat faiſoit ordinairement rouler ſes converſations.

» On ſçait, diſoit-il, qu'il n'y a que des Allemans & des Italiens Pa-
» piſtes qui ont entrepris & exécuté cet aſſaſſin : s'ils euſſent crû que
» leur Religion fût la bonne, ils auroient ſans doute reſpecté un hom-
» me reſpectable par ſa qualité de Prêtre, d'Archevêque, de Cardinal,
» & par ſes vertus morales & chrétiennes, qui étoient connuës de tous,
» & à l'épreuve de tout. On ſçait d'ailleurs que les aſſaſſins ſont de-
» meurez impunis de la part des Cours de Vienne & de Rome. Que
» pouvons-nous conclure de là ? Sans doute que les Allemans & les
» Italiens n'ont d'autre Religion que leur politique, leur ambition, &
» leur propre interêt. La conſequence eſt violente ; mais qu'y faire ?
C'eſt celle de Blandrat, & il trouvoit des gens aſſez ſimples, ou aſſez prévenus contre les Allemans & contre les Italiens, pour y adhérer.

À ces diſcours il en ajoutoit d'autres, qui étoient bien d'une autre conſequence : il faiſoit l'homme myſterieux, & ne parloit qu'à l'o-
reille, tantôt clairement, & tantôt à mots couverts, conformément aux génies à qui il avoit affaire. Il s'efforçoit de perſuader que la Re-
ligion Romaine, ſur le pied qu'on la voyoit de ſon temps, n'étoit qu'un fantôme de Religion, & un artifice des Papes, des Empereurs, & des Souverains, pour partager entr'eux l'eſprit, le cœur, la con-
ſcience, & la fortune des hommes : que Luther, Calvin, Melancthon, Zuingle, & tous les autres Réformateurs avoient bien connu le mal qui défiguroit le Chriſtianiſme ; mais que les remedes qu'ils y avoient apportez n'avoient pas été juſqu'à la ſource, & que tous leurs travaux devoient être comptez pour rien.

Ce prétendu mal du Chriſtianiſme, & que les prétendus Réforma-
teurs n'avoient pû guérir, étoit, à ſon ſens, la foi que nous avons d'un Dieu en trois Perſonnes : que ſi, ajoutoit-il, on pouvoit réduire les eſprits à ne point reconnoître de Trinité en Dieu, mais confeſſer une ſeule Perſonne, comme on confeſſe une ſeule nature, on n'auroit plus les difficultez qui embaraſſent & diviſent les eſprits depuis tant de ſiecles ; qu'on mettroit l'Ecriture en état d'être entenduë par elle-
même, & qu'alors on n'auroit plus beſoin de l'autorité des anciens Peres, des Conciles, & des Papes ; que cette autorité devenuë inuti-
lité, on ne la conſulteroit plus, & que ne la conſultant plus, cette ſouveraine puiſſance des Papes s'affoibliroit d'elle-même, ne ſervant plus de rien.

Ainſi raiſonnoit Blandrat : quoi qu'il en ſoit de ſes conſequences, qui ne me paroiſſent pas juſtes, puiſqu'indépendamment du dogme d'un Dieu en trois Perſonnes, l'Ecriture ſainte aura toûjours ſes difficultez ; que la Grace ſera toûjours incompréhenſible, auſſi-bien que les Sacremens ; que l'eſprit ſera toûjours fécond à ſe faire de la peine

fur la morale ; que par-là nous aurons toûjours befoin de confulter les Peres, les Conciles, & les Papes.

Quoi qu'il en foit, dis-je, de ces confequences, ce fut par de fem-blables difcours que Blandrat gâta l'efprit de la plûpart des Grands de la Cour fur le Myftere d'un Dieu en trois Perfonnes, & d'un Dieu incarné. Ces Grands étoient déja infectez des héréfies de Luther, ou de Calvin, ou de Zuingle ; & le Prince prenoit un fingulier plaifir à l'entendre raifonner fur les matieres de la Religion, non en Theolo-gien, mais en Philofophe Payen, & particulierement quand il lui parloit de la Trinité, comme d'une chimere qui doit faire peur aux hommes. Ces difpofitions de toute la Cour ne pouvoient qu'exciter le defir que Blandrat avoit d'infinuer fes paradoxes fur la Trinité, & fur nos autres Myfteres.

Cependant comme il n'étoit pas capable de ces matieres, ni de grandes réflexions ; que fa mere veilloit continuellement fur lui pour le maintenir dans la foi Romaine, à laquelle elle étoit religieufement attachée ; que Soliman II. avoit autrefois prié, c'eft-à-dire comman-dé, qu'on ne fift point de changement dans la Religion, pour ne point divifer les efprits fur un point auffi délicat qu'étoit celui de la foi Ro-maine, parmi des peuples qui l'avoient toûjours fuivie depuis qu'ils avoient quitté le Paganifme ; & qu'en confequence de ce commande-ment on avoit fait en 1555. un Edit pour bannir toutes les Religions étrangeres à la Romaine ; Edit à la vérité qui n'eut aucune fuite, puif-que, comme nous le venons de dire, la plûpart des Grands avoient pris parti parmi les Proteftans, & que les Calviniftes en obtinrent la fufpenfion à leur égard ; Sigifmond n'ofa pas encore embraffer publi-quement les erreurs que Blandrat lui infpiroit : mais les chofes chan-gerent bien dans la fuite.

En 1561. *François Davidis* attaché à la Confeffion d'Aufbourg, & Surintendant des Eglifes de la prétenduë Réforme, eut un gros démê-lé avec Martin Calmoneki Sacramentaire, Prédicateur de renom adroit, bien verfé dans la Controverfe, & chéri du Gouverneur de Claufembourg ; (c'eft Colofvar.) Ce qui donna lieu à leur difpute, fu-rent de nouveaux venus de Geneve & de Zurich, qui partagerent fi bien les efprits des Tranfilvains, dans les Eglifes Proteftantes, par la nouveauté de leurs dogmes, qu'on ne fçavoit plus quel parti y pren-dre, ni à quoi s'attacher. François Davidis pour éclaircir ces doutes demanda une Conference publique en préfence de Sigifmond, & de tous les Seigneurs, & donna le défi au Prédicateur Sacramentaire, & à tous ces nouveaux venus, de foutenir leurs opinions devant lui. Le défi fut accepté aux conditions qu'on envoyeroit les Actes de la Con-ference à Philippe Melancthon, & qu'on s'en tiendroit à fon juge-ment.

Voilà à mon fens la premiere époque du changement du cœur & de l'efprit de Sigifmond en matiere de Religion : car s'il eût été bon

Catholique, comme il en faisoit profession, & assez ferme pour faire observer l'Edit de 1555. il auroit chassé tous ces Novateurs, comme gens qui contrevenoient aux Loix de l'Etat, ou du moins auroit-il pris des Theologiens de Rome, de France, d'Espagne, & des Provinces Catholiques, pour juger de la Conference, & non pas un Melanchton, ni les Universitez de Wittemberg & de Lipsic, infectées des opinions contraires à la Foi qu'il disoit professer. Les lettres qu'il leur écrivit méritent bien d'avoir ici leur place pour juger des sentimens de Sigismond.

» Le zele & l'affection que nous avons eus dés notre enfance pour
» la pureté de la Religion, nous fait porter avec chagrin les doctrines
» nouvelles que certains Sectaires de Zuingle & de Calvin ont répan-
» duës dans notre Roiaume, (il parloit de la Hongrie, Soliman lui
» avoit laissé le titre de Roi de ce Roiaume) & ce qui augmente notre
» douleur, c'est de voir que nos bons sujets de Hongrie & de Transil-
» vanie sont si troublez de la diversité des opinions nouvelles
» qu'on a répanduës parmi eux, qu'ils ne sçavent plus ce qu'ils
» doivent croire sur ce sujet. A la requête de nos sujets nous nous som-
» mes assemblez dans notre Cité de Magyés, pour voir enfin à quoi
» nous devons nous en tenir sur la Cene du Seigneur, &c. Nous nous
» sommes persuadez que nous ne pourrions pas trouver de Theologiens
» plus éclairez que vous ; & aussi nous avons jugé à propos de vous en
» écrire pour nous déterminer à suivre le jugement de vos Universi-
» tez, & pour vous porter à nous donner une décision précise, nous
» vous envoyons les opinions contestées : reglez-les selon la parole
» de Dieu, & par-là nous esperons que vous tranquiliserez les con-
» sciences des Eglises affligées qui sont dans nos Etats ; & par-là aussi
» vous ferez une chose agreable à Dieu, digne de Chrétiens de votre
» rang, utile à nos Eglises, & qui sera agreablement reçûë de nous.
» A Visembourg (c'est Albe Jule) le 20. Septembre 1561.

Il paroît visiblement par-là combien l'esprit de Sigismond étoit déja prévenu en faveur de la prétenduë Réforme de Wittemberg, au
mépris de l'Eglise Romaine. Il vouloit, à l'exemple des Novateurs,
que P. Melanchton homme particulier, sans autre titre que celui de
Grammairien, de disciple de Luther, de Chef de parti, & qui, au

Baillet jug.
des Sçav.
t. 3. p. 191.

rapport de Scaliger, n'avoit qu'une légere teinture de ce qu'il sçavoit,
qui ne possedoit aucune science à fond, & qui, à vrai dire, n'étoit
qu'un faiseur d'extraits, & un ramasseur de lieux communs, & qui
rarement composoit quelque chose de sa tête ; il vouloit, dis-je,
qu'un tel homme fût infaillible, l'arbitre de la foi, en droit de changer la Religion des peuples, & par-là de renverser les idées de l'esprit,
les heureuses préventions de la jeunesse, la discipline des Eglises, l'autorité des Conciles, des saints Peres & des Papes ; & cela dans le
temps même que Melanchton & ses adhérans mettoient toute l'Europe en feu, renversoient les Monarchies, se joüoient de l'autorité

des Rois & des Magistrats, profanoient les Autels, brûloient les Eglises, s'emparoient des vases sacrez, déterroient les morts, & jettoient leurs os au vent ou au feu, faisoient perir par le fer, le feu, la faim, les prisons & les chaînes, des millions d'hommes, de femmes & d'enfans, laissoient violer les femmes, les vierges & les Religieuses; & le tout pour ôter à l'Eglise son infaillibilité, & nous empêcher de regler notre foi, nos sentimens & nos mœurs sur les décisions de cette Eglise, de ses Conciles, & de celui qui la gouverne.

Melancthon qui n'étoit pas un homme à donner dans les opinions de Zuingle & de Calvin, donna gain de cause à François Davidis, comme il paroît dans l'Histoire de la Confession d'Ausbourg. Mais avant que sa décision vînt en Transilvanie, François Davidis, par un esprit qu'on ne peut comprendre, si nous ne disons que c'est par celui qui est ennemi de toutes pratiques gênantes en matiere de Religion se déclara pour la Confession de Zurich, & de bon Lutherien devint Sacramentaire: bon augure pour Blandrat, comme nous le verrons.

Jusqu'ici nous n'avons encore que des préjugez de l'hétérodoxie de Sigismond, ce ne fut que vers l'an 1566. qu'il en donna des preuves.

Petricowitz qui gouvernoit la Principauté avec une autorité à laquelle rien ne résistoit, & qui d'ailleurs sçavoit que Selim successeur de Soliman II. ne s'embarassoit en aucune maniere des différends qui pouvoient s'exciter en Hongrie, & en Transilvanie, sur les matieres de la Religion, voulut enfin executer le dessein qu'il avoit formé depuis long-temps, sçavoir, de donner cours à toutes ces nouvelles opinions. Pour y réussir, sous le prétexte d'un Edit de l'an 1565. qui permettoit l'exercice des nouvelles Sectes à ceux qui les avoient embrassées dans la Transilvanie, il donna entrée à tous les Etrangers qui faisoient profession de la Religion prétenduë Réformée, leur laissa la liberté d'en faire publiquement les exercices, & leur accorda des Colleges pour y élever leurs enfans, & le pouvoir de disputer & faire des Controverses contre ceux qui n'avoient pas leurs opinions.

L'un de ceux qui se distingua le plus parmi ces nouveaux venus fut *Denis Alexis*, homme sçavant & adroit, qui eut le secret de plaire à Blandrat, & par son moyen d'avoir accès auprès de Sigismond. Ce Prince le goûta si bien, qu'il en fit un de ses confidens, & même son maître en matiere de Religion, & fit un si grand progrès sous un tel maître, qu'en peu de temps il se dégoûta des ceremonies de l'Eglise Romaine & devint bon Lutherien.

Ce n'étoit pas-là neanmoins le but où Blandrat vouloit conduire le Prince. Quelques Calvinistes, comme Gallus, Mathieu Denei Apostat de Cloître, Pierre Melvis, Pierre Carolinus, George Geontius, &c. qui s'étoient introduits à la Cour de Sigismond, crierent tant contre les dogmes & les pratiques Lutheriennes, comme tenant trop des pratiques Romaines, & releverent tant la doctrine de Geneve, & de Zu-

rich, que Sigifmond fe dégoûta du Lutheranifme, & embraffa la prétenduë Réforme des Calviniftes & des Sacramentaires.

Tous ces changemens étoient de bon augure à Blandrat ; il pref-
fentoit bien par-là qu'un temps viendroit auquel le Prince ne croiroit
plus rien, ou qu'il ne croiroit que ce qu'il lui propoferoit à croire.
Pour en venir là, il fe concilia l'amitié de François Davidis. Celui-ci
ne tenoit à rien en matiere de Religion. Il avoit quitté la Confeffion
d'Aufbourg contre fes propres lumieres, & s'étoit attaché à celle de
Zurich pour des raifons qu'on n'a jamais pû comprendre, & il quitta
enfin la Confeffion de Zurich, pour fuivre la doctrine de fon nouvel
ami, qui n'étoit qu'un Arianifme mis en plus beau jour.

On ne peut pas concevoir jufqu'où Blandrat porta fes conquêtes
depuis cette union. Tous les Confeillers & gros Seigneurs de la Cour
qui avoient déja pris parti pour les doctrines de Wittemberg, d'Aufbourg, de Geneve, & de Zurich, comme Petrowitz, Gafpard Cornis,
Chriftophe Fagimali, Jean Gerendi Chef des *Sabbataires*, ou *Sabatarites*,
gens qui ne celebroient pas le Dimanche, mais le Samedi, & dont les
difciples prirent le nom de *Genoldiftes*. Tous ces gens, & d'autres, fe déclarerent pour les opinions de Blandrat ; & François Davidis prêchant
un jour dans l'Eglife de faint Eftienne à Themifwar en préfence de
Sigifmond, & de toute fa Cour, invectiva avec tant de violence contre le Myftere de la Trinité, & contre ceux qui le croyoient, & foutint avec tant d'éloquence par les faintes Ecritures, que le Pere Eternel étoit le feul vrai & grand Dieu, à qui le Fils étoit foumis, que le
jeune Prince dit hautement qu'il étoit du fentiment du Prédicant.

Ce coup d'éclat déconcerta les Lutheriens & les Sacramentaires.
Ils jugerent bien que l'exemple du Prince & des Grands de la Cour
qui donnoient dans l'Arianifme, ne manqueroit pas de leur débaucher
le refte du peuple qui avoit embraffé leurs opinions, & que ce renverfement de Religion produiroit deux chofes. La premiere, que leurs
Sectes ne feroient plus les dominantes comme elles l'étoient au préjudice de la Religion Romaine qu'ils avoient interdite dans prefque
tous les lieux de la Principauté. La feconde, qu'ils feroient expofez
aux mêmes perfecutions qu'ils avoient eux-mêmes faites aux Catholiques fous l'autorité de Petricowitz, & fous la protection de Sigifmond. (Car il eft vrai que Petricowitz traita fort mal, & en toutes
rencontres les Catholiques pour favorifer les prétendus Réformés.)
Pour prévenir ces coups, il n'y eut point de plaintes, de murmures,
de foupleffes, de cabales, & d'entreprifes qu'ils ne miffent en ufage
contre Blandrat, & contre François Davidis.

Ceux-ci pour arrêter ces plaintes, ou pour faire oftentation de
leur doctrine, & de leur prétendu bon droit, propoferent la voye des
Conferences & des difputes fur les matieres controverfées. La premiere fe fit à Albe Jule en 1566. & dans la chaleur de la difpute Blandrat dit aux prétendus Réformés qu'ils avoient grand tort de contra-
rier

rier fa doctrine, puifqu'il l'avoit prife dans les livres de leur Docteur Martin Luther, & ajoûta, que s'il avoit des lumieres particulieres fur le myftere de la Trinité, il en étoit redevable à ce fameux Réparateur de l'Evangile; qu'il fe feroit toûjours un mérite de fe dire fon difciple; qu'il n'avoit point rougi de foûtenir devant le Senat de Genêve fes dogmes fur la Trinité, & qu'il rougiroit encore moins de les avoüer devant des perfonnes qui aiment la verité, comme étoient les Seigneurs devant qui il avoit l'honneur de parler.

Tous ces complimens, auffi-bien que tout ce qui fe paffa à la Conference, n'aboutirent à rien. Auffi demanderent-ils au Prince la liberté de fe raffembler encore une fois dans la même année; & pour faire croire à tous les Tranfilvains que leur doctrine étoit la feule véritable, comme la feule conforme à l'Ecriture fainte, ils ne voulurent ni Peres, ni Conciles, ni aucunes autoritez humaines, mais les feules Ecritures prifes dans leur fens naturel; & pour flater le jeune Prince, ils le prierent de vouloir non-feulement les honorer de fa préfence; mais encore de vouloir prendre lui feul la qualité de Juge, pour décider les matieres controverfées, après les avoir entenduës & aufquelles certainement il n'entendoit rien. Les Hiftoriens nous le reprefentent comme un homme foible d'efprit, inconftant dans la foi, obfedé par des gens corrompus, & pas moins ignorans que lui fur les matieres en queftion: matieres neanmoins où il ne s'agiffoit pas moins que de donner le démenti à tous les Conciles, à tous les anciens Peres, à tous les Pontifes, & à tout ce que nous avons de refpectable dans l'antiquité, & où non-feulement on prétendoit perfuader les hommes que depuis plufieurs fiecles ils étoient dans l'ignorance fur la plus importante verité du falut & de la Religion; mais encore les convaincre que tous les plus grands génies de l'Eglife avoient vécu dans l'erreur fur la nature de Dieu: matieres enfin fur la vérité & la difficulté defquelles il falloit s'en tenir à la décifion du jeune Jean Sigifmond Roi titulaire de Hongrie, & Prince fereniffime de Tranfilvanie. Telles étoient les prétentions des Unitaires.

Les Lutheriens & les Calviniftes, qui dans les difputes qu'ils avoient avec les Catholiques, avoient quelquefois remporté l'avantage, à ce qu'ils prétendent, accepterent le défi de Blandrat.

Le jour pris, tous fe trouverent au grand Varadin. Le Prince préfida à l'Affemblée, accompagné de fes Seigneurs. Blandrat & François Davidis y difputerent contre la créance que nous avons d'un Dieu en trois Perfonnes. Pierre Malius, Pierre Caroli, & quelques autres Calviniftes & Lutheriens, y foûtinrent que Dieu étoit un en nature & trois en perfonnes confubftantielles & réellement diftinguées; mais ils foûtinrent leurs thefes fans aucun fuccès.

Spond. ad ann. 1566. Refc. de Conc. hæret.

François Davidis qui poffedoit la fainte Ecriture, & qui la manioit mieux que tous les autres Novateurs de fon temps, en cita d'abord un fi grand nombre de paffages, & fi à propos, pour foûtenir fon opinion, que ses adversaires, étonnez d'une si prodigieuse memoire, & d'une si vaste capacité, demeurerent court sur l'Ecriture, & voulurent se jetter sur la tradition des Peres, & des Conciles, pour autoriser leur doctrine, & pour expliquer les passages que François Davidis avoit cité. Celui-ci protesta contre toute autre autorité que celle de l'Ecriture, comme insuffisante pour décider la matiere en question. Cette protestation acheva de déconcerter les Protestans & les Calvinistes ; ils virent bien que s'ils se bornoient à la seule Ecriture ils ne pourroient jamais convaincre des hommes aussi aguéris dans cette Ecriture, & dans la Grammaire, qu'étoient les Unitaires, de la vérité d'un seul Dieu en trois personnes éternelles, consubstantielles, & réellement distinguées, puisque pour cela il falloit necessairement avoir recours à la Tradition des Apôtres, & que l'on ne pouvoit connoître que par les premiers Conciles & les Peres cette Tradition. C'est ce qui les porta à protester contre la protestation de François Davidis, & ils soûtinrent par tous les argumens dont se servent les Catholiques contre eux, c'est-à-dire, qu'ils firent valoir, autant qu'ils purent, l'autorité que doivent avoir la Tradition, les Conciles, les Peres, & le consentement unanime des Docteurs, quand il s'agit d'un point de Religion.

François Davidis ne demeura pas court à ces raisonnemens. Hé quoi, » leur repliqua-t-il, vous voulez que je reçoive les interpretations » des Conciles & des anciens Peres sur les dogmes en question, & vous » ne voulez pas les recevoir quand vous disputez avec les Papistes ? Et » vous établissez contre eux, comme un principe incontestable, que » qui que ce soit, homme, femme, sçavant, ignorant, peut, & doit » examiner par la seule Ecriture, luë, & entenduë, si ce qui a été déter- » miné par l'Eglise dans ses Conciles generaux, touchant la Foi, est, » ou n'est pas conforme à la parole de Dieu ? Avez-vous donc deux » poids dans la même mesure de vos points controversez ? De deux » choses l'une, ou bannissez entierement les autoritez des hommes dans » vos controverses, autant pour la Trinité, l'Incarnation, & la mission » du S. Esprit, que pour l'invocation des Saints, la présence réelle de » Jesus-Christ au S. Sacrement, la Confession auriculaire, &c. ou bien » recevez la doctrine de ces Peres & de ces Conciles sur tous ces points, » & declarez-vous Papistes.

Ce raisonnement paroissoit specieux : toute l'Assemblée en crut voir la force, & les Lutheriens & les Calvinistes n'y répondant rien qui fut plausible, le jeune Prince, comme s'il eut été un homme sage, éclairé, consommé dans cette matiere, aidé de tous les plus habiles Théologiens de l'Eglise, & de la Republique Chrétienne, & conduit par les lumieres du S. Esprit, decida que Blandrat & François Davidis avoient raison ; que le Fils, & que le S. Esprit n'étoient pas le grand Dieu ; qu'il n'y avoit pas trois personnes consubstantielles dans la Trinité ; & que le grand & unique Dieu ne s'étoit pas incarné.

Cette décision auroit passé, s'il eut seulement conclu, que les Protestans avoient mal raisonné, supposé la vérité prétenduë de leurs principes ; que c'étoit mal à propos qu'ils avoient protesté contre la protestation des Unitaires ; qu'ils ne pouvoient pas admettre la créance d'un Dieu en trois personnes consubstantielles sur leurs principes ; & que les Unitaires avoient raisonné juste, quand ils ont conclu contre le dogme d'un Dieu en trois personnes, sur la supposition des Calvinistes, que tous les particuliers ont droit d'examiner par l'Ecriture, si ce qui a été déterminé par l'Eglise dans ses Conciles generaux touchant la Foi, est, ou n'est pas conforme à la parole de Dieu ; mais dire absolument, qu'il n'y a pas trois personnes en Dieu ; que Jesus-Christ n'est pas le vrai & le grand Dieu, &c. & cela parce que les Prétendus Reformez n'ont pû le conclure de leurs principes, c'est assurément juger trés-mal, & se declarer sans fondement pour les Unitaires.

Neanmoins la plûpart des Courtisans, qui pour l'ordinaire n'entendent rien dans les mysteres de la Foi, & qui souvent n'ont point d'autre Religion que l'ambition, l'interèt, le train de la Cour, & la volonté du Prince, particulierement où la Foi Romaine n'est pas la dominante, se declarerent hautement pour l'Arianisme, & commencerent à sociniser. Les Ministres Lutheriens & Sacramentaires qui n'avoient point de ménagement à prendre pour leur fortune dans leur parti, se declarerent pour le dominant, tandis que les autres se retirerent chargez de honte, pour n'avoir pas rempli les attentes que leurs freres avoient de leur sçavoir. Et les Unitaires qui se faisoient honneur de la victoire qu'ils avoient remportée sur leurs adversaires, firent imprimer les memoires de la Conference, avec deux livres contre la Trinité, & envoyerent le tout en Hongrie, en Pologne, en Boheme, & ailleurs, où il y avoit des Prétendus Reformez, & par là donnerent à leur secte un grand avancement.

Encore plus, par les versions & corrections que Blandrat & quelques-uns de ses associez firent de la Bible. Les Ministres de Transilvanie la mirent en langue Hongroise : Jacques Paléologue la traduisit en Grec, Jean Somere l'aida dans cet ouvrage, & Matthias Glirius Polonois, homme versé dans les langues Orientales, & qui professoit publiquement l'Arianisme, en donna une en langue Hebraïque. Toutes ces versions étoient remplies de fausses interpretations, de tours conformes aux préjugez de ces Unitaires, de notes Ariennes, Samosatiennes, Sabelliennes, & la plûpart des Hongrois & Transilvains qui lisoient la version Hongroise, & qui n'avoient pas la capacité, ni les livres, ni les Doctes Orthodoxes, pour voir si le texte, les notes, & les explications qu'on donnoit à quelques passages qui regardent la Trinité, la divinité de Jesus-Christ, le peché originel, &c. étoient conformes à l'original, ou non, avoient le malheur de s'en tenir à ce qu'ils lisoient, & par là, sans souvent s'en appercevoir, deve-

N. 1. p. 9.

Sponde ad ann. 1566.

noient Ariens ou Samofatiens, c'eſt-à-dire Unitaîres & Sociniens.

Bien plus, Blandrat, toujours attentif au progrès de ſa ſecte ; par le crédit qu'il avoit auprès des perſonnes du premier rang, leur inſinua la neceſſité où ils étoient d'envoyer leurs enfans étudier dans les Univerſitez de Veniſe, de Padoüe, &c. & de fréquenter les Juifs qui y étoient, ſous le pretexte qu'ils y feroient de plus grands progrès dans les belles lettres qu'ils ne feroient dans les Colleges de la Province ; & que les Juifs qui avoient bien d'autres connoiſſances du fond de la Religion que n'en ont les Catholiques, les Lutheriens, & les Sacramentaires, les pourroient par là inſtruire parfaitement ſur les points de leur créance. Blandrat ne donnoit ce conſeil que pour faire apprendre à ces jeunes gens la maniere de blaſphêmer contre un Dieu en trois Perſonnes, contre la divinité de Jeſus-Chriſt, & contre les myſteres de la Religion Chrétienne, & pour les mettre en état de ſoûtenir, quand ils ſeroient dans un âge plus avancé, leurs blaſphêmes & leurs impietez. Son conſeil fut ſuivi de pluſieurs, & ces enfans ſeconderent aſſez bien ſes eſperances.

Sponde.

Les Prétendus Reformez effrayez de tant de progrès, tenterent de nouvelles voies d'accommodement. Ils demanderent une nouvelle Conference en preſence du Prince ; elle leur fut accordée : elle ſe fit à Albe Jule le 8. Mars 1568. & dura dix jours. Blandrat, François Davidis, Baſile Miniſtre de Clauſembourg, Demetrius Hunniades, Paul Jule, Jean Sinning, Moroſinus, Martin Albanus, Benoiſt Ovart, Gregoire Vagnerus, tous qualifiez dans les Egliſes des Prétendus Reformez, s'y trouverent. Blandrat y diſputa contre les myſteres de la Trinité, de la divinité de Jeſus-Chriſt, des deux natures en Chriſt, & ſoûtint avec tant de vehemence ſes theſes contre les Prétendus Reformez, que le Prince, & les Grands de la Cour lui applaudirent, & il eut le même ſuccès dans une autre Conference qui ſe fit à Albe-Jule en 1570. ſous le bon plaiſir du Prince.

B. A. p. 32

Après ces heureux ſuccès la ſecte manqua de changer de face en 1571. Sigiſmond qui s'ennuyoit de payer le tribut annuel à Selim Empereur des Turcs, & qui vouloit ſe marier à une Princeſſe de la Maiſon d'Autriche, envoya des Ambaſſadeurs à Maximilien pour lui demander ſon amitié, ſa protection, & la Princeſſe : le tout lui fut accordé, à condition qu'il ne prendroit plus la qualité de Roi de Hongrie (qualité que le Turc lui avoit laiſſée, & qu'il avoit toûjours priſe dans ſes titres) mais uniquement celle de Prince ſereniſſime de Tranſilvanie.

Sponde 1571

Iſthuanſt. Hiſt. Hung. l. 24.

Ces conventions faites, ce Prince n'eut pas le bonheur d'en joüir. Il mourut le 16. Mars 1571. âgé de 31 an. Blandrat, comme ſon premier Medecin, & quelques autres Unitaires, l'obſederent ſi bien dans ſa maladie, que l'on dit avoir été extrêmement violente, qu'il fut impoſſible aux Catholiques & aux Prétendus Reformez, de l'approcher. Comme il mourut Arien, on l'enterra à la maniere des Ariens, dans le Temple, & ſous un tombeau de marbre. Il ne laiſſa point d'enfans, mais

N. 11 p. 11

un teftament, par lequel il declara l'Empereur Maximilien heritier de fes Etats.

C'eft ce qui manqua de jetter la Tranfilvanie dans de nouvelles guerres, de la part de Maximilien II. pour avoir fon patrimoine, & l'execution du teftament du défunt ; de la part de Selim, pour conferver fon tribut annuel ; & de la part des Tranfilvains Catholiques, Lutheriens, Calviniftes, Ariens, & Anabatiftes. Les premiers vouloient un Prince Catholique, & les autres en vouloient un qui fut de leur Religion, ou au moins que ce ne fut pas un Prince auffi puiffant qu'étoit Maximilien. C'eft ce qui fera le fujet du chapitre fuivant.

CHAPITRE XV.

Le Socinianifme en Tranfilvanie pendant le regne des Batoris.

APrès la mort de Jean Sigifmond, les Barons de Tranfilvanie s'affemblerent pour s'oppofer à l'execution de fon teftament, & pour concourir à l'élection d'un Prince. Parmi tous les concurrens, ils élurent à la recommandatiou de l'Empereur Selim, Etienne Batori, à l'exclufion de Gafpar Bekeffe Arien. Etienne étoit bon Catholique, premier Baron de Tranfilvanie, & le plus accompli qui fut alors en état de bien gouverner la Principauté. Il ne manquoit ni de zele pour la Religion Romaine, ni de courage pour faire tête à fes ennemis, ni de politique pour fe concilier l'amitié des Etrangers, ni de prudence pour réunir au bien de l'Etat tous fes peuples, quelque divifez qu'ils fuffent en matiere de Religion.

Auffi-tôt qu'il fut élu & reconnu, il envoya des Ambaffadeurs à Conftantinople & à Vienne, pour y donner avis de fon élection. Selim la confirma, à condition qu'il payeroit à la Porte le tribut que fon predeceffeur y payoit, & qu'il ne feroit aucune alliance avec les Princes Chrétiens fans lui en donner avis. Maximilien la confirma auffi, aux conditions qu'il ne prendroit que le titre de Prince fereniffime de Tranfilvanie, & qu'il n'y commanderoit que comme Prince vaffal de l'Empire.

Ces mefures prifes pour ne point avoir de guerres avec les Etrangers, il s'appliqua à fe concilier l'amitié & la confiance de tous les Novateurs de fa Principauté, & qui affurément y faifoient le parti dominant fur les Catholiques ; à quoi il réüffit par le moyen de Blandrat, fon confident, fon Confeiller, & fon Medecin, fans neanmoins préjudicier en rien à ce qu'il devoit à fa Religion : au contraire, il femble qu'il n'en vint là que pour les unir tous à la Catholicité, à quoi lui fervirent beaucoup les Peres Jefuites qu'il établit dans Claufembourg (ville où les Unitaires faifoient le parti dominant) avec pouvoir d'y inftruire la jeuneffe, d'y prêcher, & d'y faire les autres

Fonctions qui font de leur ministere : Ce qu'ils firent ; & une des premieres chofes à quoi ils s'appliquerent, fut une traduction de la Bible en langue vulgaire, où ils apporterent toute la fidelité que mérite un tel ouvrage, & où ils firent voir clairement à tous ceux qui eurent la pieté ou la curiofité de la lire, combien celle des Unitaires étoit défectueufe, infidele & corrompuë ; & pendant que les uns travaillerent à ce pénible ouvrage, les autres prêcherent, & difputerent dans les villes & dans la campagne, & ramenerent à la Foi Catholique beaucoup de perfonnes de tous les états, qui ne s'en étoient écartées que par violence, ou par furprife, ou par libertinage. Ce qui leur attira ce que le Sauveur du monde a prédit, de cruelles perfecutions, & enfin leur banniffement.

Pendant que Batori faifoit de fi belles chofes pour rétablir la Foi Romaine dans fa Principauté, les Polonois l'élurent pour leur Roi : & Chriftophe Batori lui fucceda à la Principauté de Tranfilvanie. Ce nouveau Prince, au commencement de fon regne, donna des preuves de fon zele pour la Catholicité, & de fa confideration pour les Peres Jefuites. Bien loin de borner leurs foins à la feule éducation de la jeuneffe, comme les Lutheriens, les Calviniftes, & les Unitaires l'en avoient prié aux Etats de Torde (pour ne point exciter, difoient-ils, de nouveaux troubles dans le pays, fur les matieres de la Religion) il les gratifia d'un nouvel établiffement à Albe-Jule, & d'un autre au grand Varadin, avec un plein pouvoir d'y enfeigner, & d'y prêcher. Tandis que ces Peres rempliffoient les attentes du Prince, & qu'ils foûtenoient avec fuccès la réputation que les Catholiques avoient de leur zele pour le falut des ames, Blandrat fit bien des figures, & fe donna de grands mouvemens ; en voici quelques-uns.

François Davidis ne s'en tint pas aux paradoxes que Blandrat lui avoit infpirez contre la divinité de Jefus-Chrift. Il philofopha tant, que non-feulement il ne voulut plus de Trinité en Dieu, ni de divinité en J. C. mais il foûtint encore qu'on ne devoit, & qu'on ne pouvoit invoquer J. C. ni lui rendre aucun culte religieux. Ces nouveautez exciterent de grandes conteftations parmi les Unitaires, qui donnerent lieu à un Synode qu'on affembla à Torde en 1578. où fe trouverent trois cens vingt-deux Miniftres Unitaires. F. Davidis en qualité de Miniftre de Claufembourg, y foûtint avec hardieffe, & avec toute la capacité & l'opiniâtreté poffibles fon impieté, & nia abfolument l'invocation de Jefus, ou que les hommes puffent l'invoquer ; la neceffité du Batême pour les petits enfans y fut auffi combattuë. Blandrat n'épargna rien pour faire revenir F. Davidis à fa premiere opinion. Mais celui-ci étoit trop fuffifant pour demeurer dans les bornes de difciple à l'égard de Blandrat, il voulut même en être le maître fur cette matiere ; & en effet il le devint. Blandrat après avoir reconnu que tous fes raifonnemens, & même que ceux de Faufte So-

Hift. Ref.
Eccl. Pol.

cin qu'il avoit appellé à son secours contre François Davidis, n'a-
voient pû desabuser celui-ci, se départit de ses propres sentimens, &
épousa ceux de François Davidis comme plus clairs, plus suivis, &
moins gênans que les siens. Et par cette démarche, de Chef des Unitaires en Transilvanie, il en devint un membre; & de véritable Tri-
théite, il se fit Samosatien. Il considera J. C. non comme un homme
excellent, dont les prérogatives l'élevoient au dessus des hommes, &
lui méritoient un respect singulier, mais comme un homme comme
les autres, à qui on ne devoit rien que ce que l'on doit au commun
des hommes : & cette opinion trouva des sectateurs, & des Ministres
qui la soûtinrent hautement.

Pendant ces démêlez qui divisoient les Eglises des Unitaires, les
Jesuites faisoient toûjours de nouveaux progrès sur l'Heresie. C'est
ce qui porta les Novateurs qui se trouverent en 1582. aux Etats de
Clausembourg, d'en faire leurs plaintes à Christophe Batori, & ils
prirent la liberté de lui écrire, pour le presser de chasser les Jesuites
d'Albe-Jule. Ils alleguerent pour raison qu'il y avoit si peu de Catholiques, qu'il n'étoit pas necessaire ni expedient de troubler l'Etat
sous pretexte de vouloir leur donner des Pasteurs. Le Prince ne fit
aucune attention à ces lettres; & pour les mépriser & donner en même temps des marques de sa confiance aux Peres Jesuites, il leur donna son fils Sigismond Batori, afin qu'ils l'élevassent dans la pieté catholique & dans les belles letres, où ils reüssirent si bien, & parti
culierement le Pere Lelesius, qu'à peine Sigismond eut-il succedé
son pere, que suivant les maximes que ce Jesuite lui avoit données il
renonça à l'alliance du Turc, & en fit une nouvelle avec l'Empereur
Rodolphe, bien resolu de se défendre contre Amurat successeur de
Selim.

Ce procedé allarma tous les Novateurs; ils virent bien que cette
rupture avec la Porte, que cette alliance avec la Maison d'Autriche,
que le grand pouvoir qu'avoient les Jesuites sur l'esprit du jeune Prince, & que l'ardeur que Sigismond témoignoit pour l'Eglise Romaine
ne pourroient que tourner à leur ruine. Pour prévenir ce coup, à
la persuasion de Demetrius Surintendant des Eglises des Unitaires, &
qui ne discontinuoit pas de crier contre les Jesuites comme contre des
hommes qui introduisoient l'idolatrie dans la Province, & qui prétendoient y rétablir l'empire de l'Antechrist ou du Pape, ils s'assemblerent tumultuensement en 1588. à Mégiez, proche Clausembourg. Ils y furent les plus forts; & sous le faux pretexte
d'y representer les Etats, ils firent un decret qui portoit le banissement de tous les Jesuites hors de l'Etat. Sigismond ne manqua
pas de se plaindre de cet attentat fait à son autorité, mais on le méprisa. Les Catholiques voulurent s'y opposer, mais le grand nombre
des Novateurs fit que leur opposition n'eut aucun effet. Les Jesuites
voulurent répondre aux plaintes que l'on formoit contre eux, & à

l'injuftice qu'on leur faifoit de vouloir les chaffer hors de la Province : ils alleguerent leur innocence, les lettres patentes du Prince pour leur établiffement, & l'Edit de tolerance pour la Catholicité, comme pour le Lutheranifme, le Calvinifme, & l'Arianifme nouveau ; mais on leur répondit qu'il falloit obéir ; ils le firent, & tout ce qu'ils purent obtenir, ce fut que le Pere Alphonfe Carille demeureroit auprès de Sigifmond, conformément à la demande qu'en avoit fait ce Prince.

Vindic.
Unitar.
B. A. p.
268.

Ce procedé des Novateurs eut d'étranges fuites : les Unitaires fe rendirent les maîtres dans Albe-Jule, dans Claufembourg, dans Torde, & dans plufieurs lieux ; ils formerent & conferverent plus de deux cens Eglifes dans la Province, & les autres Novateurs joüirent des Edits qui leur donnoient la liberté de confcience. *Princeps Tranfilvaniæ juramento confirmat jura Reformatorum, Unitariorum, Saxonum Augustana Confeffioni adhærentium, & Pontificiorum. Eminent Unitarii Claudiopoli & Thorda, & habent in Tranfilvania, & Siculia plurefquam 200 Ecclefias.* Mais les chofes changerent de face peu après ; & c'eft ce que nous verrons quand nous parlerons de la décadence de la Secte en Tranfilvanie. Il faut voir maintenant le progrès qu'elle a fait, ou qu'elle a tenté de faire dans d'autres Provinces.

CHAPITRE XVI.

La trop grande complaifance que la Maifon d'Autriche a eu pour les Hérétiques, les a portez à faire des tentatives pour introduire le Socinianifme dans l'Autriche, & dans d'autres Terres de cette augufte Maifon.

L'Auteur
du petit
Traité des
motifs pour
la guerre
d'Allemagne.

POur donner jour à ce que j'avance ici, il faut fuppofer avec un Auteur moderne, que tout le monde fçait qu'il fut facile à l'Empereur Charle V. d'étouffer l'héréfie de Luther dès fa naiffance, & qu'il ne voulut pas le faire, dans l'efperance que cette diverfité de Religion fe répandroit parmi les Princes & les Etats d'Allemagne, & qu'elle les engageroit dans une guerre civile qui lui faciliteroit, ou à fes fucceffeurs, le moyen de changer la forme de l'Empire, & celui de parvenir à la Monarchie univerfelle. Mais comme les grandes mutations n'arrivent que fucceffivement, il fe contenta d'établir la liberté des Proteftans, par cette paix religieufe qui caufa tant de joie à tout le parti, & qui leur donna lieu de croire, & la liberté de dire que l'Empereur étoit de leur côté par fon inclination. *Credibile fanè eft Carolum fapientiffimum,* c'eft un Auteur Allemand qui parle à ce fujet, *cum jam longo ufu Religionem Lutheranam fortè longè aliam confpexiffet, poftquam in Comitiis Vuormecenfibus ipfi primum defpicta fuis.*

Ferdinand

Ferdinand son frere, qui lui succeda à l'Empire, eut encore plus de complaisance pour les Hérétiques de ses Etats. Jean Crato son Medecin nous apprend que non-seulement il les favorisa ouvertement, mais même qu'il s'en fit un honneur, & qu'avant de mourir il remercia Dieu de la tolerance qu'il leur avoit donnée. *Illud reticere non debeo, quod D. Fernandus Imperator crebris sermonibus ante obitum usurpavit, inter summa beneficia, quæ Deus in gubernatione Imperii concessisset, primum, atque maximum, vero animi judicio, optimaque conscientia, hoc se dicere, quod ad sedendas discordias publicas, animum adjecisset, & tolerantia in Religione formulam benignissimus Dominus sibi in mentem dedisset.*

On veut que les choses n'allerent pas seulement jusqu'à la tolerance, mais qu'il adheroit à quelques-unes de leurs opinions erronées. On voit à ce sujet quelques-unes de ces lettres à l'Electeur de Saxe, où il paroît qu'ils étoient assez d'accord sur les points de la Religion. Et les instances qu'il fit faire par ses Ambassadeurs au Concile de Trente, pour le mariage des Prêtres, pour la Communion sous les deux especes, &c. montrent assez quels étoient ses sentimens sur la prétendue Reforme : ses instances donnerent plus de peine au Pape que tout ce qu'on agitoit au Concile.

Un Auteur nous apprend que Ferdinand n'étant encore que Roi des Romains, dans l'appréhension d'une revolte generale dans la Moravie, de la part des Anabâtistes ou Hutterittes, disciples du fameux Hutter, leur permit l'exercice de leur Religion, & consentit à leur établissement dans cette Province, après avoir éxigé d'eux qu'ils ne feroient rien qui fut contraire aux bonnes mœurs, à la tranquillité de l'Etat, & à la Religion Chrétienne. Cependant ces Hutterites jettoient les fondemens du Socinianisme ; ils ne se soucioient en aucune maniere des mysteres de la Trinité & de l'Incarnation du Verbe ne donnoient point d'autre nom à Jesus-Christ que celui de Seigneur des armées, & toleroient parmi eux l'exercice de toutes les sectes de l'Anabâtisme, parmi lesquelles il y en a ausquelles on ne peut penser sans rougir. N. 11. p. 11

Maximilien II. qui non content de l'Archiduché d'Autriche, du Royaume de Boheme, de l'Empire Romain, & de tous les avantages qui en sont inséparables, vouloit encore les Royaumes de Hongrie & de Pologne ; pour favoriser ses prétentions, se fit un devoir & une necessité d'avoir des correspondances avec tous les Novateurs, tant de ses Etats, que des Etats voisins. On dit même qu'ils faisoient le parti dominant dans sa Cour ; qu'il ne lui manquoit que la profession ouverte du Lutheranisme, & que toute l'Allemagne n'a jamais douté de sa créance sur ce fait. Ce fut lui qui accorda cette Constitution de l'an 1577. si favorable aux Protestans, y disposant souverainement de tous les biens ecclesiastiques en faveur de ceux qui y avoient embrassé le Lutheranisme, malgré les resistances des Catholiques.

I

Ce commerce avec les Hérétiques avoit commencé dès qu'il étoit Roi de Boheme, & avant qu'il parvint à l'Empire : car Frapaolo dit que dés lors il entretenoit des intelligences avec les Electeurs & autres Princes Protestans, ce qui l'avoit rendu si suspect au Pape Paul IV. qu'il ne put s'empêcher de dire de lui dans une audience secrette, qu'il donna à Martin Gusman, que le fils de l'Empereur étoit fauteur de l'hérésie. Le même soupçon continuant après la mort de Paul, le Pape Pie IV. lui fit dire en 1560. par le Comte d'Arcos, que s'il ne persistoit dans la Foi Catholique, bien loin de le confirmer Roi des Romains, il le dépoüilleroit de tous ses Etats. Toutes ces menaces, que ce Pape n'avoit pas droit de faire, n'empêcherent pas ce Prince de choisir dans la suite pour son Prédicateur un homme qui avoit introduit la Communion du Calice en differentes Eglises ; & même cet Empereur disoit quelquefois qu'il ne pouvoit pas recevoir la Communion sans le Calice, quoi que neanmoins il n'en soit pas venu à l'execution. C'est sans doute au sujet de cette complaisance que Maximilien II. avoit pour les Protestans, que JeanLethi bon Lutherien dit que ce Prince étoit prudent, pieux, pacifique ; qu'il conserva la paix dans la Religion ; & qu'il disoit souvent, que c'étoit une impieté de vouloir condamner, ou gêner les consciences.

Les Novateurs d'Autriche, sur une si grande complaisance dans leur Souverain pour leur prétenduë Reforme, oserent bien lui demander la liberté de conscience, comme une reconnoissance des grands services qu'ils lui avoient rendus pendant les guerres qu'il avoit eues en Hongrie, & des sommes que les Etats Protestans lui avoient fournies pour payer les dettes qu'il avoit contractées pendant ces guerres. L'Empereur leur promit, mais à condition que deux Anciens du côté de Sa Majesté, deux du côté des Etats, & deux de la Confession d'Ausbourg conviendroient ensemble touchant les articles de Foi dont on demandoit l'exercice.

Sponde ad ann. 1568.

Le projet ne fut pas si secret que le Pape n'en eut connoissance, & pour l'arrêter il délegua le Cardinal Commendon vers l'Empereur, pour lui dire de sa part, de ne point accorder cette liberté de conscience ; & que s'il l'avoit déja accordée, de la revoquer ; faute de quoi il l'excommunieroit, & le priveroit de l'Empire. Il n'en demeura pas là, il envoya un Exprès au Roi d'Espagne, pour exhorter ce Monarque à presser son cousin, de ne point accorder aux Hérétiques une chose si préjudiciable à la Religion. Ces démarches du Pape eurent leur effet, l'Empereur ne conclut rien sur la demande de la liberté de conscience ; mais aussi sa complaisance pour les Sectaires les laissa exercer leur Religion sans aucune contradiction.

Parmi ces Sectaires qui insistoient sur la liberté de conscience, il y avoit une secte de libertins (c'est ainsi que l'Analiste les appelle) qui croyoient comme article de foi que J. C. n'avoit rien au dessus des Saints ; qu'il étoit un pur homme ; qu'on ne pouvoit, & qu'on ne devoit point lui donner la qualité de Seigneur ; & qu'on devoit finir les prieres que nous adreffons à Dieu, non en ces termes, dont fe fervent les Catholiques : *Par Notre Seigneur J. C. votre Fils ;* mais en ceux-ci : *Par J. C. ton ferviteur jufte & fidele.*

Ces Arianifans ou Samofatiens prirent la liberté de réduire par écrit leur profeffion de foi, la prefenterent à l'Empereur, & lui demanderent la liberté de la rendre publique ; mais inutilement. Avant que de rien conclure, on mit cette profeffion entre les mains du Docteur Hizingrin, qui la refuta folidement, & fit tant de bruit à la Cour de Vienne fur la complaifance, ou plûtôt la moleffe que l'on avoit pour ces impies qui introduifoient le Mahometifme dans l'Autriche, & qui par là donnoit au Turc le moyen de les dompter fans armes, que l'Empereur traita fort mal ces Arianifans.

Je n'ai trouvé que trois Auteurs Allemands qui fe foient declarez pour la fecte pendant les regnes de Ferdinand, & de Maximilien II. C'eft Wicelius, Neumerus, & Silvanus. J'en parlerai dans le chapitre 18. de la feconde partie.

CHAPITRE XVII.

Le deffein que Pierre Richer a eu d'introduire le nouvel Arianifme dans l'Amerique, fous la protection du Commandeur de Villegagnon.

JE n'entrerois pas dans le détail de ce projet, pour le peu de fuccès qu'il eut, fi je n'avois pas promis de dire tout ce qui étoit venu à ma connoiffance fur le fujet du Socinianifme. M. Nicolas Durand de Villegagnon (que du Verdier de Vauprivas dit être de Sens & que d'autres difent avec plus de vérité être de Provins, dont le Château de Villegagnon n'eft éloigné que de trois lieuës) Chevalier de Malthe, & recommandable par differens emplois militaires fur mer & fur terre, fe declara du temps même de Calvin, pour la prétenduë Reforme : & pour éviter les fupplices dont Henri II. puniffoit les Novateurs, il fe mit fous la protection de l'Amiral Coligni, bon Calvinifte dans le cœur, & lui fit entendre qu'il feroit expedient d'établir une Colonie dans l'Amérique méridionale, autant pour en tirer du profit & de la gloire pour la Nation, que pour avoir une retraite où les Reformez puffent fe mettre en affurance contre les perfecutions qu'on leur faifoit en France. L'Amiral goûta fon deffein, & en parla au Roi. Le Roi, à qui on eut foin de perfuader que dans ce projet on ne recherchoit que fa gloire, l'humiliation de fes ennemis, & le bien de fes peuples, y confentit, fit équiper à fes frais trois vaiffeaux, & en donna la conduite au Chevalier de Villegagnon. Ces vaiffeaux bien fretez, & munis de foldats Catholiques & Calviniftes, ar-

Belear l. 18
M. de Thou
l. 16. hift.
de l'Amer.
Lefearch.
Hift. de la
nouv. Fran.
l. 2.
Sponde ad
an. 1555.
N. 16. 17.
18.

riverent heureufement fur la fin de Novembre 1555. dans *la riviere de Janeïro*, fur les côtes du Brefil. De Villegagnon fit defcendre fes gens dans une Ifle ; que quelques-uns difent être la *Floride* s'en rendit le maître, y fit bâtir un Fort auquel il donna le nom de Coligni ; renvoya en France deux vaiffeaux chargez de riches marchandifes, & demanda par la même voie un *nouveau fecours à l'Amiral*, autant pour fe défendre contre les Infulaires que contre les Portugais, qui s'étoient rendus maîtres de prefque toute la côte, & le pria de mettre fur fes vaiffeaux quelques habiles Miniftres Calviniftes, pour pouvoir executer fon premier deffein, fçavoir, d'établir la Reforme dans fa Colonie.

Coligni fatisfait du premier voyage, travailla à lui envoyer tout ce qu'il lui demandoit ; & avant que de faire partir ce fecours de vaiffeaux & d'hommes, il s'adreffa à Calvin même, pour avoir des Miniftres de fa main. Calvin lui en envoya deux fameux, Guillaume Chartier, & Pierre Richer.

Pierre Richer.

Richer avoit été Religieux Carme, & fous cet habit il s'étoit acquis de la réputation par fa maniere de prêcher. Il fit du bruit à Annonai petite ville du Vivarés, s'y concilia des amis, du crédit, & des gens qui le fuivirent. Ainfi accrédité, il prêcha en fecret, & enfuite publiquement les héréfies qui étoient à la mode, particulierement celles qui combattoient la confubftantialité. Le Magiftrat de la ville, bon Catholique, voulut l'entreprendre en Juftice : pour éviter ces pourfuites il s'en alla a Geneve. Calvin le reçut favorablement, pour le beau talent qu'il avoit de prêcher, & pour l'avancer il en fit préfent à Coligni.

Le P. Gautier Sponde.

Ces Miniftres s'embarquerent fur les trois vaiffeaux du Roi, avec un grand nombre de Calviniftes, & arriverent en 1557. dans l'Ifle, où de Villegagnon les attendoit. A leur arrivée ils célebré ent la Cêne à la Calvinifte, & les Miniftres fe mirent en devoir d'inftruire les peuples, mais ils ne convinrent pas dans leurs principes. Chartier s'en tint aux dogmes de Calvin, & Richer y ajoûta l'Arianifme, & quelques autres héréfies anciennes.

Erreurs de Richer.

Il enfeignoit qu'il ne falloit pas adorer J. C. en fa chair humaine, autrement qu'on adoreroit une créature, & l'élément terreftre ; qu'il étoit permis de l'adorer comme Dieu, mais non pas comme homme ; que celui-là eft hérétique qui croit que J. C. doit neceffairement être prié & invoqué ; qu'il faut invoquer le feul Pere par J. C. & jamais ne prier J. C. pour ne déférer aucun culte divin à fon humanité. Qu'on ne devoit point faire la cêne ou la communion du corps de J. C. d'autant que l'efperance de la vie éternelle étoit promife à l'ame, & non pas à la chair ; de forte qu'il ne falloit attendre aucun profit fpirituel de l'ufage de l'Euchariftie. Il nioit la réfurrection de la chair ; & conformément à fes premiers principes, il ne difoit jamais dans fes prieres : *Gloire au Pere, au Fils, & au S. Efprit* & n'adreffoit point fes prieres à J. C.

On nous cite pour témoins de ces erreurs prêchées dans la Floride, le Chevalier de Villegagnon, & François Auberi Notaire pour le Roi dans ce païs.

Ces bigarures dont Richer barboüilla la doctrine de Calvin, excitèrent de grands troubles dans la nouvelle Colonie. De Villegagnon envoya en France Chartier, pour en faire un rapport à Calvin, & pour lui en demander son avis. Il n'attendit pas son retour pour prendre son parti ; il avoit du bon sens, de la tête, de l'esprit, & de la capacité, comme il l'a fait voir dans différens ouvrages imprimez, & dont du Verdier, & de Vauprivas nous donnent le catalogue dans sa Bibliotheque. Il fit ses réfléxions sur la diversité des sentimens de ces deux Ministres, & sur les troubles que Richer continuoit d'exciter ; il en conclut qu'il n'y avoit rien de fixe dans la prétenduë Reforme de Calvin, & la quitta pour rentrer dans le sein de l'Eglise Romaine, d'où il n'étoit sorti que par légéreté, ou par des considerations humaines. Quelques sectaires de ceux qui l'avoient suivi, & de ceux qui l'étoient venu trouver, suivirent son exemple ; & fortifié de ces nouveaux convertis, aussi-bien que des Catholiques qui étoient dans sa Colonie, il chassa de l'Isle Richer & tous les autres Calvinistes, qui s'en revinrent en France le mieux qu'ils purent. Ainsi échoüerent les desseins de Richer, aussi-bien que ceux de Calvin & de Coligni ; & celui-ci, sur les nouvelles qu'on lui donna de ce changement de Villegagnon, outré de son procedé, ne lui envoya plus de secours, & de Villegagnon qui ne pouvoit plus résister avec si peu de monde aux Portugais & aux Insulaires, abandonna l'Isle, & s'en revint en France où il eut de gros démêlez de plume avec Calvin ; & celui-ci viola toutes les loix de la politesse, de la bienséance, & de l'honneur pour pousser le Chevalier à bout, jusqu'à se railler de sa noblesse, des armes de sa famille, & de sa capacité. C'est ce qui paroît dans quelques libelles diffamatoires que Calvin ou les siens ont fait contre lui, dont l'un est intitulé : *La suffisance de Maître Colas Durand*, & l'autre est intitulé : *Epoussettes de ses armoiries & autres*.

CHAPITRE XVIII.

Differentes Provinces du haut & du bas Rhin infectées du nouvel Arianisme par les Anabâtistes, où l'on voit les erreurs, les Auteurs, & les entreprises de ces hérétiques ; & enfin comme ils se sont maintenus dans le libre exercice de leur secte par les Edits de tolérance que la Hollande a accordée aux Mennonites.

LEs Sociniens de Hollande, ou des sept Provinces Uniès, se sont aggrégez à la Communion des Mennonites, & autres Anabâtistes,

qui vivent fous l'autorité de leurs Hautes Puiſſances les *Etats de Hol-*
lande ; il n'eſt donc pas inutile pour l'éclairciſſement de mon Hiſtoire,
de dire quels ſont ces Anabâtiſtes , leurs dogmes, leurs Auteurs,
leurs entrepriſes , les pourſuites qu'on en a fait, la diverſité de leurs
ſectes , & enfin comment ils ſe ſont maintenus par la tolérance qu'on
leur a accordée. J'embraſſe ici une matiere ſurprenante autant par la
bizarrerie des erreurs qu'on y trouverra , que par les deſſeins mon-
ſtrueux qu'avoient les premiers Anabâtiſtes , qui ne tendoient pas
moins qu'à détrôner tous les Rois pour élever une nouvelle Monarchie temporelle où , à leur dire , devoient vivre dans l'abondance les Elûs. Comme cette matiere a été traitée amplement par
différens Auteurs , je m'efforcerai de ne rien dire que ce que je croirai
convenir à mon ſujet.

L'on entend communément par le nom d'Anabâtiſtes une ſecte qui
ſe fait un point capital de ne point bâtiſer les enfans qu'ils ne ſoient
adultes , & inſtruits des matieres de la Religion , & qu'ils ne les
croient ; & de rebâtiſer tous ceux qui ont reçû le Bâtême dans leur
enfance , ſous prétexte qu'ils n'avoient pas la foi ; que leur Bâtême ne leur a de rien ſervi , & même qu'ils ont agi, ou qu'on les a
fait agir contre le précepte de J. C. qui porte que pour être ſauvé il
faut croire , & être bâtiſé. C'eſt de cette pratique qu'on les appelle
Anabâtiſtes , ou Rebâtiſans.

Leurs opi-
nions. A cette erreur que les Anabâtiſtes reçoivent tous univerſellement,
& qui leur eſt commune avec beaucoup de nouveaux Arianiſans, comme nous l'avons vû dans les Chapitres des Synodes de Pologne , ils en
ajoûterent d'autres que les Sociniens ont adoptées, ou qui ont ſervi
de fondemens à leurs nouveaux paradoxes. Les voici.

Ils ont ſoûtenu que le Fils de Dieu n'avoit jamais pris chair dans le
ſein de la Vierge Marie. Ils ont nié la Trinité des perſonnes en Dieu.
Ils ont prétendu que J. C. n'étoit le Fils de Dieu que par grace, &
que par adoption. Ils ont introduit trois Dieux par les conſéquences
de leurs principes. Il y en a qui ont nié le péché originel ; & ceux qui
l'ont reconnu ont dit que la faute d'Adam avoit été reparée par le
Sauveur du monde , & qu'il les a remis dans le premier état de l'innocence originelle. C'eſt en conſéquence de cette opinion, que pour
imiter la nudité du premier homme dans la juſtice originelle, ils
demeuroient tout nuds dans leurs Temples qu'ils nommoient des
Paradis. Ils ont prétendu qu'un Chrétien ne pouvoit porter les armes
pour ſe défendre, ni exercer la Magiſtrature civile, ni faire, ou exiger des ſermens en juſtice. Que le ſalut de l'homme étoit dans ſes forces. Que les tourmens des démons & des damnez finiroient , & que
les Anges apoſtats ſeroient rétablis dans le premier état de leur création. Tous ces paradoxes , à la réſerve de la nudité , leur ſont communs avec les nouveaux Ariens & Sociniens. Il y en a d'autres qui
leur ſont particuliers. Ils ont crû que l'ame des hommes a été créée

avant leur corps, & qu'elle a commis des péchez dans le ciel. Que le Soleil, la Lune, les Etoiles, & les Eaux qui font au deſſus du Firmament, ont des ames; & qu'à la reſurrection les corps auront une forme ronde. Ils ſe ſont crûs impeccables après leur Bâtême, parce que, ſelon eux, il n'y a que la chair qui peche; & auſſi ſe diſoient-ils des hommes diviniſez, & qui étoient réellement les enfans d'Iſraël, venus pour exterminer les Cananéens. Ils prêchoient ordinairement le Jugement dernier, qu'il approchoit, & qu'il falloit s'y préparer en bûvant & en mangeant. Ils ont établi la poligamie, appellé ſpirituels les mariages contractez entre freres & ſœurs, rendu les femmes communes, condamné les mariages legitimes, & ſoûtenu qu'une femme étoit obligée de conſentir à la paſſion de celui qui la recherchoit. Ils ont ſecoüé le joug des Magiſtrats & des Souverains. Ils ſe ſont dits le ſeul corps de la vraie Egliſe. Ils ont blâmé l'uſage de pluſieurs viandes. Ils ont rejetté la priere, ſous prétexte d'une liberté imaginaire, & ſoûtenu qu'il n'étoit pas neceſſaire de confeſſer J. C. & de ſouffrir le martyre pour l'amour de lui. Ils ont dit qu'il ne falloit point croire à la parole de Dieu écrite dans l'ancien & dans le nouveau Teſtamens, & qu'on devoit accommoder l'Ecriture à la foi intérieure, & non pas la foi à l'Ecriture. Ils ont prétendu qu'il y auroit un nouveau regne de J. C. ſur la terre, & que ce ſeroient eux ſeuls qui l'établiroient, après avoir exterminé toutes les Puiſſances temporelles. Ils ſe ſont dits Prophetes, & ont fait paſſer leurs extravagances pour des revelations divines. Il y en a qui ſe ſont vantez d'être Elie, le véritable Meſſie, le troiſiéme David, le neveu de Dieu, & même le Fils du Très-Haut.

Ces erreurs, & ceux qui les premiers les ont debitées, leur ont procuré différens noms qu'il eſt inutile de rapporter ici.

Tous ne conviennent pas qui eſt celui, ou qui ſont ceux qui les premiers ont jetté les fondemens de cette Secte. Quelques-uns croyent qu'elle tire ſon origine des Vaudois & Albigeois; c'eſt aller trop haut. D'autres prétendent qu'elle a commencé en 1503. parmi les Bohemiens, parce que ceux-ci rebâtiſoient tous ceux qui vouloient prendre parti parmi eux, pour les ſéparer, comme eux, des Catholiques, qui, à leur dire, demeuroient plongez dans l'idolâtrie & dans l'impieté, parce que, dans leur ſuppoſition que l'Egliſe Romaine erroit dans les points eſſentiels au ſalut, ils crurent, comme les Evêques d'Afrique, que la réiteration du Bâtême étoit neceſſaire à ceux qui ſortoient du ſein de cette Egliſe pour entrer dans leur Communion; & parce qu'ils agiterent parmi eux, s'il étoit permis à un Chrétien d'exercer la Magiſtrature, de ſe ſervir du glaive, de prêter des ſermens, & de les exiger.

Si les Bohemiens ou Huſſites ont eu ces opinions, il n'y a pas d'apparence qu'ils ayent eu toutes les autres que nous avons rapportées, puiſque Luther vers l'an 1521. leur écrivit pour avoir leur Confeſſion

Leurs Auteurs.

de foi, & pour tâcher de les unir à sa nouvelle réforme. *Ils la lui en-*
voyerent, il l'examina ; & après y avoir condamné leur opinion sur
l'Euchariftie, qui portoit qu'on ne devoit point l'adorer, il leur avoüa
qu'il valoit mieux que les enfans ne fuffent pas bâtifez, que de l'être
fans avoir la foi, & approuva le refte de leur Confeffion : & c'eft ce
qui a donné lieu à plufieurs de dire qu'il étoit le premier Architecte
de la Secte des Anabâtiftes qui ont paru en Allemagne. Je croi que
c'eft lui en donner trop, & le faire l'auteur d'une infinité de defordres aufquels il n'a pas penfé ; mais auffi faut-il fe perfuader que c'eft
de fon école que font fortis ceux qui les premiers ont infecté l'Allemagne de ces erreurs, fçavoir, Nicolas Storck, & Thomas Muntzer.

N. Storck.

Storck, à qui l'on donne le nom de Pelergue, étoit natif du bourg
de Cignée en Silefie, ou comme d'autres parlent, de Zwickau fur la
Mulde, capitale de la contrée du Voitland, dans le Marquifat de Mif-
nie, partie de la Saxe, & dans le Cercle de la haute Saxe : Il y en a qui
affurent qu'il n'avoit aucune connoiffance des lettres ; & d'autres difent avec plus de vrai-femblance, qu'il avoit de l'efprit, de la capacité, & encore plus d'ambition.

En 1511.

Il fe dégoûta des opinions de Luther, ne voulut plus fe borner à fes
premiers principes, & fe flata de pouvoir être chef de parti auffi-bien
que fon maître. Il le devint pendant les neuf mois que Luther demeura caché dans le château de Werpurg en Turinge. Il s'érigea en
Prophete, débita des prédictions forgées, & fit un fi beau manége,
qu'il débaucha Melancthon, Carloftrat, Dedime, Veritemberg, Thomas Muntzer, & quelques-autres Docteurs de Wittemberg, de la
doctrine de leur commun maître, comme trop relâchée.

Luther de retour à Wittemberg en 1511. s'oppofa de toutes fes
forces à ces Novateurs qui vouloient troubler fa nouvelle Réformation, & qui avoient déja fait de grands progrès : il s'y prit par la
douceur, & réüffit à l'égard de quelques-uns qui rentrerent dans fes
fentimens ; mais Storck & Muntzer s'opiniâtrerent, auffi les chaffa-t-
il de Wittemberg.

Storck banni de Wittemberg, courut quelques Provinces d'Allemagne, & s'arrêta dans la Turinge, où par une apparence de fainteté il fe concilia une troupe de Païfans, à qui il perfuada de quitter
toutes fortes de doctrine, & même celle de Luther, plus gênante &
tyrannique que celle des Papes, pour s'attacher uniquement à la fienne, qui, à ce qu'il difoit, lui avoit été infpirée par l'Archange faint
Michel.

Spende an.
1523.

Sa doctrine favorite étoit qu'il ne falloit point bâtifer les petits enfans, & méprifer l'Ecriture fainte pour s'en tenir aux feuls mouvemens interieurs de l'efprit. Il vouloit de plus, que tous ceux qui fe
declareroient pour lui, embraffaffent la liberté évangelique ; qu'ils re-
nonçaffent aux chofes du monde, pour élever leur efprit a Dieu ;
qu'ils fe fiffent rebâtifer promptement ; qu'ils maffacraffent tous ceux
qui

qui s'oppoſeroient à cette doctrine, qu'ils n'épargnaſſent pas les Magiſtrats & les Princes qui oppriment ſans autorité & ſans raiſon les
Elûs de Dieu, d'autant que la Nature veut que toutes choſes ſoient
communes, qu'on ne faſſe violence à perſonne, & que nous nous
conſiderions tous comme freres, & comme libres; & encore moins
les Evêques & les Paſteurs; ou au moins qu'on les chaſſât; qu'on prît
leurs biens; qu'on ruinât les Monaſteres; qu'on ôtât tous les abus qui
regnoient dans l'Egliſe de Dieu, & que telle étoit la volonté du Pere
ſouverain, à qui nul ne pouvoit réſiſter: ce qu'il autoriſoit de quelques paſſages de l'Ecriture, qu'il expliquoit comme il vouloit. Il
ajoûtoit qu'un Ange lui avoit revelé qu'il ſeroit aſſis ſur le ſiege de
l'Archange Gabriel, c'eſt-à-dire, ſelon ſon explication, qu'il auroit
l'empire du monde; qu'alors il feroit regner avec lui ſes élûs, après
avoir exterminé tous les impies, c'eſt-à-dire, ceux qui ne ſe feroient
pas rebâtiſer; & que pour joüir de ce bonheur il falloit recevoir le S.
Eſprit; & que pour le recevoir, il falloit parler peu, être mal propre dans ſes habits, & vilain dans ſon manger.

Il eut pour compagnon fidele Thomas Muntzer natif de Stolberg,
autrefois Prêtre Catholique, & devenu Lutherien, ſçavant dans l'E-
cole de Wittemberg, & Prédicateur d'Alſat & de Turinge. Cet homme étoit d'un tempérament extrêmement violent, avoit les mêmes
ſentimens que Storck, prêchoit par tout la révolte, diſoit pour s'autoriſer, que l'Ange ſaint Michel lui inſpiroit tout ce qu'il prêchoit;
que Dieu l'avoit deſtiné pour fonder avec le glaive de Gédéon un
nouveau Royaume à J. C. & faiſoit ſi bien l'Enthouſiaſte & l'inſpiré,
qu'on l'a toûjours conſideré comme le Chef des Enthouſiaſtes. Sorti
de Wittemberg, il écrivit avec beaucoup d'aigreur contre Luther,
& le traita d'impoſteur & de brutal.

Muntzer

Zwikau fut la premiere ville où il voulut faire éclater ſon fanatiſme; on l'en chaſſa; il ſe retira à Alſtat ville libre de la Turinge,
quoi qu'elle reconnoiſſe l'Electeur de Saxe pour Souverain. Il y prêcha qu'il falloit également ſe précautionner contre les Catholiques
Romains & contre les Lutheriens, qui étoient tous également paſſez dans les extrêmitez contraires, & que la véritable foi conſiſtoit
dans le milieu. Ses prédications firent impreſſion, ſes partiſans s'augmenterent, & le tout ne tendoit qu'à une révolte générale pour chaſſer les Catholiques & les Lutheriens de la ville. L'Electeur de Saxe le
fit chaſſer d'Alſtat au commencement de l'année 1525. Pendant qu'il
demeura à Alſtat il envoya des Emiſſaires en différens endroits de
l'Allemagne, dont le but étoit de préparer les Païſans à la révolte, &
à prendre les armes contre leurs Souverains, & ils réüſſirent.

Hiſt. des Anab. impr. en 1700. à Amſterd.

Muntzer banni d'Alſtat, parcourut la Suiſſe, la Souabe, & la plus
grande partie de la haute Allemagne, & ſe fit par tout des proſelites.
Il s'arrêta quelque temps à Nuremberg, & ſans la fermeté du Magiſtrat, qui le chaſſa de la ville, il auroit ſoulevé le petit peuple. Il y

K

fit neanmoins imprimer un livre féditioux, dont il répandit par tout des exemplaires, & qui causa de grands troubles en différens endroits.

La guerre des Païsans

De Nuremberg il se réfugia à Mulhausen, où il avoit fait un grand nombre de partisans dès le tems qu'il demeuroit à Alstat. Il y augmenta si fort son parti, qu'il se crut en état de pouvoir tout entreprendre pour faire réüssir le dessein de sa Monarchie universelle, sur les ruines de toutes les Puissances. Il déclara donc hardiment par ses lettres, & de vive voix, que Dieu ne vouloit plus souffrir les oppressions des Souverains, & les injustices des Magistrats ; que le temps étoit venu auquel le grand Dieu lui avoit ordonné de les exterminer, pour mettre en leur place des gens de probité ; & pour réüssir dans ce projet, il gagna un prodigieux nombre de Païsans, & une infinité de scélérats, dont il forma une armée qui porta la terreur en Allemagne, & y fit d'horribles ravages.

Tous ceux qui entrerent dans la révolte n'étoient pas animez du même motif, ni n'avoient pas les mêmes sentimens. Il y avoit des Anabatistes qui ne se proposoient que le nouveau Royaume de J. C. dont Muntzer les flattoit. Il y avoit des libertins sans Religion, qui ne vouloient ni loi, ni Magistrats : il y avoit aussi des personnes qui ne demandoient qu'à être déchargées de toutes charges ou impôts, sans vouloir que les Magistrats fussent abolis, & tous en general prenoient pour prétexte la liberté de l'Evangile.

Borland. Chron. de Braban. c. 182.
Coddus Act Luth.
Sponde ann. 1525.

Les choses allerent si loin de leur part, qu'en 1525. ils firent un Memorial de douze articles, où ils demandoient qu'il leur fût libre d'élire & de destituer les Ministres de l'Eglise ; qu'on donnât seulement les dixmes du bled froment pour les Ministres, pour les pauvres, & pour le public ; qu'ils fussent si bien libres, qu'on ne les assujettît qu'aux seuls commandemens de Dieu ; que les habitans fussent traitez selon les ordonnances de Dieu, & non point opprimez par des impôts & autres charges accablantes ; qu'il fût permis à tous de chasser & de pêcher ; que les bois & les forêts fussent en commun; qu'on imposât les peines conformément aux anciennes ordonnances ; que certaines coûtumes injustes & gênantes qui combattoient les loix divines, fussent abolies.

Cet écrit courut toute l'Allemagne, & fut agréé d'une foule de peuple. Ils le présenterent à Luther, qu'ils avoient pris pour leur Juge sur ce fait. Luther le fit publier avec une addition, où il reprochoit aux Princes & aux Evêques, qu'ils avoient donné occasion à ce tumulte, pour n'avoir pas voulu prendre sa Réforme, & où il approuvoit en quelques choses ce Memorial, & où il le condamnoit en d'autres, exhortant neanmoins les Païsans de ne point prendre les armes, & les Souverains de ne se point venger, & les menaça que s'ils mouroient dans le combat ils seroient damnez.

Les Païsans présenterent leur écrit aux Puissances avec une hardiesse qui faisoit bien connoître que si on ne leur accordoit ce qu'ils demandoient, ils ne manqueroient pas de moyens pour l'avoir. Et pour faire sentir que leurs menaces auroient tout leur effet, accompagnez d'un grand nombre de scélérats ils se mirent en campagne, & formerent une armée d'environ 40000 hommes, qui parcourut le Danube, la Souabe, la Franconie, la Lorraine, le Lac de Constance, & d'autres lieux, mirent tout à feu & à sang, pillerent les Monasteres, les Eglises, les Châteaux, & n'épargnerent pas les Prêtres, les Moines, les Barons, les Comtes & les Princes.

Muntzer ne s'endormit pas au bruit de cette revolte; il écrivit des lettres à ces rebelles pour les exhorter à combattre genereusement pour la destruction des infideles, & pour l'établissement du nouveau regne de J. C. & signoit au bas de ses lettres *Thomas Muntzer serviteur de Dieu contre les impies.*

Non content de leur écrire, & d'ailleurs averti qu'ils faisoient un accommodement avec les Princes, il vint se mettre à leur tête, avec un nommé *Pfiffer* Moine apostat, de l'Ordre des Chanoines de saint Norbert; & les assura, pour les animer à continuer leur guerre, que nul d'eux ne seroit blessé, & qu'il recevroit lui seul dans ses manches toutes les balles des arquebuses.

Ce fut alors que l'Allemagne se vit au moment de sa ruine. Pour en arrêter l'évenement, Philippe Landgrave de Hesse, & Henri Duc de Saxe, joignirent leurs troupes, marcherent contre les revoltez, emporterent Fulde dont ils s'étoient saisis, & les battirent; plusieurs demeurerent sur la place, les autres furent faits prisonniers, & 300. périrent de faim dans des lieux soûterrains où ils s'étoient cachez.

Hist. des Anab.

Cette défaite, bien loin de les humilier, ne servit qu'à les rendre plus insolens: leur nombre au lieu de diminuer s'augmenta; & flattez par les promesses trompeuses de Muntzer, ils rejetterent avec fierté les conditions de paix & d'amnistie que leurs offrirent les Princes. C'est ce qui porta ces Princes à continuer la guerre. Ils joignirent leurs troupes à celles du Duc de Brunswic & à celles du Comte de Mansfeld, & avec ce renfort ils donnerent le 15. May 1525. cette fameuse & sanglante bataille de Frankuse, où la victoire, après avoir balancé quelque temps, se declara enfin pour les Princes. Il y eut 7423. hommes des rebelles qui y périrent. Ceux qui se sauverent à Frankuse furent faits prisonniers. Tous les autres Anabatistes furent déconcertez, on les battoit par tout où ils voulurent combattre, & l'on fait monter le nombre de ceux qui y périrent à plus de cent mille hommes.

Parmi les prisonniers que l'on fit à Frankuse, on met Muntzer que l'on trouva dans son lit, qui faisoit le malade, & Pfiffer. Ils furent condamnez à avoir la tête tranchée, & l'arrêt eut son effet à Mulhausen sur la fin de la même année. Pfiffer mourut obstiné dans son Anabatisme, sans donner aucune marque de repentance; & Munt-

Sponde.

zer, au rapport de plusieurs Auteurs, abjura ses erreurs, se confessa,
reçût le Saint Sacrement sous une seule espece, donna des marques
d'une véritable repentance, & avertit les Princes d'avoir plus de clémence envers les pauvres Païsans. Pour les y exciter, il leur dit qu'ils
pouvoient lire les livres des Rois de Juda, & ceux de Salomon, &
suivre leurs exemples. Nicolas Storck ne les survêcut pas long-temps;
s'étant retiré adroitement de la bataille de Frankuse, il parcourut la
Glogovie & la Moravie, où il excita quelques troubles contre le Clergé & les Magistrats, & enfin il vint mourir dans un hopital de Baviere, sans se faire connoître de personne.

N. 1. p. 11.

Pendant les troubles qui desoloient l'Allemagne, les Cantons Suisses
n'étoient pas sans inquiétudes. Les Anabatistes s'y multiplierent si
bien, & s'y rendirent si forts, particulierement dans celui de Zurich,
qu'il ne s'en fallut pas beaucoup qu'ils n'y ayent établi leur secte sur
les ruines de la prétenduë Réforme, qu'il avoit embrassée.

Ceux qui conduisoient cette affaire ne manquoient ni d'esprit, ni
de hardiesse, ni d'opiniâtreté. Les plus fameux étoient *Balthasar
Hubmeier, Felix Manzius, Conrad Grebelius, George Blavurok*, & quelques-autres, & Hubmeier étoit le chef de tous.

B. Hud-
meier.
Hist. des
Anab
Sponde.

Il étoit de Frideberg ville du païs de Hesse, & Docteur en Theologie. Sponde dit qu'il excelloit en doctrine & en pieté, mais il oublie
de dire que c'étoit dans celles des Protestans. Il a exercé pendant
quelque temps le Ministeriat dans Waldshut ville de la Souabe, &
il y prêchoit la pureté de l'Evangile, c'est-à-dire les principes de la
prétenduë Réforme, & y entretenoit un commerce de lettres avec
Zuingle, dont il avoit gagné l'amitié. En 1524. il changea de sentiment. Muntzer, qui de Basle étoit venu à Waldshut, trouva le secret de lui insinuer les paradoxes de son Anabatisme; & après les
avoir goûtez & s'en être bien rempli l'esprit, il les prêcha au peuple
de Waldshut avec autant de violence & d'opiniâtreté qu'avoient
fait Muntzer, & les plus emportez Anabatistes. Ses prédications
rouloient ordinairement contre la necessité de batiser les petits
enfans, & contre l'autorité des Magistrats; & il poussa si bien sa
pointe, qu'en peu de temps la plus grande partie des habitans de
Waldshut se declarerent pour l'Anabatisme. Devenus les plus forts,
ils chasserent les Catholiques, & s'emparerent de leurs biens: &
ceux-ci leur jouërent le même tour peu de temps après. Pendant tous
ces remuëmens, Hubmeier fit un livre pour maintenir ses opinions,
mais il n'eut pas de suite, du moins en Suisse; Zuingle le refuta aussi-
tôt.

Ces Anabatistes de Waldshut, chassez de leurs maisons, & dépoüillez de leurs biens, se retirerent où ils pûrent, & par tout ils
se firent des proselites. Hubmeier connu & aimé d'une veuve Anabatiste de Zurich, se retira chez elle. Le Magistrat, qui en fut averti,
le fit arrêter: peu de temps après il le conduisit à l'hôtel de ville, y

fit venir Zuingle & quelques Theologiens, & leur dit que dans le
temps que son prisonnier étoit à Waldshut il lui avoit écrit pour obtenir de lui la liberté de disputer avec Zuingle contre le Batême des
petits enfans, & que puisqu'ils étoient ici présens, il les prioit de
lui donner cette satisfaction, pour tâcher de désabuser ce dévoyé. Ils
le contenterent. La dispute dura long-temps: Zuingle y fit si bien son
personnage, que le Docteur Hubmeier y fut confondu jusqu'à ne
pouvoir répondre aux argumens qu'on lui faisoit; confessa qu'il étoit
dans l'erreur, & promit, sans qu'on l'y contraignît, d'en faire une
retractation publique.

En attendant que ce jour vint, l'Empereur qui eut avis de l'em-
prisonnement de Hubmeier, l'envoya repeter pour en faire lui-même justice, & le condamner à mort. Le Magistrat le refusa, & allegua
une loi qui porte que celui qui est mis en prison pour un crime dont
il est accusé, n'est tenu coupable que de ce crime.

Il écrivit sa retractation comme il voulut, & la lut dans le Temple
de l'Abbaïe: après l'avoir lûë, Zuingle prêcha, & Hubmeier après
l'avoir entendu (je ne sçai par quel vertige) désavoüa ce qu'il venoit
de lire, parla fortement contre le Batême donné aux enfans, & soutint quelques autres dogmes de son Anabatisme. On le reconduisit en
prison, & alors enfermé entre quatre murailles il changea de ton,
demanda pardon à Dieu & au Magistrat, & avoüa que s'il avoit
parlé contre sa retractation, il falloit qu'il y eût été incité par le
démon. Le Magistrat trop indulgent lui demanda sa retractation, lui
fit grace, & pour tout châtiment lui ordonna de sortir du Canton.
Zuingle qui sçavoit qu'il y avoit du danger pour le prisonnier de
sortir du Canton, parce que les gens de l'Empereur qui étoient aux
environs, n'auroient pas manqué de l'enlever, s'interessa pour lui
auprès du Magistrat, & obtint qu'il demeureroit dans Zurich jusqu'à ce qu'on trouvât moyen de le faire sortir sans l'exposer aux gens
de l'Empereur. On le trouva, & on s'en servit. De Zurich il vint à
Constance dans la Souabe, & il n'y fut pas plûtôt arrivé, qu'il fit ostentation de son Anabatisme, se déchaîna contre le Magistrat de Zurich, & se vanta d'avoir eu des conferences avec Zuingle & ses Theologiens, & de les avoir confondus.

Il sortit de Constance méprisé de tout le monde, & réduit à une
pauvreté extrême, jusqu'à mandier son pain; & après avoir bien
couru, il se retira en Moravie où il séduisit *Habler* autre chef des
Anabatistes, & où enfin il fut arrêté par ordre de l'Empereur, &
condamné à mort lui & sa femme. Celle-ci fut noyée, & lui brûlé
en 1527. & selon Sponde en 1528.

Zurich & son Canton n'en furent pas plus tranquiles. Les autres
Anabatistes qui y étoient restez faisoient toûjours du bruit. Le Magistrat, pour les apaiser, ou pour les désabuser, engagea Zuingle &
les autres Theologiens à disputer contre *Grebelius, Manzius,* & *Blavurok.*

Grebelius prétendoit que toutes choses fuſſent communes, & qu'on n'étoit pas obligé de payer les tributs & autres impôts *publics*, & que toute ſorte de Magiſtrature devoit être abolie.

Manzius prêchoit les mêmes maximes, & ſoutenoit que ceux qui avoient reçu le nouveau Batême, vivoient ſans peché.

Blavvrok étoit un eſprit turbulent, qui comme Muntzer ſe promettoit un Royaume temporel, par la deſtruction des Puiſſances. Auſſi étoit-il celui de tous qui prêchoit le plus la révolte; ſes blaſphêmes alloient juſqu'à ſe faire une application des paſſages de l'Ecriture qui ne peuvent convenir qu'à J. C.

Zuingle donc avec les autres Theologiens de Zurich, par ordre du Magiſtrat, entrerent en conférence avec ces chefs de parti. Les diſputes durerent quelque temps, & ne ſervirent qu'à aigrir les eſprits, & à rendre les Anabatiſtes plus entêtez dans leurs opinions. Ce qui détermina le Magiſtrat, pour prévenir les ſéditions dont le Canton étoit menacé, de faire des ordonnances rigoureuſes contre eux, & que l'on mit en execution contre les contrevenans, du nombre deſquels furent ces trois chefs. Après bien des remuëmens ils ſortirent de Zurich, & ſe retirerent dans un village d'où le Magiſtrat les chaſſa: de là ils vinrent ſe cantonner dans le Bailliage de Gruningen, où ils exciterent encore leurs ſéditions. Le Magiſtrat entreprit Manzius, & le fit noyer le 5. Janvier 1527. non-ſeulement pour ſa doctrine, mais encore pour des crimes énormes dont il fut convaincu. Le même jour il fit donner le foüet par la main du Bourreau à Blawrok, le bannit, & voulut le faire jurer qu'il ne retourneroit plus dans les terres du Canton. Il refuſa de jurer; on le reconduiſit dans ſa priſon. Enfin il jura ce qu'on attendoit de lui, ſortit, & ſe retira dans le Comté du Tirol où il mourut miſérablement.

On ne peut pas aſſez exagerer le nombre des perſonnes que ces chefs du parti des Anabatiſtes ſéduiſirent en 1525. Zurich, Baſle, Saint Gal, Schaffoule, & pluſieurs autres lieux ſe trouverent remplis d'Anabatiſtes; mais enfin ils s'en délivrerent par la ſeverité de leurs ordonnances, & par leur zele à les mettre en execution. Grand nombre de ces gens ſortirent des Cantons, pour en éviter les châtimens, & la plûpart de ces bannis dès l'année 1525. ſe répandirent dans la baſſe Allemagne, & particulierement dans la Weſtphalie, dans la Friſe, dans la Hollande, & dans les Provinces voiſines. C'eſt ce que l'on verra dans le chapitre ſuivant.

CHAPITRE XIX.

Suite du même sujet. Les Provinces du bas Rhin infectées du nouvel Arianisme par les Anabatistes, Mennonites.

JE dis que les Anabatistes chassez de la haute Allemagne se jetterent dans les Païs-Bas, & infecterent de leurs erreurs une grande partie de ces Provinces. Alors, dit un Auteur dont je me sers ici, on n'y entendoit parler que de visions & de revelations, chacun s'y érigeoit en Prophete, & debitoit ses rêveries aux peuples comme les plus grandes véritez évangeliques ; & ces peuples qui à peine sçavoient lire, les croyoient comme des hommes envoyez de Dieu. Quand les Orthodoxes leur alléguoient les saintes Ecritures pour les convaincre d'erreur, ils avoient recours à leurs rêveries, & assuroient que c'étoit l'esprit de Dieu qui les leur enseignoit.

Hist. des Anab. 1700

Leur parti fortifié d'un grand nombre de personnes de toutes sortes d'états, ils publierent un livre intitulé l'*Ouvrage du Rétablissement* où ils établissoient qu'avant le jour du Jugement il y auroit un Royaume temporel de J. C. sur la terre, où les Saints, c'est-à-dire ceux de leur secte, regneroient après avoir exterminé les Puissances & les impies. Qu'ils avoient déja commencé ce Royaume, & qu'il n'y avoit plus qu'à achever. Qu'il ne se trouvoit aucun impie dans leur Communion ; que toutes choses devoient être communes ; que selon la nature, à laquelle la loi de Dieu n'est point contraire, il étoit permis d'avoir plusieurs femmes. On ajoûte beaucoup d'autres erreurs, qu'on ne peut lire ni écrire sans frémir, tant on y découvre d'impietez & de blasphêmes sur la Trinité, & sur l'Incarnation. Le Landgrave de Hesse refuta ce livre en 1534. par un autre où il prouve que J. C. ou le Fils de Dieu avoit pris notre chair dans le sein de la bienheureuse Vierge Marie, & où il fait voir la fausseté de tous leurs paradoxes inoüis.

Mais avant cette refutation, le livre & les discours des prétendus Propheres, firent des impressions si vives sur le parti, qu'enfin il entreprit de mettre en execution le dessein qu'il avoit d'établir un nouveau regne. Pour cela il fit des assemblées secretes ; établit un Evêque en chacune des villes où sa secte étoit nombreuse ; créa des officiers, distribua des charges & des emplois ; établit des tribunaux dans les maisons des particuliers ; entreprit de condamner à mort, & d'exécuter ceux de sa secte qu'il jugeoit coupables. Dans les lieux où il étoit le plus fort il pilloit les Eglises, & croyoit faire une action méritoire, parce qu'autrefois le Peuple d'Israël avoit, par le commandement de Dieu, pillé les Egyptiens, lorsque sous la conduite de Moïse ce Peuple sortit de l'Egypte. Il se fit un crime d'entrer dans les

Eglifes, & de fe trouver aux affemblées de ceux qui n'avoient pas été rebatifez, & les confidera comme des impies. Corrompre la femme d'autrui fut un mérite pour lui ; & ce que nous appellons adultere, il le nomma mariage fpirituel. Telle étoit la conduite des Anabatiftes des Païs-bas.

Ces attentats foûtenus d'une doctrine la plus déteftable que l'on ait jamais vûë parmi des Chrétiens devenus hérétiques, obligerent les Magiftrats à fe fervir des voyes les plus feveres pour en arrêter le cours. Amfterdam étoit le lieu le plus rempli d'Anabatiftes, auffi ce fut dans cette grande ville où l'on fit les plus feveres recherches, & tous les Anabatiftes qui y furent découverts furent executez. J'en dirois trop fi j'entrois dans le détail de ces pourfuites, & des entreprifes que firent enfuite les Anabatiftes pour s'emparer de differentes villes ; mais entreprifes qui ne réüffirent pas, comme nous le verrons dans le détail que je ferai des actions de leurs chefs.

Ces chefs font *David George*, *Melchior Hoffmann*, *Jean Matthieu*, *Jean Becold*, *Jean de Geelen*, & *Jacob de Campen*.

Tandis que ces gens faifoient trembler les Magiftrats & toutes les Puiffances de l'Allemagne & des Païs-Bas, deux freres, l'un nommé Ubbo, & l'autre Theodore-Philippe, natifs de Frife, fils d'un Pafteur de Leuwarde, & Evêques parmi les Anabatiftes du parti d'Hoffman, donnerent une nouvelle face à fa fecte, & en rendirent les fectateurs moins odieux. Ils en retrancherent le dogme turbulent qui ne tendoit qu'à détruire les Puiffances temporelles & ecclefiaftiques, pour établir un Royaume imaginaire à qui ils donnoient le nom de Royaume de Chrift & de fes Saints ; & ne voulurent point admettre les enthoufiafmes des Prophetes fanatifans. *Simonis Menno* les aida de tout fon fçavoir faire dans ce deffein, & il y eut fi bonne part que ceux qui ont fuivi cette nouvelle Réforme ont pris le nom de Mennonites.

Simonis Menno, ou *Mennon*, vint au monde en 1496. dans un village de Frife, & fut élevé dans la Religion Romaine. En âge de choifir un état, il entra dans un cloître, y prit la Prêtrife, & fut Curé de Witfmarts près de Bolwers en Frife. La doctrine de Luther qui commençoit à faire bruit dans le bas Rhin, auffi-bien que dans la haute Allemagne, fut de fon goût. Après avoir fouvent raifonné fur les principes de la Réforme de Wittemberg, il donna, à l'exemple de beaucoup d'autres, dans le fanatifme des partifans d'Hoffman, fans neanmoins quitter fon froc & fa cure. Ubbo & Philippe qui le jugerent un homme tel qu'il leur falloit, gagnerent fa confidence, & concerterent enfemble environ l'an 1535. de donner un nouveau tour à leur fecte. Pour y mieux réüffir ils lui perfuaderent la neceffité de quitter fon froc & fa cure. En recompenfe ils le declarerent Evêque de la fecte.

Menno Lutherien, & devenu Evêque des Anabatiftes, employa
tous

tous fes talens pour reformer ce qu'il y avoit de plus exorbitant dans
les opinions d'Hoffman ; il y réüffit, & donna un fi beau dehors à
la nouvelle Réforme, que plufieurs perfonnes de Weftphalie, de
Gueldres, du Brabant, de la Hollande, & d'autres Provinces, l'em-
braff erent, & s'attacherent à lui : à la vérité ce ne fut pas fans de
grandes allarmes, ni fans contradictions des autres Anabatiftes.

Je dis que ce ne fut pas fans allarmes. Les Provinces qui étoient
dans de continuelles inquiétudes au fujet des entreprifes que les Anabatiftes avoient faites fur Munfter, fur Leïde, fur Amfterdam, & fur
d'autres villes, étoient auffi fort attentives aux démarches de ces
hommes qui ne refpiroient que la revolte, & autant qu'elles en dé-
couvroient, autant en livroient-elles au fupplice.

Je dis que ce ne fut pas fans contradiction des autres Anabatiftes.
Tous ceux qui ne penfoient pas comme Menno fe fouleverent contre
lui, & firent bande à part : fçavoir, les *Bartanbourgiftes*, difciples
de Theodore Bettembourg, qui vouloit que tous les Princes du monde fuffent foumis à un Roi Anabatifte ; les *Melchionites* difciples
d'Hoffman, du fentiment duquel Menno s'écartoit, & les *Adamites*
difciples de Prodieus, qui enfeignoit que les hommes & les femmes
devoient marcher en public tout nuds, à l'imitation d'Adam innocent.

Ces contradictions obligerent les plus zelez partifans de toutes ces
fectes de s'affembler en 1538. dans un village de Weftphalie, pour y
déliberer fur les moyens de fe réunir tous dans les mêmes fentimens ;
mais cette affemblée n'aboutit qu'à irriter davantage les efprits de
ceux qui s'y trouverent, & à les divifer plus qu'ils n'étoient.

Cependant Menno en voulut profiter. Il fe prévalut de certains
points qu'on y avoit arrêtez, & envoya à Lamgou, à Munfter, à Ofnabrug, & dans d'autres lieux grand nombre de fes adhérans, pour
y raffurer les Anabatiftes qui y étoient, & leur apprendre que le tout
s'étoit paffé dans l'affemblée à l'avantage de fa doctrine ; mais leur
miffion n'eut pas un grand fuccès, du moins fut-il interrompu en
1540.

Le 20. Septembre de cette année l'Empereur fit publier à Bruxelles & ailleurs, un Edit fevere contre les Proteftans, & contre les Anabatiftes, que les Catholiques Romains confondoient avec les Lutheriens, & à qui ils donnoient le même nom. Par cet Edit il étoit défendu fous peine de la vie à tous de faire aucune affemblée, foit fe-
crete, foit publique, ni de mettre en lumiere aucuns livres contenant les points de leur Religion, ou de leur Confeffion de Foi. Ces
Emiffaires de Menno tomberent entre les mains de la Juftice, & pafferent par la main du bourreau, pour en faire une punition exemplaire.

Menno n'en fut pas plus allarmé, au contraire, ce prétendu martyre qu'enduroient les fiens ne fit qu'augmenter fa demangeaifon

L.

pour le succès de sa secte. En 1541. & 1542. il envoya de nouveaux Prédicateurs en campagne, & donna à quelques-uns d'eux la qualité d'Evêques pour gouverner le troupeau de la Frise & des lieux voisins, & ils réüssirent assez pour donner de l'inquiétude aux Magistrats de Hollande, qui toûjours dans l'apprehension que ces nouveaux Anabatistes ne leur joüassent un tour semblable à ceux qu'ils leur avoient joüé tant de fois, publierent en 1543. de nouveaux Edits contre les Mennonites, & que l'on executa avec plus de fidelité que les précedens, mais assez inutilement. Cette severité n'empêcha pas que leur nombre ne s'accrût de jour en jour, sur-tout à Embden & aux environs : pour y remedier on changea de conduite, on prit celle de la douceur & des Conférences.

Jean de Cusco ou de Lask Gentilhomme Polonois, & dont nous avons parlé, entreprit en 1544. & 1545. Menno dans Embden, & le poussa vertement, autant par ses écrits que par ses paroles. Ce qui donna lieu à Menno de faire une nouvelle profession de foi, où il mit en abregé les principaux points de sa doctrine. Il y confessa que J. C. étoit vrai Dieu & vrai homme, véritable fils de Dieu, & véritable fils de l'homme ; qu'il avoit pris effectivement sa chair & son sang dans le sein de la bienheureuse Vierge Marie, & qu'il étoit né d'elle vrai homme semblable à nous excepté le peché ; mais ce n'étoit pas de cette doctrine dont il étoit question avec de Lask, il en convenoit alors ; la difficulté étoit sur l'origine de la chair de J. C. sur l'Incarnation, sur l'unité de l'Essence divine, & sur d'autres points qu'il soûtenoit, & dont de Lask, les Lutheriens, & encore moins les Catholiques convenoient : les voici.

Ses erreurs.
M. Stoupe
lett. 3.

Qu'il n'y a que le nouveau Testament, & non pas le vieux, qui soit la regle de notre foi ; qu'on ne doit pas se servir des termes de personnes & de Trinité, de Pere, de Fils, & de saint Esprit quand on parle de Dieu ; qu'Adam & Eve n'ont pas été créez justes, ni saints ; qu'il n'y a point de peché originel ; que J. C. n'a point tiré sa chair de la substance de la sainte Vierge, mais de l'Essence du Pere, ou qu'il l'a apportée du Ciel, ou qu'on ne sçait pas où il l'a prise, ou que la parole a été changée en homme ; que l'union de la nature divine avec la nature humaine en J. C. s'est faite en telle sorte, que la nature divine s'est rendüe visible, & sujette à la mort ; qu'il n'est point permis aux Chrétiens de jurer, & de faire des sermens en justice ; d'exercer la Magistrature ; de se servir du glaive, non pas même pour punir les méchans ; de repousser la force par la force ; & de faire la guerre pour quelque motif que ce fût : il ajoûtoit qu'un homme en cette vie pouvoit parvenir à un tel point de perfection qu'il auroit une pureté parfaite, & sans aucune trace de peché ; qu'il n'est point permis aux Ministres de la parole de Dieu de recevoir un salaire de la part de leurs Eglises ; qu'il ne faut point batiser les petits enfans ; que les ames après la séparation de leurs corps se reposent non dans e Ciel, mais dans un lieu inconnu, & qui ne sera manifesté qu'au dernier jour ; enfin qu'il sera lui-même le Juge des Anges & de tous les Princes.

Ces disputes de Jean de Lask & ces explications de Menno ne produisirent aucun fruit ; au contraire le trouble & le malheur des Païs-Bas s'augmenterent beaucoup, tant par la diversité des sentimens & la doctrine abominable & pleine de libertinage de ceux de la Secte de David George qui se repandoit alors en divers lieux, que par les poursuites que l'Empereur faisoit aux Protestans. Cette diversité de sentimens se multiplia alors, & dans la suite d'une si prodigieuse maniere, que ceux d'une même Secte étoient entierement partagez, & opposez sur divers points de leur doctrine. Les personnes que Menno avoit envoyées pour prêcher ses dogmes, & prendre le soin de ceux qui les avoient déja embrassez, ne s'accorderent ni avec leur maître, ni entre eux, de sorte qu'il se forma parmi les Mennonites plusieurs partis qui les tinrent & qui les tiennent encore aujourd'hui fort divisez.

Hist. des Anab.

Après les disputes que Menno eut avec Jean de Lask, il en entreprit d'autres en 1553. avec *Micronius*, qui ne lui furent pas plus favorables. Micronius les fit imprimer en Flamand l'an 1556. Menno qui y étoit maltraité y répondit par une apologie où il traita d'antichrétienne la doctrine de Calvin.

Micronius n'en demeura pas là. Après la mort d'Edouard Roi d'Angleterre, plusieurs Flamans qui s'étoient établis en Angleterre, repasserent la mer avec leurs Ministres, pour aller chercher une demeure en Allemagne. Ils arriverent à Wismar où demeuroit Menno, mais bien caché. Comme c'étoit au cœur de l'hyver, on eut la complaisance de les y laisser jusqu'au printemps. Menno eut plusieurs conferences avec eux, ce qui l'obligea d'examiner la doctrine de *Bekeréel* leur Ministre. Cette doctrine n'étoit pas conforme à la sienne. Il en fallut donc venir à une dispute. Bekeréel ne se sentoit pas assez fort pour disputer avec Menno, il pria Micronius de l'accompagner & de l'aider dans cette occasion, ce qu'il fit le 6. Février 1556. dans la maison d'un particulier, & en presence de plusieurs personnes. La dispute roula toute sur l'Incarnation du Fils de Dieu, & Menno y soutint son opinion ordinaire, sçavoir que l'origine de la nature humaine de Christ vient de la substance du Pere. La même matiere fut agitée dans une autre conference qui se fit le 15. du même mois.

Menno, tout caché qu'il étoit à Wismar, ne laissoit pas que d'y être consulté de differens endroits des Païs-Bas ; mais il ne pouvoit pas résoudre par écrit toutes les difficultez qu'on lui proposoit, ou ne les resolvoit pas si bien, qu'il n'y eût encore quelques scrupules. Pour appaiser donc les consciences, & pour fixer la doctrine de l'Excommunication, on fit une Assemblée à Wismar de tous les Ministres & principaux Mennonites, & autres Anabatistes qui voulurent s'y trouver ; Menno y préfida. On y decreta rigoureusement contre ceux qui transgressoient ses ordres, & on ordonna que le mari abandonneroit sa femme excommuniée, & que la femme abandonneroit son mari excommunié ; que tous les parens d'une personne retranchée de la Communion n'auroient plus de commerce avec elle.

Ce Decret fut le sujet de grandes divisions, aussi fut-il condamné, aussi-bien que tout ce que l'on avoit fait dans ce Synode, par les Anabatistes qui la même année s'assemblerent à Mecklimbourg. Ils ordonnerent qu'on ne procederoit pas si rigoureusement à l'égard des personnes jugées dignes d'excommunication. Menno neanmoins n'en voulut point démordre. Cette opiniâtreté causa dans la suite d'autres schismes parmi les Anabatistes au sujet de plusieurs questions qui furent agitées sur les moyens de se servir du glaive spirituel à la place du glaive charnel, sans recourir au Magistrat ; & ces questions échaufferent si fort les esprits, qu'ils se banderent les uns contre les autres; Menno excommunia Cniper homme puissant dans la secte, parce qu'il n'entroit pas dans ses sentimens, & celui-ci qui se croyoit aussi sçavant & aussi infaillible que Menno, l'excommunia, après quoi il abandonna la secte des Anabatistes, y voyant tant de divisions, & fit la même année son abjuration pardevant la Cour de Frise.

Il y a apparence que la conduite de *Cniper* radoucit un peu la severité de Menno. Quelque temps après la femme d'un nommé *Svvaen Rutgers* d'Embden ne voulut pas se separer de son mari après l'excommunication lancée contre lui : *Leonard Bovvens* & ses adhérans la voulurent excommunier ; mais *Henri Naldemacher*, ou Naeldeman, & *George Heyns* chefs du parti contraire s'y opposerent pour terminer le différend. Ils en écrivirent à Menno, & lui demanderent son sentiment. Menno, contre sa premiere opinion, répondit qu'il ne consentiroit jamais qu'on usât d'une si grande severité au sujet de l'excommunication, & on voit à ce sujet dans une de ses lettres addressée à ceux de sa secte qui demeuroient à Francker, qu'il dit qu'il faut bien retrancher les branches inutiles, mais non pas couper celles qui sont foibles.

L'année suivante il quitta ce sentiment pour épouser celui de Bowens. Ce Chef de parti après avoir gagné *Theodore Philippes*, entreprit Menno, & Menno dans l'apprehension d'en être excommunié, se declara pour les Anabatistes rigides qui excommunient une femme qui ne veut pas se separer de son mari excommunié.

Il étoit encore dans ce sentiment en 1557. comme il paroît par la conduite qu'il tint à l'égard des Envoyez du Synode de Strasbourg.

Pour pacifier les divisions que la diversité des sentimens sur l'excommunication avoit excitées dans les Eglises des Anabatistes des Pays-Bas, ceux de Moravie, de Souabe, de Suisse, de Wirtemberg, de Brisgow, & de plusieurs autres lieux, s'assemblerent en 1557. à Strasbourg, & ils y convinrent qu'on ne devoit point obliger les perſonnes mariées à ſe ſeparer au ſujet de l'excommunication d'une des parties, attendu qu'il en provenoit plus de mal que de gloire à Dieu. Pour faire que cette déciſion fût univerſellement reçûë, on jugea à propos d'en écrire à Menno, & de le prier par *Lemmeken* & *Zyles* Députez du Synode d'adherer à cette déciſion, & d'y faire adherer tous ceux de ſon parti. Les Députez arriverent en Hollande en 1559. rendirent leurs lettres, & firent de fortes exhortations aux Anabatiſtes les plus rigides pour les porter à ſe relâcher, afin de procurer par là la paix à leur Egliſe qui ſe trouvoit toute dechirée par la diſcorde qu'on y avoit fait entrer. Menno, ſoutenu de Theodore Philippes & de Bowens, bien loin d'entrer dans ces ſentimens de pacification, excommunia les deux Envoyez, ou parce qu'ils avoient une opinion contraire à la ſienne, ou parce qu'ils avoient pris la liberté d'ajoûter une exhortation à leurs inſtructions, & par là les Mennonites des Païs-Bas ſe ſeparerent de ceux de la haute Allemagne.

Deux ans après ce démêlé, en 1561 Menno âgé de 65 ans mourut dans une petite ville entre Lubeck & Hambourg. Tous les Hiſtoriens lui font l'honneur de le dire le Chef des Anabatiſtes qui ſont aujourd'hui dans les Païs-Bas, & qui à raiſon des variations de leur maître ſur la matiere de l'excommunication, ſe ſont partagez en deux bandes, à qui l'on donne le nom de Mennonites anciens, & de Mennonites nouveaux; ou Mennonites rigides, & Mennonites mitigez. Et ces deux bandes ſe ſont encore portagées en pluſieurs autres bandes pour des cauſes aſſez legeres, & on peut réduire le ſyſtême de leur créance à croire tous les paradoxes de Menno, à l'excommunication près, & dont nous avons fait le détail, auquel ils ont ajouté la prééminence du Pere Eternel ſur le Fils & ſur le ſaint Eſprit, & la tolérance en matiere de Religion, en quoi ils ſont de vrais Ariens, Unitaires, & Sociniens.

Les opinions des Mennonites d'aujourd'hui. Hiſt. des Anab. p. 9.

Ceux qui croyent la prééminence du Pere ſont appellez en Hollande *Collegiens*, parce qu'ils s'aſſemblent en particulier, & dans l'aſſemblée chacun a la liberté de parler, d'expliquer l'Ecriture, de prier, & de chanter. Ils ne communient jamais dans leur College; mais ils s'aſſemblent deux fois l'an de toutes les parties de la Hollande à *Rhynsbourg*, village à deux lieuës de Leïde, où ils font la Communion. Le premier venu qui ſe met à table peut la donner aux autres. L'on y reçoit toutes les ſectes, & ils croyent qu'ils ne doivent jamais rejetter de leurs aſſemblées aucun de ceux qui vivent pieuſement, & qui reconnoiſſent que l'Ecriture eſt la parole de Dieu. C'eſt ſur ce principe que les Sociniens ſont les biens venus chez eux.

CHAPITRE XX.

Suite du même sujet. La tolérance que l'on a donnée aux Menno-
nites dans les Païs-Bas.

POur prendre la chose dès son origine, je dirai qu'en 1572. Guillaume I. Prince d'Orange, & Chef de la revolte des Païs-Bas contre le Roi d'Espagne, se voyant court d'argent pour soutenir ses entreprises, & fournir aux grosses dépenses de la guerre qu'il avoit
contre les Espagnols, s'adressa aux Mennonites de Hollande & des
autres Provinces pour en avoir. Ceux-ci qui ne cherchoient que l'occasion de voir la fin des persecutions qu'on leur faisoit, & de pouvoir
vivre en liberté sous la protection d'un homme puissant, & qui pût
les affranchir du joug de l'Espagnol qui ne leur donnoit point de repos, ne manquerent pas de lui envoyer une somme d'argent par
Theodore Jankz, Cortenbosch, & par Pierre Willemz Bogaert,
bons Mennonites. Guillaume satisfait de cette somme, leur en fit une
obligation, & leur demanda quelle grace ils pouvoient attendre de
lui. *Nous ne souhaitons rien*, répondit Bogaert, *si ce n'est que quand Vo-*
tre Altesse aura un jour reçû de la main de Dieu le gouvernement des Païs-
Bas, elle ait la bonté de nous traiter avec douceur & clémence. Le Prince
lui repartit qu'il ne prenoit les armes que pour délivrer les peuples
de l'oppression, & que pour les mettre en liberté, & que son dessein
étoit de procurer le même bien aux Anabatistes, qui se trouvoient
persecutez & opprimez comme les autres. Cette persecution étoit
celle des Espagnols, qui commença alors en Flandre, tant contre les
Anabatistes que contre tous les Protestans.

Jean Comte de Frise fit quelque chose de plus en leur faveur; il
leur permit en 1578, de tenir des conferences publiques à Embden,
& dans ces conferences qu'ils faisoient sans aucune contradiction,
ils desapprouverent la conduite des autres Anabatistes, c'est-à-dire de
ces emportez qui vouloient établir un Royaume temporel sur la ruine
des Magistrats, & rebatiserent des personnes de leur secte qui avoient
déja reçû le batême par ceux de la haute Allemagne.

Le Prince Maurice de Nassau voulut seconder les promesses que son
pere avoit faites aux Mennonites qui lui avoient prêté de l'argent. Il
écrivit en 1588. au Magistrat de Zelande en faveur de ceux qui étoient
dans cette Province, & le pria qu'on ne les obligeât point à faire aucune fonction qui blessât leur conscience, & en 1593. il continua ses
complaisances pour ces sortes de gens; il écrivit au Magistrat de
Middelbourg, qui alors ne vouloit pas souffrir les Anabatistes, pour
lui dire, *Que bien que la declaration des Seigneurs les Etats, & du feu*
Prince notre Pere de glorieuse memoire, au sujet des Anabatistes suffise pour

régler votre conduite à l'égard de ces gens, neanmoins nous avons jugé necessaire de vous écrire là-dessus, parce que ce n'est pas seulement à la ville de Middelbourg, mais aussi à toutes les Provinces Unies, qu'il importe que suivant ses ordonnances vous laissiez en repos les Anabatistes jusqu'à ce que les Seigneurs les Etats en ayent autrement ordonné, &c. Voilà une preuve manifeste de la tolerance que leur ont accordée les Etats.

Elle fut un peu interrompuë en 1598. on publia dans la Frise un Edit contre les Anabatistes & leurs Evêques, pour arrêter de cours de leurs fréquentes assemblées, & même pour les interdire; & l'année suivante les Eglises des Provinces Unies jugerent à propos de mettre au jour un livre de controverse au sujet de la doctrine des Anabatistes, & ce fut *Arminius* Ministre d'Amsterdam qui entreprit l'ouvrage, mais après en avoir fait une partie, il le quitta sous pretexte qu'étant appellé à Leïde il ne pouvoit pas y travailler. Mais c'est qu'il ne vouloit pas découvrir les sentimens qu'il avoit dès lors sur les points de la Religion, qui étoient bien differens de ceux des rigoureux Calvinistes.

Ces entreprises contre eux n'eurent pas de suites. En 1615. les Etats de Flandre assemblez à Ardembourg ordonnerent que suivant la constitution générale on laisseroit les Anabatistes dans l'exercice de leur culte, sans les en empêcher, & qu'en cela ils auroient la même liberté que dans les autres Provinces.

Ce fut apparemment en consequence de cet arrêté qu'ils tinrent un Synode à Amsterdam, où ils travaillerent à faire entre eux quelque réünion, & declarerent qu'à l'égard du salut & de la damnation des hommes il n'importoit de sçavoir quelle étoit l'origine de la chair de Christ. En 1632. ils s'assemblerent pour le même sujet de la réünion à Dordrecht, & ils y réüssirent par un Traité de paix signé de cinquante-un Mennonites. Ils joüissoient de la même liberté en 1637. Ceux de Hollande & de Frise tinrent une grande assemblée à Groningue à l'occasion d'*Ukovvalles* nouveau schismatique, & puissant parmi eux, aussi présida-t-il à cette assemblée, & y avança des paradoxes inoüis jusqu'alors parmi eux; sçavoir, que Judas qui avoit trahi J. C. les souverains Sacrificateurs qui l'avoient livré, Pilate qui l'avoit condamné, & tous ceux qui l'avoient crucifié étoient sauvez, parce qu'ils avoient accompli le decret éternel de Dieu; que les deux Larrons avoient obtenu la grace du salut, parce qu'ils avoient souffert en ce monde la peine dûë à leurs crimes; & que tous les pecheurs depuis le commencement du monde, qui selon la loi avoient reçû le châtiment de leurs pechez, étoient sauvez par J. C.

Cet Ukowalles demeuroit à Noor-Hroek, & étoit un homme fin, rusé, adroit, versé dans les Ecritures, & Chef d'un parti Mennonite à qui on donna le nom d'*Ukovvalistes*. *Jurien Tiemes* autre Chef des Anabatistes l'entreprit sur ces blasphêmes, & après l'avoir declaré excommunié à la sortie du Synode il l'alla dénoncer au Magistrat. Et

comparut devant lui, & nia hautement qu'*il eût dit un tel blasphê*-
me ; qu'il ne sçavoit pas si Judas fut damné ou sauvé, & qu'il laissoit
cela au jugement de Dieu. Le Magistrat qui reconnut sa ruse le fit
arrêter, & ordonna que l'on fit une recherche de ses écrits ; on la fit,
& par là il fut convaincu de son blasphême, l'avoüa, & voulut le soûtenir ; le Magistrat le bannit, & publia un Edit qui défendoit à ses
sectateurs, ou à ceux qui approuvoient une doctrine si abominable,
de faire aucune assemblée, soit publique, soit secrette, sous peine
d'amende, & de peine corporelle. Cet Edit qui interdisoit les assemblées des Ukowalistes, autorisoit celles des autres Mennonites.

C'est ainsi qu'après tant d'entreprises, de traverses, de poursuites
& de persecutions, les Anabatistes sous le nom de Mennonites se sont
maintenus dans les sept Provinces des Païs-Bas, sous les loix de la tolerance, sous l'autorité des Edits des Etats, & sous la protection de
leurs Hautes Puissances. Ce qui a porté ces Puissances à les laisser dans
le libre exercice de leurs opinions, c'est qu'ils ont souvent declaré
qu'ils n'en vouloient point aux Magistrats & aux Puissances temporelles ; qu'ils renonçoient à la poligamie, & à tous les autres excès des
Anabatistes anciens, & de la haute Allemagne.

Tel fut le commencement & le progrès du Socinianisme. Il est grand,
comme on le peut voir par la qualité des villes, des Provinces, & des
Royaumes où il s'est établi, aussi-bien que par le nombre, la dignité,
l'éloquence, la capacité, la hardiesse, & l'impieté de ceux qui les premiers l'ont embrassé, défendu, prêché, & étendu.

Mais tout cela n'est encore rien, ou peu de chose par rapport à l'é-
tat où il est parvenu en Hollande, en Angleterre, & particulierement en Pologne depuis la mort de Sigismond Auguste jusqu'au regne
d'Uladislas. C'est ce qui me donne lieu de fixer l'époque de son élevation pendant les regnes d'Etienne Batori, & de Sigismond III. c'est-
à-dire depuis l'an 1570. jusqu'à l'an 1532. & c'est ce que nous verrons
dans le détail que je ferai des faits de Fauste Socin, & de quantité de
personnes de distinction, de Ministres, de Theologiens, & d'Auteurs qui ont écrit pour sa secte. Pour cela voyons l'état de la Pologne pendant les regnes de Batori & de Sigismond III.

CHAPITRE XXI.

Etat de la Pologne pendant le regne de Henri de Valois.

NOus avons vû que le Roi Sigismond Auguste avoit eu toutes les
complaisances imaginables pour les nouveaux Sectaires, &
même pour les Pinczowiens, sans neanmoins faire aucune loi qui
dût les autoriser dans leur créance, & que ces Sectaires n'eurent jamais la hardiesse de lui demander par un acte public la liberté de conscience ;

cience ; mais les choſes changerent bien de face à ſa mort. Comme
il ne laiſſoit point d'heritier qu'une ſœur, le gouvernement de la République tomba entre les mains de deux perſonnes bien differentes
en caracteres ; ſçavoir, de Jacque *Vehanius* Archevêque de Gneſne,
& Primat du Royaume, homme foible & de peu de reſolution, & de
Firlai Palatin de Cracovie, Grand Maréchal de la Couronne, homme ambitieux, entreprenant, qui avoit pris parti parmi les novateurs, qui ſe prévaloit de la foibleſſe du Primat, & qui prétendoit
ſe rendre maître de l'interregne & de l'élection du Roi futur. Sur la
diverſité des génies de ces deux hommes, les Catholiques ne pouvoient s'attendre qu'à des reſolutions fâcheuſes dans les premieres
Dietes que l'on devoit tenir pour l'élection d'un Roi, & en voici les
raiſons.

1. Alors le Royaume étoit partagé en differentes ſectes, telles qu'é-
toient celles des Huſſites, des Lutheriens, de ceux de la Confeſſion
d'Auſbourg, de Zurich, de Geneve, des Pinczowiens, des Unitaires,
des Antitrinitaires, ou nouveaux Ariens, qui avoient tous leurs Egliſes & leurs Patrons.

2. Le Palatin Firlai étoit ſoutenu & excité par quantité de Nobles,
de Satrapes & de Palatins, qui tous avoient les mêmes interêts que
lui, & qui étoient attachez aux nouvelles opinions.

3. La plupart des Catholiques, & même les Prélats, étoient diviſez
entre eux, ou par antipatie d'humeur, ou par interêt de famille, ou
par la jalouſie qui ſe trouve ordinairement parmi les Grands.

4. Il y avoit pluſieurs Candidats & prétendans à la Couronne de Pologne, le Roi de Suéde beaufrere du défunt, le Marquis de Brandebourg, Maximilien d'Autriche, Henri Duc d'Anjou, &c. ils avoient
tous des Ambaſſadeurs aux Dietes, qui avoient un grand ſoin de ſe-
mer des bruits conformément à leurs interêts, & à la Religion qu'ils
profeſſoient.

5. Les trouppes & les Officiers de la Couronne vouloient leur paye,
& on vouloit un Roi pour les payer.

6. Les Ruſſiens demandoient avec inſtance du ſecours contre les
Turcs & contre les Tartares qui leur faiſoient une cruelle guerre.

7. Les Lithuaniens vouloient abſolument entrer dans l'union avec
les Polonois, privilege dont ceux-ci vouloient les priver.

8. Ceux de la Pruſſe demandoient la modération des Loix.

9. Albert-Frederic Duc de Pruſſe prétendoit avoir ſéance dans le
Sénat.

10. La plupart des Seigneurs Catholiques ne penſoient qu'à leurs
interêts particuliers & domeſtiques.

11. Les Novateurs vouloient avoir un Roi qui ne fût point Catholique, & avec d'autant plus de hauteur, qu'il n'y avoit plus d'autorité royale. Les plus forts avoient le meilleur droit, & on peut ajoûter qu'ils étoient les plus forts. Les Palatins de Lublin, de Pomera-

nie, de Podolie, de Vilna, & de Cracovie ; *les Comtes Stanislas &c. Gorka*, les fieurs Oftrogogs ou Oftrorogs, le fieur *Saffraneski* gendre de Firlai, le Caftellan de Sandomir, le Comte de Tanchin, le Caftellan de Kaminiek, & toute fa famille, les Sborouski, &c. gens tous attachez aux nouveaux Ariens ou aux Prétendus Reformez, ou à la Confeffion d'Aufbourg, prenoient parti pour Firlai, & vouloient le Marquis de Brandebourg, ou Jean Roi de Suéde pour leur Roi.

Toutes ces raifons auroient fans doute changé la face du Royaume & de la Religion Romaine, fi Dieu qui veille fur les Monarchies n'avoit fufcité deux hommes, l'un du fein de fon Eglife, & l'autre du milieu du Royaume pour diffiper ces factions, & maintenir la Religion. Ce furent le Cardinal *Commendon* Légat du Pape, & homme au deffus de toutes loüanges, & *Karnkovius* Evêque d'Uladiflau, le plus accompli des Prélats qui fuffent alors en Pologne. Celui-là eut l'adreffe de gagner André Sborouski feul Catholique de fa famille, & par fon moyen il détacha tous les Sborouski du parti de Firlai ; & Karnkovius eut la prudence & le bonheur de rétinir à la faction Françoife une bonne partie des Sectaires, & qui par là devint fi forte, qu'elle élut Henri de Valois Duc d'Anjou Roi de Pologne, après avoir neanmoins pris la précaution de faire un *Pacta conventa*, pour forcer le nouveau Roi à donner la liberté de confcience à tous les Sectaires qui fe trouvoient alors dans toute l'étenduë du Royaume ; convention qui fut fignée par Monluc Evêque de Valence, & Ambaffadeur pour le Roi de France à la Diette de Pologne, & qu'Henri de Valois figna auffi au Parlement de Paris, après une circonftance qui fait affez connoître la refolution où étoient tous les Sectaires de conferver leur liberté fur le fait de la Religion. Car Monluc rougiffant devant une auffi augufte Affemblée qu'étoit le Parlement de Paris, d'avoir engagé un Roi Catholique à proteger les Hérétiques, foûtint avec chaleur aux Ambaffadeurs Polonois, dont la plupart étoient Sectaires, que le Roi n'étoit pas obligé de jurer qu'il conferveroit l'article de la liberté de confcience, puifqu'elle n'étoit autorifée par aucune loi du Royaume. Jean Sborouski, qui n'étoit pas moins chaud que Monluc, lui foûtint le contraire : le Roi qui s'apperçût de leur conteftation, demanda de quoi il s'agiffoit. Sborouski lui dit : Sire, je difois à l'Ambaffadeur de Votre Majefté, que s'il ne s'étoit pas engagé que vous approuveriez l'article de notre liberté fur la Religion, vous n'auriez pas été malgré nous élû Roi de Pologne, & que fi vous ne l'approuvez maintenant vous ne le ferez jamais. Le Roi étonné d'une réponfe fi hardie, fans neanmoins fe démonter, lui dit qu'il avoit raifon.

Le Palatin Firlai renouvella les mêmes conteftations quand il fallut facrer & couronner le Roi. Il fe trouva à la tête de ceux qui s'étoient oppofez à l'élection du Roi, & dit hautement que tout cet appareil étoit fort inutile fi le Roi ne confentoit de maintenir tous les articles des *Pacta Conventa*, & que s'il n'en donnoit un acte tout maintenant, lui & ses collègues s'opposoient à son couronnement, & s'expliqua sur cette matiere d'une maniere à faire connoître que lui & tous les Sectaires qui étoient dans son parti alloient faire main basse sur tous les Catholiques qui se trouvoient au couronnement du Roi. Neanmoins sa protestation & ses menaces n'eurent aucunes suites par la prudence & la fermeté de Pibrac, qui après avoir demandé au Roi la permission de parler, dit au Primat de continuer la cérémonie, ce qu'il fit, sans qu'aucun des mécontens osât parler.

On n'en demeura pas là : les nouveaux Ariens qui se méfioient de la bonté de leur cause, & qui apprehendoient que la haine que les Calvinistes & les Lutheriens avoient contre eux, aussi-bien que les Catholiques, ne les exclût du *Pacta Conventa*, & particulierement de l'article qui assuroit la liberté de conscience, prirent la liberté d'aller trouver le Roi ; de lui presenter leur Confession de Foi ; de l'assurer par la montre de quelques livres, que leur doctrine étoit conforme à celle de la primitive Eglise ; de lui dire, que leur Religion étoit la plus pure & la plus parfaite qui fût dans son Royaume ; & enfin de le prier de les honorer de sa protection, de les faire joüir de la liberté qu'il leur avoit jurée, & de les maintenir dans la paix qu'il leur avoit promise par ces paroles qu'il avoit prononcées avec serment : *Inter dissidentes in Religione pacem manu tenebimus.* Le Roi qui voulut se contenir dans les bornes de son serment, leur accorda ce qu'ils lui demandoient ; cérémonies & demandes que les nouveaux Ariens & Sociniens n'ont pas manqué de renouveller aux couronnemens des Rois qui se sont faits depuis.

Si bien qu'en vertu de ces *Pacta Conventa*, & du serment que le Roi fit de les observer, il est permis aux Polonois d'être Hussites, Lutheriens, Sacramentaires, Calvinistes, Anabatistes, Ariens, Pincsowiens, Unitaires, Antitrinitaires, Tritheïtes, & Sociniens.

Qui pourroit dire maintenant quels desordres ne fit pas une telle loi. Ceux que la crainte de déplaire au Roi, ou d'être notez d'infamie, ou de n'être pas élevez aux charges, ou de ne pas entrer dans le Senat, avoit jusqu'alors retenu dans les liens de la Foi Catholique, rompirent ces liens, se declarerent ou pour la Confession d'Ausbourg, ou pour celle de Zurich, ou pour celle de Genève, ou pour les nouveaux Ariens ; & le nombre de ceux-ci fut le plus grand, comme nous le verrons dans la suite : & il ne faut pas croire que l'abdication que Henri de Valois fit de la Couronne de Pologne pour celle de France qui lui appartenoit de droit, apporta quelque remede à ces maux, au contraire les choses allerent de pis en pis. C'est ce qui sera le sujet du chapitre suivant.

CHAPITRE XXII.

L'estat de la Pologne par rapport au Socinianisme pendant le regne d'Etienne Batori.

J'Ai dit que les choses allerent de pis en pis. C'est ce qu'il sera facile de comprendre pour peu d'attention que l'on fasse au grand nombre des Hérétiques dont la Pologne étoit alors infectée, à la diversité des Sectes qui y faisoient bruit, aux nouvelles brigues qu'il fallut former pour l'élection du nouveau Roi, & à la qualité des Candidats ou Prétendans à la Couronne.

Maximilien II. y aspiroit pour lui, ou pour Ernest son fils, & à ce sujet M. de Rosemberg & André Duditz son Ajoint à l'Ambassade remuerent la famille des Sborouski, & toutes les machines que l'ambition, la politique, & l'hérésie purent leur inspirer.

Etienne Batori Prince de Transilvanie y aspiroit, & pour y réussir, il envoya en Pologne son Medecin Georgo Blandrat, & cet homme dont nous avons tant parlé, tout puissant qu'il étoit auprès des Grands qui avoient embrassé l'Arianisme, ne promettoit rien de bon pour la Catholicité.

Jean de Kostka Palatin de Sandomir, attaché aux nouvelles Sectes, y aspiroit aussi, appuyé & postulé par une bonne partie de la Noblesse.

Le Comte André Tenesinie Palatin de Bresk ne vouloit pas ceder à Kostka, soûtenu qu'il étoit par un fort parti.

Jean Roi de Suéde d'une part, & Jean-Basile Grand Duc de Moscovie d'une autre part, faisoient encore plus de bruit que les autres pour avoir cette Couronne, & ne menaçoient pas moins que de mettre le Royaume en combustion si on la leur refusoit.

Enfin Alphonse II. Duc de Ferrare se voyoit postulé par la plus grande partie des Catholiques qui avoient à leur tête Karnkovius Evêque d'Uladislau, grand & pressant motif d'esperer cette Couronne.

On ne peut pas douter que toutes ces factions ne causerent de grands desordres dans le Royaume, & qu'elles n'autoriserent le progrès des nouvelles sectes ; mais enfin tous ne pouvant pas réüssir dans leurs desseins, les factions se réünirent à celle de l'Empereur & à celle d'Etienne Batori. Celle-là voulut l'emporter avec hauteur, elle proclama tumultueusement Maximilien II. Cette proclamation faite, ceux qui en étoient les auteurs allerent à l'Eglise où étoit la Princesse Anne sœur de Sigismond Auguste, pour chanter le *Te Deum*, & avec d'autant plus de hardiesse qu'ils se voyoient autorisez de Christophe Sobouriski nouveau Palatin de Cracovie, du Primat, & de Karnkovius.

La faction de Batori qui voyoit qu'on proclamoit un Roi contre les loix de la liberté, & sans que toute la Noblesse eût concouru à son élection, protesta contre la proclamation de Maximilien, & proclama la Princesse Anne pour Reine de Pologne, & Etienne Batori pour Roi avec elle, & son époux. Cette démarche faite, elle envoya des personnes de distinction à la Princesse pour l'assurer de la fidelité de toute la Noblesse, & pour lui dire que dès ce moment ils lui dévoüoient leurs biens & leurs vies pour la maintenir sur le trône elle & son époux futur Etienne Batori.

Ce procedé n'empêcha pas que la faction Imperiale n'envoyât Sborouski & quelques autres en Ambassade à Maximilien, pour lui donner avis de son élection. La faction opposée en fit autant à l'égard de Batori.

Pendant ces remuëmens d'Ambassades, on fit des Assemblées de part & d'autre : les Batoris en firent une à Andrécovie, & Philopponius un de ceux que l'on avoit envoyez en Ambassade à Batori, y rapporta que ce Prince agréoit son élection ; qu'il avoit signé les *Pacta Conventa*, ou les conditions ausquelles on l'avoit élû ; qu'il promettoit une parfaite liberté de conscience, & qu'il se transporteroit incessamment en Pologne avec un corps de Hongrois. Sur ce rapport on confirma son élection, on renouvella la protestation faite contre l'élection de Maximilien, & on députa une Ambassade vers cet Empereur pour lui en donner avis, afin qu'il n'entreprît rien contre la République.

Dans le même temps l'Archevêque Vehenscius indiqua une autre Assemblée pour y prendre les mesures convenables au temps. Karnkovius toujours attentif au salut de la République, & aux interêts de la Religion Romaine, s'y trouva, & y conclut qu'il falloit envoyer Solikovius l'homme de son temps le plus adroit pour manier une affaire, devers le Prince de Transilvanie qui s'avançoit à grandes journées vers la Pologne, pour s'assurer de sa Religion, bien resolu de l'exclure de la Courone, s'il n'étoit pas Catholique.

On avoit raison de se méfier de la Catholicité de Batori. A la vérité il avoit toutes les belles qualitez qu'on pouvoit souhaiter dans un Monarque. Il étoit d'un abord aisé, liberal, brave, intrépide, éloquent. Il aimoit la guerre, la conduisoit avec toute la prudence d'un grand guerrier, & y réüssissoit toujours ; mais aussi n'avoit-il aucune apparence de Catholicité. Il ne faisoit aucun exercice public de la Religion Romaine, affectoit d'être le bon ami & le protecteur des Sectaires de Hongrie & de Transilvanie, se laissoit conduire par les avis de Blandrat, en ayant fait son premier Medecin, son favori, & un de ses Conseillers dans son Conseil privé. Il entretenoit de grandes liaisons avec la Porte Ottomane, & la favorisoit au préjudice de l'Empereur. On disoit même que pour complaire à Amurat, il avoit arrêté & fait massacrer les Ambassadeurs que l'Empereur en-

Caractere d'Etienne Batori.

voyoit au Sophi de Perse, pour se porter à faire diversion d'armes contre la Porte, procédé bien indigne d'un Prince Catholique.

Il n'y a pas lieu de douter que ce ne fût ce procédé si opposé à la Catholicité, qui porta les Sectaires de Pologne à lui donner leurs suffrages (car il n'y eut presque que ces sortes de gens qui concoururent à son Election) & qui porta l'Evêque Karnkovius à lui députer Solikovius pour sonder sa foi.

Il le trouva comme il entroit en Podolie, & eut assez de peine à l'aborder. Les Ambassadeurs Polonois qui l'accompagnoient, & qui étoient presque tous Unitaires, Calvinistes, & Lutheriens, appréhendoient que Solikovius ne le détournât par ses remontrances, des sentimens favorables qu'il pouvoit avoir à leur égard ; aussi ils l'obsédoient si bien, qu'il n'étoit pas aisé à un Catholique & à un Impérialiste de lui parler.

Cependant Solikovius lui parla, même en public, & eut assez d'adresse pour faire comprendre à ce Prince qu'il y alloit de son interêt de lui donner une audience secrete, ce qu'il lui accorda, & ce fut dans cette conférence secrete, qui se fit bien avant dans la nuit, que Solikovius fut convaincu de la catholicité du Prince. Il est bon de dire ici ce qui se passa dans cette conférence, puisque c'est ce qui commença à déconcerter les Sectaires.

Après que Solikovius eut fait une courte description de l'état où étoit la République, il lui donna, avec la liberté digne d'un noble Polonois, les conseils qu'il devoit suivre, ce qu'il devoit éviter, quel parti il devoit prendre, quel esprit devoit le conduire ; pour quelle Religion il devoit se déclarer, avec quel ménagement il devoit conduire les Polonois, très-jaloux de leur liberté & de leurs privileges, quelle devoit être son intelligence avec les Prélats, son affection pour le Clergé, sa méfiance à l'égard des Hérétiques, & ajouta que le parti qu'il devoit prendre pour être heureux, & pour rendre ses sujets heureux, étoit de faire profession publique de la Religion Romaine, d'entendre tous les jours la Messe, de suivre les maximes des anciens Rois ses predecesseurs, d'honorer les Prélats, comme ses Peres, de reconnoître le Pape comme le Vicaire de J. C. sur la terre, de conserver les immunitez du Clergé ; de mettre sa confiance dans la Noblesse, d'aimer le Sénat, d'avoir pour suspects les conseils des Hérétiques, de faire attention que son élection n'étoit pas encore certaine ; qu'il avoit un competiteur puissant & proche de lui ; que les Lithuaniens n'avoient pas encore pris parti ; que ceux de la Prusse occupoient encore beaucoup de Forts & de châteaux pour la Maison d'Autriche ; mais aussi qu'il devoit compter qu'il n'avoit rien à craindre sur tous ces inconvéniens, s'il vouloit acquiescer aux conseils qu'il prenoit la liberté de lui donner, & qu'il l'assuroit de la part de la Princesse Anne, de Karnkovius, des Prélats, des Officiers de la Couronne, & du Palatin de Cracovie, qu'ils étoient tous dévoüez à lui rendre service.

Ces chofes dites avec l'éloquence & la bonne grace de Solikovius, exciterent les larmes du nouveau Roi, & lui donnerent lieu de s'expliquer fur fa Religion, & fur les bons deffeins qui occupoient alors fon efprit.

Ses larmes effuyées, il lui dit qu'il avoit toûjours été Catholique, & qu'il n'avoit jamais fait profeffion d'une autre Religion que de la Romaine; qu'à la vérité il n'avoit jamais ofé fe roidir contre les Hérétiques, & faire profeffion publique de la Foi Romaine, parce qu'il avoit toûjours été obfedé par des Novateurs, dans un Etat où les Sectaires faifoient le parti dominant, & fuccedé à un Prince qui par fon mauvais exemple avoit comme éteint la Foi parmi fes fujets, & fait triompher l'Héréfie; mais auffi qu'on ne pouvoit pas ignorer l'affection & la confiance qu'il avoit' toujours euë pour les Peres de la Compagnie de Jefus; qu'il avoit fouvent fréquenté les Sacremens de la Penitence & de l'Euchariftie; que pour cela, fous prétexte d'une partie de chaffe, il s'en alloit à Albe-Jule trouver un bon Religieux qui le confeffoit en fecret, & qui lui donnoit la Communion; qu'il avoüoit qu'il n'étoit pas fçavant fur les matieres de la Religion, & qu'il n'en fçavoit que ce qu'un Prince deftiné à la guerre en peut fçavoir; mais qu'il étoit tout prêt de fe faire inftruire, de prendre les mefures les plus convenables pour procurer le bien de l'Etat, & de fuivre tous les avis qu'il lui avoit donnez. Il ajoûta, pour lui donner une preuve de fa catholicité, qu'il entendroit dès le même jour la Meffe, s'il pouvoit lui en faciliter le moyen. Solikovius le lui fournit, ayant avec lui un Prêtre, des Clercs & des ornemens. On celebra le même jour la Meffe devant le Roi, & on lui laiffa le Prêtre, les Clercs, & les ornemens pour la célébrer pendant le refte du voyage; ce qui déconcerta les Seigneurs hérétiques qui l'accompagnoient, & ce qui raffura Karnkovius & tous les Catholiques, qui ravis d'apprendre ces bonnes nouvelles à l'arrivé de Solikovius, n'eurent plus de cœur & de bouche que pour afpirer après leur nouveau Roi, & que pour parler à fa loüange.

Enfin il arriva à Cracovie vers le temps de Pâque 1576. il y fut couronné par Karnkovius Evêque de Ladiflau, ce qui lui procura la Primatie à la mort du Primat qui ne voulut pas fe trouver à cette cérémonie par l'attache qu'il avoit à la Maifon d'Autriche. Les Hérétiques qui ne demandoient qu'à broüiller, firent bruit fur cette circonftance, fous prétexte que le droit du Primat en recevroit quelque dommage, ou que le ferment que le Roy y feroit n'auroit pas toute fa folemnité. Pour les fatisfaire on infera dans l'Acte du Couronnement, fauf le droit des Parties. Ces précautions prifes, le Roy jura les *Pacta Conventa*, affura la liberté de confcience; & les nouveaux Ariens ne manquerent pas de faire à cette cérémonie ce qu'ils avoient fait au couronnement de Henri de Valois, auffi le Roi leur accorda la liberté d'exercer leur Religion.

Cette tolerance necessitée jointe aux guerres que le Roi entreprit contre les Moscovites, les broüilleries qu'il eut avec les Sborouski, (car il fit couper la tête à Samuel, & exila le Palatin de Cracovie) & la trop grande complaisance qu'il eut pour quelques Novateurs, furent cause que les nouveaux Ariens se multiplierent de plus en plus; qu'ils continuerent leurs Assemblées; que Fauste Socin fut le bien venu en Pologne; que Jean Kotska, ou Koszka, ou Kiszka Palatin le plus puissant du Royaume, Stanislas Lubieniski & ses trois enfans, Stanislas Tasqui, Erasme Otvinovius, André Voidovius, Pierre Stator, Oustoinski, Jean Czaplicius Châtelain de Kiovie, Nicolas Kazimiski Seigneur de Cewertaw, homme distingué par ses beaux emplois & par son opiniâtreté à soutenir la liberté des Pinczowiens, & plusieurs autres Seigneurs, se declarerent pour le nouvel Arianisme, en firent une profession publique, & le protegerent le mieux qu'ils purent, comme nous le verrons dans le détail que nous ferons des actions de quelques-uns de ces Sectaires; mais les choses allerent encore plus loin après la mort d'Etienne Batori, qui arriva le 12. Decembre 1586. par l'ignorance ou la malice de Nicolas Bucelle son Medecin qui étoit infecté de l'Arianisme.

C H A P I T R E   X X I I I.

L'état de la Pologne à l'égard des Sociniens pendant le regne de Sigismond III.

LA mort d'Etienne Batori jetta la République dans de nouveaux troubles. Grand nombre de Palatins, Officiers de la Courone, & autres Seigneurs se diviserent, & sans même aucune apparence de pouvoir les réünir. Oposiniuski Grand Maréchal de la Couronne se broüilla avec Goreka Palatin de Posnanie, homme riche, puissant, & bien aimé de plusieurs par les liberalitez qu'il leur faisoit. Nicolas Jaslovicius Chef de la Noblesse, jaloux du grand pouvoir de Samoski, que d'autres appellent Zamoyeski, & Zomoiski, entreprit de le barrer, & d'ôter le titre de Palatin à Zolkicius qui depuis la mort de son pere & du Roi prenoit la qualité de Palatin de Russie. Les Sborouski irritez du Gouvernement en vouloient au Chancelier Samoski, à sa famille, aux Senateurs, aux Prélats, & à tous ceux qui avoient quelques bons sentimens pour le Roi défunt. Les Lithuaniens & les Russiens étoient mal disposez pour l'élection.

Cependant il fallut y travailler, malgré ces divisions. A ce dessein Karnkovius devenu Primat indiqua en 1587. la Diete préliminaire à Varsovie. Les Lithuaniens trouverent le temps trop court pour y pouvoir venir, & refuserent de s'y trouver. Le Palatin de Sandomir, la Noblesse, le Grand Maréchal & le Chancelier les imiterent, prévoyant

voyant bien que les Sborouski y feroient le parti dominant.

En effet André Sborouski Maréchal de la Couronne méprisa l'Ar-rêt de bannissement porté contre lui, entra hardiment dans le Senat, se plaignit des prétenduës injustices & vexations qu'on lui avoit fai-tes & à toute sa famille, demanda d'être écouté pour sa justification, prit sa séance ordinaire, reçut d'un de ses domestiques le bâton de Maréchal, & se prévalant de la lâcheté ou de la mollesse des Pré-lats, des Senateurs présens, & de l'absence du Chancellier, lui, sa fa-mille, & son parti proposerent au Senat une convention que les Au-teurs appellent *Recessus*, où ils demanderent que l'autorité du Chan-celier fût limitée; que la Religion fût libre, & qu'on travaillât à une solide paix entre les partis divisez. Ils ne proposoient ces con-ditions que parce qu'il en supposoit d'autres, sçavoir qu'ils feroient tout ce qu'ils voudroient, ou tout ce qu'ils pourroient contre ceux qui leur étoient opposez; que personne ne pourroit rien exiger d'eux, & même qu'il leur seroit libre de s'attribuer les biens de la Couron-ne qu'ils trouveroient à leur bienséance, & d'en gratifier ceux qui leur seroient agréables, & aussi le firent-ils.

Quelque violent que fût ce procedé, les Senateurs seculiers qui ne vouloient pas s'attirer l'indignation des Sborouski, qui crioient sans cesse contre ceux qui s'opposoient à leurs desseins, comme contre des broüillons, des ennemis de la Patrie, & des hommes de la fac-tion des Batoris dont on vouloit flétrir la memoire, n'oserent ja-mais s'y opposer.

Les Senateurs Ecclesiastiques, comme les Prélats de Plok, de Pre-mistrie, & d'Uladislau, après avoir témoigné l'horreur qu'ils avoient des entreprises des Sborouski, se retirerent, prétextant qu'on n'é-toit pas libre, qu'on attentoit aux loix de la Patrie, qu'on faisoit injure à la Religion, & qu'on traitoit dans la Diete de toutes autres choses que de celles pour lesquelles on l'avoit convoquée.

Les Senateurs seculiers se plaignirent de cette retraite, & proteste-rent à Solikovius devenu Archevêque de Leopold, & à Goslieki Evê-que de Kaminiek, que s'ils les abandonnoient dans cette extrémité, ils les rendoient coupables devant Dieu & devant les hommes de tous les maux qui étoient inséparables de la rupture de la Diete, & que dès ce moment ils se retireroient s'ils ne signoient le *Recessus*.

L'Archevêque, l'homme de son temps le plus accompli, ne de-meura pas court sur ces menaces: d'abord il se plaignit de la conduite des Senateurs Ecclesiastiques, qui, en se retirant mettoient les Catho-liques en danger d'être opprimez par les Sectaires. Après ces plain-tes il dit avec son éloquence naturelle & son air imposant, qu'on lui ôteroit l'Archevêché & la vie même, plûtôt que de signer le *Recessus*, que c'étoit une piece qui violoit la Religion, le bien public, & les anciennes loix de la République. Dans le moment qu'il parloit ainsi, il ôta son camail & découvrit sa poitrine, pour marquer par cette

N

action qu'il étoit prêt de mourir plûtôt que de rien faire contre sa conscience, son honneur, & son devoir.

L'Evêque de Kaminiek animé par cette action fit la même chose, ce qui déconcerta si bien les Sborouski & tous les Sectaires, qu'ils ne s'aviserent plus de menacer les Prélats ; au contraire, ils s'efforcerent de les adoucir par de belles paroles, & dresserent un nouveau memorial.

· L'Evêque de Kaminiek n'eut pas long-temps cette fermeté. Ce nouveau memorial ou convention des Sborouski étoit conçû en termes ambigus, & capables de faire atteinte à la pureté de la Loi. Solikovius qui prévoyoit qu'il ne pourroit jamais rompre cette confédération que les Hérétiques avoient formée, & qu'ils entretenoient pour la ruine de la Catholicité, & qui d'ailleurs sçavoit que si ni lui, ni l'Evêque de Kaminiek ne signoient point la nouvelle convention, elle n'auroit point la force de Loi ; pour trouver un prétexte de ne la pas signer, demanda du temps pour l'examiner. Goslicki, & un autre Evêque se comporterent autrement. Ils sortirent de la Diete, dans la persuasion que cette démarche seroit beaucoup moins préjudiciable à l'Etat & à la Religion, que leur signature qu'ils n'auroient jamais pû refuser à ces furieux.

Les Sborouski qui voyoient par là toutes leurs mesures perduës, voulurent sommer l'Archevêque de revenir ; mais un de la compagnie leur ayant representé que la chose étoit inutile, & que Solikovius n'étoit pas un homme à changer de sentiment, ils le laisserent, & députerent vers Goslicki, pour le prier de revenir, d'avoir pitié de sa Patrie, de ne pas laisser la Diete sans Prélat, le Primat étant mort, ou dans l'impossibilité de s'y trouver, ou d'y rien conclure, & ajoûterent qu'il seroit content d'eux. Goslicki touché de ces remontrances revint à la Diete ; on l'y proclama le Pere de la Patrie, & dans ces acclamations on lui presenta le *Recessus*, qu'il signa à la vérité avec regret, après y avoir ajoûté cette ridicule clause, *propter bonum pacis*, pour le bien de la paix: clause dont il prétendoit se faire honneur, mais dont les factieux se moquerent : dès lors ils se donnerent toute liberté, declarerent nul tout ce que l'on avoit fait contre les Sborouski, & défendirent au Chancelier d'avoir des troupes.

Ces mauvaises suites attirerent à Goslicki de sensibles reproches de la part du Primat, & des autres Prélats ; il n'y eut que Solikovius, qui témoin des véxations faites à Goslicki l'excusa ; mais le Pape n'eut pas tant d'indulgence, il lui refusa des Bulles pour changer son Evêché à un plus lucratif.

Telle fut la fin de la Diete préliminaire, qui donna lieu à de grands mouvemens dans la Diete de l'élection. Samosiski irrité du procedé que les Sborouski tenoient à son égard, & sans se soucier, comme de raison, des défenses qu'ils lui avoient faites d'avoir des trouppes, se trouva à la Diete avec une armée qui n'étoit pas à méprifer, & qu'il mit en bataille à deux milles de Varſovie. Les Sborouski s'y trouverent auſſi, & Chriſtophe tout banni qu'il étoit s'y fit accompagner de 500 hommes François, Allemands, Bohemiens, Italiens, Polonois ; & Gorska l'y vint trouver avec dix mille hommes. Par là Varſovie ſe voyoit comme aſſiegée par deux armées ennemies.

Le Senat effrayé de cette diſpofition voulut former un troiſiéme parti pour réünir les deux autres, ou pour s'oppoſer à celui qui ne voudroit pas la paix. Les Sborouski qui declaroient ennemis de la Patrie tous ceux qui ne ſe declaroient pas pour eux, mépriſerent le Senat, donnerent à ſa faction le nom d'*Aſſemblée noire*, prirent pour eux le nom d'*Aſſemblée generale*; declarerent Samoſiski ennemi de la Patrie, & comme tel le priverent de tous ſes biens.

Le Primat qui prévoyoit que ces broüilleries ne pourroient jamais s'appaiſer que par la prompte élection d'un Roi, prit pour cette élection une voie inconnuë juſqu'ici dans le Royaume. Par le moyen du Grand Maréchal il aſſembla un Conſeil chez Samoſiski, & ils y convinrent qu'ils choiſiroient un homme qui ſeul éliroit le Roi. A peine ce deſſein fut-il divulgué dans le Camp des Sborouski, qu'ils proteſterent contre, & indiquerent une Aſſemblée dans la plaine de Roholz, pour y pouvoir dire avec liberté leurs ſentimens. Ces meſures priſes, Gorska, les Sborouski, & toute leur armée aſſiegerent le Senat à peu près comme s'ils euſſent voulu prendre la plus forte place de l'Europe, ou combattre une armée de cent mille Tartares, ce qui mit une telle épouvente parmi les Senateurs, qu'ils ne penſerent plus qu'à la retraite. Samoſiski ne demeura pas immobile à ce ſpectacle, il ſortit de ſes lignes, ſe mit en bataille, & n'attendit plus que l'ordre pour donner ſur les trouppes de Gorska. Le Primat bien embaraſſé de ſa perſonne, & des meſures qu'il devoit prendre, court tantôt d'un côté & tantôt de l'autre, prie, gémit, & poſte des trouppes pour ténir en échec les deux partis. Les Sborouski, ſur ces meſures, perdent tout reſpect, font une décharge, & ſe retirent à la hâte après avoir proteſté contre tout ce que l'on feroit. Il n'y eut dans cette brutalité qu'un homme de tué, mais aſſez diſtingué pour en regretter la perte ; ce fut M. Brzezinius Chanoine d'Uladiſlau, & Chancelier de l'Evêque.

Leur proteſtation fut inutile : le Primat entra dans le Camp de Samoſiski, ſuivi de la plûpart des Nobles, des Officiers de la Couronne, du Senat, & du Clergé, & il y fit chanter la Meſſe du ſaint Eſprit. La Meſſe finie, on proceda à l'élection qui tomba ſur Sigiſmond fils de Jean Roi de Suéde, & neveu de Sigiſmond Auguſte par ſa mere qui étoit fille de Sigiſmond I. Roi de Pologne.

Les Sborouski & tout le parti irritez d'une telle élection, s'aſſemblerent tumultueuſement, & élurent de leur part pour Roi de Pologne Maximilien Archiduc d'Autriche, & frere de l'Empereur

Rodolphe. Ces deux élections mirent toute *la Pologne* fous les armes ; mais Samofiski fit fi bien de fon côté qu'il fraïa un chemin fûr à Sigifmond III. jufque dans la Silefie : il y trouva Maximilien fon concurrent à la tête de fon armée, il l'attaqua, le battit, le prit prifonnier, l'enferma dans le Château de Crafnatovie en Ruffie, & par là affura la Couronne à Sigifmond, & mit la paix dans le Royaume.

Ce Samofiski fait ici une affez belle figure pour nous donner lieu d'en faire le caractere.

Samofiski.
Baillet jug.
des Sçav.
t. 14. p. 171

Jean Samofiski ou *Zamoyeski*, ou *Zamoiski*, en Latin *Joannes Sarius Samofcius*. Le nom de *Sarius* lui eft donné du Duché de Zharaz qui appartenoit à la Maifon des Zamoiski, Duché qui aujourd'hui porte le titre de Principauté. Ce Jean étoit fils de Staniflas Zamoiski Senateur & Caftellan de Chelm. Après avoir ébauché fes études à Crafnoflaw, il vint en France pour les perfectionner. Turne & Lambin lui apprirent les Humanitez, & Carpentier la Philofophie. De France il paffa à Padoüe : Sigonius lui plut, & il le préféra à tous les autres Profeffeurs : Sigonius de fon côté eut tant d'affection pour lui, qu'il publia fous fon nom un Traité divifé en deux livres, qu'il avoit fait fur le Senat Romain.

M. de Thou
Hift. l. 134
& lib. 1.
vita fua p.
10. ad an.
1573.

De retour en Pologne, on lui donna de grands emplois. Du temps de Sigifmond Augufte il étoit Secretaire d'Etat, Vice-Chancelier, & eut quelques Gouvernemens, comme celui de Belz, & de Zamochie. On le députa de la part des Etats pour aller en France en 1573. en qualité d'Ambaffadeur, prier Henri de Valois d'accepter la Couronne de Pologne. Henri arrivé en Pologne lui donna le Gouvernement de Gefne. Après le départ de Henri, il prit parti pour Etienne Batori, & travailla à fon élection, auffi en fut-il bien recompenfé : Batori devenu Roi, en fit fon Confident, fon Confeil, & fon neveu par le mariage qu'il lui fit contracter avec fa niéce fille de Chriftophe Batori Prince de Tranfilvanie. Peu de temps après il le fit Grand Chancelier & Grand General du Royaume. C'eft fous ces deux qualitez qu'il fit connoître qu'il étoit un homme de tête, fçavant dans les belles lettres, & encore plus dans ce qui regardoit la guerre, le Confeil, & l'Etat ; brave, intrépide, fage, toûjours au deffus des menaces & des menées de fes ennemis, & qu'il n'étoit pas indigne des emplois qu'on lui avoit confiez, ni de la réputation qu'on lui donnoit, fçavoir qu'il étoit un des plus accomplis Politiques & Capitaines de fon temps.

L'amour qu'il avoit pour les belles lettres le porta en 1594. à établir une Univerfité dans la ville de Zamoiski, & il n'épargna rien pour y faire fleurir les beaux Arts & les belles Lettres. Enfin il fe dégoûta des tumultes de la Cour & de l'Armée, prit le parti de la retraite pour ne s'occuper que de l'étude & de fon falut. Il y mourut en 1605. qui étoit fon année climaterique, & d'une maniere bien precipitée. On le trouva mort d'apoplexie assis dans son fauteuil, lorsque ses gens s'imaginoient qu'il étoit occupé de quelques pensées sérieuses.

Je n'ai remarqué qu'une chose dont les Catholiques ont pû se plaindre de lui, c'est qu'en 1589. Sigismond III. fit une Assemblée des Prélats & des premiers Seigneurs de sa Cour, pour y établir une loi qui reglât les qualitez du Roi qu'on éliroit après lui. Les Prélats vouloient qu'on ne pût en élire un qu'il ne fût Catholique. Les Seigneurs, parmi lesquels il y en avoit beaucoup qui avoient embrassé les nouvelles opinions, vouloient le contraire, ou qu'on ne décretât rien sur ce sujet. Samosisxi fit un long discours & digne de son éloquence ordinaire, où il établit contre les Prélats, les inconvéniens qu'il y avoit de faire une telle loi, & qu'au reste si on vouloit la faire en faveur d'un Roi Catholique, il faudroit aussi y arrêter que la Maison d'Autriche seroit excluë de la Couronne de Pologne. Karnxovius l'auroit bien voulu aussi, mais l'affaire demeura indécise.

Je reviens à mon sujet. Les Sectaires ne manquerent pas de faire confirmer leurs privileges sur le libre exercice de leur Religion, tant aux *Pacta Conventa* qui precederent l'élection, qu'au couronnement du Roi. Aussi les Sociniens (car c'est ainsi qu'on appelloit alors les Unitaires,) les Pinczowiens, & les nouveaux Ariens ont un grand soin de nous avertir dans leurs *Vindiciæ Unitariorum*, que leur liberté a été autorisée par Actes publics non-seulement le 27. Decembre 1586. le 7. Mars, le 8. & le 9. May, le 19. Aoust & le 8. Octobre 1587. mais encore à la Diete du sacre & du couronnement du Roi le 8. & le 30. Janvier 1588. que le Roi en presence du Primat, de cinq Prélats, de plusieurs Senateurs, Palatins, Gouverneurs, Officiers, Gentilshommes, Nonces, & Ambassadeurs étrangers, a juré qu'il conserveroit la paix & la tranquillité parmi ceux de ses sujets qui faisoient profession d'une autre Religion que de la sienne. Le Latin en dira davantage. *Pacem*, ce sont les paroles du serment du Roi, *& tranquillitatem inter dissidentes in Religione tuebor, manu tenebo, nec ullo modo, vel jurisdictione nostra vel Officiorum nostrorum, & statutum quorumvis auctoritate quempiam affici, opprimique causâ Religionis permittam, nec ipse afficiam, nec opprimam.*

B. A. p. 278

In Cod. Polo. p. 222 & 217.

Sigismond n'en demeura pas seulement aux clauses de son serment, il y ajouta des complaisances pour les Sociniens & pour les autres Sectaires, que ses predecesseurs n'avoient jamais eu pour eux: il donna une charge de Senateur à Stanislas Cicovius qui faisoit une profession publique du Socinianisme, & confia differens emplois de sa Cour, de sa Justice, de ses Armées, & de ses Gouvernemens à beaucoup de personnes qui s'étoient declarées pour les Sociniens, & qui apparemment n'étoient pas du sentiment de ceux qui soutiennent qu'un bon Chrétien ne peut pas exercer la Magistrature, ou l'office de Juge, ni aller à l'Armée pour battre, ou pour se défendre.

Les Sociniens autorisez par ces constitutions, ces sermens, & ces complaisances, pousserent leur secte le plus loin qu'ils purent : si elle ne devint pas le parti dominant dans la Pologne, du moins se mit elle en état de faire ombrage à toutes les autres sectes, & même à la Religion Romaine, autant par le grand nombre des personnes de qualité & des Sçavans qui la soûtinrent, que par la multitude des Eglises publiques & des Colleges qu'elle se forma.

Les person-
nes de qua-
lité qui se
sont decla-
rées pour le
Socinianis-
me.

Ces personnes de qualité & ces Sçavans sont Cicovius Senateur, Paul d'Orzechowiski, homme puissant en amis & en richesses, Stanislas d'Orzechowiski Archicamerien de Lublin, Jacques Sieninski Palatin de Podolie, &c. Etienne Niemiritz Archicamerien de Kiovie, Jerôme Moscorow, Paul Lubienieski, & toute sa famille, Stoinski, Smalcius, Goslavius, les Rodeciuski, Christ. & Daniel Budnieiuski, ce Daniel étoit si versé dans la Theologie Scholastique, qu'on l'avoit choisi à Rome pour l'enseigner. Les Ostorodes, Voidoviuski, Wolkelius, Pistorius, Prisecius, Christ. Zelanski Juge de Lucovie, Pierre & Paul Suchodolski, Jean Konarski, Uladislas Zbarasius, Januisius Duc de Zaslavie, Chornoitaius, Chlebovicius, Basile Zienseievez Maréchal & Juge de Novograt, André Lassuta, Bernard Luchorubiki, Balthazard Wilzkouniski, Abraham Szezepanowiski. Ajoutons à ces hommes Fauste Socin, Crellius, Prypcovius, Rupnovius, Selicthingius, Stegman, Gittichiuski, Wlzogenius, &c.

On ne peut pas douter que toutes ces personnes ne servissent beaucoup au soûtien de la secte par leur noblesse, leur crédit, leurs emplois, leurs livres, leurs sciences, leurs conversations, leurs disputes, & leurs prédications. On veut même qu'alors elle ait eu un éclat qu'elle n'avoit pas encore eu, & dont elle déchut peu à peu, à mesu e que ces hommes descendoient au tombeau. On ne seroit pas content de l'énumeration de tous ces hommes, si je n'entrois dans le détail de ce qui les regarde : aussi y entrerai-je dans ma seconde Partie.

J'ai dit que la secte fit ombrage par la multitude de ses Eglises, & par ses Colleges ; voici ce que j'ai pû en apprendre.

CHAPITRE XXIV.

Les Eglises, les Colleges, & les Imprimeries que les Sociniens
ont eu en Pologne & en Lithuanie depuis la mort de Sigismond
Auguste, les divisions qui se trouvoient parmi eux, & comme
Fauste Socin les réünit tous à son système.

L'Eglise de Racovie.

JE ne dirai rien ici de l'Eglise de Pinczow, j'en ai assez parlé ailleurs. Je commence par l'Eglise de Racovie, d'autant qu'elle fut la plus celebre que les Sociniens eurent dans la petite Pologne, & qu'ils en firent comme leur Métropole. Pour prendre la chose de plus loin, je dirai après le Chevalier de Lubieniescki, que *Jean Sieninski* Châtelain de Zarnovie, & Palatin de Podolie, allié à la famille des Olesnienski, Calviniste de Religion, jetta en 1569. les fondemens de cette ville dans le Palatinat de Sandomir, & assez proche de Schidlovie. Il l'appella *Racovie* du nom de Rax, qui signifie Cancer. Ce pays quoique sabloneux est assez agréable & commode à la vie par ses fontaines, ses bois, & son aspect. Sieninski donna une grande liberté à tous ceux qui voudroient y demeurer, c'est pourquoi plusieurs personnes de toutes sortes de conditions, & particulierement de ceux qui étoient attachez aux opinions de Luther, de Zuingle, de Calvin, & des nouveaux Ariens, & qui n'étoient pas en assurance dans leurs patries, vinrent s'y établir, comme Gregoire Pauli, Albin de Cracovie, les Calinowski, George Schoman, Securinus, Mundius, & quelques autres Unitaires de Lithuanie. Tous ces hommes assez versez dans les Ecritures & dans les belles Lettres pour faire bruit, formerent ce que nous appellons l'Eglise de Racovie, qui dans la suite devint si fameuse par le nombre des personnes qui la composoient, qui la gouvernoient, & qui la protegeoient, qu'on en fit comme la Métropole des autres Eglises, & le lieu des Synodes que les Sociniens y faisoient tous les ans. En 1601. le 7. Mars on y en convoqua un où se trouverent Fauste Socin, Pierre Stoinski, Jerôme Moscorovius, les trois Lubienieski, Christophe Ostorod, ou Ostrogod, Volkelius, Franconius, Pierre Przybiloviski, Brelius, Stolodius, & Smalcius, tous Unitaires ou Sociniens.

Le 7. Octobre 1602. on y fit un autre Synode où se trouverent la plupart des mêmes personnes, & quelques autres Ministres, Anciens & Gentilshommes, parmi lesquels on désigne Jean Sieninski, Stanislas Wyzicius, Voinarovius, Przycovius, Jean-Batiste Celtis, Blonscius, Ertman, Erasme & George Otvinoviski, Vissowats, & plusieurs autres. Ce Synode ne finit qu'au 19. du même mois, & on y fit vingt-deux sessions.

Ceux qui les premiers gouvernerent cette Eglise furent Christophe Ostorod, Stator, Smalcius, Stanislas & Christophe Lubienieski, Jean Crellius, Jonas Schlictingius, Mornovius, Stoinski, Salomon Paladius, &c.

L'Eglise bien établie, on travailla à y dresser un College & une Imprimerie, & Jacques Sieninski fils de Jean, qui ne dérogeoit pas au zele de son pere pour la secte des Sociniens, la gratifia de ces deux avantages. Stanislas Lubienieski y eut bonne part par les conseils qu'il en donna à Jacques Sieninski son bon ami. Les sçavans Grammairiens, Philosophes, & Theologiens qu'on mit dans ce College, & les Moderateurs qui en eurent le gouvernement, le rendirent si celebre, que dans peu on y vit plus de mille Ecoliers de toutes sortes

Hist.
Eccl.

B. A. P.

Son College

de conditions & de Religions, parmi lesquels il y en avoit bien trois
cens de familles nobles. Ceux qui y venoient Catholiques, ou Lutheriens, ou Calvinistes, s'en retournoient souvent ennemis de la
Trinité, de la Divinité de J. C. du Batême des enfans, &c.

Ceux qui ont gouvergé & protegé ce College sont Sieninski Palatin
de Podolie, Jerôme Moscorovius, Stanislas Wysicius, Christophe
de Morsthin, Jean-Batiste Ceris, Adam Goslavius, Samuel Golecius,
Benoît Wissowats, Stator Wolkelius, André & Stanislas Lubienieski, Valentin Smalcius, Simon Pistorius, André Voidovius.

Les Recteurs du College jusqu'en 1638. furent Brokaius, Mansius,
Niecicenius, Crokierus, Crellius, Ruard, Joachim Stegmann, Adam
Francus, Teichman, George Nigrinum, & Laurent Stegmann : celui-
ci qui en fut le dernier, après en avoir été chassé avec infamie, &
le College ruiné, prit le nom de Tribander.

B. A. p 230

Si ce College rendit Raçovie celebre dans la Pologne, on peut dire
que son Imprimerie la rendit fameuse par toute l'Europe pour les
nouveaux livres qu'elle donna au Public. Elle commença dès l'année 1577. par Alexis Rodecki qui ne trouvant pas son compte à Cracovie, où neanmoins il avoit déja imprimé beaucoup de livres des
Sociniens, & même des ouvrages de Fauste Socin, sous le regne de
Batori, quitta cette capitale pour s'établir à Raçovie. Il y donna
pour son coup d'essai un nouveau Testament en langue Polonoise, ouvrage qui fut suivi de plusieurs autres : & en 1600. Sieninski après
s'être déclaré pour les Sociniens, leur affecta son Imprimerie qu'il
avoit enrichie de beaucoup de choses. Rodecki devenu vieux maria
sa fille unique à Sebastien Stornacius, & lui donna son fond qui fleurit jusqu'à l'année 1638.

Son Impri-
merie.

Baillet jug.
des Sçav.
t. 1. p. 85.

L'EGLISE DE LUBLIN.

L'hérésie commença à s'introduire dans Lublin dès le regne de
Sigismond Auguste, & s'y fortifia pendant les regnes de Henri de Va-
lois, d'Etienne Batori, & de Sigismond III. d'une maniere à faire
tête aux Catholiques, quoi que le Chancelier Samosiski le fleau des
Hérétiques, & l'ornement de la Pologne, y eut établi le souverain
Tribunal pendant le regne de Batori.

Hist. Ref.
Eccl. Pol.

Stanislas Paclesius dont nous avons parlé, engagé dans la prétenduë
Réforme, dévoüa sa maison pour en faire un Prêche, & voulut lui-
même en être le Ministre, aussi-bien que le Patron & le protecteur.
Il y rafina tant sur les dogmes de Calvin, qu'il devint Unitaire,
combattit la créance que nous avons du Mystere de la Trinité & de
la necessité du Batême à l'égard des enfans. Quelques années après,
(c'est en 1627.) on chassa les Unitaires de cette maison, & on la donna
aux RR. PP. Jesuites pour en faire un College. Chassez de la Maison
de Paclesius, ils obtinrent de Madame Ostrovia de l'illustre famille
des Suchodeliuski la permission de s'assembler chez elle : (il y

a

à toujours eu des Dames qui ont été favorables aux Novateurs, & qui ont eu compassion des hypocrites maltraitez :) & quand ils ne pouvoient pas s'assembler chez cette Dame, ils alloient dans la maison de Lasotus Capitaine des Chasses du Roi dans la Province de Lublin. Quelque temps après, pour des raisons qu'on ne nous a pas dit, ils transfererent leur Eglise dans la maison d'Orichovius, & de sa femme *Zophie Zelenia*, dont les Sociniens relevent la pieté, le zele & la generosité à l'égard de leurs Ministres, plus que les Prédicateurs Catholiques n'ont jamais élevé les Saints & les Saintes de leur Eglise.

Orichovius & sa femme pour immortaliser leur memoire parmi les Sociniens, leur donnerent par testament cette maison à perpetuité. Ils en firent leur Eglise & le lieu de leurs Assemblées, & ils réüssirent pour un temps, d'autant que cette Eglise devint fameuse, non-seulement parce que la ville étoit remplie de personnes de distinction que le souverain Tribunal y attiroit ; mais par la qualité des Ministres qui la gouvernerent, & par la fréquentation des peuples de quantité de villes, de bourgs & de villages des environs, & par la proximité du College de Levertovie, qui s'étoit rendu celebre sous le Rectorat d'Albert Calissus?

L'Eglise de Luclavie.

Luclavie est un village dans la Province de Cracovie, proche la ville de *Sandecz* ou *Sarlicinium*. Il devint considérable non-seulement par l'Eglise Socinienne que Stanislas Tasficius homme de qualité y fit bâtir sur son fond, & dont Pierre Stator fut le premier Ministre, & après lui George Schomann, Stanislas Lubienieski, J. Stoinski, Slichtingius, & où les Unitaires de Transilvanie & de Hongrie se trouvoient souvent par la proximité du lieu ; mais encore par son College, où l'on enseignoit toutes les belles Lettres & la Theologie, & qui devint un des plus celebres du Royaume, autant par la multitude des enfans Hongrois & Transilvains qui y venoient étudier, que par les débris du College de Racovie & du College de Kisselin que l'on avoit ruinez ; & enfin par differentes personnes de qualité de different sexe qui s'y retirerent pour favoriser leur devotion socinienne, parmi lesquelles on nous fait remarquer un Prince de Magdebourg, & un de la Maison de Brunsvic, deux fameux Chimistes, Martin Wilhelmus, & Simon Polanus.

Les Eglises de Kiovie, de la Volinie, & de beaucoup d'autres endroits.

Dans le temps que les Sociniens de la petite Pologne travailloient avec tant de succès à l'établissement de leurs Eglises, ceux de Kiovie, de la Volinie, de Lithuanie, &c. ne demeuroient pas sans action. Gabriel & Romain Hoiscieski pere & fils, riches, & Gouverneurs de Kiovie, se declarerent les protecteurs de l'Eglise de ce lieu, comme aussi des Eglises d'Hoscia, & de Curcicia villes de la Volinie.

Hist. Ref. Eccl. Pol.

O

Basile Constantin Palatin de Kiovie, quoi qu'attaché aux Grecs schismatiques, par une facilité qu'on ne peut comprendre qu'en supposant que ce Seigneur n'avoit pas une grande foi, permit aussi aux Sociniens de se faire une Eglise dans Constantinow, & laissa toute la liberté possible aux Eglises d'Ostrogia, de Lubertovie, d'Ostropolis, &c.

Christophe Sieniuta d'une illustre famille, & qui ne cédoit point en richesses à tous les Princes du Royaume, établit sur ses terres des Eglises pour les Sociniens, ce qui lui attira des contretemps. Ces traverses ne l'empêcherent pas de donner une bonne partie de ses biens pour l'entretien de ces Eglises qu'il avoit érigées dans Lachowerie, & dans Seznuitowie.

Martin & George Czapliciuszi freres, eurent aussi la devotion de fonder des Eglises, l'une à Berele, & l'autre à Kisselin, éloignée d'une lieuë l'une de l'autre.

Adam leur cousin fit de son mieux pour établir les Eglises de Spanovie & de Milostovie.

Il y eut une Eglise à Zaslaw en Lithuanie, qui se rendit celebre par une Imprimerie plus ancienne que celle de Racovie. Elle fut établie par Matthias Kawieczinski, & l'Imprimeur s'appelloit Daniel de Leczyca. De Zaslaw on la transporta à Losko ville qui appartenoit à Kiszka ; l'Imprimeur Karcan en prit le soin. De là elle fut transportée à Lubeck sur le Niemen, où elle eut pour Imprimeur Pierre Blaste Kmit, gendre de Karcan, Jean Kmit fils de Blaste, & après lui Jean Langius Lutherien. Enfin cette Imprimerie périt en 1655. ou 1656. par l'irruption des Moscovites, & par les autres malheurs qui ruinerent toute la Lithuanie.

Le College de Kisselin formé des débris de celui de Racovie fleurit sous Eustache Giselus, Loüis Hollaisson, Stegmann, Theodore Simonis : celui-ci étoit de la Holsace, & prit le nom de Philippe Cosmius, depuis qu'il eut fait un livre contre le Pape. On a fait quelques Synodes dans l'Eglise de ce lieu ; enfin elle fut ruinée aussi-bien que celle de Berese par un Arrêt du Tribunal de Lublin, sous le pretexte que les Ministres de Racovie, & que les suppôts de son College s'y étoient réfugiez.

Il y eut encore beaucoup d'autres Eglises, tant dans la Pologne que dans la Lithuanie, & dont le détail nous conduiroit trop loin, qui toutes furent établies sous l'autorité des *Pacta Conventa*, & par la bonté excessive que les Rois eurent pour quelques Seigneurs.

Mais toutes ces Eglises n'étoient pas uniformes dans leur créance. En 1579. temps auquel Fauste Socin vint en Pologne, on nous dit que toutes ces Eglises de Pinczowiens, d'Unitaires, & d'Ariens étoient horriblement divisées par la diversité des opinions qu'on y soutenoit, & des nouvelles sectes qui s'y étoient formées. On en comptoit jusqu'à trente ou trente-deux differentes, qui toutes neanmoins

Imprimerie de Zaslaw.

Baillet B. A. p. 201

N: 1. p. 17.
Socin en Pologne réünit toutes les sectes qui avoient toutes des opi-

s'accordoient en ce point, que J. C. n'étoit pas le grand & le vrai Dieu.

Budnée ruinoit l'honneur dû à J. C. & prétendoit qu'on ne devoit ni l'adorer ni l'invoquer; qu'il étoit un homme comme les autres, né de Marie, & du fait de Joseph. Ce Judaïsme avoit ses sectaires qui le poussoient avec fureur, & qui par là causoient beaucoup de troubles.

Farnovius prenoit le contrepié de Budnée, & donnoit deux existences à J. C. l'une dès le commencement des temps, & l'autre au milieu des siecles, qu'il avoit prise dans le sein de Marie. Ce nouvel Arianisme ne manquoit pas aussi de sectaires qui ne cédoient pas en opiniâtreté à ceux de Budnée.

Martin Czechovicius, homme d'une grande érudition parmi eux, avoit d'autres sentimens, & faisoit bande à part.

Sternberg vouloit que J. C. ne fut qu'un homme, mais plus excellent que tous les autres.

Il y en avoit qui ne reconnoissoient que le Pere Eternel pour le grand & l'unique Dieu, & ne vouloient pas qu'on donnât le nom de Dieu à J. C. D'autres prétendoient qu'on pouvoit sans consequence l'appeller Dieu.

Plusieurs enfin disputoient sur la satisfaction de J. C. sur la justification de nos pechez, sur la necessité ou l'inutilité & le caractere des bonnes œuvres; sur la Prédestination, sur le libre arbitre, sur le Batême d'eau : & tandis que ces sectes se déchiroient ainsi par un principe de Religion, & à l'abri des *Pacta Conventa*, Socin arriva en Pologne.

La premiere chose qu'il y fit, fut de s'informer à fond sur les matieres de la division : instruit sur ces matieres il demanda en 1580. au Synode de Racovie d'être associé à l'Eglise de ceux qui ne connoissoient pour le grand & l'unique Dieu que le le Pere Eternel. Ceux qui la dirigeoient avertis que F. Socin étoit un esprit remuant, inquiet, dominant, & toujours en mouvement pour écrire & pour combattre ceux qui ne pensoient pas comme lui; & qu'il avoit des opinions contraires aux leurs, sur la satisfaction de nos pechez faite par J. C. sur la justification, sur les bonnes œuvres, sur la Prédestination, sur le Batême, sur le libre arbitre, &c. n'en voulurent point entendre parler, & lui refuserent la communion. Ce procedé lui fut fort confusible, & aussi le ressentit-il bien.

Mais étant Italien, & instruit à la Cour de Florence sur la dissimulation quand on ne peut pas se venger, il n'en témoigna rien au dehors, & changea de dessein. Il ne voulut être d'aucune des Communions qui se trouvoient en Pologne, & affecta d'être le bon ami de toutes, plus pour les réünir toutes à ses idées, que pour en tirer quelque avantage temporel. Bien different de son ami Blandrat, il n'avoit rien moins à cœur que l'interêt.

O ij

nions contraires, & qui ne convenoient qu'en niant la divinité de J. C.

Dans la confiance qu'il eut avec tous ces *Sectaires*, il leur disoit souvent, qu'à la vérité Luther & Calvin avoient rendu de grands services à la Religion, & qu'ils s'étoient assez bien pris pour renverser le Temple de l'Antechrist de Rome, & pour dissiper les erreurs qu'il y enseigne ; mais neanmoins qu'il falloit convenir que ni eux, ni tous ceux qui se sont bornez à leurs systêmes, n'avoient encore rien fait pour rebâtir le vrai Temple de Dieu sur les ruines de celui de Rome, & pour rendre au grand Dieu le véritable culte qui lui étoit dû ; que s'ils vouloient l'écouter & le laisser faire, il leur feroit un plan de Religion digne de leurs attentes, qui les réüniroit tous, & qui répareroit l'injure que l'on fait depuis tant de siecles au grand Dieu.

Il le fit, & pour cela, comme Servet, il ne voulut qu'une seule personne en Dieu. Comme Gentilis, il soutint que cette Personne étoit le seul Pere, unique Dieu. Comme Arius, il dit que le Fils n'avoit pas été de toute éternité, ni même avant les temps. Comme Paul de Samosate, Cerinthe, Budnée, François Davidis, &c. il établit que J. C. n'avoit commencé d'être qu'au moment de sa conception ; & avec beaucoup d'autres il enseignoit que le Verbe & que le saint Esprit n'étoient que la sagesse & la puissance de Dieu ; que ce Dieu n'avoit point de Fils par sa nature, mais seulement par adoption ; que J. C. n'étoit le Fils de Dieu que par grace, & par les prérogatives que Dieu lui avoit données ; qu'il n'étoit qu'un homme comme nous, qui par les dons dont le Ciel l'avoit prévenu étoit notre Médiateur, notre Pontife, notre Héros, & notre Prêtre. Qu'il ne falloit adorer qu'un seul Dieu sans distinction des Personnes, ne point s'embarasser pour expliquer ce qu'étoit le Verbe, comment il procedoit du Pere avant les siecles, & de quelle maniere il s'étoit fait homme ; & prendre pour des fables forgées dans l'imagination des hommes la présence réelle de l'humanité & de la divinité de J. C. dans l'Eucharistie, l'efficacité du Batême pour effacer le peché originel, &c.

Ces paradoxes & d'autres que nous rapporterons, quand nous ferons le détail de ses erreurs, lui acquirent une estime singuliere parmi ceux qui ne croyoient pas la divinité souveraine de J. C. Comme on n'y voyoit rien qui ne pût convenir aux erreurs d'un chacun ; qu'il n'y avoit rien en tout cela que de très-sensible ; que par un tel systême on s'affranchissoit des embarras où s'étoient trouvez les anciens Ariens, quand il leur falloit expliquer le mystere de l'Incarnation, & qu'on pourroit réünir tous ceux qui sur le même sujet étoient divisez : chacun lui fit amitié, & les Unitaires qui faisoient le parti dominant parmi les ennemis de la divinité de J. C. l'aggregerent à leur Eglise, suivirent ses opinions, & plusieurs autres Eglises les imiterent.

Fauste Socin devenu chef de parti parmi ces sectaires, leur donna tout autre éclat qu'ils n'avoient eu, par ses belles manieres, ses fréquentes disputes, & par quelques livres. Les Protestans & les Calviniftes ne s'en apperçûrent que trop, & firent différens efforts pour arrêter le progrès de ce nouvel Athlete qui leur paroiffoit formidable.

En 1580. ils s'affemblerent à Levartovie jufqu'au nombre de cent cinquante Miniftres. On y appella les Miniftres Pinczowiens pour prendre avec eux des moyens de réünion ; mais ceux qui avoient déja pris parti pour Faufte Socin ne voulurent point entrer en conférence avec les Miniftres de la prétenduë Réforme, qu'avec leur nouveau Chef, & l'amenerent au Synode pour y difputer avec eux, ou pour voir de quoi il s'agiffoit. Les Prétendus Reformez en furent fi effraïez, qu'ils abandonnerent la partie, & dirent pour raifon qu'il ne leur étoit pas permis d'avoir des conférences, ni aucune focieté avec des perfonnes qui fuivoient les erreurs des Ebionites, des Samofatiens, des Ariens, & de tous ceux qui ont été autrefois excommuniez par l'Eglife.

Volanus, Nemojevius, Paléologue, & quelques autres ne furent pas fi fcrupuleux, ou plutôt ne furent pas fi timides. Ils entreprirent Socin perfonnellement, publierent des Thefes qui furent foutenues dans le College de Pofnanie. Faufte Socin ne manqua pas de s'y trouver : les difputes y furent véhémentes, Socin s'y diftingua plus que tous les autres, autant par fes belles manieres que par fes nouveaux fyftêmes. Les Prétendus Réformez voulurent y foutenir la divinité fouveraine de J. C. mais à la faveur de la tradition des anciens Peres, & des Conciles. Faufte Socin fçut bien repliquer à ces preuves, il leur dit ce qu'eux-mêmes nous reprochent fi mal à propos : Les Peres & « les Conciles peuvent fe tromper, ils fe font même quelquefois trom- « pez : il n'y a point de Juge parmi les hommes qui ait une autorité « infaillible & fouveraine pour décider les matieres de notre Foi : il « n'appartient qu'à la feule Ecriture fainte de défigner les objets de no- « tre créance. C'eft donc en vain que vous me citez l'autorité des « hommes pour m'affurer du point le plus important de la Religion, « fçavoir la divinité de J. C. «

Cette maniere de raifonner étoit fans replique de la part des Lutheriens & des Calviniftes, qui admettent ces principes comme incontestables ; mais elle ne fait rien contre nous, qui reconnoiffons pour Juges de notre Foi non-feulement la fainte Ecriture, mais encore les Conciles generaux legitimement affemblez & confirmez, la Tradition Apoftolique, le confentement unanime des anciens Peres, & les fouverains Pontifes quands ils décident après avoir pris les mefures que la prudence & que la juftice veulent qu'ils prennent, & quand leurs jugemens font reçûs des Eglifes Catholiques.

Volanus voyant bien qu'il n'y avoit rien à gagner par la difpute avec un homme de la force de Socin, s'avifa de faire un livre contre lui, pour y foutenir la divinité de J. C. & à peine parut-il, que Socin y répondit par un autre, où il traite de la nature de J. C. comme Fils

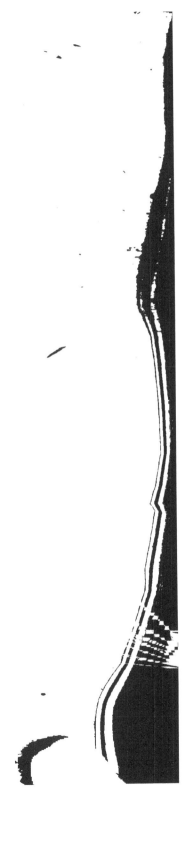

de Dieu. Pour donner quelque relief à ce *Livre*, il le *dédia* à Jean de Kiska alors Président general de la Samogitie, & le vingtiéme Patron des Sociniens.

Les Prétendus Réformez, pour détruire Socin, après avoir experimenté que la voye des conférences & des disputes leur étoit inutile, lui suscitèrent des affaires d'Etat, dont je parlerai en faisant son histoire, & qui arrêtèrent pour un temps le succès de ses disputes, sans neanmoins diminuer le nombre de ses proselytes. Mais après qu'il eut essuyé quelques autres persecutions, les choses changerent à son avantage. Il se retira dans le village de Luclavie, chez Abraham Blanski homme de qualité & de beaucoup d'esprit : là il se donna tant de mouvemens par ses livres, ses lettres & ses disputes, qu'enfin il se concilia l'amitié de ses deux plus grands ennemis, sçavoir Nemojevius, & Ezechovius, après quoi il eut la malheureuse consolation qu'il avoit tant recherchée, il se vit chef d'une secte, je veux dire, qu'il vit toutes les Eglises de Pologne & de Lithuanie, si differentes en pratiques, en morale, en dogmes, & qui ne convenoient que dans la seule opinion de ne vouloir pas croire que J. C. fût le grand Dieu consubstantiel au Pere Eternel, réunies en une seule à qui l'on donna, & à qui l'on donne encore aujourd'hui le nom de Socinienne, pour avoir embrassé les systêmes de Fauste Socin, & ce nom a si bien prévalu qu'on ne parle plus de nouveaux Ariens, Samosatiens, Photiniens, Pinczowiens, Racoviens, Unitaires, Antitsriniaires, Thrithéïtes, &c. mais de Sociniens.

Cette secte bien loin de mourir ou de s'affoiblir par la mort de son auteur, se multiplia à l'excès par le grand nombre des personnes de qualité & des sçavans Ministres qui la soûtinrent, & s'est toujours accrüe dans la Pologne jusqu'à l'année 1658. non pas neanmoins sans quelques contradictions. C'est ce que nous verrons dans les chapitres suivans.

CHAPITRE XXV.

Le commencement de la décadence du Socinianisme en Pologne,
& en Lithuanie, pendant les regnes d'Uladislas,
& de Cazimir.

IL en fut des élections d'Uladislas & de Casimir son frere, qui lui succeda à la Couronne de Pologne, à peu près comme des élections des Rois dont nous avons parlé: tous les Sectaires prirent les précautions d'y faire confirmer les loix qui leur donnoient la liberté de conscience, & on peut dire que la chose ne souffrit aucune contradiction dans les Dietes que l'on assembla pour ces élections, d'autant lus qu'elles étoient composées d'un grand nombre de Novateurs, & même de Sociniens. L'Auteur de *Vindiciæ Unitariorum* le fait mon-ter si haut, qu'il lui faut cinq pages pour dire les seuls Sociniens de qualité & d'un mérite éminent, parmi lesquels il nomme Martin Czaplie de Spanow, son frere George Seigneur de Kisselin, person-ages distinguez par leur naissance, leurs richesses & leurs emplois à l'Armée, à la Cour, & dans la Magistrature : Leurs enfans, non moins distinguez dans la République, & plus celebres qu'eux parmi les Sociniens, pour leur avoir fondé plusieurs Eglises : Christophe Sieniuta de Lachowie, & André Suchodoski qui affecterent d'être les Patrons de la secte : George Niemieritz Seigneur d'Horoski & de plu-sieurs autres lieux, & Archicamerien de Kiovie : Gabriel Juvanietski Lieutenant de Roi dans Vlodormie ; Etienne Liniewski Juge de la même ville ; Michel Sieniewski, & Adam Hulewicz Députez du Pala-tinat de la Volinie pour être du souverain Tribunal : Nicolas Kochap-nowski Lieutenant de Roi de Radomie ; Sigismond Wrezyh Tréso-rier de Varsovie ; Elie Arciszewski Chevalier, homme de Cour, Co-lonel d'un Régiment d'Infanterie, & qui s'est distingué dans les guerres contre les Moscovites & contre les Prussiens, &c. Je n'ose entrer dans un plus grand détail de ces noms, pour n'en pas dire trop.

Cependant nonobstant ces loix tant de fois confirmées par la ne-cessité des temps, & ces personnes de distinction qui donnoient une si haute protection à la secte, elle a eu d'étranges secousses qui ont abouti à une ruine entiere dans la Pologne. Je commence par quel-ques faits particuliers.

Jean Tiscovicius riche Bourgeois de Biesk en Podolie, & que les Sociniens disent avoir été envié par les Catholiques pour ses gros biens, après avoir exercé la charge de Questeur ou de Syndic de son lieu, fut recherché au bout de l'année pour ses comptes. Ses parties ne voulurent pas l'en croire à sa simple parole, ils lui firent l'hon-neur de s'en tenir à son serment. Il y acquiesça, à condition qu'il ne jureroit que par le Dieu tout-puissant. Cette forme de serment leur parut nouvelle, ils la crurent suspecte, & voulurent le forcer à jurer par un Dieu en trois Personnes, & par J. C. crucifié, & au même moment lui présenterent un Crucifix. Lui transporté de colere, ou de ce qu'on se méfioit de sa fidelité, ou de ce qu'on vouloit par là son-der sa Religion, ou de ce qu'on prétendoit lui joüer quelque tour, prit le Crucifix, le foula aux pieds, & prononça quelques blasphê-mes contre un Dieu en trois Personnes, disant qu'il ne connoissoit point ce Dieu, & qu'il ne sçavoit pas s'il étoit mâle ou femelle. Ces impietez renouvellerent la Religion du Magistrat & des Bourgeois ; ils le chargerent d'injures & de coups, après quoi ils décréterent de prise de corps contre lui. Pour évitter ces poursuites, & les chàti-mens portez contre les impies & les blasphêmateurs, il évoqua sa cause au souverain Tribunal, où il esperoit trouver des Juges favorables ; aussi y en trouva-t-il qui le renvoyerent innocent, & qui condamnerent le Magistrat à une amende ; mais le *Magistrat* qui n'étoit pas un homme à se laisser accabler injustement, appella de la sentence du souverain Tribunal à la Reine même, comme à son Juge naturel, & dont la Préfecture de Biek relevoit. La Reine reçut son appel, cassa la sentence du souverain Tribunal, renvoya l'accusé à son premier Juge, & travailla si puissamment auprès du Roi, qu'elle obtint un Arrest qui portoit que Tiscovicius auroit la langue percée, parce qu'il avoit blasphemé contre la sainte Trinité ; qu'on lui couperoit la tête, comme à un contumace & un rebelle qui avoit méprisé son Juge naturel, ayant appellé de la sentence de la Reine au souverain Tribunal ; qu'on lui couperoit les mains & les piez, pour avoir jetté par terre le Crucifix, & l'avoir foulé aux piez ; & enfin qu'il seroit brûlé parce qu'il étoit hérétique.

La sentence eut bien-tôt après son effet. Ce malheureux vint à Varsovie, dans l'esperance d'y trouver quelque protection auprès du souverain Tribunal ; & à peine y fut-il arrivé qu'on l'arrêta, & qu'on lui signifia sa sentence. Les RR. PP. Jésuites & quelques autres Religieux l'allerent trouver dans sa prison, & employerent toute leur capacité pour le faire revenir de ses erreurs, & pour lui faire embrasser la Foi Romaine ; ils l'assurerent même que non-seulement ils lui sauveroient la vie, mais encore son bien. Ces salutaires avis n'eurent aucun effet, il fit gloire de ses erreurs & de ses blasphêmes ; ces Religieux en firent leur rapport, & sur leur rapport on executa la sentence dans tous ses points le 16. Novembre 1611.

L'anné d'après les Prétendus Réformez firent un Synode à Lublin, & avec tant d'éclat contre les Sociniens, que ces Prétendus Réformez protesterent qu'ils n'auroient jamais de paix & de communion avec eux, tandis qu'ils auroient des sentimens sur les mysteres de la Trinité, de l'Incarnation, de la satisfaction de nos pechez par J. C. de la justification du Batême, &c. opposez à ceux des Eglises Prétenduës Réformées. Cette protestation faite, ils travaillerent à un livre qu'ils intitulerent *Ignis cum aquâ*, le feu avec l'eau, voulant faire connoître par là qu'ils n'auroient jamais d'union avec les Sociniens. Smalcius ne laissa pas ce livre sans replique.

Ces protestations n'empêcherent pas que les Prétendus Réformez, & les Sociniens ne s'assemblassent souvent ensemble, & dans le même lieu, pour déliberer sur les affaires de Religion qui leur étoient communes, & cette union dura jusqu'à l'année 1617. *Nostrates Lublini … una cum Evangelicis per multos annos publicè Religionis sua negotia celebrabant usque ad annum* 1617. temps auquel les Sociniens furent chassez de Lublin ; & en voici l'occasion.

Pendant que le Maréchal Sborouski tenoit les grands jours en 1616. les Sociniens & les Evangelistes s'assemblerent à Lublin pour

les

les intérêts dé leur secte, un d'eux prêcha contre le mystere d'un Dieu en trois Personnes, & au même temps le tonnere tomba sur un globe qui étoit au haut de l'Eglise du château, consacrée à la sainte Trinité. L'Eglise toute en feu causa une allarme universelle dans la ville qui étoit remplie de Catholiques venus des villes & des villages voisins pour y gagner les indulgences appliquées à la dédicace de cette Eglise: deux Prêtres, & quelques personnes du commun y périrent. L'allarme passée, les Catholiques qui virent que les Sociniens les insultoient dans leur malheur; qu'ils avoient l'impudence de dire, comme Gregoire Pauli avoit dit dans une semblable occasion, que le Ciel se declaroit pour eux, & qu'il vouloit lui-même détruire jusqu'aux lieux qui portoient le nom de la Trinité, & qu'ils ajoutoient que ce coup étoit d'autant plus digne d'admiration qu'il étoit arrivé dans le temps qu'ils étoient assemblez avec les Evangelistes pour chercher le moyens d'ôter de l'économie de la créance le dogme de la Trinité comme l'unique obstacle à l'union qu'ils vouloient faire ensemble, ou à la commune tolerance, firent grand bruit; & pour éviter de semblables malheurs qu'ils croyoient ne pouvoir venir que d'un Dieu irrité sur les blasphêmes que les Sociniens prononçoient contre la Trinité, ils entreprirent de chasser tous les Sectaires de leur ville, & commencerent à détruire leurs Temples & leurs Oratoires, & n'épargnerent pas même celles des Prétendus Réformez; & enfin firent tant d'instances auprès du souverain Tribunal de Lublin, qu'en 1627. ce Tribunal défendit à tous les Sectaires de s'assembler jamais à Lublin pour leurs Synodes annuels, & décreta que l'Eglise & le College qu'ils y avoient seroient interdits, avec défenses d'y faire jamais aucuns exercices. L'Arrêt eut tout son effet, & la maison où se faisoient ces exercices fut donnée aux RR. PP. Jesuites, & c'est depuis cet Arrêt que les Sociniens se sont assemblez dans une maison que leur donna Suchodolius dans un village proche Lublin.

Nonobstant ces défenses, les Sociniens ne discontinuerent pas de faire de fréquentes Assemblées, des Colloques, & des disputes publiques, où se trouvoient de la part des Catholiques, des Jesuites, des Carmes, des Jacobins, & d'autres Religieux; & de la part des Sociniens, Niemojevius, Czechovius, P. Stator, Jean Stoinski. La derniere Assemblée fut en 1637. Le Jesuite Gaspard Druzbicius y disputa avec le jeune Christophe Lubienieski, à la requête de George Nimiericius Assesseur du souverain Tribunal. Cette dispute manqua d'attirer de fâcheuses affaires aux Sociniens. Les Catholiques qui voyoient Lubienieski fort fier, entêté de ses opinions, & qui ne demandoit qu'à disputer, comme un jeune homme qui revenoit de ses Académies classiques; & qui d'ailleurs avoient intercepté une lettre que Stoinski malade à Luclavie lui écrivoit, & où il l'avertissoit qu'on promettoit un prompt secours à Christophe Batori Prince de Transilvanie,

Hist. Ref.
Eccl. Pol.

P

contre l'Empereur; les Catholiques, dis-*je*, demandèrent justice contre lui, & contre tous les Sociniens, comme contre des broüillons & des ennemis de l'Etat; mais ceux-ci eurent l'adresse de faire voir que la lettre étoit supposée, & l'accusation n'eut aucun effet,

Tous ces coups n'étoient que des préludes de ce qui leur arriva en 1638. Quelques Ecoliers de Racovie, sur les maximes de leurs maîtres, ennemis des images de pieté, & non pas de celles d'Arétin, renverserent à coups de pierres une croix de bois, & en briserent le Crucifix avec des circonstances si scandaleuses, que les Catholiques en firent grand bruit, & en porterent leurs plaintes à la Justice. Les parens de ces écoliers, pour prévenir les suites de cette procedure, châtierent leurs enfans, & prétendirent en demeurer là; mais les Catholiques allerent toûjours leur train, & firent faire le procès en toutes les formes aux principaux Sociniens qui dominoient dans l'Eglise & dans le College de Racovie, comme auteurs de l'attentat que les Ecoliers avoient fait au Crucifix. On commença par le sieur Sieninski, & on ne l'accusa pas moins que de crime de leze-Majesté divine & humaine, après quoi on cita les Ministres de l'Eglise, & les Regens du College, & on les accusa d'avoir inspiré, commandé & autorisé le procedé de leurs écoliers.

Les accusez entreprirent leur justification, & ne manquerent pas de faire valoir le mérite de Sieninski, son âge septuagenaire, le rang qu'il occupoit dans la ville, les services qu'il avoit rendus à l'Etat, les prodigalitez qu'il avoit faites de son bien en faveur de sa Patrie, les loüanges que les Dietes lui avoient données, l'ayant souvent appellé le Pere de la Patrie, & les sermens qu'il étoit prêt de faire pour assurer qu'il n'avoit aucune part au fait dont il étoit question; tout cela fut inutile. L'affaire neanmoins fut portée en 1638, à la Diete generale de Varsovie: plusieurs personnes de la communion des Grecs schismatiques, des Evangelistes, & même des Catholiques Romains, aussi-bien que de celles des Ariens & des Sociniens des autres Palatinats, s'interesserent dans cette affaire. *Protestati sunt Nuntii terrestres, sive*

Vindiciæ Unitar. B.A.p. 278 *delegati Provinciarum non tantum Unitarii, sed & Evangelici & Græci, imo & Pontificii*, condannerent hautement les procedures des Catholiques de Racovie, de vouloir perdre les Sociniens & les chasser de leur ville pour un fait commis par des enfans sans aveu, & protesterent contre les décisions de la Diete, si elle condannoit les Sociniens de Rocovie, comme contre des décisions contraires aux loix de la Patrie, & aux droits d'une République libre. Nonobstant ces plaintes & ces protestations, la Diete decreta que les Eglises des Sociniens de Racovie seroient fermées, que leur College seroit rasé, que leur Imprimerie seroit saisie & enlevée, que les Ministres, que

N.t.p. 14. les Prédicateurs, & que les Regens seroient notez d'infamie, & proscrits; ce qui fut executé avec toute la diligence possible.

Cocceïus nous apprend que ce ne fut pas seulement l'attentat que

les écoliers firent au Crucifix, qui porta la Diete de Varsovie à proceder ainsi contre les Sociniens, mais encore un livre très-scandaleux
contre le mystere de la Trinité, intitulé *Tormentum trano Trinitatem
deturbans*, que l'on trouva sous la presse de leur Imprimerie. Le
Chevalier Lubienieski conteste ce fait, & prétend que c'est une
fausse supposition de Jean Leti qui l'a inseré dans son livre qu'il a
fait imprimer à Leide en 1643. pour insulter les Sociniens. *Nullus
liber unquam hoc titulo inter nos exstitit, nedum sub pralo fueris ....
Auctor istius commenti fuit Letus quidam Moravus, &c.*

Responsio
ad Apel.
Equitis Pol.

Apolog. pro
veritate ac-
cusata.

Compend.
hist.

Quoi qu'il en soit de ce dernier fait, le procedé des Magistrats &
de la Diete parut si monstrueux aux Sociniens, qu'il n'y eut point de
plaintes & d'invectives qu'ils ne fissent, & qu'ils ne fassent encore à
l'encontre. Ils prétendent que c'est un attentat à la liberté de conscience tant de fois accordée, une injure faite à tous les gens de bien,
& un dommage considerable à toutes les Communions; & parlant
de la ruine du College, ils disent que par là on a arraché la plus belle
fleur de la Pologne, que l'on a ôté l'azile à tous les pauvres dépoüillez de leurs biens pour leur Religion, & que l'on a abbatu la retraite
des Muses. Il faudroit être frappé à leur coin pour croire qu'ils disent vrai.

Aussi les Catholiques de Pologne ne s'embarrasserent point de ces
plaintes, & continuerent toûjours leurs desseins contre les Sociniens.
Ils entreprirent devant le Tribunal souverain de Lublin George Czaplicius Patron de l'Eglise que les Sociniens avoient à Kisselin, & l'accuserent d'avoir donné une retraite aux Ministres & aux Regens proscrits, & par là d'avoir introduit sur ses terres des blasphemateurs &
des Ariens. Czaplicius, pour se justifier, dit que ces Refugiez n'a-
voient fait aucun exercice de leur Religion sur ses terres: on n'eut
aucun égard à ses raisons, il fut condanné à une amande de mille
écus d'or, & à produire en Justice les Ministres & les Regens; &
ceux-ci, sur des avis secrets qu'on leur avoit donnez, se retirerent
ailleurs, & Czaplicius fut condanné à une nouvelle amande de mille
florins. On n'en demeura pas là, les Juges décreterent que les Eglises Socinienes de Kisselin & de Berese seroient interdites, avec défenses aux Sociniens d'y faire aucuns exercices. On alla plus loin, on
fit le procès aux morts après l'avoir fait aux vivans.

Tvvardochlebius qui avoit exercé le ministeriat pendant trente ans
dans l'Eglise de Kisselin, fut recherché & sa doctrine aussi, quoi qu'il
fût mort depuis quelques années. On trouva des gens qui l'accuserent d'avoir enseigné l'Arianisme, le prouverent, & sur ces accusations & ces preuves les Juges le declarerent infâme.

On tint la même conduite à l'égard de *Rupnovius*, mort depuis
quelque temps, & qui avoit exercé le ministeriat dans l'Eglise de
Berese; & les Juges qui ne pouvoient pas condanner ces morts à
quelques amandes, taxerent leurs Eglises: il en coûta au Seigneur

Czaplicius au moins 10000 florins, & on défendit aux sieurs André & Alexandre Czaplicius de jamais permettre sur leurs terres l'exercice du Socinianisme.

Ces traverses ne sont rien par rapport à ce que tous les Sociniens souffrirent par les guerres que leur firent les Cosaques & les Païsans de Pologne, qui ne finirent que vers l'an 1655. A les entendre parler, on croiroit que ce furent les Catholiques qui leur suscitèrent ces guerres, & qu'il n'y eut point d'avanies, de pilleries, de persecutions, de meurtres, & d'exils forcez ausquels ils ne fussent exposez. En effet, ils furent extrêmement maltraitez par l'armée de *Chmielnieski*.

Chmielnieski.

Hist. des Diet. de Pol.

Cet homme étoit originaire de Lithuanie; son pere & lui furent captifs en Tartarie, sa mere le retira de la captivité, & y laissa son mari. Il avoit été captif dans l'armée Polonoise, & il y avoit exercé la charge de Secretaire d'un Regiment. Il étoit brave, intrépide, adroit, dissimulé, vindicatif, capable de commander des Rebelles, & quelque chose de plus. Il parloit Turc, Tartare, Cosaque, Polonois, & Latin. Les Cosaques le députerent à la Diete de 1638. & par là lui fournirent le moyen de connoître le fort & le foible de la Cour & de la République de Pologne, ce qui lui servit beaucoup dans la revolte dont voci le motif.

Au retour de sa captivité, voyant toute l'Ukraine desolée & deserte par les incursions qu'y avoient fait les Turcs & les Tartares, il s'empara d'un petit fond de terre que son pere avoit autrefois possedé proche la ville de Czehrin dans l'Ukraine, & de beaucoup d'autres terres qui étoient à sa bienséance; mais il ne les garda pas long-temps. Czapliuski Lieutenant de Roi à Czehrin lui enleva ces terres. Procès intenté à la Cour; & le Roi Uladislas, pour favoriser son Lieutenant, lui adjugea toutes les terres de ce Palatinat qui étoient à sa bienséance, & fit donner cinquante florins à Chmielnieski, petite somme pour contenter un homme avare, ambitieux, & qui faisoit une grosse perte, en lui enlevant son patrimoine, & toutes les terres qu'il croyoit pouvoir lui appartenir; aussi il s'en plaignit hautement, & ne prit aucune mesure dans ses plaintes. Le Lieutenant de Roi le fit prendre & fustiger au milieu de la place publique comme un homme de néant. Cet affront joint à l'injustice qu'il crut qu'on lui avoit faite le détermina à se retirer chez les Cosaques Zaporoviens, qui mécontens du Roy & de la République, avoient pris les armes. Ils le reçûrent avec joie sur la connoissance qu'ils avoient de son sçavoir faire, & son mécontentement. Ils le firent leur General, & sous sa conduite ravagerent la Podolie, la Volhinie, la Russie, & quelques autres Provinces, & mirent le Royaume au moment de sa perte, tant par les victoires qu'ils remporterent sur l'armée de la République, que par la ruine de la plûpart des Seigneurs, dont ceux qui avoient évité la mort ou la captivité, étoient obligez de mener une

vie errante, malheureuse, & sans biens. Le seul Duc Jeremie Wies-
mowiski de l'ancienne famille des Jagelons qui descendoit en droite
ligne de Karybuth oncle de l'ancien Uladiflas Jagelon qui en se faisant Chrétien, & épousant la fille du Roi de Pologne, unit la Lithuanie à la Pologne, & dont ce Jeremie fut Roi après la mort de
Casimir ; ce seul Duc, dis-je, perdit plus de six cens mille livres de
rente. L'allarme fut si grande, que l'on se vit dans l'impossibilité de
s'assembler pour donner un successeur à Uladiflas ; que l'on craignoit
pour Varsovie & pour Cracovie, & qu'on ne parloit pas moins que
d'abandonner toutes les villes, pour se retirer à Dantzic, & de là
passer les mers.

   Ce fut dans ces allarmes que ces Rebelles s'emparererent de la ville
de Bar ; & pour y donner des marques de leur zele pour la Communion des Grecs schismatiques, à laquelle ils étoient attachez, ils
obligerent les Prêtres Catholiques à se marier avec des Religieuses,
à vivre selon les Rits des Grecs schismatiques, sous peine de la vie,
& forcerent les Juifs à se faire batiser, ce qui fut executé : & si nous
voulons nous en rapporter à l'Auteur de la vie de Wissowats, toutes les infamies que ces Rebelles firent aux Catholiques & aux Juifs
ne sont rien par rapport aux cruautez qu'ils exercerent sur les Sociniens ; c'est particulierement à eux qu'ils en vouloient ; non contens de les piller, ils les tuoient par tout où ils les trouvoient, sans
aucune distinction d'âge, de sexe, & de condition. Et les Sociniens
étoient si persuadez que c'étoit en haine de leur Religion qu'on les
traitoit ainsi, qu'ils ont eu un grand soin de mettre tous ces morts
dans leur Martyrologe, & de les considerer comme de saints Martyrs. Ceux qui éviterent la mort & la captivité se réfugierent au delà
de la Vistule, ou dans des forts & des lieux escarpez ; ce fut le parti
que les Sociniens de Lublin & de quelques autres Palatinats prirent en 1649.

   La guerre de 1655. ne leur fut pas moins préjudiciable. Trois ou
quatre mille Païsans de Pologne prirent les armes à la sollicitation
des Catholiques (si nous voulons nous en rapporter aux Historiens
Sociniens) avec promesse de leur abandonner tous les biens de ces
sectaires. Après quelques expeditions contre la Noblesse, ils attaquerent la ville de Sandecie, la prirent d'assaut, y égorgerent la
garnison Suédoise qui y étoit, pillerent les maisons des Sociniens,
& s'efforcerent par differentes menaces & beaucoup de tourmens,
de leur faire abjurer leurs hérésies, & ne réüssissant pas, ils firent
main basse sur eux, & les massacrerent sans aucune résistance. Ceux
qui échaperent passerent la Vistule pour chercher un azile dans des
pays deserts. Les Païsans les poursuivirent, passerent la Vistule sous
Opatow, prirent cette ville, égorgerent les Sociniens qu'ils y trouverent, brûlerent ou renverserent leurs maisons & leurs Eglises,
s'emparerent de tout ce qu'ils crurent pouvoir les accommoder,

fans épargner les livres imprimez & les manuscrits, dont une partie fut brûlée, & l'autre emportée à Pinczow, & avec fi peu de ménagemens, que tous les chemins par où ils paſſerent en étoient couverts.

Les Sociniens qui avoient paſſé la Viſtule, & qui ne s'étoient pas arrêtez à Opatow, ayant appris tous ces deſordres, ſe retirerent non ſans de grandes allarmes, à Cracovie, au nombre de trente familles, où ils formerent une Egliſe ſous la protection du Gouverneur Suédois, & ſous la conduite d'André Wiſſowats & de J. Slichting; mais tous leurs biens furent perdus, & avec des circonſtances ſi affreuſes, que quand ils en parlent ce n'eſt qu'avec horreur; & ils affectent même de ne pas oſer entrer dans ce détail, de crainte d'affoiblir par leurs paroles ou leurs plumes ce qui en eſt, ou de retracer à la memoire des hommes les maux qu'ils voudroient mettre dans un éternel oubli. Tout cela ne fut qu'un acheminement au grand coup qu'on leur donna en 1658. dont voici le détail.

CHAPITRE XXVI.

La ruine du Socinianiſme en Pologne par l'Edit de 1658. confirmé par d'autres que l'on fit juſqu'à l'année 1660.

LEs Catholiques Polonois, pour ſe défaire des Sociniens comme d'une peſte qui avoit cauſé tous les malheurs dont la République avoit été affligée, & comme d'une ſecte qui par les blaſphêmes qu'elle enſeignoit contre la divinité ſouveraine de J. C. ne manqueroit pas de leur attirer les maledictions de Dieu, ſe ſervirent du ſpécieux prétexte que les Sociniens étoient les ennemis declarez de l'Etat. Pour le perſuader à la Diete qui ſe tint à Varſovie en 1658. ils les accuſerent non-ſeulement de s'être mis ſous la protection du grand Guſtave Roi de Suéde, tandis qu'il envahiſſoit le Royaume; mais encore qu'ils l'avoient aidé de leurs biens; & que par une plus grande felonie ils avoient eu des intelligences ſecretes avec Ragoski, tandis que ce Prince de Tranſilvanie, pour profiter des guerres qui deſoloient la Pologne, l'avoit attaquée avec ſes troupes. Ces accuſations formées, des perſonnes de diſtinction & bons Catholiques demanderent avec chaleur qu'il plût à la Diete de chaſſer du Royaume tous les Ariens & Anabatiſtes (c'eſt ainſi qu'ils appelloient les Sociniens.) Les Nonces Lutheriens, Sacramentaires, & Calviniſtes, qui n'étoient pas en ſi grand nombre que les Catholiques, & qui appréhendoient que les reſolutions que l'on prendroit contre les Sociniens ne tombaſſent ſur eux, firent tout ce qu'ils purent pour détourner de rien réſoudre de fâcheux contre les Sociniens. Les Catholiques pénétrant les motifs que pouvoient avoir ces Nonces pour s'oppofer à l'execution de leur deffein, convinrent avec eux de les laiffer dans la liberté de confcience qu'on leur avoit accordée depuis long-temps. La convention arrêtée, toute la Diete conclut à l'extinction de cette fecte : & par le decret qui y fut fait on les obligea de fortir du Royaume, ou d'abjurer leurs héréfies, ou de prendre parti parmi les Communions tolerées dans le Royaume, & afin de leur donner le temps d'y penfer, on voulut bien que le decret n'eût fon execution que dans trois ans ; il eft ainfi conçû :

B. A. p. 248.
Decret du banniffemét des Sociniens hors de la Polog.

Quoi que les loix du Royaume ayent défendu en tout temps l'exercice de la fecte des Ariens, que d'autres appellent Anabatiftes, dans toute les terres dépendantes de notre Couronne (c'eft le Roi Cafimir qui y parle, auffi le decret eft-il en fon nom) cependant on a vû au grand préjudice de la Foi, & au grand fcandale des peuples, que cette malheureufe fecte s'eft confervée, répanduë, & multipliée dans toutes les terres du Royaume, & du grand Duché de Lithuanie. Voulant remedier à ces maux, conformément aux loix de notre predeceffeur le Roi Uladiflas contre les hérétiques, & en conféquence des plaintes faites, des avis donnez, & des refolutions prifes dans la Diete generale de Varfovie, nous commandons à tous Capitaines, Gouverneurs, & autres perfonnes en charge, fous peine d'être privez de leurs emplois, de condanner à mort tous ceux qui fe trouveront ofer faire profeffion de cette fecte, foit dans notre Royaume, foit dans le grand Duché de Lithuanie, foit enfin dans les autres Provinces qui relevent de notre Couronne, ou travailler à fon étenduë par leurs écrits, ou la prêcher, ou la défendre en quelque maniere que ce foit, pourvû neanmoins que l'on foit certain du fait.... Mais voulant donner des marques de notre clémence, nous declarons que nous voulons bien accorder trois ans à ceux qui ne voudront pas quitter cette fecte, pour pouvoir difpofer dè leurs effets. *Huic triennium ad... concedimus.* Défendons toutefois fous les peines ici portées, à aucun de ces fectaires de faire aucun exercice de fa fecte, & voulons que tous ceux qui malgré nos défenfes y adherent ne puiffent entrer dans aucune charge publique ; & auffi défendons-nous à tous nos fujets de faire aucune injure aux perfonnes & aux biens de ces Ariens pendant les trois années promifes, au furplus nous ordonnons à tous nos fujets de leur payer çe qu'ils leur doivent, conformément aux loix de l'équité.

Tel eft le decret du banniffement des Sociniens de Pologne. On n'y dit pas que c'eft à raifon des liaifons qu'ils ont eu avec les Suédois, c'eft qu'on ne vouloit pas fe broüiller de nouveau avec le Roi de Suéde, qui dans la paix qu'il avoit faite avec la Pologne, y avoit ménagé une amniftie pour tous les Polonois qui s'étoient declarez pour lui, ou qu'il avoit honorez de fa protection pendant qu'il étoit le maître du Royaume.

L'Edit fut confirmé dans trois autres *Diètes* *consécutives*, & fut executé dans toute sa teneur, à quelques *circonstances* près. Car il portoit, que pendant les trois ans promis, on n'inquietteroit point les Sociniens, & que les Sociniens ne feroient aucuns exercices de leur secte ; ces deux points ne furent point observez. Il n'y eut point d'avanies qu'on ne fît aux Sociniens, on leur trouva cent chicanes pour ne leur pas payer ce qu'on leur devoit. Tous les jours il y avoit de nouvelles difficultez sur la vente de leurs biens ; ils ne pouvoient les vendre qu'à très-vil prix, & à peine trouvoient-ils à qui les vendre, parce que les Catholiques & les Prétendus Réformez esperoient de s'en emparer après leur départ, ou comptoient comme une chose sûre que les biens qui relevoient de la *Couronne* leur feroient donnez gratuitement de la part du Roi, comme en effet il le fit. Il faut entendre parler les Sociniens sur le procedé qu'on tint avec eux depuis la publication de l'Edit. Ils prétendent qu'on viola à leur égard tout ce qu'il y avoit de plus sacré dans les loix divines & humaines.

Mais aussi y donnerent-ils de pressans motifs, puisqu'ils furent eux-mêmes les premiers infracteurs de l'Edit. Il leur défendoit d'écrite, de prêcher, & de faire les exercices de leur secte ; & il y en eut beaucoup d'eux qui sans aucun ménagement firent tout le contraire, comme nous le verrons quand nous parlerons de *Wissowats*. Les assemblées que celui-ci tenoit à Robcovie firent tant de bruit, que les Catholiques demanderent une nouvelle Constitution pour arrêter & dissiper ces sortes de conventicules, & pour interdire absolument toutes sortes d'exercices de Religion aux Sociniens : ils l'obtinrent ; elle portoit que tous les Gouverneurs, Capitaines, & autres Officiers de Justice & d'Armée feroient main-basse sur tous les Ariens qu'ils trouveroient assemblez, & que ceux qu'ils prendroient seroient livrez à la Justice pour être punis selon leur desobéïssance.

Enfin, & voici comme on viola la clause de l'Edit qui donnoit trois ans aux Sociniens pour penser à ce qu'ils avoient à faire. Le terme porté par la loi s'avançoit ; les nobles Sociniens, ceux qui avoient des charges, de gros biens, une nombreuse famille, de bons amis, & qui aimoient leur patrie, avoient peine à quitter toutes ces choses pour mener une vie vagabonde & malheureuse. Pour trouver un remede à ces inconvéniens, ils demanderent une conférence de leurs Ministres avec les Catholiques & les Prétendus Réformez, pour s'y expliquer d'une maniere qui plût aux parties, ou pour chercher des moyens d'adoucissement : elle leur fut accordée. *Jean Wiclopolski Szafranic* Capitaine de Voynie, Satrape de Versovie, & qui fut Palatin de Cracovie, donna une de ses maisons pour le lieu de l'Assemblée. L'Evêque de Cracovie y consentit sur la priere qu'on lui en fit ; beaucoup de Catholiques y furent invitez, & s'y trouverent, parmi lesquels on nomme Dom Richlovius Provincial des Bernardins Réformez, le R. P. Henningus Recteur du College des Jesuites de Cracovie, & le

fameux

ameux Nicolas Cichovius. Les Ministres Sociniens ne jugerent pas à propos d'y assister, dans l'appréhension qu'on ne leur y fît quelque avanie, ou dans les pressentimens que leur présence & leurs disputes n'aboutiroient à rien, vû que l'Arrest de bannissement avoit été publié & confirmé ; le seul André Wissowats qui ne vouloit pas que l'on dît qu'il rougissoit de soutenir en public ce qu'il croyoit, & qui appréhendoit que si personne de son parti ne soutenoit les interêts de la cause commune, ceux de sa secte que l'intérêt ou la conscience commençoit à ébranler, ne quittassent la partie pour se jetter dans les communions tolérées, se fit un devoir, & un point d'honneur de s'y rendre avec quelques-uns de ses amis. Wiclopolski l'y reçut avec honneur, & le fit manger avec lui autant de jours que dura la conférence.

On l'ouvrit le 11. Mars 1660. & elle dura jusqu'au 16. Wissowats y fit de son mieux par sa capacité, son éloquence, & ses enjouëmens de paroles : on peut dire même que ses adversaires n'eurent pas sur lui toute la gloire que leur cause méritoit. Il leur poussa un argument pris du chapitre 8. de la 1. aux Corinthiens, pour leur prouver que le Pere Eternel étoit le grand & l'unique Dieu, & il le poussa si loin, au dire de son Historien, que les Catholiques, qui apparemment n'étoient pas si agguéris que lui sur ces matieres de controverses, y répondirent si foiblement que Wiclopolski n'en dormit pas de la nuit, & le Pere Cichovius, tout habile qu'il étoit dans la dispute avec ces sortes de gens, ne fut pas plus heureux que les autres. Wissowats, pour prouver que J. C. n'étoit pas le grand Dieu, dit que de son aveu il ne sçavoit pas l'heure ni le jour du Jugement dernier. Cichovius pour toute réponse lui dit que la preuve ne concluoit rien, & que J. C. seroit toûjours le grand & l'unique Dieu, quand même il ignoreroit le jour du dernier Jugement, & même quelque autre chose. Ce qui donna lieu à Wiclopolski de s'écrier contre ce Jésuite, qu'il ne vouloit point de Dieu qui ignorât l'heure du dernier Jugement. On ajoûte que le Gardien du Couvent des Cordeliers s'étant avancé comme pour dire quelque chose de nouveau, Wiclopolski lui demanda ce qu'il pensoit de la dispute. Ce que j'en pense, répondit-il, c'est que si tous les Diables de l'Enfer étoient ici pour la soutenir, ils ne l'auroient pas si bien soutenuë qu'a fait ce Ministre. Hé si tous les Ministres Sociniens étoient venus à la Conférence, que seroit-ce donc, lui répliqua le Satrape ? Car enfin il y en a beaucoup de la force de Wissowats. Si cela est, conclut le Cordelier, je ne vois pas comment on pourra se défendre contre ces sortes de gens.

Voilà les avantages que les Theologiens Catholiques retirent quelquefois des conférences qu'ils veulent bien accorder aux Hérétiques devant des Magistrats, & autres personnes laïques, qui pour l'ordinaire sçavent mieux les affaires de la guerre, de la Cour & de la Politique, que les matieres de la Foi & de la pieté. Il y a toujours du danger, & pour

Q

les Grands qui y font ébranlez, & pour les *Theologiens Catholiques*
qui y font quelquefois confondus, du moins au rapport de leurs
adverfaires, & pour les Hérétiques qui y trouvent des fujets d'orgueil, & d'un plus grand entêtement dans leurs erreurs, & pour les fimples qui en font fcandalifez. Tous ces inconvéniens fe trouverent
dans la Conférence dont nous parlons. Elle n'aboutit à rien qu'à irriter encore plus les Catholiques contre les Sociniens. Ceux-ci fe prévaloient beaucoup de leurs difputes, & ceux-là pour les abbattre
entierement firent de nouvelles inftances pour que l'Arreft eut tout
fon effet, & même avant le temps prefcrit; ils réüffirent, on leur
accorda un Arreft du Confeil en date du 20. Juillet 1660. qui portoit qu'il n'y avoit plus à diférer, & qu'il falloit que les nouveaux
Ariens priffent le parti d'entrer dans les Communions tolerées, ou
de fe retirer hors des terres dépendantes de la Couronne de Pologne, & que s'ils ne prenoient pas un de ces partis on permettoit à
tous les fujets de courir fur eux, de les maffacrer, ou de les traduire
en juftice, pour y être condamnez à mort, & avec infamie. Il y en
eut qui pour éviter ces peines entrerent dans l'Eglife Romaine. Il y
en eut auffi qui fe jetterent dans le parti des Prétendus Réformez,
dont les Catholiques firent grand bruit. La plupart des femmes de
ceux qui abjurerent tinrent bon pour la fecte: pour les réduire on
condamna leurs maris à des amandes pecuniaires. Ceux qui ne voulurent pas prendre parti dans les Communions tolerées, fortirent, &
le nombre en étoit grand, & ils s'en allerent trouver leurs freres de
Tranfilvanie, de Hongrie, de la Pruffe Ducale, de la Moravie, de Silefie, de la Marche de Brandebourg; il y en eut qui pafferent dans
le Palatinat, en Hollande, en Angleterre, & dans les Provinces où
on voulut bien les recevoir.

Ce fut ainfi que la Pologne fe délivra de cette fecte, après l'avoir
foufferte plus de cent ans: mais auffi lui a-t-elle donné lieu de fe
multiplier étrangement dans les Etats infectez des héréfies de Luther & de Calvin, fi ce n'eft pas d'une maniere vifible, & qui la
rende dominante, c'eft au moins d'une maniere invifible; & il n'y a
point d'hommes attentifs à ce qui fe paffe parmi les Sçavans, qui
ne s'apperçoive que cette fecte devient de jour en jour plus nom-
breufe, comme la fuite le fera voir.

CHAPITRE XXVII.

L'état du Socinianisme en Transilvanie pendant les regnes du jeune Sigismond Batori, de son cousin le Cardinal, de Moïse Szekeli, d'Etienne Botkaie, de Sigismond Ragotzki, de Gabriel Batori, & de Betléem Gabord.

APrès la mort de Christophe Batori Prince de Transilvanie, le Socinianisme eut differentes révolutions dans cette Province, par la foiblesse du jeune Sigismond son fils, par la mort du Cardinal Batori son cousin, par les guerres qui s'y firent, tant du côté de l'Empereur, que du côté des Transilvains, de Michel Vaivode de Valachie, & de quelques-autres, aussi-bien que par l'ardeur & la capacité de quelques Ministres.

Je repeterai ici ce que l'on voit dans presque tous les Historiens qui ont parlé des troubles qui ont agité la Hongrie & la Transilvanie à la fin du seiziéme & au commencement du dix-septiéme siecle ; mais je ne le ferai que pour donner jour à mon histoire.

Jean-Sigismond Batori commença à signaler son regne par le mépris qu'il fit des resolutions prises dans les Etats de Magiés, & dont nous avons parlé, & par la rigoureuse punition qu'il fit faire de la plupart de ceux qui avoient conspiré contre lui depuis l'Assemblée de Magiés. Il n'épargna pas même son cousin germain Baltazar Batori, que les Sectaires avoient choisi pour le chef de leur conspiration. Cette expedition faite, il soutint avec une prudence consommée, & un courage insigne, une cruelle guerre que le grand Seigneur lui suscita pour avoir recherché l'amitié de l'Empereur au mépris de la sienne, & la finit heureusement par la victoire qu'il remporta sur Sinan Pacha qui commandoit cent mille Turcs, & où ce General périt. En 1588. Sigismond cassa & declara nul le decret qu'on avoit fait contre les RR. PP. Jesuites, & qui les bannissoit de la Principauté de Transilvanie, & en 1595. il les y rappella par un nouveau decret qui leur donnoit toute liberté de prêcher, d'instruire, & de faire ce pourquoi ils sont dans l'Eglise Romaine.

Après de si beaux commencemens il se maria avec Marie-Christine fille de l'Archiduc Charle oncle de l'Empereur Rodolphe, source fatale de tous ses malheurs, & d'une foule de chagrins qui n'ont fini qu'avec sa mort. Trop foible pour les soutenir, & les differentes guerres qui ravageoient son Etat, il se démit de sa Principauté entre les mains de l'Empereur pour un Duché en Silesie. Il s'en repentit bien-tôt après. A peine eut-il vû cette terre, que sur la nouvelle qu'on lui donna que Rodolphe s'approchoit de la Transilvanie pour en prendre poffeffion, s'y tranfporta : &fes anciens fujets qui avoient déja prêté le ferment de fidelité à l'Empereur, le reconnurent pour leur Souverain. Mais bien perfuadé de fon incapacité pour les gouverner, il rappella de Pologne fon coufin le Cardinal André Batori, & le propofa pour fon fucceffeur aux Etats qui l'agréérent. Cette acceptation faite, Sigifmond fe retira en Pologne chez fon beaufrere Sancofiski : mais fur la nouvelle que le Cardinal avoit perdu une bataille contre Michel Vaivode de Valachie, & contre Bafta General des Troupes Imperiales, & qu'il avoit été maffacré par des Bergers, ou, felon l'opinion de quelques-uns, par des gens apoftez

N. 1 p. 15. de la part de la Maifon d'Autriche, il revint en Tranfilvanie, & rèprit les rênes du Gouvernement. Il n'y fut pas plus heureux qu'il y avoit été, nonobftant les fecours que lui donna Moïfe Szekeli Prince des Sicules, peuples de Tranfilvanie. Ses malheurs, & les chagrins qu'ils lui cauferent le déterminerent enfin à quitter fa Principauté pour n'y retourner jamais : il fe retira auprès de l'Empereur qui lui donna le château de Zobecovie en Boheme, où il vêcut en homme particulier jufqu'à l'année 1613. temps auquel il fe retira à Prague, où il mourut d'apoplexie.

Les differentes révolutions de ce Prince donnerent beau champ aux Unitaires pour fe fortifier & augmenter dans la Tranfilvanie : rien ne s'oppofoit à leurs deffeins ; & fçachant pêcher en eau trouble, ils fe fervirent de toutes ces circonftances pour fe multiplier. Le fait paroîtra encore plus manifefte dans ce qui fuit.

Moïfe Szekeli ne fit pas de même que Sigifmond, il foutint la partie contre Michel & contre Bafta. Pour le faire avec fuccès, il implora le fecours du Turc, qui ne le lui refufa pas. Avec ce fecours il affiégea Claufembourg qui lui fut livré par les Magiftrats bons Unitaires, à condition qu'ils traiteroient les RR. PP. Jéfuites comme ils le jugeroient à propos, ce qu'il leur accorda avec plaifir. Ils leur firent tout le mal que des ennemis qui ont autant de pouvoir que de malice font capables de faire. Ils pillerent leur maifon & leur Eglife, renverferent leurs images, mirent en pieces à grands coups de haches l'image de la fainte Vierge ; profanerent le faint Sacrement ; emporterent les vafes facrez ; tuerent d'un coup de moufquet, & à coups de haches le Pere Emanuel Neri jeune Jéfuite Piémontois, & Sacriftain, qui s'oppofoit aux impietez qu'ils faifoient au faint Sacrement ; cafferent à coups de bâton deux côtes au Frere George Berich ; donnerent un coup d'épée au Pere Pierre Majorius ; jetterent tous les malades hors de leurs lits, & les mirent fur le pavé ; chafferent tous les autres Religieux de leur maifon, & avec plus de violence & d'infâmie qu'on ne peut exprimer ; raferent leur maifon, & leur Eglife ; & s'applaudirent fur les ruines de ces bâtimens, d'avoir délivré leur ville de l'idolatrie, & d'avoir vengé l'honneur dû au grand Dieu. Toutes ces actions font fur le compte des Sociniens, eux

qui demandent tant la tolérance, & qui défendent aux Chrétiens
l'usage du glaive, même pour se défendre.

Ce progrès des Unitaires ne fut pas de durée, Basta attaqua Szekeli,
le vainquit & le chassa des lieux dont il s'étoit emparé ; & Moïse qui
ne voulut pas encore abandonner la partie, souleva tous les Grands
de la Principauté contre l'Empereur ; mais à son malheur & au leur.
Basta battit son armée, le tua, & la plupart de ces chefs ; reprit
Clausembourg, fit pendre l'Arien qui avoit rendu la ville à Moïse,
& qui avoit fait le Traité qui stipuloit la ruine des Jésuites, cassa tout
ce que Moïse & les Ariens avoient établi dans la ville, remit les choses dans le même état où elles avoient été auparavant, obligea les
habitans de donner une Eglise, une maison, & un College aux Jésuites, pour les dédommager des leurs : & l'année d'après, sçavoir
1604. il traita si mal tous les Sectaires de Transilvanie, & fit aussi
traiter si rudement ceux de Hongrie par le Comte de Beljoïeuse, qu'enfin pour se redimer de ces véxations justes ou injustes, ils firent une
nouvelle guerre à l'Empereur, & choisirent pour leur Chef *Etienne*
Boskaie un des principaux Seigneurs Hongrois, & oncle de Sigismond   *Sponde.*
Batori.

Ce nouveau Chef, pour réüssir contre l'Armée Imperiale, fit amitié avec Gabriël Bethléem, Zuinglien de Religion, un des Generaux
de Moïse Szekeli, & implora l'assistance du Turc qui lui fut accordée, & avec ce secours il fit tant de progrès sur les Armées Imperiales, qu'en 1605. il se rendit maître d'une bonne partie de la Transilvanie. Après ces conquêtes il fit assembler les Etats, & tous les Notables qui s'y trouverent lui défererent la souveraineté de cette Principauté : & le Grand Seigneur, pour lui donner des marques certaines qu'il agréoit son élection, & le mettre dans ses interêts, lui
défera la qualité de Roi de Hongrie, & lui envoya la couronne & les
habits royaux d'Uladislas ancien Roi de Hongrie.

Ces complaisances de la part du Turc ne durerent pas long-temps,
Boskaie rompit avec Achmet, & Achmet lui fit une sanglante guerre,
le vainquit plusieurs fois, & le matta en toutes manieres : ce qui le
força de rechercher l'amitié de l'Empereur Rodolphe, qui lui fut accordée, à condition que lui Boskaie & ses enfans mâles joüiroient
de la Transilvanie, & de la partie du Royaume de Hongrie dont Sigismond avoit joüi, & que le tout reviendroit à l'Empereur après la
mort de Boskaie, s'il mouroit sans enfans mâles ; condition qui ne
fut pas executée. Boskaie mort sans enfans mâles, les Transilvains
s'assemblerent, & élurent pour leur Souverain Sigismond *Ragotzki*,
un des premiers Seigneurs du païs, & infecté des héréfies de Calvin.

Ce Prince aimoit plus son repos que la domination, aussi renonça-
t-il en 1608. à la souveraineté, & Gabriël *Batori*, qui depuis long-
temps envioit ce beau morceau, quitta la Foi Romaine pour s'en emparer ; mais *Betléem Gabord* Calviniste, & fauteur du schisme des Grecs,

foutenu de la protection de la Porte, & à la tête d'un gros corps de troupes Otomanes, fit une fi grande revolte dans la Principauté, qu'il fe vit en état de livrer bataille à Gabriel Batori, qu'il gagna par là mort de celui-ci, & par la parvint à la fouveraineté de la Tranfilvanie.

Il eft facile maintenant de comprendre que cette Principauté allant toujours de pis en pis, & que n'étant plus gouvernée que par des Princes ou Ariens ou Calviniftes; les Catholiques & les Jéfuites eurent bien à fouffrir; mais auffi les Ariens n'en furent guéres mieux, & particulierement depuis qu'on fe fut apperçû qu'ils ne faifoient plus qu'une Eglife & qu'une Communion avec les Sociniens de Pologne. On fe contenta de les tolérer, après qu'on eut fait des Edits pour maintenir la liberté de confcience des Catholiques, des Calviniftes, & des Evangeliftes Proteftans.

C'eft à la faveur de ces Edits de tolérance que les bannis de Pologne fe réfugierent en Tranfilvanie au nombre de plus de cinq cens perfonnes, fe flatant d'y pouvoir vivre en affurance, & en liberté de confcience fous l'autorité de ces loix, & à l'abri des guerres que l'on y faifoit à l'Empereur; mais ce ne fut pas fans peine, & fans avoir effuyé de fâcheux contretemps. A peine furent-ils entrez dans le Comté de Moramorofie, qu'ils fe virent inveftis & attaquez par un gros de foldats de l'Armée Imperiale, à qui quelques zélez Polonois avoient donné avis de leur marche. Il y eut des coups donnez, & pour éviter la mort il falut abandonner à ces Allemands l'argent, les habits, les meubles, & les vivres qu'ils emportoient. Malheureufe fituation pour des gens qui n'ont plus de foyer; cependant ils continuerent leur route, & il y en eut qui s'y diftinguerent affez pour porter Sandius à les mettre dans fa Bibliotheque des Auteurs Sociniens: c'eft ce que je dis ailleurs.

CHAPITRE XXVIII.

Le Socinianifme en Angleterre, & comment il s'y eft établi, malgré les contradictions qu'il y a trouveés, où il eft parlé des Trembleurs.

QUelques précautions qu'on ait prifes en Angleterre pour n'y point fouffrir l'Arianifme nouveau, il faut neanmoins avoüer que depuis qu'on y a introduit la liberté de raifonner en matiere de Religion, felon fa fantaifie, & au mépris des faints Peres, des Conciles, & de la Tradition, le Socinianifme s'y eft introduit avec trop de fuccès.

On peut dire que ce qui lui y donna entrée, ce fut la complaifance exceffive que l'on eut en 1535. pour quelques Anabatiftes Hollandois qui s'y retirerent après la mort de Jean Geelen, & la ruine d'un parti

s Anabatiftes d'Amfterdam. A peine ces réfugiez y furent-ils, qu'ils
répandirent dans différentes Provinces du Royaume, & eurent
in d'y publier leur pernicieufe doctrine. Elle étoit en general fem-
able à celle des Anabatiftes d'Allemagne, & il paroît qu'en 1549.
y ajouterent ces nouveaux paradoxes, fçavoir, que l'homme re-
ncilié à Dieu eft fans aucun peché, délivré de toutes convoitifes;
il n'a aucune tache, , & qu'il ne retient rien du vieil homme.
u'un homme ainfi regeneré ne peut pecher, & que s'il arrive que
elqu'un peche, il n'y a plus de rémiffion pour lui. Qu'il y a une
rtaine fatale neceffité à laquelle ils foumettent Dieu, & par la-
elle il eft contraint d'avoir une autre volonté que celle qu'il nous
declarée dans fa parole, & qui le contraint de faire toutes chofes
e une certaine neceffité, &c. Il y en avoit parmi eux qui nioient
e l'homme eût une ame diftinguée de celle des autres animaux,
qui affuroient que cette ame eft mortelle de même que celle des
tes. L'Auteur ajoute que non-feulement ils faifoient renaître les
ciennes héréfies, mais qu'ils en introduifoient de nouvelles, &
e c'étoient des libertins & des fcélérats.

Lettred Ho perus écrits de Londre le 25. Juin 1544.

Ils fe multiplierent affez pour former un parti confidérable, &
ur ofer concevoir de pernicieux deffeins contre le Gouvernement,
e les maximes des Anabatiftes du haut & du bas Rhin, & qu'ils au-
ient executez s'ils en euffent trouvé l'occafion.

Ce fut dans ce temps, c'eft-à-dire vers l'an 1547. que Bernardin
kin vint en Angleterre, & qu'il y prêcha un Arianifme rafiné qui
veilla la curiofité de ceux qui aimoient la nouveauté, & qui étoient
grand nombre. Il y en eut d'affez hardis pour en faire une pro-
ffion publique, auffi on en entreprit quelques-uns.

Sandius nous apprend qu'en 1551. on brûla à Londre un Allemand
païs de Cleve, qui profeffoit l'Arianifme, après avoir enfeigné
Wittemberg, & y avoir nié l'éternité du faint Efprit. Il y a ap-
rence que cet Allemand étoit ce *George* qui fut condamné au feu
r fentence de l'Archevêque Cranmar, comme le rapporte Alanus.
nfi Cranmar, tout apoftat qu'il étoit, exerça fon zele contre les
iens avant Calvin, qui ne fit mourir Servet qu'en 1553.

Nucleus Hift. Eccl.

Le 29. Aouft 1555. on fit quelque chofe de femblable à l'égard de
tricius Patinghan, qui fut brulé à Uxbrig ville d'Angleterre, ac-
fé d'Arianifme.

ibid.

Au temps de Marie Reine d'Angleterre, *Chriftophe Viret* fe diftin-
a dans Londre par fon Arianifme, & affez hautement pour avoir
érité de la part des Miniftres de Tranfilvanie & de Pologne d'être
s au nombre de leurs hommes illuftres.

Chriftophe Viret.

Nucleus Hift. Eccl.

Henri Nicolaï chef des fectaires *de la Famille d'Amour*, *Auctor Se-
torum familia Amoris'*, s'attacha à lui. Ce Nicolaï étoit de Munfter:
'établit à Amfterdam, & y publia de nouveaux paradoxes, tout igno-
t qu'il étoit, & fans aucune litterature : mais il étoit fin, rufé &

*Henri Nico-
laï Auteur
de la famille
d'Amour.*

rempli d'hypocrifie. Il fe vantoit d'avoir des *revelitions* de l'Ange Gabriel, & fe mettoit au deffus de Moïfe & de Chrift, difant qu'ils n'étoient entrez qu'au lieu faint, mais que pour lui il avoit pénétré au lieu très-faint. Après avoir prêché quelque temps en Hollande fa doctrine, il paffa en Angleterre vers l'an 1556. où il féduifit plufieurs perfonnes du menu peuple. Il écrivit quelques lettres, & fit quelques Traitez, aufquels il donna des titres magnifiques, comme ceux-ci : *L'Evangile du Royaume de Dieu : Exhortation : Correction*, &c. Lui & fon maître Viret foutenoient que J. C. n'étoit pas Dieu, & qu'il étoit ridicule de dire Dieu le Pere, Dieu le Fils, & Dieu le faint Efprit, comme fi par là on vouloit établir trois Dieux.

Pagittus.

Ce n'étoit alors qu'une étincelle ; mais pendant le regne d'Elifabeth ce fut un embrafement, & affez violent pour obliger cette Reine à le craindre, & à en faire des plaintes à ceux qui pouvoient & qui de-voient y apporter remede. Elle le fit elle-même en 1560 : par Arrêt elle bannit du Royaume tous les Anabatiftes qui y demeuroient, & en défendit l'entrée à un grand nombre d'autres qui y venoient tous les jours. En 1580. la même Reine fit un Edit contre les Libertins & les Enthoufiaftes, c'eft-à-dire contre les Anabatiftes & autres Arianifans, au fujet de l'augmentation de la fecte des Brownistes, dont *Robert Ba'tanus* fut le chef. Ce Robert s'étoit feparé de l'Eglife Anglicane, & avoit formé une Affemblée à part : on l'entreprit, on le convainquit d'erreur, & on le contraignit de chanter la palinodie en public : agité des remords de fa confcience, & confus de cet affront il fe pendit. Robert Browne qui lui fucceda, paffa en 1580. à Middelbourg en Zélande avec fon troupeau : la division s'y étant mife, il y en eut une partie qui fe joignit aux Anabatiftes, & Browne repaffa en Angleterre où il abjura fes erreurs, & obtint un Bénéfice de la part des Evêques : & dans la fuite convaincu de quelques crimes énormes, il fut arrêté, & demeura long-temps en prifon.

Hift. des Anab p.138

Robert Baltanus.

Robert Browne.

Vers l'an 1575. *Raphaël Ritterus* natif de Londre, fit un écrit où il prétendoit prouver démonftrativement que J. C. n'étoit pas le grand Dieu, comme eft le Pere Eternel, & l'intitula : *Brevis demonftratio quod Chriftus non fit ipfe Deus qui Pater, nec ei æqualis.* Il trouva dans fon chemin un illuftre ennemi qui écrivit contre lui, c'eft Jean Wigandus Evêque de Pomeranie ; fon ouvrage a pour titre : *Nubula Ariana per Dominum Raphaëlem Ritterum Londinenfem fparfa, luce veritatis divina difcuffa per Dominum Joannem Wigandum Epifcopum Pomeranienfem. Regiomonti Boruffiæ, per Bonifacium Daubmannum an. 1575. in 8°.* Et pour montrer qu'il ne diffimuloit rien du raifonnement de Ritterus, il infera toute fa prétenduë démonftration dans fon ouvrage. Au lieu de lui donner pour titre : *Nebula Ariana*, il auroit mieux fait de dire *Nebula Sociniana*, parce qu'il eft manifefte par les pages 51 & fuivantes de fon ouvrage, que Ritterus penfe, parle & raifonne fur la matiere en queftion de même qu'a fait Faufte Socin. Il dit que c'eft

R. Ritterus.

B. A p. 84.

une

ne erreur ancienne de croire que Jesus-Christ soit le véritable
Dieu, sous prétexte que l'Ange Gabriël dit à Marie, que ce Jesus
qu'elle concevroit seroit fils de Dieu; erreur (quoi qu'ancienne) qu'on
ne peut soutenir. Il ajoûte qu'il faut croire que l'Ange veut persuader à Marie que le Messie dont elle sera la mere, sera le Fils de
Dieu, parce qu'elle le concevra indépendamment des hommes, &
qu'il sera appellé Saint parce que ce sera par la vertu du saint Esprit
qu'elle l'enfantera : Qu'il faut faire attention que l'Ange ne dit pas
que ce Fils a été autrefois appellé Dieu, ni qu'il soit Dieu ; mais
qu'il le sera après sa naissance : qu'ainsi il n'est point cet Esprit
qui est descendu du Ciel ; mais que cet homme qui naîtra de Marie, sera appellé Fils de Dieu, parce qu'il sera conçû contre l'ordre
ordinaire de la nature, & uniquement par la vertu de Dieu : Que
c'est de là que les Prophetes qui ont prédit son arrivée, & qui ont
dit de grandes choses de lui, ne l'ont jamais appellé Fils de Dieu :
Qu'il n'a eu ce nom que quand il s'est manifesté, & que quand il
fut batisé dans le Jourdain .... Et après ce détail, s'applaudissant sur
un tel raisonnement, il dit qu'on ne doit plus avoir que du dégoût
pour les fables & les fictions que les Sophistes ont faites sur un Dieu
en trois personnes, sur le Christ né d'un Pere avant les siecles, &
sur les deux natures dans une seule personne. Il n'y a qu'un seul
Dieu, ajoute-t-il, que personne n'a vû : le Christ est Dieu, parce
qu'il en est l'image. Son latin expliquera peut-être mieux sa pensée à ceux qui le sçavent, que mon françois. *Putans*, il parle de
Jesus-Christ, *ipsum ex Dei essentia seu substantia genitum, ac ideo Filium Dei dici. Hic error inveteratus est quidem, sed non ideo ferendus ; neque enim ob id Deus Jesus, Dei filius est & dicitur, quòd ex Dei substantia natus fuisset. Sophistarum sunt hæ nugæ. Pius lector potius ex Evangelio
discat causam ejus rei, cur scilicet J. C. dicatur Dei Filius. Nam ibi An-
gelus Mariam Virginem de modo mirabilis conceptionis Messiæ instruens, ad
eum alloquitur modum. Spiritus sanctus superveniet in te, & virtus Altissimi obumbrabit tibi, & quod nascetur ex te Sanctum, vocabitur Filius
Dei. Hic manifestissimè causa tanti nominis indicatur, ut scilicet Messias
dicatur Filius Dei, nimirùm quòd citra viri complexum fuerit conceptus,
& deinde natus. Ideò inquit Gabriel, illud Sanctum vocabitur Filius Dei,
quòd Spiritu sancto superveniente, & virtute Altissimi obumbrante, infans
sanctissimus erat concipiendus. Observetur autem, non dixisse Angelum de
Christo, jam olim aut vocatum esse, aut fuisse Filium Dei, sed vocandum
demum fore, ubi natus esset. Proinde non ille Spiritus qui de cælis descende-
rat, sed ille homo qui natus est ex Maria V. Filius Dei est appellatus, ideo
quia contra naturæ ordinem, auctore Deo est conceptus, & editus. Hinc est
quòd licet omnes Propheta venturum prædixerint, multaque de eo locuti
sint, usquam tamen ab eis Filius Dei est appellatus, quo usque tandem ap-
paruit, & in Jordane tinctus est. Homo enim est J. C. prout ipsi vocant Apo-
stoli, quia & filius hominis, prout seipse subinde vocat ; vihilominus ta-*

R

men & Deus, ſeû modo quo ſupra diximus. Faceſſant itaque fabulæ, &
commenta Sophiſtarum de Trino Deo, de Chriſto ante ſæcula ex Patre nato,
de duabus naturis in ipſo, & ſimilibus nugis. Unus eſt Deus, que nemo
unquam vidit. Chriſtus eſt Deus, quia imago Dei ; ſed hic Deus eſt homo ger-
manus, anima, & carne conſtans, ex Maria natus, per quem Deo Patri
ſemper laus & honor ſit, &c.

Le Roi Jacques I. qui ſucceda à Eliſabeth pouſſa les choſes plus loin
qu'elle n'avoit fait. Pour ſe délivrer des Anabatiſtes & des Arianiſans dont ſes Etats étoient infectez, il ſe fit un devoir de Religion de
témoigner publiquement qu'il les avoit en horreur, & en fit mourir
un grand nombre par la main du Bourreau, & n'épargna pas même
les perſonnes de qualité. Un *Berthelmi* qui avoit rempli des Ambaſſa-
des en fut un. Pugittus dit qu'il étoit ſi entêté de ſon Arianiſme, qu'il
aima mieux perdre les bonnes graces de ſon Roi que de ſe départir de
ſes erreurs ; qu'à ce ſujet on lui fit ſouffrir une longue & dure priſon, & qu'après avoir employé inutilement tous les tours & les détours de la Théologie & de la raiſon pour le convertir, le Roi outré
des injures qu'il faiſoit à la divinité de J. C. ordonna qu'on le jettât
au feu, & qu'il fit punir du même ſupplice & pour le même ſujet
Edouard Wigtmann & Paul Caſaubon. On verra dans le chapitre de
Vorſtius la conduite qu'il tint à Londre & à Oxford à l'égard du livre
de Deo, que cet Auteur avoit fait.

Hiſt. Ref.
Eccl. Pol.

Ces Sectaires ne faiſoient pas encore bande à part, ils ne commencerent que ſous la tyranie de Cromwel, par la grande liberté que leur
donna la ſituation des affaires de l'Etat. Pendant ce malheureux regne
on imprima dans Londre un catéchiſme qui renfermoit tous les ſentimens erronez de Faûſte Socin. Il eſt de ſa façon de *Jean Biddellus.*

Biddellus.

B. A. p 159

Cet homme étoit Anglois, & Maître ès Arts dans l'Univerſité
d'Oxford. Les ſyſtêmes de Faûſte Socin ſur les matieres de la Religion
lui plurent, tant qu'il les embraſſa au mépris de ceux de la Prétenduë
Réforme d'Angleterre. Cependant il ne s'y aſſujettit pas tant, qu'il
ne voulût ſe diſtinguer de lui par quelques nouveaux paradoxes ; pour
cela il augmenta le nombre des hierarchies celeſtes, & voulut que
le ſaint Eſprit fût quelque choſe de plus qu'une vertu ou qu'une pro-
prieté de Dieu ; il en fit une perſonne angelique, qui devoit avoir le
de Prince parmi les Anges.

Son attachement à Socin & cette opinion nouvelle l'érigerent en
maître : il eut des Sectaires, à qui on donna le nom de *Beddellians* ou
Beddelliens, & prit la liberté que tous les chefs de parti prennent ordinairement, ſçavoir de faire des aſſemblées pour les exercices de leur
Religion.

On voit ſa doctrine, qui eſt toute Socinienne, dans deux catéchiſmes qu'il a fait imprimer à Londre : le premier a pour titre *Catecheſis*
Scripturalis, & le ſecond *Brevis Catecheſis Scripturalis pro parvulis,* &
dans un écrit où il établit ſon opinion ſur le ſaint Eſprit. Sandius dit

qu'autant que sa memoire peut lui être fidele, cet écrit a été imprimé in 4°. avec la réfutation de Cloppenburg. Ces Catéchismes qui font en Anglois font faits par demandes & par réponses, renferment les points fondamentaux de la Religion Chrétienne, tirez, à ce que disent les Sociniens, des seules paroles de l'Ecriture, sans commentaires, sans gloses, & sans consequences, en faveur de ceux qui aiment mieux être appellez simplement Chrétiens, que du nom de toutes autres sectes, d'autant que toutes les sectes des Chrétiens de quelques noms qu'elles different entre elles, s'éloignent plus ou moins de la simplicité & de la verité des saintes Ecritures. On ajoute que son petit Catéchisme, quoi que très-court, renferme toutes les maximes necessaires à la vie, & à la pieté ; mais l'on parle en Socinien, en concluant ainsi.

Le Ministre Desmarts nous fait remarquer deux choses sur ces Catéchismes : la premiere, que le titre est très-faux, sçavoir que ce livre n'est que pour les véritables Chrétiens, ou pour ceux qui ne sont attachez à aucune secte, puisque les Sociniens ne peuvent pas se qualifier ainsi, sans qu'en même temps ils ne fassent une secte à part. La seconde, que ces Catéchismes renferment tout le venin, les impietez, & les blasphêmes de Fauste Socin ; les Sociniens l'avouent eux-mêmes. Il y a apparence qu'on en avertit Cromwel, puisque nonobstant la tolérance qu'il avoit accordée à ces sortes de gens, il fit mettre Biddellus dans un cachot, où il le laissa pourir & mourir de misere. *Stuckai* Anglois & son disciple, qui vint au monde en 1649. prit le soin de son Eglise après sa mort ; & pour faire passer les deux catéchismes de son maître dans les païs étrangers, il les traduisit d'Anglois en Latin dès l'année 1665. âgé de quinze ans, & il y ajouta un petit discours sur la mort & sur la passion de J. C. & des lettres de Jeremie Felbingerus à Jean Biddellus, écrites en 1654.

C'est au sujet de l'impression de ces deux Catéchismes que le Ministre Desmarts, après avoir loüé le zele pieux des Anglois qui condamnerent au feu le Catéchisme des Sociniens fait par Wólkelius, se plaint de la tolérance que Cromwel avoit accordée à ces hérétiques, & déplore avec des larmes presque de sang (ce sont ses paroles) la confusion de l'Angleterre, devenuë leur métropole par l'impression qu'on avoit fait à Londre des Catéchismes qui contenoient tous leurs blasphêmes. *Sociniana pestis .... Videtur nunc in vicina Anglia sedem sibi Metropolitanam fixisse.*

Un Auteur moderne ne parle pas si serieusement que Desmarts sur ces desordres d'Angleterre. » Je ne suis pas Prophete, dit-il ; mais je « croi pouvoir prédire à coup sûr que la Hollande & l'Angleterre ne « tarderont pas à devenir Mahometanes, & que les Bourgmaîtres de « l'une & les Milords de l'autre changeront bientôt leurs toques & « leurs bonnets de velours en turbans ; car je ne voi pas qu'il y ait « grande différence entre les Mahometans & les Sociniens, tous re- «

Bidria Soci

Natanaël Stuckai.

L'Angletere devenuë la métropole des Sociniens.

Maratius Praf. 2. 2. bidria Soc.

Remarq. & Homere & sur Virgil. p. 232.

» jettent également les mysteres de notre foi & tous les dogmes qui
» surpassent la raison, comme ceux de la Trinité, de l'Incarnation, de
» la Divinité de J. C, de la propagation du peché originel, de l'Eucha-
» ristié, de l'éternité des peines de l'enfer, de la satisfaction, & de
» la mort de J. C. pour nos pechez... A en juger par le nombre pro-
» digieux de livres qui nous viennent de Hollande & d'Angleterre,
» le Socinianisme est l'opinion dominante parmi les Sçavans de ces
» païs, qui sans beaucoup de peine le feront passer au peuple & aux
» Magistrats ... Il ajoute, parlant de l'Angleterre, que le Socinianisme
y est enseigné hautement comme un problême, & qu'on y imprime
tous les jours des livres pour & contre.

Quoi qu'il en soit de cet Auteur, qu'il est inutile de nommer, &
dont les conjectures & les décisions ne sont pas d'un grand poids parmi
les Catholiques, non plus que parmi les Protestans, M. Baillet, qui
par sa moderation, son équité, & sa belle litterature, s'est rendu celebre en France, en Hollande, en Angleterre, & parmi tous les Sça-
Jugem. des
Sçav. t. 10.
p. 239.
vans, nous en dit assez, pour nous faire comprendre que l'Angleterre
est remplie de mauvais Chrétiens, & que les Sociniens y ont une
grande liberté de conscience. Il dit, au sujet de l'Antistapléton, qu'on
y souffre sous l'autorité des loix les Independans, les Familistes, les
Anabatistes d'une nouvelle espece, les Kouackres ou Kackers, ou
Trembleurs, les Sabbataires, les Antisabbataires, les Heteringhto-
niens, les Brownistes, les Separatistes, les Nonconformistes, les Ro-
binsoniens, les Barowistes, les Fanatiques, les Seckers, & Waiters,
les Erastiens, ausquels nous pouvons ajouter les Arminiens, les Tolerans, les Hobbistes, les Spinosistes, &c.

Sans entrer ici dans le détail des opinions de toutes ces sectes, &
montrer les rapports qu'elles ont avec celles des Sociniens, ce qui nous
conduiroit trop loin, appliquons-nous seulement aux opinions des
Quouackres, pour voir que l'Angleterre par la tolerance qu'elle a
pour cette secte, n'en a pas moins pour les Sociniens.

Les Quouackres, ou Quouackers, ou Trembleurs.

George Fox.
Bibl. univ.
t. 22. p. 54.
Les Quouackres d'Angleterre reconnoissent pour Chef & Patriarche
de leur secte George Fox né en Angleterre de la lie du peuple, qui n'a
eu aucune étude ni aucune connoissance, & qui dans sa jeunesse n'eut
point d'autre occupation que de garder des porcs. Il s'ennuya de ce
vil métier, & au tems de Cromwel il s'érigea en Prédicateur, parcourut l'Angleterre, & y exhorta les hommes à la pénitence, au recueil-
lement & au renoncement à soi-même, pour écouter la voix ou la
lumiere interieure de Dieu. La veuve d'un Juge de Paix qui se le representa comme un homme de Dieu, & inspiré, voulut l'avoir pour
mari, & en cette qualité il se rendit maître de tous ses biens, dont
il se servit pour se faire des disciples, qui se font assez multipliez pour
former un gros parti en Angleterre. On y voit des personnes de toutes

fortes d'états & de conditions. Ils y vivent fous l'autorité des loix dans un libre exercice de leur Religion, & ont des fentimens affez approchans de ceux des Sociniens, & même ils en ont qui font plus injurieux à la divinité de J. C. Robert Berclai nous en a fait le détail.

Hiſt. abregée des Kakers. c. 7.

Berclai Ecoffois de nation, un des principaux Chefs des Quouackres, & qui prenoit la qualité de *ferviteur du Seigneur Dieu, & de ferviteur de J. C.* fit en 1675. un Livre qu'il dédia à Charles II. Roi de la Grande Bretagne, fous le titre d'*Apologie de la Theologie vrayement chrétienne, en faveur des Quouackres.* Ce Livre fut reçu avec tant d'applaudiffement de la part du parti, & des autres Entoufiafhes du Nord, qu'il s'imagina avoir fait merveille, avoir folidement établi le Quouackrifme, & invinciblement prouvé les principes & les confequences de cette fecte contre les Catholiques & contre les Proteſtans. Les Catholiques fe contenterent d'en rire; mais M. Reifer Lutherien jugea que ce Livre étoit trop méthodique & trop doctement écrit pour un Quouackre, dont la profeffion eſt de renoncer aux Lettres & à la fcience, y répondit par un Livre intitulé : *Antiberclaius, id eſt examen Apologiæ quam non ita pridem R. Berclaius pro Theologia vera chriſtiana edidit, inſtitutum in gratiam Evangelicorum Lutheranorum.* Il fut imprimé à Hambourg, in 8°. 1683.

Robert Berclai.

Iug. des Sav. tome 10. p. 305.

Selon cet Auteur, le Verbe divin, qui eſt la perfonne divine & qui s'eſt unie à l'homme, eſt la même chofe que le faint Efprit, & le S. Efprit eſt la même chofe que le Verbe divin, & l'un & l'autre font le même Dieu fans aucune diſtinction des Perfonnes. Pour répondre à la demande que l'on fait pour fçavoir comment s'eſt fait l'union du Fils de Dieu avec Jefus-Chrift, il dit que le Fils, ou cette parole, s'eſt fait chair & a habité avec nous, pleine de grace & de verité ; qu'elle a annoncé les paroles de Dieu ; que ce Dieu ne lui a point donné fon efprit par mefure ; que ce Dieu a oint ce Jefus de fon faint Efprit, & de fa puiffance. Sa raifon, c'eſt qu'il étoit avec lui. De là, il eſt vifible que toute l'union de la divinité avec l'homme Jefus, n'a été qu'en ce que Dieu a rempli Jefus de fon faint Efprit & de fes dons celeſtes. C'eſt fa conclufion.

Les fentimens des Quouackres

Catechifme Anglois par R. Berclai.

C'eſt ainfi qu'il explique le myftere de l'Incarnation, qui, quoiqu'affez obfcur par les expreffions dont il fe fert, eſt affez facile à concevoir, comme n'ayant rien qui foit au-deffus de la portée de nos efprits, & affez femblable, à quelques dégrez près, à ce que la Grace fanctifiante fait dans tous les Chrétiens, qui, felon faint Paul, font remplis de la plénitude de Dieu, & qui, felon S. Pierre, font participans de la nature divine. Auffi n'y a-t'il point de Quouackres qui ne s'égalent en quelque forte à Jefus-Chrift, & qui ne fe croyent des perfonnes divines ou déifiées, par le moyen de l'efprit habitant dans leurs ames, & par le nouvel enfantement du Chriſt interieur & celeſte qu'ils difent avoir dans leurs cœurs. Cette opinion eſt encore pire que celle des Sociniens, qui voulent que Je-

Hiſt. des Quouackres

sus Chrift ait reçu des dons de Dieu, plus que *nous* ne pouvons en
concevoir, & qui le mettent au-deffus de toute compa aifon.

A ces impietez on peut ajouter celle-ci : Qu'ils ne veulent point
entendre parler des termes d'effence, & de perfonnes dans la Trinité
ou dans Dieu, ni d'hypoftafe ; ni qu'on dife qu'il n'y a qu'un feul
Dieu en effence, ou en fubftance, & trois en Perfonnes, ou trois
hypoftafes. Ils difent que ces termes font barbares, qu'ils ne font
point venus de la lumiere interieure ; auffi appellent-ils le myftere
de la Trinité, de la maniere que nous l'expliquons, le myftere de
la Métaphyfique de l'Ecole, & des Académies.

Ils n'ont aucun refpect pour Jefus-Chrift, ni pour l'Ecriture. Ils
nient la Réfurrection des morts, & l'immortalité de l'ame, & par
là, la verité du Paradis & de l'Enfer, la néceffité du Batême, de la
Cene & des autres Sacremens ; la verité & l'utilité de tous les autres
Myfteres. Ils prétendent que les hommes ne font point foûmis à
l'autorité des Rois & des Magiftrats, ni à aucune autorité fpirituelle ou eccléfiaftique, & que chaque particulier a une liberté fans
bornes de faire & d'enfeigner ce qu'il veut, que fa conduite ne dépend que des lumieres que Dieu lui donne intérieurement.

Leur morale a quelque chofe de moins déraifonnable, mais elle
donne quelquefois dans le ridicule. Elle demande la néceffité de renoncer à foi-même, de porter fa Croix, & de fuivre Jefus-Chrift,
la tolérance des autres fectes, comme une charité que l'on ne peut
refufer à fes Freres. Elle prétend que ceux qui fe flattent d'être l'E-
glife de Jefus-Chrift, & qui perfecutent ceux qui ne font pas de leurs
fentimens, n'ont qu'une apparence de pieté, & qu'ils ne peuvent
faire que des Societez Anti-chrétiennes, & la vraye Babilone de l'A-
pocalypfe. Que ce qui diftingue les vrais Chrétiens d'avec les faux,
ne confifte pas fimplement en des opinions fpeculatives, mais principalement dans la pieté interieure, & que c'eft ce qu'on verra un
jour lorfque toutes les fectes feront réduites à deux, Boucs, &
Brebis, injuftes & juftes. Que la corruption a paffé des mœurs dans
le culte qui eft devenu tout exterieur & tout charnel, auffi-bien que
dans le gouvernement ecclefiaftique qui a dégeneré en tyrannie.
Que le refpect que l'on rend à la Croix, aux Images, aux Saints,
& que la pompe du Service divin eft une pure idolâtrie ; que c'eft
orgueil & tyrannie de la part des Ecclefiaftiques, qui non contens
de la doctrine de l'Evangile veulent qu'on fe foûmette à une infinité de traditions & de fpéculations, & qui en ont fait des articles
de foi ; articles qu'ils concluent ordinairement par un anatême, qui
veut dire que tous ceux qui ne les croiront pas, ou qui ne feront
pas femblant de les croire, feront bannis, excommuniez ou brûlez ;
que c'eft vanité de prendre des titres d'honneur, & obferver certaines formalitez reçûës generalement dans l'Europe, & par lefquelles on fe témoigne une eftime & une amitié réciproque, comme

ôter son chapeau, faire la reverence, dire vous au lieu de *toi*, se
donner de certaines qualitez, comme *Monſieur*, *Monſeigneur*, *Votre*
Excellence, *Votre Majeſté* ; & quand on leur demande raiſon de cette
maxime, 1. ils alleguent le témoignage de leur conſcience, qui les
aſſure interieurement que ces ceremonies ſont un effet de la vanité
humaine. 2. La ſimplicité & la pureté de l'Evangile, qui hait juſqu'aux apparences de mal, & qui défend juſqu'aux paroles inutiles.
3. La pratique de toute l'Antiquité tant ſainte que profane, qui a
ignoré tous ces vains titres dont le ſot orgueil des hommes ſe
repaît préſentement. 4. En quel Ecrivain, diſent-ils, a-t'on lû Monſieur Adam, Monſieur Noé, M. Abraham, M. David, M. Platon,
M. Ciceron, &c. 5. L'exemple de Jeſus-Chriſt qui ne vouloit pas
que ceux qui le prenoient pour un ſaint homme, lui donnaſſent le
titre de bon, & l'exemple de Mardochée qui ne voulut pas ſe proſ-
terner devant Aman. On peut ajouter pour derniere maxime de leur

Luc. 18.
Eſt. 16

morale, que tout Chrétien peut prier ſans diſtinction de lieu, de
tems, & ſans s'attacher à aucune formule preſcrite. Ainſi point de
temples ou d'Egliſes, point de ſolemnitez ou de Fêtes, point d'Hymnes, de Cantiques, de Pſeaumes, Prieres ſi en uſage pendant les
premiers ſiecles de l'Egliſe. Auſſi mépriſent-ils extrêmement le culte
exterieur, & la maniere dont le commun des Chrétiens fait ſes
dévotions.

Ces maximes de morale ſe trouvent dans un Livre Anglois intitulé : *Nulle Couronne ſans Croix, ou Traité de ce qu'on doit faire & ſouf-*
frir pour porter la Croix de Jeſus-Chriſt ; dans lequel on montre ce qu'em-
porte le renoncement de ſoi-même, & qu'on ne peut entrer dans le Ciel ſans
y renoncer. Il fut traduit en Flamand par *Guillaume Sévuel*, in 12. à
Amſterdam chez Jacques Claus 1687. pag. 723.

L'Auteur de ce Livre eſt le *Chevalier Guillaume Penn*, Gouverneur &
Propriétaire de la Penſylvanie, Pontife & Chef des Quouackres en
Angleterre, tant pour le ſpirituel que pour le temporel. Il y répand
tant de paradoxes, & s'y déclare ſi hautement pour le Sabellianiſme,
qu'on fût obligé de le renfermer dans la Tour de Londre, ſous le
regne de Charles II, & d'où il ne ſortit qu'après avoir retracté le
Livre où il avoit parlé comme parlent les Sabelliens, c'eſt-à-dire,
où il avoit mal parlé de la Trinité, de la generation éternelle, de
la divinité de Jeſus-Chriſt, & des autres Myſteres. Car il eſt vrai,
au rapport de ſaint Anaſtaſe, que les Sabelliens ne vouloient point
de generation éternelle en Dieu, ſous le prétexte de la ſimplicité,
& qu'ils vouloient que Jeſus-Chriſt ne fût qu'un Homme quant à
ſon eſſence.

Guillaume
Penn.

A ce détail des ſentimens des Quouackres, nous pouvons aſſurer
qu'ils forment une ſecte encore plus antichrétienne que celle des Sociniens, & que ſans leur en impoſer ils ſont de veritables Deïſtes.
Ils ne reconnoiſſent point la Trinité, l'Incarnation d'un Dieu, l'im-

Hiſt. des
Quouackres.

mortalité de l'ame, les récompenses & les châtimens de l'autre monde, les Mysteres, les Loix, les Ceremonies, la *Sainte Ecriture*, &c. Hé! n'est-ce pas le caractere d'un Deïste?

Puis donc que les Quouackres font un gros parti en Angleterre, & y vivent dans un libre exercice de leurs opinions sous l'autorité des Loix, ne devons-nous pas conclure que les Sociniens y sont en grand nombre, & qu'ils y vivent paisiblement, puisqu'ils pensent à peu près comme eux sur la Trinité, & même qu'ils ne font qu'une societé avec eux, comme nous l'apprend le même Auteur que j'ai cité, qui dit, que tous les ennemis de la Trinité, comme les Sabelliens, les Ariens, & les Sociniens, sont les bien-venus dans leurs Assemblées.

C'est sans doute de cette facilité qu'ont les Quouackres à recevoir tous les ennemis de la Trinité, que les Ministres de Londre se plaignoient en 1660. dans un discours public & imprimé, que la Religion de l'Etat étoit troublée par d'horribles heresies contre la divinité de Jesus-Christ & contre celle du saint Esprit, & qu'il y avoit long-tems que ces erreurs se répandoient.

Cependant nous ne nous appercevons pas que sur ces plaintes l'on ait fait quelques efforts pour en arrêter le cours. Au contraire, les Wigtz qui font un puissant parti dans ce Royaume, y entreprirent il y a quelques années de faire joüir du privilege de la tolérance tous ceux qui soutenoient des opinions contraires au Dogme communément reçu sur la Trinité. C'est ce qui donna lieu à un Seigneur Catholique de reprocher aux Protestans, que dans leur Parlement l'adorable Trinité, & la divinité de Jesus-Christ ne l'avoient emporté que d'une voix.

C'est ce qui paroîtra encore mieux par la liberté que l'on s'y donne d'écrire contre les Mysteres. Je commence par le Livre de Bury.

C H A P I T R E XXIX.

Suite du même sujet; l'Angleterre infectée du Socinianisme par les Ecrits qu'on y répand, où l'on voit l'Analyse du Livre de Bury avec des Reflexions.

Bury

B Ury Docteur en Théologie, & Chef du College d'Excester à Oxfort, s'est rendu recommandable à la secte des Sociniens par un Livre Anglois, intitulé: *L'Evangile nud:* il le publia en 1690. pour favoriser le dessein que Guillaume de Nassau Prince d'Orange avoit formé, quand il envahit la Couronne d'Angleterre, de relinir toutes les sectes de ce Royaume.

Bibliot. Univ. tom. 19. p. 392. Il fait voir dans son Livre: 1. Quel étoit l'Evangile lorsque Jesus-Christ & ses Apôtres le prêchoient. 2. Quelles additions & que les

s altérations on y a faites dans les siecles suivans. 3. Quels avan-
ges, & quels maux les changemens ont fait. 4. Qu'il n'est pas clair
r les lumieres de l'Ecriture, lesquels des Mahometans, ou des
octeurs Chrétiens ont le plus corrompu l'Evangile, & qu'il est
rtain que ceux-ci ont donné occasion à ceux-là de séduire les peu-
es de la maniere qu'ils l'ont fait.

Pour nous porter à le croire, il dit que les Chrétiens se trouvoient
ors confondus par les longues disputes qu'on avoit agitées sur
seconde & la troisiéme Personne de la Trinité, sur les deux Na-
res, & sur les deux volontez de Jesus-Christ: questions sur les-
uelles les Ariens, les Macedoniens, les Apolinaristes, les Nesto-
ens, les Eutychiens, les Monophisites ou Synousiastes, les Theo-
schites, les Monothelites,; &c. avoient excité des contestations
ficiles à résoudre par la nature de la matiere que l'on y traitoit,
par les mots nouveaux & équivoques selon lesquels on s'y expri-
oit.

Tout cela, dit Bury, joint au peu de charité des Chrétiens qui
condamnoient & se persecutoient mutuellement, donna occa-
on à Mahomet d'attirer le peuple après lui, en retranchant de sa
uvelle réforme diverses corruptions trop grossieres pour être sou-
nuës avec quelqu'apparence de raison, & trop visibles pour ne
as être révoquées en doute. Les prétenduës corruptions sont ap-
remment les Dogmes que l'Eglise Romaine a décidez sur la Tri-
té, sur la Divinité, sur les deux Natures, & sur les deux volontez
Jesus-Christ, puisque Mahomet les a retranchez de son Alcoran.
el est le but de notre Anglois, & le beau plan de Religion qu'il
us trace.

Quand il parle de l'objet de la Foi, il dit qu'il y en a deux. La
rsonne à qui nous croyons, & la doctrine [que nous recevons à
use de la confiance que nous avons en cette Personne, dans la
i que nous devons avoir en la personne de Jesus-Christ. Il y a
core deux choses sur lesquelles on doit faire attention; la premiere
elle est cette personne à laquelle nous devons croire; la seconde,
que c'est que croire en Jesus-Christ; les titres que prend J. C.
que les Apôtres lui donnent, sont ceux de *Fils de l'Homme; celui*
i *doit venir; le Messie, le Christ, le Fils de Dieu, &c.* Ces termes n'é-
nt pas bien clairs, & pouvant avoir une signification plus ou moins
enduë, on auroit peut-être crû qu'ils pouvoient convenir à d'au-
es personnes, c'est-pourquoi J. C. se donne non-seulement ce nom
Fils de Dieu, mais encore celui de Fils unique de Dieu. Ces pre-
iers titres marquent quelque chose d'infiniment excellent; mais
dernier signifie une prérogative incommunicable à titre d'onction,
il a reçu avant qu'il vint au monde, & qui l'éleve au-dessus de
utes les natures que l'Ecriture nomme Dieux, par des raisons moins
tes.

S

Il n'y a point de Socinien aujourd'hui, pour *peu* qu'il fçache fes principes, qui n'en dife autant: Sçavoir, que J. C. a reçu plus de graces & plus de dons que tous les grands Hommes qui l'ont précédé, & qu'il doit être appellé le Fils unique de Dieu, non pas qu'il foit pour cela le grand & le veritable Dieu ; mais un Dieu par participation, & élevé au-deffus de tous les Dieux de la terre.

Tous ces caracteres, continuë Bury, marquent une grandeur fi immenfe & fi éclatante, qu'après avoir fait nos efforts pour la découvrir entierement, il ne nous refte rien autre chofe fi ce n'eft que nous fommes convaincus que nous ne pouvons pas la comprendre. Tout cela ne dit encore rien fur la Divinité fouveraine de J. C. au contraire, tout cela ne tend qu'à nous infinuer qu'il n'eft qu'un homme ; mais un homme extraordinaire.

Quand il agite ce que c'eft que croire en J. C. il dit que, comme on peut regarder le Soleil directement & en lui-même, ou obliquement, & dans fes rayons ; de même on peut confiderer Notre Seigneur à l'égard de fa Perfonne, & en elle-même, & à l'égard de ce qu'il a fait dans le monde. Cela pofé, il prétend que nous ne devons confiderer J. C. ou croire en lui, que par rapport à ce qu'il a fait dans cette vie, & que nous ne fommes obligez de fçavoir de ce Jefus rien autre chofe que ce fans quoi il eft impoffible de croire en lui. Ce qu'il prouve par la réponfe qu'il fit aux Juifs, lorfqu'ils lui dirent : Pourquoi nous tenez-vous fi long-tems en fufpens? fi vous êtes le Chrift, dites-le nous ouvertement. Pour toute réponfe, il leur répliqua que Dieu étoit fon Pere. A cette réponfe, ils prirent des pierres pour le lapider, parce qu'étant homme il fe faifoit Dieu. J. C. n'entreprit pas de leur expofer fes droits dans toute leur étendue, il fupprima ce qui furpaffoit leur intelligence, & fe contenta de leur dire ce qui étoit fuffifant pour produire en eux une conviction falutaire : n'eft-il pas écrit dans votre Loi, leur répliqua-t'il, j'ai dit que vous êtes des Dieux? fi un Prophete appelle Dieux, ceux à qui la parole de Dieu eft adreffée, & fi les Ecritures ne peuvent être fauffes ; pourquoi me traitez-vous de blafphemateur, moi que le Pere a fanctifié & envoyé au monde, parce que j'ai dit que je fuis le Fils de Dieu? Il paroît par là, dit Bury, que J. C. s'accommodoit à leur capacité, & non à leur fureur, puifqu'il leur échappa, & il s'accommodoit ainfi à la portée de leurs efprits, parce qu'il fuffifoit pour leur falut de fçavoir comment & pourquoi il étoit venu au monde, & que fa Perfonne étoit d'une plus grande dignité que celle de tous les grands hommes qui ont paru fur la terre depuis la création. Il ne dit rien de ce qu'il avoit été de toute éternité & en lui-même ; mais de ce qu'il étoit par rapport au monde, en comparaifon de tous ceux que Dieu avoit jufqu'alors envoyez.

Sur ce narré nous pouvons remarquer deux chofes ; la premiere, que Bury prend mal le fens du paffage qu'il cite, puifque les Juifs voulurent lapider J. C. pour s'être dit Fils de Dieu ; ils comprenoient donc qu'il se disoit le vrai Dieu, & non pas un Dieu tel que sont les hommes extraordinaires, puisque leur loi & eux-mêmes appelloient Dieux ceux qui portoient la parole de Dieu ; & comme cette verité ne s'accommodoit pas à leurs préjugez, ils s'en scandaliserent, & voulurent l'outrager ; & si J. C. ne leur en dit pas davantage ; c'est que ce qu'il leur avoit dit suffisoit, & qu'une plus grande explication sur la divinité, n'auroit servi qu'à les irriter davantage. La seconde, que Bury ne croit pas que pour être sauvé on soit obligé de croire que J. C. soit un Dieu souverain & éternel. Les Sociniens ne parlent pas autrement.

Il est si persuadé que cette créance est inutile au salut, qu'il prétend le prouver à son Lecteur, 1°. par l'exemple de ceux à qui J. C. & ses Apôtres se sont les premiers adressez. Ils étoient de pauvres gens, sans lettres, sans études, & par consequent exclus par la Providence des moyens nécessaires pour entendre l'explication *subtile* du Mystere de l'Incarnation, d'autant qu'on n'y sçauroit rien comprendre sans avoir quelque teinture de la Théologie. La plûpart des Chrétiens de tous les siecles sont dans le même état ; de sorte qu'il faudroit exclure tous les Chrétiens des voyes du salut, s'il leur falloit sçavoir ce que l'on dit dans les Ecoles sur cette matiere. 2°. Par la facilité que les Apôtres avoient à recevoir au Batême toutes sortes de personnes : par cette facilité on voit bien qu'il ne falloit pas beaucoup de tems pour apprendre ce qui étoit nécessaire au salut. 3°. Par l'histoire de l'Eunuque de la Reine d'Ethyopie. 4°. Par l'exemple des trois mille personnes qui se convertirent, & qui furent baptisez à une seule prédication de saint Pierre. 5°. Parce que, dit S. Justin, on regardoit encore comme Chrétiens ceux qui croyoient que Jesus-Christ étoit un homme né d'un autre homme, quoique la plûpart des autres Chrétiens crussent sa divinité.

On peut dire, & on le sent bien, que ces preuves ne disent rien. Il n'est pas nécessaire de sçavoir le Latin, le Grec, l'Hebreu, les subtilitez de la Dialectique & de la Théologie, pour croire que J. C. est le grand Dieu ; il l'a dit à ses Apôtres, & les Apôtres l'ont crû, parce qu'ils étoient convaincus par les lumieres du Pere Celeste, qu'il ne pouvoit les tromper. Les Apôtres l'ont dit aux premiers Chrétiens, & ceux-ci sans aucun raisonnement l'ont crû, sçachant qu'ils étoient inspirez ; & nous, nous le croyons tout simplement, parce que l'Ecriture qui renferme les paroles de J. C. & des Apôtres nous le dit. Au reste, qui a dit au Docteur Bury, que les Apôtres, que les premiers Chrétiens, que ces trois mille hommes, & que l'Eunuque d'Ethyopie ne croyoient pas en la Divinité souveraine de J. C. & qu'on n'eut aucun soin de les instruire sur ce point ? Et s'il est vrai qu'on regardoit les hommes dont parle S. Justin, comme des Chrétiens ; ne pouvons-nous pas dire aussi qu'on les consideroit comme des Chrétiens hérétiques, de la maniere que nous considerons les Lutheriens, les Calvinis-

Dialog. cont. Triphon.

tes, & les Sociniens ? & si on ne leur disoit *pas des injures*, comme il le dit, c'est que les injures ne servent de rien pour convertir les cœurs, & désabuser les errans.

Bury ajoute que c'est la chaleur des disputes & des partis qui se sont formez dans l'Eglise sur les matieres de la Trinité, & de la divinité de J. C. qui ont fait paroître ces questions comme importantes: Quoiqu'il s'agisse ici, dit-il, de la Nature divine, il ne s'ensuit pas que tout ce que l'on en dit soit important. Constantin jugea d'abord que la querelle d'Alexandre Evêque d'Alexandrie, & d'Arius n'étoit que sur une question folle; & Leonas que Constance avoit envoyé pour présider au Concile de Seleucie, après avoir ouï les contestations des Evêques, refusa d'y assister plus long-tems, & dit à ceux qui le pressoient de

Socrate l. 2. c. 40.

continuer ses séances: *Allez jaser dans l'Eglise, & ne m'importunez plus.* Si bien, qu'au rapport de notre Anglois, le zele d'Alexandre, d'Osius, & de tous les Prélats qui se sont trouvez aux Conciles d'Alexandrie, de Nicée, &c. n'est qu'un emportement ou qu'une querelle faite à plaisir; que leur foi sur la Divinité souveraine de J. C. n'est qu'une opinion folle; que toutes leurs décisions sur cette importante matiere ne sont que des jargons qu'eux & les autres n'entendoient pas; & cela, parce qu'un Empereur qui n'étoit pas encore parfaitement instruit, & qu'un Seigneur d'une Cour Arienne, & qui avoit bien d'autres pensées en tête que celle de la Religion, les ont taxez ainsi, & encore sur le rapport d'un Auteur suspect. Oui suspect; il y a bien de l'apparence que Constantin, de la sagesse & de la Religion duquel on ne peut douter, ne l'a pas ainsi écrit, & qu'Eusebe de Cesarée qui nous rapporte cette Lettre, pourroit bien l'avoir accommodée à ses préjugez sur l'Arianisme; du moins peut-on croire qu'Eusebe de Nicomedie aura lui-même fourni la substance de cette Lettre, pour se vanger comme bon ami d'Arius, du Patriarche d'Alexandrie.

La seconde preuve, continuë cet Auteur, de la folie de ceux qui recherchent curieusement ce qu'ils ne peuvent sçavoir, c'est la grande inutilité de ces recherches; puisqu'après qu'ils se seront bien fatiguez dans ce travail, ils n'y comprendront encore rien; & que l'Ecriture nous avertit qu'il y avoit certaines choses touchant le Messie, qu'on ne pourroit point sçavoir, comme sa génération éternelle: *Generationem ejus quis enarrabit?* dit Isaïe; & que les Evangelistes qui nous parlent de sa genealogie temporelle, ne nous disent rien de sa generation éternelle; pour nous apprendre que ce sujet n'est pas proportionné à la portée de nos esprits.

Bury se trompe, ou veut nous tromper en parlant ainsi, puisque si S. Matthieu nous a décrit la generation temporelle de J. C. Saint Jean

Evan. c. 1.

n'a pas manqué de nous décrire sa generation éternelle autant qu'elle peut être dépeinte.

L'Auteur ajoute quelque chose de plus violent; que ces disputes qui avoient troublé l'Eglise Grecque pendant plus de cent cinquante ans

finirent enfin par une décision auffi bouruë, qu'étoient obfcures les
raifons que les parties apportoient pour & contre. Cette décifion qu'il
veut appeller bouruë, eft que l'Empereur Theodofe le Grand impofa
filence aux Ariens & aux autres ennemis de la Trinité ; qu'il auto-
rifa les Orthodoxes, & qu'il déclara qu'il vouloit qu'on ne s'oppofât
plus à la Doctrine des Evêques de Rome, & d'Alexandrie.

Si bien que fi nous voulons ajouter foi à ce Docteur, la foi de Nicée,
& que l'Eglife de Rome a toujours tenuë fur la Divinité éternelle de
J. C. n'a pas été fondée fur l'Ecriture Sainte ; mais fur la fantaifie bouruë, violente & imperieufe du Grand Theodofe.

L'Auteur rapporte une troifiéme raifon pour nous perfuader qu'il y
a de certaines chofes en J. C. que nous ne fommes pas obligez de fçavoir, & que nous ne devons pas approfondir ; fçavoir, qu'il eft très-
dangereux pour nous de vouloir l'entreprendre, parce que nous pouvons nous y tromper, & que nous n'avons point de fondement certain fur lequel nous puiffions nous appuyer. Les deux partis, dit-il,
fçavoir les Orthodoxes & les Ariens, prétendoient que l'Ecriture &
toute l'Antiquité étoient pour eux, & fe prévaloient les uns contre
les autres des décifions des Conciles : mais inutilement, parce que
s'il y en a qui ont été favorables aux Orthodoxes, il y en a auffi qui
l'ont été aux Ariens. Si nous objectons à Bury que le parti oppofé
aux ennemis de la Trinité a la poffeffion pour foi, & une poffeffion
de plufieurs fiecles, appuyée d'une fentence définitive & contradictoire ; il répond que fi l'on examine la maniere felon laquelle cette
fentence a été renduë, & comment les Orthodoxes ont prévalu fur
leurs adverfaires, on trouvera des raifons fuffifantes pour appeller
de cette Sentence & pour fe mocquer de la prefcription, ce qu'il
prétend prouver par l'hiftoire qu'il fait à fa maniere, des conteftations qui fe font faites à ce fujet.

C'eft-à-dire que fi nous voulons donner dans fes idées, nous renouvel-
lerons les broüilleries, & les prétentions des Ariens & des autres ennemis de la Trinité, & de la divinité de J. C. & même que nous leur
donnerons gain de caufe, comme ayant tout le bon droit, & comme
n'ayant perdu leur procès que par la violence que les Papes, les Empereurs, les ignorans (ce font fes paroles) ont exercées contr'eux ; ou
du moins, comme il le confeille, on laiffera les deux partis en paix
fur leurs opinions, d'autant que les Athanafiens n'étoient hérétiques
qu'en Logique, & non pas en Religion, & que les Ariens n'étoient
point hérétiques, parce qu'ils faifoient profeffion de croire tout ce que
J. C. & fes Apôtres avoient dit de lui : & que fi ces Apôtres concilioient de certaines expreffions qui fembloient favorifer la Divinité fuprême de J. C. avec d'autres qui la combattoient, ils ne les
concilioient que felon les regles & la coutume que tous les hommes
approuvent, d'autant qu'il eft fort ordinaire, felon les regles de la
Rhétorique, de parler en termes exceffifs de ceux en l'honneur de
qui on écrit, & jamais d'extenuer les chofes.

C'eſt-à-dire que les Evangeliſtes n'ont donné la qualité de Fils de Dieu à J. C. que par un tour de Rhétorique, pour le flater & pour le loüer à outrance, au préjudice de ce qu'ils devoient à Dieu, & pour s'efforcer de nous ſéduire.

Sur ce fondement, ajoute-t-il, les Ariens croyoient qu'il étoit plus raiſonnable d'entendre les expreſſions qui égalent la perſonne de J. C. à ſon Pere par rapport à celles qui le font inferieur, que d'expli-quer celles qui le font inférieur par celles qui le font égal à Dieu. C'eſt là le chemin le plus ſûr; & cela ſuffit pour la fin pour laquelle ſeule Dieu demande la foi de nous, c'eſt-à-dire l'obéïſſance à ſes commandemens.

J'en demeure là, c'en eſt aſſez pour faire ſentir le Socinianiſme du Docteur Bury, qui ſur ce ſujet a eu ſes partiſans & ſes admirateurs en Hollande auſſi-bien qu'en Angleterre; mais l'Univerſité d'Oxfort ne penſa pas comme eux : elle fut ſi ſcandaliſée de ce livre, qu'elle fit un decret le 19. Aoûſt 1690. pour le cenſurer, comme contenant des héréſies capitales contre l'Ecriture ſainte, contre le Concile de Nicée, contre la foi de ſaint Athanaſe, &c. que cette Univerſité fait profeſſion de ſuivre avec tous les Orthodoxes. Ce decret défend aux écoliers de lire le livre en queſtion, le condamne à être brûlé par main infâme, & exhorte ceux à qui l'éducation de la jeuneſſe eſt commiſe, à la porter à croire ſincerement les dogmes que l'Auteur y attaque.

P. 441. Ce decret ne fut pas reçû univerſellement. M. le Clerc l'Avocat des Sociniens dit que les procedures de ce decret ont été fort irregulieres, & qu'un ami de Bury entreprit l'année d'après d'en faire voir l'inju-ſtice, & montra : 1°. Qu'il n'avoit été donné qu'à l'inſtance de quel-ques jeunes Maîtres ès Arts qui n'avoient pas été contens de Bury, ſur quelques châtimens qu'il avoit été obligé de faire pour remplir les devoirs de ſa charge. 2°. Que ce n'eſt pas d'aujourd'hui que les Docteurs d'Oxfort font des cenſures mal à propos & outrées. 3°. Que Bury n'eſt rien moins qu'Arien ou Socinien, puiſqu'il reconnoît la divinité éternelle de J. C. 4°. Que tout ce dont on peut l'accuſer, c'eſt de nier que la connoiſſance de cet article ſoit abſolument neceſ-ſaire à ſalut; ce qu'il ne deſavoüe pas, puiſque ſi c'eſt une héréſie, elle lui eſt commune avec pluſieurs d'entre les Peres les plus zelez pour l'Orthodoxie, comme ſaint Hilaire qui dit : *Non per difficiles nos*

S, Hil à la fin du X. L. de la Trinit. *Deus ad beatam vitam quæſtiones vocat ... In abſoluto nobis ac facilè eſt æter-nitas. Jeſum ſuſcitatum eſſe à mortuis, per eum credere, & ipſum eſſe Do-minum confiteri, &c.*

Nous répondons à M. le Clerc que les raiſons qu'il apporte pour la juſtification de ſon ami Bury doivent paſſer pour des ſuppoſitions que ſon Univerſité ne lui paſſera pas, & que quand au paſſage de ſaint Hi-laire, nous diſons que quand Buri aura ſouffert la perſecution pour ſoutenir la divinité ſouveraine de J. C. qu'il aura fait des livres pour la prouver, & pour l'infinuer aux autres; s'il lui échape de dire dans ces livres ce qu'il fait dire à ce Saint, nous ne l'acculerons pas pour cela d'être l'ennemi des myfteres de la Trinité & de l'Incarnation; mais nous avons lieu de croire qu'il n'en viendra jamais là.

Devant & après ce livre il y en a beaucoup d'autres qui ont paru & fait beaucoup de bruit en Angleterre, & qui ne font pas moins favorables aux Sociniens.

Comme un Ouvrage de M. *Vhifton*, qui pour autorifer fon Arianifme s'appuye de l'autorité de Novatien, qui ne fut rien moins qu'Arien.

Le Traité Philofophique & Theologique fur le mot de la Trinité fait par Glandon Avocat, où cet Auteur parlant des divers fens du mot de Perfonne, fe perd dans fes raifonnemens hardis, & établit le pur Sabellianifme; auffi le Parlement de l'an 1710. l'entreprit.

Un nouveau livre Anglois intitulé *Les droits des Eglifes Chrétiennes*. Ce détestable livre que l'on a réimprimé depuis peu, n'est que le réfultat des conférences d'une faction d'impies, que l'on appelle à Londre le *Kit katclud*. Ces Meffieurs ne reconnoiffent point d'autre Religion que la naturelle; ils fe moquent de la Religion revelée comme d'une fiction adroitement inventée pour tenir les hommes dans la dépendance. Il est vrai que plufieurs fçavans Epifcopaux ont déja répondu à ce livre, & qu'il y a une réponfe in 4°. de plus de 500 pages, & qui a pour titre *Les droits des Eglifes Chrétiennes défendus contre le libelle d'un Anonyme*. L'Auteur de cette réponfe est un Docteur de Cambridge.

Un livre de *Tollandus* qui a pour titre *Adeifidimon, & erigo Judaïca*. Cet ouvrage ne femble être fait que pour renverfer toutes les Communions Chrétiennes, pour broüiller toutes les idées qu'elles ont de la Divinité, & pour ne point admettre d'autre Dieu que la nature & la machine du monde müe méchaniquement & aveuglement par ellemême, & fans le fecours d'une intelligence agiffante. C'est là, au dire de l'Auteur, le Createur de toutes chofes; c'est leur premier principe & leur derniere fin, c'est là la feule Religion qu'il faut fuivre; ce font là les loix de la nature, &c.

Je fçai bien que les Sociniens ne vont pas fi loin, & qu'ils n'ont pas encore fait de fi belles découvertes par leurs raifonnemens humains, & par leur grande maxime de ne rien admettre fur le fait de la Religion, que ce qui frappe leurs fens, & que ce qui est conforme à leur goût; mais on ne peut douter que ce livre ne les autorife beaucoup dans quelques-uns de leurs dogmes. Au reste, il prouve affez bien, auffi-bien que celui *des droits des Eglifes, &c.* qu'on a en Angleterre une grande liberté d'écrire contre les premiers principes de la Religion Chrétienne; qu'on y porte la tolérance des Religions à tout excès, & que toute créance y est bien reçüe, quelque monftrueufe qu'elle foit.

Ce fait est encore plus certain par la conduite que les Anglois aussi-bien que les Hollandois ont tenuë à l'égard d'une lettre qui parut en 1689. in 12. de 96 passages, intitulée *Epistola de tolerantia ad clarissimum virum*. A peine parut-elle, que ces deux Nations la traduisirent en leurs langues, & lui donnerent de grands éloges. Neanmoins cette piece, qui n'est que pour maintenir la tolérance de toutes sortes de Religions, établit pour premiers principes, que l'Eglise est une societé libre de gens qui se joignent ensemble de leur bon gré pour servir Dieu publiquement, & comme ils croyent qu'il le faut faire pour être sauvé. Sur cette définition l'Auteur établit les devoirs d'un chacun à l'égard de la tolérance. Et à la fin de sa lettre, où il traite de l'hérésie & du schisme, il dit que l'hérésie n'a lieu qu'entre ceux qui connoissent la même regle de leur foi & du culte divin : & que ceux-là generalement parlant sont les seuls hérétiques qui se separent de la Communion des autres qui sont de la même Religion qu'eux, à cause de quelques dogmes qui ne sont pas contenus dans leur regle commune ; & que parmi ceux qui reconnoissent l'Ecriture sainte seule pour cette regle, ceux-là particulierement sont hérétiques qui se separent des autres pour quelques dogmes qui n'y sont pas contenus en termes formels. De là il conclut que les Protestans ne peuvent se separer legitimement de ceux, quels qu'ils soient, qui reçoivent la seule Ecriture pour leur regle.

Sur cette décision si universellement reçuë en Angleterre & en Hollande, les Sociniens de ces païs sont hors d'atteinte d'être hétérodoxes, & même en droit de se dire les seuls Orthodoxes, puisqu'ils n'ont point d'autre regle que la seule Ecriture, & que ce ne sont point eux qui se separent des Protestans, mais les Protestans qui se separent d'eux.

Que si quelqu'un, ajoute l'Auteur, croit qu'il lui est permis de faire pour regle les conséquences qu'il tire des saintes Ecritures, il faut qu'il accorde aux autres là même liberté : car il seroit ridicule, par exemple, aux Protestans de vouloir être les seuls Interpretes des Ecritures, & de vouloir contraindre les autres Communions d'admettre leurs interpretations, puisque Dieu n'a promis l'infaillibilité ni aux Protestans ni aux autres.

Bibl. univ. t. 15. p. 411   M. le Clerc conclut après avoir bien raisonné sur cette méthode, que le nombre des hérétiques est bien plus petit que ne pensent les personnes qui n'ont jamais bien examiné cette matiere ; & que l'hérésie se trouve du côté de ceux qui s'imaginent le moins d'en être coupables ; c'est-à-dire que l'hérésie est du côté de toutes les Communions qui se separent des Sociniens ; digne conséquence d'un homme comme M. le Clerc, qui est pour la tolérance de toutes sortes de Religions, comme il paroit par ce qu'il dit à la page 364 & les suivantes du 19. tome de sa Bibliotheque universelle. Je passe au Socinianisme de la Hollande.

CHAPITRE

CHAPITRE XXX.

Le Socinianisme en Hollande, & les efforts que les sept Provinces Unies ont faits pour l'empêcher de s'introduire chez elles.

NOus avons déja parlé des efforts que les Anabatistes & même quelques Sociniens ont faits pour s'introduire dans la Hollande, & dans les autres Provinces qui lui sont unies, & qui par là ont laissé des sémences de leurs erreurs; semences qui se sont si bien multipliées, qu'il a été impossible à la sagesse des Etats Generaux de les extirper, quelques Edits qu'ils ayent faits pour cela.

Ils commencerent dès l'année 1585. à faire la guerre aux Sociniens au sujet d'*Erasme Jean* Recteur du College d'Anvers. A peine eut-il publié un ouvrage où il ne mit pas son nom, & qui a pour titre: *Antithesis doctrina Christi, & Antichristi de uno vero Deo*, qu'on le força de sortir du païs. L'année d'après Zanchius refuta ce livre.

La seconde procedure des sept Provinces contre les Socininiens, est celle des Magistrats d'Utrecht contre *Corneil Daems* Jurisconsulte de Malines. Ils n'eurent pas plûtôt appris que cet homme s'étoit transporté de Targou, lieu de sa résidence, pour venir en leur ville y répandre quelques Traitez de Fauste Socin, encore en manuscrits, qu'ils voulurent l'arrêter, & ils l'auroient fait s'il n'eut pris la fuite, leur laissant ses papiers qui quelques mois après lui furent rendus par la complaisance des nouveaux Magistrats.

La troisiéme procedure fut celle des Magistrats d'Amsterdam. Instruits qu'*Ostorode* & *Vaidove* étoient venus en 1598. de Pologne en leur ville avec quantité de livres sociniens imprimez & en manuscrits qu'ils commençoient de traduire en Flamand, se saisirent de tous ces écrits, les envoyerent à l'Académie de Leyde, & de là aux Etats Generaux. L'Académie fit une rude censure à ces deux Sociniens, & leur commanda de se retirer. Les Etats Generaux allerent plus loin: sur le jugement des Theologiens de Leyde qui portoit que ces écrits ne différoient guéres du Mahometisme, & qu'ils contenoient des blasphêmes qui ne pouvoient guéres être tolerez parmi les Chrétiens sans une extrême impieté. *Scripta ista ad Turcismum proximè accedere, & veram æternamque deïtatem Christi Filii Dei, & Spiritus Sancti; officium Christi, beneficia ejus salutaria, & baptismi sancti institutionem & nostrum religiosum erga eum officium evertere, & similia multa adeo blasphema, ut sine gravissima impietate nec in vulgus spargi, nec inter Christianos ferri possint, continere:* Les Etats Generaux, dis-je, sur ce jugement ordonnerent que tous ces écrits seroient brûlez en présence d'Ostorode & de Vaidove, & que ces deux personnages se retireroient hors des Provinces Unies dans dix jours. On verra dans

Tiré de Gisb. Disp. t. 3. p. 811.

Hoornbuck Appara. ad Tra. Socin. p. 98.

T

le chapitre de Vorstius la sage conduite que les Etats tinrent à l'égard de ce Professeur Socinien, vers les années 1611. & 1612.

La quatriéme procédure fut celle que l'on fit en 1627. à l'égard d'*Adolphe Venator* Ministre d'Almaer ; il fut relegué dans une isle pour avoir fait un ouvrage qui sentoit le Socinien, *Quod perinta Sarmatica superet.*

On peut dire que la cinquiéme procedure contre les Sociniens de Hollande fut celle que les Synodes des sept Provinces ont tenu à leur égard. En 1628. ils presenterent une Requête aux Etats de la Province de Hollande, où ils les animerent par plusieurs raisons à ne les point tolerer, & où ils exposerent entre autres choses, qu'en les tolérant on rendoit puante à toute la Chrétienté la République des Provinces Unies. Cette Remontrance fut imprimée & refutée. Ceux qui la refuterent répondirent à cette raison particuliere, qu'il falloit donc que

la Pologne fut extrêmement puante, puisqu'elle accordoit la liberté de Religion aux Sociniens. Voëtius répondit à cette réfutation, & nia que la Pologne leur eut jamais accordé cette liberté, & qu'elle montra bien le contraire par les mauvais traitemens qu'elle leur fit. *Sed insolites illi historici perperam præsupponebant Regis & Regni concessionem, quæ nulla erat, nec unquam fuerat, & paucis annis post satis ostendit Regnum Polonicum, quid istic libertatis cuivis sectæ, & inter eas Socinianæ concessum sit. Quærunt modo ex fratribus suis Sartorio, J. Slincheingio, aliisque, quo loco nunc sit libertas ipsorum.*

Toutes ces précautions n'empêcherent pas que le mal ne s'augmentât à l'excès, comme il paroît par une lettre de 1638. que le Prince de Transilvanie intercepta ; par laquelle le Socinien *Jean Sartorius* qui demeuroit à Amsterdam, faisoit sçavoir à *Adam Francus* Ministre de Clausembourg, qu'il y avoit en Hollande beaucoup de gens de leur parti. *Magnam in his terris Socinianorum messem esse.*

Ce fut dans le dessein d'arrêter cette licence que le Magistrat d'Amsterdam condamna au feu quelques écrits de *Volkelius* l'an 1642. comme nous le dirons en parlant de ce Socinien.

Les Synodes renouvellerent leur zele en 1653. & voulurent se servir d'autres remedes que ceux qu'on avoit jusqu'alors apportez contre les Sociniens. Ils envoyerent leurs Députez vers les Etats de Hollande, pour leur remontrer, 1°. Que les sectateurs de Socin, gens qui renversoient tout le Christianisme, la resurrection des morts, l'esperance de la vie éternelle, &c. osoient venir dans les Provinces Unies, & particulierement en Hollande, pour y pervertir les Fideles & pour y déchirer l'Eglise. 2°. Qu'on sçavoit assez le zele que les Ragotski avoient fait paroître contre les hérétiques dans la Transilvanie ; ce qui avoit été décreté contre eux en Pologne en 1638. & qu'en 1647. on les avoit chassez de la Pologne, & qu'on avoit ruiné leur Temple, leur Bibliotheque, & leur Imprimerie, parce qu'ils avoient sous la presse un livre très-scandaleux contre le mystere de la Trinité, intitulé: *Tormentum Throno Trinitatem deturbans.* J'ai déja parlé de cette affaire. 3°. Que les Etats generaux procederent vigoureusement contre eux en 1598. 4°. Qu'en 1639. par la suggestion de l'Ambassadeur d'Angleterre, toutes les Provinces furent averties de l'arrivée de quelque Sociniens, & exhortées de prévenir tout de bon le mal par leurs Decrets. 5°. Qu'en 1640. les Etats d'Hollande notifierent au Synode d'Amsterdam leur résolution qui portoit que, pour ce qui est de la proscription des Sociniens & de leurs Livres, on en ordonneroit ce qui seroit necessaire tout aussi-tôt qu'on sçauroit plus exactement l'état de la chose. 6°. Que les Etats Generaux avoient ordonné le 17 Juillet 1641. conformément à l'avis des Etats de la Province de Hollande donné le 12. Avril précédent, que l'insolence des sectaires fût réprimée de la bonne sorte, & qu'on publiât de bons Edits contre les Livres des Sociniens, &c. *Decretum est ut non tantum protervia & insolentia sectariorum ut oportet corrigatur, sed & idonea edicta adversus omnia gravia peccata, scandalosos libros, & scripta Sociniana & similia publicentur & proponantur.*

Cotceius rep. ad e-quitis Pol. Apologiam,

Ces Députez ajouterent qu'il étoit manifeste que ces hérétiques redoient en ce pays, qu'ils s'efforçoient d'y gagner des Sectateurs, & qu'ils répandoient plusieurs mauvais Livres, qu'ils étoient les plus dangereux ennemis que l'Eglise pût avoir, puisqu'outre qu'ils sont rusez & dévots en apparence, ils proposent une Doctrine qui ne passe pas la portée de la raison. Enfin ils finirent en suppliant très-humblement leurs illustres Seigneuries d'aller de bonne heure au devant du mal, de proceder contre les Sociniens, & d'interdire leurs Conventicules & leurs Livres, & en témoignant que l'on esperoit qu'enfin ils executeroient les Ordonnances déja données. *Rogant ... ut huic malo in tempore obviam eatur, ut in personas statuatur, ut conventicula ipsorum & libri prohibeantur, ut Prela & Typographia isto stercore non contaminentur, & officina tam damnosa merce vacuentur.*

Cotceius.

Les Etats de Hollande communiquerent à la Faculté de Theologie de Leyde cette Requête synodale & lui en demanderent son sentiment La Faculté répondit qu'il ne se pouvoit rien voir de plus horrible ni rien de plus abominable que la secte Socinienne, qu'elle ne differoit que très-peu du Paganisme, qu'il étoit certain qu'elle se glissoit dans le Pays, & qu'il falloit prier Dieu d'inspirer au Souverain une ferme & sainte résolution d'éloigner tous ces blasphèmes, & d'abolir de si méchans Livres. *Nihil execrabilius, & magis horrendum ista haresi excogitari potest ... Nihil aut parum differt à Paganismo ... Consilium sapiens, utile avertendis omnibus blasphemiis, & abolendis tam noxiis libris, &c.*

Il n'en fallut pas davantage pour porter les Etats à faire un Edit par lequel ils défendirent à toutes sortes de personnes, de quelqu'état ou condition qu'elles fussent, de porter aucune des hereses Sociniennes dans le pays, ou de les communiquer à d'autres, & de tenir pour cet effet aucune Assemblée: déclarerent que tous les contrevenans se-

roient bannis la premiere fois de la Province, comme des blasphemateurs du Nom de Dieu, & des perturbateurs du repos public, & qu'en cas
de récidive ils seroient punis comme on le trouveroit a propos. Défendirent aussi sous de grieves peines l'impression & le débit des Livres
Sociniens, & enfin ils ordonnerent que cet Edit fût publié & affiché
par tout où besoin seroit, afin que personne n'en prétendît cause d'ignorance. Tel fut leur Decret du 19. Septembre 1653. le Sénat d'Utrecht
en fit autant en 1655. mais tous ces Edits ne servirent de rien, le Socinianisme eut son cours, & est devenu puissant en Hollande pour des
raisons qui feront le sujet du Chapitre suivant.

CHAPITRE XXXI.

Les Provinces Unies infectées du Socinianisme, & pourquoi.

TOus ces Edits étoient judicieux, salutaires, & digne de la prudence des Etats Generaux, des Magistrats qui gouvernent les Villes des sept Provinces, & des Universitez à qui ces Etats ont confié le
dépôt de leur créance ; mais le point étoit de les mettre en execution,
& de ne s'en point départir. C'est ce que l'on ne fit pas, ou parce que
les Sociniens répliquerent à tout ce que l'on avoit fait & dit contre
eux, ou parce que Dieu, dont les jugemens sont justes & impénétrables, a voulu permettre qu'une République qui avoit aboli sa Religion pour recevoir toutes celles qui lui étoient opposées, & souvent
pour la seule raison qu'elles lui étoient opposées, fût infectée de celle
qui étoit & même qui lui paroissoit la plus dangereuse & la plus abominable, ou parce qu'elle avoit déja autorisé par ses loix certaines
Assemblées & Communions dont les dogmes & les maximes ne different pas beaucoup des sentimens des Sociniens, ou enfin parce que le
mal étoit déja trop grand par la perversité & par la corruption de
beaucoup de Ministres & de Sçavans, dont je parlerai dans la 2. partie.

1°. Je dis que ces Edits n'eurent pas d'effet, parce que les Sociniens
répliquerent à ce que l'Université de Leide, les Députez des Synodes,
& les Magistrats avoient écrit, dit & fait contr'eux. Ce fut le Chevalier
Jonas Slichtingius une de leurs meilleures plumes, qui en 1654. produisit une Apologie pour ses Freres en Christ, adressée à leurs Hautes
Puissances de Hollande & de Westfrise, sous ce titre : *Apologia pro
veritate accusata ad illustrissimos & potentissimos Hollandiæ & Westfrisiæ
ordines conscripta ab Equite Polono.*

Cette piece est assez bien écrite ; toutes les souplesses de l'art y sont
observées, il y regne par-tout un grand air de modération, avec
la hardiesse artificieuse de nier les accusations. L'Auteur s'y sert des
mêmes raisons generales que Tertullien a employées dans son Apologétique, & Calvin dans la Lettre dédicatoire de ses Institutions.

Il y avoit bien des faits dans la remontrance des Députez qui n'é-
toient pas certains ; aussi le Chevalier ne les laissa pas sans réplique.
Il y soutient que les Ragotskis n'avoient jamais persecuté les Sociniens, & même qu'ils les avoient toujours maintenus dans le libre exercice de leur Religion , & qu'ils les y maintenoient encore : qu'il ne falloit pas tirer avantage des vexations ausquelles les Sociniens étoient
exposez en Pologne, ni de la démolition du Temple de Racovie ; puisque les Evangelistes y souffroient les mêmes traverses , & que deux
ans après ils reçurent à Vilna un traitement tout semblable à celui de
Racovie , & pour le même sujet : qu'il n'étoit pas vrai que la disgrace
de Racovie eût été fondée sur l'impression d'un Ouvrage dont le titre
étoit outrageux à la Trinité, ce qu'il prouve par le Decret même de la
Diete qui ne parle en aucune maniere de ce Livre, & qui n'auroit pas
manqué de le rapporter si c'eût été sa raison ou une de ses raisons pour
punir ainsi les Sociniens. Il ajoute que Jean Léti est le seul qui ait parlé de l'impression de ce Livre, & qu'il n'a pas dit que cette impression
ait été la cause de la ruine de leur Ecole & de leur Imprimerie.

Le Chevalier n'en demeura pas à la réfutation de ces faits : comme
on accusoit ses Freres de détruire la résurrection des morts & l'espé-
rance de la vie éternelle , & de nier la vie de l'ame séparée du corps ,
& la résurrection des impies ; il soûtint qu'en cela on ne leur rendoit
pas justice, & même qu'on les calomnioit. *Quis non capiat animas*
etiam corporibus carentes , vivere , agere intelligere , Dei conspectu & gau-
dis cælestibus perfrui ; pro nobis adhuc in corpore , tanquam carcere agenti-
bus Deum orare , nostrique curam gerere ? quis non pedibus in hanc senten-
tiam eat ? Nos animarum , quandiu sine corporibus sunt , statum Deo reliqui-
mus , certissima fide quæ propria Christianorum est , mortuorum resurrectionem
complexi . . . Negare nos aiunt impiorum resurrectionem : nos verò cum Apo-
stolo spem habemus in Deo , resurrectionem fore mortuorum , justorum & in-
justorum , justorum ad vita æterna gaudia , injustorum ad ignis æterni sup-
plicia.

Cet aveu fut un grand rabat-joye aux Députez des Synodes. Cocceius
qui , en 1656. voulut répondre à cette Apologie , passa sous silence les
deux premiers faits que nioit le Polonois ; pour le troisiéme, il se contenta de dire qu'au tems de la déroute de Racovie le bruit couroit
que les Sociniens avoient sous la presse le Livre en question, *Tormen-*
tum Throno Trinitatem deturbans , & ne dit rien sur l'aveu que le Socinien faisoit de la résurrection des morts , &c. Ainsi cette Apologie demeurant sans bonne réplique , il y a apparence qu'elle fit assez d'impression sur les esprits amateurs des nouveautez en matiere de Religion, & qui étoient alors en grand nombre en Hollande, pour que les
censures de Leyde, les remontrances des Synodes, & les Edits des Magistrats n'eussent pas le succès qu'ils devoient avoir.

Au reste , nous pourrions bien nous persuader , sans neanmoins
vouloir approfondir les jugemens de Dieu, que cette heresie ne s'est

répanduë & fortifiée dans la Hollande que pour la punir d'avoir donné dans toutes les nouveautez, jusqu'à bannir la Religion Romaine préferablement à toute autre.

Pour comprendre cette raison, il faut dire ici qu'en 1572. on établit dans les Provinces confederées, pour seule Religion publique, celle qui étoit reçuë à Genève, dans le Palatinat, & dans les Eglises Prétenduës Reformées de France, avec cette différence, que dans Genève & que dans les Cantons où ceux de la Religion de Calvin sont les Maîtres, on ne souffre l'exercice d'aucune autre Religion, non pas même l'habitation dans toute l'étenduë de leurs terres, à ceux qui en professent une differente, & que les Provinces confederées nonseulement permirent l'exercice de toutes sortes de Religions, mais encore qu'elles rejetterent comme tyranniques toutes les loix qui prescrivoient l'uniformité de sentimens sur ce sujet, & leur attribuerent le nom d'Inquisition, nom si odieux parmi eux.

Cette liberté de conscience fut maintenuë par le Prince d'Orange, & par la paix de Gand en 1576. par l'accord public & particulier qui fut fait sur ce sujet avec le Prince Matthias Archiduc d'Autriche, & par l'Union d'Utrecht en 1579. où les Etats assemblez firent une nouvelle union qui leur a donné le nom de Provinces Unies, & dont le 13. article porte précisément que, quant au point de la Religion, ceux de Hollande & de Zelande s'y comporteront comme bon leur semblera; & qu'à l'égard des autres Provinces renfermées dans cette union, elles pourront se gouverner sur ce fait selon le Placard de l'Archiduc Matthias Gouverneur General des Pays-bas, émané par l'avis du Conseil d'Etat & des Etats Generaux, touchant la liberté de Religion: ou bien elles pourront, soit en general, soit en particulier y mettre tel ordre & tel reglement qu'elles jugeront à propos pour leur tranquilité & pour celle des Villes & des membres en particulier tant ecclesiastiques que séculiers, & pour la conservation de leurs biens, droits, & autres prérogatives, sans que nulle autre Province puisse sur cela leur faire aucun trouble, demeurant un chacun libre sur sa Religion, selon la pacification de Gand; ce qui fut maintenu par plusieurs Traitez qui ont été faits depuis avec differentes Villes des Pays-bas jusqu'en 1583.

La liberté de conscience que l'on avoit donnée aux Catholiques par la paix d'Utrecht en 1579. paroissoit d'autant plus raisonnable & solide que l'union se faisoit entre les Provinces Catholiques & les Provinces qui s'étoient déclarées pour la prétenduë Réforme de Calvin. Néanmoins nonobstant cette déclaration, quoique confirmée par la paix de Gand, & établie sur la bonne foi dont les Etats generaux font tant d'ostentation, il fut arrêté en 1583. qu'on banniroit la Religion Romaine des Provinces Unies & qu'on ne souffriroit que la Réformée, Ordonnance qui fut faite d'un consentement unanime de ceux qui composoient les Etats Generaux. Il y eut même un Ministre nommé

Majeure
François
s. 5.

Pierre d'Athenus, qui, indigné que par la pacification de Gand on laif-
fât libre l'exercice de la Religion Romaine, eut l'infolence d'accufer
d'Atheïfme le Prince d'Orange, comme s'il eut voulu conniver à la
Religion Romaine. Cette Ordonnance de 1583. fut principalement
faite à la follicitation de la Hollande, & même les Prétendus Reformez qui faifoient le plus gros parti dans Utrecht avoient dès l'année 1580. ordonné nonobftant fes Déclarations en faveur des Catholiques de leur Ville, que les Eccléfiaftiques changeroient leurs habits
ou qu'ils en prendroient de conformes au commerce du monde. Il fut
inutile aux Catholiques de repréfenter qu'ils n'avoient pas pris les armes pour ruiner la Religion de leurs Peres, mais feulement pour défendre leur liberté; on n'eut aucun égard à leurs remontrances, non
plus qu'on en avoit eu aux Traitez fi folemnels, comme étoient ceux
d'Utrecht & ceux de Gand: on leur ôta leurs Eglifes, & on fit un grand
nombre d'Ordonnances contre les Eccléfiaftiques.

Toutes ces Ordonnances auffi-bien que celle de 1583. n'ont eu aucun effet fenfible, fi ce n'eft à l'égard de la Religion Romaine dont
l'exercice public a été abfolument interdit depuis ce tems: car quant
aux autres Religions differentes de la prétenduë Réforme de Calvin,
feule dominante dans les Provinces unies, elles y ont toujours fubfif-
té, & ont une entiere liberté d'y profeffer leurs opinions quelles qu'elles foient; puifque tous fes fectaires y font les bien venus, & qu'ils
y ont la liberté d'y faire leurs affemblées comme les Juifs, les Turcs,
les Perfans, les Lutheriens, les Bewniftes, les Indépendans, les Ar-
méniens, les Anabatiftes, les Mennonites, les Entoufiaftes, les Quoua-
kres ou Trembleurs, les Borreiftes, les Mofcovites, les Arminiens
ou Remontrans, les Ariens, les Sociniens, les Libertins ou Spinofiftes,
& certains que l'on peut appeller les chercheurs de Religion.

C'eft à ce fujet que M. Stouppe nous dit que les Etats Generaux reçurent charitablement tous ces Sociniens bannis de Pologne, & qui
voulurent fe retirer en Hollande. Que c'eft depuis ce tems qu'on les a
vû fe multiplier beaucoup en Hollande, & que même la complaifance
des Etats pour ces malheureux bannis a été fi loin, que par une grace
fpéciale auffi-bien que par une délicateffe de confcience toute extraordinaire, ils leur ont permis, autant pour les fatisfaire que pour favorifer ceux qui voudroient devenir Sociniens, de faire imprimer à Amfterdam les Ouvrages des quatre Docteurs qui fe font le plus diftinguez
dans la fecte; fçavoir, Faufte Socin, Jean Crellius, Jonas Slichtingius, & Loüis Wolzogenius. Si-bien qu'on a aujourd'hui pour cent
francs, & même moins, toute la Bibliotheque des Livres des Freres
Polonois en 8. vol. in folio, dont on n'auroit pas eu la moitié pour
1000 liv. avant cette Edition, ces Livres & mêmes les imprimez étant
devenus extrêmement rares, parce qu'on n'en avoit tiré que très-peu
d'exemplaires, & qu'on les avoit imprimez dans des lieux fort éloignez.

Je fçai bien que le Sieur le Brun Miniftre à Nimegue & depuis à

Groningue, dans un Livre qu'il a fait contre les Lettres de M. Stouppe, & qu'il a intitulé : *La veritable Religion des Hollandois, avec une Apologie pour la Religion des Etats Generaux des Provinces Unies, &c.* ne convient pas que la Bibliotheque des Fr. Polonois ait été imprimée par l'autorité des Etats, parce que ces Etats ne se mêlent guéres du Gouvernement d'Amsterdam, & même que cette Bibliotheque a été imprimée en cachete. C'est ce dont plusieurs ne conviennent pas, & qu'on a peine à croire. Au reste, quand on en conviendroit, pour ne le point tant chagriner, il est certain que les Etats Generaux & que les Magistrats d'Amsterdam ne peuvent pas ignorer qu'on a vendu, & que l'on vend encore hautement & impunément cette Bibliotheque, & qu'ils n'ont jamais eu assez de zele pour en supprimer l'Edition, & encore moins peuvent-ils ignorer que les Sociniens vivent chez eux dans une entiere liberté de conscience, sous la protection des Loix qui autorisent les Anabatistes, les Mennonites, les Arminiens, & les Cocceiens. C'est ce qu'il nous faut voir.

CHAPITRE XXXII.

Les assemblées secrettes & publiques que font les Sociniens dans les Provinces confederées.

LEs Sociniens autorisez par le silence affecté des Magistrats des Provinces Unies, & par la complaisance qu'ont ces Messieurs pour tous les sectaires ennemis de la Religion Romaine ; d'ailleurs, se flattant d'avoir beaucoup de religion, ne manquent pas de se trouver à certains jours dans des assemblées pour y faire leurs exercices de pieté; il y en a de deux sortes, les unes secretes, & les autres publiques.

Dans les premieres il n'y a que les Sociniens qui s'y trouvent. Monsieur Stouppe qui en avoit une connoissance assez distincte, dit qu'ils y font des prieres, & mêmes très-ardentes, qu'ils accompagnent de larmes & de gemissemens ; que tous ceux qui s'y trouvent ont la liberté de parler : Qu'un d'entr'eux commence à lire un chapitre de l'Ecriture ; que quand il en a lû quelques versets qui puissent former un sens complet, celui qui l'a lû, ou un autre quel qu'il soit de ceux qui l'ont entendu, dit son sentiment touchant le sens de ces versets : que quoique la plûpart d'entr'eux soient Marchands, Artisans, personnes sans études & même souvent sans lettres, il semble néanmoins qu'ils ayent tous un talent particulier pour l'intelligence & pour l'explication de l'Ecriture Sainte. Il ajoute que leurs conversations sont saintes & sans reproches, autant que les hommes en peuvent juger par ce qu'ils en voyent à l'exterieur ; qu'ils le forment entierement sur les préceptes de J. C. qu'ils prennent peu de soin des choses du monde, qu'ils s'appliquent principalement aux œuvres de pieté, de charité,

Let. 3.

rité, du falut de leurs ames, & à la lecture de la Sainte Écriture, dans laquelle ils font si verfez, qu'on diroit que la plûpart de ceux qui fçavent lire, la fçavent par cœur. Qu'ils fe plaignent fouvent de ce que vivant & fe comportant ainfi, ils font odieux à la plûpart des Chrétiens; qu'ils n'ont point d'autres interêts à foûtenir la Doctri- ne qu'ils profeffent que la perfuafion qu'ils ont de la verité, & le zele de conferver au grand Dieu, le Pere de notre Seigneur J. C. la gloire de fa divinité : qu'ils font confirmez dans leur créance par la lecture de la parole de Dieu & des Livres que l'on a faits contr'eux : ils conjurent le grand Dieu, s'ils font dans l'erreur, de la leur dé- couvrir, afin qu'ils y renoncent & qu'ils donnent gloire à la verité.

Je ne fçai quelles raifons peut avoir M. Stouppe de parler fi avanta- geufement de la prétenduë pieté des Sociniens, fi ce n'eft qu'il étoit Calvinifte, ou que les interêts de la divinité de J. C. ne lui étoient pas à cœur. Nous avons vû que l'Univerfité de Leyde, & que les Syno- des des Provinces Unies, parlant des Sociniens, de leur morale, & de leurs dogmes, ont dit qu'on ne pouvoit rien voir de plus impie, & rien de plus abominable; qu'ils ne differoient guéres des Mahome- tans, & même des Payens; qu'ils étoient des hypocrites & des dévots en apparence; qu'on ne pouvoit les fouffrir fans une extrême im- pieté parler ainfi; c'eft tenir un langage bien different de celui de M. Stouppe.

Les autres affemblées où fe trouvent les Sociniens pour les exer- cices de Religion, font celles des fectes tolerées dans les Provin- ces Unies, comme celle des Anabatiftes, des Mennonites, & des Arminiens ou Remontrans. Nous avons vû dans le Chapitre XXXI. qu'en 1572. on permit dans ces Provinces l'exercice de toutes fortes de Religions, & qu'on rejetta comme tiranniques toutes les loix qui preferivoient l'uniformité de fentimens fur ce fujet. Que cette liberté fut maintenuë par le Prince d'Orange, par la paix de Gand en 1576. par les accords faits avec l'Archiduc Mathias, & par l'Union d'Utrecht en 1579. Nous avons vû ailleurs les complaifances qu'on a eu dans ces Provinces pour les Anabatiftes & Mennonites, depuis qu'ils eurent prêté une fomme d'argent à Guillaume Prince d'Oran- ge. Nous devons ajoûter que c'eft fous la protection de ces loix, que ces fectaires ont une parfaite liberté de faire leurs affemblées religieufes, & que comme ils conviennent en beaucoup de chofes avec les Sociniens, ce que nous avons prouvé en faifant le détail de leurs dogmes, ils les reçoivent fraternellement dans leurs affem- blées & à leur Communion, quand ils jugent à propos de s'y trouver. Cela eft certain fur le témoignage de ceux qui ont con- noiffance de l'Etat de la Hollande.

Cependant ce ne font point ces affemblées où les Sociniens fe trouvent plus volontiers, ce font celles des Arminiens ou Remon- trans. Ces fectaires fe font un point de confcience de confiderer

comme leurs freres en Chrift tous ceux qui conviennent avec eux
de certains articles de doctrine, & qu'ils réduifent à très-peu de
chofes ; & comme les Sociniens conviennent de ces articles, auffi
les Arminiens les confiderent comme leurs freres, & les recoivent
avec joïe dans leurs affemblées ecclefiastiques. Pour donner jour à
ce point d'hiftoire, il faut établir la doctrine des Arminiens.

CHAPITRE XXXIII.

*Les Sociniens font reçûs dans les affemblées des Arminiens, où
l'on donne un abregé de l'hiftoire du Synode de Dordrecht, des
fentimens des Arminiens, & des jugemens qu'en ont fait les
Catholiques, & les Prétendus Reformez.*

L'Arminianifme d'aujourd'hui eft bien different de celui qui a
caufé tant de broüilleries depuis l'an 1609. jufqu'en 1618.
dans les Eglifes Prétenduës Reformées des Païs-Bas. Cet ancien Arminianifme ne confiftoit principalement que dans quelques propofitions, qui régardoient la Prédeftination conditionelle, la Grace
univerfelle &c. & dont Jaque ou Jacob Hermans fut le Promul-
gateur.

Arminius.   *Jacob Hermans*, fi connu fous le nom d'*Arminius*, vint au monde
en 1560. dans Oudewater fur l'Ifell, doué de tous les talens que la
nature peut donner à un enfant pour en faire dans la fuite un
homme de lettres. Ceux qui eurent foin de fon éducation n'épargnerent rien pour le faire inftruire dans les fciences. Ils l'envoïerent
d'abord à l'Univerfité d'Utrecht ; il en fortit pour aller à celle de
Marpurg, de Marpurg il vint à Genéve pour étudier fous Theodore de Beze ; il en fortit pour aller continuer fes études à Bafle ;
de Bafle il fe tranfporta à Padoüe, & il y prit les leçons du Philofophe Jaque Zabarella qui y faifoit grand bruit par fa maniere
d'enfeigner. Ses études faites, il revint en Hollande ; on le fit Miniftre d'Amfterdam, & c'eft là qu'il jetta les fondemens d'une nouvelle fecte parmi les Calviniftes, par un Livre qu'il fit fur la Prédeftination conditionelle contre *Perkins*, & qu'il intitula : *Examen
Pradeftinationis Perkinfiana*, ou *Examen Libelli Guillelmi Perkinfi de
Pradeftinationis modo, & ordine Analifis cap. 9. ad Romanos. Differtatio
de vero fenfu, cap. 7. ad Romanos.*

Ce livre lui donna lieu d'avoir une conférence fur ce fujet avec
le Profeffeur Junius, qu'il donna au public fous le titre : *amica Collatio*. Ces deux livres lui acquirent affez de réputation pour porter
les Curateurs de l'Univerfité de Leyde à le choifir pour remplir
la place de Profeffeur en Theologie vacante dans cette Académie
par la mort du Profeffeur Junius.

Les Ministres & les Theologiens Calvinistes & Simmistes qui soutenoient la Prédestination & la Réprobation absoluës, avec toutes les conséquences qui suivent de ces dogmes, pour empêcher qu'il ne fût Professeur l'accuserent devant les Etats d'être un Pelagien, un *Socinien*, & de manquer de foi touchant la Procession du Fils de Dieu, la Providence, la Grace, & le libre arbitre. Arminius pour se justifier de ces hérésies alla à la Haïe, & fit voir à MM. les Etats, des témoignages si autentiques de la pureté de ses mœurs & de sa doctrine que l'Eglise d'Amsterdam lui rendoit, que sur ces témoignages il fut jugé innocent des crimes d'hérésie dont ses ennemis vouloient le noircir, & confirmé dans sa charge qu'il exerça paisiblement à Leyde jusqu'au 22. Octobre 1609. tems auquel il mourut âgé de 49. ans.

Sponde 1609. n.9.

Les disputes ne moururent pas avec lui, au contraire elles s'échaufferent encore plus. Les Disciples d'Arminius, dans l'appréhension que leurs ennemis ne les accablassent par leur grand nombre, présenterent en 1610. une Requête aux Etats pour obtenir leur protection ; Requête où ils montroient l'antiquité & l'innocence de la Doctrine qu'ils soutenoient. Le parti opposé y répondit par une contre-Requête, & cet évenement fut cause qu'on donna aux premiers le nom de *Remontrans*, & aux autres celui de Contre-remontrans.

L'année suivante on tint une conférence à la Haïe devant les Etats de la Province, composée de six Théologiens Remontrans parmi lesquels étoit Episcopius, & de six Théologiens Contre-remontrans. Les Remontrans y réduisirent leurs disputes à cinq articles qu'ils expliquerent ainsi.

Les cinq Articles des Remontrans.

1°. Que Dieu par un décret éternel & immuable, a résolu avant la fondation du monde de sauver en J. C. pour J. C. & par J. C. ceux de la masse corrompuë du genre humain, qui par la vertu de sa grace & de son esprit croient en son Fils & perseverent dans cette foi jusqu'à la fin.

2°. Qu'en conséquence de ce decret, J. C. est mort pour tous & chacun des hommes, & a obtenu la rémission des péchez pour tous, mais sous cette condition, qu'elle ne seroit appliquée qu'aux veritables croians.

3°. Que l'homme n'a point de foi justifiante de lui-même, ou par les forces de son libre arbitre, parce que dans l'état du péché il ne peut de lui-même penser, ni vouloir, ni faire aucune action veritablement bonne, telle qu'est la Foi. De sorte qu'il est necessaire que Dieu le régénere en J. C. & que le saint Esprit rénouvelle son entendement, sa volonté, & toutes les facultés de son ame, afin qu'il puisse comprendre, vouloir, & faire le bien.

4°. Que la grace de Dieu est ce qui donne le commencement, le progrés, la perfection à toutes les bonnes actions, & qu'elle est si necessaire, que les Régénerez même sans cette grace qui prévient,

qui excite, qui fuit, & qui accompagne tous les mouvemens de la
pieté, ne peuvent penfer, ni vouloir, ni faire le bien, ni réfifter
au péché & aux tentations. Ainfi l'on doit attribuer toutes les bonnes œuvres, fans aucune exception, à la grace de Dieu, quoique
la maniere dont elle opere ne foit pas irrefiftible.

5°. Que ceux qui font incorporez à J. C. par une vraie foi, &
participans de fon efprit vivifiant, ont affez de force pour combattre fatan, le peché, le monde & leur propre chair, & en remporter
la victoire par le fecours continuel de la grace du faint Efprit. De
plus J. C. les affifte, leur donne la main, & les foutient dans toutes les tentations, pourvû qu'ils fe tiennent prêts au combat, &
qu'ils implorent fon affiftance : en forte que les rufes du démon ne
fçauroient les féduire, ni fa violence les ravir d'entre les mains de
J. C. mais pour fçavoir fi ceux qui ont commencé d'être fancti-
fez en J. C. ne peuvent point par négligence déchoir de cet état,
fe plonger de nouveau dans les plaifirs du fiécle, & fe détourner de
la Doctrine fainte qui leur a été donnée, rénoncer à la bonne confcience, & méprifer les infpirations de la Grace ; il faudroit qu'on
examinât plus exactement cette queftion par l'Ecriture Sainte, avant
que nous puiffions nous déterminer pour l'affirmative avec une entiere certitude.

Les Contre-remontrans qui ne tomboient pas d'accord de ces
articles, & qui virent bien qu'ils avoient affaire à des gens qu'il
n'étoit pas facile de ramener par les difputes, prirent d'autres voies,
& fe fervirent en divers lieux de l'autorité des Confiftoires pour
impofer filence aux Remontrans. Cette conduite obligea ceux-ci à
recourir au Souverain pour en être protegez. Après quoi les Etats
de Hollande firent en 1614. un Edit qui ordonnoit aux deux partis
de traiter ces controverfes avec un efprit de modération, & d'avoir
de la douceur, de la charité, & de la tolérance les uns pour les
autres.

Rogerman, Sibrand, Lubbertz & quelques autres Miniftres Contre-remontrans écrivirent contre cet Edit pour prouver que les
Magiftrats n'avoient pas l'autorité d'en faire de femblables fur les
affaires ecclefiaftiques. Hugues Grotius les réfuta, & défendit les
Etats par un Livre intitulé: *Pietas Ordinum Hollandiæ.* Il fembloit que
ces conjectures fi favorables aux Remontrans qui ne demandoient
qu'à être tolérez, devoient fortifier leur parti, mais ce fut ce qui
l'affoiblit.

*Opera
Theol. tom.
3.*

Ce recours qu'ils avoient eu aux Etats, & le refpect qu'ils avoient
témoigné pour leurs ordres, joints à quelques mécontentemens
qu'ils avoient donné au Prince Maurice de Naffau Gouverneur
de Hollande, & Capitaine Général des Provinces-Unies, firent que
ce Prince fe déclara hautement contre eux & contre certaines perfonnes de confidération qui s'étoient déclarées pour eux ; ce qui cau-

fa de grandes broüilleries dans les Provinces , que Jaque Roi de la Grande Bretagne voulut appaifer par fes lettres & par fes Ambaffadeurs ; mais inutilement. Le Prince fit arrêter Jean *Barnevelt* Avocat pour la Hollande & dont les Etats avoient tiré de grands avantages , *Romule* Syndic de Roterdam , Hugues *Grotius* Syndic de Leyde , & quelques autres Miniftres , fous le prétexte d'une fedition faite à Utrecht contre les deffeins de ce Prince & des Etats , & dont on vouloit que ces perfonnes fuffent coupables , comme l'ayant eux-mêmes excitée. On n'en demeura pas là.

Maurice devenu Prince d'Orange en 1618. par la mort de fon frere Philippe , fe mit à la tête de fon Armée , parcourut toutes les villes de Hollande , y changea tous les Officiers & les Magiftrats qui lui étoient fufpects comme étans Remontrans ; & pour s'affurer entierement des Ecclefiaftiques , il mit le plus qu'il put de Contre-remontrans dans les chaires des Académies.

Toutes ces violences ou précautions ne purent encore calmer les allarmes des Contre-remontrans ; ils crurent que pour abbatre entierement le parti des Remontrans il falloit y faire intervenir une autorité ecclefiaftique. A ce fujet ils follicitérent auprès de leurs Hautes Puiffances un Synode national , & les Etats accorderent au Prince d'Orange qu'on s'affembleroit le 13. Novembre 1618. à Dordrecht.

Le Synode de Dordrecht.

Cette réfolution prife , pour la mettre en exécution un grand nombre de Miniftres & de Profeffeurs des Provinces-Unies fe trouverent au lieu défigné , & plufieurs Eglifes Prétenduës Réformées y envoyerent des Députez. Mais celles de Pologne , de Tranfilvanie , de Brandebourg & de Silefie n'y envoyerent perfonne , non plus que celles de France conformément à la défenfe qu'avoit faite autrefois Henri I V. aux Miniftres de fon Royaume , d'affifter aux Affemblées des Etrangers , & d'admettre aucun Etranger dans les leurs. Meffieurs les Etats y envoyerent Martin Gregorii pour Préfident politique.

Sponde.

Dès le commencement du Synode il y eut de grandes conteftations fur de certains points qui ne faifoient guéres à l'affaire pour laquelle il étoit affemblé. On agita d'abord auquel des deux fentimens ou à celui des Supralapfaires , ou à celui des Infralapfaires , on donneroit la préférence : le gros de l'affemblée alloit à établir le dernier , qui favorifoit les Remontrans. Gomarus Profeffeur de Groningue , & Macoovius Profeffeur à Francker foutenoient le premier. Les Députez de la Hollande meridionale , pour mettre fin à cette difpute qui n'étoit d'aucune utilité , dirent qu'il étoit peu important lequel des deux fentimens on choisît , pourvû qu'on établît folidement les decrets de l'élection & de la réprobation.

Il furvint une autre conteftation qui ne fut pas fi facile à terminer. C'eft , *fi Dieu aime les Elus hors de J. C.* ou en autres termes ,

si J. C. est la cause & le fondement de l'élection, ou s'il n'est seulement
que le Chef des Elus. Martinius Professeur de Bréme soutenoit la
premiere proposition, & vouloit que J. C. ne fût pas simplement
l'executeur de l'élection, mais qu'il en fût aussi l'auteur & la cause efficiente. A peine ce Théologien eut-il achevé de parler, que
Gomarus homme violent & Chef du parti des Contre-remonstrans,
jetta son gant sur la table, défia Martinius à la dispute, pria l'assemblée de permettre le combat singulier, & promit de réduire son
adversaire au silence. Martinius ne fut pas plus heureux dans une
autre opinion qu'il voulut soutenir contre Librand Lubbert, &
qu'on ne voulut pas lui passer: *C'est que Dieu est la cause naturelle de
la conversion.* Il en prit à témoin un Philosophe qui étoit present, &
qui par de beaux raisonnemens tirez d'Averroës, de Themistius,
d'Alexandre Aphrodisée, entreprit de prouver la verité de cette hi-
pothese. Le Ministre de Francker leur répondit vertement, & le
Président qui jugea que ces disputes ne devoient pas aller plus loin,
les mit sagement d'accord.

Quelques jours après, Martinius & Crotius Théologiens de Breme eurent à essuyer de plus rudes attaques de la part de Gomarus
& des autres Ministres des Provinces-Unies. Martinius avoit dit qu'il
y avoit des difficultez sur le quatriéme article, que ni Calvin ni
aucun Théologien n'avoit encore parfaitement levées; par exemple,
de quel droit Dieu peut exiger de l'homme, dont les facultez sont
bornées, la foi qui est l'ouvrage d'un être infini; à quoi Gomarus
répondit que ceux qui parloient ainsi n'étoient pas dignes de délier
les courroies des souliers de Calvin, & que c'étoit une objection
que les enfans parmi nous sçavent résoudre. Gomarus poursuivit,
en priant le Synode de prendre garde à de certaines gens qui nour-
rissoient des monstres dans leur sein, & qui vouloient introduire
dans les Eglises Reformées le langage des Jesuites en parlant de
determination ou *d'indifference de la volonté.* Cette accusation regardoit Crotius, qui n'osa ouvrir la bouche; Gomarus cessa de parler,
& le Président le remercia.

L'Evêque de Landast dit à Rogerman, que l'examen pour lequel le Synode étoit assemblé avoit pour but d'édifier les peuples,
& non pas de les scandaliser, ce que néanmoins on faisoit en traitant des controverses d'une maniere passionnée qui corrompoit le
lien de l'unité, si l'on n'en prévenoit les mauvais effets. Ce Prelat
ne nomma personne; mais Gomarus qui crut que cet avis avoit
été donné à son occasion, repartit aussi-tôt en s'adressant à l'Evêque, que dans ce Synode l'autorité des personnes ne donnoit pas
du poids aux raisons, & que la permission de parler à son tour
étoit un droit qu'on ne pouvoit lui contester. Le Président
ajouta que Gomarus n'avoit rien fait qui meritât d'être repris, vû
qu'il n'avoit pas parlé contre les personnes, mais contre leurs
sentimens.

Le tour de Thifius vint, & il prononça fon avis avec beaucoup de modération, & ajouta qu'il étoit faché qu'on eût traité Martinius de la forte, pour un fentiment qui, felon l'explication qu'il en avoit donnée, étoit très Orthodoxe. Pendant que ce Profeffeur parloit ainfi, Gomarus & Sibbrand le tirerent par la manche, & à la vûë de tout le Synode ils lui témoignerent leur mécontentement par leurs geftes & par leurs paroles, mais Thifius continua fon difcours.

Tels furent les préludes de ce Synode. On peut juger de là quelles machines violentes ne remuerent pas Gomarus & fon parti pour accabler les Remontrans.

Dès le lendemain de la convocation du Synode, c'eft-à-dire le 14. Novembre 1618. on avoit propofé d'élire un Préfident ecclefiaftique d'entre les Provinces où ces controverfes n'avoient point été émuës, & de mettre quelques Remontrans au nombre des Affeffeurs & des Secretaires. Cette propofition étoit raifonnable, & étoit lieu de plaintes aux Remontrans; mais on ne fe foucioitpas d'eux & on vouloit les accabler. C'eft pourquoi le parti le plus fort rejetta cet avis, & choifit Rogerman Miniftre de Leuwarde pour Préfident.

Le même jour on lut après diner les Lettres de Créance des Députés de la Province d'Utrecht, & l'on s'étonna fort qu'ils n'euffent pouvoir que d'accomoder les differens & non pas de faire des Canons, & que leur pouvoir ne s'étendoit point au-de-là des cinq articles.

On ne voit pas le motif de cet étonnement, le Synode ne fe tenant que pour cela ; & d'ailleurs les Canons qu'on y forgeroit ne pourroient fervir de rien pour fixer les points de Foi, & pour obliger les hommes à les croire & à s'y foûmettre, puifque tous ceux qui compofoient ce Synode ne reconnoiffoient point pour regle infaillible & à laquelle tous les hommes en général & en particulier font obligés en confcience de fe foûmettre, les Canons des anciens Conciles généraux, fans doute plus refpectables par la fainteté des Prélats qui les ont faits, qu'une affemblée tumultueufe de Miniftres & de Régens qui avoient leurs intérêts à ménager auprès du Prince Maurice pour conferver leurs poftes.

Dans la feffion fuivante on cita treize Remontrans à paroître devant le Synode dans quinze jours. Le fçavant *Epifcopius* Profeffeur à Leyde fut un de ces citez, quoi qu'il eut été nommé en qualité de Député & de membre du Synode par les Etats de la Hollande.

Les citez parurent le 7. & le 8. Decembre. Epifcopius fit une harangue devant le Synode, & on lut un écrit des Remontrans où ils déclaroient, 1°. Qu'ils ne pouvoient pas reconnoître le Synode pour leur Juge legitime, parce que la plûpart des membres de

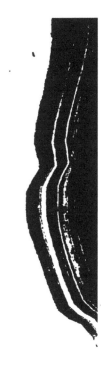

cette assemblée étoient leurs parties. *Les Ministres des Provinces* étoient les auteurs du Schisme, & ceux mêmes qui les avoient chassez des Eglises, comme des Prophanes & des Athées. 2°. Ils proposoient douze conditions sous lesquelles on pouvoit esperer de terminer les disputes, & qu'ils disoient être très équitables & les mêmes que les Protestans avoient proposées aux Théologiens Romains dans le Concile de Trente, que les Calvinistes vouloient exiger des Lutheriens, & dont Pacrus dans son *Irenicon* avoit montré l'équité & la necessité.

Le 11. & le 12. ils firent suivre leur écrit d'une protestation contre le Synode, & dirent qu'ils étoient prêts, suivant la teneur des Lettres de citation, de proposer librement leurs sentimens sur les 5. articles, de l'expliquer & de le défendre autant qu'ils jugeroient necessaire: le Sinode ordonna que la dispute se feroit par écrit, les Remontrans y consentirent. Le 13. & le 14. Decembre ils mirent leurs raisons sur le papier, & les presenterent à l'assemblée; on trouva mauvais que, non contens de soûtenir leur hypothese, ils s'amusassent encore à refuter celle des Contre-Remontrans, & qu'ils se jetassent toûjours sur la matiere de la réprobation.

Du 17. au 27. on enjoignit aux citez qu'ils eussent à donner leurs considerations sur la Confession de Foi & sur le Catechisme d'Heidelberg, ce qu'ils firent; & ils y joignirent un écrit pour montrer qu'ils avoient eu raison de traiter de la réprobation.

Le Président ecclesiastique prétendoit que la liberté accordée par les Lettres de citation, n'étoit que pour défendre leur doctrine, & non pas pour attaquer celle du Synode. Sur cette prétention on fit un decret qu'on lut aux Rémontrans, & qui portoit qu'on traiteroit prémierement de l'election, & puis de la réprobation, autant que le Synode le jugeroit necessaire. On voulut aussi qu'ils répondissent précisement à toutes les questions qu'on leur feroit. Les citez répondirent, qu'il étoit inoüi qu'on prescrivît à des accusez la maniere de se défendre, & qu'on ne pouvoit prouver un sentiment sans refuter celui qui lui est opposé. Ils consentirent néanmoins qu'on traitât l'élection avant la réprobation; mais ils persisterent à demander une égale liberté, à expliquer leur doctrine, & à refuter celle des adversaires, & déclarerent qu'après cela ils étoient prêts à répondre de vive voix ou par écrit à toutes les demandes du Président.

Le 2. Janvier 1619. le Synode fit sçavoir l'état des affaires aux Etats Généraux, qui témoignerent par leur réponse approuver la conduite de l'assemblée, menacerent les Remontrans de proceder contre eux, comme contre ceux qui méprisoient l'autorité publique, au cas qu'ils s'opiniatrâssent à désobéïr au Synode, & ordonnerent en même tems qu'on eût à les juger sur leurs écrits. Après la lecture de cette Lettre, le Président demanda aux citez s'ils reconnoissoient

connoiſſoient toujours les cinq articles de la Conference de la Haye, pour leur veritable ſentiment. Les Remontrans perſiſterent dans leur premieres réponſes par un écrit où ils tâchoient de prouver combien il eſt injuſte qu'une partie preſcrive à l'autre les bornes de la diſpute, & ne lui permette d'attaquer le ſentiment contraire qu'autant qu'elle le trouvera à propos.

Enfin le 11. Janvier on promit aux citez une entiere liberté pour l'explication & pour la réfutation ; on exigea ſeulement d'eux qu'ils répondroient aux demandes qu'on leur feroit, & on leur reprocha qu'ils ne cherchoient qu'à chicanner, en formant des conteſtations ſur l'ordre de la diſpute. Auſſi-tôt Epiſcopius repartit, que pour ne plus conteſter ſur l'ordre, on leur donnât les interrogats par écrit, & qu'ils y répondroient. On crut alors que le moment heureux d'une conférence paiſible étoit venu.

Le 14. Janvier les Députez politiques convinrent en particulier avec les citez, qu'on leur donneroit les interrogats par écrit, qu'ils y répondroient de même, & qu'ils expliqueroient en même tems leur doctrine. Tout cela faiſoit eſperer que les conteſtations finiroient bien-tôt, & que les Remontrans ſeroient traités favorablement : mais cette eſperance fut vaine, on congedia les Remontrans, & on les condamna ſur leurs livres. Les diviſions qui agitoient la plûpart des Miniſtres & des Profeſſeurs, firent qu'on ne détermina rien ſur la Prédeſtination ; & on peut dire que tout le ſuccès du Synode, après la condamnation, n'aboutit qu'à deux choſes. La premiere, à faire mourir ſur un échafaut Jean Barnevelt, cet homme ſi récommendable à la Hollande par les bons ſervices qu'il lui avoit rendus. On lui coupa la tête à la Haie le 13. May 1619. âgé de 73. ans, accuſé d'être l'auteur de la ſedition Arminienne. *Sponde an.* 1619.

La ſeconde, à fomenter de plus en plus les diviſions des ſept Provinces par les differentes ſectes qui voulurent y faire bande à part, dont les plus conſidérables étoient les Calvino-Papiſtes, les Puritains, les Browniſtes, les Brochtriniſtes, les Gomariſtes ou Contre-remontrans, & les Arminiens ou Remontrans : & ces derniers ont tant fait, nonobſtant les perſecutions, les exils, les priſons, & la mort de leur Chef & de la plûpart de leurs Miniſtres, qu'ils ont obtenu le libre exercice de leur Religion dans differentes Provinces, & particulierement dans toute la Hollande, ſi l'on excepte Leyde & Harlem.

Loüis de Caſtro *de div. Rel.* Malderus *in antiq. Syn.* Sponde, Meurſius Thuldenus, ont parlé de cette matiere, & particulierement un Anglois nommé Pierre Heilin Chapelain du Roi Charle I. dans un livre Anglois traduit par ſon fils Gerard Brand, & qui a pour titre : *Hiſtoire des cinq Articles... en quoi conſiſte ce qu'on appelle l'Arminianiſme.* *Bibl. univ. t. 4. p. 323.*

CHAPITRE XXXIV.

Suite du même sujet, où l'on voit quelques sentimens que sui
vent aujourd'hui les Remontrans, & particulierement celui de
la tolérance, qui leur fait considerer comme freres en Christ
les Sociniens.

DEpuis que les Remontrans se sont maintenus en Angleterre, en
Hollande, & dans d'autres Provinces, malgré les contradictions
qu'ils ont euës, on peut dire, qu'ils ont bien changé de sentiment : ils
n'en sont pas demeuré aux cinq articles tant contestez, ils en ont ajouté d'autres qui sont bien d'une autre conséquence pour les differentes sectes qui divisent le Christianisme. Le principal est celui de la tolerance, dont ils se font honneur, qu'ils prisent le plus qu'ils peuvent dans leurs livres, & en conséquence de cet article ils croyent
en conscience être obligez de regarder comme freres tous les Chrétiens qui ne sont point Idolâtres, qui n'ont point de mauvaises
mœurs, qui ne tyrannisent personne, & qui croyent les articles fondamentaux de la Religion Chrétienne, à condition aussi que personne
ne les tyrannisera. Pour autoriser ce nouveau paradoxe inconnu aux
Salomon Catholiques & aux Pretendus Réformez, ils prétendent, que lors
Van-Til. que les disputes ont banni la paix des Eglises, il n'y a point d'au
Efforts cha- tre moyen pour la rapeller *qu'une tolérance mutuelle, par laquelle on*
ritables *supporte avec douceur ceux qui ne sont pas de leur sentiment en des choses*
pour procu- *de moindre importance.* Ils l'apellent mutuelle, parce que chaque par
rer la paix ti croyant avoir la verité de son côté, est obligé à la même défe
de Ierusa- rence pour les opinions de ses adversaires, qu'ils demandent d'eux
lem &c. pour les siennes.
Bibl. univ. Ils prétendent que l'Ecriture recommande cette vertu, lorsqu'elle
t. 8. p 262. nous défend de juger nôtre prochain, Math. c. 7. ℣. 1. 2. &c. 1. Corint.
c. 4. ℣. 5. Rom. c. 14. ℣. 4. lorsque J. C. défend d'arracher l'yvraye,
Math. c. 13. Que saint Paul ordonne de supporter l'infirmité des foibles, Rom. c. 15. ℣. 1. 2. Que Dieu défend de maudire ceux qu'il n'a
pas maudits, Num. c. 23. ℣. 8. & qu'il commande de benir ceux qui
sont benits avec le fidéle Abraham. Or tous ceux (c'est leur conclusion) qui croyent en Jesus-Christ, qui reconnoissent ses mysteres, & qui ont recours à lui comme à leur unique Sauveur, sont
de vrais enfans d'Abraham, ce qui paroît par tout le Nouveau Testament. Ils ajoutent l'exemple du Sauveur & de ses Apôtres, qui
ont supporté beaucoup d'erreurs dans leurs Disciples, Luc ch. 9. ℣.
45. Joan. c. 20. ℣. 9. Act. c. 18. ℣. 25. & ch. 21. ℣. 20. On n'a
point de raison, continuent-ils, de croire que l'esprit soit plus pu-

ié que le corps, ni que notre fanctification foit plus parfaite que
s lumieres; & comme Dieu & fon Eglife fupportent les foiblef-
s de leurs enfans, & qu'ils ne retranchent pas les fidéles de leur
mmunion pour un peché ordinaire, il n'y a pas d'apparence
'on les doive excommunier pour des erreurs qui ne détruifent
s l'effence de la pieté.

Cette tolérance, felon eux, ne confifte pas feulement à fouffrir
ns leurs Eglifes ceux qui different avec eux dans les fentimens
ui ne font pas effentiels à la Religion Chrétienne; mais encore à
ur laiffer la *liberté de prophetifer*; liberté qui confifte, felon Voëtius,
ouvoir foit de vive voix, foit par écrit, foit dans les Académies,
it dans les Chaires, foit dans l'explication d'un Texte particulier
l'Ecriture, foit dans l'expofition du Catéchifme, à pouvoir dis-je,
opofer, expliquer & défendre fon fentiment, & refuter celui des
lverfaires, avec autant de liberté qu'en ont ceux contre qui on
fpute.

Cette liberté, difent-ils, eft neceffaire 1°. A caufe de l'incertitude
nos opinions, & de crainte que fous prétexte de chaffer l'erreur,
ne ferme la porte à la verité. 2°. Parce qu'il eft impoffible de
ftinguer le vrai d'avec le faux, lorfqu'on ne vèut pas écouter les
ifons des autres. 3°. Parce qu'impofer filence à des gens qui
oyent foutenir la verité, qui font prêts à dire les raifons qu'ils
ont, & à recevoir les éclairciffemens qu'on leur en donnera, c'eft
s faire agir contre leur confcience qui les accufe enfuite de lâcheté
de perfidie. 4°. On ajoute à cela que fi l'on impofe filence à l'un
s partis, avant que de l'avoir convaincu d'erreur, on eft obligé
défendre fes livres, ce qui fcandalife les peuples, & rend inutiles
s talens que ces perfonnes errantes pourroient avoir en d'autres
ofes. 5°. Que cette rigueur eft contraire à la pratique de toute l'Egli-
, qui dans tous les fiécles a invité les fçavans à dire librement leur
pinion fur les chofes difficiles. Qu'elle n'eft propre qu'à introduire
tyrannie & à caufer des fchifmes; comme il paroît par celui qui
t arrivé entre les Lutheriens & les Reformez, à caufe que ceux-là
vouloient pas faire la paix avec ceux-ci, qu'à condition que les
eformez fe tûffent & que les Lutheriens au contraire euffent toute
berté de publier leurs fentimens.

C'eft à l'ombre de ce nouveau dogme fi bien établi parmi les Re-
ontrans, que les Sociniens font les bien-venus dans les Eglifes de
ux-là, & qu'ils y font confiderés comme de veritables enfans
Abraham qui ne foutiennent aucun point qui foit contraire aux
oints fondamentaux de la Religion Chrétienne.

Ces articles fondamentaux (autre invention des Arminiens pour
torifer leur tolérance, & qu'ils diftinguent des autres articles
ui ne font pas neceffaires à falut, & qu'ils appellent pour les dif-
iguer des premiers, non fondamentaux ou acceffoires, ou pour

le mieux) ces articles, dis-je, se reduisent à si peu de choses, qu'il
n'y a point de secte Chrétienne, quelque hérésie qu'elle suive, qui s'en
écarte, & qui ainsi n'ait droit de s'associer à celle des Arminiens.

Philippe Limborch Professeur en Théologie chez les Remontrans
qui nous a donné une idée assez complette de toute la Théologie de
sa secte dans un ouvrage intitulé : *Theologia Christiana, ad praxim pie-*
tatis ac promotionem pacis Christana unice directa, établit deux regles
pour distinguer les articles fondamentaux, de ceux qui ne le sont pas,
sçavoir la foi & la sanctification, qui sont deux choses que Dieu exige
indispensablement de nous. De-là, dit-il, il s'ensuit premierement,
que tout ce qui est necessaire pour croire en J. C. est absolument necessaire pour obtenir le salut. 1°. Que tous les dogmes, sans la créance desquels on ne peut pas se sanctifier, comme l'Evangile le demande de nous, sont fondamentaux. 3°. Que ce qui n'est point dans
l'Ecriture n'est point necessaire à salut, non plus que ce que l'on en
veut tirer par des consequences subtiles & éloignées, ou ce qui y
est à la verité clairement contenu, mais qu'elle n'assure pas être necessairement attaché à la veritable foi, & dont l'ignorance n'empêche pas qu'on ne croie veritablement en Dieu, & qu'on n'obéïsse à
ses commandemens. 4°. Qu'on doit ôter du nombre des articles fondamentaux toutes les opinions de pure speculation, & qui n'ont aucune influence ni dans la Foi ni dans les bonnes mœurs. 5°. Tous
les dogmes, qui bien qu'ils puissent contribuer à la pieté, n'y sont
pas neanmoins si absolument necessaires que sans les croire on ne
puisse être veritablement pieux. 6°. Toutes les doctrines qui, quoique
très-étroitement unies en elles mêmes & avec l'observation des preceptes de J. C. ne paroissent pas telles à ceux qui les rejettent ; si
bien que sans les croire ils s'attachent sincerement à la pieté. 7°. Enfin,
& c'est sa conclusion, que comme on doit regarder comme de veritables infidéles ceux qui rejettent quelque article fondamental, aussi
doit-on regarder pour de veritables Chrétiens ceux qui reçoivent
tous les points fondamentaux, & qui vivent conformément aux preceptes que J. C. nous a donnez, quoi que d'ailleurs ils puissent se
tromper en plusieurs choses.

Limborch fait de son mieux au chap. 22. l. 7. pour prouver ces
maximes, & pour montrer que ceux entre lesquels il n'y a aucune
controverse fondamentale doivent se supporter mutuellement ; que
ceux qui en usent autrement entreprennent sur les droits de Dieu,
qui seul peut nous imposer la necessité de croire, & de faire certaines choses pour obtenir le salut, lorsqu'ils condamnent ceux
qu'il ne condamne pas lui même, & qu'ils excluent de leur Communion ceux qu'il recevra dans le Ciel : qu'ils violent la charité en re-
fusant de supporter les infirmitez de leurs freres ; qu'ils nuisent à la
verité, en ôtant aux Chrétiens la liberté d'examiner des décisions
qui ne sont point établies sur des passages clairs de l'Ecriture Sainte,

& qui peut-être ne sont que des erreurs ; qu'ils negligent les preceptes des Apôtres qui nous ordonnent de supporter le erreurs de nos freres, & qui nous défendent de juger ceux dont l'absolution ou la condamnation n'appartient qu'à Dieu seul : enfin qu'ils causent une infinité de schismes & de divisions, d'autant que, comme il est facile de convenir dans les points fondamentaux qui sont clairs d'eux-mêmes ; aussi il est presque impossible dans la prodigieuse varieté qui se trouve entre les esprits, de s'accorder en tout, & principalement dans les choses obscures & embarassées, telles que sont les sujets des controverses qui sont aujourd'hui entre les Protestans.

Ainsi, conclut-il, s'il faut se diviser sur des questions qui ne contiennent rien de fondamental, on verra naître tous les jours de nouvelles sectes ; ou si l'on contraint de faire profession de tous les dogmes qu'il plaira aux Théologiens d'établir, on remplira tout le Christianisme d'ignorans ou d'hypocrites.

Il est inutile d'entrer dans un plus grand détail des raisons frivoles que les Remontrans apportent pour autoriser leur dogme de la tolérance. La difficulté est de sçavoir, si les Sociniens ne s'écartent point des articles fondamentaux : les Remontrans le pretendent parce que les Sociniens croyent qu'il y a un Etre éternel tout bon, tout sage, tout-puissant, Créateur du Ciel & de la terre, &c. que toute l'histoire de J. C. contenuë dans les Evangelistes est veritable ; que tout ce qu'il a dit est vrai : que pour être sauvé, il faut croire en lui, obéir à ses commandemans & esperer en ses promesses : qu'il regne presentement dans le Ciel, & qu'il viendra pour ressusciter & pour juger tous les hommes, pour les recompenser & pour les punir suivant leurs actions. Tels sont les points fondamentaux, & il n'en faut pas croire davantage pour être sauvé, selon les Remontrans ; & il y auroit de la dureté, ajoutent-ils, & on s'éloigneroit de la pratique de J. C. & des Apôtres, d'exclure de la Communion des fidéles, & de croire damnez ceux qui ont de tels sentimens, & qui d'ailleurs vivent bien. Pour prononcer un arrest de damnation il faut des passages formels qui portent que ceux-là seront damnez, qui ne croiront pas telles & telles veritez. Or il n'y en a point dans l'Ecriture qui exigent autres choses, que celles que les Sociniens croyent.

De-là on doit conclure, si l'on veut s'en tenir à la Théologie des Arminiens, que les dogmes d'un Dieu en trois Personnes ; d'un Dieu incarné & fait homme ; des deux natures & des deux volontez de cet homme-Dieu, & tous les autres mysteres qui sont inseparables de ces dogmes, ne sont pas des articles fondamentaux, & qu'on peut être sauvé sans les croire ni explicitement ni implicitement.

Aussi est-ce le sentiment d'Episcopius, la principale colonne du parti Arminien, & un des plus habiles hommes du dix-septiéme siecle qui ayent paru en Hollande. Ce Ministre, dans ses Institutions

Bibliot.
choisie. t. 3.

Théologiques ſi vantées par Grotius & même par le R. P. Dom Mabillon, met en doute les Myſteres de la Trinité, de l'Incarnation, & ne juge pas que la créance de ces Myſteres ſoit neceſſaire à ſalut ; parce que, ſelon lui, ils ne ſe trouvent pas clairement dans l'Ecriture, auſſi bien que d'autres opinions qui partagent les Chrétiens ; d'où il conclut qu'il n'y a aucune raiſon de rejetter les Sociniens de la Communion.

C'eſt cette tolérance, auſſi bien que cette frivole diſtinction des points fondamentaux & non fondamentaux, & les conſequences que les Arminiens en inferent, qui a fait dire à beaucoup d'Auteurs Catholiques & Proteſtans, que les Remontrans ſont de vrais Sociniens, & qu'Epiſcopius a fait pis qu'Arminius. Celui-ci, dit M. Boſſuet, a fait paſſer le Calviniſme dans le Pelagianiſme, & celui-là a fait paſſer les Calviniſtes-Remontrans dans la tolérance, & peu à peu dans les erreurs de Socin, ſi bien qu'être Arminien & être Socinien, c'eſt aujourd'hui preſque la même choſe.

Inſtruc. ſur le N. Teſt de Trevoux

Pag. 1471.

Le Miniſtre Jurieu dans ſon Livre de la défenſe de la Doctrine univerſelle de l'Egliſe contre l'évidence qu'Elie Saurin veut que l'on ait des dogmes de la Religion, dit que les Arminiens & que les autres Sectaires à qui il donne le nom de Latitudinaires, raiſonnent ſur les dogmes communement reçûs & avoüez des autres Communions, ſçavoir ceux du peché originel, de la neceſſité de la Grace irreſiſtible, de la Divinité éternelle du Fils de Dieu & du S. Eſprit, de leur conſubſtantialité avec le Pere, de la Trinité des Perſonnes en une ſeule eſſence, de l'union des deux natures de J. C. en une ſeule perſonne, de l'éternité des peines de l'enfer, de la reſurrection dans la même chair, de la création du monde faite de rien, raiſonnent, dit-il, comme ſur des points de Théologie qui ne ſont pas décis ou fondamentaux ; que nul Chrétien n'eſt obligé de les croire, ni ſous des peines éternelles ni ſous des peines temporelles, & prétendent qu'on a une entiere liberté de conſcience de ne les pas croire, parce que, ſelon eux, on ne peut pas les prouver aſſez demonſtrativement par les ſeuls paſſages de l'Ecriture pour en faire une entiere évidence. Si Jurieu dit vrai dans ce qu'il raporte ici des Arminiens, il n'y a point de doute qu'ils ne ſoient de veritables Sociniens, & il n'y a pas lieu de s'étonner aprés cela ſi les Sociniens ſont les bien-venus chez eux.

Bibliot. choiſie t. 5. pag. 306.

Sur ces accuſations M. le Clerc autre Remontrant, crie à l'ignorance, à l'injuſtice & à la calomnie : il dit à M. Boſſuet que s'il avoit lû les inſtitutions d'Epiſcopius, & la profeſſion de Foi des Remontrans, il auroit remarqué que ſur les articles de la Trinité & de la Redemption ils parlent autrement que les Sociniens, & qu'il ſe ſeroit abſtenu d'imiter la populace Théologique ignorante & entêtée qui crie au Socinien faute de raiſons, & qu'il eſt honteux de dire des injures atroces à des gens dont on ne ſçait pas les ſentimens.

Dans une lettre que le même écrivit par ordre de ses Superieurs au Ministre Jurieu, sur ce que celui-ci avoit accusé Episcopius de deux choses, la premiere d'être Socinien, & la seconde d'être ennemi de la Religion Chrétienne, il dit à ce Ministre : ce dernier Chef n'est qu'une consequence de l'autre, selon vôtre maniere de raisonner ; de sorte que si l'on avoit prouvé que le premier est une grossiere calomnie, on vous auroit convaincu, suivant vos principes, d'accuser sans raison de la plus détestable hypocrisie que l'on puisse concevoir, une personne qui a toûjours fait profession de croire en J. C. & qui a donné des preuves éclatantes de sa Foi : après quoi il fait voir qu'à l'égard de la Trinité & du sacrifice de J. C. Episcopius a été très-éloigné du sentiment des Sociniens. Il indique plusieurs de ses livres où sur ces deux chefs capitaux il a expliqué très nettement sa pensée & refuté celle des Sociniens. Le premier chef d'accusation ainsi refuté, il prétend que le dernier tombe de lui même, n'étant qu'une consequence du premier, & que la conduite & les livres d'Episcopius témoignent très clairement qu'il avoit de la vertu, de la conscience & du zéle pour la Religion Chrétienne.

On peut répondre aux plaintes & aux injures de M. le Clerc, qu'Episcopius pouvoit bien croire en J. C. sans croire qu'il fût le grand Dieu, comme font les Sociniens, ou qu'il pouvoit croire que J. C. fût le grand Dieu, sans croire que ce fût un point fondamental; enfin qu'il pouvoit penser & croire tout autrement que Socin & ses disciples sur les Mysteres de la Trinité, & du Sacrifice de J. C. sans vouloir obliger son Eglise d'y croire comme à des points essentiels au salut.

Qu'il n'a pas raison de taxer d'ignorance ceux qui accusent les Arminiens de sociniser, puisque ce ne sont pas seulement des particuliers comme MM. Nicole, Bossuet, Stoupe, Jurieu, Hubert & autres de l'une & de l'autre Communion ; mais encore des Synodes, particulierement celui de Roterdam de l'année 1641. & composé des Ministres & des Théologiens de la Hollande meridionale, qui écrivant aux Magistrats & aux Professeurs de Breme touchant la dispute de la Grace universelle, accusa ces Universalités ou Universaux (c'està-dire les Arminiens) de Sabellianisme, de Photinianisme, de Pelagianisme, de Socinianisme, de Sadduceianisme, & même d'Atheïsme. *Stoupe Let. 2.*

Bibl. univ. t. 17. pag. 341.

A ce Synode nous pouvons ajouter le sentiment presque unanime des Prétendus Reformez des Païs-bas qui ont un plus grand nombre d'articles de Foi que les Arminiens. Ils ont souvent reproché à ceux-ci qu'ils se revoltoient contre les confessions de Foi reçûës parmi eux, pour introduire par là le Pyrrhonisme dans la Religion, & que leur Théologie changeoit tous les ans, tous les mois, tous les jours, & même à toutes les heures du jour : *Theologia annua, menstrua, diurna, horaria.* Il est vrai que les Arminiens ont répondu à ces reproches ; mais comment ? Ils ont dit au premier reproche, qu'ils *Simon rep. à la défen. des Théol. de Hol. pag. 65. & 68.*

ne peuvent faire autrement sans renoncer aux premiers principes de la Réformation, & qu'il y avoit de la temerité & de l'insolence dans ceux qui leur faisoient ce reproche, après avoir eux-mêmes renoncé à l'autorité des Peres, des Conciles, & à toute l'antiquité. Ils ont dit au second reproche, qu'une Théologie pour être ancienne n'en est pas meilleure, qu'il se peut faire qu'une Théologie de mille ans soit pire que toutes les Théologies nouvelles : *Non Theologia vera est Theologia, quia constanter retinetur, aut diu durat ; milleriaria Theologia potest esse omnium pessima :* si cela est, devons-nous ajouter, & qu'on soit obligé d'examiner tout de nouveau & sans cesse la créance de l'Eglise, nous devons donc dire après Tertullien, que nous chercherons toûjours & que nous ne croirons jamais parfaitement. Hé quand donc cessera-t-on de chercher, & quand aura-t-on une foi arrêtée, *semper quæremus, nunquam omninò credemus, ubi enim erit finis quærendi, ubi credendi ?*

Au reste, si les Arminiens ont tant à cœur l'accusation que l'on fait contre eux d'être Sociniens, pour quoi les souffrent-ils dans leurs Eglises : *Dis-moi ceux que tu frequentes,* disoit un ancien, *je dirai ce que tu es.* Que ne font-ils comme les Eglises de Genéve, des Cantons Suisses, d'Allemagne, de Moscovie, de Suede, de Dannemarc, de Pologne &c. qui ne souffrent point ces sortes de gens, & qui ont fait de severes Loix contre eux, Loix que les Eglises observent le mieux qu'elles peuvent, pour empêcher qu'ils y puissent vivre en paix & dans l'exercice de leurs opinions.

CHAPITRE XXXV.

Quelques Societez tolérées en Hollande, accusées de socinianiser, & pourquoy ?

LES COCCEIENS.

COcceius dont je donne l'histoire dans ma seconde partie, après avoir donné au public un nombre prodigieux de livres sur differens sujets, & particulierement sur l'Ancien & le Nouveau Testament, & après de grosses contestations avec les plus fameux Professeurs & Ministres des sept Provinces, fut enfin accusé & ses disciples d'être des Sociniens, & avec assez de fondement. Pour nous en convaincre nous pouvons nous en tenir à ce que nous en apprend un fameux *Cocceien,* c'est Bodaan, qui prend la qualité de Ministre du saint Evangile à Amsterdam dans un livre qui renferme les opinions principales de sa secte, & qui a pour titre : *La doctrine de la verité, qui est selon la pieté.* Cet Auteur après avoir raporté les imaginations de Cocceius sur les alliances que le Seigneur a faites

avec

avec les hommes : dit que J. C. a aboli l'ancien Testament pour *Bibl. univ.* en établir un autre qui a des promesses bien plus excellentes ; c'est le *t. 1. p. 228.* nouveau Testament, qui selon lui, est *une volonté immuable de donner comme par surcroît aux heritiers de l'alliance de la grace, qui vivroient depuis* *Hebr. t. 8.* *l'Ascension de J. C. jusqu'à la fin du monde, des biens & des graces spirituel-* *v. 6.* *les au lieu des bienfaits temporels & de la terre de Canaan.* Les parties contractantes sont d'un côté l'Eternel, l'Amen, le Fidéle, le Veritable, & de l'autre les élûs d'entre toutes les nations, & tous ceux qui croiront en J. C. tant Juifs que Grecs. Que la condition attachée à ces promesses n'est plus une Foi generale en la misericorde de Dieu & au Redempteur promis, sans le connoître distinctement ; mais une foi précise & determinée à ce Jesus Fils de Marie, & Fils de Dieu, qui est mort, qui est ressuscité, & qui étant le vrai Jesus, le parfait Sauveur, est maintenant l'unique Roi, Pontife & souverain Docteur de l'Eglise, à l'exclusion de tous les Prêtres & les Docteurs de l'ancien peuple qui n'avoient que le nom de Dieux, qui sont les Principautez *Collos. t. 2.* & les Puissances qu'il a depoüillées de leur autorité sur la Croix. *v. 15.*

Par là on voit qu'il pense ou qu'il parle de J. C. de même qu'en ont parlé Servet, Socin & tous les Sociniens ; c'est-à-dire, comme d'un homme & comme d'une Créature beaucoup plus excellente que toutes les autres, & à qui il donne la qualité de Fils de Dieu, non pas à raison de la génération éternelle & de son essence ou de sa personne divine, mais à raison des dons extraordinaires qu'il a reçûs ; dons qui le rendent un Dieu plus excellent que les Prophetes & que les grands hommes de la Loi, à qui l'on donnoit aussi le nom de Dieux ; il est, dis-je, un plus grand Dieu qu'eux, parce qu'ils n'ont reçû les dons du saint Esprit que par parties, & que lui en a reçû la plenitude.

Ce ne sont point là des sentimens que je lui prête, ni une fausse interpretation que je fais de ses paroles. Quand il explique la troisiéme promesse qu'il se forge dans l'alliance, & qui est conçuë en ces termes : *Je serai leur Dieu, & ils seront mon Peuple* (c'est-à-dire, selon Bodaan) *je les beniray & ferai voir par les effets en accomplissans mes promesses, & donnans la verité aprés les figures, que je suis le Dieu qui ai traitté alliance avec eux*, il dit qu'il faut raporter ces paroles à ces promesses que Dieu fait, Genes. c. 17. v. 8. Lev. c. 26. v. 2. & qu'il en est de cette phrase comme de celle où Dieu dit qu'il n'avoit pas été connu des Patriarches sous le nom de *Jehova*, parce que ce nom renferme l'idée d'un Etre puissant & fidéle à tenir ce qu'il promet, & que la promesse de donner la terre de Canaan à leur posterité, n'avoit pas encore été accomplie. Ainsi, selon Cocceius, Dieu prend le nom de Dieu des Chrétiens, & les appelle son peuple d'une façon particuliere, parce que c'est sous le Nouveau Testament qu'il a verifié les promesses des Prophetes en envoyant le Messie au monde. Il n'en demeure pas à cette explication, il ajoute (& voici le Socinianisme) que les Juifs étoient gouvernez par soixante-dix Anciens, entre les-

Y

Gal. 4.
v. 1.

Joan. c. 10.
v. 35.

Hebr c. 12.
v. 15.

Pfal. 82.
v. 6. & 7.

Pfalm. 97.
v. 7.

quels l'esprit de Moïse avoit été partagé; que ces Anciens étoient les tuteurs de l'ancien peuple, jusqu'au tems determiné par le Pere, & qu'ils étoient apellez Dieux, parce que *la parole de Dieu leur étoit adressée*, & parce qu'ils prononçoient des oracles sur la terre: mais que J. C. étant venu, ou *Dieu s'étant manifesté en chair*, le regne de ceux qui portoient le nom de Dieu a pris fin; ils sont morts ainsi que le reste des hommes, comme parle le Psalmiste cité par saint Paul. Heb. c. 1. ⱴ. 6. qui dit que Dieu a commandé aux *Elohim*, aux Magistrats des Juifs d'adorer son Premier-né; d'où Cocceius conclut que cette phrase: *Je leur serai Dieu*, signifie que sous l'Evangile le Seigneur regneroit par lui-même; que J. C. le Roi de l'Eglise n'auroit poïnt de compagnon, & qu'il n'y auroit plus dans le Ciel

1. Cor. c.
8. v. 5. &
6.

ni sur la terre d'*autre Dieu que le Pere, ni d'autre Seigneur que J. C.*

Les Sociniens ne s'expliquent pas autrement dans tous leurs Livres; ils parlent de même & en demeurent là, sçavoir qu'il n'y a point d'autre Dieu que le Pere, ni d'autre Seigneur que J. C. Si ces MM. vouloient donner des preuves de leur Orthodoxie sur un Dieu en trois personnes, & sur la Divinité consubstantielle de J. C. que ne disent-ils qu'il n'y aura plus d'autre Dieu que le Pere, avec Notre Seigneur J. C. & le saint Esprit.

Cocceius sur le quatriéme bienfait de l'alliance, sçavoir, que *chacun n'enseignera plus son prochain, disant, connoissez l'Eternel, car ils me connoîtront tous, depuis le plus petit jusqu'au plus grand*, dit, les successeurs de Moïse avoient la clef de la connoissance, ils étoient assis dans la Chaire; c'étoit à eux qu'il falloit s'adresser pour être instruit du sens de la Loi, & pour apprendre ce que representoient

Deut. c. 18.
v. 8.

Mala. c. 2.
v. 7.

Luc. c. 2.
v. 25. &
31.

Joël. c. 2.

2. Joan. c.
2. v. 20.
& 27.

Rom. c. 10.
v. 4. & 8.

tant d'ombres & de figures; mais comme les souffrances & la gloire du Fils de Dieu sont la clef de toutes les Propheties, les moindres fidéles ont sous l'Evangile cette divine clef, puisqu'ils sçavent tous que *J. C. a été conçû du saint Esprit, qu'il est né de la Vierge Marie* &c. C'est là cet esprit que Dieu avoit promis de répandre sur ses serviteurs & sur ses servantes de tout âge & de toute condition; de-là il conclut, que tous les fidéles qui ont reçû l'onction du saint Esprit, qui connoissent toutes les verités necessaires à salut, & qui ont la parole de l'Evangile dans leur bouche & dans leur cœur, n'ont pas besoin qu'on les enseigne magistralement; & que ceux qui avec air de Maître & de Tyran leur commandent toutes leur décisions sous peine d'anathême, portent le caractere de l'Antechrist.

1. Joan. c.
2. v. 18. &
22.

Si bien qu'au sentiment des *Cocceiens* toute la science du salut consiste uniquement à sçavoir, non pas que J. C. est le Fils unique de Dieu, consubstantiel & coéternel à son Pere, Dieu souverain & unique, mais qu'il a été conçû par le saint Esprit, né de Marie &c. C'est-là le sentiment favori des Sociniens; si bien que le saint Esprit promis chez les Prophetes & donné aux Apôtres & à l'Eglise, n'est pas un Dieu souverain & éternel, mais une connoissance que nous avons de la paſſion & de la gloire de J. C. Les Sociniens ne vont pas encore ſi loin ; ſi bien que ſachant que J. C. eſt conçû du ſaint Eſprit, né de la Vierge Marie &c. nous n'avons plus beſoin de Maîtres, de Synodes &c. pour nous inſtruire. Nous ſçavons tout avec cette connoiſſance, nous ſommes en droit de propheriſer & de parler par-tout, & tous les Synodes & les Docteurs ſont des tyrans, & portent le caractere de l'Antechriſt s'ils entreprenent de nous enſeigner. Juſtes conſequences des Paradoxes des *Cocceïens* ; mais parfaitement Socinienes, & qui favoriſent un fanatiſme plus dangereux que celui qui a jamais paru.

On peut ajouter à ces erreurs celles qu'ils ont ſur les connoiſſances que nous pouvons avoir de Dieu & de ſes perfections : ils veulent que nous ne les ayons qu'à la faveur de la ſeule lumiere naturelle, & que toute explication des paſſages de l'Ecriture qui eſt contraire à cette lumiere, eſt une fauſſe explication ; & parlant du Dimanche ils diſent qu'on n'eſt pas obligé ſous peine de peché de le ſanctifier, que ce n'eſt qu'un precepte ceremonial que la Grace a aboli, ou qu'il n'eſt qu'une figure du Sabat ſpirituel.

Examen & refuta- tion de la réponſe d'I- renée Phi- lalethe par Philalethe Eliezer &c.

Tous ces paradoxes ſont Sociniens : auſſi la plûpart des Miniſtres & des Profeſſeurs des ſept Provinces, & particulierement les ſieurs Deſmarets & Voëtius ont ſoutenu que les ſentimens des *Cocceïens* 1°. étoient heterodoxes & qu'ils favoriſoient les Pelagiens & les Sociniens. 2°. Que c'étoient des nouveautez dangereuſes. 3°. Que leurs explications de l'Ecriture s'éloignent de la verſion & des interpretations reçûës. 4°. Qu'ils avoient de certaines phraſes & de certaines penſées qu'ils repetoient à tout moment dans leurs livres & dans leurs ſermons. 5°. Qu'il ſembloit que la Religion Chrétienne, ſelon eux, ne fût plus que diſtinction d'économies, d'alliances, de teſtament, de loix données devant & aprés le Veau d'or, d'ordonnances qui ſont bonnes & qui ne le ſont pas, que *Pareſe*, qu'*Apheſe*, que *Dieux nom- mez*, que Peres de la chair, qu'addition d'ivreſſe à celle qui a ſoif, que periodes, qu'explications myſtiques de paraboles, d'hiſtoires, de propheties &c.

Bibl. univ. t. 5. p. 511.

J'en demeure là : ces expreſſions qui ſentent plus l'eſprit gâté & le fanatiſme que la Religion Chrétienne, ne ſont rien ou peu à mon ſujet, & je dirai que puiſque les Anabatiſtes, les Mennonites, les Remontrans & les *Cocceïens*, ſans vouloir entrer dans le détail de quelques autres ſectes, ſont tolérez, maintenus & autoriſez en Hollande ; il faut donc avoüer que les Sociniens y ont une entiere liberté de conſcience pour propheriſer, parler, enſeigner, écrire, & faire leurs exercices de Religion.

J'autoriſe ma concluſion par ce que nous diſent de la Hollande ceux qui en ont eu une connoiſſance parfaite.

Je commence par ce que nous en a dit le ſieur Aubert de Viſé, ſi connu dans le monde par ſes variations en matiere de Religion,

Noël Aubert de Viſé.

que l'on a vû Catholique, Proteftant, Calvinifte, bon Socinien & bon Arien, & enfin Catholique.

Antifoci-nien. p. 10.

Je dis bon Socinien & bon Arien. C'eft lui même qui nous l'apprend. Il avouë que quand il étoit dans le fein de l'Eglife Romaine, il ne put jamais fatisfaire fon efprit fur les points de la Trinité & d'un Dieu incarné, & qu'il ne fut pas fâché qu'on lui eût fufcité une affaire pour fortir de cette Eglife, & pour fe retirer en Hollande, où il pouvoit avec liberté faire une publique profeffion d'un fentiment qu'il ne pouvoit cacher ni diffimuler qu'avec beaucoup de peine & de fcrupule de confcience. Ce fentiment eft celui des Sociniens.

» Par là (ce font ici fes paroles) je n'entends pas parler de l'erreur » particuliere à Faufte Socin, fçavoir que J. C. n'eft qu'un pur hom-» me quant à fa fubftance, & qu'il n'a commencé d'être que par la » naiffance qu'il a reçuë de Marie. Il eft vray que j'ai été dans ce fen-» timent, mais je puis protefter que je n'y ai pas demeuré long-tems, » dans l'impoffibilité que je reffentois de pouvoir m'en convaincre. » J'entends, ajoute-t-il, par le Socinianifme, l'herefie de tous ceux » qui rejettent aujourd'hui le myftere de la Trinité, & qui ne peuvent » croire que J. C. foit le Fils éternel de Dieu, né de fa propre fubftance » avant les fiécles, & ne faifant avec lui & avec le faint Efprit qu'une » feule & même nature, une feule & même puiffance, gloire & ma-» jefté.

Cette herefie eft celle des anciens Ariens ; Aubert de Vifé a donc été un bon & veritable Arien, après avoir été quelque tems un veritable Socinien.

C'eft dans ces Etats qu'il a fait quelques livres contre le myftere de la Trinité & contre la Divinité de J. C. ceux particulierement qui ont pour titre : *Le Proteftant pacifique*, *& le tombeau du Socinianifme* : Livres, de fon aveu, prophanes & dangereux à la doctrine Catholique : Livres auffi qu'il a entrepris de refuter, & les raifons qu'il a euës de fe faire Socinien & Arien, par un autre livre qui a pour titre : *l'Antifocinien ou nouvelle Apologie de la Foi Catholique contre les Sociniens*, à Paris 1692. & qu'il a compofé & publié par ordre de MM. du Clergé de France dont il recevoit penfion, pour donner au monde des preuves de la fincerité de fon retour à l'Eglife Romaine.

Tous ceux qui l'ont connu ne conviennent pas de la fincerité de ce retour ; il y en a qui en doutent, & d'autres qui l'affurent. Des perfonnes affez répanduës dans le monde & qui l'ont converfé, m'ont affuré qu'il n'a jamais été bon Catholique, & qu'il eft mort à Paris dogmatifant le Socinianifme à ceux qui vouloient bien l'entendre, & quand il fentoit qu'il n'y avoit rien à craindre pour lui. D'autres auffi, & dont je ne puis douter de la fincerité & de la probité, qui ont fouvent converfé avec lui, & qui pendant plufieurs années lui ont adminiftré les Sacremens de l'Eglife, & particulierement la Communion Pafchale, m'ont affuré qu'ils n'avoient jamais rien apperçû en lui qui fût

capable de leur faire former le moindre doute, que depuis sa conversion qui a duré au moins vingt ans, il ait donné dans le Socinianifme, quoique souvent ils aient disputé avec lui sur les points de la Religion que les Calvinistes nous contestent, & qu'il est mort sur la Paroisse de saint Benoist avec toutes les marques d'un veritable Catholique Romain, après avoir fait un Testament où les Pauvres eurent
quelque part, & dont Monsieur Jolain Docteur de la maison de Navarre & Curé de saint Hilaire a été l'executeur. Il nous en faut tenir
à ce dernier témoignage comme le plus sûr.

Aubert de Visé après avoir rapporté les motifs qu'il eut de se retirer
en Hollande pour y professer librement son Arianisme, dit, qu'il sup-
plie les Lecteurs de considerer que les Eglises Protestantes de Hollande
qui se sont le plus déclarées contre le Socinianisme, sont aujourd'hui
remplies d'une infinité de personnes qui font ouvertement profession
de le tolérer, ce qui a produit le parti de ceux qu'on appelle Tolérans, & la grande querelle qui divise maintenant les Pretendus Reformez; qu'il semble que ce parti est un peu abaissé & humilié; mais que
la verité est qu'il est le plus puissant & le plus nombreux, & que si la
mort avoit enlevé quelques particuliers du parti contraire, & qui font
aujourd'hui le plus de bruit contre la tolérance & contre les Tolérans,
& néanmoins qu'on ne regarde que comme des esprits emportez &
seditieux dont le faux Prophete Jurieu est le Chef, les Tolérans seroient les maîtres. Ils le sont donc, pouvons nous ajouter; Dieu a
délivré la Hollande & le monde de ce faux Prophete.

Antisoci-
nien. p. 12.

Outre cela, continuë-t-il, il y a de grandes Communions Protestantes, qui non seulement se declarent tout ouvertement pour la
tolérance du Socinianisme, comme celle des Remontrans avec qui
l'Eglise Anglicane simpatise extremement; mais qui même font profession du Sonianisme, comme la fameuse Congregation Anabatiste
du Medecin Galenus à qui l'on donne les qualitez de docte, d'é-
loquent & d'habile & qui professe ouvertement l'Arianisme, & comme celle des Trembleurs tant en Hollande qu'en Angleterre, où il
est permis de croire tout ce qu'il vous plaira, pourvû que vous affir-
miez bien serieusement & fortement que c'est l'esprit de Dieu & sa
lumiere interieure qui vous éclairent.

Nous pourrions nous en tenir à ce témoignage, vû que le sieur
Aubert avoit une connoissance parfaite des Eglises de la Hollande; il
y a été Ministre & y a eu de bons amis parmi les Remontrans, les
Contre-remontrans, les Anabatistes, les Trembleurs, les Ariens &c.
& même la confidence d'un des plus curieux personnages de ces Provinces. Je parle de Christophe Sandius le fils, avec qui il a long-
tems demeuré chez les Elzevirs.

Cependant pour une plus grande confirmation j'en ajouterai d'autres
qui me paroissent d'un plus grand poids, & qui en disent encore davantage: le premier est M. Baillet. Après nous avoir dit que la Hol-

Iug. des
Sçav. t. 1.
p. 281,

lande s'est attiré la jalousie des autres *Nations* par le mérite & la réputation de beaucoup de grands hommes de lettres qui se sont retirez
chez elle, & qui ont excellé dans presque toutes sortes de connoissan-
» ces humaines, il ajoute : Mais si d'un côté nous ne pouvons voir
» sans gémissement la perte de tant de bons sujets que le schisme de
» l'hérésie a rendus ou nuisibles ou inutiles à l'Eglise Catholique,
» nous ne pouvons de l'autre côté ne point concevoir de déplaisir &
» d'indignation, voyant que les Hollandois laissent impunément glis-
» ser parmi le nombre de leurs Ecrivains, non-seulement des *Sociniens*,
» des Anabatistes, & des Mennonites; mais encore des Deïstes, &
» même des Athées de profession.

Cette plainte n'est pas particuliere à M. Baillet, elle est presque
universelle. Il y a peu de gens qui ayent voyagé en Hollande, & fa-
miliarisé avec les Ministres, les Professeurs & les gens de lettres, qui
ne parlent de même.

Bibl. choisie
tom. 1.. p
318.

M. le Clerc nous en dit assez sur ce fait, pour nous faire croire
que les choses ne sont pas autrement que nous le dit M. Baillet. Après
avoir dit que M. Bayle avoit fait tous ses efforts pour introduire l'A-
» théïsme & le Pyrrhonisme en Hollande, il ajoute : D'autres ont tâ-
» ché d'y introduire le Spinosisme sous le beau nom de la plus rigide
» Orthodoxie, & il est certain qu'il y a bien des gens qui s'en sont
» laissez infecter. Et si l'on s'étoit opposé à cette Orthodoxie masquée,
» continuë le Clerc, comme ont fait Jacquelot, Bernard, & les au-
» tres ennemis de Bayle, on en auroit peut-être arrêté le cours. On
» ne l'a donc pas arrêté, devons-nous conclure; & ne nous en éton-
» nons pas, c'est là où le principe de la tolérance en matiere de Reli-

Bibl univ.
s. 24.

» gion, & si bien soutenuë & suivie en Hollande & en Angleterre,
» conduit necessairement les hommes, jointe à la legereté & à l'in-
» constance de l'esprit des Hollandois, qui ne peuvent demeurer
» long-tems attachés à une même créance.

Hubert t. 3.
rerum in
orbe gesta-
rum, &c.

Un Auteur remarque à ce sujet que depuis que la Prétenduë Réforme s'est introduite dans les Provinces Unies, la Religion n'a jamais
été la même plus long-temps que l'espace de trente ans. La Religion,
dit-il, subsista sur le pied qu'elle avoit été établie par ceux qu'on
nomma Ligueurs, depuis l'an 1572. jusqu'à l'an 1601. temps auquel
l'Arminianisme commença à faire bruit, & qui employa trente ans
à croître & à décroître : mais les disputes sur la prédestination &
sur les points qui en dépendent, venant à s'appaiser, on vit naître
ce qu'on nomma le Voëtianisme, qui a employé le même temps à
croître & à décroître. On a vû naître le Cocceïanisme, dont la mode
n'a pas été de plus longue durée; & on peut ajouter que tandis que
la plus grande partie des Hollandois prenoient parti pour ces sectes,
d'autres se déclaroient pour le *Socinianisme*, le Bohmisme, le Laba-
disme, le Commenianisme, l'Hobbesianisme, le Spinosisme, &
plusieurs autres qu'on appelle les Chercheurs de Religion, les Latitudinaires, les Tolérans, &c.

Si bien que l'on peut dire que la Religion des Hollandois eſt un vrai *Syncretiſme* ou *Syncratiſme*, c'eſt-à-dire un mélange confus de toutes ſortes de Religions, ou la réünion de toutes les ſectes ſéparées par le ſchiſme de l'Egliſe Romaine. Auſſi Kempius parlant de la Hollande l'appelle une nouvelle Afrique fertile en monſtres fanatiques, & où on en trouve tous les jours de nouveaux au ſujet de la Religion qui ne doit jamais changer.

Iug. des Sçav. t. I. p. 403.

Charism. Triad. ſeu Biblioth. Angl. p. 350

CHAPITRE XXXVI.

La France accuſée de Socinianiſme, avec la réfutation des raiſons qu'on apporte pour autoriſer cette accuſation.

JE n'entrerois pas dans le détail de ces accuſations, perſuadé que je ſuis de l'Orthodoxie de toute la France ſur le myſtere d'un Dieu en trois Perſonnes, & ſur la Divinité ſouveraine de J. C. ſi je n'avois lû dans quelques livres, qu'on accuſe de Socinianiſme non-ſeulement tout le Royaume en général, mais encore certaines Societez Catholiques & Prétenduës Réformées, comme auſſi pluſieurs particuliers d'un mérite diſtingué par leurs écrits, leur foi & leur piété.

Ceux qui accuſent toute la France de Socinianiſme, & même d'Atheïſme, ſont les Proteſtans d'Allemagne qui prennent les imaginations outrées du Pere Zacharie de Liziœux pour des véritez plauſibles de *Petrus Firmianus*, & ont écrit ſur ſa bonne foi, que la France, & particulierement la ville de Paris, étoit toute remplie d'Athées; qu'il y en avoit même des Colleges & des Académies; que les aſſemblées de ces nouveaux Docteurs ne ſe tenoient que de nuit, & qu'ils avoient déja plus de cinquante mille Proſelytes dès l'année 1653.

La France accuſée de ſociniſer.

Iugem. des Sçav. t. I.

Les Calviniſtes mécontens de la conduite que le Conſeil du Roi & les Prélats du Clergé de France tenoient à leur égard, ſe ſont ſervis des mêmes fictions pour dire qu'il y a en France un grand parti compoſé de Déïſtes & de Sociniens.

Politiq. du Clergé.

Le même Auteur (c'eſt Jurieu) dans un livre qu'il a intitulé *L'Eſprit de M. Arnaud*, où il a commis tout le monde, prétend que M. Huet Evêque d'Avranches avoit publié la même choſe, & qu'il a dit dans la Préface de ſa *Démonſtration Evangelique*, que la France étoit remplie de Déïſtes & de Libertins; qu'il y avoit un grand nombre de ces malheureux eſprits forts; que l'impieté s'avançoit, & qu'elle faiſoit de grands ravages à la Cour & dans le Royaume, & même que c'étoit l'eſprit comme general de tous ceux qui vouloient paroître d'une habileté un peu diſtinguée.

Tom 7. Fi 174.

N. 2. &c.

On répond à ces accuſations vagues, outrées & violentes, que les Proteſtans d'Allemagne ne connoiſſent pas la France, & qu'ils ſe ſont laiſſez ſeduire par les imaginations creuſes d'un homme qui par un

M. Baillet. Réfutation.

excès de zele & sans jugement, a outré les choses; que si on a cru & dit qu'en 1624. il y avoit à Paris plus de cinquante mille Athées, Libertins & Déistes, cette accusation doit plutôt tomber sur les Prétendus Réformez qui y étoient alors, que sur les Catholiques, puisque le Calvinisme est incomparablement plus près du Socinianisme & du Déisme que la Religion Romaine. Que quant à M. Huet, Jurieu lui en impose pour favoriser les Calvinistes François, lorsqu'il prétend avec sa malice ordinaire, leur faire croire, & à tous ceux qui lisent son livre, que ce sçavant Prélat ne parle que du Clergé & de la Cour du Royaume de France, quoi qu'il n'en dise pas un mot, & que ce qu'il rapporte des Déistes & des Libertins soit général, & autant pour les Royaumes de la Chrétienté que pour la France, sans en spécifier aucun.

Apol. pour les Cathol.

Après tout, ajoute M. Baillet, il est bon de remarquer pour la justification de la France, qu'elle n'a eu aucune part ni aux conseils ni aux entreprises diaboliques de tous ces Ministres de l'Antechrist, & de tous ces détestables ennemis de la sainte Trinité & de l'Incarnation du Fils de Dieu, qui sont sortis dans les deux derniers siecles d'Italie, d'Espagne, d'Allemagne, d'Angleterre, de Pologne, & de la Hollande; & que de tous ces quarante ouvriers de Satan qui sortirent de l'école que le vieux Socin avoit établie à Vicence pour aller dans l'Occident & dans le Septentrion renverser les fondemens de la Religion Chrétienne, il n'y en avoit pas un seul qui fût François, & que l'on sçait que Servet, Okin, Mennon, Arétin, Hoffinan le faux Prophete, Gentilis, Vanin, Browne, Spinosa, Beverland, & tant d'autres que nous avons nommez dans le cours de cette Histoire, n'ont point pris naissance dans ce Royaume, & que ceux qui ont osé y mettre le pied y ont été punis du dernier supplice dès qu'ils ont été découverts; en un mot que ce sont les étrangers qui ont gâté ce qu'il y a de Libertins en France.

Quelques Eglises de la Prétenduë Réforme de France accusées de Socinianisme.

Il est vrai neanmoins qu'il y a eu quelques Eglises en France qui ont été accusées avec quelque fondement de donner dans le Socinianisme, ce sont celles qui sont sur la Loire depuis Orleans jusques dans l'Anjou, mais aussi ce sont des Eglises de la Réforme de Calvin, ce qui ne doit pas nous surprendre.

R. Simon Let. choif. ↠ L. p. 29.

On dit que la plupart de leurs Ministres suivent plutôt les opinions d'Arminius & des Remontrans ses disciples, que ceux de Calvin & de Beze; qu'il y en a parmi eux qui goûtent le Socinianisme, ce qui a fait un grand bruit dans les Consistoires; & que si on n'avoit pas craint que la chose éclatât au dehors, & n'attirât au petit troupeau quelque reproche de la part de la Cour, on auroit fait le procès à ces sortes de gens qui ont de bons gages & la liberté de conscience, non pas pour enseigner le Socinianisme & leurs propres imaginations, mais la pure doctrine de Calvin.

D'Huisseau.

Celui qui a donné le branle à ces nouveautez est le sieur d'Huisseau Ministre

Ministre & Professeur en Théologie dans le College de Saumur. Ce Ministre dans la pensée de rendre un bon service à son Eglise, s'avisa de faire un méchant petit livre qui a pour titre : *Réunion du Christia-nisme, ou la maniere de réünir tous les Chrétiens sous une seule Confession de Foi.* Richard Simon nous apprend que ce Professeur depuis quelques *Let. choif.*
t - 3. p. 12. années avoit fait paroître beaucoup d'attache aux Remontrans, & qu'un de ses amis lui a dit que ce Ministre cherchoit de tous côtez les livres des Sociniens. Son ouvrage est divisé en trois parties : dans la premiere il traite assez au long du mal que cause le partage des Religions parmi les Chrétiens : dans la seconde, il parle des causes de cette division : & dans la troisiéme il produit les moyens dont on se doit servir pour remedier à ce desordre ; mais les remedes qu'il apporte sont pires que le mal même. Dans les deux premieres parties il traite des matieres de la Religion en pur Philosophe, & nulle-ment en Theologien. Il veut qu'on doute de tout avant que de se dé-terminer ; & que l'on fasse abstraction de toutes les Religions, parce que, selon lui, elles ont toutes quelques défauts, & que c'est le seul moyen d'en établir une exempte d'erreur, que d'y travailler par l'abstraction de toutes les autres.

Il se déclare plus dans la troisiéme partie. On a proposé, dit-il page 117. & suivantes, depuis quelque tems dans la Philosophie un moien de bien raisonner & de faire de sûres démarches vers la verité. On tient que pour cela il se faut absolument détacher de toutes opi-nions préconçûës & de toute préoccupation d'esprit ; qu'il ne faut d'abord recevoir que les plus simples notions & les propositions qui ne peuvent être contestées par un chacun qui ait le moindre usage de la raison. Ne pouvons-nous pas imiter ce procedé dans la Religion ? ne pouvons nous pas laisser à part pour un tems toutes les opinions que nous défendions auparavant avec tant de chaleur, pour les exa-miner après avec tant de liberté & sans aucune passion, nous tenant toujours à notre principe commun qui est l'Ecriture Sainte. Ne sçau-rions-nous envisager sans aucun engagement le fondement de la Reli-gion que reconnoissent généralement tous ceux qui se disent Chrétiens, & les maximes dont ils conviennent tous ? Je desire donc que l'on quitte tous ces préjugez qui nous retiennent dans une Religion plû-tôt par de fausses apparences, que par jugement & par raison. C'est ainsi que les uns se ventent de leur antiquité, de la succession de leurs conducteurs, de l'étenduë de leur Communion &c. (il par-le des Catholiques Romains) & c'est ainsi que les autres se préva-lent de leur simplicité, de leur petit nombre, du mépris que l'on fait d'eux dans la societé &c. (il parle des Calvinistes.)

L'Auteur ajoute au chap. 3. Quand nous disons que pour parvenir à une parfaite réünion il faut être libre de tout préjugé, ce n'est pas pour établir l'indifference & laisser les esprits en suspens, sans sçavoir à quoi se déterminer ; c'est seulement pour rendre suspens plusieurs

Z

fondemens mal affurez, & en chercher un qui foit ferme & folide,
& duquel tout le monde convienne.

Son deffein eft de ne s'attacher qu'à l'Ecriture fainte, & il met
une grande difference entre cette même Ecriture, & les confequences qu'on croit en être bien tirées, & qui font felon lui l'origine
de toutes les differentes Religions qui partagent les Chrétiens.

Mais peut-on lui demander quel fecret il a donc trouvé pour ne
point tomber dans les mêmes inconveniens où font tombez les autres
Novateurs de ces derniers tems ? Tous n'ont voulu reconnoître que
l'Ecriture feule pour leur principe ; leurs erreurs font venuës des faus-
fes confequences qu'ils en ont tirées. Par quel privilege d'Huiffeau fe-
roit-il infaillible dans les conféquences qu'il tirera de l'Ecriture ? on
le croit trop éclairé pour avoir recours à cet efprit particulier qui
lui fera diftinguer le veritable fens d'avec le faux, & l'incertain d'avec
le certain. Il n'y a que des Illuminez & des Fanatiques qui puiffent
avoir recours à ce principe. S'il s'appuye fur fon bon fens & fur fon
habileté dans l'étude des livres facrez ; Servet, Luther, Calvin,
Socin & les autres Novateurs des derniers fiecles, fe font prévalus
de cette même habileté, & cependant ils font differens les uns des
autres dans leurs explications ; chacun d'eux a crû avoir la verité de
fon côté, d'où on conclut que leur principe eft de lui même infuffifant
pour établir les veritez de la Religion Chrétienne, & qu'il faut neceffairement avoir recours avec les Catholiques à la tradition, telle
que Vincent de Lerins nous l'a reprefentée dans le petit livre qu'il a
écrit fur ce fujet contre les Novateurs de fon tems ; c'eft-à- dire une
tradition conftante & fondée fur de bons principes.

Après tout, d'Huiffeau a pû raifonner de la forte fur le principe de
ceux de fa fecte, fçavoir qu'on ne peut connoître pour juger des difficultez, controverfes, doutes & fcrupules que l'on fe forme fur la
Religion, que la fainte Ecriture expliquée à fa maniere fans glofe
& fans confequence. Cependant nonobftant ce grand principe incon-
teftable parmi ceux de fa fecte, & fur lequel il vouloit établir fa nouvelle Religon, qui tendoit au renverfement de toutes les focietez
Chrétiennes & à l'établiffement du Socinianifme, ou plûtôt du Deïfme;
les autres Miniftres qui n'avoient pas eu part à fon ouvrage, l'entreprirent dans un Synode qu'ils affemblerent à Saumur au mois de
Septembte 1670. l'y condamnerent & fon livre ; & parce qu'il fut
depuis convaincu d'avoir, après cette cenfure, travaillé à l'Apologie
de ce livre, ils le dépoferent de fon Minifteriat & de fa Chaire de
Profeffeur, & l'excommuniérent à leur maniere.

Le petit troupeau voulut exercer cette feverité à l'égard du fieur
d'Huiffeau, pour intimider un grand nombre d'autres Miniftres qui
étoient dans les mêmes principes, & à qui il avoit communiqué fon
livre. Le fçavant M. le Févre avoit eu foin de l'impreffion de cet
ouvrage, & en avoit corrigé les épreuves ; Cappel fils du Profeffeur

en Hebreu, & un Regent de la cinquiéme du Collège de Saumur en étoient instruits. Tous ces Sçavans avoient approuvé son dessein, ensorte que si on avoit usé de cette rigueur, c'étoit fait du Calvinisme en France. Les plus habiles de cette Secte se seroient déclarez ouvertement Arminiens, pour ne pas dire Sociniens. Ils se sont contentez de l'être dans leur interieur, & de s'expliquer là-dessus avec leurs bons amis seulement. La crainte qu'ils avoient de perdre leurs emplois leur a fait prendre ce parti; ils ne souscrivent à leur profession de foi que par politique, persuadez qu'ils sont que Calvin & leurs autres premiers Reformateurs n'ont pas tout vû, & qu'ils n'ont fait la Prétenduë Reformation qu'à demi. Maldonat qui avoit l'esprit si pénétrant l'avoit bien prevû, quand il a dit dans ses Commentaires sur les Evangiles, que les principes des Calvinistes les meneroient jusques-là, c'est-à-dire au Socinianisme, au Deïsme, & à ne rien croire que ce qu'ils voudroient, & qu'ils n'avoient encore fait que la moitié du chemin.

Jurieu dans sa Satire mordicante raisonne autrement, & prétend que d'Huisseau & sa sequelle n'ont revoqué en doute les Mysteres de la Trinité & d'un Dieu incarné, que par des consequences justes qu'ils ont tirées des principes des Catholiques, & non pas en raisonnant sur les principes de la Reforme. J'avertirai nos Eglises de France (c'est ainsi qu'il parle) qu'elles ont un grand interêt à s'opposer à cette pernicieuse maxime (sçavoir que l'Ecriture n'est pas claire par elle-même, & que nous avons besoin de l'autorité de l'Eglise pour nous en determiner le sens) qui les desolera & qui a déja commencé à faire de grands ravages au milieu de nous. C'est la source de ces apostasies qui nous ont si fort scandalisez depuis quelques mois (il écrivoit en 1684.) ces miserables Ministres qui se sont rangez dans la Communion Romaine depuis la revocation de l'Edit de Nantes l'ont fait par ce méchant principe, que tous les mysteres, principalement ceux de l'Incarnation & de la Trinité ne sont exprimez dans l'Ecriture que d'une maniere ambigue & en des termes équivoques. Ce qui fait qu'on se peut dispenser de les croire: ils se persuadent que toutes les Religions sont bonnes, & que toutes les Sectes des Chrétiens sont tolérables, sans en excepter celle des Sociniens, & qu'ainsi l'on peut vivre en sureté dans toutes les Sectes, même dans celle des Papistes. Leur principe est que l'Ecriture sainte est insuffisante pour prouver les points que les Reformez estiment fondamentaux. Ils prétendent qu'on n'est obligé de croire necessairement que ce qui est incontestablement couché dans l'Ecriture, & reconnu pour vrai par tous les Chrétiens. En un mot ils sont de cette grande Cabale qui a eu ses sources près de la riviere de Loire, & qui en a infecté tous les rivages depuis Orleans jusqu'à Angers. Le premier Chef qui en a paru est ce d'Huisseau Ministre de Saumur, qui fut déposé il y a quelques années pour avoir composé ce méchant petit livre intitulé: *La Réünion du Christia-*

Esp. de M. Arnauld. t. I. p. 208.

Z ij

nifme. Mais les principaux membres *de cette* Cabale font encore dans
le corps, & Dieu fçait fi l'envie d'en fortir ne les prendra pas pour
fuivre leurs compagnons, (il parle de ceux qui fe font convertis après
la revocation de l'Edit de Nantes.)

La verité eft, ajoute-t-il, que ces gens font beaucoup plus que demi Sociniens : ce font-là les depoüilles que l'Eglife Romaine nous ôte,
& dont elle s'enrichit. C'eft une perte dont nous avons fujet de nous
glorifier. Notre Eglife fe purge, & l'Eglife Romaine fe fallit ; ces
convertis ne ferviront pas peu à nourrir le monftre du Deïfme & du
Socinianifme qu'elle cache dans fon fein.

On ne peut pas croire qu'un Miniftre, qu'un Theologien, qu'un
homme qui a fait un grand nombre de livres, ait parlé ainfi, à moins
qu'on ne dife que c'eft Jurieu, dont la juftefle dans les raifonnemens,
la moderation dans les difputes, & l'équité dans les actions, ne font
jamais venus à la connoiffance des Proteftans, & encore moins des
Catholiques. Quelle équité de dire d'un ton grave, plaintif & decifif
que l'Eglife Romaine nourrit dans fon fein le Socinianifme & même
le Deïfme ? Il faudroit être fol pour fe mettre en devoir de le refuter
fur ce point, d'autant plus que nul homme dans quelque fecte qu'il
foit ne le croira.

Qui lui a revelé les intentions de ceux qui font rentrez dans le
fein de l'Eglife Romaine, pour affurer qu'ils n'y font rentrez que parce
que les myfteres de la Trinité & de l'Incarnation ne font exprimez dans
l'Ecriture que d'une maniere ambigue & en des termes equivoques,
& qu'ils font perfuadez que toutes les Religions font bonnes, & que
toutes les fectes des Chrétiens font tolérables fans en excepter celle
des Sociniens ? Et dans quels livres faits par des Auteurs Catholiques
a-t-il lû que l'Eglife Romaine croit que les myfteres en queftion font
exprimez dans l'Ecriture en des termes équivoques, & qu'on puiffe
fe fauver dans toutes fortes de fectes ? Paradoxes ou inconnus, ou
combattus par tous les Catholiques Romains.

Qu'il dife que la fequelle d'Huiffeau croit que l'Ecriture eft infuffi-
fante pour prouver les points fondamentaux de la Pretendue Reforme,
me, & qu'elle eft plus que demi Socinienne ; nous lui pafferons ai-
fement le fait, & fi lui même eût voulu raifonner jufte fur les principes de fa Prétendue Reforme, il auroit conclu comme elle : mais
dire d'un ton magiftral que les Miniftres & autres qui font rentrez dans
le fein de l'Eglife Romaine, n'y font rentrez que fur ce principe, je
dirai hardiment que c'eft parler en Jurieu, c'eft-à-dire en homme qui
veut accabler d'injures & de calomnies ceux qui ne penfent pas comme
lui, ou qui n'entrent pas dans fes emportemens. La chofe paroîtra
encore mieux dans ce qui fuit.

CHAPITRE XXXVII.

*Suite du même sujet, où l'on voit les accusations de Socinianisme
que l'on fait contre quelques Congrégations Catholiques
de France.*

CE ne sont pas ici des Ministres François que Jurieu accuse de sociniser, mais des Congrégations entieres de Prêtres qu'il dit
faire un tiers parti dans la France, & dont l'Eglise Gallicane a tout à
craindre. Ils font profession, dit-il, de croire que l'Eglise Romaine *Politique du*
est la véritable Eglise, qu'on doit s'y tenir inséparablement attaché, *Clergé de*
& qu'on ne doit jamais s'en séparer ; mais cependant ils n'ont aucune *France. p.*
attache à ses dogmes, ni aucun respect pour son culte. Jamais ces *90.*
sortes de gens ne furent en si grand nombre dans ce Royaume. Il y
en a parmi eux qui poussent leur incrédulité si avant qu'elle va jusqu'à
révoquer en doute les plus importantes véritez du Christianisme. Ils
sont Sociniens, ne croyent ni le mystere de la Trinité, ni celui de
l'Incarnation. Je sçai là-dessus des choses si particulieres, que je n'en
sçaurois douter. Je ne vous les dirai point, parce que cela ne servi-
roit qu'à vous scandaliser, & ce qui est de plus terrible, c'est que ce
n'est pas là seulement la Religion de nos jeunes Abbez, c'est la Théologie de quelques Sociétez graves, sages, & qui font une grande
parade de la pureté de leurs mœurs, & de leur attachement pour la
Foi Catholique.

On avouë à Jurieu qu'il peut y avoir en France, même parmi des *Apol. pour*
Abbez, quelques personnes assez impies pour ne croire ni la Trinité *les Cathol.*
ni l'Incarnation ; mais on soûtient avec raison, qu'il faut autre chose *2. p. c. 4.*
pour pouvoir dire, sans se rendre coupable d'une insigne calomnie,
que c'est aujourd'hui la Religion de nos jeunes Abbez. Il faut qu'on soit
assuré qu'il y a au moins une grande partie de ces jeunes Abbez qui
n'ont point d'autre Religion que celle-là. Hé comment le pourroit-
il sçavoir ? Ceux qui seroient assez malheureux pour être dans ces
sentimens impies, seroient-ils assez fous pour s'en ouvrir au tiers &
au quart, & pour s'exposer par là à ce qu'ils auroient à en appréhender ? Et cette folie sur-tout pourroit-elle être commune à tant de
personnes, qu'on pût dire, sans appréhender de passer pour imposteur,
que c'est la Théologie des jeunes Abbez ? Cependant il a l'effronterie
de le supposer comme une chose tellement connuë, qu'elle ne lui
sert que de prélude pour autoriser une calomnie encore plus noire,
qui lui fait assurer, comme une chose dont il est bien certain, que
quelques Sociétez graves, sages, fort reglées dans leurs mœurs,
& qui passent pour Catholiques, ne croyent non plus que ces Abbez,
ni l'Incarnation, ni la Trinité. Cela passe toute impudence, d'attri-

buer non à quelques particuliers, mais à des *Societez* ; non à une
seule, mais à quelques Societez à qui il donne de grandes loüanges,
de ne pas croire les premiers mysteres de la Religion Chrétienne, &
de suposer que cela peut être , sans qu'aucun de ceux qui pourroient
arrêter le cours d'un si abominable desordre, en sçût rien , ou que le
sçachant on le souffrît, & enfin de s'imaginer que le monde sera assez sot pour croire une chose si incroyable sur la foi d'un homme de
paille, qui dit dans un écrit sans nom : *Je sçai là-dessus des choses si par-*
ticulieres , que je n'en sçaurois douter , & ajouter par une méchante fi-
nesse, Je ne vous les dirai point, parce que cela ne serviroit qu'à vous
scandaliser. On est surpris , & on a de la peine à concevoir que sa
hardiesse à calomnier ait pû aller jusqu'à cet excès ; mais on est bien-
tôt revenu de sa surprise quand on fait attention que c'est un Calviniste de la trempe de Jurieu qui parle ainsi.

A ces reproches que M. Arnaud Docteur de Sorbonne fait avec tant
de raison à l'Auteur de la Politique du Clergé, celui-ci répond pour
se justifier du crime de calomnie, par des calomnies non moins attro-
ces, par de faux raisonnemens, & par des suppositions controuvées.
Entendons-le raisonner dans sa satyre. Il se persuade (c'est de M. Ar-
Esp. de M.
Arnaud t.
1. p. 196.
naud qu'il parle) qu'on avoit voulu désigner les Jansénistes par ces
Societez graves qui font une grande parade de la pureté de leurs
mœurs & de leur attachement pour la Foi Catholique. Peut-être n'a-t-
il pas tort. Nous ne sçavons pas quelles étoient les pensées de l'Auteur de la Politique du Clergé (remarquez la fourberie de l'homme de
dire qu'il ne sçait pas les pensées de l'Auteur de ce livre, puisque
c'est lui-même qui l'a fait,) mais je sçai bien qu'il y a lieu de soupçonner ces Messieurs d'avoir une Théologie qui n'est guéres Chrétienne, & qui approche de la Théologie Socinienne. Cela me fait de
la peine d'être obligé à dire ce que nous pensons là-dessus , & ce que
nous avons lieu de penser. Nous n'aimons point à accabler les miserables , & qui sont déja chargez de la haine publique. Et certainement si ces Messieurs ne nous y forçoient , nous n'exposerions pas
aux yeux du Public ce qui est capable de soutenir ce soupçon ; mais
ils nous poussent à bout, & si ce que nous allons dire leur déplaît, il
faut qu'ils s'en prennent à eux-mêmes. Après ces feintes artificieu-
ses, il ajoute pour prouver ce qu'il avance :

Nous ne voudrions pas prononcer d'une maniere aussi positive
qu'ont fait Filleau Avocat du Roi de Poitiers & l'Auteur de la Relation juridique où il fait l'histoire fabuleuse de l'Assemblée de Bourg-
Fontaine, & le Jésuite Meynier, que *ceux qu'on appelle Jansénistes sont*
de veritables Déistes, ennemis des mysteres de la Religion Chrétienne.
Mais il est vrai qu'il leur est échappé de dire des choses contre la Divinité de J C. qui donnent lieu de soupçonner qu'ils cachent dans le
cœur de terribles monstres : & voici ses preuves.

Ces Messieurs ne font point difficulté d'avoüer que la divinité de

Jefus-Chrift n'eft pas fuffifamment prouvée par l'Ecriture fainte.

Ils difent dans le livre de la perpetuité de la foi de l'Euchariftie: *Dieu n'a pas voulu que les veritez de la Foi fuffent propofées aux hommes avec tant d'évidence, qu'il n'y reftât un grand nombre de nuages propres à aveugler les efprits fuperbes, à fervir de piege aux efprits impurs, & à humilier fous les tenebres falutaires ceux qui le cherchent fincerement.* De ces paroles, auffi-bien que de celles-ci, tirées des penfées de M. Pafcal: *Pourquoi J. C. n'a-t-il pas fait connoître fa divinité en termes fi clairs qu'il fût impoffible de les éluder,* il conclut: Il eft donc poffible, felon MM. de Port-Royal, d'éluder les témoignages de l'Ecriture qui établiffent la divinité de J. C. c'eft-à-dire que ces paffages ne font ni clairs, ni précis, ni exprès, qu'ils font obfcurs, qu'ils font fufceptibles de diverfes interpretations, & qu'il n'y a que l'autorité de l'Eglife qui puiffe les déterminer au fens reçû dans le Chriftianifme. Et après que Jurieu s'eft efforcé de prouver, fans neanmoins y réüffir, que telle eft la fupofition des Théologiens de Port-Royal, il dit: Voilà donc le principe des Janféniftes, fçavoir, que la divinité de Jefus-Chrift & la Trinité ne font pas clairement exprimées dans l'Ecriture. Pour refuter ce principe,

P. 1. pag. 101.

P. 204

Il dit, qu'il eft faux de toute fauffeté, 1°. Parce qu'il n'eft pas vrai que les paffages qui prouvent la divinité de J. C. puiffent être en façon du monde éludez. Il n'y a point de paffages fi clairs, on le fçait bien, fur lefquels les hérétiques n'imaginent & n'ayent inventé des chicanes; mais fi l'on appelle cela éluder, il n'y a rien dans l'Ecriture, rien même dans tous les livres du monde, & dans le langage des hommes qui ne puiffe être éludé. Il prouve cela en montrant de quelle maniere l'on pourroit faire des chicanes fur les textes de l'Evangile qui affirment l'humanité de J. C. & fur les Canons du Concile de Nicée, & fur un paffage qui feroit fait à plaifir, pour être la preuve la plus claire qui fe puiffe imaginer de la Trinité & de l'Incarnation.

2°. Il affure que c'eft la derniere de toutes les lâchetez, & la plus grande de toutes les prévarications qu'un Theologien Orthodoxe puiffe commettre contre la divinité éternelle du Fils de Dieu, que de l'abandonner ainfi en proie à l'incrédulité des hérétiques, en leur faifant un aveu fi faux, fi dangereux, & fi propre à les flatter dans leurs erreurs, & cela pour un petit interêt, fçavoir pour faire valoir l'autorité de l'Eglife Romaine… Cet aveu que la divinité du Fils de Dieu n'eft pas fuffifamment expliquée dans la revelation écrite, eft juftement ce qui confirme les Sociniens dans leur héréfie, & ce qui peut porter les autres à l'embraffer.

P. 209.

P. 211.

3°. Selon le fentiment de M. Arnaud & de tous les Janféniftes, l'infaillibilité de l'Eglife réfide proprement dans le Concile général, à l'exclufion des Conciles Provinciaux ou Nationaux, & à l'exclufion du Pape même. Ainfi il eft conftant qu'ils doivent demeurer d'ac-

212.

cord qu'avant le premier Concile de *Nicée* en 325. il n'y avoit pas encore eu de Juge infaillible dans l'Eglise. Retenons bien cela, dit Jurieu, & nous souvenons que, selon MM. de Port-Royal dans le livre de la Perpetuité & dans celui de l'Apologie des Catholiques, la divinité de J. C. ne peut être suffisamment prouvée par l'Ecriture sainte, sans l'autorité de l'Eglise, d'où il s'ensuit que jusqu'au Concile de Nicée il a été permis d'être Socinien, & de nier la divinité de J. C. sans risquer son salut … Si l'article de la divinité de J. C. n'a pas été un article de foi necessaire au salut durant trois cens ans, il n'a pû le devenir par la décision d'un Concile, parce que, selon les plus raisonnables Docteurs de l'Eglise Romaine, du nombre desquels MM. de

P. 213. Port-Royal sont, ni l'Eglise, ni le Pape, ni les Conciles ne peuvent faire de nouveaux articles de foi; d'où il s'ensuit qu'aujourd'hui la divinité du Fils n'est pas encore un point de foi pour lequel on puisse dire anathême à ceux qui la nient. Ainsi en s'avançant de principes en principes, il est clair qu'on n'a pas mauvaise raison de soupçonner M. Arnaud de ne point croire les mysteres de la Trinité & de l'Incarnation, ou du moins de ne les pas regarder comme des affaires capitales dans la Religion.

　　Mais ce qui augmente le soupçon, c'est que M. Arnaud & ses disciples ont donné tout lieu de croire qu'ils n'ont aucun respect pour les décisions de l'Eglise, & que tout ce qu'ils disent de magnifique en faveur de cette Eglise pour soutenir cette infaillibilité, est une de ces illusions dont ils se servent pour imposer au public. Ce que Jurieu prouve le mieux qu'il peut par la conduite que ces Messieurs ont tenuë à l'égard des Religieuses de Port-Royal, & par les écrits & les disputes qu'ils ont faits au sujet de la doctrine de Jansénius, d'où il conclut que puisque les mysteres de la Trinité & de l'Incarnation d'une part ne sont prouvez que par des textes de l'Ecriture qui peu-

P. 220. vent être éludez, selon ces Messieurs, & d'autre part qu'ils ne sont appuyez que sur des décisions pour lesquelles ils ne croyent pas qu'on doive avoir une soumission aveugle; il est clair que ces mysteres n'ont plus de fondemens fermes, & que dans la Théologie de Port-Royal ils ne peuvent être tout au plus que des problêmes.

　　Enfin pour appuyer toutes ces conjectures qui font soupçonner que ces Messieurs n'ont pas une foi si ferme pour les mysteres qu'ils essaient de le persuader, j'ajouterai, dit-il, une histoire que je ne donne au public qu'avec répugnance, & après avoir longtemps combattu. C'est celle d'un jeune homme nommé Picault, fils d'un Tresorier de la Generalité d'Orleans, destiné à l'Eglise, & élevé pour l'étude à Paris dans la maison de MM. de Port-Royal, qui avoit appris le Socinianisme chez ces Messieurs par la liberté qu'on lui donnoit de lire les livres des Sociniens, à l'exclusion de ceux des Protestans. Il raconte ce conte fait à plaisir d'une maniere digne de lui, c'est-à-dire avec une hardiesse & en même temps avec une espece de timi-

dité

dité qui vaut un pefant d'or, aprés quoi il avoüe qu'il ne voudroit pas être garand de la verité de ce conte.

Tout ce narré me donne occafion de faire deux reflexions qui feront voir, pour l'honneur de notre Eglife, le faux des raifonnemens *Refutation.* de Jurieu.

Premiere reflexion. Vous dites donc, M. le Miniftre, que tout homme qui croit d'une part que les Myfteres de la Trinité & de l'Incarnation ne peuvent être prouvez par des Textes de l'Ecriture qui ne puiffent être éludez, & qui d'autre part n'a pas une foumiffion aveugle pour les décifions des Conciles, eft Socinien, favorife le Socinianifme, & induit les autres à focinianifer.

Or vous croyez, vous enfeignez, vous foutenez tout cela, & d'ailleurs vous n'avez nullement cette foumiffion aveugle.

Donc que vous êtes un Socinien, que vous favorifez le Socinianifme, & que vous induifez à focinianifer ceux qui vous écoutent & qui lifent vos livres.

Cette conclufion eft convaincante, les principes étant certains. La majeure l'eft, puifqu'il prétend avoir convaincu M. Arnauld & tous les Ecrivains de P. R. d'être Sociniens, parce que dans la Perpetuité de la Foi, ils difent que la Divinité de J. C. n'a pas été revelée dans l'Ecriture avec affez d'évidence; & que d'ailleurs ils ont donné lieu de foupçonner, qu'ils ne croient pas qu'on foit obligé de fe foumettre aux Conciles. Il faut donc qu'il prenne cela pour un figne non équivoque de l'héréfie Socinienne, autrement il auroit deux mefures, fon accufation feroit mal fondée, il deviendroit calomniateur, & demeureroit chargé d'une note d'infigne calomniateur, accufant une Societé de Prêtres, dont d'ailleurs il releve la vertu, d'être des Sociniens, fans en avoir une autre preuve convaincante.

Il me refte à prouver la mineure : elle renferme deux propofitions ; la derniere n'a pas befoin d'être prouvée, car il eft affez manifefte qu'un Miniftre Calvinifte n'a pas une foumiffion aveugle pour les Conciles ; voici les preuves de la premiere propofition. Les caracteres de Divinité, dit Jurieu, qui font dans l'Ecriture, ne font pas *Traité de* fuffifans par eux-mêmes pour produire une certitude qui exclue tout *la Nature* doute, & même qui exclue *formidinem contrarii*, la crainte que le con- *& de la* traire ne puiffe être vrai. Il n'y en a pas un qui ne puiffe être éludé *Grace. pag.* par les prophanes, ni qui faffe une preuve, & à qui on ne puiffe ré- 246. pondre quelque chofe. Confiderez tous enfemble, ils n'ont pas affez de force pour faire une démonftration morale.

Dans fa défenfe de la Doctrine univerfelle il dit, qu'à la referve de Dieu, de fes attributs & de fa providence, il n'y a rien d'évident dans la Religion, parce que tout eft environné de difficultez, tant pour l'objet, que pour le témoignage. (C'eft l'Ecriture fainte.)

Il dit avec les plus zelez Docteurs de l'Eglife Romaine (c'eft un re- *Pag. 38.* proche que lui fait Elie Saurin) que l'Ecriture eft obfcure, & il fuppofe

A a

*Défense
de Sauvin.
N. 26.*

la foi inévidente sur ces trois objets. *Le premier est le mystere ; par*
exemple, celui de l'Incarnation : le second est le témoignage, c'est-
à-dire le Texte de l'Ecriture qui contient le mystere : le troisiéme
est la Divinité du témoignage ; c'est que les Textes dont il s'agit, &
le livre dans lequel se trouvent ces Textes, sont véritablement éma-
nez de Dieu.

*Sistême de
la Religion.
pag. 334.

Rep. aux
trois Ecrits.
pag. 33.*

Un de ses Confreres qui avoit établi pour principe, que pour croire
un mystere de foi, il faut avoir une claire & certaine évidence que
celui qui nous le dit ne nous trompe pas, & ne peut pas nous tromper. Jurieu lui replique que ce principe est une erreur qui renverse
la foi de tous les simples, qui ruine entierement la Religion, qui conduit infailliblement au Pyrrhonisme, au Spinosisme, au Socinianisme & à l'Atheïsme : que c'est la propre hérésie des Manichéens, un

*Apologie
pour les Sy-
nodes. p. 9.*

principe Manichéen & Socinien, & un principe que l'Eglise a toûjours
détesté.

*Défense de
la Doctrine
universelle.
pag. 464.*

Enfin après avoir établi que les caracteres de la Divinité des Ecritures peuvent être éludez, & que les objections des Sociniens sont
considerables, il dit, pour soutenir cette belle maxime : les preuves
de l'Ecriture qui établissent la Trinité, l'Incarnation, la necessité de
la grace, &c. ne sont pas dans le dernier degré d'évidence ; ces mysteres souffrent & reçoivent des difficultez, non-seulement eu égard
à la raison humaine, mais encore par raport à l'Ecriture où il y a plusieurs textes qu'on a besoin de reconcilier avec la verité. Si quelqu'un
croit, ajoute-t-il, que les difficultez des Sociniens contre les mysteres sont de nulle consideration, il se trompe, & il n'y fait pas d'attention ; ce sont des difficultez très-réelles, & qui meritent d'être
éclaircies.

Il est donc vrai que Jurieu croit & soutient que l'Ecriture sainte n'a
pas toute l'évidence possible ; que les preuves & les caracteres de la
Divinité ne sont pas suffisans pour produire une certitude qui exclue
le doute & la crainte ; qu'elle n'a rien de démonstratif contre les Sociniens ; que ces hérétiques ou libertins peuvent éluder ses passages ;
que leurs objections sont difficiles, & qu'on ne peut les résoudre par
les seuls passages de l'Ecriture, & enfin que cette Ecriture n'est claire
& décisive que sur l'existence d'un Dieu, de ses attributs ou de sa providence.

Or parler ainsi, de l'aveu même de Jurieu, c'est favoriser le Socinianisme & induire les autres à socinianiser, & c'est selon ses expressions mêmes, tomber dans la derniere de toutes les lâchetez, & dans
la plus grande de toutes les prévarications qu'un Théologien Orthodoxe puisse commettre contre la Divinité éternelle du Fils de Dieu, &c.

Donc, que si l'accusation que Jurieu fait contre MM. de Port-Royal
est véritable, il est lui-même un Socinien, & le plus lâche, & le plus
grand prévaricateur qui se puisse trouver parmi les Théologiens.

Tout ce raisonnement ne doit tendre qu'a faire sentir les mauvaises consequences de Jurieu, & non pas à le convaincre de Socinianis-

me, c'eſt ce que je ferai ailleurs ; car ce dogme de l'obſcurité de la Sainte Ecriture qu'il attribue ſpecialement aux Janſeniſtes, & d'où il conclut leur ſocinianiſme, eſt un dogme commun à toute l'Egliſe Romaine ; & ce dogme n'affoiblit en rien la foi que nous devons avoir d'un Dieu incarné, & d'un Dieu en trois perſonnes : car ſans parler de l'autorité de la tradition, quoique parmi les paſſages de l'Ecriture qui regardent ces deux points, il y en ait quelques-uns d'obſcurs, il y en a tant d'autres qui ſont clairs, qu'il ne peut reſter aucun doute, & qu'il eſt aiſé de voir de quel ſens on doit ſe deffendre dans les paſſages obſcurs.

Ma ſeconde reflexion eſt ſur l'hiſtoire qu'il fait du ſieur Picaut, & qu'il prétend lui ſervir d'une preuve convaincante pour prouver qu'on enſeignoit le Socinianiſme chez MM. de Port-Royal. Je dis premierement que pour peu qu'il eût le point d'honneur en recommandation, ſi jamais il l'a eu, il ne devoit pas rapporter cette hiſtoriette, puiſque lui-même ne la ſçavoit pas aſſez pour s'en rendre garant, & puiſqu'il avoüe qu'il ne ſçait pas ſi elle eſt vraie. S'il ne le ſçait pas, veut-il que ſes ennemis le ſçachent ? Et s'il dit en douter, qui le croira ? C'eſt donc une ſotte timidité de ſa part, ou plutôt une impertinente fiction de dire comme il fait : j'ajouterai une hiſtoire que je ne donne au pu- « blic qu'avec repugnance, & apres avoir long-tems combattu. Si ces « Meſſieurs ne nous pouſſoient pas avec tant d'injuſtice & tant de cruau- « té, nous n'en ſerions jamais venu là ; mais on ne doit plus rien à un « homme comme M. Arnaud, qui viole ſi hautement les loix de la « charité & de la ſincerité.... Voilà (c'eſt apres avoir fait le détail « de cette hiſtoire,) ce que nous en ſçavons, & ce que nous avions à « en dire. Le public formera ſes ſentimens là-deſſus comme il lui plai- « ra. C'eſt ce que l'on gagne à pouſſer les gens à bout. «

Eſp. de M.
Arn. p. 20.

Les ſentimens que le public en forme, (devons nous lui répondre, avec toutes les perſonnes déſintereſſées, ſans paſſion, & qui veulent des faits certains pour condamner leurs freres,) c'eſt qu'on ne peut rien conclure de cette hiſtoire qui ne retourne à la confuſion de celui qui a eu la hardieſſe de la débiter, puiſqu'elle eſt fauſſe.

Je dis qu'elle eſt fauſſe. Il eſt impoſſible que ce jeune homme ait été élevé dans la maiſon de MM. de Port-Royal de Paris, puiſqu'il eſt certain que les enfans qu'on y élevoit n'avoient que 10. 12. 14. ans, & que le plus âgé en avoit à peine 14. Ces enfans n'étoient donc pas en état de lire les livres des Sociniens, & d'apprendre les points les plus importans de la Théologie, tels que ſont ceux de la Trinité & de la Divinité de J. C. De plus, depuis cette accuſation on a examiné les Regiſtres de cette Ecole, & il conſte par cet examen qu'il n'y a jamais eu d'enfans à Port-Royal du nom & de la famille dont il eſt dit qu'étoit celui-là, & il n'y en a même jamais eu aucun de la ville d'Orleans ; & le fondement de tout cela qui eſt qu'on laiſſoit lire à des enfans de cet âge-là des livres des Sociniens, ne montre que trop

Arnaud
differ. ſur le
pre. bonheur
des plaiſirs
des ſens p.
13. *&* 14.

R. *Simon*
Let. choisies
tom. I. Let.
17.

qu'il n'y a rien qu'on ne doive attendre d'un homme qui est capable de débiter des mensonges si horribles & si incroyables.

Le fait est qu'il y a eu un jeune homme nommé Picaut à l'Institution des Peres de l'Oratoire, qui est proprement le Noviciat de ceux qui veulent entrer dans cette Congregation. Dans le tems qu'il y demeuroit, il y trouva un homme fort connu dans le monde, qui avoit été Ministre en Bourgogne, & que ses Confreres avoient chassé après l'avoir convaincu de Socinianisme. Les Peres de l'Oratoire qui le croyoient Ministre converti, le reçûrent dans leur Institution. Ce fut lui qui par des leçons qu'il fit à ce jeune homme sur l'Apocalypse & sur le Socinianisme, lui renversa la cervelle : ainsi le Socinianisme du sieur Picaut ne venoit que d'un Calviniste déguisé, & non pas des Peres de l'Oratoire, & encore moins de la maison de Port-Royal où il n'a jamais demeuré ; & on ne doute point que ce jeune homme n'ait été dans la suite un Socinien fort entêté, comme le prétend Jurieu. Car il se pourroit bien faire que ce seroit lui qui auroit fait imprimer à Cologne en 1679. chez Pierre Marteau, un livre qui a pour titre : *Traité des Parlemens ou Etats Généraux composé par Pierre Picaut,* ouvrage qui contient beaucoup de Socinianisme.

De-là nous concluons que l'Auteur de la Politique du Clergé, & de l'esprit de M. Arnaud, qui n'a jamais pû donner des preuves de l'accusation atroce qu'il a publié contre les Théologiens de Port-Royal, demeure chargé de la note d'un franc calomniateur. C'est la conclusion de Bayle son confrere, qui ajoute qu'il faut comparer ses preuves à celles d'un homme, qui pour prouver que le Gouverneur d'une Place est traître à son Souverain, lui imputeroit une conduite qui seroit celle de tous les autres Gouverneurs, & même celle des Gouverneurs qu'il reconoîtroit fideles, ou qui publieroit quelque sot conte qu'un soldat mécontent & sorti de la Place, auroit fait aux ennemis.

CHAPITRE XXXVIII.

Suite du même sujet. Les Ecrivains de Port-Royal accusez de Socinianisme, & pourquoi.

UN Anonyme auteur d'un petit livret intitulé : *Questions importantes sur les Jansenistes* &c. pousse l'accusation encore plus loin que n'a fait Jurieu. On lui demande pourquoi les Jansenistes éloignent leurs Pénitens de la sainte Communion. Ils disent pour troisiéme raison, c'est qu'ils ne croyent pas que J. C. soit Dieu, & que ne le croyant pas Dieu, il est évident qu'ils ne croyent pas qu'il ait pû mettre son Corps & son Sang réellement & substantiellement sous les especes du pain & du vin que les Prêtres consacrent.

Il n'en demeure pas là : pour refoudre la queftion que lui fait fon   *Pag. 64.*
jeune Catholique qui veut fçavoir le véritable Syfteme des Janfeniftes, il dit : Leur deffein eft de reduire la Religion à la créance d'un «
Dieu feul, fans Incarnation du Verbe éternel, fans Redemption du «
genre humain, fans Sacrement, fans Eglife, fans Pape, fans invo- «
cation des Saints, en un mot fans Religion Chrétienne.   «

Pour foutenir une telle accufation, on fent bien qu'il faut avoir des
preuves folides & même démonftratives, ou bien on s'expofe à paffer
pour un infigne calomniateur, ou pour un fol à mettre aux petites
maifons; auffi en donne-t-il qu'il croit telles. Je me borne, pour ne
me pas écarter de mon fujet, à celles qui regardent la Divinité de
J. C. dont, felon lui, les MM. de P. R. ne font pas perfuadez.

Pour prouver avec quelque ordre (c'eft lui qui parle) que les «   *Pag. 32.*
Janfeniftes rejettent la Divinité de J. C. je commence par la tra- «
duction qu'ils ont fait du Nouveau Teftament.   «

Lorfque le Fils de Dieu dit en S. Jean : *Pater meus quod dedit mihi* «   *Preuve.*
majus eft omnibus, & nemo poteft rapere de manu Patris mei : Ego & Pater «   *c. 10. v. 29.*
unum fumus. Ce que mon Pere m'a donné eft plus grand que toutes «
chofes, & perfonne ne peut ravir ce qui eft en la main de mon «   *v. 30.*
Pere : mon Pere & moi nous fommes une même chofe.   «

Les Ecrivains de P. R. ont traduit ces paroles de cette forte : *Mon* «
Pere qui me les a donnez eft plus grand que toutes chofes; & perfonne ne peut les «
ravir de la main de mon Pere : mon Pere & moi nous fommes une même chofe. «

L'Anonyme accufe ici les mêmes Ecrivains d'avoir fuivi la traduction de Beze, & ajoute que faint Hilaire, faint Ambroife &
les autres Peres qui ont écrit contre les Ariens, ont expliqué ce paffage de l'union perfonnelle du Verbe éternel avec l'humanité de J. C.
laquelle union eft quelque chofe de plus grand que tout ce fe peut
trouver entre les créatures ; néanmoins les Janfeniftes raportent ces
paroles à la Grandeur de Dieu le Pere, lorfqu'ils difent : *Qui eft plus*
grand que toutes chofes, & aux Prédeftinez, en ajoutant : *qui me les a*
donnez, & confequemment ils détruifent l'union hypoftatique, & la
Divinité de Jefus-Chrift.

Je réponds 1°. qu'il ne fait rien à notre fujet que les Traducteurs   *Refutation*
du Nouveau Teftament de Mons aient fuivi la verfion latine de Beze,
puifque ce Calvinifte croyoit la Divinité éternelle de J. C. 2°. Que fi
ces Traducteurs font Sociniens pour avoir dit que le Pere éternel eft
plus grand que toutes chofes, & qu'il a donné fes oüailles à J. C. il faut
donc conclure que le texte Grec & que le texte Syriaque du Nouveau
Teftament font Sociniens : ils portent *major*, ce qui ne fe peut raporter
qu'au Pere qui eft plus grand que toutes chofes imaginables. Le Jefuite Corneil la Pierre dit fur ce paffage que J. C. parle ainfi, comme
s'il vouloit dire, il n'y a point de créatures, fuffent les Anges & les
démons, qui puiffent m'ôter des mains ou de ma puiffance les oüailles que mon Pere m'a données ; parce que mon Pere qui eft plus

grand, plus sublime, plus puissant que toutes les créatures, en m'engendrant de toute éternité m'a donné sa nature divine ; par-là il m'a revêtu de sa toute-puissance : ainsi comme personne ne peut ôter mes oüailles d'entre les mains de mon Pere , aussi personne ne le peut ôter des miennes, puisque j'ai la même puissance que lui, *Probat Christus neminem posse oves rapere de manu sua, quia inquit , id quod gignando dedit mihi Pater , puta natura divina , usque omnipotens vis & potestas ; omnibus rebus creatis ... est major &c.* Quand il raporte le sentiment des Grecs & des Syriens, il ajoute qu'on lit : *Pater meus qui dedit mihi major omnibus est ;* & que selon saint Cyrille c'est comme si J. C. disoit, mon Pere qui est le Seigneur de toutes choses & qui les gouverne toutes, m'a donné à moi qui suis son Fils incarné & fait homme , & m'a commis le soin de ses oüailles qui sont les fidéles. *Pater meus qui omnium rerum est Dominus mihi Filio suo incarnato dedit , id est, commisit curam Ovium, id est filium.* On voit par-là que les MM. de P. R. ont fort bien traduit, & qu'ils ont pû attribuer le mot de Grand au Pere , & le mot d'oüailles à ce que ce Pere a donné à son Fils sans aucune consequence qui portât préjudice à la Divinité éternelle du Fils assez bien expliquée, en disant qu'on ne peut lui ôter ses oüailles, parce qu'on ne peut les ravir à son Pere.

Seconde preuve.

I. Corint. c. 15. v 22.

Il est dit dans saint Paul : *Sicut in Adam omnes moriuntur , ita & in Christo omnes vivificabuntur ; unusquisque in ordine suo, primitia Christus, deinae ii qui sunt Christi , qui in adventu ejus crediderunt.* Comme tous meurent en Adam, de même tous revivront en J. C. chacun en son rang : J. C. le premier comme les prémices, & puis ceux qui sont à lui, qui ont cru à son avenement.

Les Théologiens de Port-Royal on traduit : *Comme tous meurent en Adam , tous revivront aussi en J. C. & chacun en son rang : J. C. le premier comme les prémices de tous, & puis ceux qui sont à lui ressusciteront à son avenement.*

L'Anonyme leur reproche ici d'avoir retranché ces mots : *qui ont cru en son avenement ;* & prétend qu'ils n'ont fait ce retranchement que pour éteindre la créance de son avenement comme Dieu incarné, & comme Juge des vivans & des morts, ne voulant pas que ce soit un article de foi ni un merite de croire ces deux avenemens, & qu'ils prétendent persuader que les hommes ressusciteront comme lui ; donc, conclut-il, qu'ils soutienent que J. C. n'est qu'un homme & non pas un Dieu.

Refutation.

Ces suppositions sont violentes, encore plus les conclusions qu'il en infere : il faudroit de bonnes preuves pour les croire , & il n'en raporte aucune, si ce n'est que les MM. de P. R. ont retranché de leur version ces paroles qui se trouvent dans la Vulgate : *qui ont cru en son avenement* Je réponds que ceux qui ont fait la version de Mons ont quelque fois suivi le texte Grec préferablement à celui de la Vulgate. Il n'est pas question ici de décider s'ils ont bien fait, ou s'ils ont mal fait de ne se pas attacher uniquement à la Vulgate , il me suffit de dire ce que rapporte le Decret de Gratian : *Comme il faut examiner la fidelité des livres de l'ancien Testament par l'original Hebreu , ainsi il faut examiner ceux du nouveau Testament par l'original Grec.* Si les Traducteurs de Mons ont suivi ce Canon , je ne vois pas comment on peut les condamner avec justice : or le Texte Grec ne porte pas *crediderunt* , mais seulement *primitia Christus, deinde qui sunt Christi , in ejus adventu.* Dira-t-on que ce texte Grec , parce qu'il n'ajoute pas *credentes* , à ces paroles , *in ejus adventu* , favorise le Socinianisme , qu'il éteint la créance de l'Avenement de Jesus-Christ comme celle d'un Dieu incarné , & comme Juge des vivans & des morts &c. On ne peut donc pas faire le même reproche aux Traducteurs de Mons , d'autant plus que dès lors qu'ils disent , *ceux qui sont à J. C.* ils prétendent dire ceux qui croient en J. C. puisqu'il est impossible d'être à J. C. sans croire en lui.

Pour être Sauveur des hommes par les merites de son Sang & de sa Mort , il faut être necessairement Dieu-homme ; car tous les Théologiens enseignent qu'une pure créature étant d'un merite fini , ne peut sauver le genre humain ; c'est pourquoi , conclut l'Anonyme , les Jansenistes ne reconnoissent pas Jesus-Christ pour Sauveur des hommes par les merites de son Sang & de sa mort , de peur de le reconnoître pour un homme-Dieu ; ce qu'il prétend prouver par les passages suivans.

Troisiéme preuve. Pag. 33.

Il est dit dans les Actes des Apôtres : *Aperiens Petrus os suum dixit , in veritate comperi , quia non est personarum acceptor Deus.* Alors Pierre ouvrant la bouche dit , en verité j'ai reconnu que Dieu n'a point d'acception des personnes.

C. 10. v. 34.

MM. de Port-Royal ont traduit : *Alors Pierre prenant la parole dit , j'ai reconnu qu'il est veritable que Dieu n'a point d'égard aux diverses conditions des personnes.* Ils ont traduit de même les paroles de saint Paul : *Non enim est acceptio personarum apud Deum.* Car Dieu , disentils , n'a point d'égard à la qualité des personnes.

Rom. 2. v. 11.

Les deux traductions , dit l'Anonyme , sont tirées de la Bible de Genêve , & sont conformes aux sentimens de Calvin pour prouver que Dieu sauve les uns & damne les autres sans avoir égard ni aux merites de J. C. ni aux merites des hommes , & par consequent J. C. n'est ni Sauveur des hommes , ni Dieu-homme , puisqu'il faut être Dieu-homme pour être Sauveur des hommes.

Il est inutile de relever ces fausses conséquences ; je ne m'attache qu'au principe d'où il prétend les inferer , c'est que les Traducteurs on dit que *Dieu n'avoit point d'égard à la qualité des personnes* , au lieu de dire que *Dieu n'avoit point d'acception des personnes.* Voilà le prétendu Socinianisme.

Pour refuter cette accusation , il faut supposer avec tous les Interpretes , qu'il ne s'agit pas ici de la prédestination à la gloire , ni de

Réfutation.

la réprobation à la mort éternelle ; *mais de* la vocation à la grace,
à l'Eglise , au falut ; vocation purement gratuite , dépendante uniquement du bon plaifir de Dieu , fans aucun égard au mérite ni dé-
mérite des perfonnes , y appellant indifferemment les Juifs & les
Gentils , les fçavans & les ignorans , les nobles & les roturiers , les
riches & les pauvres. Quand donc les Traducteurs ont dit que Dieu
n'avoit point d'égard à la qualité ou aux conditions des perfonnes , ils
n'ont jamais prétendu parler ici de la prédeftination & de la réprobation en quelque fens qu'on les prenne , & encore moins ont–ils voulu
dire que Dieu nous fauve ou nous damne indépendemment des mérites de J. C. & des nôtres. Ils n'en difent pas un feul mot : mais
ils ont voulu dire que Dieu appelle à la grace , à la foi , à l'Eglife ,
au falut , ceux qu'il lui plaît , fans avoir égard à leurs qualitez & à
leurs conditions de Juifs , de Gentils , de riches , de pauvres &c. Que
Dieu pouvoit fans faire injuftice aux Gentils appeller uniquement les
Juifs à la grace du Chriftianifme. C'eft ainfi que parle le Jefuite Corneil à Lapide , que l'Anonyme n'accufera pas de focinifer : *Hoc enim
nationis difcrimen in electione hac ad gratiam , Ecclefiam & falutem non
refpicit Deus … Unde Deus fine ulla injuria , & fine vitio acceptionis per-
fonarum potuiffet eligere Judaos ad Chriftianifmum , & ab eo excludere
Gentiles.*

    La quatriéme preuve eft fondée fur la verfion que l'on a faite de
ces paroles de faint Paul : *Ut quid enim Chriftus , cùm adhuc infirmi ef-
femus , fecundum tempus pro impiis mortuus eft* , car pourquoi J. C. lorfque nous étions encore infirmes , eft-il mort pour les impies dans le
tems deftiné ?

    MM. de P. R. traduifent : *Car pourquoi J. C. eft-il mort dans le tems
deftiné de Dieu , pour des méchans & des impies comme nous qui étions encore
dans les langueurs du peché.* Premierement , dit l'Anonyme , les Janfeniftes ajoutent ici au texte de l'Ecriture , ces paroles : *comme nous qui
étions encore dans les langueurs du peché.* Secondement , ils appliquent aux
feuls pécheurs qui fe convertiffent , le fruit de la mort de J. C. c'eft-
à-dire aux feuls prédeftinez ; héréfie condamnée par l'Eglife ; & il
s'enfuit de–là (c'eft fa décifion) que J. C. n'eft pas Sauveur des hommes ; car la prédeftination des Elûs dépend de la feule volonté abfoluë de Dieu , felon leur erreur , & non des mérites de J. C. lequel
n'eft confequemment ni Sauveur , ni homme-Dieu.

    Toute l'héréfie Socinienne des Traducteurs confifte donc 1°. En ce
qu'ils ont ajouté au texte facré ces paroles : *comme nous.* 2°. Qu'ils
n'appliquent le fruit de la mort de J. C. qu'aux feuls pécheurs qui fe
convertiffent. 3°. Et que ces pecheurs qui fe convertiffent font les feuls
prédeftinez.

    Je réponds premierement que l'Anonyme en impofe aux Tradu-
cteuts , en leur faifant dire que les pecheurs qui fe convertiffent
font les prédeftinez , puifqu'ils ne difent pas un feul mot des pré-

deftinez ,

deſtinez, & que d'ailleurs on ſçait bien que tous ceux qui ſe conver-
tiſſent ne ſont pas pour cela prédeſtinez, puiſqu'il y a beaucoup de
ces pecheurs convertis qui ne perſeverent pas, & qu'il n'y a que ceux
qui perſeverent qui ſont ſauvez.

2°. Je dis qu'ils n'ont rien ajouté au texte, en diſant : *comme nous*
qui étions dans les langueurs du peché ; puiſqu'il y a dans la Vulgate. *Cùm*
adhuc infirmi eſſemus ; car il eſt certain que le verbe *eſſemus* quoique ſans
nos détermine le mot d'*infirmi* à la premiere perſonne, & de-là il s'en-
ſuit neceſſairement que ce *nous* doit auſſi ſe raporter à *impii* au moins,
comme étant renfermées dans les impies pour leſquels J. C. eſt mort.
Or c'eſt ce que ſignifient ces paroles de la traduction que J. C. eſt
mort pour des impies comme nous ; car on laiſſe ce mot d'impies
auſſi indéfini qu'il étoit dans ſaint Paul, mais on marque ſeulement
qu'il nous enferme ce qui eſt indubitable, par ce même verſet & par
toute la ſuite ; perſonne ne peut nier que ce *nous* par où ſaint Paul a
commencé ſon diſcours en ces termes : *ainſi ayant été juſtifiez par la foi,*
ayant la paix avec Dieu, &c. ne regne dans tout ce diſcours juſqu'au
verſet 12.

Défenſe de la traduct. du N. Teſt. t. 1. p. 269.

3°. Je dis enfin que ſi c'eſt être Socinien que de traduire ces paroles : *cum adhuc infirmi eſſemus, Chriſtus pro impiis mortuus eſt.* J. C. eſt
mort .... pour des impies comme nous qui étions encore dans les langueurs du peché. Saint Auguſtin a donc ſociniſé, puiſque parlant ſur
ce texte il a dit : *Si enim Chriſtus, cùm infirmi eſſemus, adhuc juxta tem-*
pus pro impiis mortuus eſt, hos dixit infirmos, quos impios.

Pag. 270.

Let. 59 à S. Paulin,

Théodoret a donc ſociniſé, lui qui paraphraſant ce texte : *a dit,*
nous devons penſer que lorſque nous pechions encore, & que nous étions enga-
gez dans la maladie de l'impieté : Notre Seigneur J. C. a enduré la mort
pour nous, &c.

Pierre Lombart a donc ſociniſé, car il dit : J. C. eſt mort pour des
impies .... non qui l'avoient été autrefois, & qui ne l'étoient plus
quand il eſt mort pour eux ; mais pour des impies comme nous, lorſque nous étions encore dans la langueur de nos pechez : *pro impiis dico,*
non quod olim fuiſſent & non nunc, ſed potius mortuus eſt pro nobis impiis,
cùm eſſemus adhuc infirmi in peccatis.

Le Cardinal Tolet a donc ſociniſé quand il a dit, pourquoi lorſque
nous étions encore infirmes dans la maladie du peché, lorſque nous
n'étions pas encore guéris ni délivrez de cet eſclavage, J. C. eſt-il
mort ... pour des impies & des pecheurs comme nous : *Chriſtus mor-*
tuus eſt pro nobis impiis & peccatoribus.

Sur la let. aux Rom.

Ainſi ont ſociniſé ſaint Thomas, expliquant ce paſſage, Nicolas
Gorran dans un livre intitulé : *Baſtilla elucidativa & magiſtralis ſuper*
Epiſtolas Pauli, Adam Salſbourg, Eſtius, le Pere Bence de l'Oratoire, le
Pere Tirin Jeſuite, le Pere George d'Amiens Capucin, Monſeigneur
l'Archevêque de Roüen, qui tous ont expliqué ce paſſage en queſtion
de la maniere qu'ont fait les Traducteurs de Mons.

cinquiéme   La cinquiéme preuve est tirée de la version que les Traducteurs de
preuve.   Mons ont faite de ces paroles de saint Paul : *Non posuit nos Deus in iram,*
1. Tessal.   *sed in acquisitionem salutis, per Dominum nostrum Jesum Christum qui mor-*
c. 5. v. 9.   *tuus est pro nobis,* Dieu ne nous a pas mis pour être des objets de sa colere, mais pour nous acquerir le salut par Notre Seigneur J. C. qui
est mort pour nous.

Les Traducteurs ont ainsi tourné ces paroles : *Dieu ne nous a pas
choisi pour être les objets de sa colere , mais pour nous faire acquerir le salut
par Notre-Seigneur Jesus-Christ qui est mort pour nous.*

Pag. 34.   Le mot de choisir, dit l'Anonyme, signifie prendre les uns & laisser
les autres ; Ainsi les Jansénistes disant *Dieu ne nous a pas choisi,* renferment les effets de la mort de J. C. dans les seuls Prédestinez, lesquels, selon eux, Dieu a choisi par sa volonté absoluë & sans condition, pour être sauvez, de sorte qu'ils détruisent la redemption des
hommes par J. C. & conséquemment ils rejettent sa divinité.

Si bien que tout le Socinianisme consiste ici, selon l'Anonyme, en ce
que l'on a traduit *posuit* par *choisir,* & que par ce mot on prétend établir la prédestination gratuite , pour ôter à J. C. la qualité de Redempteur des hommes , & par une conséquence digne de l'Anonyme
nier sa Divinité souveraine & éternelle.

Réfutation.   1°. Je réponds que l'Auteur ne connoît pas les dogmes des Sociniens , voulant que la prédestination gratuite & absoluë favorise leur
doctrine, puisqu'un des points des plus importans de leur Théologie,
est de nier la prédestination, quelle qu'elle soit.

Défense de   2°. Je dis que les Traducteurs ont pû tourner *posuit* par *choisir,* puis-
la traduct.   que la plûpart des versions l'ont expliqué en des termes semblables
du N. Test.   ou équivalens. La Syriaque & l'Arabique ont *posuit* comme le Grec,
t. 1. p. 116.   ce qui signifie, selon l'usage de la langue Hebraïque, *destiner ou ordonner ;* & l'Ethyopique marque encore davantage le même sens : *quia
non constituit nos Deus &c.* Toutes les versions Françoises se servent de
termes qui marquent l'*ordre* de Dieu, qui n'est autre chose que son
choix & sa prédestination. Celle de Louvain porte : *Car Dieu ne nous
a pas ordonné à ire &c.* Celle du Pere Veron parle de même. Celle de
l'Abbé de Villeloin porte : *car Dieu ne nous a pas ordonné pour l'ire.*
Celle du Pere Amelotte porte : *parce que Dieu ne nous a pas destinez
pour être l'objet de sa colere.*

Corneil la Pierre qui sera moins suspect à l'Anonyme que ces versions, expliquant ces paroles : *Quoniam non posuit nos ,* dit , *id est non
creavit, non destinavit nos Deus ;* & paraphrasant ces autres paroles :
sed in acquisitionem salutis &c. il dit : *creavit nos Deus, destinavit , re-
demit, segregavit ab infidelibus, & non vocavis ad Christum &c.* créer,
destiner, racheter, séparer des infideles, appeller à J. C. Tout cela
est gratuit de la part de Dieu, & tout cela vaut autant que choisir, &
même ces expressions en disent encore davantage.

5°. Je dis enfin que si c'est sociniser que de croire & soutenir la

prédeftination gratuite , il faut donc conclure que tous les Thomiftes
& les Théologiens les plus habiles de partis même oppofez , font Sociniens, & qu'ils nient la redemption du genre humain faite par J. C.
& même que la plûpart des anciens Peres ont focinifé , fans même
épargner faint Paul.

Cet Apôtre dit *que Dieu nous a élûs en J. C. avant la création du mon-* 　*Epheſ. c. 1.*
de , par l'amour qu'il nous a porté , afin que nous fuſſions Saints & irrepre-
henſibles devant ſes yeux , nous ayant prédeſtinez par un pur effet de ſa
bonne volonté pour nous rendre ſes enfans adoptifs par J. C. afin que la loüange
& la gloire en ſoit donnée à la grace , par laquelle il nous a rendus agréa-
bles à ſes yeux en ſon Fils bien-aimé , en qui l'heritage nous eſt échû comme
par ſort , ayant été prédeſtinez par le decret de celui qui fait toutes choſes
ſelon ſon deſſein & le conſeil de ſa volonté , afin que nous ſoyons ſa gloire &
le ſujet des loüanges de J. C.

Je ne ſçai comment on peut parler plus expreſſement en faveur de
la prédeftination gratuite.

On ſçait que faint Auguftin , faint Profper , faint Fulgence , & quantité d'autres Peres , ont parlé de même ; que le Canon 3. du Concile
de Valence en Dauphiné , compofé des trois Provinces en 855. porte :
Que , touchant la prédeſtination , nous avons ordonné & nous ordonnons , ſe-
lon les principes de la Foi , qu'on en doit juger par ces paroles de l'Apôtre.
Le Potier n'a-t-il pas la puiſſance de faire d'une même maſſe de terre un
Vaiſſeau d'honneur , & un autre d'ignominie ? C'eſt pourquoi nous avoüons
& nous publions hardiment la prédeſtination des Elûs à la vie , & la prédeſ-
tination des méchans à la mort , reconnoiſſant néanmoins que la miſericorde
de Dieu precede toutes ſortes de bonnes œuvres dans l'élection de ceux qui
doivent être ſauvez , & que le peché precede le juſte jugement de Dieu dans
la damnation de ceux qui doivent perir.

Je pourrois en demeurer là , pour convaincre l'Anonyme que la
prédeftination eft marquée dans ce paſſage , mais il eft bon de lui citer quelques Auteurs qui ne lui feront pas fufpects.

Le premier fera Salmeron célebre Jefuite , & qui s'eft diftingué
dans le Concile de Trente. Expliquant ces paroles : *Quoniam non poſuit*
nos Deus in iram , il dit , *car la raiſon pour quoi nous devons marcher dans*
cette lumiere de toutes les verſions , eſt qu'étant illuminez & teints de l'eau
du Bâteme , nous ne ſommes pas tels que Dieu nous voulut rendre les objets
de ſa colere , & faire voir en nous des exemples de ſa juſte vengeance....
& il oppoſe à ſa colere l'acquiſition du ſalut , c'eſt-à-dire les Elûs que J. C.
s'eſt particulierement acquis , pour être des vaſes de miſericorde & de ſalut ,
c'eſt à quoi nous ſommes deſtinez.

Le fecond eft Menochius : *Quoniam non poſuit nos Deus in iram ,*
c'eft-à-dire , felon lui , *Dieu ne nous a pas ordonnez pour ſervir à ſa*
colere ou à ſa vengeance , c'eſt-à-dire , il ne nous a pas prédeſtinez pour
être éternellement damnez , mais pour acquerir le ſalut efficacement par la
grace de J. C. qui a ſouffert pour nous ; où il eft viſible que le verbe

predeſtinavit , ſe doit rapporter auſſi au ſecond membre.

Le troiſiéme eſt Tirin. *Dieu ne nous a pas établis nous qui ſommes ſes enfans , comme les impies ſes ennemis , pour ſatisfaire ſa colere , en nous deſtinant aux peines éternelles & à la damnation , mais afin que nous ac-querions par les merites de la mort de Jeſus-Chriſt le ſalut & la gloire éternelle.*

Il eſt donc conſtant que les Traducteurs de Mons ont pû tourner *poſuit* par *choiſir* , & même prendre ce mot de *choiſir* pour prédeſtiner , ſans s'écarter du ſens communement reçû. Il eſt donc auſſi conſtant qu'on ne peut ſur cette verſion les accuſer de ſociniſer , ſans faire contre toute raiſon , le même jugement de ceux dont ils ont ſuivi les traces.

Sixiéme preuve. Sixiéme preuve. J'en demeure à celle-ci , parce que les autres que l'Anonyme rapporte , roulent ſur le même principe , & qu'elles ne meritent pas d'être rapportées. Cette preuve conſiſte dans le tour que les Janſeniſtes ont donné à ces paroles : *delens quod adverſus nos erat* *Fig. 34.*
Coloſſ. c. 2.
v. 14. *chirographum decreti quod erat contrarium nobis.* Il a effacé l'obligation qui nous étoit contraire , & qui contenoit le decret de notre condam-nation.

Les Janſeniſtes traduiſent : *il a effacé par ſa doctrine la cedule qui nous étoit contraire , & il l'a entierement abolie.*

Pour comprendre la malignité de cette traduction , dit l'Anonyme , on remarquera qu'ils ont ajouté à la ſainte Ecriture ces mots : *par ſa doctrine* , & qu'ils ont retranché celui de *decret.* Ils prouvent par là que J. C. a ſauvé les hommes , non pas en verſant ſon Sang & en mourant ſur la Croix pour eux ; mais en leur enſeignant les ve-ritez neceſſaires au ſalut. De ſorte qu'ils le regardent comme un homme ſeulement , & non comme un Dieu incarné ; comme un ſaint homme , & non comme un homme-Dieu ; comme un Prophete qui eſt mort en prêchant les veritez divines , ainſi que quelques autres Prophetes , & non comme un Sauveur des hommes par les merites de ſa mort & de ſon ſang. Ils confirment cette héréſie en retranchant le mot de *decret* ; car n'étant pas Sauveur par les merites de ſa mort , il n'a pas fait changer à Dieu ſon decret , par lequel , ou il condam-ne les hommes à l'enfer , ou il leur deſtine le Ciel. La raiſon eſt , parce qu'ils ſoutiennent que les hommes étant tous infectez du pe-ché originel , Dieu a prédeſtiné les uns & reprouvé les autres par ſa volonté abſoluë , ſans avoir égard aux mérites des uns , ni aux pechez des autres , & ſans conſiderer le bien ni le mal qu'ils font pendant leur vie ; & de cette ſorte les Janſeniſtes ne reconnoiſſent point de véritable Sauveur , & même il n'eſt pas neceſſaire , ſelon eux , d'avoir un Sauveur , puiſque la prédeſtination & la réproba-tion dépendent de la ſeule volonté de Dieu abſoluë & ſans condi-tion de la part des hommes. Or ſi J. C. n'eſt , comme ils l'enſeignent , ni Sauveur par ſes mérites , ni neceſſaire pour ſauver les hommes , à plus forte raison ils ne le reconnoissent pas pour un homme-Dieu. Jusqu'ici notre Anonyme.

Réfutation: Il est inutile de relever ces conséquences. On voit bien qu'elles sont outrées, & elles tomberont d'elles-mêmes quand nous aurons fait sentir le faux des premices sur lesquelles elles sont fondées.

Elles ne consistent qu'en deux choses. La premiere est que les Traducteurs ont dit, *que J. C. a effacé par sa doctrine la cedule qui nous étoit contraire.* Ce mot de doctrine, dit l'Anonyme, est ajouté au texte. La seconde est que les Traducteurs ont retranché de leur version le mot de *decreti*, de décret.

Je réponds qu'il n'y a rien dans cette version d'ajouté, ni rien de retranché au texte sacré ; le mot de *doctrine* tenant ici la place de *decret.* Et j'ajoute qu'il a falu que les Traducteurs de Mons s'exprimassent ainsi pour donner le véritable sens aux paroles de l'Apôtre, & pour se conformer aux autres versions ; car au lieu qu'il y a dans notre Vulgate *decreti*, il y a dans tous les exemplaires Grecs *decretis* à l'ablatif, hors un seul du Marquis de Velez. Il s'agit donc de sçavoir s'il vaut mieux dire *decretis*, que *decreti*.

Défense de la traduct. du N. Test. t. 1. p. 256.

On soutient qu'il faut dire *decretis*. En voici les preuves. 1°. Ce qui est confirmé par tous les exemplaires Grecs imprimez & manuscrits, hors un seul : & par tous les Peres Grecs sans exception d'aucun, doit passer pour le texte Grec ; & le texte Grec étant l'original, on ne le doit pas abandonner sans raison, mais seulement lorsqu'il y a quelque apparence qu'il a pû être corrompu ; or dans cette rencontre il y en a beaucoup davantage, que c'est le latin qui a été alteré : parce que ces sortes de changemens se font plus souvent en rendant le sens plus clair, qu'en le rendant plus obscur. Or *chirographum decreti* paroît bien plus clair que *chirographum decretis*, qu'on a d'abord beaucoup de peine à entendre. Il est donc peu vraisemblable que les Copistes ayent changé le Grec, & il l'est beaucoup plus qu'ils ont changé le Latin.

2°. Toutes ces anciennes versions qui n'ont point été prises les unes sur les autres ; mais toutes sur l'original, ont *decretis*, ce qui est une grande preuve que c'est la vraie & originale maniere de lire cet endroit de saint Paul.

La Syriaque porte, *& delevit mandatis suis chirographum debitorum nostrorum, quod erat nobis contrarium.*

L'Arabique, *delens chirographum adversum nos scriptum per dogmata, quod erat contrarium.*

L'Ethiopique, *& delevit pro nobis scripturam debiti nostri in decreto, quod erat contra nos,* où il faut remarquer que ces paroles, *quod erat contra nos,* se raportent à *debitum*, & que ce n'est que parce que cet Interprete a voulu garder l'ordre des notes de saint Paul, que (*in decreto*) se trouve entre deux aussi bien que *per dogmata* dans l'Arabe.

3°. Il n'est point nécessaire d'excepter l'ancienne édition latine du nombre de ces anciennes versions qui se trouvent conformes au Grec ; car il paroît par saint Hilaire , par saint Augustin & par le Commentateur qui porte le nom de saint Ambroise , que jusqu'à leur tems il y avoit eu dans le latin *decretis* , ou *in decretis* , ou *in sententiis* , comme dit saint Hilaire , & non pas *chirographium decreti* , tout cela montre que les Traducteurs de Mons ont suivi ce premier Interprete , & qu'ils ont lû tout de même dans le latin que dans le grec.

C. 2. v. 15. 4°. Ce passage de saint Paul aux Colossiens a beaucoup de raport à un autre de la lettre aux Ephesiens : *Legem mandatorum decretis vacuans* , & il y a beaucoup d'apparence que ce qu'il appelle aux Colossiens *la cedule qui nous étoit contraire que J. C. a effacé* , est la même chose que ce qu'il appelle aux Ephesiens *la loi des préceptes qu'il a abolie.* Or s'il dit aux Ephesiens que cela s'est fait *decretis* , quoi qu'on n'entende pas ce mot. Il est donc aussi vrai-semblable qu'il a employé le même mot de *decretis* aux Colossiens , pour marquer aussi de quoi J. C. s'étoit servi pour effacer cette cedule , & nous allons voir par les Peres & par les plus habiles Interpretes de l'Ecriture , que la plus commune & la plus noble expression de cette parole de saint Paul est de l'entendre de la doctrine evangelique , par laquelle il a aboli la servitude de la nouvelle Loi.

Hom. 7. *sur la Let.* *aux Coloss.* C'est ainsi que l'a expliqué saint Jean Chrysostome. il dit , *par quels dogmes ou decrets ? par la foi il suffit de croire ;* par où il entend la foi animée de la charité , & opposée aux cérémonies legales , ou à l'esprit de la loi. *Considerez* , ajoûte-t-il , *quel soin il a pris d'effacer cette cedule . . . . mais quelle étoit cette cedule ? ou la promesse que le peuple avoit faite à Moïse : quoi que Dieu nous dise , nous le ferons : ou l'obéissance que nous devons à Dieu , ou la menace que Dieu avoit faite à Adam qu'il mourroit aussi-tôt qu'il auroit mangé du fruit de l'Arbre , qui étoit comme une cedule que le diable tenoit entre ses mains.*

Théophilacte suit saint Jean Chrysostome : il entend par la cedule , ou ce que le peuple avoit dit à Moïse , ou l'alliance que Dieu avoit contractée avec Adam. Cedule que J. C. a effacé par ses decrets ou dogmes , c'est-à-dire par la foi.

Théodoret entend par *decretis* , les *dogmes evangeliques que J. C. nous a donnez, en nous annonçant que nous obtiendrons le salut en les gardant.*

Beaucoup d'Interpretes s'expliquent de même sans parler du Pere Adam Salsbourg sçavant Religieux de l'Ordre de saint François , d'Estius, du Pere Bence de l'Oratoire , du Pere George d'Amiens , sçavant Capucin.

Vasquès sur la lettre aux Colossiens dit , *grecè est , τοῖς δογμασιν , id est decretis. Sic legunt Graci Patres cum Chrysostomo , & Augustinus & Hieronimus. Per decreta verò intelligunt dogmata fidei.*

Benoît Justinien très-célébre parmi les Ecrivains de la Compagnie de Jesus , dans la paraphrase de cette lettre aux Colossiens , parle ainsi de cet endroit ; ayant effacé & entierement aboli par ses nouveaux dogmes evangeliques la cedule qui nous étoit contraire. *Et universis evangelicis decretis delete ac penitus abolito &c.* & joignant ce passage à celui de la lettre aux Ephesiens , il dit que l'un & l'autre signifient que J. C. a aboli la Loi de Moïse par les nouveaux preceptes evangeliques : *omninò legendum est decretis, non ut aliqui legerunt decreti , est enim gracè . . . . ut dicatur Christus legem Mosis novis praceptis evangelicis antiquasse.*

Je finis ces témoignages par celui de Corneil la Pierre. Cet Interprete après nous avoir fait remarquer que la version Syriaque , que saint Augustin , qu'Adam Salsbourg , & que plusieurs autres Interpretes Latins aussi-bien que les Grecs ne lisent pas *la cedule du decret* , mais seulement *par les decrets* ou par les commandemens. Il dit que c'est comme si saint Paul disoit, que J. C. par ses decrets & par ses préceptes evangeliques a effacé notre cedule ; c'est-à-dire la loi de Moïse qui nous rendoit coupables devant Dieu. Son latin ne sera pas ici inutile : *quasi diceret Paulus Christum per decreta & pracepta evangelica delevisse chirographum , id est legem Mosi, qua nos coram Deo reos efficiebat : ut idem sit cum eo quod dixit Paulus Ephes. c. 2. ỳ. 15. legem mandatorum Mosi decretis (praceptis evangelicis) evacuans , quasi diceret Christus per fidem , & legem fidei abrogavit legem Mosi.*

Il est donc vrai que les Traducteurs de Mons n'ont fait aucune violence au texte de saint Paul, & qu'ils l'ont expliqué de la maniere que l'ont expliqué les anciennes versions , les Peres & les Interpretes ; & comme on ne peut pas sans blesser la justice & la raison accuser ces versions, ces Peres & ces Interpretes de favoriser le Socinianisme (dans le point le plus essentiel à la foi chrétienne, sçavoir celui qui regarde la Divinité éternelle de Jesus-Christ, & celui qui regarde notre redemption faite par le merite de son Sang :) en disant qu'un des moyens dont Jesus Christ s'est servi pour nous affranchir de la loi de Moïse ou de la captivité du démon & du peché, a été sa doctrine ; aussi ne peut-on pas dire que les Traducteurs de Mons soient Sociniens , pour avoir ainsi expliqué le passage de saint Paul. Ils ne nient pas que Jesus-Christ ait effacé nos pechez par le merite de son sang, comme font les Sociniens , au contraire ils le soutiennent par toute leur version , & particulierement dans ce passage, puisqu'ils disent conformément au texte sacré, que Jesus - Christ a attaché notre cedule à la Croix. Hé ! qui doute que la doctrine de l'Evangile n'ait succedé à l'ancienne Loi , & n'en ait aboli la servitude ; l'un doit être joint à l'autre , bien loin qu'ils soient contraires.

J'avoüe que je me suis un peu trop étendu sur cette accusation de l'Anonyme ; mais je ne l'ai fait que parce que j'ai connu beaucoup de personnes, & même des Societez entieres de Religieux, qui peu instruites sur les dogmes des Sociniens , faisoient grand fond sur ce petit livret que j'ai cité ici, & qui ne doutoient nullement par les mauvais raisonnemens de cet Anonyme, que ceux dont on y parle ne fuſſent de francs Sociniens, ennemis de la Divinité de Jeſus-Chriſt, & même des Deïſtes, & quelque choſe de plus. Je paſſe à ma ſeconde Partie.

Fin de la premiere Partie.

HISTOIRE
DU
SOCINIANISME.

SECONDE PARTIE.

Où l'on voit les caracteres, les avantures, les erreurs,
& les livres de ceux qui se sont distinguez
dans la Secte des Sociniens.

CHAPITRE PREMIER.

*Ceux qui les premiers se sont declarez pour les nouveaux
Ariens.*

WOLFGANG FABRICIUS CAPITON.

NOUS n'avons que deux raisons pour nous porter à
croire que Capiton fut un nouvel Arien : la Lettre
préliminaire ou Préface, qu'il a mise au commencement du Livre que son ami *Cellarius* a fait sur les Ouvrages de Dieu, imprimé à Strasbourg en 1572. & les éloges que lui donnent les Ministres Sociniens de Transilvanie. Au reste, à son héterodoxie près, on peut dire qu'il avoit du
mérite.

C o

Il vint au monde en 1480. son esprit, son érudition, & sa politesse lui procurerent différens emplois. En 1513. il fut choisi par l'E-
vêque de Spire, & par l'Electeur Palatin, pour pacifier le démêlé
N. 1. p. 16. qu'eut Jean Ravelin, dit Capnion, avec le Juif Pfefferkoorn, & ap-
pointé pardevant Jacque Hoocstrate Jacobin, & Inquisiteur à Cologne. En 1515. il étoit Prédicateur de l'Evêque de Basle. En 1521. il fut
Secretaire de l'Archevêque de Mayence, & eut assez d'accès auprès
du Nonce Alexandre pour lui presenter Cochlée, & pour porter cette
Excellence à lui donner commission d'assister à l'audience qu'on devoit donner à Luther à la Diete de Worme.

Pendant qu'il fut attaché aux Prélats Ecclesiastiques il eut un grand
commerce de lettres avec le fameux Erasme. Celui-ci après s'être
raillé de l'ignorance de quelques Théologiens qui s'opposoient au rétablissement des belles lettres, louë beaucoup notre Capiton pour
ses bonnes mœurs, pour son esprit, & pour ses connoissances dans
le Latin, dans le Grec, & dans l'Hebreu, & l'exhorte de travailler
au rétablissement des Sciences; mais quand il sçut que Capiton avoit
embrassé la Prétenduë Réforme, dont il répandit les premieres semences à Basle, & dont il fut l'un des principaux soutiens à Strasbourg, il changea de langage à son égard.

En 1523. il se trouva à la seconde Conférence de Zurich, pour y
déliberer sur l'abolition de la Messe & des images: Capiton y representa qu'avant de renverser les images & abolir la Messe, il falloit
commencer par instruire le peuple, faire un abregé de la doctrine
Chrétienne, obliger par un Edit les Pasteurs d'enseigner cette doctrine, & exhorta les Magistrats de s'opposer aux entreprises que pourroient faire les Evêques pour arrêter ce renversement de Religion;
& c'est ici où il nous faut mettre l'époque de son ministeriat à Strasbourg.

En 1530. il se trouva avec Bucer, comme Député de Strasbourg, à
la Diete d'Ausbourg; ils y presenterent à l'Empereur la Confession
de foi des Sacramentaires qu'eux-mêmes avoient dressées & fait approuver par le Sénat de Strasbourg.

Après ces exploits il se trouva comme Député de Strasbourg à
presque toutes les Dietes que l'on fit en Allemagne pour pacifier les
différens qui s'élevoient continuellement sur la Religion, & à toutes
les Conférences qu'eurent les Ministres Sacramentaires avec les Lutheriens pour pouvoir se réünir ensemble.

En 1535. il vint à Basle, où il eut des conferences avec Calvin, &
celui-ci l'honora de son amitié; & il y porta les Ministres qui s'y
étoient assemblez à temperer leurs expressions sur la Cêne & sur l'efficacité des Sacremens, afin par-là de pouvoir favoriser le dessein qu'ils
avoient de s'unir aux Lutheriens. Quelque tems après Capiton & Bucer firent sçavoir aux Ministres de Basle & de Zurich qu'il y avoit un
Synode indiqué à Eysenac en Turinge, où se trouveroit Luther, & où

on traiteroit de l'Union & de la Cêne. Les Ministres jugerent à propos de ne s'y pas trouver, & se contenterent de leur confier leur profession de foi. Luther ne s'y étant pas trouvé pour quelque indisposition, ils l'allerent chercher à Wittemberg ; mais ils ne pûrent entrer en conférence avec lui, qu'ils ne se fussent expliquez en sa presence d'une maniere qui lui fût agreable, sur l'existence du Corps & du Sang de Jesus-Christ à la Cêne. Sur la maniere selon laquelle ils s'expliquerent : Melancthon fit une profession de foy dans le dessein de réünir les Lutheriens avec les Sacramentaires ; pendant que ce disciple de Luther travailloit à cette piece, Bucer & Capiton presentérent le 27. Mai 1535. la profession de foy des Eglises Suisses : Luther l'examina, & quoi qu'il y trouva quelques termes qui à son sentiment étoient capables de blesser les simples, il ne laissa pas que de les reconnoître pour ses freres en Christ, à condition néanmoins qu'ils signeroient la formule d'Union que Melancthon avoit dressée. Capiton eut de la peine à s'y resoudre ; mais Bucer la signa, & fit abjuration du Zuinglien entre les mains de Luther, & confessa qu'il croyoit J. C. present dans la Cêne quand on la distribuoit aux communians. Capiton sur cet exemple se rendit, signa la formule d'Union, abjura le Zuinglien, & devint Lutherien.

En 1537. il se trouva avec Bucer comme député de Strasbourg à l'Assemblée de Smalkade, ils y presentérent une nouvelle profession de foy pour les Sacramentaires, forgée dans l'Assemblée de Zurich, & confirmée dans celle de Basle. Luther qui la goûta, exhorta Capiton à travailler solidement à l'Union des Sacramentaires ; & pour l'aider dans ce dessein, il écrivit lui-même en 1538. une lettre aux Sacramentaires Suisses : ceux-ci qui se méfioient de leur capacité pour y répondre, ou qui ne vouloient rien faire sans prendre avis des Ministres de Strasbourg qui avoient déja tant travaillé à la cause commune, firent venir Capiton & Bucer qui donnerent à la lettre de Luther un sens si conforme à la doctrine des Zuingliens, que les Ministres Suisses commencerent à se méfier de ceux de Strasbourg ; ce qui fut cause que tous les travaux & les courses de Capiton & de Bucer pour la réünion des Sacramentaires avec les Lutheriens, n'eurent point ou peu d'effet

Dans le tems que Capiton faisoit tant de bruit par ses députations, il gagna l'amitié de Martin Cellarius, & dans leur familiarité ils s'entretinrent si bien sur la connoissance du vrai Dieu, de J. C. & du saint Esprit, qu'ils en perdirent la foi, goûterent l'Arianisme, & crurent enfin avec les Ariens que J. C. n'étoit pas le grand & le vrai Dieu. C'est ce que Capiton nous fait assez sentir dans sa lettre préliminaire au livre de Cellarius, & c'est sans doute pour cette lettre & pour ses sentimens que les Anciens Ministres de Transilvanie l'ont mis le premier entre leurs Hommes illustres, & qu'ils ont dit de lui qu'il étoit recommandable par sa solide pieté, & par sa grande érudition.

B. A.
Pag. 1.

Fabricius Capito, vir pietate & eruditione infignis, poftquam Cellarii fui commilitonis excellentes animi dotes & libelli (nimirum de operibus Dei) utilitatem deprædicavit, enumerat aliquot Religionis capita, de quibus cum Cellario privatim differueras de cognitione, fcilicet Dei unius & Chrifti, de Spiritu fanCto, &c.

Il mourut Miniftre de Strafbourg en 1541. Nous avons de lui :

Epiftola præliminaris, feu præfatiuncula fcripta Argentinæ an. 1527. &

B. A.
Pag. 1.

præfixa D. Martini Cellarii fcripto, de operibus Dei, edito à Miniftris Tranfilvaniæ Alba-Julia 1568. in 4°.

Inftitutiones Hebraïcæ.

Commentarii in aliquot Prophetas, &c.

MARTIN CELLARIUS, furnommé BORRHÆUS

Mr. de
Trochou.

Cellarius, qui dans la fuite prit le nom de Borrée ou Borrhaus, vint au monde en 1499. dans la Ville de Stugart, fut élevé dans l'Univerfité de Wittemberg où il apprit les belles Lettres, la Philofophie, la Théologie, les langues Hébraïques, Caldaïques, Syriaques, & réüffit par-tout. Il s'attacha à la pure doctrine de Luther, & eut la qualité de Lutherien rigide. Ce fut de fon tems que le fameux Stork leva l'étendart de l'Anabatifme dans Wittemberg. Cellarius fe déclara pour lui.

Stork s'étoit acquis une fi grande reputation dans Wittemberg, foit par fes violences, foit par fa capacité, que nul des Sectateurs de Luther n'ofoit l'entreprendre dans une difpute reglée. Il n'y eut que Cellarius, qui fe laiffant aller à l'impetuofité de fon efprit, fe fit un honneur de difputer avec ce nouveau Goliat, & d'autant plus volontiers qu'il fe flatoit que ce nouveau fanatifme n'étoit appuyé que fur la phantaifie d'un homme, & qu'il ne lui feroit pas difficile de le confondre ; mais il éprouva le contraire. Stork, qui poffedoit fort bien les principes de Luther leur commun Maître, qui ne veut ni Tradition, ni Conciles, ni anciens Peres, ni fouverains Pontifes pour décider le fens des Ecritures, en infera qu'il falloit donc s'en tenir à fon jugement propre & aux lumieres qu'il plait à Dieu de nous communiquer, pour connoître la doctrine que nous devons fuivre.

Cellarius qui convenoit du principe, ne put nier la conféquence que fon adverfaire en tiroit avec affez de vrai-femblance ; auffi il conclut qu'il étoit lui-même dans l'erreur, & devint dans la fuite autant zélé Anabatifte, qu'il avoit été zélé Lutherien.

Mais il n'en demeura pas là, il fit de nouvelles découvertes dans la Théologie, paffa de l'Anabatifme dans le nouvel Arianifme, fe retira à Bafle, y enfeigna la Théologie felon fes préventions, & y acquit affez de reputation pour qu'on l'y conferva jufqu'en 1564. tems où il y mourut de pefte, âgé de 66. ans.

L. 2. c. 1.
de falfa &

Les Miniftres de Tranfilvanie en parlent avec éloge, & prétendent que Dieu l'a fufcité avec Servet & Erafme de Roterdam, pour infpirer

aux hommes des connoissances extraordinaires du vrai Dieu & de *vera Dei cognitione.*
J. C. comme il est vrai qu'il leur a donné Luther & Zuingle pour leur
éclaircir les matieres de la justification & de l'efficacité des Sacremens.
Luthero & Zuinglio dedit Deus referendos , & justificationis , & rei sacra-
mentaria fructus. Martino vero & Cellario , Serveto & Erasmo Roterodamo
fructus alios pracipuos cognitionis veri Dei & Christi , eodem enim tempore
his de rebus scripserunt , & ils ajoutent qu'il n'y a point d'homme qui ait
tant travaillé que lui pour nous faciliter la connoissance de Dieu & du
Christ.

Fauste Socin ne le flate pas moins dans sa Lettre à Pierre Stator , & *En datte du 15. Oct. 1590.*
le fait le grand ami de son oncle Elie Socin. Quoi qu'il en soit de ces
loüanges , il faut avoüer qu'il avoit une grande penetration d'esprit ,
& une facilité extrême pour les langues , qu'il eut le talent de se faire
aimer des Sçavans , & qu'il s'est rendu assez fameux par ses livres pour
que M. de Thou l'ait mis au nombre de ses Hommes Illustres. On lui *B. A. p. 16.*
donne ce livre : *Scriptum de operibus Dei.* Il fut imprimé à Strasbourg
en 1527. & les Ministres de Transilvanie en ont retiré une Homelie
sur le rétablissement de l'Eglise qu'ils ont fait imprimer en 1568. à Albe-
Julie.

Ses ouvrages philosophiques ; sçavoir , *In Cosmographia elementa com-*
mentatio astronomica , geographica , à Basle en 1541. *In Aristotelis Politica :*
libros octo , annotationes , à Basle en 1545, Ces livres sont estimez des *Teissier t. 1. p. 253.*
sçavans : *de censura veri & falsi, lib. 3.* à Basle en 1541. où il explique
avec beaucoup de clarté la Logique d'Aristote.

ΣΤοιχεία *Mathematica ,* à Paris en 1550.

Commentarii in tres libros Aristotelis de arte dicendi , à Basle en 1551.

Commentarii in Ecclesiasten , à Basle en 1559.

De veteris & novi hominis ortu atque natura axiomata , à Basle 1548.

De usu quem desperabundi Francisci Spiera exemplum & doctrina adferat ,
judicium. Il fut imprimé à Basle en 1550. avec l'histoire de Spiera.

De ortu , natura , usu atque discrimine eorum Jubileorum quos Deus insti-
tuit , quidque inter hos & falsos ab adversario confictos intersit , à Paris 1550.

Commentaria in 5. lib. Mosis , à Basle 1555.

In libros Josua , Judicum , Ruth , Samuelis & Regum. In Esaiam & Apo-
chalypsim , in Jobum , in Ecclesiasten commentarii recogniti. Le tout imprimé à Basle in fol.

LOÜIS HEISERUS ou HATZER.

Hatzer étoit de Baviere , après avoir donné dans les nouveautez de
Luther il entra dans la secte des Anabatistes de Moravie , il y vécut
plus en libertin & en Mahometan , qu'en homme qui reconnoît l'Evangile pour sa regle ; il se plongeoit dans toutes sortes de débauches , &
habitoit avec treize femmes toutes ensemble sous le voile du mariage.
Tout son tems ne se passoit pas en amour & en débauche ; il dogmatisoit , aussi & enseignoit publiquement que le Pere Eternel étoit le seul

ex cronico
Fl. Moravo-
rum & Se-
baftianus
Franker.

Nucleus
hift. Ecclef.
ad an 1529
B. A. p. 17.

B. A. p 17.

grand Dieu, que J. C. n'étoit pas égal à Dieu le Père, & qu'il lui étoit beaucoup inferieur ; qu'il n'étoit ni émané ni engendré de la fubftance divine, & encore moins confubftantiel ; qu'il n'y avoit pas trois perfonnes en Dieu, que Dieu n'étoit ni eſſence, ni perſonne, ni rien de tout ce que l'on peut nommer. Il ajoutoit à ce ſyſtême une autre erreur conforme à celle des Prétendus Reformez ; ſçavoir, que la veneration des Images étoit une idolâtrie, & une veritable fornication.

Il fut brûlé, ou comme d'autres diſent, il fut decapité en 1529. dans Conſtance, après qu'on l'eut convaincu de ſes adulteres, de grand nombre de crimes & d'impietez communes aux Anabatiſtes. Ses déſordres & le genſe de ſa mort l'ont rendu plus celebre que ſes livres. On lui en attribue un contre la Divinité de J. C. que Zuingle fit ſupprimer ; il y en a qui donnent cet ouvrage à un autre qu'à Hetzer, mais Sandius le lui donne, parce qu'il le trouve ſous le nom de E. Hetzer dans la Bibliotheque de Geſnerſcinlar. Il a auſſi écrit un livre contre l'uſage que l'on a de mettre des images dans les Egliſes ; mais il n'y a pas mis ſon nom. Il a fait auſſi une verſion de l'Hebreu en Allemand des grands & des petits Prophetes.

JEAN VALDE's.

Valdés ou Valdeſius eſt auſſi un des premiers Lutheriens qui ſe déclarerent pour le nouvel Arianiſme. Il étoit d'une famille Eſpagnole aſſez conſidérable. Après quelque progrés dans les belles Lettres & dans la Philoſophie, il s'appliqua à l'étude du Droit, & on peut dire avec quelque ſorte de ſuccés. Il étoit alors Catholique ; mais l'envie lui prit de voyager dans les Païs infectez du Lutheraniſme & des autres héréſies, il rencontra Bucer & Beze qui le pervertirent bien-tôt par les grandes liaiſons qu'ils eurent enſemble. Beze, dont la compagnie lui plaiſoit beaucoup, le pouſſa un jour ſi vivement, auſſi-bien que ſon compagnon Pierre Martir, ſur la veritable Religion, qu'il les fit tomber dans ſes ſentimens, & leur perſuada la neceſſité de les ſuivre.

Après ſes courſes il vint à Naples chargé de livres & de quelques écrits de ces hérétiques ; peu de temps après on lui donna la charge de Secretaire Royal ; cette qualité le mit en crédit dans la Ville & auprès de ſes amis. On nous en marque deux, Pierre Martir de Vermilly & Bernardin Okin. Ces trois têtes manquerent de pervertir toute la Ville par des Aſſemblées ſecretes qu'ils y faiſoient, où ſe trouvoient beaucoup de perſonnes de qualité des deux ſexes, & où on agitoit librement les dogmes de Wittemberg & de Genève ; mais le zéle des Eccleſiaſtiques diſſipa bien-tôt ces conventicules : intimidez d'ailleurs par les menaces du châtiment. Ces choſes ſe paſſerent vers l'an 1542.

Ses Panégyriſtes les Miniſtres de Tranſilvanie lui donnent une érudition profonde & une pieté ſolide ; mais telle que peut avoir un homme qui a abandonné la foi de l'Egliſe Romaine pour flotter dans toutes les héréſies du temps, encore lui parurent-elles trop communes pour fixer son esprit. Il philosopha tant sur les matieres de la Trinité & de la divinité de J. C. qu'enfin il abandonna les sentimens universellement reçus sur ces mysteres pour se jetter dans un Arianisme rafiné ; & s'y aguérit si bien qu'il eut assez d'éloquence & de subtilité pour le persuader à Bernardin Okin. *Ab eo B. Okinus sententiam suam contra receptam de Trinitate opinionem imbibisse perhibetur.*

B. A. p. 2.

C'est ce qui a donné lieu à ses Panegyristes de le mettre le second parmi leurs hommes illustres, & de dire de quelques-uns de ses ouvrages, qu'on ne pouvoit rien ajoûter à ce qu'il a dit de la Divinité & de la Trinité (c'est-à-dire en demeurant dans les bornes de l'Arianisme) & qu'il a porté sa moderation, jusqu'où elle pouvoit aller lors qu'il a dit, qu'il ne sçavoit rien de Dieu & de son fils, sinon, qu'il y avoit un seul Dieu trés-haut Pere du Christ, & que nous n'avions qu'un unique Seigneur, sçavoir Jesus-Christ son fils, qui avoit été conçu dans le sein d'une Vierge par l'operation du S. Esprit ; & que cet unique Esprit étoit du Pere & du Fils. *De Joanne Valdesio genere & pietate clarissimo, quid dicendum ? qui scriptis publicis suæ eruditionis specimina nobis relinquens, scribit, se de Deo ejusque Filio, nihil aliud scire, quà in quod unus sit Deus altissimus Christi Pater : & unicus Dominus noster J. C. ejus Filius, qui conceptus est de Spiritu Sancto in utero Virginis, unus & amborum Spiritus.*

L. I. E. 3. de falsa & vera.

Cette prétendüe moderation est pleine d'artifice & digne d'un homme, qui vivant parmi les Catholiques, apprehende le châtiment. Car il ne dit pas, aussi ne prétend-il pas le dire, que J. C. & que le S. Esprit sont Dieu ; mais que le Pere est le seul grand Dieu, & par-là ôter l'egalité & la consubstantialité du Fils, & du S. Esprit, avec le Pere.

Nous n'avons pas beaucoup de livres de sa part, on les reduit à ceux-ci. Les Dialogues de Charon, & de Mercurius en Italien. Des considerations pieuses & savantes, sur quelques Pseaumes, sur les Evangiles de S. Mathieu, & de S. Jean, sur la Lettre aux Romains imprimées en 1556. un petit commentaire, ou déclaration courte & familiere sur la premiere Lettre aux Corinthiens fort utile pour ceux qui aiment la pieté chretienne. Ce Livre est en Italien, sans nom, & on veut que ce soit pour cette seule raison qu'on l'ait mis dans l'Index Espagnol.

B. A. p. 2.

JEAN CAMPANUS ou CHAMPENOIS, ou CANPIN.

Campanus étoit du Duché de Juilliers ou de Cleves, il étudia dans l'Université de Wittemberg, s'y fit un des premiers disciples de Luther, & il profita si bien sous un tel Maître, qu'en 1530. & 1532. il enseigna la Theologie dans l'Université avec quelque sorte d'applaudissement. Alors la plûpart de ses condisciples prenoient des sentimens contraires à ceux de leur Maître, sous prétexte qu'on pouvoit expliquer l'Ecriture sainte selon son esprit particulier, & independemment des Conciles, & des Peres, il en fit autant sur leur exemple & s'érigea en Prophete, & prêcha hautement contre le mystere de la Trinité, & contre le mystere d'un Dieu incarné. Les peuples qui pour lors ne demanda-

Sponde an. 1532.

doient que des nouveautez en matiere de Religion l'écouterent avec plaisir, & il en pervertit beaucoup dans Wittemberg; mais apprehendant les menées de Luther, & esperant faire de nouveaux Proselites, il quitta Wittemberg, & vint dans le païs de Cleves, où il s'érigea en Prophete, & en un Prophete plus grand que tous ceux qui avoient jamais paru, soutint qu'il étoit envoyé de Dieu pour prêcher contre les erreurs qui défiguroient le Christianisme, & pour établir l'unité du grand Dieu. Que le Ciel devoit faire de grands prodiges en sa faveur, & qu'il le délivreroit des persécutions que ses ennemis lui tramoient. C'étoit-là le coin auquel étoient frapez les Fanatiques ou Anabatistes, qui dans ces tems sortoient de l'Ecole de Wittemberg.

Les Magistrats pour arrêter les désordres que ce nouveau Fanatique auroit infailliblement causé l'enfermerent, se servirent de toutes les voyes que la prudence & la charité leur inspirerent pour le faire revenir à son bon sens; mais inutilement. Ce Prisonnier qui se flattoit toûjours que le Ciel se déclareroit pour lui par de nouveaux prodiges, & qu'il le délivreroit des poursuites de ses ennemis, résista en fol intrépide à tous les conseils salutaires qu'on voulut bien lui donner. Il mourut ainsi dans sa prison. Il n'a laissé qu'un livre qui soit venu à nôtre connoissence, il est contre le Mystere de la Trinité, & de l'éternité du S. Esprit, ou selon le raport de quelqu'un il montre que le S. Esprit n'est pas une personne distincte du Pere.

B. A. P. 17.

MATHIAS FLACIUS ILLIRICUS.

Colomiés Bibl. choisie № 15.

Mathias Flacius Illiricus & dont le veritable nom est Francowiz. *Mathias*, dit M. Colomiés, *Francowitzius cognomento Flacius*, si fameux parmi les Protestans pour son Histoire Ecclesiastique intitulée: *Les Centuries de Magdebourg*, & par plusieurs autres livres, après avoir donné des preuves certaines de son attache au Lutheranisme rigide, s'avisa à

Nuclaus Hist. Eccl. c. L.

force de raisonner sur les principes de Luther que le Λογυ, ou le Verbe dont parle S. Jean dans son Evangile, ne signifioit pas une personne distincte dans la Trinité. L'Université de Wittemberg l'entreprit, le traita d'Arien, lui défendit d'enseigner une telle doctrine, & même le bannit. On peut mettre l'époque de ce fait que je n'ai lû que dans Sandius vers l'an 1547. il y a apparence qu'il profita de ces avis & de ce châtiment: & son erreur n'eut pas d'autres suites; c'est pourquoy nous

Tom. 1. p. 471.

nous dispenserons d'entrer dans le détail de sa vie, qu'on pourra voir dans M. Teissier & dans le Dictionnaire de Bayle.

CHAPITRE

CHAPITRE II.

GASPARD SCHWENKFELD.

Son caractere, ses erreurs & ses demélez avec Luther.

SChwenkfeld, après avoir donné dans le Lutheranisme, prit parti chez les Anabatistes, & s'y distingua par un fanatisme plus rafiné. Je n'en parlerois pas si nos Auteurs François ne l'avoient pas mis au nombre de ceux qui les premiers de l'école de Luther s'éleverent contre la Divinité de Jesus-Christ.

*Maimb.
Arianis.*

En effet, après avoir établi comme un dogme de Religion, que les Chrétiens sont les enfans de Dieu par nature, & qu'ils sont composez de l'esprit de Dieu, il dit *que J. C. n'a rien au-dessus du commun des Chrétiens, si ce n'est qu'il est le premier né des enfans de Dieu, son plus parfait ouvrage, & son heritier éternel.* Parler ainsi c'est sociniser avant que les Socins eussent paru. Il est donc à-propos, conformément à notre dessein, de dire de lui ce qui en est venu à notre connoissance.

Il étoit de Silesie, issu d'une famille distinguée par sa noblesse. On n'épargna rien pour lui donner une belle éducation; après lui avoir fait apprendre les belles Lettres, la Philosophie & la Jurisprudence, on lui fit prendre le party des armes, où il s'acquit de l'honneur; dégouté de ce pénible & dangereux métier, il reprit ses études, se fit Disciple de Luther, qui pour lors faisoit beaucoup de bruit, & il profita si bien sous un tel Maître, qu'en peu il se rendit capable de faire un livre pour l'honneur & la défense de Luther même, qu'il dédia en 1524. à Jacob Evêque d'Uradislau. Son esprit aiguisé par les loüanges qu'il en reçût, & de plus sentant chez lui certains talens assez ordinaires aux gens de qualité qui ont quelque teinture des Lettres, & assez rares chez les hommes qui ont passé une bonne partie de leur vie dans la poussiere des Colleges, je veux dire une certaine facilité de s'exprimer en des termes polis, enjoüez & élegans, il s'érigea en Maître & en Auteur, non plus pour les interêts de la cause & de la personne de Luther; mais pour se faire un nom & des sectaires aux dépens même de son Maître, par les railleries piquantes qu'il faisoit de sa Prétenduë Reforme, & par la nouveauté de ses dogmes que l'on peut reduire à ceux-ci.

Que le Batême des enfans est inutile.

Ses erreurs.

Que les Chrétiens, quelque rang qu'ils ayent, ne peuvent pas exercer la Magistrature.

Qu'on ne peut jurer en justice, ni faire aucun serment.

Que l'Ecriture sainte est une lettre morte, qu'on ne doit point la consulter, mais s'en tenir à la revelation interieure que Dieu nous donne quand nous lui demandons.

D d

Que J. C. n'a jamais eu de nature humaine, ou que sa chair n'a jamais été créature, puisqu'on doit l'adorer.

Que J. C. n'est pas au Sacrement de l'Autel, & que quand il a dit : *Ceci est mon Corps*, il montroit le Ciel, pour dire qu'il étoit quelque chose de celeste & de spirituel.

Que J. C. n'est qu'une union du Verbe à un homme déja formé, & à la formation duquel le saint Esprit n'a eu aucune part.

Que J. C. n'a aucun avantage sur le commun des hommes, si ce n'est qu'il est le premier né des enfans de Dieu.

Que nous sommes tous les enfans de Dieu par nature.

Que les Sacremens ne sont d'aucune utilité pour le salut.

Que la reforme de Luther n'a pas été au fond du cœur, dont il faloit guérir les passions. Qu'elle n'a tendu qu'à ôter quelques déreglemens de la Discipline Ecclesiastique, à procurer beaucoup de soulagemens aux corps, & qu'à donner aux esprits la liberté de croire ce qu'ils voudroient, & par-là devenir libertins en matiere de Religion.

Qu'il est le seul qui ait trouvé le secret d'introduire la veritable Réforme, étant le veritable Prophete de Dieu, favorisé de ses lumieres plus que tous les autres hommes. Que ce secret est de mépriser sa parole exterieure que nous appellons l'Ecriture Sainte, qui partage toutes les Communions, & qui les partagera toujours tandis que l'on s'y attachera ; & de ne consulter que la parole que Dieu veut bien dicter & reveler à chaque régeneré ; & pour cela ne s'occuper que de la priere, de la meditation & la contemplation des choses celestes sur la lecture de l'Ecriture, à laquelle néanmoins il ne faut pas s'attacher, mais s'en servir comme d'un moyen à la contemplation, préferer la révélation interieure à l'usage du Sacrement qu'on reçoit si souvent inutilement, & aux paroles humaines d'un déclamateur sans authorité & sans vocation, aussi-bien qu'aux expressions mortes d'une Ecriture obscure & douteuse.

Il ajoutoit que l'Ecriture sainte n'est point la parole de Dieu, que sa parole est substantielle, sçavoir Notre Seigneur ; & que les dons du saint Esprit, comme la justice, la sagesse, la charité, la paix de la conscience, & autres choses semblables, sont de pures essences de Dieu ; & que les hommes qui en sont doüez deviennent des Dieux par cette même nature de Dieu ; & il étoit si imbu de ces paradoxes, & de la sainteté de ceux qui les soutenoient, qu'il les qualifioit (selon la révélation qu'il disoit en avoir eu de Dieu) du nom specieux de Confesseurs de la gloire de Notre-Seigneur. On trouve ce détail dans Prateole, dans le Pere Gautier, dans Mesheuë, dans Sponde, & dans Conrard de Saxe Lutherien. L. 20.

Ces erreurs débitées avec une éloquence, un enjoüement & des agrémens qu'on ne voyoit pas alors dans les Ministres de la Prétenduë Reforme, jointes à une vie sans reproche, modeste, austere, recueillie, désinteressée, accompagnée d'oraison, & toujours sans prendre aucun parti ni pour les Lutheriens, ni pour les Zuingliens, ni pour les Ana-

batiftes, ni pour les Catholiques, lui firent un grand nombre de Difciples à qui on voulut bien donner le nom de dévots, de myftiques, de
fpirituels, & que Luther appella nouveaux Ariens & Photiniens.

L'Univerfité de Witemberg ne s'endormit pas au bruit que fit ce
nouvel Athlette : Luther eut les mains affez longues pour le faire chaffer
de la Silefie ; mais non pas pour l'empêcher de parler contre lui, &
d'écrire plus de cinquante livres de controverfes & de fpiritualité, qui
ne tendoient qu'à maintenir dans fes Sectaires fa prétenduë fpiritualité.

Chaffé de Silefie, accompagné d'une troupe de foldats qu'il s'étoit
attaché par fon argent & fon bien dire, il parcourut la Saxe, le Wittemberg, la Tubinge, & fit bruit à Nuremberg, à Ulm, à Aufbourg,
à Strafbourg & en d'autres lieux. Dans Wittemberg il entra en conference avec Luther, & lui demanda par grace d'approuver fa doctrine s'il n'avoit pas affez de juftice, de zéle & de force d'efprit, pour
l'embraffer ; il n'en reçut que du mépris. Il fut plus heureux à Strasbourg, il s'aboucha avec les Miniftres Zuingliens de Bafle & de Zurich,
& les tourna fi bien qu'ils fe déclarerent pour lui, approuverent fes
livres, & fouffrirent qu'on les imprimât fous leur autorité ; les chofes
allerent encore plus loin à Ulm, plufieurs fe déclarerent pour lui avec
éclat, & les Magiftrats qui en apprehendirent les fuites, parce que fous
le voile de la fpiritualité il enfeignoit l'Anabatifme, l'entreprirent &
voulurent le chaffer ; mais fon éloquence les enchanta fi-bien qu'ils
n'oferent aller plus loin. A Aufbourg il y fit des prodiges pour l'avancement de fa Secte, auffi en étoit-il fi entêté, qu'il l'appelloit fa chere
Sion, fa fainte Jerufalem, fa veritable Eglife, où, felon les revéla-
tions que l'Eternel lui en avoit fait, il devoit affembler le petit troupeau qui bien-tôt feroit affez nombreux pour honorer J. C. En effet,
les perfonnes de qualité, qui jufqu'à lors n'avoient eu que du mépris
pour l'Anabatifme, commencerent à le goûter par le tour poli, éle-
gant & enjoüé qu'il lui donnoit ; & fur tout les Dames, qui pour l'ordinaire donnent fort aifément dans le myftique qu'elles n'entendent
pas, firent un gros parti pour lui.

Toutes ces démarches n'étoient pas inconnuës à Luther, qui laffé des
livres que Schwenkfeld lui envoyoit, & des réponfes inutiles qu'il
étoit obligé de lui faire pour ne pas demeurer court, porta l'Univerfité
de Wittemberg, dont il difpofoit à fes fouhaits, a nétrit les livres de
fon adverfaire, comme renfermant le pur Arianifme & l'Eutychia-
nifme.

Schwenkfeld ne s'embaraffa pas beaucoup de cette cenfure ; on ne
prenoit aucune mefure avec lui, auffi n'en prit-il aucune avec Luther.
Perfuadé que celui-ci aimoit fa nouvelle verfion en langue Allemande,
comme le chef d'œuvre de fes ouvrages, & la bafe de fa nouvelle Reforme, il entreprit de la critiquer ; il poffedoit affez bien fa langue
maternelle, & peut-être mieux qu'aucun Allemand, auffi il ne manqua

pas de trouver dans cette version grand nombre de fautes contraires à la pureté de sa langue, tandis que les Catholiques en trouvoient par milliers contre la fidelité du texte. Ces fautes de Grammaire donnoient un grand champ à l'éloquence, à la critique & aux satyres mordicantes de cet Arianisant; & à peine avoit-il mis quelque chose au jour sur cette matiere, que son domestique les portoit à Luther, avec ordre d'en tirer réponse, & Luther qui ne vouloit plus avoir de commerce avec ce Fanatique; disoit à ce domestique: Va-t-en dire à ton Maître que j'ai reçû ses lettres, que je prie le Ciel qu'il ne m'en envoye plus; qu'il devroit faire attention aux malheurs dont il a rempli la Silesie, & au feu qu'il y a allumé, & dont il sera brûlé dans les enfers; qu'il est un fol, un boufon, qu'il ne sçait ce qu'il dit, qu'il est possedé du diable, que les diables se servent de lui pour vomir par sa bouche leurs excremens, que la derniere replique que je veux lui faire est celle-ci, que tu lui diras de ma part: Que le Seigneur t'incage Satan, que ton esprit qui t'a appellé, que la course que tu fais, & que tous les Sacramentaires & Zuingliens qui participent avec toi, soient en perdition avec toi. De telles paroles ne faisoient qu'allumer les étoupes, & mettre notre Fanatique aux champs. Il rendit injures pour injures, & quoi que Luther lui suscitât beaucoup d'adversaires comme Illiricus, Wigand, Melancthon, Vadian, Bullinger, Bucer & autres; il ne pût neanmoins l'empêcher de donner tous les jours au public de nouveaux libelles de sa doctrine, jusqu'au nombre de cinquante, sans compter une infinité de lettres où il ne parle que d'extases, de visions, de spiritualitez, & où il debite certaines erreurs qui ont données lieu à Luther & aux Saxons de l'appeller *Stenefelde*. Ces broüilleries ne finirent qu'à la mort de Luther; alors Schwenkfeld débarassé de son plus redoutable ennemi, ne s'occupa plus qu'à nourrir & à multiplier ses sectaires, & mourut en 1561.

Sponde ad an. 1527.

Sa secte ne mourut pas avec lui; elle se dispersa dans la haute & la basse Allemagne, & a subsisté assez long-tems. En 1617. il y en avoit un grand nombre en Moravie, qui avoit coûtume de s'assembler au milieu de la campagne, & sous un arbre où se trouvoient aussi des Photiniens & des Athées, c'est-à-dire des gens qui ne croyoient pas la Divinité de J. C. & qui ne s'embarassoient guéres de la vie future & éternelle. En 1622. on leur fit une terrible guerre; on les extermina tous à la reserve de vingt-cinq ou trente maisons ou Communautez, qui se retirerent en Hongrie & en Transilvanie, pour éviter le châtiment du feu, ou la main du Bourreau. Je passe à l'histoire d'un Auteur qui a fait encore plus de bruit, & qui a eu grande part à toutes ces innovations en matiere de Religion, qui se sont elevées dans l'Université de Wittemberg. C'est Servet.

CHAPITRE III.

MICHEL SERVET.

Son Caractere, ses courses, ses disputes avec Calvin, son procés, sa mort, ses erreurs & ses livres.

Quelques hardis qu'ayent été ceux dont nous venons de parler, pour avoir les premiers combatus la Divinité suprême de J. C. il faut avoüer qu'ils n'approchent point de la temerité de Servet. C'est lui qui le premier de son siecle a ramassé toutes les anciennes héréfies sur les trois personnes de la Trinité, pour en faire un corps de doctrine, selon sa façon ; doctrine qui lui a merité le titre de Patriarche des Sociniens, & le nom de chef des nouveaux Unitaires.

Son veritable nom étoit celui de *Michel Servet* ; mais selon les occurrences de ses affaires, il se faisoit appeller *Revés,Renés,*ou *Renne.* Il étoit Espagnol de Taragone, avoit de l'esprit, sçavoit quelque peu de Théologie, prit quelque teinture de la langue Grecque & de la langue Hébraïque, & s'appliqua à la Medecine dans l'Université de Paris ; ce fut là aussi où il se gâta l'esprit par la grande familiarité qu'il eut avec les sçavans que François I. y fit venir d'Allemagne. Leti.
N. I.
pag. 16.
B. A.
pag. 6.
Lubieniesti

On le fait successivement Lutherien, Anabatiste & Sacramentaire. Dés l'âge de 25. ans son fanatisme avoit été assez violent pour se persuader qu'il étoit Prophete, & le plus grand Prophete qui fut alors ; rempli de ces idées, il crut qu'un génie comme le sien ne devoit point s'amuser à soutenir des sectes qui étoient déja dans l'éclat, & qui pouvoient se soutenir sans lui ; c'est pourquoi pour se faire un nom dans le monde qui pût flater son orgüeil, il entreprit de forger un nouveau systême de Religion sur les mysteres de la Trinité & de l'Incarnation : à ce dessein il fit des voyages, & il y confera avec les Sçavans qu'il y rencontra. Dans ses courses on l'arrèta à Lyon, dogmatisant & inspirant le Lutheranisme : il lui en coûta une abjuration pour s'affranchir de la prison. De France il vint en Espagne, d'où il passa en Afrique, & s'y appliqua à l'étude de l'Alcoran, de la langue Arabe, des mœurs, du génie & de la Religion de ces peuples. Après ses courses & ses études, il se flata que personne ne connoissoit mieux que lui les matieres de Théologie, forgea un plan de Religion où il fit entrer toutes les erreurs des sectes qui faisoient alors grand bruit,& de celles qui étoient assoupies depuis un long-tems, & même il y mêla quelques points de l'Alcoran, & eut soin d'en retrancher tout ce qui étoit essentiel à la Religion Romaine, & ne voulut point d'autorité dans l'Eglise, de presence réelle de J. C. dans l'Eucharistie, d'efficacité dans les Sacremens, de peché originel, de graces sancti- Historia
Refor. Eccl.
Pol.

fiantes & actuelles, de Trinité en Dieu, & d'autres dogmes dont je
ferai le détail en rapportant ses erreurs.

Ce fut environ l'an 1523. qu'il s'érigea en Maître, ou pour parler
avec Calvin, qu'il commença à paroître comme un nouveau Geant,
qu'il marcha à grands pas sur les traces de Sabellius, d'Arius, de Macedonius, & qu'il s'éleva au-dessus de tous les hérétiques de son tems.
Calvin a raison d'en faire une telle comparaison, car à son retour
d'Afrique, & laissant aller à l'impetuosité de son génie, il parcourut
la Suisse, l'Allemagne, la Pologne & autres lieux, & par-tout dogmatisa, disputa, écrivit des lettres, composa des livres, & par-là
aussi-bien que par son Art de Medecine, par la vivacité de son esprit, & par ses autres talens, on ne peut pas dire combien il corrom-
pit d'esprits, & se fit de disciples parmi ceux qui étoient attachez aux
nouvelles sectes, & dont plusieurs s'érigerent bien-tôt en Maîtres,
comme Blandrat, Stemrberg, Gregoire Pauli, & beaucoup d'autres.

Après tant de voyages, & après avoir laissé par-tout des semences
du Socinianisme, l'envie lui prit de revenir à Lyon. Il y vécut dans
un assez grande tranquillité, parce que le Connétable de Montmo-
renci étoit disgracié, & il s'y occupa à corriger les livres de quelques
Imprimeurs, & à faire imprimer la Bible : & sur le credit de ses Néo-
phites & de ses amis, sur lesquels il comptoit beaucoup, il osa entreprendre de donner une nouvelle édition de son fameux Livre de
la Trinité, & de quelques autres qui avoient fait tant de bruit, &
qui eurent un si grand débit à la Foire de Nuremberg de 1533. mais
son entreprise ne fut pas si secrete, que le Magistrat de Vienne en
Dauphiné (car c'étoit dans cette Ville & non plus à Lyon, où il
voulut donner une nouvelle naissance à son Livre de la Trinité) n'en
eut connoissance, & d'ailleurs assez zelé pour remplir les devoirs
de sa Charge, il le fit arrêter; heureux si après ce coup il eut saisi
ses exemplaires, & les eut mis au feu avec l'Auteur. Le Magistrat
neanmoins n'en demeura pas à la seule prison, il instruisit vivement
le procés, & Servet, qui pressentit que ces poursuites pourroient bien
le conduire au supplice, se servit d'adresse pour évader, & réüssit
d'une maniere, dit-on, inconnue jusqu'alors à tous les hommes.

Servet en campagne gagne l'Italie dans le dessein d'aller à Venise
pour y donner une édition de l'Ancien Testament, mais il n'y demeura pas long-tems; il passa en Suisse, & enfin vint à Genêve, se
flatant que s'il pouvoit s'y aboucher avec Calvin, il le feroit tomber dans ses sentimens au sujet du mystere de la Trinité, vû que depuis peu il avoit refusé à Lauzane de souscrire aux trois Symboles
de l'Eglise, parce que dans celui de Nicée le Fils étoit appellé Dieu ;
mais Servet se flatoit trop, & apparemment il ne sçavoit pas quel étoit
alors l'air du Bureau de Genêve. Calvin sensible aux reproches que plusieurs lui faisoient, & par écrit & de vive voix, de favoriser par ses expressions les paradoxes des nouveaux Ariens, s'étoit déja persuadé qu'il

N. 2.
pag. 16.

En 1540

Calvin
Let. 151.

En 1553.

y alloit de son honneur de persecuter ceux qu'il sçauroit combattre le mystere de la Trinité, & la Divinité de J. C. C'est ce que l'on voit dans l'une de ses lettres à Feret, & même contre Servet, dattée de l'an 1546. Servet m'a écrit (ce sont les paroles de Calvin,) & a joint à sa lettre un gros Livre de rêveries, se vante avec une grande arrogance que j'y verrai des choses jusqu'alors inconnuës & capables de ravir nos esprits; & même il me promet de me venir voir ici, je ne lui permettrai pas, pour ne point engager ma parole ; mais s'il y vient, & si j'ai encore de l'autorité dans la Ville, assurément je l'arrêterai, & je lui ferai perdre la vie.

Calvin tint sa parole, & d'autant plus qu'il avoit une pique contre Servet qui l'avoit un jour convaincu de fausseté dans un passage qu'il avoit allegué.

La conduite de Calvin à l'égard de Servet.

Servet arrivé à Genève, & en état de ne point être à charge à ses amis, ayant sur lui deux cent pistoles, un collier de perles & quelques autres effets, ne se fit connoître qu'à ses intimes amis, il apprit d'eux les dispositions où étoit Calvin à son égard, ce qui lui fit prendre le parti de sortir de Genève ; mais par malheur pour lui, sur la nouvelle qu'on lui donna que Calvin prêchoit ce jour-là, qui étoit un Dimanche, il voulut l'entendre : & malgré les précautions qu'il prit pour ne pas être reconnu du Predicateur, un des mouchars de Calvin l'apperçut, & à l'issuë du Sermon il en donna avis à son maître. Celui-ci ne voulut pas perdre une occasion si favorable pour se vanger, & pour pouvoir dissiper les idées que l'on s'étoit formées de son Arianisme : à la sortie du Temple il alla droit chez le Lieutenant-Criminel, & le prie d'arrêter Servet. Le Magistrat n'osa rien refuser au Ministre qui s'étoit rendu redoutable à ces sortes de personnes, par la conduite qu'il avoit tenu à l'égard de quelques uns d'eux, & lui dit qu'il le feroit aussi-tôt qu'il se seroit presenté un homme pour être sa partie, puisque selon les Loix de la Ville on ne peut mettre un homme en prison si la partie ne s'y met avec lui. Calvin qui ne vouloit pas attenter aux Loix, s'en alla de ce pas chez lui, & engagea son valet à se rendre la partie de Servet ; le valet complaisant se livra dans la prison, & ce fut sur cette bizarre procedure que le Magistrat arrêta Servet.

Le lendemain on instruisit le procés, & le valet, ou Calvin sous le nom du valet, presenta quarante chefs d'accusation contre sa partie. Le Magistrat les reçût, en demanda les preuves, on les lui fournit, & Calvin conduisit si bien sa manœuvre, que dans trois jours son valet sortit de prison sous la caution du frere de Calvin. Le lendemain le Lieutenant & Calvin mirent hors du procés le valet & la caution, & prirent leurs mesures pour condamner le criminel, & de le condamner d'une maniere qui ne leur attirât aucun reproche de la part des Cantons leurs alliez. Ils firent deux choses. La premiere, que Servet entreroit en conference avec Calvin sur les erreurs dont il étoit accusé ; la seconde, que l'on consulteroit les loüables Cantons sur la forme de la fentence qui devoit mettre fin au procès.

Calvin & Servet confentirent aifément à la premiere. Celui-ci ou-vrit la fcene, & d'abord fit oftentation de fa doctrine, que Lubienieski reduit à ces trois points. 1. *Hic eft Jefus-Chriftus.* 2. *Hic eft Filius Dei.* 3. *Hic eft Deus.*

1. *Hic eft J. C.* Celui-ci eft J. C. c'eft-à-dire, ce Jefus de Nazareth, vrai homme, conçû par l'operation du faint Efprit, né d'une Vierge, eft le Chrift de Dieu, & le Meffie promis aux anciens Patriarches.

2. *Hic eft Filius Dei.* Ce Jefus eft Fils de Dieu, c'eft-à-dire, cet homme eft né fubftantiellement de Dieu, parce qu'il eft de la propre fubftance de Dieu, fçavoir de la vertu du faint Efprit, & par là il eft le vrai, le naturel, le propre Fils de Dieu, bien different en cela des autres hommes, qui ne font enfans de Dieu que par adoption, au lieu que le corps de J. C. eft veritablement une portion de la fubftance divine.

3. *Hic eft Deus.* Ce Jefus eft Dieu ; non pas le grand, le fouverain, le veritable & l'unique Dieu, termes & épithetes qui ne peuvent con-venir qu'au feul Dieu le Pere ; néanmoins il eft Dieu fubftantiellement, parce que la Deïté eft corporellement en lui, & qu'il eft le Dieu de tous les hommes que fon pere, qui eft le Dieu éternel, a exalté au deffus d'eux.

Pour foutenir ces paradoxes il établit ce principe. Le nom de Dieu eft un nom appellatif, qui peut être pris dans un fens propre, naturel, re-ftrint & abfolu ; & dans un fens impropre, forcé, large & relatif. Quand on le prend dans le premier fens, il n'appartient qu'au grand Dieu, & il n'y en peut avoir qu'un dans ce fens, & ce Dieu enferme en foi la puiffance & toute la fouveraineté. Il eft le principe de toutes cho-fes, le Souverain des fouverains : tout dépend de lui, tout retourne à lui, & il eft le feul Pere & le feul Créateur de toutes chofes.

Et quand on le prend dans le fecond fens, il peut y avoir plufieurs Dieux, parce qu'on peut attribuer ce nom à plufieurs créatures, quand elles font revêtues de quelques talens, graces, prérogatives, fainte-té, excellence, autorité &c. que n'ont pas les autres hommes.

C'eft ainfi que Moïfe eft appellé le Dieu de Pharaon : *Deus Pha-raonis* ; que Cyrus eft appellé le Dieu d'Ifraël : *Deus Ifraëlis* ; que les Prophetes appellent les Ifraëlites des Dieux, & des enfans du très-Haut. *Ego dixi, Dei eftis, & Filii Excelfi.* Que Moïfe dit : *Dominus domûs applicabitur ad Deos…Diis non detrahes* ; que le Seigneur de la maifon fera appliqué aux Dieux… Vous ne parlerez pas mal des Dieux. C'eft ainfi que les Gentils ont appellé l'Empereur Augufte-Céfar, le Dieu de Virgile : *Deus Virgilii,* & que Lentulus eft appel-lé le Dieu de Ciceron : *Deus Ciceronis.*

Or toutes ces créatures ne font pas de vrais Dieux, mais feulement des Dieux par participation, par rapport aux graces & aux préroga-tives dont le grand Dieu les a prévenus : auffi on ne les appelle jamais

de

de ces grands noms de la Divinité, qui ne peuvent appartenir qu'au grand Dieu, comme *Eloïm*, *Adonaï*, *Jehova*, *Pater* : comme fait saint Paul au commencement de ses Lettre : *Gratia & pax à Deo patre nostro & Domino nostro J. C.*

Sur ce principe, continue Servet, on peut voir comment J. C. est appellé Fils de Dieu, & Dieu même ; c'est qu'il a reçû du grand Dieu, qui est le Pere Eternel, la raison de sa Divinité : *nam sua Deitatis ratio à Patre suscipitur* ; & c'est pourquoi il est appellé vrai Dieu du vrai Dieu. Il est bien, ajoute-t-il, le Dieu de toutes les créatures ; mais il n'est pas le Dieu du Pere ; au contraire ce Pere qui est le Dieu seul, est encore le Seigneur de ce Fils, & son Dieu par excellence : car ce Fils dit lui-même : *je m'en vais à mon Pere, parce que mon Pere est plus grand que moi. Je m'en vais à mon Pere & qui est le vôtre, à mon Dieu & qui est aussi le vôtre.* Il dit encore : *mon Dieu, mon Dieu pourquoi m'avez-vous abandonné* ; & dans l'Apocalypse il dit lui même, parlant de ses Elûs : *je les rendrai une colomne dans le Temple de mon Dieu … je graverai sur lui le nom de mon Dieu & le nom de la Ville de mon Dieu.* {*Joan. c. X v. 28. Joan. c. X c. 3. v. 12.*}

Ainsi, c'est sa conclusion, il y a un seul Dieu par sa nature, & qui prend de lui même tout ce qu'il est, qui est Grand, Eternel, Suprême, Immortel, Invisible, Incomprehensible, qui a créé tout, qui gouverne tout, de qui sont toutes choses. *Hic est ille Deus Deorum, Rex Regum, Eloïm, Adonaï, Jehova, Dominus dominatium, Pater*, que l'Ecriture appelle simplement Pere de toutes choses, & specialement de J. C. *Es bien*, dit l'Apôtre, *qu'il y en ait dans le Ciel & sur la terre que l'on appelle Dieux, & que par ces expressions il y ait plusieurs Dieux & plusieurs Seigneurs ; pour nous nous n'avons qu'un seul Dieu, qui est le Pere, de qui toutes choses precedent & à qui nous tendons, & qu'un seul Seigneur qui est J. C. par qui toutes choses ont été faites, & à qui nous devons tout ce que nous sommes* ; & s'il n'y a qu'un seul Dieu par sa nature, nous devons donc conclure que J. C. n'est pas le grand Dieu, que c'est une pure creature que le grand Dieu a prévenu de beaucoup de graces, de prérogatives, de puissance & de sainteté ; à qui ce Dieu a assujetti toutes choses : & quand le Prophete dit, que toutes choses lui ont été assujeties, c'est sans doute à l'exception de celui qui les lui a assujeties, & aussi il est dit : *que quand toutes choses auront été mises sous la puissance de ce Fils, ce Fils sera lui-même sujet à celui qui a mis tout sous ses pieds, afin que Dieu soit toutes choses en tout.* C'est ainsi qu'a raisonné Servet, ou à peu près en ces termes. {*1. Corint. c. 8. v. 8.*} {*1. Corint. c. 15.*}

Tout ce Phœbus ne demeura pas sans replique de la part de Calvin. Vous dites donc, lui repartit ce Ministre, que celui-là est le grand Dieu, qui est le Créateur de tout le commencement, & la fin de tout, qui est ineffable, tout-puissant, infiniment parfait, à qui les noms de *Jehova*, d'*Eloïm*, d'*Adonaï*, &c. conviennent. Or J. C. a toutes ces qualitez, selon les expressions des Ecritures, qui ne peuvent nous tromper. J. C. est donc le grand, le souverain & l'unique Dieu avec son Pere. {*N. III. Pag. 17. Réponse de Calvin.*}

1. Qu'il soit Eternel & Créateur de toutes choses, Saint Jean nous l'apprend sans aucune ambiguité, quand il dit : *le Verbe étoit au commencement, que ce Verbe étoit en Dieu, que ce Verbe étois Dieu, & que c'est par ce Verbe Dieu que toutes choses ont été faites ; que ce Verbe par qui toutes choses ont été faites, s'est fait chair, & que nous avons vû cette chair.* Or cette chair que saint Jean dit avoir vû, c'est J. C. Ce Jesus est donc dès le commencement, il est donc Créateur de toutes choses, il est donc Dieu.

C. I.

2. Que J. C. soit le commencement & la fin de toutes choses, notre Créateur & nôtre bonheur final, & par conséquent le grand Dieu, selon votre principe, il nous le dit lui-même en saint Jean : *Ego sum primus & novissimus, principium & finis, Alpha & Omega.*

Apoc. C. I.

3. Que J. C. soit le grand Dieu, cela paroit par ces paroles de saint Jean, où J. C. se dit lui-même le Fils de Dieu, & où il se fait égal à son Pere ; or son Pere est le Dieu tout-puissant, ineffable, independant &c. Jesus n'a pû s'expliquer ainsi, sans vouloir nous persuader qu'il étoit le grand Dieu. On doit supposer sur vos principes que J. C. est le plus juste, le plus humble & le plus parfait des hommes. Cette supposition établie, que seroient devenuës ces vertus, si n'étant pas le grand Dieu il eut voulu se rendre semblable à lui, & même sans lui faire aucune injustice.

Joan. Ev. c. 5. v. 18.

4. On peut vous alléguer ces autres paroles où J. C. dit : *je suis dans mon Pere, & mon Pere est dans moi* : marque de sa consubstantialité. *Celui qui me voit, voit mon Pere* : marque de sa conformité avec son Pere. *Jusqu'à present mon Pere travaille & moi aussi* : marque de son égale puissance. *Tout ce qu'a mon Pere, je l'ai aussi* : or ce Pere a l'infinité, l'éternité, l'immensité, & tout ce qui peut convenir à l'être dont rien de plus grand ne peut être conçû ; J. C. a donc toutes ces qualitez, & s'il ne les avoit pas, comment a-t-il pû s'égaler au grand Dieu ?

5. Il faut bien enfin qu'il soit le vrai & le grand Dieu, & non pas un Dieu par participation, puisque l'Apôtre lui donne le nom non seulement concret, mais encore abstrait de la *Divinité ; car toute la plenitude de la Divinité habite en lui corporellement.* Ce nom n'a jamais été donné à aucune créature, aussi le même Apôtre oppose J. C. aux autres Dieux : *Autrefois*, ce sont ses paroles, *lorsque vous ne connoissiez pas Dieu, vous étiez dans la servitude sous des Dieux qui ne sont pas Dieux par leur nature* : donc que ce Dieu que les Galates connoissoient, étoit un Dieu par sa nature ; or ce Dieu étoit J. C. Ce J. C. est donc un Dieu de sa nature absolu indépendemment de qui que ce soit. Il est donc l'*Eloïm*, le *Jehova*, l'*Adonaï* & le grand Dieu que les Anges ont toujours adoré dans le Ciel ; celui enfin dont parle Isaïe, quand il dit : *je vis le Seigneur assis sur un thrône sublime & élevé, les Seraphins étoient autour de son thrône, ils crioient l'un à l'autre, & ils disoient Saint, Saint, Saint est le Seigneur le Dieu des armées, la terre est toute remplie de sa gloire.* On ne peut revoquer en doute que ce Prophete ne parle ici du Verbe qui

Coloss. c. 2. v. 9.

Galat. c. 4. v. 8.

C. 6. v. I.

s'est fait chair, puisque saint Jean nous dit : *hæc dicit Isaias, quando vidit gloriam ejus, & locutus est de eo* : Isaie a dit ces choses lorsqu'il a vû sa gloire, & il a parlé de lui.   *C. 12. v. 41*

De-là, dit Calvin, je conclus que J. C. est le vrai, le grand & l'unique Dieu, aussi-bien que son Pere, & que toutes les preuves alleguées & que vous prenez de l'Ecriture pour nous montrer qu'il est inferieur au Pere, ne doivent être attribuées qu'à l'humanité de J. C. ou à J. C. entant qu'homme.

Servet ne parut pas content des argumens de son adversaire, & comme on ne prenoit aucune mesure avec lui en le livrant au bras de la Justice, aussi n'en voulut-il prendre aucune avec Calvin. Il lui soutint en face qu'il trahissoit ses sentimens, qu'il sçavoit bien qu'il n'avoit point d'autre doctrine que la sienne sur J. C. que ses paroles & ses écrits en faisoient foi, après quoi il lui reprocha qu'il faisoit des articles de foi à sa mode, & qu'il agissoit en Papiste & en Docteur de Sorbonne.

Calvin méprisé & poussé à bout par un homme qui étoit à sa discretion, & qui n'avoit pas moins de feu que Servet, ne manqua pas aussi de lui faire des reproches sur sa vanité & sur ses erreurs, & ce fut là tout le succés de leurs conferences : car Servet opiniâtré dans ses sentimens, malgré sa prison & les perils où il se voyoit, soutint toujours que le Fils de Dieu n'étoit pas une personne subsistante, & par conséquent que J. C. n'étoit qu'un homme, & non pas un Dieu absolu & indépendant.

Les Magistrats pour finir firent la seconde démarche qu'ils avoient projettée ; ils envoyerent aux Magistrats & aux Ministres de Basle, de Zurich, de Berne & de Schaffouse, les griefs qu'ils avoient contre Servet. Ce procedé ne pouvoit sortir que de la fine politique de Calvin. Par là il flatoit ces Cantons qui avoient embrassé la Prétenduë Reforme, leur donnoit des marques de sa confiance & de son respect, & les engageoit d'entrer dans ses sentimens ; d'ailleurs il comptoit sûrement que si ces Messieurs consultez qui étoient puissans dans l'Etat Helvetique, condamnoient Servet à la mort, lui & ceux de Genêve seroient en sûreté, en suivant leur jugement contre ceux qui voudroient venger par les armes ou autrement, une mort qui assûrement devoit passer pour un paradoxe, ou une cruauté inoüie dans l'esprit de tous les Novateurs, eux qui crioient sans cesse dans leurs chaires, dans leurs conversations, dans leurs livres & dans leurs lettres, & encore plus Calvin que tout autre, contre l'Eglise Romaine, & particulierement contre François I. comme contre des Nérons, parce que Rome & le Roy punissoient du dernier supplice ceux qui repandoient les erreurs de la nouvelle Prétenduë Reforme.

Les Magistrats & les Ministres consultez répondirent que puisque Servet avoit renouvellé par ses impietez les héresies dont Satan s'étoit autrefois servi pour troubler l'Eglise de Dieu, & par-là étant devevenu un monſtre que le monde ne pouvoit plus ſupporter, il étoit digne de mort.

Cet avis reçu, ceux de Genève ne perdirent point de tems pour mettre fin au procès, & malgré les ſollicitations des amis de Servet, les ennemis ſecrets de Calvin, les entrepriſes de pluſieurs déſintereſſez qui vouloient que l'affaire fût évoquée au Tribunal des deux cens, eſperant que le criminel y ſeroit traité avec moins de cruauté, qu'au Tribunal ordinaire; malgré enfin les violences de quelques particuliers, qui tenterent pluſieurs fois d'arracher Servet de ſa priſon, & de le mettre en liberté, ils le condamnerent à être brûlé tout vif, & ſon Livre de la Trinité attaché à ſon côté pour être conſommé avec lui

Le même jour 17. Octobre 1553. on dreſſa un bucher de branches de chêne encore vertes avec leurs feüilles, & mal ajencées, auprés duquel on planta un poteau, auquel on attacha une chaîne de fer longue de deux pieds pour y enchaîner le criminel. Pendant que les Officiers de la Juſtice s'occupoient à cet appareil, Calvin remit Servet entre les mains de Guillaume Faret le plus ancien Miniſtre de Genève; celui-ci fit de ſon mieux pour guérir l'eſprit de celui-là, & lui inſpirer d'autres ſentimens qu'il n'avoit ſur le Myſtere de la Trinité & ſur la Divinité de J. C. mais inutilement, Servet ſoutint toûjours que J. C. étoit le Fils du Dieu éternel, mais non pas le Fils éternel du Dieu éternel. Enfin le tems venu auquel on devoit voir un hérétique brûlé dans Genève par les hérétiques mêmes, on attacha le Livre ſur la Trinité à la ceinture de Servet, on lui mit une guirlande de paille ſouffrée ſur la tête, & en cet équipage on le conduiſit à ſon bucher, en marchant, on l'entendoit dire: Mon Dieu ſauvez mon ame, Jeſus Fils de Dieu éternel aïez pitié de moi, ô *Jeſu Filii Dei æterni miſerere mei.* Arrivé au lieu du ſupplice on l'attacha à la chaîne de fer, & on mit le feu au bucher, le bucher enflammé, il ſurvint une bouraſque de vent qui détourna les flames, pour laiſſer le malheureux pendant l'eſpace de trois heures dans un état à ne pouvoir vivre, & à ne pouvoir mourir, s'écriant en déſeſperé: Hé n'y a t'il perſonne pour mettre fin à mes peines ? Eſt-ce donc que mes deux cens piſtoles, & mes autres effets n'exciteront point mes parties à abreger mon ſupplice. *Pere éternel ayez pitié de moy, Pere éternel ayez pitié de moy, Pere éternel ayez pitié de moy.*

Calvin l. 161. à Faret.

N. IV. p. 17

N. V. p. 18.

Ce fut ainſi qu'il mourut le 17. Octobre 1553. & ce fut-là auſſi où aboutirent ſon bel eſprit, ſa capacité, ſon ardeur à parler ſur les matieres de la Religion, & tant de courſes qu'il avoit fait pour apprendre les langues, les mœurs, & la Religion des païs étrangers.

Nous pouvons mettre ſur ſes cendres pour epitaphe deux vers, que fit Liſiſmaninn au ſujet d'une note de Calvin, qui appelloit Servet, un chien d'Eſpagne.

Cur tibi ſum, Calvine, Canis ? tuus efficit ardor.

Ne canis, heu, dicar; ſed miſeranda cinis.

Ses erreurs ſont en grand nombre, j'en ai deja touché quelques-unes.

& j'avoüe que je n'aurois jamais pû faire le détail des autres, si Calvin & les Ministres de Genêve pour justifier la conduite qu'ils ont tenu à l'égard de cet homme, ne s'étoient donné la peine de les retirer de ses Livres, pour les faire connoître à tous les Chrétiens.

1. Servet aprés avoir donné dans les opinions des Lutheriens, des Sacramentaires, & des Anabatistes fit, quelques Livres, où il renouvella les héresies de Paul de Samozate, de Sabellius, d'Arius, de Photin & de quelques autres ; & où il dit, que ceux-la sont sont Athées, ou n'ont point d'autre Dieu qu'un assemblage de Divinité, qu'un Dieu par connatation, ou par accident, & non pas un Dieu grand, souverain, absolu, qui font consister l'essence divine dans trois personnes réellement distinctes, & subsistantes dans cette essence.   *Ses erreurs. L. de Trin. p. 30.*

2. Que Mahomet n'a pris occasion de renoncer à J. C. que parce que les Chrétiens mettoient une distinction réelle dans une Divinité incorporelle.   *pag. 36.*

3. Que les Juifs ne peuvent assez admirer la conduite des Chrétiens, qui se font un Dieu en trois personnes.   *pag. 34.*

4. Qu'il est bien vrai, que l'on peut reconnoître une distinction personnelle dans la Trinité ; mais qu'il faut convenir que cette distinction n'est qu'exterieure, & qu'elle ne se trouve point dans la nature Divine.   *pag. 392.*

5. Que le Verbe n'a été dès le commencement qu'une raison idéale qui representoit l'homme futur, & que dans ce Verbe ou raison ideale il y avoit J. C. son image, sa personne, son visage, & sa force humaine.

6. Qu'il n'y a point de difference réelle entre le Verbe & le saint Esprit.   *Dialog. 1. pag. 229.*

7. Qu'il n'y a jamais eu en Dieu de veritable & de réelle génération, & spiration.   *L. 5. de Tri. p. 189.*

8. Que la sapience étoit le Verbe & le saint Esprit sans distinction réelle entre eux.   *L. 2. de Tri. p. 66.*

9. Que tout le secret du Verbe, & du saint Esprit n'étoit que la gloire éclatante de J. C.   *L. 5. de Tri. p. 164.*

10. Que quoiqu'il n'y ait eu aucune distinction réelle avant l'incarnation, neanmoins J. C. a été revêtu d'une si grande gloire, que nonseulement il étoit Dieu, mais encore un Dieu d'où procede un autre Dieu.   *L. 1. de Trin. p. 11. & 12.*

11. Que le Christ est le Fils de Dieu, parce qu'il a été engendré dans le sein d'une Vierge par l'opération du saint Esprit, & parce que Dieu l'a engendré de sa substance.   *Let. à Calvin 1. & 2. L. 1. de Tri. pag 17.*

12. Que le Verbe Dieu descendant du Ciel, est maintenant la chair de J. C. en telle sorte que sa chair est la chair du Ciel, que le Corps de J. C. est le Corps de la Divinité, que la chair est toute divine, qu'elle est la chair de Dieu, qu'elle est celeste, & engendrée de la substance de Dieu.   *L. 2. p. 74.*

13. Que l'ame de J. C. est Dieu, & que sa chair est Dieu même. Que sa chair & son ame ont été dès l'éternité de la propre substance de Dieu.

14. Que l'essence du corps & de l'ame de J. C. est la divinité du Verbe, & du saint Esprit.

15. Que la substance de Dieu est non-seulement dans l'ame ; mais encore dans le corps de J. C. & cette substance de Dieu est sa sapience, sa vertu, & la splendeur de sa gloire.

16. Que J. C. homme a été de toute éternité dans le sein de Dieu, dans sa propre personne, & dans sa propre substance. Après quoi il donne deux personnes à J. C.

17. Que le Verbe Dieu s'est fait homme, ce Verbe a été la semence de J. C.

18. Que le Verbe est une autre chose que le Fils.

19. Que le Verbe par qui le monde a été créé, a été produit à cause de lui.

20. Que le Verbe de Dieu est la rosée de la génération naturelle de J. C. dans le sein de la Vierge, comme est la semence à l'égard de la génération des animaux, & que le Fils de Dieu a été naturellement engendré du S. Esprit par la force de sa parole.

21. Que le Verbe de Dieu avoit été la semence de la génération de Christ, a peu près comme toutes les choses sont dans leurs graines, avant que d'être produites. Que la semence du Verbe a été en Dieu auparavant que le Fils fut conçu dans le sein de Marie. Il veut même que le Pere éternel ait produit J. C. comme nos peres nous engendrent, & que le Verbe ait été dans Dieu, comme est chez nos peres ce avec quoy il nous engendrent (c'est-là parler en Medecin.)

22. Que c'est par l'élection de l'esprit de Dieu, qu'a été excité le corps de J. C. & que cet esprit lui ayant inspiré un soufle divin & un soufle humain, il en est venu un hipostase, & que cet hipostase est celle du S. Esprit. Il avoit dit auparavant, qu'il y avoit dans J. C. trois sortes d'élemens de la substance du Pere.

23. Pour corrompre les paroles de l'Apôtre qui dit que J. C. n'a pas pris la nature des Anges, mais de l'homme, il dit que c'est en ce qu'il nous a delivré de la mort.

24. Que Dieu est le Pere du saint Esprit, confondant ainsi les personnes.

25. Il se raille de la distinction des personnes, & prétend qu'il n'y a eu qu'une image, ou une face personnelle, & que cette image étoit la personne de J. C. en Dieu, & qui a été communiquée aux Anges.

26. Que les trois élemens ont été faits par Dieu le Pere, & par Marie dans le Christ, & dans les hommes ; que la matiere terrestre a été produite par la Mere, tant en J. C. que dans tous les autres. Que dans les hommes il n'y a que des élemens créez, & que dans le Christ il y en a de créez & d'incréez ; & que la substance de l'Esprit

divin a été substantiellement communiquée à la chair de J. C.

27. Que cette rosée céleste qui environna Marie, & qui se communiqua à son sang, transforma la nature humaine.

Dialog. 2.
pag. 263.

28. Confondant les deux natures de J. C. il dit que la lumiere créée, & que la lumiere incréée n'ont été qu'une lumiere en J. C. & qu'il n'y a qu'une spirituelle composée de l'esprit divin & de l'esprit humain; en telle sorte que la substance de la chair, & que la substance du Verbe ne sont qu'une substance; d'où il conclut que la chair de J. C. & la substance du Verbe avoient corporellement cet esprit divin, vital & substantiel; ainsi que la chair du Verbe étant de la substance de Dieu, étoit veritablement celeste, & que la chair de Dieu avoit une existence éternelle.

pag. 265.

29. Que J. C. participant à l'homme & à Dieu, on n'a jamais pû dire qu'il fut une créature, mais on doit dire qu'il est le principe des créatures.

L. 2.
Tri. p. 272.

30. Que la même Deïté qui est dans le Pere éternel, a été communiquée à J. C. son Fils, & corporellement & immediatement, & que par la méditation de J. C. & par le ministére Angelique, cette nature a été communiquée aux Apôtres, mais d'une maniere toute spirituelle. Qu'il est vrai que J. C. a reçû comme de la nature la Deïté, & qu'elle lui a été infuse corporellement & spirituellement, & que c'est de lui que nous recevons la sainteté la spiritualié substantielle.

pag. 220.

31. Que le saint Esprit est descendu dans les ames des Apôtres, comme le Verbe est descendu dans la chair de J. C.

32. Confondant les personnes il dit que le Λογ̃υ étoit naturellement & volontairement la raison ideale, & la parole qui réjaillissoit J. C. devant Dieu; que l'esprit de J. C. devant Dieu étoit la lumiere, & d'où on doit conclure qu'il n'y avoit aucune substance, puisque ce n'étoit que la figu... d'une chose qui n'étoit pas encore, & qu'elle ne differoit pas de l'esprit.

Dialog. 2.
pag. 264.

L. 1. de
Tri. p. 205.

33. Qu'avant l'avenement de J. C. on ne vit jamais d'hypostase de l'esprit; & de là on doit conclure qu'avant l'Incarnation il n'y eut point d'hypostases ou de personnes en Dieu, puisqu'on ne voit l'homme que par la personne.

L. 5. de
Tri. p. 197.

34. Pour nous faire comprendre qu'elle est cette derniere Eternité qu'il attribue quelque fois à J. C. il nous dit, mais d'une maniere à ne se pas faire entendre, que toutes choses sont maintenant en Dieu, comme elles y étoient avant la création du monde, & particulierement J. C. qui est le premier de tous les Etres créez, que Dieu par sa raison éternelle décretant éternellement un Fils qui fut corporel & visible, il faut que ce Fils lui soit éternellement present.

Dialog. 1.
pag. 205.

35. Que tandis que J. C. a conversé sur la terre dans sa chair mortelle, il n'a pas reçû l'esprit nouveau qu'il devoit recevoir après sa Resurrection, ni toute la gloire de Dieu; mais qu'après sa Resurrection

L. 5. de
Tri. p. 185.

il a reçû un esprit nouveau , & ce n'est que depuis ce tems qu'il a hypostatiquement toute la gloire du Verbe & du S. Esprit.

Dialog. 1.
pag. 231.

36. Que Dieu inspirant a inspiré le S. Esprit dans J. C. comme il l'inspire en nous ; & ainsi qu'il a de nouveau , & par une autre inspiration , inspiré toute sa divinité. Que dans la Resurrection il a renouvellé son premier esprit , & dont l'esprit qui fut donné sur le Jourdain n'étoit que l'ombre, la figure & le symbole.

L. 3. de
Tri p. 321.

37. Qu'il y a des parties & des participations dans la substance de Dieu , non pas comme il y en a dans les créatures ; en telle sorte qu'il y a toujours une portion de la divinité dans la distribution du S. Esprit , quelle quelle soit.

Dialog. 1.
pag. 226.
138.

38. Que nos esprits ont été substantiellement de toute éternité : qu'ils sont des Dieux consubstantiels & coéternels , & que dès le commencement Dieu a donné de la deïté à tout esprit , & cela par son soufle.

L. 5. de
Tri. p 184.

Dialog. 1.
pag 216.

39. Que les Juifs ont autrefois adoré les Anges comme on adore Dieu , & aussi les ont-ils appellé leurs Dieux. Que Dieu n'a jamais été adoré par les Juifs ; mais qu'ils ont adoré les Anges comme les ombres & les types de J. C. & qu'Abraham a crû à l'Ange qui étoit l'ombre de Jesus-Christ.

L. 1. de
Tri. p 213.

40. Quoiqu'il ne veüille pas que le Christ , ou que le Verbe ait eu une hypostase réelle dès le commencement , cependant il veut que les Anges , & que les Elus de Dieu ayent été réels en Dieu dès le commencement , & il met une divinité dans toutes les créatures , & même une deïté substantielle.

Dialog 1.
pag. 229.

41. Après avoir dit beaucoup d'impietez sur la substance de l'ame , il conclut que l'ame est de Dieu & de sa substance. Que Dieu a mis dans l'ame une spiration créée avec sa divinité , & que par une même spiration l'ame est substantiellement unie avec Dieu dans une même lumiere par le moyen du S. Esprit.

L. 5. de
Tri. p. 181.

42. Mais que, quoique l'ame ne soit pas Dieu , cependant elle devient Dieu par le saint Esprit qui est Dieu lui-même , & on ne peut pas revoquer en doute que notre ame , & que l'esprit de J. C. étant unis ensemble , ont une substance élementaire , comme le Verbe a une chair qui lui est unie , comme il convient aux choses créées & increées.

L. de genera-
tione. p. 576.

43. Que le Batême des enfans est inutile , & qu'il est d'une invention humaine. Qu'on ne commet point de peché mortel avant l'âge de 20. ans.

L. 4. de
generatione
Pag 551.

44. Enfin que l'ame se rend mortelle par le peché , & qu'elle est mortelle comme la chair est mortelle , non pas que l'ame par le peché retourne dans le néant: non,ni la chair non plus;mais elle meurt quand elle est privée , & avec douleur, de ses fonctions vitalles , & qu'elle est retenuë toute languissante dans l'enfer, comme si elle ne devoit plus vivre. Il ajoute que ceux qui sont regenerez , ont une ame après

cette

cette regeneration qu'ils n'avoient pas avant, à caufe que leur fubstance eft regenerée, & qu'ils ont reçû une nouvelle deïté.

On ajoute à ces hérélies, que quand il fit imprimer à Lyon fa Bible, il y infera à la marge des notes pour en corrompre le fens, & qu'il y attribua à Cirus ce que les Prophetes ont dit de notre reconciliation, & de l'expiation de nos pechez, & de la malédiction qui nous a été ôtée par J. C.

A ce feul recit il eft aifé de voir que Calvin a eu grande raifon de traitter les opinions de Servet de rêveries ; car à dire les chofes comme on les fent à la lecture de ces erreurs, ne faut-il pas avoir l'efprit alié ou par la folie, ou par le fommeil, pour parler ainfi, & avec fi peu de juftice dans fes principes & dans fes conféquences. Cependant cet homme a trouvé des fauteurs & des Imprimeurs pour imprimer la plûpart de fes livres, & des Traducteurs qui les ont mis en differentes langues, afin que differentes Nations büffent plus aifément le venin empoifonné de ce malheureux, & que les plus fenfez viffent fes folies & fes impietez, pour les détefter. Voici le catalogue de fes livres.

Servet ne s'eft pas moins rendu celebre par fes livres, que par la bizarerie de fes opinions, & par le genre de fa mort. La Bibliotheque des Antitrinitaires lui donne :

Thefaurus anima, aliàs Defiderius peregrinus ; il fut imprimé en Efpagne avec Privilege, on le traduifit de l'Efpagnol en Latin & en differentes langues. La verfion latine fut imprimée *in* 24. en 1574. à Roterdam, & on l'ajouta au livre qui a pour titre : *Compendium Theologia Erafmica D. Brenii* en 1577. Le fupplément de la Bibliotheque de Gefner, qui parle de ce livre parmi les Anonymes, lui donne ce titre : *Defiderius dialogus de expedita ad Dei amorem via, ex Hifpanico in Italicum, Gallicum & Germanicum fermonem converfus in* 16°. *Dillinge* 1583. La verfion Allemande fut imprimée à Roterdam en 1590. Il y en a eu plufieurs autres & en differentes Villes. La plus nouvelle eft celle d'Amfterdam *in* 12. en 1678. on y ajouta des figures, & en 1679. on fit une autre verfion en vers, & on l'imprima à Roterdam.

Pag. H.

De Trinitatis erroribus libri feptem, imprimé à Bafle en 1531. in 8°. tous ne conviennent pas que le nom de l'édition ait été marqué. M. Simon qui veut que ce livre foit le principal ouvrage de Servet, dit qu'il eft fi embaraffé, tant pour la diction, que pour les matieres qui y font traittées, qu'on voit manifeftement qu'il ne les entendoit guéres, ce qui paroît dès les premiers mots. Que ces fept livres ne contiennent en tout que 119. feüillets d'un volume in 12. que le lieu de l'édition n'eft pas marqué ; qu'on y lit feulement à la tête de l'ouvrage : *per Michaëlem Serveto, aliàs de Revés ab Aragonia Hifpanum anno* 1531. Cependant Sandius nous marque que ce livre eft in 8°. & imprimé à Bafle, il faut nous en tenir là ; il pouvoit en fçavoir fur ce fait plus que M. Simon, puifqu'il dit qu'en 1681. il en avoit vû une

Biblioteq. critiq. t. 1. *pag* 33.

copie en manuscrit tirée d'un exemplaire imprimé, & qu'une personne de distinction lui avoit montré, qu'on y lisoit dès le commencement un éloge de l'Auteur, que lui faisoit Pierre Medmannys pos-
sesseur de cette copie, conçû en ces termes : *qua intellexi proba sunt ,
credo & qua non intellexi :* ce que j'ai compris dans ce livre me paroît
bon , & je crois que ce que je n'y ay pas compris l'est aussi. Les
exemplaires imprimez de ce livre ne sont pas tous supprimez. M.
Jean Pesser Consul de Roterdam, & qui mourut en 1678. en avoit
un dans sa Biblioteque. Renier Telle. Al. *Regnerum Vitellium* en donna une édition Flamande en 1620. in 4°.

On a ajouté à la premiere édition de ces sept livres, deux autres
petits ouvrages intitulez : *Dialogi de Trinitate , duo libri de justitia regni
Christi capitula quatuor, per M. Servetum alias Revés ab Aragonia Hispa-
num*, en 1532. Sandius dit avoir pris ce titre d'un exemplaire imprimé in 8°. & que lui a prêté en 1682. un homme de distinction , &
» qu'au commencement de la préface on y lit : Salut à mon Lecteur.
» Je retracte maintenant tout ce que j'ai écrit il n'y a pas long-tems
» dans mes sept livres contre le dogme communément reçû sur la
» Trinité ; non pas parce que ce que j'en ay dit n'est pas veritable ,
» mais parce que le tout est imparfait, & que j'ay écrit comme un
» enfant pour des enfans. Je vous prie néanmoins d'en retenir ce qui
» pourra vous servir pour l'intelligence des choses que je m'en vais
» dire. Tout ce que l'on trouve de barbare, de confus & de fautes
» dans ce premier livre, doit être attribué à mon ignorance, & à
» la negligence de l'Imprimeur. Je parle ainsi, ne voulant point por-
» ter de préjudice à aucun des Chrétiens. Dieu se sert quelquefois des
» choses les plus basses de ce monde pour faire éclater sa sagesse.
» Remarquez-bien ceci, mon Lecteur, & que mon mauvais langa-
» ge ne vous empêche point de profiter de ce j'ai dit , & de ce je
» m'en vais dire. Parler ainsi, c'est faire sentir qu'il a écrit avec beaucoup de précipitation ses sept livres contre la Trinité. Ceux qui parlent dans ces dialogues sont Michel & Petrucius. Le premier commence par ces mots : *Necessario secundum scripturas hæc tria debent con-
venire. 1. Λογ̃ 2. Eloïm. 3. & Christus : quod ex sola collatione principii
Genesis cum principio Evangelii Joannis probatur.* Dans le second il traite
conformément au titre de la justice du regne de J. C. comparé avec la
justice de la Loi, & il y parle aussi de la charité. Le premier de ces
quatre chapitres est intitulé : *De justificatione*, où il dit qu'il examine-
ra les sentences que saint Paul a dit sur la justification ; *Paulinas sen-
tentias quas de justificatione protulit , exagerabo.* Le second est intitulé :
De regno Christi, ou *de regno Christi verba faciam.* Le troisiéme est intitulé : *Collatio legis & Evangelii*, où il dit, *legem , Evangelia conferam.*
Le quatriéme : *De charitate*, où il dit, *charitatis vias enarrabo.*

Il y a un autre livre intitulé : *Ratio Syruporum*, imprimé à Paris en
1537. & à Venise en 1545. dont on ne parle point.

Il n'en est pas de même de son livre intitulé : *Christianismi restitutio*, ou la vocation de toute l'Eglise Apostolique, renfermée dans ses véritables limites, & parfaitement reparée dans la connoissance de Dieu, de la foy, du Christ, de notre justification, de notre regéneration, du Batême, de la Cene : & où on voit comment le Royaume de Dieu nous est rendu, comment on s'est affranchi de la captivité de Babylone, & comment l'Ante-Christ a été détruit ; ce livre est divisé en six parties.

La premiere contient sept livres, & a pour titre : *De Trinitate divina, quod in ea non sit indivisibilium trium rerum illusio, sed vera substantia Dei manifestatio in verbo, & communicatio in Spiritu*. Le premier de ces livres traite de J. C. Homme, & des faux simulacres. Il y fait regner trois axiomes qui regardent J. C. trois qui regardent les Pharisiens, & trois argumens & leur refutation contre les Sophistes avec leurs absurditez qu'ils rapportent sur les choses invisibles. Dans le second il expose vingt passages de l'Ecriture Sainte. Dans le troisiéme il traite de la préfiguration de la personne du Christ dans le Verbe, de la vision de Dieu & de l'hypostase du Verbe. Dans le quatriéme il démontre les noms de Dieu & l'uniformité de son essence, & les principes de toutes les choses. Dans le cinquiéme il traite du S. Esprit. Le six & le sept sont des dialogues, dont l'un traite des ombres de la Loix, & dont J. C. est la fin ou le comble ; il traite aussi de la substance des Anges, des ames & de l'enfer ; & dans le dernier il traite de la maniere selon laquelle le Christ est engendré : qu'il n'est point une créature, & qu'il n'a point une puissance bornée, mais qu'il est un vrai Dieu, & qu'il doit être veritablement adoré.

La seconde partie qui a pour titre : *De fide & justitia Regis Christi, legis justitiam superantis & de charitate*, contient trois livres ; dans le premier il y parle de la foy, de l'essence de la foy, de la justification & du regne du Christ ; dans le second il montre la différence qu'il y a entre l'Evangile & la Loi, entre le Juif & le Chrétien, & où il prouve que le Chrétien l'emporte sur le Juif, que dans la Loi il n'y avoit que la loi de la chair, & que dans l'Evangile c'est la justice de l'esprit qui y regne ; que dans la Loi il n'y avoit que la justice des œuvres, & que dans l'Evangile il n'y a que la justice de la foi ; dans le troisiéme il compare la charité avec la foi, il y parle de la différence qu'il trouve entre la recompense & la gloire, des titres illustres de la charité, de ce que fait la foi, de ce que fait la charité ; à quoi servent les bonnes œuvres, leur origine & leur efficacité ; enfin des rapports de la charité avec la foi, & de l'excellence de celle-là sur celle-ci.

La troisiéme partie qui a pour titre : *De generatione & manducatione superna, & de regno Antichristi*, est divisée en quatre livres. Dans le premier il y traite de la perdition du monde, & de sa reparation par le Chrift, de la puiffance terreftre, celefte & infernale de Satan & de l'Ante-Chrift, & de notre victoire ; dans le fecond il traite de la veritable circoncifion, & des autres myfteres du Chrift, & de l'Ante-Chrift, & eft divifé en deux livres ; dans le troifiéme il traite des Miniftres de l'Eglife du Chrift, & de leur efficacité, il y parle auffi de l'efficacité de la prédication Evangelique, du Batême, de la Cene ; dans le quatriéme il traite de l'ordre des myfteres de la régéneration.

La quatriéme partie contient trente lettres écrites à Jean Calvin Prédicateur de Genêve.

La cinquiéme partie contient foixante marques du regne de l'Ante-Chrift, de fa manifeftation, & qu'elle eft prefente.

La fixiéme partie a pour titre : *De myfterio Trinitatis, ac veterum difciplina ad Ph. Melancthonem & ejus Collegas Apologia :* Apologie du myftere de la Trinité, & de la difcipline des Anciens, adreffée à Philippe Melancthon & à fes Collegues. Le tout fut imprimé en 1553. à Vienne en Dauphiné, & contient 734. pages in 8°.

Les exemplaires imprimez de ce livre font extrêmement rares, ils ont été brulez ou fupprimez par les foins de Calvin, & des Miniftres de Genêve ; & fi rares qu'un curieux n'a pas fait de difficulté de donner jufqu'à trois cent livres du feul livre de la Trinité. Grotius en avoit vû un exemplaire à Roterdam, & M. Simon dit qu'il eft encore *Bib. crit. t. 1. p. 32.* dans le cabinet d'un particulier qui ne feroit peut-être pas faché de s'en défaire, fi on lui donnoit ce qu'il voudroit le vendre. On en trouve deux dans Paris, fçavoir un dans la Bibliotheque du Roi, mais il eft imparfait ; & l'autre dans la Bibliotheque de M. de Colbert, & il eft entier ; mais on ne nous dit pas de quelle édition ils font : car il y en a une de 1531. & une autre de 1553. Sandius dit les avoir vûs, les avoir confronté enfemble, & avoir remarqué que l'Auteur avoit fait beaucoup de changemens, d'additions & de corrections dans la feconde, & où faifant allufion à fon nom de Michel, il a mis au commencement ces paroles de S. Jean : *Factum eft in cœlo prælium magnum Michaël & Angeli ejus, pugnantes cum dracone.* Cet exemplaire de 1553. que Sandius avoit confulté, fe trouvoit dans la Bibliotheque du Prince de Heffe-Caffel, mais il a difparu, & des Sçavans m'ont affûré qu'il ne s'en trouve plus de cette édition ; on a néanmoins des copies prifes fur l'exemplaire du Prince d'Heffe-Caffel. C'est le fameux Evêque d'Ely Alexandre Moor, qui le premier a eu foin d'en tirer une copie, fur laquelle on en a fait une autre copie pour M. le Prince Eugene de Savoye, en fuppofant donc comme de raifon, que toute l'édition de 1553. & qui eft celle que Calvin avoit confulté quand il fit faire le procès à Servet, eft entierement périe ; il faut croire que les livres de Servet que l'on voit dans les Bibliotheques de Paris, de Hollande, & d'autres lieux ne font que de l'édition de 1531. & ainfi ils ne peuvent avoir pour titre : *Chriftianifmi reftitutio* ; mais celui : *De Trinitatis erroribus libri feptem,* livre barbare & imparfait, de l'aveu de l'Auteur.

Alfonfe Lincurius ajoute que fi Servet n'eut pas été fi-tôt brûlé à Genêve, qu'il auroit fait imprimer à Venife quantité de fermons fur differentes matieres, & dont il raporte les titres, & comme ils n'ont jamais été imprimez, nous nous difpenferons d'en faire ici le détail, pour paffer à l'hiftoire des Auteurs Italiens qui font fortis de l'école de Vicenfe pour enfeigner le Socinianifme.

2. A. P. XS.

CHAPITRE IV.

Les Auteurs Sociniens qui font fortis de Vicenfe.

BERNARDIN OKIN.

Son caractere, fon apoftafie, fes courfes, fes erreurs & fes livres.

Toute la vie d'Okin ne fut qu'un paradoxe. Jamais homme n'a porté fi loin le mérite perfonnel, & particulierement celui de la prédication, qu'il l'a pouffé fous l'habit de Capucin; & jamais homme n'a fait paroître plus de foibleffe & de corruption que lui, après avoir renoncé à la foi: auffi les Capucins l'ont-ils appellé un nouveau Satan, un Ange de lumiere devenu par fa rebellion à l'Eglife un Ange de ténebres, *novus Satan, & filius tenebrarum.*

Anal. Capu

La Ville de Sienne en 1487. le vit naître dans la famille des Okins, on eut foin de lui donner toutes les inftructions qui pouvoient lui convenir. Il n'eut pas le bonheur de faire de grands progrès dans la langue latine; il ne la fçût jamais bien: mais auffi avoit-il un efprit net, une facilité extrême à s'énoncer, une éloquence toute naturelle, & qui n'avoit rien de commun avec celle des autres hommes, un feu d'imagination qui raviffoit; & on peut affurer que s'il ne fut jamais un habile Grammairien, il fut toujours un éloquent Orateur.

3. A. P.

A peine eut-il goûté le monde, qu'il le quitta pour fe faire Religieux de l'Obfervance de S. François d'Affife, c'eft-à-dire pour fe faire Cordelier; il n'y demeura pas long-tems, ou par inconftance d'Efprit, ou par libertinage de Cœur, ou parce qu'il étoit perfuadé que la Regle n'y étoit pas obfervée dans fa pureté, & qu'il y avoit trop de mitigations. Il quitta l'habit fans prendre aucune des formalitez que ces fortes de gens doivent prendre pour quitter leur compagnie, c'eft-à-dire qu'il devint Apoftat du Cloître.

Retourné au monde, & ne pouvant plus rentrer dans fa famille, il s'appliqua à l'étude de la Medecine, & eut le bonheur de fe concilier la bienveillance de Jule de Medicis, Prêtre, Cardinal, & qui dans la fuite devint Pape fous le nom de Clement VII. Touché de quelques fentimens de pénitence, ou à la follicitation de fes amis, il rentra chez les Cordeliers, qui dans un Chapitre général qu'ils tinrent quelque tems après, l'élurent Deffiniteur Général, partie par fes brigues, partie aussi pour recompenser fes talens. Son ambition ne fe borna pas là; le Général mourut, Okin prit fes mesures pour être mis en fa place; les Electeurs s'y opposerent, & lui pour favoriser fes desseins eut recours au Pape Clement VII, dont il avoit toujours ménagé la bienveillance; mais le Pape irrité fur une telle ambition fe chassa honteusement de devant lui, & défendit au Chapitre des Cordeliers de le choisir pour remplir une place aussi importante que le Généralat des Ordres de S. François.

Okin hors d'esperance de pouvoir parvenir où son ambition le portoit, prit la resolution de quitter les Cordeliers pour fe jetter chez les Capucins, dont la nouvelle Reforme composée d'environ 300. Religieux, tant Prêtres que Freres, commençoit à faire bruit dans l'Eglise par la sainteté de leur vie, la pauvreté de leurs maisons, & la simplicité de leurs habits. Pour s'en faire un mérite auprès du Pape, il lui en demanda la permission, après l'avoir assuré qu'il ne vouloit entrer dans cette Reforme, que pour vivre dans une abnégation plus parfaite de lui-même, & des choses du monde. Le Pape qui connoissoit parfaitement le caractere de son génie, & qui d'ailleurs sçavoit que dans le tems qu'il avoit des charges chez les Cordeliers, il avoit remué beaucoup de machines pour ruiner cette Reforme, s'y opposa hautement; mais Okin qui sçavoit manier l'esprit du Pontife, fit tant d'instances, qu'enfin il y consentit en 1534.

Annal.
Capuc.

Okin Capucin devint tout autre homme qu'il n'avoit été Cordelier, par fa fidelité aux observances regulieres, fa pieté exemplaire & fon zele pour le salut des ames. Je n'en dis pas assez, il faut que pour m'aider dans l'idée que je veux donner de ce Capucin, je me ferve des termes d'Antoine Marie Gratiani Evêque d'Amelia, parlant d'Okin, depuis qu'il eut pris l'habit de Capucin, il dit que son âge, fa vie austere, fon habit rude, fa barbe qui descendoit jusqu'au dessous de la ceinture; fes cheveux gris, fon visage pâle & décharné, une apparence d'infirmité & de foiblesse, & l'opinion qui s'étoit répandue par toute l'Italie de fa sainteté, le faisoient regarder comme un homme extraordinaire; mais que la predication l'élevoit bien autrement que ne faisoit cet appareil de vertu. Il prêchoit avec un zéle inconnu jusqu'alors; s'il n'avoit pas un grand sçavoir, il avoit une éloquence surprenante; s'il est vrai qu'il avoit peine à parler latin, aussi il est vrai que quand il parloit fa langue naturelle, il expliquoit ce qu'il sçavoir & ce qu'il vouloit dire, avec tant de grace & de politesse, tant d'abondance & de douceur, tant de pureté & de patétique, qu'il ravissoit fes auditeurs. Lorsqu'il devoit prêcher dans un endroit, le peuple y accouroit de toutes parts; les Villes entieres venoient pour l'entendre, & il n'y avoit point d'Eglises assez vastes pour contenir la multitude des hommes, & encore moins des femmes qui y étoient en plus grand

Hist. du
Cardinal
Commendon

nombre. Lorſqu'il devoit paſſer par une Ville, chacun ſe faiſoit un
devoir d'aller au devant de lui pour le voir & pour l'entendre, ou pour
lui faire du bien. Jamais homme ne s'étoit acquis en Italie une reputation ſi univerſelle, tant par ſa belle maniere de prêcher, que par la
bonne odeur de ſa vie. Ce n'étoit pas ſeulement le peuple qui le ſui-
voit ; les Grands, les Seigneurs, les Princes & les Souverains l'avoient
en ſi grande eſtime, qu'ils ne faiſoient rien d'important ſans ſon conſeil ; & quand il venoit chez eux ils alloient au devant de lui, le recevoient avec toutes les marques de reſpect & de confiance ; & le recon-
duiſoient de même : & ce qui eſt digne de loüange, il ne ſe prévaloit
jamais de ces honneurs. Quelques commoditez qu'on lui offrit, il
n'en acceptoit aucune. On ne manquoit pas de lui donner de beaux &
de bons lits pour le délaſſer & pour lui faire honneur, & lui ſe contentoit d'étendre ſon manteau ſur le plancher pour ſe coucher deſſus.
Enfin on peut ajouter que la magnificence des Palais où il ſe trouvoit,
l'abondance & la délicateſſe des mets qu'on lui ſervoit, & toute la pompe du ſiecle qui l'environnoit par tout, ne lui firent jamais rien perdre
de l'eſprit de ſa profeſſion, toujours pauvre, toujours ſimple, toujours
mortifié, ne beuvant preſque jamais de vin, mangeant très-peu de
viande & toujours la plus groſſiere. Une ſi grande reputation & ſi bien
établie, fit que le Pape Paul III. ſe reſerva à lui ſeul le droit de l'envoyer prêcher dans les Villes.

Pendant qu'Okin faiſoit tant de bruit par ſa maniere de vivre & par
ſes prédications, les Capucins firent leur Chapitre général à Florence,
& ne trouvant point de meilleur ſujet dans leur petit Corps que Bernardin Okin, ils l'élûrent en 1538. pour leur Général : il remplit leurs
attentes, il ſe trouvoit à toutes leurs exercices regulieres, ne negli-
geoit rien des devoirs de ſa Charge, viſitoit à pied toutes les Maiſons
de ſa Reforme, prêchoit ſans ceſſe ſes Freres, & ne diſcontinuoit
point de prêcher les peuples avec ſon ſuccés ordinaire.

Il prêcha à Perouſe en 1540. & il y pacifia tous les procés & les ini-
mitiez qui y étoient, & qui y étoient ſi inveterez, que nul Prédicateur avant lui n'avoit pû les ébranler. Quelque tems après il prêcha
à Naples, & il fit trouver une aumône de cinq mil livres peſant de
piſtoles d'or : *Vnicà eleemoſyna quaſi à quinque millia aureorum pondus ab-
tis impetrat.* Quand dans le cours de ſes viſites il prêchoit ſes Freres
ſur l'obſervance reguliere, la pauvreté, les exemples des Saints &
la perfection évangelique, il les enlevoit tous d'admiration, & tous
enſuite s'efforçoient de pratiquer ce qu'il leur avoit prêché.

Enfin les Freres furent ſi contens de ſon gouvernement, que dans
le Chapitre général qu'ils tinrent à Naples en 1541. pour concourir
à l'élection d'un nouveau Général, le tems de celui de Bernardin Okin
étant expiré : ils jugerent à propos de lui faire l'honneur de le continuer. Okin qui ne s'étoit point trouvé à cette aſſemblée pour des
raiſons à lui coünues, n'eut pas plûtôt appris ces nouvelles, qu'il

s'enfuit, & protesta que rien au monde ne seroit capable de le forcer d'accepter ce fardeau ; mais ses resolutions ne durerent qu'autant qu'il le voulut, ou que les Deffiniteurs généraux lui eussent parlé ; alors il consentit qu'on lui fit la douce violence de l'enlever avec honneur pour le conduire à l'Assemblée des Freres, & pour en recevoir les loüanges. On dit même, & avec assez de vrai-semblance, que cette repugnance n'étoit qu'une hypocrisie, pour ajouter à la réputation de grand Predicateur celle d'un Religieux bien humble, & ennemi des charges honorables, ou comme d'autres disent, il ne vouloit point de Généralat parce qu'il étoit dégouté du Monachat, qu'il avoit l'esprit gâté des nouvelles hérésies, & qu'il projettoit son apostasie & sa retraite à Genêve.

La chose pourroit bien être ainsi. Dans le tems qu'il demeuroit à Naples, & qu'il y prêchoit avec tant d'éclat, il arriva deux choses qui sans doute l'ont jetté dans cette extrêmité. La premiere est cette fameuse promotion que fit Paul III. où il distribua tant de Chapeaux, de Mîtres & de Crosses; & la seconde, sont ses frequentes conversations avec Valdés dont nous avons parlé, & l'homme de la Ville le plus considéré par son esprit, sa prudence & sa capacité assez universelle ; mais aussi l'homme le plus dangereux pour la foi : il avoit tous les talens imaginables pour la faire perdre aux autres, après l'avoir perdu lui-même.

Okin, qui sous l'habit de Capucin n'étoit pas indifferent pour les dignitez éminentes de l'Eglise, s'entêta si bien de son propre mérite, des services qu'il avoit rendu à l'Eglise, de la confiance que les peuples, les Princes & le Pape même avoient en lui, qu'il crut pouvoir compter sur un Chapeau de Cardinal, ou au moins sur une Mître ; & trompé dans ses attentes il conçut un si grand chagrin contre le Pape & contre l'Eglise Romaine, & eut si peu de force d'esprit pour le digerer, que dans ses conversations, & même dans ses prédications, il en lâchoit quelques mots. Valdés ne s'en apperçut que trop pour profiter de ce mécontentement, & porter Okin au but qu'il s'étoit projetté, sçavoir de lui faire prêcher les dogmes de la nouvelle Reforme, il ne manqua pas accompagné de Vermilli qui n'avoit pas encore apostasié, de lui parler des prétendus désordres de la Cour Romaine, de son autorité, de la nullité de ses decrets, de ses opinions sur le feu du Purgatoire, de ses opinions sur les Indulgences, sur l'invocation des Saints, sur les Images, sur le Sacrifice de la Messe &c. Okin, qui par son mécontentement de la Cour Romaine n'étoit plus maître de son esprit, écouta aisément cette belle Théologie, & s'en entêta si bien à la faveur de quelques livres de Bucer, de Luther & de Calvin, que Valdés & Pierre Martir lui prêterent, qu'enfin il prit la liberté de la debiter en Chaire avec néanmoins quelques ménagemens.

Ce changement de doctrine fit d'étranges impressions sur ses auditeurs, la plûpart en eurent horreur & changerent en mépris l'estime qu'ils avoient eu pour lui ; quelques autres qui cherchoient occasion

pour

pour se déclarer contre la Maison d'Autriche y adhérerent, & par-là jetterent les fondemens d'une petite Eglise Prétenduë Reformée qui n'eut pas moins de durée, & les semences de ces troubles qui allerent si loin que peut s'en fallut que les Neapolitains ne secouassent le joug Espagnol.

Cependant si nous voulons rassembler tout ce que l'on nous dit d'Okin, il faut croire que les choses n'éclaterent pas hors de Naples, ou du moins qu'on n'y ajouta pas foi à Rome ; car dans ce même tems le Cardinal Carpen Protecteur de l'Ordre des Freres Mineurs l'envoya par ordre exprès du Pape prêcher devant le Senat de Venise. Il passa par Perouse, où un peu avant on l'avoit admiré, & il y prêcha quelques dogmes de la nouvelle Reforme. Les choses allerent plus loin à Venise, dès son premier sermon il en dit assez pour donner lieu à quelques zélez de la saine doctrine d'en faire des plaintes au Nonce (alors il n'y avoit point d'Inquisition, & elle n'y fut établie qu'après le Concile de Trente.) Le Nonce le cita, & Okin qui vouloit continuer sa Mission, se défendit si bien que le Nonce ne pût ou ne voulut pas le convaincre des nouveautez en fait de doctrine dont on l'accusoit.

Ce procés auroit dû le rendre sage, & mettre un frein au mécontentement qu'il se figuroit avoir reçu de la Cour Romaine, & à la démangeaison qu'il avoit de prêcher la Prétenduë Reforme : néanmoins il continua. Prêchant un jour sur les persecutions que l'on avoit faites aux anciens Prophetes, il se laissa aller à l'impetuosité de son zéle, & s'écria : Hé ! à quoi aboutiront tous mes travaux, si vous mettez dans vos prisons ceux qui vous prêchent la verité. Cette plainte ne manqua pas d'être rapportée au Nonce ; & cette Eminence après avoir fait refléxion que le Predicateur avoit fait allusion à la conduite qu'il avoit tenu à l'egard d'un certain Julius de Milan Docteur en Théologie, ami déclaré d'Okin, Disciple de Valdés, & qu'elle avoit fait mettre en prison pour ses hérésies, interdit Okin, & par-là le mit hors d'état de continuer sa Mission, & en donna avis au Pape. Cependant l'interdit n'eut pas de suite ; trois jours après il fut levé à la sollicitation du Senat qui avoit toute la consideration possible pour son Prédicateur, & d'ailleurs piqué de ce que le Nonce l'avoit jetté à son insçû.

Okin continua son Carême, & prêcha d'une maniere à ne se point attirer de reproches ni d'affaires de la part du Nonce, qui avoit de l'autorité & de la tête, & ennemi des nouvelles doctrines. Sa Mission finie il vint à Verone, où il entreprit la chose du monde la plus dangereuse pour ceux de sa compagnie, & même pour le peuple qui en devoit être instruit. Il n'y alloit pas moins que de la perversion de tous. Comme il étoit le Chef de sa Congrégation, il choisit à son goût un nombre de Religieux, sous le beau pretexte de leur apprendre l'Ecriture Sainte, la Théologie & la belle maniere de prêcher ; il leur expliqua les Lettres de saint Paul, mais de la maniere

G g

qu'on faifoit à Genève & dans l'Univerfité de Wittemberg; & ceux qui n'étoient pas inftruits fur les matieres controverfées entre les Catholiques & les nouveaux Sectaires, & qui d'ailleurs avoient une confiance aveugle à leur Maître & à leur Général, donnerent aifément dans ces opinions nouvelles, & fi grofliérement, & avec fi peu de ménagement, que le Frere Barthélemi Gardien du Convent, & Définiteur Provincial, les prêcha au peuple de Verone. L'Evêque qui en eut avis le fit mettre en prifon; & le Nonce de Venife, qui depuis le démenti qu'il avoit eu au fujet de l'interdit fignifié à Okin dans le tems qu'il préchoit à Venife, étoit toujours attentif à fes démarches, en écrivit au Pape pour ne plus le commettre avec le Sénat de Venife.

Lubiensk.
Historia
Refor. Eccl.
Pol.

N. 11.
pag. 22.

Le Pape qui avoit de la bonté pour Okin, & qui, fi nous en voulons croire aux Hiftoriens Sociniens, l'avoit quelquefois choifi pour être fon Prédicateur, & même fon Confeffeur, eut de la peine à croire ces nouvelles; cependant pour ne pas negliger les avis que lui donnoit fon Nonce, il dit au Cardinal Carpen de commander au Frere Bernardin Afti Procureur Général des Capucins, de faire venir Okin, & même de fe fervir de fon nom: & pour mieux cacher le piége qu'on lui dreffoit, Afti infera dans fa lettre qu'on fçavoit de bonne part que le Pape avoit de bons deffeins fur lui; chofe qui ne fut pas fi fecrette, que le public n'en eut connoiffance, & c'eft ce qui donna lieu au bruit qui courroit alors que le Pape faifoit venir le Général des Capucins, pour lui donner le Chapeau de Cardinal.

Okin fur la lettre d'Afti ne fe preffa pas de partir; fa confcience ne lui rendoit pas un affez bon témoignage pour efperer des recompenfes. Sur ce rétard le Procureur Général réitera fes lettres & fes inftances; Okin n'y pût plus réfifter, il penfa ferieufement à fon voyage; avant que de l'entreprendre il alla vifiter M. Mathieu Giberti Evêque de Verone, & lui demander confeil. L'Evêque qui le confideroit, & qui le croioit innocent, lui confeilla de s'en aller à Rome. Il en prit le chemin, paffa à Boulogne, & dans la penfée que Cantarini Cardinal-Legat pourroit fçavoir quelque chofe de fes affaires, & des deffeins du Pape fur lui, il l'alla voir comme un ancien ami. Ce Legat extrêmement malade lui fit dire de ne lui point parler d'affaire, & attendre que fa fanté fut un peu rétablie pour le voir & pour l'entretenir. Okin à qui tout faifoit peur, fe mit en tête que la maladie de ce Cardinal étoit feinte, & qu'il n'attendoit que le moment de l'envoyer à Rome mort ou vif. Cependant après s'être raffûré, il voulut tenter quelque éclairciffement; les domeftiques avoient ordre de ne laiffer entrer perfonne dans la chambre du Legat: mais Okin leur fit tant d'inftances, qu'ils lui permirent de voir leur maître, & dont il fut reçû fi froidement, qu'à peine le falua-t-il.

Vie du
Card. Com.

Ce froid fit changer de deffein à Okin: il s'en vint à Florence pour y conferer avec fon ami Vermilli qui demeuroit encore dans fon

cloître. Sur les lettres qu'Okin lui montra, & qu'il avoit reçûës de son Procureur Général, & par lesquelles il paroissoit que le Pape le vouloit voir pour quelque chose d'importance, Vermilly qui avoit de l'esprit lui dit, vous voulez donc aller à Rome pour y passer le reste de votre vieillesse dans des cachots ? Est-il possible qu'à l'âge que vous avez, & connoissant la Cour de Rome comme vous la connoissez, vous vous laissiez surprendre comme vous faites ? Soyez persuadé que le Pape sçait tout ce que vous avez dit, & que l'on ne vous écrit de sa part que pour vous accabler de peines : si vous voulez m'en croire, bien-loin d'aller à Rome, vous prendrez la route d'Allemagne ou de Genêve, & là vous aurez la liberté de prêcher la verité. Si vous prenez ce parti, je vous donnerai de l'argent pour vous faciliter ce voyage, & je vous suivrai bien-tôt : & pour le convaincre de ce qu'il lui disoit, il lui montra des lettres du Duc de Saxe, par lesquelles il l'invitoit à ce voyage, & lui promettoit de lui faire toucher de l'argent pour cela.

Okin se rendit sensible à cet avis, & ne pensa plus qu'à gagner la Suisse pour faire ce voyage avec sûreté, & peut-être avec moins de fatigues. Madame Renée Duchesse de Ferrare, fille de notre Roy Loüis XII. & si connuë dans nos histoires par son entêtement au Calvinisme, lui envoya des habits de Cavalier ; & lui se fit accompagner de Junius & François, Prêtres, & du Frere Marianus tous Capucins : celui-ci étoit un Frere Laïque qui ne manquoit pas d'esprit, & encore moins de pieté. Il avoit porté les armes en Allemagne, & en sçavoit la langue, ce qui devoit être d'une grande utilité à Okin. Ce Frere se crût d'abord fort honoré d'accompagner son Général, dans la pensée qu'il ne prenoit la route d'Allemagne que pour y prêcher contre les hérésies qui y regnoient : mais quand il vit ce Général & ses deux autres Compagnons quitter leurs habits de Capucins, & se revêtir de ceux que Madame Renée leur avoit fait tenir, & qu'ils lui eurent dit qu'il falloit qu'il en fît autant, il commença à douter de la bonne intention d'Okin, & prit la liberté de lui dire qu'il ne pouvoit pas comprendre que des Capucins, qui vont chercher le martyre, pussent quitter leurs habits & en prendre de prophanes. Okin pour le rassûrer lui dit avec sa bouche dorée, qu'ils n'agissoient ainsi, que pour entrer plus aisément sur les terres des hérétiques, & que quand ils y seroient, pour ne point rougir de l'Evangile, ils reprendroient leurs habits de Capucins. Marianus satisfait de ce discours, s'habilla en Cavalier à l'exemple des trois autres.

Okin, habillé en Cavalier, gagna les Alpes ; & ce fut-là, où éloigné un peu de ses Compagnons, le visage tourné vers l'Italie, le cœur pénetré de douleurs & les yeux baignez de larmes, repassant dans son esprit les honneurs qu'on lui avoit fait dans ce Païs, les douceurs qu'il y avoit goûtées, les amis qu'il y laissoit, la désolation où il jettoit la Compagnie, & tous les autres inconveniens inséparables

Annal. Capuc.

Ibidem.

Ibidem.

de son apostasie, il s'écria : ô aimable patrie ! quels soupirs ne te dois-
je pas, puisque je me vois en necessité de me separer de toy sans esperance de te revoir jamais ; ah pauvres Capucins, qui m'avez choisi avec tant d'applaudissement pour votre Chef, dans quelles calami-
tez vais-je vous precipiter par ma fuite ! mais la résolution en est prise, il faut que je vous quitte, soit que ce soit un bon génie, soit
que ce soit un mauvais génie qui me conduise, je ne puis plus reculer.
Marianus, qui n'étoit pas fort éloigné, entendit ces paroles, & lui dit,
hé quoi mon Pere, est-ce donc que vous voulez vous retirer chez les
hérétiques, & nous séduire ainsi ? Okin lui avoüa son dessein, & lui
dit qu'il ne l'avoit formé que sur les avis qu'on lui avoit donnez, que
le Pape le vouloit faire mourir. Marianus fit de son mieux pour faire
rentrer son Général dans son devoir, mais inutilement. Pour ne point
être complice de son apostasie, & pour se justifier auprès des Superieurs, il l'obligea de lui donner un certificat signé de sa main & scellé
de son sceau, par lequel il déclareroit qu'il n'avoit aucune part à son
apostasie, ce qu'il fit, & lui rendit le grand sceau de l'Ordre pour
le porter au Vicaire Provincial de la Province de Venise, & se sé-
parerent. Ceci se passa en 1542.

Peu de tems après Pierre Martir le vint trouver, & avant que d'entrer en Suisse, Okin, tout cassé qu'il pouvoit être par son âge, ses
prédications & son genre de vie, débaucha une jeune fille, & la conduisit à Zurich, à Basle, à Genêve, & dans d'autres lieux. Ceux de
Zurich & de Basle qui le virent avec Vermilli, crurent d'abord qu'ils
ne venoient chez eux que pour leur prêcher la foi Romaine, ayant
appris par la rumeur publique qu'ils étoient les plus éloquens Prédicateurs qui fussent en Italie, mais la presence de la femme de campagne à leur suite les désabusa.

De Basle il vint à Genêve, & on ne peut pas douter que son arrivée n'y apportât une grande joye, aussi il n'oublia rien de tout ce
qui pouvoit favoriser l'estime qu'on y avoit de lui, & eut un grand
soin de se concilier l'amitié & la confiance de Calvin, & il l'eut alors
toute entiere. Ce Ministre se croyoit trop heureux de voir dans son
parti un homme de la consequence d'Okin.

Le Magistrat de Genêve qui vouloit de l'ordre dans la Ville, & ôter
à ce nouveau venu toute esperance de retourner dans son cloître, &
par-là se l'assûrer, l'engagea d'épouser publiquement la fille qu'il
avoit débauchée, afin qu'il ne fut pas dit qu'il vécût dans un concu-
binage public sous le voile de la Reforme. Okin ne fit aucune difficulté de suivre ce commandement.

Cette cérémonie faite, on l'initia dans le ministere de la Prédication. Ce fut là le métier dont il vivoit, tandis que Madame Okin
gagnoit sa vie à blanchir le linge de quelques Bourgeois ; mais le
Ministeriat ne l'occupoit pas tant, qu'il ne trouva encore le tems de faire des livres. Le premier qu'il fit dans cette Ville, & qui lui acquit de

la réputation parmi ſes Calviniſtes, fut l'apologie d'avoir quitté ſon cloître & la foi; piece, au rapport des Hiſtoriens, pleine de menſonſonges, de malice & de calomnies contre l'Egliſe Romaine, & particulierement contre Paul III. qui la reçût à Perouſe, & dont il fut ſi irrité qu'il forma le deſſein de s'en retourner à Rome pour ſupprimer l'Ordre des Capucins, ſe perſuadant qu'une Congrégation qui avoit produit un ſi grand hypocrite, ne pouvoit jamais être utile à l'Egliſe. Le peuple entra dans les ſentimens du S. Pere, & crût que tous les Capucins étoient hérétiques; d'autant plus que quelques-uns avoient déja donné lieu de ſoupçonner qu'ils donnoient dans les dogmes de la Prétenduë Reforme.

N. IIb. pag. 23.

Le Cardinal Caraffa, qui depuis fut Pape ſous le nom de Paul IV. répondit ſolidement à ce livre apologétique, mais inutilement pour ceux de Genêve. Ils étoient ſi prévenus ſur le mal dont Okin avoit chargé l'Egliſe de Rome & le Pape, que bien loin de faire attention aux veritez du Cardinal, ils complimenterent Okin ſur ſon ouvrage, & Calvin même fut le premier qui l'en congratula; ce qui enfla ſi bien le cœur de l'Auteur, qu'il ſe mit en tête qu'il étoit le premier homme de Genêve, & le ſeul digne de tout honneur, ſans être obligé d'en déferer aux autres. Calvin ne s'apperçût que trop de la vanité de ce nouveau venu, & voyant qu'il ne lui rendoit pas les déferences qu'il croyoit lui être dûës, ils ſe broüillerent enſemble, & une des plus ordinaires & des plus ſerieuſes occupations de leurs amis, étoit de les reconcilier.

Okin pour ſoutenir ſa réputation de Prédicateur extraordinaire, ſe traça des routes dans ce Miniſtere toutes differentes de celle des autres Predicans. Ceux-ci, comme Luther, Zuingle, Calvin, Beze, Scolampade, Faret, avoient coûtume de crier bien haut dans leurs Sermons contre les Indulgences, le Purgatoire, les bonnes œuvres, les Jeûnes, les Fêtes des Saints, le retranchement de la Coupe, la continence des Prêtres, les vœux du Cloître, le Pape, & ſur le prétendu renverſement de la Morale & de la Diſcipline Eccleſiaſtique; & Okin qui preſſentoit bien que les peuples devoient être dégoûtez de tant de rédites, & de ces lieux communs, & que la nouveauté en fait de myſteres plaît toujours, prit la réſolution, & l'executa, d'entretenir ſon auditoire des myſteres de la Trinité, de l'Incarnation, de la Divinité de J. C. de la propitiation de nos pechez, mais conformément aux lectures qu'il avoit faites des livres de Servet, qui alors étoient en vogue; c'eſt-à-dire qu'il prêcha les anciennes héréſies de Sabellius, d'Arius & des autres héréſiarques. Et pour ne laiſſer aucun doute des ſentimens qu'il avoit ſur ces myſteres, & pour les faire connoître aux étrangers auſſi-bien qu'à ſes auditeurs, il accompagna ſes Sermons de petits livrets qu'il compoſa ſur ces matieres, & que ſes amis traduiſirent de l'Italien en langue vulgaire & en Latin.

On ne peut croire quelle réputation il s'attira par cette nouvelle maniere de prêcher, tous le vouloient entendre, chacun lisoit ses livres, & on ne parloit plus que de lui dans Genêve. Calvin qui vouloit primer dans le parti, qui avoit peine d'y voir un plus habile homme que lui, & qui apprehendoit que ce nouveau Predicant par la force de son discours, l'adresse de son esprit, & le crédit qu'il s'étoit déja acquis parmi le peuple, ne le chassa de son poste comme lui même en avoit chassé Faret, oublia la gloire & l'avancement de sa pretenduë reforme, & ne pensa plus qu'à ses interêts particuliers; à ce dessein il accusa Okin d'Arianisme, & par cette accusation contraignit le Magistrat de prononcer Sentence de bannissement contre l'accusé, & la Sentence eut son effet.

N. IV.
Pag. 24.

Okin de Genêve vint à Basle, & c'est ici où nous devons mettre l'époque de ses voyages à Vicense, pour y conferer sur les nouveautez en matiere de Religion, que les quarante personnes dont nous avons parlé (1. part. c. 4.) y agitoient, si toutes-fois il s'y trouva, ce qui n'a pas de vrai-semblance.

N. V.
Pag. 27.

Pendant ce tems Bucer Ministre de Strasbourg, le plus accommodant de tous les pretendus Reformez, & qui ne refusoit personne dans sa communion, que les Catholiques Romains, engagea le Magistrat de la Ville de donner à Okin une Chaire de Theologie, on lui accorda, mais Okin n'y demeura pas long-tems, Il passa en Angleterre en 1547. avec Bucer & Vermilli, autrement Pierre Martir.

N. VI.
Pag. 28.

N. VII.
Pag. 28.

Edoüard & Seimar ou Seymours Comte d'Hareford Duc de Sommerset, oncle maternel & tuteur d'Edoüard VI. Roi d'Angleterre, parvenu au suprême dégré de l'autorité, resolut de rendre Zuinglienne toute l'Angleterre. Pour y reüssir, il rappella à la Cour Hugues Latimer ancien Evêque de Woicester, qu'Henri VIII. avoit chassé de la Cour & de son Eglise pour avoir mangé de la viande le Vendredy Saint, & pour avoir prêché le Zuinglianisme. Latimer de retour à la Cour, reçut ordre du Duc d'y prêcher, & pour ne donner aucune prise sur lui, il se fit délivrer une Commission de la Cour pour prêcher, & autoriser sa Mission; ce fût avec une telle vocation qu'il prêcha que J. C. n'étoit point au S. Sacrement de l'Autel, & qu'il n'y avoit que sa figure. Le Duc n'en demeura pas là, au Predicateur du Roy, il ajoûta un Precepteur, & un Gouverneur de la même doctrine; sçavoir, Richard Croe, ou Coxe, ou Cox Docteur en Theologie, Prêtre & marié: & Jean Chec, ou Chek, libertin de profession; ces deux hommes qui vouloient faire leur fortune, & qui sentoient bien qu'ils n'y reüssiroient pas aisémant, qu'en favorisant les inclinations du Duc de Sommerset, donnerent de si belles leçons de grammaire, & de si patetiques instructions Zuingliennes au jeune Roy, & à la jeune Noblesse qui étudioit avec lui, qu'en peu de tems, ils en pervertirent une bonne partie. Le Duc ravi de ces beaux commencemens resolut d'aller plus loin, & crût qu'il, reüssiroit s'il mettoit de bons Maîtres Zuingliens dans les Universitez de Cambriges, & d'Oxford, ce qu'il fit.

Bailles
Iugem. des
Sçav. tom.
10. Pag. 513

Pour cela, après avoir dégouté les anciens Professeurs par differens chagrins qu'il leur suscita, il fit écrire par Cranmer à Bucer, à Okin, à Vermilli, & à quelques autres & leur fit dire qu'il avoit de beaux emplois, & de fortes pensions à leur donner, s'ils vouloient passer en Angleterre, pour y enseigner leur doctrine : eux qui s'ennuyoient beaucoup à Strasbourg, & qui n'y avoient pas dequoi vivre honnêtement, & particuliérement Okin & Vermilli, accepterent cet offre du Duc, passerent en Angleterre, & on leur y fit des honneurs qui surpasserent leurs attentes.

Le Duc envoya Bucer enseigner à Cambrige, Vermilli à Oxford, & retint Okin à la Cour comme le plus éloquent, le plus poli, le moins classique, & sçachant mieux le beau monde que les autres. On leur tint parole sur tout ce qu'on leur avoit promis, & même on alla plus loin. On unit de riches Prébendes de quelques Canonicats à leurs Chaires, & on obligea les Villes d'augmenter leurs appointemens, comme personnes rares, & dont on devoit attendre de sçavantes instructions.

Il est aisé de comprendre que ces nouveaux venus firent tout ce qu'ils purent pour seconder les desseins du Duc de Sommerset, & de Cranmer, néanmoins ils ne suivirent pas tous la même route. Vermilli ne parloit qu'en tremblant du mystere de la Cêne, Bucer alloit plus loin, & disoit qu'il n'avoit pas grande foi à tout ce que l'on disoit dans l'école de J. C. & Okin débitoit en secret des impiétez sur les mysteres de la Trinité & de l'Incarnation : il auroit été plus loin, s'il n'eût apprehendé de s'attirer un châtiment semblable à celui de George Parel qui fut brûlé pour avoir débité l'Arianisme.

N VIII.
pag. 29.

Sommerset qui prévoyoit bien que tandis que la Princesse Marie, fille aînée d'Henri VIII. & héritiere du Royaume d'Angleterre après Edouard, demeureroit Catholique, il y auroit toujours un obstacle au changement universel sur le fait de la Religion qu'il vouloit introduire dans le Royaume, & une semence de Catholicité, envoya pour la pervertir nos trois Moines défroquez, mais inutilement. Elle leur répondit en Princesse, & leur dit, comme elle avoit fait à tant d'autres qui avoient osé la tenter du côté de la Religion, que leur secte, & que leurs dogmes n'avoient point d'autres fondemens que leurs entêtemens & leurs passions : & les rebuta.

Sa fermeté contre ces sortes de gens se fit plus éclater après la mort d'Edouard. Devenue Reine, elle commanda à tous les étrangers de sortir à un certain jour du Royaume, à peine d'être griévement punis. Il y eut en conséquence de cet Edit plus de trente mille étrangers infectez de differentes hérésies, qui sortirent du Royaume. On délibera même si on ne feroit point brûler Pierre Martir, mais on conclut par la pluralité des voix, qu'étant venu en Angleterre sous la foi publique, on le laisseroit aller sans lui faire aucun mal, ainsi il sortit avec Okin, & ils s'en vinrent à Strasbourg en 1553.

Sponde.
ann. 1553.

N. IX.
pag. 29.

B. A.
pag. 31.

Okin y demeura deux ans, de-là il alla à Basle, où il se concilia quelques amis, & particulierement Mad. Olimpia Fulvia Morata, qui eut une confiance singuliere en lui. C'est ce qui paroît dans une de ses lettres à Curion, & dans la réponse de ce Curion. Elle y traite Okin de vieillard, d'homme docte, de très-saint, de Chrétien véritable.

De Basle il vint à Zurich pour y endosser le ministeriat d'une Eglise Italienne, qui s'y étoit formée de quelques malheureux bandits de Locarno, un des quatre Villages que les Suisses possedent en Italie. Le Magistrat qui sçavoit les variations d'Okin en matiere de Religion, ayant été Capucin, Lutherien, Calviniste, Sacramentaire, Anabatiste, Arien, & tel que ses affaires le demandoient, ne voulut pas l'installer dans son Eglise, qu'il n'eut signé la confession de foi de Zurich, ce qu'il fit sans peine, mais non pas sans parjure.

Installé dans son Eglise, il n'en demeura pas aux seules fonctions de Prédicateur; aussi c'étoit trop peu pour lui de prêcher devant une troupe de bandits, Suisses & Païsans, lui qui avoit prêché avec tant d'applaudissement devant le Senat de Venise, la Cour Romaine & celle d'Angleterre. Il s'occupa à composer des livres, & particulierement trente Dialogues, où il insera tant de paradoxes nouveaux, qu'il s'écarta visiblement de la Confession de Zurich.

Castalion en donna une version latine sur l'Italien, & la fit imprimer à Basle: quelques curieux qui la lurent en donnerent avis aux Magistrats de Zurich. Ceux-ci assemblerent leurs Ministres, pour sçavoir d'eux quelle conduite ils tiendroient à l'égard du livre & de l'Auteur. Les consultez répondirent qu'il y avoit déja long-tems qu'ils sçavoient qu'Okin avoit fait imprimer un livre pernicieux en forme Bayle. de Dialogue. Que dans le tems qu'il étoit sous la presse, ils avoient été voir l'Auteur pour l'exhorter de se souvenir qu'il avoit promis de ne mettre rien au jour sans l'approbation du Synode. Ils ajouterent qu'après avoir appris que son livre étoit imprimé, ils lui avoient fait leurs plaintes du mépris qu'il avoit eu pour leur remontrance. Qu'il s'excusa sur ce que son livre étoit déja sous la presse lors de leur Josias
Simlar in
vita Bullin.
k. 39. premiere admonition. Qu'encore qu'il dispute pour & contre la Poligamie, on voit assez clairement qu'il l'approuve. Qu'ils avoient reçûs des lettres remplies de plaintes contre les autres Dialogues: & qu'ils examineroient attentivement tout cet ouvrage. Ce qu'ils firent, & pendant cet examen, ils n'épargnerent rien pour engager l'Auteur à s'expliquer d'une maniere orthodoxe sur les erreurs qu'on trouvoit dans ses Dialogues, mais inutilement. Okin demeura ferme dans ses sentimens, les Ministres en firent leur rapport; le Senat prononça Arrest, qui portoit qu'Okin ayant publié un livre contre les Loix & les Edits des Magistrats, dont le nom seul fait horreur à l'Eglise & Simlar. à la Republique, on lui ordonnoit de sortir incessamment de Zurich & de son territoire: *Quoniam Ochinus contra Leges & Edicta Magistra-*
tuum,

tuum , librum publicaſſet, quem ſatius erat ſupprimi , & cujus nomine Ec-
cleſia & Reſpublica malè audit , ideò ſe velle & jubere , ut quam primùm ex
urbe & agro Tigurino diſcedat.

Il en ſortit en 1563. & dans un état digne d'exciter la compaſſion
d'André Dudith, qui en écrivit à Beze, & d'une maniere à lui faire Simlar vita
Okini.
connoître qu'il condamnoit la conduite de ſon Egliſe, qui agiſſoit
avec une cruauté que ne voudroient pas commettre les Nations les
plus barbares , comme forcer un homme âgé de 76. ans, chargé d'enfans & de miſeres, vénérable par ſa capacité & ſes talens, & qui avoit
rendu de grands ſervices à l'Egliſe ; le forcer, dis-je, de ſortir d'un
païs pendant les plus grandes rigueurs de l'hyver, & que toute la terre étoit couverte de neige, ſans l'avoir entendu, & même ſans avoir
bien examiné les livres pour leſquels on le traittoit ainſi : *Okinum præ-*
terea narras indictâ cauſâ hyeme acri, decurſâ jam ætate, ſenem cum uxo- Epit. 1.
Oper. t. 3.
p. 190.
re & liberis Tiguro ejectum. Ce ſont les paroles de Dudith rapportées
par Beze. Dudith en écrivit autant à Wolfius Miniſtre de Zurich.

Cette ſentence du Senat de Zurich ne ſe fit pas ſans éclat, on
eut ſoin de la répandre dans les Cantons Proteſtans, & on décria
ſi bien le malheureux Okin, qu'il ne pût trouver de demeure fixe
dans aucune Ville libre. Il ne fut pas plûtôt arrivé à Baſle, qu'on
l'entreprit, quelques meſures qu'il prit pour ſe concilier la bienveillance des Magiſtrats, des Miniſtres & des Profeſſeurs de la Ville. Il
aſſuroit ceux-ci qu'il n'avoit point d'autres ſentimens ſur les points
de la Foi que les leurs, & qu'il étoit prêt de leur en donner une déclaration ſignée de ſa main, & conjuroit ceux-là par tout ce qui pouvoit émouvoir leur compaſſion, de le laiſſer paſſer l'hyver dans leur
Ville. Tous, nonobſtant ſes proteſtations, le mépriſerent, & ne
voulurent pas ſeulement l'écouter. Les Miniſtres firent leurs rapports de ce qu'ils penſoient de ſon livre, & les Magiſtrats lui ordonnerent de ſortir inceſſamment de leur Ville, & lui dirent qu'ils
prendroient jour pour déliberer ſur ſa doctrine, & ſur le deshon-
neur qu'il avoit fait au Senat, aux Miniſtres & au peuple de Baſle,
pour y avoir fait imprimer ſes Dialogues.

Okin odieux aux Cantons Proteſtans ſortit de Baſle & paſſa par
Schaffouſe. Il y rencontra le Cardinal Charles de Lorraine qui revenoit de Rome, ſe jetta à ſes pieds, le pria d'interceder pour lui au- N. X p. 30.
près du Pape, lui promit de lui montrer cent erreurs damnables dans
la doctrine des Calviniſtes, l'aſſura que les Suiſſes ne le chaſſoient de
leurs terres, que pour avoir fait un livre qui juſtifioit cent propoſitions difficiles contre les objections des Novateurs ; & enfin il fit inſtance à cette Eminence d'en faire elle-même la lecture pour en juger. Ce Cardinal, qui avoit horreur de cet homme, lui répondit avec
ſon grand air digne de ſon rang : Nous le lirons, & s'il ne nous plaît «
pas nous le jetterons au feu ;& quant aux cent propoſitions dont vous «
me parlez, & que vous voulez convaincre de faux, réduiſez-les à « Beze.

H h

» quatre, & il n'en reftera encore que trop pour vous embaraffer.

N. XI.
p. 30.
Okin prit la route de Pologne & paffa par la Moravie, l'azile des Anabatiftes & des nouveaux Ariens. Il y vit Lelie Socin, Alciat, Parula & quelques autres, avec lefquels il confera. Arrivé en Pologne, fon mérite y étant déja connu, on l'inftala, fur la connoiffance que l'on en avoit, Miniftre dans une Eglife Prétenduë Reformée proche de Cracovie, & il y fit affez de bruit pour porter quelques Marchands Italiens à lui rendre vifite & à vouloir l'entendre prêcher, pour connoître par eux-mêmes, fi cet homme qui s'étoit acquis tant de réputation dans toute l'Italie par fes prédications, étoit encore le même.

Vie du Car.
Commend.
Dans la vifite qu'ils lui rendirent il leur parla en fanatique. Il leur dit : Mes freres, gardez-vous bien de vous tromper ici, vous voyez un véritable Apôtre de J. C. je ne me flatte point, j'ai fouffert plus de peines & de travaux, pour le nom & pour la gloire de J. C. & pour éclaircir les myfteres de la Religion, qu'un homme n'en peut fouffrir, & qu'aucun des Apôtres n'en a fouffert. Si Dieu ne m'a pas donné comme à eux le don des miracles, vous ne devez pas pour cela ajouter moins de foi à ma doctrine qu'à la leur, parce que nous l'avons également reçuë de Dieu : & croyez-moi, c'eft un affez grand miracle que d'avoir fouffert avec force & perfeverance, comme j'ai fait, tous les travaux de mon Apoftolat.

C'eft ainfi qu'il faifoit trophée des perfecutions qu'on lui fufcitoit pour fes erreurs. Il n'y a pas lieu de croire qu'il ait jamais moderé la paffion qu'il avoit de les débiter, au contraire il en devenoit plus hardi ; c'eft ce qui parut en Pologne.

Ses erreurs.
Il y prêcha les maximes de fes Dialogues & de fes autres livres, fçavoir ; Qu'il n'avoit jamais lû dans l'Écriture Sainte que le Saint Efprit fut Dieu, & qu'il aimeroit mieux entrer dans fon cloître que de le croire.

Que J. C. n'étoit pas le grand Dieu, mais feulement le Fils de Dieu, & qu'il n'avoit cette qualité que parce qu'il avoit été aimé & gratifié de Dieu plus que n'ont été les autres hommes.

Que ce n'eft que par flaterie & invention monachale qu'il a été appellé Dieu.

Que comme on ne nomme Marie Mere de Dieu, Reine du Ciel, Etoile du matin, Maîtreffe des Anges, que par flaterie : auffi les Moines ont-ils dit & établi par une pure flaterie, que J. C. étoit confubftantiel, coéternel & égal à fon Pere.

N. XII.
P. 30.
Qu'un homme marié qui a une femme fterile & infirme, & de mauvaife humeur, doit d'abord demander à Dieu la continence ; que fi le Seigneur ne lui donne pas, il peut fuivre fon penchant, ou la penfée qu'il connoîtra venir de Dieu. Ce qu'il confirme par des exemples & des raifons tirées de l'Écriture.

Qu'il eft à propos qu'un chacun travaille à peupler le monde, &

à se faire une famille nombreuse ; que pour cela il n'est pas seulement permis, mais ordonné aux Chrétiens d'épouser autant de femmes qu'il leur plaira.

Prêchant ces maximes en Pologne, le Cardinal Commendon Nonce du Pape auprès de Sigismond Auguste, en demanda hautement justice au Roy & à son Conseil, & les pressa si vivement, qu'il en obtint un Edit qui portoit que tous les hérétiques étrangers sortiroient incessamment du Royaume. L'Ordonnance eut tout son effet en 1564. & particulierement à l'égard des nouveaux Ariens qui n'étoient pas du Royaume. *N. XIII. p. 32.*

Okin, qui n'ignoroit pas que cette orage ne s'étoit excitée qu'à cause de lui, prit le parti de sortir de Cracovie, & de gagner la Moravie, malgré les sollicitations de plusieurs Seigneurs Polonois, qui touchez de son grand âge, de ses infirmitez & de ses talens, s'efforcerent de le retenir, & de lui faire esperer que le tems calmeroit tout, & qu'ils s'emploieroient avec leurs amis auprès du Roi, pour adoucir la Loi en sa faveur. Il les remercia de leur bonnes intentions, & après leur avoir dit qu'il falloit obéïr aux Souverains, & qu'il leur obéïroit, dût-il périr dans la peine, ou être dévoré par les bêtes, il partit avec deux de ses garçons & une de ses filles, nous n'y pouvons pas compter sa femme, elle étoit morte à Zurich, & même d'une maniere bien étrange. On veut qu'elle se soit rompu le col, & qu'Okin, qui n'étoit pas content de sa fidelité conjugale, y ait eu beaucoup de part. Il passa par Pinczow, où regnoit l'Arianisme, & il y fut frappé de la peste, lui & tous ses enfans. Philippovius bon Unitaire lui rendit de bons services dans cet état, ses enfans y moururent, & lui revenu en santé il continua son voyage & vint à Slavonia, ou Slauconia, où il mourut trois semaines après son arrivée. *Beze. N. XIV. p. 32. En 1564.*

Telle fut la fin de Bernardin Okin ; aucun homme de son tems n'avoit porté le ministere de la Prédication au point où il l'avoit porté, & aucun aussi n'avoit été si inconstant que lui dans les dogmes de la Religion. On le fait Cordelier, Medecin, Capucin, Lutherien, Sacramentaire, Calviniste, Anabatiste, Tritéïste, nouvel Arien, Athée. Beze veut qu'il ait été un scélérat, un hypocrite, un paillard, le fauteur des nouveauxAriens, un railleur des choses saintes, de J. C. & de l'Eglise. Il y en a qui le font riche en mourant, & d'autres qui le font pauvre & miserable. L'Annaliste des Capucins le fait mourir bon Catholique, & même martyr, & Moreri veut qu'il soit mort comme un Athée, ou sans Religion, & ce sentiment est le plus universellement reçû, & suit assez bien de ses Dialogues & de ses livres dont voici le Catalogue. *Littera ad Dudith. Okin martis selon l'Annaliste des Capucins. N. XV. pag. 32. Ses livres.*

Nous avons déja parlé de son Apologie pour justifier son apostasie, & on peut dire que ce petit ouvrage ne fut que son premier coup d'essai depuis qu'il se fut retiré à Genêve.

Sandius lui attribue *Prediché.* Ce sont des Sermons, premiérement *B. A. p. 4.*

en quatre volumes in 8°. puis réduits en deux volumes, dont le premier contient 50. Sermons, & le second 165. Ils font en Italien, & Ifingrenius les a imprimez à Bafle.

Libellus de beneficio Chrifti.

Une expofition de la lettre aux Romains en Italien. Sebaftien Caftalion en a fait une verfion Latine ; elle fut imprimée à Genêve, & ailleurs in 8°.

Trois Sermons du devoir du Prince, en Italien.

Cinq déclamations facrées imprimées à Bafle en 1550. Cœlius Horatius Curion, fils de Cœlius Secundus, a traduit ces deux livres de l'Italien en Latin.

Un Commentaire fur la lettre aux Galates, en Italien & en Allemand.

Centum Apologi facri en Italien & en Latin à Genêve, traduits de l'Italien en Allemand, & de l'Allemand en Flamand, imprimez à Dordrecht en 1607. in 8°.

De Purgatorio Dialogus en Italien, & mis en Latin par Thadée Dunus, imprimé à Zurich chez les Gefners en 1555. in 8°. on l'a auffi mis en François avec ce titre : *Dialogue de M. Bernardin Okini Senois touchant le Purgatoire :* en 1562. & en Flamand.

De Cœna Domini, contra Joachinum Wefphalum en Italien, Dunus l'a mis en Latin, & il y a apparence qu'il fut imprimé à Bafle.

Homilia de Cœna Domini, à Bafle.

N. XVI. *Labirinthi de prædeftinatione & libero arbitrio*, imprimé à Bafle in 8°.
pag. 36. *Liber de Poligamia* en 1542.

N. XVII. *Dialogi triginta*, divifez en deux livres. Le premier eft fur la Meffe,
pag 37. & contient dix-huit Dialogues. Le fecond traite de la Trinité, &
N. XVIII. plufieurs autres matieres, le tout en Italien. Le premier livre fut de-
p. 37. dié au Comte de Bethford, & l'autre à Philippe Nicolas de Radzivil. Pierre Perna les donna en Latin en 1563. fur la verfion de
N. XIX. Caftalion. On les a mis en langue Flamande : & Bzovius nous affure
p. 39. qu'on les a traduit en plufieurs autres langues. *Ibi. Dialogos quofdam fcripfit, qui poftea in varias linguas à Caftalione vero in Latinam tranfla-ti funt.* Cet *Ibi.* fignifie la Tranfilvanie, où il veut qu'Okin fe re-tira après avoir été chaffé de Cracovie. Nous n'avons pû trouver l'é-poque de ce voyage, il eft certain qu'en fortant de Cracovie il s'en alla à Pinczow, & de là en Moravie.

Catechifmus. Bzovius veut qu'on y ait retouché en 1591.

Dialogus rationis & hominis, c'eft un ouvrage qu'un particulier a fait fur les maximes d'Okin, & il eft en langue Allemande.

N. XXX. Scavenius le fait Auteur du livre : *De tribus Impoftoribus.*
p. 40.

CHAPITRE V.

LELIE SOCIN.

Son caractere, ses courses, ses erreurs & ses livres.

LElie Socin est un de ceux qui ont le plus contribué à la Secte des Sociniens par son esprit, sa capacité, ses mœurs, ses livres, & particulierement par son neveu Fauste Socin.

Sa naissance étoit illustre ; les Socins sont d'une des plus anciennes & des plus recommandables familles de la Ville de Siene, & s'y sont toujours distinguez par les belles Lettres & dans la Jurisprudence. *Marianus Socin* surnommé *Junior*, & pere de Lelie, dès l'âge de 21. ans enseigna le Droit dans Siene, & avec l'applaudissement de tous les Sçavans. Il mourut en 1556. âgé de 74. ans, laissant peu de biens & beaucoup d'enfans, entre autres Celsus Professeur en Droit Canonique à Boulogne, Philippe, Camille, Alexandre pere de Fauste Socin, & Lelie dont nous parlons ici.

Lelie naquit à Siene en 1525. son pere le destina à l'emploi attaché à sa famille, c'est à dire au Droit. Il avoit beaucoup d'esprit, & un de ces esprits élevez, fort penétrans, aimant le travail, & difficile à contenter, particulierement sur les matieres de la Religion. Il s'appliqua de bonne heure à l'étude de la Jurisprudence, & il y trouva à son sens si peu de justesse, tant de mauvais goût, un si grand nombre de faux raisonnemens, & si peu de solidité dans ses autoritez, & dans les décisions qu'ils font, & sur lesquelles est fondé le Droit civil, & canonique, qu'il en abandonna l'étude pour s'appliquer uniquement à l'Ecriture Sainte. Après l'avoir étudié quelque temps, il crut y avoir fait de si belles découvertes, qu'il conclut de ce qu'il avoit lû, que la plûpart des loix civiles & canoniques étoient contraires à la parole de Dieu, & que l'Eglise étoit toute défigurée par les erreurs qu'on avoit introduit dans les loix, & dans la discipline. Son panegyriste Przypecovius voudroit nous persuader, que Lelie, qui n'avoit alors que 20. ans, n'a pu avoir de si justes connoissances que par des talens extraordinaires & des secours surnaturels, que son insigne pieté lui avoit merité. Pour nous à qui il n'est pas permis de penser & de parler ainsi, nous dirons avec assez de vraisemblance, qu'il faut avoir un grand fond de vanité & de presomption pour s'imaginer avoir découvert dans un âge si peu mûr, & si envelopé des tenebres de l'enfance & des passions, des choses inconnuës jusqu'alors aux Peres de l'Eglise, aux Conciles, aux Souverains Pontifes, & à une infinité de Grands-Hommes, qui ont lû, étudié, & travaillé sur ces loix.

Il n'en demeura pas à une étude commune passagere des Ecritures.

B. A. p. 18.

après s'être imaginé que ceux, qui les premiers les avoient donné en Latin, les auroient pû corrompre, ou par ignorance, ou par surprise ou par malice ; il s'appliqua à l'étude des Langues Grecques, Hebraïques & Arabes ; & à la faveur de son bel esprit & de son grand travail, il y fit en peu de tems un assez grand progrès.

Zanchius praf. in lib. de 3. Eloim.

Cette étude faite, les matiéres de Theologie, & particuliérement les mysteres les plus impénétrables de notre Religion, qui alors faisoient le sujet ordinaire des entretiens des sçavans & des ignorans, il les étudia à fond, & le profit qu'il en retira, fut de n'en plus parler, qu'en doutant, & d'en disputer sans cesse, tantôt pour, tantôt contre, c'est ce qu'il fit en 1546. dans les Conférences de Vicense dont nous avons parlé.

Ces Conferences interdites, il sortit de Vicense comme il put, & vint à Siene ; l'Inquisition informée de ses sentimens voulut l'entreprendre : pour éviter ces poursuites il sortit de Sienne en 1547. &

B. A. p. 19.

parcourut la Suisse, la France, l'Angleterre, la Hollande, l'Allemagne, & la Pologne, où il se trouva en 1551. Sa naissance, son esprit, & ses belles maniéres, lui concilierent l'amitié des plus qualifiez du Royaume, qui étoient alors dans de grandes broüilleries sur les matieres de la Religion, & dans une extrême avidité de goûter les heresies anciennes & nouvelles. Autorisé de leur amitié, il ne manqua pas de se faire beaucoup de Proselites, & un des premiers qu'il pervertit dans ce premier voïage fut le fameux Lisismaninn Cordelier, & Confesseur de la Reine Bonne.

Ces conquêtes faites, l'envie lui prit de revenir à Genève, & pour y aller il passa par la Moravie ; arrivé à Genève il acheva d'y pervertir Lisismaninn, qui y étoit pour des affaires dont nous parlerons dans la suite, & il en dit tant à ce pauvre Cordelier, qu'enfin il le porta à renoncer publiquement à la Foy Romaine, à quitter son froc, & à se marier.

Ce coup fait, il sortit de Genève, pour éviter les poursuites de Calvin, qui commençoit à faire la guerre aux nouveaux Ariens, pour les raisons que nous avons dites dans le chapitre de Servet.

De Genève il vint à Zurich, où il se fixa pour quelque tems le Sénat & le peuple enchantez de son esprit, de ses manieres honnêtes, douces, & irreprehensibles, de son érudition sur les loix, & de son grand désinteressement, lui confierent les plus importantes affaires de leur Canton. Sa réputation y fut si universelle que tous ceux qui faisoient bruit dans le monde par leur sçavoir, & la diversité de leurs sentimens, comme Calvin, Melancthon, Beze, Bulinger, Musculus, Munster, Piere Martir, Okin, Brentius, Zanchius, Vergerius, Castalion, Colius, & beaucoup d'autres se firent un devoir de l'honnorer, de le chérir, de le consulter, & d'avoir commerce de lettres avec lui : & non seulement les Sçavans, mais encore les Princes & les Rois l'honnorerent de leur amitié & de leurs lettres.

A la verité ces devoirs d'estime, & d'amitié ne furent pas de longue durée. Les Sçavans ne s'apperçurent que trop que Socin ne laissoit échapper aucune occasion favorable à debiter ses pretendus doutes, sur les mysteres de la Trinité, & de la divinité de J. C., & avec toute la force, l'érudition, & la vivacité que lui pouvoit fournir son esprit ; ils jugerent de là, qu'il y avoit plus de vanité chez lui, que de piété, & qu'il étoit infatué des heresies de Sabellius, de Samosat, d'Arius, & de Photinus. Il y en eut qui se brouillerent avec lui, sans néanmoins éclater, pour ménager ses belles qualitez, & il y en eut aussi qui entreprirent de le désabuser ; mais inutilement, il étoit trop fort pour eux, & sçavoit trop bien les principes de ces Novateurs pour ne pas s'en servir à leur confusion. Calvin fut un de ceux qui entreprirent de le combatre ; mais il en fut si fatigué, que par un principe de Religion, si nous voulons l'en croire, il jugea à propos de ne plus faire de réponses à ses lettres, & se faisoit disoit-il un point de conscience de perdre son tems à refuter des sottises ou des inutilitez, & d'autres fois il se plaignoit de ce qu'un aussi bel esprit, que celui de Socin s'appliquoit à tant de bagatelles. Ce fut dans ce tems qu'il lui écrivit une lettre en datte de 1552. où il lui donne avis que s'il ne se guerissoit incessamment de la démangeaison qu'il avoit de parler des grands mysteres qui surpassent la portée de nos esprits, il pourra bien s'attirer quelque rude châtimens : *Iterùm te moneo, nisi hunc quærendi pruritum maturè corrigas, metuendum esse tibi gravia tormenta accerseas.* Il ajoûtoit qu'il s'accuseroit lui même de cruauté, & de perfidie à son égard, s'il ne le châtioit, & qu'il aimoit mieux lui faire maintenant des reproches, & le traiter avec dureté, que de flater sa vanité & sa curiosité, & qu'il esperoit qu'il se rendroit sensible aux avis qu'il lui donnoit, & qu'il l'en remercieroit un jour.

N. I. p. 45.

Socin profita de ces avis, & bien lui en prit. Il fut si reservé sur ces pretendus doutes, & sur sa curiosité à vouloir se faire instruire sur ce qu'il ne devoit pas sçavoir, & sur sa démangeaison à debiter ses chimeres, & ses rapsaudies, que depuis ces avis il n'eut aucune dispute sur nos mysteres avec ceux de Genêve ; mais il n'eût pas la même reserve avec quelques Italiens, qui chassez de leur païs, coururent la Suisse, l'Allemagne, & la Pologne. Il leur insinua de vive-voix, & par le commerce de ses lettres, toutes les chimeres qu'il s'étoit forgées sur la divinité de J. C. & encore moins en eut-il avec ceux de sa famille, à qui il écrivit tant de lettres rempliës de ses erreurs sur les mysteres de la Trinité & de la divinité de J. C. qu'enfin il pervertit son pere, ses freres, ses sœurs, ses neveux, & particuliérement Fauste-Socin.

Il tint ce genre de vie, jusqu'à l'année 1558. tems auquel l'envie lui prit de voir la Pologne. Peut-être que ce dessein lui vint des menaces que lui avoit fait Calvin, peut-être apprehendoit-il qu'on ne

lui joüa le même tour qu'on avoit joüé à *Servet*, & à quelques autres. Peut-être étoit-ce pour conferer avec ses anciens amis *Blandrat*,
Gentilis, & peut-être auffi pour y trouver un azile affuré.

Vie du
Cardinal
Commendon
Alors la *Pologne*, n'étoit pas seulement exposée à la licence de ses
citoïens, dont une bonne partie avoit embrassé la pretenduë *Reforme*;
mais encore à celle des étrangers. Ceux qui pour leurs crimes, ou
pour leurs erreurs, étoient chassez de leur païs ; & ceux qui cherchoient une retraite, où ils puffent vivre sans loy & sans *Religion*,
se retiroient dans ce Roïaume, comme dans un azile ouvert à tous les
libertins, sous la protection que les *Grands* leur donnoient, partie
par oftentation de leur crédit, & partie par la curiofité qu'ils avoient
d'entendre ces nouveaux venus discourir sur les myfteres de la *Reli*-
gion. Ce n'eft donc pas sans deffein que *Lelie Socin* se retira en *Po*-
logne.

Przius.
On peut ajoûter un autre motif que lui fournirent sa prudence &
ses interêts domeftiques. Son Pere mourut à *Boulogne* en 1556. & il
n'ofoit pas retourner en *Italie*, pour voir comment les affaires de la
succeffion y alloient (son nom & sa perfonne y étoient odieux, & notez dans le *Tribunal de l'Inquifition*) sans quelques lettres d'une
puiffante recommendation auprès du *Doge de Venife*, & du *Grand Duc*
de *Florence*. Il pria *Philippe Melanchthon* de lui donner quelque accès auprès du *Roy Sigifmond Augufte*, & de l'*Empereur Maximilien*
II. pour avoir ce qu'il fouhaitoit. *Melanchthon* le fit, & on eut à la Cour
Horbeckius
in Summa
controverf.
de *Pologne* & à la Cour de *Vienne*, tant de confidération pour la recommandation de ce Minifre de *Wittemberg*, que non-seulement
on délivra les lettres à *Socin* ; mais qu'on l'honnora encore de la
commiffion de faire les affaires de ces deux Monarques auprès de
Loüis Priulle Doge de Venife, & de *Côme de Medecis Grand Duc*
de *Florence*. Muni de ces lettres, il paffa par la *Moravie* accompagné d'*Alciat*, & de *Gentilis*, & de là gagna l'*Italie*. Il n'y a pas d'ap-
N. 11.
pag. 45.
parence qu'il y ait trouvé une abondante succeffion, outre que son
pere mourut de miferes caufées par ses débauches de femmes. Le S. Office informé des fentimens heterodoxes qu'avoit toute la famille des
Socins, l'entreprit ; & apparemment, conformément aux loix qui y
font le plus inviolablement obfervées, il s'étoit emparé de tous les
biens de cette famille : ce fût peut-être pour cela qu'il quitta sa Patrie,
pour n'y jamais revenir. Il prit la route de la *Suiffe*, & se fixa encore
a *Zurich* où il mourut, & non pas à *Bafle*, le 16. Mars 1562. âgé environ de 37. ans.

Przius.
On veut que sa mort n'ait pas été naturelle, parce que son *Pane*-
gyrifte l'appelle une mort prématurée : *prematura morte* ; mais il faut
croire que cet Auteur ne fait allufion qu'à sa jeuneffe & à ses
talens. Sa grandeur, & l'élevation de son génie, l'étenduë de ses connoiffances, sa capacité dans les langues de l'*Orient*, auffi bien que dans
celles de l'*Occident*, le beau feu de son imagination, ses belles manieres

hieres, son humeur douce & bienfaisante, son zélé pour la secte, sa vie irreprochable aux yeux des Prétendus Reformez, & tant d'autres dons naturels qui le rendoient utile à plusieurs, précieux à ses amis, & recommandable aux Sçavans, demandoient une plus longue vie, à parler selon les préjugez & les desirs des hommes.

Je parlerai de ses erreurs, quand je raporterai celles de Fauste Socin, elles leur sont communes. On dit de lui en particulier, qu'il s'est donné la liberté d'établir un nouveau système de Religion, sans néanmoins abandonner les principes de la Prétenduë Reforme. Qu'il a cru que lorsque Luther, Zuingle, Calvin &c. avoient entrepris de reformer l'Eglise, ils étoient encore remplis d'une bonne partie des préjugez de la Religion Romaine; mais que pour lui il avoit monté jusqu'à la source, retranchant tout d'un coup les mysteres de la Trinité, de la Divinité de J. C. du peché originel, de la Grace, (c'est-à-dire qu'il rapella le Photinianisme, le Pelagianisme, & les autres anciennes hérésies,) & qu'il s'est imaginé que les hommes seuls sont les auteurs de la créance de tous ces mysteres, & de la maniere qu'ils sont expliquez par les Catholiques & par les Prétendus Reformez; enfin tous les Auteurs, sur le témoignage de Fauste Socin, veulentqu'il ait été le premier qui dans son siecle ait inventé l'opinion que les Freres Polonois ont sur la personne de J. C. sçavoir, qu'elle n'est pas le vrai Dieu. Si ses opinions singulieres lui ont fait honneur parmi les nouveaux Sectaires, ses livres ne lui en ont pas moins fait. En 1554. il fit un livre contre le livret de Calvin, où celui-ci s'efforce de montrer le droit qu'a le Magistrat de refrener les hérétiques par la voye du glaive. Socin dans cette réponse introduit Calvin & le Vatican qui raisonnent ensemble sur cette matiere. Ce livre fut réimprimé en Hollande en 1612. in 8°. on y ajouta quelques pieces qui regardoient l'histoire de Servet, & quelques lettres de Castalion. Il y en eut une version Flamande en 1613. in 4°. il y en a qui l'attribuent à Castalion. Eloppenburgius veut néanmoins que Lelie Socin en soit l'Auteur. Dans sa préface: *Compendiosi Socinianismi confutati*, où il traitte de l'origine & du progrès du Socinianisme, & où après avoir parlé de la mort de Servet, il dit: *Quòd adeo Lelium Socinum malè habuit, ut ab ipso prodierit, (post editam anno 1554. à Capellione ferraginem illam, qua pra se fert, Martini Bellii prafationem de hæreticis an sint persequendi) eodem anno excusum, & libro Calvini (post Serveti mortem de Servetano negotio edito) oppositum, acerbissimum scriptum, forma dialogi inter Vaticanum & Calvinum, quod (in Hollandia latinè recusum, necnonvernaculè editum anno 1612.) vulgò tribuitur Castellioni.* Hornbeccius veut aussi que cet ouvrage soit de Lelie Socin.

De Sacramentis Dissertatio ad Tigurinos & Genevenses: il la fit en 1560. & elle fut imprimée en 1650. in 12

De resurrectione corporum: Ce livre fut imprimé en 1654. in 12. il

Ses erreurs

R. Simon hist. crit. de l'anc. Test. l. 3. p. 16.

F. Socin. contra Eutropium c. 4

Ses livres.

B. A. p 20.

y en a une version Flamande, & une Allemande.

De haereticis capitali suplicio non afficiendis: cet ouvrage est sous le
nom de *Alivus Celsus* de Siene; il y en a qui le donne à Fauste Socin, mais il convient mieux à Lelie Socin. On en donna une seconde édition en 1584. in 8°. avec une Lettre dédicatoire de *Valens
Fitus Ligus*, adressée à Christophle Cnipius Saxon. On y ajouta les
deux lettres de Beze & de Dudith, dont celle de celui-là étoit la
réponse de celle de celui-ci.

Rhapsodia in Esaiam Prophetam.

Paraphrasis in initium Evangelii S. Joannis. Elle fut écrite en 1561.
selon le témoignage de Fauste Socin: *Quemadmodum in ea paraphrasi
factum est, que anno 1561. ab eo ipso.* Il met à la marge L. Socin.
*scripta fuit, qui sententiam, quam de J. C. persona amplexi sumus, pri-
mus omnium hâc aetate nostrâ, (quod sciamus) ex sacris Literis docuit: sc
enim in ea legimus, in principio Evangelii erat Dei sermo &c.*

Sandius doute que ces paroles que Fauste Socin allegue ici sur le
commencement de l'Evangile de S. Jean, soient de la paraphrase de
Lelie; & dit que l'on sçait bien que dans ce tems on produisit deux
explications sur le commencement de cet Evangile, dont la premiere
se trouve dans le livre: *De falsa & vera Dei cognitione Ministrorum
Sarmatiæ & Transilvaniæ* en 1567. imprimé à Albe-Julie, c'est Visembourg. Et la seconde se voit dans la Bibliotheque des Freres Polonois, parmi les ouvrages de Fauste Socin. François Junius a mis
ces deux paraphrases dans sa troisiéme défense de la Trinité.

Mais que Lelie Socin soit l'Auteur de ces paraphrases, ou non, il
est certain qu'il a paraphrasé le 1. chap. de l'Evangile de S. Jean,
& qu'il lui a donné ce tour: *Habere gloriam apud Deum ante mundum
conditum*, c'est-à-dire qu'il étoit caché dans le monde. *Deus erat
Verbum*, c'est-à-dire qu'il étoit Dieu dans la préscience de Dieu, à la
maniere des autres créatures; *Verbum caro factum est*: ces paroles s'entendent comme celles-ci: *Qui cùm dives esset, factus est pauper Unigenitum*, c'est-à-dire: *obumbratione virtutis Altissimi per Spiritum sanctum conceptum. Principium*, c'est-à-dire, *ab initio prædicationis*. C'est
Pierre Melius qui attribue ces paraphrases à Lelie Socin, & dit l'avoir
connu à Wittemberg, & c'est ce qui a donné lieu aux Sçavans d'attribuer à Lelie Socin la paraphrase de 1561. Sandius ajoute que si
Fauste Socin s'en est dit l'Auteur dans sa lettre à Mr. de Morstein,
comme il paroît par ces paroles: *Labore mei hactenus editi fuere isti...
explicatio initii Evang. Joannis*, il vouloit seulement faire connoître à
ce Seigneur Polonois, que l'édition qu'il en donnoit en 1580. étoit
l'ouvrage de ses soins, puisqu'il ajoute que cet ouvrage avoit paru
en langue Polonoise, & long-tems avant qu'il arriva en Pologne: ou
bien que cet ouvrage étoit de lui, parce que muni de tous les papiers
de son oncle, il s'est adopté cette paraphrase après l'avoir corrigée,
changée, & augmentée selon son genie; & qu'il l'a fait après imprimer

*1. contra
Bellarp. c. 24.*

en son nom. Si l'on veut plus d'éclaircissement sur cette matiere, on peut consulter les pag. 23 & 24 de la Bibliotheque des Antitrinitaires.

Ceux qui se sont trouvez à ces conversations de Vicense, & dont nous avons parlé dans le 4. c. 1. p. donnent quelques autres ouvrages à Lelie Socin, comme

Articuli fidei… Theses de Deo uno & trino. On les fit en 1562. on doute néanmoins si elles ne sont pas de Parute, & si elles ne sont pas les théses qui furent imprimées en 1568. *in fine disputationis Albana,* où Blandrat fait le premier personnage. *Voces ambiguæ in sacra Scriptura :* Ces principales ambiguitez se reduisent à celles-ci : *Creare,* *principium, facere, mundus, Deus, omnia, &c.* On ne doute point que ce ne soit de ces ambiguitez dont il est parlé à la fin du livre des Ministres de Pologne & de Transilvanie, & que Blandrat fait tant valoir.

Budzin.

CHAPITRE VI.

VALENTIN GENTILIS.

Ses erreurs, son procès, sa mort & ses livres.

V*Alentin Gentilis* natif de Cozence dans le Royaume de Naples se distingua plus dans le monde par la perversité de ses dogmes, la nouveauté de ses expressions, & les affaires qu'elles lui attirerent, que par sa naissance, ses biens, & sa profession. On ne voit pas qu'il ait eu rien d'extraordinaire du côté de la fortune. On ne peut pas douter qu'il n'ait eu de l'esprit, mais un esprit vain, inconstant, amateur des nouveautez, peu instruit sur les matieres de la Théologie des Saints Peres, & des Scolastiques, quoique assez bien versé dans celle de Servet. Il fut un de ceux qui formerent les Conférences de Vicense en 1546. & il lia une si forte amitié avec eux, qu'il ne s'en sépara jamais d'inclination. Les Conférences de Vicense interdites, il quitta l'Italie, vint à Geneve, & il s'y aggregea à une nouvelle Eglise formée de plusieurs familles Italiennes qui avoient quitté leur Patrie pour embrasser la Pretenduë Reforme de Calvin. Ceux qui dominoient étoient Blandrat, Jean-Paul Alciat, Mathieu Gribauld, & quelques autres esprits inquiets, qui se faisoient un devoir de subtiliser sur le mystere de la Trinité, sur les mots d'essence, de Personnes, de consubstantiel ; mais sans éclat, & par des écrits particuliers : Gentilis se fourra dans ces disputes, & ne contribua pas peu à faire lever la tête à ces nouveaux Ariens, tant par la nouveauté de ses dogmes, que par les expressions dont il se servoit pour les débiter ; on les reduisit à ces chefs.

B. A. pag. 26.

Ses erreurs.

Sponde en parle ad ann. 1561.

1. Qu'il y avoit trois chofes dans la Trinité, l'effence, qui eft proprement le Pere, le Fils & le S. Efprit.

2. Que le Pere étoit l'unique Dieu d'Ifraël, le Dieu de la Loi & des Prophetes, le feul vrai Dieu & Effentiateur; que le Fils n'étoit qu'effentié, & qu'il n'étoit Dieu que par emprunt.

3. Que c'eft une invention fophiftique de dire que le Pere eft une perfonne diftinguée dans l'effence de la Deïté.

4. Que ceux qui difent que le Pere eft une perfonne, font une quaternité & non pas une trinité, fçavoir l'effence divine, le Pere, le Fils, & le S. Efprit; car il ajoute que cette feule effence avec abftraction des perfonnes, eft par foi-même le vrai & l'unique Dieu, & que comme chaque perfonne eft Dieu, il s'enfuivroit qu'il y auroit quatre Dieux, ou une quaternité, & non pas une trinité.

5. Que le myftere de la Trinité étoit la nouvelle Idole, la Tour de Babel, le Dieu Sophiftique, & les trois perfonnes phantaftiques en un feul Dieu, qui eft un quatriéme Dieu inconnu jufqu'ici.

6. Qu'il y avoit trois Dieux, comme il y avoit trois Efprits.

7. Que le Fils & le S. Efprit étoient moindrès que le Pere, qu'il leur avoit donné à chacun une Divinité differente de la fienne.

8. Que le Symbole attribué à S. Athanafe étoit tout fophiftique, parce qu'on y introduifoit un quatriéme Dieu, & que ce Saint étoit un enchanteur & un facrilege déchirant J. C.

9. Que la fubftance du Pere & du Fils étoient deux fubftances.

10. Enfin il avoit un fi grand refpect pour l'Alcoran de Mahomet, qu'il le comparoit & le confondoit avec l'ancien & le nouveau Teftament.

Ces paradoxes lui ont merité le nom & la gloire d'être le chef des Trithéites, & nous ne devons pas nous faire un fcrupule de croire ce que quelques Auteurs en ont conclu qu'il avoit le cœur corrompu, & qu'il étoit libertin & Athée de profeffion, quoi que fes Panegyriftes les Miniftres de Pologne & de Tranfilvanie difent qu'il a toujours vêcu en honnête homme, & d'une maniere irreprochable. Son procès les dément.

Benedictus Aretius hiftoria condemnationis V. Gentil.

N. I. p. 46

Les plus anciens de cette Eglife Italienne dont nous avons parlé, & qui étoient aggregez au Sénat de Genève, après s'être apperçûs que Gentilis, fous le mafque de fa prétenduë pieté, répandoit des héréfies femblables à celles de Servet, dont les cendres étoient encore toute fumantes, crûrent qu'il y alloit de leur devoir d'arrêter le mal que de telles nouveautez pourroient caufer dans leurs Eglifes. Ils s'y prirent d'abord d'une maniere affez douce; ils drefferent un formulaire de Foi contenant la pure orthodoxie du myftere de la Trinité, s'engagerent tous par ferment de ne rien faire ni directement ni indirectement qui pût lui faire atteinte, & le préfenterent le 18. May 1558. à toute la Ville, & afin de connoître ce que Gentilis en penfoit, on donna la liberté à tous d'en dire leurs fen-

timens. Gentilis & Alciat ne manquerent pas de s'écrier contre ce formulaire, & attaquerent avec chaleur & grand bruit trois ou quatre de ces articles, mais inutilement; toute l'Assemblée le signa, & eux se retirerent avec quatre ou cinq de leurs amis, qui n'avoient pas voulu signer. Leur opiniâtreté ne fut pas de durée, quelques amis communs s'interefferent pour eux, & les porterent à signer, & à se conformer aux autres.

Cette soumission faite par complaisance ou par crainte, Gentilis qui ne se soucioit pas beaucoup des sermens que l'on fait en signant ces sortes de formulaires, reprit ses manieres ordinaires, & parla toujours sur les matieres de la Trinité comme il avoit fait auparavant, toutefois avec moins de hauteur; il prit la précaution de ne débiter ses erreurs que devant les simples, les ignorans, & ceux qui avoient quelque confiance en lui. Néanmoins ses précautions ne furent pas si exactes, que les Magistrats de Genêve & Calvin, à la connoissance desquels rien n'échapoit en matiere de Religion, n'en eussent bientôt avis, & eux, qui vouloient enfin mettre fin au progrés de cette mauvaise doctrine, firent arrêter Gentilis comme un parjure, & comme un homme qui renouvelloit les héréfies de Servet.

Gentilis en prison fit mine de vouloir se défendre, il nia d'abord qu'il eut contrevenu à son serment, & dit que s'il avoit débité quelques dogmes en matiere de Religion, il étoit prêt de les soutenir, & de les défendre publiquement contre tous ceux qui voudroient les combattre. On lui produisit un grand nombre de témoins qui assuroient l'avoir entendu dogmatiser contre les articles de la Profession de Foi qu'il avoit signée; & pour voir si leur Prisonnier étoit un homme à soutenir ses erreurs contre toutes sortes de personnes, ainsi qu'il s'en étoit vanté, on lui mit en tête Calvin, qui disputa si vertement contre lui, qu'il le força d'avoüer qu'il n'entendoit rien dans cette dispute.

Gentilis entre quatre murailles, convaincu de parjure, & hors d'esperance de pouvoir convaincre le Sénat & les autres de la prétendue verité de ses paradoxes, s'avisa de presenter un mémorial à ses Juges, où il avoüa ses erreurs, & où il allegua les raisons & les autoritez qui l'avoient déterminé à y adherer. Les Juges renvoyerent ce mémorial à Calvin, qui dès le lendemain le refuta solidement, & les Juges renvoyerent cette réfutation au Prisonnier, & lui firent sçavoir en même tems que de deux choses l'une, ou qu'il falloit qu'il se déterminât à chanter la palinodie, ou qu'il se déterminât à mourir par la main du Bourreau. Gentilis fit l'esprit fort, & s'efforça de persuader à ses Juges qu'ils trouveroient en sa personne un homme qui sçauroit mourir pour la verité. Cette apparence de constance dura quelques jours; mais sur l'avis que ses amis lui donnerent qu'on se disposoit à le faire mourir, il rappella son bon sens à son secours, & feignit de vouloir se convertir : il écrivit une lettre au

Sénat, où il detefte les blasphemes qu'il a jamais prononcez contre le mystere de la Trinité, où il abjure de bon cœur les erreurs qu'il a jusqu'ici crües & enseignées, où il demande pardon à ses Juges, & où il fait une profession de Foi conforme à celle du formulaire du 18. May 1558 la lettre est du 19. Aoust.

Cette palinodie quelque forcée qu'elle fût, lui sauva la vie, mais non pas la réputation. Les Juges à demi satisfaits de cette démarche, lui laisserent la vie par pure misericorde, & le condamnerent à demander pardon à Dieu & à la Justice, nud en chemise, la tête découverte, une torche allumée à la main, les genoux à terre, avoüant hautement, que ce n'étoit que par une pure malice, & que par une horrible impieté, qu'il a répandu une doctrine fausse & heretique, qu'il détesteroit les Ecrits qu'il avoit faits pour soûtenir ses erreurs, & les jetteroit lui même au feu, comme pleins de mensonges, & très pernicieux à la Foi; qu'il seroit conduit en cet équipage à tous les carefours de la Ville, au son de la trompette, après quoi on lui feroit défense de jamais sortir de la Ville, cette Sentence est du 2. Septembre 1558.

Neanmoins quelque juste & moderée que fut cette Sentence, elle n'eut aucun effet. Gentilis fit si bien par les souplesses, & par le crédit de ses amis, qu'il sortit de prison sans châtiment, sans amende honorable, & même sans caution, ne pouvant en trouver, il promit seulement avec serment, qu'il ne sortiroit jamais de la Ville sans le consentement du Magistrat.

Mais il ne tint pas parole, peu de tems après il sortit furtivement de Genève, s'en alla à Fergiari dans le Païs de Gez chez son ami Gribault, de là il alla à Lion, parcourut le Dauphiné, la Savoïe, & les Provinces voisines, & ne trouvant de sûreté en aucun lieu, il crut que son mieux étoit de retourner chez Gribault : & à peine y fut-il arrivé, que le Baillif de Gez le fit arrêter, & lui auroit joüé un mauvais tour, si Alciat qui se trouva là ne l'eut adouci par son argent, & si ses amis n'eussent intercedé pour lui. Il lui fit grace, après avoir retiré de lui sa profession de Foi, pour se justifier lui même, si les Magistrats de Berne, de qui dépendoit son Bailliage, le recherchoient un jour pour l'indulgence qu'il avoit à l'égard d'un parjure, tel qu'étoit Gentilis.

B. A. p. 26

De Gez il revint à Lion, il y fit imprimer cette profession de Foi, & y ajouta ce qu'il jugea à propos ; il n'y a pas d'apparence que celle qu'il donna à ce Baillif fût semblable à celle de Lion, dans celle-cy il y avoit des invectives contre S. Athanase, & tant de choses qui favorisoient l'Arianisme, que les Magistrats de Berne crurent que le Baillif s'entendoit avec Gentilis, & d'autant plus que la Profession de Lion étoit dediée au Baillif, & imprimée en son nom.

Dans le tems qu'il travailloit à cette édition, le Magistrat de Lion l'arrêta, & le fit interroger sur sa Foi, il se deffendit le mieux qu'il put, il protesta qu'il n'en vouloit point aux mysteres de la Trinité, mais à Calvin; sur cette protestation on l'élargit, & il sortit de Lion en 1562.

Ne se trouvant point en sûreté, ni en France, ni en Suisse, il prit la route de Pologne, à la sollicitation de Blandrat, & d'Alciat, qui faisoient alors grand bruit dans les Eglises de la Prétenduë Reforme, pour y introduire les erreurs qu'ils avoient sur la Trinité, sur la Divinité de J. C. sur le Batême des Enfans, &c. & qui pour réüssir dans ce projet avoient besoin d'un homme aussi entreprenant que Gentilis.

Arrivé en Pologne, on lui fit l'honneur de l'introduire au Synode de Pinczow le 4. Novembre 1562. pour y donner des preuves de sa capacité, & que ce n'étoit point en vain que ses amis l'avoient appellé à leur secours. Il y soûtint, que Dieu avoit créé de toute éternité un esprit excellent & merveilleux, qui s'étoit incarné dans la plénitude des tems. C'est là le veritable Arianisme.

Après cette ostentation, il fit un recüeil de toutes ses erreurs, les presenta au Roy Sigismond Auguste, comme les pures veritez de l'Evangile, & où par une mauvaise plaisanterie, qu'il avoit sans doute apprise de Gregoire Pauli, il dit que le Symbole que nous attribuons à S. Athanase, étoit *Symbolum Satanasii*, le Symbole de Satan.

Cette hardiesse, & quantité d'autres griefs que l'on avoit contre les nouveaux Ariens, & qui avoient si fort enflammé le zele du Cardinal Commendon, comme nous l'avons dit en parlant d'Okin, déterminerent le Roi & le Sénat de faire un Edit qui chassoit hors du Royaume tous les étrangers qui dogmatisoient contre la Trinité. Cet Edit qui fut autorisé de la Diete de Petricovie, lui fit prendre le parti de quitter la Pologne en 1564. de là il vint en Moravie, où il demeura peu, pour passer en Autriche, où il apprit la mort de Calvin. Cette nouvelle lui fit naître l'envie de retourner en Suisse, pour y voir son cher Gribault. De Vienne il passa en Savoie, y dogmatisa, & il y disputa autant de fois qu'il trouvoit des gens qui vouloient bien entrer en lice avec lui: enfin il vint s'enferrer entre les mains du Baillif de Gez, qui pour se laver du soupçon que l'on avoit à Berne de son heterodoxie sur la Trinité, ou de sa connivence avec Gentilis, se saisit de sa personne, de ses papiers, & de ses autres effets.

Parmi ses papiers on en trouva un qui contenoit le plan d'une dispute publique, qu'il prétendoit demander aux Magistrats de Berne ou de Gez, & où il ne projettoit pas moins que de confondre tous les Ministres, & le Consistoire du Canton, qui suivoient la doctrine de Calvin, à condition que celui qui ne pourroit pas prouver son opinion par la pure parole de Dieu seroit mis à mort, comme un imposteur, & le défenseur d'une fausse Religion, & que si personne n'osoit accepter son cartel, le Baillif, & le Conseil de la Ville prononceroient que Valentin Gentilis avoit des sentimens orthodoxes

Bere.
Benoit.
Arstine.

N. II.
pag. 47.

B. A. p. 266.

& pieux touchant le Dieu trés-haut, & J. C. son Fils.

Ce projet fut une des bonnes piéces de son procès, on vit bien par
là que cet homme, nonobſtant ſes ſermens, & les peines qu'on lui
avoit faites, ne s'étoit pas encore défait de ſes erreurs. L'affaire fut é-
voquée devant le Senat de Berne, il y comparut, & enfin il y fut convaincu par ſon aveu même, d'avoir opiniâtrement, & contre ſon ſerment, attaqué le myſtere de la Trinité, & fût condamné, comme
impie, & comme parjure, d'avoir la tête coupée. La Sentence eut
tout ſon effet le 9. Septembre 1566. après avoir gardé la priſon depuis le 11. Juin juſqu'au commencement d'Août, tems auquel l'affaire fut évoquée du Baillif de Gez au Tribunal de Berne.

Dans le tems qu'il alloit au ſupplice, & au moment qu'il montoit
ſur l'échafaut, il ſe vantoit d'avoir cet avantage ſur les Apôtres & les
Martyrs, qu'ils n'étoient morts que pour la gloire de J. C. Fils a-
doptif du Pere; mais qu'il étoit le premier de tous les hommes, qui
mouroit généreuſement pour ſoutenir la gloire de Dieu le Pere. C'eſt
une vanité qu'il devoit laiſſer à ſon maître Servet. Quoyqu'il en ſoit,
ce fut dans ces ſentimens qu'il mourut, il nous laiſſa peu de livres.
Sandius les reduit à ceux-cy.

Ses livres
Confeſſio Illuſtriſſimis D D. Genevenſibus oblata. Elle eſt datée de l'année
Bib. Ant.
Pag. 26. 1558. Il y en a une autre, qui fut imprimée en 1558. par l'ordre des
Mrs. de Genêve. Ces Confeſſions ſe trouvent imprimées dans les
Actes de Gentilis, fol. 3. 13. an. 1567. in 4°.

Antidota M. S.

Confeſſio de Trinitate. On y a ajoûté une Preface ſous le nom de
Theophile Imprimeur, adreſſée aux enfans de l'Egliſe, avec des Protheſes qui ont pour titre, dans les Actes de Gentilis: *Protheſes V. Gen-*
tilis quia tamen argutulus ſibi viſus eſt earum Autor, ſive Gribaldus,
ſive alius quiſpiam ſimilis &c. Et Criminationes in Athanaſium, le tout
imprimé à Lion, quoyqu'il y ait le nom d'Anvers. Budzinius D. L.
dit, que Gentilis dédia au Baillif de Gez ſa Confeſſion de Foi imprimée
à Lion avec des annotations ſur le Symbole de S. Athanaſe, & que
ce fut Alciat qui l'envoia à ce Baillif.

Liber propria manu ſcriptus, dedicatuſque Polonia Regi Sigiſmundo,
una cum prolixa prafatione ad eumdem. Toute ſa doctrine eſt renfermée
dans ce livre: il a avoüé néanmoins que Blandrat en avoit fait un
plus grand détail. Après la Préface, il rapporte ſes confeſſions de
Foi preſentées à ceux de Genêve; & comme la derniere de ces confeſſions avoit été refutée par ceux de Genêve, il oppoſa à cette refutation ſon petit livre des Antidotes, qu'il avoit fait à Lion, &
y refute le chap. 13. du 1. livre des Inſtitutions de Calvin, & prétend
refuter ſolidement les ſentimens que toutes les Communions Chrétiennes ont ſur la Trinité; à quoi il a ajoûté des Protheſes priſes des
quinze livres de S. Auguſtin ſur la Trinité, les refute, & charge ce Saint
de beaucoup d'injures. On y voit auſſi des collections ſur l'Ecriture,
　　　　　　　　　　　　　　　　　　　　　　　　　　　　　ſur

sur les Peres, & sur l'Alcoran, pour maintenir son opinion. Il a mis
à la fin du livre ses annotations sur S. Athanase, les protheses tirées
de S. Augustin sont, selon toutes les apparences, les mêmes que les
Ministres de Pologne, & de Transilvanie ont fait imprimer dans leur
livre : *De vera & falsa cognitione, l. 11. c. 6*

Carmina ipsius manu scripta de Trinitate. Un petit livre en Italien, &
semblable à un autre Latin sur l'Incarnation du Christ, on l'a trouvé
dans ses écrits, & on ne sçait pas positivement s'il en est l'Auteur.

CHAPITRE VII.

MATHIEU GRIBAULT.

Son caractere, ses erreurs, & ses livres.

Mathieu Gribault fut un des plus sçavans Jurisconsultes de son
tems : *non incelebris Jurisconsultus.* Pavie fut sa Patrie, & où il
parut avec éclat. Il quitta la Religion Romaine dans laquelle il avoit
été élevé, & embrassa celle qui étoit à sa mode parmi les esprits curieux & libertins. Il fut un de ces quarante qui subtilisoient à Vicense en 1546. sur les mysteres de la Trinité. Ces Conferences interdites, lui pour professer publiquement ce qu'il croioit, quitta
l'Italie & vint à Genêve, où il trouva quelques Italiens refugiez, à
qui il avoit autresfois enseigné le Droit, qui ravis de le voir faire
profession publique de la Prétenduë Reforme, le conduisirent à Calvin pour recevoir son apostasie, & pour lui faire fête d'un aussi habile homme que Gribault. Calvin qui connoissoit son monde, & qui
pour cela avoit des mouchars en plus d'un endroit, n'ignoroit pas
que ce nouveau venu avoit été des assemblées de Vicense, aussi ne
voulut-il pas lui donner la main en signe de conformité de sentimens,
qu'il ne lui eut promis qu'il croyoit un Dieu en trois personnes, &
la divinité de J. C. *Deductus ad Calvinum à quibusdam Italis, quos Pa-
tavii docuerat, recusante Calvino dexteram illi porrigere, nisi prius de pri-
mario christiana fidei articulo, id est de sacra triade & deitate Christi
inter eos convenirent.* Il lui promit, mais sa promesse ne fut pas de durée. En 1554. il s'associa, quoique vieux, avec Blandrat, Alciat, Gentilis, & quelques autres, & renoüa si bien les matieres de ces anciennes conferences, & philosopha tant sur le mystere d'un Dieu en trois
personnes & d'un Dieu incarné, qu'il n'en parla plus comme en doutant, mais qu'il les nia comme avoient fait Servet, Okin, & Lelie Socin.

Calvin qui avoit de la consideration pour lui, s'en apperçût, &
s'efforça de le désabuser, mais inutilement ; Gribault demeura ferme, mais dans l'apprehension qu'il ne lui joüa le même tour qu'il

K k

avoit joüé à Servet, il fortit de Genêve en 1562. & alla vers Blandrat, Alciat & Gentilis en Pologne. Il n'y demeura pas long-tems, il en fortit pour venir à Tubinge, & par le crédit & les menées de Vergerius, il y enfeigna le Droit, & y mêla les opinions de l'Arianifme. On fit du bruit contre lui, & qui vint jufqu'aux oreilles de Calvin, & lui pour éviter les fuites quitta fon école. On fe faifit de fa perfonne à Berne, & on lui auroit joüé un mauvais parti s'il n'eut fait femblant de renoncer à fes fentimens ; je dis femblant : peu de tems après être forti des prifons de Berne il recommença à dogmatifer, & à infinuer fon Arianifme ; & pour marque d'une parfaite attache aux hérétiques que Calvin avoit chaffez de Genêve, il les reçût tous favorablement dans fa terre de Forgiani ; terre dont l'époque de l'achat n'eft pas venu à notre connoiffance ; les uns mettent cette terre auprès de Zurich, & d'autres auprès de Genêve, mais apparemment dépendante du Bailliage de Gez. Cette attache à ces Ariens bannis irrita fi fort la bile de Calvin, qu'il ne projettoit pas moins que de le pourfuivre comme il avoit pourfuivi Servet & Gentilis, & il l'auroit fait ; mais la pefte mit fin à ces pourfuites, elle enleva Gribault de ce monde l'an 1565. ou 1566. Sandius dit qu'il prévint fa mort, pour prévenir le fupplice qu'on lui avoit deftiné pour fes héréfies.

B. A. p. 17.
Cite la vie
de Calvin.

On l'accufe d'avoir enfeigné que Dieu le Fils, & que Dieu le S. Efprit font fi bien fubordonnez, que le Pere eft le feul grand Dieu & l'Auteur de toutes chofes. Que toute la raifon ou notion de la Divinité & du Fils & du Saint Efprit, & de tout autre Efprit celefte, fe trouve & fe rapporte à cet unique Dieu le Pere qui n'a point d'origine, qui eft Dieu par lui même, & à qui les autres fe rapportent comme à leur unique fource, & au chef de toute effence & de toute Divinité. Qu'il y a néanmoins trois Efprits céleftes & éternels, non confondus enfemble, mais diftinguez en nombre & en dignité. Que le grand Dieu n'a aucune Perfonne, & que comme on ne peut pas donner à une bête brute le nom de perfonne, auffi on ne peut pas appeller Dieu une Perfonne. Que la Trinité telle qu'on la croit dans l'Eglife Romaine eft une pure fiction. Que l'Eglife a toujours invoqué Dieu le Pere & le vrai Dieu, par le Chrift, & qu'elle n'a jamais invoqué J. C. comme Dieu. On trouve quelques unes de ces erreurs dans fes livres, dont voici le Catalogue.

B. A. p. 18.
Ses livres.

Methodus & ratio ftudendi in Jure Civili. Lib 3. à Lion en 1544. & 1556.

Commentarii in Pandectas Juris, à Lion.

Comment. in Legem de rerum miftura, & de Jure fifci excuf. in Italia.

Hiftoria Francifci Spira (cui an. 1548. familiaris aderat) *fecundum qua ipfe vidit atque audivit,* à Bafle en 1550.

Recentiores Jurifconfulti fingulis diftichis comprehenfi, in 4°. imprimez à Bafle.

Commentarii in aliquot præcipuos digesti infortiati novi, & codicis Justiniani, titulos atque leges, utilissimis conclusionibus illustrati. in fol. imprimez à Francfort par les soins de Conrad d'Offenbach, avec ses annotations.

Scriptum in quo ait se tres æternos Spiritus, non confusos Spiritus, sed gradu numeroque distinctos piâ mente complecti, Deum Filium & Spiritum sanctum uni summo Deo, & Patri rerum omnium Auctori, ita subordinare, ut omnis ratio Deïtatis, & Filii, & Spiritûs Sancti, aliorumque Spirituum cælestium, ad unum illum solum Deum tanquam ad unicum fontem, & caput omnis essentia & Divinitatis meritò referatur. C'est dans cet écrit où on trouve ses erreurs, & c'est aussi cet écrit qui a determiné Sandius de le mettre dans la Bibliotheque des Antitrinitaires, & Blandrat, ou les Ministres de Pologne & de Transilvanie, de le mettre au nombre de leurs Héros avec Servet, Okin, L. Socin, Lisismaninn & Gentilis. *L. 2. c. 1.*

CHAPITRE VIII.

Jean-Paul Alciat. Paruta. l'Abbé Leonard. Jacques Aconce.

ALciat étoit Milanois, ou selon Pierre Vermilli, Piémontois, d'une assez bonne famille. Il prit le parti des armes, & on ne nous dit pas qu'il s'y soit jamais signalé. Il est un de ceux qui se trouverent aux Conférences de Vicense en 1546. & un de ceux qui se sauverent des poursuites de la République de Venise; de là on peut conjecturer, ou qu'il n'étoit plus à l'Armée, ou qu'il se mêloit d'autres choses que de porter les armes. Les poursuittes que l'on fit de lui aussi-bien que des autres, l'obligerent de voyager en differens Etats. Il se trouva à Genêve en 1558. & fut un de ceux qui avec Blandrat, Gentilis & Gribault donnerent lieu au formulaire de Foi dont nous avons parlé dans le chapitre de Gentilis. On dit qu'on les exhorta tous à signer & à se conformer à cette formule, pour ne point rompre l'union de l'Eglise, & qu'on n'y gagna rien; & que sur l'avis de Bullinger on leur conseilla de sortir de la Ville (c'est Zurich,) qu'ils le firent que Blandrat prit la route de la Transilvanie, & que Alciat se retira à Chiavenne. On cite une lettre en datte de 1558. de Pierre Martyr, & cependant on assure ailleurs que tous les Italiens hétérodoxes qui se trouverent à Genêve au tems de ce formulaire de Foi, le signerent, & Bayle ne veut pas qu'Alciat ait été à Chiavenne. Pour accommoder les contradictions apparentes, il faut dire qu'Alciat signa le formulaire; qu'il s'en repentit après; que ne pouvant pas avoir de confiance en Calvin ni en ceux de Genêve, particulierement depuis le procès de Gentilis, il se retira à Zurich; qu'il en sortit avec

les autres par l'ordre du Sénat ; que dans ce même tems il retira Gentilis des mains du Baillif de Gez par le moyen de son argent ; que de-là
il s'en alla à Chiavenne, & enfin qu'il en sortit aussi bien que de
la Suisse, pour aller avec Blandrat en Moravie.

Arrivé en Moravie il fit ving theses : *De Deo trino & uno*, les envoya à un de ses amis ; celui-ci les envoya à Prosper Prowana, Prosper les lût dans sa maison de campagne proche Racovie, & les laissa
sur sa table : Budzinius, qui les y trouva, les lût, & les fit lire à
Rastelnicus Ministre du lieu ; celui-ci en prit une copie & la communiqua à Lutomirscius Ancien de l'Eglise de Pinczow, & par-là
elles devinrent publiques dans la plûpart des Eglises Prétenduës Reformées de la Pologne, & acquirent à Alciat la réputation d'un bon
Arien, sans même qu'on l'eut vû. Aussi à peine parût-il à Cracovie,
que les enfans du Collége coururent après lui, lui firent des avanies,
& peu s'en fallut qu'ils ne l'assommassent sur le soupçon qu'il étoit
Arien, & il ne se débarassa de leurs mains, qu'en criant qu'il croyoit
en J. C. Fils de Dieu vivant, & Fils de Marie. Ce mot de Marie
fut l'heureux charme qui désarma les Ecoliers.

De Cracovie on le fait descendre en Transilvanie avec Blandrat,
pour y travailler à l'affaire qui leur étoit commune avec les nouveaux Ariens. Il n'y demeura pas long-tems. La nouveauté du dogme qu'il y débitoit, sçavoir que J. C. n'avoit commencé d'être
qu'au moment de la naissance que lui avoit donné la Vierge Marie,
lui attira une nouvelle tempête, tant du côté de ses amis, que du
côté des Catholiques & des Prétendus Reformez, & las de souffrir
de toutes parts, ou comme dit Lubienieski, ne sçachant à quoi se
déterminer parmi la diversité des opinions qui partageoient les Eglises de la Prétenduë Reforme, il se retira à Constantinople pour y
joüir de sa liberté, en y payant au Grand-Seigneur le tribut ordinaire. Cette démarche a donné lieu à Beze & à ceux de Genève,
d'assurer qu'il avoit renoncé à J. C. & qu'il s'étoit fait Musulman ;
quoi qu'il en soit il n'y mourut pas : se laissant aller à ses boutades
ordinaires, il quitta la Turquie, s'en vint avec Blandrat, Lelie So-
ein & Gentilis en Moravie, de-là à Dantzic où il mourut, dit Martin Ruar, dans de grands sentimens de pieté, recommandant son
ame à J. C. son Sauveur, c'est-à-dire qu'il mourut en bon Socinien,
qui ne croit pas la Divinité éternelle & consubstantielle de J. C.
Cela paroit dans le peu d'ouvrages qu'il a laissez, ou les réduit à
quelques lettres qu'il a écrit en 1564. & 1565. à Gregoire Pauli, où il
s'efforce de le détourner de la croyance qu'il avoit alors, que J. C.
avoit existé avant sa Mere. Budzinius & Dudith lui donnent quelques
autres lettres : mais toutes ces lettres ne sont d'aucune conséquence.

Calvin & Beze parlent de lui comme d'un fol à lier. Le premier
dit que le jour auquel on proposa aux Italiens soupçonnez d'hétérodoxie le formulaire à signer ; Alciat s'emporta d'une maniere fu-

Histor. re-
for. Eccl P.

Lett. 81.

N I. *pag.*
47.

Epistola
ad Calo-
vinum.

Epiſt. ad
lectorem à
la tête du L-
Strata. Dia
boli.

Ses erreurs

Diſput.
Triel. t. I.
pag. 491.

a été ſi ſouvent traduit, & dont il y a eu différentes éditions, Jacques
Graſſerus nous apprend qu'il mourut en Angleterre.

La Bibliotheque des Antitrinitaires n'en parle point, apparemment ſes erreurs ont échapé à la recherche de Sandius & des Miniſtres de Tranſilvanie ; d'autres les ont découvertes. Voëtius parle
d'Aconce & de ſon livre ou recuëil intitulé : *Stratagemata Satanæ* ,
& dit qu'il biaiſoit beaucoup du côté des Ariens ; que dans ſon
Traité des trois perſonnes de la Trinité , il n'a point parlé de
l'ὁμκ-ουσίκν ou de l'unité de la ſubſtance de ces trois perſonnes ;
qu'il n'a point refuté les ennemis de ce nom ſi celebré par le Concile
de Nicée ; ſçavoir, Paul de Samoſate , Arius , Photinus , Cunomius ,
& les Pneumatomaches , tous ennemis de l'ὁμκ-ουσίκν , ni combattu leurs héréſies ſur la divinité de J. C. Qu'il s'eſt contenté de
refuter ceux qui nioient que le Fils n'étoit pas un autre que le Pere ,
c'eſt ce qui a porté ce Docteur Proteſtant de mettre cet homme au
nombre des hérétiques, c'eſt à dire des Antitrinitaires qui ſortirent
d'Italie , ſous le pretexte de la réformation , & aſſure que ſi l'on a-
voit pris garde au venin qui eſt caché dans quelques endroits de ſon
livre , on l'auroit excommunié, ou contraint de ſigner une formulaire d'Orthodoxie. *Judicetur quis anguis in herba latueris , quod hic vir*
in fundamentalibus aſſertionibus nunquam τὼ ὁμου-ουσίκν trium perſonarum
ſtatuerit , nec adverſarios Samoſatanum , Photinum , Arium , Eunomium ,
Pneumatomachos , aut eorum errores rejecerit , contentus ſolos illos rejectos ,
qui negarent filium non eſſe alium à Patre.

pag. 114.
pag. 123.
pag. 341.
Edit. Baſil.
1610.

De libris

pag. 337.

pag. 338.

Voëtius n'eſt pas le ſeul qui ait taxé Aconce, d'heterodoxie ſur la divinité de J. C. & ſur la Trinité , Saldenus Miniſtre de la Haye , dit, que
l'on a autant de juſtice de dire d'Aconce, ce que l'on diſoit ordinairement d'Origene , que où il avoit bien dit on ne pouvoit pas mieux dire ,
& que où il avoit mal dit , on ne pouvoit pas plus mal dire ; qu'à la
verité il étoit un homme docte , mais d'un eſprit autant mordicant ,
qu'il étoit élevé ; qu'il avoit introduit dans la Theologie le Scepticiſ-
me , & l'indifférence , ce qui paroît dans ſon recuëil des ſtratagêmes
du Démon , livre , au jugement de Simon Goulart , le plus méchant
de tous les méchans livres : il ajoûte , que Voëtius a cru qu'Aconce ,
ou par ignorance , ou par malice , s'étoit appliqué à renverſer la notion la plus commune que l'on a de la confeſſion de Foi , & qu'il a
établi des principes favorables aux Ariens. Je ne ſçai ſi j'ai bien pris
la penſée de ces Auteurs , mon lecteur en ſera le Juge en liſant le
Latin de Saldenus. *Jacobus Accentius (de quo jure , quod de origene dici ſo-*
les ubi bene , nemo melius , ubi malè nemo pejus) ... fuit vir doctus , ſed in-
genii ut acris quidem ita elatioris , & juſto liberalioris : quin à neſcio quaſi
ſcepticiſmo , & indifferentiſſimo in ipſam Theologiam introducendo , haud qua-
quam alieni , quod tractatu ſuo de ſtratagematis Satanæ teſtatum ſatisfecit ,

Trigland.
hiſt. Eccl.
pag. 232.

libello , Simone Goulartio judice , omnium malorum peſſimo , Voëtius ei adſcribit
quod vel imperitè , vel ſubdole communem confeſſionis conceptum molitus ſit ,

Sub cujus vexillo militari possunt , & ipsi Ariani. Bayle croit que ce que l'on attribue ici à Goulart ne vient que de Vytenbogard, qui a dit dans son Histoire écrite en Flamand, que lorsqu'il étudioit à Genêve, il fut censuré de la lecture d'Aconce par Simon Goulart, & averti que le livre des Stratagêmes de Satan, étoit le plus méchant livre du monde.

Ses livres ne sont pas en grand nombre, il a emploïé une bonne partie de sa vie à l'étude de Bartole, de Balde, & de semblables écrivains barbares, & plusieurs années à la Cour, & en voïages. Le premier qui parut, & qui fit le plus parler de lui, est son *Stratagemata Satanæ*; il le dédia à la Reine Elisabeth, & au lieu de la lettre dedicatoire, il se contenta d'une inscription canonisante, qui commence par *Divæ Elisabethæ Angliæ, Franciæ, & Hibernia Regina*; il déclare qu'il lui dédie son livre, afin de lui témoigner sa gratitude, *in signum memoriamque grati-animi ob partum, ejus liberalitate, quum in Angliam propter Evangelica veritatis professionem extorris appulisset humanissimeque esset exceptus, literatum otium.* Ce livre fut imprimé pour la premiere fois à Basle en 1565. Jacques Grasserus en procura une seconde édition dans la même Ville en 1610. où l'on trouve la lettre d'Aconce *De ratione edendorum librorum*, où il donne de salutaires conseils à ceux qui veûlent s'ériger en Auteurs; mais on n'y trouve pas son traité de la méthode, qui est une bonne piéce, quoique l'Auteur ne l'eût publié que comme un essai. *Post illud tempus, quo excidit nobis inchoatum illud de methodo opusculum, scis me bis sedem ac locum mutasse, Argentoratum primo deinde in Angliam.* Je dis que c'est une bonne piéce, c'est le jugement qu'en a porté Heulnerus dans sa lettre au Pere Mersenne, peu après que les Méditations de Descartes eurent vû le jour. Le Cartesien témoignoit goûter sur toutes choses, la méthode avec laquelle Descartes avoit traité son sujet, il en admiroit les propriétez, & relevoit les avantages qu'elle avoit sur celle des écoles communes; mais surtout il témoignoit son jugement, & les raisons pour lesquelles il avoit preferé la méthode *analitique* ou de resolution, à la méthode *Sintetique* ou de composition, tant pour enseigner, que pour démontrer. Il n'avoit encore trouvé rien de semblable, hors le petit livre de la méthode composé par Jacques Aconce, qui outre cet excellent traité, avoit encore donné un bel essai de la méthode analitique dans son livre des stratagêmes de Satan, qu'il conseille de lire à tous ceux qui aiment la paix de l'Eglise, quoiqu'Aconce n'y soit pas exemt des préjugez de sa communion, (c'est la Prétenduë Reforme) & qu'il y ait eu intention d'y favoriser ceux de son parti.

Outre ces livres, Aconce a composé en Italien un ouvrage touchant la maniere de fortifier les Villes, qu'il a mis lui même en Latin pendant son séjour en Angleterre; mais Bayle ne croit pas qu'il ait jamais été imprimé. Sur la fin de ses jours il travailloit à une Logique; sa mort qui arriva peu après l'année 1565. l'empêcha d'y

Polit. Ecc. pag. 3. in ind. & pag. 31 & pag. 398.

C. I. pag. 7. *Edit. in* 4.

Ses livres

Epist. ad wolfium p. 410.

Lett. du 29. *Aoust.* 1641. *vie d'Descartes Baillet I 2. pag.* 138.

mettre la derniere main. Bayle dit que ce fut dommage, car c'étoit un homme qui pensoit juste, qui avoit beaucoup de discernement & une grande pénétration ; qu'il s'étoit formé l'idée la plus raisonnable que l'on peut avoir sur ce sujet ; qu'il se croyoit obligé d'y travailler avec d'autant plus de soin, qu'il prévoyoit que l'on alloit passer dans un siécle encore plus éclairé que celui où il vivoit ; qu'il n'avoit pas eu sur la Religion les mêmes principes que Calvin ; qu'il penchoit beaucoup vers la tolérance, & qu'il a eu en général certaines maximes qui l'ont rendu fort odieux à quelques Théologiens Protestans. Nous l'avons marqué en parlant de ses erreurs.

Je passe aux Auteurs Sociniens qui se sont distinguez dans les Eglises Prétenduës Reformées de la Pologne, & je commence par les personnes de qualité, qui par leur autorité & leurs livres ont soutenu la secte.

CHAPITRE IX.

Les personnes de qualité qui, pendant le regne de Sigismond Auguste, ont adheré au Socinianisme.

ANDRE' FRICIUS MODREVIUS. STANISLAS LUTORMISKI. M. CROVICIUS. R. CHELMIUSKI. S. CICOVIUS. J. CAZANOVIUS. N. SICNICIUSKI. L. CRISCOVIUS. J. NIEMOJOVIUS.

André Fricius Modrevius. ANdré Fricius Modrevius, dont Erasme Osvinovius nous a donné la vie, étoit d'une illustre famille parmi les Chevaliers Polonois, avoit beaucoup d'esprit, une vaste érudition & beaucoup de probité, particulierement tandis qu'il a vecû dans le sein de l'Eglise Romaine. Il faisoit une fort belle figure dans le Royaume. Dès l'année 1546. Sigismond Auguste le goûta, & lui donna une charge de Secretaire d'Etat. Il fut un de ceux qui se trouverent au festin de Tricessius, & dont nous avons parlé, & où de bon Catholique qu'il étoit il en sortit Calviniste par les illusions que les argumens captieux de l'Avanturier Hollandois nommé l'Esprit ou Pastorius, répandirent sur son esprit, & par les refléxions qu'il y fit. Il n'en demeura pas là, à force de raisonner, il passa des opinions des Calvinistes à celles des Pinczowiens, ausquelles il s'attacha sans jamais s'en départir. Pour les éclaircir, les soutenir, & les inspirer à ceux qui ne les connoissoient pas, ou qui en avoient de l'horreur, il fit beaucoup de livres, & avec tant d'application qu'il se réduisit à une vie privée, & qu'il negligea la fortune & les honneurs où sa naissance & son merite personnel l'auroient sans doute élevé. Sandius reduit ses livres à ceux-ci.

Ses livres *De Republica emendenda libri quinque*, à Cracovie en 1551. & à Basle *in* 8°. & *in fol.* en 1554. Dans le premier de ces livres il traite des *мœurs*, dans le second des Loix, dans le troisiéme de la Guerre, dans le quatriéme de l'Eglise, dans le cinquiéme des Ecoles. *B. A. p. 36*

Dialogi duo de utraque specie Eucharistia à Laïcis sumenda.

Explicatio verborum 7. cap. 1. ad Corinthios. Il y a quelques autres œuvres imprimées avec son livre *de Republica emendanda.*

Tres libri, dont le premier parle du peché originel, le second du libre arbitre de l'homme, & le troisiéme de la providence de Dieu, & de la prédestination éternelle.

De Mediatore libri tres, on y ajoute *narratio simplex rei nova, & ejusdem pessimi exempli, simul & quarela de injuriis, & expostulatio cum Stanislao Orichovio Roxolano*, à Basle 1562.

Silva quatuor. Le premier & le second sont dédiez à Sigismond Auguste en 1565. Il traite dans le premier des personnes en Dieu, & de l'essence divine; & dans le second il soutient la necessité des Assemblées, pour pacifier les differens en matiere de Religion. Le troisiéme est dédié au Pape Pie V. il parle de J. C. Fils de Dieu & Fils de l'homme, comme Dieu & comme notre Seigneur, en 1568. Le quatriéme est dédié à Jacques Vehanius Archevêque de Gnesne, Legat-né & Primat de Pologne, en 1569. il y parle de l'ὲυυ ευαὶ w, & de ce qui regarde cette matiere: *Ex acuto prato Poticaniorum*, imprimé sur l'orignal de l'Auteur par les Poticiens.

On y ajoute une question de Théologie examinée par Modrevius, où on agite: *Quomodo unio Divina & humana natura Christi facta sit in persona, non in natura, cùm tamen eadem prorsus res sint, natura & persona in Domino Deo nostro*, imprimée en 1590. in 4°.

On voit dans la Bibliotheque de l'Empereur un manuscrit traduit du Latin de Modrevius, en Espagnol, qui traite: *De bello contra Infideles, consilia prudentia.*

Tous ces ouvrages, & particulierement les quatre livres intitulez *Sylva*, ont été fort estimez des Sçavans de la Prétenduë Reforme, Lutheriens, Calvinistes & Pinczowiens. Il ne rougit point de nous rapporter lui-même dans la Préface du 3. livre les complimens qu'on lui en a fait. Il y en a (ce sont ses paroles) qui parlant de mon ouvrage, disent que depuis plus de mille ans on n'en a point vû de plus excéllent: *Nullum opus supra mille annos exiisse in lucem praclarius.* Il y en a d'autres qui avoüent que depuis la création du monde il n'y a point d'anciens & de modernes qui ayent fait un ouvrage qui puisse approcher du mien: *Alius à condito orbe nullum aliud, in hoc quidem genere vel veterum, vel recentiorum simile illi hactenus editum esse contendit.* D'autres rapportant quelques endroits de mon livre, avoüent que je suis le plus subtil & le plus sçavant de tous les Evangelistes: *Quidam etiam citans quædam ex libris meis, ait me Evangelicorum omnium ferè acutissimum & doctissimum.* Il y en a un qui dans une lettre qu'il m'a écrit, me dit, qu'il fait tant d'estime de moi & de mon

L l

livre, qu'il ne voudroit pas en perdre une seule syllabe: *Est qui scri-*
bendo ad me, tanti, inquit, te facio, & tua scripta, Frici, ut ne silla-
bam quidem interire velim. Il y en a un autre qui m'a déclaré que tout
ce que j'avois composé lui étoit si prétieux, qu'il ne souffriroit jamais, quoi qu'il lui en dût coûter, qu'on en fit le moindre mépris:
Non nemo etiam, sic; tanti ego tua omnia & feci hactenus; & etiam nunc
facio, ut nullo cujusquam prajudicio illa mihi vilescere patiar. C'est ainsi,
ajoute-t-il, que les Sçavans parlent de mon ouvrage; s'ils se trompent, ce sont leurs affaires: mais qu'est-il necessaire de tant parler
sur ce fait? Mon livre est entre les mains du public, un chacun peut le lire, puisqu'il est traduit de mon Latin en Allemand,
en François & en Espagnol.

Le motif de cet ouvrage, à ce qu'en dit le Chevalier Lubienieski,
vint de la confiance parfaite que le Roi Sigismond Auguste avoit en
la prudence & en la capacité de Modrevius. Ce Prince voyoit son
Royaume déchiré par les differentes sectes qui s'y étoient établies:
pour les réünir toutes en une seule, il engagea en 1565. avant que
de partir pour faire la guerre aux Moscovites, Modrevius de faire
un livre qui pût plaire à toutes les sectes, & de les réünir ensemble. Il y travailla, & en 1569. il acheva les deux premiers livres en
question. Pour des raisons à lui seul connuës, il n'osa alors les produire au public: mais quelque tems après il les envoya à Basle chez
son ancien ami Oporinus Imprimeur, après être convenu qu'il l'im-
primeroit, & qu'il en envoyeroit les exemplaires à la foire de Francfort, pour de-là passer dans les Académies & dans les mains des
sçavans Catholiques, Lutheriens, Calvinistes, & de ceux qui ne reconnoissoient pas la Divinité de J. C. L'affaire manqua: les livres
ne furent pas imprimez: on ne nous en dit pas la raison; mais elle
est facile à conjecturer. C'est que ces Théologiens y virent des opinions contraires à la créance qu'ils avoient sur la Trinité, & qu'ils conseillerent à Oporinus de ne le pas imprimer; quoi qu'il en soit, ces
livres, après avoir passé par plusieurs mains, furent rendus à leur Auteur, & il les augmenta de beaucoup de choses, & comptant toujours
sur l'amitié d'Oporinus, il les lui renvoya pour les imprimer.

Hist. Ref.
Eccl. Pol.

Son dessein échoüa encore. Trecius Recteur du College de Cracovie,
attaché au parti de Sarnicius, en eut nouvelle, alla à Basle, y rendit visite à Oporinus, sous pretexte de civilité, & d'apprendre de lui des nouvelles de Litterature, Oporinus, qui ne prévoioit pas son dessein, lui
parla du livre de Modrevius, & le lui montra en manuscrit. Trecius
le pria de le lui laisser quelque tems pour le parcourir, Oporinus
lui accorda; Trecius le parcourut, & aussi tôt qu'il se fut apperçu que
Modrevius y poussoit vivement les argumens des Ariens, & qu'il y
répondoit foiblement, il sortit le plûtôt qu'il pût de Basle avec le manuscrit, & revint à Cracovie: au moment qu'il rentroit dans cette
Ville, Modrevius le rencontra, & lui demanda officieusement des

nouvelles de son voyage, & s'il n'avoit rien à lui dire de la part d'Oporinus, & d'un livre qu'il lui avoit envoyé. Trecius par un esprit de sincerité, & tel que lui inspiroit la morale de la Prétenduë Reforme, lui dit qu'il n'avoit vû ni le livre, ni le Libraire. La fourberie ne demeura pas long-tems cachée. Oporinus, après le départ de Trecius, écrivit à Modrevius le tour que Trecius lui avoit fait ; sur cet avis Modrevius alla faire ses plaintes à Miscovius Palatin, & Préfet de Cracovie, lui demanda justice contre le Recteur, il la lui fit en lui faisant rendre ses livres ; tout ceci est copié de Lubienieski & de Sandius ; je crois qu'il y a un anachronisme dans les deux voïages qu'ils font faire de ces livres à Basle, le premier avant la foire de Francfort, le second après avoir passé par les mains des Théologiens de Zurich ; quoiqu'il en soit après leur retour en Pologne on les a imprimez à Racovie en 1590. Cette supercherie de Trecius & une autre, ont donné lieu à Erasme Otvinovius de faire ces deux vers sur les quatres livres : *Sylva.*

Rex Augustus jussit, Friez scripsit, Trecius astu.

Sub pralo scripta hæc, bis, niger impediit.

De tous ces mouvemens que l'on s'est donné pour empêcher l'impression de ces livres, on conclut que les Pretendus Reformez n'ont rien épargné pour faire piéce aux Pinczoviens ; mais les livres eurent bien d'autres suites quand ils furent imprimez. Le Pape Pie V. outré de ce que l'Auteur avoit osé lui dédier le troisiéme de ces livres, le fit chasser de Pologne, & dépoüiller de tous ses biens & emplois, après quoi il devint un malheureux vagabond, odieux aux Catholiques & aux Pretendus Reformez, c'est comme il le dit lui-même en se plaignant du Pape dans la Préface du 3. liv. *Ac propterea iis pœnes quos est potestas edixisse, nt me de possessiunculis meis dejicerent : fortunis everterent : ac extorrem facerent domo, foro, penatibus, congressu hominum. Hoccine est præmium bene meritorum : hoccine humanum factum sanctissime Pater.*

STANISLAS LUTHORMISKI.

B. A. p. 42

Luthormiski étoit d'une famille illustre de Pologne, il fut élevé dans la Religion Romaine, y prit l'état Ecclésiastique, fut élevé au Sacerdoce, & eut quelques Bénéfices. Sa naissance, son mérite, & la bienveillance du Roi le destinoient à l'Archevêché de Gnesne, pour être par la Primat du Roïaume, & Legat-né du S. Siége. Avant qu'il pût parvenir à cette haute dignité, on le fit Sécretaire d'Etat : cette faveur ne dura pas long-tems, son esprit vain lui persuada qu'il ne pourroit jamais faire autant de bruit dans le beau monde qu'il le souhaitoit, s'il n'embrassoit les sentimens nouveaux ; il quitta la Foi Romaine, fit grand bruit parmi les Novateurs, & encore plus de scandale parmi les Catholiques. L'Archevêque de Gnesne irrité de ce procédé le cita à son Tribunal. Luthormiski y comparut en 1555. mais

ſi bien accompagné de ſes parens, de ſes amis, & de pluſieurs perſonnes armées, que l'Archevêque n'oſa pas aller plus loin. Cette
foibleſſe de la part du Primat, fit lever le maſque à Luthormiski,
il profeſſa hautement le Lutherianiſme, & ſe diſtingua ſi bien dans
cette Secte, qu'on le fit Sur-Intendant des Egliſes Pretenduës Reformées de la petite Pologne, après Felix Cruciger. Il tint bon pour les
Proteſtans juſqu'à l'année 1566. tems auquel on fit un Synode à Brzezinie, où on agita les points fondamentaux qui diſtinguoient les
Lutheriens & Sacramentaires d'avec les Pinczowiens, Il y goûta les opinions de ceux-cy, ſe déclara pour eux, comme il paroît par les éloges que lui ont donné les Hiſtoriens Sociniens, & par quelques-uns
de ſes Ecrits, qui ont moins fait parler de lui que ſon apoſtaſie.

Ses ouvra-
ges.
B. A. p. 42

On reduit ſes Ecrits à *Confeſſio Religionis ſuæ;* il preſenta cette confeſſion au Roi, à ſon Archevêque, & aux Grands du Royaume, & on
la rendit publique par l'impreſſion qu'on en fit.

Une lettre aux Grands du Royaume, & à ſes freres en Chriſt, où
il les exhorte de ſe précautionner contre le ſchiſme que Staniſlas,
Sarnicius, & ſes adherans s'efforçoient d'établir dans les Egliſes de
la Prétenduë Reforme, & où il prend la défenſe de Gregoire Pauli,
& où il le juſtifie des héréſies dont on le chargeoit, elle eſt de Cracovie, en datte de l'an 1563. adreſſée au Synode de la même Ville, &
il la fit ſigner par vingt-deux Anciens, & Miniſtres.

Une autre lettre aux Miniſtres & aux freres de Lithuanie & Pola-
chie, ſur la même matiére, & au nom du même Synode. Budzinius
parle de ces deux lettres, chap. 24. & chap. 25.

*Concluſio Synodi Wegrovienſis in Articulo veri Baptiſmi jam decreti, con-
firmati & concluſi;* elle eſt du 31. Décembre 1565. Luthormiski y prend
la qualité de Sur-Intendant des Egliſes. Elle fut imprimée en langue
Polonoiſe du conſentement du Synode. Budzinius l'a rapportée dans
le chap. 42. de ſon hiſtoire en manuſcrit.

Epiſtola data parva Lazinirſcia: elle eſt du 23. Juillet 1566. & en manuſcrit. Par le conſeil & les prieres des Freres il y exhorte Martin Eze-
covius, qui pour lors demeuroit chez Jean Niemojevius Juge d'Uladiſ-
lavie, & les autres Miniſtres, de ſe trouver au Synode qui devoit ſe tenir
à Brzezinie, qui néanmoins fut differé pour des raiſons, qu'on ne dit
pas, & où on devoit faire une conférence ſur le Fils de Dieu, avec
quelques Freres qui nioient qu'il eût été avant J. C. homme, & qui
ne reconnoiſſoient point deux natures en lui, On nous fait remarquer
que juſqu'ici Luthormiski croïoit que le Fils de Dieu avoit été avant
l'Incarnation de J. C. & que Jeſus avoit deux natures, & qu'après
avoir beaucoup balancé, il abandonna ce ſentiment pour embraſſer
celui qui ne vouloit point deux natures en J. C. & que le Fils de Dieu
fut avant Jeſus fait-homme. *Quorum ſententiam Luthormiſcius, etiam
poſt multas fluctuationes tandem amplexus ac profeſſus eſt.*

Un écrit ſur les queſtions qu'on agitoit alors dans les Egliſes de

des armes ; sçavoir, s'il étoit permis à un Chrétien de
blique Civile. Il fut imprimé en 1574. & d'exercer la charge de Magistrat dans la Répu-
Une lettre à Nicolas Paruta, elle est de l'an 1574. & sur la question
du Bâtême, & il lui dit : *Æque ut cœnam Domini, ita & baptismum in*
cœtu piorum administrari debere, non negant cordati pietatis amantes : sci-
mus tamen locis, & temporibus non esse alligatos, facessat superstitio omnia ser-
viant & ædificationi, paci, & tranquillitati Ecclesiæ. Qu'il en est de la
Cêne du Seigneur, comme du Bâtême ; que les personnes sinceres
qui aiment la piété conviennent qu'on les doit administrer dans l'Aſ-
semblée : cependant qu'on sçait bien qu'on ne doit pas s'assujétir aux
lieux & aux tems ; qu'on doit s'éloigner de toutes superstitions, &
que tout doit concourir à l'édification, à la paix & à la tranquillité
de l'Eglise.

MARTIN CROVICIUS.

Crovicius étoit Polonois, de l'Ordre des Chevaliers, il fut élevé dans
la Foi Romaine, prit l'ordre de la Prêtrise, & devint Curé de Visña
ville de Ruſſie. Il quitta sa Cure & sa Religion, & embrassa les dogmes de la Prétendue Réforme pour épouser Magdelaine fille de Staniſlas Podiedrinski, Ce scandale donna lieu à Jean Driadouski Evêque de Premiſlie de le pourſuivre en justice, il lui fit perdre sa Cure,
le chaſſa de son Diocése. Les Pinczowiens le reçurent favorablement,
& le revêtirent d'un Ministeriat de Pinczow, en la place de Stancar,
que l'on avoit chassé de la Ville. Crovicius y prêcha le Zuinglianisme ;
la diversité de ses opinions lui attira des affaires & des ennemis, il
s'éleva toûjours audeſſus d'eux, tant par son esprit & sa capacité, que
par le crédit d'Olesnieski. Zebridoviski Evêque de Cracovie l'entreprit à son tour, le fit enlever, & enfermer dans ses prisons. Il n'y demeura pas longtems, son Patron Olesnieski trouva bientôt le secret
de l'enlever de sa prison. L'Evêque outré de ce procedé, fit un écrit
ſanglant contre Crovicius, celui-ci y répondit. Il mourut à Priſecia
proche Lublin en 1573. Il nous a laiſſé quelques livres, où il fait connoître qu'il avoit enté les opinions des Pinczowiens ſur celles des
Zuingliens, à quelques unes près, comme celles qui regardent la Magiſtrature, & la guerre ; il vouloit qu'un Chrétien pût exercer l'une
& l'autre. Ses livres ſe réduiſent à ceux-ci.   *Ses livres.*

Une Apologie de l'ancienne & de la véritable doctrine chrétienne,
contre la nouvelle & fauſſe doctrine, qu'André Evêque de Cracovie
défend, non par l'Ecriture, mais par la force. Elle eſt écrite en langue Polonoiſe.

Une lettre à Staniſlas Budzinius. Il y blâme ceux de Racovie, qui
ne vouloient pas qu'un Chrétien pût légitimement exercer la Magiſtrature ; il y ſoûtient que le Magiſtrat eſt neceſſaire dans la République, & que celui qui l'exerce peut y faire ſon ſalut, auſſi bien que
celui qui porte les armes. *In Praski.* 1573.

Le Testament de sa derniere volonté, où il rapporte ce qu'il a fait pendant sa vie, & ce qu'on lui a fait, il est en manuscrit, & André Wissowats dit avoir vû l'original entre les mains de Jacques Militus Pasteur de l'Eglise des Réformez de Belzicie en Pologne.

André Duditz nous fait entendre dans une de ses lettres à Theodore de Beze, que Crovicius a fait quelqu'autre ouvrage contre le dogme communément reçu de la Trinité & de la Personne de J. C. Son latin en dit davantage : *Hos tamen tantum abest, ut inficiaturus unquam sim, ut etiam lubenter profitear totam hanc cœlestem doctrinam secundum Deum, clarissimis illis, magnaque doctrina, ingenio, judicio pietate præditis viris potissimum deberi : in cujus gloria societatem, juxta suo veniunt & Alciatus & G. Schomannus, & Crovicius, & Socinus, & alii præstantissimi viri, qui tum scribendo, tum docendo plurimùm opera ad hanc illustrandam doctrinam posuerunt.*

REMY CHELMIUSKI.

B. 4. p. 48

Chelmiaski Chevalier Polonois & Guidon du Palatinat de Cracovie, ne s'est rendu célebre dans la secte, que par une lettre en date de 1559. qu'il envoya au Synode de Pinczow, où il exposa les prétendus doutes qu'il avoit sur l'invocation & sur la Divinité du saint Esprit. Il fondoit ses doutes sur ce que nous devons adresser nos prieres au Pere par J. C. & que nous pouvons même lui demander le saint Esprit. Nous avons vû que c'étoit Stancart qui lui avoit forgé ces scrupules & tout ce qui s'ensuit. Il y a encore une de ses lettres à Stator sur le même sujet, elle est de Locini 25. Janvier 1561. en manuscrit.

STANISLAS CICOVIUS.

Ibidem.

Cicovius ou Cicovicius étoit de Woyslawie, de l'Ordre des Chevaliers, & Archicamerien de Cracovie. Il parvint à la dignité de Gouverneur de Biecie, & de Général des Armées du Royaume, & honora de sa protection les nouvelles sectes, & particulierement celle des Pinczowiens. En 1562. il se fit Protecteur de l'Eglise de Cracovie dans le tems qu'elle étoit gouvernée par Gregoire Pauli.

Il eut soin de faire imprimer les Actes du Synode & du Colloque de Serinie en 1567. avec les argumens & les réponses de ceux qui y disputerent pour & contre la préexistence du Fils de Dieu avant Marie, qui ont nié qu'il eut créé le monde visible avec le Pere, & qui vouloient qu'il n'eut commencé à exister qu'au tems de S. Jean Baptiste & de S. Jean l'Evangeliste. J'ai parlé de ce Synode 1. pag.

JEAN CAZANOVIUSKI.

B. 4. p. 49

Cazanoviuski Chevalier Polonois a été Juge ou Magistrat de Lucovie : après s'être déclaré pour les opinions de Gonès, il écrivit contre le dogme d'un Dieu en trois personnes. Modrevius dit

qu'il en parloit comme Bernardin Okin. On lui donne une réponse L. I. Sylve c. 6.
aux lettres que Calvin écrivit à ses Freres en Christ qui étoient en
Pologne, & une Narration du Colloque qui se fit à Petricovie en
1565.

NICOLAS SIENICIVSKI.

Sieniciuski fut l'Oracle de son tems & l'ornement de la Noblesse B. A. p. 49
Polonoise. Son éloquence, sa capacité, sa prudence, son esprit
& sa moderation lui meriterent le nom du Démosthene du Royaume.
Il exerça differentes charges, comme celle d'Archicamerien de Chel-
me, de Matéchal ou Directeur des Nonces de la Noblesse à la Diete
de Petricovie de l'an 1565. &c. Comme il étoit un homme à tout, il
prit parti dans les disputes que les Prétendus Reformez y eurent avec
les Pinczowiens, & se rangea du côté de ceux-ci. Ses sentimens sur
la Trinité & sur J. C. étoient assez conformes à ceux de Gonés. Il
a reduit par écrit tout ce qui s'est fait de son tems dans l'Etat &
dans les nouvelles. Son exemplaire manuscrit fut donné à Zamosiski,
& il l'a conservé dans sa Bibliotheque.

LAURENS CRISCOVIUS.

Criscoviuski Gentil-homme de Lithuanie se déclara pour la nou- B. A. p. 54.
velle Reforme, & endossa le Ministeriat pour en soutenir les
dogmes. La premiere Eglise qu'il désservit fut celle de Niefvie en
Lithuanie; il la quitta pour en servir d'autres. Il a fait un petit ouvrage en forme de Dialogue: il y parle de l'usage solide que l'on
doit faire de l'importance du salut; Il est fait pour calmer les consciences, & il y fait intervenir quatre Evangelistes. Il le composa
en sa langue naturelle, & en 1558. il le mit en langue Polonoise.

JEAN NIEMOJOVIUS.

Niemojoviuski Polonois, de l'Ordre des Chevaliers, exerçoit la char- B. A. p. 49
ge de Juge dans la Terre d'Inouladiflavie, & il se démit de cette Magistrature quand il eut embrassé les opinions des Pinczowiens, pour
se conserver à une de leur maxime, qui ne permettoit pas à un Chrétien d'exercer les charges. Il s'attacha plus particulierement aux erreurs de Gonés, qu'à celles des autres sectaires. Il se trouva en 1565.
à la Diette & au Synode de Petricovie, il disputa fortement en faveur des Pinczowiens, & y acquit parmi eux de la réputation. Quand
il eut goûté les hypothéses de Fauste Socin qui commençoit de son
tems à paroître, il se dégoûta des opinions de Gonés, quoique jusqu'a-
lors il les eut soutenues avec autant d'éclat que d'opiniâtreté, & se
déclara pour l'opinion que Fauste Socin avoit sur J. C. c'est-à-dire
que de bon Arien, il devint Samosatien, ne voulant pas que J. C.
eut été avant sa Mere. Il mourut à Lublin le 5. Mai 1598. après avoir
fait quelques bruit dans les sectes, tant par ses disputes que par ses
livres, qui se réduisent à ceux-cy.

Demonstratio Ecclesiam Pontificiam non esse Apostolicam, neque sanctam, neque unam, neque Catholicam: simul responsum ad calumnias doctoris Wil-sovii. Il l'écrivit en Polonois.

Une autre Démonstration contre Emmanuel Vega sur la Cêne du Seigneur, en langue Polonoise.

Une autre contre Povodevius Chanoine de Posnanie. Ezechovicius l'a cité dans ses Dialogues Chrétiens, qu'il fit imprimer en 1575.

Une lettre à Fauste Socin pour réfuter l'explication qu'il fait du 7. chapitre de la lettre aux Romains, elle est en date du 12. Février 1581. on en a fait une version Flamande en 1664. in 8°.

Des lettres à Fauste Socin, du sacrifice & de l'invocation du Christ. L'une est du 28. Février 1587. & l'autre du 25. Avril. On les trouve dans les *Miscellanea sacra* de Socin.

Scriptum contra partem quandam disputationis F. Socini de Jesu Christo servatore. C'est George Schomann, qui du Polonois l'a traduit en Latin.

Une lettre à George Schomann, de l'usage & de la fin de la Cêne du Seigneur, en Polonois, dattée du 8. Mars 1588. On la voit traduite en Latin, dans le Traité que Fauste Socin a fait sur la Cêne, & avec la réponse.

Une Oraison ou harangue à Sigismond III. Il s'y plaint du renversement de l'Eglise Réformée de Cracovie qui arriva en 1591. d'une maniere surprenante & horrible.

CHAPITRE X.

Les Ministres qui se sont déclarez pour le Socinianisme pendant le regne de Sigismond Auguste.

GREGOIRE PAULI. LUC STEMBERG. PIERRE GONES. M. EZECHOVICIUS.

G Regoire Pauli étoit du Palatinat de Briescie; il s'attacha aux opinions de Luther, & s'y distingua assez, pour qu'en 1555. on le fit Ministre de la plus considérable Eglise que les Pretendus Réformez avoient en Pologne. Elle étoit dans la maison que le Seigneur Bonarus avoit dans un des Fauxbourgs de Cracovie. Apparemment il y remplit l'attente où on étoit de sa doctrine, de son zele, & de ses autres talens du Ministeriat: peu de tems après on le fit Evêque ou Sur-Intendant des Eglises de la petite Pologne.

Les Auteurs Catholiques nous en font un étrange portrait. Ils nous le dépeignent comme un homme méchant, ambitieux, impie, effronté, opiniâtre, & odieux aux plus moderez de son parti: ils pouvoient ajoûter, étourdi, entreprenant, & amateur de toutes les nouveautez qui

Flor. de Rem. Spende ad an. 1561 Maimb.

qui s'élevoient de jour en jour dans les Eglises de la Prétendüe Reforme. Ce fut lui qui répandit en Pologne les erreurs de Servet, qui fit peindre & graver le tableau dont nous avons parlé, pag. 1. c. 3. où il nous represente Luther, Calvin & Servet qui renverfent l'Eglise Romaine. Il étoit fi plein de lui-même, qu'il difoit souvent que Dieu n'avoit pas tout dit à Luther, qu'il en avoit plus revelé à Zuingle, & plus à Calvin qu'à Zuingle, & encore plus à lui-même qu'à tous les autres, & qu'il esperoit qu'il en viendroit d'autres qui en feroient encore plus qu'ils n'en avoient fait.

Prêchant le jour de la Trinité de l'année 1562. dans l'Eglise de **B. A. p. 203** Cracovie dédiée à ce myftere, il invectiva contre ceux qui croyoient un Dieu en trois personnes, contre ce Dieu en trois personnes, & contre ces trois personnes en Dieu, au même moment la foudre tomba fur l'Eglise, & renversa un globe qui étoit au haut de l'Eglise. Ce coup accompagné de toutes ces circonstances, fi on eut voulu approfondir les Jugemens de Dieu, auroit dû intimider l'Aſſemblée & le Prédicant, & les porter à croire que tout ce fracas n'arrivoit que parce qu'on blasphêmoit contre la Trinité; mais Gregoire tout occupé de ce qu'il difoit, continua son discours sur le même ton, & avec plus d'hardieſſe, & même se servit de cet événement pour autorifer ses blasphêmes; il soutint que ce qu'il difoit contre la Trinité, étoit fi vrai que le Grand Dieu Maître de l'Univers & de ce qui s'y paſſoit, se mettoit de son côté, puifqu'il vouloit renverser par la voye de son tonnerre jufqu'aux lieux qui portoient le nom de la Trinité, & où on honoroit ce prétendu myftere. C'eft ainfi que les impies se raillent des châtimens, & s'en fervent contre Dieu même pour s'autorifer dans le mal.

Nous avons vû les demêlez qu'il eut avec Sarcinius, le bruit qu'il fit dans differens Synodes; comme en conféquence de ses erreurs on le dépofa de la Sur-Intendance pour en revêtir son ennemi Sarnicius, & comme on le chaſſa de Cracovie. Odieux à tout le parti des Sectaires, auſſi-bien qu'aux Catholiques, il se retira à Racovie, où il mourut fort âgé en 1591.

Il a eu des sentimens & des erreurs aſſez particulieres pour lui donner parmi les Sectaires le titre de Chef & de Patriarche des Deïftes. **Ses erreurs.** Prateolus lui attribue ces héréfies, & aux Deïftes qui l'ont suivi.

Ils confeſſent que le Pere, le Fils & le S. Efprit font trois, & ils nient en même tems qu'ils foient trois personnes.

Ils tiennent qu'il y a une Nature ou Deïté commune à tous les trois, mais ils nient qu'il y ait une eſſence qui leur foit commune.

Ils veulent que le Fils & le Saint Efprit ne foient pas le vrai Dieu, & que ce foit le feul Pere, qui foit le grand, le vray, & l'unique Dieu.

Que la nature divine ne peut jamais être vûë des Anges & des hommes.

Que l'Ange mauvais a été mauvais dans l'inftant de fa création, & même de fa nature. Que cet Ange n'a jamais eu dequoi fe tenir debout.

Qu'Adam dans le Paradis Terreftre n'a été prévenu d'aucune grace.

Que l'entendement humain eft éternel, parce que fa caufe eft immuable, & qu'il eft fans matiére, & par conféquent ne peut paffer de la paffion à l'acte.

Que le libre arbitre eft une puiffance paffive, & non active, & qu'il eft mû par la néceffité de l'appétit.

Que la nature par laquelle les Cieux font en mouvement eft iffuë de l'Ange qui leur donne ce mouvement.

Que tous ceux qui pechent conforment leur volonté au bon plaifir & au vouloir de Dieu; de forte que leur volonté eft telle que Dieu veut qu'elle foit.

Que l'homme qui joüit de fa liberté, & qui par violence de quelque tentation tombe dans l'adultere, n'eft point coupable de ce crime, & ainfi des autres pechez.

Que Dieu eft la caufe & l'auteur de toutes nos actions, de la maniere avec laquelle nous les faifons, & de toutes les circonftances qui les accompagnent, c'eft-à-dire que Dieu eft la caufe abfoluë de nos pechez.

Qu'il ne faut rien croire en matiere de Foi, que ce qui eft clair & intelligible de foi-même, & que ce qui eft clairement & neceffairement déduit de ce que nous fçavons parfaitement bien. Ainfi nous ne fommes pas obligez de croire les Myftéres.

Que le corps mort & corrompu ne fera pas le même que celui qui reffufcitera.

Qu'il ne faut avoir aucun foin de nôtre Sépulture.

Que l'ame qui eft la forme de l'homme entant qu'homme fe corrompt avec le corps.

Que l'ame feparée du corps n'endurera point le feu corporel.

Que Dieu étant un pur efprit, on ne doit, & on ne peut l'invoquer, ni l'adorer des lévres, ou vocalement; mais feulement du cœur ou de l'efprit.

Le Catéchifme de Cracovie ajoûte qu'il eft un des premiers qui ayent foûtenu que les Chrétiens ne pouvoient pas en confcience exercer la Magiftrature

Pag. 81.

Pour peu d'attention que l'on faffe à cette pretenduë doctrine, on fentira bien qu'elle ruine non feulement les myfteres de la Trinité & de l'Incarnation d'un Dieu; mais encore toute l'économie de la Religion Chrétienne. La plûpart de fes héréfies fe trouvent dans fes livres, dont voici le catalogue.

B. A. p. 43.
Ses livres

Tabula de Trinitate. Il cite cette Table dans les lettres qu'il a écrit à Calvin & aux Miniftres de Zurich, où il leur dit : Vous m'accufez d'être Arien au fujet de ma Table, cependant je n'y ai rien mis que je n'aye pris dans l'Ecriture Sainte. Calvin en parle aussi dans un petit avertissement qu'il a donné à ses Freres de Pologne, leur disant qu'il avoit lû la Table de Gregoire Pauli, où il fait le Fils & le Saint Esprit d'une autre nature que le Pere, & qu'il ne l'avoit lû qu'avec un extrème chagrin.

Turris Babel : in 8°. à Francfort.

Antidotum contra articulos fidei nova à Sarcinio Werfaria exhibitos, tanquam à novo Papa ; aut Antidotum contra Canones descretorum Sarnicii, in 8°. *Niefviski Daniel Lancicius.*

Epistola monitoria ad Tigurinos Ministros, & Calvinum. Il y donne sa foi sur le Pere, le Fils & le saint Esprit contre ses calomniateurs, in 8°. Il y ajoute les témoignages des hommes de bien qui ont vêcû avec les Apôtres, ou peu de tems après. Ces hommes de bien sont les Ignace, les Irenée, les Justin, & Tertullien, & il dit que ces Anciens se sont contentez de ce qui est contenu dans ces passages, pour ne se point écarter de la simplicité de la Foi des Apôtres : *De hac simplici, Apostolicâque fide, quâ illi contenti erant.*

Des Vers adressez à Jean Calvin & aux Freres qui vivent dans la pieté, in 8°. ils commencent ainsi.

Maximus errorum quot sunt, quotque antè fuerunt.
Quot vel erunt, Calvine, tuus deprenditur error.
Qui tam præcipiti calamo describis in uno
Tres residere Deo, Patrem, Verbum & Paracletum. &c.

On voit à ce début qu'il n'avoit pas de ménagement à l'égard de Calvin.

De Antichristi Deo essentia personato se ipsum expugnante brevis demonstratio, in 8°.

Une lettre à Bullinger en manuscrit. Il y établit son opinion contre Stancar, de la prérogative de Dieu le Pere, elle est de l'an 1561.

Explicatio difficilium S. Scripturæ locorum, à Pinczow.

Une Version en langue Polonoise de l'explication du commencement de l'Evangile de S. Jean que Fauste Socin avoit fait en Latin, & que quelques-uns ont attribué à Lelie Socin.

Catechesis Rocoviensis prima. Quand il fit ce Catechisme il étoit le premier ou l'Ancien de l'Eglise de Racovie, & personne ne doute qu'il ne soit l'Auteur de cet ouvrage. Après lui on donna le soin à Fauste Socin & à Pierre Stator de le reformer. On croit que ce Catechisme est le même que celui que Wisnovius produisit en 1575. où à la feüille 21. de son livre il fait un crime à ceux de Racovie d'avoir mis dans leur cinquantiéme réponse : *Notuit hanc rapinam,* au lieu qu'il y a dans S. Paul : *Non rapi arbitratus est esse se æqualem Deo.* *Philip. c. 2. v. 6.*

Des Lettres en manuscrit adressées à Stanislas Budzinius en 1574. sur la question, si un Chrétien peut porter les armes, & exercer la Magistrature.

Un écrit en 1578. contre ceux qui défendoient la préexistence du Fils de Dieu.

Judicium de invocando Jesu Christo, circà 1579.

Un livre qu'il écrivit en 1573. contre un écrit de Jacques Peleologue, où celui-ci soutenoit que le Christ n'avoit point ôté la Magistrature civile, & celui-là autorisa son écrit du témoignage des Pinczowiens, & particulierement de celui de Siekirinius, de Czechovicius, de Calinovius, de Schomann, de Niemojovius &c. qui tous soutenoient qu'il n'étoit pas permis à un Chrétien d'exercer la Magistrature.

Tractatus de regno Christi millenario, en 1590. il est en Manuscrit.

Une Interpretation de ces paroles de S. Paul : *Unus est Deus Pater ex quo omnia.* Les Pinczowiens l'ont mise en langue Polonoise, comme l'assure Modrevius : elle parut en 1565. Quoy que les Pinczowiens ayent eu beaucoup de part à cet ouvrage, Sandius juge à propos de le donner à Gregoire Pauli, parce qu'il y a beaucoup de choses qui conviennent à l'opinion qu'il suivoit dans ce tems.

1. Corint.
c. 8.
C. I. Trac.I.
Sylva I.

LUC STERNBERGIUS.

Ses erreurs

Praeteol. Gautier. Genebra. Sponde ad an. 1561.

Sternberg ou Stemberg fut des plus ardens & des plus hardis à prêcher en Pologne l'Arianisme, le Macedonianisme, le Samosatien, & quelque chose de pire. Il avoit été élevé dans la Foi Romaine, & même il avoit embrassé la vie Religieuse. Ennuyé du Célibat & de la gêne inséparable de ce genre de vie, il quitta le Cloître & la Foy Romaine, pour suivre les dogmes & la morale de Luther, qui déclare les vœux de la Religion de nulle conséquence & même injustes. Il prit pour Maître Philippe Melancthon, & fit tant de progrez dans son école, qu'en 1561. on le jugea digne d'être revêtu du Ministeriat de l'Eglise des Protestans d'Olmus Ville de Moravie. Il n'en demeura pas aux leçons de son Maître, il étudia les livres de Servet & des nouveaux Ariens, & se remplit si bien, qu'il en prêcha les opinions au mépris de celles qu'il avoit appris à Wittemberg. Olmus & la Moravie lui parûrent un trop petit théatre pour donner carriere à l'envie qu'il avoit de débiter son Arianisme, son Macedonianisme, son Samosatien, & même son Socinianisme ; car il sçavoit fort bien les nouvelles explications que Lelie Socin avoit donné à quelques passages de l'Ecriture, contre la Divinité de J. C. Il quitta Olmus, & vint comme un nouveau Géant en Pologne, où toutes ces sortes de gens étoient bienvenus. On l'accuse d'y avoir débité les mêmes erreurs qu'il avoit prêché en Moravie, & on les reduit à celles-ci.

Que quiconque confesse & honore la Trinité, invente faussement trois Dieux. Que le nom de Trinité est superflu, puisque l'Ecriture n'en parle en aucun endroit, & qu'il n'y a qu'un seul Dieu : sur ce principe il défendoit de chanter dans son Eglise le Cantique : *O veneranda Trinitas*, & vouloit que l'on dit : *O veneranda Dei bonitas,* à quoi il ajoutoit une question fade & impie ; sçavoir si la Trinité étoit mâle ou femelle, & répondoit qu'il n'en sçavoit rien, mais qu'il croyoit qu'elle étoit plûtôt une femme, puisqu'elle avoit trois maris, le Pere, le Fils, le saint Esprit.

Que J. C. n'étoit point Dieu, & qu'il n'étoit pas consubstantiel au Pere, que ce mot étoit nouveau & d'invention humaine. Que J. C. étoit un homme comme nous ; que ce ne fut que sur les bords du Jourdain, & quand on entendit la voix du Ciel qui dit : *Celui-là est mon Fils*, qu'il fut le Fils de Dieu, & encore un Fils par adoption, & qu'il n'est que le Prophête que le Grand Dieu a envoyé pour nous faire connoître ses volontez.

Que le saint Esprit n'est pas Dieu, mais une Colombe, & juroit qu'il retourneroit plûtôt dans son Cloître, que de croire que le saint Esprit fût le veritable Dieu. Qu'on me montre, disoit-il, dans l'Ecriture sa Divinité ? Je ne suis obligé de croire que ce qui est expressément contenu dans cette Ecriture.

Il ajoutoit que la sainte Vierge n'a pas été toujours Vierge, qu'elle avoit eu avant J. C. deux ou trois fils, & qu'elle ne differoit en rien des autres femmes. Ce sentiment lui étoit propre, & contraire à celui que les deux Socins avoient de Marie. Il inferoit de là qu'il ne falloit rendre aucun culte religieux à Marie, non plus qu'aux Saints.

Qu'il faut travailler les Dimanches, & sanctifier le Sabbat, parce que l'Ecriture ne nous parle point du Dimanche, & qu'elle nous prescrit le jour du Sabat ; & que, selon la doctrine de Luther, on ne doit rien observer des choses que Dieu ne nous a pas commandées, ou défenduës expressément dans son Ecriture.

Que le Batême étoit inutile, & même une invention diabolique : & que tous ceux qui sont bâtisez ne sont pas pour cela lavez, & s'ils le sont, c'est à leur damnation éternelle : d'autant que ce n'est pas le Batême qui a été institué & qui soit de précepte, mais la Circoncision.

On l'accuse encore, que pour mettre le comble a son Judaïsme, & se railler du Sacrement de l'Eucharistie, il disoit que les Juifs avoient déja mangé l'Agneau Paschal, & qu'ils avoient brûlé ce qui leur en restoit.

Que quant aux autres Sacremens, il s'en tenoit aux sentimens qu'en avoit eu Luther qu'il reconnoissoit pour son Maître, & à qui il faisoit l'honneur de dire qu'il lui avoit fourni tous ces impies paradoxes.

Je ne crois pas qu'il se soit erigé en Auteur, Sandius n'en parle point dans sa Bibliotheque, ni les Auteurs qui m'ont fourni le peu que j'en ai dit.

PIERRE GONE'S ou GOMUNDSKI.

La vie de *Gonés* étoit encore en manuscrit en 1694. On nous y apprend qu'il étoit Polaque de Goniadz ; on peut dire qu'il avoit de l'esprit, beaucoup de disposition pour les sciences, & encore plus de temerité pour faire voir ce qu'il sçavoit. Il fut élevé dans le sein de l'Eglise Romaine, & ceux qui eurent soin de son éducation, pour en faire un grand homme dans l'Eglise, n'épargnerent rien pour le rendre sçavant. L'Archevêque de Vilna & son Chapitre voulurent bien faire les dépenses de ses études & de ses voyages. Ils l'envoyerent étudier à l'Université de Wittemberg, qui pour lors faisoit grand bruit, & après y avoir pris quelque teinture de Théologie, il en sortit pour courir l'Allemagne, la Suisse, la Savoye, la Moravie, & par tout il ne s'appliqua qu'à se remplir la tête des opinions nouvelles qui faisoient le plus de bruit : *Peregrinatus contrarias vulgò receptis opinionibus imbibit.* On l'a vû successivement Catholique, Lutherien, Calviniste, Servetien ou nouvel Arien. Après tant de courses & de dépenses inutiles pour le dessein de ceux qui le faisoient étudier, il revint au Païs, bien resolu d'y faire bruit.

Insimate
bist. Slavo.
L. 1. c. 15.

Il commença à s'y distinguer en 1550. contre Stancar. Adrian Regenvolscius, ou André Wengerscius nous dit à ce sujet que Maciejovius Evêque de Cracovie fit venir de Mantoue à Cracovie François Stancar, pour y enseigner l'Hébreu, & qu'il y débita dans ses leçons sur les Pseaumes de David, les dogmes des Evangelistes, & particulierement ceux qui combattoient le dogme qu'ont les Catholiques sur l'invocation des Saints, & que Gonés qui se trouva à ses leçons l'entreprit : *Opponit se in turba aliorum P. Gonesius.* L'Auteur qui nous apprend cette circonstance ne nous dit pas pourquoi, & comment Gonés combattit les paradoxes de Stancar ; il y a apparence qu'il soutenoit alors le parti des Catholiques, puisque quelque tems après il eut encore de gros démêlez avec les Lutheriens, les Calvinistes & les nouveaux Ariens. Sa Catholicité ne dura pas longtems, à laquelle, selon toutes les apparences, il n'adheroit que pour ne se pas broüiller avec son Archevêque & ses autres bienfaicteurs. En 1556. il se trouva au Synode de Siceminie, & il y professa hautement l'Arianisme & le Macedonianisme qu'il avoit puisez dans les livres de Servet ; aussi lui fait-on l'honneur d'avoir le premier apporté en Pologne l'hérésie de Servet sur la préeminence du Pere Eternel.

Ses erreurs.
B. A. p. 41.

On peut reduire les erreurs qu'il y soutint, à celles-ci.

Qu'on ne devoit point ajouter foi au Symbole de Nicée, & encore moins à celui que nous attribuons à saint Athanase, aussi n'en parloit-il qu'avec mépris.

Que la Trinité n'étoit pas un Dieu, ou que Dieu n'étoit pas un en trois personnes.

Que le Fils de Dieu étoit bien un Dieu ; mais un Dieu inferieur au Pere, à qui il avoit toujours rendu honneur & ſes hommages, & de qui il avoit reçû tout ce qu'il avoit, repetant ſouvent ces paroles : *Omnia dedit mihi Pater* : Mon Pere m'a donné tout ce que j'ai, & celles-ci : *Sicut Pater habet vitam in ſemetipſo, ita dedit & Filio* : Que comme le Pere a la vie en lui même, auſſi l'a-t-il donnée au Fils.

Que le Pere étoit le ſeul & vrai Grand Dieu.

Que le Λεγῦ dont parle ſaint Jean, & qu'il appelle Verbe inviſi-ble & immortel, s'étoit converti en chair au milieu des tems, & que ce Verbe inviſible étoit la ſemence du Fils incarné. S. Jean c. 17. v. 3. c. 1.

Qu'il n'y avoit aucune communication d'idiomes en J. C. & qu'il n'y avoit qu'une nature en lui.

Qu'il n'avoit aucune égalité & conſubſtantialité avec Dieu le Pere.

Que J. C. homme s'étoit converti en Dieu, & que le Verbe s'étoit converti en homme.

Enfin que la Trinité des perſonnes, que la conſubſtantialité du Fils & du ſaint Eſprit avec le Pere, que la communication des idio-mes & autres termes ſemblables, étoient paſſez de l'Ecole dans l'E-gliſe, & n'étoient que de pures fictions forgées dans le cerveau des hommes, qu'il falloit les rejetter & s'en tenir à la ſeule Ecriture & au Symbole des Apôtres. Sandius dit avoir tiré tous ces parado-xes des Actes des Synodes qui ſe ſont tenus en Pologne, & qui ſont encore en manuſcrit.

Il ſe déclara toujours & par tout l'ennemi du Batême des petits enfans, & ſoutint qu'un Chrétien ne peut en conſcience exercer la Magiſtrature, aller à l'Armée, & ſe ſervir d'armes offenſives. Ce ſont les maximes qu'il avoit appris des Anabatiſtes de Moravie, & dont il étoit ſi penetré que quand il revint en Pologne il n'avoit qu'un bâ-ton pour lui ſervir d'appui & de défenſe.

Il a laiſſé quelques livres, mais peu. On les réduit à ceux-ci : *Libri contra Pædo-baptiſmum.* On les lût, & on les examina au Synode de Breſtie en 1558. 15. Decembre. Ses livres.

Un écrit adreſſé à Laurens Oriſcovius, encore contre le Batême des enfans, il parût le lendemain de la S. Jean de l'année 1562.

Il a écrit quelques choſes contre les Freres de Racovie, & ceux qui ne vouloient pas que J. C. eut été avant ſa Mere, comme le rapporte Budzinius, chap. 31.

Ses diſciples lui ont fait plus d'honneur que ſes écrits. Il en eut de toutes les conditions, parmi leſquels on nomme Cazanovicius, Sie-nocius & Niemojovius tous Chevaliers Polonois. Il y en a d'au-tres qui n'étoient pas de ce rang, mais qui par le Miniſteriat qu'ils exerçoient pouvoient donner plus de vogue à ſes erreurs. Le premier eſt. Ses Diſciples

MARTIN EZECHOVICIUS.

Ezechovicius, du Duché de Lithuanie, a exercé succeſſivement le Miniſteriat dans les Egliſes de Vilna, de Cujavie, & enfin de Lublin. Soutenu de ſix autres Miniſtres, il excita dans cette derniere Ville un grand ſcandale. Il força un grand nombre de perſonnes déja avancées en âge, de renouveller leur Batême, après leur avoir dit que celui qu'elles avoient reçû dans leur enfance étoit nul, parce qu'elles n'avoient pû être inſtruites des véritez de la Foi dans cette âge. Fauſte Socin l'entreprit ſur ce ſujet, & le confondit. Ses jours furent longs, il ne mourut qu'en 1608. cependant on n'en eſt pas plus ſçavant ſur les circonſtances de ſa vie.

On dit qu'il adhera au dogme communément reçû d'un Dieu en trois perſonnes, ce qu'ils appelloient la grande Egliſe, ou l'Egliſe des Prétendus Reformez; qu'il quitta ce dogme pour s'attacher à Gonés; qu'il ſoutint pendant quelque tems la préexiſtence de J. C. avant ſa Mere, comme faiſoient les anciens Ariens; qu'en 1570. après quelques conférences avec Fauſte-Socin, il quitta Gonés & ſon Arianiſme pour donner dans le Socinianiſme, & qu'il mourut dans le ſentiment que le Fils de Dieu, ou J. C. n'avoit commencé d'être que quand ſa Mere l'avoit mis au monde, ce qui s'appelloit mourir dans la petite Egliſe. Après avoir exhorté ſes amis de faire de même, & de quitter les Luthériens & les Calviniſtes pour s'attacher aux Unitaires, ou Sociniens, il eſt auſſi un de ceux qui ont ſoutenu qu'un Chrétien ne pouvoit pas exercer la Magiſtrature. Il a laiſſé beaucoup de livres. Sandius lui donne.

Catech. de Racovie, pag. 83.
B. A. p. 50.
Ses livres.

De Pædo-baptiſtarum origine, & de ea opinione quâ infantes baptiſandos eſſe in primo nativitatis eorum exortu creditur. imprimé in 4°. chez Theophile Adamid, il eſt dedié à Jean Kiska de Ciechanowiec Premier Préſident de la Samogitie &c. en 1575.

Un Dialogue de trois jours, où il fait intervenir un Chrétien, un Evangeliſte & un Papiſte, & où il traite en Langue du Païs quelques points de la Foi, & particuliérement le Batême des enfans. Il eſt du 6. Janvier 1565. & dedié au Prince Nicolas de Radzivit Palatin de Vilna, on y a ajouté un avertiſſement ſur le ſuffrage de Nicolas Wedrogovius Miniſtre de l'Egliſe de Vilna, ſur le Batême des enfans; & une petite Relation de l'origine des diſputes que l'on a eûes ſur le Batême en Lithuanie, & dans les Egliſes Prétendües Réformées de Pologne. Toutes ces piéces ont été imprimées en langue Polonoiſe in 4°. 1578. Par Jean Karcan Evelicia &c.

Treize Dialogues en Langue Polonoiſe ſur differens articles de la Religion, il les commence par la réfutation des fables dont les Juifs ſe ſervent pour calomnier J. C. & l'Evangile, chez Alexis Rodecki en 1575. in 4°. On y ajouta.

Appendix de vita & moribus primitiva Ecclesæ Chriſti. Il y montre qu'il qu'il n'est pas permis à un Chrétien d'exercer la Magistrature Civile, & de porter des armes.

Une version en Langue Polonoise tirée du Grec, du Nouveau-Testament, avec quelques notes ; en 1577. in 4°. chez Alexis Rodecki, à Racovie.

Une Réponse en Langue Polonoise à l'écrit de Stanislas Farnovius, où celui-ci s'efforçoit de ruiner la concorde des Freres de Luclavie ; cette réponse est adressée à Florens de Morstein en 1579. & en 1580. on l'imprima in 4°.

Avec le Jugement sur le Catechisme de Gregoire Pauli, dédié au sieur Stanislas Susficius de Luclavie, il fut imprimé in 4°. en 1581. chez Alexandre Turobineziki.

Défense de ses Dialogues contre Jacques Juif de Belzitz en 1581. toutes ces œuvres sont en Langue Polonoise.

Disputatio Joannis Niemojovii, & Martini Ezecovicii Lublini in Templo Jesuitarum cum Sacerdotibus Warszycio, & Jodoco, ut & cum Severino Dominicano en 1581. Ezecovicius l'a écrit en Langue Polonoise.

Objectiones in F. Socini explicationem initii Evangelii S. Joannis, quas protulit offensus explicatione fratrum in illa verba erat apud Deum ille Λόγ⊙ homo Christus, id est soli Deo notus. Jean Voidovius les écrivit dans le tems que Ezecovicius les dictoit, & on les trouve à la fin de l'explication que Fauste Socin a fait de ce passage.

Explicatio 7. capitis Epistolæ ad Romanos, quam primo fratribus Gedanensibus, postea vero Synodo an. 1584. Wegrovia Congregata proposuit.

Il y a encore de lui une explication en langue Polonoise du 1 chap. de l'Evangile de S. Jean.

CHAPITRE XI.

Suite des Ministres qui se sont distinguez dans le Socinianisme sous le regne de Sigismond Auguste.

STANISLAS FARNOVIUS. L. WISNOVIUS. J. FALCONIUS. PIERRE STATOR. S. PACLESIUS. T. FALCONIUS. S. BUDNÆUS. A. BUDZINIUS.

Farnovius, ou Farnesius Polonois adhera aux opinions des Pinczowiens & des Racoviens. Il s'en separa en 1568. pour faire bande à part, & s'ériger en chef de parti. A ce dessein il se retira à Sandecie sous la protection de Mezyk qui en étoit Satrape ou Gouverneur ; & en qualité de Ministre de ce Seigneur, il y érigea une Eglise & un Collége qu'il rendit célebres. Ses opinions tenoient plus de l'Arianisme que du Socinianisme. *Ariana opinionis fautor acerrimus.*

B. A. p. 52.

Hist. Ref. Eccl. Pol.

N n

c'eſt-à-dire que conformément à Arius, & à ſon Maître Gonés.

Ses erreurs. Il ſoutenoit la préexiſtence de J. C. avant ſa naiſſance temporelle, & la ſoutint avec tant d'éclat & de ſuccès que pluſieurs ſe déclarérent pour lui ; ce qui donna lieu à un ſchiſme dans les Egliſes des Pinczowiens.

On ne ſçait pas au juſte quelle a été ſon opinion ſur le S. Eſprit, ſçavoir ſi lui & les ſiens ont crû ou non, qu'il fût une perſonne. Cependant il y a tout lieu de croire qu'ils n'ont pas crû que le S. Eſprit fut une perſonne, puiſqu'ils n'ont point eû de démêlez ſur ce ſujet avec les Sociniens, & qu'il eſt certain qu'ils ont toûjours ſoutenu qu'il n'étoit point permis d'invoquer le S. Eſprit & de lui adreſſer des priéres.

Il a combattu le Batême des petits enfans, & il a introduit l'uſage de batiſer les adultes par l'immerſion, en quoi il s'eſt conformé aux Sociniens.

Il vivoit encore en 1614. Après ſa mort la plûpart de ſes ſectaires s'unirent aux Sociniens, & les autres aux Prétendus Reformez. Il a laiſſé peu de livres.

Ses livres. Sandius dit que Farnovius a fait un livre en langue Polonoiſe in 4°. & dont il a oublié le titre. Budzinius chap. 52. ajoute que Farnovius a fait quelques ouvrages contre ceux qui nioient la préexiſtence de J. C. & Wiſnovius cite ſouvent ſes ouvrages ſous ce titre : *Demonſtratio falſationis, & confeſſio veræ doctrinæ.* Ce titre eſt en langue Polonoiſe. Il dit qu'il n'y a pas long-tems que ces ouvrages ont été donnez au Public. Wiſnovius écrit ceci en 1575. Il en cite quelques endroits, qui regardent le Pere, le Fils, & le S. Eſprit : mais Sandius ne peut pas aſſurer quel eſt l'Auteur de cet ouvrage, ſi c'eſt Gonés, ou Farnovius, ou Wiſnovius, ou tous les trois enſemble. Pour les ouvrages qui ſuivent ils ſont certainement de Farnovius.

Libri contra pacificationem Luclavienſem Staniſlao Szafrancio Caſtelano Sendomirienſi inſcripti. Il y combat ceux qui ne vouloient pas que J. C. fut avant ſa Mere, & c'eſt ce livre auquel Ezechovius repondit en 1579.

Un livre de prieres en langue Polonoiſe. Madame la Doüariere de Zabawski, attachée à la Secte de Farnovius, les a fait imprimer.

STANISLAS WISNOVIUS.

B. A. p. 53. *Wiſnovius* un des plus zélez & des plus fermes Diſciples de Farnovius étoit Polonois, & exerça le Miniſteriat dans l'Egliſe de Luclavie ſous la protection de Staniſlas Calzycius. Cette protection ne dura pas long-tems, ce Seigneur quitta les opinions de Gonés, de Farnovius, & de Wiſnovius, qui ſoutenoient la préexiſtence de J. C. avant ſa conception, pour ſe ranger du côté des Racoviens, qui ſoutenoient que J. C. n'avoit commencé d'être que dans ſa conception. Il n'a rien fait de conſidérable dans la Litterature.

Sandius ne lui donne qu'un Dialogue en langue Polonoife fur la fincere connoiffance de Dieu le Pere, de fon Fils & du faint Efprit. Il y parle d'abord du Fils de Dieu & de fon adverfaire; après quoy il traite de la vraie & de la fauffe Eglife, & des fignes certains qui lui conviennent, comme auffi des principales doctrines & inftitutions de la veritable Eglife de Dieu &c. Il a mis au commencement une Préface. Le tout fut écrit à Luclavie en 1575. & ne contient que 182. pages in 4°.

JEAN FALCONIUS.

Falconius Lithuanois, grand fauteur du Gonéfien; après avoir exercé l'Office de Catéchifte, & regenté dans le College de Biala, fut Miniftre dans l'Eglife de Mordenie en Podlachie. Gonés fe retira du parti de ceux qu'ils appelloient Trinitaires, pour s'attacher à fes opinions. C'eft ce que dit Wengerfcius dans fon Hiftoire de la Reforme de l'Efclavonie, livre 1. chap. 16. Il ajoute qu'il a fait un petit ouvrage, où il traite des Eglifes de Lithuanie, & Sandius nous avertit de ne pas confondre ce Jean Falconius avec un autre Jean Falconius Medecin, qui mourut en 1585.

PIERRE STATOR.

Stator de Thionville au-deffous de Metz, embraffa la Prétenduë Reforme; pour en avoir une plus grande connoiffance il vint à Genève, il fe mit fous la difcipline de Théodore de Beze, & il y devint fi fçavant dans les conféquences qu'on pouvoit inferer des principes de Calvin & de fon Maître, qui ne veulent ni tradition ni Concile, ni les fentimens des anciens Peres; qu'il fe déclara hautement pour les nouveaux Arianifans: cette hardieffe lui attira des affaires de la part des Miniftres de Genève; pour en éviter les fuites, il fortit de la Suiffe, & fuivit Lififmaninn en Pologne.

Il y arriva en 1559. tems auquel toutes les Eglifes de la Prétenduë Reforme étoient en défordre. Muni des Livres, & l'efprit occupé des opinions de Servet, il y fit affez de bruit pour fe diftinguer des autres Sectaires de la Prétenduë Reforme, & pour s'y concilier des amis qui lui procurerent le Rectorat du College de Pinczow, ou, comme le prétend Jean de Leti, qui l'établirent le Collège de George Arfacius, & de Jean Thénaudus. Auffi-tôt qu'il fut revêtu de cet emploi il fit de fon mieux pour faire connoître qu'il n'en étoit pas indigne. A ce deffein il fit quelques livres qui ne tendoient qu'à ruiner la Foi que l'on avoit encore fur la Divinité du faint Efprit. On les lût avec l'avidité que l'on a ordinairement pour la nouveauté. Quelques Miniftres de la Prétenduë Reforme y répondirent, mais fans fruit, comme nous l'avons dit dans la premiere Partie, en parlant des Synodes.

Cependant il faut avoüer que, quoique Stator ait été un des premiers & un des plus ardens qui se soient soulevez contre la Divinité du saint Esprit ; il n'a pas néanmoins adheré à cette héréfie, ou du moins il n'y a pas perseveré. C'est à ce sujet qu'on lui attribue ces vers.

Hist. Ref.
Eccl. Pol.
Fungar vice cautis acutum
Reddere qua ferrum valet, & fors ipsa secandi.

La pierre, que nous appellons une queuë, aiguise les couteaux pour les faire mieux couper, & elle ne coupe pas ; aussi Stator a fait croire à un grand nombre de personnes, que le saint Esprit n'étoit pas Dieu, & néanmoins il a crû qu'il étoit Dieu. Les Historiens Sociniens prétendent que c'est l'amour du siecle, ou la crainte de se mettre mal avec ses amis, ou de perdre ses gages, ou de s'attirer des affaires, & peut-être toutes ces raisons qui l'ont hebeté sur ce point : *amor saculi hebetavit.* Ce qui donne lieu à Lubienieski de parler ainsi, c'est qu'au Synode de Lancut en 1567. les parties disputant fort pour & contre la Divinité du saint Esprit, aussi-bien que contre la Divinité de J. C. Stator se mit du côté de ceux qui étoient pour, & nia hautement qu'il eut jamais eu des sentimens contraires à la Divinité du S. Esprit, dans l'apprehension qu'on ne lui ôtat les moyens de vivre. Alexis Radecius lui soutint hautement que dans le tems qu'il étudioit à Pinczow, il avoit appris de lui-même que le saint Esprit n'étoit pas Dieu, & lui nia avec la même hardiesse qu'il lui eut jamais donné de telles leçons, & repeta que le saint Esprit étoit Dieu, & un Dieu qu'il falloit adorer, & que tous ceux qui croyoient le contraire étoient des enfans du démon. C'est au sujet de ces variations que Budzinius lui reproche qu'il étoit le Prothée de son siecle.

Au reste, on ne peut disconvenir qu'il n'eut beaucoup d'esprit, qu'il n'étoit pas ignorant, & qu'il avoit une grande facilité de parler élegamment en Latin & même en Polonois, aussi-bien qu'en François.
Orpbinius. On veut qu'il soit mort peu de tems après s'être declaré pour la Divinité du saint Esprit, & même dans le sein de la grande Eglise, c'est-à-dire dans celle de la Prétenduë Reforme qui croyoit un Dieu en trois personnes consubstantielles. Il nous a laissé quelques livres bien opposez à la foy que nous avons sur la Trinité.

Ses livres.
B. A. p. 47 A peine fut-il entré dans le Rectorat du College de Pinczow, qu'il écrivit contre Stancar ; son livre fut imprimé à Pinczow en 1560. & a pour titre : *Liber contra Francisci Stancari dogma.* Prateolus dit que ce livre lui attira une accusation de la part de Staphilus, celui-ci le taxa d'héréfie.

Oratio, qua à 1560. 29. Januarii, Joanni à Lasco (qui die 8. memorati mensis obiit) parentavit.

Une lettre à Remy Chelmius en date du 30. Janvier 1561. C'est une réponse qu'il lui fait par ordre du Synode de Pinczow, sur la question, si on doit invoquer le saint Esprit.

Une Grammaire Polonoise.

La Bible traduite en langue Polonoise par les Pinczowiens, & imprimée *in fol.* à Breſtie en 1563. par les ſoins & aux dépens du Prince Nicolas de Radzivil Palatin de Vilna. On donne cet ouvrage à Stator, cependant Wengerſcius dit que Zacius, Gregoire Orſacius, André Triceſius & Jacques Cubelius ou Lublinius y ont mis la main, & qu'outre ces Sçavans pluſieurs autres y ont travaillé aux dépens des Pinczowiens, parmi leſquels on marque Jean de Laſco, Hutemovites, Liſiſmaninn, Stancar, Okin, Blandrat, Alciat, Crovicius, Thenaudus, Vitrelinus, Brelius, Gregoire Pauli, &c.

STANISLAS PACLESIUS.

Paclesius étoit de Lublin, & on lui donne de l'eſprit, de la ſcience, de la pieté, & un don particulier pour toucher les cœurs par ſes diſcours. Engagé dans la Prétenduë Reforme il donna ſa maiſon pour en faire le premier Prêche qui fut érigé dans cette Ville, auſſi en fut-il le premier Miniſtre, & le premier qui s'y déclara contre le myſtere d'un Dieu en trois perſonnes, & contre le Batême des petits enfans. Pluſieurs des Prétendus Reformez goûterent ces nouveaux paradoxes, & les ſoutinrent. Il y en a qui prétendent qu'il n'eſt pas le premier qui ait combattu le Batême des enfans, & introduit la pratique contraire. Ils veulent que ce ſoit Mathias Albinus; quoi-qu'il en ſoit, il y eut beaucoup de part, il mourut à Lublin en 1565. après avoir fait & ſigné ſon teſtament. C'eſt le ſeul ouvrage qu'on lui donne.

THOMAS FALCONIUS.

Falconius de Lithuanie fut un de ceux que Blandrat débaucha du parti de la grande Trinité, il eut quelque emploi dans l'Egliſe de Lublin; après quoi il fut le Prédicateur du Prince de Radzivil. Il a laiſſé quelques livres, ſçavoir.

Hermonia IX. 4. Evangeliſtis. Pol.

Domina Kiſciana Palatina Vitepſcenſis, Joannis Kiskæ à Ciechanovviec mater.

Une Lettre au Synode de Breſcie en 1565. où il traite du Batême. *Princeps Anna Radzivilia.*

Une autre lettre au même Synode ſur le même ſujet.

SIMON BUDNÆUS MAZOVIUS.

Budnæus fut un homme qui de Diſciple de Servet s'érigea en maître & en Chef de parti parmi les Novateurs: il exerça le Miniſteriat dans l'Egliſe de Klecenie ſous la protection du Prince de Radzivil, & dans l'Egliſe de Losk ſous la protection de Jean Kiska. Dans ces emplois il affecta tant de nouveautez, qu'on fit grand bruit contre lui, & qu'on luidonna la qualité de Chef des demi-Judaïſans, ou Ebionites de Lithuanie. On ajoute que jamais Marcion & Luther n'allerent ſi loin en fait de nouveaux paradoxes. On l'accuſe:

Hiſt. Eccl. Sclav. l. 1. c. 16.

B. A. p. 53.

B. A. p. 54.

Ibidem.

Ses erreurs D'avoir changé l'ordre des Evangelistes, & de les avoir étendu, & limité comme il lui a plû.

D'avoir corrompu, & retranché cent, & cent passages de l'Ecriture.

D'avoir voulu prouver par onze passages de l'Ecriture que le S. Esprit n'étoit pas Dieu.

D'avoir apporté vingt-six passages de l'Ecriture tournez à sa phantaisie, pour montrer que J. C. non seulement n'étoit pas Dieu; mais encore qu'il n'y avoit rien de miraculeux dans sa naissance, qu'il étoit né de Marie d'une maniere humaine, & du fait de Joseph, & qu'on ne devoit ni l'adorer, ni l'invoquer, ni lui rendre aucun culte religieux; ce sont des reproches que lui fit un Anabatiste; & Sandius convient assez de ces accusations, quand il dit: *Delapsus est in opinionem de Christo Domino divino cultu non honorando, & nonnulla alia semi-Judaizantium dogmata, ac ejusdem sectæ hominum in Polonia hyperaspistes fuit.*

Sa maniere éloquente à débiter ces paradoxes, lui attira beaucoup de sectaires dans la Lithuanie, dans la Russie, dans la Prusse, & dans quelques autres Provinces de Pologne. Cette partialité porta les nouveaux Ariens, ou Unitaires de Lithuanie & de Pologne, de le déposer de son Ministeriat, & de l'excommunier en 1584. Cette conduite le rendit moins partial & hardi, soit de crainte de mourir de faim, ou qu'on ne lui suscita de nouvelles affaires, soit qu'enfin il se persuada de la fausseté de sa doctrine: il abjura les erreurs qui le divisoient d'avec les Pinczowiens, & se réunit à eux, c'est dire que de Juif il devint Arien, ou Socinien. Un homme si fécond en paradoxes, ne fut pas sterile en livres, les voici.

Ses livres. *Libellus de duabus naturis in Christo.*

Brevis demonstratio, quod Christus non sit ipse Deus qui est Pater, & cur in sacris litteris appellatus fuerit & porro Deus sit. Ce petit ouvrage est uni à l'autre.

Apologia Polonica.

L'Ancien & le nouveau Testament en langue Polonoise, tirez des sources de l'Hebreu & du Grec. *Excusatipis Zaslavvii in Lithuania, in Typographia Mathia Kaviezinii Præf. Niesvisensis, ejusdemque ac fratris ipsius sumptu publicata* 1574.

Refutatio argumentorum M. Ezechovicii qua pro sententia sua quod homini Christiano non liceat Magistratum Politicum gerere, in dialogis suis proposuit. Losci à 1574.

Un Nouveau Testament en langue Polonoise in 8°.

STANISLAS BUDZINIUS, ou BUDZINI.

B. A. P. 55. *Budzinius* Polonois, emploïa une bonne partie de sa vie au service de Jean de Las, & de Lisimaninn, en qualité de Secrétaire, de là il passa au service de Jerôme Phillopovius, pour en être le Commis dans ces receptes ; s'attacha aux opinions de Budnæus, & il en eut aussi la destinée ; c'est-à-dire qu'il fut excommunié, & retranché des Eglises des Pinczowiens, & après avoir demeuré douze années dans cette séparation, il se reconcilia avec elles, & mourut bon Socinien ; il nous a laissé ces livres.

Historia Ecclesiastica eorum qui in Polonia, eique conterminis regionibus à primordiis reformationis usque ad annum 1593. In negotio religionis contigerunt, en manuscrit & en langue Polonoise. Erasme Otvinovius dans la vie qu'il a fait de cet Auteur, nous apprend qu'une partie de cette histoire étant tombée entre les mains d'un infidele, qu'il ne nomme pas, & qui apparemment étoit un homme opposé aux Pinczowiens, étoit périe. Sandius s'est beaucoup servi de la partie qui reste pour faire son catalogue des Auteurs Antitrinitaires. *Ses Livres*

Une lettre au Synode de Racovie en 1574. où il exhorte les freres à la concorde, & où il soutient qu'un Chrétien peut porter les armes & exercer la Magistrature, en manuscrit & en langue Polonoise.

Une autre lettre à Gregoire Pauli sur ce même sujet ; en manuscrit. 1574.

Un traité en manuscrit sur le Regne de J. C. pendant mille ans.

Il y a d'autres personnes qui ont fait encore plus de bruit dans la secte, que n'ont fait ceux dont nous avons parlé, & dont nous sçavons assez de circonstances pour leur donner à chacun un chapitre.

CHAPITRE XII.

FRANÇOIS LISISMANINN CORDELIER.

Ses emplois, ses intrigues, son Arianisme, son mariage, sa mort, & ses œuvres.

FRançois Lisismaninn, que d'autres appellent Lisinan, *Lismannius & Lismanius*, étoit Italien, de l'Isle de Corfou ; il avoit de l'esprit, & de grands talens pour les sciences, & encore plus pour les intrigues de Cour : il prit l'habit de Cordelier, & étudia assez dans cet état pour parvenir au Doctorat. Sa capacité, & une apparence de piété, jointes à quelques talens pour la prédication, le firent bientôt distinguer dans son cloître, & assez dans le monde, pour que la Princesse Bonne, fille de Sforce Duc de Milan, & épouse de Sigismond I. Roi de Pologne, lui fit l'honneur en 1546. de le choisir pour son Prédicateur en Langue Italienne, & même pour son Confesseur. *B. A. p. 34.* Cette qualité lui donna un grand relief dans son Ordre, & lui procura d'autres honneurs. Il suivit cette Reine en Pologne, & on l'y fit Provincial des Freres Mineurs, & Commissaire ou Visiteur des pauvres Dames Religieuse de Ste. Claire. On veut même qu'il ait été

Curé de Kiovie ; mais cette charge ne convient guéres à un Religieux de S. François, Provincial, Commiſſaire, Confeſſeur, & Prédicateur d'une Reine.

Pendant ſon ſéjour en Pologne Jean Triceſſius homme de qualité, & infecté des opinions de la Prétenduë Reforme, répandoit avec beaucoup de ſecret le venin dont il étoit gâté. Liſiſmaninn qui en eut connoiſſance, bien loin de l'entreprendre comme il le pouvoit, & le devoit par le devoir de ſa charge, & de ſon habit, s'en fit un ami ; auſſi bien que de Bernard Wojewoka, & de Jacques Priluſius Notaire de Cracovie, tous deux Calviniſtes, & bons amis de Triceſſius, & il entra ſi bien dans la confidence de ces trois novateurs, qu'ils ne firent aucune difficulté de s'ouvrir à lui, & de lui fournir les livres de Luther, de Zuingle, & de Calvin. Ces livres furent le commencement de ſa perte, & même de celle de pluſieurs de ſes freres.

Je dis qu'ils furent le commencement de ſa perte. La Reine Bonne, par je ne ſçai quel eſprit, ſi ce n'eſt celui qu'ont preſque tous les hommes, de flater la curioſité & les paſſions de ceux pour qui ils ont quelque conſidération, lui avoit déja fait voir des Sermons de Bernardin Okin, qui l'avoient ébranlé dans la Foi Romaine, & ces livres que lui prêterent ſes amis le déterminerent à ſe déclarer pour la Prétenduë Reforme, & aſſez ouvertement pour que l'Evêque de Cracovie en fut averti.

Je dis que ces livres furent auſſi le commencement de la perte de quelqu'uns de ſes Confreres. Il les leur prêtoit : paſſionnez pour ces nouveautez, & ennuyez du joug du Cloître, & autant que le pouvoit être leur Superieur, ils les liſoient avec ardeur, les tournoient à leur façon, & les prêchoient avec liberté au grand ſcandale de ceux qui ne ſçavoient pas leur Religion, & de ceux qui en étoient dégoûtez, & au chagrin de ceux qui la ſçavoient & qui l'aimoient. Parmi ces Cordeliers qui ſe gâterent l'eſprit des nouvelles opinions, on nous parle des Peres François de Lithuanie, Staniſlas Opoczno, Albert Kozabovie &c. La Juſtice les entreprit, on en fit mourir quelques uns, & les autres ſe convertirent.

Tandis que la Juſtice faiſoit ces pourſuites, Macié Jowiski Evêque de Cracovie qui n'étoit pas ſans ſoupçon ſur l'hétérodoxie de Liſiſmaninn, pour s'en convaincre parfaitement l'alla voir, voulut entrer dans ſa chambre & examiner ſes livres ; mais le Cordelier qui en ſçavoit long, & qui étoit toujours dans la méfiance, n'expoſoit en vûë que les livres de Scot, de ſaint Thomas, & de quelques Auteurs Scolaſtiques, par cet artifice éluda pour ce coup les deſſeins que l'Evêque avoit ſur lui.

Mais Maciejowiski qui ne vouloit pas qu'on dit dans le monde, qu'un Cordelier l'avoit joüé, trouva bientôt le moïen de joüer le Cordelier ; ce fût dans le voïage que Liſiſmaninn fit à Rome en 1550. pour complimenter de la part de la Reine Bonne Jules III. ſur

ſon

son élévation à la Papauté. Auffitôt que l'Evêque en eut connoiffance il écrivit à Rome les conjectures qu'il avoit fur l'hétérodoxie de Lififmaninn, & les commerces qu'il avoit avec des perfonnes qui faifoient une profeffion publique de la Prétenduë Reforme, & en envoïa les preuves. Ces lettres auroient eu l'effet que pouvoit en attendre le Prélat, fi elles n'euffent pas été retardées en chemin; & fi Ezamchovius, que le Roi avoit envoyé à Rome pour complimenter de fa part Julles III. n'en eût donné avis au Cordelier, pour l'obliger de fortir inceffamment de Rome; avis qu'il fuivit auffitôt. Il y a des Hiftoriens qui difent qu'il étoit déja forti de Rome quand les lettres arrivérent.

Bayle.

Arrivé en Pologne, il alla d'abord à Varfovie où demeuroit la Reine Mere depuis fes broüilleries avec fon fils au fujet de fes amours avec Madame de Radzevil; & peu de tems après le Roi lui fit l'honneur de lui écrire, pour l'engager comme Confeffeur de la Reine, de mettre en ufage tout fon fçavoir faire auprès d'elle, pour les reconcilier enfemble. Lififmaninn n'épargna rien pour réüffir dans cette négotiation, & pour montrer au Roi ce dont il étoit capable, quand il s'agiffoit de lui faire plaifir. A ce deffein il fit trois voïages de Varfovie, à Cracovie: néanmoins il ne gagna rien fur l'efprit de la Reine Mere, au contraire tous ces mouvemens ne fervirent qu'à l'indifpofer contre Lififmaninn; elle lui reprocha que s'il y avoit un homme à la Cour qui dût entrer aveuglement dans fon reffentiment c'étoit fon Confeffeur, vû que le mariage de fon fils avec Madame de Radzevil, & qui étoit le motif de fon mécontentement, paffoit dans l'efprit des plus fages de la République pour fcandaleux.

Mais fi la Reine Bonne fut mécontente des démarches de Lififmaninn, le Roi en fut trèsfatis-fait, & fi fatisfait, qu'il lui fit promettre par Occiofius Grand Chancelier, le premier Evêché vacant, & l'honora d'une confiance toute finguliere.

Pendant que Lififmaninn étoit ainfi en intrigue de Cour, Lelie Socin vint en Pologne en 1551. & ne pouvant pas ignorer que Lififmaninn ne fût Italien, bon ami de Treceffius, & de quelqu'autres Seigneurs imbûs des opinions nouvelles, qui faifoient le plus de bruit, & que par fon crédit en Cour, il pourroit lui rendre fervice, l'alla voir, en fut favorablement reçû, devinrent bons amis, & eurent de frequentes conférences. Ce fut dans ces confidences qu'il lui fit goûter fes erreurs fur la Trinité, fur la prééminence du Pere, & fur la nullité du Batême des Enfans: qu'il le dégoûta de fon habit & de la foi Romaine, qu'il lui confeilla de lever le mafque, de fe déclarer ouvertement pour la Prétenduë Réforme, & qu'il lui dit, que s'il appréhendoit quelque chofe à raifon de fon habit, de fa qualité, & du païs; de fe retirer à Genève, ou dans un autre lieu, pour avoir la liberté de fuivre l'Ecriture & les lumiéres de fa confcience, *Abjiciendi cuculli acerrimus Autor extitit*, dit Lubieniefki.

Hift. Ref. Eccl. Pol.

O o

Lififmaninn fut fi ébranlé de ces follicitations que lui fit Lelie Socin, qu'il les auroit dès lors fuivi, s'il ne fe fut pas mis en tête,
que demeurant encore quelque tems avec le Roi, il pourroit bien le
porter à fe déclarer pour la Prétenduë Réforme : il en parla à Lelie
Socin. Socin goûta fon deffein, & lui confeilla d'y travailler de fon
mieux.

Les troifiémes nôces aufquelles Sigifmond Augufte voulut paffer
avec la Princeffe Catherine, niéce de Charlequint, fille de Ferdinand, & veuve de François de Gonzague Duc de Mantouë, lui donnerent beau jeu pour réüffir dans cette chimere. Ce Roi qui ne connoiffoit point d'homme dans fa Cour qui pût le fervir avec plus de
zele que Lififmaninn, s'adreffa à lui, & lui en fit confidence, ce
qui lui donna lieu d'avoir de frequentes converfations enfemble, &
on a foin de nous avertir qu'on n'y parloit pas toûjours fur les intrigues du mariage, mais quelquefois de la prétenduë neceffité de
reformer l'Eglife de Pologne, à l'imitation de la Suiffe, de l'Allemagne, & des autres Provinces voifines. C'eft à ce deffein que Lififmaninn lifoit tous les Mécrédis & Vendredis devant le Roi les Inftitutions de Jean Calvin, comme le livre le plus excellent qui fut a-
lors, & ce manége dura jufqu'à la conclufion du mariage avec la
Princeffe Catherine d'Autriche, qui fe celébra en 1553.

Dans ces intervalles le Roi & Lififmaninn tomberent malades, &
les Medecins qui voyoient le Roi avoient ordre qu'à la fortie de fa
chambre ils allaffent vifiter Lififmaninn, tant la fanté de celui-ci
étoit chere à fa Majefté.

Hift. Ref.
Eccl Pol.
pag. 43. &
les fuivant.

L'un & l'autre revenus en fanté, & le Roi fe laiffant aller à la
bizarerie de fon humeur, & aux projets de fon confident, refolut
de travailler tout de bon à la Réformation des prétendus défordres
de fon Eglife. A ce deffein il envoya Lififmaninn en differentes Provinces, Républiques, Royaumes, Eglifes & Univerfitez de l'Europe ; & pour lui donner une entrée favorable par tout où il iroit,
il l'honora de quantité de lettres à differens Rois, Princes, & perfonnes diftinguées, qui portoient que, dans le deffein où il étoit
d'enrichir fa Bibliotheque des livres qui y manquoient, il avoit crû
qu'il n'y avoit perfonne qui put mieux le fervir à ce projet que le
Pere Lififmaninn : mais ce n'étoit là que le deffein apparent, quoique veritable. Il y en avoit un autre qui n'étoit pas moins veritable, & dont le Roi lui avoit demandé le fecret, & même défendu
de lui en rien témoigner dans les lettres qu'il lui écriroit pendant
fon voyage, de crainté que les Secretaires, entre les mains de qui ces
lettres ne manqueroient pas de tomber, n'euffent connoiffance de
ce deffein. Ce deffein fecret tendoit à examiner le Gouvernement,
les Loix, les Coûtumes, les créances, les maximes, les préceptes
des Eglifes par où il pafferoit, afin d'en prendre ce qu'il jugeroit à
propos pour fon Eglife.

Lifismaninn, revêtu de tels pouvoirs & de tant de recommanda-
tions, parcourut l'Allemagne, la Suisse, la France, l'Italie ; & après
avoir vû Venise & Padoüe il vint à Milan, où il fut arrêté & mis
en prison accusé d'hérésie : il en sortit en montrant ses lettres & la
Commission dont le Roi de Pologne l'avoit honorée. De Milan il prit
la route de Suisse, & il y eut des Conférences avec tous ceux qui s'y
distinguoient le plus par la singularité de leurs opinions, ou par leur
capacité, comme Rodolphe Gualterus, Pellican, Henri Bullinger,
Théodore Bibliander, Leon Juda, Gesner, &c. Il demeura quelque
tems à Zurich, à Berne & à Genêve ; revint à Lion, à Paris, & de
là à Genêve : par tout il s'informoit avec soin des Rits, des Usages,
& des dogmes des Eglises nouvelles & Prétenduës Reformées ; & par-
tout on se faisoit un plaisir de contenter sa curiosité, de lui ouvrir
toutes les Bibliotheques, & aussi acheta-t-il des livres en differens
endroits conformes à son goût & à son dessein ; mais aussi enyvré
de joye des honneurs qu'on lui déferoit, il oublia le principal de
son grand dessein, je veux dire le secret que Sigismond Auguste lui
avoit tant recommandé. Dans les conversations fréquentes qu'il eut
avec les Ministres de Genêve & des autres lieux où il avoit été, pour
se mieux faire valoir auprès d'eux, il eut l'indiscretion de leur reveler le veritable motif de son voyage, & le grand penchant qu'a-
voit le Roi son maître, de changer le Gouvernement de l'Eglise de
son Royaume.

Les Ministres ravis de joye d'apprendre ces nouvelles, crurent
qu'il étoit de leur devoir, & de l'avancement de la Prétenduë Reforme, d'en complimenter ce Monarque ; ce que firent Gesner, Bullinger & Calvin par quelques lettres qu'ils lui écrivirent, que Lisismaninn lui porta, qui, trente ans après la mort de ce Roi, tomberent entre les mains de Budzinius, & qui dans la suite les a rendu publiques, aussi-bien que beaucoup d'autres lettres que les Ministres avoient écrites aux Grands du Royaume, pour les encoura-
ger à prendre leur Prétenduë Reforme, avec les réponses que ce
Monarque eut la complaisance de faire à ces Théologiens, & qui
firent connoître au public le penchant qu'avoit eu le Roi pour changer de Religion.

Lisismaninn ne se contenta pas de reveler le secret de son Maître à tous ces Ministres, contre la défense que le Roi lui avoit tant
de fois réïterée de ne lui rien toucher dans ses lettres de son projet, il eut l'indiscrétion de lui marquer tout ce qu'il avoit appris des
differentes Eglises Prétenduës Reformées touchant son dessein de reformer son Eglise, ce qui indisposa ce Roi si fortement contre lui
qu'il l'abandonna, & ne voulut plus en entendre parler.

Pendant qu'il étoit à Genêve il ne parla pas toujours avec les Ministres des matieres de la Religion ; il eut de si frequentes & de si
familieres conversations avec une Demoiselle Genevoise, qu'on ne

parla plus que de le marier avec elle. Lelie Socin, Calvin & tout le Conseil qui ne désiroient rien tant que de l'attacher à la Prétendüe Réforme par un coup d'éclat, lui conseillerent & le presserent de conclure ce mariage. Mais Budzinius son Secretaire & son Confident, qui voyoit les fâcheuses conséquences de cette démarche, ne lui donnoit point de relâche pour rompre ces amours & empêcher ce mariage. Il lui representa qu'il n'étoit pas à lui, mais au Roi; que ce mariage causeroit une douleur extrême à ce Monarque; que ce n'étoit point là la recompense qu'il attendoit de lui, après l'avoir honoré de sa confiance, & avoir fait tant de dépense pour son voyage; que le bon & le seul parti qu'il avoit à prendre, étoit de sortir de Genêve pour un tems, & retourner en Pologne y rendre compte de sa Commission; & qu'après s'être acquité de ce devoir, si ses inclinations ne se passoient pas, il pourroit revenir à Genêve pour consommer son mariage. De plus, qu'il fit attention à son honneur, à ses interêts, & à ce qu'on dira dans la Pologne, quand on sçaura qu'un Prêtre, qu'un Religieux, qu'un Confesseur d'une Reine Catholique, qu'un Envoyé du Roi a quitté son froc pour se marier dans le tems qu'il faisoit les affaires de son Souverain. Toutes ces remontrances que lui fit Budzinius ne purent l'empêcher de faire ce que sa chair & le démon attendoient de lui. Il se maria à Genêve avec la fille en question.

Hist. Ref. Eccl. Pol. pag. 42. & 43.

Ce coup, que personne n'a osé justifier que ceux qui lui ont conseillé, & que toutes les personnes sensées ont condamné, même son Panégyriste Lubienieski, qui avoüe que notre Apostat se maria trop tôt: *Ad castas, intempestivas tamen nuptias properans*, se répandit bientôt à la Cour de Pologne & dans toute la Pologne. Les Catholiques en eurent horreur, le Roi en fut si frappé, qu'il ne pensa plus au ridicule & pernicieux dessein qu'il s'étoit formé sur les instances de Lisismaninn, de mettre son Eglise sur le pied de celle de Wittemberg, ou sur celui de Genêve: *Quod ejus pactum Rex moleste ferens ab incepto de exploranda Religione resilivit*, & les Novateurs en furent si contens qu'ils jugerent à propos dans le Synode de Pinczow 1555. de lui en faire des complimens par lettres, & de le prier de quitter la Suisse pour revenir en Pologne y soutenir la cause commune. Les lettres eurent leur effet.

Lubienieski

Il sortit de Suisse en 1556. & arrivé en Pologne il se tint caché, sachant qu'il y avoit une sentence de proscription contre lui; mais ses amis qui étoient en nombre, & d'un grand crédit, remuerent tant de machines auprès du Roi, qu'enfin ce Monarque lui permit de paroître & de faire ses affaires.

Nous avons vû dans les Chapitres des Synodes, premiere partie, que dans le tems que Lisismaninn revint en Pologne, il y avoit beaucoup de broüilleries dans les Eglises de la Prétendüe Reforme, au sujet de la prééminence du Pere Eternel, sur les deux autres Personnes de la Trinité, & au sujet d'autres opinions de l'Anabatisme. Quelque penchant que Lisimaninn eut pour la nouveauté & les paradoxes de l'Arianisme, particulierement depuis qu'il eut goûté l'esprit & les opinions de Lelie Socin ; néanmoins il n'osa pas se déclarer. Il avoit des ménagemens à prendre avec les Prétendus Réformez ; à raisons des services qu'ils lui avoient rendus, & à raison des bons amis qu'il avoit parmi eux.

Ce ménagement ne dura pas long-tems : Blandrat l'aboucha en 1558. lui tourna si bien la tête, qu'il lui fit revoquer en doute tout ce que nous croyons de l'égalité & de la consubstantialité des Personnes de la Trinité, & l'agguérit si bien sur cette matiere, qu'il en parla ensuite avec tant d'indiscrétion, & d'une maniere si opposée à la notion commune, qu'on le déféra au Consistoire de Cracovie, mais sans suite : Blandrat y étoit alors trop puissant, pour qu'on inquietât un homme qui pensoit & qui parloit comme lui ; & il y avoit trop de divisions parmi ceux qui le composoient pour pouvoir faire avec succés le procés à un homme aussi accredité que l'étoit Lisimaninn : non seulement il n'y fut pas condamné, mais il s'y érigea en maître ou en arbitre pour y pacifier les differens qui étoient entre les Pinczowiens & les Prétendus Réformez. Afin de réüssir dans cette médiation, il fit un Centon de quelques passages de saint Augustin, de saint Jérôme, de saint Ambroise, & de saint Chrysostome, qui devoit servir de regle & de repertoire pour interpreter les passages de l'Ecriture qui paroissoient difficiles aux parties. Ce projet fut rejetté, & Lisimaninn après avoir perdu l'esperance de pouvoir réünir ces esprits si opposez sur le dogme d'un Dieu en trois personnes, & d'ailleurs se sentant en butte aux Novateurs, & odieux à tous les Catholiques, sortit de Pologne pour n'y jamais rentrer, & se retira à Konigsberg sous la protection du Duc de la Prusse : il n'y demeura pas long-tems dans les sentimens qu'il y avoit portez. On veut qu'après avoir été Catholique, Religieux, Prêtre, Docteur, Luthérien, Calviniste, Zuinglien, Arien, il s'y soit fait Mahometan ; quoiqu'il en soit de ce dernier changement, que je ne crois pas, il est certain qu'il y mourut d'une maniere bien tragique. Sandius après nous avoir dit que dès sa jeunesse il tomboit quelquefois en frénesie, & que cette maladie s'augmenta avec l'âge, ajoute qu'enfin en 1563. elle le porta à cet excés, qu'elle le précipita dans un puits où il mourut. Budzinius dit qu'après s'être informé de cet accident, il avoit appris que sa femme qui étoit soupçonnée d'adultere, fut elle-même la cause de cette mort.

Le moindre endroit de l'histoire de Lisimaninn est assurement celui qui regarde ses livres. Quoique Docteur, il ne s'est pas beaucoup appliqué à la composition, il n'en faut pas être surpris, ses prédications, ses voïages, & ses intrigues de Cour ne lui permettoient pas de composer, cependant on a quelques ouvrages de lui sçavoir.

N. I. p. 48.

B. A. p. 45.

C. 29.

Ses livres.   *Littera ad Conventum Pinczoviensem, data à 1555. 11. Novembris. Manuscrit.*

Littera ad generosum D. Stanislaum, Juanum, Karnenseium. Elles sont du 10. Septembre 1561. & elles sont imprimées dans l'Histoire de la Reformation des Eglises de Pologne pag. 119. il y combat l'opinion de Stancar, & il y prouve par l'autorité des Peres anciens, que le Pere Eternel est la cause & l'origine du Fils, & qu'il est aussi plus grand que lui : quoiqu'il s'y explique à peu près comme les Ariens, il soutient néanmoins contre ceux qui l'accusoient d'arianiser, qu'il n'étoit point Arien, & que Stancar étoit un véritable Sabellien. Ce fut en conséquence de ses lettres que Gregoire Pauli parla hautement pour la prééminence du Pere sur le Fils. C'est ce que nous apprend Budzinius, qui a inséré ces lettres dans le Chapitre 20. de son Histoire.

Brevis explicatio doctrina de Sanctissima Trinitate quam Stancaro, & aliis quibusdam opposuit. Il y ajoûta une lettre apologetique adressée à Sigismond Auguste, elle est de Cracovie, & signée de Felix Cruciger Sur-Intendant des Eglises de la petite Pologne, de Gregoire Pauli comme l'Ancien de l'Eglise de Cracovie, & d'environ trente autres personnes, Ministres & Theologiens. Cette Apologie est de 1563. & fut imprimée en 1565.

On nous parle encore de certaines notes qu'il a faites à la marge d'un Commentaire de Calvin, & dont il fit present à Lechomann. On y voit sur le chap. 20. vers. 28. des Actes des Apôtres, les deux vers que j'ai citez en parlant de Servet, & faits au sujet de ce que Calvin appelloit Servet un chien d'Espagne.

Le Centon des passages des anciens Peres, & dont j'ai parlé fut imprimé. Cependant Sandius n'en parle pas, & Lubienieski avoüe ne l'avoir point vû. *Id scripto licet lucem viderit, videre mihi non contigit.*

P. 168.

CHAPITRE XIII.

JACQUES PALEOLOGUE JACOBIN.

Ses études, son apostasie, son mariage, son procès, sa mort, & ses livres.

P Aleologue étoit Grec, de l'Isle de Chio, & issu de la noble famille des Paléologues qui ont occupé l'Empire de Constantinople. Animé du desir de tendre à la perfection Chrétienne, il quitta sa Patrie & tous les avantages qu'il y pouvoit esperer, vint à Rome, & il y prit l'habit de Religion chez les Peres Dominicains, accompagné d'un autre qui fut depuis Pape, sous le nom de Pie V. & eut assez de bonheur pour y faire profession avec ce saint Religieux.

Paleologue fit de son mieux après sa profession, pour devenir sçavant dans les belles lettres, dans la Philosophie, dans la Théologie, & dans les langues Orientales, & réüssit. Enflé de ces belles connoissances, & des autres talens dont la nature l'avoit gratifié, il devint si insupportable à ses freres, qu'il s'en attira l'aversion; il ajouta à son orgüeil une attache opiniâtre aux opinions les plus dangereuses, ou les moins reçûës parmi les Catholiques, & une maniere nouvelle & hardie à les débiter, par là il força ses freres à lui faire souvent de la peine, & même à le déclarer au Tribunal de l'Inquisition, qui alors étoit terrible, & plus terrible qu'il n'avoit jamais été. Ce Tribunal l'entreprit & l'enferma dans ses prisons, d'où il ne sortit qu'à la faveur de cette fameuse sédition que les Romains, mécontens du Gouvernement du Pape Paul IV. firent à sa mort, qui arriva en 1559. & qui alla si loin, que les Romains coupérent la tête & la main droite de cette excellente Statuë, qu'on avoit érigée dans le Capitole, à ce Pape, en reconnoissance de ses bienfaits, & qu'on jetta dans le Tibre après les avoir traînez trois jours durant par la ville; briserent les portes des nouvelles prisons de l'Inquisition, en firent sortir les prisonniers, & mirent le feu dans cette maison.

Spende ad ann. 1559.

Paleologue hors de prison, voulut se mettre hors des poursuites des Inquisiteurs, & des persecutions que ses confreres auroient pû lui faire. Il quitta son habit de Religieux, sortit d'Italie, & parcourut l'Allemagne; il y confera avec tous ceux qui faisoient bruit par leur capacité, & par la singularité de leurs opinions nouvelles; il ne les trouva pas à son goût, il les quitta pour venir en Pologne, & en Transilvanie, où il trouva ce qu'il cherchoit, des hommes qui avoient des sentimens de Dieu, & de J. C. à peu près semblables à ceux qu'en ont les Turcs. Ceux qui lui plûrent le plus, & dont les opinions convenoient aux siennes, furent François Davidi, & Somer; l'attache qu'il eut à ces deux Ministres Unitaires (c'est le nom que l'on donnoit en Hongrie aux nouveaux Ariens) lui suscita de gros démélez avec ceux de Pinczow, de Racovie, & même avec Fauste Socin, dont néanmoins il se retira avec tant de succès, que Socin en fit son bon ami, cet ami lui en concilia d'autres, qui par leur crédit lui procurerent le Rectorat de Colosvar, que d'autres appellent Closembourg. Revêtu de cet emploi, il se maria avec une Demoiselle de qualité du païs.

Pendant que Paleologue s'élevoit jusqu'au gouvernement d'un petit College de Transilvanie, son Collegue de noviciat & de profession parvint au gouvernement de l'Eglise universelle sous le nom de Pie V. Ce saint Pape, qui avoit extrémement à cœur la perte de son Collegue, & le scandale qu'il donnoit à son Ordre par son apostasie & ses erreurs, n'épargna rien auprès du Roi de Pologne & des Grands de la République pour les engager à le lui livrer, & il

auroit réüffi fi Paleologue averti de ces follicitations ne s'étoit retiré avec fa femme en Moravie: il y vecût fi bien au gré de ces peuples, chez qui alors toutes fortes d'opinions en matiere de Religion
étoient bien reçûës, que non feulement ils lui promirent leur protection, mais ils l'honnorerent encore comme un homme d'un mérite extraordinaire, d'une fainteté confommée, & injuftement perfecuté.

Pendant fon féjour en Moravie le faint Pape Pie mourut, & Gregoire XIII. qui lui fucceda au Pontificat, fucceda auffi au deffein
qu'il avoit d'arrêter cet Apoftat. Pour y réüffir il en écrivit à l'Empereur Maximilian, & lui en fit tant dire fur ce fujet, qu'enfin cet
Empereur voulut le fatisfaire, & le fit d'une maniere digne de la
Majefté Imperiale.

Un homme puiffant fit un feftin, & y invita Paleologue avec plufieurs perfonnes de qualité. Paleologue, qui ne fe méfioit de rien,
au moment qu'il entroit dans la maifon, fe fentit enlevé par des
gens qu'il ne connoiffoit pas, qui le mirent fur une voiture, & qui
le conduifirent avec tant de diligence de Moravie à Vienne, & de
Vienne à Rome, que ceux de Moravie n'apprirent fon enlevement,
que parce qu'on leur dit qu'il étoit arrivé à Rome.

La premiere chofe que l'on fit & que l'ont fait ordinairement aux
malheureux qui font dans les prifons du S. Office, fut de le laiffer
quelque-tems fans parler à perfonne dans ces affreux cachots, ou
pour qu'il eut le loifir de penfer aux moyens de fe convertir, ou
pour que rien ne pût le diftraire de fon chagrin, de la honte, & de
la crainte qu'il devoit avoir de mourir bien-tôt par la main d'un
Bourreau. Le Pape qui vouloit plûtôt fon falut que fa mort, lui envoya les Peres Bellarmin & Magius, tous deux Jéfuites, bons Théologiens, fçavans dans les langues, & experimentez dans les controverfes en matiere de Religion, afin que par leur fçavoir-faire ils
puffent rappeller ce malheureux à fon devoir. Quelques habiles que
fuffent ces Peres, ils ne le furent pas encore affez pour diffiper les
ténebres dont l'efprit de Paleologue étoit obfcurci. Il avoit porté
fon orgüeil à un tel excés, & Dieu l'avoit fi-bien abandonné à la
dépravation de fon cœur, que les paroles les plus convaincantes
ne faifoient plus d'impreffion fur fon efprit. Suivant les manieres
des hérétiques, il demandoit continuellement qu'on lui prouva par
la feule Ecriture la confubftantialité du Fils; on le faifoit; mais fa Dialectique, fon opiniâtreté, le commerce qu'il avoit eu avec Socin &
les Unitaires, & l'étude qu'il avoit fait des argumens de Paul de
Samofate, d'Arius, de Photin, & des autres ennemis de la Divinité
de J. C. lui fourniffoient des interprétations pour éluder les paffages qu'on lui citoit; & fi on lui montroit par les Conciles & les
anciens Peres Grecs & Latins, que fes interprétations étoient nouvelles & oppofées à tout ce que l'on avoit de plus certain & de
plus

plus respectable dans l'Antiquité ; il repliquoit que ces Conciles, & que ces Peres n'étoient que des hommes qui n'avoient rien au-dessus de lui, qui pouvoient se tromper, & qui en effet s'étoient souvent trompez.

Les Jésuites revinrent souvent à la charge, & eurent avec lui d'autres disputes sur les dogmes que les Novateurs nous contestent, & sur ceux qui les distinguent d'avec nous, mais sans fruit. Il demeura ferme, & il sembloit même qu'il se prévaloit de ces disputes, & des bontez qu'on avoit pour lui. Enfin les Jésuites, hors d'esperance de le pouvoir désabuser, allerent trouver le Pape, lui rendirent compte de ce qu'ils avoient fait, & sur leur rapport on resserra le prisonnier, & pour mettre fin à son affaire on le dépoüilla de ses habits Turcs dans lesquels on l'avoit enlevé, & qu'il avoit toujours conservé. On le revêtit d'une robe blanche parsemée de flammes, & en cet état on le conduisit le jour du Dimanche de la Quinquagésime à la Minerve pour y consommer son procès ; de la Minerve on le conduisit à la Tour de Nonne, où après l'avoir chargé de chaînes qui lui enveloppoient les pieds, les mains & la tête, on le jetta dans un cachot.

Si jamais cet homme eut besoin de consolation, ce fut particulierement dans ce déplorable état ; aussi nos deux Jésuites accompagnez d'Etienne Tutcius Séjorlien l'allerent voir pour le porter à profiter de son état : mais inutilement. Ses chaînes l'avoient rendu plus fier & plus resolu à soutenir ses erreurs.

Cette prétenduë fermeté changea le train de ses affaires ; ses Juges le firent conduire à saint Jean de Latran, l'y dégraderent & le livrerent au bras séculier. La Justice séculiere prit connoissance de son affaire, & le condamna à être brûlé tout vif.

Cet Arrest, qui lui fut signifié avec toutes les cérémonies qui accompagnent ordinairement les procedures, ne l'effraia point ; il s'attendoit à subir ce supplice avec toute la fermeté qu'il avoit fait paroître jusqu'alors, & dont il faisoit parade dans ses chaînes ; mais les Juges, qui eurent la précaution de faire marcher devant lui quelques Magiciens, & de les faire brûler vifs en sa présence, le firent bien-tôt changer de sentiment. Il parut tout interdit à ce spectacle, ce qui fit conjecturer à ceux qui l'accompagnoient, qu'il apprehendoit la mort, ou un tel genre de mort, le Pere Barthélemi Jésuite, Coadjuteur du Pere Magius, & qui avoit connu Paléologue dans le séjour qu'il avoit fait en Allemagne, voulut profiter de cette conjoncture, il s'approcha de lui, & lui dit tout ce qu'il pût pour le porter à profiter du tems qui lui restoit. Hélas, reprit Paléologue, il n'est plus tems de se convertir : *Non licet revocare gradum.* Le Pere Barthelemi ne demeura pas court pour le désabuser sur ce désespoir, & lui en dit tant, que Paléologue, soit qu'il fût touché de ce que lui disoit son exorciste, soit qu'il fut effraié de son supplice, soit qu'il

voulut encore prolonger sa malheureuse vie, donna quelques marques de repentir. Le Pape en eut avis, & ordonna qu'on suspen-
dit l'execution du Jugement, & qu'on reconduisit le criminel dans
la prison. A peine y fut-il, qu'on lui presenta la Profession de Foi
qu'il devoit croire. Il la lut, la signa, monta sur un théatre pour faire son abjuration, & confesser hautement que J. C. étoit le vrai
Dieu. Heureux s'il eut perseveré dans cette Foi; mais un an après,
l'esprit toujours occupé de sa vanité ordinaire, & toujours entêté de
ses anciennes opinions, il en dit assez pour donner lieu de croire que
son abjuration n'avoit été qu'une fiction que l'horreur de la mort lui
avoit fait faire, & non pas l'amour de la verité.

Ceux qui le gardoient, & qui avoient ordre de veiller à tout ce qu'il
diroit & à tout ce qu'il feroit, en donnerent avis au Pape, & sur
cet avis il envoya vers le Prisonnier le Pere Tolcius avec l'Inquisiteur, non pour disputer avec lui, comme on avoit fait avant la conclusion de son procès, mais pour l'interroger sur sa créance; ce qu'ils
firent. Paleologue voulut d'abord entrer en dispute & leur faire ostentation de son Grec & de son Latin, mais inutilement. Les Commissaires, conformément aux ordres du Pape, l'obligerent de leur
dire sa créance sur les mysteres de la Trinité & de la Divinité de
J. C. Il la leur dit, & confessa hardiment que J. C. n'étoit point
Dieu, & qu'on ne pouvoit point l'invoquer. Les Commissaires en
B. A. p. 58.
firent leur rapport, & sur ce rapport on l'a condamné à être brûlé
tout vif; ce qui fut executé le 22. Mars 1585. jour auquel les Rois
du Jappon firent leur entrée à Rome. Ses livres ne perirent pas avec
lui, Sandius les réduit à ceux-ci.

Ses livres.

De Ripetano judicio Roma, & de damnatione optimorum & innocentis-
simorum hominum, temporibus Pauli IV.

De Baptismo. Paléologue cite ce livre dans la confirmation du jugement des Eglises de Pologne, à la page 368. en ces termes: *De*
Baptismo autem Gregorii Pauli, & Resurrectione quam fingit & commen-
titur, atque de regeneratione, & manu missione ipsius à peccato, quorum
Viterolinus hic meminit, quàm sit praeter omnem Evangelii veritatem, alibi
docuimus sed & baptisma, de quo loquitur Evangelia, ad nos filios Testa-
mentorum, & foederis Dei non pertinere, docet liber noster de argumento
hoc. Il cite ici deux de ses ouvrages qui ne sont pas venus à la connoissance de Sandius, & c'est pourquoi il n'en donne point les
titres.

De Magistratu Politico: Lasci in Lithuania, an. 1573. Simon Budnaeus eut soin de le faire imprimer. Gregoire Pauli excita ceux de
Racovie de refuter ce livre. Paléologue repliqua à leur réfutation
par un autre ouvrage intitulé:

Defensio vera sententia de Magistratu Politico, Lasci an. 1580. imprimé par les soins de Budnaeus. Fauste Socin répondit en 1581 à ce
livre pour ceux de Racovie.

Ejufdem Palaologi & Matthia Gliris, ac Davidis, Francifci Davidis filii opera. Ce livre fut mis au jour en 1580. *in* 8°. fous ce titre:

Defenfio Francifci Davidis in negotio de non invocando Jefu Chrifto in precibus. On trouve dans ce livre:

Thefes quatuor Fr. Davidis de non invocando Jefu Chrifto in precibus facris prapofita F. Socino.

Refponfio F. Socini ad dictas Thefes.

Fr. Davidis confutatio refponfionis Fauftina.

Judicium Ecclefiarum Polonicarum, de caufa Fr. Davidis in quaftione de vera hominis Jefu Chrifti filii Dei viventis invocatione.

Confutatio vera & folida judicii Ecclefiarum Pol. de caufa Fr. Davidis in quaftione de vera hominis Jefu Chrifti filii Dei viventis invocatione. Auctore clariffimo Philofopho & Theologo Doctore J. Palaologo. On y ajouta une Préface adreffée à tous les freres & Miniftres de l'Eglife de J. C. qui croyent un feul Dieu qui eft le feul Pere. On a ajouté à cette confutation.

Scriptum Fratrum Tranfilvanorum ad NN. in quo habetur narratio rerum, memorata controverfia caufa in Tranfilvania geftarum. Cette défenfe fut imprimée à Francfort fur le Mein. Alexis Rodcki la fit réimprimer à Cracovie, & ce fut pour cela, auffi bien que pour quelques autres griefs, qu'on le mit en prifon, comme le rapporte Faufte Socin, Let. 30. *ad Radecium.*

CHAPITRE XIV.

GEORGE SCHOMANN, ET JEAN DE LASK.

Schomann étoit du Duché de Ratisbor en Silefie. Il vint au mon-de en 1530. Son Pere s'appelloit Jean Stanislas Hoffel, & com-munément Schomann, & fa Mere Urfule, fille de Christophe Tiachowiski, Chancellier du Duc de Ratisbor, mais pauvre quoique fille de Chancellier, parce que fon frere qui étoit Chanoine s'étoit attribué tous les biens de la famille. Il fut élevé dans la Foi Romaine; on eut foin de lui apprendre la Grammaire & la Musique. En 1546. il vint à Breffeau Capitale de la Silefie, les Chanoines prirent foin de fes études, lui donnerent pour maître dans fes belles Lettres Jean Tirus fameux Luthérien, qui eut autant de foin de lui infpirer les opinions de Luther, que les fciences humaines, & dès-lors de bon Papiste qu'il étoit, il devint un Luthérien, tel quel: *Ac tandem ex pertinaci Papifta, factus fum qualifcunque Lutheranus.* Son maître fit un voyage en Italie, & y abjura le Luthéranifme pour retourner à fon ancienne créance. A fon retour il s'éfforça de défabufer fon Ecolier du Luthéranifme dont il l'avoit imbu, & ne lui promettoit pas moins qu'un Canonicat de Breffeau, s'il vouloit

B. A. p. 191

rentrer dans la Catholicité : il n'en fit rien, & même il quitta un Canonicat de Ratisbor pour ne point être inquiété dans les opinions nouvelles qu'il vouloit suivre, & entra dans la maison de Monsieur Malitzanis pour être Précepteur de Joachim & de Frederic ses enfans, dans l'esperance de les conduire en France. Ce voyage manqua à raison de quelques affaires domestiques, & des ravages que les troupes Imperiales avoient faites sur les terres de ce Seigneur, il revint à Ratisbor. Ce qui suit, est la suite de son Testament.

En 1552. il vint à Cracovie, où il fit differentes figures. Etant dépourvû de tous biens, il entra d'abord dans le College de Sainte Marie, de-là chez Jérôme Becho en qualité de Précepteur. Las de ce métier, il véçut aux dépens de la bourse des Pauvres, & enfin il fut reçû dans le College de Sainte Anne, où il y fit quelque progrès dans les belles lettres, & dans la Philosophie.

En 1554. il entra dans la Maison de Monsieur de Buzenski pour être le Précepteur de ses neveux, & de quelques autres enfans de qualité, il y demeura six ans. Il nous dit ici qu'étant dans cette maison exposé au grand monde, il ne peut attribuer qu'à une grace particuliere de Dieu, de ce qu'il ne s'est pas plongé dans les désordres si ordinaires aux Grands du siecle.

En 1558. ses Ecoliers assez forts dans les Humanitez pour entrer dans les Académies, il en mit quelques uns dans le College de Pinczow, & conduisit les autres à Wittemberg, où il eut de frequentes conversations avec Pierre Stator & Philippe Melancthon, & leur fait l'honneur de dire que, s'il ne s'est pas laissé aller aux désordres de ceux de son âge, il leur en est redevable, comme aussi du progrès qu'il pouvoit avoir fait dans la pieté, après lui avoir fait remarquer que celle qu'il avoit eu jusqu'alors n'étoit pas sans défaut.

A son retour de Wittemberg, dégouté des vanitez de la Cour, effrayé par differens songes, troublé par de continuels remords de sa conscience, & pressé par des inspirations secrettes, c'est-à-dire commençant à donner dans le Fanatisme, il demanda son congé à M. de Buzenski : il l'obtint en 1559. & se retira chez Jean Lask, ou à Lasco, homme d'esprit, à dessein d'y faire quelque progrès dans la pieté, c'est dans celle dont les Sacramentaires & les Pinczowiens faisoient ostentation. C'est là où il eut la connoissance de Pierre Stator, de Jean Tenaud de Bourge, de François Lisismaninn, de George Blandrat, de Bernardin Okin, qui tous l'ont convaincu que c'étoit une erreur, & non pas un article de Foi de croire l'égalité des personnes en Dieu, & qu'on devoit seulement croire sur cette matiere qu'il y avoit un seul Dieu le Pere, un seul Fils de Dieu & un saint Esprit, & où ils disputerent contre Stancar sur J. C. comme Médiateur en tant qu'homme auprès de Dieu. La mort de Lask, qui arriva à Pinczow, arrêta le progrès de cette prétenduë pieté.

En 1560. il fe fixa à Pinczow, il en fut le Miniftre, & s'y maria avec une Bourgeoife âgée de feize ans, nommée Anne. Ce fut dans ce tems que Blandrat lui fit remarquer les erreurs que l'on débitoit fur la Trinité, c'eft-à-dire qu'il voulut lui perfuader que c'étoit une erreur de croire un Dieu en trois perfonnes. Schomann embaraffé des raifons de Blandrat, en conféra avec fon Confrere Gilovius, & celui-ci lui avoüa qu'il ne pouvoit pas les contredire. *Doctor Blandrat propofuit nobis errores de Trinitate, quos cum fratre Gilovio dijudicandos dediffemus, confeffus eft, fe ipfis non poffe contradicere.*

Dans l'Automne de l'année 1561. il fut député par le Synode, & par l'Eglife de Pinczow, pour aller exercer le Minifteriat dans l'Eglife de Xiantz malgré les oppofitions de Bonar Seigneur du lieu, & Grand Procureur de Cracovie, qui avoit ordonné qu'on le chaffât de fa Ville, & qu'on le dépoüillât de fes biens, à raifon des mauvais fentimens qu'il avoit fur la Trinité.

Le 15 Janvier 1562. il eut un fils, & ne fçachant pas encore, comme il dit, ce que c'étoit que le veritable Batême, il le fit batifer, & lui fit donner le nom de Paul.

En 1563. il fut député par fon Eglife, avec les Heros du parti, fçavoir Jerôme Philoppovius & Stanislas Lafocki pour la Diette de Petricovie, dans le deffein d'y prêcher l'Evangile de nôtre Seigneur J. C. & à peine y fut-il arrivé qu'il y reçût de grandes avanies de la part de Sarnicius, & des anciens Prétendus Réformez, qui l'accuferent d'Arianifme, à quoi, dit-il, il n'avoit pas penfé, & fe féparerent de lui. Lafocki y mourut, & après lui avoir rendu les devoirs de la fépulture, il fe retira fans avoir rien fait pour fon parti. En 1564. il eut une fille à Xiantz, & devenu plus fçavant qu'il n'étoit à la naiffance de fon fils, dans l'Anabatifme, ne voulant plus rien avoir de commun avec les Catholiques, il ne fit point batifer cet enfant, conduite dont il ne s'eft point départi à l'égard des autres enfans qu'il a eu depuis ; perfuadé qu'il étoit, que le Batême des petits enfans étoit d'inftitution humaine, & non pas divine. Dans la même année il eut ordre d'accompagner Philoppovius à la Diette de Varfovie. Sarnicius ne les ménagea pas, il les accufa hautement d'héréfie, & de blafphêmer contre la Trinité. Nicolas de Radzivil Palatin de Vilna voulut les accommoder enfemble, il leur ménagea une conférence qui n'eut aucun effet. Après y avoir difputé, Sarnicius pour un Dieu en trois perfonnes, & Schomann avec fon collegue pour la prééminence du Pere Eternel fur le Fils, ils fe féparerent.

En 1565. il fut encore député avec le même, pour affifter à la Diette de Petricovie, on y difputa pendant quatorze jours pour & contre l'égalité des trois Perfonnes de la Trinité, & le tout n'aboutit qu'à faire le fchifme dont nous avons parlé, & auquel Schomann eut bonne part.

En 1566. il eut ordre d'aller avec Philoppovius & Cichovius à la

Diette de Lublin ; le parti qui leur étoit opposé y prévalut, & les força de fortir la Ville. Les choses auroient été plus loin, fi Nicolas Sienicki Internonce à la Diette ne s'étoit intereffé pour eux auprès du Roi, qui jufqu'au dernier moment de fa vie, les honora de fa protection. *Regis clementiam ufque ad obitum ejus pronaiffam experti fumus.* Cependant pour ne fe point mettre en compromis avec les Prétendus Réformez, Luthériens & Sacramentaires, ils ne voulurent plus fe trouver aux Diettes ; leurs ennemis fe prévalurent de cette abfence, & remuerent fi bien l'efprit des Seigneurs leurs patrons, qu'ils les porterent à chaffer de leurs terres tous les Ariens qu'ils avoient jufqu'alors protegez & entretenus.

B. A. p. 194

Tout ce que nous dit ici Schomann, nous donne lieu de croire qu'il avoit pouffé les chofes fans aucun ménagement, & qu'il avoit fait trophée de fon Arianifme & de fon Anabatifme. Nous ne voyons pas que l'on ait traitté de la forte les autres Pinczowiens & Gonéfiens. Auffi il nous apprend que ce fut dans ce tems que lui, & que quelques uns de fes freres, après avoir étudié les rapfodies de Lelie Socin, comprirent que le Fils de Dieu n'étoit pas la feconde perfonne de la Trinité, & qu'il n'étoit pas confubftantiel & coégal au Pere ; mais un pur homme nommé J. C. conçu par le faint Efprit, né de la Vierge Marie, qui a été crucifié, & qui eft reffufcité : & qu'ils fe confirmerent dans ces fentimens, après avoir examiné les Ecritures fur ce fait.

En 1567. il quitta Pinczow, & fe retira à Kaminiek chez M. Olinski. Il y eut une fille le 10. Aouft 1569. & fit un voyage en Moravie avec Philoppovius, Simon Apotichaire, & plufieurs autres. Le

Hift. Ref. Eccl. Pol.

Synode de Cracovie les y envoya pour voir clair dans une rélation que lui avoit fait de la Religion de cette Province Lucas Mundius Confeiller de Vilna. Cet homme, conformément à la morale de quelques Pinczowiens, qui ne veut pas qu'un Chrétien exerce la Magiftrature, avoit quitté fa dignité & même fa patrie pour courir différentes Provinces. Il s'en vint en Moravie en 1569. & il y prit quelques teintures des dogmes & des manieres que les freres de Moravie y fuivoient. De retour à Cracovie il affura le Synode, que fes freres avoient affez de conformité avec ceux de Pologne, pour les aggréger à leur Eglife. Mais ces Miniftres trouverent bien à décompter, ils connurent qu'à quelques dogmes près fes freres étoient fort oppofez à leurs opinions favorites, je veux dire qu'ils croyoient un Dieu en trois perfonnes confubftantielles, & qu'ils traittoient de Païens tous ceux qui ne croyoient pas comme eux, & même les pourfuivoient felon toute la rigueur des Loix. Philoppovius & Schomann les voyant fermes dans ces fentimens, s'en revinrent en Pologne moins contens qu'ils n'étoient quand ils en fortirent.

A fon retour il fe trouva à cette fameufe Affemblée de Racovie, dont nous avons parlé, pag. 1. & où il perdit fon Minifteriat auffi bien que beaucoup d'autres.

En 1572. Schomann pour s'achever de peindre & se faire passer pour un Anabatiste outré, se fit rebatiser âgé de 42. ans, non pas au nom du Pere, du Fils & du saint Esprit. Ces mots, disoit-il, n'étoient qu'une chimere de l'invention des hommes, mais seulement au nom de Christ.

En 1573. s'en allant à Cracovie prendre possession du Ministeriat de la petite Eglise, il fit faire la même cérémonie à sa femme, il la fit rebatiser dans un jardin qu'on appelle Konnarian. En 1574. la mere de sa femme fit la même chose dans Kaminiek; ce qui choqua la plûpart des Ministres, qui n'avoient pas encore introduit ce fanatisme dans leurs Eglises. Fauste Socin lui en témoigna son sentiment dans une conference qu'il eut avec lui sur ce sujet, & lui dit qu'il ne voyoit pas la necessité de cette cérémonie, ni l'utilité que lui & les siens en pouvoient retirer; qu'au reste il ne le condamnoit pas, ayant ses lumieres interieures, mais que pour lui il ne s'aviseroit jamais de se faire rebatiser.

Après la ruine de l'Eglise de Cracovie, on l'envoya en 1586. à celle de Luclavie pour en être le Ministre. Deux ans après, le Synode le renvoya à Kaminiek, & les années 1588. 1589. 1590. il essuya les malheurs de la grêle, de la guerre des Turcs, & du feu.

Telles furent les avantures de George Schomann, qui avec toutes ses courses, ses disputes, ses écoliers, ses amis, son Ministeriat & ses députations aux Dietes & aux Synodes, a toujours vécu dans une grande médiocrité de biens, & dans une parfaite subordination à la Providence, si nous voulons le croire. Il mourut à Kaminiek en 1591. à peu près dans le même tems auquel mourut Gregoire Pauli.

Son esprit n'étoit pas des plus difficiles en matiere de créance, il étoit même un des plus accomodans qui fut de son tems. Il vouloit qu'on laissât toutes les Sectes dans leurs opinions particulieres, quelles qu'elles fussent, pourvû qu'on le laissa paisible dans les siennes; à l'entendre il auroit été ravi que tout Israël prophétisât, c'est-à-dire qu'un chacun eut raison, & vécût dans la pieté; il souhaittoit même, tant sa charité étoit grande, à ce qu'il dit, que les Lutheriens & que les Papistes l'égalassent, & même le surpassassent en pieté: *Quin imo Deum oretis*, c'est ainsi qu'il parle à ses enfans, *quod nos faciebamus, ut universus Israël prophetet, & ut nos non modò Lutherani sed & Papistæ etiam omni pietate æquent aut superent*; & si on l'eut laissé faire, il eut composé une Eglise, non seulement de tous les Chrétiens, mais encore des Gentils & des Juifs: *Nos verò demus operam, ut ex omnibus sectis Christianorum, imò Gentium & Judæorum Domino Ecclesiam colligamus.*

Ses erreurs.

Il croyoit que le Baptème étoit d'institution humaine, Qu'il étoit inutile aux enfans, qu'il n'étoit pas absolument necessaire aux adultes. Que celui que l'on donnoit dans l'Eglise Romaine, & dans celle des Pretendus Réformez étoit nul. Qu'il falloit se rebatiser. Que

Catech. de
Rac. p. 83. le Chrétien ne pouvoit exercer la Magiftrature, Que c'étoit une erreur & non pas un article de Foi, de croire un Dieu en trois perfonnes. Que J. C. n'étoit pas notre Médiateur auprès des trois perfonnes divines. Que le Fils de Dieu n'étoit pas la feconde perfonne
de la Trinité. Qu'il n'étoit ni éternel, ni confubftantiel au Pere ; &
qu'il étoit un pur homme conçu par le faint Efprit, né de la Vierge
Marie. C'eft ce qu'on appelle le pur Socinianifme, auffi étoit-il le
grand ami de Faufte Socin. Il s'eft rendu plus célebre dans la fecte
par fon fanatifme fur le Batême, que par fes livres. Sandius ne lui
donne que ceux-ci.

Ses livres. 1. *Scripta Joannis Niemojovii contra excerptum ex difputatione F. Socini
de Jefu Chrifto fervatore.* C'eft lui qui a mis cet ouvrage en Latin.

Un Catéchifme écrit pour fes enfans, & le tout tiré de l'Ecriture
Sainte, en manufcrit.

Duditz dans fa lettre à Beze, comme nous l'avons dit en parlant
de Crovicius, nous apprend qu'il a écrit quelque chofe contre la
doctrine communément reçûë fur la perfonne de J. C.

Teftamentum ultima fua voluntatis. C'eft la piéce dont je me fuis fervi pour faire fon hiftoire. Il la fit pour fe juftifier contre les reproches que deux Evêques, & que quelques Catholiques lui avoient
fait fur fes héréfies & fur fes turpitudes. Ils l'accufoient publiquement, & même dans des écrits imprimez, de vivre comme un homme qui a oublié fon Dieu, & les devoirs de l'honnêteté, & qu'il fe
trouvoit dans des Affemblées Ecclefiaftiques, où on fe dépoüilloit
de tous fes habits, même de fa chemife, & où on fe marioit en cet
état, quoiqu'on le fut d'ailleurs, & où on commettoit toutes fortes
de crimes : *Non veriti funt*, ce font fes paroles & fa plainte, *duo
Epifcopi Romanorum typis excuffos famofos libellos fpargere quafi nos obliti
Dei & pudoris, in cœtibus noftris ad patranda omnia flagitia convenia-
mus, & nudi matrimonia publicè conciliemus.*

JEAN DE LASK, ou A LASCO.

Schomann s'étant fait un honneur d'avoir appris chez Jean de Lask
les premiers élémens du Socinianifme, fçavoir que c'étoit une erreur de croire l'égalité des perfonnes de la Trinité, &c. Je crois que
mon Lecteur trouvera bon que je dife ici ce qui eft venu à ma connoiffance de cet homme, quoique les Miniftres de Hongrie, de
Tranfilvanie, & Sandius, ne l'ayent pas mis au nombre de leurs Héros, & qu'il fe foit plus diftingué parmi les Prétendus Réformez par
fes opinions Sacramentaires, que Sociniennes.

Lati. p. 387 Jean de Lask Gentil-homme Polonois fut élevé dans la Foi Romaine ; quand il fut en âge de poffeder des bénefices, on le revêtit
d'un Canonicat dans la Cathédrale de Gnefne. La vanité & les ai-
guillons de la chair l'en dégoûterent. En 1530. ou 1540. il embraffa
les fentimens des Bohémiens ; d'autres difent des Luthériens, &

　　　　　　　　　　　　　　　　　　　　　　　　　Sponde

Sponde veut que ce soit ceux des Sacramentaires. Nous pourrions dire pour accomoder ces Auteurs, que de Lask a donné dans toutes ces opinions, mais successivement. La démangeaison de se marier librement, le porta à quitter la Pologne, pour se retirer en Angleterre, où il se maria. Il s'y distingua assez sous le regne d'Edouard, pour que les Prétendus Réformez, ou Sacramentaires & Presbiteriens, lui donnassent la Sur-Intendance de l'Eglise des étrangers Prétendus Réformez. La mort d'Edouard, & le regne de la Reine Marie, qui ne vouloit souffrir aucun étranger dogmatiser dans son Royaume une autre Religion que la Romaine, le forcerent de sortir d'Angleterre; il passa en Dannemark, vint à Embdem, & y établit le Calvinisme sous la protection de la Princesse Anne; de-là il se transporta à Francfort, où il y forma une Eglise pour les Flamands de la Prétenduë Réforme, & leur donna pour Pasteur, Dathenus. Il eut des conférences secrettes, & des disputes publiques avec Mension & David George sur l'Incarnation du Fils de Dieu, sur le Batême des petits enfans, sur le peché originel, & sur notre sanctification. On ne nous dit pas quel parti il prit, ni quel en fut le succès. Pressé par les lettres de plusieurs Seigneurs & Ministres de Pologne, & après avoir couru pendant vingt ans, il revint en 1556. dans sa patrie, accompagné de Jean Utenhovius. Il se trouva aux Synodes de Sandomir, d'Uladissavie, de Pinczow, & s'y distingua contre Stancar. S'il nous est permis de juger des sentimens d'un homme par les amis qu'il cultive, & par les discours qu'il entend, qui lui plaisent, ou qu'il ne contredit point, nous dirons hardiment que de Lask, après avoir fait bruit parmi les Sacramentaires, affecta les opinions des Pinczowiens, & devint bon Unitaire. Il mettoit au nombre de ses bons amis, Bernardin Okin, Lisismaninn, Blandrat, Stator, Thenaud, &c. & c'est chez lui que ces gens débitoient les paradoxes qui acheverent de perdre Schomann; sçavoir que c'étoit une erreur de croire l'égalité des trois personnes de la Trinité, & qu'on étoit obligé de croire uniquement sur cette matiere qu'il y avoit un seul Dieu qui est le Pere, un seul Fils de Dieu, & un saint Esprit: *Ubi, Schomann parle ici de la maison de Lask, ego cum P. Statorio & J. Thenaudo, F. Lisinanio, Blandrata, B. Okino, familiaritur vixi, & evidenter didici errorem esse, non fidem Christianam, Trinitatis personarum omnimodam equalitatem: sed unum esse Deum Patrem, unum Dei Filium: unum Spiritum Sanctum, &c.* Lask mourut à Pinczow en 1559.

Sponde an. 1556

B. A. p. 193

CHAPITRE XV.

ANDRE' DUDITHIUS, DUDITH OU DUDITZ,

Son caractere, ses ambassades, son apostasie à la Foi, son ma-
riage, sa mort & ses livres.

M. de Thou
Eloges des
Hommes
sçavans.

ANdré Dudith (auquel on donne quelquefois le nom de Sbar-
dellat, parce que sa mere, qui étoit une noble Venitienne, s'appelloit ainsi) étoit un personnage illustre par sa noblesse, par son
esprit, par son jugement, par son sçavoir, qui avoit pour objet toutes sortes de sciences par le talent qu'il avoit à parler & à écrire
en Latin avec élegance ; par sa prudence & par son adresse à démêler
les affaires les plus embroüillées. D'ailleurs il étoit bien fait de sa
personne, avoit le maintien agréable, & un air riant mêlé avec beaucoup de gravité ; aussi est-il certain que sa douceur, son honnêteté,
& sa vertu lui avoient acquis l'estime & l'amitié de tous ceux qui
le connoissoient.

Quirinus
Reuterus.

Il naquit à Bude, ou dans un Château près de Bude, au mois de
Fevrier 1533. ou 1537. Son Pere étoit Jerôme Duditz Gentil-homme
& Conseiller de Ladislas Roi de Hongrie. A peine fut-il sorti de l'enfance, qu'on remarqua en lui un esprit vif, une imagination feconde, une memoire heureuse, & tous les beaux talens nécessaires pour
devenir un habile homme. Comme il étoit né d'un Pere Catholique,
il fut élevé dans la Communion de l'Eglise Romaine, & l'on assure
que jamais personne n'eut plus de zéle pour sa Religion, & plus d'a-
version pour celle des Protestans, que Duditz en témoigna dans les
premieres années de sa vie ; aussi avoit-il eu pour maître dans son
éducation son Oncle maternel Evêque de Vatzen, & qui devint Archevêque de Strigonie. Cet Oncle l'envoya à l'Université de Bresleau
pour y faire ses Humanitez. Il l'en retira, la Ville étant alors exposée aux incursions des ennemis, il l'envoya en Italie pour y continuer ses Humanitez. M. de Thou veut qu'on l'ait fait étudier à
Padoüe, & Ruscelli veut que ce soit à Verone. Quoiqu'il en soit,

Eloges des
Sçavans.
Tom. 2. p.
103.

tous conviennent qu'il eut pour maîtres ou pour amis Paul Manuce, François Robortel, L. Sigonio, O. Panuino, & P. Vettori. Il fit
de si beaux progrés sous Manuce, que ce maître, qui connoissoit si
bien ses écoliers, se fit souvent un honneur d'en parler avantageuse-
ment dans les lettres qu'il écrivoit aux sçavans, & de le leur representer comme un des plus grands génies du siecle. Son auteur favori étoit Ciceron, & il en fut un partisan si zélé, qu'il écrivit par trois
fois, & de sa propre main, tous les ouvrages de ce Prince de l'éloquence. On dit que dans le tems qu'il étudioit à Padoüe, Etienne Ba-

tori qui depuis fut Roi de Pologne, y étudioit auffi, & qu'il se forma entre eux une haine ou une émulation secrette, qui crût avec leur âge.

Ses Humanitez faites, M. de Thou le fait passer en Angleterre ; mais d'autres Historiens le font étudier à Paris à la sortie de Padoüe. Il y eut pour maître en Philosophie le fameux Vicomercat ; le Docteur Ange Caninius lui apprit le Grec, & Mercier l'Hebreu & les Langues Orientales.

Instruit de toutes ces sciences, il revint en Hongrie, & son oncle (on ne parle point de son pere, il l'avoit perdu dès sa jeunesse dans un combat contre les Turcs,) son oncle, dis-je, l'envoya à Padoüe pour y recommencer sa Philosophie sous Guy Pancirolle. Son cours fini, il alla en Angleterre avec le Cardinal Polus Legat *à latere*. Il y mit en beau Latin la vie de ce Cardinal, que Louis Beccatel avoit fait en Italien avec beaucoup de politesse. Duditz y vit la Princesse Elizabeth, qui n'étoit pas encore Reine, & eut l'adresse de lui plaire. Après quelque séjour dans ce Royaume, il revint voir sa patrie, & à peine y fut-il, qu'on le revêtit d'un Canonicat de Strigonie, & de la Prevôté d'Oberbadem. Il n'y fit pas longue résidence ; l'amitié qu'il avoit contracté avec les Sçavans d'Italie l'obligea d'y faire un troisiéme voyage, & ce fut dans ce voyage qu'il donna au public son jugement sur l'Histoire d'Hérodote & de Thucydide, ouvrage qui fut fort estimé des connoisseurs.

Les Italiens ne furent pas les seuls objets de son amitié ; les François y eurent part : pour leur en donner des marques, il passa en France muni de la part du Duc de Florence, de lettres & de complimens pour la Reine Catherine de Medicis, complimens dont il s'acquita si bien en langue Italienne, que la Reine en fut surprise, ne pouvant pas comprendre comment un étranger & un Hongrois pouvoit dire de si belles choses en Italien, & avec tant de facilité. Aussi nous dit-on à ce sujet, qu'outre qu'il n'y eut point de sciences où il ne pénétra, & dont il ne parla avec admiration, il sçavoit encore differentes langues, & qu'il parloit avec autant de facilité que sa langue maternelle ; que son éloquence étoit plus que naturelle, & que rarement l'entendoit-on parler sans en être charmé.

Doué de tant de qualitez, il se produisit à la Cour de Vienne ; son mérite y fut bientôt connu & admiré, non seulement des Grands, mais encore de l'Empereur Ferdinand, qui en fut si content, qu'en 1562. il lui donna l'Evêché de Tina ville de Croatie, le fit Ministre d'Etat, & l'envoya en ambassade auprès de Sigismond Auguste Roi de Pologne. Il s'y pervertit par le grand air d'une Cour aussi déreglée qu'étoit celle de ce Monarque, où à peine la Religion Romaine étoit connuë ; par les communications frequentes qu'il fut obligé d'avoir avec les hérétiques, & particulierement par un amour désordonné qu'il eut pour une Demoiselle des plus accomplies de la Cour. Outre sa beauté naturelle & sa naissance, on peut dire qu'elle étoit sage, & que si elle

M. de Thou.

avoit du penchant pour l'amour, c'étoit pour celui qui conduit au mariage. On la nomme Sophie Genisella, de la Famille des Strazzi ou Strasson. Il fit ce qu'il put, (c'est-à-dire beaucoup) pour la séduire ; mais plus sage que lui, elle résista toujours à ses poursuites : elle vouloit bien néanmoins l'époser, s'il vouloit renoncer à ses benefices, & à la Religion Romaine ; mais la chose n'étoit pas si aisée que la Demoiselle se le figuroit. Duditz, en quittant sa Religion, perdoit tous ses biens, & se mettoit en danger de perdre encore les bonnes graces de l'Empereur, & avec elles l'esperance de pousser sa fortune plus loin qu'il n'avoit encore fait.

Ces considérations & d'autres que son esprit, son honneur & son interêt lui fournirent, le porterent à prendre d'autres mesures que celles que sa Dalila lui suggeroit. Il s'en retourna à son Evêché de Tina, & il y fit si bien par ses menées, que le Clergé de Hongrie le députa pour assister en son nom au Concile de Trente. Revêtu de cette qualité, il se flata de l'esperance de pouvoir par la force de son éloquence & de ses raisons, porter les Peres de ce Concile à permettre aux Evêques de se marier.

On ne peut pas douter que Duditz avec de si belles qualitez, ne fut le bienvenu au Concile, & qu'il ne s'y fit distinguer autant de fois qu'il en trouva l'occasion. Il commença par une harangue qu'il fit à son entrée, où il dit avec une éloquence qui attira l'admiration des Peres, que l'Archêveque de Strigonie, les Prélats & le Clergé de Hongrie, avoient eu une joye extrême à la nouvelle qu'on leur avoit donné de l'élevation de Pie IV. à la Chaire de saint Pierre, de la continuation du Concile de Trente, & du choix que le Pape avoit fait des Legats. Ce compliment fait, il s'étendit sur la pieté des Prélats de Hongrie, sur leur obéïssance au saint Siege, sur le service que toute la nation rendoit à la Chrétienté, en soutenant tant de guerres contre les Turcs : sur le zéle qu'avoit le Clergé pour s'opposer aux entreprises des hérétiques : sur les empressemens qu'avoient les Prélats de se trouver au Concile, & qu'ils n'avoient surmonté que pour ne pas abandonner leur troupeau à la fureur des hérétiques ; mais que privez de l'honneur de se trouver ici, ils les avoient deputez (il parloit de Colosvarim Evêque de Chonad Député de la part des Evêques d'Hongrie) afin que par leur ministere ils assurassent les Peres du Concile d'une obéïssance parfaite à tout ce qu'ils décideroient, & les priassent de les honorer de leur protection.

Aprés avoir été reçû au Concile comme Député du Clergé & des Etats de Hongrie, il se trouva à toutes les Assemblées, & particulierement à celles qui se faisoient chez les Ambassadeurs de l'Empereur, & il eut bonne part aux representations qu'ils firent au Concile par l'Evêque de Cinq-Eglises, & qui tendoient à la résidence des Evêques. Qu'on n'ordonna point de Prêtres, qu'ils n'eussent un titre, ou un office ; qu'on partagea les grandes Paroisses, & même les Evêchez d'une trop grande étenduë, comme étoient les Evêchez d'Hongrie qui ont plus de deux cent lieuës d'étenduë ; qu'on reforma le luxe, la molesse & l'oisiveté des Prêtres ; qu'on permit en Hongrie & en Allemagne l'usage du Calice aux Laïques. Après ces representations que fit l'Evêque de Cinq-Eglises, Duditz continuant la matiere, prit la liberté de dire, sans aucun égard aux résolutions qu'on avoit déja prises dans le Concile, de ne plus parler sur cette matiere, que les Peres devoient s'accomoder à la foiblesse des enfans de l'Eglise, qui ne demandoient que le Sang de J. C. que ce ne seroit pas une petite perte pour l'Eglise, que d'en séparer tant de Royaumes & de Provinces, en leur réfusant ce Calice ; que puisque ce prétieux Sang étoit demandé avec tant d'empressement, il ne faloit pas apprehender que l'on tomba dans la négligence de nos anciens Peres, qui avoit obligé l'Eglise de le retrancher ; que J. C. ne vouloit pas qu'on fut attaché à son sang, & qu'on fomenta parmi les Chrétiens une discorde si pernicieuse, au sujet d'un Sang qu'il avoit répandu pour les unir & les maintenir tous dans une parfaite charité. De-là il passa adroitement à la résidence ; les Legats, & tous ceux qui n'aimoient pas entendre parler sur ces matieres, furent peu contens de son discours.

Moins encore des poursuites qu'il fit avec les Ambassadeurs de l'Empereur ; (encore un coup il faut convenir que ces Ambassadeurs ne faisoient rien que de concert avec ceux d'Hongrie, tous dépendans du même maître, & leurs interêts étant communs :) encore moins, dis-je, furent-ils contens des poursuites qu'il fit pour faire agréer au Concile les mariages que les Prêtres avoient contractez en conséquence de la Prétenduë Réforme, & pour porter le Concile à accorder aux Evêques & aux Prêtres le pouvoir de se marier, si bon leur sembloit, & de laisser le célibat à ceux qui en avoient fait vœu, ou qui le voudroient faire.

Cette matiere avoit été décidée, & les Peres inspirez du saint Esprit avoient conclu pour la négative, aussi il n'y eut point de raisons dont ces Ambassadeurs ne se servissent pour faire revenir les Peres à leur but, & que Duditz avoit si à cœur. Peut-être ne sera-t-on pas faché de les voir ici, d'autant plus que ce détail ne servira qu'à faire voir la passion que Duditz avoit de se marier, & de conserver son Evêché.

Après avoir presenté au nom de l'Empereur & du Duc de Baviere, que le Concile devoit permettre ces sortes de mariages, pour conserver le reste de la Religion Catholique dans l'Empire, & pour extirper les hérésies ; & après lui avoir representé la nécessité de recevoir à la paix de l'Eglise les Prêtres qui s'étoient séparez de la Communion Romaine par leur mariage ; ils dirent qu'il étoit certain que l'Ancien & le Nouveau Testament permettoient aux Prêtres de se marier, puisque la plûpart des Apôtres avoient été mariez, & qu'on ne pouvoit trouver aucun passage dans le Nouveau Testament, par lequel on pût prouver que J. C. ait défendu aux Prêtres de se marier, & encore moins l'usage de leurs femmes, s'ils étoient mariez avant que d'être élevez au Sacerdoce. Que dans la Primitive Eglife, tant en Orient qu'en Occident, les mariages des Prêtres avoient toujours été libres, jufqu'au Pape Calixte. Que les Loix Civiles ne condamnoient point ces mariages. Qu'à la verité le célibat étoit plus décent au Clergé, qu'une alliance conjugale; mais néanmoins qu'à raifon de la fragilité humaine, & la difficulté de fe contenir dans les bornes de la chafteté, Denis de Corinthe, au rapport d'Eufebe de Céfarée, avertit l'Evêque Quintus d'avoir égard à la foibleffe de la plûpart de fes Prêtres, & de ne leur pas impofer le joug du célibat: que conformément à cet avis, faint Paphnuce avoit confeillé aux Peres du Concile de Nicée de n'impofer aucune loi aux Prêtres pour les obliger au célibat, ajoutant que l'ufage de la femme eft chafte. Que le Concile de Conftantinople n'avoit défendu aux Prêtres l'ufage de leurs femmes, qu'aux jours qu'ils devoient célebrer les faints Myfteres. Que s'il y eut jamais un veritable & legitime motif de permettre le mariage aux Prêtres, c'étoit particulierement dans ce malheureux fiecle, où de cinquante Prêtres Catholiques à peine en trouveroit-on un, qui ne fut, & même avec fcandale, déreglé fur ce fait. Que ce ne font pas tant les Prêtres qui defirent leur mariage, que les Laïques, pour ne plus voir à la honte de l'Eglife ces infamies. Que même les Patrons ne veulent plus donner les benefices qui dépendent d'eux, qu'à des perfonnes mariées. Que la feule défenfe aux Prêtres de fe marier étoit la veritable caufe de la grande difette des Miniftres. Que pour cette même raifon l'Eglife avoit autrefois rélâché quelque chofe de la feverité de fes Canons. Qu'un Pape avoit fait un Evêque en Saragoce, qui avoit femme & enfans, un Diacre Bigame, &c. Que pour ces caufes, & beaucoup d'autres qu'il eft inutile de raporter, & qu'un chacun peut aifément fe figurer, il étoit expedient de difpenfer les Prêtres de la loi de la continence, & de leur laiffer la liberté de fe marier s'ils en ont neceffité, vû que le Cardinal Panormitan foutient que le célibat n'eft pas de la fubftance des faints Ordres, ni du Droit divin; qu'il eft hors de doute que le Pape en peut difpenfer les Prêtres féculiers, comme en effet il l'a fait quelquefois, & même les Religieux qui ont fait des vœux de chafteté, comme le difent quelques Théologiens, & comme un Pape l'a fait à l'égard d'un Juftiniani Moine & Prêtre de faint Benoift. Qu'il femble abfurde de ne vouloir point admettre aux Dignitez de l'Eglife les Clercs mariez, & les fouffrir néanmoins impunément dans les défordres de l'impureté. Que fi on vouloit abfolument obliger les Prêtres à la continence, il ne faudroit ordonner que des vieillards. Enfin que les raifons que l'on a pour obliger les Prêtres à ne fe point marier, comme eft la confervation des biens des Eglifes qui feroient bien-tôt diffipez par une femme & des enfans, & la fucceffion héréditaire aux benefices, étoient nulles, & même injurieufes à l'Eglife, ou faciles à lever: puifqu'il eft très-injurieux à l'Eglife de dire qu'elle aime mieux voir une infinité de Prêtres fe damner, que de voir perir fes biens temporels; & qu'il eft facile de remedier à tous ces inconveniens par de bons reglemens autorifez des Magiftrats.

Ces raifons & d'autres furent envoyées au Pape, & firent quelque impreffion fur fon efprit. On prétend que ce fut à leur occafion qu'il forma le deffein de faire à Rome une Affemblée des Théologiens de tous les Royaumes & Etats Catholiques, pour traitter cette matiere avec maturité; il en parla même aux Ambaffadeurs qui étoient auprès de lui, & le deffein fe feroit executé, fi le Cardinal Simonete ne l'en eut détourné. Il lui remontra que cette Affemblée feroit une efpece de Concile injurieux à celui de Trente, que tous les Théologiens qui s'y trouveroient, fuivroient les memoires de leurs Souverains & leurs préventions, & de plus qu'il ne pourroit pas les congedier quand il le voudroit, fans leur donner quelque chagrin.

Sur les raifons du Cardinal Simonete le Pape fe contenta de confier le mémorial des Allemands à dix-neuf Cardinaux qui l'examinerent, & qui, pour ne pas s'éloigner des fentimens des Peres de Trente, qui avoient déja décreté avec leur prudence ordinaire le célibat pour les Prêtres, ne réfolurent rien fur la piece & fur les réprefentations des Allemands & des Hongrois. Duditz en eut tout le chagrin poffible; d'ailleurs, dit un de fes panégyriftes Calviniftes, il vit, ou pour parler comme le devoir de Catholique l'exige de nous, fon chagrin lui fit voir que tout fe faifoit dans le Concile fuivant le defir du Pape, & que les Evêques qu'il avoit gagné furpaffoient en nombre les Evêques doctes, & ceux qui avoient des fentimens juftes & raifonnables fur ces fictions; il commença d'avoir pour fufpecte la caufe que le Concile défendoit; & après avoir examiné avec foin les doctrines que cette Affemblée condamnoit, il fe perfuada qu'elles étoient conformes à la parole de Dieu; ce qui lui fit prendre la réfolution de fe ranger parmi ceux qui les enfeignoient. Ce fut dans ce chagrin & dans ces fictions, que fon efprit mécontent lui fuggeroit, qu'il fit devant les Peres du Concile le panégyrique de Maximilien élû Roi des Romains en 1562. & qu'il prit congé du Concile.

Un Auteur moderne dit la chofe autrement. Il veut que ce foit les Legats du Concile, qui, dans l'apprehenfion que Duditz n'entraîna par fon éloquence & par fes raifons une bonne partie des Peres, écrivirent au Pape que Duditz étoit dangereux, & qu'on feroit bien de le faire fortir de Trente, que le Pape entra dans les allarmes de fes Legats, & qu'il écrivit à l'Empereur pour folliciter de rappeller Duditz; l'Empereur le rappella, & pour le dédomager il le fit Evêque de Chonad & fon Ambaffadeur en Pologne; qu'au retour de fon Ambaffade il lui donna l'Evêché de Cinq-Eglifes. Que Ferdinand mort, Maximilien II. qui lui fucceda, le renvoya pour la troifiéme fois Ambaffadeur en Pologne, & que ce fut dans ce voyage que le prétendu fcandale qu'il avoit eu de la conduite des Peres du Concile de Trente, & les careffes que lui fit la Demoifelle Sophie, le détermi-

Teiffier.

Frapaolo.

nerent à quitter sa Foi & ses benefices pour épouser sa belle Calviniste. Il est certain qu'elle l'aimoit autant qu'elle en étoit aimée, & cela fondé sur un songe qu'elle eut de lui, & dont M. de Thou nous a conservé le détail.

Il dit que Duditz encore Evêque fut introduit en qualité d'Ambassadeur dans la chambre de l'Infant de Pologne avec ses habits pontificaux, que l'une des filles d'honneur de la Reine, (c'étoit Sophie de Strazzi) s'y trouva, & qu'elle rougit dès que l'Ambassadeur entra, quoiqu'elle ne l'eut jamais vû. Qu'il ne fut pas plûtôt retiré, que l'Infant demanda à cette fille d'où procedoit ce changement qui avoit paru sur son visage. Qu'elle en cacha d'abord la veritable cause; mais enfin qu'étant pressée par l'Infant elle avoüa sa feinte, & dit qu'elle avoit songé la nuit précedente que son pere & sa mere la vouloient marier à un homme si semblable à l'Ambassadeur, excepté ses habits sacerdotaux, qu'elle n'avoit pû le voir sans que la rougeur lui montât au visage. Comme il n'étoit pas vrai-semblable qu'un homme qui étoit revêtu de la dignité de l'Episcopat, put jamais contracter mariage; l'Infant & cette fille n'ajoûterent alors aucune foi au songe; mais nous pouvons ajouter que les pourfuites que Duditz fit à cette fille, firent naître l'esperance de ce mariage; esperance qui ne fut pas vaine. Deux ans après le pere de la Demoiselle alla en Ambassade à la Cour de Vienne de la part du Roi de Pologne, & il la fiança avec Duditz bien resolu de quitter son Evêché pour avoir une femme.

Son apo-staise. Avant que de faire les noces, on lui fit l'honneur de l'admettre au rang de la Noblesse & des Seigneurs Polonois à la Diette de Petricovie en 1565. après quoi il épousa Sophie, qui lui donna un fils qui fut sa croix par la multitude des chagrins qu'il lui causa.

Ce mariage, qui sans doute devoit le rendre méprisable dans l'esprit de tous les Catholiques, ne fit aucune impression sur celui de Maximilien. Cet Empereur qui avoit ses vûës sur la Couronne de Pologne, le laissa toujours à cette Cour, ou comme son Ambassadeur, ou comme son Résident, comptant que son apostasie le rendroit agréable à une bonne partie des Seigneurs qui avoient embrassé les opinions nouvelles, & qu'il les lui gagneroit quand il iroit de ses interêts. Il raisonnoit juste, comme nous le verrons dans la suite.

Sophie mourut, & Duditz qui n'avoit pas le don de continence, passa à de secondes noces, & épousa la veuve du Comte de Tarnoviski, que M. de Thou appelle Jean Zarnovic, fille de Sborouski ou Sborovits Châtelain de Cravie, & sœur de Samuel Sborouski, qui eut la tête tranchée sous le regne d'Etienne Batori; il en eut une fille qu'il fit appeller Reine, & qu'il maria avec Moscorovius. Aussi-tôt que le Pape eut avis de ces mariages, il le fit citer à Rome, Duditz ne comparut pas. Le Pape le proscrivit, & lui qui se voyoit honoré & protegé de l'Empereur, ne s'en embarassa point, & tint son rang à la Cour de Pologne. Ces

Ces alliances lui donnerent un grand credit parmi la Noblesse, & parmi les Palatins; il y parut à la mort de Sigismond Auguste. L'Empereur aspirant à la Couronne de Pologne pour Ernest son fils, envoya Guillaume de Rosemberg de la maison des Ursins en Ambassade pour cette négociation. Il étoit homme capable de manier de telles affaires; néanmoins pour y mieux réüssir, on lui donna pour aide ou pour adjoint de son Ambassade, Duditz, & on eut raison.

Il y avoit differens partis dans l'Etat; les Catholiques vouloient avoir un Roi qui fut bon Catholique, & les Novateurs en vouloient un qui fut de leur créance, ou du moins qui leur laissa la liberté de conscience. Les Sborouski s'étoient déclarez pour les Prétendus Réformez: ils étoient puissans & capables de faire pancher l'élection du côté qu'ils se tourneroient, & y avoit-il dans le Royaume un homme plus capable de les faire pancher du côté d'Ernest, que Duditz, lui qui étoit leur beau-frere & leur ami, qui avoit pris leur Religion, & qui avoit tous les talens possibles pour gagner les esprits, & les faire tourner à son but? Il le fit aussi, mais inutilement, par les menées de Monluc Evêque de Valence, & Ambassadeur de Charles IX. en Pologne pour la même affaire. Cet Ambassadeur a avoüé plusieurs fois à M. de Thou, que dans la demande qu'il faisoit de cette Couronne pour Henri de Valois, il n'avoit point eu de plus redoutable adversaire que Duditz.

Ces bons services porterent l'Empereur à le laisser encore en Pologne sous le regne de Henri de Valois, & à peine ce Roi fut-il sorti de Pologne, que Duditz par un tour de politique digne de lui, fit courir le bruit que Henri ne reviendroit plus dans le Royaume, que les guerres civiles de France le retiendroient, & qu'ainsi il faloit proceder à une nouvelle élection; ce que l'on fit, & à laquelle il eut bonne part, mais sans succès pour l'Empereur, ce qui obligea Duditz de revenir à Vienne, d'où Maximilien l'envoya à la Diete de Ratisbone. L'Empereur mort quelque tems après, Duditz revint en Pologne en 1576. n'ayant plus de protecteur en Allemagne.

Il y fit bien des figures par la variation de ses opinions sur les matieres de la Religion. On le fait Luthérien, Calviniste, Indifferent ou Latitudinaire, Unitaire, Déïste & Libertin. Sa Religion. B. A. p. 61.

En effet, au commencement de son apostasie à la Foi Romaine, il adhéra pendant quelques années aux opinions de Calvin, ou, comme veut Leti, à celles de Luther; mais un esprit aussi vif, pénétrant, éclairé & remuant qu'étoit le sien, s'en dégoûta aisément: d'autant plus, comme il le dit lui-même dans ses lettres à Beze, qu'il trouvoit dans ces Sectes trop d'aversion & de cruauté contre ceux qui ne pensoient pas comme Luther & comme Calvin, & qu'elles ne convenoient pas entre elles, particuliérement en Allemagne, en Pologne & en Hongrie, sur les points essentiels, par la diversité de leurs opinions. Dégoûté de ces Sectes il demeura long-tems irrésolu, pen- M. de Thou.

chant tantôt pour une, tantôt pour une autre, & par là se rendit odieux à toutes les Communions. Les Catholiques le blâmoient d'avoir renoncé à sa premiere créance, & il passoit parmi les Protestans pour un déserteur de sa Religion. En cet état il gardoit ce temperament, qu'il croyoit que, pourvû qu'on cherchât de bonne foi le chemin de la verité & du salut, on n'étoit pas extrêmément condamnable, & qu'on ne devoit pas faire souffrir des supplices rigoureux à ceux qui en ne parlant point des points de la Religion qui sont aujourd'hui contestez, soutiennent une opinion erronée, pourvû qu'ils ne causent aucun trouble, ni aucune sédition. C'est ce que M. de Thou a inferé de ses lettres & de celles de Beze, qui a refuté son sentiment.

Cependant si on peut assurer qu'il s'est déterminé pour une Communion, c'est en faveur de celle des Unitaires; & pour avoir plus de liberté de dire & de faire ce qu'il voudroit à ce sujet, il vendit les biens qu'il avoit en Pologne & en Hongrie, en donna le produit à l'Empereur Rodolfe, se retira sous son bon plaisir en Silesie, & fixa son séjour à Bresleau, où il y avoit plus de liberté pour l'irreligion, que pour la Religion : il y vêcût avec beaucoup de splendeur & de magnificence du petit interêt qu'il retiroit de la somme qu'il avoit prêtée à l'Empereur, & se trouva encore en état de faire une Eglise à Smigel, & d'y dresser une école dont il fut le Regent, le Pasteur & le Patron.

Quoique séparé de sa Prétenduë Réforme, il ne discontinua pas son commerce de lettres avec Théodore de Beze, & avec quelques Sçavans. On voit dans une lettre qu'il écrivit à Beze, & qui servoit *B. A. p. 62.* de réponse à celle que celui-ci lui avoit écrit, & où il se plaignoit qu'il étoit étrange qu'un aussi bel esprit que celui de Duditz, se fut laissé séduire par les discours d'un François Davidi, & d'un Blandrat. On voit, dis-je, dans la réponse de Duditz, qu'il avoüe qu'il a pris la doctrine qu'il suit sur ce qui regarde Dieu & J. C. son Fils, non de François Davidi, ni de Blandrat qu'il n'a jamai vû, & dont il n'a jamais reçu de marques d'amitié; mais de quelques écrits composez par des Ministres de Transilvanie, mis au jour par François Davidi & par Blandrat. Que ces écrits bien loin de le corrompre, lui ont donné des sentimens d'une veritable pieté, & une foi sur la Trinité conforme à celle que Beze lui-même professoit. Que par cet écrit il ne prétend pas blamer François Davidi & Blandrat, au contraire qu'il aura toujours pour eux toutes sortes de considérations & de réconnoissances, comme pour des personnes qui, comme Alciat, Schomann, Crovicius, Lelie Socin &c. se sont rendues recommandables dans le monde Chrétien par leur pieté, leurs écrits, leurs divines & toutes célestes connoissances; comme pour des personnes qui les premiers ont retiré J. C. du tombeau, où vos Peres (il parle à Beze) & les Architectes du Papisme l'avoient jetté & retenu enseveli; enfin, comme pour des personnes à qui il est redevable de la connoissance qu'il a de Dieu, de J. C. de son Evangile, de la maniere qu'il a été écrit, & comme il est parvenu jusqu'à nous.

Voilà une preuve assez sensible de ce que j'ai avancé, que si Duditz s'est déclaré pour une Communion, c'est pour celle des Unitaires de Transilvanie. Cependant on veut qu'il n'ait point eu de Religion; que Platon ait été son saint Esprit; que les ouvrages de ce Philosophe ayent été sa Bible; que s'il avoit osé il les auroit fait lire dans les Eglises en la place de l'ancien & du nouveau Testament, à l'exemple de Julien l'Apostat qui vouloit que l'on chantât dans les Eglises des Chrétiens les Vers d'Homere, & qu'on y lût les livres de Platon. Que toute sa foi étoit de croire en Dieu, & sa morale de garder les loix générales de la nature, aimer la vertu & fuir le vice. Cela s'appelle Deïste, aussi lui donna-t-on la qualité de *Strenuus Patronus Libertinorum*, le vaillant Patron des Libertins.

On prétend qu'il prit ce parti après qu'il eut écrit à Beze au sujet des divisions qui regnoient dans toutes les nouvelles Sectes, & qui étoient sorties de Wittemberg & de Genève. Après lui avoir reproché qu'il ne vouloit point d'autre autorité souveraine dans l'Eglise, que l'Ecriture pour décider les points de la Foi qui sont contestez : il lui soutient que par un tel principe il donnoit la liberté à un chacun d'épouser toutes sortes de sentimens en matiere de Religion. Que l'Eglise Romaine étoit en ce point infiniment plus heureuse que la nouvelle Réforme, puisqu'outre qu'elle avoit pour elle la venerable Antiquité, le sentiment unanime des Peres, & celui de tous les Théologiens sur les points essentiels à la Foi ; elle avoit encore une autorité suprême pour décider les nouvelles questions. Que l'esprit de l'homme ne se lassera jamais d'inventer, & que c'est par cette autorité qu'elle a dissipé toutes les contestations qui se sont jamais levées dans son sein; au lieu que dans la nouvelle Réforme qui n'a point cet avantage, ceux qui la suivent sont toujours en dispute. Il disoit vrai, mais il concluoit mal. Pour bien conclure, il falloit dire qu'on devoit quitter toutes ces nouvelles Sectes où il n'y a que confusion, & s'attacher à l'Eglise Romaine si ancienne, si uniforme, si bien gouvernée, si paisible, si sage, & non pas conclure pour le Deïsme.

Toutes ses lettres ne rouloient pas sur les matieres de la Religion : *M. de Thou* il aimoit les Mathématiques, & se voyant à Bresleau hors des embarras de la Cour, & des intrigues de ses Ambassades, il en reprit l'étude, & pour la favoriser il entretint pendant le reste de ses jours un commerce de lettres avec Jean Pretorius de Joachimstal Professeur en cette science dans l'Université d'Altorf, qui avoit été son domestique & le compagnon de ses études.

Enfin après tant d'alternatives de bien & de mal, d'opinions bonnes & d'opinions mauvaises, de gloire & de mépris de Sectes & d'irreligion, il fallut payer le tribut à la nature, & paroître devant Dieu, *Sa mort.*

dont il avoit abuſé des talens qu'il lui avoit confié ; ce qu'il fit à Bres-lean lieu de ſa demeure le 15. Fevrier, ou, ſelon quelques Ecrivains, le 23. Fevrier 1589. âgé de 56. ans, ſans aucune apparence de maladie.

On dit à ce ſujet que deux jours auparavant il avoit écrit à Pré-rorius ſon compere, (c'eſt ainſi qu'il l'appelloit,) & qu'après pluſieurs difficultez conſidérables ſur les matieres de Mathématique, dont il lui demandoit la ſolution, il avoit ajoûté de ſa propre main ces paroles : *Il y aura une écl.pſe de Lune le 15. de ce mois, le Soleil étant au ſigne d'A-quarius qui eſt mon horoſcope. Si l'Aſtrologie eſt veritable, je ſuis menacé ou de la mort, ou de quelque maladie dangereuſe, qu'en penſez-vous ?*

On ajoute que le jour avant que Dieu le retira de ce monde, il ordonna à ſes domeſtiques de chercher un pauvre à qui il faiſoit or-dinairement la charité, ſes gens lui rapporterent qu'ils n'avoient pû le trouver, & il leur repliqua, quoiqu'il fut alors en parfaite ſanté, *peut-être demain je ne ſerai pas en état de lui faire du bien.*

On veut même qu'il prédit ſa mort à un de ſes amis qui l'avoit in-vité à venir ſouper chez lui, lui repliquant qu'il faloit aller ſouper ailleurs, & que le tems de ſa mort approchoit. En effet, après ce com-pliment il ſe mit au lit, pria differentes perſonnes de ne le point aban-donner ; ſoit qu'il fut en délire, ſoit qu'il voulut faire l'eſprit fort, ſoit en effet qu'il fut pénétré de ce dernier moment, il leur parla de la pieté & de la Religion en Philoſophe Platonicien, & en diſcourant ainſi il mourut dans une parfaite tranquillité d'eſprit & de corps, & même dans une eſpece de joye, qui donna de l'admiration à toute l'Aſſemblée, & particulierement à ſes enfans qui ne l'abandonnérent pas, & fut enterré dans la Chapelle de ſainte Elizabeth.

Un eſprit ſi cultivé, & une imagination ſi vive n'a pas vêcû ſans fai-re quelques livres. Sandius nous les donne ſous ces titres.

Commentariolus de Cometarum ſignificatione, & differtationes novæ de Co-metis, à Baſle, an. 1579. in 4°.

Epiſtolæ medicinales in Laurentii Scholtzii Epiſtolarum Philoſophicarum medicinalium ac Chimicarum volumine, à Françfort 1598. & à Hanovre 1610.

Poëmata tom. 2. delic. Germ. Ces ouvrages ſont permiſes dans l'In-dex Eſpagnol. Ce qui ſuit y eſt défendu.

Orationes duæ nomine Epiſcoporum Hungariæ in Concilio Tridentino ha-bitæ. L'une eſt pour la Communion ſous les deux eſpeces que l'on doit, ſelon lui, accorder aux Laïques, & l'autre pour le mariage des Prê-tres. Elles furent imprimées à Trente. On les a réimprimées en 1610. in 4°. à Oſtenbach, & on y ajouta

Monita Politica.

Vita Cardinalis Pauli. Nous avons dit qu'il n'eſt l'Auteur que de la verſion Latine.

Epiſtola ejus quædam inter Manutii Epiſtolas leguntur. Sandius croit qu'elles ſont dans la Bibliotheque de Geſner.

M. de Thou

Ses livres.
S. A. p. 62.

La même Bibliotheque de l'année 1583. nous apprend qu'il a écrit sur la Trinité, mais que cet ouvrage n'a pas vû le jour.

Dionysii Halicarnassei ad Q. Ælium Tuberonem de Thucididis historia judicium. Il l'a mis en Latin, & fut imprimée à Venise par Aldo.

Notæ plures in Fausti Socini disputationem de baptismo aquæ. On a ajouté à la dispute:

Epistola ad Joannem Volffium Tigurinæ Ecclesiæ Ministrum. Elle fut écrite à Cracovie le jour de la Pentecôte de l'année 1569.

Epistola ad T. Bezam. Elle est du premier jour d'Aoust de l'an 1570. il y traite la question, sçavoir si le nom d'Eglise convient à la seule Eglise Réformée. Elle fut imprimée à Heidelberg en 1593. in 8°.

Epistola ad Joannem Lasicium Equitem Polonum. Il y dispute sur la Divine Trinité. Elle fut écrite à Cracovie en 1571. le 9. Juin; elle fut imprimée dans la Bibliotheque de Gomarus, & on la traduisit en Flamand en 1668.

Epistola ad Petrum Melium Pastorem Debrecinensem in Hungaria; elle est de Cracovie le 30. Janvier 1571. Une autre au même du 7. Juillet 1572.

Epistola ad Petrum Carolium Concionatorem Varadiensem, de Cracovie 1572.

Epistola ad Josiam Simlerum, & Joannem Volffium Theologos Tigurinos, de Cracovie 1572.

Epistola ad T. Bezam Vezelium. Il y fait une confession de sa foi sur Dieu le Pere, sur le Fils, & sur le saint Esprit, & il y reprend le Symbole de saint Athanase. Cette lettre n'est pas finie. Il touche dans cette confession la réfutation de Jean Sommer, qui parut en 1582. Toutes ces lettres sont imprimées avec celles de Fauste Socin dans la Bibliotheque des Freres Polonois.

Epistola ad Socinum, en 1580. 1581. &c. manuscrit.

Epistola ad Justum Lipsium, Bresla, 1584.

Epistola de hæreticis non persequendis, & capitali supplicio non afficiendis. Tristlinga, 1584. in 8°. Sandius croit que c'est la même que celle de Minus Celsus de Sienne, (c'est-à-dire de Lelius Socin) qui est ajoutée à celle de Beze.

Epistola ad varios, manuscrit.

Usus etiam sum, dit Sandius, *dialogis B. Ochini, qui è Bibliotheca amplissimi viri Joannis Pesseri Boterodamensium Consulis (qui talium librorum amator fuit) prodierant; in quos Duditius manu suâ notas scripserat. Quod idem ante eum fecerant in eodem codice V. Gentilis & G. Blandrata: quorum scripturas ipse Duditius (nomine suo initio libri, seu possessoris adscripto) notas fecit subscribendo iis, manus V. Gentilis Bernæ decollati, item Blandratæ manus.*

Tous ces ouvrages sont peu de chose par rapport à l'étenduë de son génie, & on peut dire que Duditz a fait plus de bruit par son apostasie, & qu'il s'est acquis plus de gloire par ses ambassades, que par ses livres.

CHAPITRE XVI.

Les Auteurs Sociniens qui se sont distinguez en Hongrie & en Transilvanie, pendant les regnes de Jean Sigismond Zapoliha, & des Batori.

GEORGE BLANDRAT.

GEorge Blandrat Piémontois, natif du Marquisat de Salusses, étoit un homme d'esprit, adroit, d'une humeur enjoüée, d'une belle prestance, d'un visage imposant, doüé d'une facilité extrême pour s'exprimer ; il disoit aisément tout ce qu'il vouloit, & le disoit d'une maniere à faire plaisir. Ces belles qualitez lui donnerent entrée partout, & particulierement chez les Grands, qui aiment ordinairement ceux qui les divertissent, quand même ce seroit aux dépens de la Religion.

Après ses études de Philosophie, il s'appliqua à la Medecine, & il y réüssit assez bien pour y gagner du bien, & s'y faire des amis. Il n'en demeura pas là : les nouvelles héresies qui faisoient alors beaucoup de bruit, furent de son goût, & il les étudia si bien qu'il les adopta. Celles qui les premieres lui plurent, furent celles de Luther, & il abandonna la Foi Romaine dans laquelle il avoit été élevé, pour les suivre : mais un esprit aussi remuant qu'étoit le sien, s'en dégoûta bien-tôt. Pour raffiner sur cette Prétenduë Réforme, il étudia les anciennes héresies, & celles qui lui plurent d'abord furent celles d'Arius, encore y trouva-t-il beaucoup de choses à retrancher pour se les approprier, & à leur faveur s'ériger en maître parmi les nouveaux Sectaires, ce qui faisoit sa plus grande passion, aussi-bien que celle d'amasser de l'argent, & il en prit ce qu'il jugea de plus injurieux à la Trinité & à la Divinité de J. C. & soutint ce qu'il avoit adopté avec tant de force & d'enjoüement, que plusieurs jugerent déslors qu'il seroit un ennemi dangereux des Mysteres de la Trinité, & de l'Incarnation d'un Dieu ; ils ne se tromperent pas.

Après ses études il entreprit de voyager, tant pour chercher fortune, que pour dogmatiser ; il le fit en Allemagne, en Pologne & en Transilvanie. Dans ses premieres courses il fut assez heureux pour entrer dans la maison de la Reine Bonne, femme de Sigismond I. Roi de Pologne, & même d'en être le Medecin, honneur que lui procura Lisismaninn.

Après avoir fait quelque séjour dans ce Royaume & en Transilvanie, & s'y être acquis quelques amis, l'envie lui prit de revoir sa patrie. A Pavie il se laissa aller à sa démangeaison de parler des matieres de Religion, & il en parla si bien conformément aux nouveaux

Sectaires, qu'on l'arrêta par ordre de l'Empereur, & l'Inquisition à qui on le livra lui auroit fait un mauvais parti, s'il n'avoit eu l'adresse de gagner son Geolier pour sortir de prison, & de là de toute l'Italie, où il sentoit ne pouvoir pas être en sûreté.

En 1558. il arriva à Genêve, & y fit profession publique du Calvinisme. Tandis que dans son particulier il étudioit les opinions de Servet, il s'en entêta si bien, que nonobstant lessupplices que ces opinions avoient attiré à leur Auteur, & dont la datte étoit encore fraîche, il ne se contenta pas de les insinuer par manière de doute aux gens du commun, il les proposa même au Ministre de l'Eglise Italienne, qui étoit de la Maison de Martinengue ; il en fut si scandalisé, qu'il rompit avec lui, & ne voulut pas se servir de lui dans sa maladie, ni dans celle de sa femme, quoique Blandrat lui offrit ses services.

Calvin qui étoit attentif à tout ce qui se faisoit dans Genêve, & particulierement sur les matieres de Religion, fut bien-tôt averti des menées de Blandrat. Celui-ci même ne s'en faisoit pas un mystere devant ce Chef de parti si rédoutable à ceux qui parloient comme Servet, il le visitoit & lui proposoit les mêmes doutes, & Calvin y répondoit. Ce manége de conférences & de disputes dura quelque tems, il plaisoit à Blandrat, & fatiguoit Calvin, & d'autant plus que celui-là faisoit semblant d'acquiescer aux réponses de celui-ci, & qu'il revenoit le lendemain à la charge, & repetoit toujours ses prétendus doutes : *Eodem tempore suis quæstionibus fatigabat Calvinum, eoque magis quòd cum subinde fingeret se placatum esse, & acquiescere responsis, postridie redibat quasi novus, nec desinebat ea ipsa de quibus audierat sciscitari.*

Epistol. Bez. 322.

Calvin, pour se débarasser de ces disputes, eut assez de complaisance de lui envoyer par écrit le précis de ce qu'il devoit croire sur ses doutes & sur ses questions, afin qu'il y fit ses réflexions, & qu'il en demeura là. Il les fit, & pour ne pas laisser le champ de bataille à Calvin, il s'avisa de lui faire réponse, & dans sa lettre il lui mit cet argument : Celui qui invoque le Grand Dieu dont il est parlé dans le Deuteronome, & que vous, Adorateurs d'un Dieu en trois Personnes, vous appellez le Pere, le Fils & le saint Esprit, doit l'invoquer par la médiation de quelqu'un ; mais ce Pere, ce Fils, & ce saint Esprit n'ont point de Médiateur ; donc on ne peut point les prier ensemble. A ce sophisme Calvin qui vit bien qu'il perdoit son tems à vouloir convertir de vive voix & par écrit un homme qui s'opiniâtroit dans ses erreurs d'autant plus qu'on avoit de complaisance pour lui, & qui d'ailleurs ne vouloit ni anciens Peres, ni Conciles, ni Tradition pour expliquer les passages de l'Ecriture sur le Mystere de la Trinité : mais l'Ecriture seule & sans glose ; changea de batterie, lui dit de grandes duretez, lui reprocha en face qu'il voyoit bien à sa mine le détestable monstre qu'il nourrissoit dans son cœur. *Itaque coactus est ei Calvinus in faciem dicere, vultus tuus detesta-*

c. 6.

vile monstrum mihi ostendit, quod in corde occultum fovet, ac sapius eum as-
perè objurgavit, ut si fieri posset, corrigeret perfidiam, & fallacias dolosque
tortuosos, quorum fastidio erat quodam modo defessus. C'est ce qu'il lui repeta souvent, comme on le voit dans ce Latin, afin par là de le porter à finir enfin ses perfidies & ses artifices frauduleux. Néanmoins
il ne discontinuoit pas de le saluer quand il le rencontroit ; mais après
avoir vû que ses avis, ses complaisances & ses reproches ne faisoient aucune impression sur le cœur de Blandrat, il le menaça du
dernier supplice, & pour le persuader que ses menaces étoient sinceres, il le livra à la Justice, & ordonna qu'on lui fit son procès.

Blandrat entre les mains de la Justice voulut se justifier par les
écrits & la doctrine de Calvin même, & s'offrit de prouver en présence de tout le peuple que ce Ministre a enseigné dans des écrits de sa
main, qu'il n'y avoit qu'une personne en Dieu. On accepta son offre,
& n'ayant pû prouver ce qu'il avoit avancé, Calvin le fit passer pour
un calomniateur.

Cet attentat de Blandrat à la réputation de Calvin, donna lieu à une
nouvelle profession de foi qu'on fit faire à tous ceux qui composoient
le Consistoire Italien, & dont j'ai parlé dans le Chapitre de Gentilis.
Blandrat, qui apprehendoit les suites de son procès, la signa aussi, &
par là sortit de prison avec promesse qu'on ne l'inquieteroit plus pour
la doctrine, s'il ne s'écartoit point de la nouvelle profession de foi.
Mais sensible à l'affront qu'on lui avoit fait, & apprehendant les res-
sentimens de Calvin, il sortit de Genève en 1558. & assez brusquement ; voici comment.

Etant un jour dans l'Auditoire de Théologie, où il entendoit une leçon
de Calvin, il vit entrer un des Syndics de la République, & s'imagina
qu'il n'y entroit que pour l'arrêter ; pour en éviter le coup, il fit semblant de saigner du nez, prit le chemin de la porte, sortit de la Ville, & se retira à Zurich, où il trouva Pierre Martir ; & hors des mains
de Calvin, il soutint à Pierre Martir, nonobstant la profession de foi
qu'il avoit fait à Genève avec serment de ne s'en point départir, qu'il
y avoit une Monarchie en Dieu : que l'essence du Pere n'étoit point
celle du Fils, & que le Pere étoit superieur au Fils & au saint Esprit.
Pierre Martir qui sçavoit tirer une conséquence d'une supposition,
lui repliqua que si sa doctrine étoit vraye, il y auroit plusieurs Dieux.

De Zurich il prit la route de Pologne dans l'esperance d'y trouver
encore des amis, & particulierement la liberté de dire ce qu'il pensoit
sur les matieres de la Religion. Son esperance ne fut pas vaine. La
plûpart des Ministres-Lutheriens & Sacramentaires, & particulierement Gregoire Pauli lui firent accüeil ; & édifiez de sa doctrine & de
ses mœurs, ils l'établirent l'Ancien des Eglises Prétenduës Réformées
de la Province de Cracovie. En 1560. le Palatin Nicolas de Radzivil
Grand Chancelier lui confia une, (eau) pour porter au Synode de Xianz.
Il se comporta si prudemment dans ce Synode au goût de ses amis, & de
ses

ſes protecteurs, qu'on lui fit l'honneur de l'aſſocier auſſi-bien que Liſſimaninn, à Cruciger Surintendant de toutes les Egliſes de la Province: on fit cette aſſociation, dit un Auteur moderne, pour ne rien avoir de commun dans le Gouvernement Eccleſiaſtique, avec celui de l'Egliſe Romaine.

Ces emplois étoient aſſez éclatans pour faire parler de lui, auſſi en parla-t-on tant, qu'enfin Calvin en eut connoiſſance; il n'étoit pas un homme à laiſſer ſes ennemis en repos, auſſi en écrivit-il ſa penſée aux Miniſtres des Egliſes de Pologne, & à quelques Seigneurs qui s'étoient déclarez pour ſa Prétenduë Réforme. Je ſuis extrêmement ſurpris, leur dit-il, que vous ayez fait tant d'honneur à un homme qui n'a rien qu'une apparence d'oſtentation & de faſte, que vous l'ayez reçû comme un Ange nouvellement deſcendu du Ciel, & que vous le conſideriez comme un Atlas, ſeul capable de ſoutenir votre Egliſe. Si j'oſois, je vous dirois que pour une telle conduite je n'aimerois point votre nation. Ceux qui ſe ſont ainſi comportez, ont agi avec inconſidération, & n'ont pas ménagé les interêts de votre réputation, & je ne ſuis pas moins ſurpris que quelques perſonnes de qualité, & qui ont la premiere autorité parmi vous, ſe ſoient plaint de ce que j'ai déterré cet homme, & que j'ai pris la liberté de vous le faire connoître tel qu'il eſt. *Valdè miror hominem quem ſola oſtentatio & faſtuoſus vultus commendat, tanti apud vos fieri, ut quaſi novus Atlas Eccleſiam ſuſtineat ſuis humeris. Certè tam inconſiderata credulitatis, niſi me puderet gentem veſtram non amarem ... unum non diſſimulo, eos qui tam humaniter G. Blandratam exceperunt, parum fuiſſe cautos & providos, & malè contuliſſe veſtra exiſtimationi. Magis etiam miror quoſdam primaria autoritatis viros graviter offendi, quod liberè hominem detexerim ... Nullus eſt apud alias gentes, vos admiramini non ſecùs atque Angelum è cœlo delapſum. Veſtras delicias minimè vobis invideo.* C'eſt dans la Préface du Commentaire de Calvin ſur les Actes des Apôtres, où il timpaniſe tant Blandrat & les dupes qui l'avoient tant admiré, & c'eſt auſſi cette Préface, ou ce qu'il y dit contre cet homme, qui a ſcandaliſé ces Seigneurs.

Quoiqu'il en ſoit, ces lettres de Calvin firent tant d'impreſſion ſur l'eſprit des plus zélez Miniſtres, qu'enfin on entreprit de ſe débaraſſer de Blandrat. Au Synode de Pinczow en 1561. on examina les raiſons que l'on avoit eu au Synode de Xiantz de lui donner la qualité du plus ancien des Egliſes de la petite Pologne. Stator de Tionville y lut la ſentence de Calvin, qui notoit Blandrat d'infamie pour avoir ſoutenu les impietez de Servet. Au Synode de Cracovie en 1561. on lui fit chanter la palinodie ſur ſes erreurs de la Trinité, après y avoir lû les lettres de Calvin. En 1562. au Synode de Xiantz il ſe plaignit de la ſignature qu'on avoit exigée de lui au précedent Synode, y fit une nouvelle profeſſion de foi, & on ne lui fit pas l'honneur de la lire dans l'aſſemblée. Au Synode de Pinczow 1562. on voulut bien y lire cette profeſſion de foi, & on l'aggréa, mais à condition qu'il ſe

Calvin
Epiſ. 32
321.

Hiſt. Ref
Eccl. Pol.
pag. 126.
170.

réconcilieroit avec Calvin : il y consentit, mais à des clauses qui rendoient la réconciliation impossible, eu égard au génie de Calvin. J'en ai parlé dans les Actes de ce Synode. Apres ces chicanes on le dépouilla de ses dignitez, & on lui fit tant d'avanies, que par tout il ne trouvoit aucune sureté pour sa vie : *Ita ut ei tutam in his oris vitam agere per ejus cacozeliam non licuerit.* Ces mauvais traitemens joints aux continuelles brouilleries qui regnoient dans les Eglises de la Prétenduë Réforme, & des Pinczowiens, l'obligerent de quitter la Pologne, & de chercher ailleurs sa fortune, & la liberté de sa conscience ; & ce fut dans cet embarras que Jean Sigismond Prince de Transilvanie lui fit écrire pour l'avoir auprès de lui en qualité de son Medecin.

Il accepta l'offre, & arriva en Transilvanie en 1563. & y trouva le secret de plaire au Prince, à Petrowitz, & à presque tous les Seigneurs, & leur tourna si-bien la tête, qu'il les fit tous Unitaires, particulierement après la dispute publique qu'il soutint avec François Davidi contre les Ministres de la Prétenduë Réforme, en présence de la Cour en 1566.

E. A. p. 28

Après la mort de Sigismond, il fut le Medecin d'Etienne & de Christophle Batori, & même de celui-là après que les Polonois l'eurent élu pour leur Roi, & non seulement son Medecin, mais encore son Conseiller au Conseil privé : *Immò & Stephani ad regnum Poloniæ jam evecti Archiatrum, & Consiliarium intimum.* Fauste Socin lui donne les mêmes qualitez en lui dédiant sa seconde réponse à Volunus. C'est ce qui me fait conclure qu'il a quitté la Transilvanie pour faire un troisiéme voyage en Pologne ; il s'y ménagea si bien les bonnes graces de ce Roi, que Fauste Socin dans sa réponse au Pere Wuickus, après lui avoir donné des loüanges sur les bons services qu'il avoit rendu à leur Secte : *De nostris Ecclesiis aliquando præclarè est meritus*, dit que sur la fin de ses jours il se rélâcha de son zéle pour se ménager les liberalitez qu'Etienne Roi de Pologne lui faisoit, & même qu'il en étoit venu là, qu'on avoit peine à croire qu'il eut encore les sentimens de Dieu & de J. C. qu'il avoit eu autrefois, & qu'il avoit soutenu avec tant de force & de succès : *Haud paulò ante mortem suam vivente adhuc Stephano Rege Poloniæ in illius gratiam, & quod illum erga se liberaliorem (ut fecit) redderet, plurimum remisisse de studio suo in Ecclesiis nostris Transilvanicis, nostrisque hominibus juvandis. Imò eò tandem devenisse, ut vix existimaretur priorem quam tantopere foverat de Deo & Christo sententiam retinere.* Il sembloit même qu'il s'étoit tout devoüé aux Jésuites, qui florissoient en Transilvanie pendant les regnes d'Etienne & de Christophle Batori : *Sed potius Jesuistis, qui in ea Provincia tunc temporis Stephani Regis, & ejus fratris Christophori Principis haud multò ante vità functi ope ac liberalitate non mediocriter florebant, jam adhærere, aut certè cum eis quodammodo colludere.* Ce qu'il y a de certain, ajoute Fauste Socin, c'est que contre ses promesses & ses obligations, il a abandonné quelques uns des nôtres qui étoient dans la misere

C. II. p. 43.
Et Hoornbeech appa.
p. 25.

& dans la vexation, qui avant ce tems avoient été les objets de son amitié & de sa liberalité : & qu'il n'a eu cette dureté pour eux, que depuis qu'il a ambitioné les bienfaits du Roi Etienne, & qu'il les a reçûs : *Illud certissimum est, cùm ab eo tempore quo liberalitatem quam am-bicbat, Regis Stephani, erga se est expertus, cœpisse quosdam ex nostris ho-minibus quos carissimos prius habebat, & suis opibus juvabat spernere ac de-serere, etiam contra promissa, & obligationem suam ;* & enfin qu'il s'est si occupé du soin d'amasser des biens, qu'on peut assurer que c'est pour les avoir, qu'il a dit adieu aux soins de l'étude de la veritable pieté : *Atque omni vera & sincera pietatis studio vale dixisse, & solis pecuniis congerendis intentum fuisse.*

Il n'y a pas d'apparence que Blandrat, dans le tems qu'il étoit en Pologne avec le Roi Etienne Batori, ait tenu cette conduite qui lui a attiré de si sensibles reproches de la part de son meilleur ami. Socin nous fait sentir que Blandrat mourut peu après ; & nous sçavons d'ail-leurs qu'il étoit en Transilvanie en qualité de Medecin du Prince Chris-tophle. Qu'en 1578. il fit venir Fauste Socin du fond de la Suisse, pour l'aider à convertir François Davidi sur une nouvelle impieté qu'il introduisoit dans les Eglises des Unitaires, sçavoir qu'on ne devoit rendre aucun culte religieux à J. C. & qu'il se pervertit lui même sur ce point ; c'est-à-dire, comme nous l'avons dit, 1. part. que d'Arien il devint un *Samosatien,* qui prenoit J. C. pour un homme, à qui on ne devoit rien que ce que l'on doit aux autres comme nous : opinion dans laquelle il a vécu le reste de ses jours. On ne peut donc pas compren-dre le tems auquel il abandonna ainsi ses freres. Quoiqu'il en soit, c'est un reproche que lui fait Socin, & il y a apparence qu'il ne lui fait pas en vain.

Encore moins peut-on fixer l'époque de sa mort. Il vivoit encore en 1585. lorsque Bellarmin écrivoit son Traité *de Christo,* & il étoit mort en 1592. quand Fauste Socin écrivoit contre Wuickus. On croit communément que ce fut le 14. May 1588. ou selon le doute de San-dius, 1586. On dit sur cette mort, qu'il avoit un neveu, qui dans l'esperance de recüeillir sa succession, quitta l'Italie sa patrie, & le vint trouver en Transilvanie. Blandrat le voyant attaché aux dogmes de la Foi Romaine, le menaça de le deshériter, s'il ne reconçoit à la catholicité. Le jeune homme balança s'il le feroit ; dans cette in-certitude l'oncle déja fort âgé tomba en frénesie, s'écriant tout seul : *Va, va, va ;* sa fureur monta à un tel excés, qu'il fit plusieurs fois des efforts pour étrangler son neveu dans le tems qu'il s'appliquoit à lui donner quelques soulagemens : mais le jeune homme vigoureux se jetta sur lui, & l'étrangla lui-même, ou, comme d'autres disent, il prit un sac plein de sable, & lui en donna tant de coups, qu'il l'as-somma. M. Hoornbeeck se contente de dire qu'il l'étouffa : *A fratris sui filio, in lecto jacens, suffocatus fuit.*

Il y a bien des gens qui ont voulu moraliser sur ce genre de mort.

B. A. p. 2

Maimb.

Ex Resca Atheism. Evang.

Ss ij

Fauste Socin veut qu'il ait été une punition manifeste de la colere de Dieu qu'il avoit irrité, pour avoir abandonné les interêts des Unitaires, & trop recherché sa fortune : *Et solis pecuniis congerendis intentum fuisse, que forsasse justissimo Dei judicio, quod gravissimum exercere solet contra tales desertores, ei necem ab eo quem suum haredem fecerat, consiliarunt.* Hoornbeeck Théologien de Leyde dit qu'il n'y a point de doute que Dieu ne l'ait ainsi fait mourir, pour le punir des blasphêmes qu'il a prononcé contre la verité, des héréfies qu'il a répandu, des troubles qu'il a excité, & des mauvais livres qu'il a composé. Son Latin en dira encore davantage. *Sane non extra justam istis Ecclesiis execranda haresis, multarum in Dei ultionem in hominem, quem primum in Deum, & ejus veritatem blasphemiarum, librorum horrendissimorum, turbarumque gravissimarum, autorem non aliter quam singulari, diroque mortis genere occumbere oportuit.* Pour ne pas deviner, ni vouloir approfondir les Jugemens de Dieu, nous devons dire que sa mort est arrivée ainsi par un Jugement impénétrable de Dieu, & qui n'est pas sans exemples, pris de la mort des bons, & de la mort des méchans.

On parle diversement de ses erreurs. Nous pouvons dire avec assurance qu'il a donné dans les opinions de Luther, qu'il les quitta pour suivre celles de Calvin, qu'il se dégoûta de celles-ci pour donner dans celles de Servet ; que son opinion sur la Trinité, étoit celle des Triteïstes ; il ne vouloit qu'une personne dans la Trinité, & tournoit tous les termes de l'Ecriture que nous attribuons à la seconde Personne, dans un sens à faire croire qu'ils ne signifioient que quelques perfections de la Nature divine ; perfections que nous nous representons ordinairement à l'occasion des differens ouvrages de la Divinité. A l'exemple des Unitaires & des anciens Eutychiens, il nioit qu'il y eut deux natures en J. C. Comme la plûpart des Pinczowiens, il combattoit la necessité du Batême des petits enfans, & son opinion favorite, & qui peut le distinguer de plusieurs, étoit celle de François Davidi, que non seulement J. C. n'étoit pas Dieu, mais un pur homme qui ne méritoit aucun culte religieux, & par là il a encheri sur l'impieté de Paul de Samosate, & a été plus loin sur ce fait que n'a fait Fauste Socin, & tous ceux qui l'ont suivi.

Il s'est rendu plus celebre par ses menées en Pologne & en Transilvanie, que par ses écrits, quoiqu'ils soient en grand nombre. Ses livres étoient si décriez à Genève, que quand on voyoit quelque chose de juste & de solide dans ceux qui paroissoient sous son nom, on vouloit qu'ils ne fussent pas de lui, ou que le jeune Stator y eut touché. Aussi lui attribue-t-on deux sortes d'ouvrages ; les uns lui appartiennent en partie, & les autres paroissent lui appartenir en propre. Bayle met dans l'ordre de ceux-ci des Theses, des Lettres, & quelques observations touchant l'invocation de J. C. qui n'ont été imprimées que dans d'autres livres. La plûpart furent inserées dans

Au lieu cité.

Appara. p. 26.

Ses erreurs.

Beze. Epist. 81.

Ses livres.

un écrit que Jacques Paleologue publia en 1580. où il refute le jugement des Eglises Polonoises sur la cause de François Davidi. Quant aux ouvrages où Blandrat a eu part, je les marquerai en faisant le détail de tous ces ouvrages.

Commentarius in c. 1. Evang. S. Joan. Koingius lui attribue ce livre, mais mal-à-propos, à moins qu'il ne veüille parler de celui qui se trouve dans le livre *De vera & falsa Dei cognitione*, qui certainement est de Blandrat, *Blandrata potissimum autor fuit.*

Quæstiones ad quas respondit Calvinus in Actis V. Gentilis fol. 50.—56.

Epistola ad G. Pauli, où non seulement il reprend ce Ministre sur la controverse du Batême des enfans, qu'il avoit excitée mal-à-propos, mais encore où il entreprend ouvertement de le faire quitter l'opinion des Triteïstes pour embrasser celle des Samosatiens. Beze disoit qu'il avoit cette lettre en mauscrit. Sandius ne doute point que cette lettre ne soit la même que celle dont parle Martin Ruar *in excerptorum libro*, manuscrit, qui dit que Blandrat a écrit à Gregoire Pauli d'Albe Jules le 30. Nov. 1565. & où il s'efforce de lui apprendre que le Λογῦ que nous disons être le Fils de Dieu, ne l'est que par la prédestination.

Epistola ad Ecclesias minoris Poloniæ Segesvariâ, an 1568. 27. Janvier manuscrit. Budzinius l'a mise dans le Chap. 32. de son Histoire.

Catechesis quam mediante Parusâ in publica seu generali Synodo Radnothini celebrata, pronuntiari ac publicari curavit.

Theses novem de Deo & filio ejus J. C. Elles sont inserées dans le livre *De Dualitate*, de François Davidi, avec les observations du même Davidi.

Aliæ Theses fermè triginta, opposées aux trois Theses de Davidi, l'an 1578.

Loci aliquot insignes ex Scripturis Sacris pro vera & solida J. C. invocatione asserenda candidè deprompti. On a ajouté ce traité au jugement des Eglises de Pologne sur la cause de Davidi; jugement qui fut reduit par écrit par Alexandre Vitrelinus. En 1579. & en 1580. on le mit au jour avec la réfutation de Jacques Paléologue.

Objectiones ad F. Socini refutationem Thesium F. Davidis. On les a ajoutées avec la réponse de Fauste Socin, à la dispute de celui-ci avec Davidi *de J. C. invocatione.* Elle fut écrite en 1579. & on la mit au jour en 1595.

Epistola ad J. Paleologum, d'Albe-Jule 1578. 3. Aoust.

Ad eundem, d'Albe-Jule le 18. Mars 1579.

Ad eundem, d'Albe-Jule 10. Janvier 1580. Ces lettres ont été imprimées en partie en 1580. dans la réfutation que Paléologue a fait du jugement des Eglises de Pologne.

Epistola ad Reverendissimos DD. Gregorium Pauli, G. Schumanum, M. Ezechovicium, A. Vitrelinum & cæteros Ministros Ecclesiæ Polonicæ J. C. crucifixi à G. Blandrata, & F. Socino nomine Ecclesiæ Transilvanicæ ejusdem Confessionis scripta 1579. On y parle de l'affaire de François Davidi.

Sandius dit qu'il a cru devoir attribuer tous ces ouvrages à Blandrat, parce que c'est en Transilvanie où on les a produit, & qu'il est le premier qui dans cette Province a soutenu l'opinion d'un seul Dieu & d'un seul Fils, c'est-à-dire la préexcellence du Pere sur le Fils : & cela sous la protection de Jean Sigismond, qui après avoir renoncé à la foi d'un Dieu en trois personnes, se déclara pour l'opinion de Blandrat ; & que celui-ci est un des principaux Auteurs avec François Davidi, qui paroisse dans ces disputes faites en Transilvanie. Il faut donc croire que les ouvrages qui suivent, ne sont pas entierement de lui, & que nous devons les mettre dans le second ordre dont nous avons parlé.

Disputatio prima Albana seu Albensis, en 1566. 24. Fevrier, & imprimée à Clausembourg.

Demonstratio falsitatis doctrinæ Petri Melii, & reliquorum Sophistarum per Antitheses, unâ cum refutatione Antithesion veri, & Turcici Christi, nunc primùm Debrecni impressarum. Albe-Jule in 4°. on lit dans la seconde Antithese. *Sed hoc fusius in disputatione, & in eo, qui mox sequitur, libro de vera & falsa Dei Patris, Filii, & Spiritûs Sancti cognitione tractabantur.*

Le livre De falsa & vera Dei cognitione.   *De falsa & vera unius Dei Patris, Filii, & Spiritûs Sancti cognitione libri duo, autoribus Ministris Ecclesiarum consentientium in Sarmatia & Transilvania.* Il fut imprimé à Albe-Jule in 4°. le 7. Aoust 1567. Comme ce livre est fort considerable parmi les Sociniens, il est bon d'en rapporter ce que nous en apprend Sandius. On y voit au commencement: *Serenissimo ac pietate clarissimo Principi DD. Joanni II. Electo Regi Hungariæ, Dalmatiæ, Croatiæ &c. Ministri Ecclesiarum consentientium, gratiam & pacem precantur. Varia hæc virorum insignium fragmenta, ab omnibus tantopere expetita, jam tandem in duos congesta libellos de unius Dei Patris, Filii, & Spiritûs Sancti falsa & vera Dei cognitione, instar Silenorum Alcibiadis, Majestati vestræ Serenissima, absque ullis verborum Lenociniis humiliter consecramus.*

On ajoute à cette Dédicace ces vers adressez au Lecteur :
Nil fucata juvant, quidquid sub imagine falsa
     Extitit, in lucem tempora docta trahunt.
Ignis succensus, stipulas consumet inanes,
     Nulla Dei cursum vis cohibere potest.
Qui sapit expectat, Verbi mysteria scrutans,
     Judicio præceps, multa pericula subit.
Le premier livre contient neuf Chapitres.
Le 1. Chap. contient des avis que Jesus & les Apôtres ont donné ; & comme le Christ sera détruit par l'Antechrist.
2. Chap. Comment l'Antechrist corrompra insensiblement l'Eglise de Dieu, & la simplicité des Ecritures.

3. Chap. L'origine & le progrès de la doctrine que nous tenons sur la Trinité, le commencement des sophismes que l'on a fait sur cette doctrine, & les differentes refutations que l'on en a faites.

4. Chap. Les horribles images ou simulacres que l'on a fait pour nous representer un Dieu en trois personnes.

5. Chap. Ce que les Sophistes enseignent en général sur ce sujet, & quels sont les articles de Foi qu'ils proposent sur le même sujet.

6. Chap. Un *Compendium* des livres d'Augustin sur la Trinité. On croit que Valentin Gentilis est l'auteur de ce petit ouvrage.

7. Chap. Combien ont été differens & changeans les Interpretes de cette matiere, & comment ils ont tourné & expliqué les Ecritures à leurs avantages. Cet ouvrage est pris des Annotations d'Erasme de Roterdam.

8. Chap. Les paroles & les phrases les plus considerables dont se servent ceux qui soutiennent le dogme d'un Dieu en trois personnes. A la fin on y voit des Vers de la façon de Gregoire Pauli, pour exhorter le Lecteur de ne reconnoître qu'un Dieu suprême, & J. C. Fils de Dieu, qui nous a racheté. Le Latin en dit davantage.

Mente pii fratres, Domino fidissima Christo
——Pectora, dilectaque anime, quos sanguine fuso
Filius ipse Dei maledicta à morte redemis:
Excelsum Christi Patrem cognoscite verum
Unum illum esse Deum, qui condidit omnia verbo;
Uniusque Dei veri cognoscite Christum

9. Chap. La doctrine ridicule des Sophistes sur la Trinité d'un Dieu.

Le second livre a pour titre : *De vera unius Dei Patris, unius Domini nostri J. C. quem misit, Filii, & amborum Spiritûs cognitione.* Il contient quinze Chapitres.

Le 1. Chap. parle de la maniere que le Christ rétablit son Eglise.

Le 2. Chap. de la difference qu'il y a entre la Loi & l'Evangile.

Le 3. Chap. Du Λογῦ.

Le 4. Chap. est une petite Confession de foi, d'un seul Dieu Pere, & de toutes ses puissances.

Le 5. Chap. La premiere explication de la Confession sur ces paroles : *Hæc est autem vita eterna,* Joan. c. 17.

Le 6. Chap. La seconde explication d'un seul Dieu Pere du Christ, conformément à la doctrine des Peres.

Le 7. Chap. Une autre explication du Fils de Dieu, où il prouve qu'aucune des épithetes que nous donnons à notre Christ, ne peuvent convenir à ce Fils éternel.

Le 8. Chap. Une troisiéme explication du même Fils contre ce que les Sophistes enseignent de son union & de son incarnation ; & qu'il n'y a point d'autre Fils de Dieu que celui qui a été conçû par le saint Esprit dans le sein d'une Vierge.

Le 9. Chap. Une petite explication de presque tous les passages de l'ancien & du nouveau Testament dont les Sophistes se servent pour prouver l'unité de l'essence, la trinité des personnes en Dieu & la génération éternelle du Fils.

Le 10. Chap. Les passages de l'ancien & du nouveau Testament dont se servent les Sophistes, pour prouver la génération éternelle, la Divinité & l'existence du Fils, avant qu'il prit notre chair.

Le 11. Chap. une petite explication du 1. chap. de S. Jean. Cette explication commence par ces paroles : *Cum plerique abutantur hoc Joannis capite.* Nous avons dit, en parlant de Lelie Socin, qu'il y a des Auteurs qui lui attribuent cette explication.

Le 12. Chap. Une petite explication du 1. chap. de la lettre aux Colossiens.

Le 13. Chap. Une petite explication du 1. chap. de la lettre aux Hebreux.

Le 14. Chap. Les phrases qui conviennent au Christ, ou *Phrasæ aquipolentes Christo.*

Le 15. Chap. Les passages ambigus qui se trouvent dans l'Ecriture sur ces matieres. Tel est le contenu de ce fameux livre des Ministres de Pologne & de Transilvanie. Bellarmin avoit vû ce livre. M. Hoornbeeck se plaint avec raison que les Auteurs ayent inseré des peintures abominables, qui representoient indignement le mystere de la Trinité. Il est inutile d'avertir ici, que par ces Sophistes, les Auteurs entendent les Catholiques, & tous ceux qui croyent un Dieu en trois personnes, & l'Incarnation du Fils éternel de Dieu éternel.

Brevis enarratio disputationis Albana de Deo trino, & Christo duplici. C'est la seconde conférence que les Prétendus Réformez firent à Albe-Jule devant Jean Sigismond en 1568. & qui dura depuis le 8. Mars jusqu'au 18. Elle fut imprimée in 4°. en 1568. à Albe-Jule chez la veuve de Raphaël Hosthalter, L'inscription de la Préface porte : *Seniores Ecclesiarum, & Ministri Christi crucifixi consentientes in Transilvania.* On nous avertit ici que ceux qui soutinrent le parti des Unitaires, furent Davidi, le Docteur Blandrat, Basile Pastor Ministre de Clausembourg, Demetrius Huniades, qui en 1579. succeda à la Surintendance de F. Davidi, & Paul Jule ou Julensis, & que les Sectaires, dont on voit les noms à la fin de la dispute, étoient Jean Sinning, Marolinus Pasteur de l'Eglise de Dieu qui est dans Kerestur, Martin Albanus Ministre de l'Eglise de Dieu qui est dans la Ville de Dhes, Benoist Ovar Recteur du College d'Albe-Jule, Gregoire Vagnerus Collegue d'Ovar.

Antitheses interpretationis Meliana in cap. 1. *Joannis.* Après qu'elles furent imprimées & corrigées, on y ajouta dix-sept Theses, & trente-six argumens contre le Batême des petits enfans, avec cet avis : *Attexuimus in calce disputationis Theses Antagonistis propositas, ut Lectores*

totis

totius controversiæ Cardines apertius intelligerent , & de Pædo-baptismo quid tenendum sit solidius judicarent : hic enim adeo acriter nostrâ hac tempestate impetitur , ut ruinam non obscurè minari videatur.

Antithesis Pseudo-Christi cum vero illo ex Maria nato. On voit au commencement de cette Antithese : *Lucæ 2. hodie , (non ante sæcula) natus est vobis , (non incarnatus) Salvator Christus Dominus in urbe Davidis (non in cœlo ex essentia Dei.)* Elle fut imprimée in 4°. à Albe-Jule 1568.

Æquipollentes ex Scripturâ phrases de Christo Filio Dei ex Maria nato figuratæ. Il prétend que celui qui en comprendra le sens , & qui comptera dessus , pourra facilement concevoir le sens de quelques autres qui semblent leur être opposez sur le même sujet. Elles furent imprimées in 4°. à Albe-Jule en 1568.

De Mediatoris J. C. hominis divinitate , æqualitateque libellus. Item de restauratione Ecclesiæ , Cellarii , cum Epistolâ præliminariâ Fabricii Capitonis. Cet ouvrage fut imprimé in 4°. à Albe-Jule , en 1568. Les Ministres & les Anciens de Transilvanie l'addresserent à Gaspar Behès Comte de Fogaras , Conseiller du Prince , &c.

Refutatio scripti Petri Melii , quo nomine Synodi Debrecinæ docet Jehova-litatem & Trinarium Deum , Patriarchis , Prophetis & Apostolis incognitum. On l'a mis au jour vers l'an 1568.

Refutatio scripti Georgii Majoris , in quo Deum Trinum in personis , & unum essentiâ , unicum deindè ejus Filium in personâ & duplicem in naturis , ex lacunis Antichristi probare conatus est. Autoribus Francisco Davidis , & Georgio Blandrata. Cet ouvrage est orné de disputes , & Sandius croit qu'il a été imprimé à Albe-Jule en 1569.

Refutatio Confessionis Petri Melii de Deo Trino facto à Ministris Transilvaniæ , tribus partibus absoluta. Quartâ parte Stancari de Mediatore sententia refutatur.

Disputatio Blandrata , vel quæ Alba-Julia acta sunt coram Principe Transilvaniæ Christ. Batoreo.

Sandius dit avoir vû un fragment qui est joint à la seconde dispute , & qu'il croit avoir été imprimé à Albe-Jule , à raison de la conformité de l'impression avec l'édition de cette dispute. C'est si peu de chose , aussi bien que l'*Antithesis in 1. cap. Joan. juxta doctrinam Sophistarum , quæ opposita juxta se posita magis elucescunt* , qu'il est inutile d'entrer dans un plus grand détail.

CHAPITRE XVII.

FRANÇOIS DAVIDIS. MATHIAS GLIRIUS. JEAN SOMMER. DEMETRIUS HUNIADINUS.

D Avid , ou Davidi , ou Davidis , étoit Hongrois , homme d'un grand génie , bien versé dans la lecture de l'Ecriture , la citoit fort-a-propos pour son but, on dit même qu'il la sçavoit par cœur ; & au surplus il avoit un talent tout particulier pour pousser son adversaire à bout dans les matieres de controverse. Il donna d'abord dans les opinions de Luther, & suivit la Confession d'Ausbourg. Son mérite étant connu à ceux de son parti, on le fit Ministre de Clausembourg, & Surintendant, ou Evêque des Eglises de la Prétenduë Réforme établie en Transilvanie.

Nous avons vû, 1. part. les démêlez qu'il eut avec Martin Calmoneki Sacramentaire & grand Prédicateur : comme il le confondit en 1561. en presence de Sigismond & de toute sa Cour ; & que sans attendre la décision de Philippe Melancthon, à qui on s'en étoit rapporté sur leur démêlé, il quitta la Confession d'Ausbourg pour suivre celle de Zurich ; qu'à la sollicitation de Blandrat il quitta les opinions de Zurich & de Genève, pour embrasser celles des Tritheïtes sur la Trinité, & celles des Ariens sur J. C. que lui inspira son ami Blandrat.

A peine Davidi eut-il pris ce parti, qu'il ne demanda plus qu'à disputer contre la Divinité de J. C. Et comme il n'avoit point quitté la Surintendance des Eglises Prétenduës Réformées, quoiqu'il en eut abandonné les principaux dogmes, il ne se borna point à la seule dispute, il prêcha hautement à ses oüailles ses nouvelles erreurs, & par là pervertit non seulement les simples & le peuple, mais encore des Ministres, des personnes de qualité, & le Prince même, comme nous l'avons dit.

Mais un esprit aussi remuant, ambitieux, inquiet & volage qu'étoit le sien, ne demeura pas long-tems dans les hypotheses de Blandrat. Il y vit de grandes & de manifestes contradictions, un galimatias continuel, des difficultez insurmontables, & voulut se faire un nom ; pour cela il soutint que non seulement J. C. n'étoit pas le grand, le seul & le veritable Dieu, mais qu'il étoit un homme comme nous, qui n'avoit rien en lui qui meritât un culte religieux, qu'on ne pouvoit l'invoquer, ni lui adresser nos vœux, ni mettre notre confiance en lui, &c. Ce paradoxe qui étoit tout Judaïque, parut d'abord si nouveau à Blandrat, qu'il souleva contre lui toutes les Eglises des Prétendus Réformez, tant de Hongrie & de Transilvanie, que de Pologne ; mais il n'étoit pas un homme à s'épouvanter du bruit, & encore moins à se départir de ses entêtemens ; il s'éleva au dessus des reproches que lui firent les Synodes & quelques Ministres, disputa contre tous ceux qui le contrarierent, & écrivit si bien en faveur de son opinion, qu'il la fit embrasser à quantité de personnes qui l'avoient combattuë.

Blandrat voulut arrêter ce progrès, & faire revenir son homme à son premier systême : il ne connoissoit point de sçavant plus propre à ce dessein que Fauste Socin ; il lui en écrivit, & le pria de venir à son secours, ce qu'il fit en 1578. Blandrat pour pouvoir mieux réüssir dans son dessein, fit loger Fauste Socin avec Davidi, afin que beuvant, mangeant & conversant tous les jours ensemble, il pût enfin l'adoucir, &

le faire revenir de ses entêtemens ; si ce n'étoit pas par la force du raisonnement, du moins que ce fut par celle de l'amitié. Mais Fauste Socin
avec tout son bel esprit, son adresse, sa capacité & sa politesse, ne gagna rien sur cet esprit altier, ce qui le disposa si mal, aussi bien que
Blandrat, contre Davidi, que l'un & l'autre entreprirent de s'en défaire.
A ce dessein ils l'accuserent devant le Prince, d'avoir machiné contre
l'Etat, & d'avoir répandu des nouveautez & des impietez dans l'Eglise:
accusation qu'ils pousserent si vertement, que Christophle Batori le
fit enfermer dans le Château de Deve, où ce malheureux se laissa
devorer par le chagrin, & tomba dans une rage qui ne lui donnoit plus
de repos, criant sans cesse qu'il voyoit des spectres & des diables, qui
s'efforçoient de l'emporter ; & quelques uns de ses anciens amis l'exhorterent de s'adresser à J. C. Médiateur, & de reclamer son pouvoir
auprès de Dieu son Pere, il s'emporta contre eux, & leur dit qu'il n'in-
voqueroit jamais un homme dont le pouvoir avoit été si borné, qu'il
n'avoit jamais pû se garantir, ni se sauver de la main de ses ennemis, &
& que si on devoit l'invoquer, il falloit donc aussi invoquer les Saints,
& devenir Papiste.

Ce fut dans ces sentimens que mourut François Davidi le 15. Novembre 1579. par la chûte subite d'un bâtiment qui l'écrasa. Digne fin d'une
vie si remplie d'orgüeil, de seditions, de blasphèmes, & de variations
dans la Religion. Il fut Luthérien, Sacramentaire, Arien, Tritheïte,
& enfin Samosatien; & on peut dire demi-Juif par sa nouvelle impieté.
C'est néanmoins un des plus fameux Héros que les Unitaires ayent eu   *B. A. p. 56*
en Transilvanie, & un des Patrons dont les Sociniens se font honneur.
Il nous a laissé quelques livres qui ne sont pas de grande conséquence, sans parler de ceux ausquels il a mis la main avec Blandrat.
Sandius lui donne :

Epistola ad Ecclesias Polonicas super quæstione de regno millenario J. C. hic   *Ses livres.*
in terris. Elle est d'Albe-Jule, en 1570. manuscrit.

De dualitate Tractatus. Il est divisé en 3. chap. & on y a joint :

Tractatus secundus, quod unus solus Deus Israëlis Pater Christi, & nullus
alius invocandus sit. Il contient les 15. Theses qui furent proposées au
Synode général de Thorde.

Tractatus tertius, observationes in Theses G. Blandratæ.

Tres Theses. Paléologue (Conf. Jud. Eccl. Pol. p. 232.) dit que Blandrat y opposa trente autres Theses ou environ.

Libellus parvus. Il y combat les 30. Theses de Blandrat, & il y dit
que J. C. ne peut pas maintenant être appellé Dieu, puisqu'il n'est pas
Dieu; qu'on ne peut pas invoquer J. C. que Luther & Calvin ont mal
entendu les matieres de la justification & de la prédestination. Il y parle aussi du regne du Messie, & dit que les Prophetes qui nous ont dépeint J. C. n'en ont parlé que par conjectures, & comme en dévinant:
De regno ejus Messia, quem fore Propheta divinarunt, qui esset J. C. Il parut
en 1578.

Possevin sect. 3. c. 7. lui donne 16. Theses. Il dit dans la premiere : *Dominum Jesum ex Josephi semine conceptum esse*, Voila la preuve de son Samosatianisme. Et dans la onziéme il dit : *Cultum nullum Christo deferendum, nisi quem ejusprœcepta servando ipsi deferimus*. Il y a apparence que ces Theses parurent un peu avant sa mort; car dans ses observations sur les Theses de Blandrat, il avoüe que J. C. a été conçu par la vertu du saint Esprit : *Christum Jesum conceptum de Spiritu sancto*. C'est dans l'observation sur la 2. These *De Filio Dei*.

Quatre Theses proposées à F. Socin : *De non invocando J. C. in precibus sacris*.

Confutatio responsionis Faustina, ou refutation de ce que Fauste Socin a répondu à ces 4. Theses.

Ce livre fut imprimé dans la défense de F. Davidi : *In negotio de non invocando J. C. in precibus.*, par les soins de Paléologue, de M. Glirius, & du fils de Davidi, en 1580. in 8°. On y ajouta quelques questions : elles sont imprimées avec la réponse que F. Socin y a fait. Il y a aussi quelques fragmens de celui-ci ajoutez à la dispute contre Christian Frankem.

MATHIAS GLIRIUS.

B. A. p. 60

Glirius étoit Medecin de profession, bon ami de François Davidi, de Jean Sommer, & de Jacques Paléologue, sçavant & Professeur en langue Hébraïque, & a travaillé à la nouvelle version Hébraïque de la Bible, ou à sa nouvelle édition. On le fait compagnon de Silvanus & de Neusnerus, non seulement dans leurs voyages, mais encore dans les persecutions que leur firent les Ministres Prétendus Réformez du Palatinat. Ce fut apparemment après ces persecutions, qu'il se retira en Transilvanie, qu'il entra dans l'amitié de François Davidi, qu'il épousa ses opinions, & qu'il succeda à Sommer au Rectorat du College de Clausembourg. L'attache qu'il eut à la personne, & aux paradoxes de Davidi, le broüilla avec les Unitaires de Transilvanie.

On ne sçait pas de quel Païs il étoit, Possevin le fait Polonois, & Sandius en doute, parce qu'il fut le compagnon de Silvanus & de Neusnerus. On n'a de lui qu'un petit ouvrage, où, au raport de Martin Ruor, il judaïse sur le regne de J. C.

JEAN SOMMER.

Sommer, ou Somer, ou Sorner, étoit de la Province de Misnie, sçavoit la langue Grecque, s'appliqua à la Medecine, parloit beaucoup, & embrassa le Luthéranisme : il quitta l'Allemagne pour chercher fortune en Transilvanie. Il la trouva telle qu'il pouvoit l'esperer, après avoir quitté les opinions de Luther, pour adhérer à celles de François Davidi, dont il ne se départit point. On le fit travailler à la correction de la version Grecque de la Bible, à laquelle Paléologue eut bonne part. Ses amis, Blandrat & Davidi, lui procurerent le Rectorat du College

de Clausembourg, où il mourut de peste, lui, sa femme & sa belle-mere. On ne sçait pas quand, mais il faisoit encore parler de lui en 1569.
Il nous a laissé ces livres.

Reges Hungaricos carmine elegiaco.

Theses de Deo trino, uno in essentia, trino in personis ex ejus fundamentis
desumpta & publicata, an. 1571.

Refutatio scripti, quod P. Carolius sub titulo explicationis fidei orthodoxe,
de uno vero Deo, Patre, Filio, & Spiritu sancto, contra G. Blandrata, &
F. Davidi errores, an. 1571.

On y ajouta: *Tractatus variis de rebus.* Il y a à la tête de ce livre une
lettre d'un homme qui se donne le nom de Théodose Schimberg; c'est
lui qui a pris le soin en 1582. de rendre publique cette réfutation.

Tractatus aliquot Christiana Religionis. Ils furent imprimez à Ingolstad
par les soins du même Schimberg, & il y mit une Préface de sa façon.
Ces Traitez se réduisent à ceux-ci.

Confutatio objectionum.

De justificatione hominis coram Deo. Joan. Sommeri item propositiones de:
eâdem exhibita senioribus Thorda 19. *Septemb. an.* 1572. *unâ cum responsione*
seniorum exhibita Claudiopoli 29. *Septemb.* 1572. *& confutatio responsionis*
5. *Octob. autore J. Sommero.*

Scopus 7. *cap. ad Romanos, Adami Nusnerii*

Declamatiuncula contra prædestinationem Nusfericorum.

Declamatio contra baptismum adultorum J. Sommeri.

Theses de Deo trino in personis, uno in essentia ex fundamentis ejus desumpte
te, J. Sommeri. Sandius ne doute pas que ce ne soient les mêmes dont
il est parlé plus haut, qui furent publiez en 1571. & qui semblent avoir
été imprimez chez Alexis Rodecius.

DEMETRIUS HUNIADINUS.

Huniades Hongrois avoit beaucoup de sçavoir, fut un des premiers
Novateurs, & un des plus ardens pour prêcher en Transilvanie le nouvel Arianisme. En 1568. il se trouva à l'Assemblée d'Albe-Jule, où il
tint sa partie avec Davidi contre ceux qui y soutenoient la foi d'un Dieu
en trois personnes. En 1579. il succeda à la Surintendance des Eglises
Prétenduës Réformées de Transilvanie, qu'avoit occupée François Davidi. Dans la même année il se trouva à Clausembourg, où à la sollicitation de Blandrat il lut devant le Consistoire un ouvrage qu'il avoit
fait contre le Batême des enfans. Quelque tems après prêchant dans
cette Ville contre le mystere d'un Dieu en trois personnes, il fut frappé d'un catare ou d'apoplexie, qui le jetta à la renverse, & dont il
mourut au même instant; il laissa plus de malheureux hétitiers de sa
mauvaise doctrine, que de livres. On ne lui attribue que celui qu'il
lût devant le Consistoire, à qui Sandius donne ce titre:

Scriptum in quo Pædo-baptismus &c. ab Ecclesia intermissa recipi, &
observari jubentur.

Possevin
sect. 3. c. 7.

Ses livres.

B. A. p. 57.

B. A. p. 86.

CHAPITRE XVIII.

Les Auteurs Allemands qui se sont déclarez pour le Socinianisme pendant les regnes de Ferdinand, & de Maximilien II.

GEORGE WICELIUS. ADAM NUSNERUS.
JEAN SILVANUS.

GEorge Wicelius est un homme qui a fait differentes figures dans le monde & dans la Religion. On le fait Catholique, Moine, renégat du cloître, Luthérien, assez bon Théologien, marié, Arien, Catholique, Curé, Conseiller des Empereurs, & un Auteur fameux par la multitude de ses livres.

Thomas James dans l'Appendix du Fasciculus rerum expetendarum

Nicolas Serarius l. 1 c. 40. apud Miraum de Scrip. sac. 16 p. 23.

Il naquit à Fulde en 1501. étant encore jeune il se fit Moine. Luther par ses paroles enchantées le dégoûta de ce genre de vie, & lui fit embrasser les opinions de sa Prétendue Réforme ; pour les suivre librement il sortit du cloître, & se maria, persuadé du principe de son maître, qu'on ne pouvoit ni bien vivre ni bien mourir dans le célibat : *Sed postea carnis, Lutherique philtris dementatum uxorem quæsiisse.* On veut même qu'il ait eu plusieurs femmes successivement ; ce point est controversé, mais soutenu par Serarius, qui ajoute : *Qui ad secundas & tertias, imo, ut quidam ferunt, etiam ad plures ;* qu'il passa des premieres nôces à des secondes, des secondes à des troisiémes, & même des troisiémes à d'autres, comme quelques uns l'ont assuré.

Agé environ de 20. ans, il vint à Wittemberg pour y étudier en Théologie. Son génie ne se borna pas à cette étude ; il se mit du parti des Brigueurs, & devint Chef des rebelles de la Thuringe. Il fut arrêté, mis en prison, & condamné à mort, & il auroit subi la condamnation, sans l'intercession de Pontanus Chancellier de Saxe qui demanda sa grace, & qui l'obtint. Devenu moins remuant, Luther en eut soin, & l'établit Ministre dans Nimec, Village proche Wittemberg ; on l'arracha de ce poste par une cruelle persecution qui lui fut suscitée par Juste Jonas son grand Antagoniste, & par Philippe Melancthon. Celuila l'accusa d'un crime d'Etat, & celui-ci *d'avoir combattu la divinité de J. C.* & c'est ici la seule preuve que nous avons de son Arianisme. Sur ces accusations, & par le conseil de Melancthon, Jean Frederic le fit mettre en prison. Il en sortit, mais il fut banni des Etats de Wittemberg ; Luther écrivit en sa faveur, & dissipa les tempêtes dont on l'avoit

James.

agité : *Justus Jonas excitavit Principes adversus eum seditionario facto, conjectus est in lacum, neque longè fuit à laqueo præfocatere, sed Lutherus pro eo scripsit.*

Chassé de Wittemberg, il se retira à Leipsic sous la protection du Duc George. Enfin ne pouvant pas digérer les dissentions qu'il voyoit naître parmi les Prétendus Réformateurs, & les persécutions qu'on lui avoit suscitées, il rentra dans le sein de l'Eglise Romaine, mais non pas dans son cloître, & ne quitta point sa femme. Pour s'autoriser dans cette pratique contraire à celle de Rome, qui ne veut pas qu'un Prêtre ait une femme, il se fit sacrer Prêtre par un Evêque Grec; il s'imagina qu'appartenant à l'Eglise Grecque, qui permet à ses Prêtres de se marier, il pourroit conserver sa femme, & par là il devint infracteur des loix des deux Eglises: de la Romaine, qui ne veut pas qu'un Prêtre ait une femme, & de la Grecque, qui défend à ses Prêtres de passer à de secondes noces. Le Latin de l'Auteur que je cite en dit davantage: *Ab illis (Lutheranis.) Tamen cùm nova, neque cùm Ecclesiastica antiquitatis norma satis consentanea fingi, ac resingi quotidie cerneret, variisque illos, & acerbis inter se opinionibus dissidere, pedem retulit.* Voilà le motif de son retour à la Catholicité, & voici ce qu'il fit pour conserver sa femme: *Sed ita ut proprii nescio quâ cerebri pertinaciâ, ei quàm par esset diutiùs glutinaciúsque adhaeserit: in uxoria praesertim re, cui servire, simulque Sacerdos esse cùm vellet, dicitur Graecum nescio ubi Episcopum, ut ab eo consecraretur, quaesiisse. Sicque cum quodam veluti probro, & ritu Graecus audiebat Sacerdos. At sellis sedere duabus diem voluit, utráque decidit; neque enim Latinus Sacerdos bonus fuit, qui ad nuptias transiit: neque Sacerdos Graecus bonus, quia ad secundas, &c.*

Devenu ainsi Catholique, il écrivit en 1534. contre le livre de Luther *De bonis operibus.* Ceux de Leipsic le chasserent de leur Ville après la mort du Duc George son protecteur. Il se retira à Mayence & à Cologne, où il se déclara l'ennemi des Luthériens, avec plus d'ardeur qu'il n'avoit encore fait. Ce zéle avec sa capacité lui procurerent, après beaucoup de traverses, une Cure, & l'Empereur Ferdinand l'honora d'une charge de Conseiller dans ses Conseils, qualité que Maximilien II. lui conserva, quand il fut parvenu à l'Empire.

Le Théatre de Freherus le fait mourir à Mayence en 1563. & ajoute qu'il y fut enterré dans l'Eglise de saint Ignace. Il faut dire en 1573. car on voit dans le *Fasciculus rerum expetendarum,* qu'il vivoit encore en 1564. & même on voit dans cet *Appendix,* pag. 750. un de ses traitez en datte du 10. Aoust 1575. mais aussi faut-il avoüer qu'à la page 787. du même livre on accorde à Corneil Loos que Wicelius est mort en 1573. Serarius & Molanus disent aussi qu'il est mort cette année, ainsi il peut avoir vêcu 72. ans.

Quoique j'aie dit qu'il fut un ennemi ardent des Luthériens, nous pouvons néanmoins le considerer comme un de ces entremeteurs en matiere de Religion, qui pour en pacifier les differens, voudroient sacrifier quelque chose des interêts de tous les partis opposez. Son principal caractere a été de souhaitter, comme le pacifique Cassender, une bonne réünion dans le Christianisme; & pour y parvenir, il auroit voulu anéantir plusieurs choses que pratique l'Eglise Romaine. Baile qui m'a fourni cet article, nous en donne pour preuve ses amis qu'il a cultivé, sçavoir Masius, le Cordelier Ferus, & l'Evêque Jules Pflug, qui a été pour *l'interim*, tous gens d'assez bonne composition sur les matieres controversées. Il ajoute qu'on en peut encore mieux juger par ses écrits ; par *Via Regia*, par sa *Methodus concordiæ*, & par plusieurs autres livres, que l'on dit être prodigieux en nombre, dont la plûpart sont en Allemand, & dont on a fait des versions en Latin, & qui ont eu differentes éditions qui ne sont pas venus à ma connoissance.

ADAM NEUSNERUS.

B. A. p. 61. *Neusnerus*, que d'autres appellent Naviserus & Neucer, fut le premier Ministre Zuinglien de l'Eglise d'Heidelberg : y prêchant les dogmes des Sacramentaires, il eut soin d'y mêler les héréfies d'Arius & de Servet. Son Ministeriat dura environ dix ans, après quoi on lui suscita un procès sur son hétérodoxie. Pour le faire avec quelque sorte de fondement, on se servit d'une lettre qu'il avoit écrit à Bekelius Ambassadeur de Sigismond Roi de Hongrie & Prince de Transilvanie auprès de l'Empereur Maximilien II. Sur cette lettre qui fut interceptée, & mise entre les mains de l'Empereur, on le mit en prison à Heidelberg en 1571. avec Silvanus, d'où il ne sortit que par une espece de miracle, dit Budzinius.

Hist. Ref.
Eccl. Pol. Un soldat qui le gardoit pendant la nuit, lui dit : Hé quoi ! vous voila encore dans votre prison ? Hé comment n'y serois-je pas, reprit le prisonnier, puisque vous me gardez avec tant de précaution, & même avec tant de cruauté ? Quand cela seroit, repliqua le soldat, n'avez-vous pas des yeux & une raison, & en faut-il davantage pour vous donner la liberté malgré nos soins ? Neusnerus fit attention à cet avis, jetta les yeux sur tous les endroits de la prison, apperçut une fenêtre par laquelle, moyennant une corde, il pourroit se sauver de sa prison ; & pour profiter de l'avis, il s'occupa à se faire des cordes de tout ce qu'il trouva dans sa prison, & par bonheur pour lui il eut le lendemain une sentinelle qui avoit plus besoin de dormir que de veiller, pour avoir trop bû ; il se sauva par cette fenêtre. C'est ainsi que se sauva Neusnerus. Miracle qui, au sentiment de Budzinius, doit aller de pair avec celui qui retira saint Pierre des prisons d'Herode.

Pour éviter les poursuites qu'on auroit fait de lui, il vint en France, passa en Hollande, & de là en Pologne, où il demeura quelque tems à Smigla & à Cracovie, & y fit amitié avec Jean Sonerus. Tous deux poursuivis pour leurs nouveaux dogmes, ils sortirent de Cracovie, & vinrent associez de quelques autres en Transilvanie. A peine furent-ils arrivez à Clausembourg, qu'un mouchard qui les connoissoit, en donna avis à François de Forgas, autrefois Evêque Romain, & qui pour lors faisoit l'office de Chancellier en la place d'Ozascius, qui avoit quitté cette charge parce que Christophle Batori étoit bon Catholique. Neusnerus eut avis qu'on l'avoit decelé à ce nouveau Chancellier, qui n'épargnoit ni les exils, ni les chaînes, ni le dernier supplice,

pour

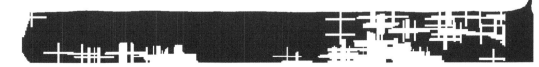

pour faire rentrer les devoïez dans leur devoir. Pour éviter ses poursuites, il forma le dessein de se retirer : mais ceux de Clausembourg
qui avoient embrassé les opinions des Unitaires, charmez de sa doctrine, de ses manieres & de son air, lui firent dire de ne rien craindre, &
qu'ils le défendroient contre toutes sortes de personnes. Cette promesse le fit changer de dessein ; sa prétenduë tranquilité ne dura pas
long-tems. Quelques Allemands affidez lui donnerent avis que l'Empereur avoit quelque dessein contre lui; il les crut, demanda conseil à Paléologue, qui lui conseilla de sortir de Clausembourg, ce qu'il fit, & se
retira à Constantinople accompagné de son ami Silvanus, & de quelques autres Zuingliens, où il mourut de dissenterie, désesperé & enragé comme un autre Arius.

Sponde ad
an. 1574.
n. 17.

Sandius ne lui donne pour tout ouvrage que la lettre dont nous
avons parlé, & qui lui procura la prison d'Heidelberg. Elle est en date
de l'an 1571.

Ses ouvra-
ges.

Et un petit ouvrage intitulé : *Scopus 7. capitis ad Romanos.* En 1572.
il fut imprimé à Ingolstad. En 1583. in 8º.

Il y a une autre lettre en datte de 1574. adressée au Docteur Etienne
Gerlach Luthérien, où il dit qu'il n'a jamais connu d'homme, qui de
son tems ait embrassé le nouvel Arianisme, qu'il n'ait été auparavant
Calviniste, & en donne pour exemple Server, Blandrat, François Davidi, Gentilis, &c. Et conclut que si quelqu'un apprehende de tomber
dans l'Arianisme, il doit éviter le Calvinisme. Sponde & les autres qu'il
cite, prétendent que Neusnerus n'a point écrit cela, mais qu'il l'a dit
familierement à ce Lutherien dans Constantinople, après que celui-ci
lui eut demandé pourquoi il s'étoit fait Musulman.

ad an. 1574

Jean Silvanus.

Silvanus, bon ami de Neusnerus & de Mathias Glirius, fut
précepteur de Frederic Electeur Palatin, & Inspecteur de l'Eglise de
Ladebourg dans le bas Palatinat ; d'autres lui donnent la qualité de
Surintendant des Eglises Prétenduës Réformées du Palatinat du bas
Rhin. Il prêcha dans ses Eglises contre le mystére de la Trinité, &
contre la Divinité de J. C. A ce sujet on lui fit tant d'affaires, qu'il quitta l'Allemagne, & se réfugia en Transilvanie, d'où il passa jusqu'a Constantinople, avec Neusnerus & sa troupe, & s'y fit circoncire, & on
nous dit qu'autant qu'il avoit d'ardeur pour porter ceux de sa Communion & de sa connoissance à embrasser le Samosatianisme, autant en
eut-il pour les porter a se faire circoncire, & embrasser le Judaïsme.
Aussi y en eut-il beaucoup de sa troupe qui le firent à son imitation.

B. A. p. 60.

Regi. l. 1.
c. 2.

Il y a apparence qu'il ne demeura pas long-tems dans cette grande
Ville, ou qu'il y a de l'erreur dans les époques; car on dit qu'il fut brûlé pour ses impietez en 1571. & d'autres disent qu'il eut la tête coupée
en 1572. L'Electeur Frederic son ancien écolier s'interessa un peu pour
lui ; ceux de Genêve lui firent dire : *Si illum dimittis, non eris amicus Cæ-*

Lubieniesti
B. A. p. 61.

faris. Si vous le renvoyez, vous ne serez pas l'ami de César. Sur ces menaces il l'abandonna : nous pouvons croire que ce qui le détermina à abandonner ainsi son ancien maître, ce ne fut pas tant ces menaces, que l'avis que l'Empereur Maximilien lui donna, qu'il avoit intercepté des lettres de Silvanus à Neusnerus, où il paroissoit qu'il arianisoit.

Sandius ne lui donne pour livres qu'un petit ouvrage en **Allemand**, contre l'erreur d'Eutiche, in 8°.

Adversus Joannis Marpach libros duos. Il cite sur ce fait la **Bibliotheque** de Gesner, & prétend qu'il n'a fait ces livres qu'après avoir pris parti parmi les Samosatiens.

On dit aussi qu'il a écrit quelque chose pour la défense des hérésies de Paul de Samosate & de Servet ; mais cet ouvrage n'a pas été imprimé.

CHAPITRE XIX.

Les Chefs des Anabatistes Arianisans, qui ont infecté la haute & la basse Allemagne de leurs erreurs.

DAVID GEORGE. MELCHIOR HOFFMAN. JEAN MATTHIEU. JEAN BECOLD. JEAN DE GECHEM. JACOB DE CAMPEN.

DAVID GEORGE.

Sponde ad ann. 1543.

Ses opinions

DAvid George, natif de Gand, fils d'un Comédien nommé George d'Ametsford, après avoir exercé le métier de Vitrier & de Peintre en verre, s'érigea en 1525. ou 1527. en Prédicant Anabatiste. Il disoit qu'il étoit le troisiéme David, le vraye Messie, & le Christ céleste, produit par le saint esprit, & ainsi plus grand que l'autre Christ qui avoit pris chair d'une femme. Il ajoutoit qu'il étoit le petit fils de Dieu. Que le Ciel étoit vuide, qu'il avoit été envoyé pour adopter des enfans qui fussent dignes du Royaume de Dieu, & pour reparer la maison d'Israël par la grace, & non par la mort, comme avoit fait J. C. Il nioit la Vie éternelle, la Résurrection des morts, le Batême, le dernier Jugement. Qu'il y eut des Anges & des démons. Il condamnoit les mariages legitimes, & vouloit la communauté des femmes. Il prétendoit que ce seroit lui qui jugeroit au dernier jour. Qu'il n'y avoit que lui qui pût pardonner & retenir les pechez. Que l'ame ne pechoit pas, mais le corps, comme seul capable de recevoir des taches. Que les ames des Infideles seroient sauvées, & que les corps des Apôtres seroient aussi bien damnez que ceux des Infideles. Que c'étoit une folie de penser que ce fût un peché de nier J. C. devant les hommes ; & que les Apôtres & les Martyrs avoient été de francs étourdis de mourir pour ce sujet ; qu'il suffisoit de croire devant Dieu, & dans

son cœur. Il assuroit que toute la doctrine de Moyse, des Prophetes, de J. C. & des Apôtres, étoit imparfaite, & inutile pour le salut, & qu'elle n'avoit été donnée aux hommes, que pour les arrêter comme des enfans jusqu'à son avenement, & qu'il n'y avoit que sa doctrine qui étoit parfaite, pouvant elle seule perfectionner les hommes.

On ne doute pas qu'il n'ait eu beaucoup d'esprit, mais un esprit dépravé. Lindanus veut même qu'il ait été Sorcier. Il ne sçavoit pas bien la langue Latine ni aucune autre, mais il possedoit bien la Hollandoise; sa belle maniere de parler en cette langue, avec les nouveaux paradoxes qu'il débitoit, lui concilia l'amitié des femmes; elles en étoient si infatuées, qu'elles s'estimoient heureuses, si en abandonnant leurs maris, elles pouvoient avoir des enfans de lui.

La guerre que les Catholiques faisoient à ces sortes de fanatiques, le força de passer dans la Frise vers l'an 1528. On l'arrêta à Delf, & il fut condamné au fouët, à avoir la langue percée, & à être banni pour six ans. Son ban fini, il revint, & à son retour il inspira ses opinions à sa mere, & en fit une Anabatiste si entêtée, qu'elle ne voulut jamais se convertir. Le Magistrat de Delf les entreprit; la mere fut arrêtée, & eut la tête tranchée : pour lui il se déguisa, & échapa la poursuite qu'on faisoit de lui. Dans ce tems il composa un livre, & le fit imprimer; aussi-tôt qu'il parut, les autres Anabatistes furent si scandalisez de la doctrine qu'il y débitoit, qu'ils l'excommunierent. Séparé d'eux, il fit bande à part, & eut des Sectateurs à qui on donne le noms de Georgiens.

En 1544. pour éviter les châtimens que l'Empereur Charles-Quint vouloit que l'on exerçât contre ces sortes de gens, il quitta la Frise, vint à Basle, où il prit le nom de Jean Bruck, & eut soin de ne se faire connoître qu'à ceux qui avoient donné dans ses visions. Tout caché qu'il étoit, il ne laissoit pas que de faire bruit en Hollande, en Frise & ailleurs, par les livres, les lettres & les émissaires qu'il y envoyoit à ceux de son parti.

Enfin il fallut y payer le tribut à la nature, & avant que de le payer, pour persuader ses Sectaires qu'il étoit quelque chose de grand & de divin, il les assura que dans peu il ressusciteroit. Les uns disent qu'il dit que ce seroit dans trois jours, & les autres disent que ce seroit dans trois ans. Je me range du côté de ceux-ci, pour donner quelque vrai-semblance à sa prédiction. C'est qu'au mois de May 1559. trois ans après sa mort, le Sénat de Basle instruit des impietez qu'il avoit répanduës, fit son procès, comme s'il avoit été en vie, & prononça un Arrest qui portoit, que son corps seroit déterré, & brûlé par le bourreau, aussi bien que ses livres & tous ses écrits, dont on fit une exacte recherche, & l'Arrest eut tout son effet. Surius & ceux qui ont rapporté cette histoire, disent l'avoir tirée des Registres de l'Université de Basle.

Cochleas.
dub.

Lind.
l. 2.

Sponde.

V u ij

MELCHIOR HOFFMAN.

Hoffman étoit de Suéde, faisoit le métier de Pelletier ou Mesicier. Il est le premier qui dans la haute Allemagne ait prêché le Royaume de J. C. sur la terre, ou les erreurs de Millenaius, & les dogmes pernicieux des Anabatistes, au sujet de l'Incarnation. Il se fit des sectaires qui ont fait beaucoup de bruit, parmi lesquels on nomme Henri Rolle, Hermon Stapreda, Jean Klopris, Denis Vinnen, Knippordolling, &c. Dans le cours de ses voyages il vint à Strasbourg, y prêcha la revolte; il y fut arrêté & mis en prison, & n'en sortit qu'à la sollicitation de ses émissaires. De Strasbourg il se rendit à Embdem, ou après avoir formé un parti considerable, il établit l'Episcopat, l'exerça à sa façon, & nomma pour son successeur Jean Tripmaker. La tête remplie de grands projets, qui tous rouloient pour établir une Monarchie universelle, il quitta Embdem, & en commit le soin à Tripmaker & à Jean Mathieu. Il revint à Strasbourg en 1532. dans l'esperance de s'en rendre maître; à son arrivée il fit grand bruit contre les Prédicateurs de la Prétenduë Reforforme qu'il y trouva, & voulut leur prouver que le Fils de Dieu ou J. C. n'avoit point pris chair dans le sein de la Vierge Marie, mais que Dieu avoit été fait homme par lui-même, & indépendemment de Marie. Que celui qui pechoit volontairement après avoir eu la grace, ne pouvoit plus être reçu en grace, & que le salut consistoit dans nos forces. Bernard Rotman exerçoit alors avec Celat le ministere de l'Evangile dans l'Eglise de saint Maurice. Hoffman le porta à quitter la Prétenduë Reforme, pour embrasser son Anabatisime. Devenu Melchioriste, il prêcha l'Anabatisme avec plus d'ardeur que ne faisoient les autres, & fut un de ceux qui firent le plus de bruit à Munster au commencement de la revolte.

Ces rémuemens d'Hoffman reveillerent le zele du Magistrat de Strasbourg, il arrêta ce nouveau Prédicant, & le fit mettre en prison. Cette conduite allarma les Anabatistes; pour les rassurer, quelques fanatiques, à qui on donne le nom de Devins, coururent les ruës de la Ville, & par tout parloient d'Hoffman, comme d'un grand Prophete que Dieu retireroit bien-tôt de sa prison tout triomphant de ses ennemis, & le feroit accompagner des cent quarante-quatre mille Prophetes qui sont toujours avec l'Agneau. Ce fut pendant qu'on répandoit ces bruits, qu'Hoffman mourut dans la puanteur de sa prison, dévoré par le chagrin, & abandonné de la plûpart de ceux sur qui il comptoit. Il laissa néanmoins un grand nombre de sectaires, à qui on donna le nom de Melchioristes.

Lindan.
Prateal.
Meshovius
Sponde.

Apoch.

JEAN DE MATHIAS, ou MATHIEU.

Jean Mathieu Boullanger d'Harlem, après avoir goûté les opinions d'Hoffman, quitta sa femme parce qu'elle étoit laide, & épousa la fille d'un Brasseur d'Amsterdam, qui dans la suite devint l'épouse de Jean Becold, & la Reine par excellence de Munster. Il étoit fort ignorant ; mais au défaut de la science il avoit un esprit rusé & entreprenant ; il le fit connoître dans la suite. Il s'accredita si bien dans le parti des Anabatistes, qu'après Hoffman & Tripmaker, il fut leur Evêque dans Embden. Il en sortit sur la nouvelle qu'on lui donna qu'Hoffman avoit été arrêté à Strasbourg, & vint à Amsterdam. Il s'y fit valoir par le livre de la *Restauration* qu'il y fit, & par d'autres paradoxes qu'il y débita, & qui ne tendoient qu'à bâtir sa nouvelle Jérusalem, c'est-à-dire qu'à exterminer les Puissances & les Magistrats, pour faire regner ceux de sa Secte ; & pour faire recevoir ces pernicieuses maximes, tantôt il prenoit le nom de Moyse, tantôt celui d'Enoch. Quand il se vit en crédit il assembla un Synode, souffla sur ceux qui le composoient, comme pour leur donner son esprit, & en choisit douze, à qui il donna le nom d'Apôtres, pour aller prêcher sa doctrine en differentes Provinces. Ces douze en choisirent encore douze, & coururent la Zelande, le Brabant, la Hollande, la Frise, la Province d'Utrecht, la Wesphalie & plusieurs lieux, où ils infectérent un grand nombre de personnes de leurs erreurs.

Jean Mathieu instruit de ces progrès, sortit d'Amsterdam accompagné de plusieurs des siens, & vint au mois de Decembre 1533. à Munster pour s'aboucher avec Jean Becold, & un nommé Gerard, qu'il y avoit envoyé. A son arrivée, tous les Anabatistes qui se trouverent dans la Ville, le reconnurent pour le grand Prophete dont Dieu se servoit afin de leur manifester sa volonté. Il les assembla pendant l'obscurité de la nuit, & souffla sur eux, comme pour leur donner son esprit apostolique qu'ils attendoient : & après plusieurs entreprises qu'ils firent pour se rendre maîtres de la ville, & qui ne réüssirent pas, ils tinrent conseil, & résolurent d'augmenter secretement leurs forces. Dans cette vûë ils firent partir pour Osnabrug, pour Wesel, pour Coesveld, pour Warendorp & pour d'autres lieux, où quantitité de gens de leur secte s'étoient retirez, differentes personnes avec des lettres qui portoient qu'il étoit arrivé à Munster un Prophete envoyé de Dieu pour enseigner aux hommes le veritable chemin du salut ; qu'il étoit rempli du saint Esprit, & qu'il prédisoit des choses admirables ; ce Prophete étoit Jean Mathieu. Le reste de ces lettres ne tendoit qu'à inviter tous les Anabatistes à venir sans delai à Munster : ils y vinrent flatez de l'esperance de vivre dans l'abondance. Il se trouva parmi eux un grand nombre de scelerats, & capables des plus grands crimes, qui se firent rebatiser dans la seule vûë de pouvoir vivre impunément dans le libertinage.

Dès qu'ils furent arrivez, on vit Jean Mathieu à la tête de Rotman, de Becold, de Knipperdolling & de quelques autres, courir

Hist. des Anab.

comme un furieux par la Ville, & crier : *Faites pénitence, faites péni-*
tence. Le Magiftrat qui vit fa ville dans un extrême danger par ces
furies, & qui ne fe fentoit pas affez fort pour les arrêter, fe retira
après avoir enlevé tous les papiers de la Maifon de ville, & fut fuivi
des Chanoines, des Ecclefiaftiques, des Catholiques Romains, & de
plufieurs Bourgeois. Ceux qui demeurerent, tâcherent de faire quelque réfiftance ; mais comme leurs ennemis étoient en trop grand nombre, ils fe virent forcez de fe retirer, & d'abandonner leur ville à
la difcretion de Jean Mathieu, & de fes adhérans. A peine fe vit-il
le maître, que le lundy du Carnaval 1534. il créa de nouveaux Magiftrats. Les jours fuivans il fit enlever tous les ornemens des Eglifes, & le vendredy il déclara que la volonté de Dieu étoit qu'on
chaffât, ou qu'on fit mourir fur le champ tous ceux qui n'avoient
pas embraffé fa doctrine : fes émiffaires contraignirent tous ceux qui
étoient reftez de fortir promptement, fans leur permettre d'emporter aucune chofe de leurs biens. Ces malheureux (qui étoient Luthériens) furent arrêtez par les foldats de l'Evêque, qui les maffa-
crerent, comme ayant donné occafion par leur Prétenduë Réforme
à ces défordres, ou les repoufferent vers la ville, où ils périrent.

La Ville n'étant remplie que d'Anabatiftes, & de quelques malheureux Luthériens faifis d'effroi, Jean Mathieu & fes prétendus Prophetes fe faifirent du gouvernement de la Ville, qui n'étoit plus remplie que d'Anabatiftes & de quelques Luthériens, qui n'étoient pas
fans allarmes, s'en faifirent d'une maniere abfoluë, & difpoferent
de tout à leur fantafie ; rien ne fe faifoit fans leur ordre, & tout ce
qu'ils ordonnoient étoit reçû comme un commandement de Dieu,
auquel il falloit obéïr fous peine d'un châtiment très rigoureux. Ces
Prophetes qui affiftoient Jean Mathieu, étoient Jean Becold, Knipperdolling, Jacob Campen, Jean de Géelen & quelques autres. Jean
Mathieu en qualité de grand Prophete, commandoit abfolument, &
après lui Becold. La volonté de celui-là fervoit de Loi, fans que
perfonne ofât s'y oppofer. Ce fut par fon commandement qu'on
brûla tous les livres qui fe trouverent à Munfter, à la referve de
la Bible. Il eut la vanité de faire, à l'exemple des Romains, écrire
fes Loix fur des tables, & les expofer aux portes de la Ville ; &
afin que le peuple eut une plus grande vénération pour ces Loix, il
lui fit à croire que c'étoit le faint Efprit qui les lui avoit dictées.

Dans le tems que l'Evêque de Munfter affiegoit fa Ville pour la
prendre, les affiegez firent une vigoureufe fortie. Ils y réüffirent,
le Prophete Jean Mathieu qui les commandoit, enflé de ce fuccès,
entreprit une autre fortie, accompagné feulement de trente hommes,
aufquels il avoit perfuadé que Dieu lui avoit promis une entiere défaite de fes ennemis. Il fut fi bien reçû des Allemands, qu'il fut tué
à la premiere attaque, & tous fes foldats défaits, à la referve de
quelques uns qui en allerent porter la nouvelle dans la Ville. Jean
Becold lui fuccéda.

JEAN BECOLD.

Becold de Leyde, étoit Tailleur d'habits, difciple de Jean Mathieu, & fon Apôtre dans la Wefphalie, vint avec un nommé Gerard à Munfter le 24. Novembre 1533. Ils s'y logerent fi fecretement, que le Magiftrat n'en eut aucune connoiffance; & à peine y furent-ils, qu'ils y firent des affemblées nocturnes, dans lefquelles ils enfeignoient leur doctrine, & rebatifoient ceux qui la vouloient embraffer. La chofe ne leur fut pas difficile. Il y avoit déja dans la Ville plufieurs Bourgeois & autres, qui avoient reçû cette doctrine par les menées de Henry Rolle, de Herman Stapreda, de Jean Klopris, de Denis Vinnen, de Knipperdolling, de Bernard Rotman, & de quelques autres, dont la plûpart avoient été difciples d'Hoffman, & de Corneille Polterman.

Jean Becold ne manqua pas à fon arrivée de fe joindre à ces Héros, & ils firent tous de leur mieux pour augmenter leurs profélites, quoique toujours cachez. La fcene changea de face à l'arrivée de Jean Mathieu, ils firent des féditions, furent refrenez, & enfin, comme nous l'avons dit en parlant de Jean Mathieu, ils devinrent les maîtres de la Ville.

Ce fut après cette réduction que Jean Becold fe fit valoir plus qu'il n'avoit encore fait : il paffoit pour un grand Prophete, & le plus grand après Jean Mathieu, & fe mêloit généralement de tout, & celui-ci ne faifoit rien que par fon confeil : auffi lui fucceda-t-il à la fouveraineté de Munfter.

Quand on eut appris dans la Ville la mort de Jean Mathieu, tous les Anabatiftes qui y étoient, furent frappez d'une confternation extrême : ce n'étoit que regrets & que plaintes, & ils fe figuroient que la République demeureroit par la mort de ce Prophete, expofée aux derniers malheurs. Jean Becold pour les raffurer, les affembla tous & leur fit un petit difcours, où après avoir loué le deffunt, il les exhorta à moderer leur trifteffe, & à fe réjoüir avec lui du bonheur dont joüiffoit Jean Mathieu. Quoique fon difcours fut affez mal conçû, il eut néanmoins tant de force, qu'il fit paffer tout d'un coup les efprits de la trifteffe à la joye. On mit Becold en la place de Mathieu, & on le confidera comme celui qui devoit être le foutien de la République, & rendre les oracles divins.

Cette déclaration faite, toutes les penfées de Becold ne roulerent que fur les moyens de monter au plus haut degré de la puiffance. Il pratiqua les principaux, ceux qui étoient dans les charges, les foldats & le peuple, & eut foin de s'attirer de plus en plus par fes prétenduës propheties l'eftime d'un chacun. Ces mefures prifes, il fit dépendre toutes les cloches, dont on fondit des Canons, les fit pofer fur les tours & fur les clochers, & canona fans relâche les affiegeans. Tandis que l'on faifoit ces canonades, Jean Becold s'avifa

Hift. des Anab.

vers le 15. de May de monter la nuit fur les remparts, fous prétexte de faire la ronde. Son tour fait, il fe dépoüilla de fes habits, fe fit voir tout nud, feignit qu'il étoit infpiré du faint Efprit, fe fit defcendre & courut en cet état par toute la Ville, criant de toutes fes forces & fans difcontinuer : *Le Roy de Sion vient, le Roy de Sion vient.* Ses courfes faites, il reprit fes habits, fe retira chez lui, & y demeura trois jours fans parler & fans fe faire voir. Ce fanatifme achevé, & qui n'étoit pas fans deffein, il fe prefenta au peuple, & lui décla-ra d'un ton de Prophete, que Dieu lui avoit ordonné d'établir douze Juges fur Ifraël, à la place de ceux qui compofoient le Confeil, pour regler toutes les affaires de la République. Cet ordre fut reçû fans aucune oppofitions, comme venant de Dieu. Ces perfonnes étoient entierement dans fes interêts, & il comptoit par leur moyen d'executer les grandes chofes qu'il projetoit, fçavoir d'établir la Po-ligamie, & de fe faire reconnoître Roi de Munfter & de toute la terre. La chofe réüffit.

On prétend que ce qui lui a donné lieu d'établir la Poligamie, fut la découverte d'une avanture galante qu'il avoit avec une de fes fervantes. Un foldat déferteur de l'armée de l'Evêque, & qui s'étoit retiré à Munfter, s'étoit apperçu un jour que ce prétendu Prophete fortoit de fon lit, pour aller trouver la galante. Becold qui vouloit encore garder quelques mefures, & qui apprehendoit que fa tur-pitude ne fut revelée, entreprit pour l'autorifer, de faire déclarer en préfence de tout le peuple, qu'il étoit permis à un homme Chré-tien & ferviteur de Dieu, d'avoir plufieurs femmes. Pour réüffir dans cet abominable deffein, il fit venir devant lui tous les Minif-tres de fa Secte, leur communiqua fon projet, & leur commanda de l'autorifer quand il le jugeroit à propos. Ces mefures prifes, il affem-bla le peuple, & demanda en fa préfence, fi, fans s'écarter des re-gles de la perfection portée dans la Sainte Ecriture, il étoit per-mis à un Chrétien d'avoir plufieurs femmes. Tous ces Miniftres conformément au commandement qu'il leur avoit fait, lui répon-dirent que c'étoit une chofe permife, & nullement contraire à la parole de Dieu. Un homme de l'Affemblée extrêmément fcandali-fé d'une décifion fi oppofée à la doctrine évangelique, fe mit à crier fans donner le tems au Prophete d'ouvrir la bouche, que ce fenti-ment étoit faux, & contraire à l'Ecriture ; ce qu'il prouva, mais il lui en coûta la vie. Becold qui prétendoit gouverner d'une maniere fi defpotique, que fa volonté fervit de loi, lui fit dans le même mo-ment couper la tête fans autre forme de procès. Les moins infen-fez de la Ville eurent horreur d'une action fi tyrannique, il y en eut plufieurs qui reconnurent qu'ils étoient miferablement trompez, & ils formerent le deffein, pour fe retirer de la tyrannie de tels fce-lerats, de livrer la Ville à l'Evêque ; mais leur deffein découvert, Becold les fit tous mourir de differens fupplices. Son autorité affer-

mie

mie par cette tyrannie, il fit une recherche dans toute la Ville des plus belles femmes, qu'il partagea à ses gens, & établit la Poligamie. Ce ne furent pas seulement les femmes qui furent livrées en proye à la brutalité de tous ces scelerats ; mais encore toutes les filles au dessus de quatorze ans. Jean Becold avoit deja épousé la veuve de Jean Mathieu, qui étoit une très-belle créature, & en vertu de la loi de sa Poligamie, il en prit encore douze ; non content de ce nombre, il le fit monter jusqu'à dix-sept, mais toutes dépendantes de la veuve de Jean Mathieu, qui seule portoit le nom de Reine, S'il eut vécu plus long-tems, son dessein étoit d'en avoir jusqu'à cent. C'est-là l'ouvrage d'un homme qui se disoit Prophete, & Envoyé de Dieu, pour illuminer les peuples, & les conduire dans les voyes du salut.

La Poligamie établie, il fit casser le regne des douze Juges, qui ne dura que neuf semaines, & leur fit dire par Tuscoschierer orfévre de Warendorp, autre nouveau Prophete, qu'il avoit mis dans ses interêts : *Voici ce que dit le Seigneur Dieu Eternel : ô Juges, comme autrefois j'établis Saül Roi sur Israël, & après lui David, bien qu'il ne fut qu'un simple Berger, de même j'établis aujourd'hui Jean Becold mon Prophete, Roi en Sion.*

Les Juges qui virent bien que cette prétenduë Prophetie ne venoit que de l'ambition de Becold, y résisterent d'abord. Becold pour les leurer, dit, que malgré lui le Prophete l'établissoit Roi ; que s'il lui étoit permis de suivre son inclination, il choisiroit plûtôt la derniere condition, que celle de Souverain ; mais que l'esprit de Dieu qui le conduisoit, forçoit son penchant, & que contre sa volonté il se sentoit porté sur le trône du Royaume de Sion. Son discours fini, il commanda aux Juges de quitter leurs charges, & de le reconnoître pour Roi. Ils lui répondirent que la chose ne dépendoit pas d'eux, mais du peuple, sans lequel on ne peut établir de Roi. Becold à cette résistance jetta les yeux sur Tuscoschierer, & s'écria tout d'un coup, comme s'il eut été surpris : Hé bien voila un Prophete, qu'il parle ? L'orfévre ne demeura pas court à ce commandement, il se tourna vers ces Juges, & leur dit : De la part de Dieu faites assembler le peuple à la place du marché, parce qu'il a quelque chose à vous déclarer. Cet ordre fut executé au même moment, & le peuple assemblé, l'Orfévre faisant toujours la figure d'un Prophete, lui dit : *Ecoute, Israël, voici ce que l'Eternel ton Dieu t'ordonne. Vous déposerez de leurs charges les Juges, l'Evêque & ses Ministres... & en mettrez d'autres en leurs place. Vous choisirez douze personnes ignares... pour annoncer ma parole au peuple...* Et toi, dit-il à Jean Becold, en lui présentant une épée nuë : *Reçois cette épée que le Pere te donne, il t'établit Roi, pour gouverner non seulement ici en Sion, mais aussi sur toute la terre, & pour étendre ta domination, jusqu'à ce que tout soit entierement soumis à ton pouvoir.*

X x

Après un tel difcours, Becold fut proclamé Roi avec des accla-mations de joye de tout le peuple; & le 24. Juin 1534. fut couron-né dans le cimetiere de faint Lambert. A peine fût-il reconnu, qu'il changea la face des affaires, & gouverna avec une pompe, une ma-gnificence, & une autorité plus grande que celle de tous les Rois. Un de fes plus grands foins fut d'envoyer fes émiffaires en differen-ces Provinces, autant pour en avoir du fecours, que pour y débiter fon Evangile nouveau. Warendorp l'aida dans ce deffein, fit le Pro-phete, & lui dit: Voici ce que dit le Seigneur, l'Eternel: *Choifis-roi de mon peuple quelques perfonnes, que tu feras fortir de la Ville, & envoieras aux quatre coins du monde pour y faire des prodiges étonnans, & annoncer ces chofes-ci aux peuples étrangers. Que ceux qui n'obéirent pas au commandement de Dieu, meurent de mort.* Après un tel difcours, il tira de fes bottes un papier, & fit à haute voix la lecture de ceux qui étoient deftinez à cette expedition: il s'en trouva 16. au nom-defquels étoit Tufcofchierer. Sept furent envoyez à Ofnabrug, & fix à Coesfeld, cinq à Warendorp, & huit à Soeft. Ils partirent le 15. Octobre 1534. après que le Roi leur eut fait donner à chacun une piece d'or. A peine étoient-ils entrez dans les lieux de leur dé-partement, qu'ils y courroient comme des foux, & crioient avec des cris épouvantables: *Convertiffez-vous.* On les arrêta, & tous furent condamnez à mort, à la referve de Henri Hilverfum de Goylande, qui fut remis avec quelques autres entre les mains de l'Evêque, & avec lequel ce Prince concerta une entreprife fecrette moyenant fa grace.

Hilverfum revint donc à Munfter. Le Roi lui demanda pourquoi il avoit abandonné fes Confreres, & comment il ofoit retourner lui feul, fans avoir rien fouffert de la part des ennemis, puifqu'il n'ignoroit pas que par ce crime il meritoit la mort. Hilverfum fei-gnit d'être infpiré, & lui dit, c'eft par ordre de Dieu que je reviens. J'étois en prifon, & j'en fuis forti d'une maniere miraculeufe. L'An-ge qui m'en a tiré, m'a donné ordre de vous dire que Dieu vous a livré trois puiffantes Villes, fçavoir Amfterdam, Deventer & Wefel. Vous n'avez qu'à y envoyer des Prophetes, qui par la prédication de l'Evangile, en doivent convertir les habitans, & les reduire fous votre puiffance.

Le Roi combla d'honneur & de bienfaits Hilverfum, & pour profiter de fon avis controuvé, il choifit Jacob de Kampen, qu'il créa Evêque d'Amfterdam, & lui donna pour ajoint Jean Mathieu de Middelbourg en Zelande.

Vers le même tems, c'eft-à-dire au mois de Decembre 1534. Be-cold fur les nouvelles qu'on lui donna, que fes freres Anabatiftes s'attroupoient en Hollande, en Frife & dans les Provinces voifines, pour venir à fon fecours, leur envoya Jean de Geléen pour fe met-tre à leur tête, mais inutilement.

Peu de tems après les choſes changerent entierement de face. La Ville manqua de vivres & de munitions, & ſans eſperance d'en pouvoir avoir : le peuple ſe vit réduit à la derniere miſere, & la crainte de tomber entre les mains de l'Evêque de Munſter les inquietoit encore davantage. Un ſoldat nommé Hanskevan de Langeſtraat déſerteur de l'armée de l'Evêque pour quelque crime qu'il avoit commis, & qui s'étoit refugié auprès de Becold, voulut profiter de cette conſternation, pour mériter ſon amniſtie auprès de ſon ancien maître. A ce deſſein il ſonda un foſſé de la Ville, connut qu'il n'y avoit de l'eau que juſqu'à la ceinture, le paſſa, & vint trouver l'Evêque, lui demanda ſa grace ; & pour l'obtenir, il lui dit que s'il vouloit lui donner quelques ſoldats à qui il frayeroit le chemin, il lui livreroit la Ville. L'Evêque le crut, les ſoldats paſſerent le foſſé, eſcaladerent la muraille, s'en rendirent les maîtres, pouſſerent leurs attaques plus loin, vinrent enfoncer la porte du rempart par où ils avoient monté, la porte enfoncée, les troupes de l'Evêque qui y étoient, & qui attendoient le premier ſuccès, entrerent dans la Ville, & ſe joignirent aux premieres, marcherent vers la place, enfoncerent les barricades, & firent un ſanglant carnage de tous les Anabatiſtes qu'ils trouverent.

Jean Becold à ce vacarme ſe leva de ſon lit, prit ſes armes, & accompagné d'une troupe des ſiens, voulut gagner le cimetiere de ſaint Lambert pour s'y défendre juſqu'à l'extremité ; mais les gens de l'Evêque à qui on en avoit donné avis, battirent ſans beaucoup de peine cette troupe, & prirent priſonniers Jean Becold, Knipperdolling ſon Lieutenant général & ſon bourreau, & quelques autres de ſes Conſeillers. Ainſi finit le regne des Anabatiſtes de Munſter, le 24. Juin 1535. après avoir duré environ ſeize mois.

Becold deux jours avant ce changement avoit eu l'inſolence, non ſeulement de refuſer la paix qu'on lui offroit à des conditions honnêtes, mais encore de dire avec une fierté, dont lui ſeul étoit capable, qu'il étoit prêt de pardonner à ceux qui, après avoir mis bas les armes, viendroient lui demander pardon, & que ceux qui s'opiniâtreroient à lui faire réſiſtance, ne devoient pas eſperer de grace. Pour le punir de ſon inſolence, on le traita comme il le méritoit ; c'eſt-à-dire comme un miſerable, & avec la derniere indignité. On l'attacha à la queuë d'un cheval, & accompagné d'une bonne eſcorte, & on le conduiſit dans un Château à quatre lieuës de Munſter, pour y demeurer juſqu'à ſon ſupplice.

Pendant ſa priſon qui dura environ ſix mois, le Landgrave de Heſſe, & l'Evêque de Munſter lui envoyerent des gens pour ſçavoir ſa religion, & pour tâcher à le convertir, mais inutilement. On raporte qu'il dit, que ſi on vouloit lui conſerver la vie, il rameneroit tous les Anabatiſtes des Païs-bas, & qu'il les feroit revenir de leurs erreurs. On ajoute que l'Evêque lui demanda de quelle maniere il pourroit rétablir le dommage qu'il lui avoit cauſé par la deſtruction de tant

N. I. p. 48.

N. II. p. 49

N. III. p. 49.

Mebesvius. d'Eglifes, de Monafteres & de faints lieux, il lui répondit qu'on n'a-
voit qu'à l'enfermer dans une cage de fer couverte d'une peau de cuir,
& de le conduire par tout, fans permettre qu'on le vit qu'en donnant un liard, que par là il amafferoit plus d'argent que fon armée
ne lui en avoit couté, & qu'il n'avoit fait de dommage.

N. IV.   Enfin on le condamna à la mort, mais à une mort cruelle quoique
pag. 49. jufte. On l'attacha à un poteau, & avec des tenailles toutes en feu,
on lui pinça la chair par tous les endroits du corps, & il mourut dans
ces tourmens le 22. Janvier 1536. Son corps fut mis dans une cage
de fer qu'on pendit a la tour de faint Lambert de Munfter, pour
Spende. être un exemple mémorable à la pofterité. Il avoit alors environ
27. ans. Knipperdolling & quelques autres pafferent auffi par la main
du bourreau, & fouffrirent des fupplices proportionnez à la grandeur de leurs crimes. Le même Auteur qui m'a fervi de guide jufqu'ici, me fournira ce que nous pouvons fçavoir de Jean de Geléen.

JEAN DE GELE'EN.

Jean de Geléen ne s'eft rendu célebre dans la fecte des Anabatiftes,
que par fon entreprife fur Amfterdam, dont il vouloit fe rendre
Hifl. des maître, & où il perit. C'étoit un homme qui avoit appris le métier
Anab. de la guerre, & qui après avoir paffé par tous les degrez de l'art
militaire, étoit enfin devenu Capitaine. Il fe retira à Munfter pour
s'y faire valoir. Jean Becold, fur la prétendue prophetie d'Hilverfum, que Dieu lui avoit livré trois grandes Villes des Païs-bas,
& fur la nouvelle qu'on lui avoit donné qu'Amfterdam, la Hollande & la Frife étoient remplies d'Anabatiftes, & qu'ils s'affembloient
en troupe pour venir à fon fecours, leur envoya ce Jean de Geléen
avec une fomme confidérable d'argent, l'établit Général des troupes
Anabatiftes de Hollande & de Frife, & lui ordonna de leur dire pour
les animer, que le Pere avoit promis par la bouche du Prophete
Hilverfum de foumettre au Roi de Sion trois puiffantes Villes, fçavoir Wefel, Deventer & Amfterdam, & que les chofes étoient en
bon état à Munfter, & en même tems il ordonna à ce prétendu Général de conduire fidelement, comme un fecond Moyfe, dans la
Ville de Munfter, les perfonnes qu'il commetoit à fa prudence & à
fa bravoure, pour les rendre participans de la doctrine célefte, &
du bonheur dont ceux de Munfter étoient déja en poffeffion.

Jean de Geléen revêtu de cet ordre, fortit le 21. Decembre 1534.
de Munfter, & fe rendit en Hollande: il n'y trouva pas des troupes
prêtes, comme on lui avoit fait efperer; mais les Anabatiftes y étoient
en grand nombre; il y forma un puiffant parti, qui entreprit de le
rendre maître d'Amfterdam, & de plufieurs autres Villes confidéra-
bles. Le coup manqua. Jean de Geléen ne penfa plus aux interêts
de Becold, mais aux fiens, & fe voyant pourfuivi en Hollande &
en Frife pour fes entreprifes mal concertées, il fe retira fecretement

dans Amsterdam , déguisé en Marchand , & demeura caché dans la maison de Guillaume Cornelisse , & comme son nom étoit connu par toute la Hollande par les confes ons des Anabatistes prisonniers , il eut la précaution d'en prendre un autre.

Pendant qu'il fut à Amsterdam , il eut plusieurs conférences secretes avec ceux qui étoient de son parti , & ne les entretenoit que d'un Royaume temporel , & du bonheur de ce Royaume imaginaire , où selon leur imagination , ils devoient goûter tous les délices de la vie. Ces gens qui n'avoient du penchant que pour le libertinage donnerent aisément dans ses sentimens , & il ne lui fut pas difficile de les porter aux résolutions les plus determinées pour avoir ces plaisirs dont il les flatoit. Il se servit presque dans tous ses desseins d'un nommé Henri Goëtbeleir nom Flamand , qui en François signifie bonne conduite.

Cet homme , après lui avoir representé que tandis qu'il se riendroit caché pour éviter les poursuites de ses ennemis , il ne pourroit jamais réüssir dans son entreprise , & que s'il se produisoit , proscrit & décrié comme il étoit , il ne manqueroit pas de perir , lui conseilla d'aller à Bruxelles pour tacher d'y obtenir son amnistie de la sœur de l'Empereur Charle-Quint , qui alors gouvernoit les Etats : & ajoute que s'il réüssissoit dans cette démarche , il pourroit revenir à Amsterdam , où avec les sommes considérables d'argent qu'il avoit de Jean Becold , il pourroit vivre avec honneur & liberté , sans déguiser son nom , & travailler avec plus de sureté pour l'execution de son premier dessein.

Jean de Geléen suivit cet avis , & obtint à Bruxelles le pardon qu'il demandoit , à condition qu'il travailleroit à faire livrer la Ville de Munster à l'Empereur.

Non seulement on lui délivra des lettres d'abolition , mais on lui fournit encore de l'argent pour lever des troupes. Content de son voyage il revint à Amsterdam , s'y fit voir publiquement sous son veritable nom , s'y vantoit même d'avoir été rebatisé , fit mettre sur la porte de sa maison les Armes d'Espagne ; & comme on sçût qu'il étoit chargé de negociations , & qu'il renouvelloit tous les jours les belles promesses qu'il avoit fait , les personnes les plus considérables lui rendoient visite. Par là il fit de grandes habitudes , & forma adroitement un parti assez puissant pour executer le projet qu'il avoit formé.

Ce projet étoit de surprendre Amsterdam , & s'y former une République d'Anabatistes sur le pied de celle de Munster. Ce fut le 10. de May 1535. que l'on choisit pour cette execution. On distribua une piéce d'or à ceux qui composoient l'Assemblée , comme pour arres de l'engagement qui se faisoit entre eux , & l'on convint que le son de la cloche de l'Hôtel de Ville serviroit de signal.

Le jour marqué venu , l'entreprise fut découverte ; le Magistrat &

les principaux Bourgeois firent de leur mieux pour se défendre, & après bien des tueries de part & d'autre, les Anabatistes qui ne purent se sauver, se jetterent dans l'Hôtel de Ville, où ils furent forcez. Jean de Geléen se retira dans une Tour joignante la Maison de Ville, & en tira l'Echelle après lui, & ne doutant point qu'on ne lui fit souffrir les plus cruels supplices, s'il tomboit vif entre les mains de ses ennemis, il s'exposa du côté qui regardoit la place du marché toute remplie de gens armez, qui lui tirerent un coup de mousquet tandis qu'il vomissoit mille imprecations contre le Magistrat ; le tuerent, & le précipiterent du haut en bas dans le tems qu'il rendoit les derniers soupirs.

JACOB DE CAMPEN.

Campen fut un des premiers Prophetes qui établirent le Royaume de Munster. Jean Becold, sur l'avis d'Hilversum, le créa Evêque d'Amsterdam : il y arriva en 1534. y causa beaucoup de désordres, & s'y tint caché pendant six mois ; il ne laissoit pas que d'agir, & de se faire des Proselites, qui tous dévoüez à ses volontez, l'aiderent à entreprendre l'execution du dessein qu'il avoit de surprendre la Ville, & d'y exterminer tous ceux qui voudroient resister, ou qui refuseroient d'embrasser sa doctrine. Pour cet effet il avoit toutes les nuits des conférences avec plusieurs Bourgeois & habitans ; mais comme il s'en trouva d'autres qui formerent aussi des partis, & qui ne voulurent pas reconnoître Campen pour leur Evêque, ses mesures furent rompues, ce qui lui causa beaucoup de chagrin. Il y a apparence qu'il se tint caché depuis ces broüilleries. Il en couta la vie à ceux qui l'avoient retiré : car après que le Magistrat se fut rendu maître de sa Ville, & qu'il eut fait mourir par differens supplices grand nombre d'Anabatistes qui étoiens de la conspiration de Jean de Geléen, on arrêta un Anabatiste & son fils, & on les fit pendre pour avoir logé le prétendu Evêque : après quoi on fit beaucoup de recherches pour le trouver, & n'ayant pas réüssi, on promit une grosse somme d'argent à celui qui pourroit s'en saisir, ou qui découvriroit le lieu de sa retraite. En même tems on défendit sous peine de la corde de le loger, & on commanda de le dénoncer avant le coucher du soleil. Enfin après bien des recherches, on le trouva caché dans un lieu où on serroit des tourbes ; on l'en retira, & on le conduisit en prison. Le cruel supplice qu'on lui fit souffrir fut suivi d'opprobres. On l'exposa avec la Mitre Episcopale en tête sur l'échaffaut qu'on avoit fait dresser devant la Maison de Ville, & il fut pendant plus d'une heure la raillerie, & le joüet du peuple. On lui coupa la langue, pour avoir enseigné une pernicieuse doctrine, & la main pour avoir rebatisé. Enfin on l'attacha sur un banc, où on lui sépara la tête du corps avec une hache. Le corps fut jetté au feu, & la tête mise avec la main droite sur une pointe de fer.

Hist. des Anab.

Telles furent les actions & la mort des Chefs Anabatistes, qui ont
infecté de leurs erreurs la haute & basse Allemagne, & qui tous,
comme nous l'avons pû remarquer, ont pris naissance dans l'école
de Wittemberg, ou ont été disciples de ceux qui y avoient étudié.
Je passe à d'autres.

CHAPITRE XX.

Les Auteurs qui ont écrit pour le nouvel Arianisme, au tems
de Menno.

ADAM PASTOR, ET HERMAND ULICKWICK.

ADam Pastor, qui se faisoit appeller Rodolphe Martini, & qui
selon la conjecture de Budzinius, pourroit bien avoir été cet
Avanturier Hollandois, à qui on donne le nom de *Spiritus*, & dont
nous avons parlé, 1. part. *Suspicor an non Adamus Pastor sub ipsius nomine*
(nempè Spiritûs) latuerit, a eu assez de demêlez avec Menno, pour
en parler ici. Il étoit d'Heidelberg, & s'érigea, au rapport de Bullinger, en Chef de parti dès l'année 1546. Son opinion favorite étoit
celle des Unitaires. Il vouloit que J. C. ne fut pas le veritable &
le grand Dieu. Théodore Philippes, frere d'Ubbo Evêque des Mennonites, & dont nous avons parlé, 1. part. fut le premier qui dans
la Ville de Goch l'entreprit; mais trop foible pour un homme de
cette trempe, Menno vint au secours, & tous deux ne gagnerent
rien. Cette Conférence se fit à Lubech. Pastor leur soutint que J. C.
n'étoit pas le grand Dieu, parce qu'il a dit lui-même dans saint Jean
que son Pere est plus grand que lui, & que la vie éternelle consistoit à connoître son Pere, qui est le seul vrai Dieu, & à connoître
Jesus-Christ qu'il a envoyé. Ils demeurerent court, ou répondirent
d'une maniere que Pastor ne laissa pas sans replique. Menno & ses
adhérans, qui avoient un autre système sur J. C. que n'avoit cet Unitaire, & qui ne pouvoient pas le faire venir à leur but, l'excommunierent; il ne s'en embarassa pas, & cette excommunication n'empêcha pas que plusieurs ne se déclarassent pour lui, tant des Mennonites, que des autres Sectes des Anabatistes.

On veut qu'il n'ait point eu d'autres sentimens sur la Trinité, sur
le Verbe & sur J. C. que ceux que l'on attribue à Servet; & Sandius
dit qu'il soutenoit que le Pere étoit le veritable Dieu, que le Fils a
été à la verité avant la création du monde: mais qu'il n'a pas été
coéternel au Pere, ni tout puissant, ni un Dieu avec le Pere, si ce
n'est de volonté. Parler ainsi, c'est être un veritable Arien. On dit
qu'il fut condamné à mort l'an 1546.

Bib. Ant.
pag. 39.

pag. 217.

C. 14. v. 28

c. 17. v. 3.

Ses erreurs.
Nuclens
Hist. Eccl.

Ses ouvrages ne font pas en grand nombre. Sandius lui donne un livre en langue Saxone, à qui il donne pour titre : *Differentia inter veram & falfam doctrinam articulorum, de quibus controvertitur.* Il eft *in* 8°. Le lieu & le tems de l'édition n'y font pas. Il y traite dans le 1. Chap. la difference qu'il y a entre un Dieu unique, éternel, immenfe & vrai, & entre les faux Dieux.

Dans le 2. Chap. la difference entre la vraye & la fauffe doctrine, fur l'Incarnation de J. C.

Dans le 3. Chap. la difference entre le veritable Reconciliateur, Redempteur ou Sauveur, & les faux Reconciliateurs, Redempteurs ou Sauveurs.

Dans le 4. Chap. la difference entre le veritable Médiateur, ou Avocat, & les faux Médiateurs.

Dans le 5. Chap. la difference entre la vraye & la fauffe doctrine de la grace du tems.

Dans le 6. Chap. la difference qu'il y a des Prédicateurs que Dieu envoye, d'avec ceux qui courent d'eux mêmes, & qui font ceux qu'il faut écouter.

Dans le 7. Chap. la difference qu'il y a entre la vraye & la fauffe pénitence.

Dans le 8. Chap. la difference qu'il y a entre la vraye & la fauffe Foi, entre la vraye & la fauffe régéneration, & entre la vraye & la fauffe Eglife de Chrift.

Dans le 9. Chap. la difference entre le vrai & le faux Batème.

Dans le 10. Chap. la difference entre la vraye & la fauffe Céne du Seigneur.

Dans le 11. Chap. la difference entre les Inftituts de Dieu, & ceux des hommes.

Dans le 12. Chap. la difference qu'il y a entre la doctrine des vrais freres, & des faux freres, où il traite de la Magiftrature, de la Poligamie, & des autres fujets qui regardent la fauffe liberté.

Dans le 13. Chap. la difference entre les livres veritables, & les livres faux.

Un autre livre en manufcrit, qui a pour titre : *Difputatio de Divinitate Patris, Filii, & Spiritûs fancti, quam A. Paftoris cum fuis Affectis habuit Lubeca ore & fcriptis contra Mennonem Simonis, & ejus Affectas.*

Il y a encore en langue Saxone la difpute qu'il eut avec Théodore Philippes.

Herman Uleckwick.

2. *A. p.* 60   *Uleckvvick* fut encore un des premiers qui dans les Païs-bas foutinrent des opinions contre la Divinité ; mais il tomba entre les mains de Corneil Hadrian Religieux Cordelier, fameux Prédicateur de Dordrecht, furnommé par les Prétendus Réformez *le Flagellant*, parce

que

que malicieusement ils l'accusent d'avoir introduit parmi les personnes de l'autre sexe, une nouvelle maniere de devotion, leur marquant certains jours ausquels elles devoient se dépoüiller toutes nuës devant lui, pour leur donner doucement la discipline. Les plus sages Historiens, même parmi eux, conviennent que c'est un conte fait à plaisir, & que les Hérétiques n'ont inventé que parce que ce Cordelier ne leur donnoit point de quartier. Hermand donc tomba entre ses mains, & après beaucoup de disputes, qui par l'opiniâtreté d'Hermand n'aboutirent à rien, Corneil en fit son rapport à l'Inquisition, qui depuis peu avoit érigé son Tribunal à Bruges. On s'en saisit, & après les formalitez ordinaires à ce Tribunal, il fut condamné le 10. Juin 1569. à être brûlé.

On n'a aucun ouvrage de lui. A la verité on voit dans un ancien Martyrologe des Mennonites, (qui le considerent comme un de leurs Martyrs) sa dispute qu'il eut avec le Pere Corneil Hadrian. Les nouvelles éditions de ce Martyrologe n'en parlent point, mais dans la suite on l'a imprimée à part. Gerard Brantius Prédicateur chez les Rémontrans d'Amsterdam l'a raporté dans le 10. livre de son Histoire de la Réformation qui s'est faite en Hollande.

Un Auteur parle d'un Hermand de Riswic, qui pourroit bien être celui dont je traite ici, & qui eut des opinions bien extraordinaires. Cependant il y a des difficultez pour le tems ; quoi qu'il en soit, ses erreurs ont trop de conformité avec celles de quelques Sociniens, pour ne les pas rapporter ici. *Le Pere Gautier.*

Il enseignoit que Dieu n'avoit point créé les bons & les mauvais Anges, parce que l'Ecriture ne le dit en aucun endroit. Que l'ame de l'homme mouroit avec le corps. Qu'il n'y avoit point d'Enfer. Que la matiere dont les élemens sont composez, n'avoit point été produite de Dieu, & qu'elle étoit éternelle. Que J. C. (chose horrible que les Juifs, les Turcs, les Payens & les Impies de profession, n'ont jamais osé dire) que J. C. étoit un fol, un fanatique & un séducteur qui avoit trompé les hommes. Que J. C. avoit damné tout le genre humain, & qu'il n'avoit sauvé personne. Que tout ce que J. C. avoit fait, étoit contraire à la raison, d'où il inferoit qu'il n'étoit pas Dieu, ni Fils de Dieu. Je n'aurois pas osé rapporter ces blasphêmes, si le R. P. Gautier ne les avoit lui-même rapporté. *Ses erreurs.* *Chronol. pag. 764.*

On lui fit des affaires pour ces impietez : pour en éviter les suites il les retracta ; sa rétraction ne fut pas de durée, peu après il les renouvella, & la Justice l'entreprit de nouveau en 1499. & il fut condamné à une prison perpetuelle : il en sortit furtivement, & continuant à répandre ses abominables paradoxes, & y en ajoutant de plus impies, la Justice écclesiastique le poursuivit avec chaleur, le convainquit d'impieté, & le livra au bras séculier, qui le condamna à être brûlé, & la sentence eut son effet.

Ce qui me fait croire que c'est l'Antagoniste du Pere Corneil Ha-

Y y

drian , c'eft le nom , le genre du fupplice , & les erreurs , qui peuvent être les mêmes : & ce qui m'en fait douter , c'eft que Sandius fait mourir fon Hermand en 1569. & que le R. P. Gautier fait mourir le fien quelque tems après l'an 1499. Je crois qu'il y a de l'erreur dans le calcul de ce Chronologifte.

CHAPITRE XXI.

L eserfonnes de qualité qui en Pologne fe font déclarées pour le Socinianifme , pendant les regnes de Batori , & de Sigifmond III.

JEAN DE KISZKA. STANISLAS TASZUCKI. FLORIAN DE MORSTEIN. SIMON BONEMBERGIUS. NICOLAS KOCHARNOVIUS. PIERRE NACZYNSKI. MATHIEU RADECIUS. GEORGE OTVINOVIUS. ERASME OTVINOVIUS. LES TROIS LUBIENIESKI. ETIENNE BALIUS. PIERRE STOINSKI. WOLGANG SCHLICHTINGIUS. ELIE ARCISSEVIUS. CHRISTOPHLE DE MORSTEIN. JACQUES STOINSKI. JERÔME MOSCOVIUS. ADAM GOSLAVIUS. ANDRE' CASTROVIUS. THOMAS PISECIUS.

JEAN DE KISZKA.

B. A. p. 82. KIfzka de Ciechanowiets étoit d'une des plus illuftres familles de Lithuanie , prit parti parmi les Calviniftes , & s'attacha aux écrits & à la perfonne de Caftalion , & eut tant de confidération pour ce maître d'école de Genêve , qu'il fit dreffer un monument à fa memoire. Venu à l'âge d'occuper des dignitez , il fut Préfident général dans la Samofitie , Châtelain ou Capitaine dans Vilna , Satrape dans Brefcie , &c. Il époufa la fille de Conftantin Duc d'Oftrogot , & devint fi riche & fi puiffant , qu'on le fait Seigneur de foixante & dix Villes & Bourgs , & de quatre cent Villages. C'eft avec ces richeffes , & l'autorité que lui donnoient fes emplois , qu'il a protégé les Sociniens par tout , & contre tous leurs ennemis , & qu'il leur bâtit & fonda beaucoup d'Eglifes. Nous avons parlé de la part qu'il eut aux Diettes. Il mourut fans enfans , & laiffa le Prince de Radzivil héritier de tous fes biens , & on peut ajouter de fes fentimens , & de fon affection pour les Sociniens , puifque ce Prince ne fut pas moins zélé pour eux , que l'avoit été le Palatin de Kifzka.

Il y a de lui quelques Lettres adreffées aux Eglifes de Pologne , où il les invite au Synode , pour regler les controverfes qui y regnoient au fujet de la Magiftrature , & de l'ufage des armes. Les uns vouloient que l'un & l'autre fuffent permis aux Chrétiens , & les autres ne le vouloient pas.

Dans l'apprehension qu'après sa mort on ne répandit quelque faux bruit sur sa Religion, & qu'on ne crut pas qu'il fut Socinien, il fit une profession de foi, qu'il signa de sa main le 6. Juillet 1592. un peu avant que de mourir.

STANISLAS TASZUCKI.

Taszucki étoit de l'Ordre des Chevaliers, passa les beaux jours de sa vie à la Cour, & à la suite de l'Empereur Charle-Quint, donna dans les erreurs de Farnovius, & de Wisnovius, les quitta & se fit Protecteur & Ministre de l'Eglise de Luclavie, il y prêcha les opinions des Racoviens, qui prétendoient que J. C. n'avoit pas été avant sa Mere, & ceux de son Eglise suivirent ses opinions.

On lui donne pour tout ouvrage : *Prafatio ad Stan. Szafranecium Castellanum Sandomirienfem in M. Ezechovicii Judicium super Catechese Pauli Gelovii.* Elle fut écrite à Luclavie, le 10. Janvier 1581. & imprimée la même année in 8°. en langue Polonoise.

Oratio ad Stephanum Regem Polonia in causa Alexis Rodecii Typographi incarcerati, an. 1585. On y a ajouté la réponse du Roy que donna Taszicius le 12. Septembre de la même année, où on fait dire au Roi ces paroles, que les Sociniens relevent beaucoup : *Ego quantum ad me attinet, si fieri posset, ut una sola vigeret Religio Catholica, ita Deum testor, id omni meâ adhibitâ operâ optarem, imò & sanguine meo effuso redimerem ; sed quia id fieri per hac ultima infelicia tempora non sit possibile, donec hic aliquâ ratione, aut sanguine Religionem propagandam esse censeo, &c.* Je prends Dieu à témoin, que s'il ne dépendoit que de moi qu'il se pût faire que la Religion Catholique regnât dans le Royaume, je n'épargnerois rien pour cela, & même je répandrois volontiers mon sang pour que l'affaire réüssit ; mais parce que la chose est impossible, eu égard au malheur des tems presens, à moins que Dieu, pour des raisons à lui connuës, ne le fasse lui même : je ne me mettrai jamais en état d'établir cette Religion par les persecutions, & par les effusions de sang, ne croyant pas que cette conduite soit licite ; & quand même je n'aurois pas fait serment en montant sur le trône, de me comporter ainsi, la bonne raison, les constitutions de l'Etat, & les exemples de la France me détermineroient à cette conduite. C'est pourquoi aucun de mes sujets ne doit avoir l'apprehension que je fasse aucune persécution au sujet de la Religion. Je sçai trop que l'on ne doit jamais contraindre la conscience des hommes sur ce fait.

Ce fut après une telle déclaration, qu'il fit sortir de prison Alexis Rodecius.

FLORIAN DE MORSTEIN.

Florian de Morstein de l'Ordre des Chevaliers, exerça la charge de Préfet des Salines de Vieluzka & de Bochnia à cinq lieuës de Cra-

B. A. p. 82.

covie, qui de son tems produisoient par an quatre cent mille livres. C'est tout ce que nous sçavons des circonstances de sa vie.

Il y a de lui une Préface à Stanislas Szafranecius Châtelain de Sandomir. Elle est à la tête de la réponse que Martin Ezechovicius a fait à un écrit de Farnovius, où celui-ci s'efforce d'interrompre la concorde des Eglises Prétenduës Réformées, dont on étoit convenu à Luclavie, elle est du 20. May 1581. & fut imprimée la même année en langue Polonoise.

SIMON BONEMBERGIUS.

Bonembergius un des premiers Bourgeois de Cracovie, exerça la charge du plus Ancien de l'Eglise Socinienne de cette Ville. Il n'y a de lui qu'une lettre à Fauste Socin sur le Batême. Elle est imprimée avec celle de Socin.

SOPHIA.

Sophie Siemichovia, Dame de qualité, se distingua dans la Secte par son sexe, sa noblesse & son attache à Fauste Socin. Elle lui écrivit une lettre sur le Batême d'eau, à laquelle il répondit.

NICOLAS KOCHARNOVIUS.

Kocharnovius noble Polonois, exerça la charge de Vice-Préfet de Radomie.

On a de lui : *Rotuli*, ou des avis à ses enfans. Le tout est en Vers Polonois, & fut imprimé en 1584. & en 1639. on réimprima cet ouvrage à Cracovie, avec les ouvrages de son néveu Jean Kocarnovius, le Prince des Poëtes Polonois.

PIERRE MACZYNIKI.

Maczyniki noble Polonois, exerça la charge de Diacre général, ou Synodique des Eglises Prétenduës Réformées de la Pologne.

On a de lui un Calpin en langue Polonoise, & un écrit sur ceux qui ne confessent qu'un Dieu, & non pas les trois personnes en Dieu.

MATHIEU RODECIUS.

Rodecius étoit de Dantzic, fut Secretaire ou Greffier de cette Ville. Il prit parti pour les Unitaires, il s'érigea en Ministre, & en Prédicant de l'Eglise de Smigla, & enfin il parvint au Ministeriat de l'Eglise Socinienne de Dantzic.

Il y a deux lettres de lui à Fauste Socin, l'une est du 30. Aoust 1584. & l'autre du 9. Decembre. Il y parle de la necessité de reformer l'Eglise, de l'adoration du Christ, & des questions qui faisoient alors quelque bruit.

Une lettre à André Voidovius, du 20. Janvier 1597. Elle est dans les lettres de Socin.

Il a écrit en 1590. sur le regne de mille ans, & contre Jean Erasme, pour combattre l'opinion que celui-ci avoit sur l'existence de Christ avant que le monde fut.

GEORGE OTVINOVIUS.

Otvinovius étoit de l'Ordre des Chevaliers, & frere d'Erasme Otvinovius. **B. A.**

On lui donne : *Liber sententiarum ex sacris Litteris, & antiquis Ecclesia Doctoribus collectarum, exeunte superiore saculo. Mss.* Le jeune Stanislas Lubienieski a possedé l'original de ce livre.

ERASME OTVINOVIUS.

Otvinovius, ou Otphinovius Gentil-homme Polonois, s'est rendu célebre dès l'année 1564. dans le Socinianisme par son zele, & par ses écrits. Il étoit encore au monde en 1608. & est mort nonagenaire. **B. A. p. 83.**

On dit de lui un fait, qui nous fait connoître qu'il avoit un zele bien emporté contre les Catholiques, & contre leurs pratiques religieuses. Il vint à Lublin rendre visite à Stanislas Paclesius premier Ministre de l'Eglise Socinienne de cette Ville ; & il arriva que le jour de la Fête-Dieu le Curé de la Paroisse des Catholiques fit la procession du saint Sacrement à sa maniere ordinaire, & chantant ces paroles : *Non est hic panis, sed Deus.* Ce n'est pas ici du pain, mais un Dieu. Paclesius, devant la maison duquel passoit la procession, s'adressa à ceux qui l'accompagnoient, & s'écria : *Helas peut-on encore souffrir cette idolatrie.* Otphinovius animé par ses paroles sortit brusquement de la maison, alla insulter le Curé qui ne lui étoit pas inconnu, & lui dit : Tu sçais bien que je t'ai souvent averti de ne plus faire de telles superstitions, tu y offenses Dieu, tu en est convenu devant moi, & tu m'a promis que tu ne les ferois plus, pourquoi donc les fais-tu ? Dis-moi tout maintenant ton Oraison Dominicale, & je te confondrai. Le Curé effrayé de ces paroles, donna le saint Sacrement à un Prêtre qui l'accompagnoit, & pour obéïr à Otphinovius, il lui dit : *Notre Pere qui es aux Cieux.* Sur ces paroles le Socinien lui repliqua : Puis donc que Dieu est aux Cieux, il n'est donc pas dans ce Pain, & dans le Calice : & après un tel raisonnement il arracha le Soleil des mains du Prêtre, le cassa, jetta l'Hostie par terre, & la foula aux pieds. Cette action, toute brutale qu'elle est, a paru si belle, si genereuse & si Chrétienne au jeune *Stanislas Lubienieski*, qu'après lui avoir donné toutes les loüanges possibles, il s'en sert pour en relever l'Auteur au dessus de tous les Héros du Christianisme. **Hist. Ref. Eccl. Pol.**

Mais les Catholiques, spectateurs de cette impieté, ne penserent pas comme lui, ils en demanderent justice ; & ce brave qui s'étoit fait un honneur d'insulter Dieu & les Catholiques, commença à craindre pour fa vie : il fe retira chez Pierre Suchodolins, homme puiffant, imbu des mêmes opinions : il ne s'y crut pas en affurance, il fortit de la Ville, & chercha un azile plus affuré. On le cita devant le Roi, & non pas devant le Tribunal de l'Evêque, Juge ordinaire de ces fortes de crimes, parce que ce Tribunal avoit été abrogé en faveur des Sectaires, dès les années 1562. & 1565.

Il comparut à la Diette, & Nicolas Reius, homme diftingué par fes emplois, & encore plus par fes manieres bouffonnes, le retira d'affaire par ce raifonnement. On dit qu'Otphinovius a offenfé Dieu & le Prêtre de Lublin. Hé-bien, pour fatisfaire au Prêtre, il faut qu'il repare le tort qu'il lui a fait ; il a caffé un petit verre, & il a rompu un petit morceau de pain, il faut, felon toutes les rigueurs de la Juftice, qu'il lui donne une obole pour avoir un verre, & un liard pour avoir de la farine, avec quoi il pourra faire un petit pain ; & quant à l'injure qu'il a fait à Dieu, il en faut laiffer la vengeance à Dieu même. Il faut donc le laiffer faire, s'il a autrefois puni Coré, Datan & Abiron, jufqu'à les engloutir tous vivans dans les abîmes de la terre, pour l'avoir offenfé en la perfonne de Moïfe, à plus forte raifon punira-t-il Otphinovius, fi veritablement il l'a offenfé.

Ce raifonnement, tout bouffon & ridicule qu'il étoit, plût tant à l'Affemblée, dont la plûpart des Seïgneurs qui la compofoient étoient corrompus par ces nouvelles héréfies, qu'on ne décreta rien contre le criminel, & que l'on fe contenta de défendre aux Sectaires d'infulter les Catholiques dans les exercices de leur Réligion. Ce fut en conféquence de ce décret, & de l'infulte que les Catholiques avoient reçûe, qu'ils fe font mis fur le pied de fe munir de canons & d'armes dans leurs Proceffions, & de porter le S. Sacrement aux grands jours qui lui font confacrez, au bruit du canon & des armes à feu.

J'ai dit qu'Otphinovius s'étoit rendu célebre par fes écrits. On lui

B. A. p. 83.   donne :

Ses livres.

Omnes parabola Domini noftri J. C. carmine Polonico reddita, dedicataque Duci Oftrogienfi Palatino Kijovienfi.

Omnes femina veteris & novi fœderis, tam bona quam mala carmine Polonico defcripta, Heroes Chriftiani, id eft preftantes & inclyti viri, & bellatores Chrifti, per quos Deus in regno Poloniæ, & magno Ducatu Lithuania, noftro avo, veritatem S. Evangelii, per Filium fuum traditi, primum revelare & propagare, errores verò Antichrifti deftruere dignatus eft : ex variis ordinibus ac conditionibus hujus mundi eos feligendo, carmine Polonico defcripti. MS. Catalogus verum excerptis ex eodem libello nonnullis rebus notatu dignis, à Benedicto Wiffovvatio latinitate donatus, adjunctus eft Andrea Wengerfeii Slavonia reformata : à Amfterdam 1679. in 4°.

Confentio Piftoris cum Pictore de Diis fuis, enjufnam preftantior ? En Vers Polonois manufcrits.

ANDRE' LUBIENIESKI, de Lubienite.

Lubienieski fut fils de Stanislas Lubienieski Gentil-homme Polonois, & de Madame Sobievia. Budzovius Palatin de Brestie & de Cujavie, prit le soin de son éducation, comme son parent, & un enfant de grande esperance. Selon la convention que les Seigneurs Polonois avoient fait avec Henry III. quand ils vinrent le demander à Paris, Budzovius envoya son Eleve à Paris, pour y étudier dans les Académies. De retour en Pologne, il passa ses plus beaux jours à la Cour d'Etienne Batori, & avoit tout lieu de compter d'obtenir bientôt du Roi, dont il étoit aimé, des emplois dans l'armée & dans l'Etat, conformes à sa Noblesse & à son merite; mais l'esprit gâté par les nouvelles héréfies, il quitta la Cour & toutes ses belles esperances, pour s'appliquer à l'étude des controverses de Réligion, à la sollicitation & sous la conduite de Fauste Socin. Il y fit du progrès, & s'y distingua assez pour porter les Ministres Sociniens à lui conférer la dignité de Diacre Synodal de leurs Eglises. A l'exemple de quelques autres il en vint à ce fanatisme, que de se faire rebatiser: après quoi il prit le Ministeriat, & l'exerça à ses dépens à Smigla, dans Hofia & dans d'autres lieux. Il mourut en 1623. âgé de 72. ou 73. ans dans la maison de son gendre Joachim Rupnovius proche Lublin. Il a laissé quelques ouvrages, & on ne les croit pas imprimez.

De regno Christi millenario, manuscrit. Opinion à laquelle il a renoncé pour suivre celle de Socin.

Commentarii in Apochalipsim S. Joannis, manusc. Pol.

Polonentychia, manuscrit.

Chronicon, ou description du regne de Dieu, & il la commence par la nativité de notre Roi, & de N. S. J. C. manusc. Pol.

Observationes historica de rebus notatu dignis in negotio Religionis.

Un livre qui contient les Actes & les Conclusions des Synodes qu'on a tenus en Pologne depuis le commencement de la Prétenduë Réforme; son gendre Rupnovius y a ajouté les autres Synodes qui se sont tenus depuis le decés de son beau-pere. Mss. Pol.

STANISLAS LUBIENIESKI.

Stanislas étoit frere d'André, & fut un des plus grands favoris de Batori; mais enchanté par Fauste Socin, il suivit l'exemple de son frere, renonça à la Cour, & sacrifia tous les biens qu'il auroit pû recevoir d'une amitié aussi honorable qu'étoit celle de son Roi, pour suivre avec liberté les erreurs de Socin. Il exerça l'Office de Pasteur à Tropie, à Racovie, & à Luclavie. Il mourut en 1633. âgé de 74. ou 75. ans. Sandius ne lui donne que ces ouvrages.

Varia Cantilena Polonica, (interque eas carmen expergificum Polonica Hegnal) inserta libro Psalmorum, & Canticorum, quo fratres Poloni Uni-

.iarii utuntur, imprimées à Racovie en 1610. & 1625. in 12.

Præfervative fpirituales. Pol.

Prodromus ultimi judicii Domini. Pol.

Il y a encore quelqu'autres pieces de lui, qui ne font pas venuës à la connoiffance de Sandius.

CHRISTOPHLE LUBIENIESKI.

Ce *Chriftophle* étoit frere d'André & de Staniflas. Il époufa la fille d'Erafme Otphinovius, renonça aux charmes & aux avantages de la Cour pour l'amour du Socinianifme. Il fut Pafteur à Lublin & à Racovie, où il mourut au mois de Février 1624.

Il a laiffé un fils nommé Staniflas, qui mourut en 1648. après avoir exercé le Minifteriat à Racovie & à Lublin, & avoir laiffé un fils nommé Staniflas, dont nous parlerons dans la fuite.

Chriftophle ne s'eft rendu célebre que par quelques fermons qui font encore en manufcrit, & par un difcours qu'il fit avant que de mourir, à fes enfans, & à ceux qui fe trouverent dans fa chambre. Jonas Schlichtingius l'a mis par écrit.

ETIENNE BALIUS.

Balius étoit de l'Ordre des Chevaliers, & ne s'eft diftingué dans le Socinianifme, que par quelques fermons qu'il a compofés, & enrichis des Textes de la fainte Ecriture.

PIERRE STOINSKI.

Stoinski étoit Pierre Stator de Tionville, & gendre de Gregoire Pauli. Il s'acquit affez de réputation parmi les Polonois, pour qu'on lui donnât des lettres de Nobleffe, & pour qu'on changeât le nom de Stator en celui de Stoinski. Il trouva le fecret de fe mettre fi bien dans l'efprit de Faufte Socin, qu'il en devint le confident, & comme il avoit une facilité extrême de s'exprimer, & qu'il ne parloit que pour Socin, on l'appella la bouche de Socin. Cette attache avec fes talens naturels, l'éleverent au Minifteriat de Luclavie, & il ne quitta cette Eglife que pour époufer celle de Racovie.

En 1592. il eut de fortes & de longues difputes avec Bedziminius & quelques autres Jéfuites. Les Théfes furent foutenuës avec chaleur pendant deux jours dans l'Eglife de ceux-ci, & en préfence des Magiftrats de la Ville, & des Juges du Souverain Tribunal. On ne manqua pas de réduire par écrit tout ce qui s'y paffa : & chacun fe glorifia d'y avoir eu la victoire.

Il n'étoit pas néanmoins fi attaché à Faufte Socin, qu'il n'eut auffi de frequentes converfations avec Farnovius, & avec Wifnovius, fur l'exiftence de J. C. avant fa Mere, auffi dit-on qu'il a été quelquefois pour Socin, & quelquefois contre lui. Il n'a pas toujours été renfermé dans la Pologne ; on lui fait faire un voyage à Conftantinople, stantinople, je ne sçai pourquoi ; mais il y fut prisonnier, & eut assez de courage pour confesser sa foi en présence des Turcs. Il mourut en 1605. âgé environ de 40. ans. Il a laissé les ouvrages qui suivent.

La dispute qu'il eut à Lublin en 1592. avec Radziminius.

Colloquia cum Farnovio & Wisnevio, de existentia Christi ante Matrem suam, an. 1593. Mss. Pol.

En 1592. il traduisit en langue Polonoise l'Antiwjekus de Fauste Socin. Cette version fut imprimée in 8°. l'an 1593. & le Latin fut imprimé en 1595.

Defensio sententiæ F. Socini de J. C. Servatore, contra scriptum Gregorii Zarnovicii Evangelicorum Ministri, cujus titulus : Apocatastasis, cui adjuncta est præfatio ad Lectorem, où il fait en abregé sa Confession sur un seul Dieu, sur son Fils & sur le saint Esprit, & au commencement il dit comment nos pechez ont été expiez par la mort de J. C.

Une réponse au livre du Pere Martin Smiglecius Jésuite, où il s'efforce de prouver la préeternité de la divinité du Christ, en Pol.

Une Oraison en langue Polonoise à la gloire de Fauste Socin, en 1504. en manuscrit. On l'a mis en Latin manuscrit.

Des sermons sur differens passages de l'Ecriture, & particulierement sur l'Evangile de saint Jean. Pol. Mss.

WOLFGANGUS SCHLICHTINGIUS DE BUKOWIETZ.

Ce *Schlichtingius* Chevalier Polonois, est plus célebre dans la secte, pour être le pere de Jonas Schlichtingius, dont nous parlerons, que pour toute autre chose. On ne lui donne qu'un livre en langue Polonoise, dont le titre porte en Latin : *Responsum Ecclesiæ Domini J. C. quæ est Smigla, ad probationem, opinionem & explicationem Symboli Apostolici. G. D. Sig. Schlichtingii in Starpel, quam contradictam Ecclesiam, an. 1592. publicè imprimi curavit, &c.*

ELIAS ARCISSEVIUS.

Arcissevius Chevalier Polonois, & Seigneur de Smigla, fit bâtir une Eglise dans cette Ville pour les Sociniens, & voulut bien en être le Ministre. On ne lui attribue qu'une Préface qui est au commencement du livre de Fauste Socin, qui a pour titre : *De Jesu-Christo Servatore*, & qui fut imprimé en 1594.

CHRISTOPHLE DE MORSTEIN.

De Morstein Chevalier Polonois & Satrape, ou Capitaine de Pawlikovie, s'est acquis plus de réputation dans la secte par le mariage de sa fille, ou, comme d'autres disent, de sa sœur avec Fauste Socin : *Germanam ejus F. Socinus in matrimonium habuit*, que par ses ouvrages. On n'a de lui que quelques Lettres écrites à Fauste Socin, ausquelles celui-ci fit des réponses qui sont inserées dans le recüeil de ſes lettres, & dont la premiere eſt en datte du 5. Juin 1593.

Et d'autres lettres écrites au Sénat de Dantzic, pour le prier de ne point chaſſer de la Ville Martin Ruar, à raiſon de ſes opinions ſur la Religion. Cette lettre eſt ſignée d'un grand nombre de perſonnes de qualité, tant il eſt vrai qu'il y avoit un grand nombre de Nobles qui avoient pris parti pour la ſecte, & qui épouſoient les interêts d'un homme qui ne pouvoit leur être recommandable que par l'uniformité de ſes ſentimens avec les leurs. L'exemplaire de ces lettres ſe trouve parmi celles de Martin Ruar, imprimées en 1681. à Amſterdam.

JACQUES SIENINSKI, ou SIENINIUS à SIENO.

B. A. p. 97   Ce *Jacques* étoit fils de Jean Sieninski Palatin de Podolie. Il vint au monde en 1569. & eut differens emplois conformes à ſa qualité. On l'éleva dans la Réligion Prétendue Réformée. En 1600. il s'apperçût que ſes Miniſtres ne convenoient pas en tout avec ceux de Racovie. Pour les réünir en opinions, il les aſſembla tous, c'eſt-à-dire les Sociniens, & les Prétendus Réformez, & leur donna toute liberté pour diſputer ſur les matieres conteſtées entr'eux. Les Sociniens y firent ſi bien leur rolle, que Sieninski conclud que leurs opinions étoient mieux prouvées que celles des Prétendus Réformez, & les embraſſa, & avec tant d'éclat, qu'il prit partout leurs interêts, leur bâtit dans Racovie une Egliſe, leur donna l'Imprimerie que ſon pere avoit autrefois donné aux Prétendus Réformez, & à la ſollicitation de ſon intime ami Staniſlas Lubienieski, il leur érigea un College, & le dotta de gros biens; College qui peu après ſa fondation devint ſi fameux, qu'on ne l'appelloit plus que l'Athenes de la Pologne. Ce College auſſi bien que l'Egliſe & l'Imprimerie, fut ruiné en 1638. ce qui cauſa un ſi grand chagrin à Sieninski, qu'il en mourut un an après, âgé de 71. ans ou environ. Sa mort jointe à ce renverſement, laiſſa Racovie dans un grand vuide.

Son Domaine & ſes autres biens paſſerent à la veuve de Chriſtophle Wiſſowats fille de ſon fils. Cette veuve, après la mort de ſon mari, abjura les erreurs que ſon pere lui avoit fait ſuivre, & s'attacha avec perſeverance à la Foi Romaine.

Sieninski s'eſt rendu plus récommandable à la ſecte par les grands biens qu'il lui a faits, que par les livres qu'il a compoſé; car on ne lui donne que:

Dedicatio libri Valentini Smalcii de Divinitate J. C. Sigiſmundo III. Regi Poloniæ, &c. à Racovie in 4°. Pol. Cette Préface ſe trouve dans le livre de Fauſte Socin: *De autoritate Sacra Scriptura per T. R. Camphuyſium in Belgicum tranſlato.*

Orationes in comitiis regni habita, manuſcrit.

Epiſtola ad Rembertum Epiſcopium (Simonis Epiſcopii germanum) germanicè, manuſcrit. L'original de cette lettre eſt chez les héritiers de Rembertus Epiſcopius.

JERÔME MOSCOROVIUS.

Moscorovius étoit Chevalier de l'ancienne famille des Ducs de Silesie, & des Comtes d'Obezi. Il épousa la fille d'André Duditz, eut differens emplois dans l'Etat, & fut souvent député de la Noblesse pour les Diettes. Fauste Socin l'estimoit beaucoup, & lui dédia son livre contre Erasme Jean. Il mourut le 19. Juillet 1625. & a laissé assez d'ouvrages d'esprit, pour être mis avec justice & avec honneur au nombre des Auteurs Sociniens.

B. A. p. 105

Sandius dit qu'il a écrit contre Jean Patricius Ministre Evangelique, en Polonois 1601.

Il a travaillé avec Valentin Smalcius à l'édition du Catéchisme de Racovie, & en 1605. il le traduisit du Polonois en Latin. Il eut la hardiesse de dédier sa nouvelle version à Jacques I. Roi d'Angleterre, & il est l'auteur de la Préface qui a pour titre : *Catechesis Ecclesiarum quæ in regno Poloniæ, & aliis ad regnum pertinentibus Provinciis, affirmant neminem alium præter Patrem Domini nostri J. C. esse unum illum Deum Israëlis, hominem autem illum Nazarenum, qui ex Virgine natus est, nec alium præter, aut antè ipsum Dei Filium unigenitum, & agnoscunt, & confitentur.* Ce Catéchisme fut imprimé à Racovie en 1609. & au mois d'Avril de l'année 1653. le Parlement d'Angleterre le condamna à être brûlé par la main du bourreau. Il y a eu differentes éditions de ce Catechisme, comme aussi differentes versions & augmentations. Nous en parlerons ailleurs.

Sublatio pudefactionis quam inferre conatus est Ecclesiæ Christi Petrus Scarga Jesuista, à Racovie 1607. Pol.

Sublatio secunda pudefactionis P. Scarga Jesuista, à Racovie 1610. Pol.

Dedicatio disputationis F. Socini de statu primi hominis ante lapsum. Elle est adressée au Prince Maurice Lantgrave de Hesse, en 1610.

Responsio ad librum Gurscii Pontificii Sacerdotis. Ce livre a pour titre : *Revelatio impudentiæ Arianorum.* Cette réponse fut écrite en 1611. & imprimée en 1617. Pol

Un écrit qu'il a composé avec Valentin Smalcius, & qu'il donna aux Mennonites de Dantzic, pour les exhorter à s'unir à la Communion, & aux sentimens des Unitaires de Pologne, & où il leur montre les moyens qu'ils doivent prendre pour cela, en 1612. le 21. Avril, manuscrit.

Refutatio appendicis, quam Smiglecius libro cui titulum dedit : Nova monstra novi Arianismi, apposuit, & Auctori opposuit, à Racovie 1613. in 4°.

Præfatio in F. Socini explicationes variorum sacræ Scripturæ locorum, an. 1614.

Refutatio libri Smiglecii de Baptismo, à Racovie 1617. in 4°.

Præfatio in F. Socini librum contra Eutropium, in 4°. an. 1618.

Un écrit contre Hugues Grotius: *De satisfactione.*

Oratio quâ continetur brevis calumniarum depulsio, quibus premuntur illi qui in doctrina Christi & Apostolorum, studium suum posuerunt, & Patrem Domini nostri J. C. solum Deum Israëlis, solum quoque Creatorem Cœli & terra esse affirmant, ad Regem & Senatores, fidelis subditi; quibus verbis antiquâ manu (nimirum C. V.) in exemplari quodam subscriptum inveni, (id est fortè.) (C'est Sandius qui parle.) *Hier. Moscorovii.* La piece fut imprimée en 1595. in 4°.

ADAM GOSLAVIUS.

B. A. p. 108

Goslavius à Bebelno, de l'Ordre des Chevaliers, s'est distingué dans la secte par ses livres, que l'on réduit à ceux-ci:

Refutatio eorum qua Bartholomaus Keckermannus in libro primo systematis sui Theologici disputat, adversus eos qui solum Patrem Domini nostri J. C. esse illum Deum Israëlis, Filium verò Dei neminem alium prater & ante eum, qui ex Maria Virgine est natus, confitentur: tribus partibus distincta. On a ajouté au commencement une lettre dédicatoire de l'Auteur au Sénat de Dantzic. La piece fut écrite en 1607. & réimprimée à Racovie en 1613. in 8°.

Disputatio de persona, in qua Jacobo Martini Professori Wittembergensi, ea in libro secundo de Tribus Eloïm refellere enisenti, qua ab Auctore contra B. Keckermannum, parte tertiâ disputata sunt, tum de ratione persona in genere sumpta, de definitione divina persona à Justino, ut vulgò creditur, tradita; respondetur. A Racovie 1610. in 8°.

Un écrit contre la Métaphysique de Keslerus, manuscrit.

Responsio ad defensionem concionis Scarga Jes. è Soc. J. de Trinitate factam a Jacobo Ostravio S. S. Theod. & Canon. Cracoviensi, à Racovie 1608. Pol.

ANDRÉ CASTROVIUS.

Castrovius de l'Ordre des Chevaliers, a vécu quelque tems à la Cour de Pologne, & la quitta pour l'amour du Socinianisme. On ne voit pas néanmoins qu'il s'y soit distingué par quelques ouvrages fameux. On n'a de lui que:

Ibidem.

Colloquium nobilis Evangelici, cum Ministro Evangelico, à quoi on ajoute une lettre aux Evangeliques, ou Protestans, le tout en Pol. 1618.

THOMAS PISECIUS DE MARTOWITZE.

Pisecius a eu assez de rapport avec les Freres Polonois, pour nous donner lieu de le mettre parmi les nobles de Pologne. Il étoit Gentil-homme de Silecie, & a beaucoup écrit pour un homme de son état. Il mourut en 1648. âgé de 70. ans. Il avoit une sœur nommée Rosina, qu'il donna en mariage à Simon Pistorius Ministre de l'Eglise Socinienne de Cracovie, d'où est sorti une fille qui a épousé Jean Crellius, dont nous parlerons amplement.

J'ai dit que Pisecius avoit beaucoup écrit pour un Gentil-homme. *B. A. p. 10?* Sandius lui donne :

De origine Trinitatis : scriptum refutationem libri Wicki, & postquam scripsit Keckermannus. Cet ouvrage est péri par le feu.

An doctrina Trinitatis sit mysterium à sæculis absconditum, quod divini Verbi patefactione hominibus innotescere debuit : è Tractatu, qui de origine Trinitatis inscribitur, exscriptum, an. 1605. in 8°. 1608. & 1654. in 8°. & imprimé à Racovie en 1610. in 12. On y a ajouté des notes sur les *Appendices Vilkovianes.*

De Antichristo, sous le nom de Marc Camille, l. 2. in 8°. Sandius dit que ceux qui connoissoient Pisecius, l'ont assuré qu'il étoit l'Auteur de ce livre, quoiqu'il y en ait qui l'attribuent, mais faussement, à Jonas Schlichtingius, ou à Elie Arcissevius.

Il a écrit quelque chose contre le Jésuite Leslius.

Manuductio in viam pacis ecclesiastica, per Archisacolicam fidem, salvâ libertate Religionis, omnium jurium genera defensa. Cette piece fut imprimée à Amsterdam in 8°. 1650. dans l'Imprimerie de Jean & de Corneil Bleau : *Quasi Eleutheropoli typis Gofridi Philadelphi.* L'Auteur y prend le nom de *Josephi Castim.* C'est l'épigrame de *Dacis et aftium.*

CHAPITRE XXII.

FAUSTE SOCIN.

Sa noblesse, le caractere de sa jeunesse, ses courses, ses disputes, ses traverses, ses erreurs & ses livres.

Fauste Socin, le Chef de la secte dont nous faisons l'histoire, par la nouvelle forme qu'il lui a donné, & les systêmes qu'il lui a fait suivre, mérite que je n'oublie rien des choses qui le regardent, & qui sont venuës à ma connoissance, pour le faire connoître dans toutes les perfections que la nature, l'art, l'étude, l'éducation, & sa famille lui ont donné, aussi bien que dans les défauts, & dans les erreurs ausquelles son ambition, son opiniâtreté & son propre génie l'ont conduit.

Neveu de Lelie Socin du côté de son pere, on peut dire qu'il étoit *Sa noblesse.* d'une illustre famille, & très distinguée dans le Bareau, & fils d'Agnés Petrucci, fille de Burgesio Petrucci, & de Victoria Picolomini; & l'on peut assurer qu'il étoit parent & allié à tout ce qu'il y a de distingué dans l'Europe. Ce Petrucci étoit fils de Pendolfe, & son successeur à la Charge de Chef de la République de Sienne, dont néanmoins il fut bien-tôt dépoüillé par les menées d'une faction contraire à sa famille.

Victoria Picolomini étoit encore plus distinguée par sa naissance ; elle étoit niéce, sœur, cousine, parente, alliée a une infinité de Sénateurs, de gros Seigneurs, de Cardinaux & des Papes Pie II. Pie III. & Paul III. Privée de son mari elle ne s'occupa plus qu'à servir Dieu, & qu'à donner à sa fille Agnés une éducation digne de son Batême & de sa naissance. Devenuë en âge de prendre parti, elle épousa Alexandre Socin, fils de Marianus Socin, & frere de Lelie, jeune homme de beaucoup d'esperance, & si versé dans le Droit, qu'étant encore fort jeune il soutint trois cent Théses trois jours durant dans l'Université de Padoüe, & deux jours dans celle de Sienne. Il mourut le 26. Avril 1541. S'il ne fut pas Prince de Sienne par sa naissance & par sa faction, on peut dire qu'il le fut dans la République des Lettres par son esprit, par sa capacité, & par sa prudence. Il y a tant de bien à dire de lui & de quelques Socins, qu'Enée Silvius, qui depuis fut Pape, en raconte tant de vertus & de belles actions, qu'on a peine à le croire ; mais aussi faut-il avoüer que toute cette gloire a été ternie dans la Catholicité par l'enfant qui en est venu. C'est Fauste Socin.

Sa jeunesse.

On a remarqué qu'il vint au monde le 5. Decembre 1539. & 3. heures avant le Soleil levé. On ne peut pas douter que son pere & sa mere, doüez de tant de vertus, n'ayent rien épargné pour lui donner une belle éducation : aussi l'eut-il ; & encore moins peut-on douter qu'il eut de l'esprit & de la memoire, ses ouvrages le font assez sentir. Néanmoins on dit qu'il ne fit pas un grand progrès dans les Humanitez & dans les belles Lettres, & qu'après avoir entendu parler de son oncle Lelie, & des lettres qu'il envoyoit à sa famille, il en fut si touché, qu'il resolut de negliger tout pour s'occuper uniquement des matieres de la Religion.

Ce dessein, quoique formé dans un âge incapable de perséverance (il n'avoit pas plus de 13. ans, si le commencement de sa perversion arriva au tems que Lelie écrivoit à sa famille) fut néanmoins soutenu avec toute la force d'un homme consommé, il ne prit d'Humanitez, de Dialectique, & des autres sciences, qu'autant qu'il crut en avoir besoin pour s'appliquer avec succès aux matieres de la Théologie, & dès l'âge de 20. ans il crut avoir fait tant de progrès dans cette divine science, qu'il voulut en 1558. s'ériger en maître, & nous faire de nouveaux systêmes de Religion. Son zele qui n'avoit pas encore sa maturité, l'emporta si loin, que non content de dogmatiser devant ceux de sa parenté, & devant ses amis, il voulut encore le faire dans les Assemblées où son rang & son esprit lui donnoient accès. L'Inquisition toujours attentive sur ces matieres, en fut bien-tôt avertie, & conformément aux Loix de son Tribunal, elle l'entreprit & toute sa famille, qui n'étoit pas encore exempte des soupçons que l'on s'étoit formé contre son orthodoxie : elle en arrêta quelques uns, & les autres se sauverent où ils purent. Fauste Socin fut de ce nombre.

Agé environ de 23. ans il vint en France, & en 1562. il arriva à Ses courſes. Lyon. A peine y fut-il, que Reſozzius l'avertit que ſon oncle Lelie étoit mort à Zurich, & qu'il l'avoit laiſſé légataire de tous ſes biens. Cette nouvelle lui donna du chagrin, l'oncle aimoit le neveu, & le neveu ne manquoit pas de retour pour ſon oncle, & il n'avoit entrepris ce voyage que pour ſe mettre ſous ſa conduite. On dit même qu'il y avoit un ſi grand commerce de lettres entre eux, que l'oncle ſe faiſoit un devoir de tendreſſe d'écrire au neveu les erreurs dont il étoit occupé, mais d'une maniere un peu embaraſſée: non pas qu'il ſe méfiât de ſon ſecret, mais pour exciter ſon eſprit à chercher le denoüement de ces obſcuritez, & à y former des doutes, ce que Fauſte Socin faiſoit d'une maniere digne des attentes de Lelie, & ce qui porta celui-ci à dire ſouvent à ſes amis qu'il avoit un neveu d'une grande eſperance, & qui ſeroit un des premiers hommes de ſon ſiecle.

La douleur que Fauſte conçut de la mort de ſon oncle, ne l'empêcha pas de prendre ſes meſures pour aller à Zurich, & pour s'emparer de tous les effets de la ſucceſſion, & particulierement des écrits.

Avec ce malheureux tréſor il s'en revint en Italie. Son nom, ſa nobleſſe & ſon eſprit lui donnerent bien-tôt entrée à la Cour de François de Medicis Grand Duc de Florence. Il plût à ce Prince, & eut auprès de lui des emplois dignes de ſon rang & de ſon eſprit. Pendant qu'il goûtoit les douceurs d'une Cour auſſi voluptueuſe, il ne penſoit guéres aux écrits de ſon oncle, & aux matieres de Religion. L'amour des femmes, les amuſemens de la Cour, l'ambition, les amis, les domeſtiques, les projets de faire fortune, la préſence & les complaiſances du Prince l'occupoient entierement. Mais enfin après avoir paſſé douze années dans ce genre de vie, il commença à reſſentir la démangeaiſon de dogmatiſer, & de ſe faire un renom parmi les ſectaires. Pour y ſatisfaire, il quitta la Cour de Florence, renonça à ſes débauches, ne penſa plus à ſes amis, à ſa fortune, à ſes emplois, & ſe condamna à courir les Royaumes comme un malheureux vagabond.

Cette démarche chagrina le Grand Duc, auſſi bien que Paul des Urſins & ſon épouſe ſœur de François de Medicis, qui tous avoient une affection ſinguliere pour lui, & qu'ils lui conſerverent après ſon départ, juſqu'à l'honorer de leurs lettres, à ſe charger de ſes affaires, & à lui faire tenir ſon argent par-tout où il vouloit.

Après quelques courſes il arriva en 1574. à Baſle, & y demeura Ses diſputes trois ans, s'y occupa uniquement aux matieres de la Religion & de la controverſe; pour y réüſſir il ne voulut point avoir d'autres livres que les écrits de ſon oncle Lelie, & ſe fit un devoir & un honneur d'en adopter les principes, qui n'avoient rien de commun avec ceux des Catholiques, differens en beaucoup de choſes de ceux des Proteſtans & des Calviniſtes, & aſſez conformes aux impietez de Paul de Samoſat, particulierement ſur ce qui regarde la divinité

de J.C. Rempli de ces impietez, & brulant de la démangeaison de
les insinuer aux autres, il ne demanda plus qu'à dogmatiser, & à disputer. Ses amis qui prévirent qu'il pourroit bien par là s'attirer de
fâcheuses affaires dans un Païs dévoüé aux opinions de Calvin, s'efforcerent de moderer sa passion, mais inutilement. Pour soutenir &
répandre ses paradoxes, il fit un livre qu'il intitula : *De J.C. Servatore*.
Il y dispute contre Jacques Covet Ministre de Paris, qui dans son
voyage de Francfort passa par Basle, logea avec lui, & s'entretint
souvent sur les matieres renfermées dans ce livre.

Socin ne bornoit pas ses occupations à composer son livre, il dis-
putoit aussi, & souvent. La plus fameuse controverse qu'il eut alors,
fut avec François Puccius sur l'état du premier homme. Il poussa si
vertement son homme, & débita dans cette dispute tant de nouveaux
paradoxes, que ses amis, ses envieux, les Luthériens, & les Calvinistes se diviserent d'avec lui, & même avec éclat, le traiterent de
broüillon, d'emporté, de médisant, de présomptueux, de Novateur,
d'Hérétique, & d'enseigner des opinions horribles & contraires à la
parole de Dieu, niant le sacrifice de propitiation que J. C. a fait pour
nous. Ces plaintes se trouvent dans une lettre de Squaraïa Lupus,
adressée à Fauste Socin.

Fatigué de ces reproches, il quitta Basle, vint en 1578. à Zurich, & dans ce peu de tems il y reprit ses disputes avec Puccius,
qui ne finirent qu'en Pologne.

ois Ce *François Puccius* eut trop de démêlez avec Socin, pour n'en pas
donner une connoissance à mon Lecteur. Il étoit né à Florence dans
une illustre famille ; les nouveautez en matiere de Religion le porterent à quitter la Foi Romaine, & il s'érigea en Chef d'une nouvelle secte à qui on donna le nom de Puccianisme, qui n'eut pas de durée, par
et les coups de pierres, ou les confusions que lui donnerent les Luthé-
des riens, les Calvinistes & les Catholiques. Pour avoir la liberté de
. X. dogmatiser, il sortit de Lyon, où il quitta la Religion Romaine,
& où il negocioit en marchandises, sans déroger à sa noblesse Flo-
rentine. Il se retira en Angleterre. Pour se fortifier dans les matieres de controverse il voulut étudier la Théologie dans l'Université
d'Oxfort ; d'Oxfort il vint à Londres, & se flatant d'avoir épuisé
toutes les difficultez de cette science, il passa en Suisse, & y osa bien
entrer en lice avec Socin sur l'état du premier homme. On ne nous
dit pas quelle étoit son opinion sur cette matiere ; mais il y a apparence qu'elle n'étoit pas conforme à celle de Messieurs de Basle,
puisqu'ils le chasserent de leur Ville pour la nouveauté de ses sentimens. Il retourna à Londres, où on le mit en prison pour les dogmes qu'il débitoit, il en sortit, & se retira dans les Païs-bas, où
il provoqua Socin à une dispute verbale, mais inutilement. Il sortit
des Païs-bas pour courir l'Allemagne, & poussa jusqu'en Pologne,
où il s'aboucha avec Socin, disputerent souvent ensemble, & même

en préfence de l'Eglife de Cracovie, mais fans pouvoir s'accorder.
Il y a apparence qu'il n'étoit pas éloigné des fentimens des freres
Polonois ; ne pouvant pas les faire venir à fon but, il fortit de ce
Royaume. Socin dit autrement, il veut que Puccius fut condamné
par les Arbitres des difputes qu'il eut avec lui à Cracovie, qu'il ne
fe tint pas pour vaincu, qu'il voulut revenir à la charge, & qu'il écrivit pour ce fujet, mais que les Arbitres ne voulurent plus l'écouter,
& que le Synode des Unitaires ne daigna pas lire fon écrit.

Lettre .5.
à Mathieu
Radecius.

Socin ajoute qu'il reçût de lui un livre Italien, touchant le fceau
appofé à l'Ecriture : *Librum qui titulum fecit de Bibliis occlufis, deque
Elia, qui eà apertus eft.* Puccius y difoit qu'on ne pouvoit rien comprendre dans ce divin livre, & qu'il falloit attendre l'avenement de
ces deux grands hommes, dont il eft parlé, chap. 11. de l'Apocalypfe,
qu'ils expliqueroient tous les myfteres de la Bible ; & qu'avant cela
il ne falloit pas fe fervir de cette regle pour vuider les differens de
la Religion.

L. 3. p. 380
B. F. P.
Tom. I.

Il croyoit que ces deux hommes paroîtroient bien-tôt, parce qu'il
comptoit les 1260. jours du regne de la Bête pour autant d'années,
& qu'il faifoit commencer ce regne au Concile de Nicée.

Il fe promettoit un grand employ fous le miniftere, ou fous la miffion de ces deux hommes : *Dùm Puccius in hac venturi Elia expectatione
totus eft, dùmque fe ipfum participem hujus divinæ legationis fore fperat,
quemadmodum ejus ipfe libellus non obfcurè indicat ;* & pendant qu'il fe
flatoit de cette efperance, il fit connoiffance avec deux Anglois de
la fuite du Palatin Laski, qui revenoit de l'Ambaffade d'Angleterre.
L'un d'eux étoit Medecin, l'autre avoit été Magicien, & tous deux
fe difoient Catholiques ; mais ils promettoient une prompte & générale réformation par leur entreprife, & fe vantoient d'un commerce
avec les Anges. Le Medecin ne voyoit rien & n'entendoit rien, mais
il écrivoit exactement tout ce que fon compagnon fe vantoit de voir
& d'entendre.

Socin. l. 3.

Socin & plufieurs autres perfonnes exhorterent Puccius à ne point
fuivre ces deux perfonnages. On ne gagna rien fur lui, il fut à Prague avec eux, & là il rentra dans l'Eglife Romaine, fur quoy il écrivit une longue lettre à Socin, où il affura qu'un des Anges qui fe
faifoit voir à l'un de ces Anglois, s'étoit adreffé à lui Puccius, &
l'avoit pouffé à abjurer fes erreurs. Le Latin de Socin ajoute quelques autres particularitez à ce fait. *Statim autem ferè ut Pragam pervenit, factus eft Papifta, & Miniftros Pontificios adiens, fua ab Ecclefia
Romana olim defectionis veniam, conveniente fatisfactione exhibitâ impetra-
vit ; ac mox huc ad amicos, & præfertim ad me, ad quem hâc de re bene
longas litteras dedit de fuo, ut ipfe loquitur, ad Catholica, fanctaque Dei
Ecclefiæ gremium reditu, diligenter fcripfit, afferens fe verbis unius ex illis
Dei Angelis, qui fociis illis fuis refponfa dare folent, ad fe nominatim lo-
quentis, monitum, atque impulfum id feciffe, diuturnumque errorem fuum*

A a a

tandem agnovisse. Cette lettre de Socin fut écrite au commencement de l'année 1586. & il n'y avoit pas long-tems que Puccius avoit renoncé à ses erreurs.

Puccius après bien des courses tomba enfin entre les mains de l'Archevêque de Salzbourg qui l'envoya à Rome : *Ab Archiepiscopo Salisburgensi captus tandem, & Romam missus, in rogo periit,* & pour des raisont connuës à MM. de l'Inquisition, & qui ne nous ont pas été revelées, il fut condamné à être brûlé.

Micrelius Syntagm. Hist. Eccl. p. m. 860.

Gisb. Voëtius, parlant de Puccius, dit que c'étoit un homme qui se mêloit de faire des livres & de disputer, & qui néanmoins n'avoit aucune teinture de Litterature, de Philosophie & de l'Ecriture ; qu'il donnoit dans le fanatisme, & que son opinion favorite étoit, que tous les honnêtes gens seroient sauvez, même dans le paganisme ; que l'ignorance des principes de la Religion, l'incredulité au sujet de l'Evangile, & la privation du Batême ne nuisoient point au salut, & qu'il suffisoit d'avoir des mœurs qui parussent à l'exterieur sans défaut : *Ignorantiam & incredulitatem Evangelii, vel defectum Baptismi ad salutem nulli obesse, modò studeat vita inculpata, quoad externos mores, nec præfractè quicquam neget inesse omnibus naturaliter hanc facultatem, ut possint & velint salvi fieri, etiam absque scrutinio quæstionum Theologicarum.* Pfannerus qui nous rapporte ce passage, cite pour témoins Osiander & Jean-Loüis Hartmannus.

Disp. Theol. t. 2. p. 234

Tobias Pfannerus. Syst. Theol. Gentilis. p. 493.

M. Baillet ajoute une autre erreur ; c'est qu'il soutenoit l'immortalité de toutes les créatures, & par conséquent de l'homme par la création.

Je reviens à Socin. De Zurich il passa en Transilvanie à la sollicitation de Blandrat, qui esperoit retenir François Davidi dans les bornes des nouveaux Ariens, ou du culte religieux que tous les Chrétiens rendent à J. C. par le moyen d'un aussi habile homme qu'étoit Socin ; mais son esperance fut vaine, comme nous l'avons déja marqué. La honte qu'ils eurent de n'avoir pû reduire Davidi à leur but, les porta à l'accuser de trahison, & d'avoir conspiré contre l'Etat : accusation qui fut si vivement poussée, que Davidi fut arrêté pour le reste de ses jours.

L'Auteur de la vie de Socin & son Panégyriste, ne veut pas que son Héros ait trempé dans cette accusation, il la trouve indigne de sa probité, & ne veut pas croire que les Princes de Transilvanie, & les Magistrats eussent voulu faire une injustice à François Davidi pour plaire à Blandrat & à Socin. Ridicules raisons, qui ne peuvent détruire ce que tout le monde en disoit alors.

De la Transilvanie il vint en Pologne vers l'an 1579. alors les Eglises des sectaires étoient extrêmement divisées. Nous avons vû comme il les réünit à ses systêmes, & les demêlez qu'il eut avec les Prétendus Réformez, qui toujours sans replique contre les raisonnemens qu'il inferoit de leurs principes, lui susciterent des affaires d'Etat ;

pour le perdre abſolument ils l'accuſerent devant Etienne Batori, d'a-
voir inſeré dans ſon livre contre Jacques Paleologue des maximes de
ſedition, & qui favoriſoient les guerres inteſtines dont le Royaume
étoit troublé. Cette accuſation étoit manifeſtement fauſſe ; pour s'en
convaincre, on n'avoit qu'à conſulter le livre, on y auroit vû qu'il condamne ſi fortement la priſe des armes des ſujets contre leurs Princes ; &
les Théologiens Proteſtans qui ont dit qu'il étoit permis de s'oppoſer
aux oppreſſeurs de la liberté de conſcience, que jamais peut-être les partiſans les plus outrez de la puiſſance arbitraire & deſpotique des Souverains, n'ont parlé plus nettement. On en jugera par ſon Latin : *Veſtris*

*belli gerendi Chriſtiano populo conceſſionibus factum eſt, ut contra ipſum ma-
giſtratum Chriſti nomine gaudens, populus arma capere non dubitaverit,
vobis non modo aſſentientibus & approbantibus, verùm etiam & ſuaden-
tibus atque impellentibus, & libris praeterea editis, id & poſſe & debere
fieri publicè conteſtantibus, ac contendentibus, teſtis eſt hodie eorum quae dico, orbis ipſe terrarum qui haec fieri, aut vidit aut certiſſimâ famâ accepit ;
ſed teſtes potiſſimùm ſunt duae nobiliſſimae Provinciae, Gallia & Germania in-
ferior, quae civili ſanguine jam diu madent atque redundant, eò quòd per-
ſuaſum ſit ex certis quibuſdam cauſis populo, ſeu populi parti, adverſus Dominum & Principem ſuum bellum gerere licere. Itaque hâc aetate noſtrâ, ab
iis qui Chriſtianos ſe eſſe prae caeteris jactant, per ſpeciem Chriſtianae Religionis aſſerendae, id fieri vidimus, quod Barbari atque efferati homines facere exhorreſcunt, ut ſcilicet contra proprios Reges arma ferant, & tamen
(ſi Deo placet) eos qui ob praedictam cauſam, ſive in ipſa acie, ſive alibi ceciderunt, in Martyrum Chriſti numerum referri publicè audivimus.
O ſaeculum ! Hi nimirùm ſunt, ut dixi, veſtrarum belli gerendi conceſſionum
fructus. Egregii vos ſcilicet Magiſtratuum defenſores eſtis, qui populos contra
Magiſtratum, id eſt, Reges ſuos armatis, dùm Magiſtratu jubente, bella
juſtè geri poſſe docetis. Rege enim Tyranno facto, (quod quid ſit quilibet
ſuo modo interpretatur) non Regem amplius, ſed populum ipſum, ſive aliquos ex regni proceribus Magiſtratum eſſe, vulgus hominum, vobis ipſis ju-
dicantibus, vel certè annuentibus, contendit, quibus auctoribus ex veſtra
diſciplina, Tyrannum illum, ut ipſi putant, ejuſque vim armis repellere,
eùmque eo apertè bellum gerere non dubitant. Unde quot ingentia mala ne-
ceſſario proficiſcantur, plus ſatis jam experientia novimus, quae miſerè de-
plorari, magis quàm aptè verbis explicari poſſunt.*

 Ce long paſſage en dit aſſez pour faire connoître la fauſſeté & la
malignité de l'accuſation que les Prétendus Réformez de Pologne
firent contre Socin. Il lui auroit donc été fort facile de l'éluder, il
n'avoit qu'à produire lui-même ſon livre ; mais pour éviter les ſuites
d'une telle accuſation, & pour ſe mettre à couvert de ſemblables entrepriſes, il ſortit de Cracovie, après y avoir demeuré quatre ans,
& ſe retira chez Chriſtophle de Morſtein Seigneur de Pawlikovie, &
grand protecteur des Unitaires.

 Socin qui fuyoit le monde, trouva le monde, mais bien different,

Socin in lib.
de Magiſtr.
adv. Paleol.
p. 1. p. 144
apud Hoorn
beck.

de celui dont il avoit horreur. Ce ne furent plus des Miniſtres jaloux de ſes talens qui l'obſederent; ce fut un grand nombre de Nobles, de Chevaliers, de Satrapes, de Gouverneurs, de Palatins, d'Officiers de la Couronne, & des gens de Cour, qui enchantez de ſon
eſprit, de ſon érudition, de la nouveauté de ſes dogmes, de ſa facilité à s'exprimer, de ſa politeſſe, de ſon humeur enjoüée & de ſes
careſſes, (il étoit toujours Italien, & Italien courtiſan) l'honnorerent de leur amitié, de leur confiance, de leur protection, & bien
plus, il eut le ſecret de toucher le cœur de Mademoiſelle Elizabeth,
ſœur ou fille de Chriſtophle de Morſtein, & de l'avoir en mariage.

 Cette alliance lui donna encore plus d'entrée chez les Grands,
& la liberté de demeurer plus de trois ans chez Chriſtophle de
Morſtein, où ſans doute il s'occupa à toute autre choſe qu'à l'amour.
C'eſt là où il compoſa ſon livre contre Euttopius, & qu'il combattit fortement tous les adverſaires des Unitaires, quoique, par une
conduite dont je n'ai pû connoître le legitime motif, il eut été excommunié de la part de ceux-ci, & qu'il en eut reçu de gros chagrins.

 Après quelques années de mariage, il perdit en 1587. ſa chere Elizabeth, qui ne lui laiſſa qu'une fille, & cette perte lui fut ſi ſenſible,
qu'il en fut malade, & que le chagrin qu'il en prit, le mit pendant
un long-tems dans l'impoſſibilité de s'appliquer à l'étude.

 Ses malheurs n'en demeurerent pas là; la mort de François de Medicis Grand Duc de Florence ne lui fut guéres moins ſenſible. Il perdoit
en lui un bon ami & un puiſſant protecteur, tout ſon bien & toutes
ſes eſperances. Ce Prince & ſa ſœur Elizabeth, femme de Paul Jourdain des Urſins, l'aimoient tant, que pendant leur vie l'Inquiſition
ne pût jamais s'emparer de ſes biens; j'ai déja dit que la ſœur prenoit le ſoin de lui faire tenir ſon argent : elle morte, le Duc entra
dans ces mêmes ſoins, & lui écrivoit ſouvent pour l'engager à revenir dans ſa Cour, lui promettoit ſa protection, la conſervation de
tout ſon bien, ſes anciennes charges, la liberté de conſcience, la
permiſſion de faire des livres tels qu'il voudroit, & même de les faire imprimer, à condition néanmoins qu'il n'y mettroit point ſon nom;
& enfin qu'il ſeroit content de lui. Ces promeſſes étoient ſans doute
capables de gagner le cœur d'un homme ſenſible à la bienveillance
d'un grand Prince; cependant elles ne firent rien ſur celui de Socin. Entêté de l'eſperance de ſe faire un nom parmi les ſçavans qui
avoient embraſſé les nouvelles opinions, il ſe contenta de ménager
les bonnes graces du grand Duc par le commerce de ſes lettres, &
réüſſit. Ce Duc mort, voila Socin languiſſant, ſans femme, dépoüillé
de tous ſes biens, dans un Païs étranger, & ſans eſperance de pouvoir jamais revoir ſa famille, & de goûter les douceurs de ſa patrie.

 Bien plus, on auroit dit que les troubles & les guerres qui déchiroient la Pologne & les Egliſes des ſectaires, n'étoient excitées

& entretenuës, que pour le faire plus malheureux. Les uns lui imputoient tous les malheurs de l'Etat, & les autres l'accuſoient d'avoir cauſé le grand ſchiſme qui regnoit dans les differentes Communions des Novateurs.

Inſuportable à lui-même, & à charge à ceux avec qui il vivoit dans Pawlikovie, il retourna à Cracovie pour y charmer ſon chagrin, & pour s'y élever au deſſus de ſes diſgraces. Il y reprit ſes études, s'appliqua de nouveau aux matieres épineuſes de la controverſe, & travailla de ſon mieux à réünir les eſprits de tous ceux qui ne croyoient pas la Divinité ſuprême de J. C. & qui étoient diviſez ſur d'autres points. A ce deſſein il ſe trouva aux Aſſemblées, aux diſputes, aux Synodes, & ſouffrit toute ſorte de mécontentemens de la part de ſes adverſaires, & par là il reprit ſon calme & ſa ſanté.

En 1588. il alla au Synode de Brieſcie, Ville ſur les confins de Lithuanie, les diſciples de François Davidi, & de Budnée, y diſputerent fortement contre lui ſur le ſacrifice de J. C. mais auſſi ſe défendit-il contre eux avec tant de ſuccès, qu'il eut la conſolation de voir que ſes ſentimens furent enfin approuvez par pluſieurs Miniſtres, ce qui augmenta ſes Proſélites, parmi leſquels on met Pierre Stoinski, André Staniſlas & Chriſtophle Lubienieski. Stoinski lui fut d'un grand ſecours pour ſes deſſeins par ſon éloquence, & par ſon grand ſçavoir, & les Lubienieski s'entêterent ſi bien de ſon mérite, que pour l'amour de ſa doctrine ils quitterent la Cour, & voulurent bien être inſtalez dans le Miniſteriat.

Ces conquêtes n'empêcherent pas qu'en 1598. on ne lui fit une avanie qui l'obligea de ſortir de Cracovie pour n'y rentrer jamais. Les Ecoliers de cette Ville exciterent quelques perſonnes de la lie du peuple d'entrer dans ſa maiſon, & de lui faire inſulte; ces gens animez de l'eſperance du butin y entrerent, l'y trouverent indiſpoſé, & à demi vêtu, le chargerent de coups, l'arracherent de ſa chambre, & le conduiſirent dans les ruës avec outrages, crians qu'il le falloit pendre, & peut-être l'auroient-ils fait, ſi Vadovita Profeſſeur du College ne l'eut arraché de leurs mains.

Ces avanies ne ſe font pas par ces ſortes de gens ſans butin, auſſi pillerent-ils ſa maiſon, ſans y épargner ſes écrits, & particulierement un qu'il avoit fait contre les Athées, à l'occaſion d'un jeune homme de qualité qui ne penſoit pas bien de la Divinité. Cette perte lui fut très-ſenſible, & il l'auroit voulu reparer au prix de ſon ſang. Le Latin de ſon Panégyriſte en fait foi : *Anno 1598. commota per Scholaſticos infama plebis fæcè, ager tunc, & forte ſurandæ valetudini intentus, extrahitur è cubiculo ſeminudus, & per forum, & celeberrimas plateas depoſcentibus ad ſupplicium pleriſque, contumelioſè raptatur. Tandem in illa furentium colluviè peſſimè multatus, à M. Vadovita Profeſſore Cracovienſi agrè furenti multitudine eripitur. Direptas tunc ſarcinas & ſuppellectilem, quæque alia rapi potuere, longè minori dolore tulit, atque ſcriptorum quorundam jacturam irre-*

parabilem, quam ipsius vita impendio, se se redempturum fuisse sepè professus est. Periit ibi unà insignis contra Atheos labor, quem resellendis ingeniosis magni cujusdam viri commentis susceperat.

Pour éviter de semblables avanies ausquelles il se voyoit exposé tous les jours & de la part des Catholiques, & de la part de ceux qui ne pensoient pas comme lui, il se retira dans le village de Luclavie chez Abraham Blanski Gentil-homme, homme d'esprit, d'érudition, & voisin de Pierre Stoinski. Là hors d'insulte & des embaras d'une famille, joüissant d'une grande tranquillité, & soutenu de l'exemple de son ami Stoinski, il continua à composer des livres, & à entretenir un commerce de lettres avec tous les sçavans sectaires; enfin il se donna tant de mouvement pour la secte, qu'après s'être concilié l'amitié de Nemojovius, & de Czechovius, qui jusqu'alors lui avoient été fort opposez, il eut la malheureuse consolation qu'il avoit tant desiré: je veux dire qu'il se vit le Chef de toutes les sectes qui en Pologne ne croient pas la Divinité suprême de J. C. comme nous l'avons dit, 1. part. C'est-là le point d'honneur qu'il a toujours ambitioné, & malheureusement pour lui il l'a trouvé. Enfin après tant de courses, de persecutions, d'honneur, de disputes, de livres & de lettres, il mourut à Luclavie le 3. Mars 1604. âgé de 65. ans, & il fut enterré avec cette épitaphe:

Tota jices Babylon destruxit tecta Lutherus,
Muros Calvinus, sed fundamenta Socinus.

Luther a détruit tout le toît de la Babylone: Calvin en a renversé les murailles, & Socin en a arraché les fondemens. On fait ici allusion à ses erreurs, qui ôtent à J. C. la qualité du vray, & de l'unique Dieu. C'est une flaterie dont on ressent assez la fausseté, puisque l'Eglise Romaine, à qui ces sortes de gens veulent bien donner le nom de Babylone, subsiste encore sur son fondement, les Prophetes & les Apôtres; & sur sa pierre angulaire J. C. Homme-Dieu, & contre laquelle les portes, & les puissances de l'enfer ne prévaudront jamais.

Le véritable caractere de Fauste Socin
Rom. 1.
V. 33.

C'est ici (qu'il me soit permis de faire cette réflexion) que nous devons admirer la conduite de Dieu, & nous écrier: O abime de richesses de la sagesse & de la science d'un Dieu, que vos jugemens sont incomprehensibles, & vos voyes invisibles! A entendre parler le sieur Przypcovius auteur de la vie de Fauste Socin, & de qui nous avons emprunté une bonne partie de ce que nous avons dit jusqu'ici, à peine trouverions-nous un homme plus accompli que son Héros.

Il avoit le corps bien fait, d'une taille médiocre, mais proportionée, la voix agréable, un front qui portoit avec soi le respect, des yeux pleins de feu, un esprit pénétrant, aisé, fecond & infatigable à l'étude; une imagination vive, la memoire la plus heureuse que l'on vit de son tems, & dont il donna de sensibles preuves dans un Synode de Kaminieski, où il repeta d'un sang froid cinquante passages alleguez par son adversaire; une capacité si grande, qu'on eut dit qu'il possedoit tous les livres sacrez, & tous leurs interpretes; un amour ardent pour ce

qu'il croyoit être la verité ; une compassion genereuse pour les pauvres, une pieté pour Dieu qui ne s'est point démentie, un zele infatigable pour les Eglises, une patience à l'épreuve de tout, une grandeur
d'ame qui l'élevoit au dessus des persécutions, ou qui ne les évitoit
que par une grande vertu.

Bien plus, dans sa jeunesse il étoit prompt, & d'une promptitude capable de le porter à des extrêmitez violentes, & néanmoins il s'en rendit si parfaitement le maître, qu'il n'en fit jamais rien connoître, ni
contre l'envie des demi-sçavans, ni contre l'ingratitude de quelques
uns de ses amis, ni contre les persécutions que lui susciterent ses ennemis, & il en avoit dans toutes les nouvelles sectes, aussi bien que parmi les Catholiques ; ni dans l'infortune où la haine des ignorans le jetterent, ni dans les infamies que lui firent les Ecoliers de Cracovie, ni
enfin dans les confusions où le mirent les Eglises des Unitaires, pour
la paix & la prosperité desquelles il ne se donnoit point de repos, qui
néanmoins l'excommunierent, & ne vouloient point avoir de societé
avec lui.

Ajoutons que ses mœurs étoient sans reproches ; que sa prudence
s'étendoit par-tout, & particulierement sur les choses spirituelles ;
qu'il ne disoit rien qu'après y avoir bien pensé ; que quoiqu'il disputât
souvent, & avec differentes personnes, il ne les méprisoit jamais ; que
son manger étoit très-sobre, que ses veilles étoient longues, qu'il se
privoit de tous les plaisirs de la vie ; qu'il avoit une simplicité d'enfant
dans ses conversations, & une gravité de vieillard dans les rencontres
où il falloit attirer le respect & la docilité de ceux avec qui il agissoit ;
qu'il étoit officieux à ses amis : aimé ; honoré & caressé des Grands,
des Palatins, des Princes & des Souverains : respectueux pour ses pro-
ches, & civil à tous.

Assurement ce sont là de beaux endroits, & de quoi rendre un homme accompli dans la nature & dans la Religion, si nous pouvions y
ajouter une foi aveugle & soumise à l'Eglise, & une charité Chrétienne qui ne recherche jamais ses interêts ; mais uniquement ceux de
Dieu & de J. C. son Fils ; mais c'est ce que nous ne pouvons faire, &
ce qui nous fait dire que tous ces talens & ces vertus morales, supposant gratuitement qu'il les ait eu, n'ont abouti qu'à lui enfler le cœur
d'orgüeil ; qu'à l'entêter de ses propres mérites, qu'à le porter à vouloir dominer par-tout, qu'à se croire le plus éclairé des hommes,
& qu'à se persuader qu'il étoit le seul qui eût trouvé la verité, & le
seul sur qui Dieu s'étoit reposé pour nous retirer de la prétendue Idolatrie où les Conciles, les Papes & les anciens Peres nous ont jetté depuis environ quinze cens ans, le seul enfin à qui Dieu avoit confié le
sceau des saintes Ecritures : car il les expliqua toûjours selon ses préventions, & toûjours au préjudice du sens que les Peres de l'Eglise,
& que les Conciles leur ont donné.

Voila assurément dequoi rabattre sur les loüanges que lui donne le

sieur Przypcovius, & nous le faire connoître sur un autre pied que celui sur lequel il nous le dépeint. Pour dire au juste ce qu'il étoit, nous
avoüerons que la nature l'avoit doüé de grands avantages, mais qu'il
en a abusé par son entêtement à son sçavoir, par sa rebellion à l'Eglise, dans le sein de laquelle il étoit né, & pour s'être laissé séduire
par l'esprit de mensonge, comme il est facile de le voir dans les erreurs, les hérésies, les blasphêmes & les impietez qu'il a affecté, enseigné & laissé par écrit, & dont je fais ici le détail.

CHAPITRE XXIII.

Suite du même sujet. Les erreurs de Fauste Socin.

Alex. à nata. Doct. Domi.

Hist. Eccl. siecl. 16.

POur donner de l'ordre à cette matiere, je dirai avec le R. P. Alexandre Docteur de Sorbone, & de l'Ordre de saint Dominique,
que Fauste Socin a eu des erreurs sur l'Ecriture, sur la Trinité, sur
l'Incarnation, sur l'homme, sur les Sacremens, sur la Loi, sur la
grace, sur la justification, sur l'ame, sur la résurrection, sur l'Eglise &
sur la Morale.

Ils disent, je parle en plurier (parce que je confond ici les sentimens de Lelie Socin avec ceux de Fauste Socin) que les Sociniens ont
adopté, que l'homme ne peut pas tirer du fond de sa nature la connoissance de Dieu & de la Religion, c'est-à-dire que nous n'avons rien
en nous qui nous conduise à la connoissance de l'Etre souverain.

Erreurs sur la sainte Ecriture.

Qu'il n'est pas necessaire que le Chrétien se fasse un devoir de lire
l'ancien Testament, parce que ce livre nous est inutile pour la Foi,
& que toute la Religion Chrétienne est renfermée dans les seuls livres du nouveau Testament, & non pas dans l'Ancien, & encore moins
dans les livres humains, comme sont les écrits des Peres, des Conciles & des souverains Pontifes.

Que l'Ecriture est si claire, qu'un chacun peut aisément la comprendre sur les points essentiels au salut, indépendemment des lumieres du saint Esprit, & par la seule force de la raison. Cette proposition combat la premiere, il ne faut pas en être surpris : ces sortes de gens se contrarient assez souvent.

Que la Tradition ne peut être la regle de notre Foi, mais uniquement le nouveau Testament.

Sur la Trinité.

Que dans l'essence divine il n'y a qu'une personne.

Qu'il y a contradiction de dire qu'il n'y a qu'un Dieu, & que néanmoins il y a trois personnes.

Que cette distinction, une en essence, & trois en personnes, n'a jamais été dans l'Ecriture; qu'elle est manifestement contraire à la
raison & à la verité, puisqu'il est certain qu'il n'y a pas moins d'essences

fences que de perſonnes, & de perſonnes que d'eſſences.

Que le fils de Dieu eſt appellé Dieu par métaphore, & à raiſon de la grande puiſſance dont le Pere l'a revêtu.

Que ce mot de Dieu ſe prend dans l'Ecriture en deux manieres; la premiere, pour le grand & l'unique Dieu qui a fait le Ciel & la terre, qui commande à tout, qui n'a perſonne au deſſus de lui, &c. C'eſt en ce ſens que l'on dit qu'il n'y a qu'un Dieu; la ſeconde eſt pour celui qui a reçû du grand Dieu une autorité, & une vertu extraordinaire, ou qui participe en quelque maniere aux perfections de la Divinité, & dans ce ſens on dit quelquefois dans l'Ecriture, que J. C. eſt Dieu.

Que le ſaint Eſprit n'eſt pas une Perſonne divine; mais la vertu & l'efficacité de Dieu. C'eſt à ce ſujet que l'Ecriture lui attribue aſſez ſouvent les choſes qui ne conviennent qu'à Dieu, & même qu'elle lui donne le nom de Dieu, d'où on ne doit pas conclure que ce ſaint Eſprit ſoit une Perſonne divine, autrement il faudroit auſſi conclure que la juſtice, ſa ſageſſe, la providence, &c. de Dieu ſont des perſonnes diſtinctes.

Sur J. C.

Que J. C. ſelon ſa perſonne eſt un homme veritable, & qu'il n'y a qu'une choſe que tout homme doit ſçavoir de lui, c'eſt qu'il n'eſt pas un pur homme, mais un homme extraordinaire, prévenu de grandes graces, diſtingué des autres dès ſa naiſſance, ayant été conçû indépendemment des hommes, & par la ſeule opération du ſaint Eſprit. Que pour cette raiſon l'Ange dit à Marie que le Fils dont elle ſeroit la Mere, ſeroit appellé le Fils de Dieu, & par conſéquent qu'il ſeroit le propre Fils, & le Fils unique de Dieu, puiſque juſqu'à ce tems il n'en avoit point eu par cette voye inconnue juſqu'alors à tous les hommes.

Que J. C. n'a point été avant ſa Mere. Qu'il eſt appellé par ſaint Paul le premier de toutes les Créatures, parce qu'il eſt le premier en dignité de toutes les nouvelles Créatures, qui ſont les Chrétiens. Que ſa conception divine, & ſon immunité de toutes taches le font encore un nouvel homme, & une nouvelle Créature.

Dans le Livre contre Wickus, & ſur le chap. 1. de ſaint Jean, il dit: *In principio erat Verbum*; je rapporte ici les paroles en Latin pour ne rien ôter de leur force, & pour ne point alterer ſon explication: *Id*

In diſp.
cont. Eraſm.
Ioan.
& diſput.
de Chriſti
natura.

eſt, Chriſtus Dei Filius metonimicè Verbum appellatus: quaſi ipſius opera Evangelii verbum quod priùs latebat, innotuit, & quia omnem Dei voluntatem nobis patefecit in principio Evangelii, eo nimirùm tempore, quo Joannes Baptiſta ad frugem Iſraëlitarum populum revocare cœpit, & antequam ipſius Baptiſta prædicatione Judais innotuiſſet, jam erat, & erat à Deo. Huic muneri voluntatem ſuam ſcilicet patefaciendi deſtinatus, & Deus erat apud Deum: hoc eſt Jeſus, quatenùs Dei Verbum, antequam Baptiſta prædicatione patefieret, ſoli Deo notus erat. Deus erat Verbum, non ratione ſubſtantiæ vel perſona, ſed autoritatis, potentiæ ac beneficentiæ, quia ſalutis noſtra, vi-

taque æterna Dux & Auctor , & consummator extitit , divinâ dum in terris
ageret potentiâ , & auctoritate præditus. Omnia per ipsum facta sunt , & sine
ipso factum est nihil quod factum est. Omnia ad spiritualis mundi structuram
pertinentia , omnia nova hæc spiritualia atque divina , quæ apud nos , & in
toto terrarum orbe facta conspiciuntur , non aliundè ortum habent , quàm à J. C.
Evangelii prædicatione , Christique operâ & potestate sunt facta , & sine ipso
factum est nihil , quod ad hanc factionem pertinet.

Sur l'Incarnation.   Socin ayant entrepris de détruire le mystere de la Trinité, il falloit par une conséquence necessaire de ses principes détruire aussi le mystere de l'Incarnation. Aussi il dit, continuant d'expliquer le 1. chap. de l'Evang. de saint Jean : *Et Verbum caro fuit*, & non pas : *Et Verbum caro factum est*, & le Verbe fut chair, & non pas : le Verbe a été fait chair ; c'est-à-dire selon lui, cet homme qui est né de Marie, & à qui saint Jean a tant donné de louanges, l'appellant Dieu, & la parole par qui toutes choses ont été faites ; cet homme a été foible, coûvert de miseres, meprisé du monde, humilié, abject & sujet à la mort comme les autres hommes.

Institut. Cath. Relig. p. 675.   Que le Christ a été un Prophete, parce qu'avant que le monde le connût, il fut ravi au Ciel auprès de Dieu son Pere, qui l'a parfaitement instruit de tout ce qui regardoit l'œconomie du salut des hommes, & de tout ce qui avoit du rapport à son ministere. Après quoi revêtu d'une pleine autorité, il est descendu vers les hommes pour y faire les volontez de son Pere, dont il avoit une parfaite connoissance.

Dans sa réponse à Wickus, & dans plusieurs autres endroits, il dit que le culte, ou que l'honneur religieux que l'on rend à J. C. que c'est à Dieu à qui on le rend directement, & qu'on ne le rend à J. C. que par rapport à son Pere.

Que J. C. n'est pas ressuscité par sa propre vertu; qu'il est bien ressuscité dans le même corps avec lequel il a conversé avec les Apôtres, & qu'il leur a apparu dans ce même corps ; mais que ce n'étoit que dans le dessein de leur donner des marques certaines qu'il étoit ressuscité ; ce qui a disparu à l'Ascension, si bien qu'il n'y a plus rien de la chair & du sang de J. C. Qu'il est tout spirituel, & tel que ceux qui n'ont ni chair, ni os, ni sang, & que si l'on dit qu'il a un corps, ce n'est que par rapport à l'essence : c'est-à-dire, comme il **In respon-** l'explique lui-même, que le Corps de J. C. avant son Ascension **ad defen-** n'étoit pas immortel, impassible, spirituel, &c. quoique ressuscité, **Pucci.** & qu'il n'a eu ces qualitez qu'après son Ascension.

Que J. C. est notre Sauveur, parce qu'il nous a montré la voye du salut, & qu'il nous y a confirmé par lui-même, par ses exemples & par ses miracles, tels qu'ont été ceux qu'il a fait en ressuscitant des morts. Ces paroles n'expriment pas assez sa pensée, son Latin en pourra dire davantage : *Divina autem justitia, per quam peccatores damnari merentur, neque illum satisfecisse, neque ut satisfieret opus fuiſſe, redemptionem noſtram per Chriſtum factam, eſſe metaphoricam, id eſt, ſive nihil cuiquam pro nobis ſolutum fuiſſe. Chriſtum non potuiſſe divinæ Juſtitiæ pro nobis ſatisfacere, non enim minus illum pro ſe obtuliſſe, quàm legalem Pontificem.*

Que J. C. n'a pas été Prêtre avant ſon Aſcenſion, & même qu'il n'a pas fait l'office de Prêtre dans le tems qu'il étoit attaché à la Croix. Que ſa mort n'a pas été un ſacrifice, mais une préparation pour accomplir ſon oblation, & que ſon oblation n'a été conſommée qu'après ſon Aſcenſion.

Que l'homme avant ſa chûte n'étoit pas immortel.

Que la mort naturelle, & la mortalité ne ſont pas entrées dans le monde par la voye du peché; mais bien la neceſſité de mourir, & la mort éternelle.

Qu'Adam avant ſa chûte n'avoit pas la juſtice originelle.

Et qu'il n'y a point de peché originel.

Que le Batême d'eau n'a pas été inſtitué par J. C. Que le Chrétien peut s'en paſſer; néanmoins qu'il y a quelque choſe dans le Batême, inſtitué après la réſurrection de J. C. qui ſert à la remiſſion de quelques pechez, parce qu'il ſert à une confeſſion publique du Nom de J. C. ſans laquelle nul ne peut obtenir la remiſſion de ſes pechez. Mais auſſi, ajoute-t-il, cette remiſſion n'eſt pas ſi attachée à cette Profeſſion de Foi, qu'on ne puiſſe l'avoir ſans elle. On peut l'avoir conformément au tems, aux lieux & aux choſes que l'Egliſe aura déterminées pour cette remiſſion; ainſi le Batême ne ſera pas neceſſaire à celui qui indépendemment de cette confeſſion publique du Nom de J. C. aura eu la remiſſion de ſes pechez, & de-là on doit conclure que le Batême ne donne point la génération nouvelle, ou ſpirituelle aux enfans, ni aux adultes.

Que l'uſage de la Céne, ou le pain & le vin que l'on y prend, n'eſt rien que manger du pain, & boire du vin, ſoit que l'on faſſe cette cérémonie avec foi ou non, ſpirituellement ou corporellement.

Que la Céne n'eſt point un ſacrement, & qu'elle n'a point d'autre fin que de nous mettre en memoire la mort du Seigneur.

Que c'eſt un abus de croire que la Céne nous procure quelques nouvelles graces, ou qu'elle nous maintient dans celles que nous avons.

Que toutes les choſes exterieures qui peuvent nous aſſurer dans la verité divine, c'eſt-à-dire dans la Foi & dans la grace, c'eſt l'eau, le ſang & l'eſprit, ou l'innocence, le martyre & les miracles de J. C. des Apôtres & des autres fidéles.

Qu'il n'y a que l'eſprit de Dieu qui nous affermit dans la Foi.

Que les juſtes de l'ancienne Alliance n'ont pas été juſtifiez par la Foi en Chriſt, & que les promeſſes de la vie éternelle n'ont jamais été pour eux.

Que les Preceptes moraux du nouveau Teſtament ſont differens des Preceptes moraux de l'Ancien.

Sur l'bôme.

Sur les ſacremens.

Le Batême.

In diſput. de Baptiſ.

L'Euchariſt.

De uſu & fine Cenæ.

Sur la foi, la grace & la juſtifica-tion.

B b b ij

Que tous les hommes ont naturellement la volonté , & le pouvoir de faire tout ce que Dieu ordonne , à moins que ces hommes par une longue habitude dans le peché ne se plaisent à aller contre la volonté de Dieu.

Que les forces de l'homme ne sont pas si petites , que s'il vouloit se faire violence , aidé du secours de Dieu , il ne pût remplir tous les Commandemens. Or ce secours divin est double, l'un est exterieur, & l'autre interieur. L'exterieur , sont les promesses que Dieu a fait dans sa Loi de recompenser les œuvres, car ces promesses excitent le courage , & portent à agir avec zele : ou les menaces que Dieu a fait de punir le peché , car ces menaces détournent l'homme de violer la Loi : ou la confirmation & la repetition de ces promesses & de ces menaces. Le secours interieur est double. Le premier est le don que Dieu donne à l'homme qui lui obéït , selon les promesses qu'il a bien voulu lui faire. Le second est lorsque Dieu instruit lui-même l'homme, pour lui faire mieux comprendre ses volontez.

Qu'il n'y a point en Dieu de decret , par lequel il ait prédestiné de toute éternité ceux qui seront sauvez , & ceux qui ne le seront pas.

Que Dieu n'a point eu de connoissance parfaite , certaine , infaillible des choses futures qui dépendent de la liberté de l'homme , & qu'il n'a fait aucun decret sur les choses qui ont rapport au salut, ou à la damnation des hommes.

Sur l'ame & sur la résurrection. Que les ames ne sont point vaincuës par la mort.

Que les impies seront anéantis , & qu'il n'y aura jamais de résurrection pour les scelerats.

Qu'il n'y aura que ceux qui resteront à la consommation des siécles , qui seront jugez , & précipitez avec les démons dans les feux éternels.

Que les feux sont dits éternels , non pas parce qu'ils affligeront éternellement les damnez , & que les damnez ne se consommeront pas, quoiqu'ils soient dans les feux ; mais qu'ils sont dits éternels , parce que les damnez n'en seront jamais delivrez. De-la on conclut qu'il nie que les démons & les damnez souffriront éternellement,

Apocalyp. c. 20. En effet , il dit qu'ils seront anéantis : aussi il veut que la mort & l'enfer soient cet étang de feu dont parle saint Jean. Sa raison est, qu'il seroit absurde de dire que Dieu punisse éternellement des pechez qui ne sont point éternels & infinis , & qu'il se mette éternellement en colere contre de viles créatures.

Que les justes joüiront de la gloire avec Dieu , & que les impies seront anéantis , & que par-là étant privez de la gloire pour toujours, aussi souffriront-ils toujours.

Sur l'Eglise. Que l'Eglise visible n'a pas toujours subsisté , & qu'elle ne subsistera pas toujours.

Qu'il n'y a pas de marques distinctes & certaines , qui puissent nous désigner certainement la veritable Eglise.

Qu'on ne doit pas attendre de l'Eglise la doctrine de la verité divine, & que personne n'est obligé de chercher, ou d'examiner quelle est cette Eglise veritable.

Que l'Eglise est entierement déchuë, mais qu'on la peut rétablir par les écrits des Apôtres.

Que ce n'est point le caractere de la veritable Eglise de condamner tous ceux qui ne sont point de son sentiment, ou qui assure que hors d'elle il n'y a point de salut.

Que l'Eglise Apostolique est celle qui n'erre en rien quant aux choses essentielles au salut, quoiqu'elle puisse errer dans les autres points de la doctrine, & qu'il n'y a que la parole de Dieu qui puisse nous déterminer les points fondamentaux du salut.

Que l'Antechrist a commencé à regner, dès-lors que les Pontifes Romains ont commencé à regner, & que c'est alors que les Loix de Christ ont commencé à décheoir, & que l'on a substitué l'idolatrie au veritable culte.

Que quand J. C. a dit à saint Pierre : *Vous êtes Pierre ; & sur cette Pierre j'établirai mon Eglise*, il n'a rien promis, ni donné à S. Pierre, que ce qu'il a promis & donné aux autres Apôtres. Qu'il est inutile & ridicule de vouloir assurer sur ces paroles de J. C. *Que les portes de l'enfer ne prévaudront jamais contre l'Eglise* ; qu'elle ne peut être séduite & renversée par les artifices du démon ; que le sens de cette promesse est, que l'enfer, ou la puissance de l'enfer ne prévaudra jamais sur ceux qui sont veritablement Chrétiens, c'est-à-dire qu'ils ne demeureront pas dans la condition des morts.

Que les Clefs que J. C. a donné à saint Pierre, ne sont rien autre chose qu'un pouvoir qu'il lui a laissé de déclarer, & de prononcer qui sont ceux qui appartiennent au Royaume des Cieux, & ceux qui n'y appartiennent pas ; c'est-à-dire, qui sont ceux qui appartiennent à la condition des Chrétiens, & chez qui Dieu veut demeurer dans cette vie par sa grace, & dans l'autre par sa gloire.

Il dit que Luther, Zuingle, Oecolampade, Calvin, & tous les Chefs de la Prétenduë Réforme ont ruiné la Foi que l'on doit aux Conciles Généraux, & même la Foi que l'on doit au Concile de Nicée.

Sur la Morale.

Qu'il n'est pas permis à un Chrétien de faire la guerre, ni même d'y aller sous l'autorité & le commandement du Prince, ni même d'employer l'assistance du Magistrat pour tirer vengeance d'un affront qu'il a reçû.

Que faire la guerre c'est toujours mal faire, & faire une action contraire au precepte de J.C.

Que J. C. a défendu les sermens qui se font en particulier, quand même ce seroit pour assurer des choses certaines. Il ajoute, pour modifier son opinion, que si les choses étoient de conséquence, on pourroit jurer.

Qu'un Chrétien ne peut pas exercer l'office de Magistrat , si dans cet emploi il faut user de violence (ce qui arrive toujours , puisqu'il faut châtier le vice, & reprimer les méchans.)

Que les Chrétiens ne peuvent pas donner cet office à qui que ce soit. (Cette maxime Socinienne se trouve mieux détaillée, & établie dans Wolzogenius, que dans Socin.)

Qu'il n'est pas permis aux Chrétiens de défendre leur vie, ni celle des autres par la force, même contre les voleurs & les autres ennemis , s'ils la peuvent défendre autrement ; parce qu'il est impossible que Dieu permette qu'un homme veritablement pieux, & qui se confie à lui avec sincerité, se trouve dans ces fâcheuses rencontres, où il veüille se conserver aux dépens de la vie du prochain.

Que le meurtre que l'on fait de son aggresseur est un plus grand crime que celui que l'on fait en se vengeant : en se vengeant on ne fait que rendre la pareille ; mais ici, c'est-à-dire en prevenant son voleur ou son ennemi, on tue un homme qui n'avoit que la volonté de faire peur, afin de voler plus aisément.

Que les Ministres , que les Prédicateurs , que les Docteurs , &c. n'ont pas besoin de mission, ni de vocation. Que ces paroles de l'Apôtre : *Comment pourront-ils prêcher , si on ne les envoye*, ne s'entendent pas de toutes sortes de prédications , mais seulement de la prédication d'une nouvelle doctrine, & telle qu'étoit celle des Apôtres par rapport aux Gentils.

Il faut avoüer qu'il y a encore bien d'autres erreurs, ou bien que toutes celles que suit la secte, ne sont pas précisément de F. Socin, puisque Daniel Hortanaccius Auteur Allemand a reduit toute la doctrine des Sociniens à 229. articles. Ces erreurs de Socin se trouvent dans ses livres qui sont en grand nombre. Sandius nous en fait le détail.

CHAPITRE XXIV.

Suite du même sujet. Les livres de Fauste Socin.

FAuste Socin dans sa lettre à Christophle de Morstein du 3. Février 1595. avoüe à ce Seigneur qu'il est l'auteur de ces livres imprimez.
Responsio ad Paleologum pro Racoviensibus.
Disputatio de loco 7. C. ad Romanos.
Animdversiones in Theses Collegii Posnaniensis.
Disputatio adversus Volanum.
Examinatio argumenti pro trino & uno Deo , unà cum responsione perbrevi ad quasdam Theses.
Synopsis justificationis nostræ per Christum.
De fide & operibus , quod attinet ad justificationem nostram.

De autoritate S. Scriptura.

Responsio prior ad Theses duas F. Davidis de non invocando Christo.

Explicatio initii Evangelii S. Joannis.

Antivviekus Polonicus, & nuper.

Disputatio de J. C. Servatore.

Latinus Antivviekus. Ce livre étoit encore sous la presse dans le tems qu'il écrivoit au sieur de Morstein.

Voici un autre ordre que Sandius donne à ces ouvrages, & à tous les autres qui sont sortis de la main de Fauste Socin.

Une explication des premieres paroles du 1. chap. de saint Jean, qui commence: *Quoniam qua dicenda sunt,* avec une Préface. On veut que cette explication soit de Lelie Socin, dans sa lettre du 3. des Nones de Decembre 1580. adressée à André Duditz. Il lui dit: *Nescio an unquam oculis tuis oblata sit brevis quadam explicatio initii 1. cap. Evangelii Joannis à Zanchio & Beza, & ex parte à Polonis istis, Lelio adscripta: ea vero jam ante annos octodecim ex officina nostra prodiit.* Dans son livre contre Eutropius écrit en 1584. il parle de cette explication, & avoüe qu'il y a plus de 22. ans qu'elle fut écrite & imprimée.

J'ai dit qu'on attribuoit cette explication à Lelie Socin; mais sans raison: *Porrò,* dit Sandius, *falso opus hoc adscriptum esse fusius supra demonstravimus sub Lelio Socino.* Il ajoute avoir vû cette piece imprimée dans un ouvrage que les Ministres de Transilvanie donnerent au public au commencement de leur Prétenduë Réforme. François Junius la fit aussi imprimer sans Préface, & plus abregée qu'elle n'est, & conformément à un manuscrit qu'on lui avoit donné. Jerôme Moscorovius en fit autant à Racovie en 1618. in 8°. Il y a joint les explications du 9. chap. de la let. aux Romains, & de quelques autres passages de l'Ecriture, avec les réponses que Fauste Socin a fait aux objections que Martin Ezechovicius a fait à cette explication.

Il y a eu deux versions de cette explication, une Polonoise par Gregoire Pauli, & l'autre en Flamand, qui fut imprimée in 8°. en 1664.

En 1570. il fit en faveur d'un homme de qualité un livre sur l'Ecriture. Il fut d'abord imprimé en Italien sans le nom de l'Auteur.

Socin le traduisit en Latin, & lui donna pour titre: *De autoritate Sacra Scriptura liber.* En 1588. on l'imprima à Seville in 12. chez Lazare Ferrerius, avec permission des Superieurs, & le R. P. Dominique Lopés Jésuite voulut s'en dire l'Auteur. Cloppenburgius croit que le nom de l'Auteur, du lieu, & de l'Imprimerie est supposé, & dit qu'il y a des personnes qui assurent que le livre fut imprimé non pas à Seville, mais à Amsterdam chez le célebre Corneil Nicolai.

En 1611. on l'imprima in 8°. à Racovie.

Conrard Vorstius en donna une nouvelle édition la même année, à laquelle il ajouta ce titre: *De autoritate S. Scriptura opusculum his temporibus nostris utilissimum, quemadmodum intelligi potest, ex pracipuis rerum quæ in ipfo tractantur capitibus.* Vorstius y ajoute une Préface au Lecteur, où il rend raison de cette nouvelle édition. On voit à la fin du livre une cenfure, ou des notes que les Théologiens de Basle ont fait fur trois endroits qui paroiffent obfcurs, & qui auroient pû donner occafion à l'erreur.

En 1625. Théodore Raphaël Camphufius en donna une verfion Flamande, enrichie de notes.

Il y eut une feconde édition de cette verfion Flamande avec la Préface apologetique de Corneil Vorstius. On y voit au commencement la lettre dédicatoire de Jacques Sieninius à Sigifmond III. Roi de Pologne, qui eft en date du 20. Novembre 1608. de Racovie, & que l'on a mis au commencement du livre de Smalcius intitulé : *De divinitate J. C.*

En 1592 Nicolas Bernaud, Gentil-homme Dauphinois, en donna une verfion Françoife fous le titre : *Livre de l'autorité de l'Ecriture fainte*, avec l'avertiffement de MM. les Théologiens de Basle fur quelques endroits dudit écrit.

J'ai dit que Cloppenburgius croit que c'eft fauffement qu'on attribue la verfion Latine de ce livre imprimé à Seville, au R. P. D. Lopés ; il a raifon, quoiqu'en dife Sandius, & même le fçavant P. Poffevin : car M. Simon reprend Poffevin de n'avoir pas lû dans l'original le livre de Faufte Socin : *De autoritate S. Scripturæ*, imprimé en 1588. fous le nom du Pere Dominique Lopés Jéfuite. S'il l'avoit lû, il n'en auroit pas parlé comme d'un ouvrage qui fut d'un Auteur Catholique. Les Compilateurs des Auteurs Jéfuites, ajoute-t-il, font tombez dans la même faute après lui, & il eft furprenant que Sotuel ne l'ait pas corrigée. Cet inconvenient, dit M. Baillet, auroit été plus grand, fi la pénétration de quelques Sçavans n'eut enfin découvert le loup travefti qui s'étoit gliffé dans la Bergerie, & c'eft depuis cette découverte que ceux qui ont fait l'excellente Bibliotheque des Ecrivains Efpagnols, donnée au public depuis quelques années, ont remarqué en termes exprès qu'il ne paroît point que l'ouvrage en queftion foit d'un Jéfuite, ni d'aucun autre Ecrivain Orthodoxe, & qu'il eft d'un hérétique : & puifque Faufte Socin fe l'attribue dans fa lettre à Morftein, il n'en faut pas douter.

La Somme de la Religion Chrétienne, qui commence : *Religio Chriftiana eft doctrina cæleftis.* Socin l'écrivit en Italien, & on la mit en Latin. On l'a jointe à l'édition du livre : *De autoritate S. Scriptura*, qu'il fit à Racovie en 1611. in 8°. On l'a auffi imprimé en 1654. in 12.

Scriptum breve. Un petit écrit qui contient fes fentimens fur toute l'œconomie de notre falut, faite par le Chrift. Il fut imprimé vers l'an 1574. fur le manufcrit que Socin donna à Jérôme Marlian.

Difputatio de J. C. Servatore cum Jacobo Coveto Parifienfi, Paftore Eccléfiæ Gallicæ, Bafilienfis, an 1578. En 1594. Elie Arciffevius la fit imprimer

Let. choif. t. 3. p. 112.

Jugement des fçavans t. 13. p. 488.

primer pour la premiere fois in 4°. par Alexis Rodecius, & y fit mettre le nom de Fauſte Socin. Il y ajouta une Préface de ſa main.

En 1611. on la réimprima in 4°. à Francker : *Cum refutatione Si-
brandi Lubberti SS. Theol. Profeſſoris*, & en 1654. on en donna une édition Flamande in 40. En 1592. on imprima une partie de cette controverſe, où il s'agit : *De fide in Chriſtum quâ juſtificamur.* C'eſt au ſujet de cette piece que Socin dit dans la lettre qu'il écrivit de Cracovie le 19. Decembre 1592. à Belcerovicius : *Mitto ad te quatuor exem-
plaria, cujuſdam ſcripti excerpti ex libro ac diſputatione mea de Chriſto
Servatore, quod amicus meus, me inſcio excudendum curavit : procul hinc
quodam in loco, ubi id palàm facere non licebat,* & un peu après il ajoute : *Dices autem illi (nimirum Niemojovio) hoc eſſe ipſum ſcriptum, quod in
initio mea in hoc regno commorationis, ad ipſum hinc amici miſerunt, ab
ipſo tunc temporis minimè probatum, quippe qui contra illud Polonicè non
pauca ſcripſerit, quæ D. Schomanus noſter pia memoria, ipſo rogante Latinè reddidit, ac mihi tradidit, &c.*

*Diſputatio de ſtatu primi hominis, ſeu immortalitate ante lapſum, contra
F. Puccium Florentinum.* On y voit au commencement la réponſe à dix
argumens de Puccius. Elle fut écrite à Baſle le 11. Juin 1577. après
on y voit une ample réfutation de la défenſe de ces argumens, écrite à Zurich, le 27. Janvier 1578. avec une lettre dédicatoire de Jerôme Moſcorovius, adreſſée au Prince Maurice Lantgrave de Heſſe,
imprimée le 1. Mars 1610.

Il a fait imprimer en 1578. *Sebaſtiani Caſtalionis dialogos poſthumos
de prædeſtinatione, electione, libero arbitrio & fide, ſub nomine Felicis
Turpionis Urbevetani, cum præfixa ſua præfatione, Areſdolphii.* Il y en
eut une autre édition : *Gauda,* 1613. in 8°. dans l'Imprimerie de Gaſ-
pard Turnæus. Théodore Kemp, & Théodore Kornhert ont mis ces
dialogues en Flamand, & leur verſion a été imprimée en 1581. & en
1613. in 4°.

Reſponſio ad Theſes F. Davidis, faite en 1578. ou 1579. & imprimée
en 1580. On y a ajouté la défenſe de François Davidi, dont le veritable Auteur eſt Jacques Paléologue & ſes aſſociez, avec un écrit
de François Davidi oppoſé à cette réponſe. Cet écrit a pour titre :
Confutatio reſponſionis Fauſtinæ. On l'a imprimé en Hongrois en 1579.
mais mutilé. Il y en a une autre édition avec la réponſe aux objections
à George Blandrat, & à la réfutation de F. Davidi ſur la réponſe
Fauſtinienne. Cette édition a pour titre : *De Jeſu Chriſti invocatione
Diſputatio, quam F. Socinus per ſcripta habuit cum F. Davidis an. 1578.
& 1579. paulò ante ipſius Franciſci obitum.* Cette réponſe qui fut écrite
en 1579. a été augmentée de beaucoup, & elle fut imprimée en 1595.
in 8°. par Alexis Rodecius, & la diſpute ne finit à Clauſembourg
qu'au mois de May 1579. Il y a au commencement de cette édition
la lettre de Fauſte Socin : *Ad omnes verbi Dei Miniſtros qui in Tranſil-
vaniâ, unum illum Deum, Patrem tantum Domini noſtri J. C. eſſe docent*

ac profitentur. Lettre où il s'excuse sur le retardement de l'édition de sa réponse, où il refute les calomnies que l'on fit contre lui dans un écrit : *Quod sub nomine fratrum Transilvanorum ad NN. jam diu editum fuit &c.* Cette lettre fut écrite de Cracovie le 14. Juillet 1595. C'est le Palatin Jean Kiszka Président général de Samogitie, qui fournit à la dépense de l'impression de ce livre.

De Baptismo aqua disputatio. Elle fut écrite à Cracovie, le 15. Avril 1580. On y a ajouté les réponses aux premieres & aux dernieres notes qu'y fit André Duditz, & la réponse aux notes que Martin Eze-chovicius fit sur l'Appendix du livre du Batême des petits enfans, comme deux lettres sur la question du Batême, adressées à des personnes qu'on ne nomme pas. Ces pieces ont été imprimées à Ra-covie en 1613. in 8°. On en fit une version Flamande en 1632. in 8°. & in 4°.

Responsio ad Paranesim Andrea Volani de J. C. Filii Dei natura seu essen-tia, & expiatione peccatorum per ipsum, quam tumultuarium inscripsit. ideò quòd temporis angustia septo, recensere eam non licuerit. Il donna la premiere main à cet ouvrage en 1579. c'est-à-dire un peu après son arrivée en Pologne, & après l'avoir revûë & corrigée, on l'impri-ma in 8°. en 1588. avec une lettre dédicatoire au Palatin Kiszka, écrite le 14. Juin 1588. On y ajouta la réponse à toutes les objections que Volanus avoit fait au premier écrit. Cette réponse fut écrite en 1583. sans nom d'Auteur, & fut imprimée en 1588. & adressée à George Blandrat, sur quoi Socin écrivit une lettre à celui-ci. Tous ces ouvrages furent mis en langue Flamande, & imprimés in 4°. & in 8°. en 1664.

Explicatio 7. cap. ad Romanos sub nomine Prosperi Dysidei. Elle fut écri-te à la priere de Jean Niemojovius, vers l'an 1580. On y a ajouté la lettre que Niemojovius écrivit sur ce sujet à Fauste Socin, & la réponse que Socin fit à Niemojovius, écrite le 24. Mars 1581. Le tout fut imprimé à Cracovie in 8°. l'an 1583. & à Racovie in 8°. l'an 1612. On demande dans cette explication : *Utrum Apostolus illic sub sua ipsius persona, de se ipso jam per Christi Spiritum regenerato, necne loquatur?* On en fit une version Flamande in 8°. en 1664.

Apologia, seu responsio pro Racoviensibus contra Paleologi librum, cui titulus : Defensio vera sententia de Magistratu politico, &c. On a mis au commencement de ce livre une Préface adressée à Paléologue. Cette Apologie fut imprimée en 1581. in 8°.

Animadversiones in assertationes Theologicas de trino & uno Deo, ad-versus novos Samosatenicos ex prælectionibus Collegii Posnaniensis exceptas. La premiere édition est de l'an 1583. La seconde de l'an 1611. & la troisiéme de 1618. in 8°. à Racovie.

De petits traittez sur differentes matieres qui regardent la Religion Chrétienne, qui portent ces titres :

1. *Locorum ad Spiritùs sancti personam probandam à nobilissimo quodam viro allatorum explanationes.*

2. *Animadversiones quædam extemporales in D. J. Niemojevii scriptum adversus partem quandam disputationis de J. C. Servatore.*

3. *Nota in scriptum NN. Polonicum de Christi regno in terra.*

4. *Nota in Eberhardi Spangenbergii scriptum de duabus Bestiis Apocalipticis.*

5. *Objectiones seu articuli Joannis Cutteni Ministri Evangelici.*

6. *Brevis discursus de causa ob quam creditur, aut non creditur Evangelio J. C. & de eo, quod, qui credit, præmio; qui non credit, pænâ à Deo afficiatur.* Cet écrit parut d'abord en Italien; Smalcius le mit en Latin, & il fut imprimé en 1612. & en 1654. in 12. On en fit une version Flamande en 1649. in 4°.

7. *Contra Chiliastas de regno Christi terreno per annos mille.* Cette piece fut écrite à Cracovie, le 17. Septembre 1589.

8. *Disputatio brevissima de Christi Carne adversus Mennonitas.*

9. *Ad objectiones Cutteni responsio.*

10. *Niemojovii Epistolæ duæ de sacrificio & invocatione Christi, & ad eas Socini responsiones*, écrites le 20. Mars, & le 20. May 1587.

Defensio animadversionum in assertiones Theologicas Collegii Posnaniensis, de trino & uno Deo, adversus Gabrielem Eutropium Sadecium Canonicum Posnaniensem. La piece n'est pas achevée. Elle fut écrite vers l'an 1584. & imprimée avec une Préface de Jérôme Moscorovius, à Racovie 1618. in 8°.

Disputatio inter Faustum Socinum, & Christianum Franken, de honore Christi, id est utrum Christus, cùm ipse perfectissimâ ratione Deus non sit, religiosâ tamen adoratione colendus sit, nec ne? Cette dispute se fit le 14. Mars 1584. dans la maison de Christophle de Morstein, & fut imprimé en 1618. in 8°. Mais on nous avertit que Franken y dit les choses comme il auroit bien voulu qu'elles eussent été, & non pas comme elles ont été, ni comme il les dit dans la dispute; car il avoüe à Kaminiesk devant George Schomann, & devant Simon Ronenberg, & devant plusieurs autres, qu'en écrivant sa dispute il a eu plus d'attention aux principes de Socin, qu'à ce qu'il avoit dit dans la dispute. On y a ajouté plusieurs notes & réponses à ce que Franken y a dit, & quelques corrections à ce que celui-ci fait dire à Socin.

Fragmenta responsionis fusioris quam F. Socinus parabat ad F. Davidis, de Christo non invocando scriptum. Il ne reste que six chapitres de ces fragmens, le reste est perdu.

Fragmentum quoddam animadversionum F. Socini in scriptum cujusdam de differentia veteris & novi fœderis.

Quæstiones nonnullæ F. Davidis, & ad eas F. Socini responsio.

Antitheses ex disputatione inter F. Socinum, & F. Davidis habita, ab ipso Socino collectæ.

Theses quibus F. Davidis sententia de Christi munere explicatur: unà cum Antithesibus Ecclesiæ à F. Socino conscriptis, & Illust. Transilvaniæ Principi Christian. Bathoreo oblatis.

Quædam in disputatione de invocatione Christi præcipuè observandæ.

De libro Apocalypseos & testimoniis, quæ exinde adversus eos qui J. C. invocationem prorsus negant, petuntur.

Adversus sem: judaïsantes.

Martini Seidelii Olaviensis Silesii epistolæ tres, in quibus sententia ejus de Messia, seu Rege illo promisso, & de Religione continetur. Ad cœtum olim Cracoviensem, dictum minorem, qui Patrem Domini nostri J. C. esse unum illum Deum Israëlis, confitetur: cujus nomine F. Socinus eidem Seidelio respondit.

De Unigeniti Filii Dei existentia inter Erasmum Joannis, & F. Socinum Senensem disputatio, in qua ille Christum fuisse Unigenitum Dei Filium antequam ex Virgine nasceretur, affirmans, argumentantis: hic verò contrariam sententiam asserens, respondentis partes obtinet. Cette dispute finit le 30. Novembre 1584. & fut imprimée à Racovie en 1595. in 8°. On y mit au commencement une Préface de Fauste Socin, adressée à Jérôme Moscorovius. On y a ajouté la question de l'argument qu'Erasme Jean proposa à Fauste Socin, & la réponse que Socin y fit.

Instrumentum doctrinarum Aristotelicum in usum Christianarum scholarum exemplis Theologicis illustratum, per Gratianum Prosperum Losci, an. 1586. in 8°.

Frantzius & Calovis, contre Crellius, attribue à F. Socin: *Item inter opera Francisci Junii, cum ejusdem refutatione.* Néanmoins Socin ne parle point de cet ouvrage dans sa lettre à Christophle de Morstein, & il y a lieu de douter que cet ouvrage soit de lui.

Justificationis nostræ per J. C. Synopsis. Elle parut d'abord sous le nom de Gratian Turpion, & fut imprimée en 1591. in 4°. à Geropolis, & en 1611. elle fut imprimée à Racovie sous le nom de F. Socin. On voit dans ce livre:

1. *Synopsis prima justificationis nostræ per Christum; & altera Synopsis justificationis nostræ coram Deo.*

2. *Theses de justificatione.*

3. *De justificatione dialogus NN. cum F. Socini notis.*

4. *Fragmenta de justificatione.*

5. *De fide & operibus quod attinet ad justificationem nostram, ex Italicis Litteris ad clarissimum virum NN.*

6. *Theses de causa & fundamento in ipso homine, ejus fidei in Deum quâ homines justificari sacra Littera testantur.*

Refutatio libelli quem Jacobus Wickus Jesuista an. 1590. *Polonicè edidit, de divinitate Filii Dei, & Spiritûs sancti, ubi eadem opera refellitur, quicquid Robertus Bellarminus, disputationum suarum, T. 1. de eadem re scripsit.* Cette réponse fut écrite en 1591. & en 1593. elle fut imprimée en Polonois in 8°. C'est le jeune Pierre Stator, ou Stoinski qui en a fait la traduction. Elle fut écrite en Latin avec la Préface de l'Auteur, le 6. Septembre 1595. & imprimée sans le nom de l'Auteur. Socin

promet à la fin de cet ouvrage de donner un livre au public, qui contiendra les argumens que l'on a contre le dogme communément reçû d'un Dieu en trois personnes: *Si Deus*, ce sont ses paroles, *unquam tantùm otii & bonæ valetudinis dederis, ut quemadmodum animus est, aliquando actoris partes, in hac de divinitate quæstione, ipsi sumamus; spero me, eodem ipso Deo favente, ejusmodi pro sententia nostra argumenta, & rationes ex S. Litteris petitas collecturum, easque eodem tempore adversus omnes impugnationes ita præmoniturum, ut fortasse piis hominibus, & divinæ veritatis amore incensis, si præsens hic noster labor, cum isto, quem futurum speramus, conjungatur: parum admodum ad plenam hujus rei tractationem desiderandum esse videatur.* Sandius croit que Socin n'a pas tenu sa parole, parce qu'il n'a pas encore vû qu'il ait traitté cette matiere, & qu'au reste s'il l'a traitté de la maniere qu'il l'a promis, il faut croire que cet ouvrage a été perdu dans l'insulte qu'on lui fit à Cracovie en 1698.

Defensio disputationis suæ de loco 7. cap. Epist. ad Rom. sub nomine Prosperi Dysadæi ante 12. annos ab se edita, adversus reprehensiones NN. Ministri Evangelici, nuper scriptas, & ab amico ad se missas, an. 1595. in 8°. & an. 1618. in 8°. Cet ami est Nicolas Bernaud, Medecin & Philosophe distingué, à qui Socin écrivit une lettre de Cracovie le 14. Novembre 1595. & où il renferme cette défense. Il y en eut une version Flamande en 1664. in 8°. & on a mis à la fin: *Compendium Religionis Christianæ.*

Scriptum contra Atheos, in quo magni cujusdam viri argumenta refellenda susceperat. Cette piece aussi bien que d'autres manuscrits sont peris dans le malheur dont nous avons parlé.

Fragmentum Catechismi prioris. Cette piece n'a point été imprimée que dans la Bibliotheque des Freres Polonois, & elle est jointe à: *Institutioni Christianæ Religionis.*

Liber Suasorius de officio hominis Christiani, sive tractatus cui titulus est: Quod Regni Poloniæ, & magni Ducatus Lithuaniæ homines, vulgò Evangelici dicti, qui solidæ pietatis sunt studiosi, omninò deberent se illorum cœtui adjungere, qui in iisdem locis falso atque immeritò Africani atque Ebionitæ vocantur. On y a ajouté un Appendix: *De fructu disciplinæ Ecclesiasticæ in cœtu Evangelicorum, & de caussis cur hic cœtus in dies minuatur, Arianorum verò, quos vocant, crescat.* Ce livre fut écrit en 1599. chez Abraham Blonscius en langue Polonoise; & après la mort de Socin il fut imprimé en Latin & en Flamand, à Francker sur le manuscrit que produisirent Ostorode & Voidovius: C'est ce qu'en a dit Cloppenburg. La version Latine a pour titre: *De officiis hominis Christiani in hodiernis istis de Religione controversiis: hoc est cui potissimum cœtui inter omnes de Religione dissidentes, homo Christianus adhærere debeat: Libellus hoc tempore utilissimus ab Anonymo quodam veritatis patrono conscriptus, cum gratia & privilegio Summi Pontificis, & Regis Catholici excussus Irenopoli (Amsterdam) Typis Theophili Adamidis.*

an. 1610. Hoornbeeck dit que ce l vre fut rendu public à Francker par Henry Velfingius, Bernard Forkenbeccius, & Jacques Omphalius difciples de Conrad Voftius ; mais Cloppenburg nous apprend que cette édition fut fupprimée par les foins de Sibrand Lubert, & par les Pafteurs de Leovarde, & particulierement par Bernard Tullenius, & Jean Bogermannus. Le même livre fut imprimé chez Sebaftien Sternacius en 1611. in 8°. & la premiere édition Flamande fupprimée, on en fit une autre fur le Latin, qui fut imprimée en Hollande, 1630. in 4°. Ceux qui ont fait cette verfion y ont ajouté : *Summa doctrinæ Sarmatorum*, autrement : *Compendiolum doctrinæ Socinianorum*. C'eft Conrad Vorftius qui a compofé ce petit *Compendium*, des écrits des Unitaires.

Commentarius in 1. *Epift. D. Joannis, fcriptus an.* 1603. *fub nomine Urbevetani*, & fut imprimé par les foins de Smalcius, avec une lettre dédicatoire adreffée aux Sénateurs de Strafbourg, le 20. Novembre 1614. in 8°.

Prælectiones Theologicæ quas Ecclefiarum fuarum nomine Academiæ Heidelbergenfis infcripfit. Smalcius les fit imprimer à Racovie en 1609. in 4°. On les a mis en Flamand, & on les a augmentées de plus d'un tiers.

Plufieurs Traitez fur l'Eglife, imprimez en 1611. in 8°. Ils contiennent :

1. *Pontificios fua dogmata & ritus, Ecclefiæ autoritate minimè tutari poffe, & quæftionem de Ecclefia quanam, five apud quos fit, non effe neceffariam.*

2. *Evangelicis (ut vocant) verbi Dei Miniftris, minifterii controverfiam, jure moveri non poffe, brevis demonftratio.*

3. *Scrupuli de Ecclefia, ab excellenti quodam viro propofiti.*

4. *Ad fcrupulos refponfio F. Socini.*

5. *Explicatio verborum Chrifti : Tu es Petrus, & fuper hanc petram ædificabo Ecclefiam meam.*

6. *D. de Ecclefia nonnulla ex F. Socini fcriptis excerpta.*

7. *Adverfus eos, qui rerum ad falutem fuam æternam pertinentium cognitionem diligenter per fe ipfi non inquirunt.*

8. *Ex Epiftolis F. Socini de Ecclefia : item & de invocatione Chrifti.* Ces Traitez ont été traduits en Flamand, & imprimez en 1639. in 4°.

Mifcellanea, hoc eft, fcripta Theologica, feu Tractatus breves de diverfis materiis. Nous avons déja fait le détail des pieces qui fe trouvent dans ce recüeil.

Tractatus de Deo, Chrifto & Spiritu fancto : five argumenti pro trino & uno Deo omnium potiffimi, aut certè ufitatiffimi examinatio. On y ajoute des Thefes : *De Chrifto à vera divinitate excludendo, nifi fit creator cæli & terra ;* avec les réponfes, en 1611. in 8°. Il paroît néanmoins par la lettre à Chriftophle de Morftein, que nous avons citée, que cet ouvrage avoit déja été imprimé dès l'an 1595.

Explicatio concionis Christi, qua habetur apud Mathæum. Cette explication n'est pas complette.   c. 5. 6. & 7.

Explicationes & paraphrases variorum S. Scripturæ locorum. Moscorovius les fit imprimer à Racovie en 1614.

Epistola ad amicos. On y a ajouté d'autres lettres qu'on lui a écrit, & les réponses qu'il y a fait ; & il y en a quatre adressées à André Duditz, qui sont à part traduites de l'Italien en Latin, imprimées à Racovie l'an 1618. in 8°. On les a traduites en Flamand en 1666. in 4°.

Lectiones sacræ, quibus auctoritas S. Litterarum, præsertim novi Testamenti asseritur, en 1618. in 8°. L'Auteur n'a pas achevé cet ouvrage. Th. Camphuysius en a donné une version Flamande enrichie de notes en 1666. in 4°.

Elenchi Sophistici an. 1615. Il y a deux explications, dont l'une est courte, & l'autre ample.

L'Auteur dicta celle-ci à ses amis sans l'avoir écrite, il ne l'acheva pas, & n'a pas voulu s'en déclarer l'Auteur.

Christianæ Religionis brevissima institutio per interrogationes, & responsiones. C'est ce qu'on appelle vulgairement le Catechisme. Socin mourut avant que d'y avoir mis la derniere main.

De Cæna Domini, seu ad cænæ finem Domini, & usum rectè percipiendum brevis introductio, à Racovie 1618. in 8°.

Ad Epistolam J. Niemojovii, ad D. Georgium Schomannum, ubi de F. Socini scripto agitur; in quo de usu & fine cæna Domini breviter disputatur, ejusdem Socini responsio.

Selectiones quædam notæ ex animadversionibus F. Socini, in librum J. Niemojovii contra Immanuelem Vegam scriptum, in quo de cæna Domini disputatur.

Themata de officio Christi.

Discursus brevis de ratione salutis nostræ ex F. Socini sermonibus excerptus & concinnatus.

De officio hominis Christiani.

De libero hominis arbitrio, deque æterna Dei prædestinatione, scriptum Joanni Jacobo Gryneso oblatum.

Scripti in quo sententiam eorum qui J. C. Dei Filium, unum illum & altissimum esse, vel saltem antequam ex Maria nasceretur, re ipsâ extitisse affirmant, argumentis allatis refellere instituerat fragmentum.

Initium scripti, in quo ad argumenta quibus in unica Dei essentia persona astrui solent, respondere instituerat.

In Theses de Trinitate Claudii Alberti Triuncuriani notæ. Ces notes furent faites à la considération de NN. Ambassadeur de France auprès des Princes d'Allemagne.

Adversus Philippi Buccella M. C. Paradoxon, manuscrit. Il en parle dans sa lettre à V. Smalcius, du 20. May 1597.

Catecheseos Racovianæ reformationis Provincia. Il nous apprend dans sa

402

lettre à Valentin Radecius, en date du 23. Novembre 1603. qu'on lui confia ce soin, & à Pierre Stator ; mais il n'a pû achever cette réformation, étant mort un peu après qu'on les en eut prié. C'est pourquoi on attribue la perfection de cet ouvrage à Valentin Smalcius, & à Jerôme Moscorovius.

Defensio Voidovii adversus Ministrum quendam Gallum, manuscrit ; il en parle dans sa lettre à Radecius.

Epistola ad Mr. Cornelium Dams Goudam. Elle est de Cracovie du 15. Avril 1588. en Italien, aussi bien que plusieurs lettres manuscrites.

Præcipuarum enumeratio causarum, cur Christiani cum in multis Religionis doctrinis mobiles sint, & varii in Trinitatis tamen retinendo dogmate sint constantissimi. Junius met ce traité au nombre de ses ouvrages, & le refute. Quelques-uns l'attribuent à Fauste Socin ; & Sandius, en jugeant par le stile, veut qu'il soit de Lelie Socin.

Sandius dit qu'il a trouvé une piece qu'il intitule : *Vanam sine viribus iram Ministrorum Evangelicorum*, & qu'il donne à Fauste Socin.

La Bibliotheque des Freres Polonois renferme presque tous ses ouvrages, & les met dans un autre ordre qu'il est inutile de raporter ici pour ne point fatiguer le Lecteur. Je passe aux Ministres qui se sont distinguez dans la secte par leurs ouvrages.

CHAPITRE XXV.

Les Ministres qui ont soutênu le Socinianisme en Pologne, pendant les regnes de Batori, & de Sigismond III.

SIMON BONEMBERGIUS. CHRISTOPHLE OSTORODUS. ANDRE' VOIDOVIUS. ALBERT CALISSIUS. JEAN VOLKELIUS. VALENTIN SMALCIUS. MICHEL GITTICHIUS. SIMON PISTORIUS. MARCEL SQUARCIALUPUS.

Quelques progrès que les personnes de distinction ayent donné à la secte Socinienne dans l'étenduë du Royaume de Pologne, & du Duché de Lithuanie, il faut avoüer que les Ministres qui vivoient dans ces tems de trouble & de tenebres pour la veritable Religion, & qui se sont déclarez pour Fauste Socin, n'ont pas moins contribué qu'eux à l'étenduë de la secte, par leurs prédications, leurs disputes, leurs conférences, leurs livres ; & même on doit dire qu'elle leur est redevable de son progrès dans les provinces étrangeres, & qu'ils l'ont perpetuée dans la memoire des hommes, par la qualité & la multitude de leurs ouvrages. On en pourra juger par ce que je dis de quelques-uns d'eux.

SIMON

Simon Bonembergius.

Bonembergius Citoyen de Cracovie, eut la qualité d'Ancien, & de Surintendant de l'Eglife Socinienne de cette Ville, & de toute la petite Pologne. Il n'y a de lui qu'une lettre à Faufte Socin, qui traite du Batême, & elle eft imprimée avec celles de Socin.

B. A. p. 83.

Christophle Ostorodus.

Oftorodus étoit de Goflar en baffe Saxe dans le Duché de Brunf-wic, & fils d'un Miniftre Luthérien. Une de fes premieres occupations fut le Rectorat du College de Sluchow en Pomeranie. Il n'y demeura pas long-tems, on l'en chaffa, accufé de combattre les dogmes des Luthériens, pour appuier ceux des Pinczowiens. Sa bonne fortune le conduifit en Pologne vers l'an 1585. & il fut Pafteur dans le quartier de Semigallen, ou plûtôt à Smiglen en Livonie. Il quitta cette Eglife pour exercer le Minifteriat dans l'Eglife de Dantzic. Ceux de fa fecte le députerent avec Voidovius pour aller en Hollande; ils y firent une efpece de Miffion Socinienne par leurs prédications, & particulierement par leurs écrits. Leurs opinions furent deferées à la Faculté de Théologie de Leyde, & declarées blafphematoires, impies, & prefque Mahometanes. Sur cette cenfure les Etats Généraux les entreprirent, condamnerent au feu quelques uns de leurs livres, les chafferent des Provinces-Unies; & eux, leurs affaires ainfi en mauvais état, revinrent en Pologne, laiffant en Hollande beaucoup de perfonnes infectées des erreurs qu'ils leur avoient débitées.

Baillet Jugem. des Sça. t. II. p. 19.

Oftorode eft auteur d'un grand nombre de livres qui ont eu differens évenemens. Sandius les reduit à ceux-ci.

Difputatio cum Povodonce Canonico Poznanienfe de unico Deo, quod is folus fit Pater: de Chrifto Domino Filio Dei, & de Baptifino, quod credentibus, non autem infantibus competat. Cette difpute fe fit en 1592.

B. A. p. 90. Ses livres.

Un livre en langue Polonoife, où il traite de la Divinité de J. C. & de la Divinité du faint Efprit, contre Tradelius Docteur en Droit, & Syndic d'Aufbourg. Cet ouvrage, encore en manufcrit, lui fut enlevé en Hollande par ordre du Magiftrat, l'an 1598. Il fut néanmoins imprimé à Racovie chez Alexis Rodekius in 4°. fans y marquer l'année, & en 1625. on le réimprima dans la même Ville, in 8°. Konigius (*Bibliot. vet. & nov.*) dit que Tradelius qui mourut en 1589. fit un livre pour combattre Oftorode Photinien. Il fe peut faire, ajoute Sandius, que le livre d'Oftorode ait été fait pour combattre celui de Tradelius.

Il y a un livre en langue Polonoife imprimé à Racovie, l'an 1604. & l'an 1612. in 8°. qui a pour titre Latin: *Inftitutio præcipuorum articulorum Chriftianæ Religionis, in quibus comprehenfa eft Confeffio Ecclefiarum regni Poloniæ.* Il y en eut une verfion Flamande in 4°. en 1649.

Baillet ibid.

Un jeune homme âgé de 23. ans, & nommé Jean-Paul Felwinger,

y a répondu en 1629. par un livre qui a pour titre : *Anti-Oftorodus, feu refutatio libri Germanici Oftorodi , &c.*

On lui donne un autre livre intitulé : Inftitutions Théologiques. Si toutefois, dit M. Baillet, ce n'eft point le même que celui de la doctrine des principaux articles , &c. & qui n'eft qu'une efpece de Catéchifme, ou une expofition des points contenus dans la Confeffion de Foi des Antitrinitaires de Pologne. Fewtborn y répondit en 1628. par un *Anti-Oftorodus , feu refutatio Inftitutionum Theologicarum Oftorodi Religionem Photinianorum blafphemè profeffi.* Cet Anti fut imprimé à Marpurg.

De fatisfactione Chrifti.

Annotata in aliquot locos difficiliores N. Teftamenti , manufcrit. Cet ouvrage lui fut enlevé en Hollande en 1598. avec un Nouveau Teftament, où il avoit mis ces annotations, & elles furent brûlées par le Bourreau avec quelques autres livres.

Animadverfiones in Philofophiam , quatenùs fcilicet in Theologia fines irarupit , &c. manufcrit.

Metaphyfica , manufcrit.

Une lettre à Bernaud , manufcrit. Faufte Socin en parle dans fa lettre de 1603. à V. Radecius.

Contra Hutterianos , feu Moravienfes Communiftas , libellus , manufcrit. Cet exemplaire tomba aprés la mort de fon Auteur entre les mains de Jean Francus.

Les ouvrages qui fuivent font de lui & de Voidovius. On les imprima en 1598. tems auquel ils étoient en Hollande, & peu après, comme nous l'avons dit, les Etats les condamnerent au feu, fur le jugement qu'en firent les Théologiens de Leyde : *Sed non multò poft indè decreto Ordinum generalium ex fententia Facultatis Theologica Leydenfis.. libris quos fecum habebant ad rogum damnatis , exacti , jactis illis doctrina Unitariorum Seminariis difcefferunt.*

Compendiolum doctrina Chriftiana , nunc in Polonia potiffimum Florentis. Ce livre, quoiqu'il fut un de ceux qui furent faifis, fut imprimé en 1630. Cloppenburg Docteur & Profeffeur en Théologie a refuté ce livre. Il y en eut une verfion Flamande fous le titre de petit *Compendium* de la doctrine des Sociniens. Il y en a qui veulent que ce foit Vorftius qui foit l'auteur de ce petit livre, & qu'il l'ait compofé fur les écrits des Sociniens. Lorfqu'il étoit en manufcrit il avoit pour titre : *Summa doctrina Sermatarum.*

Apologia ad decretum Illuftrium & Ampl. Ordinum Provinciarum fœderatarum Belgii editum contra Chr. Oftorodum , & A. Voidovium , die 3. Sept. 1598. L'apologie fut écrite en l'année 1599. & imprimée dans la Frize, premierement en Flamand in 4°. & enfuite en Latin in 4°. 1600.

ANDRE' VOIDOVIUS.

Voidovius Polonois, fut Pafteur de l'Eglife de Lublin, & de-là il

monta au Ministeriat de Cracovie. Dès l'année 1583. il se distinguoit dans les Assemblées Sociniennes , & lia un commerce de lettres avec Fauste Socin. Son mérite connu, on lui confia quelques Gentils-hommes Polonois, qu'il conduisit à Leyde pour y étudier dans l'Université. De cette Ville il revint en Pologne, & un an après il fut député des siens pour retourner en Hollande avec Ostorode. Nous avons vû les avantures qu'ils y eurent ; on ne nous dit pas ce qu'il devint ensuite ; mais l'on sçait quels livres il a laissé.

Sententia sua de Deo & Christo , necnon quædam alia ad Religionem Christianam pertinentia. Il écrivit ce livre à la considération d'un de ses amis qui étoit en Hollande , en 1597. Il parle de ce manuscrit dans l'apologie dont nous avons parlé.

De visionibus Apocalypticis c. 13. & c. 17. sub nomine Roberti Jansonii Campensis. Claudiopoli 1625. in 8°. On les a imprimé ailleurs in 8°.

Nota Mss. in Petri Hyperphrogeni Gandavensis historiam de morte M. Serveti.

Elenchus locorum S. Scripturæ N. Testamenti , quæ pro asserenda SS. Trinitate , & æterna Filii Dei Deitate adferuntur , per contrarias Patrum & Doctorum , tam Romanorum quam Augustana , & Reformatæ Ecclesiæ interpretationes. Cet ouvrage est de Voidovius , & de plusieurs autres , & Sandius croit que c'est le même que celui qui a pour titre : *Andreæ Voidovii Triado-machia , in qua ex variis auctoribus Trinitariorum , & eorum interpretationibus locorum S. Scripturæ in speciem huic errori faventium , verum sensum & interpretationem colligit ,* manuscrit. Il croit que c'est aussi le même qui a pour titre : *Sylloge locorum de Trinitate.*

Nous avons rapporté les ouvrages qui lui sont communs avec Ostorode.

ALBERT CALISSIUS.

Calissius fut Recteur du College de Levartowie , & ne s'est rendu recommandable dans la secte que par la dispute qu'il eut en 1592. à Levartowie , avec le Pere Radzimius Jésuite , qui avoit soutenu des Theses contre les nouveaux Ebionites , les Samosatiens , les Ariens , &c. pour leur prouver que J. C. n'étoit pas seulement un homme, mais aussi le grand & le veritable Dieu ; & contre les Sacramentaires, pour leur prouver que le Corps & le Sang de J. C. étoient au Sacrement de l'Autel. Albert ne fut pas le seul qui disputa à ces Theses ; on y met aussi Gregoire Ministre de Levartowie, François Kurowiski, & Jean Niemojovius.

JEAN VOLKELIUS.

Volkelius natif de Grimma, Ville de la Misnie en Saxe , s'est rendu célebre dans la secte par sa capacité , par son commerce de lettres avec Socin, par ses ouvrages , & particulierement par son livre : *De vera Religione.* En 1584. le Synode de Caminiek l'envoya au College de We-

D d d ij

B. A. p. 92.

Ses livres.

B. A.

grovie. Son merite plus connu, on le revêtit du Ministeriat de l'Eglise de Pawlikovie, & après s'y être distingué on le fit Pasteur de l'Eglise de Smigla. Pendant son Ministeriat il eut un grand commerce de lettres avec Fauste Socin. Il y en a une de Socin en date du 3. Avril 1593. il lui en écrivit une autre en 1596 sur ce que Volkelius avoit fait connoître qu'il ne trouvoit pas que Socin eut bien refuté les argumens de F. Davidi.

Quoique ses livres ne soient pas en grand nombre, cependant ils ont fait autant de bruit, & plus que ceux de la plûpart des Sociniens.

C'est lui qui en 1613. fit la solution du nœud-gordien du R. P. Martin Smiglecius Jésuite. Sa solution est intitulée : *Dissolutio nodi Gordii à Martino Smiglecio Jesuista nexi*. On l'imprima à Racovie in 8°. en 1613.

Smiglecius y répondit. Volkelius ne demeura pas court, il lui repliqua par un autre livre intitulé :

Responsio ad vanam refutationem dissolutionis nodi Gordii à Smiglecio nexi, à Racovie 1613. in 8°.

Loci communes.

Conciones quædam, earumque dispositiones, manuscrit.

Scherzerus lui donne un livre qui traite de la Discipline ecclesiastique.

Mais son principal ouvrage, & que l'on peut dire son chef d'œuvre, & celui de la secte, est son traité de la veritable Religion, composé en cinq livres : *De vera Religione libri quinque*, dont il y a eu plusieurs versions, plusieurs éditions, & plusieurs avantures. On nous dit au sujet de ce livre, qu'il fut imprimé après la mort de l'Auteur à Racovie 1630. Que les Sociniens jugerent à propos de faire de cet ouvrage un système complet de leur doctrine, qu'ils y trouverent quelque chose d'imparfait, qu'ils chargerent Crellius d'y ajouter un supplement ; sçavoir, le Traité de Dieu, & de ses attributs, & que Crellius executa d'une maniere digne de lui, & des attentes de la secte, cette commission ; & ce qu'il écrivit, fait la premiere partie du livre : ce qui fait qu'il contient maintenant six parties.

Plusieurs croyent que le Socinianisme n'a rien publié de plus dangereux que ce volume, & de là vient sans doute, qu'ayant été imprimé à Amsterdam in 4°. vers l'an 1642. on a cru qu'il étoit fort necessaire de l'exposer aux rigueurs de la Justice. Le Baillif d'Amsterdam fit enlever de chez le Libraire 450. exemplaires qu'on y trouva ; il obtint des Juges que ces exemplaires fussent confisquez, & que le Libraire fut condamné à une amende pecuniaire qui montoit à 1200. liv. Huit jours après on les brûla publiquement, le 20. Janvier 1642.

Courcelles nous apprend dans sa lettre à Ruar du 12. Avril 1642. que les choses changerent de face, que les nouveaux Echevins casserent la sentence de leurs prédecesseurs, & ordonnerent qu'elle fut ôtée des Registres, si bien que le Libraire (c'est le sieur Jean Blaew ou Bleau) qui n'avoit pas encore payé l'amende, en fut quitte pour la perte des exemplaires. Il fut néanmoins si consterné de cet accident, qu'on crut qu'il seroit bien mal-aisé de l'engager à l'avenir à publier de tels ouvrages.

Hoornb. apparat. ad Theov. Socin Ses livres.

Son livre : De vera religione.

Bayle. S. Courcel. Epist. ad Ruar. C'est la 86. de la 1 Centurie des let. de Ruar p. 407.

Let. 87. 1. Cent. pag. 408 & 409.

Let. 4?
Reldes Hol.

M. Stoupe ne raconte pas la chose ainsi : il dit qu'il y a quelque tems que l'on fit brûler à Amsterdam un livre des Sociniens (il parle de celui dont il est ici question) peut-être même à la priere de Guillaume Bleau, qui l'avoit fait imprimer. Peu de jours après cette execution publique il exposa publiquement en vente ce même livre ; & pour en recomman-der la vente, & en augmenter le prix, il fit mettre dans la page où étoit le titre, que c'étoit le même livre, qui par ordre des Etats avoit été condamné à être brûlé publiquement par la main du bourreau.

N. I. p. 49.

M. Stouppe auroit bien pû être mal informé sur cette circonstance. Le détail que Courcelles, Ministre Arminien Socinisant, en a fait dans les deux lettres qu'il a écrit à ce sujet à son ami Ruar, me paroît plus vrai-semblable. J'en dirai les raisons dans mes notes. Ce qu'il y a de certain, c'est que le livre de Volkelius fut imprimé en Flamand à Ro-terdam en 1649. & on eut soin de mettre au commencement du titre, que c'étoit le même livre que les Echevins d'Amsterdam avoient fait brûler en 1642. Le Brun Apologiste de la Religion des Hollandois, veut que ce soit un nommé Colon, & non pas Jean Bleau, qui ait mis cet avis au commencement du livre. Le Ministre Desmarests remar-que que les émissaires cachez des Sociniens se servirent de cette supercherie pour faire mieux vendre l'ouvrage. Ce qu'il y a de certain, c'est que depuis cette incendie l'ouvrage, soit en Latin, soit en Flamand, a été défendu par MM. les Etats, & qu'on ne l'a pas im-primé en Latin, si ce n'est dans l'*Hidria Socinianismi expurgata*, pu-blié à Groningue par le sieur Desmarests, & qui ne l'y mit que pour le refuter avec plus de pompe & de droiture : & il est facile de croire qu'on ne l'a plus imprimé puisqu'il est si rare, qu'au rapport des hom-mes dignes de foi nous avons eu des François assez fols, pour don-ner vingt-cinq écus d'or de Hongrie d'un seul exemplaire. *Relatum mihi est à fide dignis viris, in Galliis pro uno exemplari horum librorum ob penuriam eorum persolutos fuisse 25. nummos Hungaricos aureos.* M. Baillet dit 25. pistoles. Tout rare que soit ce livre, je l'ai vû en Latin, & lû chez N N. Libraire sur le Quay des Augustins, à Paris.

Præf. bi-driæ socinia-à Groningue 1651.

B. A. p. 96
Iugement des sçavans T. I. p. 148.

VALENTIN SMALCIUS.

Smalcius étoit de Gotth en Turinge, entre Erfurt & Tsenach, & vint au monde le 12. Mars 1572. Son mérite en fait de Litterature, & des autres sciences, lui a procuré des emplois dans differentes Eglises. Il commença par le Rectorat du Collège Socinien de Smiglen ; de-là il parvint au Ministeriat de Racovie : on l'en retira pour le revêtir de celui de Lublin ; enfin il revint à Racovie, où il forma dans sa maison une espece d'Académie, & où se trouvoient plusieurs personnes de dis-tinction, & particulierement ceux qui socinisoient. Ces Conférences furent interdites pour quelque tems. Il mourut à Racovie le 4. ou le 8. Decembre 1622. âgé de 50. ans. Il a laissé quantité de livres, qui font connoître ses sentimens, & les liaisons qu'il a eu avec les Sçavans. Les Catholiques, les Luthériens & les Calvinistes lui ont fait l'hon-

B. A?

neur d'en refuter quelques-uns. Sandius leur donne cet ordre.

2. A.p. 100

Vera declaratio è fundamento S. Scripturæ, de Domini J. C. divinitate. Ce livre est en Polonois, & pourroit bien être le même qui a pour titre :

Ses livres.

De divinitate J. C. an. 1608. in 4°. Jacques Sieninius Palatin de Podolie, le dédia à Sigismond III. Roi de Pologne. L'Auteur le traduisit du Latin en Polonois, y ajouta cette lettre dédicatoire, & le fit imprimer à Racovie en 1608. in 4°. Il y en eut une version Allemande en 1627. in 8°. & une Flamande en 1623. in 4°.

Un discours qu'il fit à Racovie en 1605. 19. May, sur la mort de Pierre Stator le fils, Pasteur de l'Eglise de Racovie, & de Christ. Brokai Recteur du College de Racovie, manuscrit.

Le Catechisme de Racovie.

Catechesi vulgò Racoviensi dicto complectente confessionem Fratrum Polonorum Unitariorum. Fauste Socin & Pierre Stator y avoient déjà travaillé, & ce ne fut qu'après leur mort que Smalcius aidé de Jerôme Moscorovius, y donna un nouveau tour. Il parut en langue Polonoise en 1605. in 12. Jer. Moscorovius le mit en Latin, & eut l'imprudence de le dédier à Jacques I. Roi de la Grande Bretagne. Il fut imprimé en 1609. in 12. Cette piece n'en demeura pas à la perfection que Smalcius crut lui avoir donné. Après lui quelques Polonois entreprirent de la revoir, & de la corriger : & plusieurs années après Jean Crellius & Jonas Slichtingius de Bukovie la retoucherent, & l'augmenterent de plus de la moitié. André Wissowats, & Joachim Stegmann le fils y ajouterent une Préface de leur façon. Ruar y fit des notes, & y mit quelques réponses qu'avoit fait Slichtingius. On dit que le tout fut imprimé à *Irenopoli, sumptibus Friderici Theophili, post annum Domini* 1659. c'est-à-dire à Amsterdam vers l'année 1665. in 8°. André Wissowats après avoir revû & corrigé ce Catechisme, le fit imprimer in 4°. 1680. *Stauropoli per Eulogetum Philalethem* noms supposez, & y ajouta, outre les notes de Ruar, ses notes, & celles de plusieurs autres, & une Préface de sa main adressée au Lecteur. Cette piece se trouve après l'*Etica Christiana* de Crellius, in 4°. Il y en a une version Allemande imprimée à Racovie en 1612. in 12. Une autre en Flamand, par Jean Corneil, autrement Knoll. Il en a retranché les Chap. du Batême, & de la Céne ; c'est pourquoi les Sociniens ne la reconnoissent pas pour une piece qui leur convienne. Ce fut pour remédier à cet inconvenient, qu'en 1666. on la réimprima in 4°. avec les notes de Slichtingius & de Ruar.

Catechesis pro parvulis, en 1612. in 12. Il y en eut une version Polonoise, & une Allemande.

Brevis institutio Religionis Christiana, en 1629. in 12. on l'a traduit en Allemand en 1633.

Pudefactio Petri Scarga Jesuistæ, seu animadversiones in ejus librum, cui titulus : Pudefactio Arianorum, à Racovie 1606. en Pol.

Adversus Hutterianos seu Moravienses Communistas, scriptum in gratiam Georgii Hoffmanni civis Smiglensis, à Racovie 1606. manuscrit, en Allemand.

Explicatio loci Mathei 28. *à versu* 18. *usque ad finem.* Il y refute le sermon que le Pere Scarga fit à Cracovie le jour de la Trinité 1604. La piece fut imprimée à Racovie 1607. en langue Polonoise.

Liber Psalmorum Davidis, & Hymnorum, seu Cantilenarum, quæ Fratres Poloni in Ecclesiis suis utuntur, imprimé à Racovie 1610. in 12. & 1615. in 12.

Dedicatio F. Socini Prælectionum Theologicarum Academiæ Heidelbergensis, 1. Sept. 1609.

Brevis explicatio initii Evangelii Joan. Pol. 1607. une seconde édition en 1613. in 4°. on la traduisit en Allemand en 1611. & en Flamand 1611. in 8°.

Annotationes in totum novum Testamentum, exceptâ Apocalypsi sanctì Joannis. Il commença cet ouvrage en 1612. il en fit 3. vol. in 4°. MSf. Jean Hartigveldius de Roterdam a possedé ce manuscrit.

Defensio Anonymi cujusdam, cet Anonyme est F. Socin, *de Ecclesia & Missione Ministrorum tractatus adversus responsionem A. Miedzibozii, sub nomine Theophili Nicolaidis,* à Racovie 1612. in 8°. Par ce Nicolaidis on entend Volkelius, selon la conjecture d'Etienne Courcelles, & Gedeon son fils. Cependant Sandius dit qu'André Wissowats qui avoit connu Smalcius, l'a assuré qu'il sçavoit très certainement que cet ouvrage étoit de Smalcius, & que plusieurs autres personnes l'ont assuré du même fait.

Un écrit en manuscrit, en date du 21. Avril 1612. adressée aux Mennonites de Dantzic, où il les invite à s'unir de sentiment avec ses Freres Polonois. Jerôme Moscorovius a aussi travaillé à cet écrit.

Responsio ad librum P. Smiglecii Jesuista. Ce livre a pour titre : *Nova monstra novi Arianismi,* à Racovie 1613. in 4°.

Refutatio disputationis Alberti Graveri, de Spiritu sancto, à Racovie 1613. in 4°.

Responsio ad librum Ravenspergeri, cui titulus : Par unum sophismatum Socinianorum, ad amussim veritatis examinatorum, à Racovie 1614. in 4°.

Refutatio Thesium Schopperi de SS. unitate divina essentia, & in eadem SS. Personarum Trinitate, à Racovie 1614. in 4°. Une version Flamande en 1664. in 8°.

Refutatio Thesium de Incarnatione Filii Dei, à Racovie 1614. in 4°. Sandius ne sçait pas au juste, si ce livre est different de celui qu'il a vû sous ce titre : *Refutatio Thesium Graveri, quibus Incarnationem æternæ Dei Filii ab impugnatoribus nostrarum Ecclesiarum vindicare voluit.* Jean Saubert Ministre Luthérien de Nuremberg a écrit contre cet ouvrage, & a intitulé sa réfutation : *Anti-Smalcius, seu vindiciæ pro Thesibus de SS. unitate divina essentia, &c.* à Giessen 1615. in 4°.

Responsio ad librum Ravensbergerii, cui titulum fecit : SS. Mysteria unitatis essentiæ divinæ.

Refutatio libelli Smiglecii, cui titulus : Verbum caro factum est, sive de divina Verbi incarnati natura, à Racovie 1614. in 4°.

Baillet Iugem. des Sçav. T. XI p. 24.

Refutatio Thesium Frantzii de præcipuis Religionis Christianæ capitibus, à Racovie 1614. in 4°. & in 8°.

Nota in libellum Smiglecii, quem refutationem vanæ dissolutionis nodi sui Gordii appellat, sub nomine A. R. id est Andrea Revelini, à Racovie 1614. in 4°. Scherzerus en fait auteur André Radecius. Sandius n'en sçait point la raison.

Ad Isaacum Casaubonum Parænesis, sub nomine Andrea Rauclini, à Racovie 1614. in 4°.

Tractatus de Ecclesia & Missione Ministrorum R. D. Borkovviskj, quo Socinum cum Theophilo impugnare, & Medzibozium defendere conatur, brevis refutatio. Elle fut écrite par Theophile Nicolaide en 1614. & imprimée à Racovie in 4°.

Dedicatio Commentarii F. Socini in 1. Epist. Joan. Senatoribus Argentoratensibus, an. 1614. Nov. 20.

Examinatio 100. errorum, quos Smiglecius ex duabus libri adversus monstra ipsius edicti partibus collegit, à Racovie 1615. in 4°.

Homilia X. super initium 1. cap. Evangelii sancti Joan. à Racovie 1615. in 4°. Camphuysius les a traduit en Flamand 1631.

Paraphrasis initii sancti Evangelii sancti Joan.

Refutatio disputationis Graverii de persona Christi, à Racovie 1615. in 4°.

Refutatio librorum duorum Smiglecii, quos de erroribus novorum Arianorum inscripsit, à Racovie 1616. in 4°.

Examinatio 157. errorum, quos M. Smiglecius in libro contra monstra in ipso conficta edito, collegit, 1616. in 4°.

De Christo vero, & naturali Dei Filio liber, oppositus ei quem sub eodem titulo M. Smiglecius Jesuista edidit, cui adjuncta est refutatio libri ejusdem Smiglecii, de satisfactione Christi, à Racovie 1616. in 4°.

Refutatio orationum Vogelii, & Peuschelii Altorfii habitarum, à Racovie 1617. in 4°.

Responsio ad librum Jacobi Zaborovii, cui titulum dedit : Ignis cum aqua. Cette réponse est en langue Polonoise, & Smalcius la dédia à Romain Hoscius Archicamerien d'Wlodimiriees, 1619. Ce livre fut rendu public par Zaborovius Prédicant chez les Reformez, dans les tems que les Unitaires invitoient ces Prétendus Reformez à l'union avec eux.

Responsio ad duos Pasquillos, qui nuper commissi sunt ab Evangelicis, contra eos qui injuste Ariani vocantur. Ils furent écrits par un des Anciens de cette Eglise, contre laquelle ils sont écrits. Cette réponse est en Polonois, à Racovie 1619. in 4°.

Versio N. Testamenti è Græco in Polonicum, à Racovie 1620. in 12.

Contra Scarga Jesuista posthumum libellum, cui titulus : Messias Arianorum secundùm Alcoranum Turcicum, en Pol.

Scherzerus lui attribue les trois livres suivans.

Nota in librum Smiglecii de vocatione Ministrorum, sub nomine A. Revelini.   *Disputationes*

Difputationes in Auguftinam confeffionem.

De loco Job 8. & 9.

Il a fait encóre d'autres ouvrages, mais qui ne font pas imprimez, fçavoir :

Explicatio plenior & accuratiffima ; in Mathei capita tria ultima.

Analyfis & explicatio Joannis 17.

Analyfis 1. Epift. ad Corinthios.

Concio in Math. 16. à verfu 21. ad finem.

Conciones varia.

Narratio geftorum in Synodo Novogrodenfi, fuper controverfia de Chrifti invocatione.

De actis Racovienfibus ab eo confcriptis, ut & colloquiis in adibus ejus habitis. Sandius en parle dans fes Auteurs Anonymes.

Il a fait auffi l'hiftoire de fa vie.

Michel Gittichius.

Gittichius Vénitien de naiffance, quitta fa patrie, apparemment fous le pretexte de la Religion, & vint en Pologne, où il eut des emplois dans les Eglifes Sociniennes. En 1618. on le fit Miniftre à Novograt en Lithuanie, & on lui donna pour Collegue Licinius. Il en fortit par ordre du Roi, & on défendit dans cette Ville le libre exercice du Socinianifme. Gittichius mourut en 1645. & laiffa quelques livres fçavoir: B. A. J. 108

Contra Lucium, de fatisfactione.

Contra Graverum.

Loci communes ex omnibus fcriptis Unitariorum.

Ordine alphabetico Mff. grande Vol. in fol.

Refolutiones variorum S. Scriptura locorum, & lineamenta concionum in gratiam Studioforum Theologia ducta. On mit au commencement cette Anagrame : *A Thefe juge clementia cinctus.* On commença à les écrire en 1640. & on les finit le 25. May 1641. manuscrit.

Epiftola ad Joannem Crellium. Elle fe trouve dans le 4. Tom. de la Bibliotheque des Freres Polonois parmi les ouvrages de Crellius ; elle eft datée de Novogrode, le 16. Novembre 1613.

Epiftola ad M. Ruarum. Elles fe trouvent dans la 1. Centurie des lettres choifies de Ruar, imprimées à Amfterdam 1677. in 8°.

Marcelle Squarcialupus.

Squarcialupus étoit Italien, & Medecin de profeffion. Il n'a rien de recommandable dans la Secte que la focieté qu'il a eu avec George Blandrat, & avec Faufte Socin. On n'a de lui qu'une lettre à Faufte Socin, en date de Tranfilvanie du 15. Sept. 1581. Elle eft imprimée avec celles de Socin. B. A.

SIMON PISTORIVS.

Pistorius étoit de Silesie, il a exercé le Ministeriat dans l'Eglise de Czarchovie, se maria avec la sœur de Thomas Pisecius, & en eut une fille qui fut mariée à Jean Crellius. Je crois que c'est là le bel endroit par lequel il s'est rendu assez illustre dans la secte Socinienne, pour avoir rang parmi ses héros ; ses ouvrages n'ont rien de recommandable : Sandius ne lui donne que :

Summa omnium capitum SS. Bibliorum carmine descripta.

Carmen in Stanisl. Lubieniesium seniorem.

Alia non pauca Poëmata, ut & alterius generis, manuscrit.

ERNEST SONER, ou SONERUS.

Soner étoit de Nuremberg, & a enseigné la Philosophie & la Medecine dans l'Université d'Altorf ; il y eut pour disciple le fameux Jean Crellius, il y faisoit bruit en 1603, & mourut en 1612. si bien qu'il n'a *Ses erreurs.* eu aucune societé avec les Ministres Polonois, si ce n'est par quelques-unes de ses opinions, qui étoient semblables à celles de Fauste Socin ; car il ne croyoit pas l'éternité des peines de l'enfer, puisqu'il la croyoit conttaire à la justice de Dieu, & soutenoit comme les Sociniens, qu'il n'y avoit que le Dieu d'Israël qui fut l'unique & le grand Dieu, que J. C. ne l'étoit pas. Il avoit une opinion sur les ames des hommes, qu'on peut dire lui avoir été singuliere ; sçavoir qu'il n'y avoit qu'une ame, ou qu'un esprit, qui animoit tous les hommes, Sandius lui attribue tous les ouvrages qui suivent.

Disputatio contra Mathæum Radecium, de immortalitate anima, MSS.
Ses livres. *Demonstratio Theologica & Philosophica, quod æterna impiorum supplicia*
B.A. p.696 non arguant Dei justitiam, sed injustitiam, an. 1654. in 12. On l'a mis en Flamand.

Argumenta ad probandum solum Deum Patrem, esse illum Deum Israëlis.

Disputatio de prædestinatione.

Tria Problemata.

Explicatio vers. 6. Act. Apost. 26.

De unitate animarum, & de intelligentiis.

Appendix ad quæstionem de unitate animarum, post separationem à corpore, manuscrit.

De Cæna Domini, manuscrit.

Contra Albertum Graverum, de satisfactione.

Disputationes & Commentarius in Metaphysicam Aristotelis.

Konigius *in Bibliotheca veteri & nova,* lui donne d'autres ouvrages.

Les liaisons que Crellius a eu avec Soner, & avec Pistorius, me portent à parler ici de ce second Chef des Sociniens, qui tient le premier tang après Fauste Socin, dans la Bibliotheque des Freres Polonois.

CHAPITRE XXVI.

JEAN CRELLIUS.

Son éducation, ses études, ses demêlez, ses opinions, son caractere, & ses livres.

JEan Crellius, un des grands ornemens de la secte, naquit à Helmetzhein, petit lieu de la Franconie, assez proche de la Ville de Kittenga sur le chemin de Nuremberg à Francfort. Son pere s'appelloit Jean Crellius, homme assez regulier dans ses mœurs : *Vir piæ eruditionis*, & qui s'étoit acquis quelque réputation par les instructions & les prédications qu'il fit pendant vingt ans dans les Eglises Protestantes de Helmetzhein, & de quelques autres lieux sur le Mein.

Baillet. Son éducation.

Jean Crellius vint au monde le 26. Juillet de l'an 1590. selon l'ancien stile, ou selon son histoire en l'an 1596. année si fatale pour les gens de lettres, qui enleva le fameux Cujas, Zanchius, Fortunat Crellius le Pere, & plusieurs autres. A peine Jean fut-il sorti de l'enfance, qu'on remarqua en lui tous les caractéres qui font les grands hommes de lettres; une memoire heureuse, une imagination vive, un esprit fecond, une intelligence facile, un beau feu dans ses expressions, & un grand penchant pour apprendre.

En 1600. on l'envoya à Nuremberg chez Jean Klingius, un des premiers de la Ville. Il y demeura trois ans, & on n'épargna rien pour lui faire apprendre ce dont un enfant de douze à treize ans est capable. Il quitta Nuremberg, & vint à Stolberga, y demeura deux ans, & s'y appliqua avec succès aux belles Lettres, & particulierement à la lecture des Poëtes, aussi avoit-il pour maître, le fameux Poëte Mathieu Gor.

De *Stolberga* il alla continuer ses études à Mariembourg, Ville de la Misnie; mais Klingius gouvernant Nuremberg en 1606. jugea à propos de rappeller son éleve vers la saint Martin, & l'envoya à Altorf Ville d'Allemagne, qui pour lors fleurissoit comme une autre Athenes, par le grand nombre des écoliers, & les sçavans Professeurs qui y étoient. Taurelle y enseignoit la Philosophie; Scipion Gentilis le Droit; Rittershusius la Philologie; Picar la Logique; Prætorius (grand ami d'André Duditz) les Mathematiques; Ernest Sonerus la Physique & la Medecine; ce dernier, & qui sans contredit étoit un des plus fameux Professeurs de cette Université, prit soin du jeune Crellius: non content d'en faire son disciple, il voulut l'avoir pour ami, & pour confident.

Dès le commencement que Crellius parut dans cette Académie,

E e e ij

On l'aggrégea au nombre des Eleves de la République, & en cette qualité son éducation fut confiée aux soins d'Hotzlinius. Les idées qu'on lui donna de belles Lettres, lui firent croire qu'il n'avoit encore aucune teinture de cette science. Il s'y appliqua mieux qu'il n'avoit encore fait, & y fit de merveilleux progrès. Il y apprit le Latin dans sa perfection, & assez bien le Grec & l'Hebreu, pour pouvoir l'expliquer, & s'en servir dans la composition. Il borna sa Philosophie aux seuls livres d'Aristote, & de ses plus fameux interpretes, qui faisoient bruit de son tems, tels qu'étoient Alexandre, Césalpinus, Simplicius, &c. On ne peut pas douter qu'avec son bel esprit & sa grande vivacité, il ne fît bien du chemin dans cette vaste science. Son application ne tendoit pas seulement à beaucoup sçavoir; mais encore à bien vivre selon les maximes des Luthériens : & ses manieres furent si reglées & si édifiantes, que quelque jeune qu'il fut, on le choisit à la mort d'Hotzlinius, pour veiller sur la jeunesse, (c'est-à-dire, pour être le Prefet des Bourciers, & des Pensionnaires entretenus aux dépens de la Ville de Nuremberg :) employ dont il s'acquitta au contentement de toute l'Académie.

Il se lassa de cet emploi pour des raisons secrettes, apparemment pour l'amour de son repos. Il n'y en a guéres pour un homme d'étude, quand il est assujetti à veiller sur des écoliers; si ce fut là son motif, il se trompa pour ce moment : à peine eut-il quitté cette charge, qu'on lui suscita un procès, où on ne l'accusoit pas moins que d'héterodoxie, ou comme un homme qui abandonnoit les principes & les sentimens de l'Académie, c'est-à-dire, ceux de Luther, pour favoriser les erreurs de Calvin. Cette accusation fut portée devant les Curateurs de l'Académie, & devant les Sénateurs de la Ville, mais sans suite. Il dissipa cette accusation dans une dispute qui se fit publiquement sur l'adoration que l'on doit à l'humanité de J. C, il y fit voir qu'il étoit bon Luthérien, & nullement Calviniste.

Néanmoins cette affaire le dégoûta de l'Academie ; il vit par la conduite qu'on tenoit avec lui, que s'il vouloit s'attacher à ce Corps, il lui falloit perdre sa liberté, & qu'il ne pourroit suivre d'autres opinions que celles qui y étoient reçûës. Sur cela il forma le dessein, malgré les avis, les prieres, & les plaintes de ses amis, non seulement de ne prendre aucun degré, ni aucun employ dans cette Université ; mais encore de ne s'associer à aucune de celles d'Allemagne.

Pour mettre ce dessein en execution, il prit le parti de s'en aller en Pologne, où il ne connoissoit personne, & bien resolu de n'y faire aucune societé qu'avec ceux qui aimeroient la verité, c'est-à-dire, avec ceux qui penseroient comme lui. Cette démarche, & cette résolution a donné lieu à son Panégyriste de le comparer au Patriarche Abraham, qui quitta tout pour chercher son Dieu dans une terre étrangere.

D'Altorf il vint à Nuremberg pour y voir son Patron, il en sortit au mois de Novembre 1612.muni de quelques lettres pour des particuliers, & particulierement pour Jean-Bapt. Cettifius homme genereux, & Bourgeois de Cracovie. A peine fut-il arrivé, qu'il donna ses lettres à leurs adresses, & peu de tems après il prit la route de Racovie, où il demeura le reste de ses jours.

Quelque resolution qu'il eut fait de ne contracter aucune amitié, il se vit bien-tôt forcé d'y renoncer. Un homme dépourvû d'argent, de crédit, de parens, de connoissance, & dans un Païs étranger, ne peut pas vivre avec honneur sans faire quelque societé. Ceux de Racovie qui lui plurent le plus, & ausquels il s'attacha, furent Valentin Smalcius & Jean Stoinski, qui alors exerçoient le Ministeriat de Racovie. Il ne nous est pas permis de douter qu'il ne s'attacha à eux, que parce qu'à son sens ils aimoient la verité, c'est-à-dire, parce qu'ils combattoient hautement les dogmes communément reçus par les Prétendus Réformez, aussi bien que parmi les Catholiques, sur les mysteres d'un Dieu en trois personnes, & d'un Dieu incarné. Ils le reçurent avec joye, & Stoinski s'en fit un ami & un confident, tandis qu'il vecut : *Stoinius vitam quam vivit, acerbam sibi putat amisso Crellio.* A peine eut-il gagné l'amitié de ces deux Ministres, qu'on l'associa à l'Eglise des *Sociniens.* La chose se fit peu de tems après son arrivée ; on en met l'époque au 29. Decembre 1612. Il est vrai que M. Baillet ne la met qu'en 1613. Après cette association il entra dans la maison de Sieninski Palatin de Podolie, pour en être le Prédicateur ordinaire, avec une pension. Ce fut là où il commença à s'appliquer aux matieres de la Theologie & de la controverse, & pour y mieux réüssir il se trouva exactement aux Conférences qui se faisoient tantôt chez Smalcius, & tantôt chez Jerôme Moscorovius.

Bien instruit des matieres de la secte, il s'appliqua pendant deux ans à composer des sermons en Latin, en Allemand, & en Polonois. Il commença à les prêcher en 1615. & en 1616. sous la conduite de Smalcius : d'abord ce ne fut que dans des assemblées particulieres, & enfin son conducteur hazarda de le faire prêcher publiquement dans une Eglise en langue Polonoise, langue qu'il avoit appris avec peine: *Improbo labore acquisita.*

Enflé de ces commencemens, il sortit de la maison du Palatin Sieninski, & entra dans le College de Racovie : il en fut Recteur ou Principal pendant cinq ans en l'absence de Paul Krokierus, qui en étoit sorti pour faire un voyage dans les Païs étrangers, & où il demeura plus de tems qu'il n'avoit demandé aux Administrateurs. On ne peut pas douter que Crellius n'y remplit fort bien les esperances de ceux qui lui avoient procuré cet employ. Son soin ne se borna pas à veiller qu'on ne negligeât rien pour bien instruire les écoliers sur les matieres classiques, mais encore s'appliqua-t-il lui-même à leur insinuer avec une politesse & une adresse qu'on ne peut bien exprimer, les dogmes qui regnoient dans son Eglise, & dans on College, & on nous dit qu'il le fit avec succès.

Ce fut dans l'exercice de cette charge, qu'âgé de 26. ans il épousa Rosina fille de Simon Pistorius, & si nous en voulons croire son Historien, le Ciel l'avoit faite pour lui, étant une des filles des plus accomplies, de son tems. Il en eut trois fils & trois filles qui ont vécu, & on a soin de nous apprendre que le premier de ses garçons s'appelloit Theophile, l'autre Christophle, & le dernier Jean.

Dans ce même tems il soutint avec chaleur les querelles de la secte contre les Catholiques, & contre les Protestans. Il en eut une qui lui fit beaucoup d'honneur parmi les siens, avec le fameux Grotius, qui avoit attaqué les erreurs des Sociniens dans son livre de la satisfaction de J. C. contre Fauste Socin. Nul des Sociniens n'avoit osé entrer en lice avec ce sçavant Protestant. Crellius tout jeune qu'il étoit le fit, non par vanité, dit son Historien, mais par un amour sincere de la verité: *Venit in arenam Crellius, non gloriæ studio, à quo semper alienissimus fuit, sed amore veritatis,* & donna un livre au public, dont Grotius fut fort satisfait, comme il paroît dans une de ses lettres à Crellius, où il en dit assez pour donner lieu à ses adversaires de l'accuser qu'il n'est pas fort éloigné des sentimens des Sociniens. J'en parlerai ailleurs.

En 1616. le Pere Jean-Marie Carme Italien eut assez de générosité pour donner le défi aux Sociniens d'entrer en dispute avec lui sur la divinité de J. C. & sur la remission des pechez, qu'il nous a méritée par sa mort: Jean Stoinski entreprit la dispute, mais aidé de Crellius. Elle se fit le 13. Juillet dans le Convent des Carmes.

Après ces disputes & beaucoup d'autres, il se démit de son Rectorat en faveur de Martin Ruar son ami, & en 1622. on lui fit l'honneur de l'instituer Ministre de Racovie, d'où la peste qui ravagea la Ville, & les lieux d'alentour, le fit sortir aussi bien que beaucoup d'autres. Sa retraite ne fut pas inutile à la secte, elle lui donna le tems de faire, à la sollicitation de Stoinski, sa Morale Chrétienne, & une explication des passages de l'Ecriture qui lui paroissoient les plus embarassans, à quoi il ajouta des Commentaires, & des paragraphes sur les Lettres Apostoliques.

Ce fut après qu'il eut achevé ces ouvrages, qu'on délibera de l'envoyer à Smigla en Silesie pour y être Ministre, à la priere de Brzenicius homme de qualité, qui demeuroit dans cette Province, qui avoit formé le dessein d'ériger une Eglise Socinienne à Smigla, & qui pour cela s'étoit adressé aux Sociniens de Racovie. Cette déliberation fut sans effet; on crut Crellius trop cher à cette Mere-Eglise, pour l'envoyer si loin; on le garda, & Smalcius étant mort, on le désigna pour être le Théologien & l'aide de Christophle Lubieniski successeur de Smalcius au Ministeriat de Racovie.

Ce choix fait, on ne trouva plus de difficulté de l'envoyer en 1625. pour un tems en Silesie; il y regla quelques affaires de Religion, & y établit l'Eglise que Brzenicius desiroit tant. Ce voyage lui couta cher. A peine fut-il parti, que les troupes de Lissoviuski (que Sigismond

III. avoit rappellées, après avoir donné la paix aux Moſcovites) malgré les ordres du Roi, ne ſe contenterent pas de ravager les terres des
Moſcovites ; mais encore firent un horrible dégât auprès de Racovie,
entrerent dans la Ville, la pillerent, n'épargnèrent pas ſa maiſon, &
non contens d'en enlever les meubles, il s'emparerent encore de tous
ſes livres, de ſes manuſcrits, & de ſes autres papiers. Cette perte, bien
loin de le dégoûter du métier de faire des livres, ne fit que l'animer,
pour en donner de nouveaux au public, comme pour le dédomager
de la perte qu'il avoit fait dans la ſienne.

A ſon retour de Sileſie il ne s'occupa plus qu'à prêcher, qu'à compoſer, & à remplir les devoirs d'un bon Miniſtre Socinien ; mais
avec tant de prudence, de douceur, de ménagement & d'égalité,
que la plûpart de ſes oüailles le prenoient pour l'Arbitre de leurs
differens, pour regler leurs partages, & pour pacifier toutes choſes.
Sa réputation ſur ces matieres devint ſi fameuſe, qu'on croyoit qu'il
n'y avoit rien de bien fait que ce qu'il avoit fait & reglé. On le con-
ſultoit de tous côtez, & on étoit toujours ſatisfait de ſes déciſions :
on les eſtimoit tant, qu'on les publioit par tout.

Enfin après tant de travaux & de ſi belles actions qui lui auroient
acquis une gloire immortelle, s'il les eut fait dans le ſein de la veritable Egliſe, & uniquement pour Dieu, il fut frappé d'une eſpece
de contagion qu'on appelloit alors *Petechiales*, dont ſon fils étoit mort.
Martin Ruar ſon ami ne l'abandonna pas à ce triſte moment, il lui
donna juſqu'au dernier ſoupir des marques d'une veritable amitié,
& pria ſouvent le Tout-puiſſant pour lui. On dit qu'un jour il ſe mit
à genoux auprès de ſon lit, & que, les larmes aux yeux, il pria le
Seigneur tout-puiſſant de lui pardonner ſes pechez ; & qu'une autrefois ce Miniſtre aſſembla ſon peuple, lui fit faire des prieres publiques pour le malade, & qu'après cette cérémonie il le conduiſit chez
Crellius ; que celui-ci leur donna ſa benediction, & que, cette cérémonie faite, il mourut à Racovie le 11. Juin 1633. âgé de 42. ans
10. mois 6. jours.

Joachim Paſtorius qui a fait ſa vie, dont j'ai tiré la plûpart des   *Baillet*
choſes que j'ai avancées, & que l'on a mis au commencement de l'E-
tique Chrétienne, & à la tête du 3. vol. de la Bibliotheque des Freres Polonois, ajoute pour faire l'éloge de ſon Héros.

Que la nature l'avoit doüé de grands avantages, quoique né dans   *Caracters*
un Village, & de parens qui n'avoient aucune commodité pour le   *de Crellius.*
pouſſer aux Académies. Il avoit un grand génie, une conception ai- *Paſtorius.*
ſée, pénétrante & ſubtile, une mémoire qui oublioit peu de choſes,
& qui apprenoit aiſément. On ne vit en lui aucune de ces paſſions
indignes d'un honnête homme ; il ſçavoit ſe poſſeder par tout : ſa
modeſtie ne ſe démentoit jamais, ſans rien perdre de ſon affabilité
ſi neceſſaire aux hommes publics : ſa douceur étoit extrême, & même
envers ſes ennemis, les prevenant ſouvent, & même dans le tems

qu'ils lui faisoient de la peine ; sa patience l'a toujours élevé au dessus des traverses qu'il a eües : sa prudence l'a rendu l'arbitre, l'admiration, & le pere commun de ceux de Racovie. Il prêchoit fort bien, quoi que sa voix ne fut pas véhémente, & qu'il ne la maniât pas avec ce feu, cet agrément, cette facilité & cette politesse qui fait les parfaits Orateurs. Son exterieur étoit assez revenant ; sa hauteur tenoit plus du grand que du petit : son tempérament étoit sanguin, son visage toujours guai, ses lévres rouges & agréables, ses yeux un peu enfoncez ; la couleur de son visage étoit plus pâle qu'autrement, ce qui provenoit de sa grande application à l'étude. Il a laissé quantité de livres qui sont en grande vénération parmi ceux de sa secte, aussi font-ils une partie de la Bibliotheque des Freres Polonois. Les plus sçavans d'entre eux se sont efforcez d'en parler avec éloge : ne nous en étonnons pas, il a trop bien travaillé à leur affaire commune, pour n'en pas faire un de leurs héros ; mais ce qui nous doit surprendre, c'est d'entendre des Catholiques en parler à peu prés de même, comme M. Richard Simon, & Sorbiere.

Jugement qu'on a fait de ses livr.

Celui-là dans ses histoires critiques des Commentateurs, le loüe, non seulement d'être tout ensemble Grammairien, Philosophe & Théologien ; mais encore de ce qu'il ne s'arrête précisément qu'au sens litteral de son texte, qu'il n'est point étendu, qu'il va toujours à son but par le chemin le plus court, qu'il a une adresse merveilleuse pour accomoder avec ses préjugez les paroles de saint Paul, & de ce qu'il le fait avec tant de subtilité, qu'aux endroits même où il tombe dans l'erreur, il semble ne rien dire de lui-même. Richard Simon ajoute à cet éloge, que sa grande réputation parmi les siens, son discernement, son bon sens & son attache à la lettre des Ecritures qu'il a commentées, l'ont mis au-dessus de tous les Commentateurs Sociniens.

M. Bossuet Evêque de Meaux ne goûte pas cet éloge. Parler ainsi, dit-il, c'est vouloir délibérément tenter ses Lecteurs, & les porter par une si douce insinuation, non seulement à lire, & à consulter ; mais encore à embrasser, & à suivre des explications si simples, qu'on y croit entendre, non pas l'homme, mais le saint Esprit par la bouche de l'Apôtre. C'est ce qui est bien éloigné de la verité, mais il a plû à M. Simon de lui donner cet éloge.

Sorbiere en dit davantage que Richard Simon. J'ai lû, ce sont ses paroles, avec beaucoup d'attention le Commentaire de Crellius sur saint Mathieu ; j'y ai pris beaucoup de plaisir, & j'ai remarqué dans les cinq premiers Chapitres beaucoup d'esprit, d'érudition, de jugement, de bon goût, de subtilité, de pieté, &c. Il ajoute, comme pour confirmer son jugement, que Stoinski demandoit souvent avec justice. Qui oseroit entreprendre de mettre la derniere main à cet excellent ouvrage : ou s'il y avoit un homme assez hardi de le faire, pourra-t-il bien esperer, & se flater de l'imiter ? Plût à Dieu, continuoit-il, continuoit-il, que le Seigneur en suscitât un aussi habile, & plus habile, pour achever cette toile ; en parlant sur le Commentaire de la Lettre aux Romains, qui ne contient que trois chapitres, & les trois premiers versets du 4. chap. il dit que Dieu n'a pas voulu que son serviteur achevât cet excellent ouvrage. Il ajoute que personne n'a jamais tant approché de l'esprit de l'Apôtre, qu'a fait Crellius, & que ceux qui dans la suite voudront travailler sur les écrits de l'Apôtre, auront un excellent maître en la personne de Crellius.

Quoiqu'il en soit de ces éloges, je ne croi pas qu'il y ait aucun bon Catholique qui veuille les croire, ne pouvant pas penser comme les Novateurs, & encore moins croire qu'il y ait quelques choses de si universellement bonnes dans des ouvrages où ne regne pas la foi en J.C. & de son Eglise. Il me reste à parler de ses erreurs & de ses livres tant vantez.

Ses erreurs sont communes avec celles des Sociniens. Je n'en trouve *Ses erreurs.* qu'une qu'on peut dire lui etre particuliere. Il dit que la raison, la volonté, la liberté, la vertu, le vice, la récompense, & le châtiment se trouvent dans les bêtes ; mais improprement, imparfaitement, & par analogie : car après avoir établi que la volonté de l'homme est le sujet de la vertu, il dit: *Hinc quia voluntas propriè di-* *Ethica Chri-* *cta in brutis non est. In illa etiam nec virtus, nec vitium aut delictum pro-* *stiana l. 2.* *priè dictum cadit. Cadit tamen impropriè, & per analogiam dictum . . .* *ch. 1. p. 65.* *Quia ergo homo inter animalia solus ratione propriè dicta praditus est.* *& 66.* *In illum etiam solum tum voluntas, tum virtus, tum vitium, tum deni-* *que præmium & pæna cadit. In bruta tamen animalia cadit aliquid singulis* *istorum analogum, in ea præsertim, quæ sunt perfectiora, & disciplina* *alicujus capaciora. Est enim in illis primum aliqua facultas rationi respon-* *dens, quam non nulli rationem inferiorem vocant, quia non de rebus* *modo jucundis, ac utilibus, quodammodo ratiocinantur, & de ratione il-* *lorum adipiscendorum despiciunt ; sed etiam viam sibi à Deo præscriptam,* *seu rectam, quandam vivendi rationem naturæ suæ consentaneam, quæ ho-* *nestati analoga est, agnoscunt. Inde sequitur facultas altera voluntati quo-* *dammodo respondens : id quo non nihil est libertatis. Hinc aliquid etiam* *virtuti, & vitio simile seu rectè, & pravè factum. Quorum, illud est cum* *bruta naturæ suæ ductum sequuntur. Hoc enim à naturali via exorbitans.* *Unde tandem etiam aliquid præmio, aut pæna, & huic quidem simile.* *Unde bestias etiam à Deo punitas, aut pænas certas lege illis constitutas,* *cernimus. Qua de re legatur Socinus in Ante-Puccio. Quemadmodum ergo* *rationem hunc Hai-ezakin, & proprie hoc nomine appellamus, & brutis* *etiam adimimus (dicimus enim irrationabilia, seu ratione carentia) ita &* *cætera omnia. Rursus quemadmodum impropriè, & per analogiam rationem* *brutis tribuimus, ita & cætera omnia.*

J'ai déja parlé de quelques-uns de ses livres, Sandius leur donne *B. A. p. 115.* cet ordre.

Ethica Aristotelica & Christiana. Il la composa en 1622. & elle fut *Ses livres.*

imprimée en 1650. in 4°. fous le nom de *Circellii Crellii*. De même *Selenoburgi, fumptibus Afteriorum, typis Venetis*, c'eft-à-dire, à Lunebourg, chez Jean & Henri Stern. Il y en a qui difent avec plus de vrai-femblance, à Amfterdam, chez Bleau... *Item Cofmopoli*, c'eft Amfterdam, 1681. in 4°. *Cui præfixa eft vita Autoris, & filii ejus Chrift. Crellii difputatio de virtute chriftiana & gentili*. On trouve à la fin le Cathechifme des Eglifes Polonoifes dont j'ai déja parlé, il y en a une verfion Allemande & une Flamande en 1651. in 4°.

Explicatio difficiliorum facræ Scripturæ locorum una cum refponfione ad aliquot quæftiones, en 1622.

Refponfio ad Hugonis Grotii librum de fatisfactione quem adversùs F. Socinum fcripferat, à Racovie 1626. in 4°.

Liber de Deo, & attributis ejus. Nous avons déja dit que l'on a mis ce livre au commencement des cinq livres que Volkelius a fait *De vera Religione*, à Racovie 1630. in 4°. Bleau l'a reimprimé en 1641. in 4°. & cette édition fut brûlée comme nous l'avons dit, en parlant des livres de Volkelius. Il y en a eu deux éditions Flamandes, la derniere eft de 1663. in 4°.

De uno Deo Patre libri duo, in quibus multa etiam de Filii Dei, & Spiritus fancti natura differuntur, en 1631. in 8°. Il y en a une verfion Allemande par Wolzogenius en 1645. in 4°. & une Flamande en 1664. in 4°. M. Baillet parlant de l'*Anticrellius*, compofé par Botfak Luthérien, Miniftre de Dantzic, dit qu'un Théologien Proteftant du Comté de Naffau, nommé Jean-Henri Bifterfeld, s'efforça de refuter le livre *de uno Deo Patre* de Crellius, par un livre imprimé à Leide en 1639. dans lequel il avoit difpofé les paffages par deux colonnes, dont l'une contenoit le texte de Crellius, & l'autre fes remarques; & que Botfak continua le combat en 1642. par un *Anti-Crellius*. Ce que Bifterfeld fit contre Crellius fut refuté par celui-ci, & imprimé en 1639. in 4°.

Novum Teftamentum in Germanicum verfum, avec l'aide de Joachim Stegmann le pere, à Racovie 1630. in 8°.

Commentarius in Epiftolam ad Galatas, ex prælectionibus potiffimum Crellii confcriptus à J. Selichtingio, cum præfatione ejufdem, à Racovie 1628. in 8°. Il y en eut une verfion Flamande en 1660. in 4°.

Prima Ethices elementa in gratiam ftudiofæ juventutis, opus pofthumum. Pierre Mofcorovius y a mis une Préface, & le tout fut imprimé en 1635. in 8°.

Commentarius in utramque Epiftolam ad Theffalonicenfes ex prælectionibus Crellii conceptus à P. Mofcorovio, cum ejufdam præfatione, à Racovie, 1636. in 8°. Il y en eut une verfion Flamande en 1658. in 4°. & 1664. in 8°. & une Angloife avec cette infcription : *Expiator Peccatorum*.

Sandius dit ici qu'il a appris de quelqu'un que fon Commentaire fur la Lettre aux Hebreux a été imprimé en Angleterre, & qu'on mit au commencement, que la lecture de ce livre étoit bonne & utile.

Commentarius in 1. 2. 3. 4. *cap. & partem cap.* 5. *Evang. Matthei, & in Epistola ad Romanos tria priora capita, qui conscriptus est ex Crellii prælectionibus à J. Schlichtingio,* à Racovie 1636. in 8°.

Commentarius ad Hebræos, ipsius ope à J. Schlichtingio concinnatus est, à Racovie 1634. in 8°. Il y en eut une version Flamande en 1658. in 4°.

Commentarius in 1. *Corin. cap.* 15. Cet ouvrage fut imprimé en 1635. in 8°. avec la preface d'un Anonyme.

Declaratio sententia de causis mortis Christi 1637. in 8°. Jean Stoinius ou Stoinski, prit le soin de la faire imprimer, & d'y mettre un Avant-propos.

Vindicia pro Religionis libertate, sub nomine Junii Bruti 1637. in 8°. Il y en eut une version Flamande en 1649. in 4°.

Catechesim Ecclesiarum Polonicarum V. Smalcii J. Moscorovii opera in lucem emissam, & post per viros aliquos in Regno Polonia correctam, recognovit & auxit. Schlichtingius a revu & augmenté cette piece, & fut imprimée en 1665. in 8°. & en 1680. in 4°. & on l'a ajoûtée à son Ethique Chrétienne; je l'ai déja marqué *de expiatione peccatorum nostrorum,* en langue Polonoise.

Tractatus de Spiritu S. qui fidelibus datur, 1650. in 8°. Une version Flamande en 1664. in 8°.

Des Controverses tirées des explications Mss. qu'il a fait sur quelques passages de l'Ecriture Sainte, 1656.

Expositio fidei, Mss.

Epistola ad Michaëlem Giltichium Venetianum.

Epistola ad M. Ruarum, ut & ad alios Mss.

Celui qui nous a donné la Bibliothéque des Freres Polonois, fait un autre ordre des ouvrages de Crellius, & même il en augmente le nombre; ceux qui voudront avoir la curiosité de les voir, pourront consulter le 3. & le 4. volumes de cette Bibliothéque, aussi-bien que les ouvrages de J. Schlichtingius.

CHAPITRE XXVII.

Les Auteurs qui ont écrit pour la secte des Sociniens, pendant les Regnes de Ladislas & de Casimir, Rois de Pologne.

MARTIN RUAR. JEAN STOINSKI. JOACHIM RUPNOVIUS. FLORIAN CRUSIUS.

MArtin Ruar étoit natif de Krempen, Ville du pays de Holsteit. Il fut infecté des heresies Sociniennes par Ernest Sonerus, Professeur à Altorf, qui les y enseignoit secretement; il s'y obstina si bien, qu'il aima mieux perdre son patrimoine, que de renoncer à ces opinions. Pour les soûtenir librement il se retira en Pologne, le refuge ordinaire & assuré de ces sortes de gens ; il s'y fit estimer par son jugement, par sa capacité, & par ses bonnes mœurs, ce qui lui procura le Rectorat du College de Racovie, après que Crellius l'eût quitté ; de-là il passa en Prusse, & fut Ministre de Dantzic, soit dans la Ville, soit dans le Fauxbourg de Straffin.

Mollerus Isagoge ad hist. Cherson̄es̃ p. 3. p. 106.

Ce fut en ce tems-là, c'est-à-dire, en 1635. que Jacques Ogier, qui étoit à la suite du Comte d'Avaux Ambassadeur de Sa Majesté très-Chrétienne, le rencontra chez un Libraire de Dantzic, & eut une conference de deux heures avec lui, tantôt en latin, & tantôt en françois. *Aggressus est me quidam M. Ruarus, quocum per duas horas collocutus sum latinè, ac deinde gallicè.* Ruar qui prit goût à cette conversation, pria Ogier de le venir voir, ce qui donna lieu à celui-ci de s'informer plus à fonds quel il étoit ; & on lui dit qu'il étoit Ministre des Ariens, qui s'assembloient de nuit dans Dantzic, à l'insçu du Senat, ou le Senat faisant semblant de ne le pas sçavoir. *Inscio, vel dissimulante Senatu.*

Ogerius in ItinerePolonico p 418. & 419.

En 1646. il se trouva au Colloque de Thorn, & le fameux Calixte fit tout ce qu'il pût pour le désabuser de son Socinianisme, mais inutilement. Il mourut bon Socinien, ou bon Arien en 1657. âgé de 70. ans. Il a laissé posterité : un de ses enfans nommé David Ruar, se retira à Amsterdam, & il y fut Imprimeur, & c'est lui qui a imprimé quelques ouvrages de son pere, que Sandius reduit à ceux-ci :

Mollerus p. 107.

Nota in Catechesim Ecclesiarum Polonicarum adjuncta Catechesi. Ces notes furent ajoutées à l'édition qui fut faite de ce Catéchisme en 1665. elles se trouvent aussi à l'édition de 1680. Il a fait d'autres notes sur le même ouvrage, qui n'ont pas été imprimées.

Ses livres. B.4 p.114.

Epistolarum selectarum Centuria. Cette Centurie, qui est la premiere, fut imprimée par David Ruar, en 1677. in 8°. avec une Preface de Joachim Ruar frere de David, On n'y voit pas seulement les lettres de M. Ruar, mais encore celles que lui ont écrit Hugue Grotius, le Pere Mersenne, Michel Gittichius, Noramus, & quelques autres Sçavans. On y aussi inseré son écrit sur le Magistrat, *subjunctum est scriptum Ruari de Magistratu,* que l'on croit avoir été adressé à Daniel Brenius. Comme aussi les raisons pour lesquelles ceux qui suivent les dogmes de l'Eglise Romaine, ne devroient pas s'allarmer si fort contre les Unitaires, qu'ils veulent bien appeller Sociniens ou Ariens ; & une lettre de Michel Gittichius à Ruar, où il parle des ouvrages de Grotius.

Epistolarum selectarum ipsius, nec non aliorum illustrium, spectabilium, doctorumque virorum Centuria altera & ultima. Cette Centurie fut imprimée par le même Daniel en 1681. in 8°. avec une preface de sa main. Mollerus dit, que ces deux Centuries sont fort curieuses, *erudita, ac lectu dignissima.*

Il y a encore plusieurs autres lettres de lui, mais elles ne sont pas encore imprimées, non plus que les ouvrages suivans.

Analyses, seu conciones in varia scriptura loca, historia sui temporis. En certorum liber.

On l'a cru Auteur de la version Allemande du Nouveau Testament faite à Racovie, & publiée en 1630. mais c'est une erreur *Quos falli mihi constat*, dit Mollerus, qui cite Sandius, qui attribuë cette version, comme nous l'avons dit, à J. Crellius, & à Joachim Stegmann le pere.

v. Marta Zimmermanni diss. in Aug. de accep. p 27. & 31.

JEAN STOINSKI.

Stoinski noble Polonois, étoit fils de Pierre Stoinski, ou Stator le jeune, & de la fille de Gregoire Pauli, aussi l'appelloit-on quelquefois Stator: issu de parens si attachés au Socinianisme, il ne dégenera pas de leurs sentimens. Il s'est rendu recommandable dans la secte par bien des endroits; en 1612. on le fit Pasteur de Racovie, il n'y enseignoit point d'autre doctrine que celle de Fauste Socin; & on peut dire qu'il ne juroit que par ce maître de sa secte. Il avoit le don de la prédication, & le fit valoir autant qu'il pût; on nous le represente comme un homme qui ne refusoit jamais les combats theologiques. Il en eut un en 1615. avec un Jesuite, & un autre en 1616. avec le Pere Jean Marie, Carme Italien : on fit tout ce que l'on put pour le rendre celebre, le rendés-vous fut dans l'Eglise même des Carmes de Lublin, en presence des Magistrats, & des Juges du souverain Tribunal, nous en avons dit quelque chose au chapitre de Crellius. Il en eut un troisiéme avec le même Carme en 1620. Un quatriéme en 1626. avec un nommé Claude, François de Nation, sur la question : sçavoir, si Jesus n'étant pas le vrai Dieu, on peut l'adorer; & un cinquiéme avec un Religieux nommé Parillus.

Il fut compris dans le procès que l'on fit à l'Eglise & au College de Racovie; on le flétrit, & on le bannit. Après cet affront, il voyagea dans les pays étrangers, revint en sa patrie, & mourut à Cracovie en 1654. âgé de 64. ans, & a laissé ces livres:

Disputatio cum Jesuita, habita 1615.

Relatio disputationis de Jesu Christi divinitate, & remissione peccatorum nostrorum per eumdem parta, habita cum J. Maria Carmelita Italo, Lublini in Æde Carmelitana, præsentibus Judicibus summi Tribunalis Regni 1616. die 13. Julii. Imprimée à Racovie 1618. in 4°.

Disputatio alia cum eodem, in eodem Templo habita, imprimée en 1620.

Colloquium cum quodam Gallo nomine Claudio, de quæstione, an Christus cum non sit summus Deus adorari possit, habitum, 1626. MSS.

Contra Parillum Monachum. MSS.

Precationum Polonicarum liber, 1633. in 8°. Il y a une Preface au

Lecteur, où il établit la maniere de prier Dieu.

Præfatio in J. Crellii commentarium in Mathæum, à Racovie 16. May, in 8°. c'est la lettre préliminaire qui est au commencement des ouvrages de Crellius, qui se trouvent dans la Bibliotheque des Freres Polonois, à quelque chose prés.

Præfatio in J. Crellii declarationem sententia de causis mortis Christi, à Racovie 1637. in 8°. Elle est dans la Bibliothéque des Freres Polonois.

Hymnus in Simbolum Apostolicum, adjunctus libro *Psalmorum & Hymnorum*, quo Fratres Poloni in Ecclesiis suis utuntur, in 12°.

Epistola ad Ecclesias Polonicas Mss. Il les écrivit d'Amsterdam le tems de son bannissement.

Epistola ad Adomum Frameum cœtus Claudiopolitani Ministrum, est datée d'Amsterdam du 24. Juillet 1638. On y trouve le nom de Jean Sartorius, mais il faut mettre de Jean Statorius. Elle fut interceptée en Transilvanie, & George Racovius ou Ragoski, Prince de Transilvanie, en renvoya l'original en Hollande.

Cantiones carnis privii, quibus excessus in hoc tempore fieri solent stringuntur, elles furent faites en 1650. Pol. Mss.

Conciones sacræ. Mss.

Cronologia graduum, quibus veritas cœlestis in Polonia sensim ad mum pervenit, præsertim de Deo Patre, Filio & Spiritu sancto. Ms.

Relatio de Itinere Transilvanico. Mss.

Epistola variæ Mss.

JOACHIM RUPNOVIUS.

Rupnovius étoit d'une famille Polonoise, illustre par sa noblesse, antiquité, ses emplois, & ses alliances qui étoient des plus considerables du Royaume. Il épousa la fille d'André Lubienieski ; sa noblesse & son merite lui procurerent des emplois dans la Secte. Encore jeune on le fit Ministre de Lublin, de-là il passa au Ministeriat de Kolin, à celui de Racovie, & enfin à celui de Brzescie, où il mourut en 1643. âgé de 53. ans. Il laissa une fille, qui épousa le fameux André Wissowats, petit fils de Socin, & quelques livres ; scavoir

Synodos Fratrum Polonorum, ou une Chronologie Ecclesiastique qu'il a continué jusqu'à l'année 1628. & les Secretaires des Synodes qui se sont fait depuis, ont continué cette Histoire jusqu'à l'an 1668. Pol. Mss.

Somnium quod habuit circa annum 1630. de judicio Racoviensi repræsentante futuram oppidi ejus calamitatem : nimirum Religionis exerem Ecclesiæ, Schola, ac Typographiæ sublationem. Pol. Mss.

Conciones Mss. Pol.

Et d'autres semblables Manuscrits.

FLORIAN CRUSIUS.

Florian Crusius fut Docteur en Medecine, & bon ami de Wolzogue, dont il épousa la sœur. Il eut la reputation du plus habile Philosophe qui eut jamais été parmi les Sociniens; il en a donné des preuves dans les livres qu'il a composé, dont la plûpart ne sont pas imprimés. Sandius les reduit à ceux-ci :

B. A. p 140

Epistola ad M. Ruarum, elles se trouvent dans la seconde Centurie des lettres de celui-ci.

De vera voluntatis libertate. Mss.

De vi mortis Christi. Mss. en Latin & en Allemand.

Epistola ad Marsennum de Dei vera cognitione, aussi en Allemand.

De origine & essentiâ Filii Dei. Mss.

De hominis naturâ & potestate. Mss. Pol.

Confessio, *Mss. Pol.*

De Resurrectione corporum. Mss. Pol.

Contra Atheos. Mss.

De Filio Dei. Mss.

Explicatio initii Evangelii S. Joannis. Mss. où il soûtient une opinion contraire aux Sociniens, selon le jugement de Wissowats, & après lui, de Daniel Zwichez, qui disoit avoir cette Explication en *Mss.*

Responsio ad Pauli Felgenhavveri probam, *in Pol.* Il semble qu'il a aussi écrit, *de ratione in Theologia*, car c'est sur cette matiere que Felgenhawerus a écrit contre lui.

Tous ces ouvrages n'ont pas paru de grande consequence aux Libraires, même Sociniens, nul n'a encore osé les imprimer.

CHAPITRE XXVIII.

JONAS SLICHTINGIUS, troisiéme Chef des Sociniens.

Ses études, ses affaires, & ses livres.

JOnas Slichtingius, ou Slichting, est un de ceux qui se sont le plus distingués dans la Secte, après Socin & Crellius; aussi ses écrits font-ils partie de la Bibliothéque des Freres Polonois. Il étoit Gentilhomme Polonois, & vint au monde en 1602. dans Buckovie. Wolgang Slichting son pere, Seigneur de ce lieu, n'épargna rien pour donner à ce fils une éducation digne de sa naissance. On remarqua en lui une grande étenduë d'esprit, aussi fit-il de grands progrés dans les belles lettres, dans la Philosophie, dans la Theologie, & dans les Langues. Ses études faites, on le fit voyager, à

la maniere des Gentilshommes Polonois; à son retour il donn
sensibles preuves de son attache aux opinions de Fauste Socin ,
le fit Ministre de Racovie, & quelque tems après de l'Eglise de
klawiez. Un esprit aussi vif, & aussi remuant qu'étoit le sie
fut pas long-tems sans avoir quelques démêlez avec les Ca
ques, les Protestans , les Calvinistes, & tous ceux qui ne per
pas comme lui. Il en eut de grands avec Daniel Clemens , M
rus, le R. P. Cichovius Jesuite, Placcus ; & il s'avisa de Fa
notes contre un sermon de Vechnerus , sur le commencem
l'Evangile de S. Jean, & même de les faire imprimer à Ra
& de faire une nouvelle Confession de Foy sur le Simbo
Apôtres. Ces entreprises lui attirerent de grosses & de longu
secutions : avant qu'elles éclatassent, les Sociniens le députerer
Martin Ruar en 1644. pour assister au Colloque de Thorn ,
devoit travailler à la réünion des sectes qui regnoient dans le P
me. Sa Confession de Foy porta la Diete de Varsovie de 1
1647. à le bannir avec infamie ; & par Arrest on fit brûler
ce publique, & par la main du Bourreau, cette Confession.

Pendant son bannissement il courut les Provinces du Borif
de la Mer-Noire, du Pont-Euxin, de Moscovie, de Silesie, d
Baillet Juge-
ment des
Sçav.p.10.
p. 105.saques, des Tartares, & des Turcs. En 1654. il se retira à Lu
wiez, pour écrire contre Josué de la Place, Ministre & Theo
de Saumur, & contre le R. P. Cichovius, bien qu'il fut alo
embarassé de sa personne, parce que ses ennemis, sur l'avis
leur avoit donné, qu'il se tenoit caché à Lucklawiez, firer
ce qu'ils purent pour l'arrêter, mais inutilement. Après
grand Gustave Roy de Suéde, eut donné la paix à la Pol
Slichting, & beaucoup d'autres Sociniens, réduits à de grand
seres par la guerre des Païsans, par les Arrests de banisseme
les mauvais traitemens que les Catholiques leur faisoient,
rent en 1655. sous la protection de la Couronne de Suéde
néanmoins beaucoup de fruit.

En 1657. Slichting sortit de Pologne, & se retira à Stetin
meranie, chez son allié Stanislas Lubienieski, il y perdit sa f
sur la fin du siége, & en sortit au mois de Février 1660. D
tin il vint à Stargard, il y fut fait prisonnier par les sol
l'Electeur de Brandebourg, qui le conduisirent au château de
daw, & de-là à Berlin ; & le presenterent à l'Electeur,
mit en liberté, & l'honora de sa table. Ces sortes de ceremo
sont pas néanmoins des marques infaillibles d'une grande disti
en Allemagne, où les Princes se font un plaisir de faire b
manger à leurs tables toutes sortes de personnes, particulier
les étrangers, pourvû que ces sortes de gens s'acquittent b
devoir de table.

Il demeura quelque tems à la Cour de ce Prince, & il y

commerce de livres & de litterature avec le Prince d'Anhast, & le Prince de Wimar de Stugard. Il leur communiqua ses ouvrages, & particulierement son commentaire sur la Lettre aux Romains ; mais l'Electeur qui s'apperçut qu'il avoit un esprit inquiet, remuant, toûjours aux prises avec ceux qui ne parloient pas comme lui, écrivant, disputant, & faisant des partis contre eux, s'en lassa, & le congedia le plus honnêtement qu'il put. De Berlin il se retira à Zelicow, chez Madame Elizabeth Falkenrch Diana, femme de distinction, ce fut là où il retoucha son fameux commentaire ; mais aussi ce fut là où il mourut le 1. Novembre 1661. âgé de 59. ans. M. Baillet lui donne 69. ans, aussi le fait-il naître en 1592. en quoi il s'écarte de Sandius.

C'est Stanislas Lubienieski qui a fait sa vie, dans une lettre à une personne de qualité, & je l'ai prise dans la Bibliothéque des Freres Polonois, à la tête de ses ouvrages qui sont en grand nombre, le détail que j'en fais ici le prouvera.

Sermo S. Lubienieski senioris cœtus Racoviensis Pastoris. Quo animam Ses livres. *agens filios suos, cæterosque adstantes alloquutus est,* à Racovie 1624. *Miss.*

Responsio ad scriptum D. Clementini concionatoris reformatorum, qui a pour titre : *Antilogia & absurda Socinianorum.* Cette réponse fut dediée au Palatin de Belzese, à Racovie 1625. en Pol.

Responsio ad Antapologiam, sub nomine D. Clementini editam, seu Confirmatio calumniarum Clementino objectarum, à Racovie 1631. in 4. Pol.

Commentarius in Epist. ad Hebræos, cum Præfatione, à Racovie, in 8°. Il se trouve dans la Bibliothéque des Freres Polonois, parmi les ouvrages de Crellius, celui-ci y ayant travaillé.

Commentarius in Epist. ad Galatas, il l'a pris des écrits de Crellius, à Racovie 1636. in 8°. il y a une Preface de la main de Slichting.

Commentarius in tria capita, Epist. ad Romanos, il est aussi pris des leçons de Crellius, il fut imprimé à Racovie en 1636. in 8°. Ces deux Commentaires sont imprimés dans la Bib. des Freres Polonois parmi les ouvrages de Crellius.

Quæstiones duæ. Una, num in Evangelicorum Religione dogma habeantur, quæ vix ullo modo permittant, ut qui ea amplectatur, nullo in peccato perseveret. Altera, num in eâdem Religione, quædam concedantur Christi legibus inconcessa, contra Balthasarem Meisnerum disputata. Inscriptus is liber DD. Adamo, & Andreæ Gollaviis Germanis, il fut imprimé chez Paul Sternacius, en 1636. in 8°.

De Sanctâ Trinitate, de moralibus N. & V. Testamenti præceptis ; item de sacris Eucharistiæ, & Baptismi ritibus disputatio, adversus B. Meisnerum, en 1637. in 8°. On y ajoûte :

Tres quæstiones de sanctâ Trinitate, Sandius doute qu'elles ne soient les mêmes que celles qui sont dans le livre precedent.

Confessio fidei Christiana, edita nomine Ecclesiarum, quæ in Polonia unum Deum, & Filium ejus unigenitum Jesum Christum, & Spiritum sanctum

profitentur, 1642. in 8°. Il y en eut une version en Polonois en 1646.
in 4°. Une autre en latin plus correcte, & augmentée par l'Auteur en 1651. in 8°. Une en langue Flamande en 1652. in 8°. & une
en Allemand.

Nota (sub nomine Joannis Simplicii) in doctissimi cujusdam viri (c'est
H. Grotius. *) Commentationem ad 2. cap. posterioris Epist. ad Thessa-*
nicenses, en 1643. in 8°.

Nota in concionem Vchneri habitam Lissa 1639. *de* 1. *cap. Joan.* à Racovie 1644. in 8°. & in 12°. *cum dissertatione de verbo Dei.* Elles furent mises en Flamand en 1649. in 4°.

Epistola ad Georgium Calixtum Theol. Doctorem & Professorem 1645. *Mss.*

Epistola ad Georgium Schonhossium, Soc. Jesu Theologum S. R. 1645. *Mss.*

Epistola ad Mathiam Gloskovium Camerarium Calissiensem, in materià
de satisfactione, & merito Christi, de quâ Redemptione per Sanguinem
ejus, ad asserendam Socini in confessione Dominorum Reformatorum accu-
sati innocentiam, en 1645. *Mss.*

Scriptum DD. Doctoribus Regiomontanis transmissum, 25. *Nov.* 1645.
continens responsionem iteratam ad loca, & D. Doctore Drei inter dis-
putandum allegata. Mss.

Oratio ad Jesum-Christum filium hominis. La même fut mise en Polonois 1646. in 12°.

Explicatio, seu præcipuum locorum, quæ pro Trinitate afferuntur. Une
version Flamande, avec la preface d'un Anonyme, & on y a ajouté deux petits traitez de Crellius & de Stegmann.

Explicatio quatuor locorum sanctæ Scripturæ divinitatem J. C. concer-
nentium, nimirum col. 1. 15. 21. *heb* 1. *Joan.* 8. ✝. 56. *& seq. Joan.* 1.
1. 19. Cette piece fut écrite en Polonois, & en 1649, on en fit une
version Flamande, & on l'imprima in 4°, avec d'autres Traitez Flamands qu'on y ajouta.

Epistola Apologetica, in quâ continetur Relatio causæ ipsius. an. 1646.
in comitiis Warsavviensibus agitata, & decreti contra eum ibidem lat.
en 1650. in 8°.

Confessio Christiana ad Regum damnata, & combusta, manium à
D. *Nicolao Cicovio Soc. Jes. lacessitorum sui vindices.* 1652. *in* 8°.

N. *Cichovii centuria argumentorum cassa:* 1652. in 8°. en Flamand
1671. in 8°. *In latinum translata per Q. V.*

R. *Cichovii diabolus incantatus, seu responsio ad librum Cichovii, in*
quo scripsit Arianos (vulgò dictos) diabolum pro Deo habere. en Polon.

Cichovius diabolum incantatum recantare non potest, en Polon.

Apologia pro veritate accusata, ad Illust. & Potentissimos Hollandiæ &
West-Frisiæ ordines, conscripta ab Equite Polono, 1654. in 8°. En Flamand 1654. in 8°.

Brevis explicatio variorum articulorum Christianæ Fidei, per Joannem
Simplicium. On y a ajouté, *brevis explicatio* 9. *cap. Epist. ad Roma-*
nos scripta, propter unum è Magistratibus Polonorum. Ces explications

furent faites en Flamand en 1656. in 8°. On les a mis en Latin. Mss. par un Auteur Polonois.

Memoriale in causa Fratrum Unitariorum ab ipso, & S. Lubieniescio scriptum, à Stetin 1659.

Questiones de Magistratu, bello, defensione privatâ, &c. Elles sont imprimées avec des notes de sa main, parmi les ouvrages de Loüis Wolzogen, dans la Bibliothéque des Freres Polonois.

Catecheseos Ecclesiarum Polonicarum editionem novam, il l'embellit, & y mit ses réponses aux notes de M. Ruar; c'est l'édition de 1665. in 8°. On le mit en Flamand 1666. in 4°. A. Wissowats en donna une édition latine, in 4°. en 1680. avec ses notes, & celles des autres; j'en ai déja parlé, & j'en parlerai ailleurs.

De uno Deo Patre. Mss.

Explicatio Orationis Dominica. Mss. Pol.

De Liberalitate & Avaritiâ. Mss.

Concio in Psalmum 110. totum Mss. Pol. Eadem latinè reddita Mss.

Alia plures Conciones sacra, Mss.

Nota contra H. Grotii votum de potestate Ecclesiasticâ, Mss.

Contra Placdum Theol. Salmuriensem, Mss.

Nota breves in ea quibus Cornelius Martini, unum illum Deum, trinum esse personis conatur demonstrare, Mss.

Contra Comenium, Mss.

De lotione pedum, disceptatio contra Joach. Stegmannum juniorem, Mss.

Oratio ad Georgium Racocium Principem Transsilvania, Mss.

Omnia V. Testamenti loca, qua à Trinitatis pro istius dogmatis deffensione afferuntur ab orthodoxis (ut audire volunt) eodem modo quo Unitarii, vulgò Sociniani dicti ea exponunt, explicata. Item N. Testamenti loca omnia eodem modo collecta, utrumque manu Slichtingii Moscorovii, Stegmannii, & aliorum scriptum, Mss.

Ce qui suit est aussi attribué à Slichting.

De vera Fide Catholicâ Anonymi, & ejusdem refutatio, & contra Mss.

De vero honore B. Virginis, Mss.

De articulis fundamentalibus.

La Bibliothéque des Freres Polonois rapporte ces Commentaires posthumes, sur la plûpart des livres du nouveau Testament; on les imprima en 1665, in folio, & jusqu'alors on ne les avoit point imprimés, on leur donne cet ordre:

Exemplum Epistola S. Lubienicii de Lubieniez, qua viro cuidam magno, historiam commentariorum, & vita ac mortis J. Slichtingii pertexit scriptum 14. Junii 1665.

Commentarius in Evangelium Joannis Ap.

Paraphrasis initium ejusdem Evangelii.

Commentarius in Epistolam ad Romanos.

Operum exegiticorum posthumorum. Tomus alterus, Commentarius in priorem epistolam ad Corinthios.

In posteriorem , ad Corinthios.

Ad Ephesios.

Ad Collossenses..

Ad Philippenses,

Ad 1. Thessalonicenses.

Ad 2. Thessalonicenses

Ad 1. ad Thimotheum.

Ad 2. ad Timotheum.

Ad Titum.

Ad Philemonem.

Ad 1. Epist. Petri Ap. ad 2. Epist. ejusd.

Ad 1. 2. 3. Epistolam Joannis Ap.

Fragmentum in Epistola Juda. vers. 7.

On a fait une version Flamande de son Commentaire, sur l'E-
vangile de saint Jean, in 4°.

CHAPITRE XXIX.

JEAN LOUIS WOLZOGENIUS, OU WOLZOGUE,

quatriéme Chef des Sociniens.

WOlzogue s'est rendu assez recommandable par ses écrits, pour
qu'on lui ait fait l'honneur de le mettre au nombre des Ecrivains celebres, qui ont écrit en faveur du Socinianisme. Il étoit du
pays d'Autriche , & vint au monde en 1596. on le dit Baron de Ta-
renfeld, de saint Ultrich , & d'autres lieux. Il quitta la Foi Romaine , pour embrasser la Prétenduë Réforme. Les Catholiques lui firent un procès à ce sujet, ce qui l'obligea de quitter l'Autriche,
& de se refugier en Pologne ; il s'y dégouta de la Prétenduë Reforme, & se declara pour les opinions de Fauste Socin. Il sortit de
Pologne, & se retira en Silesie, assez proche de Bresleau, où il
mourut en 1658. âgé de 62. ans. Ses livres sont dans la Bibliothéque des Freres Polonois, on leur donne cet ordre.

*Declaratio duarum contrariarum sententiarum , de naturâ & essentiâ unius
altissimi Dei* , en 1646. in 4°. Pol.

*Explicatio locorum sanctæ Scripturæ tam V. quam N. Testamenti , quæ
ad probandum dogma Trinitatis adferri solent* , en Latin & en Polonois
manuscrit.

Ecclesia Domini nostri , hic in terris triumphans , in Pol.

Breves in meditationes Metaphisicas Renati Cartesii Annotationes , à
Amsterdam chez Jean Henri , en 1657. in 4°. Une version Flamande par M. K. à Amsterdam chez Frideric Klinkhamer , in 4°.

Epistola ad Joannem Amos Comenium , en Allemand, Commenius l'a

inferée dans fon livre contre Melchior Scheffer, *de quæstione utrum Dominus Jesus propria virtute à mortuis resurrexit*, à Amsterdam chez Janfonius, 1659. in 8°.

Epistolæ ad D. Brenium, ut & ad alios, MST.

Commentarii in quatuor Evangelistas, en Allemand.

Commentarii in epistolas Paulinas, en Allemand. Giffelius en parle dans fon Histoire Ecclesiastique, mais il paroît que certaines personnes, pour des raisons à elles connües, ont brûlé les commentaires fur les Evangiles, & qu'il ne reste plus rien du Commentaire, hors les lettres de faint Paul, que le titre & la vie de cet Apôtre, traduite en latin, & que l'on a mis dans la Bibliothéque des Freres Polonois.

Conciones facræ 22. en Allemand & en MSf. Antoine de Hoëk, Hollandois, qui a eu l'exemplaire de ces fermons, les a traduit en Flamand.

Il a fait une version en Allemand du livre de Crellius, *de uno Deo Patre*, en 1645. in 4°.

La Bibliothéque des Freres Polonois renferme ces œuvres : *ex Egetica, Didactica, & Polemica*, avec quelques commentaires d'André Wiffowats, avec cet ordre.

Commentarius in Evangelium Mathæi, cum Prolegomenis, & appendicibus.

In Evangelium Marci.

In Evangelium Lucæ.

In partem Evangelii Joannis. C'est le jeune Jean Stegmann qui a commenté le 6. le 7. le 8. le 9. & le 10. chapitres, en traduisant de l'Allemand en Latin tous les commentaires de Wolzogue.

A. W. c'est-à-dire, *Andreæ Wiffovvatii commentarius in acta Apostolorum.*

Wolzogenii præmium in epistolam Pauli ap. ad Romanos, continens vitam fancti Pauli.

Andreæ Wiffovvatii annotationes in epistolam fancti Jacobi.

Præparatio ad utilem fanctarum Litterarum lectionem. Il traite dans la premiere partie, de la nature & de la qualité du regne de Christ, & de la Religion Chrétienne ; il y manque quelque chose à la fin. Dans la feconde partie, il traite de la doctrine d'un Dieu en trois Personnes.

Compendium Religionis Christianæ.

Declaratio duarum contrarium fententiarum de uno Deo Patre, & de uno Deo in effentia, & tribus perfonis.

Conciones tres fuper Joannis cap. 27. *v.* 3. le dernier de ces fermons n'est pas achevé.

Annotationes ad quæstiones J. Sclichtingii, à Bucovviez, de magistratu, bello, & defensione.

Annotationes in meditationes metaphificas R. Cartefii.

Responsio ad Joannis Selichingii Annotationes in Annotationes de belli, magistratu, & privata defensione.

Ce sont là tous les livres que la Bibliothéque des Freres Polonois donne à Wolzogue, il y en a quelqu'uns que l'on a traduit en Flamand.

CHAPITRE XXX.

SAMUEL PRZIPCOVIE, cinquiéme Chef des Sociniens.

Ses avantures, ses écrits & ses livres.

PRzipcovie vint au monde vers l'an 1590. dans Przipcowie, & sa famille étoit de l'ordre des Chevaliers. Il fit ses études à Leide, & avec tant de succès, qu'âgé de dix-huit ans il composa son livre *de pace & concordia*, qui fut si bien reçu des Sçavans, qu'ils l'attribuerent à Episcopius, le plus habile Théologien qui fut alors chez les Rémontrans. Peu de tems après il fit son *Apologeticum*, contre la Satyre de Daniel Heinsius, qui avoit pour titre, *Cras credo, hodie nihil Apologeticum*, qui renfermoit beaucoup de pointes d'esprit, contre la diversité des désordres qui regnoient en Hollande sur les matieres de la Religion ; & où Episcopius & d'autres Sçavans n'étoient pas épargnés. Cette Apologie ne fut pas moins agréable au public, que son livre *de pace*, &c. d'autant plus qu'il y poursuit son adversaire avec tout l'esprit & la solidité qu'auroit pû faire un homme consommé dans ces sortes de combats.

Après de si beaux coups d'essai, faits pendant le cours de ses Humanités & de sa Philosophie, il revint en Pologne chargé des lauriers classiques ; & à peine y fut-il, que son bel esprit, joint à une naissance distinguée, lui donna entrée par tout, à l'Armée, au Bareau, à la Cour, & particulierement chez le Prince de Radzivil, qui en fit son ami familier, & réüssit par tout. Il fut brave à l'Armée, sage, prudent, équitable, & éclairé dans le Bareau ; poli & agréable à la Cour, fidele & complaisant à son ami, mais sans flaterie & sans lâcheté.

On nous fait remarquer comme un des Beaux endroits de son caractere, qu'il ne fit jamais rien qui fut indigne de l'honnête homme, pour gagner l'amitié des Grands. Il est vrai qu'il composa une Apologie en faveur du Prince de Radzivil, la vie de Fauste Socin, qui tient plus du panegyrique que de l'histoire ; & un Panegyrique à la loüange du Roy Uladislas, où il implore sa clemence sur les broüilleries arrivées depuis peu dans l'Etat ; mais on veut qu'il n'y ait rien dans ces pieces qui soit outré, ni rien qui sente la flatterie. Cependant tous les Catholiques, & les Prétendus Reformés qui lirent la vie de Fauſte Socin, ſans même aucune prévention, la trouveront bien outrée, par les vertus & les loüanges qu'il donne gratuitement à ſon Heros.

Pendant ſon ſéjour à la Cour, il fit ſon Hiſtoire des Egliſes de Pologne; & ce fut cet ouvrage, avec la liberté qu'il y prenoit ſouvent de parler des matieres de Religion, conformément à ſes préjugés ſociniens, qui lui attirerent une bonne part e des malheurs qui ne l'ont point abandonné pendant le reſte de ſa vie, quoique fort longue.

Sa lettre à Jean Næranus, marque quelques circonſtances de ſes malheurs, & en met la premiere époque en l'an 1648. tems auquel les Coſaques firent une cruelle guerre à la Pologne. Ces Rébelles le dépoüillerent de tous les biens qu'il avoit le long du Boriſthéne; ce ravage fut cauſe qu'il s'exila volontairement, ne voulant plus avoir de demeure, n'ayant plus de bien. Après cette diſgrace, il fut encore expoſé aux incurſions des Moſcovites, des Suédois, des Tranſilvains, & des troupes qu'on avoit fait venir d'Autriche & de Sileſie, pour le ſecours de la Republique.

Cet exil volontaire dura dix ans, & fut ſuivi d'un autre qui fut forcé, & dont il n'y eur point de retour; il fut compris dans l'Arrêt de banniſſement de 1658. dont nous avons parlé. Les Catholiques qui avoient peine de voir un ſi bel eſprit dans les erreurs ſociniennes, & banni comme un malheureux ſujet, firent pluſieurs tentatives pour le convertir, mais inutilement. Il mépriſa leurs avis, & leurs offres de ſervices, & préfera une vie de banni, avec les incommodités qui en ſont inſéparables, à une vie honnête, & veritablement chrétienne; & même, comme pour ſe vanger des honnêtetés que l'on avoit pour lui, ou de ce qu'on le croyoit capable de ſe laiſſer fléchir ſur le fait de la doctrine, il fit ſon livre, *Judicium ſinceri & antiqui*, où ſous le caractere d'un Catholique, il défend avec toute la force imaginable ſa cauſe perſonnelle, & celle de ceux de ſa ſecte, renfermés dans l'Edit de 1658.

Banni de ſa patrie, il ſe retira dans le Brandebourg; l'Electeur l'y reçut favorablement, & même l'honnora d'une Charge de Conſeiller d'Etat. Cette dignité ne l'empêcha pas de faire des livres, on en donne differentes raiſons: les uns diſent que c'étoit pour vivre, les gages de ſa Charge ne ſuffiſant pas pour cela; les autres diſent que c'étoit pour nourrir ou ſoulager ceux de ſa ſecte, qui s'étoient retirés dans les terres de Brandebourg, & qui étoient dans la derniere miſere; ils veulent même qu'il employoit tous les revenus de ſa charge à cette officieuſe charité; mais on peut dire, ſans trop hazarder, que ſon deſſein étoit de faire parler de lui tout autrement qu'il n'avoit fait, & qu'il ne vouloit pas enfoüir les talens que la Providence lui avoit donné pour écrire. *Bibl. uni-verſelle. t. 24. p. 502.*

Ses écrits lui cauſerent de gros démêlés avec les RR. PP. Jesuites, & avec quelques autres Religieux; il s'y comporta avec tant de prudence & de civilité, qu'il se ménagea toûjours auprès d'eux un fonds d'estime, & même de confiance; & sa politesse alla si loin sur ce fait, & captiva si bien les esprits de tous ceux avec qui il avoit affaire; que tous le considererent par tout comme l'arbitre & le moderateur des differens qui arrivoient, ou dans sa communion, ou dans celle des Catholiques, ou dans celle des Prétendus Reformés.

Il conserva la force de son corps, aussi bien que celle de son esprit, jusques dans un âge fort avancé. Il servoit encore dans les armées, âgé de 69. ans; on ajoûte qu'à l'âge de 70. ans, & plus, il sautoit sur un cheval sans étriers & sans selle, quoiqu'il fut armé de pied en cap. Enfin fatigué de tant de courses, & de tant d'exercices militaires, il se retira en Prusse chez sa bru, qui avoit deux fils de son fils, & il y mourut le 19. Juillet 1670. âge environ de 80. ans. Il a laissé un assez grand nombre de livres, pour lui procurer l'honneur d'être le cinquiéme Evangeliste des Sociniens, & pour former le septiéme volume de la Bibliothéque des Freres Polonois; c'est dans ce tome que j'ai trouvé une bonne partie de ce que j'ai dit de lui; je ferai le détail de ses livres, après avoir fait celui de ses opinions.

Ses opinions
Bibl. universelle 10.
24.

Elles ne sont pas toûjours, ou par tout conformes à celles de Fauste Socin, souvent même il les combat, & particulierement celles qu'il a contre la Magistrature, & contre le droit de faire la guerre.

Sur la tentation de J. C. il dit, qu'on peut raisonnablement conjecturer que les Anges s'approcherent de lui, après qu'il eut surmonté la tentation, & qu'ils l'enleverent triomphant dans le Ciel. Ce n'est pas sans dessein que cet Auteur établit ce paradoxe, inconnu à tous les Interpretes Catholiques, Protestans & Calvinistes; c'est pour soûtenir la fiction que les Sociniens se sont forgé, pour éluder les passages où saint Jean dit, que le Fils de Dieu est descendu du Ciel. Car ces Sociniens qui ne veulent pas que J. C. fut avant sa mere, disent que s'il est descendu du Ciel, c'est qu'il y étoit monté depuis sa naissance, pour y apprendre de son Pere les préceptes qu'il devoit enseigner aux hommes; mais pouvons-nous demander à Przipcovie, qui lui a revelé cette nouvelle Ascension? Les Evangelistes n'en disant rien, après nous avoir marqué avec assez d'exactitude, que ce fut l'Esprit de Dieu qui conduisit Jesus au desert, pour y être tenté. Sans doute, si après cette conduite les Anges l'eussent enlevé dans le Ciel, l'Evangeliste n'auroit pas manqué de nous le marquer.

Ch. 3. v. 13.
& 31.

Sur ces paroles, *votre Royaume nous vienne*, il donna de grandes experiences à ceux de sa Secte, que ce régne sera un jour établi dans le monde, c'est-à-dire, que les sentimens Sociniens seront généralement reçus.

Sur

Sur ces paroles de saint Paul, *la justice de Dieu nous y est revelée* Rom.
c. 1. v. 17.
de foi en foi, selon ce qui est écrit : le Juste vit de la foi. Il dit que par
la premiere foi, il faut entendre celle que produit la seule raison,
en contemplant les œuvres de la nature, qui est un chemin à la foi
Evangelique, qui est la foi proprement dite. Il établit ce principe
pour en confirmer un autre de sa Secte ; sçavoir, que tous les myfteres & les objets de notre Foi sont fondés sur la raison.

Il veut que les Anges soient tombés avant que le monde fut créé ; parce que S. Paul dit qu'avant que le monde fut créé, Dieu nous avoit élû
en Christ, c'est-à-dire, qu'il avoit résolu de sauver ceux des hommes
qui croiroient en son Fils ; ce qui présuppose le peché des hommes, qui
ne devoient pecher qu'à la sollicitation des Démons ; comme s'il étoit
plus difficile de comprendre (pouvons-nous lui repliquer) que cette élection se soit faite avant la chûte des Anges, qu'avant celle des hommes.

Sur ces paroles de saint Paul. *Car c'est par J. C. que toutes les cho-* Collo.
c. 1. v. 16.
ses visibles & invisibles ont été faites dans le Ciel & dans la terre, soit
les Trônes, soit les Dominations, soit les Principautés, soit les Puissances, tout a
été créé par lui & pour lui. Il rapporte toutes ces paroles, & tout ce que
dit l'Apôtre dans ce chapitre, à la nouvelle Créature, c'est-à-dire,
aux Chrétiens, & prétend que les Trônes, Dominations, &c. ne
sont rien autre chose que les differentes dignités que J. C. nous a
acquises pour le Ciel, dont il nous mettra en possession au dernier
jour, & qui seront d'une autre élevation, que toutes celles ausquelles les Anges ont été élevés ; & il ajoûte que c'est à quoi l'Auteur
de la lettre aux Hebreux a eu égard, quand il a dit, que ce n'est c. 2. v. 5.
point aux Anges qu'il a assujetti le monde à venir. Cette explication ne tend qu'à ôter à J. C. sa qualité de Créateur de toutes choses ; & par là une des plus sensibles preuves que nous avons de sa
Divinité suprême, & qu'il est avant sa mere, & même avant les
Anges, puisqu'il en est le Créateur & la fin.

Il dit en differens endroits, que les Apôtres ont prédit que l'Antechrist
viendroit bientôt dans le monde, & qu'ils se sont plaint, que de leur
tems il y avoit déja un grand nombre de faux Docteurs qui preparoient
ses voyes ; que tel fut Simon le Magicien, chef des Gnostiques,
qui par la doctrine de leurs Eons, & par ce qu'ils ont enseigné de
la génération de ces Eons, ont donné lieu au dogme de la génération éternelle du Fils, & de la procession du Saint Esprit. Tout
cela est dit gratuitement, & sans preuves, pour faire croire que
tous ceux qui croyent les mysteres de la génération éternelle du
Verbe, & de la procession éternelle du Saint Esprit, sont des pre-
curseurs de l'Antechrist. Je dis que tout cela est avancé gratuitement ; quel rapport y a-t'il entre ce que nous croyons sur ces myfteres, & entre ce que ces heretiques disoient de leurs Eons, qu'ils
supposoient être mariés ; & quelle apparence que les anciens Peres
ayent donné dans ces égaremens, eux qui les ont combattus comme
des heresies manifestes & grossieres.   H h h

Il ajoute, que la plûpart des anciens Peres avoient été Philoso-phes avant que d'être Chrétiens; de là il conclut, qu'il n'est pas surprenant qu'ils ayent introduit les dogmes de Pythagore & de Pla-ton, dans la Religion; & particulierement de saint Justin, qui est le premier qui a parlé clairement de la Divinité éternelle du Fils de Dieu: que les Juifs convertis retinrent à la verité la Doctrine évan-gelique, & en particulier celle qui regarde la personne de J. C. mais parce que d'ailleurs ils vouloient retenir quelques ceremonies de la Loy, ils furent méprisés des autres Chrétiens, & encore plus depuis la dissipation de toute la Nation; à quoi on doit ajoûter, que comme d'un côté il y eut parmi les Gnostiques, des gens qui pous-serent leur folie à l'excès, enseignant des opinions honteuses, que l'on ne peut lire sans horreur; mais même que je n'oserois rapporter dans un ouvrage écrit en langue vulgaire; aussi y eut-il parmi les Chrétiens Juifs des gens qui se jetterent dans une autre extremité, enseignant que J. C. étoit le veritable fils de Joseph, ce qui leur fit donner le nom d'Ebionistes, ou de pauvres, à raison de la legere & de la foible connoissance qu'ils avoient de l'Ecriture, & des choses celestes. Ce nom fut donné dans la suite à la plûpart des Chrétiens Juifs, qui vouloient retenir les ceremonies de la Loy, & dont la plus grande partie, dit cet Auteur, avoient les mêmes sentimens sur J. C. qu'ont aujourd'hui les Sociniens.

Pour autoriser son systême, & parce que l'opinion que les Soci-niens ont, que J. C. n'est pas le Dieu suprême, est fondée sur une tradition aussi ancienne que l'Eglise, il dit que cette doctrine n'é-toit pas seulement renfermée dans les Chrétiens Juifs, mais qu'elle se trouvoit aussi dans ceux qui avoient été convertis du Paganisme à la Foi Chrétienne. Berille Evêque de Bostrés en Arabie, l'ensei-gna sur le milieu du troisiéme siécle. Theodore de Byzance, Cor-royeur de son métier, & qui fut excommunié en 196. par le Pape Victor; Paul de Samosate, Evêque d'Antioche, Artemon, & quel-ques autres, ont soûtenu la même opinion, ausquels ont succedé les Manichéons, les Eutichiens, les Albigeois, les Vaudois, &c. à quoi il ajoute par maniere de conclusion, en faveur de sa prétenduë Tra-dition, que le Pape Victor fut comme le grand Antechrist, qui ait paru dans le monde, parce qu'il est le premier qui ait condamné ceux qui s'en tenoient aux doctrines enseignées dans le Symbole des Apôtres. Tous ces paradoxes se trouvent dans ses Commentaires, en voici quelques autres qui se trouvent ailleurs.

Dans sa Dissertation de la paix de l'Eglise. il fait voir que les Ar-ticles de la Foi, necessaires au salut, sont en petit nombre, & qu'ils ont été clairement expliqués dans la sainte Ecriture; & que comme nous n'avons qu'une connoissance très-imparfaite de la Divinité, aussi ce qu'on enseigne de la Trinité des personnes, ne peut pas être un des articles necessaires au salut, & que par consequent on doit suppor-ter ceux qui sont dans l'erreur sur ce sujet.

Il y fait voir qu'il eft du nombre de ces Sociniens, qui ne reconnoiffent point d'autres peines éternelles à l'égard des méchans,
qu'une mort abfoluë, dont il n'y a point de retour, & qu'il nomme
la mort éternelle; & prétend que tous les Idolâtres qui n'ont pas
entendu parler de l'Evangile, n'auront pas un traitement moins fevere, parce que Dieu ne leur doit rien.

Dans fon Apologie pour les Sociniens, adreffée à l'Electeur de
Brandebourg, il dit, que bien qu'ils ne reconnoiffent qu'un Dieu
fuprême, ce qui leur a fait donner autrefois le nom de Manichéens,
& aujourd'hui celui d'Unitaires, ils ne laiffent pas d'avoir du refpect pour la doctrine qui foutient un Dieu en trois perfonnes, le
Pere, le Fils, & le Saint-Efprit, au nom defquels ils font baptifez.
Que c'eft par la veneration qu'ils ont pour ce myftere, qu'ils n'o-
fent pas employer d'autres termes pour s'exprimer fur ce fujet, que
ceux dont l'Ecriture s'eft fervie; & qu'ils croyent qu'il eft plus fûr
pour eux de s'en tenir aux feules Ecritures, & au Symbole des
Apôtres, que de fe fervir de ce grand nombre de termes nouveaux,
que l'on a inventé pour expliquer cette doctrine, & ces termes qui
ne font pas fans de grandes difficultés.

Que pour ce qui eft de J. C. ils le reconnoiffent pour le Fils
unique de Dieu, proprement dit; qu'il a merité ce nom dés fa naiffance, ayant été conçû du Saint-Efprit, & étant né d'une Vierge.
Nom qu'il a encore merité d'une maniere plus parfaite, & plus évidente, lors qu'après fon Afcenfion dans le Ciel, il a été honoré
d'une nature non-feulement immortelle, mais très-divine, & appro-
chante de la nature du Pere, revêtuë de la puiffance & des autres
attributs de la Divinité, en forte qu'il eft le vrai Dieu proprement dit, & par fa nature. Je crois que fi nous demandions à Przipcovie s'il peut concevoir qu'un Eftre créé puiffe être revêtu de tous
les attributs de la Divinité, & être un vrai Dieu, & Dieu par fa propre nature; il auroit bien de la peine à nous répondre, s'il vouloit
parler fincerement. Quoiqu'il en foit, on voit bien qu'il ne releve
ve la gloire de J. C. après fon Afcenfion, que pour lui ravir celle
dont il joüiffoit fur la terre, & celle dont il joüiffoit de toute éternité dans le fein de fon Pere.

Quand il parle du Saint-Efprit, il dit, qu'il conviendra de tous
les titres auguftes qu'on voudra lui donner, pourvû feulement qu'on
ne raviffe pas à la perfonne du Pere, le nom & le titre de Pere de
J. C. c'eft-à-dire, pourvû qu'on reconnoiffe le Pere, le fouverain
& l'unique Dieu, & fuperieur à J.C. & au Saint-Efprit.

Parlant du merite de J. C. il convient que notre Redemption eft
dûë à l'effufion de fon fang, en forte néanmoins que la grace du pardon de nos péchés, eft dûë principalement à la mifericorde du Pere;
& c'eft là un des grands points de l'herefie Socinienne, & qui fuit
affez bien de leur principe favori; fçavoir, que J. C. n'eft pas le

grand & l'unique Dieu, & ainſi qu'il n'a pas un mérite infini.

Il reconnoît deux natures en J. C. l'humaine & la divine ; mais il explique la choſe d'une maniere qui lui eſt particuliere. Il prétend que ces deux natures n'ont été que ſucceſſivement en J. C. que la nature humaine a exiſté la premiere ; & qu'après l'Aſcenſion, cette nature a été changée en la nature divine, en ſorte que comme il n'étoit pas Dieu pendant qu'il étoit ſur la terre, auſſi il n'eſt plus homme depuis qu'il eſt dans le Ciel. Ces deux natures, dit-il, ſont ſi ſouvent oppoſées entre elles, qu'elles ne peuvent ſe trouver en même tems dans le même ſujet. La nature divine a abſorbé & anéanti la nature humaine, en ſorte que depuis l'Aſcenſion on ne peut donner le nom d'homme à J. C., qu'improprement, c'eſt-à-dire, que parce qu'il l'a été autrefois ; & aujourd'hui il eſt Dieu proprement & ſimplement, non ſeulement à cauſe de ſa puiſſance, mais encore à cauſe de la nature divine, qui lui a été conferée par une ſeconde génération.

Quand on lui a objecté que J. C. avant ſon Aſcenſion, a été honoré du nom & du titre de Dieu, il a répondu, que ce n'étoit que parce qu'il le devoit être un jour, de même qu'il eſt appellé preſentement fils de l'Homme, parce qu'il l'a été autrefois.

Ce qu'il a encore de ſingulier, c'eſt qu'il prouve la Divinité que J. C. a reçûë après ſon Aſcenſion, de la maniere que les Orthodoxes prouvent ſa Divinité éternelle ; & prévoyant que ceux de ſa ſecte lui reprocheroient la nouveauté de ſon opinion, il ſoûtient que telle a été celle de l'ancienne Egliſe ; & que ceux de ſa communion reconnoiſſans la verité des principes qu'il a établis, doivent neceſſairement admettre les juſtes conſequences qu'il en tire.

Refutant Comenius qui avoit écrit contre les Freres Polonois, à l'occaſion du livre *Irenicon irenicorum*, qu'on croit être une eſpece de manifeſte, où les Sociniens offrent la paix au reſte des Chrétiens, à de certaines conditions ; il déclare qu'on s'eſt fort trompé d'avoir eu la penſée que cette piece ſoit l'ouvrage d'un Socinien, puiſque l'Auteur y établit des principes qui ne peuvent s'accorder avec ceux des Sociniens, comme quand il veut que l'on reçoive la tradition pour un des fondemens de la Foi avec l'Ecriture & la raiſon, outre qu'il ſoutient les ſentimens des Mennonites en pluſieurs endroits.

Je paſſe à ſes livres.

Ses livres.

B. A p 123.

Anonymi diſſertatio de pace & concordiâ Eccleſiæ. Irenée Philalette l'a imprimé, avec une preface au Lecteur, qui eſt de la main de l'Imprimeur, d'où Sandius dit, que l'on peut conclure qu'il étoit de l'opinion des Ariens. On ajoûta à la fin du livre un diſcours au Lecteur, *aliud ejuſdem ad lectorem alloquium. Eleutheropoli, typis G. Philadelphi*, en 1628. in 12°. C'eſt cet ouvrage qu'on attribua à Epiſcopius ; il y en eut une ſeconde édition en 1630. in 12°, corrigée ſur l'original de l'Auteur, & augmentée de beaucoup de choſes, imprimée chez le même Auteur. On en a fait une version Allemande.

Panegyricus honori, & gloria Ser. & Potentissimi Principis, ac Domini D. Uladislai Sigismundi Regis Polonia. M. Ducatûs Lithuania, &c. nec non Suecorum, Gothorum, Vandalorum Regis hereditarii, electi magni Moscovia Ducis, dicatus ab Equite Polono 1633.

Vita F. Socini, 1636. in 4°. on la trouve dans la Bibliothéque des Freres Polonois, au commencement des ouvrages de Fauste Socin, il y en a trois éditions Flamandes.

Dissertatio de Christianorum summo bono. L'Auteur a voulu qu'on le mit au commencement des ouvrages de Fauste Socin, 1636. in 4°. elle est aussi dans la Bibliothéque des Freres Polonois.

Apologeticum adversus Satiram viri clarissimi Danielis Heinsii, cui titulus, cras credo, hodiè nihil, en 1644. in 4°.

Brevis disquisitio fidei.

Claudium Gallum de hominis J. C. adoratione Mss. *Fraterna declaratio ad non fraternam commonitionem ab Auctore sub nomine Equitis Poloni, ad dissidentes in Religione factam,* en 1646. in 4°.

Judicium sinceri, & antiqui majorum moris retinentis, nec minus Religionis quam patria sua amantis Catholici de libello ordinibus Regni Polonia, à Patre Nicolao Cichovio Soc. Jes. oblato, Mss.

Injuriâ oppressa & prodita libertatis flagitium in comitiis, 1647. Ce traité est fait principalement en faveur de Jonas Slichtingen, au sujet de son bannissement, dont Przipcovie fut témoin, & il le fit le 2. Janvier 1648. Mss.

De jure Christiani Magistratus, & privatorum in belli pacisquè negotiis, Mss.

Apologia prolixior tractatûs de jure Christiani magistratus, ac contra Joac. Stegmannum juniorem, Mss.

Ejusdem defensio altera opposita D. Danieli Zvvikero, Mss.

Animadversiones in librum D. Brenii de qualitate Regni Christi, seu de Magistratu, &c. en 1650. Mss.

Supplicatio ad Regem in causa dissidentium in Religione tempore comitiorum, an. 1652. *facta,* Mss. Pol.

Gratulatoria Principi Jannussio Radzivilio Satrapa Samogitia, ac Duci campestri M. D. Lithuania, & ex Cosaccica expeditione reduci, Mss. Pol.

Apologia ejusdem Joanni Radzivilii Ducis in Birza, & Dubinki S. R. J. Principis, in 4°.

Epitaphium Nympha Cavaleria Georgii Ossolini Procancellarii Regni, Mss.

Carmen de pactis Prussicis cum G. Adolpho Rege Suecorum, Mss. & d'autres vers semblables, Mss.

Responsio ad scriptum Gen. Dom. Niemirici Archiepiscopi Camerarii Kijoviensis, qui omnes in Regno Polonia, &c. à Romana Ecclesia dissidentes, hortatur ut in gremium Ecclesia Orientalis se recipiant, Mss. Pol. Il y en a une version Latine, sous le nom de Jule Celsius, Mss.

Monachorum, & Anachoretarum instituta, non esse viam optimam ad Sanctimoniæ perfectionem perveniendi, sed Ecclesiæ noxiam, & periculosam, Mss.

Cogitationes sacræ in Evangelii sancti Mathæi 7. capita priora, Mss. scripta 10. Maii, an. 1664.

In sancti Pauli Epistolam ad Rom, Mss.

In utramque ad Corinthios, Mss.

Ad Galathas, Mss.

Ad Ephesios, Mss.

Ad Philippenses, Mss. scripta 1658.

Ad Collossenses, Mss.

Responsio ad A. Wissovatii notas amicas in sacras, in Epist. ad Colossenses cogitationes, Mss.

In utramque ad Thessalonicenses, Mss.

In utramque ad Timotheum, Mss.

Ad Titum, Mss.

In Epistolam sancti Jacobi Mss. en 1660.

In utramque sancti Petri, Mss. 1660.

In tres Epistolas sancti Joannis, Mss. La premiere est de 1660.

In Epistolam sancti Juda, Mss.

Hymnus in Symbolum apostolicum, elle est jointe au livre des Pseaumes, & des Hymnes, dont se servent les Freres Polonois, in 12°. Pol.

Apologia afflictæ innocentiæ ad Ser. Electorem Brandeburgicum, supremum Ducatus Borussiæ Principem, en 1666. Mss. Il y en a une version Françoise, Mss.

Hiperaspites, seu defensio apologiæ ab afflictis nuper in Poloniâ, &c. *Ser. Electori Brandeburgico oblatæ, Mss.*

Religio vindicata à calumniis Atheismi contra epistolam F. M. Eleutheropoli (c'est Amsterdam) *apud Christianum Ammonitum,* en 1677. in 12°. edente Christ. Sandio juniore.

Argumenta contra Atheos, quod Deus sit, quodque coli debeat, sed eo tantum modo, quo à Christianis colitur, Mss. Il y en eut une version Polonoise en vers, par Z. M. Mss.

Periphrasis Orationis Dominicæ.

Oratio ad Deum optimum maximum carmine elegiaco.

Oratio ad Christum filium Dei, carmine elegiaco. Elle est jointe au livre d'A. Wissowats, qui a pour titre : *Stimulis virtutum, & fraenis peccatorum,* à Amsterdam 1682. in 12°.

Eadem Elegia à Z. M. Carmine Polonico reddita, Mss.

Historia Ecclesiarum Unitariarum Regni Poloniæ, &c. Mss. Cette Histoire perit par le feu pendant son exil, & on nous avertit ici qu'il y eut bien d'autres livres Sociniens qui eurent le même sort.

Collatio Symboli Apostolici cum hodiernis Christianorum Symbolis. Mss.

Demonstratio, quod neque D. N. J. C. per metaphoram Pater, ne-

què Filius ejus unigenitus, per metaphoram eandem Filius dici queat aut debeat, MJJ.

De libertate conscientiarum tractatus, in duos libros distinctus, en MCC. Il n'y en a qu'un qui est achevé.

Epistola ad V. Radecium Episcopum Unitariorum per Transilvaniam, Claudiopolin. data Cassovia, 1624. *MJJ.*

Epistole ad J. Naranum Pastorem Ecclesia remonstrantium in Batavia apud veterannates, MJJ.

Alia Epistola ad varios, MJJ.

La plûpart de ces livres, comme on a pu le remarquer, sont encore en manuscrit. M. le Clerc parlant de cet Auteur, dit qu'il ne paroît pas qu'il eut aucune connoissance de la langue Hebraïque, sans laquelle néanmoins, il est difficile d'entendre & d'expliquer le nouveau Testament ; & que quoiqu'il se pique de bien parler Latin, son stile n'est pas bien net, qu'il est extrêmement diffus, & qu'il faut le lire plus d'une fois pour le bien comprendre.

Le Jugement de ses livres Bibliothèque universelle, to. 24.

CHAPITRE XXXI.

ANDRÉ WISSOWATS.

Son extraction, ses études, ses emplois, ses courses, ses malheurs, ses disputes, son caractere, & ses livres.

ANdré Wissowats, ou Wissowaks, fut assurément un des plus fameux partisans de sa Secte, & on peut dire qu'il fut digne fils de Fauste Socin son grand-pere.

Sa noblesse.

Pour sçavoir la noblesse de son extraction, il faut se souvenir de ce que nous avons dit de la noblesse de Fauste Socin, tant du côté paternel, que du costé maternel ; & ajoûter que Fauste Socin se maria avec la fille de Christophle de Morstin. *Hac stirpe oriunda Virgo F. Socino in matrimonium datur, Elisabetha nomine Christ. Morstinio in Paulicovia Domino nata.* Ce Morstin comptoit dans sa famille les Comtes Tarnowiuski, Jaroslaviuski, Granoviuski, Pileciuski, Sieniwscinski, Ohlebroviciuski, &c. Socin eut de son mariage une seule fille, qui eût pour tuteur M. de Morstin son oncle maternel, qui l'éleva selon sa qualité, & qui en 1606. la maria à Stanislas Wissowats Gentilhomme Polonois, Vice-Préfet de Pawlicoviez, Diacre de l'Eglise que les Sociniens avoient à Robcovie, & allié à une infinité de personnes de distinction du Palatinat de Podlakie, païs où la famille des Wissowats a pris naissance.

Ep. de vita A. Wiß.

B. A. p. 224.

Ce mariage fut fécond en enfans. Le premier fut André, qui vint au monde le 26. Novembre 1608. à Pawlicoviez ville de Lithuanie.

On lui donna le nom d'André par la confideration d'André de Morftin l'oncle de fa mere. On eût grand foin de l'élever dans le Socinianifme ; tous fes parens en étoient infectez „& le foûtenoient de
tout leur crédit. Il ne falloit pas qu'André dégénerât.

Les affaires domeftiques forcerent fon pere de quitter Pawlicoviez,
pour aller demeurer à Jankowka, village des environs de Cracovie,
& qui lui avoit été donné par Chriftophle de Morftin. On veut que
ce ne fut pas fans une conduite particuliere de la Providence ; parce
que cette demeure l'approchoit de la maifon du Seigneur de Morftin,
& lui fourniffoit un moyen facile pour donner une belle éducation à
fon fils André.

Ses Études. En effet, André parvenu à un âge capable d'apprendre, on le mit
avec les enfans de M. de Morftin fous la conduite d'un habile précepteur, que l'on entretenoit au logis. Il fit fous ce maître plus de
progrés que l'on n'auroit pû efperer ; auffi fur l'avis de ce précepteur
Staniflas Wiffowats retira fon fils de chez fon parent, & en 1619. le
mit au College de Racovie.

Wiffowats appartenant à des parens fi zelez pour la Secte, Crellius Recteur de ce College, & celui qui lui fucceda, en prirent tout le
foin poffible, & leur éleve qui avoit de l'efprit, une mémoire heureufe, de l'amour pour l'étude, & de l'horreur pour le jeu & pour
les amufemens des écoliers, fit un grand progrés dans les belles lettres. Son pere, qui en qualité de Diacre de l'Eglife de Pawlicovie,
venoit tous les ans au Synode de Racovie, content de fes études, d'ailleurs perfuadé qu'il en fçavoit affez pour un Gentilhomme qui devoit
chercher fa fortune, forma le deffein de le retirer du College, & de
le mettre à la fuite de quelque gros Seigneur qui pût l'avancer à l'Armée, ou à la Cour, où enfin fa bonne fortune le porteroit. Crellius qui
avoit un grand afcendant fur l'efprit de fon écolier, & fur celui de fon
pere, fit tant que celui-ci défifta de fon deffein ; & flatté de l'efperance qu'on lui donnoit, que fon fils feroit un autre Faufte Socin, il le
laiffa fous la conduite de Crellius, qui n'étant plus Recteur, mais
Profeffeur en Théologie & dans l'Ecriture fainte, prit encore plus de
foin du jeune Wiffowats qu'il n'avoit fait, & lui apprit quelques
traitez de Théologie, & quelques endroits de l'Ecriture.

Ses études faites, il fortit du College en 1629. & entra chez M.
Tarlon, Palatin de Lublin bon Catholique, pour y enfeigner les humanitez à fon fils aîné. Le Palatin fit de fon mieux pour faire revenir
Wiffowats de fes erreurs, & l'aggreger à la Communion Romaine,
mais fans fruit. Bien plus, Wiffowats entreprit de pervertir quelques
perfonnes qui fréquentoient la maifon du Palatin. Cette entreprife & cet
entêtement firent que Tarlon, qui vouloit faire voyager fon fils, &
lui donner un Gouverneur qui le maintint dans la Foy Romaine & dans
les bonnes mœurs, congedia Wiffowats aprés un an de fervice.

Il fe retira dans la maifon de fon pere ; & les Sociniens de Robcovie

vie, se flattant que son bel esprit pourroit un jour leur faire honneur, convinrent de le faire voyager à leurs dépens, afin que par là il pût apprendre chez les étrangers la situation de leur Secte, & comment ils pourroient avoir societé avec ceux de Hollande qui l'avoient embrassée.

Il sortit de Pologne accompagné de Ruar, de Pastorius, de George Memitricius, de Craplicius, de Lubienieski, de Suchodolius; s'embarqua à Dantzic, & aborda heureusement en Hollande. L'Université de Leïde fut le lieu qu'il choisit, pour y traiter les affaires de Religion, dont il étoit chargé par ceux de sa Communion. Ce fut là aussi où il fit connoissance avec tous ceux qui se distinguoient par leur bel esprit, leurs sciences & la nouveauté de leurs sentimens; au nombre desquels on met Vortius, Barlæus, Episcopius, Courcelles, & quelques autres Professeurs, qui tous charmez de ses belles manieres, l'honoroient de leur amitié.

Ses Courses.

Ces connoissances l'obligerent souvent d'aller de Leïde à Amsterdam, & dans ces voyages il renouvella l'ancienne connoissance qu'il avoit eü en Pologne avec Christophle Arcissovius, autrement Arcissiwski, ou Articholfski, homme distingué par sa noblesse, & par les emplois que la Compagnie Hollandoise des Indes Occidentales lui avoit confiés; & toujours bon Socinien au fond du cœur, croyant conformément aux instructions qu'on lui avoit donné dans sa jeunesse, que Jesus-Christ n'étoit pas le grand Dieu, & que le Pere Eternel étoit le véritable, le grand & unique Dieu. Quoique depuis qu'il se fut engagé à la Compagnie des Indes, il eût embrassé la prétenduë Réforme de Calvin, & qu'il en fit profession publique, Arcissovius prêt de partir pour conduire une Flotte dans le Brezil au profit de la Compagnie, sollicita Wissowats de faire le voyage, avec promesse de lui donner toute sa protection dans ces païs éloignez pour l'établissement & l'avancement du Socinianisme. Wissowats avoit un grand penchant pour faire cette Caravanne; mais après avoir fait réflexion qu'il étoit entretenu en Hollande aux frais de son Eglise, & qu'il ne pouvoit pas en honnête homme quitter les desseins que ceux de sa Secte avoient sur lui, & faire un aussi long voyage que celui qu'on lui proposoit sans avoir leur agrément, qui selon toutes les apparences le lui refuseroient s'il leur demandoit, remercia Arcissovius & passa en Angleterre, où suivant son premier train de vie, il fit amitié avec tous les plus habiles & les plus ardens Sectaires de ce Royaume.

D'Angleterre il passa en France, & s'arrêta à Paris, bien résolu de s'y appliquer à l'étude de la Théologie, & des Controverses de sa Religion, mieux qu'il n'avoit encore fait. Aussi eût-il soin d'y cultiver les beaux esprits qui s'y trouverent, comme le Pere Marsenne Minime, Gassendi, Hugues, Grotius, &c. d'y fréquenter les Colleges de l'Université, & même la Sorbonn, de se trouver aux Theses publi-

ques ; & on veut même qu'il n'ait pas rougi d'y débiter ſes erreurs ,
& qu'il ait été aſſez habile pour les inſinuer à quelques-uns , apparemment de ceux de la prétenduë réforme de Calvin.

Aprés ces courſes, il revint en Pologne l'an 1637. & tout ſon grand
mérite , ſa nobleſſe , ſes talens , ſes riches connoiſſances acquiſes par
tant de courſes , & avec tant de dépenſes de la part de ſon Egliſe , n'a-
boutirent qu'à lui procurer l'employ de précepteur d'Adam Suchodolius, jeune homme d'une grande eſperance , & dont la mere étoit attachée à la Secte de Calvin.

Pendant qu'il s'occupoit à enſeigner les humanitez à ſon éleve , il
arriva ce que nous avons déjà dit , la ruine de l'Egliſe , du College &
de l'Imprimerie de Racovie. Senſible à ce coup ſi fatal à ſa Secte , &
s'imaginant être un nouvel Eſdras , que Dieu avoit ſuſcité , pour ra-
maſſer les débris du petit troupeau , & pour ſoûtenir la cauſe de ſon
party , s'aſſocia de quelques Gentilhommes , vint en 1639. à la Diette
de Varſovie , & occupé de lui-même auſſi bien que de ſon prétendu
bon droit , il défendit lui ſeul la liberté des Sociniens , & demanda,
mais inutilement, qu'il lui fut permis d'entrer en diſpute avec les Catholiques,& les Evangeliſtes, ſur les matieres controverſées entre eux,
& les Sociniens. Ces ſortes de défis lui arrivoient ſouvent , marque
infaillible d'un homme plein de lui-même & entêté de ſes opinions,
auſſi-bien que d'un homme d'un ſçavoir éminent.

Il ſortit pour la ſeconde fois de Pologne en 1640. & parcourut l'Allemagne , la France & la Hollande avec ſon éleve , & ne manqua pas
d'y renouveller ſes anciennes habitudes. Aprés ces courſes il revint
en Pologne, remit ſon diſciple entre les mains de ſa mere , & ſe retira
chez ſes parens.

Les Sociniens , ſur les ſervices que Wiſſowats avoit rendu au jeune Suchodolius , ſe flatterent d'avoir dans la ſuite un zelé protecteur
dans la perſonne de ce Seigneur : c'eſt pourquoi ils projetterent dans le
Synode qu'ils firent en 1642. à Czarcovie , de lui demander la permiſſion d'établir ſur la terre de Piaski une Egliſe ; & ſe perſuadant que
la choſe ne ſouffroit aucune difficulté , ils déſignerent Wiſſowats pour
en être le Miniſtre, malgré même ſes parens, qui avoient bien d'autre vûës que de le faire Paſteur d'une Egliſe de village. Tous ces projets n'eurent aucun ſuccés ; Suchodolius à la ſollicitation de ſes amis,
& particulierement de ſa mere bonne Calviniſte , n'eût aucun égard
pour les Sociniens,& même ordonna à ces gens que s'ils venoient pour
entrer dans l'Egliſe de ſon village qu'ils prétendoient s'approprier, on
leur ferma la porte, & qu'on les chaſſa honteuſement ; ce que l'on fit.
Le Synode de Czarcovie & les plus notables , ſur ce procedé , députerent Chriſtophle Lubienieski & Wiſſowats auprés de Suchodolius ,
pour ſçavoir de lui le motif qu'il avoit eu de traiter ainſi ceux de leur
Secte. Le jeune Seigneur, que les Calviniſtes avoient eu ſoin de bien
inſtruire, leur fit dire par ſon Prédicateur, qu'il en avoit ainſi agi, parce

qu'il apprehendoit, que s'il leur donnoit une Eglise sur ses terres, ils ne manqueroient pas de pervertir tous ses sujets, & de les faire Sociniens.

Ce dessein échoué Wissowats s'en alla dans l'Ukraine ; ceux qui en gouvernoient les Eglises, pour lui faire honneur, l'associerent en 1643. à Jean Stoïnius fameux Prédicateur dans la ville de Czorszenie.

Pendant que Wissowats s'occupoit au ministere de la prédication dans un petit coin de la Pologne, des voleurs entrerent dans la maison de son pere, lui firent souffrir plusieurs tourmens, jusqu'à lui mettre les pieds dans le feu, pour le forcer à leur dire où étoit son argent ; abbatu par ces cruautez, chagrin d'avoir perdu le peu d'argent qu'il avoit, & effrayé des menaces qu'ils lui firent, il tomba malade, & mourut le 8. Octobre 1643. On nous fait remarquer, pour relever la patience & la force d'esprit du fils, qu'il ne fut point touché de cette perte, & qu'il continua tranquillement les fonctions de sa charge pastorale.

Il s'y acquit assez de reputation pour se concilier l'estime, l'amitié & la confiance de la plûpart de la Noblesse du Palatinat de Kiovie, & particulierement celles de Messieurs Niemiriciuski, riches & puissans Seigneurs. André, l'aîné de cette famille, fit tout ce qu'il put pour l'emmener avec lui dans ses terres, situées au-delà du Boristhéne, afin d'y prêcher dans la ville d'Orel. Pour l'engager à cette Mission, il lui dit, que puisqu'il s'appelloit André, il devoit imiter le zéle de l'Apôtre saint André, qui avoit prêché dans la Scytie. Wissowats auroit bien voulu seconder les desseins du Sieur Niemiriciuski, mais il ne pouvoit rien faire sans le consentement de ceux qui gouvernoient les Eglises Sociniennes, aussi il leur en parla, & eux bien loin d'y consentir, lui donnerent en 1644. l'administration d'une Eglise du côté de la Volinie, dont une partie de ceux qui la composoient étoit dans Halitzany, sous la protection d'Alexandre Czaplicius ; & l'autre partie étoit sur les terres de Tobie Luanicius parent de Czaplicius. Quelque tems après on lui donna l'inspection sur quelques Eglises. Il se comporta dans ces emplois d'une maniere digne des attentes de ceux qui les lui avoient confiez ; & en récompense, on lui donna l'administration de la Communion, & de la Prédication dans les Eglises de Kisselin, & de Beresc.

Ce fut dans ce même tems que l'on entreprit en justice Czaplicius, sous le pretexte qu'il avoit donné une favorable retraite aux Ministres & aux Professeurs de Racovie, après leur banissement. Les peines que l'on fit à ce Seigneur mirent une si grande allarme parmi la plûpart des Ministres Sociniens, qu'ils n'osoient plus paroître ; mais Wissowats plus hardi qu'eux, demeura ferme dans son Ministeriat, & voulut, tête levée, en faire les fonctions ; aussi trouva-t'il des gens dans son chemin qui lui firent bien de la peine. Les Catholiques l'accuserent en justice de beaucoup de crimes en matiere

de Religion, & le traduifirent au fouverain Tribunal, où les chofes allerent fi loin, que peu s'en fallut qu'on ne le condamna avec
infamie à un banniffement ; & lui, pour prevenir ce coup, forma
le deffein de s'en retourner en Hollande, deffein néanmoins dont il
fe départit à la priere de fes amis, d'autant plus qu'on ne pourfui-
vit pas le procès avec la même vigueur qu'on l'avoit commencé.

Cet orage paffé, les Sociniens fe virent dans une affez grande
tranquillité, & cette paix donna lieu à Wiffowats de rechercher en mariage Mademoifelle Alexandra Rupnoviski, fille d'André Rupnoviski,
& d'Elifabeth Lubienieski fille d'André. Ses noces fe firent le troifiéme Mars 1648. chez Alexandre Czaplicius, oncle maternel &
tuteur de l'époufe.

La même année le Synode jugea à propos de le retirer de la Volinie, & de l'envoyer dans la petite Pologne, pour avoir foin de l'E-
glife de Lublin, qui pour lors s'affembloit à Siedliska, Village proche de Lublin, fous la protection de Suchodolius, qui leur avoit
donné fa maifon pour leur fervir d'Eglife. Le jeune Chriftophle
Lubienieski qui en avoit été le premier Miniftre, étant mort en
1648. le Synode qui avoit de grandes vûës fur Wiffowats, & qui
le confideroit comme fon Penfionnaire, & comme un homme propre à tout, le nomma Pafteur de cette Eglife, au préjudice de beaucoup d'anciens, & d'émerites Miniftres qui y afpiroient ; & malgré les obftacles qu'y firent les Sociniens de la Volinie, qui vouloient conferver Wiffowats. On lui donna pour ajoint, Paul Mif-
lius.

Ce fut pendant l'exercice de cette Charge, que ceux de fon Eglife
le députerent vers leurs Freres des Palatinats de Cracovie, & de
Sandomir, allarmés fur le procès qu'on avoit fait à Jonas Slichtingius, au fujet de fa Confeffion de Foi, pour les exhorter à bien
prendre garde au choix qu'ils feroient de ceux qu'ils envoyeroient
à la premiere Diete, & de n'y envoyer que ceux qu'ils jugeroient
les plus capables, pour foûtenir la caufe commune.

Cette légation faite, il revint chez lui ; & peu de tems après les
Cofaques profitant de la mort du Roy Uladiflas, ravagerent toute
la petite Pologne, & n'épargnerent pas, comme nous l'avons dit,
les Sociniens. Pour éviter ces infultes, Wiffowats quitta Lublin,
& fuivi de fa femme, de Rupnovius, & de quelques autres, prirent tous la route de Dantzic, & fe retirerent dans Buskow, terre
dépendante de Jean Arciffovius. Wiffowats n'y demeura pas oifif,
fon efprit remuant & toûjours occupé du progrés de fa fecte, le
porta à affembler trois fois la femaine fes Freres, pour les prêcher;
& le refte de la femaine fe paffoit en difputes, ou en conferences
avec les Sçavans de Dantzic, & quelquefois il alloit au Village ou
Fauxbourg de Streffy, chez Martin Ruar, pour y faire les exercices
de fa fecte ; c'eft ainfi qu'il paffa l'hyver.

En 1649. les Polonois commençans à gouter quelque apparence de paix, par la retraite des Cosaques, Wissowats revint sur les terres de Lublin, y assembla son troupeau, & commença tout de nouveau à travailler pour la Secte. Le Synode fut si content de son zéle, que nonobstant les representations de ceux de Lublin, qui vouloient se le conserver, l'envoya à la fin de l'année dans le Palatinat de Sandomir, pour y gouverner les débris de l'Eglise de Racovie, qui s'assembloit à Radostovie, assez proche de Racovie, sous la protection de la Dame du lieu, issuë de l'illustre famille des Cykiouski. Cette Dame ravie d'avoir pour Ministre un homme de la conséquence de Wissowats, lui fit beaucoup de bien, & non contente de lui donner une honnête retraite dans sa maison, elle s'attacha à lui par une confiance telle que peut avoir une prétenduë Devote pour son Directeur. Wissowats fit de son mieux pour ne se pas rendre indigne de ces faveurs; & comme il ne s'agissoit, pour gagner la bonne Dame, que de faire le zelé Ministre, il le fit : non content des exercices ordinaires de la secte, il augmenta ses instructions, ses prieres, & même ses jeûnes; se trouva regulierement trois fois la semaine avec sa Devote, & quelqu'uns de ses affidés, dans son Eglise, pour y prêcher, & passa tous les vendredis dans la priere, & sans manger. Qui croira qu'un Socinien, c'est-à-dire, un Calviniste renforcé, s'est fait un mérite de jeûner ?

Cette conduite lui acquit tant de réputation, que quelques Catholiques qui n'étoient pas bien affermis dans la Foi, se laisserent seduire par ce dehors de pieté, & s'attacherent à lui.

Le Curé de Szumsetnsie en fut averti, & apprehendant avec assez de fondement, que ces assemblées qui se faisoient si proche de sa Paroisse, ne fussent une occasion prochaine à plusieurs de ses oüailles de scandale pour leur foi, il chercha les moyens d'y remedier. Il lui écrivit en 1651. une lettre obligeante, & l'avertit en ami que la conduite qu'il tenoit étoit trop éclatante, pour ne pas faire bruit, & pour ne pas porter les Catholiques à le chasser du lieu où il faisoit ses Assemblées. Wissowats qui devoit profiter de cet avis, & craindre un Pasteur qui par le devoir de sa charge, est obligé de travailler à éteindre, ou du moins à empêcher le progrés des Sectes contraires à son Eglise, n'en fit que rire, affecta un esprit fort, & lui écrivit, pour lui dire qu'il ne craignoit rien; que les menaces & les promesses, les persécutions & les bienfaits ne pourroient jamais l'empêcher de procurer la gloire de Dieu, autant qu'il le pourroit; qu'il étoit tout preparé aux persecutions qu'il lui voudroit faire, & qu'il les endureroit avec la même patience, que lui & ses freres avoient déja souffert celles que les Prêtres Romains leur avoient déja suscitées. Le Curé mécontent du mépris que Wissowats faisoit de ses avis, & de l'ostentation avec laquelle il lui avoit écrit, resolut de pousser la chose plus loin. A ce dessein, il alla à Varsovie dans le tems de la Diete, communiqua avec quelques

Jonces, & Seigneurs Catholiques ; leur repreſenta les inconveniens
qu'il y avoit de favoriſer les Sociniens, les y accuſa de quantité de
crimes , comme d'avoir foulé aux pieds un Crucifix , & d'en être venu
.cette impieté par la ſollicitation de leur Miniſtre Wiſſowats ; & pour
faire connoître l'eſprit altier de ce Miniſtre, il leur produiſit la réponſe qu'il avoit fait à ſa lettre. Sur ces accuſations on cita Wiſſo-
vats, la protectrice, & les principaux Bourgeois de Racovie, pour
rendre compte à la Diete des crimes dont on les chargeoit ; ils obéï-
ent, la Diete renvoya l'affaire à un autre tems , qui ne vint jamais. La
Dame mourut, & la terre de Radouſtovie tomba en partage à ſa fille
ainée, femme de M. Sieniuta, bon Catholique ; les Sociniens n'eurent plus la liberté de s'y aſſembler, & par là le Curé fut en repos,
& le procès finit.

Wiſſowats chaſſé des Egliſes de ces quartiers, en ſortit l'an 1652.
pour aller de la part du Synode à Robcovie, ſucceder à Sotinus de
Morſtin, fils du grand Morſtin Satrape de Pawlicovies. Mioazenius
gendre de Morſtin, & protecteur de cette Egliſe, le reçut avec tous
les agrémens qu'il en pouvoit eſperer, & s'y trouva ſi bien qu'il y
demeura quatre ans. Pendant cette intervalle (cette Egliſe n'étoit
pas aſſez nombreuſe pour exercer ſon zéle) le Synode lui donna une
commiſſion ſpeciale pour viſiter les Sociniens de Luclavie, qui
avoient pour Miniſtre Jean Morzovius, homme connu par les démêlez qu'il avoit eu avec les Lutheriens de Hongrie , dans le tems
qu'il leur étoit attaché de Communion, & qui le condamnerenr à
être brûlé, pour la nouveauté de ſes opinions.

. Les chagrins de Wiſſowats ne ſe bornerent pas là, il alla ſouvent à Luzna, au-delà de la Duna, pour y adminiſtrer les ceremonies ſociniennes à une Dame de qualité, qui s'excuſant ſur ſon grand
âge, ne pouvoit pas ſe trouver aux Aſſemblées de Robcovie. Dans
ces voyages, ſes ennemis lui dreſſerent beaucoup de piéges, & il
eut aſſez d'eſprit & de bonheur, pour les éviter tous. Ces travaux &
ces courſes ne l'empêcherent pas de compoſer des livres, des hymnes, des proſes, des prieres, & de répondre à l'écrit du R. P. Cichovius, où ce Jeſuite prouvoit par trente raiſons, les obligations
où étoient les Catholiques de fuir les Sociniens. Il eſt vrai que tous
ces ouvrages n'eurent pas un grand ſuccès, la plûpart étant peris par les differens évenemens où s'eſt trouvé l'Auteur , tels que furent les guerres de 1655. que firent les Coſaques, les Moſcovites ,
le grand Guſtave, &c.

Pendant ces guerres, Wiſſowats pour en éviter les inconveniens,
ſe retira dans le Château de Roſnovie ; & l'orage de ces guerres
paſſé, & la Pologne en paix, ſous la protection du grand Guſtave,
Wiſſowats & toute ſa famille ſortirent de Roſnovie, & s'en retour-
nerent à Robcovie, où ce Miniſtre continua ſon genre de vie, in-
ſtruiſant, prêchant, adminiſtrant la Communion, priant ſouvent &
jeûnant quelquefois.

Cette tranquillité ne dura pas long-tems ; quelques particuliers, comme nous l'avons dit (premiere partie) souleverent une troupe de païsans, qui animés de l'esperance du butin, coururent par differentes Provinces de Pologne, brûlant, pillant, tuant, & particulierement les Sociniens, contre qui ils étoiént plus acharnés que contre les autres. Wissowats, pour éviter cette fureur, se retira encore avec sa famille à Rosnovie, & abandonna le peu qu'il avoit à la discretion des ennemis, c'est-à-dire, ses meubles, & sa Bibliothéque, qui valloit quelque chose, par rapport aux livres qui y étoient ; mais le Maître de la maison où il s'étoit retiré, bon Catholique, à l'approche d'une troupe de Païsans revoltés, qui n'ignoroient pas qu'il n'y eut quelques Sociniens dans sa maison, pria

Wissowats & toute sa famille, d'en sortir ; ce qu'ils firent dans un tems très-incommode, à raison de la nuit, du grand froid, des mauvais chemins, & des Païsans qui rodoient sans cesse. Cependant la Providence qui fait du bien à qu'il lui plaît, les conserva ; & après huit ou dix lieuës de marche, à la lueur des incendies que les Revoltés faisoient par tout, ils arriverent sur les bords de la Vistule, la passerent heureusement, & arriverent au Village de Czarchovi, où on les reçut avec toutes les démonstrations d'amitié, qu'ils pouvoient attendre de la part du Seigneur, & de la part des Ministres Sociniens. Ce Seigneur étoit Jerôme Gratus Moscorovius, neveu du fameux Jerôme Moscorovius, petit neveu d'André Duditz, & cousin germain de Wissowats ; & le Ministre étoit Stanislas Lubienieski le jeune, son ami intime.

Wissowats qui se flattoit d'être en un lieu de sûreté, & qui ne pouvoit pas s'imaginer que des Païsans revoltés, qui ne cherchent qu'à butiner, le vinssent poursuivre dans un lieu aussi désert qu'étoit le Village de Czarchovi, continua ses exercices, prêchant, priant, jeûnant, &c. mais avec tant d'éclat, ou avec si peu de précaution, que les Païsans en eurent bien-tôt connoissance, & encouragés qu'ils étoient par le sang qu'ils avoient déja répandu, le butin qu'ils avoient fait, & l'esperance d'en faire encore de plus grand ; & d'ailleurs déterminés comme ils le publioient, & comme ils le faisoient voir, en renversant les Eglises & les maisons des Sociniens, préferablement à celles des autres Communions ; déterminés, dis-je, à exterminer les Sociniens, passerent la Vistule sous Opatow, mirent tout à feu & à sang, & par là donnerent l'allarme à tous les Villages au-delà du Fleuve, & particulierement à Czarchovi.

Wissowats qui avoit laissé de bons effets à Opatow, apprit bientôt les ravages que les ennemis y avoient fait, & ne pouvant pas douter qu'ils ne poussassent jusques dans le lieu de sa retraite, se trouva fort embarassé de sa personne, aussi bien que tous les Sociniens qui étoient avec lui ; la premiere pensée qu'ils eurent fut de prendre la fuite, & même de sortir du Royaume ; mais comment,

& où aller? Tous les chemins étoient remplis d'ennemis & de voleurs; après beaucoup de déliberations, ils prirent le chemin de
Cracovie, où sous la protection du Roy de Suéde, ils esperoient
d'être hors des insultes de leur ennemis. Pour y avoir une entrée
libre, ils députerent un des leurs au Gouverneur Paul Wirtziuski,
qui après lui avoir fait la peinture du malheureux état où étoient re-
duites trente familles, par la guerre des Païsans, le pria de vouloir
bien souffrir qu'elles cherchassent dans sa Ville un azile, pour y vivre sous sa protection, & sous l'autorité des Loix, qui permettoient
l'exercice des Religions tolerées. Le Gouverneur & les Magistrats y
consentirent; & aussi-tôt que ces familles y furent logées, Wissowats, au nom de toutes, complimenta le Gouverneur sur la bonté
qu'ils avoit eu pour elles; & il lui presenta une Requête pour le
prier qu'il trouva bon qu'il leur fut permis de servir & de prier Dieu
à leur maniere, ce qui leur fut accordé, au grand scandale de la Foi;
d'autant qu'il y en avoit beaucoup dans ces trente familles, qui
avoient exercé le Ministeriat, & qui ne manquoient ni d'esprit, ni
d'adresse, ni de capacité, ni d'ardeur pour l'avancement de la secte,
qui se répandit dans tous les quartiers de cette grande Ville; & n'é-
pargnerent rien pour affermir les leurs, & pour pervertir ceux
qui, des Catholiques, des Lutheriens, & des Calvinistes, n'étoient
pas bien affermis dans la Foi d'un Dieu en trois personnes, & d'un
Dieu incarné. En consequence de la tolerance que le Gouverneur leur
avoit accordé, ils faisoient tous les jours des Assemblées, ou pour prier,
ou pour prêcher, ou pour conferer sur l'Ecriture; & quelquefois même pour jeûner, comme si pour cet exercice de penitence il fallut
s'assembler.

Cette liberté dura environ six mois, & non pas sans de grandes allarmes; les Polonois assiegerent par quatre ou cinq fois la Ville contre les Suédois, qui en étoient les maîtres: on peut aisément juger,
que des nouveaux venus, & dépourvus de tout, comme étoient ces
trente familles, avoient bien à souffrir pendant de si frequentes attaques. Enfin la Ville fut reprise par son legitime Seigneur, les Suédois en sortirent, & on en chassa les Sociniens qui s'y étoient retirés
sous leur protection.

Wissowats vint de Cracovie à Robcovie, & ce fut plûtôt pour y
être le témoin occulaire de l'incendie qu'on y avoit fait de sa maison,
& de la perte de sa Bibliotheque, que pour y demeurer. Il en sortit
peu après, & se retira à Wrocmirowa, Village où il avoit un peu
de bien; & à peine y fut-il arrivé, qu'il écrivit à tous les Sociniens
des environs de le venir trouver, pour entendre de sa bouche les veritez du salut, ce fut sans beaucoup de fruit. Peu après on commença
le grand procès, où on accusoit les Sociniens d'impieté, & d'être la
cause de tous les malheurs qui inondoient le Royaume; ce procès fut
suivi de l'Arrêt de 1658. dont nous avons parlé.

Chacun

Chacun prit son parti sur cet Arrêt. Wissowats plus resolu que beaucoup d'autres, demeura ferme, continua ses Assemblées & ses exercices avec ceux qui lui étoient affidés ; aussi on ne manqua pas de lui faire des affaires. Le Curé de Sbisenly, Village proche de Robcovie, qui sçavoit que Wissowats étoit un bon Socinien, & qu'on faisoit souvent des Assemblées chez lui ; & irrité qu'un tel homme se joüât ainsi des Loix de l'Etat, entreprit de le faire enlever de nuit par le secours d'une troupe de Païsans, à qui il donna des armes, & dont il voulut être le Chef. Son entreprise échoüa par un gros broüillard qui s'éleva, & qui les empêcha de trouver Robcovie, quoiqu'ils en fussent fort proche, ce qui lui fit perdre l'envie de ne plus rien entreprendre contre son Socinien, s'étant mis en tête que le Diable se mêloit des affaires de cet homme, & qu'il avoit excité ce broüillard uniquement pour se le conserver ; mais Wissowats qui fut averti de cette entreprise, en demeura depuis fort interdit.

Il y avoit des ordres exprés du Roy (ce que l'on appelle Universaux) qui enjoignoient à tous les Satrapes, ou Gouverneurs des Palatinats, & à tous les Officiers de la Justice, d'empêcher par toutes sortes de voyes, que les Sociniens ne s'assemblassent, sous quelque pretexte que ce fut ; & s'ils en trouvoient qui contrevinssent à ses ordres, de s'en saisir, & de les traiter selon la severité de la justice, sans distinction de sexe, d'âge, de condition & de qualité. Ces Universaux firent que les Assemblées de Robcovie ne furent plus si frequentes ; & qu'enfin elles se reduisirent à rien. Wissowats étourdi de ce changement, fit à l'égard de ses oüailles, tout ce qu'un bon Pasteur Catholique doit faire à l'égard de son troupeau, que la crainte des supplices a dissipé. Il écrivit à plusieurs des siens, les menaça des jugemens de Dieu, les encouragea par les promesses que l'Ecriture fait à ceux qui souffrent la persécution, & n'épargna rien pour rappeller ses oüailles à sa bergerie, mais le tout inutilement ; & outre la crainte des supplices qui avoit dissipé les siens, le Maître de la maison où se faisoient ces Assemblées, dans la juste aprehension qu'on ne lui fit des affaires pour cette tolerance, pria Wissowats de sortir de chez lui, ce qu'il fit.

Il vint à Wrocmirova, & là logé chez lui, il donna à son zéle toute l'étenduë que lui purent permettre les affaires du tems ; il assembla chez lui les Sociniens des environs, pour les exercices ordinaires, & écrivit à ceux qui n'y pouvoient pas venir, ou les alloit voir lui-même quand il le pouvoit. C'est ainsi qu'il passa l'année 1659.

Mais il eut bien d'autres occupations en 1660. cette année si fatale aux Sociniens, puisqu'ils furent bannis de leur patrie, pour n'y jamais rentrer. Pour sçavoir le détail de ces occupations, il faut consulter le chap. 26. de la premiere partie, où nous avons parlé de la conference qu'eurent les Catholiques avec les Sociniens dans le Châ-

Kkk

teau de Roznow, & où Wissowats soutint lui seul, avec beaucoup d'éclat, & de gloire pour lui, la prééminence du Pere Eternel sur le Fils.

La conference finie, Wissowats s'en retourna chez lui, pour rassurer les siens sur les fâcheuses nouvelles qu'on avoit fait courir contre lui ; les uns disoient qu'on l'avoit arrêté & enfermé en prison ; les autres soutenoient qu'on l'avoit banni avec infamie ; plusieurs assuroient qu'on l'avoit condamné à avoir la tête coupée, & tous en parloient conformément à leurs souhaits ou à leurs craintes. Sa presence dissipa tous ces bruits, & calma l'esprit de ses amis. Peu de tems après Wiclopolski Gouverneur de Varsovie, chez qui s'étoit tenu la conference, & qui avoit goûté son esprit & ses manieres, lui fit sçavoir qu'il lui feroit plaisir de le venir voir. Wissowats y alla, & à son entrée le Gouverneur ou Satrape lui dit gracieusement, que la premiere fois qu'il vint à Rosnow, il l'avoit reçû comme un Théologien ; mais qu'aujourd'hui il le recevoit comme son ami. Il tint sa parole, pendant que Wissowats demeura à Rosnow, on lui fit toutes sortes d'honnêtetés ; mais comme tout cela n'aboutissoit qu'à faire bonne chere, & qu'à parler des matieres de la conference tenuë à Rosnow, il prit congé de son hôte ; ce ne fut pas sans peine de la part de celui-ci, qui sçavoit bien qu'on preparoit de fâcheuses affaires à Wissowats, ce qui lui fit dire en bon ami, qu'il voudroit bien qu'il se défit de ses opinions, & qu'il se mit du côté des Catholiques ; afin par là de conserver sa liberté, sa vie, ses biens, sa famille, & ses amis ; que de sa part il lui offroit tout son crédit, pour lui procurer de bonnes pensions auprès des Grands du Royaume, & qu'en attendant il lui donneroit à vie sa terre de Gerodek ; il ajouta, qu'il se croiroit heureux de voir un homme de son mérite dans le bon parti, & qu'on n'en pouvoit avoir trop de sa capacité. Wissowats ne fut pas insensible à ces honnêtetés ; mais il ne voulut pas perdre dans le monde la haute réputation qu'il avoit d'être un bon Socinien, ni dégenerer de ses ancêtres, il remercia le Satrape & revint chez lui.

Peu après cette séparation, le grand coup éclata ; & il semble même que le peu de succès qu'eurent les Catholiques à la Conference de Roznow, l'anticipa. Sans attendre que les trois ans promis par l'Arrêt, fussent expirés, on signifia aux Sociniens qu'ils eussent à prendre leur derniere resolution dans le 10. Juillet 1660. Wissowats qui avoit eu des avis secrets qu'on n'attendoit que ce jour pour l'arrêter, prévint ce terme, & s'en alla avec sa femme, fidele compagne de ses malheurs, en Silesie, où il demeura environ six mois, & où il fit avec les Sociniens qu'il y trouva, les devoirs d'un zelé Ministre. Dans son séjour, sur les avis qu'on lui donna que les perquisitions que l'on faisoit en Pologne contre les proscrits, n'étoient pas fort exactes, l'envie lui prit de revoir sa chere patrie ; & à peine

y fut-il, qu'il visita ceux de sa Secte qui y étoient restés ; il y en avoit beaucoup, & particulierement des femmes qui y demeuroient tranquilles sous l'abjuration que leurs maris avoient faite, & dont les Magistrats s'étoient contentés ; il les consola, & leur donna comme un nouveau Prophete, l'esperance que les persecutions finiroient bien-tôt : c'est ainsi qu'il passa son hyver ; mais dans l'aprehension qu'une plus longue demeure dans le Royaume ne lui fut nuisible, il en sortit en 1661. après avoir passé les montagnes de Krapacks, il descendit en Hongrie, où il trouva quelques Sociniens ; qui le conduisirent à Ceseropolis, autrement Keszmarck, Ville du Comté de Czepus, & du Gouvernement de Tequeli ; il y trouva Jean Patersenius, Medecin de profession, & un de ses anciens amis, qui avoit quitté la Pologne, pour les mêmes raisons pour lesquelles lui-même l'avoit quittée. Cet ami fut assez genereux pour le recevoir chez lui, & pour le garder pendant l'esté. Wissowats ne trouva rien en Hongrie capable de l'occuper ; il en sortit, revint passer l'hyver en Pologne, & s'y occupa à diriger quelques Dames Sociniennes, dont les maris avoient abjuré l'heresie ; mais ses amis lui representant souvent le péril où il étoit, l'impossibilité de remettre jamais les choses sur le pied où elles étoient avant l'Edit, les violences que l'on faisoit aux hommes, pour les porter à abjurer, ou à se bannir eux-mêmes ; & même aux femmes que l'on condamnoit à de grosses amendes, si elles n'abjuroient. Enfin en 1662. il sortit du Royaume, pour n'y rentrer jamais, & revint à Ceseropolis y revoir son ancien ami. Pendant son séjour il s'occupa à composer des livres, à écrire des lettres, & à apprendre la langue du pays, esperant que les Unitaires de Transilvanie, qui faisoient le parti dominant dans la Principauté, le choisiroient pour un de leurs Ministres. Dans le tems qu'il travailloit à se procurer cet emploi, les Freres de Silesie lui écrivirent, pour le prier de se trouver à un Synode qui devoit s'assembler le premier Mars 1663. à Crutzbout Ville de Silesie.

Wissowats qui ne sçavoit quel parti prendre, ni de quel côté se tourner, ne manqua pas de se trouver à ce Synode. Les Freres touchés de ses malheurs, qui ne vouloient pas laisser enfouïr ses talens, l'envoyerent dans le Palatinat du Rhin, avec le jeune Joachim Stegmann, & quelques autres, à la priere de quelques sectaires qui s'étoient établis dans cet Electorat. Wissowats qui ne demandoit qu'à vivre, & à faire bruit, partit avec son cousin Theodore, Stegmann, & leurs familles ; passa par la Lusace, la Turinge, le Hesse, le Vittemberg ; prêcha, dogmatisa, disputa par tout où on lui permit ; rendit raison de sa doctrine aux Magistrats, & aux Ministres qui voulurent bien l'écouter ; & enfin lui & sa troupe arriverent dans le Palatinat, & s'arrêterent à Manheim, Ville que l'Electeur leur avoit resignée, ou parce que cette Ville, qui étoit toute dépeuplée par la guerre qu'il avoit euë avec l'Empereur , & qu'il étoit aisé de la repeupler par le moyen des étrangers, ou parce que lui-même ayant quelque penchant pour les opinions nouvelles (car il est vrai que l'on disoit de lui, qu'il étoit l'homme de son tems le plus latitudinaire, & le plus facile en matiere de Religion) il vouloit avoir ces nouveaux venus auprès de lui. Wissowats le connut bien-tôt ; aussi il n'oublia rien de tout ce qui pouvoit le bien mettre dans l'esprit de ce Prince, & même de ses Ministres, & du peuple; il prêcha publiquement, instruisit la jeunesse, fit des conferences sur la discipline ecclesiastique, écrivit des lettres aux personnes de distinction, & composa des livres. Par là, & par ses belles manieres, il gagna si bien l'esprit de l'Electeur, que ce Prince avoit peine de se passer de lui; il l'alloit voir dans sa pauvre maison , quand il manquoit d'aller au Palais aussi souvent que le Prince l'auroit souhaitté. Plusieurs personnes, hommes & femmes, attachés aux opinions de Luther, ou de Calvin, prirent goût à sa nouvelle doctrine. Après s'être apperçûës des complaisances que le Prince avoit pour lui, se déclarerent en sa faveur, & s'aggregerent à sa Communion. Ces progrès furent bien-tôt interrompus, les Ministres Luthériens & Calvinistes qui apprehendoient que ces nouveaux venus ne se rendissent les maîtres sur le fait de la Religion, firent grand bruit contre eux, ramasserent quelques lettres de Wissowats, & quelqu'uns de ses livres ; les examinerent, y trouverent des propositions contraires aux dogmes communément reçus dans le Palatinat, en porterent leurs plaintes au Chancellier , & lui en demanderent justice. Pour les satisfaire , il cita Wissowats & sa troupe à Heidelberg ; & il y fut arrêté qu'ils ne confereroient plus avec les sujets de l'Electeur, & qu'ils n'auroient aucun commerce de lettres & de livres avec eux. Cette décision fit prendre le parti à Wissowats de sortir du Palatinat, d'autant plus qu'il étoit ravagé d'une horrible peste, & que le Duc de Lorraine y porta la guerre, qui y fit de grands dégats, qui auroient été plus loin sans le Roy de France.

Mais où aller ? Chacun prit son parti , & Wissowats pour mettre fin à ses peines, prit celui de descendre en Hollande, retraite commune de tous les Sectaires.

Après trois ans ou environ de sejour dans le Palatinat, il s'embarqua sur le Rhin avec sa famille, & arriva en 1666. à Amsterdam, après avoir laissé dans toutes les Villes par où il passa, & où on voulut bien l'entendre parler sur ses avantures, & sur sa doctrine, des semences du Socinianisme. Il y fut assez heureux; il y trouva des Sçavans, selon son goût, des gens assez curieux pour l'écouter, & des personnes de distinction assez genereuses pour subvenir à ses besoins.

Sa premiere occupation fut d'instruire la jeunesse, & de corriger, orner, retrancher, ajouter ; enfin, de mettre dans un beau jour les

ouvrages des anciens Sociniens , que l'on faifoit alors imprimer aux frais du public, & fous l'autorité des Magiftrats d'Amfterdam. Il reduifit ces ouvrages en huit gros volumes *in folio* , fous le titre de *Bibliotheca Fratrum Polonorum* ; il y ajoûta fes commentaires fur les Actes des Apôtres, fur les lettres de faint Jacques & de faint Jude, fans y mettre fon nom, par une humilité que fon Hiftorien réleve, quoi que très-commune (fi toutefois c'eft humilité) à une infinité d'Auteurs de toutes les Communions , & par le même moyen il fit imprimer fes ouvrages, *Didactica, & exagetica.*

Après tant de courfes, de traverfes & de travaux, il fut le 1 7. Juin 1678. frappé d'une paralifie, qui d'abord le mit bien bas, d'où néanmoins il revint, à la referve d'une douleur de côté, qui fut fuivie d'une fiévre lente, & qui l'affoiblit tant, qu'il lui fallut garder le lit jufqu'au 28. Juillet, jour auquel il mourut.

Son Hiftorien nous dit, que pendant fa maladie il eut toujours l'efprit fain, que fa memoire lui fut toujours fidele ; & que nonobftant fa paralifie, il eut toujours la voix libre, qu'un peu avant de mourir il fit trois chofes. Il exhorta à la pieté ceux qui étoient auprès de lui, dit à fon fils qui lui reftoit de tous ceux qu'il avoit eu, de faire une ferieufe attention à tout ce qu'il lui avoit vû faire, & qu'il ne s'écarta jamais des fentiers de la vertu & de la verité ; enfin qu'il recommanda fon ame à fon Créateur & à fon Redempteur, *Spiritu creatori, & redemptori fuo commendato* , c'eft - à - dire, qu'il mourut en bon Socinien, qui reconnoiffoit J. C. non pour fon Créateur & fon Dieu, mais comme fon Sauveur.

Sa femme fut fi fenfiblement touchée de cette perte, qu'elle en mourut le 23. Novembre 1679. âgée de 56. ans , & demanda d'être enterrée auprès de lui, ne voulant pas que la mort la feparât de celui de qui les perfecutions, l'exil, & les guerres n'avoient pû la feparer.

Tout ce que j'ai dit ici eft tiré d'une lettre anonyme, où on décrit la vie de Wiffowats, & l'état des Sociniens de fon tems. 　Bib. Ant. p. 221.

Il faut avoüer, que fi Wiffowats eut eu le bonheur de naître, de vivre & de mourir dans le fein de l'Èglife Romaine, il eût été un des grands hommes de fon tems, par les beaux talens que la nature l'éducation & l'étude lui avoient conciliés. Son efprit étoit clair , vif, pénétrant, difert, aifé, guai, & heureux ; pour fes études, elles étoient vaftes, profondes, & fur lefquelles il s'exprimoit comme il vouloit ; fa mémoire étoit fidele, diftincte , & toûjours prefente ; fon zéle infatigable pour les interêts de la Religion ; fon éloquence enlevoit fouvent fes auditeurs ; fa modeftie ne fe démentoit jamais dans l'adverfité, dans la profperité, & dans toutes les rencontres, quelles qu'elles fuffent, où il s'eft trouvé ; il avoit une fermeté qui tenoit de la nature des premiers Chrétiens ; une patience à l'épreuve de tous les coups de la mauvaife fortune ; une vie & des mœurs dignes de ce que l'on appelle un honnête homme dans le monde ; car il étoit sobre dans ses repas, indifferent pour les biens de la terre, ennemi des voluptés, maître de ses passions autant qu'un homme d'honneur le doit être, humble dans ses sentimens, ne se prévalant jamais des loüanges qu'on lui donnoit ; aumônier aux pauvres, religieux dans sa Communion, en en remplissant tous les devoirs ; jamais de faste dans ses habits, jamais d'ostentation dans ses paroles, jamais d'aigreur dans ses disputes ; infatigable dans le travail, aimé des gens d'esprit, respecté de ceux qui le connoissoient, & souvent admiré de ceux qui l'entendoient parler. C'est là l'idée que les Sociniens nous donnent de Wissowats, qui suit assez bien de ce que nous avons dit dans le détail de sa vie.

Il faut conclure de-là que l'heresie est un grand mal, puisqu'elle fait que tant de talens & de vertus morales ne sont comptés pour rien devant Dieu.

Quoique Wissowats ait beaucoup couru & prêché, il a néanmoins laissé un assez grand nombre de livres. Sandius les reduit à ceux-ci.

B.A.p.145.
Ses livres.

Annotationes in universum novum Testamentum, Mss.

Psalmi Davidis carmine Polonico, redditi cum variis hymnis, Mss. à l'usage des Eglises Polonoises.

Ad Bisterfeldii librum, quem J. Crellii libris de uno Deo Patre opposuit, responsio, Mss. Il fit cette réponse par l'ordre d'un Synode ; le même Synode lui ordonna de refuter les trente raisons que le R. P. Cichovius avoit apportées pour détourner les Catholiques d'adherer aux nouveaux Ariens. Tous ces ouvrages & quelques autres furent composés avant l'an 1655. & perirent avec le reste de ses biens par les guerres & les persecutions que l'on fit alors aux Sociniens. Il a fait les ouvrages qui suivent, après les persecutions, & dans son exil.

Annotationes in Evangelium Mathæi, Marci: Lucæ, in Acta Apostolorum, in Epistolas sancti Jacobi, & sancti Juda. Ces commentaires n'avoient point été imprimés ; mais en travaillant à l'édition de la Bibliothéque des Freres Polonois, il les fit imprimer parmi les ouvrages de Jean Loüis Wolgenius, en 1668. *in folio.*

Explicationes quorundam sanctæ Scripturæ locorum, Mss.

Observationes in N. Testamento de J. C. & de Spiritu Sancto Deo, Mss.

Religio rationalis, seu de rationis judicio in controversiis etiam Theologicis, ac Religionis adhibendo, tractatus, Mss.

Stimuli virtutum, frana peccatorum. Cette piece fut imprimée à Amsterdam 1681. on y a ajouté les trois pieces suivantes.

Dissertatiuncula de hominis vera beatitate consectanda.

Discursus brevis de vita æterna, ejusque consequenda modo.

Tractatus brevis in quo demonstratur corporis cultum pretiosum non decere Christianos.

On voit dans ce même volume, quoi qu'il ne soit que in 12°. *Anonymi cujusdam pietatis sectandæ rationes*, comme aussi *S. P.* ou *Samuelis Przypcovii periphrasis orationis dominicæ. Oratio ad Deum & Christum carmine elegiaco*, & quelques autres traitez de même nature.

Physica problemata, Mss.

Breves institutiones Logicæ, Mss.

Ethica, seu Philosophiæ moralis compendium, Mss. Cette piece n'est pas. achevée.

Carmina sententiosa, & notabilia ex variis Auctoribus collecta, Mss.
· *Historiarum insignium à mundo condito compendium*, Mss.

Epistola duæ ad Stanislaum Lubieniecium, l'une est du 25. Septembre 1665. & l'autre du 26. Octobre 1666. Elles se trouvent *in Theatro cometico Lubieniecii*, imprimé à Amsterdam 1667. *in fol.*

Præfatio in Catechesin Ecclesiarum Pol. Joachim Stegmann y a aussi travaillé, & elle se trouve dans l'édition de 1665. in 8°. & dans celle de 1680. in 4°.

Præfatiuncula Bibliotecæ Fratrum Polonorum, elle est au commencement de ce grand ouvrage.

Narratio compendiosa, quomodo in Polonia à Trinitariis Reformatis separati sint Christiani Unitarii, on l'a imprimée dans l'Appendix de Christophle Sandius, *ad Nucleum historiæ Ecclesiasticæ, seu historiam Arianorum, an.* 1678. *in* 4°. *& in Slavonia reformata Andreæ Wengerscii* 1679.

Nota in Catechesin Ecclesiarum Pol. J'ai déja souvent parlé de ce Catéchisme, imprimé à Amsterdam 1680. in 4°. *Staurapoli per Eulogetum Philalethem.*

Controversia de Religione præcipua inter Catholicos Romanenses, seu Papistas; Evangelicos Augustanos, seu Lutheranos; Reformatos seu Calvinianos; Remonstrantes, vulgò Arminianos; Anabaptistas, seu Mennonitas; Unitarios, vulgò Socinianos; Enthusiastas, seu Quakeros, &c. Mss.

Observationes, & quæstiones quædam Theologicæ, Mss.
· *Contra transubstantiationem, & Dei Trinitatem argumenta*, Mss.

Quæstio de Deïtatis unitate monarchica, Mss.

De sancta Trinitate objectiones quædam, Mss.

Pontificiorum errores quidam crassiores, Mss.

Objectiones contra opinionem de filio Dei ante mundum producto, seu creato, & post incarnato, elles furent écrites en 1672. & encore en Mss.

Defensio objectionum de Filio Dei ante mundum creato, & post incarnato, contra quemdam præ existentiæ animarum assertorem (c'est C. Sandius) elle fut écrite en 1673. & est encore en Mss.

De satisfactione Christi doctrinâ vulgatis inconvenientia, Mss.

Contra Pædobaptismum rationes, Mss.

Disciplinam, seu censuram morum in Ecclesia esse observandam, Mss.

De avaritia fragmentum, Mss.

Observationes seu note in S. Przypcovii cogitationes sacras de Epist. ad Colos. Mss.

Ad desperatam causam strianorum, seu Prodomum triumphi SS. Trinitatis à N. Cichovio Soc. J. conscriptum, responsio, Mss.

Animadversiones in collegium Anti-Socinianum Friderici Spanhemii, sacra Theologia D. & Professoris ordinarii in alma Academia Heidelbergensi, Mss.

Ex Danielis Brenii notis in N. Testamentum scrupuli, mss.

Exercitationum Theologicarum de controversiis generalibus contractis per And. & Pet. Walenburchios Episcopos Adrianopolis, & Misia suffraganeos, &c. specimen, mss.

Ad quæstiones Friderici Sylvii responsiones, mss.

Disceptatio de Dei circa futura contingentia præscientia adversus D. Zvvickerum, Mss.

Ad D. Zvvickeri scriptum contra memoriatum tractatum: responsio, mss.

In Chris. Sandii Nucleum historia Eccl. animadversiones, mss.

Fidei Christiana confessio ex S. Litteris collecta, secundum ordinem Symboli Apostolici, mss. Pol.

Religionis Christiana prerogativa spirituales, mss. Pol.

Speculum spirituale, mss. Pol.

Dissertatio in conversione hominis à mundo ad Deum, mss. Pol.

Carmen ideam veri Christiani exhibens, mss. Pol.

Causa mortis Christi breviter collecta, mss. Pol.

Observationes de primaria Ecclesia doctoribus, qui Patres vocantur, mss. Pol.

Controversiarum præcipuarum de Religione Christiana brevis declaratio, mss. Pol.

Judicium de universali concordia in Religione Unitariorum cum Catholico Romanis, mss. Pol.

Ad summarium fidei Ariana per N. Cichovium, & responsum, mss. Pol.

Ad Epistolam R. N. Cichovii, qua gen. Domini Christi de Szemki Wissovvatium, ut ad Ecclesiam Romanam accedat, sollicitat, responsio. mss. Pol.

Ad deliberationem sub titulo Equitis Ecclesia Christiana, fratribus propositam, responsio mss. Pol.

Admonitio de vulgari Trinitatis, & absoluta prædestinationis Dei, opinione, in qua demonstratur Christianis unum tantum summum Deum colendum, atque vitam secundum ipsius præcepta instituendam esse, mss. Pol.

Epistola ad varios, & alia varii generis, mss.

Colloquium charitativum de Religione cum Romano Catholicis habitum in arce Rosnovu, &c. On l'a imprimé sur un exemplaire qu'en a fait un Ecrivain dans l'Appendix : *Ad Slavoniam reformatam, A. Wengerscii,* à Amsterdam, *apud Janssonios-Waesbergios,* 1679. in 4°.

CHAPITRE

CHAPITRE XXXII.

Les Ministres & les Ecrivains Sociniens, qui se sont distingués en Hongrie, & en Transilvanie, pendant & après les troubles des Batoris.

CHRISTIAN FRANKEN. ERASME JEAN. EVRARD SPANGENBERGIUS. GEORGE ENIEDINUS. VALENTIN RADECIUS. SAMUEL JARAY. JOACHIM STEGMANN. CHRISTOPHLE & LAURENT STEGMANNS. ADAM FRANCUS.

CHRISTIAN FRANKEN.

Franken étoit Allemand, prit l'habit chez les PP. Jesuites dans Rome ; il se distingua assez dans cette Compagnie pour y avoir des Charges, exerçant le Rectorat du College des Jesuites de Kaminiesk. Il goûta les impietez de François Davidi, & soutint hautement que J. C. n'étoit pas le grand Dieu ; & qu'on ne devoit point honorer J. C. d'un culte divin, ou de latrie. On l'entreprit pour le forcer à se retracter ; il le fit, mais sentant qu'il ne faisoit pas bon pour lui en Pologne, il se retira en Transilvanie, où les Unitaires le reçurent favorablement, & lui donnerent la qualité de Lecteur dans leur Eglise de Clausembourg, & il y étoit encore en 1590. On a des livres de lui qui ont fait assez de bruit pour causer sa perte, & celle de son Libraire, on les reduit à ceux-ci : *B. A. p. 36.*

Responsio ad tres orationes Warkavuicii Jesuitæ. Ce Jesuite sous le nom de Nicolas Regius, invitoit dans ces oraisons le Roi Etienne Batori, & les Senateurs à persecuter les Protestans. *Ses livres.*

Disputatio cum F. Socino, de Jesu-Christi religioso, elle se fit en 1584.

Epistola ad Synodum Fratrum Polonorum Wegrovia celebratam. Il y traite la même matiere, & elle est de la même année en Mss.

Libri contra Trinitatem, chez Alexis Rodeckius. Ce furent ces livres qui attirerent des persecutions à leur Auteur, & qui firent que Rodeckius fut mis en prison, & qu'il perdit son Imprimerie.

ERASME JEAN.

Jean fut Recteur d'un College d'Anvers, il y enseigna l'Arianisme & d'autres opinions contraires à celles qui y étoient universellement reçuës. On lui fit des affaires ; pour en éviter le mauvais succès, il se retira en Pologne ; il n'y trouva pas son compte, il en sortit, & se retira en Transilvanie. Les Unitaires de Clausembourg lui confererent le Ministeriat de leur Eglise, à condition néan- *B. A. p. 87.*

LIl

moins qu'il n'enfeigneroit pas que J. C. Fils de Dieu avoit exifté avant fa mere, qu'il avoit été créé de rien, & avant toutes les créatures; il le promit. On prit ces mefures avec lui, parce qu'on fçavoit d'ailleurs qu'il avoit eu de grandes difputes avec Faufte Socin fur cette matiere, dans le tems qu'ils étoient en Pologne. Il fçavoit autre chofe que le Latin, Beze le complimente fur la connoiffance qu'il avoit dans la langue Hebraïque. On a quelques livres de fa façon.

Ses livres. Recteur à Anvers, il voulut faire imprimer en fecret un livre pour foutenir fon Arianifme; mais Guillaume Prince d'Orange, arrêta cette édition, comme le rapporte Henri Antoine, *in Præf. Syft. Theol.*

Antithefis doctrinæ Chrifti, & Antichrifti de uno vero Deo, en 1585. in 8°. Faufte Socin dans fa troifiéme lettre à Radecius, nous apprend que cette Antithéfe fut imprimée chez Aloxis Radecius, & qu'elle eft d'Erafme Jean, quoi qu'il n'y ait pas mis fon nom. La même Antithéfe fut imprimée avec la réfutation de Jérôme Zanchius à Neoftad en 1586. in 4°. Elle fe trouve auffi dans les ouvrages de Zanchius.

Scriptum ad Fauftum Socinum pro J. C. præexiftentia ante fecidari, il eft imprimé avec la réponfe de Faufte Socin, & cette difpute ne finit que le 30. Novembre 1584. on y a ajouté:

Quæftio ejufdem argumenti ab Erafmo Joannis F. Socino præpofita.

Scriptum quo caufas propter quas vita æterna contingat complectitur, & in quo de triplici juftitia filiorum Dei tractat.

Epiftola ad Fauftum Socinum, où il lui demande fon jugement fur cette matiere; elle eft imprimée avec les lettres de Faufte Socin, & celui-ci y répondit le 20. Avril 1590.

De quatuor Monarchiis liber.

Commentarius in Apochalipfim. Il eft fort diffus, il a encore corrigé la verfion de la Bible jufqu'aux Prophétes, faite par Junius & par Tremellius.

EVRARD SPANGENBERGIUS.

B. A. p. 88. *Spangenbergius* étoit d'Anvers, fut Prédicateur chez les prétendus Reformés, revoqua en doute le dogme que nous avons d'un Dieu en trois perfonnes, fon doute lui attira de fâcheufes affaires; pour en éviter les fuites, il fe retira en Pologne, il en fortit pour s'établir en Tranfilvanie. Il y débita une opinion qui lui eft particuliere, fur la prochaine reparation du monde, il prétendoit que le monde finiroit bien-tôt; il fut excommunié par les Sociniens de Pologne, & eut de gros démêlés avec eux, ce qui paroît dans fes livres, qui ne font pas en grand nombre, on ne lui donne que ceux-ci.

Ses livres. *Thefes de duabus beftiis Apochalipfis.* Faufte Socin y a fait des notes.

Difputatio habita apud Frifios.

Theses de interitu imperii Romana Ecclesia.

Epistola ad Faustum Socinum, Mss. F. Socin y répondit en 1593. &c.

Scriptum continens narrationem de Erasmo Joannis, Mss.

Epistola ad sororem quandam, cœtus eorum qui F. Poloni vocantur, en Allemand, Mss. Sandius dit en avoir vu l'original en 1682. chez un Hollandois personnage de distinction, & qu'elle renfermoit ces ti-tres, comme elle le promettoit dés le commencement.

1. *Sua & F. Polonorum confessio de humanitate & divinitate Christi, de Sacerdotali, & Regio ipsius munere.*

2. *Confessio ejus de excellentia Christi, cùm tradiderit regnum Patri suo.*

3. *Rationes cur à F. Polonis excommunicatus sit, una cum ipsius Apologia.*

4. *Manifestatio qui nam ejus accusatores fuerint.*

5. *De negotio excommunicationis sua à FF. Polonis facta.*

6. *Brevis relatio de scripto, quod ante duodecim annos concinnaverat, continente non nullas assertiones de Ecclesia Romana, & de tempore in quo vivimus.*

7. *Lamentatio ipsius, super miserabili statu Ecclesia FF. Polonorum.* Cette lettre fut écrite à Racovie le 18. May 1610.

GEORGE ENIEDINUS, ou ÉNIEDIN.

Eniedin Hongrois de naissance, fut Ministre & Surintendant des Sociniens, Photiniens, Ariens, & autres Antitrinitaires de Transilvanie. En 1587. il étoit Recteur du College de Clausembourg, & mourut en la fleur de son âge le 28. Novembre 1597. Il a laissé quel-ques livres qui ont fait assez de scandale, pour que la Justice les fît brûler par la main du Bourreau; on les reduit à ceux-ci:

Explicatio locorum Scriptura V. & N. Testamenti ex quibus Trinitatis dogma stabiliri solet, on l'imprima en Transilvanie in 4°. Elle fut proscrite, & on en brula grand nombre d'exemplaires; on l'a depuis imprimée en Hollande, sans le nom de l'Auteur, & de l'Imprimeur, ni sans marquer le tems. *B. A. p. 93. Ses livres.*

De divinitate Christi opus quoddam. C'est Scherzerus qui lui donne cet ouvrage, aussi bien que ce qui suit.

Explicatio locorum Catechesis Racoviensis.

Prefatio in N. Testamentum versionis Racoviana. On nous fait remar-quer au sujet de ces deux livres, qu'Eniedin étoit mort avant qu'on imprima le Catéchisme de Racovie, fait par Valentin Smalcius, & par Jérôme Moscorovius. Il faut donc croire que l'on parle ici du Catéchisme qu'ont fait Gregoire Pauli, & Fauste Socin. Sandius ajoute qu'il ne sçait pas s'il y a eu une autre version du nouveau Testament imprimée à Racovie, que la Polonoise faite par Smalcius, & que l'Allemande faite par Crellius, & par Stegmann; & que ces deux versions n'ont vû le jour qu'après la mort d'Eniedin. C'est ce qui fait douter ſi Eniedin eſt l'Auteur de ces deux derniers livres.

Jugem. des Sçavans, t. XI. p. 13.

M. Baillet parlant d'Eniedin, dit qu'en 1658. on s'aviſa de répondre au livre que cet Auteur avoit intitulé : *Explicatio locorum Scripturæ V. & N. Teſtamenti*, &c. Par un autre livre intitulé : *Antieniedinus poſthumus*, ou, *Vindicationes locorum*, &c. *Veram ac æternam Chriſti deitatem invictè demonſtrantium*, & qu'on donne cet *Anti* à un Lutherien d'Allemagne, nommé Fewerborn ; mais, ajoute ce ſçavant homme, ce Lutherien étoit mort dés l'an 1656.

VALENTIN RADECIUS.

Radecius étoit fils de Mathieu Radecius, Secretaire ou Greffier de la Ville de Dantzic ; il eut une amitié ſincere pour Fauſte Socin, & fut Evêque ou Surintendant des Egliſes Unitaires de Tranſilvanie ; il y a apparence qu'il fixa ſon ſiege à Clauſembourg, puiſqu'on lui donne la qualité de *Plebanus Claudiopolitanus*, & que ce mot eſt le même que celui de Surintendant. Il mourut en 1630. ne laiſſant que ce peu de livres :

B. A. p. 107.

Formula adminiſtrandi Cenam Dominicam, à quoi on a ajouté : *Quarundam quæſtionum, ad eandem elucidandam ſpectantium ſolutio* ; comme auſſi, *Precatio matutina, & veſpertina, Claudiopoli, typis Heltanis excudebat Georg. Abrugi*, en 1638. in 8°.

SAMUEL JARAY.

Ibid. p. 132.

Jaray étoit Hongrois, & ſucceda à la Surintendance de Radecius ; Sandius lui donne un Traité *de divortiis*, &c.

JOACHIM STEGMANN.

Ibid. p. 132.

Stegmann né dans la Marche de Brandebourg, fut Recteur du College de Racovie après Martin Ruar. Il quitta la Pologne pour exercer le Miniſteriat dans l'Egliſe des Unitaires Saxons de Clauſembourg, où il mourut en 1632. laiſſant des livres ſur la Philoſophie, ſur les Mathématiques, ſur la Théologie, & ſur la controverſe, Sandius leur donne ces titres :

5 livres.

Controverſia hujus temporis de Eccleſia, en Allemand, Mſſ. 1629.

B. A. p 132.

De uſu rationis in rebus ſacris ger. Mſſ. 1629.

Examen Theſium Bergii, Mſſ. 1629.

Refutatio refutationis Catecheſeos, Mſſ. 1629.

Sa verſion Allemande du nouveau Teſtament, imprimée à Racovie en 1630. in 8°. Jean Crellius y a auſſi travaillé.

Inſtitutionum Mathematicarum libri duo, ces deux livres furent faits en 1630. in 8°. par l'ordre des Superieurs du College de Racovie, & pour l'inſtruction de leurs écoliers.

Epiſtola Mſſ. qua viro cuidam excellentiſſimo ſententiam ſuam de ſatisfactione Chriſti exponit. Scripta Moſſtichii, en 1630. 7. Novembre, Mſſ.

De vera reformatione Eccleſiæ Chriſti, Mſſ.

Brevis difquisitio, an & quomodo vulgò dicti Evangelici Pontificios ac nominatim Valeriani magni de Acatholicorum credendi regula judicium, folidè atque evidenter refutare queant Eleutherepoli, apud Godfridum Philalethium, en 1633. in 12°.

Un ouvrage Allemand contre Botfack, Stegmann fit cette piece fur la fin de fes jours, pour refuter le livre que ce Miniftre Lutherien avoit écrit contre les Sociniens en langue vulgaire, fous le titre : *Avertissement pour les nouveaux Photiniens*, &c. Le livre de Stegmann, qui ne parut qu'après fa mort, fut imprimé à Racovie en 1633. in 8°. fous ce titre : *Examen de l'avertissement de Botfack, pour la doctrine des nouveaux Photiniens.* Botfack refuta cet examen de Stegmann par un ouvrage qu'il intitula *Antistegmann*, imprimé à Dantzick, en 1636. in 8°. c'eft un contre-examen de l'examen de Stegmann ; tous ces ouvrages font en langue vulgaire.

Libri duo de judice, & norma controverfiarum fidei, Eleutoropolii, tipis G. Philadelphi, (c'eft Amfterdam) 1644. in 12°. Cependant il n'y a que le premier livre qui foit de Stegmann, étant mort avant que le fecond fut achevé. Il y en eut en 1668. une verfion Flamande in 8°. & il eft beaucoup plus ample en Mff. *Jugement des Sçavans to. XI. p. 32.*

Delineatio Theologiæ, feu Fidei Chriftianæ libris duobus.

De difciplina Ecclefiaftica.

De præcipuis in Religione Chriftiana controverfiis.

Analecta Mathematica.

Logica, & Metaphifica reformata, toutes ces pieces ne font pas imprimées.

Christophle, & Laurent Stegmanns.

Ces *Stegmanns* étoient freres de Joachim. Le premier a donné *B. A. p. 133.* *Dyas Philofophica*, imprimée à Stetin in 4°. 1610. & 1631. *Hiperafpites Dyadis Philofophica contra Valentinum Fromm Logknizii*, en 1632.

Metaphifica repurgata, Mff.

Le fecond fut du nombre des profcrits, à la déroute de Racovie, & fe fit depuis ce tems-là appeller *Tribandor*, on a de lui *Epiftola ad Dobeflaum Cieklinski*, du 15. des Calendes de Mars 1642. avec une élegie où il déplore la mort de fa femme, en Mff. *Carmen ad nobilif. juvenem Sta. Lubieniecium*, & quelques autres pieces, en Mff.

Adam Francus.

Francus étoit de Silefie, fucceda à Joachim Stegmann au Recto *Ibid. p. 141.* rat de Racovie; il en fortit pour exercer le Minifteriat de Claufembourg, & il y mourut en 1656. âgé de 60. ans. Tous fes ouvrages fe reduifent à quelques explications, & à quelques fermons fur differens paffages du nouveau Teftament, le refte eft peu de chofe, & le tout en Mff.

CHAPITRE XXXIII.

Les Auteurs Sociniens qui se sont distingués en Pologne, devant & après l'année 1658.

ELIE ARCISSEVIUS. PIERRE MORSCOVIUS. CHRISTOPHLE LU-
BIENIESKI. JACQUES RYNEVICIUS. EUSTACHE GISELIUS. THEO-
DORE SIMONIUS. GEORGE NIEMIRICIUS. JOACHIM PASTORIUS.
CHRISTOPHLE SANDIUS. DANIEL ZWIKERUS. JEREMIE FELBIN-
GERUS. JOACHIM STEGMANN. CHRISTOPHLE CRELLIUS SPINO-
VIUS. JEAN PREUSSIUS.

ELIE ARCISSEVIUS.

ARcissevius, ou Arcisseweski, ou Artichefski, fils d'un autre
Elie Arcissevius, dont nous avons parlé, étoit Polonois, de
l'Ordre des Chevaliers, & eut un frere nommé Christophle, plus
jeune que lui, bon Socinien, quoique Calviniste à l'exterieur, &
qui acquit beaucoup de reputation pour sa bravoure, dans la Commission que les Hollandois lui avoient donné, pour faire quelques
conquêtes dans le Bresil, au profit de leur Compagnie des Indes
Occidentales. Il y réüssit si bien qu'en trois années de tems il prit
trois places sur les Portugais, & gagna sur eux une bataille où il
fut blessé. La Compagnie en fut si satisfaite, qu'en 1636. elle fit
frapper une Medaille en son honneur, pour conserver la memoire
de ses exploits. Il quitta le Bresil, & repassa en Europe, par quelque jalousie de la part du Comte de Nassau, nouveau Général, &
Capitaine du Bresil pour la Compagnie des Indes Occidentales.

Notre Elie prit aussi le parti des armes, & fut Colonel d'un Regiment de Cavalerie, pour le service du Roi de Dannemarqk. Il fre-
quenta la Cour de Pologne, se déclara Protecteur de l'Eglise Socinienne de Smigla, & en endossa le Ministeriat. On n'a de lui que
deux écrits, un adressé au Roy de Pologne, où il lui rend compte
des motifs de conscience qu'il a eu d'embrasser la Religion de ceux
que l'on appelle Ariens, à l'exclusion de toutes les autres Communions tolerées dans le Royaume. Cet écrit fut imprimé en 1649.
in 8°. *Sub nomine cujusdam illustris. Equitis Poloni aulici Regii.*

L'autre est une lettre à M. Cazanovius, Maréchal de la Cour, où
il lui rend raison de sa Religion Arienne, elle n'est pas imprimée,
& elle est en Polonois.

Christophle Arcissevius

B.A. p.141.

PIERRE MORSCOVIUS.

Ibid.   *Morscovius*, ou Morscow, Chevalier Polonois, fut Pasteur de Lachovie, il quitta cette Eglise pour épouser celle de Crelovie ; & il en sortit pour celle de Czarcovie. Sandius lui donne quelques livres, sçavoir.

Responsio ad librum cujusdam Ministri Evangelici, (c'est Thomas Ibengerseius) *dictum Symbolum Socinianorum,* &c. *Non credo hodiernarum Arianorum, additum est Symbolum Evangelicorum Doctorum, de ratione salutis humanæ collectum, ex ipsorum scriptis,* en 1632. in 4°. Pol.

Præfatio in J. Crellii prima Ethices elementa, elle fut écrite à Czarcovie le 28. Août 1635.

Præfatio præfixa commentario in Epistolas ad Thessalonicenses, quem ipse ex prælectionibus Crellii concepit, 1636. Il y en a une version Flamande.

Commentarios J. Crellii in Epistolas priores ad Timotheum, ad Titum, & ad Philemonem, ex ipsius prælectionibus conscripsit, ils se trouvent dans la Bibliothéque des Freres Polonois.

Une harangue en l'honneur de Jacques Sieninius en 1639. en Mss. Pol.

Contra Keslerum.

Politia Ecclesiastica, sive forma, (Agendam vulgò vocant) regiminis exterioris Ecclesiarum, quæ unum Deum Patrem per Filium ejus unigenitum J. C. in Spiritu sancto confitentur, tribus libellis explicata. Ce fut par ordre des Eglises qu'il fit cet ouvrage, à l'usage des Eglises de la Hollande, & y mit cet Anagramme : *Veri promus custos.*

CHRISTOPHLE LUBIENIESKI.

Lubienieski fils d'un autre Christophle, dont nous avons parlé, fut **B.A.p.142.** Pasteur de l'Eglise Socinienne de Racovie, & de-là passa à celle de Lublin ; il mourut âgé de 50. ans, en 1648. laissant quelques ouvrages, qui ne sont pas de consequence.

Epistola ad M. Ruarum, en date du 30. Juillet 1618. elle est dans la derniere Centurie des lettres de Ruar.

Epistola ad D. Paschalem de Christo non statim post mortem in corpore glorioso ressuscitato.

Un discours qu'il fit à l'Assemblée de Lublin, le 3. Juin 1634. Mss. Pol.

Protestatio de innocentia sententia nostra, (videlicet Unitariorum) de Jesu Christo Domino nostro, Mss.

Antidotum in adversis modernis, en 1647. Mss.

Epistola ad varias, Mss.

JACQUES RYNEVICIUS.

Rynevicius Chevalier Polonois, fut Pasteur de Lublin, il quitta *Ibid.* cette Eglise pour celle de Kisselin ; il en sortit en 1644. avec infamie, & fut banni par Arrêt. Il se retira en Lithuanie, sous le nom de Jean Trembecius, & vint mourir en Prusse l'an 1678. âgé de

81. ans, y faiſant l'office de Miniſtre de tous les Sociniens bannis qui s'y étoient refugiés. Il y a quelques ouvrages de lui de peu de conſequence, & qui ſont encore en Mſſ.

EUSTACHE GISELIUS.

B. A. p. 143?   *Giſelius Roxolan* fut Recteur du College de Kiſſelin. En 1626. il mit en Grec l'Imitation de J. C. autrement dit Thomas à Kempis, cette verſion fut imprimée a Francfort ſur le Viard. On lui donne encore *Antapologia, ſive refutatio Apologiæ quam ad nationem Ruthenicam fecit Meletius Smotriski Dictus Archiepiſcopus Polocenſis, ſub nomine Gelaſii Diplici*, imprimée en 1631. Pol.

THEODORE SIMONIS.

Ibid.   *Simonis* d'Holſace, fut Recteur du College de Kiſſelin; il prit le nom de Philippe Coſmius, après avoir fait imprimer un livre de la Papauté. Il a fait une verſion Grecque du livre, *Janua Comeniana.*

GEORGE NIEMIRICIUS.

B. A. p. 145.   *Niemiricius* de Czerniechow, Chevalier Polonois, Archicamerien de Kiovie, &c. ſe fit Patron de quelques Egliſes Sociniennes; & après avoir fait parler de lui dans la Secte & dans le Royaume, par quelques ouvrages de pieté, & d'ailleurs ſentant bien que l'Edit de 1658. auroit tout ſon effet, il ſortit de Pologne, ſe retira chez les Grecs de la Ruſſie; de là paſſa au ſervice des Coſaques, où il s'acquit tant de reputation, qu'ils le firent Général de leurs troupes, *Atque apud Coſaccos Ducis campeſtris munere functus eſt*; & ces Coſaques après avoir perdu l'eſperance de pouvoir lui faire embraſſer leur Religion, (ſçavoir, celle des Grecs ſchiſmatiques) le maſſacrerent d'une maniere qui approche plûtôt de celle des bêtes que des hommes, l'an 1659. Sandius lui donne les livres qui ſuivent.

Preces, & Hymni, Pol. 1653. in 12°.

Periphraſis, & Paraphraſis Panoplia Chriſtianorum, Mſſ.

Une oraiſon qu'il fit devant le Roi à la Diete de Varſovie 1659. & quelques lettres en Mſſ.

JOACHIM PASTORIUS.

B. A p. 149.   *Paſtorius* d'Hirtenſberg en Lithuanie, étoit de l'ordre des Chevaliers, & on lui donne la qualité d'Hiſtoriographe du Roi; il s'eſt rendu celebre dans la Republique des Sçavans, par les livres qu'il a compoſé pour & contre le Socinianiſme; je dis contre, car il quitta cette Secte, & embraſſa la Catholicité, dans laquelle il eſt mort. Ces livres ſe reduiſent à ceux-ci.

Vita J. Crellii, elle eſt dans la Bibliothéque des Freres Polonois, & au commencement des ouvrages de Crellius; on la trouve auſſi à la tête de l'Ethique du même Auteur. En 1663. on en fit une verſion Flamande   *Epitaphium*

Epitaphium S. Lubieniecii senioris, en 1633. *vita functi*, en MSS. *Aulicus inculpatus.*

Florus Polonicus, *sive Polonica historiæ epitome dedicatus Gen. Dn. Sieniuta*, imprimé à Leïde en 1641. in 12°.

Idem, *vitis duorum Regum auctus*, & *dedicatus comiti de Lezno Archiepiscopo Gnesnensi*, à Amsterdam 1664. in 12°.

Peplum Sarmaticum, à Dantzic 1645. in 4°.

Caracter virtutum, à Dantzic 1650. in 4°.

Bellum Scytico Cosaccicum, à Dantzic 1652. in 4°.

De juventutis institutionis ratione, à Dantzic 1653. in 4°.

Orationes duæ de præcipuiis historiæ Auctoribus, dans la même Ville, 1656. in 4°.

Sylvarum pars prima, 1656. in 12°. *ibid.*

Tacitus german belgicus, à Cologne 1658. in 8°.

Differentia inter politicen genuinam, & *diabolicam*, &c. à Francfort 1659. in 12°.

Theodosius Magnus, 1662.

Minister status, *seu considerationis super vita Nicolai Neovilli Jenæ*, 1664. in 8°. Il fit ces derniers livres après qu'il eut quitté les Sociniens.

CHRISTOPHLE SANDIUS.

B. A. p. 150

Ce *Sandius* étoit de la Prusse Ducale, & fils de Philippe Sandius, Senateur de Crutzburg, Ville dans la Province de Silesie, Duché de Brieg. Christophle fut un des Conseillers de l'Electeur de Brandebourg, Secretaire d'Etat, & du Tribunal des Appellations. Il perdit toutes ces Charges en 1668. pour avoir soutenu que le Pere Eternel étoit le seul grand & vrai Dieu; il pouvoit alors avoir 57. ans, il est pere d'un autre Christophle Sandius, dont nous parlerons, aussi-bien que de quelques livres que son fils reduit à ceux-ci.

Præfatio in Christophori, Christophori Sandii filii sui historiam enucleatam, en 1676. in 4°.

Solida demonstratio quod Ariani, *Mennonitæ*, *aut similes Hæretici non possunt jure ob Religionem pelli*, MSS.

Sophron de usu rationis in Theologia.

Carmina quædam.

Epistola de rebus Theologicis, ces trois pieces sont en MSS. Celles qui suivent lui sont communes avec son fils.

* *Scriptum quod M. Jacobo Polio, rogatu Ministerialium Tripolitanorum, Regiomontanorum obtulerunt*, en 1668. 24. Janv. en MSS. Ils y parlent des doutes qu'ils ont sur le dogme de la Trinité, & agitent la question; sçavoir, si Jesus, & les Apôtres enseignans, que le Dieu d'Abraham, d'Isaac & de Jacob, étoit le vrai Dieu; Abraham, Isaac, & Jacob, ont cru un Dieu en trois personnes.

Replica ad refutationem dubii primi in memorato scripto, MSS.

DANIEL ZWICHERUS.

Zwicherus ou *Zwicher* naquit à Dantzic le 22. Janvier 1612. il fut élevé dans le Lutheranisme, & s'appliqua particulierement à la science de la Medecine, & il y réüssit assez pour s'y faire passer Docteur. Il quitta le Lutheranisme, pour embrasser le Socinianisme. Après l'Edit de 1658. il sortit des terres de Pologne, pour éviter la tempête dont le parti fut agité, & se retira en Hollande. Il mourut à Amsterdam le 10. Novembre 1678. âgé de 67. ans; il a composé grand nombre de livres, dont quelques-uns ont merité l'attention & la refutation de quelques Sçavans; on connoît à leur seul titre, qu'il n'étoit pas trop endurant en matiere de Religion, & qu'il n'épargnoit personne, puisqu'il a écrit contre les plus fameux Sociniens, aussi-bien que contre leurs adversaires. On peut assurer qu'il étoit du caractere de ces Sçavans de son tems, qui cherchent sans cesse la Religion, & qui combattent à droit & à gauche, jusqu'à ce qu'ils ayent trouvé la veritable; & que par un juste jugement de Dieu, ils ne trouveront jamais, parce qu'ils la cherchent mal, & qu'ils ne la cherchent pas où elle est, je veux dire dans l'Eglise Romaine.

B.A. p.151. *Ses livres.* *Quæstio, an Christianus semper adhuc aliquid audire & inquirere teneatur*, cette piece fut imprimée en 1649. Pol.

Brevis & vera demonstratio, in quibusdam casibus & locis Scripturæ propriè ac figuratè explicari & intelligi debeat, 1650. Pol. in 4°. il y en a une version Flamande.

Regula & confessio zelosorum Christianorum, 1650. Pol. in 8°.

Historica narratio recessionis D. Danielis Zvvkeri à priori sua opinione, 1651. Pol.

Revelatio Catholicismi veri, ou *solidum judicium de maxime pacifica, & certissima doctrina Christianorum, in quo revelatur debilitas horum qui Monarchianis, idest Unitariis adversamtur*, 1655. il y en a une version Flamande; on y a ajouté: *Demonstratio veræ methodi disputandi. Item 21. fundamentales regulæ, secundum quas Scriptura sancta debet explicari, & intelligi*, avec la preface d'Adrian W artepaerd, à Amsterdam 1678. in 4°.

Iugement des Sçavans to. XI. p. 35. *Specimina infelicis pugnæ D. Calovii contra Crellium*, 1650. in 4°. M. Baillet parlant de l'origine de l'Antizwicher, remonte jusqu'à la fameuse dispute que le Lutherien Calovius eut avec J. Crellius; & dit, que le bruit se repandant par tout que le Lutherien avoit été vaincu dans ce combat; les Sociniens prétendirent en tirer avantage, & qu'ils en publierent plusieurs relations; que Zwicher en donna une sous le nom d'un étudiant en Théologie, à laquelle il donna pour titre, *Specimina*, &c. Cet ouvrage fut suivi d'un autre, que Zwicher publia en Allemand sous le titre de *Revelatio Catholicismi veri*, ou, jugement solide de la Doctrine la plus certaine, & la plus pa-

cifque des Chrétiens. L'Auteur prétend y montrer la foiblesse de ceux qui se déclaroient les adversaires des Monarchiques (c'est-à-dire des Sociniens) dans cet écrit il accusoit Botsack Ministre Luthérien de Dantzic, de raisonner mal, & de tomber souvent dans le Sophisme, que l'école appelle pétition de principe. C'est à ces deux ouvrages de Zwicher, que l'Antizwicherus doit sa naissance. Il fut imprimé à Dantzic en 1668. & a pour Auteur un Luthérien nommé Jean Maukisch.

Irenicum Irenicorum, seu reconciliationis Christianorum hodiernorum norma triplex, sana omnium hominum ratio, Scriptura sancta, & traditiones, à Amsterdam 1658. in 8°. Comenius a fait trois repliques à ce livre, une en 1660. l'autre en 1661. & la derniere en 1662. Zwicher ne demeura pas court, il répondit à Comenius, & toutes ces pieces sont fort rares.

Judicium de Joanna Bapista contra Marelium, le 11. Decembre 1658. il donna cette piece à Etienne Courcelles, & ce Théologien l'a ajoutée à ses Dissertations théologiques contre Desmarets, imprimées à Amsterdam en 1650. in 8°.

Adhuc stans, & triumphans visibilis Ecclesia Christi contra portas inferni, una cum erroneis opinionibus, & perpetuis sphalmatis, sivè dolendus casus adversariorum D. Galeni Abrahami, & Davidis Spruyt (Pastorum Ecclesiae Amsteladamensis Mennonitarum Flandrorum) que palam fecerunt inscriptis contra collegas suos, imprimé à Amsterdam, en 1660. in 4°. en Flamand.

Irenica-mastix prior, seu nova confirmatio Irenici, contra Comenium, 1661. in 8°.

Henosicum Christianorum, seu disputationis Miniselsi Senensis, quatenus in hareticis coercendis progredi liceat lemmata-potissima, en 1662. C'est une version Latine faite sur le Flamand.

Irenico-mastix posterior, iterato victus & constrictus imò obmutescens, seu novum, & memorabile exemplum infelicissime pugnae D. Joa. Amos Comenii contra Irenici irenicorum Authorem, 1662. in 8°.

Ejusdem pars specialis, seu finalis confutatio Comenii Hoornbeckii, & aliorum, 1662. le titre porte néanmoins l'année 1667. in 8°.

Compelle intrare, seu de contradictione Ecclesiis ostensa, easque reformatura, 1666.

Contra Joat. Stegmannum juniorem de Magistratu bello, &c. qua contentionis serra aliquoties per Mssi redintegrata, tandem Zuuicherus talem contra Stegmann 13, collectionos edidit librum.

Ecclesia antiqua inermis, post tot sequiora secula, jure tandem iterum asserta, seu responsio ultima Annotatoris Anonymi ad Collectoris iisdem Anonymi collectiones 13. de magistratu vi coactiva, suppliciis capitalibus, & bellis Christianis licitis. 1666. in 4°. Il y en eut une version Flamande en 1668. in 4°.

Demonstratio, quod 1. Cor. cap. 14. ad hunc usque diem à propugnatori-

bus libertatis loquendi perversè explicatum sit, à Amsterdam chez Da-vid Ruar 1668. & 1680. in 4°.

Libertas Ecclesiasticarum congregationum ex sancta Scriptura, & mirabilibus exemplis divina Providentia, in his postremis 300. annis firmiter demonstrata, 1668. in 4°.

Evanescens non Apostolicus libertatis in Ecclesia loquendi propugnator, 1666.

Novi Fœderis Josias, tous ces livres sont en Flamand, ce dernier fut mis en Latin, 1670. in 4°.

Argumentum contra animarum praeexistentiam antemundanam Ch. Sandio Tractatui suo de origine anima, cum responsione sua incertum, 1670. in 8°.

Refutatio responsionis Ch. Sandii ad memoratum argumentum, mss.

Revelatio dæmonolatriæ inter Christianos, seu victoria Protestantium, 1671. in 4°.

Revelatio hostium crucis Christi, ou *Acta colloquii cum quatuor amicis de magistratu, an nimirum possit crucem Christi gestare*, &c. 1672. in 4°.

Altera pars revelationis dæmonolatriæ inter Christianos, sive Epistola ad Cornelium Hazartum Jesuitam Antuerpiensem, en 1675. in 4°. Ce livre est en Flamand, & on en a fait une version Latine.

Epistola ad M. Ruarum de fratribus Moravis, deque cum iis concordià, & quid illi desiderint, imprimées à Dantzic 1654.

Ad eundem de aulæ appellatione de F. Moravis ac communione bonorum, & de paupertate Christiana, à Dantzic 1654. Ces lettres se trouvent dans la premiere centurie des lettres de Ruar, imprimées à Amsterdam en 1677. in 8°. en Flamand.

Trois lettres en Flamand; la premiere est de Zwicher, à Jean de Cuyk; la seconde est de Jean de Cuyk, à Zwicher; & la troisiéme est la réponse de celui-ci à celui-là, & demeura sans replique. Il s'agit dans ces lettres de l'argument tiré du chap. 18. ℣. 3. de saint Jean, contre la divinité souveraine de J. C. imprimées à Amsterdam 1678. in 4°. On y a ajouté une preface d'Adrian Swartepaad.

Regula fundamentales secundum quas tota sancta Scriptura debet explicari, & intelligi, à Amsterdam 1678. in 4°. On en fit une seconde édition la même année, & on y a ajouté, *Revelatio Catholismi veri*, &c.

Nous avons pû remarquer, que la plûpart de ces livres sont en langue vulgaire, ou Hollandoise; & on ne voit pas que les François, les Espagnols, les Italiens, &c. se soient appliqués à en faire des versions Latines, ou en leurs langues.

On lui donne d'autres livres, qui ne sont pas encore imprimés, & dont la plûpart sont en Flamand, en Polonois, &c. & dont voici les titres en Latin.

Responsio ad Witembergentium Theologorum refutationem Catecheseos Racoviana. Annotationes breves, sufficientes tamen ad examen brevis disqui-

sleionis M. Joa. Pauli Felvvengeri Professoris Altorffini, 1637. cette piece
fut écrite à Nuremberg.

Speculum Christianorum, & non Christianorum seu solida responsio ad inter-
rogationem, qua quaritur, qui salvabuntur, & qui non condemnabuntur ?
Unde patet, quod inter mille homines ne unus quidem servabitur, ac salutem
adispiscetur.

De natura Filii Dei, en Allemand.

Misterium Trinitatis explicatum, & ob oculos positum, seu sententia de
Trinitate ortus, & progressus, en Allemand & en Latin.

De veritate Religionis Christiana.

Paupertas christiana rediviva, en Allemand ; on y a ajouté : *Concensus*
ea in re Doctorum primava Ecclesia Christiana, qui Patres vocantur, nimi-
rum quod non liceat Christianis opes possidere. Apparemment il fit cet ouvrage en faveur des Freres de Moravie.

Ultima tuba, seu admonitio ad omnes sectas, videlicet Catholicos, Grecos,
Lutheranos, Reformatos, Remonstrantes, Enthusiastas dictos Quakeros,
Mennonitas, seu Fratres Polonos. Remarqués qu'il confond ici les Mennonites avec les Freres Polonois, tant il est vrai, de l'aveu même des
bons & sçavans Sociniens, que les Mennonites sont Sociniens, & que
les Sociniens sont Mennonites. *Quod debeant doctrinam, & vitam suam*
emendare, si velint salvari ; à ce titre jugés, si vous le pouvés, de quelle
Religion étoit ce diffus Auteur, puisque toutes les Communions lui
paroissent dans l'erreur, & dans la corruption, & par là hors des voyes
du salut.

Collatio septem hodiernarum pracipuarum sectarum inter Christianos, in
quibusnam fidei articulis inter se consentiant atque dissentiant, en Flamand.

Simplex vetus apostolica confessio de Filio Dei, en Allemand.

Res notatu digna à condito mundo.

Annotationes in F. Curcellii tractatum de esu sanguinis.

Refutatio tractatus Smalcii, quem scripsit adversus Hutterianos, seu Mo-
ravienses communistas, en Allemand.

Contra Samuelem Przypcovium de magistratu & annexis.

Contra A. Wissovvatium de Dei circa futura contingentia prascientia.

Animadversiones in Ch. Sandii historiam ecclesiasticam Arianorum.

Revelationis damonolatria continuatio.

Responsio ad Friderici Sylvii scriptum, &c.

Contra eundem ... de Ecclesia hodierna auctoritate.

Contra Joannem Sylvium de Trinitate.

Epistola ad L. Wolzogenium ; alia ad alios : & alia diversi generis.

JEREMIE FELBINGERUS.

Felbingerus étoit de Brega en Silesie, & vint au monde le 27. Avril **B. A p 157.**
1616. il fut Recteur du College de Cossinie ; c'est tout ce que Sandius
nous dit de ses actions ; mais en recompense il nous fait un grand détail,
& un nombreux catalogue de ses ouvrages.

Ses livres.   *Doctrina syllogistica*, la premiere édition in 12°. est de 1646. & la seconde in 8°. 1675. à Rotterdam.

Nomenclatura latino germanica super Januam Comenii, 1646. in 4°.

Rhetorica & oratoria Bartholini epitoma, 1646. in 12°.

Politica christianæ compendium, 1646. in 4°. il y en a une version Flamande & une Allemande.

Demonstrationes Christianæ invictissimis testimoniis comprobantes. 1°. Quod solus Pater D. J. C. sit Deus altissimus. 2°. Quod solus homo Jesus Mariæ filius, sit unigenitus, ac proprius Dei filius. 3°. Quod Spiritus Dei sit virtus Dei. 4°. Quod gratia divina per fidem justificati teneantur vitam suam instituere secundum decem præcepta Dei, & mandata Christi, ex libris N. Testamenti deprompta, ac juxta librorum, capitum, versiculorum ordinem exhibita, 1653. in 4°. On y a ajouté,

Epistola ad Georgium Calixtum Theol. doctorem, & Professorem in inclita Junia, nec non abbatem Canob. Regio Lothar. scripta Sossini, 1653. On y trouve aussi :

Excerptum ex epistola, anno 1653. *è Sossino Stetinum missa, qua respondet J. Micrellio Theol. & Phil. doctori & Professori in Pedagogio Stetinensi, ut, &c.*

Aliud excerptum ex alia epistola, 22. *Junii ad eum data.*

Confessio fidei Christianæ FF. Polonorum, en Latin & en Allemand.

Prodromus in V. Testamentum, 1654. in 4°.

Doctrina de Deo, & Christo, & Spiritu sancto, ipsis scripturæ sanctæ verbis concinnata à quodam divinæ veritatis confessore, 1657. in 8°. Gedeon Courcelles, Pasteur de l'Eglise des Rémontrans de Nordec en Hollande, en a fait une version Françoise en 1657. in 8°. On en a fait aussi une version Flamande en 1657. in 8°. & on en fit une édition plus ample en 1670. in 8°.

Responsio ad D. Christianum Grossium superintendentem Colbergæ, 1655. in 4°.

Epistola ad Pelargum, 1655. in 4°.

Lexicon Græco Germanicum super N. Testamentum, 1657. in 12.

Prima instructio linguæ Græcæ.

Versio Germanica N. Testamenti S. Curcellœi, à Amsterdam 1660. in 8°.

Un petit livre Allemand, & tourné en Flamand, où il traite *de hominis creatione, ejusdem lapsu, & restauratione. De susceptione infantum in visibilem Ecclesiam Domini. De Baptismo. De disciplina Ecclesiastica. De sancta lotione pedum. De mensa Domini. De interdicto juris jurandi.*

Littera ad J. Bidellum data Dantisci, 1654. On les a ajoutées au Cathéchisme de Bidellus, imprimé en 1664. in 8°.

Epistola ad Christianos unum altissimum Deum Patrem D. ac Salvatoris nostri Jesu C. secundum sanctas scripturas V. & N. Testamenti, recte agnoscentes; in qua Socini, & ejus discipulorum errores graviores suis ipsorum verbis notati succincte refutantur, 1672. in 4°. & elle fut réimprimée à Roterdam en 1681. in 4°.

Collectanea, Mss. exercitationes Logica & Rethorica, en manuscrit.

JOACHIM STEGMANN.

Stegmann fils d'un Joachim Stegmann, dont nous avons parlé, s'érigea en Predicateur dans les Eglises Sociniennes de Pologne ; il eut la même destinée que plusieurs autres, par l'Edit de 1658. Il sortit de Pologne, accompagna Wissowats dans plusieurs voyages ; & après beaucoup de courses il se retira en Transilvanie, où il fut Pasteur de l'Eglise Saxone des Sociniens à Clausembourg, où il mourut en 1678. âgé de 60. ans, il est Auteur de ces livres :

Brevis disquisitio inter duas, de sancta Trinitate disputantium partes, utri tandem post longa certamina victoria tribuenda sit : il n'y mit pas son nom ; mais cet anagrame, *Magnus amicus honesti*, 1649. in 8°. en 1657. on l'ajouta à la dissertation de Felbingerius, *de Deo, & Christo & Spiritu sancto*, il y en a une version Flamande.

Brevis demonstratio Religionis Christianæ veritatis, elle se trouve dans les ouvrages de Daniel Brenius, à Amsterdam 1664. *in fol.* Il y en a une version Flamande, in 4°.

Prefationem in Catechesim Ecclesiarum Polonicarum auctorem, 1665. in 8°. & 1680. in 4°.

Epistola duæ ad St. Lubieniecium theatro ejus cometico, in communicatione Manheimiana inserta, Amsterdam 1667. in fol.

Commentarios J. L. Wolzogeni, Wolzogue avoit fait ces commentaires en Allemand, & Stegmann les mit en Latin, tels qu'on les voit dans la Bibliothéque des Freres Polonois. *Epistola ad J. L. Wolzogenium super quæstiones de Abiathare, & Achimelecho*, on l'a ajoutée au commentaire que Wolzogue a fait sur le chapitre 2. de saint Marc, & elle est imprimée dans la Bibliothéque des Freres Polonois.

Commentarius in Evangelium sancti Joannis à cap. 5. usquè ad caput 11. & on le trouve dans la même Bibliothéque parmi les ouvrages de Wolzogue.

De magistratu politico, bello, &c. disputatio cum S. Przypcovie, Mss.

Contra Danielem Zvvicherum, de eadem materia tractatus, mss.

Contra Atheos, Mss.

Disquisitio de Dei circa futura contingentia præscientia certa ab æterno, Mss.

Quæstio, an publicum Religionis exercitium omitti debeat, ob pericula, Mss.

De lotione pedum adversus J. Slichtingium.

Apologia secta Arianorum, (ut vulgò vocatur) condemnata in generalibus comitiis Warsaviensibus, 1558. *Mss.*

Alia non pauca.

Usus rectæ rationis in rebus fidei, defensus contra dissertationem Philosophicam de natura, seu essentia luminis naturæ sive rectæ rationis, & à lumine revelationis differentia, J. A. Schuberti sempronio Hungari, sub præsidio D. M. J. Pauli Feluvingeri, Norimb. Polit. Metaph. & Log. Professoris publici. Il y

B. A. p. 161

Ses livres

.en a qui donnent cet ouvrage au pere de Megmann, & Sandius prétend que ce pere étoit déja mort quand cette difpute commença à Altorph. en 1662.

CRISTOPHLE CRELLIUS SPINOVIUS.

B.A.p. 263. Ce *Crellius* étoit fils du fameux Jean Crellius. Né d'un fi bon Socinien, il ne manqua pas d'emploi dans la fecte ; il exerça le Minifteriat dans quelques Eglifes de Pologne. Il fut enveloppé dans la déroute des Sociniens, & banni de Pologne. Il fe retira en Silefie, où il gouverna les Sociniens quifs'y étoient retirés depuis l'Edit, & il y demeura dix ans. Il quitta cette Eglife, & vint en Pruffe, où il demeura dix ans Pafteur des Sociniens qui y étoient ; fon Eglife le chargea de quelques affaires, pour les traiter avec les Freres de Silefie, & en paffant par la Pologne pour ces affaires, il y mourut le 12. Decembre 1680. Il s'en faut bien qu'il ait tant écrit que fon pere, on ne hui attribue que :

Ses livres. *Differatio de virtute chriftiana, & gentili*, elle eft au commencement de l'*Ethica Chriftiana* de fon pere, en 1650. in 4°. & 1681. in 4°. *Cofmopoli*, ou Amfterdam.

Epiftola ad Gener. D. Baronem NN. in qua habetur narratio de colloquio Roznovienfi, inter Romano-Catholicos, & Unitarios habito, elle eft écrite du 19. Avril 1660.

Epiftola de ftatu Unitariorum in Anglia, *mff*.

Il y a encore quelques lettres, & quelques ouvrages fur differentes matieres.

JEAN PREUSSIUS.

B.A.p.163. *Preuffius* vint au monde en 1620. il eut la qualité de Prédicateur parmi les Sociniens de Pologne. Il en fut chaffé en 1660. & fe retira dans la Marche de Brandebourg, où comme Pafteur, il gouverna les bannis Polonois, il n'y a pas toûjours vêcu en repos. On voit par fes lettres, qu'il étoit en prifon en 1664. Il a compofé quelques livres Allemands & Latins, dont quelques-uns font encore en manufcrit.

Ses livres. *Cantilena facra*, en Allemand, à Francfort fur l'Oder, in 8°.

Preces facra, en 1662. in 8°.

Confeffio Fidei ad Catholicam Chriftianam veritatem fulciendam, ad purgandam verò ipfius Auctoris innocentiam, in lucem edita, 1662. in 4°. en Allemand.

Cantilena facra, en Allemand, 1678. in 8°.

De libertate confcientia, *mff*.

Carmen de morte M. Serveti, en Polonois, *mff*.

Carmen de fuperbia, genealogiam ejus exhibens, en Polonois, *mff*.

Epiftola ad amicos Belgas, agentes de vinculis, ac detentione fua in carcere, en 1664. *mff*.

CHAPITRE

CHAPITRE XXXIV.

*Les Auteurs Socininiens qui se sont distingués en Transilvanie,
en Hongrie, en Allemagne, &c. au tems, & depuis
l'Edit de 1658.*

VALENTIN BAUMGARTUS. FRANÇOIS BETHLEN. BENOIST ARCOSI.
VALENTIN RADECIUS. ETIENNE PAULI. MELCHIOR SCHAE-
FERUS,

M. VALENTIN BAUMGARTUS.

Baumgartus ou Baumgart *Memela*, étoit natif de la Prusse, fut **B.A.p.144**
Recteur du College de Luclavie ; il sortit de Pologne avec les autres Bannis, & se retira en Transilvanie. Les Unitaires ou Ariens de
cette Province lui défererent le Ministeriat de Clausembourg, & la
surintendance de leurs Eglises. Il y mourut en 1670. laissant peu de livres, & dont la plûpart ne sont pas imprimés.

Collat. Religion. **Ses livres.**

*Antitritheia, seu dissertatio vulgata opinioni de tribus Elohim, hoc est Diis,
seu de tribus Personis, quarum qualibet est summus Deus opposita* ; il divise
cette Dissertation en quatre sections, & il prétend y montrer que cette
opinion, qu'il appelle Triadolatrie, est vaine & inutile ; que son origine ne vient que des hommes, que son progrés ne s'est fait que par
violence, qu'elle est dangereuse dans sa suite, & contraire à la bonne
raison, & à la sainte Ecriture. Il fit cet ouvrage en 1654. & dans la suite
il l'a augmenté de beaucoup ; cependant on ne s'est pas encore avisé de
le faire imprimer, non plus que les livres suivans.

Catechesis latina.

De summo bono.

Contra incarnationem Jesu C. C'est sur ce sujet que Felwingerus a écrit
contre lui.

On lui donne encore quelques autres ouvrages.

FRANÇOIS BETHLEN.

Bethlen étoit d'une illustre famille de Hongrie, & parvint à la qua- **B A. p 145.**
lité de grand Maréchal de la Principauté de Transilvanie ; il eut d'autres emplois, conformément à sa naissance & à sa bravoure. Il s'entêta
des opinions des Unitaires, conformément à la plûpart des gens de
qualité de son pays ; il eut quelque commerce de lettres avec Ruar,
on en voit une de lui dattée de Béthlen le 7. Avril 1649. & elle se trouve dans la seconde Centurie des lettres de Ruar.

BENOIST ARCOSL.

P. 156. *Arcosi* étoit Hongrois, fut Lecteur ou Professeur dans le College de Clausembourg ; il ne s'est rendu celebre dans la secte, que par un traité des controverses, qui est encore en manuscrit, sur les passages de la sainte Ecriture qui sont en dispute entre les Sociniens, & ceux qui croyent un Dieu en trois personnes.

VALENTIN RADECIUS.

Ibid. *Radecius* de Transilvanie, & fils d'un autre Valentin, exerça la charge de Senateur dans Clausembourg. Il a laissé un manuscrit en Latin & en Hongrois, où il traite la matiere de la Trinité, & des deux natures en J. C.

ETIENNE PAULI

P. 168. *Pauli* Hongrois de nation, & fils d'Adam Franci, fut Pasteur de l'Eglise Saxone des Sociniens de Clausembourg. Sandius croit qu'il mourut en 1672. âgé de 45. ans. Il a laissé en manuscrit un traité des lieux de l'Ecriture, controversés entre les Unitaires & les Trinitaires ; comme aussi quelques sermons-latins.

MELCHIOR SCHAFFERUS.

Schafferus étoit Allemand, & Sandius le met au nombre des Auteurs Sociniens, uniquement parce qu'il a écrit en Allemand une réponse à la question : *Si notre Seigneur J.C. s'est ressuscité par sa propre vertu.* Elle fut imprimée en Pologne l'an 1637. & on en fit une version Flamande en 1653. in 4°.

CHAPITRE XXXV.

STANISLAS LUBIENIESKI, ou LUBIENIETZKI, de Lubienietz.

Son éducation, ses courses, sa mort & ses livres.

CE Lubienieski étoit fils de Christophle, & petit fils d'un autre Christophle Lubienieski, dont nous avons parlé, & qui quitta la Cour pour s'occuper de la Theologie de Fauste Socin. Stanislas Lubienieski dit le jeune, vint au monde à Racovie le 23. Août 1623. Son pere qui étoit Ministre de l'Eglise de cette Ville, n'épargna rien pour lui donner une belle éducation, & pour lui faire apprendre tout ce que doit sçavoir un Gentilhomme bien né. Il ne se contenta pas de l'envoyer aux Academies des belles lettres, qui florissoient en Pologne, comme celles de Racovie, & de Kisselin ; il le mena aussi aux Dietes générales & particulieres, afin qu'il y put apprendre les affaires du tems & de l'Etat, & qu'il se fit connoître des Grands.

Vers l'an 1642. il l'envoya à Thorn, & pendant les deux ans qu'il y demeura, il y fit amitié avec Jonas Slichtingius, & avec Martin Ruar, qui y étoient venus comme Deputés de leurs Eglifes, pour le Colloque qui s'y devoit faire ; & où on devoit traiter de l'union des Eglifes Proteftantes & Calviniftes, avec celles des Sociniens. Lubieniéski tout jeune qu'il étoit, fut jugé digne d'en dreffer lui-même le Procès-verbal.

Hift. Ref. Eccl. Pol.

Ses études faites, & affez bien inftruit fur les belles manieres de vivre dans le monde, il entra dans la maifon du Comte de Niemiryés, Palatin de Kiovie, & Senateur de la Republique, pour avoir foin de fon fils (vil emploi pour le parent d'un Roi de Pologne, car il étoit allié au quatriéme degré au Roi Sobieski.) L'envie prit à fon éleve de voir les Royaumes étrangers : Lubienieski le conduifit en Hollande, en France, en Allemagne, &c. Ce voyage lui donna lieu de voir ceux qui fe diftinguoient le plus dans les belles lettres, dans les conteftations de la Théologie, & dans les nouveautés en matiere de fciences & de Religion. Il confera & difputa avec ceux qui voulurent bien l'écouter ; fe concilia l'amitié de plufieurs, & l'eftime de prefque tous, fans néanmoins diffimuler les fentimens fociniens qu'il avoit fur la Trinité, & fur la Divinité de J. C. & fouvent même s'efforçoit-il de les infinuer à ceux qui avoient affez de complaifance ou de lâcheté de l'entendre difcourir fur ces matieres.

Sur la nouvelle de la mort de fon pere, il retourna en Pologne en 1648. A peine y fut-il, qu'on voulut le revêtir du Minifteriat ; mais penetré, dit fon Hiftorien, de fa baffeffe, & de la grandeur de la Charge, il le refufa.

En 1652. il époufa Sophie, fille de Paul Brzeski, qui de Sacramentaire fe fit un opiniâtre Socinien. Après fon mariage on le fit Coadjuteur de Jean Ciachovius, Miniftre de Siedliski ; il y remplit affez bien les attentes où étoient les Sociniens de fon bel efprit, de fa capacité, de fon zéle & de fes autres talens. C'eft ce qui obligea le Synode de Czarchovie de le faire Miniftre de cette Ville. Il en fortit au commencement de l'année 1656. pour éviter les malheurs infeparables des guerres inteftines que les Cofaques, les Suédois, les Mofcovites, les Tartares, les Tranfilvains, & les Polonois mêmes, faifoient depuis l'année 1655. & fe retira le 6. Avril 1656. à Cracovie, avec fa famille & trente autres, comme nous l'avons dit en parlant de Wiffowats. Il y paffa un an, & il y eut de frequentes conferences avec Jonas Slichtingius, & y remplit toutes les fonctions d'un bon Miniftre Socinien, jeûnant, priant aux jours marqués pour ces exerciçes, & prêchant fouvent, ou en Polonois pour ceux de fa nation, ou en Latin pour les Hongrois qui étoient venus à Cracovie avec le Prince Ragoski.

En 1657. les Polonois reprirent la Ville fur les Suédois, ce qui l'obligea, & la plûpart des Sociniens qui s'étoient mis fous la protection du grand Guftave, d'en fortir avec la garnifon Suédoife. Slichtingius fe

Hift. Ref. Eccl Pol.

l'affocia avec Chriftian Stegmann, pour aller trouver le Roi de Suéde, & le prier de ne point abandonner la caufe des Polonois Sociniens, qu'il avoit honorez de fa protection, & de les faire comprendre dans l'amniftie que le Roi de Pologne accordoit à tous ceux qui avoient fuivi le parti Suédois. Lubienieski arriva à Volgeft Ville de Pomeranie le 7. Octobre 1657. Le Roi de Suéde le reçut gratieufement, le fit manger à fa table, honneur qu'il lui avoit fait à Cracovie, & lui donna tout lieu d'efperer qu'il travailleroit à ce qu'il lui demandoit ; auffi employa-t'il tout ce qu'il avoit d'efprit & de politique, pour fe concilier l'amitié de tous les Seigneurs qui accompagnoient ce grand Roi, & réüffit ; plus heureux en cela qu'il n'avoit été à l'égard des Theologiens & des Miniftres de la Confeffion d'Aufbourg de Stetin, & de Stralfund, qui ennemis de fes opinions, lui fufciterent des perfecutions, par l'autorité de Mieralius homme diftingué dans Stetin.

Les troupes de l'Empereur, & du Marquis de Brandebourg, affiegerent Stetin dans le tems qu'il étoit à Elbin. Le Comte Slippenbach, qui avoit de grands interêts que la Ville ne fut pas prife, lui dit que s'il pouvoit obtenir du Ciel par fes prieres, que le fiege fut levé, il embrafferoit fes opinions. Lubienieski qui n'avoit rien tant à cœur que l'augmentation de fa fecte, & qui d'ailleurs avoit fa femme & fes effets dans Stetin, lui promit de faire de fon mieux pour cela. A ce deffein, il paffa trois femaines en jeûnes & en prieres ; après il vint trouver le Comte, & l'affura d'un ton de Prophéte, que la Ville ne feroit point prife, & que les ennemis leveroient bien-tôt le fiege. Il ne rifquoit rien en parlant ainfi : combien de perfonnes font de telles predictions, & des gageures au tems des fieges, ou à la veille des combats. Si la Ville eut été prife, il auroit dit que ce n'étoit que pour rire qu'il avoit ainfi parlé, & qu'en cela il avoit fuivi le penchant qu'il avoit pour les interêts du Roi de Suéde ; & fi la Ville n'eut pas été prife, il auroit beaucoup gagné. Quoi qu'il en foit, la Ville étant extrêmement preffée, le Comte & ceux qui l'accompagnoient, prirent l'affurance avec laquelle Lubienieski leur parloit, pour une foibleffe d'efprit caufée par fes longues prieres, & fes jeûnes aufquels il s'étoit exercé ; d'autant plus que ce nouveau Prophéte tomba malade peu de tems après la prediction ; mais ils changerent bien-tôt de fentiment. Six jours après on apprit la levée du fiege ; le Comte & les autres Suédois perfuadés que perfonne n'avoit pû apprendre à Lubienieski l'état de la place, crurent qu'il y avoit du divin, ou du merveilleux dans la prediction ; & Lubienieski, pour profiter de la fituation où étoient leurs efprits, alla trouver le Comte, & le fomma de lui tenir parole, c'eft-à-dire, de quitter la Confeffion d'Aufbourg, pour embraffer le Socinianifme ; mais le Comte, pour jouer fon Prophéte, comme le Prophéte l'avoit voulu jouer, lui dit qu'il avoit invoqué les lumieres du Ciel fur ce fujet, & que le Seigneur lui avoit revelé qu'il lui falloit demeurer dans la Confeffion d'Aufbourg.

Ce procedé de la part du Comte n'empêcha pas que Lubienieski n'eut de frequentes conversations avec lui, aussi-bien qu'avec le Comte de Lagardie, & les autres Ministres Suedois & Polonois, établis pour dresser les articles de la paix, avec lesquels il mangeoit souvent, & parmi lesquels il se distinguoit par son esprit, par sa politesse, & par ses autres talens.

Après que les Ministres Suédois & Polonois se furent retirés à Oliva, pour y conclure le traité de paix entre les deux Couronnes; il s'y transporta, & il y fit de son mieux, pour que les Sociniens fussent compris dans l'amnistie qu'on y avoit stipulé auprès du Roi de Pologne en faveur de tous les Polonois, même non Catholiques, qui avoient pris le parti des Suédois; mais inutilement, ils en furent exclus. Outré de ce contrecoup, d'avoir perdu tant de pas, & de se voir dans l'impossibilité de retourner dans sa Patrie, ou d'y pouvoir vivre en assurance; il s'embarqua pour Coppenhague, & il y arriva le 28. Novembre 1660. la paix avoit été concluë le 12. de May.

Là, se flatant de pouvoir obtenir un lieu de sureté pour lui, & pour ses freres en Christ, il fit tout ce dont il étoit capable, pour se bien mettre dans les bonnes graces de Frideric III. Roi de Dannemarck, & de tous les Seigneurs de la Cour, & réüssit assez bien. Le Roi eut pour lui toutes les considerations possibles; & les courtisans non seulement l'honnorerent de leur bien-veillance, mais encore ils voulurent lier avec lui un commerce de lettres; & ce fut par ce commerce qu'il s'accredita à la Cour. Ces Seigneurs charmés de la beauté de son stile, & de la rareté des nouvelles qu'il repandoit dans ses lettres, avoient soin de les faire voir au Roi, pour lui procurer quelque plaisir. Le Roi en fut si satisfait, que pour se l'attacher, il lui donna la charge de copier toutes les lettres qu'on écriroit à Sa Majesté, & lui assigna une pension annuelle. C'est cet emploi qui a donné lieu à Sandius de dire mal à propos, que Lubienieski fut Secretaire du Roi.

Toutes les bonnes volontés de Frideric se terminerent là. Il n'osa lui permettre un établissement sûr, ni pour lui, ni pour les Refugiés de sa secte; toute la grace qu'il put lui accorder au sujet de sa Religion, fut de le souffrir lui & les siens dans Altena, & encore par tolerance, sans lettres patentes, & sans aucun pouvoir autentique.

J'ai dit que pendant son sejour à la Cour il se fit aimer des Princes, des Seigneurs, & des Ambassadeurs étrangers, avec lesquels il avoit souvent des conferences & des commerces de lettres; je dois ajouter que de là on eut des sentimens assez favorables de l'Arianisme, ou Socinianisme: plusieurs prirent la liberté de raisonner d'une maniere à faire plaisir à Lubienieski, sur la profession de Foi, sur la conduite de ses freres, & sur la discipline que l'on suivoit dans son Eglise. Les Protestans en furent allarmés, ce qui obligea Jean Schwaningius Archevêque de Dannemarck, & quelques Theologiens Lutheriens, d'entrer en dispute avec Lubienieski sur les points de la Foi; il leur répondit avec tant de subtilité, qu'on ne put l'inquieter.

Mais eux ne voulurent pas en demeurer là ; ils apprehendoient avec
affez de fondement, que le Roi, eu égard à l'amitié qu'il avoit pour ce
Gentilhomme, & au plaifir qu'il prenoit dans fes converfations, &
dont il ne faifoit aucun myftere, ne quittât le Lutherianifme, pour
embraffer le Socinianifme Polonois ; c'eft pourquoi ils fufciterent
quelques puiffances pour le faire fortir de la Cour, & même du Roïaume. Le Roi eut avis de ces menées ; pour fe divertir, ou pour faire
honneur à fon Scribe, ou pour le venger de fes ennemis, le mit aux
prifes avec Eric Gravius, le plus fameux de fes Miniftres, fon Predicateur & fon Confeffeur (je dis Confeffeur, car il y a des Proteftans
qui en ont, fi ce n'eft pas pour leur dire leurs pechez, c'eft pour leur
demander des confeils), on ne fçait pas la réüffite de la difpute, mais
Lubienieski fentant que tandis que les Miniftres, & les Theologiens
lui feroient contraires, il ne pourroit rien faire de folide pour fon établiffement, & pour celui de fes freres, prit le parti de quitter le Dannemarck ; avant que d'en fortir, il s'affura une penfion annuelle, &
après avoir falué le Roi & la Reine, & leur avoir promis qu'il leur
écriroit toutes les nouvelles qui, pendant fon voyage, viendroient à
fa connoiffance, il s'embarqua pour Stralfund, de là il paffa à Stetin,
où il arriva le 11. Juin 1661.

Arrivé en Pomeranie, il fe donna tous les mouvemens poffibles,
pour avoir la liberté de confcience, mais fans fruit ; fes adverfaires le
barrerent par tout, ce qui l'obligea de quitter Stetin, & de paffer à
Hambourg, où en 1662. il fit venir fa femme. Il y trouva des efprits
affez complaifans pour l'y laiffer vivre paifiblement pendant quelque
tems, & il y eut l'honneur de conferer fouvent fur les matieres de la
Religion avec Chriftine Reine de Suéde, en prefence de l'Ambaffadeur de l'Empereur, du Duc de Meklenbourg, & de quelques Princes ; conferences qui ne furent pas inutiles aux Refugiés Sociniens Polonois.

Ce fut auffi dans ce tems, que par fes lettres & fes intrigues, il obtint de l'Electeur Palatin une retraite à Manheim pour ceux de fa fecte,
& dont Wiffowats, Stegmann, & quelques autres profiterent, comme nous l'avons dit.

De Hambourg il repaffa en Dannemarck, où il ne fut pas moins heureux qu'à Hambourg ; beaucoup de perfonnes de la Cour fe firent un
plaifir de le voir, & ceux de Friderikfbourg lui accorderent, & à tous
les autres Sociniens qui lui étoient attachés, le libre exercice de leur
fecte, avec cette reftriction, qu'ils le feroient dans leurs maifons, &
le plus fecretement qu'ils le pourroient.

On met l'époque de ce Socinianifme établi dans le Dannemarck en
1662. mais cet établiffement n'eut pas de fuite ; le fieur Reinbotht Surintendant des Eglifes Proteftantes, & le Theologien de la Cour du
Duc de Holfteingottorp, fit tant de plaintes fur cette tolerance, que le
Duc ordonna à Lubienieski, & à fa troupe, de fortir de Friderikf-

bourg. Ils vinrent à Hambourg, & les Magiftrats, pour ne fe pas
écarter des fentimens du Duc, les forcerent de fortir de leur Ville.

Je dis qu'ils les forcerent, ce ne fut pas fans quelques chicannes
qu'ils en fortirent. Lubieniefki alleguoit, que Sa Majefté Danoife
l'honoroit de fa protection ; que ce n'étoit que par envie que les Miniftres Luthériens déclamoient contre lui ; que fi fa caufe étoit mauvaife, elle fe détruiroit d'elle-même ; que fi la leur étoit bonne, il ne
falloit pas pour la maintenir, violer les loix de la charité, de la re-
connoiffance, de l'hofpitalité, du refpect dû au Souverain, & de compaffion pour les malheureux ; que la verité éclateroit d'elle-même,
&c. Tous ces raifonnemens ne fervirent de rien, il fallut obéïr & fortir.

Après ces avanies, il fit un voyage en Hollande vers l'année 1665. au
fujet de quelques friponneries que l'on avoit fait dans l'édition de fon
livre intitulé, *Theatrum Cometicum*.

Quelque tems après, fe flatant qu'on ne penfoit plus aux frayeurs
qu'il avoit donné à tout le parti Proteftant, ou que le gouvernement
de Hambourg étoit changé ; d'ailleurs, follicité par fes amis, & autorifé du commerce de lettres qu'il devoit entretenir avec fa Majefté
Danoife ; il revint avec toute fa famille à Hambourg. A peine y fut-
il, qu'Edfardius Licentié en Theologie, homme ardent pour le Lutheranifme, en fut averti, & auffi-tôt il employa tous les ftratagê-
mes dont il étoit capable, pour porter les Magiftrats à ne fe point départir de ce qu'ils avoient déja fait contre cette pefte de Religion. Il
prêcha un jour devant une grande Affemblée, & il invectiva fi vivement contre Lubieniefki & fes erreurs, que toute la Ville prit feu contre le Socinien, & ne le menaçoit pas moins que de lui faire violence,
ce qui le porta à ne plus paroître dans les ruës, *domo exire non femper tu-
tum fuit*. Pour appaifer les bruits populaires excités par le Predicateur,
les Magiftrats fignifierent par un commandement précis à Lubieniefki
de fe retirer ; & lui qui fentoit bien qu'il n'y avoit pas moyen d'éluder
cet ordre, promit d'obéïr ; mais fa mort enrpêcha l'execution de fa
promeffe.

On veut que ce fut fa fervante qui l'ait empoifonné à la follicitation
des Miniftres Luthériens de Hambourg, ou de Dannemarck. Il ne fut
pas le feul qui avala le poifon, fa femme & fes deux filles en eurent leur
part, la femme en échapa, & les deux filles en moururent bien-tôt
après. Lubieniefki tomba dans une langueur mortelle, mais qui lui
donna affez de tems, & qui lui laiffa l'efprit affez fain, pour faire des
vers fur la mort de fes filles, & fur fes malheurs. Un peu avant que de
mourir, il donna fa benediction à fa femme, & à fes domeftiques,
recommanda fon ame à Dieu fon Createur, & à J. C. fon Sauveur ;
mit fa confiance en fon Createur, qu'il avoit fidélement fervi, & attendit avec joye fon dernier moment ; ainfi parle fon Hiftorien, dont
les paroles meritent d'être ici rapportées pour preuves ; quoique plus

*Hift. Ref.
Eccl. Pol.
p. 275.*

flateuſes que veritables. *Commendato ſpiritu in manus Jeſu Salvatoris cui, fideliter ſervierat exceſſit è vita toto tempore ægritudinis ad extremum ferè habitum, ſermones habuit plenos in Deum fiducia, & interni gaudii domeſticorum benedictionis, admonitionis nominis divini invocationis.* Ce fut le 18. ou le 21. de May 1675. qu'il mourut, âgé de 51. ans.

Il y eut de grandes conteſtations ſur ſa ſepulture, les uns vouloient l'enterrer en terre profane, comme un des plus dangereux heretiques qui fut jamais ; & les autres prétendoient qu'il devoit être enterré dans le Temple d'Altena, comme un Miniſtre Proteſtant : ceux-ci l'emporterent, mais à condition qu'on ne lui deſféreroit pas les mêmes honneurs qu'on avoit coutume de faire aux funerailles des Miniſtres Luthériens ; c'eſt-à-dire, qu'il fut enterré dans le Temple d'Altena, ſans que les Regens du College y aſſiſtaſſent, accompagnés de leurs Ecoliers.

Ce fut là toute l'infamie qu'ils lui firent après ſa mort, pour avoir été, de leur aveu, & de celui de tous ceux qui l'ont connu, un bon Socinien, ou un Proteſtant ſociniſant ; & on ne voulut que cette tache chimerique, pour détourner les peuples de la doctrine d'un Théologien de ce caractere, & pour le retenir attaché à la Religion dominante. Telle fut la deſtinée d'un homme qui, ſi nous voulons ajouter foi à ſon Panegyriſte, fut l'ornement de ſes freres, le ſolide appui de leurs

Hiſt. Ref. Eccl. Pol.

Egliſes, & les delices des Rois de France, de Suéde, de Dannemarck, de Pologne, & de pluſieurs Ducs, Princes, & Magiſtrats de l'Europe, ou plûtôt de tout le monde, ſi on en excepte quelques Theologiens Proteſtans d'un tempérament aigre, emporté, violent & entêté.

Un ſi vaſte génie que celui de Lubieniéski, ſi ſavant ſur toutes ſortes de matieres ; ſi remuant pour ſa ſecte, ſi peu endurant de ſa perſonne, & qui avoit tant de facilité à bien écrire, ne peut qu'il n'ait fait beaucoup de livres, conformément au tems & aux diſputes qu'il a eu. Sandius lui donne :

B. A. p. 165.

Ses livres.

Hymnus in Symbolum Apoſtolorum, on l'a ajouté au livre des Pſeaumes & des Hymnes dont ſe ſervent les Freres Polonois, *in 12°.*

Exemplum Epiſtolæ, qua viro cuidam magno hiſtoriam commentariorum, vita ac mortis J. Slichtingii perrexit. Cette lettre eſt de Hambourg 1665. & on l'a miſe au commencement des ouvrages de Slichtingius, qui ſe trouvent dans la Bib. des Freres Polonois.

Moriens Polonia ſuos, & exteros alloquitur 1665. *in 4°.*

Morientis Polonia conſervandæ ratio certiſſimæ, in 4°. ſub nomine Bruti.

Theatrum cometicum, 3. volumes *in fol.* imprimé à Amſterdam en 1667. Dans le premier volume il traite des cometes de l'an 1664. & 1665. rapporte les obſervations que les plus ſçavans de l'Europe y ont fait, & le tout eſt enrichi de tables très-exactes ; il eſt dedié à Frederic Roi de Dannemarck, de Norvege, &c. Dans le ſecond, il fait un abregé de l'hiſtoire univerſelle du monde, depuis le déluge juſqu'à l'année 1665. il eſt dedié aux Ducs de Brunſvic, & de Lunebourg. Dans le troiſiéme, qui

qui a pour titre : *Theatri Cometici exitus*. Il y traite des significations des Cometes , & y rapporte les objections sçavantes de ses amis , & ses réponses ; aussi-bien que le jugement de quelques Sçavans : il est dedié à Philippe Guillaume , Prince de Neubourg , & à Philippe de Sulzbourg , Comte Palatin du Rhin , & Ducs de Baviere. Le tout fut imprimé à Amsterdam en 1667. ceux qui eurent soin de l'impression y voulurent faire quelque changement , ce qui obligea l'Auteur de faire un voyage en Hollande.

Strena lugubris in obitum celsiss. Principis Boguslai Radzivilii, &c. à Hambourg 1670. *in folio*.

Fidelis Relatio rerum Thorunii 10. *Octob.* 1644. *peractarum , in colloquio charitativo , instituto inter Romano-Catholicos , & dissidentes in Religione ab Ecclesia eorum , Mss.*

Exercitatio in disputationem Theologicam de tremendo S. Trinitatis mysterio à D. Daniele Lago in alma Pomeranorum Academia Socinianis , en 1658. *oppositam , Mss.*

Memoriale in causa Fratrum Unitariorum S. conscriptum. J. Slichtingius y a aussi mis la main , & fut écrit à Stetin en 1659. Mss.

Orbis Polonici Revolutio Suecica , sive conversiones in periodo Sigismundi III. Uladislai IV. & præcipuè Joannis Casimiri Regum Poloniæ, gente Suececorum facta , Mss.

Decuria rationum pro communi pace , & libertate dissidentium ab Ecclesia Romana , nominatim Evangelicorum Aug. & reformata confessionis , & Arianorum vulgò dictorum , elle fut écrite en 1660. Mss.

Vindiciæ pro Unitariorum in Polonia Religionis libertate cum notis. Sandius dit que cette piece est en Mss. cependant elle se trouve imprimée à la fin de sa Bibliothéque des Antitrinitaires , page 267. & je la trouve d'un latin bien obscur.

Memoriale in causa omnium sine discrimine de Christianæ Religionis professione ab Ecclesia Catholico Romana in Polonia dissidentium , mss.

Brevis , & fidelis relatio colloquiorum inter D. Jeronimum Mulmannum Soc. Jesu Theol. & Phil. Doctorem , & St. Lubieniecium , in Regia Hafniensi, en 1661. 12. *Feb. habitorum præsente ser. Rege Danorum Friderico , & aliis nonnullis magni nominis viris , Mss.*

Exercitatio in exercitationem M. Joannis Latermanni de SS. Trinitatis mysterio contra Socinianos sub præsidio D. Georgii Calixti in Academia Julia. 7. *cal. Mart.* 1645. *habitam ,* elle fut écrite en 1662. Mss.

Gallio , Magistratibus , Principibusquè Christianis exhibitus anno 1663. *mss.*

Historia Religionis Ecclesiastica vetus & nova præcipuè in Regno Poloniæ & Provinciis adjacentibus. Il commença à l'écrire en 1664. & la mort l'a empêché d'y mettre la derniere main.

Historia Religionis civilis vetus & nova , qua potissimum complectitur civilesChristi & Christianorum actiones , leges , jura, persecutiones, defensiones, colonias , mss. il n'en a fait que le commencement.

Panegyricus in laudem J. Sigifmundi III. Regis Pol. &c. 1674. *mff.*

Veritatis primæva compendium, five nova, facilis, & certa Catholica Christianæ confessionis demonstratio, per brevia amica quatuor colloquia, inter Politicum Christianum, Romanum, Ch. Græcum, Ch. Lutheranum, Ch. Calvinianum Ch. & Catholicum Ch. Arianum vulgò dicunt, mff.

Exercitia facra ex N. Testamento, mff.

Tractatus pro illustranda, & demonstranda primævæ veritate, mff.

Paranefis ad Nicodemitas, fub nomine Timothæi Christiani, mff.

De Trinitate, mff.

Responsiones ad objectiones de æterna Divinitate filii Dei, & Spiritus fancti, mff. Pol.

Vigenti & tres articuli, quos fanctus Paulus Apostolus docuit, & tradidit Prifca Ecclesia Romanæ, qui hodierna nova Ecclesia Romanæ è diametro adverfantur, mff. Pol.

De æquo omnium Episcoporum, cum Romano jure antiquo, mff.

Conciones facræ, mff. Pol.

Epistolæ ad quofdam viros illustres & doctos, ut ad Annam Mariam à Schurman. mff.

Alia non pauca, mff.

Depuis l'édition de fa Bibliothéque des Antitrinitaires, faite en 1684. on a imprimé quelques-uns de ces Manufcrits, où les Imprimeurs ont fait beaucoup de fautes, & où on ne voit pas la derniere main de l'Auteur.

Réponfe aux fent. des Theologiens d'Hollande. p. 225.

Sandius ne parle point du livre : *Historia reformationis Ecclefiarum Polonicarum*, &c. qui affurément eft du Chevalier Staniflas Lubienieski, il eft imprimé, & on le trouve ordinairement joint à la Bibliothéque des Antitrinitaires. M. Richard Simon en parle, & dit qu'il n'eft point exact, il en apporte deux raifons : la premiere eft, que fon Auteur parlant de Michel Servet, il dit qu'il étoit fçavant dans les lettres humaines, & qu'il avoit une grande connoiffance de la fainte Ecriture, ce qui eft faux, felon la prétention de Simon. La feconde eft, que Lubienieski y rapporte un difcours que Servet a prononcé à Genêve avant qu'on le brula, fur la veritable connoiffance de Dieu, & de fon Fils. Simon répond deux chofes à ce fait. La premiere, que ce difcours eft tout-à-fait different par fon ftile, des autres livres que l'on a de lui. La feconde, qu'il n'y a aucune apparence que Servet ait jamais prononcé un tel difcours; qu'au refte, quand il l'auroit prononcé, qui eft-ce qui l'auroit recueilli?

Si Lubienieski méritoit qu'on s'intereffa à la juftification de cè livre en queftion, la chofe ne me feroit pas difficile, & je ferois bien voir que Monfieur Simon n'en a ainfi parlé, que par le chagrin que lui caufa l'inutile reproche que lui firent les Theologiens de Hollande, de n'avoir pas vû ce livre, que j'ai lû, & que j'ai trouvé d'un Latin embaraffé.

CHAPITRE XXXVI.

Les Auteurs, qui des Provinces Unies, ont favorisé le Socinianisme.

SIMON EPISCOPIUS.

SImon Episcopius, la principale colomne de la Secte Arminienne, a répandu dans ses ouvrages assez de paradoxes favorisant les systêmes des Sociniens, pour lui donner place parmi les Auteurs qui se sont distingués parmi eux ; néanmoins je ne me ferai pas un devoir de rapporter toutes les circonstances de sa vie, elles sont trop connuës des Sçavans, & de ceux qui lisent les Dictionnaires historiques, pour entrer dans ce détail. Je me borne à quelques faits que je crois importans, & qui peuvent avoir quelque rapport à mon sujet ; & je les prends dans l'Histoire de sa vie, qu'en a fait Courcelles, & qu'il a mis au commencement des ouvrages de ce cher Maître.

Episcopius vint au monde en 1583. Après avoir étudié en Théologie avec assez de succès, les Bourgmaîtres d'Amsterdam sa patrie, le jugerent digne d'exercer le Ministeriat de leur Ville. Leur dessein ne fut pas suivi, par les menées des Gomariens, qui en haine d'Arminius, dont il avoit soûtenu les interêts contre eux, non-seulement arrêterent l'exécution des favorables desseins que les Magistrats avoient pour lui, mais le forcerent de sortir de l'Université de Leide. Il se retira à Francker, & n'y fut pas plus heureux ; son grand feu dans les disputes, contre les principes outrés des Gomariens, le broüilla avec le Professeur Librandus Lubertus. Il en sortit dégoûté de ces contestations, & vint en France, apprit la langue assez bien pour pouvoir s'expliquer purement, & même facilement.

Il en sortit & revint en Hollande, pour y exercer le Ministeriat dans le Village de Bleyswic, proche Rotterdam. L'année suivante 1611. il fut un des douze Deputez qui disputerent à la Haye devant les Etats Généraux, sur la matiere de la Grace, & de la Predestination, sujet principal des contestations entre les Remontrans, & les Contreremontrans. Il y fit extrêmement briller la beauté de son esprit, & l'étenduë de sa doctrine. L'année d'après son mérite lui procura une Chaire de Théologie dans l'Academie de Leide, vacante par la démission volontaire de Gomarus, & il y vêcut en paix avec Poliander son Collegue, & bon Gomarien.

Ce fut dans cet emploi qu'Episcopius eut bien des avanies à essuyer, & des persecutions à soutenir. Alors on ne parloit dans les Provinces Unies que de la Predestination : les uns étoient pour l'absoluë, & les autres pour la conditionnelle. Les Professeurs en entretenoient leurs Ecoliers ; les Ministres, leurs oüailles ; les Predicans, leurs Auditeurs; & les Chefs de famille, leurs enfans & leurs domestiques; & Dieu sçait comment ceux-ci s'expliquoient sur cet impénetrable Mystere. Les choses allerent si loin, que les esprits s'échaufferent, & formerent des factions dans toutes les conditions de la Republique. La plus forte & la plus emportée, fut celle des Gomariens, qui souvent soulevoit le menu peuple contre ceux qui se distinguoient le plus parmi les Arminiens, comme contre des personnes qui avoient donné le premier mouvement aux troubles où se trouvoit l'Etat. Aussi Episcopius plus habile sans contredit que tous les autres de son parti, ne fut pas épargné.

Un jour qu'il assistoit au Baptême d'une de ses niéces, dont apparemment il étoit le Parrain, le Ministre officiant, suivant son Rituel, lui demanda s'il croyoit que la Doctrine de son Eglise fut la vraye & la parfaite Doctrine du salut. Episcopius qui ne voulut pas, qu'on put lui reprocher un jour, comme on l'avoit fait à Vytembogard, d'avoir renoncé aux dogmes des Arminiens, dont il suivoit la secte; parce que dans un pareil cas, il avoit répondu par un oüi tout simple. Episcopius, dis-je, au lieu d'aquiescer a cette demande par un signe de tête, selon la coutume ordinaire, prit la parole, pour témoigner qu'il n'aquiesçoit que sous une certaine condition. Le Ministre s'emporta, & le traita de jeune présomptueux; sur cette contestation, le peuple s'échauffa, & peu s'en fallut qu'Episcopius ne fut lapidé, après avoir été chargé d'injures dans le Temple & dans les ruës.

Cette insulte fut bien-tôt suivie d'une plus brutale. Un Maréchal le vit passer devant sa boutique, aussi-tôt il courut après lui avec une barre de fer toute brulante, cria à l'Arminien, & au perturbateur de l'Eglise, & l'auroit assommé, si d'autres gens ne fussent venus au secours d'Episcopius, qui couroit, comme de raison.

Pour éviter ces sortes d'avanies, ausquelles lui & ceux de son parti étoient souvent exposés, il sortit de Hollande & vint à Paris. Il n'y fut pas hors des atteintes de ses ennemis; ils firent courir le bruit qu'il n'avoit entrepris ce voyage, que pour machiner avec le R. P. Coton Confesseur du Roy, & avec qui il avoit de grandes liaisons, la ruine des Eglises Reformées, & même celle des Provinces Unies. Il eut avis de ces faux bruits; pour les dissiper il écrivit le 1. Octobre 1615. une lettre à Janson Rycand, pour le prendre lui-même à témoin, qu'il n'avoit jamais parlé au R. P. Coton qu'une seule fois, & au moment qu'il montoit en carosse, à sa sortie de chez le Roy. Il y ajoutoit qu'il n'y avoit que Plancius, un des Ministres d'Amsterdam, qui le couvroit de cette accusation.

Revenu en Hollande, les Etats de la Province le députerent au Synode de Dortdrecht, dans le dessein qu'il y eut sa séance, comme les autres Professeurs & Ministres députés des sept Provinces. Il s'y rendit

des premiers, avec quelques Ministres Arminiens: le Synode ne voulut pas que lui & ceux de son parti y fussent reçus comme Juges; mais comme des gens cités. Ils cederent à cette necessité, Episcopius y harangua, & declara qu'ils étoient prêts de conferer avec le Synode.

On lui répondit que la Compagnie n'étoit point là pour conferer, mais pour juger. Ils la recuserent, & ne voulurent point acquiescer au Reglement qu'elle avoit fait; sçavoir, qu'ils ne pourroient expliquer & défendre leurs sentimens, qu'autant qu'elle le jugeroit necessaire. Sur le refus qu'ils firent d'acquiescer à ce décret, ils furent chassés du Synode, & on se prepara à les juger sur leurs écrits. Ils défendirent leur cause à coups de plumes, & ce fut Episcopius qui composa la plûpart des pieces qu'ils produisirent dans cette occasion, & qu'on publia quelque tems après. Le Synode les déposa de leurs Charges; & parce qu'ils ne voulurent pas signer un écrit qui contenoit une promesse de ne faire en particulier aucune fonction de Ministre, ni directement, ni indirectement, ils furent bannis des terres de la Republique.

La plûpart de ces Ministres Remontrans se retirerent à Anvers, & Episcopius y demeura autant de tems que dura la tréve que le Roy de France Henry IV. avoit negotié entre les Hollandois & les Espagnols; il choisit cette Ville pour être, à ce qu'il dit, plus à portée d'avoir soin de son Eglise; mais ses ennemis dirent, que ce n'étoit que pour comploter avec les Espagnols contre la Religion Reformée, & contre la liberté de sa Patrie. Episcopius ne s'y occupa pas tant aux affaires de son parti abbatu, qu'il ne trouva encore le tems de faire des livres contre l'Eglise Romaine, sur les points de Doctrine qui sont communs à tous les Protestans. Ce fut dans cette Ville que conjointement avec les autres Ministres refugiés, il fit une confession de foi, qu'il fit suivre de son *Antidotum adversus Synodi Dordriena canones.* Il y eut aussi des conferences & de vigoureuses disputes avec le R. P. Wadingul Jesuite Irlandois. Ce Pere, après lui avoir fait beaucoup d'honnêtetés, qui ne tendoient qu'à l'attirer dans le giron de l'Eglise Romaine; & après s'être servi de toute la subtilité de la controverse théologique, pour réüssir dans son dessein, mais inutilement, changea de batterie, cessa de le voir, & lui écrivit deux lettres; l'une sur la regle de la Foi, & l'autre sur le culte des Images. Episcopius ne manqua pas de faire réponse à ces lettres aussi-tôt qu'il les eût reçûës. Cette réponse n'a vû le jour qu'après sa mort, on l'a inserée dans l'édition *in folio* de tous ses ouvrages.

Les douze années de la Tréve passées, & la guerre recommencée entre les Espagnols & les Hollandois; Episcopius sortit d'Anvers, & vint en France, où il s'occupa à faire des livres, & à écrire des lettres de consolation à ses freres les Remontrans de Hollande; ces lettres sont en grand nombre, & ces livres se reduisent à des remarques sur quelques chapitres de la lettre aux Romains, à son *Brodekerus ineptiens*, à son

Examen *Thesium Jacobi Capelli*, & à sa replique à Cameron, &c.

Après tant de tempêtes, il revint en Hollande, & on le fit Ministre de l'Eglise des Remontrans de Rotterdam, & il s'y maria en 1627. avec Marie Pesser, veuve de Henry de Nielles, Ministre de Rotterdam, frere de Charles de Nielles, que les Remontrans regardent comme un de leurs principaux Confesseurs.

De Rotterdam il passa à Amsterdam, pour y regir le College que ceux de sa secte y érigeoient, & il y perdit sa femme en 1641. qui ne lui avoit point donné d'enfans; & pendant tout le tems qu'il demeura en Hollande il composa plusieurs livres.

Enfin après tant de courses, de travaux, & de traverses, il tomba malade, perdit la vûë, & quelques semaines après il mourut d'une rétention d'urine le 4. Avril 1643. âgé environ de 60. ans.

Iugement sur ses liv. Ses ouvrages furent imprimés *in folio* pour la seconde fois à Amsterdam en 1678. tous les Sçavans n'en portent pas un même jugement. Ceux de son parti les considerent comme autant de chefs d'œuvres, & prétendent qu'on ne pouvoit pas mieux écrire sur les sujets qu'il a traités, qu'il a fait; aussi les suivent-ils preferablement à tous les autres écrits de la Secte. Ils conviennent bien qu'il y a de l'aigreur dans quelques endroits, & qu'il n'a pas toûjours gardé la moderation du stile; que ses principes de la tolerance, joint aux devoirs evangeliques exigeoient de lui, d'une maniere speciale; mais ils l'excusent sur la necessité où il a été d'écrire ainsi contre des adversaires qui ne prenoient aucune mesure avec lui.

Les Episcopaux d'Angleterre goûterent ses ouvrages aussi-tôt qu'ils parurent, & leur donnerent beaucoup de loüanges; mais cette estime ne fut pas de durée, il s'éleva des gens dans le même Royaume qui prirent à tâche de les décrier, particulierement sur la distinction qu'il y établit des points fondamentaux, & non fondamentaux, & sur ce qu'il dit qu'il y a des articles qui ont toûjours passé pour fondamentaux, qui sont vrais; mais qu'il n'est pas absolument necessaire de les croire pour obtenir le salut éternel. Ce principe met les Sociniens en assurance, & ils peuvent se sauver sans croire les Mysteres de la Trinité & de l'Incarnation d'un Dieu.

Le Pere Mabillon dans son livre des études Monastiques, parlant des Institutions Theologiques d'Episcopius, dit: *Je ne sçaurois m'empêcher de dire ici, que si on avoit retranché quelques endroits des Institutions théologiques d'Episcopius, dont Grotius faisoit tant de cas, & qui les portoit toûjours avec lui, on s'en pourroit servir utilement pour la Théologie. Cet ouvrage est divisé en quatre livres, dont l'ordre est tout different de celui qui est communément en usage, le stile en est beau, la maniere de traiter les choses répond fort bien au stile, & on ne perdroit pas son tems à les lire, si on l'avoit purgé de quelques endroits, où il parle contre les Catholiques, ou en faveur de sa Secte.*

Un Anonyme Auteur d'une lettre imprimée en 1691. sous le titre de

Avis important à M. Arnaud sur le projet d'une nouvelle Bibliothéque d'Auteurs Janfeniftes, ne parle pas comme le Pere Mabillon. Quelle purgation, je vous prie, dit cet Anonyme, peut-on faire dans les ouvrages d'un Auteur qui met en doute le Myftere de la Trinité, & de la Divinité de J. C. qui ne juge pas que la créance de ces Myfteres foit neceffaire au falut, parce que felon lui (c'eft Epifcopius) on ne les trouve pas clairement dans l'Ecriture ; & qui fait le même jugement des autres Myfteres de la Religion Chrétienne ? jugement d'où il conclut, qu'on n'a aucune raifon de rejetter la Communion des Sociniens.

Le fentiment de cet Anonyme me paroît judicieux, j'y ajoûterai qu'Epifcopius s'exprime par tous fes ouvrages avec une grande netteté ; mais qu'il y eft trop diffus dans fa methode, qu'il y a plus de fubtilité que de folidité dans fes raifonnemens, qu'il y tombe quelquefois dans des fautes groffieres ; & qu'il n'y paroît pas qu'il eut une connoiffance entiere de l'antiquité, comme lui a reproché Ballus, dans fon traité *de la Confeffion de Foi du Concile de Nicée*.

CHAPITRE XXXVII.

CONRAD VORSTIUS.

Son Socinianifme, fes études, fes démêlés avec les Gomariens fes ennemis, fes erreurs & fes livres.

VOrftius a eu affez d'affaires au fujet de fon Socinianifme, pour lui donner place parmi les Auteurs Sociniens ; auffi Sandius dit qu'il n'a pas hefité fur ce fait. Sa raifon eft, qu'en 1600. le Synode de Lublin, compofé de Sociniens, le choifit pour gouverner leur College de Luclawiez ; & qu'en 1601. les Sociniens lui offrirent une chaire de Profeffeur en Théologie, par l'organe de Jerôme Mofcorovius qu'ils lui députerent. Que les Unitaires de Pologne & de Hongrie lui ont donné de grandes loüanges, & qu'à fa mort il fit fa profeffion de Foi fur un Dieu, & fur le Chrift notre Seigneur, où il fait connoître affez clairement qu'il étoit Socinien. *Diu dubius fui num iftum Auctorem huic catalogo noftro merito infererem, verum dubitationem hanc præter alia, fuftulit, cum legiffem confeffionem fidei manu ipfius moribunda exaratam, in qua haud obfcurè prodit qua ejus de Deo ac Chrifto Domino fuerit fententia. Huc etiam facit, quod inconclufionibus finodalibus FF. Polonorum habuerunt, Vorftium ab ipfis in fynodo Lublinenfi, ann. 1600. celebrata congregatis, vocatum fuiffe ad Gimnafium Luclavicianum regendum, infuper in quanam eftimatione Vorftius Sarmatarum Unitariorum fcripta habuerit palam eft.*

Vorftius naquit à Cologne le 19. Juillet 1569. Son pere qui étoit un pauvre Tonnelier, n'ayant pas encore rompu avec l'Eglife Romaine,

B. A p. 98.

le fit baptiser dans sa Paroisse ; quelque tems après ce pere quitta la Foi Romaine, se fit Protestant, & entraîna dans son apostasie sa femme, & ses dix enfans.

sa étude. Conrad fut destiné à l'étude ; dans cinq ans il apprit les Humanitez, & un peu de Réthorique, mais sentant bien que le Latin qu'il avoit appris dans le Village de Rodberdyk, n'étoit pas des meilleurs, il s'en alla à Dusseldorp, où il employa trois ans à se perfectionner dans ses Humanitez. Il en sortit en 1586. & vint à Cologne, pour y étudier dans le College de saint Laurent ; il y acquit assez de Philosophie, pour pouvoir y prendre le degré de Bachelier, titre que nous ne connoissons pas dans nos Universités. Deux raisons l'empêcherent de prendre ce degré ; la premiere, est qu'il ne vouloit pas trahir sa conscience, ce qu'il auroit fait en jurant qu'il se soumettoit aux Décrets du Concile de Trente. La seconde, est qu'on travailloit à lui faire quitter ses études, pour en faire un Marchand, qui pût rétablir, ou pourvoir au mauvais état de sa famille.

En effet on le retira du College, & on l'appliqua pendant deux ans aux connoissances qui pouvoient être utiles à un Negociant, comme celles de l'Arithmetique, & des langues Françoises, Italiennes, &c. Ce dessein ne réüssit pas, il reprit ses études, & fut envoyé en 1589. à Herborn, pour y étudier en Théologie sous Piscator, qui y enseignoit depuis trois ans.

Ses parens n'étant pas en état de l'y entretenir, il se fit Precepteur de quelques enfans de condition ; & en 1593. il alla avec quelqu'uns d'eux à Heidelberg, & en 1594. il y prit le bonnet de Docteur.

En 1595. il visita les Academies des Cantons Suisses, & de Genève ; il soutint à Basle par deux fois des Théses publiques, la premiere sur les Sacremens, la seconde sur les causes du salut, & méditoit d'en soutenir une troisiéme contre Fauste Socin, *de Christo servatore* ; il s'en exempta sur le pretexte d'un voyage qui pressoit, laissa l'original de cette dispute à Grynæus, & le retira lorsqu'il repassa par Basle.

Il est bon de remarquer ici, que le premier ouvrage qu'on lui donne, est un recueil d'environ vingt Théses, qu'il a soutenues en differentes Academies, à commencer dés l'année 1594. ce Recueil a pour titre : *Théses de sancta Trinitate, hoc est de Deo Patre, Filio, & Spiritu sancto, & Théses de Persona & officio Christi.* Je dis qu'il est bon de remarquer ceci, parce que dans la suite, accusé de Socinianisme, il se servit de ce Recueil, comme d'une apologie contre ceux qui l'accusoient de sociniser, mais foible défense ; on pouvoit lui dire, & avec raison, vous avez bien pensé à bien parler de la Trinité dans votre jeunesse, & en parler mal dans un âge un peu plus avancé.

A Genève, il fit, à la sollicitation de Theodore de Beze, des leçons de Théologie avec tant d'habilité, qu'on lui offrit la Charge de Professeur dans cette Academie ; il la refusa, sous le pretexte de s'en retourner chez lui, où on lui offroit une Chaire en Théologie, dans

l'Ecole

l'Ecole illuftre que le Comte de Bentheim avoit établie depuis peu à
Steinfurt. La lettre de vocation lui fut donnée à Genève au mois de Février 1596. il accepta cet emploi, & en remplit les fonctions d'une maniere
qui le rendit fort celebre, & qui le fit fouhaiter par d'autres Academies.

Cependant quoique loüé & admiré de plufieurs, tant en Allemagne qu'en France & en Hollande, quelques Théologiens le foupçon-
nerent de focinifer.

En effet, Vorftius fe laiffant aller à la vanité de fon efprit, voulut fe
faire un merite de cultiver l'amitié de Faufte Socin, & un devoir d'é-
tudier fon livre *de Servatore*, & fe le rendit fi familier, qu'il en prenoit
les expreffions, & qu'il en debitoit les opinions dans les leçons Théologiques qu'il faifoit à fes écoliers, dont il en infecta quelqu'uns. Ce
Latin de Philippe Paraus me fervira de preuve de ce que j'avance ici:
In qua fchola cum aliquandiu orthodoxam doctrinam cum magna laude pro-
pofuiffet, areptus tandem ingenii ... docendi animum applicuit ad lectionem
nefarii libri F. Socini de fervatore, imò & Auctoris amicitiam affectavit ac
coluit. Hinc cothurnos corrumpendi receptam doctrinam de lytro & fatisfactio-
ne Jefu Chrifti fubdole excogitavit, quos & difputationibus tam publicis,
quam privatis in fchola habitis ... venenum non nunquam infperfit, ac ju-
ventutem non parum turbavit: Quelques Théologiens s'apperçurent de cet
artifice, & dans la crainte que le poifon ne fit quelque défordre dans
leur Ecole, firent de leur mieux pour l'obliger à fe corriger fur ce fait.
Sed fraus diu latere non potuit fagaciores Theologos, qui fermentum illud odo-
rati magno conatu & zelo hominem monuerunt, ut recipifceret.

In vita
Davidis
Parei.

Le Comte de Bentheim fut bien-tôt averti de ces bruits, & ne voulant pas qu'il fut dit dans les Academies Proteftantes, qu'il avoit érigé une Ecole avec beaucoup de frais, pour y enfeigner le Socinianifme, ordonna que l'affaire fut éclaircie, & commanda à Vorftius de
fe purger inceffamment, & d'aller pour cet effet dans l'Academie
d'Heidelberg, qui l'avoit créé Docteur, & d'y faire preuve de fon
Orthodoxie. Vorftius obéït; & après avoir rendu raifon devant cette
Academie, de la pureté de fa foi, il retourna juftifié dans fa maifon,
avec l'*ofculum pacis*, de la part de la Faculté de Théologie, *& tefferam*
hofpitalitatis. Ce ne fut néanmoins qu'après lui avoir fignifié qu'il avoit
eu tort d'avancer certaines chofes qui favorifoient les Sociniens, & après
avoir tiré promeffe de lui, qu'il s'abftiendroit des phrafes fufpectes.
Il fallut auffi qu'il proteftât qu'il abhorroit les fentimens de Socin, &
qu'il étoit bien faché que le feu de fa jeuneffe l'eût entraîné à fe fervir
de certaines expreffions, qui fembloient favorifer cet Heretique, &
choquer la doctrine des Eglifes Reformées. *Teftetur etiam fibi dolere*
quod impetu juvenili abreptus non nullo fcripferit qua Socini erroribus favere,
doctrinaque Ecclefiarum Reformatarum, in quam juravit, adverfari videban-
tur, tout ceci fe paffa le 26. Septembre 1599.

Vie de D.
Pareus.

Ainfi purgé de fon Heterodoxie, il continua à faire fes leçons avec
le même éclat qu'auparavant; éclat qui porta Monfieur du Pleffis Mor-

naï, & l'Eglise Calvinienne de Saumur, de lui écrire au mois de Juillet 1602. pour le prier d'accepter la chaire de Professeur en Théologie dans l'Academie qu'on venoit d'établir dans cette Ville. Vorstius ne répondit rien de positif ; & le Comte de Bentheim qui vouloit le retenir à toute force, répondit à Monsieur Duplessis, & la demande n'eût point de suite.

En 1605. le Comte de Bentheim voulut lui procurer des emplois pour vivre plus commodément, & plus honorablement ; il lui fit avoir la Charge de Ministre de l'Eglise de Steinfurt, & comme si ces deux Charges n'eussent pas suffi à l'occuper, il lui donna encore celles de Conseiller d'Etat, de Ministre de sa Cour, de Juge sur les matieres matrimoniales, d'Examinateur des jeunes Théologiens qu'on voudroit élever au Ministeriat, de Président des Synodes, & de Visiteur des Eglises du Comté, à quoi, comme de raison, on ajouta une augmentation de gages.

En 1606. Maurice Landgrave de Hesse, offrit à Vorstius la Chaire de Théologie à Marpoug, & après lui avoir écrit plusieurs fois sur ce sujet, il lui envoya un carosse & une trompette, afin que le Professeur fit le voyage honorablement, & commodément. Le Comte de Bentheim n'accorda point de congé ; les parens & les amis de Vorstius le prierent de ne point changer de demeure, ainsi la vocation fut sans effet, comme celle de Saumur.

Il eût été à souhaiter pour lui, qu'il en fut demeuré là, & qu'il n'eût jamais eu la pensée de paroître sur un autre théatre que sur celui de l'Academie de Steinfurt ; mais l'ambition, la vanité & l'interêt, qui ne disent jamais, *c'est assez*, lui ouvrirent une porte pour paroître avec éclat dans l'Université de Leïde, & il y entra en 1610. ce ne fut pas néanmoins sans de grands embarras d'esprit, & après avoir bien balancé s'il accepteroit ce poste, ou non.

D'un côté il ne manquoit rien à sa vocation pour Leïde, elle avoit été approuvée par les Etats de Hollande, & par le Prince Maurice, qui chargea même les Députés, dont l'un étoit son propre Ministre, de presser Vorstius autant qu'ils pourroient, de venir servir l'Academie de Leïde. Il y a néanmoins bien de l'apparence, que sans les fortes & violentes sollicitations des chefs des Arminiens, Vorstius ne se seroit jamais embarqué sur une mer si orageuse ; il étoit aimé & honoré à Steinfurt, il y joüissoit d'un grand calme, & d'une belle reputation, & il prévoyoit sans doute, dans l'état où étoient les controverses d'Arminius & de Gomarus, qu'il trouveroit en Hollande bien des traverses.

Nous pouvons croire qu'on le tenta par la gloire qu'il y auroit à soutenir un parti que la mort d'Arminius avoit ébranlé ; on y joignit les motifs de la conscience, on lui fit voir qu'il seroit un jour coupable du mauvais usage de ses talens, si l'amour du repos lui faisoit perdre une si belle occasion d'établir la verité dans un pays où elle avoit déja pris racine.

Quoiqu'il en soit, sa mauvaise fortune l'arracha du Comte de Bentheim, pour le transporter à Leïde, où il arriva en 1611. avec toute sa famille, & muni d'un grand nombre de témoignages de son orthodoxie Calvinienne, & de sa bonne conduite. Le Comte de Bentheim, l'Ecole illustre de Steinfurt, le Conseil du Comte, & le Consistoire de la Ville, voulurent lui en donner, comme à l'envi l'une de l'autre. Ils sont trop honorables au Professeur, pour ne les pas rapporter ici, & pour ne rien perdre de leur beauté, je les donne dans la langue qu'ils sont écrits ; encore faut-il avoüer que ce que j'en cite, n'est qu'une petite partie des éloges que ces témoignages lui donnent.

Post expressum, dit le Comte, *nominati pientissimi D. parentis nostri, hactenus fidelem ipsius operam, vitam irreprehensibilem, Christianam & puram doctrinam, atque institutionem, & indè consecutam propagationem, & ædificationem Ecclesiæ, & scholæ reipsa experti sumus.*

Publicè & sanctè testamur, c'est le témoignage de l'Ecole illustre, *C. Vorstium .... ita se probasse, ut in hac Republica inculpatum, sanctumquè cursum sexdecim circiter annorum continuorum cum Ecclesia, docendo, tum in schola sacras litteras interpretando, publicè, privatimquè disputando juventutem in orthodoxa Religione erudiendo, ita peregisse ut pietate erga Deum, probitate & dilectione erga proximum nihil prius, nihilquè antiquius habuerit, & ut paucis multa comprehendamus, vitam Deo, piisque hominibus placentem orthodoxo, Theologo, & Professore dignam egerit.*

Les Attestations du Conseil, & du Consistoire, s'expriment à peu prés de même.

Quelques authentiques & favorables que fussent ces témoignages, ils ne lui serviront néanmoins de rien. Les Ministres Gomariens, qui soutenoient contre les Arminiens l'ancienne doctrine de Calvin, se persuaderent que si Vorstius, qui n'étoit pas de leurs sentimens, & à qui les Etats de Hollande n'avoient envoyé leurs lettres de vocation qu'à l'instigation, & par les menées des Chefs des Arminiens, exerçoit à Leïde la profession en Théologie il feroit un tort irreparable à leur cause, remuerent toutes les machines, dont ils étoient capables, pour empêcher que Vorstius enseignât dans l'Academie de Leïde.

La premiere démarche qu'ils firent pour l'accabler, fut d'examiner son livre *de Deo* ; ils y trouverent tant de paradoxes Antichrétiens, qu'il leur parut pire que l'Alcoran & que le Talmud. *Seipsa comperimus vehementius, & acerbius librum istum oppugnasse, quam unquam quisquam Christianorum Mahumedis Alcoranum aut recutitorum Talmudica deliria invasit.* Ils dirent que les ennemis des Chrétiens, comme Lucien, Porphire, Julian, Libanius, &c. n'avoient point écrit avec tant de malice & d'indignité contre la Religion Chrétienne. *Neque enim unquam Lucianus, Porphirius, Julianus, aut quisquis similis in Christianos maledicensia fuit, tam crudè, & barbarè exceptus à veteribus scriptoribus, &c.* Ils ajouterent, que le livre étoit rempli d'une infinité de blasphêmes,

Martus Gualtherus in oratione de vita & obitu C. Vorst.

Ses démêlês avec les Gomariens.

Martus Gualtherus.

d'impietés, de menfonges, de parjures, d'ignorances, & des erreurs de Pelage, d'Arius, de Servet, de Socin, d'Eniedinus, d'Oftorodus, des Catholiques Romains, des Turcs, des Juifs, des Payens & des Athées. *Ab his Tneonibus propè nihil aliud cogeretur quam innumerus, & ut uno libro non dicendas calumnias .... nempe de ejus impietate, blafphemiis, mendaciis, perjurio, de ftupore in fcientia, & præcipuè de hærefibus (ſi Deo placet Pelagianis, Arianis, Socinianis, Serveti, Eniedini, Oftorodi, Papifticis .... Turcicis, Judaicis, Paganis, Atheis, &c.*

Sur ces découvertes ils porterent leur plaintes à differentes Academies; & après en avoir obtenu le jugement, qui condamnoit le livre, & qui flétriſſoit le nouveau Profeſſeur que l'on avoit inſtalé pendant cet examen, ils envoyerent le livre en queſtion à Jacques I. Roy de la Grande Bretagne, ne pouvant pas faire entrer dans leurs interêts les Etats de Hollande, & le ſupplierent d'employer ſon credit auprès de la Republique, pour la porter à chaſſer cet Héretique.

Après ces démarches, les Gomariens en firent une autre auprès des Etats de Hollande; & ces Etats, pour les ſatisfaire, & pour ne faire injuſtice à perſonne, indiquerent une conference à la Haye, pour le 29. Avril 1611. où ſe trouverent ſix Miniſtres Gomariens, & ſix Miniſtres Arminiens, c'eſt celle où ſe trouva Epiſcopius. Ces premiers accuſerent Vorſtius devant les Etats, de pluſieurs doctrines ſocieniennes, & ſoutinrent que ſon livre *de Deo*, ſentoit plus l'Athée que le Theologien. Les Etats ne ſe contenterent pas de ces accuſations vagues, ils voulurent qu'on les ſoutint à l'accuſé, & qu'il défendit ſa cauſe en leur preſence, & en la preſence des Curateurs de l'Academie de Leide. Vorſtius ſe défendit ſi bien, que les Etats Généraux jugerent, que rien n'empêchoit que la vocation qui lui avoit été adreſſée, n'eût ſon effet. Ainſi, encore que les Gomariens rejettaſſent ſes réponſes, il auroit triomphé, ſans deux incidens, qu'il ne pût jamais ſurmonter.

Le premier, eſt la conduite que le Roy Jacques I. tint en conſéquence du livre & des lettres que les Gomariens lui avoient envoyées. Ce Roy, qui entendoit raiſon en matiere de Théologie, & de Controverſe, n'eût pas plûtôt reçu le livre *de Deo*, qu'on lui preſenta étant à la chaſſe, qu'il le lût avec tant de precipitation, qu'au bout d'une heure il envoya à ſon Reſident à la Haye, une liſte des hereſies qu'il avoit trouvé dans ce livre, avec ordre à ce Reſident de notifier aux Etats combien il déteſtoit ces hereſies, & ceux qui les voudroient tolerer.

Les Etats, pour ne rien precipiter dans leur jugement, répondirent que ſi Vorſtius étoit coupable des erreurs qu'on lui imputoit, ils ne le garderoient pas long-tems.

Cette réponſe qui paroiſſoit ſortir d'une autorité ſouveraine, ne plût pas à Sa Majeſté Britannique; elle écrivit une lettre en datte du 6. Octobre 1611. à Meſſieurs les Etats, pour les exhorter vivement de

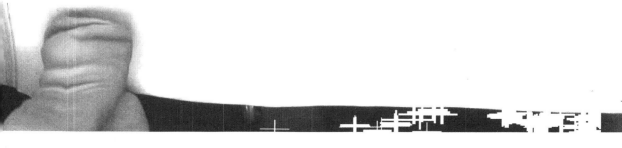

chaſſer ce perſonnage, quand même il nieroit les erreurs qu'on lui imputoit ; car au cas qu'il les admit, & qu'il en fut convaincu, elle ne doutoit point qu'il ne dût être brûlé. Sa lettre porte : *Mais ſi d'avanture ce miſerable Vorſtius voudroit nier ou équivoquer ſur les blaſphêmeux points d'hereſie, & d'Athéiſme, qu'il a déja publiés, cela vous pourroit peut-être émouvoir d'épargner ſa perſonne en ne le faiſant brûler, comme jamais aucun Heretique n'a mieux merité ; & comme ſur ce point là, nous nous remettons à votre chrétienne prudence ; mais ſur aucune défenſe ou obligation qu'il pourroit faire de le permettre de vivre & dogmatiſer entre vous, cela eſt choſe ſi abominable, que nous nous aſſurons qu'il n'entrera jamais en la penſée d'aucun de vous.* Elle ajoûte : *Que ſi on ne travaille pas ardemment à extirper ces pullulans Athéiſmes, Elle proteſtera publiquement contre ces abominations, Elle ſe ſeparera de l'union de telles fauſſes & heretiques Egliſes ; & en qualité de défenſeur de la Foi, Elle exhortera toutes les autres Egliſes Reformées, de prendre un commun conſeil, afin d'éteindre, & de renvoyer aux Enfers les abominables hereſies nouvellement pullulantes ; & qu'en ſon particulier, Elle défendra à tous ſes ſujets, de hanter une place ſi infectée, comme l'Univerſité de Leide.*

Mercure François. t. 2. p 400. Edit. de Cologne.

Avant que cette lettre du Roy eût été renduë à Meſſieurs les Etats, Vorſtius avoit été inſtalé dans ſa Chaire, comme nous l'avons dit ; c'eſt pourquoi l'Envoyé d'Angleterre en la preſentant, fit une harangue très-vehemente contre cette inſtallation, & menaça de l'inimitié du Roy ſon maître, les Provinces Unies, ſi elles toleroient Vorſtius. On lui répondit, que ce Profeſſeur avoit reçu ordre de s'abſtenir des exercices de ſa Charge juſqu'à ce qu'il eût répondu aux accuſations, ce qui ſeroit examiné dans les Etats de Hollande au mois de Février prochain.

L'Ambaſſadeur peu ſatisfait de cette réponſe, harangua tout de nouveau pour faire ſes proteſtations, & menaça les Etats, non ſeulement de la haine, mais auſſi de la plume du Roy Jacques. *Il ſera,* dit-il, *paroître par les Manifeſtes qu'il fera imprimer & publier, au monde, de quelle haine il déteſte les Athéiſmes, & les hereſies de Vorſtius, & tous ceux qui le maintiennent.* On répondit, qu'on l'aſſuroit que Sa Majeſté Britannique ſeroit contente de la maniere dont on ſe conduiroit dans les Etats de Hollande.

Cette réponſe n'empêcha pas que le Roy ne fît deux choſes contre Vorſtius. La premiere, il condamna au feu ſon livre *de Deo*, & en fit brûler pluſieurs exemplaires à Londres, à Oxford, & à Cambrige. La ſeconde, il fit imprimer un livre où il expoſa les raiſons de ſa conduite dans cette affaire, non ſans diſputer fortement contre Vorſtius. Celui-ci ne demeura pas immobile, il publia une petite réponſe aux extraits du livre *de Deo*, que ce Monarque avoit communiqués aux Etats, & il le leur dédia ; elle eſt comme elle devoit être, tout-à-fait reſpectueuſe envers le Roy, & datée du 15. Decembre 1611.

Il n'y a pas lieu de douter que le procedé de ce Roy ne fit quelques

impreſſions ſur l'eſprit de Meſſieurs les Etats , pour y avoir tout l'égard
qu'il meritoit. Auſſi Sponde , après avoir dit que le Roi Jacques indigné de la protection que les Etats Généraux avoient donnée à Vorſtius,
dont il avoit fait brûler les livres , les menaça , s'ils ne le chaſſoient
de les diffamer par toute la terre , comme fauteurs d'Apoſtats , & de
changer ſes alliances en une haine immortelle ; il ajoûte , que les Etats
étonnés de ces menaces , congedierent Vorſtius , à leur grand regret.

An 1620.
11.

Il faut néanmoins avoüer qu'il y ſurvint un ſecond incident , qui les
détermina à prendre ce parti.

Quelques diſciples de Vorſtius firent imprimer en Friſe , un petit livre *de officio Chriſtiani hominis* , qui contenoit pluſieurs doctrines des Antitrinitaires. Le livre fut brulé publiquement ; & dans la perquiſition
que l'on en fit , on découvrit quelqu'uns de ceux qui l'avoient fait imprimer , & on leur trouva quelques lettres qui furent renduës publiques , & qui contenoient bien des loüanges pour Vorſtius , & bien des
ſujets de ſoupçon contre quelques autres Théologiens. Ceux qui publierent ces lettres , y joignirent un avis à toutes les Egliſes pretenduës
Reformées , pour leur donner l'allarme. On foüilla dans tous les livres de Vorſtius , dans ce qu'il avoit dicté , & dans ſes manuſcrits , afin
d'y trouver matiere de le charger du petit livre. Les Etats de Friſe donnerent avis de tout ce procedé à ceux de Hollande , & aux Curateurs
de l'Academie de Leide , ce qui donna lieu à de nouveaux éclairciſſe-
mens , & ce qui contraignit Vorſtius à declarer , pour ſa juſtification ,
qu'encore qu'il eût écrit quelquefois aux Sociniens de Pologne , il étoit
très-éloigné de leurs ſentimens ; & que ce qu'il en avoit fait , n'avoit
été que pour mieux connoître leurs opinions , & même qu'il en avoit
ainſi uſé avec les Jeſuites , auſquels il n'avoit jamais fait difficulté d'é-
crire. Après cette declaration , il donna ſa profeſſion de Foi ſignée de ſa
main , touchant le Myſtere de la Trinité , & de la Divinité du Verbe ;
& le 22. May 1611. il prononça une harangue apologetique devant les
Etats de Hollande , ce qui lui donna lieu de publier beaucoup de livres.

Tout cela néanmoins ne lui ſervit de rien pour ſa juſtification ; par
proviſion on lui fit renoncer à l'exercice de ſa Charge , & on le contraignit de ſortir de Leide , pour attendre ailleurs un jugement définitif ſur
les griefs portez contre lui. Sur la fin du mois de May 1612. il ſe retira à
Tergou , où on lui avoit procuré un emploi , & où il paroît qu'il vécut
dans une grande tranquillité , juſqu'à l'année 1619. Les Magiſtrats de
cette Ville , tout Gomariens qu'ils étoient , lui expedierent le 20. Juillet 1619. un témoignage de ſa bonne conduite , où ils certifierent , que
pendant ſept ans & trois mois qu'il a demeuré dans leur Ville , il s'eſt
comporté en homme de bien & d'honneur.

La paix dont il joüiſſoit à Tergou fut interrompuë par la Sentence du
Synode de Dordrecht , qui l'ayant declaré indigne de profeſſer , les Etats
de la Province lui ôterent ſa Chaire de Théologie , & ſes appointe-

chrétienne, & d'une grande refignation à la volonté de Dieu. Si nous
voulons croire ceux qui ont écrit pour le loüer, ils ajoûtent qu'il étoit
un homme d'oraifon, & doüé de toutes les vertus qui font les grands
hommes, & les parfaits Chrétiens. Son corps fut porté à Friderichftad
la nouvelle Ville, que les Remontrans avoient bâtie fur les terres du
Duc de Holftein ; on lui fit les funerailles les plus pompeufes que l'on
pût. Un de fes amis mit fur fon Tombeau ces quatre Vers en forme
d'Epitaphe, & qui font la conclufion d'une Epigrame de huit diftiques,
qu'on voit à la fin de l'éloge de Vorftius, dans le livre intitulé : *Illuf-*
trium Hollandiæ, & Weftph. Weftfrifia ordinum alma Academia Leiden-
fis, imprimé à Leide l'an 1614. Si on ne les mit pas, du moins l'Auteur feint que Vorftius fouhaita quelques années avant fa mort, qu'on
les mit fur fon tombeau.

> *At vos pofteritas tumulo hac infcribite verba,*
> *Poftuma fortuna figna futura mee.*
> *Nulla Reformata mihi pars dilectior unquam,*
> *Nulla Reformata pars minus aqua mihi.*

> Je veux fur mon Tombeau, cette plainte formée,
> Qui foit à nos Neveux témoins de mon malheur.
> Rien tant je n'ai cheri, que la Foi Reformée,
> Rien tant qu'elle ne m'a onc offencé le cœur.

Les ennemis
de Vorftius.
Ceux qui ont fait le plus de bruit contre Vorftius, font les Frifons
Gomariens ; fçavoir, Bogermann, Miniftre de Lewerden, & Sibrand
Lubbert, Profeffeur en Théologie à Francker ; Sopingius, Miniftre
Frifon ; Brokerus, Miniftre de la Noortholande ; & les plus empor-
tés, furent Mathieu Sladus Anglois, Recteur de l'Ecole d'Amfterdam,
& George Eglifmius, Medecin Ecoffois, qui demeuroit à la Haye. Le
premier, pour foutenir la démarche du Roi fon maître, qui avoit demandé aux Etats que l'on chafsât Vorftius, écrivit contre celui-ci de
la maniere du monde la plus emportée ; Vorftius lui fit une réponfe
qui fut imprimée à Tergou l'an 1615.

Le fecond n'écrivit pas avec moins de violence, pour faire plaifir à
fon Roi ; il donna au public un livre fous ce titre : *Chrifis, & hipocrifis*
Vorftiani refponfi, où il accufe Vorftius devant les Etats juridiquement
d'Athéïfme, de Judaïfme, de Turcifme, d'herefie, de fchifme, &
d'ignorance. Il lui envoya divers cartels de défi, pour l'obliger à comparoître & à fe défendre ; & s'adreffant aux Etats, il leur dit, qu'il demande & qu'il attend un examen de rigueur, & qu'il faut, ou que
Vorftius, ou que fes accufateurs foient châtiez. C'étoit venir au fait,
il n'y a rien de plus jufte qu'une telle alternative ; & néanmoins, dit un
Bayle. Auteur moderne, il n'y a rien de plus rare que de voir les calomniateurs en matiere d'herefie, ou d'impieté, recevoir la peine qui leur eft
dûe

dûë, on croit qu'il suffit d'absoudre les innocens ; & au lieu de faire souffrir à l'accusateur la peine du talion, on le remercie quelquefois de son grand zéle; ou bien l'on se contente de l'avertir qu'il ne faut pas aller si vîte : quoi qu'il en soit, le Medecin prenoit bien la chose, mais il étoit assuré qu'il ne risquoit rien, quelqu'absurde & contradictoire que fut son accusation ; les menaces que son Roi avoit fait faire à la Republique des Provinces Unies, si elle soûtenoit Vorstius, ôtoient toute crainte aux accusateurs. Il ne faut donc pas s'étonner si Vorstius ait laissé tomber les défis de l'Ecossois, homme qu'il pouvoit d'ailleurs abîmer en trois mots.

Il n'avoit qu'à lui dire : Vous m'accusez d'Athéïsme, & selon vous ma doctrine est Judaïque, Mahometane & hérétique, & il est clair comme le jour que les Juifs, les Mahométans, & les hérétiques ne sont point Athées ; donc par les propres termes de votre accusation, je suis innocent à l'égard de l'Athéïsme ; & si vous gagnez votre procès à l'égard de l'heresie, je devrois n'être pas écouté ; mais par la loi du Talion, vous devriés souffrir la mort.

L'Ecossois se seroit moqué de cette attaque, & sans avoir honte de sa calomnie, fier de son impunité, il eût joüi d'un plein triomphe, pourvû seulement qu'on eût convaincu d'hérésie son adversaire, ce qui étoit facile par ce que nous avons dit dés le commencement.

Vorstius a fait assez de bruit par ses avantures, par ses livres, & par ses opinions, pour que plusieurs Auteurs en ayent parlé, & chacun selon ses preventions, parmi lesquels j'ai remarqué *Marcus Gualterus in oratione de vita & obitu C. Vorstii.* Le Mercure François, tom. 2. édition de Cologne. Le livre, *pacificatorium disserti Belgii per Salomonem Theodosium. Theatrum virorum illustrium,* p. 363. *Illustrium Hollandiæ ordinum alma Academia Leidensis,* en 1614. Les lettres des Arminiens. Ce sont là les Auteurs que Baile a suivi dans l'histoire qu'il nous a donné de Vorstius, & dont je ne me suis pas écarté. M. Baillet en parle, Jugement des Sçavans, tom. x. p. 93. & nous le represente comme un vrai Socinien. Sponde *ad annum* 1610. n. 12. ne dit rien de son Socinianisme ; mais il l'accuse d'avoir causé de nouveaux troubles dans les Eglises pretenduës Reformées, & d'avoir repandu des hérésies contre les perfections divines ; sçavoir, la Simplicité, l'Infinité, l'Immensité, l'Immutabilité, l'Eternité, &c. Gretser dans l'Epimetre pour l'ouvrage des livres dangereux, chap. 6. & 8. & le Pere Gautier 17. siécle, chap. 6. rapportent ces heresies ; & Sandius dans sa *Bibliotheca Antitrinitariorum,* marque quelques époques de ses actions & de ses livres.

Les Auteurs qui ont parlé de Vorstius.

Les erreurs de Vorstius ont plus de rapport au Spinosisme & à l'Athéïsme, qu'au Socinianisme, au moins celles que Gretser, & Gautier lui attribuent, & encore sont-elles bien méthaphisiques. Le Pere Gautier les reduit à six sur les attributs divins.

Ses erreurs. Chronol. an. 1600 p. 883. Sur la simplicité de Dieu.

La premiere est contre la simplicité de Dieu. On sçait que Dieu est un acte pur, qui ne peut avoir en soi aucun mélange ou composition, ou

Annotatio in disputatione 3. pag. 206.

division ; & Vorſtius dit qu'il y a en Dieu quelque diverſité, ou multiplicité, qui ne détruit point la ſimplicité de l'Eſſence. Il veut parler de la volonté divine, qui fait differens decrets .... tels decrets ſont en Dieu comme dans leur ſujet, ou comme dans leur cauſe efficiente ; & après pluſieurs raiſonnemens, il conclut que ces anciens axiomes, & univerſellement reçûs (ſçavoir, qu'il n'y a en Dieu aucun accident, que tout ce qui eſt en Dieu, eſt Dieu même, &c.) ne ſont pas ſimplement & abſolument veritables ; car, dit-il, n'y a-t'il pas en Dieu quelque puiſſance active, diſtincte de l'acte au regard de ce qu'il fait hors de ſoy ? Ne paſſe-t'il pas de la puiſſance de l'acte, puiſque pouvant vouloit, & pouvant faire, il veut enſuite & fait actuellement ? Pour en ſçavoir davantage ſur ce ſujet, il faut conſulter pag. 146. & 178. de ſa diſpute 3. & pag. 40. de ſon explication apologetique.

Sur la grandeur de Dieu.

Not. in diſp. 3. cit. p. 240

La ſeconde eſt ſur la grandeur indiviſible de Dieu, qui étant immateriel, eſt auſſi exempt de toute quantité materielle & diviſible. Cependant Vorſtius, après avoir taxé de contradiction Saint Auguſtin, lors que ce Pere dit, que Dieu eſt grand ſans quantité, comme s'il avoit dit, qu'il fut grand ſans grandeur ; il ajoute, il ſemble que ce ſoit un paradoxe, que Dieu ſoit tellement exempt de toute quantité, qu'il ſoit tout entier, & ſelon toute ſa ſubſtance en chaque choſe, & même en la plus petite, comme dans la pointe d'un poil. N'eſt-ce pas là reſtreindre à l'étroit la très-grande, & très-ample eſſence divine, ou faire Dieu très-petit ? & pour prevenir ce que les Théologiens peuvent lui oppoſer de l'indiviſibilité de l'ame raiſonnable, & de l'indiviſibilité des Anges, il dit que ſelon toutes les apparences, il eſt faux que l'ame ſoit toute entiere & ſubſtantiellement en chaque partie du corps humain, puiſqu'il eſt impoſſible que l'eſſence de l'ame étant une en nombre, ſoit en même tems, & dans la tête & dans les mains, & dans les autres membres, qui veritablement ſont diviſés entre eux, quant aux lieux, & quant à leur ſituation, ou bien il faudroit dire qu'une même choſe eſt hors des bornes de ſon eſſence, leſquelles répondent neceſſairement & exactement aux bornes du lieu total. Il eſt bien vrai, continuë-t'il, que l'ame eſt répanduë par toutes les parties du corps, quant à ſa vertu, & quant à ſon action ; mais la ſubſtance eſt contenuë en un lieu déterminé, comme dans le goſier, ou dans le cerveau, parce que cette eſſence ou ſubſtance ne peut être épanduë & continuée par ſes parties, ce qui ne ſe peut faire ſans quantité dimenſive ; il cite Bodin, liv. 4. de ſon Théatre, qui dit que l'ame eſt corporelle, & doüée d'une vraye quantité ; ainſi, à ſon dire, Dieu, les Anges, & les ames, ſont diviſibles.

Sur l'infinité de Dieu.

Not. ad diſput. 3. p 23.

La troiſiéme eſt contre l'infinité de Dieu. Nous diſons qu'il n'y a point de fin ou de bornes dans la grandeur de Dieu, & Vorſtius prétend que Dieu n'eſt pas ſimplement infini actuellement, ni dans ſon être, ni dans ſon action, quoique dans l'un & dans l'autre il ſoit ainſi nommé eu égard à nous. Dieu eſt veritablement un acte pur ; mais, dit Vorſtius, cela n'empêche pas qu'il ne ſoit auſſi borné en ſoi. Il ajoute, on dit que la vertu infinie requiert une essence infinie ; cela est vrai, mais c'est en celle qui est veritablement infinie : or telle vertu n'est pas actuellement en Dieu, du moins, quant à l'operation qui tend au dehors à la page 197. il augmente son erreur, par la preuve qu'il en donne. La substance de Dieu, dit-il, est presentement vûë par les Anges, & nous la verrons un jour face à face ; donc, concluë-t'il, qu'elle n'est pas simplement infinie, puisque ce qui est simplement & absolument infini, ne peut être aperçu par aucun sentiment fini ; & qu'il est necessaire qu'il y ait proportion entre l'objet visible, & la personne visible ; ainsi, selon son raisonnement, l'essence de Dieu est visible, sensible, limitée, & consequemment corporelle.

La quatriéme erreur est sur l'immensité de Dieu. Nous disons avec le Prophéte Baruch, c. 3. Dieu est haut & immense, & Vorstius dit, on peut répondre que l'immensité de Dieu, ou de l'essence divine, est comptée à bon droit entre les choses que l'on appelle simplement impossibles ; & qu'ainsi elle ne signifie aucune perfection. Il ajoute, la Majesté de Dieu semble requerir qu'il aye sa substance retirée des choses terrestres & impures ; autrement il sembleroit qu'elle est mêlée parmi ces choses, & qu'elle en fait une partie. Croyons donc, concluë-t'il, ce que l'Ecriture nous dit, sçavoir, que Dieu par sa substance, qui est très-ample, & même immense par rapport à nous, & souverainement glorieuse; croyons, dis-je, qu'elle habite dans les Cieux; mais croyons aussi que Dieu n'est point sur la terre qu'autant qu'il nous y aide par la vertu de sa sagesse, & par l'efficacité de son action, ou de sa providence; c'est-à-dire, que Dieu qui est au Ciel par sa substance, n'est sur la terre que par sa puissance, à la maniere des Rois, qui sont substantiellement dans leurs chambres ; & en puissance sur leurs frontieres. Ainsi devons-nous conclure avec les Théologiens d'Heidelbert, que Vorstius pretend que Dieu n'est pas par tout, & ainsi qu'il n'y a point de Dieu.

Sur l'immensité de Dieu. Not. in disput. 3. p. 234, 236.

La cinquiéme est contre l'immutabilité de Dieu. Nous disons, Dieu n'est point comme les hommes, il ne peut mentir comme le fils de l'homme, il ne peut changer, *ego Dominus, & non mutor*, Num. c. 23. & Vorstius dit, la volonté de Dieu est toujours en Dieu un principe de quelques mutations, ou de quelques changemens, d'autant que par elle Dieu peut, & même est souvent disposé d'une maniere ou d'une autre dans sa volonté ou dans sa connoissance. Si nous ne convenons de ce fait, il faudra avoüer cette grande absurdité, que Dieu fait toutes les choses qui sont comme hors de lui, par une necessité absoluë. On ne doit point admettre en Dieu une absoluë & simple immutabilité, car ce ne seroit que confondre Dieu avec l'action libre de Dieu, c'est-à-dire, une action dépendante d'une cause libre, ou assurer que l'essence de Dieu est une même chose que sa volonté, ou que l'action de vouloir, ou le vouloir de Dieu.

Sur l'immutabilité de Dieu. Not. ad disput. 3. p. 212.

La sixiéme erreur est contre l'Eternité permanente & indivisible de Dieu, comme n'étant autre chose qu'une durée immuablement perma-

Sur l'Eternité de Dieu Not. in disput. 3. p. 226, & 227.

nente, ou perseverante de l'existence de Dieu. Vorstius dit à ce sujet, reste à examiner ce qu'ils croyent communément; sçavoir, que l'Eternité est tout ensemble, & qu'elle correspond dans son être à toutes les differences des tems, opinion qui paroît être toute envelopée de contradictions. Les écritures, continuë-t'il, attribuënt clairement à Dieu les differences des tems, quand elles lui attribuënt l'Eternité; vouloir soutenir que tous ces passages doivent être pris dans un sens métaphorique, c'est une petition de Principe ..... Tous ces tems là sont veritablement contenus dans l'Eternité, étant prise toute entiere, comme renfermant dans son enclos toutes ses parties; mais néanmoins elle n'est pas indivisible. L'Eternité en soi n'est autre chose qu'un tems éternel, ou une durée infinie, qui est sans commencement & sans fin, laquelle, selon Aristote, n'est pas exempte de succession & de mouvement. J'en demeure là, & j'en ai assez dit pour fatiguer, malgré moi, la patience du Lecteur.

Ses livres.
B 4. p. 98.

Ses livres sont de deux sortes, il y en a contre les Catholiques Romains, & il y en a contre ses adversaires, on les réduit à ceux-ci.

Un Recueil de diverses Théses de Theologie.

Idea seu brevis sinopsis totius sacræ Theologiæ.

Un livre de prieres en Allemand.

Ses disputes, *de caussis deferendi Romani Papatus*, ou *Index errorum Ecclesiæ Romanæ sub jecto cuique capiti Antidoto*, à Steinfurt 1611. in 4°.

Un Traité Allemand sur les Indulgences.

Tessaradecas Antipistoriana, seu responsio ad librum Joannis Pistorii de quatuordecim articulis in Religione controversiis, à Hanovre 1607. in 8°.

Apologia pro Ecclesiis orthodoxis, contra Jesuitas.

Antapodixes de tribus primis Fidei articulis, sive contraria demonstrationes tres, quibus totidem Jesuitica apodixes à B. D. adversus apologiam emissa confutantur, à Hanovre 1609. in 8°, & en 1665. in 8°.

En 1610. on vit paroître son *Antibellarminus contractus, seu brevis refutatio quatuor tomorum Bellarmini*, à Hanovre 1610. in 4°. Toutes ces œuvres furent composées avant qu'il se retirât en Hollande; & on les vit avant qu'il eût donné son fameux & pernicieux Traité *de Deo, seu disputationes decem de naturâ & attributis Dei diverso tempore Steinfurti publicè habitæ*, 1602. in 4°. Il faut joindre à ces disputes son Traité *de Deo*, imprimé à Steinfurt en 1610. in 4°. à Hanovre en 1610. in 4°. & qui en 1611. fut brûlé en Angleterre par l'ordre du Roi Jacques.

Apologetica exegesis pro tractatu de Deo, à Hanovre 1610. in 4°. il y en eût une version Flamande.

Præfatio in librum F. Socini de auctoritate sacræ Scripturæ qui ipsius cura in lucem prodiit. On a mis à la fin de ce livre la censure ou les notes des Theologiens de Basle sur trois passages qui leur paroissoient obscurs, & qui, selon eux, pouvoient induire à l'erreur, à Steinfurt 1611. in 8°.

Nota in Socini disputationem de Jesu Christo servatore.

mie de cette Ville. L'étude de la Philosophie ordinaire ne l'occupa pas assez, il tâcha de se perfectionner dans la langue Grecque, sous Métrophane Christopule, Grec de nation, qui demeuroit à Brême, & dans l'Hebraïque sous le Professeur Gerard Hannewinchel, & sous Mathias Martinius. Pendant ces exercices il traduisit en Hebreu, par maniere d'exercice, le livre de la Sagesse, & apprit les principes du Caldéen, du Syriaque, de l'Arabe, & du langage des Rabbins. Il fit ses études en Théologie sous le même M. Martinius, & sous Loüis Crocius, que la Ville de Brême avoit envoyés peu de tems auparavant en qualité de ses Députés, au Synode de Dordrecht; il étoit fort aimé de ces deux Professeurs, & particulierement de Martinius, qui conçut de grandes esperances de son attachement, & de son génie pour les langues, il n'épargna rien pour le cultiver, & le porta à mettre en Grec les sentimens des Turcs, & à les tirer de l'Alcoran, pour ne leur rien imposer, de quoi le jeune Cocceius vint à bout d'une maniere qui surprit ce Professeur.

En 1625, il alla à Hambourg pour s'y fortifier dans la lecture des Rabbins, par le secours d'un sçavant Juif, à qui le Magistrat permit en sa faveur de demeurer dans la Ville.

A son retour de Hambourg, il continua ses études dans l'Académie de Francfort, s'y mit en pension chez George Pasor Professeur en Grec, & y cultiva les connoissances qu'il avoit acquises sur l'Hebreu, sous Sixtinus Amama, dont ceux qui s'appliquent à l'étude de la langue Sainte font encore beaucoup de cas. Cocceius s'y fit connoître au public pour la premiere fois par sa version qu'il lui donna de deux traités du Talmud, le Sanhedrin, & le Maccoth, avec leur Gemere, & en y ajoutant diverses notes, qui lui attirerent les loüanges de la plûpart des Sçavans de ce tems-là; sçavoir, Heinsius, Grotius, Selden, Saumaise, Bivet, Lempereur, Dedieu, &c. mais particulierement d'Amama, qui le regardoit comme un prodige, & qui dit de lui dans une de ses lettres à Martinius. *Qu'il croit que Dieu l'a suscité pour porter l'étude des langues Orientales beaucoup plus loin qu'elle n'a été jusqu'ici: & pour découvrir les trésors cachés des Juifs.*

Il retourna dans sa patrie en 1629. on lui donna la chaire de Professeur en Hebreu, vacante par la mort de Martinius; & celle de Théologie à Conrad Bergius. Pendant que Cocceius expliquoit l'Ecriture sainte; il se fit plusieurs disciples qui se sont rendus celebres, comme Gronovius le pere, Chrétien Perizonius, qui a été Professeur en Medecine à Groningue, Jean Vandalen, Ministre de la Princesse de Simmeren, & Jean Heilersig, Precepteur de son Altesse Guillaume II. Prince d'Orange.

L'année d'après il publia sa traduction, & ses commentaires de l'Ecclesiaste, sept ans avant la nouvelle version Flamande. Aussi-tôt que cet ouvrage parut, on remarqua aisément qu'il ne se rencontroit pas toûjours avec les Interpretes Hollandois. Pour ne se point attirer d'affaires sur ce sujet, il défendoit sa version & ses notes avec douceur, sans

blâmer celles des autres ; mais ces Traducteurs ne furent pas de si bonne composition, ils firent diverses remarques critiques sur le livre de Cocceius, Messieurs les Etats les ont supprimés, aussi bien que les Memoires de Bogerman, de crainte qu'ils ne diminuassent la reputation d'un ouvrage qui leur avoit tant coûté.

En 1636. il fut appellé de Brême à Francker, pour y enseigner l'Hebreu ; en 1641. & 1643. il y publia deux ouvrages contre le celebre Grotius. Dans le premier il défend le sens que les Protestans donnent aux passages de l'Ecriture, qui parlent de l'Antechrist ; & dans le second, qui est une explication du commencement de la lettre aux Hebreux, il y soutient la doctrine des Pretendus Reformés, sur la Predestination & sur la Grace. Ces deux livres furent si bien reçus, que la même année 1643. on lui donna la Chaire de Theologie, outre celle de Professeur en Hebreu, qu'il remplissoit déja. Il fit sa harangue inaugurale le 18. Decembre, & mit au jour bien-tôt après ses commentaires sur Job, & sur les chap. 38. & 39. d'Ezechiel.

En 1648. on fit la premiere impression de son Traité des Alliances de Dieu : *Summa de fœdere Dei*, qui a été imprimé plusieurs fois, & traduit en Flamand ; cet ouvrage fut bien-tôt suivi de 67. disputes sur le Cantique & les dernieres paroles de Moyse, où il entreprend de montrer que les Prophétes n'ont presque rien prédit de considerable, que Moyse n'ait marqué obscurement, & qu'ils s'accordent parfaitement entr'eux, & avec le nouveau Testament.

Cocceius avoit servi quatorze ans l'Académie de Francker, lorsqu'il fut appellé à Leïde, pour remplir la place de Frederic Spanheim le pere. Il fit son entrée le 4. Octobre 1650. par un discours sur les causes de l'incredulité des Juifs, & commença ses leçons par l'explication du Prophéte Isaïe. Il donna quelque tems après ses commentaires sur les douze petits Prophétes, sur la lettre aux Hebreux, & sur les Pseaumes.

L'étude qu'il faisoit de la lettre de l'Ecriture, ne l'empêchoit pas de s'occuper quelquefois à défendre la doctrine des Eglises Pretenduës Reformées, contre leurs principaux adversaires. Alors il y avoit des Catholiques Romains dans les Païs-Bas, & aux environs qui faisoient beaucoup de bruit ; sçavoir, le Jesuite Masenius, & les deux freres Valenbourg : Cocceius se crût obligé de les refuter, en répondant à quelques questions que le Landgrave de Hesse lui avoit envoyées, & il le fit dans un livre intitulé : *De l'Eglise & de Babylone*.

Vers le même tems il composa ses commentaires sur les 19. premiers versets de l'Evangile de Saint Jean, où il refute amplement les Sociniens & les Ariens.

En 1656. il défendit (par une replique à l'apologie d'un Chevalier Polonois, qu'on croit être Jonas Schlichting) l'avis que l'Académie de Leïde avoit porté contre eux, deux ou trois ans auparavant. Cet ouvrage fut aussi-tôt traduit en Flamand, & les Synodes de la Hollande Septentrionale & Méridionale, l'en firent remercier par leurs Deputés, & le comblerent de loüanges en des lettres qu'ils lui écrivirent.

On n'auroit pas crû qu'un homme qui avoit exercé la Charge de Profeſſeur pendant plus de 20. ans en diverſes Academies, avec tant d'éloges, & ſans trouver la moindre oppoſition, dût eſſuyer d'auſſi grands chagrins, que ceux qu'on lui fit dans ſa vieilleſſe, & même pour des ſujets qui ne paroîtront peut-être pas fort importans à des perſonnes non prevenuës ; en voici l'occaſion.

Ses démê-
lez au ſujet
du Sabbath.

On avoit coûtume dans l'Academie de Leïde, de marquer aux Profeſſeurs en Théologie un certain ordre de lieux communs, dont chacun ſelon ſon rang devoit expliquer une partie. Le tour de Heidanus l'un des trois Collegues de Cocceius, étant venu vers le commencement de l'année 1658. la matiere qui lui tomba entre les mains fut celle du Sabath, & du jour du Dimanche. Ce Profeſſeur, que les Etrangers peuvent connoître par ſon livre *de l'Origine des erreurs*, & par le ſyſtême de Théologie qu'on a publié après ſa mort, ſçavoit bien qu'il y avoit là-deſſus une queſtion problématique, & ſur laquelle les Théologiens de la Pretenduë Reforme étoient diviſés, auſſi auroit-il bien voulu ne pas traiter ce ſujet ; mais comme dans ces occaſions on eſt obligé d'entrer dans le détail, & de prendre parti, Heidanus ne fit pas difficulté d'embraſſer le parti de Lambert Daneau, l'un des premiers Profeſſeurs de Leïde, que Jean Cuchlin Regent du College des Etats, Gomarus Rivet, Thyſius, Dedieu, Iſaac Junius, & pluſieurs autres avoient ſoûtenu après lui ; ſçavoir : *Qu'encore que ce fut une coûtume venuë des Apôtres, de s'aſſembler le premier jour de la ſemaine, il n'y avoit pourtant pas d'apparence que les premiers Chrétiens l'euſſent fait par aucune neceſſité, ou qu'ils ſe fuſſent crû obligés à l'obſervation préciſe de ce jour, par un motif de pieté, ou que les Apôtres euſſent fait là-deſſus quelque Ordonnance obligatoire.*

Non ſeulement ces Théologiens avoient donné dans ce ſentiment, Cocceius lui-même l'avoit ſoûtenu à Francker, & à Leïde dans des diſputes, & dans des livres, ſans que perſonne y trouvât à redire. Cependant comme les eſprits des hommes ne ſont pas toûjours dans la même diſpoſition, on commença à faire du bruit de l'opinion d'Heidanus, ce qui l'obligea de l'expliquer, & de la défendre dans un petit livre qui parut le 11. de May de la même année.

Bien loin que cet avertiſſement appaiſât ſes adverſaires, il ne fit que les irriter. Eſſenius Profeſſeur d'Utrecht prit à tâche de le refuter dans ſes diſputes, *ſur l'Alliance legale*, auſſi-bien que ce que Cocceius avoit publié là-deſſus l'année precedente dans *ſes conſiderations ſur le chapitre 4. de la lettre aux Hebreux*. Heidanus ſe crut alors obligé de faire une Apologie, & Cocceius de s'expliquer plus clairement dans un livre intitulé : *Examen de la nature du Sabbath, & du repos du nouveau Teſtament* ; ces deux ouvrages parurent au mois de Novembre. Eſſenius ne manqua pas à repliquer dans la ſeconde édition de ſon Traité ſur *la mor*

ralité

talité du quatriéme Precepte. Hoornbeck, le troisiéme Professeur de Leide qui avoit soûtenu le sentiment d'Essenius dés l'année 1655. crut qu'il étoit engagé à réfuter ses Collegues, ce qu'il fit en 1659. dans la nouvelle édition de son livre *de la sanctification du nom de Dieu, & de son jour.* Heidanus lui répondit dans sa premiere partie des Considerations sur le Sabbath, & son adversaire repliqua, en publiant une Défense *de la Sanctification du Dimanche,* ce qui obligea Heidanus à mettre au jour la seconde partie de ses *Considerations,* & Hoornbeck à la refuter dans un traité qui a pour titre : *Le Dimanche jour de repos.*

Quelque tems auparavant Cocceius avoit tâché de trouver un moyen de reconcilier les esprits, en faisant voir que le sentiment d'Hoornbeck ne portoit pas plus à la pieté, que celui d'Heidanus, & que le sien ; le livre où il le prouve est intitulé : *Typus concordiæ amicorum circa honorem Dominicæ,* ce qui n'avoit produit autre chose que de le faire traiter de Socinien par un Anonyme emporté, sous le nom de *Nathanaël Johnson* ; mais la défense que firent Messieurs les Etats de disputer par écrit, fut beaucoup plus efficace, ce fut le 7. d'Août 1659. qu'ils firent cette Ordonnance, qui portoit qu'on s'en tiendroit à la doctrine des six Articles, sans passer plus avant. Ces six Articles furent arrêtés sur les disputes du Sabbath, qu'avoient excitées certains Puritains Anglois qui s'étoient retirez en Zelande, & qui soutenoient que l'observation d'un jour de repos dans la semaine, étoit de droit divin fondée sur le quatriéme Commandement ; & que le changement du Sabbath au Dimanche, étoit d'institution Apostolique. Udeman en 1612. & Teelling en 1617. soûtinrent cette opinion ; ils furent appuyés de quelques autres Ministres, qui en trouverent aussi d'autres dans leur chemin, qui s'opposerent, selon leur capacité, à la nouveauté de leur sentiment. Le Synode de Dordrecht ne voulut pas que cette dispute allât plus loin, & trouva bon, avant que l'Assemblée se separât entierement, de députer quatre Professeurs ; sçavoir, Polyander, Gomarus, Thysius, & Waldeus, pour chercher des moyens d'appaiser ces differends, & faire des Articles dont les deux partis pussent convenir. Ils le firent & réüssirent si bien, que ces deux partis furent contens des six propositions, dans lesquelles ils renfermerent cette doctrine ; & c'est à ces six Articles que les Etats voulurent qu'on s'en tint, pour faire cesser ces contestations.

M. Vlak Bib. universelle. t. 5. p. 515.

Ces disputes sur le Sabbath en firent naître plusieurs autres sur le sujet des Alliances, & sur la maniere dont Dieu a dispensé ses graces à son Eglise en divers tems. Ceux qui soutenoient la moralité du Sabbath, s'appuyoient sur deux raisons ; la premiere est, que le Decalogue est une loi immuable, que l'homme étoit autant obligé d'observer avant le peché, qu'il l'est presentement ; d'où ils concluoient, qu'il n'est pas convenable que ce formulaire renferme un commandement ceremonial ; la seconde est, qu'on ne voit pas ce que cette ceremonie auroit pû representer.

Ses démêlés sur les Alliances.

Rrr

Cocceius répondoit : 1°. Qu'encore que le Decalogue contienne les regles de la Loy naturelle, qui obligent tous les hommes, en quelque état qu'ils soient, il ne s'ensuit pas qu'il ne comprenne autre chose ; & que c'est la maniere de le proposer, qui le rend ou un formulaire de l'Alliance de sa grace, ou un abregé de la Loi des œuvres. 2°. Que lors que Dieu s'appelle le Dieu d'un peuple, qu'il promet de lui faire miséricorde, de lui donner en partage un pays fertile, & de l'y benir, pourvû qu'il le reçoive pour son Dieu..... On ne peut pas dire que ce soit là une alliance des œuvres, par laquelle Dieu ne promette la vie qu'à ceux qui lui auront obéï parfaitement ; & menace de mort ceux qui auront manqué en un seul point. 3°. Que comme toute l'Alliance de grace suppose un Mediateur, pour l'amour duquel Dieu pardonne aux hommes, le Decalogue devoit contenir, outre les devoirs ausquels la reconnoissance des bienfaits de Dieu engageoit les fideles, un signe & un sceau de la promesse du salut qu'il leur faisoit par ces paroles : *Je suis votre Dieu, qui fait miséricorde à ceux qu'il aime.* 4°. Que le Sabbath est ce signe, & qu'il figuroit, que comme les Israëlites se reposoient ce jour-là de toutes sortes de travaux corporels, un tems viendroit auquel le Messie appaiseroit tous les troubles de leur conscience, & les assureroit du pardon de leurs pechez. On ne manqua pas de répondre à ces hypothéses & nouveaux paradoxes ; & lui qui n'étoit pas un homme à demeurer court, repliqua aussi à ses adversaires.

Dans le tems que durerent ces controverses, ses Etudians en Théologie, qui avoient pris goût à sa méthode, soutinrent des Théses, & particulierement un nommé Guillaume Momma, qui dans la suite s'est rendu celebre parmi les Cocceïens, par quelques livres qu'il a donnés au public ; sçavoir, sur les *Oeconomies de l'Eglise*, des *Notes sur le Catéchisme d'Heidelberg*, que le sieur Abr. Van-Poot a mis en Flamand, *des lieux communs de Théologie*, &c. Ce cher disciple soutint le 9. Septembre 1662. sous Cocceius, des Théses sur la diversité des œconomies divines, qui firent beaucoup de bruit, & qui lui causerent beaucoup de chagrin. Arrivé à Hambourg sa patrie, quelqu'un qui ne l'aimoit pas, prit pretexte de ces Théses pour s'opposer à son avancement, & en ayant extrait 83. questions, il les envoya à Desmarets, Professeur de Groningue. Ce celebre Controversiste ne laissa pas échaper une si belle occasion de faire paroître sa pénétration dans les disputes, & fit soutenir des Théses le 21. Janvier 1663. où il examina ces questions. Aussi-tôt le bruit se répandit que Desmarets avoit refuté publiquement les sentimens de Cocceius, & qu'il y avoit trouvé diverses erreurs.

Cocceius, pour dissiper ces bruits, fit des remarques sur les Théses de Groningue, & les dédia à Desmarets même, pour lui faire comprendre qu'on l'avoit mal instruit, & que si on lui avoit proposé le vrai état de la question, il auroit, sans doute, répondu autrement. Desmarets parut satisfait de ces éclaircissemens, & témoigna, dans une let-

tre à Cocceius, qu'il étoit bien aise qu'ils convinssent dans le fonds des choses.

Cela n'empêcha pas Voëtius d'écrire en 1665. & de faire disputer ses Ecoliers contre la distinction de *Paresis*, & d'*Aphesis*, ou la difference de la remission des pechez, sous le vieux & sous le nouveau Testament ; à quoi Cocceius répondit par un livre intitulé : *More Nebochim*, ou *le Docteur des doutans*, ou *des scrupuleux*.

On ne croyoit pas que ces démêlez allassent plus loin, lors qu'une occasion imprevüë les ralluma plus fortement que jamais. En 1668. Desmarets, qui ne s'accordoit pas avec son Collegue Alting, presenta aux Curateurs de l'Academie de Groningue 31. Articles, sur lesquels il souhaitoit que ce Professeur se declarât, parce qu'il le soupçonnoit d'héterodoxie. Les Curateurs envoyerent ces Articles, avec les réponses d'Alting, aux Professeurs de Leïde, pour sçavoir leurs sentimens.

Ceux-ci trouverent qu'Alting étoit accusé mal-à-propos, & qu'il n'y avoit pas lieu de le traiter d'hérétique pour des disputes de mots, ou des conjectures incertaines. Sur ce jugement les Etats de la Province ordonnerent, que les deux partis s'en tiendroient à la décision de l'Academie de Leïde. Alting consentit de garder le silence sur ces matieres ; on ordonna la même chose à Desmarets, & à tous les Ministres de la Frise ; mais celui-ci qui se crut offensé de l'avis des Professeurs de Leïde, s'en prit à Cocceius, qui avoit eu le malheur d'être alors le Moderateur, ou le Doyen de cette Academie ; & écrivit un traité contre lui, sous le titre d'*Audi & alteram partem*, & un autre livre où il parle assez mal d'Alting, & de Comenius ; ce qui obligea Messieurs les Etats à faire supprimer ces deux ouvrages. Cependant quelques personnes, qui en vouloient depuis long-tems à Cocceius, & a ses disciples, se servirent de cette occasion pour reconcilier deux grands ennemis, Voëtius & Desmarets, qui convinrent d'oublier leurs differends sur la génération éternelle du Fils de Dieu, pour combattre conjointement Cocceius & ses disciples, qu'ils appelloient Novateurs Sociniens, & avec assez de vrai-semblance, comme nous l'avons fait voir dans la premiere partie ; mais Cocceius n'eût pas le tems de ressentir les effets de *cette étroite union*, qui dans la suite causa de grandes broüilleries, étant mort le 5. Novembre 1669. le même mois qu'elle fut faite. Je ne me rends pas garand de tout ce que j'ai dit ici ; je l'avoüe, je n'ai fait que copier ce qu'a dit M. Simon Van-Til, Professeur dans l'Ecole illustre de Dordrecht, dans un livre Flamand, intitulé, pour parler dans notre langue : *Efforts charitables & sinceres, pour procurer la paix de Jerusalem*, &c. & dont M. le Clerc nous a donné l'Analyse.

Jean Henri fils de Cocceius, nous a donné en 1675. tous les ouvrages de ce sçavant & très-cher pere, sans y rien changer, selon l'avis qu'il lui en avoit donné. Ils contiennent dix volumes *in folio* ; les memoires de Trevoux en parlent, mois de Mars 1710. art. 31.

CHAPITRE XXXIX.

Suite des Auteurs Hollandois favorables au Socinianisme.

Etienne Courcelles. Theodore Raphael Camphusius. Jean Geisteranus. Pierre Geisteranus. Lancelot. Herman Montanus. Guillaume Henri Vorstius. Corneil Moorman. Adam Borcel. Jean Pieterszon. Jean Hartingueld.

ETIENNE COURCELLES, ou CURCELLÆUS.

ON étoit si persuadé en Hollande du Socinianisme, ou de l'Arianisme de Courcelles, que M. Jurieu accusant Elie Saurin de sociniser, lui dit, pour une de ses preuves, qu'il n'avoit eu pour Auteur & pour Maître, qu'Etienne Courcelles, particulierement dans les paradoxes qu'il a avancés sur le prétendu Triteïsme des Peres du quatriéme siecle : *Dis moi qui tu vois (ce sont les paroles de M. Jurieu, adressées à Saurin) & je te dirai qui tu es ; Courcelles est un Latitudinaire, le plus grand ennemi de nos Mysteres : Qui puise dans cette source impure, est lui-même impur.* La consequence est contre Saurin, & le principe nous fait connoître Courcelles.

Saurin n'a pas un meilleur sentiment de Courcelles, qu'en a Jurieu; récriminant contre celui-ci, il dit : *Courcelles n'est ni mon Auteur, ni mon Maître, j'ai moins d'habitude avec lui que Jurieu, qui en a reçû, par le canal de M. le Blanc, des maximes, & des opinions de contrebande, & qui sentent quelque chose pire que l'Arianisme. Son système de l'Eglise, & son ouverture de la lettre aux Romains, en peuvent fournir des preuves ; mais il s'imagine que le nom de Courcelles, joint au mien, forme une conviction entiere contre moi, & que je ne puis que perir dans une si méchante compagnie, où je ne suis que parce qu'il lui a plû de m'y mettre.*

Iustif. de
Saurin. p.
213.

On voit dans ces deux passages les sentimens que ces Ministres avoient de l'héterodoxie de Courcelles. Saurin n'en demeura pas là, il ajoûte (tant il est vrai qu'il étoit convaincu du Socinianisme, ou de l'Arianisme de Courcelles :) *Je condamne de tout mon cœur la doctrine de Courcelles sur la Trinité. C'est un composé de l'Arianisme, & du Macedonianisme ; ce Théologien adore trois Dieux inégaux, un Dieu suprême, qui est le seul vrai Dieu, Créateur de l'univers, & deux Dieux inferieurs, & subalternes, qui ne sont que des Créatures excellentes ; j'ai un éloignement infini pour un dogme si contraire à la parole de Dieu, & pour un culte qui renferme une veritable idolatrie. Quand ce Docteur (c'est Courcelles) explique désavantageusement les passages des Peres, il le fait dans le dessein d'insinuer, & d'établir son erreur par leur autorité ; & s'il veut décrediter quelqu'uns d'en-*

P. 400.

x'eux, qui lui paroiſſent Triteïtes, c'eſt pour donner plus de crédit aux autres, qu'il ſuppoſe, Ariens & Macedoniens.

On doit ajouter à ces autorités, pour nous convaincre du Socinianiſme de Courcelles, ſes grandes liaiſons avec les Sociniens de Pologne, ſon commerce de lettres avec Martin Ruar, la part qu'il prit aux affaires de Volkelius, & les ſouhaits qu'il forma, & dont il ne ſe cacha point ; ſçavoir, que quelque bonne plume écrivit contre le procedé des Magiſtrats d'Amſterdam, qui firent brûler le livre *de vera Religione*, fait par Volkelius.

J'ai peu de choſes à dire ſur les circonſtances de ſa vie, on les peut voir au commencement de ſes ouvrages théologiques, dans une oraiſon funebre que fit de lui Arnauld Poelembergius, qui lui ſucceda au Profeſſoriat.

Sandius le fait originaire de Picardie, & né à Genêve le 2. May 1586. *B. A p. 109* il y fit ſes études, & s'y chargea du miniſtere de la Prédication, il l'a exercé quelque tems parmi les Pretendus Reformés de France. Au tems du Synode de Dordrecht, il étoit Miniſtre à Fontainebleau, c'eſt-à-dire, en 1618. & 1619. Pour des raiſons à lui connuës, il quitta la France, & ſe retira en Hollande ; on lui fit l'honneur de le choiſir pour ſucceder à la chaire de Théologie d'Amſterdam, qu'avoit occupé Simon Epiſcopius, & il y enſeigna l'Arminianiſme, non pas ſans de gros démêlés avec quelques Profeſſeurs du parti contraire. On voit dans la preface apologetique qu'il a fait pour Blondel, qu'il étoit ſon ami, puiſqu'il le louë à outrance. Il eut auſſi de fortes liaiſons avec le Miniſtre Daillé, cela paroît par la forte ligue qu'ils firent enſemble pour accabler le ſieur Deſmarets ; j'ai parlé de ſes liaiſons avec les Sociniens de Pologne. Il mourut à Amſterdam le 22. Mai 1659. âgé de 73. ans, & a laiſſé beaucoup de livres, que Sandius reduit à ceux-ci :

Avis d'un Perſonnage déſintereſſé, &c. il fit cet ouvrage comme pour *Ses livres.* ſe rendre mediateur entre les ſieurs Amyrauld, & Dumoulin, ſur les conteſtations qu'ils avoient excitées en Hollande au ſujet du Myſtere de la Predeſtination, en 1638.

Vindiciæ, quibus ſententia D. Arminii de jure Dei, in creaturas innocentes defenditur; contra Moſen Amyraldum P. SS. Theologiæ Salmuriæ, à Amſterdam en 1645. chez Blaeu.

Præfatio in primum tomum operum S. Epiſcopii, à Amſterdam 1650. *in folio.*

Januam linguarum Comenii, in Græcum tranſtulit.

Epiſtola ad V. N. Sorberium, de abuſibus, ſive erroribus Eccleſiæ Romanæ, cette lettre eſt en François, il la fit à Amſterdam en 1655. & elle fut imprimée avec une lettre de Sorbiere, au Pape Alexandre VII.

Une lettre Françoiſe à Adriam Patius, Avocat de Rotterdam, ſur les ſuperſtitions de l'Egliſe Romaine, à Amſterdam 1656. elle fut imprimée avec celle à Sorbiere, on l'a traduite en Latin, & on la voit dans ſes ouvrages théologiques.

1660. les mêmes en 1672. in 4°. ils renferment en trois parties, 1. l'infaillibilité du Jugement, 2. des sermons, & 3. des lettres.

Paraphrasis Psalmorum Davidis, en rimes Flamandes, il y en a plusieurs éditions, la derniere est de 1679. in 12°.

Cantilena sacra, la dix-huitiéme édition est de l'an 1680. Joseph Buthlerus Musicien d'Amsterdam les a mis en chant sur les regles de sa Musique, & elles furent imprimées à Amsterdam en 1652. *in folio*, il y en a aussi quelqu'unes qui ont été mises en Allemand par Robert Robertinius.

Idolenchus Gestrani Belgico carmine redditus.

De statu animarum, ou de l'état des morts, & des peines des Reprouvez après cette vie. On voit au commencement de cet ouvrage, *compendium doctrinæ Socinianorum, uti vocantur.*

Quelques traits d'une de ses lettres, par lesquels il prétend prouver, que l'opinion de ceux qui disent que les impies perissent, & qu'il n'y a point d'immortalité pour eux, n'est pas sans édification, en 1666. in 4°.

Judicium de scriptis F. Socini in disticho, on l'a ajouté à la vie de F. Socin, faite en langue Flamande.

Vale mundo, ou exhortation à la fraternité en Christ, la seconde édition parut en 1650. in 4°.

Une version Flamande du livre de Fauste Socin, intitulé : *De auctoritate sanctâ Scripturæ* ; il y mit des notes. On y a mis au commencement la lettre dedicatoire de Jacques Sieninius, à Sigismond III. Roi de Pologne.

Il a fait une version Flamande des Leçons sacrées de Fauste Socin, & il y a ajouté des notes en 1666. in 4°.

JEAN GEISTERANUS.

B.A.P. 113. Jean *Geisteranus* Hollandois, fut Pasteur de l'Eglise d'Alkmar, on l'en chassa en 1619. pour avoir enseigné qu'il n'étoit pas permis aux Chrétiens de porter les armes, & d'exercer la Magistrature. Il se retira en Pologne en 1621. sur une vocation qui lui fut envoyée, où apparemment il est mort. On ne lui donne que ces livres, sçavoir :

Concio super liberatione Alkmaria, il la fit le 8. Octobre 1628. sur le verset 31. du chap. 9. des Actes des Apôtres, *una cum examine super ipso Joanne Everhardi Geisterano, facto in consistorio*, en 1619. le 11. & le 12. de Mai, le tout imprimé en 1665. in 4°.

Idolelenchus, c'est une piece que l'on joint ordinairement aux Hymnes de Theodore Camphusius.

Verborum, seu dictorum distinctio.

De dilectione.

De Magistratu.

Consensus Pauli, & Jacobi.

PIERRE

PIERRE GEISTERANUS.

Ce *Geisteranus* étoit frere de Jean, nous ne sçavons aucune particularité de sa vie; on lui donne deux petits ouvrages en sa langue maternelle. Le premier, *Introductio in christianam patientiam.* Le second contient quelques sermons en mss. ce qui me fait conclure qu'il étoit Ministre dans quelque Village de Hollande.

B. A. p. 114

LANCELOT.

Lancelot étoit d'une bonne famille de Hollande, il exerça l'office d'Assesseur dans la Cour Souveraine de la Justice; & pour n'avoir pas executé comme il devoit, ou comme le parti dominant l'auroit souhaité, les decrets que le Synode de Dordrecht avoit portez contre les Remontrans, on le dépoüilla de sa Charge, & on le remercia de ses services en 1620. Il vivoit encore en 1658. on ne lui donne qu'un livre, mais assez scandaleux, pour avoir merité d'être proscrit en Hollande, avec les quatre dissertations de Courcelles, & dont nous avons parlé. Ce livre est en langue Flamande, & a pour titre: *l'Apostasie des Chrétiens.* La meilleure édition est celle de 1659. in 12°.

Id. p. 134.

HERMAN MONTANUS.

Herman *Montan* Hollandois, fut élevé dans le College que Mrs. les Etats ont à Leïde, & a exercé le Ministere de la Predication chez les Remontrans, dans le tems qu'on les persecutoit, c'est-à-dire, après la tenuë du Synode de Dordrecht; on lui donne pour ses ouvrages d'esprit, *Vanitas Pædobaptismi,* ou la vanité du Batême des enfans; en Flamand 1648. in 8°.

Idem.

S. (c'est Sibrandus) *Dominici Montanus.*

Scripturalis disputatio de essentia, & divinitate Jesu Christi, inter M. S. D. Montanum, & Petrum Joannisvvisck, justa exemplar Dantiscanum, 1650. *in* 8°. en Flamand. On y a joint quelques lettres datées d'Harling, où demeuroit Montanus, adressées à ce Twisck ancien, ou Evêque des Mennonites, à qui l'on donne le nom de Frisiens, elles sont de 1625. 1626. & 1627. On y ajoute la réponse d'Isaac Sixtus à l'argument que Jean Witte a fait pour soutenir la Divinité souveraine de Jesus-Christ.

GUILLAUME HENRY VORSTIUS.

Le plus bel endroit de ce *Vorstius,* qui puisse le rendre recommandable parmi les Sociniens, est qu'il est fils du fameux Conrad Vorstius; nous ne sçavons rien de lui d'extraordinaire, on lui donne seulement la qualité de Pasteur de l'Eglise que les Remontrans ont à Warmonde. Sandius lui donne ces livres:

Id p. 143.

Disceptatio de verbo vel sermone Dei, cujus celeberrima fit mentio apud Paraphrastas Caldæos, Jonathan, Onketos, & Targum Hierosolimitanum.

Irenopoli apud Hæredes Jacobi Laringhii, 1643. in 8°. il y en eut une version Flamande en 1649. in 4°.

Il a fait une version des Constitutions de Meimonides sur les fondemens de la Loi , & y a mis des notes, imprimées à Amsterdam chez les Blaeus, 1638. in 4°.

Chronologiam sacram profanam Rab. David. Ganz. & Pirte , seu capitula Rabin Eliezer , à Leïde 1644. in 4°.

Un ouvrage intitulé : *Bilibra* ; c'est une piece qui suivit un livre scandaleux, intitulé : *Jugement des Eglises Judaïques.* Ces deux ouvrages font renaître les impietez des anciens heretiques sur la Trinité , & font en horreur chez la plûpart des Pretendus Reformés.

CORNEIL MOORMAN.

B. 4 p. 143.

Moorman étoit Hollandois, vint au monde en 1600. & mourut le 5. Juin 1670. & en 1671. on fit imprimer *in folio* tous ses ouvrages posthumes où il traite des choses divines , en sa langue maternelle.

ADAM BOREEL.

ib. p. 144.

Boreel Zelandois, issu d'une illustre famille, vint au monde vers l'an 1603. & mourut en 1666. âgé de 63. ans, on a de lui :

Ad legem & ad testimonium, in 8°.

De veritate Historiæ Evangelicæ , hujus opusculi summam ex consentaneis Boreellii excerptam proponit, ac elucidat D. Henricus Morus, in magni Mysterii pietatis explanationis lib. 7. c. 11. 12. 13. cette piece fut imprimée à Londres en 1674. *in folio.*

Concatenatio aurea christiana , sive cognitio Dei, ac Domini nostri Jesu Christi , en 1677. in 4°. il y en a une version Flamande de la même année.

Tractatio de fraterna Religione, ce Traité est en Flamand , il le commença en presence de ses amis, à Amsterdam le 8. Septembre 1664. & est en mss.

Il y a encore d'autres Manuscrits de sa main, & le Docteur Galemus d'Abraham , Predicateur chez les Mennonites d'Amsterdam , en conserve quelqu'uns.

JEAN PIETERSZOON.

ib. p. 160.

Pieterszoon étoit Hollandois , & Sculpteur ; il demeuroit à Enchuse petite Ville au Septentrion de la Westfrise , & une des premieres qui secoüerent le joug du Roi d'Espagne, il y fut soupçonné du Socinianisme , en sortit & se retira à Amsterdam , où il mourut en 1665. il sçavoit autre chose que la sculpture. Sandius dit qu'il possedoit parfaitement bien la langue Hebraïque; cependant les livres qu'il lui donne sont en Flamand.

Scutum Christianorum contra omnes à Christiana Religione alienos , en 1660. in 8°. & en 1671. in 8°.

Dialogus de Deo, Religione, & S. Scriptura inter Theologum & Philosophum, on y a ajoûté une réponse à la question que quelques Predicateurs & autres firent, pour sçavoir en quoi les Juifs d'aujourd'hui different, & conviennent avec les Chrétiens.

Summa & ultima Meditationes de Deo, & rebus divinis, en 1661. in 8°.

Adami responsio ad Jodoci à Vondel tragœdiam, elle a pour titre: *Adamus expulsus*, il y combat l'opinion que nous avons du peché originel.

Il a fait encore d'autres ouvrages qui ne sont pas venus à la connoissance de Sandius.

JEAN HARTINGUELD.

Hartinguld étoit Patrice de Rotterdam, lieu de sa naissance; & y mourut le 22. Octobre 1678. âgé de 62. ans. Il a écrit en sa langue quelques livres, sçavoir: B. A. p. 162.

Un *Appendix ad animadversiones super narratione de prima origine, & ex ortu Societatis Rinoburgica, videlicet horum qui alias prophetantes, vel collegiantes appellantur*, en 1672. in 4°.

Scripturalis æstimatio hodiernarum concionum, & frequentationis Ecclesiæ, contra tractatum dictum colloquium ad mensam. Il soutient dans ce petit livre, que tous les Chrétiens ont la liberté de parler dans l'Eglise.

Christianus verè inermis, c'est un ouvrage posthume, où il pretend démontrer qu'il n'est pas permis à un Chrétien d'aller à la guerre, d'exercer la Magistrature, & de punir du dernier supplice. Il y défend aussi le traité de Brenius, *de qualitate regni Christi, contra Przypcovium*; on voit au commencement l'Oraison funebre qu'il a faire pour Hartigfeldius.

CHAPITRE XL.

Suite des Auteurs Hollandois favorables au Socinianisme.

JEAN BECIUS. JACQUES OSTENS. WILLEM DAVIDSZ REDOGH. DANIEL BRENIUS. CUPERUS.

JEAN BECIUS.

Jean Becius Hollandois vint au monde en 1622. fut Ministre à Middelbourg en Zelande; il en fut chassé, pour avoir embrassé le Socinianisme, au mépris de la Pretenduë Reforme; il faisoit encore parler de lui en 1686. par la singularité de ses opinions. Jacquet Oldenbourg, Ministre du saint Evangile à Emden, & Docteur en Philosophie, nous en donne quelqu'unes dans un livre Flamand qui a pour titre: *La verité prouvée contre le mensonge, où l'on refute les raisons que Becius allegue en faveur des Sociniens*, &c. en 1686. Il l'accuse: Ib. p. 164.

1°. De soutenir que la doctrine de la Trinité, ou d'un Dieu en trois Ses erreurs.

Bib. univer-
selle, to. 2.
p. 306.

personnes, est antichrétienne ; que c'est un dogme que le Diable a semé parmi les hommes ; qui ont mieux aimé prêter l'oreille à l'Antechrist, qu'à la parole de Dieu.

2°. Que les Ecrivains sacrés se contredisent quelquefois ; que l'original de la Bible est corrompu en bien des endroits ; que le vieux Testament n'est presque plus necessaire presentement ; que saint Matthieu se méprend dans son chap. 27. v. 9. citant sous le nom de Jeremie, des paroles qui se trouvent dans le chapitre 11. v. 12. de Zacharie.

3°. Que Dieu n'est pas obligé à punir les criminels par la necessité de sa nature, ou par la consequence de ses attributs ; qu'il lui est également libre de punir, ou de pardonner, c'est-à-dire, que Dieu n'est pas obligé, par la haine parfaite qu'il a pour les crimes, de punir dans l'autre monde les reprouvés.

4°. Qu'il en impose aux Protestans, lors qu'il leur fait regarder la reprobation comme la cause efficiente de l'apostasie, & de l'impénitence.

5°. Enfin, Qu'il confond la nature de l'alliance de la Grace, avec celle des œuvres.

Leur refutation.

Oldenbourg, qui nous rapporte ces opinions, entreprend de les refuter dans le livre cité. Il dit sur la premiere, que s'il est vrai que la doctrine de la Trinité est Antichrétienne, il ne voit pas ce que sert à Becius d'alleguer la tolerance qu'on avoit du tems de Justin Martyr, pour ceux qui croyoient que J. C. n'étoit qu'un simple homme, à l'égard de sa nature ; car outre que ce passage même prouve que le gros de l'Eglise n'étoit pas dans ce sentiment, les Sociniens semblables à Becius, voudroient-ils qu'on eut pour eux une tolerance ecclesiastique, & pourroient-ils communiquer avec des gens qui enseignent, ou qui croyent une doctrine qui est, selon eux, si abominable ?

Il dit sur la seconde, qui regarde l'Ecriture, qu'il faut avoir au moins l'équité de ne pas attribuer aux saints hommes les fautes des Copistes ; que ceux qui copioient les écrits des Prophétes, n'étoient pas plus inspirés que les Imprimeurs d'aujourd'hui, & que cela se voit dans les passages que Becius objecte, 4. *Regum*, c. 8. v. 15. & 16. comparés avec le chap. 22. v. 2. du 1. des Paralipomenes, où il paroît qu'on a pris 42. pour 22. par la ressemblance qu'il y a entre ces deux chiffres dans l'Hebreu ; & il assure après Cornelius à lapide, que cette faute ne se trouve point dans les versions Syriaque & Arabe, qui sont inserées dans la Poliglotte, ni dans celle des Septantes, & que tous ces exemplaires portent 22. dans l'un & dans l'autre passages. Il ajoute, que quant au passage de saint Mathieu, on pourroit s'en tenir à cette pensée de Ligfoote, que les Juifs divisoient la Bible en trois volumes, Moyse, les Pseaumes, & les Prophétes, donnant à chaque volume le nom de l'Auteur qui le commençoit ; & que Jeremie étoit le premier en ordre dans le troisiéme volume, ou rouleau. Cependant, dit cet Auteur, si on ne

veut pas s'en tenir à cette opinion, on doit suppofer comme une verité incontestable, que les Prophétes ont fait beaucoup plus d'écrits, qu'il n'en est venu jusqu'à nous. Ainfi il est parlé *du livre des guerres du Seigneur*, num. 21. ℣. 14. de celui du *Droiturier*. Josué, c. 10. ℣. 13. de la *Prophetie d'Enoch*. Jud. ℣. 14. & 15. & le paffage que faint Paul cite aux Ephéfiens, c. 5. ℣. 14. ne fe trouve nulle part. Il peut donc bien être, conclut Oldenbourg, qu'il y ait eu d'autres Prophéties de Jeremie, qui fe font perduës, & dont faint Mathieu nous a confervé ce paffage. Auffi faint Jerôme dit avoir vû entre les mains d'un Juif, de la Secte des Nazaréens, un livre apocriphe de Jeremie, où ce paffage que faint Mathieu allegue, étoit couché mot à mot; cependant, ajoute ce Pere, je croirois plûtôt que ce paffage est tiré de Zacharie. *Evangeliftarum, & Apostolorum more vulgato, qui verborum ordine pratermiffo fenfus tantum de V. Teftamento proferunt in exemplum.*

Il dit fur la troifiéme opinion, qu'elle fe refute d'elle-même, & qu'elle ne s'accorde point avec l'idée que l'Ecriture nous donne de Dieu, comme du Juge du monde, & comme d'un Juge faint & incorruptible, dont les yeux font fi purs, qu'ils ne peuvent fouffrir le mal, d'un jufte Juge qui fe met en colere contre les infracteurs de fes Loix, & qui fe trouve obligé de punir ceux qui caufent du défordre dans le monde.

Il dit fur la quatriéme opinion, que c'est la feule corruption des hommes qui est la caufe de leur perte, & que la réprobation n'est qu'un acte negatif, qui n'est pas plus caufe de leur damnation, que le Soleil l'est des tenebres lorfqu'il fe couche, & qu'un nuage épais nous en dérobe la vûë.

Il dit fur la cinquiéme opinion, qu'elle est plus propre à porter à l'orgüeil & au rélâchement, qu'à la pieté; non-feulement fur ce que Becius & les Sociniens croïent des forces de l'homme, & du libre arbitre; mais fur ce que plufieurs d'entr'eux enfeignent touchant la mortalité des ames, ou leur dormir jufqu'au Jugement dernier, & touchant l'anéantiffement des impies.

Sandius lui donne ces ouvrages, dont la plûpart font en langue Flamande.   B. A p. 164.

Apologia modefta & Chriftiana. 1668. in 4°.

Probatio fpiritùs Auctoris Arii redivivi. 1669. in 4°. Cet Auteur est Nicolas Hoornius.

Ulterior probatio fpiritus Auctoris libri dicti Arius redivivus 1669. in 4°.

Refutatio Tractatus, cujus titulus est: Rationes cur nobis & ampliff. Magiftratùs non poffit Mennonitis concedere ut Deventria conventicula habeant.

Inftitutio Chriftiana, in qua dilucidè & nervosè agitatur de multis pracipuis articulis, vel de utilibus fcitu ad falutem, ad informandos omnes errantes Chriftianos, per modum colloquii inter difcipulum & magiftrum ipfius, à Amfterdam 1678. in 8°.

L'Auteur y traite 1°. de l'Ecriture fainte. 2°. Des Confeffions de Foi.

3°. De la connoiſſance de Dieu, & de la force de la raiſon humaine par
rapport à cette connoiſſance. 4°. De Dieu. 5°. Du Fils de Dieu. 6°. De
l'office du Fils de Dieu. 7°. Des deux états du Fils de Dieu ; ſçavoir, de
ſes humiliations & de ſa gloire. 8°. Du ſaint Eſprit. 9°. De la Trinité.
10°. De la Création. 11°. De la Providence. 12°. De la Prédeſtination,
ou Préordination. 13°. De la juſtification de l'homme devant Dieu.
14°. Et enfin de l'Egliſe.

JACQUES OSTENS.

B. A. p. 168. *Oſtens* Hollandois a exercé le Miniſteriat chez les Mennonites de Roterdam, que l'on appelle ordinairement *Mennonita Waterlandi*, Mennonites de Waterland. Il eſt mort en 1679. & a laiſſé ces livres écrits
enſa langue.

*Animadverſiones in confeſſionem G. Aldendorp, Arnoldi à Heuven,
Joannis Andreæ, & Wilhelmi à Manviek (Paſtorum Eccleſiæ Ultrajecti-
næ Mennonitarum). concernentes præcipuos articulos Religionis Chriſtianæ,
infirmiter & infeliciter defenſæ per C. Gentmannum. Concionatorem Reformatorum Ultrajecti, pro ipſo & pro ipſius ſociis. en 1664. in 8°.*

Raaiſicus fol. & alia.

WILLEM DAVIDSZ REBOCK.

Ibid. *Rebock* natif d'Amſterdam a exercé le miniſtere de la prédication chez
les Mennonites de Groningue, eſt mort aſſez proche de cette Ville en
1680. âgé de 47. ans. Sandius ne lui donne qu'un livre Flamand, imprimé à Roterdam en 1672. in 8°. qui a pour titre : *Anideti III eenigani
vanitas.* Il y ſoutient l'opinion qu'ont les Mennonites de Hambourg
ſur le Batême par l'immerſion ; ſur le lavement des pieds, ſelon le commandement, & l'exemple de J. C. ſur la neceſſité de faire la Céne du
Seigneur avec du pain azime, & le ſoir ou dans la nuit ; & il combat
Sebaſtien à Weenigem. Paſteur de l'Aſſemblée des Mennonites des
Flandres.

DANIEL BRENNIUS, ou BRENIUS.

B. A. p. 135. *Brenius* d'Harlem Hollandois, vint au monde en 1594. ſe fit diſciple de Simon Epiſcopius, & après avoir fait quelque bruit ſous un tel
Maître, & parmi les Remontrans, il les quitta pour prendre parti
parmi les Mennonites ; il s'y diſtingua par un Traité qu'il compoſa
contre les Chrétiens qui exercent la Magiſtrature, ne voulant pas,
conformément à la doctrine des Anabatiſtes, des Mennonites & des
Sociniens, qu'il ſoit permis aux Chrétiens, quels qu'ils ſoient, d'exercer la Magiſtrature Civile. Il trouva bien-tôt un homme dans ſon chemin, qui le réfuta ſolidement, ce fut ſon ancien maître Epiſcopius.

Brenius volage dans ſa créance, quitta la Communion des Mennonites pour s'attacher à celle de Rheinſburg. Rheinſburg eſt un Village
près de Leïde, où on ſe fait un point de Religion de recevoir à la

Communion tous ceux qui font profession de croire en J. C. & de vivre selon ses Commandemens, sans s'informer des opinions qu'ils peuvent avoir sur le reste de la Religion, comme sur la Trinité, sur la Divinité souveraine de J. C. sur la consubstantialité divine & éternelle du saint Esprit, & sur les autres mysteres du Christianisme.

On l'accuse d'un grand défaut d'esprit & de prudence dans ses notes sur l'Ecriture. Il prétendoit, comme un bon Socinien épuré de tous les préjugez, expliquer l'Ecriture sainte sans aucune prévention pour aucune secte, & c'est dans ce dessein qu'il dit vouloir rejetter toutes les autoritez humaines, pour n'adherer qu'à celle de l'Ecriture, & considerer la verité toute nuë en elle-même : cependant pour soutenir les opinions Sociniennes, il cite souvent les opinions des autres, comme celles de *Calvin*, de *Bucer*, de *Baumlerus*, de *Pagnin*, de *Marcerius*, de *Buxtorf*, de ceux de *Zurich*, de *Drusius* &c. & c'est en cela que l'on a lieu de l'accuser d'imprudence, puisque selon son dessein il devoit marquer uniquement le sens qu'il croyoit le plus naturel à la pensée de l'Auteur de l'Ecriture, & l'appuyer sur de bonnes preuves tirées de l'ancien & du nouveau Testament, ou sur les versions anciennes, ou sur quelques autres choses semblables. Un homme, dit M. *Simon* (qui lui fait ce reproche,) qui ne cherche que la verité en elle-même, n'a pas besoin d'appuyer sa pensée sur le témoignage des autres, qui n'étoient pas moins faillibles, & qui peut-être n'en sçavoient pas plus que lui.

Il mourut en 1664. âgé d'environ 68. ans, après avoir donné un grand nombre de livres. Sandius les reduit à ceux-ci.

Examen Tractatûs à M. S. Episcopio conscripti, super quæstione, an liceat Christiano Magistratum gerere? Il fut écrit en 1626. & il est imprimé dans le 2. volume des ouvrages d'Episcopius... En 1640. il le mit en Flamand, & l'augmenta de beaucoup. Il fut réimprimé dans la même langue à Amsterdam en 1641 *in* 8°. & en 1657. *in* 8°.

Ses livres.
B. A. p. 135.

On y ajoute : *Declaratio controversiæ, an & quomodo Christiano, liceat Magistratum politicum gerere? Proposita in duabus epistolis D. Brenii. Item brevis explicatio 5. 6. & 7. capitis Mathæi, Item explicatio Lucæ cap. 6. ♥. 17. ad finem capitis.* Tout ce recüeil est en Flamand comme le suivant.

Christianarum virtutum speculum, seu descriptio causarum, attributorum, & essentialium partium Religionis Christianæ : demonstratione unius cujusque necessitate & utilitate. Omnia claris testimoniis S. Scripturâ illustrata & confirmata.

Opera Theologica. On y voit au commencement : *Francisci Cuperi, operis editoris, commonitio ad Lectorem; de tractatu D. Brenii, operum D. S. Episcopi secunda parti inserto.* On voit après cet avertissement deux lettres de Brenius : *super quæstione de Magistratu.* Ces lettres furent imprimées en 1666. après quoi on voit.

Præfatio editoris continens necessariam ad Christianum Lectorem commonitionem.

Introductio brevis ad intellectum sacrarum Litterarum.

Breves in vetus & novum Testamentum annotationes.

Tractatus de regno Ecclesia glorioso, per Christum in terris erigendo.

De qualitate regni D. nostri J. C. quodque illud totum in spirituali dominio consistat.

Amica disputatio adversus Judæos, continens examen Christi cujusdam Judaici, è Lusitanico in Latinum versi, & responsionem ad quæstiones ibi Christianis propositas.

Dialogus brevissimus de veritate Religionis Christiana.

Brevis demonstratio Religionis Christiana veritatis. C'est un ouvrage du jeune Joachim Stegmann, & on l'a joint au dialogue pour la conformité du sujet.

On y a aussi ajouté des notes sur le livre de Job, sur les Pseaumes, sur l'Ecclesiaste de Salomon, &c. Le tout fut imprimé à Amsterdam 1664. *in fol.*

Amica disputatio contra Judæos en 1664. *in* 4°. qui fut traduite en Flamand par J. F. Oudan.

Son explication sur Job & sur l'Apocalypse fut aussi traduite en Flamand par Cuperus, & revûë par Brenius, & fut augmentée d'un tiers.

Son livre : *De spirituali triumphanti regno Christi,* fut imprimé pour la seconde fois à Amsterdam, 1666. *in* 4°. & il y a eu deux éditions Latines qui furent suivies de deux éditions Flamandes.

Compendium Theologia Erasmica, Roterodami, en 1677. *in* 24. François de Haas en fit une version Flamande, & elle fut imprimée à Roterdam en 1679. *in* 12. avec une Préface de Joachim Oudan. Il y en a une autre meilleure version imprimée au meme lieu, & la même année.

Une lettre à Martin Ruar en datte d'Amsterdam le 27. Aoust 1627. Elle se trouve dans la seconde Centurie des lettres de Ruar.

Il y a des lettres à Wolzogue, & quelques autres ouvrages de sa main qui n'ont pas encore vû le jour.

Jugement sur ses liv. Hist. critiq. de l'ancien Test. l. 3. c. 16. M. Richard Simon, parlant de Brenius, dit que son petit discours pour faciliter l'intelligence de l'Ecriture sainte, ne contient rien de singulier, & que les regles qu'il y établit peuvent être la plûpart également utiles aux Catholiques & aux Protestans. Je crois qu'il faut en excepter celle-ci, qui ne peut convenir qu'aux Sociniens qui donnent tout à leur raison, & rien à l'autorité des Anciens : *Nullam interpretationem S. Scriptura admittendam esse, qua vel cum sana ratione : vel sibi ipsi, vel evidenti sensuum externorum experientia repugnet.* Qu'on ne doit admettre aucune interpretation sur la sainte Ecriture, qui repugne ou à la raison, ou à elle même, ou à l'évidente experience des sens exterieurs. Maxime bien opposée aux anciens Philosophes, qui nous disent que nos sens sont trompeurs, & même à la Philosophie de Descartes, qui dans ses méditations metaphysiques rejette le témoignage des sens, prétendant que ces sens sont faillibles à leur maniere.   Ce

Ce même Richard Simon, parlant des notes que Brenius a faites sur l'Ecriture, dit qu'il est le premier des Sociniens qui ait écrit sur tout le vieux Testament, que les remarques qu'il y a faites sont fort abregées, qu'il n'explique que les endroits qu'il a crû avoir besoin de quelque éclaircissement, que la plûpart de ses notes sont prises des annotations de Grotius; qu'il n'a pas même abregé Grotius dans les endroits où il s'agit des sentimens de Fauste Socin, ce qui est facile à voir, en comparant ces deux Commentaires sur le commencement de l'Evangile de saint Jean, où Brenius suit la nouvelle interpretation de Fauste Socin, plus subtile que solide; qu'il semble n'avoir eu d'autre dessein en composant ses notes, que de favoriser les entêtemens de ceux de sa Secte; qu'il s'y écarte visiblement de la regle qu'il s'y étoit prescrite, sçavoir de ne s'y point conduire par les préjugez, & de ne point s'en rapporter à l'autorité des autres, lorsqu'il sera question de trouver le sens de quelque passage difficile de l'Ecriture: puisque dans les endroits où il s'agit de défendre les opinions des Sociniens il les appuye plus par l'autorité, que par la raison. C'est ainsi que sur ces premiers mots de la Genese: *Au commencement Dieu créa*, &c. où il y a dans l'Hébreu: *Eloïm, Dieux*, au plurier, il se sert du témoignage des plus fameux Protestans, & des Prétendus Reformés, pour prouver que ce plurier est la même chose que le singulier, & qu'ainsi cette façon de parler n'appuye en rien le mystere de la Trinité. Il fait la même chose en plusieurs endroits, où il s'applique particulierement à choisir les interpretations qui favorisent ses préjugez; de sorte que cet Auteur, en expliquant l'Ecriture, n'a pas consulté la lumiere naturelle exempte de toute passion ou préjugé, comme les Sociniens prétendent qu'il faut faire; mais ayant supposé le système de la Religion, il y rapporte tout ce qu'il avance.

Les Théologiens de Hollande ne méprisent pas ses écrits; mais ils disent qu'il n'est pas un Auteur à comparer à Fauste Socin & à Crellius; en cela ils ne disent rien de trop.

Lettres, sentimens des Theolog. d'Hollande.

FRANÇOIS CUPERUS.

Cuperus neveu de Brenius, s'est rendu célebre dans la Secte des Sociniens, quoiqu'en dise M. le Clerc, pour avoir mis au jour les ouvrages de son oncle, contribué à l'édition de la Bibliotheque des Freres Polonois, & soutenu (parmi les Remontrans où il étoit Ministre, & parmi les autres Communions où il a passé successivement à l'exemple de Brenius, dans le Socinianisme:) qu'il n'y a rien dans l'Ecriture qui combatte la droite raison, l'experience, les démonstrations mathématiques, ou la lumiere naturelle; que l'Ecriture n'est obscure qu'en très-peu d'endroits; que la connoissance de la langue Hébraïque n'est point necessaire présentement, parce que le nouveau Testament qui est la regle de notre Religion, est écrit en Grec; que chaque Chrétien est juge des controverses de la Foi, parce que cha-

*R. Simon. Let. choisie t. 1. let. 5. Ses sentim.
Hist. crit. de l'an. Test P. 3. c. 16.
Cuperus Tract. Théologico Pol.*

cun, selon saint Paul, doit rendre raison à Dieu de ses actions : & comme il rejette toutes sortes d'autoritez dans la Théologie, aussi-bien que dans la Philosophie, il assure que nous ne devons point avoir d'autre regle de notre créance, que les endroits de l'Ecriture qu'on entend clairement & distinctement ; à quoi il ajoute l'experience des sens exterieurs qui, selon lui, ne trompent jamais. Pour prouver la prétenduë verité de sa méthode, il produit quelques passages, tant du vieux que du nouveau Testament, passages qui semblent être en quelque façon opposés les uns aux autres, & qu'il explique l'un par l'autre.

Dans sa réponse à Spinosa il assure que la connoissance du vieux Testament ne nous est point absolument necessaire, & par conséquent qu'il n'est point besoin de s'arrêter à éclaircir les mots équivoques dont on prétend que la langue Hébraïque est remplie.

M. Simon rapportant ses paradoxes, dit que Cuperus a bien fait voir dans tout son livre qu'il s'étoit beaucoup plus appliqué à la Philosophie qu'à l'étude de la Bible, en soutenant que l'Ecriture n'est obscure qu'en très-peu d'endroits ; qu'en avançant que la connoissance de la langue Hébraïque n'étoit point necessaire, &c. il n'a pas consideré que le Grec du nouveau Testament est un Grec de Synagogue, qui ne peut être parfaitement entendu sans la connoissance de la langue Hébraïque ou Syriaque ; que ce Socinien se trompe, en disant que l'Ecriture est claire, & qu'elle seule suffit pour servir de principe à la Religion, & qu'il le verroit bien pour peu de reflexion qu'il voulut faire sur la critique que tant de Sçavans ont fait sur le texte de l'Hébreu, & des versions, & sur ce que Cuperus prétend que nous ne devons point avoir d'autres regles de notre créance, que les endroits de l'Ecriture que l'on entend clairement, & sans aucune autorité tirée de la Théologie, ou de la Philosophie, ou des hommes quels qu'ils soient. Richard Simon ajoute que quoique ce Socinien, aussi-bien que tous ceux de sa Secte, prétendent être les plus épurés de tous les Chrétiens, il seroit aisé de faire voir que leur méthode d'expliquer l'Ecriture n'est pas moins sujette à quantité de défauts, que celle des Protestans, & qu'ils agissent aussi-bien selon leurs préjugez, que les autres Théologiens ; que s'ils opposent aux Catholiques & aux Protestans, que leur créance est humaine, parce qu'elle est autant fondée sur la parole des hommes, que sur la parole de Dieu : il est aisé de leur répondre que leur créance ne semble aussi pas être purement divine, puisqu'elle n'est établie que sur les conséquences qu'ils tirent de l'Ecriture, & par conséquent nullement infaillible. On peut même dire qu'il n'y a guéres de gens plus entêtez de leurs sentimens, que ceux qui se vantent de chercher la verité pure, & d'être éloignez de tous préjugez ; car sous prétexte qu'ils prétendent connoître les choses clairement & distinctement, il est impossible de les faire revenir, quand ils se sont une fois trompez.

Les jugemens que l'on en a faits.

Mr. le Clerc, sur ce que Cuperus dit à Spinosa, soutient que cet Auteur ne peut passer pour un Ecrivain dont les Sociniens se puissent faire honneur; & même qu'ils seroient bien fâchez de le ranger parmi leurs Auteurs, & de le reconnoître pour un membre de leur Secte; parce que jamais Socin, Crellius, & les autres habiles Sociniens, n'ont dit que la langue Hebraïque fut inutile pour une parfaite intelligence du nouveau Testament. Il ajoute, que Cuperus soutenant qu'il n'y a rien dans l'Ecriture qui combatte la droite raison, l'experience, les démonstrations mathématiques, la lumiere naturelle, qu'il ne dit rien de particulier aux Sociniens. Que tous les Protestans, Calvinistes, & Luthériens sont de ce sentiment, distinguant ce qui est au-dessus de la raison, d'avec ce qui lui est contraire; niant qu'il y ait rien de contraire à la raison dans la Religion Chrétienne: quoique d'autre part ils avoüent, qu'il y a des choses qui sont au-dessus des lumieres de la raison. *Superant quidem rationem mysteria, sed non evertunt, non extingunt illa hujus lumen, sed perficiunt*, dit Crellius, *de uno Deo Patre*, raporté & approuvé par M. le Clerc.

CHAPITRE XLI.

Suite des Auteurs Hollandois qui ont favorisé le Socinianisme.

CHRISTOPHLE SANDIUS.

Sa vie, ses opinions, & ses livres.

CE *Sandius* étoit fils de Christophle Sandius, dont nous avons parlé; & afin qu'on ne le confondit pas avec son pere; en portant son nom de Batême, il a pris le soin de se nommer dans la plûpart de ses écrits, où il a mis son nom, *Christophorus à Christophoro Sandius.*

Il naquit à Konisberg le 12. Octobre 1644. Après avoir fait le cours de ses études, il choisit Amsterdam pour le lieu de sa residence. Il y gagnoit sa vie à composer des livres, & à corriger ceux qu'on imprimoit chez un Marchand Libraire, dont il recevoit des gages; pauvre & vile occupation pour un Gentilhomme, & fils d'un Conseiller d'Etat de l'Electeur de Brandebourg. Assurément il meritoit quelque chose de plus; il avoit de l'esprit, de la naissance, de la politesse, une grande étenduë de litterature; M. Baillet en parle avec éloge, & dit que ses remarques sur les Historiens Latins de Vossius, font voir son érudition, son exactitude, son jugement, & son honnêteté; & il ajoute qu'il a fait connoître par d'autres ouvrages, combien de services il auroit pû rendre à l'Eglise, s'il n'eut eu le malheur de vivre hors de son sein.

Jugement des Sçavans to. 2. p. 218.

Ce furent ces talens, joints à la nouveauté, & à la bisarrerie de ses opinions, qui lui firent grand nombre d'amis, & même de disciples;

& qui auſſi lui attirerent à dos quelques Théologiens : je dis la biſarre-
rie de ſes opinions, c'eſt qu'il penchoit plus pour les anciens Ariens,
que pour les nouveaux.

L'opinion des anciens Ariens.

Ceux-là croyoient que le Verbe, ou l'Intelligence, ou la parole de
Dieu avoit été avant toutes les Créatures ; que Dieu s'en étoit ſervi
dans l'ancien Teſtament comme d'un Interprete, & d'un Médiateur,
lorſqu'il vouloit ſignifier quelque choſe à ſon peuple ; que cette parole, par un aneantiſſement volontaire, avoit animé le corps de J. C.
& qu'elle n'avoit pris que ſa chair ſans ame, & ſans eſprit. Ils croyoient
même que toutes les ames des hommes étoient des eſprits ſubſiſtans
bien avant leurs corps, & qui ne prenoient le nom d'Ame, que lors
qu'ils animoient ces corps, où Dieu les envoyoit pour faire penitence
des pechez qu'ils avoient fait avant cette incorporation.

Sandius embraſſa ces anciennes héréſies, comme il eſt facile de le
voir dans ſon livre des Interpretations paradoxes des quatre Evangeliſtes ; dans ſon *Nucleus Hiſt. Eccl.* dans ſon petit livre, *Scriptura ſanctæ
Trinitatis revelatrix*, &c. dans leſquels il s'efforce de prouver, que
tous les Peres, avant le Concile de Nicée, ont eu les mêmes ſentimens
que lui ſur le Myſtere de la Trinité ; c'eſt-à-dire, qu'ils ont crû comme lui, que le Verbe n'étoit point conſubſtantiel à Dieu, ni éternel,
quoiqu'il fut avant toutes les Créatures.

*L'an 1685.
M. de Juin.*

Auſſi Sandius (dit l'Auteur de la Republique des lettres) avoit trop
d'eſprit & de capacité pour ne pas voir qu'il eſt du dernier abſurde, de
pretendre qu'un dogme formé dans ces derniers tems, ſoit vrai, ou en
cas qu'il le ſoit, merite la peine de troubler l'Egliſe ; car le ſens commun nous apprend, que tout dogme dont le Chriſtianiſme a pû ſe paſſer pendant ſeize ſiécles, eſt inutile au ſalut, ou de nulle, ou d'une très-
petite conſéquence. Quand donc un hérétique a du jugement, il ne debite jamais ſes dogmes, que ſur le pied d'une doctrine ancienne.

Telle étoit la ruſe de Sandius, il s'étoit beaucoup attaché à l'Hiſtoire
Eccleſiaſtique, afin de montrer que les Peres des trois premiers ſiecles
n'ont point crû la Trinité comme on l'enſeigne preſentement, d'où
il pretendoit tirer l'un ou l'autre de ces avantages, ou que l'erreur a
prévalu dans le Concile de Nicée, & qu'ainſi on doit remettre les choſes au premier état ; ou que les Peres de ce Concile ont fait un article
de Foi, d'une choſe ſans laquelle leurs Predeceſſeurs, tout brillans
de zéle & de ſainteté, avoient obtenu la gloire du Paradis ; & par conſéquent qu'on n'eſt pas obligé de ſubir le nouveau joug qu'il a plû au
Concile de Nicée de mettre ſur les conſciences.

Tous les Chrétiens ſentent bien la neceſſité de diſſiper ces dangereuſes ſuppoſitions ; c'eſt auſſi ce que firent beaucoup de Sçavans, tant
Catholiques que Proteſtans, particulierement deux celebres Théologiens du parti de ceux-ci. Le premier eſt Jean Adam Scherzerus de
Cipſée, il fit une Preface apologetique contre les chicanneries de Sandius, qui a été miſe au-devant d'un livre qui a pour titre: *Diſpute contre les*

Socinien, imprimée à Leipsic en 1684. C'est un ouvrage qui refute fort solidement toutes les hérésies des Sociniens. Le second est Etienne le Moyne, Professeur à Leïde; il fit un livre intitulé : *Varia sacra, seu silloge variorum opusculorum*, il y traite à fond la question, quel étoit le sentiment des Peres avant le Concile de Nicée sur la Divinité de J. C. & d'une maniere si solide, que M. Bayle ne peut pas croire qu'il y ait des hommes assez opiniâtres, pour soutenir que les Peres des trois premiers siecles ayent été de l'opinion d'Arius ; car non-seulement il rapporte plusieurs passages exprés, & formels, où ils soutiennent la Divinité éternelle du Fils de Dieu, mais il montre encore par de bons raisonnemens, qu'ils n'ont pû parler comme ils ont fait, sans être dans le sentiment du Concile de Nicée; & il explique de telle sorte les expressions de ces mêmes Peres, dont les Sociniens se prevalent, qu'elles n'auroient aucun sens dans la bouche d'un Arien. *Repub. des let.* 1684. 1685.

Ces livres & ces disputes donnerent à Sandius beaucoup de mouvemens, & des motifs de faire un grand nombre de livres, & dont lui-même nous a fait le catalogue dans sa Bibliothéque des Antitrinitaires, que nous avons suivie presque par tout, après quoi il mourut à Amsterdam le 30. Novembre 1680. Ces livres se reduisent à ceux-ci.

Nucleus Historiæ Ecclesiastica, cui præfixus est tractatus de veteribus scriptoribus ecclesiasticis, Cosmopoli, c'est Amsterdam 1668. in 8°. *apud Libertum Pacificum.* *B. A. p* 169;

Idem Nucleus Historiæ Ecclesiastica, seu Historia Arianorum, una cum Tractatu de veteribus scriptoribus ecclesiasticis, secunda editio, ab Auctore locupletata & emendata Colonia, (c'est à Amsterdam) *apud Joannem Nicolai,* 1676. in 4°. On y voit une Preface aux lecteurs, qui est de la main de Christophle Philippe Sandius, pere de l'Auteur.

Centuria epigrammatum, à Amsterdam 1669. in 8°.

Interpretationes paradoxæ quatuor Evangeliorum, à Amsterdam 1670. in 8°. On y a joint :

Dissertatio de verbo, &c.

Appendix interpretationum paradoxarum.

Tractatus de origine animæ, Cosmopoli, c'est Amsterdam, 1671. in 8°.

Nota, & animadversiones in Gerardi Vossii libros tres, de Historicis Latinis, à Amsterdam, 1677. in 12°. chez les Janssonio-Waesbergi.

Confession de Foi, de Dieu le Pere, du Fils, & du Saint-Esprit, conformément à l'Ecriture, traduite du Latin, à Leide, chez Jean le François, en 1678. in 12°. le nom de l'Auteur n'y est pas, mais celui qui a pris le soin de faire imprimer la Bibliothéque des Antitrinitaires, dit : *Verum ipsius (Sandii) hunc fœtum esse præter constantem famam, colligo inde quod latinum mss. ipsius manu exaratum inter libros ejus repertum sit.* Ce manuscrit latin porte : *Confessio de Deo Patre, Filio, & Spiritu sancto, secundùm Scripturam.* Il faut ici remarquer que souvent Sandius ne mettoit point son nom à la tête de ses ouvrages, & qu'il prenoit un nom emprunté, comme dans celui qui suit.

Scriptura sanctæ Trinitatis revelatrix, il y prend le nom d'Hermann Cingalle, & dit que ce livre est imprimé à Tergou, mais c'est à Amsterdam, 1678. in 12°. Celui qui a fait imprimer sa Bibliothéque, dit: *Quisnam Auctor sit, haud difficile erit, eis qui D. Sandium, ejusque genium, ac ingenium noverant, divinare*; c'est donc une finesse plus digne d'un enfant que d'un Philosophe, de vouloir cacher son nom si grossierement. J'ai lû ce livre, & je crois que la Theologie dogmatique du Pere Petau lui a été d'un grand secours.

Problema paradoxum de Spiritu sancto, an non per illum sanctorum Angelorum genus intelligi possit, on y ajoute : *Addenda alterius Auctoris (nimirum F. L.) seu Refutatio opinionis Socinianorum, Spiritum S. personam esse negantium*, à Cologne, c'est Rotterdam 1678. in 8°.

Appendix addendorum, confirmandorum, & emendandorum ad Nucleum Hist. Eccl. On y a ajouté à la fin trois lettres. La premiere est de Sandius à Samuel Gardiner, Professeur en Theologie, & Ministre pour le spirituel, de Sa Majesté Britannique; l'Auteur l'a écrite pour la défense de son *Nucleus*, &c. elle est d'Amsterdam 1677. La seconde est la réponse de Gardiner, en datte de la même année. Et la troisiéme est la replique de Sandius à Gardiner, d'Amsterdam 1678. elles furent Imprimées à Amsterdam, quoique l'édition porte Cologne, en 1678. in 4°.

Catalogi Patriarcharum, & Episcoporum Hierosolymitanorum, Antiochenorum, Alexandrinorum, Ephesinorum, Smyrnensium, Serdensium Syria, Cæsareënsium, Palestina, Syriorum, Byzantinorum, & Constantinopolitanorum, Cæsareënsium Cappadocia, Romanorum, adjunctis A. Wengerscii Slavonia Reformata, à Amsterdam 1679. in 4°.

En parlant de Ch. Philippe Sandius son pere, nous avons parlé des écrits qu'ils ont fait ensemble, & qu'ils presenterent aux Théologiens de Konisberg.

Il y a encore beaucoup d'autres ouvrages qu'il n'a pas fait imprimer, on les reduit à ceux-ci :

Les livres qu'il n'a pas fait imprimer.

Problemata nonnulla mathematica.

De restauranda Religione, seu de Monarchia Dei liber. Auctore Christiano Sophoclore Vinerio, c'est l'anagrame de *Christophore Sandio juniore.*

Quæstiones, & problemata quædam Theologica.

Exegeses in varia sanctæ Scripturæ loca, cum veteris, tum novi foederis.

Argumenta de Dei existentia, & de ejus attributis.

Confessio de Deo Patre, &c. nous avons dit qu'on l'a imprimé en François.

Compendium Logica.

Contra A. Wissovvatii objectiones, de Filio Dei ante mundum create, post incarnato, 1673.

De materia mundi, utrum sit sine ulla initia, & Deo coæva, an vero ab ipso producta, cum D. NN. disceptatio summa colloquii cum D. Zvvickero de præexistentia Domini J. C. ante nativitatem ex Virgine (quam Zvvicherus

oppugnabat, Sandius verò propugnabat.) habiti ann. 1677. en Flamand.

Nota in A. Wissouvatii objectiones de Filio Dei ante mundum creato, & post incarnato, 1678.

Epistola ad Christ. Wittichium SS. Theologiæ, & Phil. doctorem, quæ causam Dei Patris Domini nostri J. C. agens, respondet ad librum, cui Wittichius titulum fecit causa Spiritus sancti 1679.

Differentia inter Christianos, à Christi Apostolorum temporibus de Deo Patre, Filio ejus, & Spiritu sancto, en Flamand.

De conscientiarum coactione, in quo tractatu demonstratur, neminem ob Religionem pœnis esse afficiendum, en 1680.

A. Wissouvatii stimulos virtutum, fræna peccatorum in belgicum ex parte transtulit, la mort l'empêcha de l'achever.

Continuationis notarum, & animadversionum in Vossii libros de historicis Latinis fragmentum.

Dialogus inter Christophorum Pontificium, Martinium Lutheranum, Joannem Calvinistam, Georgium Calixtinum, Abrahamum Fanaticum, & Israëlem Juddum, cet ouvrage est imparfait.

De Simonis Magi opinionibus, eorumque fautoribus, il n'y a que le commencement de cet ouvrage.

Bibliotheca Antitrinitariorum, depuis sa mort on l'a imprimée à Freistadt, in 12. C'est un catalogue des Ecrivains Sociniens, & des ouvrages qu'ils ont composés, l'ordre qu'il y garde est celui de l'âge; il y rapporte avec autant d'exactitude qu'il le peut, les ouvrages imprimés & en manuscrit d'un chacun, les differentes éditions, & traductions qui s'en sont faites, & souvent l'occasion qui les a fait écrire; il en rapporte même quelquefois des fragmens, & il touche plusieurs particularitez de la vie des Auteurs.

On l'accuse d'avoir mis gratuitement de certains Auteurs au nombre de ses Antitrinitaires, qui n'avoüeront pas volontiers qu'ils sont Sociniens. On répond, pour sa justification, que le livre ayant été imprimé après sa mort, il se pourroit faire que celui qui a eu le soin de l'édition, auroit fait cette addition, ou que si tous ceux qu'il met dans sa Bibliothéque n'étoient pas Sociniens, au moins étoient-ils Remontrans, ou Anabatistes, ou Mennonites, ou Ariens. On ajoute, que si dans quelques années, quelque curieux s'avise de donner une nouvelle Edition de cette Bibliothéque, on ne croit pas qu'il puisse y faire des additions considerables, parce qu'on ne voit plus parmi les Sociniens des personnes du caractere & de la capacité des Socin, Crellius, Smalcius, Volkelius, Vorstius, &c.

J'en pourrois demeurer là sur les faits des personnes qui ont adheré, favorisé, ou soutenu le Socinianisme, mais je croi qu'il est de mon dessein de parler de quelques personnes qui ont fait du bruit dans le monde, & que l'on a accusé, soit justement, soit injustement, d'avoir socinisé.

CHAPITRE XLII.

HUGUES GROTIUS.

Quelques particularités de sa vie; accusé de Socinianisme;
pourquoi, & ce qu'on peut dire à sa justification.

Sa vie.

AVant que d'entrer dans les chefs d'accusation que l'on a faits contre Hugues Grotius, pour assurer qu'il a socinisé; mon lecteur ne sera pas fâché de voir ici un abregé de la vie de ce grand homme.

Jug. des Sçavans, t. 11 p. 234

On nous le represente comme un prodige d'esprit, de science, & de memoire, & comme un des plus accomplis Ecrivains de son tems. Il naquit à Delf en 1583. & fit des vers fort justes dés l'âge de neuf ans.

En 1598. le sieur de Berneveld Avocat Général de la Republique de Hollande, fut nommé par les Etats pour être leur Ambassadeur auprès du Roy Henry le Grand; & Grotius qui se voyoit sans exercice, pour connoître le beau monde, & pour en être connu, se mit à la suite de l'Ambassadeur, & vint à Paris. Henry IV. eut beaucoup de bonté pour lui, & dans le peu de tems qu'il demeurât en France, il y prit le bonnet de Docteur en Droit.

De retour en Hollande, il voulut mettre en usage son degré de Docteur, je veux dire qu'il s'érigea en Avocat plaidant.

A l'âge de 24. ans ou environ, on lui donna la Charge d'Avocat Général.

En 1613. on l'établit Syndic perpetuel de Rotterdam; il s'y trouva envelopé dans l'affaire des Arminiens, où Berneveld son ami périt, & lui fut condamné à une prison perpetuelle, d'où néanmoins il sortit par une adresse de sa femme.

Evadé de la prison, il se retira à Paris, où il demeura onze ans; le Roi Louis XIII. lui fit une pension, & Grotius s'occupa entierement à composer des livres, qui lui attirerent l'estime de tous les gens de lettres.

Il sortit de France pour revenir en Hollande, y esperant beaucoup de choses, mais en vain; ses ennemis le barrerent par tout, c'est ce qui le força de quitter encore sa patrie, pour se retirer à Hambourg, où il demeura jusqu'à l'année 1634. que la Reine Christine de Suéde l'attira dans ses Etats, & l'y honora d'une Charge de Conseiller.

Elle n'en demeura pas là, elle l'envoya en France pour être son Ambassadeur auprès de Louis XIII. Il y demeura onze ans.

Son Ambassade finie, il retourna en Suéde, pour y rendre compte de ses negociations, & passa par Amsterdam, où on lui fit tous les honneurs possibles. Arrivé en Suéde, il y trouva un gros & puissant

parti

parti contre lui , ce qui l'obligea de demander son congé à la Reine ,
qui lui accorda, mais non pas sans peine.

Il s'embarqua pour passer en Pologne, se flattant de l'esperance qu'on
lui avoit donnée, que le Roi de Pologne l'envoyeroit en Ambassade à la
Cour de France. En passant la mer son Vaisseau échoüa sur les Côtes
de la Pomeranie ; & lui chagrin, fatigué, & presque à moitié mort,
continua son voyage jusqu'à Rostok, où il mourut le 28. Août 1654.

Les personnes qui voudront sçavoir plus de particularitez de sa vie ,
pourront consulter M. Baillet, Jugement des Sçavans, tom. III. p.
407. tom. IV. p. 494. tom. XII. p. 251. & les Dictionnaires historiques de Moreri, & de Bayle.

Sur les differentes avantures de sa vie & de sa mort, aussi-bien que sur
ce qu'il a dit dans quelqu'uns de ses livres , particulierement dans son
Traité *de jure Belli & Pacis*, quelques Théologiens de l'une & de l'autre
Communion, l'ont accusé de Socinianisme.

M. Bossuet Evêque de Meaux, dans sa seconde Instruction sur le
nouveau Testament de R. Simon en 1703. rapporte beaucoup de griefs,
dont il pretend qu'on doit inferer que Grotius étoit un vrai Socinien,
& le tout se reduit à ceci :

*Raisons de
M. Bossuet
sur le Soci-
nianisme de
Grotius.*

1°. La lettre qu'il écrivit de Paris le 10. May 1631. à Crellius , au sujet du Traité que celui-ci avoit fait de la satisfaction faite par J. C.
pour nos pechez. Dans cette lettre Grotius avoüe à ce Socinien, qu'il
lui a appris beaucoup de choses utiles & agréables, & qu'il l'a excité à
examiner à son exemple plus à fond le sens des Ecritures.

2. Qu'il se rejoüit avec notre siecle, de ce qu'il se trouve des hommes qui ne mettent pas tant la Religion dans des controverses subtiles , que dans la vraye correction des mœurs , & dans un progrés continuel vers la sainteté.

3. Il ajoute, que puisque je ne puis rien autre chose pour vous , &
pour tous ceux qui vous aiment singulierement , je prierai de tout mon
cœur le Seigneur Jesus, qu'il vous protege, & les autres qui avancent la pieté.

M. Bossuet conclut de là, que Grotius est un Socinien, parce que
par ces expressions, il flate les Sociniens d'avoir de la vertu, & d'aimer la pieté, ce dont eux-mêmes se font un grand honneur.

4. La seconde lettre de Grotius à Crellius, n'est pas moins forte
pour convaincre celui-là de sociniser, dit toûjours M. Bossuet, puisqu'on y lit ces mots : J'ai resolu de lire & de relire soigneusement vos
ouvrages, à raison du fruit que j'en ai retiré ; je continue à prier Dieu
de donner une longue vie, & tous les secours necessaires à vous, & à
tous vos semblables.

5. De plus , dans toute cette lettre il paroît que Grotius entre dans
une espece d'indifference sur les controverses qui partagent les Chrétiens , les croyant legeres, ou de peu de consequence pour le salut.

6. On sçait d'ailleurs qu'il demeura long-tems si préoccupé des So-

ciniens, que non content de les suivre dans les choses indifferentes, il en épousa les dogmes capitaux. Il est vrai, dit toûjours son accusateur, qu'il n'a pas nié la Divinité de J. C. ni l'efficacité de son sacrifice envers Dieu; quoique si nous y regardons de prés, nous nous appercevrons bien qu'il explique le Λογυ de saint Jean, plûtôt en Philosophe Platonicien, qu'en Chrétien. Pour s'autoriser dans cette accusation, il cite Richard Simon, qui dit que Grotius favorise quelquefois l'ancien Arianisme, en élevant trop le Pere au dessus du Fils, comme s'il n'y avoit que le Pere, qui fut le souverain Dieu, & que le Fils lui fut inferieur, même à l'égard de sa Divinité.

C. 1. v. 1.
Hist. crit.
des Com. du
N. Testam.
n. 54.

7. M. Bossuet, après Richard Simon, ajoute, que Grotius a détourné & affoibli quelques passages qui établissent la Divinité de J. C. & en donne pour exemple, celui où J. C. dit qu'il est avant Abraham, & que Grotius explique comme les Sociniens, de l'existence de J. C. dans les decrets éternels de Dieu.

8. Qu'il a soutenu que les Prophéties alleguées par les Evangelistes & par les Apôtres, pour prouver que J. C. est le Messie, étoient de pures allegories, qui n'avoient rien de litteral, ni rien de concluant. Qui voudra avoir plus de preuves de l'héterodoxie de Grotius, sur la Divinité de J. C. peut consulter l'Instruction de M. Bossuet.

T. 3. p. 124.
& 125.

9. On lit dans la Bibliothéque critique de Richard Simon, que le sçavant M. Bigot de Roüen avoit connu dans Paris une personne qui pretendoit avoir entre les mains un grand nombre de lettres de Grotius, écrites aux Sociniens de Pologne, & les réponses de ceux-ci; & que ces lettres devoient être dans la Bibliothéque des RR. PP. Jesuites de Paris, ausquels on les avoit remises.

10. Que Grotius avoüe ingenuëment, écrivant à son ami Gerard Vossius, qu'il n'avoit point honte de suivre Socin dans les endroits où ce chef des nouveaux Unitaires convenoit avec la plus saine antiquité.

11. Que Grotius après avoir protesté dés le commencement de son ouvrage, qu'il a fait tout son possible pour ne point s'éloigner des interpretations reçûës généralement dans toutes les Eglises, depuis la naissance du Christianisme; qu'il n'a pas néanmoins tenu sa parole, comme lui a reproché Calovius, sçavant Luthérien de la Confession d'Ausbourg, qui l'accuse à ce sujet, d'avoir une Theologie purement arbitraire, & veritablement *hérétique*, & où même l'*Atheïsme* regne quelquefois. *Theologiam Grotii merè electivam, & verè hereticam esse me rito dixeris, nisi quod Atheismus quandoque in ea se prodat, haresi quàvis pejor.*

Sentimens
de Jurieu
sur Grotius.
Esp. de M.
Arn. to. 2.
p. 307.

Le Ministre Jurieu qui pousse toûjours les choses à l'extremité contre ceux qui ne lui plaisent pas, c'est-à-dire, contre ceux qui ne parlent pas comme lui, & qui ne donnent pas dans ses emportemens, va encore plus loin. Non content d'accuser Grotius d'avoir été *outré*, & un *Socinien*, il veut encore qu'il ait été un *Papiste*, & même

un *vrai Athée*, qualitez qui ne peuvent subsister, que dans une tête aussi dérangée qu'étoit celle de ce Ministre injurieux.

Il veut qu'il ait été un Arminien aigre & emporté, parce qu'il a toujours pris pour des injustices criantes les persecutions que lui ont fait les Contre-Remontrans.

Il veut qu'il ait été un vrai Socinien, parce qu'il a énervé toutes les preuves de la Divinité de J. C.

Il veut qu'il ait été Papiste, parce qu'à son dire il avoit donné parole à M. Bignon Avocat Général au Parlement de Paris, de se faire Catholique Romain aussi-tôt qu'il seroit de retour de Suéde, & que dans son livre contre Rivet, il ait établi formellement qu'il ne faut pas s'en tenir précisément à la sainte Ecriture ; mais qu'il faut encore consulter & suivre la Tradition ; que cette Tradition doit être recueillie du consentement des anciens Ecrivains, & d'un Concile Général. Que le Pape a la principale autorité pour la conservation de la verité, & de l'unité ; & que toutes les Eglises dans les choses douteuses doivent le consulter.

Il veut enfin qu'il ait été un Athée, parce qu'il est mort en revenant de Suéde à *Rostock*, sans avoir voulu faire profession d'aucune Religion, ne répondant à celui qui l'exhortoit à ce terrible moment que par *non intelligo*, je ne vous entends pas, en lui tournant le dos.

Il est vrai que la mort de Grotius a toujours paru une énigme aux Protestans, aussi-bien qu'aux Catholiques. M. du Maurier, parlant de Grotius, dit : On m'a rapporté que pendant sa maladie un Prêtre Catholique, & plusieurs Ministres Luthériens, Calvinistes, Sociniens & Anabatistes le vinrent voir, pour le porter à mourir dans la croyance de leurs opinions, que pendant qu'un chacun s'efforçoit de lui prouver par de fortes controverses, que sa Religion étoit la meilleure, il ne répondoit autre chose que *non intelligo*, & que quand ils eurent cessé leur controverses, il leur dit, *hortare me ut Christianum morientem decet* : Exhortez-moi, comme il faut exhorter un Chrétien mourant. *Memoires d'Hollande* p. 431.

M. Arnaud, faisant reflexion sur cette mort, blâme le Ministre Luthérien, de n'avoir pas demandé à Grotius en l'assistant à la mort, dans quelle Religion il vouloit mourir. Cela étoit essentiel, dit ce Docteur, à l'égard d'un homme que l'on sçavoit n'avoir point voulu avoir de Communion depuis long-tems avec aucune Eglise Protestante, & avoir refuté dans ses derniers livres la plûpart des dogmes qui leur sont communs. *Le Calvin. convaincu de schisme.* p. 147.

Toutes ces accusations sont violentes contre Grotius, & assurément il faut user d'une grande indulgence en sa faveur, pour ne le pas croire dans l'héterodoxie à l'égard des Protestans, aussi-bien qu'à l'égard des Catholiques. Il y en a peu parmi ceux-ci qui l'excusent sur son Socinianisme ; mais parmi ceux-là il y en a beaucoup, &

C'est ce que les Théologiens de Hollande difent en général, pour enlever Grotius aux Sociniens : M. le Clerc, qui répond article par article aux griefs que M. de Meaux apporte pour le Socinianifme de Grotius, ajoute :

Lettres des fenfimens des Theolo. d'Hollande p. 390.

Biblioth. choifie. t. 5.

1. Qu'il n'y a rien d'extraordinaire dans Grotius d'avoüer qu'il a pris beaucoup de chofes utiles & agréables, &c. dans les écrits des Sociniens, puifque tout Catholique Romain, moderé & fçavant peut dire la même chofe des écrits d'un fçavant Proteftant, comme un Proteftant moderé & fçavant peut dire la même chofe des écrits d'un Auteur Catholique, fans qu'on en puifse conclure, ou que l'un favorife les opinions des Proteftans, ou que l'autre voulut fe faire Catholique.

2. Que, fuppofé que les Sociniens fâfsent confifter leur Religion, plû-tôt dans la correction des mœurs, que dans de fubtiles controverfes, Grotius a eu raifon de les loüer, puifque par-là ils avoient tout ce que les Apôtres, & tout ce que les Evangeliftes demandent pour être fauvez ; fçavoir, la foi en J. C. & l'obéifsance à fes comman-demens, & qu'ils ne nous impofent en aucun endroit de leurs écrits la necefsité de nous informer d'un grand nombre de controverfes, & de dogmes difficiles à entendre. La difficulté, pouvons-nous re-pliquer à M. le Clerc, eft de fçavoir fi les dogmes de la Divinité de J. C. & de la fatisfaction parfaite qu'il a donnée à fon Pere pour nos pechez, quand il eft mort fur la Croix, font de ce nombre ; il le prétend, & nous qui croyons le contraire, nous lui difons qu'il raifonne en Remontrant, pour ne pas dire en Socinien, & que les Re-montrans ne veulent pas qu'on foit obligé de fçavoir ces dogmes. Mais comme Grotius ne s'eft pas expliqué là-defsus, pafsons lui les loüanges qu'il donne aux Sociniens fur leur prétenduë pieté, qui pourroit bien être veritable dans le fyftême des Proteftans, tel qu'étoit Grotius.

3. Quant aux vœux que Grotius fait pour les Sociniens, je n'y vois rien, dit toujours M. le Clerc, que ce qu'un Chrétien doit faire pour fes plus grands ennemis ; fçavoir, prier Dieu pour eux qu'il les con-ferve, qu'il les convertifse, & qu'il augmente leurs vertus.

4. Quant à la refolution que Grotius fait de lire, & de relire foigneufement les ouvrages de Crellius, à raifon du fruit qu'il dit en avoir retiré : c'eft dire ce que tout Docteur Catholique pourroit dire d'un Commentateur habile, foit Catholique, foit Proteftant, &c. quoiqu'il n'ait nulle envie d'époufer les opinions hérétiques qui s'y rencontrent ; mais feulement l'ordre, l'élegance, les penfées, les tours & les preuves des nouvelles découvertes qu'il y trouve-roit : & fi Grotius ajoute qu'il prie Dieu de donner aux Sociniens tous les fecours dont ils ont befoin, on peut dire qu'il leur fait une civilité, & qu'il leur veut faire entendre qu'il leur manque encore beaucoup de ces divines lumieres, & de ces connoifsances celeftes

qu'ils devroient avoir pour bien interpreter les Ecritures.

5. Si Grotius semble être indifferent sur les controverses qui partagent les Chrétiens ; c'est qu'il étoit extrêmement doux, complaisant & pacifique, & qu'il avoit peine à voir les contestations des Catholiques contre les Protestans, & celles des Protestans contre les Catholiques. Ce n'est pas qu'il fut indifferent sur toutes sortes de créances, ce qui paroît dans tous ses ouvrages ; mais il vouloit, dit M. le Clerc, que les Chrétiens s'accordassent dans l'essentiel, & qu'ils s'entresuportassent dans le reste. Autre chose est de tolerer quelques dogmes par charité, & autre chose est de le juger indifferent. Les Apôtres toleroient dans les Juifs les Cérémonies légales, pourvû qu'ils ne prétendissent pas y assujetir les Gentils devenus Chrétiens ; mais ils ne regardoient pas l'entêtement des Juifs (au sujet de la personne de J. C.) comme une chose indifferente, puisqu'ils faisoient de leur mieux pour les en guerir.

On ajoute que Grotius étoit Protestant, & même Remontrant, & que ces sortes de gens ne condamnent pas aisément comme hérétiques tous ceux qui ne suivent pas leurs opinions. C'est pour cela, dit M. le Clerc, qu'ils souffrent avec beaucoup d'indulgence toute sorte de religion, & que sur ce fait nous pouvons leur passer des choses que nous ne passerions pas aux Catholiques.

6. Si M. Bossuet dit que Grotius est entêté des Sociniens, & qu'il en reçoit les dogmes capitaux, on lui répond que c'est ce qu'il faudroit prouver, & que c'est ce qu'il ne fera pas autrement qu'il a prétendu le faire, puisqu'il avoüe lui-même que Grotius n'a jamais nié la Divinité de J. C. ni l'éfficacité de son sacrifice, & que si Grotius cite quelques passages Platoniciens, en parlant du Verbe, il a suivi en cela l'Antiquité Chrétienne : Et faire son procès sur ces passages, c'est vouloir le faire à la plûpart des anciens Peres, sans excepter ceux qui passent pour les plus orthodoxes. Si Richard Simon accuse Grotius d'avoir favorisé l'Arianisme, il n'étoit donc pas Socinien, conclut M. le Clerc, puisque les Ariens croyoient que le Verbe étoit avant toutes les créatures, & que les Sociniens nient entierement qu'il fut avant sa conception dans le sein de la Vierge Marie. Grotius a-t'il pû favoriser deux opinions qui se contredisent ? Et étant Socinien dans le fond, a-t'il pû vouloir établir l'Arianisme? Pour se comporter ainsi, il faudroit supposer qu'il n'étoit pas en ce tems dans son bon sens ; la verité est que Grotius expliquant l'Ecriture comme il devoit l'expliquer, c'est-à-dire, selon les regles d'une bonne Critique, autant qu'il le pouvoit, il a donné des sens à plusieurs passages, qui sont differens de ceux que leur ont donné les Anciens, & les Scholastiques, qui n'ayant été rien moins que bons Critiques, ont cité mal-à-propos plusieurs passages, pour prouver des veritez, qui ne les établissoient point, quoique d'ailleurs Grotius ait reconnu ces veritez. De plus, si l'on considere bien les endroits où il parle de la Divinité du Pere,

comme l'avoüe M. Simon, on n'y trouvera rien qui ne foit appuyé
fur l'ufage conftant de la plus faine Antiquité, ainfi que M. Bull le
prouve évidemment dans la défenfe de la Foi de Nicée.

7. On veut que Grotius ait affoibli quelques paffages, comme celui où J. C. dit qu'il eft avant qu'Abraham fut, les expliquant à la
Socinienne. M. le Clerc répond que les Ariens expliquoient ce paffage dans le fens d'une préexiftence réelle de la Nature divine de
J. C. avant Abraham, comme on le peut voir dans Eufebe contre
Marcel, & fur cet allegué M. le Clerc conclut que M. Boffuet devoit cenfurer M. Simon de ce qu'il accufe Grotius de favorifer l'A-
rianifme, & le Socinianifme en même tems. (Je dois ici avertir
mon Lecteur que cette réponfe de M. le Clerc eft foible, & même
fauffe, puifque prefque tous les Auteurs qui ont parlé des Sociniens,
les ont toujours confondus avec les Ariens. Ceux-là & ceux-ci ne
voulant pas que J. C. fut un Dieu fuprême, & fe font contentez
pour les diftinguer, d'appeller les Sociniens les nouveaux Ariens, &
les autres les anciens Ariens.

8. On infulte à Grotius d'avoir foutenu que les Propheties alleguées dans les Evangiles, pour prouver que J. C. étoit le Meffie,
étoient des allegories, dont on ne peut rien conclure. M. le Clerc
répond, que l'accufation eft mal fondée, parce que Grotius ne dit
pas en général que ces Propheties citées dans le nouveau Teftament
foient des allegories; il dit feulement que les Apôtres citent peu de
paffages pour prouver contre les incredules, que J. C. eft le Meffie,
& qu'ils fe contentent de fes miracles & de fa Refurrection; & qu'ils
ne citent pas même, pour prouver cette verité, les paffages dont on
fait le plus de bruit aujourd'hui, comme la prédiction de *Schilo* du
ch. 49. de la Genefe, le chap. 53. d'Ifaïe, & les 70. femaines de
Daniel; mais ils citent en faifant la vie de J. C. plufieurs paffages,
par lefquels on ne pourroit pas prouver directement qu'il eft le Meffie, contre les gens qui le nieroient. Il cite faint Mathieu, c. 1. ℣. 25.
ch. 2. ℣. 15. 18. 23. &c. Il faut encore remarquer que Grotius a crû
que ces paffages ont eu deux fens, l'un litteral, & l'autre myftique,
dans les deffeins de Dieu : quoique les hommes ne le puffent pas
toujours fçavoir. Grotius a foutenu qu'il y avoit deux fortes de Propheties, dont l'une eft conçûë en paroles, qui regardent directement
l'évenement prédit, & l'autre en mots, qui parlent directement
des chofes arrivées fous l'ancien Teftament, mais qui étoient des images, ou des reprefentations de ce qui eft arrivé fous le nouveau
Teftament. On ne peut pas nier qu'il n'y ait des Propheties de la
feconde efpece, citées dans le même nouveau Teftament, comme
celles que nous avons marquées des chap. 1. & 2. de faint Mathieu :
ce font des faits évidens, & bâtir un fyftême oppofé à cela, c'eft
raifonner en l'air. Grotius, continue l'Auteur, dont je ne fais que
copier les paroles fans m'en rendre garant, n'a pas nié qu'on ne-

Pût citer contre les incredules les Propheties de la premiere espece
Ceux qui liront ses remarques, ajoute M. le Clerc, sur le ch. 1. v. 22.
de saint Mathieu, ne pourront pas s'empêcher de concevoir de l'indignation contre l'injuste Censeur qui a entrepris de le diffamer,
sans avoir lû ses ouvrages. Ne nous étonnons pas de la vivacité de
ces expressions, elles sont d'un Remontrant, qui veut à quelque prix
que ce soit justifier un autre Remontrant, sçavoir Grotius ; & dans
le 8. tom. de sa Bibliotheque choisie, il vient encore à la charge
pour le justifier, aussi-bien que le sçavant Erasme, contre qui on a
formé la même accusation : mais c'est trop insister sur le témoignage de M. le Clerc.

9. Pour ce qui regarde ce qu'on lit dans la Bibliothéque critique de
M. Simon, l'Auteur nous en donne lui-même la solution. Parlant de ce
prétendu commerce de lettres de Grotius avec les Freres Polonois, il
dit qu'on ne doit pas ajouter foi trop facilement là-dessus à M. Bigot,
qui étoit un peu crédule, & qu'il y a apparence que c'est un conte
qu'on a fait à ce bon homme, & qu'on sçait que les Jesuites n'ont jamais entendu parler de ces lettres, dont on prétend qu'ils ont été dépositaires.

10. Nous dirons au second, qu'il n'y a rien d'extraordinaire dans
la lettre de Grotius à Jean Vossius, puisque tout homme sçavant,
& desinteressé, fut-il Catholique ou Protestant, peut sans conséquence, profiter des bons endroits que les ennemis de la Religion peuvent
mettre dans leurs ouvrages.

11. Nous dirons au troisiéme, que Calovius ne rend pas toûjours, &
par tout, justice à Grotius ; qu'à la verité il l'a repris avec beaucoup de
jugement & de solidité en plusieurs endroits ; mais qu'il en dit trop en
l'accusant d'hérésie, & d'Athéïsme ; ces deux accusations ne peuvent
pas subsister ensemble, en les prenant dans leur sens naturel, puisqu'il
est impossible qu'un homme croye Dieu, à Dieu, & en Dieu, & qu'il
n'y croye pas. Un hérétique croit que Dieu est, croit comme vrai ce
qu'il a revelé, & croit en lui pour le servir en sa maniere, & qu'un
Athée ne fait rien de tout cela.

Les sentim.
favorables
que les
Theologiens
d'Holl. ont
eu sur la
mort de
Grotius.
Elle est im-
primée dans
le t. des lett.
Eccl. &
Theol. deG.
p.828.édit.
in fol.

Venons maintenant aux contes que l'on fait sur les circonstances de
la mort de Grotius, & aux conséquences qu'on en infere. On répond
qu'elle n'est pas telle que Jurieu, Dumaurier, & M. Arnaud la rapportent ; & qu'au reste, quand elle seroit telle, on n'en pourroit rien conclure contre son orthodoxie Protestante. Pour preuve que cette mort
n'est pas telle que ces Messieurs l'ont debitée, on cite le recit qu'en a
fait Jean Quistorpius, Professeur en Théologie à Rostock ; & qui,
comme Ministre de cette Ville, a exhorté Grotius à la mort.

Sa Relation porte, qu'il fut trouver Grotius, qui l'avoit fait appeller, & qu'il le trouva presque à l'agonie, qu'il l'exhorta à se disposer
à la mort, pour aller joüir d'une vie plus heureuse, & reconnoître ses
pechez, & d'en avoir une sincere douleur ; que lui ayant fait mention
du

du Publicain qui se reconnut pecheur, & qui demanda à Dieu misericorde; le malade lui répondit, je suis ce Publicain; qu'il ajouta qu'il lui falloit recourir à J. C. hors duquel il n'y a point de salut; que le malade repliqua: Je mets toute mon esperance en J. C. tout seul; qu'après ce préambule, il se mit à reciter à haute voix, & en Allemand, la priere qui commence *Heer Jesus*, &c. que ce malade le suivit tout bas, les mains jointes; qu'ayant fini la priere, il lui demanda s'il l'avoit entendu; que la réponse fut: *Je vous ai fort bien entendu*; qu'il continua à lui reciter les endroits de la parole de Dieu, que l'on rappelle ordinairement à la mémoire des Agonisans, & à lui demander: M'entendez-vous; que Grotius lui répondit: J'entends bien votre voix, mais j'ai maintenant de la peine à comprendre tout ce que vous me dites. *Vocem tuam audio, sed quæ singula dicas difficulter intelligo*, qu'après ces mots, le malade perdit la parole, & expira peu de tems après.

Comptant sur ce rapport, que M. Bayle veut être une piece authentique, & contre laquelle on ne peut s'inscrire en faux, on conclut, que Grotius prêt à mourir, a été dans les dispositions du Publicain, qu'il a confessé ses fautes, qu'il en a eu de la douleur, qu'il a recouru à la misericorde du Pere celeste, qu'il a mis toute son esperance en J. C. que ses dernieres pensées ont été celles qui sont contenuës dans les prieres des Agonisans, selon le Rituel des Luthériens, qui porte ces paroles: *Seigneur Jesus-Christ, vrai Dieu, & vrai homme, qui a souffert la crucifixion ... tu es mort pour moi sur la Croix; & tu m'as ainsi acquis la grace de ton Pere, je te prie par tes souffrances de me faire misericorde*, &c.

Dict. p.1512

De-là il resulte, disent quelques Théologiens de Hollande, que ceux qui pretendent que Grotius est mort en Socinien, seroient traités trop doucement, si on se contentoit de leur dire, qu'ils sont coupables d'un jugement temeraire, qu'ils meritent d'être appellez calomniateurs. Que Dumaurier nous a conté une fable, dans le recit qu'il a fait de la mort de Grotius; que c'est une autre fable que M. Arnauld fait à plaisir, quand il dit que notre moribond avoit refusé un Ministre Luthérien, qui vouloit lui parler; qu'il est faux qu'un Ministre ait entrepris de lui parler de la Religion, & que le malade ait répondu par ces deux mots, *non intelligo*, lui voulant marquer par là, que ses avis & ses predications ne lui plaisoient pas; & que ce Ministre ne pouvant rien tirer de son malade, se retira; que ceux qui, peu de tems après sa mort, firent courrir le bruit qu'il étoit mort d'un coup de foudre, débiterent une fausseté encore plus folle que maligne; que Jurieu qui le fait mourir Athée, est un calomniateur outré, & un prodige d'impudence; que Rivet raisonne mal, quand après avoir dit gratuitement que Grotius étoit mort, ne respirant que menaces, tout plongé dans le levain de la haine, & même dans un fiel amer, sans donner aucune marque de repentance, n'ose pas conclure qu'il est damné; puisque supposant qu'un homme est mort impénitent, il doit conclure avec toutes les Communions Chrétiennes, qu'il est damné.

Scut. des Theol. de Holl. p.402

X x x

Les mêmes qui répondent à la plainte que fait M. Arnaud contre le Ministre Luthérien, qui n'osa pas demander à Grotius de quelle Communion il étoit, disent que ce qui a trompé ce Docteur, aussi-bien que l'Auteur de son esprit, c'est qu'ils s'imaginent que ce n'est point avoir de Religion, que de n'être dans aucune de ces factions qui condamnent tout le genre humain, & dont chacune pretend être seule l'Eglise de J. C. ; que Grotius s'étoit abstenu de communier avec les Protestans, aussi-bien qu'avec les Catholiques Romains ; parce que la Communion qui a été établie par J. C. comme un symbole de la paix & de la concorde dans laquelle il veut que ses disciples vivent, passe dans ces societez pour un signe de discorde, & de division ; que Quistorpius fit très-sagement de ne lui point demander dans quelle Communion il vouloit mourir, puisqu'il le voyoit mourir dans la Communion de J. C. (telle qu'elle est chez les Luthériens) en vertu de laquelle seule on est sauvé, & non pas en vertu de celle que l'on peut avoir avec l'Evêque de Rome, ou avec les diverses societez des Protestans.

C'est ainsi qu'ont raisonné les Théologiens de Hollande, comme Alix, Deveil, le Clerc, & quelques autres, sur la pretenduë orthodoxie de Grotius ; & Bayle, sans examiner si Quistorpius a eu raison ou non, de lui faire la demande en question, dit qu'un homme persuadé des Articles fondamentaux du Christianisme, mais qui s'abstient de communier, parce qu'il regarde cette action comme un signe par lequel on damne les autres societez du Christianisme, ne sçauroit passer pour un Athée que dans l'esprit d'un vieux radoteur, qui a oublié, & les idées des choses, & les définitions des paroles. Il ajoute, qu'on ne sçauroit refuser à un tel homme la qualité de Chrétien ; je consens, dit-il, qu'on traite d'hérésie l'opinion qu'il a, que la porte du salut est ouverte à toutes les Communions qui reçoivent l'Evangile; je consens que l'on assure que c'est un dogme pernicieux, mais cela peut-il empêcher, que ceux qui croyent que J. C. est le Fils éternel de Dieu coëssentiel, consubstantiel au Pere Eternel, qu'il est mort pour nous ..... que c'est par la foi en sa mort, & en son intercession, que l'on est sauvé ; qu'il faut obéïr à ses preceptes, & se repentir de ses fautes, &c. cela, dit toujours Bayle, peut-il empêcher que de telles gens ne soient Chrétiens ? Aucun homme de bon sens ne le peut prétendre, & personne ne seroit plus insensé dans une telle prétention, que le Ministre Jurieu, lui qui a fait un ouvrage intitulé : *Le vrai système de l'Eglise*, où il montre, que tous ceux qui croyent les Articles fondamentaux, appartiennent à la vraye Eglise, dans quelque *Secte* qu'ils vivent. Jurieu donc doit reconnoître que Grotius, par la seule foi des dogmes fondamentaux, sans approuver en toutes choses, ni le Calvinisme, ni le Catholississisme Romain, &c. a été membre de la vraye Eglise.

A ce détail que nous avons fait pour & contre Grotius, on voit que

ce sçavant homme a eu le malheur d'être attaqué de toutes parts ; cependant, il faut l'avoüer, son nom & sa memoire sont encore en grande recommandation dans les Communions Romaines, & Protestantes, & encore plus dans la Republique des veritables Sçavans, même en Italie, & particuliérement à Rome, où l'on cite avec éloge dans les écrits publics, son excellent ouvrage *de jure Belli & Pacis*. Son Traité de la verité de la Religion a passé pour un chef-d'œuvre ; aussi y en a-t'il eu des versions en presque toutes les langues que l'on connoît dans le monde, & assurément on peut dire qu'il n'est point sorti de la main d'un Athée, tel que Calovius & Jurieu l'ont voulu faire passer. Les François en ont fait un jugement plus équitable, puisqu'ils ont permis que la plûpart de ses commentaires sur l'Ecriture, fussent imprimés dans Paris. On peut dire que s'il est tombé dans quelques extrêmitez, ce n'a été, comme l'a rapporté un homme qui l'a pratiqué, que par une trop grande passion qu'il avoit d'ôter toutes les partialitez & distinctions en matiere de Religion, qui regnoient de son tems, & qui regnent encore aujourd'hui. Il haïssoit sur-tout les Calvinistes, qu'il regardoit comme les plus opiniâtres sectaires de ces derniers siecles. Il semble même qu'il ne se soit éloigné de S. Augustin, autant qu'il a affecté de s'en éloigner, que parce que ces Sectaires se vantoient que ce Saint étoit entierement pour eux.

Bib. crit. t. 3 p. 125.

Quoiqu'il en soit de ces loüanges & de ces blâmes, sur lesquels je ne prends aucun parti, je me suis acquitté de ma promesse, disant ce que l'on dit communément du socinianisme de Grotius. Je passe à une autre personne qui interesse plus les Mystiques que les Théologiens, c'est Mademoiselle Antoinette Bourignon.

CHAPITRE XLIII.

ANTOINETTE BOURIGNON.

Sa vie, son caractere, ses opinions.

LE bruit que Mademoiselle Antoinette Bourignon a fait dans le monde, par la bisarrerie de ses sentimens, & par la singularité de ses actions, a donné lieu à plusieurs personnes de parler d'elle ; les uns avec éloge, comme le sieur Poiret, & l'Auteur qui a écrit la vie de cette fille dans un grand ouvrage, intitulé : *Vie continuë, Vie exterieure de Mademoiselle Bourignon*, & les autres, avec la sincerité que l'on peut trouver dans des personnes separées de l'Eglise Romaine, qui loüent, & qui blâment les gens autant qu'ils s'éloignent ou qu'ils s'approchent des dogmes de notre Eglise, tel qu'étoit M. Bayle, qui en parle dans sa Republique des Lettres, & dans son Dictionnaire critique. Pour sui-

Mois d'A-vril 1685.

vre ces Auteurs, je rapporterai le plus succinctement qu'il me sera possible ce qu'ils en ont dit.

Antoinette Bourignon naquit à Lille en Flandres le 13. Février 1616. Si disgraciée de visage, qu'on delibera quelques jours dans sa famille, s'il ne seroit pas à propos de l'étouffer comme un monstre de nature; mais cette difformité se dissipa avec le tems, & on changea de dessein.

Dés l'âge de quatre ans, elle eût des sentimens tout extraordinaires. On y trouve du surprenant; s'ils venoient de l'Ange de lumiere, ou de l'Ange des ténebres, je n'en sçai rien, le lecteur en jugera. Alors elle comut que les Chrétiens ne vivoient pas selon les principes de leur Religion, & elle demandoit quelquefois qu'on la menât dans le pays des Chrétiens, ne croyant pas y être, puisqu'on ne vivoit pas conformément à la Loi de J. C.

En âge de prendre un parti, ses parens voulurent la marier; elle s'y opposa, comme à la plus grande peine qu'on auroit pû lui imposer; le Cloître, pour deux raisons, lui paroissoit plus heureux. La premiere étoit la condition de sa mere; cette femme avoit un mari fâcheux, qui la maltraitoit souvent. Antoinette, toute enfant qu'elle étoit, ne s'en apercevoit que trop: c'est pourquoi, après avoir fait de son mieux pour appaiser ce pere fougueux, par ses baisers enfantins, & pour lesquels le pere n'étoit pas insensible, elle se retiroit à l'écart, où elle consideroit combien c'est une chose miserable que d'être mariée à un homme fâcheux, s'adressoit à Dieu, & lui disoit: *Mon Dieu, mon Dieu, faites que je ne sois jamais mariée.* La seconde étoit son don de chasteté; don, dit l'Auteur de sa vie, que Dieu lui donna dés son enfance, & dans un degré si éminent, qu'elle a souvent protesté n'avoir jamais eu dans toute sa vie, pas même par tentation, ou par surprise, la moindre pensée qui pût être indigne de la chasteté, & de la pureté virginale; que même elle possedoit ce don, si rare dans le monde, d'une maniere si abondante qu'il *redondoit*; par maniere de dire sur les personnes qui étoient avec elle, que sa conversation, & même sa seule presence répandoient une odeur de continence, qui faisoit oublier les plaisirs de la chair; & que pour ne point interrompre cette vertu, qui faisoit les delices de son cœur, elle s'appliquoit sans cesse à se détacher des sens, & à s'unir à son Créateur.

Cependant son pere, qui apparemment n'entroit pas dans les devotions de sa fille, la promit en mariage à un François; l'affaire auroit réüssi, si la fille âgée alors de vingt ans, n'eût pris la fuite le jour de Pâques 1636. Ce ne fut pas pour entrer dans un Cloître, elle crut en connoître les défauts, ce fut pour se retirer dans un désert. Afin d'y mieux réüssir, elle se déguisa en Hermite, on l'arrêta à Blacon, Village de Hainault, sous le soupçon qu'on se forma, qu'elle pouvoit être une fille, & tomba entre les mains d'un homme de guerre, qui lui fit de grandes violences sur le fait de sa virginité (premiere preuve que sa chasteté ne *redondoit* pas toûjours sur les personnes qui la voyoient);

Vie continuë

& dont elle ne se débarassa que par une espece de miracle, qui n'est pas venu à ma connoissance; on nous dit seulement que le Curé du Village l'arracha des mains de cet homme, & que s'imaginant qu'elle avoit l'esprit de Dieu, il en parla à l'Archevêque de Cambrai, qui la vint interroger, la porta à quitter son dessein, & à retourner chez son pere. Elle obéit, ce pere lui fit de nouvelles instances sur le mariage; elle le quitta encore, & vint trouver l'Archevêque, qui lui permit de former une petite Communauté à la campagne, avec quelques autres filles de son humeur. Le Prelat, pour des raisons à lui connuës, revoqua sa permission, & Antoinette se retira au pays de Liege; où après avoir demeuré quelque tems, elle revint en Flandres, & y vêcut dans une grande retraite, & dans une grande simplicité de vie; non pas toutefois sans inspirer un amour charnel à un nommé Jean de Saint Saulieu. (seconde preuve que sa chasteté ne *redondoit* pas sur tous ceux qui la frequentoient) Ce Saint Saulieu étoit fils d'un Païsan, & s'il en faut croire tout ce que l'on en dit dans la vie de notre Antoinette, c'étoit un maître fripon. Il s'insinua dans l'esprit de cette fille par des airs dévots, & par des discours de la plus fine spiritualité. La premiere fois qu'il la vit, il lui parla en Prophéte, mais en Prophéte moderé, qui après avoir dit sa Prophétie, se retire doucement, sans rien expliquer, & sans insister à se faire croire. La seconde fois qu'il lui parla, il fit le personnage d'un homme illuminé, charitable, & familier à Dieu; après de telles démarches, capables d'en imposer à une Devote, il lui parla de mariage; la Demoiselle s'en fâcha, il lui en témoigna du repentir, il y eût rupture, & il y eût reconciliation. Enfin il voulut user de violence; c'est ce que la Demoiselle apprend au public, quand elle dit: cet homme se trouvant souvent dans mon logis, il me devint si importun, qu'il m'a fallu avertir mes filles de veiller sur lui, & de ne lui plus ouvrir la porte de ma maison; il y venoit quelquefois avec un couteau à la main, qu'il me presentoit à la gorge, pour me faire consentir à ses mauvais desseins; ce qui m'obligea d'avoir recours au bras de la Justice, d'autant qu'il me menaçoit, que quand on le devroit pendre dans le Marché de Lille, de rompre les portes & les fenêtres de mon logis, & même de me tuer. Le Prevôt me donna deux hommes pour garder mon logis pendant qu'on faisoit les informations des insolences qu'il me faisoit. Ces insolences ne se bornerent pas à menacer la Demoiselle; le Galand publioit par tout que la Bourignon étoit sa femme de promesse, & qu'il avoit couché avec elle, ce qui fit grand bruit dans la Ville. La plûpart suivant le penchant ordinaire que l'on a de croire ces sortes de faits, crurent ses contes, & chargerent d'injures la Devote. Enfin on les accorda, & la conclusion fut que Saint Saulieu promit de n'aller jamais aux lieux où elle seroit, retracta les calomnies ou médisances qu'il avoit repanduës contre elle, & protesta qu'il la connoissoit pour fille d'honneur. Les avantures qu'elle eût avec le neveu du Curé de Saint André,

Vie exter. p. 196.

Traité de la parole de de Dieu. p. 64.

Paroiſſe proche Lille, nous ſervira de troiſiéme preuve, que ſa chaſ-
teté n'étoit pas ſi *redondante* que le prétend ſon Hiſtorien. C'eſt elle-
même qui nous apprend cette circonſtance de ſa vie : elle dit qu'elle
s'étoit renfermée dans une ſolitude du voiſinage de cette Paroiſſe, que
toute recluſe qu'elle étoit, le neveu du Curé conçut de l'amour pour
elle, & qu'il le pouſſa ſi loin, qu'il ne ceſſoit d'environner ſa maiſon,
& de découvrir ſa paſſion, tant par paroles que par des pourſuites fort
importunes ; qu'elle s'en plaignit au Paſteur, & qu'elle le menaça de
quitter ſa ſolitude, s'il ne la délivroit de cet emporté. Que l'oncle,
pour déférer à ſes plaintes, chaſſa le neveu de chez lui ; que ce jeune
homme changea ſon amour en fureur, juſqu'à décharger quelquefois
ſon fuſil au travers de ſa chambre, pour la vouloir tuer ; que ne ga-
gnant rien ſur elle par ſes violences, il publia par tout qu'il ſe marie-
roit bien-tôt avec elle, & que ces médiſances firent tant de bruit dans
Lille & dans la Province ; que les Devotes en furent ſi ſcandaliſées,
qu'elles ne machinerent pas moins que de lui faire affront quand elles
la rencontreroient, & il n'y eût que les Predicateurs qui purent les calmer ; ils aſſurerent dans les chaires, qu'il n'étoit pas vrai que Mademoiſelle Bourignon eût aucun deſſein de ſe marier.

Ce fut après ces combats qu'elle forma le deſſein, de renoncer à ſon
patrimoine, pour ſe donner toute à Dieu ; deſſein qu'elle n'executa
jamais pour trois raiſons d'une devotion qui ne pouvoit convenir qu'à
elle ſeule, & qui nous font bien connoître qu'elle n'étoit rien moins
que fanatique, comme on la voulut faire paſſer, mais qu'elle étoit une
perſonne qui raiſonnoit finement pour ſes interêts, c'eſt elle-même qui
nous apprend ces raiſons. La premiere eſt, que ſi elle n'eût pas repris
ſon patrimoine, il ſeroit tombé entre les mains de certaines gens,
auſquels il n'appartenoit pas. La ſeconde, eſt qu'il eût ſervi à mal
faire. La troiſiéme, eſt que Dieu lui fit connoître qu'elle en auroit beſoin pour ſa gloire. Il n'y a point de mondain, d'avare & d'impitoya-
ble, qui ne puiſſe avoir les mêmes raiſons, pour théſauriſer, au preju-
dice de ce que l'Evangile lui commande.

Vie exter. p. 141.

Ces biens ne diminuerent point ſous ſa direction, au contraire, ils
augmenterent, tant parce que ſa dépenſé étoit fort petite, que parce
qu'elle ne faiſoit aucune charité aux pauvres, & aux Egliſes ; ainſi elle
pouvoit convertir en principal le ſuperflus de ſes rentes, & elle ne
manquoit pas de le faire. Ce n'eſt pas, dit ſon Auteur, qu'elle fût avare, car elle poſſedoit ſes biens ſans attache, & la pauvreté d'eſprit ne
la quittoit point au milieu de ſes richeſſes. Tout ſon but, en amaſſant
du bien, n'étoit que de concourir, quand elle en trouveroit l'occaſi-
ſion, à la plus grande gloire de Dieu, c'eſt elle-même qui nous ap-

Vie exter. p. 140.

prend ce point de morale ſi inconnu aux Chrétiens, qui veulent tendre
à la perfection. *Les biens temporels que j'ai*, ce ſont ces paroles, *me ſont
ſuccedez de patrimoine, ou bien augmentez par les fruits, leſquels je ne pou-
vois dépenſer ni donner, pour ne trouver aſſez de vrais pauvres, ou gens de*

bien en besoin ; j'ai ainsi été quelquefois obligée d'augmenter mon capital par des fruits abondans & superflus ; à cause que la sobrieté ne requiert point grande dépense, & les veritables pauvres sont si rares, qu'il les faudroit bien chercher dans un autre monde ; car les assistances qu'on fait en notre miserable siecle, servent souvent à pecher davantage. C'est pourquoi celui qui a des biens plus que la necessité, est obligé d'acroître son capital, pour attendre après l'occasion de l'employer à la plus grande gloire de Dieu.

Il y a apparence que ce furent ses gros biens qui déterminerent les Directeurs de l'Hôpital de Notre-Dame des sept douleurs, de lui donner en 1653. la direction de cet Hôpital. En 1658. elle s'y enferma, & elle y prit l'Ordre & l'habit de Saint Augustin; mais je ne sçai par quelle fatalité il arriva que la sorcellerie se trouva si générale dans cet Hôpital, que toutes les petites filles qui y étoient entretenuës avoient un engagement avec le Diable.

*Vie exter.
pag. 203.*

Traité de la parole de Dieu, p. 79.

Vie exter. pag. 216.

Cela donna lieu aux médisans de divulguer que la Directrice de cet Hôpital étoit Sorciere. Les Magistrats de Lille entreprirent la Demoiselle Bourignon, envoyerent des Sergens dans son Cloître, la firent venir devant eux, & l'interrogerent. Elle leur répondit pertinemment, mais comme elle crut que ses parties avoient autant de crédit que de passion, elle ne jugea pas à propos de demeurer exposée à leurs poursuites ; elle se sauva à Gand en 1662.

Vie contin. pag. 220.

Elle ne fut pas plutôt arrivée dans cette Ville, que Dieu lui découvrit de grands secrets. De Gand elle vint à Malines, où elle se fit un ami qui lui fut toûjours fidele ; il se nommoit Monsieur de Cort, il fut comme le premier de ses enfans spirituels, au sujet duquel elle ressentit de grandes douleurs corporelles, & comme de pressantes tranchées d'un enfantement ; car, au dire de l'Auteur de sa vie continuée, c'est une chose très-veritable, & connuë par l'experience de tous ceux qui l'ont conversée, que toutes les fois que quelqu'uns recevoient par ses paroles ou par ses écrits, tant de lumieres & de force, que de se resoudre à renoncer à tout, pour se donner à Dieu, elle ressentoit, en quelque lieu qu'elle fut, des douleurs, & des tranchées pareilles à celles d'une femme qui seroit dans le travail de l'enfantement, & qu'elle en ressentoit plus ou moins, à proportion que les veritez qu'elle avoit declarées, avoient operé plus ou moins fortement dans les ames. (On voit bien que ceci sent le fanatisme.) Il est vrai qu'on ne doit pas regarder le fait que je vais rapporter, comme certain, car il a été contesté par tous ceux qui y ont eu part.

Ce Monsieur Cort étoit un des Prêtres de l'Oratoire, Superieur de leur maison de Malines, & Directeur d'un Hôpital de pauvres enfans. Il acheta, après en avoir été averti divinement, par deux fois & avec menaces ; il acheta, dis-je, de son propre bien, l'Isle de Noord-strant dans le Holstein, que la mer avoit inondée. Après l'avoir fait dessecher, il en acquit les dîmes, la direction, une bonne partie en propre. Il attira plusieurs personnes de France, de Flandres & de Hollan-

Mr. Cort.

Vie contin. pag. 230.

de dans cette Isle, dont il leur vendit une partie. Il se démit même de tout ce qu'il avoit de reste, & de tous ses droits & prétentions entre les mains de ses confreres de Malines, sous certaines conditions, qu'ils ne lui tinrent point de bonne foi; aussi se fit-il relever de cette donnation, ce qui fut suivi de grands procès. Le sieur Cort fut emprisonné à Amsterdam au mois de Mars 1669. à la poursuite de M. de Saint-Amour, qui se faisoit appeller Loüis Gorin. Avant d'être mis en prison il fut avec rigueur censuré par un Evêque (il y a apparence que ce fut l'Evêque de Castorie) qui le traita d'hérétique, & d'homme qui souhaittoit les biens de ce monde, au dommage de ceux qu'il avoit trompés, en vendant des terres en Noord-strant; d'homme addonné à la boisson, & suspect d'avoir perdu la foi & la chasteté; & même qui se laissoit seduire par une fille de Lille, avec laquelle il demeuroit, au grand scandale d'un chacun. Il demeura six mois en prison, & n'en sortit que par un coup de hazard. Il s'en alla dans son Isle, & y mourut empoisonné le 11. de Novembre 1669. Je ne fais ici que copier l'Auteur que je cite, je ne m'en fais pas garand, d'autant qu'il est contesté par tous ceux qui ont part à ce procedé.

Avant ces contestations il avoit déja vendu à la Demoiselle Bourignon, une terre dans cette Isle, & elle comptoit de s'y retirer en 1668. En attendant ce tems, elle demeura à Amsterdam, où elle fit imprimer quelques traitez, & quelques lettres qu'elle avoit composées dans le Brabant après les persecutions qu'elle avoit soûtenuës à Lille; elle y parle des disputes de l'Eglise qui étoient agitées de son tems; une lettre au Doyen de Lille, touchant l'état du Jugement de Dieu, & on l'a inserée dans la seconde Partie de son livre : *La lumiere dans les ténébres*, dont elle fait la cinquiéme lettre; & sur la fin de l'année 1668. elle publia dans la même Ville son livre de *La lumiere du monde*.

Son séjour d'Amsterdam fut plus long qu'elle n'avoit compté, elle y fut toûjours accompagnée de son cher Cort, & elle y fut visitée de toutes sortes de personnes, sans en excepter les Prophetes, & les Prophetesses imaginaires, qui étoient en grand nombre dans les Provinces Unies. Ces visites lui firent esperer que la prétenduë Reforme qu'elle prêchoit, pourroit avoir quelque succès; cependant il s'en trouva peu qui s'y conformerent avec perseverance. Labadie, si connu dans le monde, & si décrié par les Jesuites, & par leurs adversaires, auroit souhaitté, aussi bien que ses disciples, qui n'étoient pas en petit nombre, de s'établir avec elle dans le Noord-strand; M. Cort y donnoit les mains, d'autant plus volontiers que ces Labadistes offroient une grosse somme d'argent pour acheter toute l'Isle, mais la Bourignon ne le voulut pas, & dit à son Proselite : *Vous pouvez bien y aller sans moi, parce que je sens & je sçai qui nous ne pourrions jamais nous accorder ensemble, leurs sentimens, & l'esprit qui les regit, sont tout contraires à mes lumieres, & à l'esprit qui me gouverne.* Elle avoit déja eu, touchant Labadie, quelques sentimens intérieurs de Dieu, & une vision divine, où il lui avoit fait

voir

voir dans l'efprit, un petit homme fort empreffé à vouloir empêcher, avec une grande perche à la main, la chûte d'un gros Bâtiment, ou d'un Temple qui tomboit, & par quelques conferences qu'elle eut avec lui, où elle tâcha, mais en vain, de le détourner d'aller braver le Synode de Naerden, & de le defabufer de fa méchante doctrine fur la Predeftination, elle fut pleinement confirmée qu'il n'avoit pour fa conduite, que la même chofe qu'ont les Doctes d'aujourd'hui, la lecture, les études, quelques fpeculations fteriles, & quelques actes du propre efprit; & pour motifs de conduite, que quelques entêtemens, & les mouvemens des paffions corrompuës, fans être aucunement éclairé de Dieu même, ni regi par les mouvemens tranquilles de fes divines infpirations.

Par là on peut voir quel étoit l'efprit de la pretenduë Devote, & que c'étoit un génie qui ne fouffroit point de compagnon, ou de collegue; auffi a-t'on vû la main de toutes les Sectes contre cette fille, & la main de cette fille contre toutes les Sectes. Il n'eft pas jufqu'à Benjamin Furli Anglois de nation, Marchand de Rotterdam, & Quaker mitigé, homme d'efprit & d'érudition, qui n'ait écrit contre elle, & qui ne fe foit attaché à lui montrer qu'elle fe contredifoit.

Il n'y eut pas jufqu'aux Cartéfiens qui ne voulurent avoir des conferences avec elle, tels qu'étoient Heydanus & Burmannus. Ils ne furent guéres contens d'elle, ni elle d'eux; la méthode de ces Meffieurs n'étoit point fon fait, elle ne vouloit pas qu'on confultât les lumieres de la raifon, & leur principe eft qu'il faut examiner toutes chofes à cette pierre de touche. Elle affuroit que Dieu lui avoit fait voir, & même declaré expreffément, que *cette erreur du Cartefianifme étoit la pire, & la plus maudite de toutes les héréfies qui ayent jamais été dans le monde; & un Athéifme formel, ou une rejection de Dieu, dans la place duquel la raifon corrompuë fe fubftituë.* J'ajoûte, pour faire connoître les principes de cette fille, & des Bourignoniftes fes fectaires, & qui s'accordent affez bien avec ceux des Quiétiftes, qu'elle difoit fouvent aux Philofophes, que leur maladie venoit de ce qu'ils vouloient tout comprendre par l'activité de la raifon humaine, fans donner place à l'illumination de la Foi divine, qui exigeoit une ceffation de notre raifon, de notre efprit, & de notre foible entendement, afin que Dieu y repandit, ou qu'il y fit revivre cette divine lumiere, fans quoi non-feulement Dieu n'eft pas bien connu, mais même lui & fa connoiffance veritable font chaffez hors de l'ame par cette activité de notre raifon & de notre efprit corrompu, ce qui eft une vraye efpece d'Athéifme, & de rejection de Dieu.

Les occupations qu'elle eut dans la ville d'Amfterdam, ne fe bornerent pas en de fimples vifites, & en conferences; elle y fit plus de livres que de fectaires; on dit même qu'elle y eut de fréquens entretiens avec Dieu, & qu'elle y apprit par revelation, une infinité de chofes particulieres, & fur-tout fur l'état d'Adam

Vie contin. p. 306.

p. 296.

Y y y

dans le Paradis terrestre. J'en parlerai en rapportant ses opinions extraordinaires.

Ce fut pendant qu'elle demeuroit à Amsterdam, que mourut son disciple M. Cort, qui l'institua son heritiere universelle, ce qui lui suscita plusieurs persécutions, & des procès pour l'empêcher de joüir de cette succession ; & s'il y eut des gens animez de zele contre ses erreurs, il y en eut aussi dont le zele pour ses biens ne fut pas moins entreprenant ; ce dernier zéle fortifioit le premier ; quelqu'uns des persecuteurs de Mlle. Bourignon crioient contre sa doctrine, afin de l'exclure de la succession de M. Cort.

Vie cont-
Pag. 380.

Pendant ces persecutions elle tomba malade, elle fut mal servie, & eut bien des miseres à essuïer. Sa santé rétablie, elle quitta la Hollande pour aller à Noordstrant en l'année 1671. Elle s'arrêta en divers lieux du Holstein, & fut obligée de congédier quelques disciples qui s'étoient venus ranger sous ses étendarts : ayant vû que chacun cherchoit ses propres commoditez, elle comprit que ce n'étoit pas le moïen de faire un troupeau de nouveaux Chrétiens. Elle se pourvût

Pag. 384.

d'une Imprimerie, car sa plume alloit comme la langue des autres, je veux dire comme un torrent ; elle faisoit imprimer ses livres en François, en Flamand & en Allemand. Elle se vit extrêmement diffamée par quelques livres que l'on publia contre ses dogmes, & contre ses mœurs, & se défendit par un livre qu'elle intitula : *Témoignage de verité*, où elle traita durement les Ecclesiastiques. Ce n'étoit pas le moïen de trouver la paix : deux Ministres Luthériens sonnerent l'allarme contre elle, & firent des livres, où ils disoient qu'on avoit brûlé & décapité des gens, dont les opinions étoient moins insuportables que celles de Mlle. Bourignon. Les Labadistes

Pag. 388.
Pag. 391.
Pag. 394.

écrivirent aussi contre elle : on lui fit défense de faire aller son Imprimerie. Elle se retira à Flensburg au mois de Decembre 1673. on le sçut, & on échauffa tellement le peuple, en la traitant de *Sorciere & de Circé*, qu'elle fut bien-heureuse de se pouvoir retirer secretement.

Pag. 446.

Persecutée de ville en ville, elle fut enfin contrainte d'abandonner le Holstein, & se retira à Hambourg en 1676. Elle n'y fut en sureté qu'autant de tems qu'on ignorât son arrivée ; dès qu'on en eut eu le vent, on tâcha de se saisir de sa personne : Dieu sçait comment on en auroit disposé, si on l'eut pû prendre. Elle se tint cachée pendant quelques jours, & en sortit pour aller à Oostfrise, où le Baron de Lutzbourg lui accorda sa protection. Au mois de Juin elle y fut Directrice d'un Hôpital, & consacra au bien de cette Maison ses soins, & son industrie, mais non point sa bourse : sur ce fait elle n'en fit pas la fine, elle déclara qu'elle vouloit bien donner son industrie, tant pour les bâtimens, que pour la direction des biens, & l'inspection des pauvres ; mais que deux raisons l'empêchoient d'y engager aucun de ses biens. La premiere est qu'elle les avoit déja consacrez à Dieu, pour ceux qui cherchoient sincerement à devenir de vrais Chrétiens. La seconde est que les hommes sont très-inconstans, & qu'il pourroit arriver que ceux, en faveur de qui elle se seroit défait de son bien, s'en rendroient indignes dans la suite. On sent bien que cette raison étoit admirable pour ne se défaisir jamais de rien, & renvoyer toutes sortes de donations en un tems qui n'arriveroit jamais. C'est sur cette maxime anti-chrétienne, que pressée un jour de donner quelque chose de son revenu à certains pauvres, elle répondit par écrit que, parce que ces pauvres vivoient comme des bêtes qui n'avoient point d'ames à sauver, & qu'ils abusoient des biens de Dieu, au lieu de lui en rendre graces, elle & les siens aimeroient mieux jetter dans la mer leurs biens qui étoient consacrez à Dieu, que d'en laisser là (sçavoir à son Hôpital) quoi que ce soit.

Elle ne fut pas moins persecutée dans l'Oostfrise, qu'elle l'avoit été ailleurs, aussi en 1680. elle quitta ce Païs, prit la route de Hollande, & s'arrêta à Francker en Frise, où elle mourut le 30. Octobre 1680. âgée environ de 64. ans.

Vie cont. pag. 580.

A ce détail on peut connoître le génie de cette fille. Son caractere étoit de passer pour une personne extraordinaire, aussi l'a-t'elle été par les prodiges qui ont accompagné quelques circonstances de sa vie, par la singularité de ses manieres, par la multitude de ses livres, & par ses opinions extraordinaires.

Son Caractere.

1°. Par les prodiges qui ont accompagné quelques circonstances de sa vie. Ceux qui ont voulu la loüer ont dit que sa naissance, que son avenement à la qualité d'Auteur, & que sa mort ont été caracterisées par des Cometes, d'où ils inferent qu'on la doit considerer comme une Prophetesse envoyée de Dieu pour le bien du monde; mais si nous concluons, selon la commune hypothese, nous dirons qu'on la doit considerer comme un fleau de la Providence.

2°. Par la singularité de ses manieres elle se flatoit de devotion, & on nous dit, pour nous le faire croire, qu'elle avoit des communications avec Dieu; mais on ne nous dit rien de ses austeritez, & il y a apparence qu'elle n'en fit jamais: on en peut juger par son embonpoint qu'elle conserva toute sa vie, & qui étoit si frais, qu'âgée de plus de 60. ans, à peine lui en auroit-on donné 40. On nous dit qu'elle avoit le cœur détaché des biens de ce monde, & par-tout on nous insinue qu'il semble qu'elle n'avoit qu'une occupation, sçavoir de thesauriser sur les vains prétextes (que ce que nous appellons dans les autres hommes avarice, dureté, lésine, &c.) lui suggeroient. On nous dit bien qu'elle prêchoit qu'il falloit renoncer à soi-même, & on sçait que jamais personne ne fut plus entêté de ses sentimens & de son humeur, qu'elle le fut. M. Seckendorf, qui nous apprend cette circonstance de sa vie, dit qu'il a remarqué dans les

Apologie du Journal de Leipsic p. 76.

écrits de cette fille, qu'elle étoit dure, sans aucune complaisance, opiniâtre, emportée, querelleuse, chagrine, bilieuse, &c. *Multa vestigia in scriptis ejus apparent, ex quibus judicari posset fœminam hanc duram, inmitem, pervicacem, stomachobundam, rixosam... fuisse.* C'est cet

Vie contin.

humeur qui lui a suscité mille & mille affaires avec differentes personnes qui a porté presque toutes les filles, si nous en exceptons quatre, qui s'étoient mises sous sa conduite, à la quitter, & qui a fait qu'elle avoit beaucoup de peine à se conserver ses servantes, les traitant toujours avec dureté & emportement. Il n'y a aucune apparence qu'elle se soit jamais mise en devoir de renoncer à cet humeur si contraire à la perfection Chrétienne, puisqu'elle en faisoit gloire comme d'une vertu éminente, prétendant que ses emportemens, sa dureté & ses desirs de vengeance, les poursuites juridiques qu'elle faisoit contre ceux qui lui avoient fait tort, ne procedoient que de l'amour qu'elle avoit pour la justice & pour le bon ordre, ce qu'elle soutenoit par les rigueurs que les Prophetes & les Apôtres ont quelques fois exercées.

3°. Par la multitude de ses livres, elle en a fait imprimer en François, en Flamand & en Allemand, & j'en ai vû au moins 22. Vol. in 8°. dans la Bibliothéque de feu M. l'Abbé N De dire au juste quel étoit son veritable systême dans cette multitude de livres, la chose n'est pas possible, & il n'en faut pas être surpris; une personne comme elle, qui donnoit tout aux inspirations immédiates, ne pouvoit rien écrire qui fut lié & suivi.

4°. Par ses opinions extraordinaires, que nous pouvons dire erronées, hérétiques & même sociniennes. En voici quelques-unes qui

Ses opinions sur le prem. homme.

me conduiront loin; mais aussi qui pourront divertir le Lecteur.

Parlant d'Adam, elle prétend qu'avant qu'il pechât, il avoit en soi les principes des deux sexes, & la vertu de produire son semblable sans le concours d'une femme: & que le besoin que chaque sexe a

Preface du livre intitulé: Le nouveau Ciel & la nouvelle Terre, imp. à Amster. 1679.

présentement de s'unir à l'autre pour la multiplication, est une suite des changemens que le peché fit au corps humain. *Les hommes, dit-elle, croyent avoir été créez de Dieu comme ils se trouvent presentement, quoique cela ne soit veritable, puisque le peché a défiguré en eux l'œuvre de Dieu: au lieu d'hommes qu'ils devroient être, ils sont devenus des monstres dans la nature divisez en deux sexes imparfaits, impuissans à produire leurs semblables seuls, comme se produisent les arbres & les plantes, qui en ce point ont plus de perfection que les hommes, ou les femmes incapables de produire seules, mais par conjonction d'un autre, avec douleurs & miseres.*

Vie contin. p. 315.

On explique ailleurs le détail de tout ce mystere, selon qu'il fut revelé de Dieu à la Demoiselle Bourignon. Elle crut voir en extase comment Adam étoit fait avant le peché, & comment il pouvoit produire tout seul d'autres hommes; bien plus, elle crut apprendre qu'il avoit mis en pratique cette rare fecondité *par la production de la nature*

humaine de J. C. Voici le détail de cette prétenduë vision.

Dieu lui presenta dans l'esprit, sans l'entremise des yeux corpo-rels, qui auroient été accablez sous le poids d'une si grande gloire, la beauté du premier monde, & la maniere dont il l'avoit tiré du cahos : tout étoit brillant, transparent, raïonniant de lumiere & de gloire inéfable. Il lui fit paroître, de la même maniere spirituelle, Adam, le premier homme, dont le corps étoit plus pur, & plus transparent que le cristal, tout leger & volant, pour ainsi dire, dans lequel, & au travers duquel on voïoit des vaisseaux & des ruisseaux de lumiere, qui penetroient au dedans & au dehors par tous ses po-res ; des vaisseaux qui rouloient dans eux des liqueurs de toutes sortes de couleurs, très-vives, & toutes diafanes, non-seulement d'eau, de lait, mais de feu, d'air, & d'autres : ses mouvemens ren-doient des harmonies admirables : tout lui obéïssoit, rien ne lui résis-toit, & rien ne lui pouvoit nuire. Il étoit de stature plus grande que les hommes d'à-present ; il avoit les cheveux courts, annelez, tirans sur le noir, la levre de dessus couverte d'un petit poil, *& au lieu de parties bestiales, que l'on ne nomme pas, il étoit fait comme seront réta-blis nos corps dans la vie éternelle, & que je ne sçai si je le dois dire.* Il avoit dans cette région la structure d'un nez, de même forme que celui du visage, & c'étoit-là une source d'odeurs & de parfums ad-mirables : de-là aussi devoient sortir les hommes, dont il avoit tous les principes en soi ; car il y avoit dans son ventre un vaisseau, où naissoient des petits œufs, & un autre vaisseau plein de liqueur, qui rendoit ces œufs feconds : & lorsque l'homme s'échauffoit dans l'a-mour de son Dieu, le désir où il étoit qu'il eut d'autres créatures que lui, pour loüer, pour aimer, & pour adorer cette grande Majesté, faisoit répandre par le feu de l'amour de Dieu cette liqueur sur un, ou sur plusieurs de ces œufs, avec des délices inconcevables ; & cet œuf rendu fecond sortoit quelque tems après par ce canal hors de l'homme en forme d'œuf, & venoit peu après à éclore un homme parfait.

' C'est ainsi que dans la vie éternelle il y aura une génération sainte & sans fin, bien autre que celle que le peché a introduite par le moïen de la femme ; laquelle Dieu forma de l'Homme, en tirant hors des flancs d'Adam ce viscere qui contenoit les œufs que la fem-me possede, & desquels les hommes naissent encore à-present dans elle, conformément aux nouvelles découvertes de l'Anatomie. *Le premier homme qu'Adam produisit par lui seul en son état glorieux, fut choisi de Dieu pour être le thrône de la divinité, l'organe & l'instrument par lequel Dieu vouloit se communiquer éternellement avec les hommes. C'est J. C. le premier né uni à la nature humaine, Dieu & homme tout ensemble* Sur l'huma-nité de I. C.

' Mr Bayle nous donne à ce sujet deux réflexions de sa façon. La premiere est que Mlle. Bourignon n'a pas dû croire qu'elle ressusci-teroit ; car selon ses principes, la matiere crasse qui a été jointe depuis Dic. crit. t. I. p. 95.

*Pref. du
nouveau
Ciel.*

le peché au corps de l'homme, & qui pourrit dans le tombeau, ne
ressuscitera point, & la resurection n'est autre chose que le rétablissement de l'homme dans son état d'innocence, où selon les belles
revelations de Mlle Bourignon, il n'y avoit point de femme. La seconde

*Vie contin.
P. 317.*

reflexion est que cette fille attribue à J. C. né d'Adam toutes les ap-
paritions de Dieu, desquelles l'ancien Testament a parlé, & qu'elle
croit que *quand il voulut se revêtir de la corruption de nôtre chair dans
les entrailles de la sainte Vierge, il y renferma son corps, soit en le ré-
duisant à la petitesse qu'il avoit lors de sa premiere conception ou naissance,
soit d'une autre maniere inconcevable à notre raison grossiere.*

*Sur l'Ante-
Chr. st.*

L'opinion qu'elle avoit sur l'Antechrist, n'étoit pas moins singuliere. Elle croit que ce seroit un Diable incarné, & lorsqu'on lui
demanda s'il étoit possible qu'il naquit des hommes par l'operation

*Vie contin,
P 555*

du Diable. Elle répondit oüi; non pas que le Diable puisse cela tout
seul sans la cooperation de l'homme; mais ayant puissance sur les

*Genest.
c. 38. v. 9*

hommes impudiques, lorsqu'ils abusent du principe de la fecondité,
(ce que l'Ecriture appelle *se corrompre contre la terre*) le diable
transporte cela par son entremise diabolique dans ses Sorcieres, d'où
il fait naître des hommes mechans tous dediez à lui, qui sont des
vrais Antechrists, & que le diable s'incarnera de la sorte.

D'ailleurs elle croyoit que le regne de l'Antechrist doit être entendu en deux manieres, l'une sensuelle, & l'autre spirituelle. Au
premier sens ce sera le regne visible d'un diable incarné, & c'est une
chose à venir. Au second sens c'est la corruption & les désordres qui se
voyent dans toutes les Communions Chrétiennes; & sur cela, dit M.

*Seckendorf
p 154.*

Seckendorf, elle décrie toutes les sectes, n'épargne pas les Protestantes, & prétend que le Pape est l'Antechrist, le Chef, le Prince,
& le Recteur des Antechrists. *Ante omnia Romana Ecclesia... Anti-
christum, Caput, Principem & Rectorem... confidentissimè assignat.....
nihilò tamen mitius Protestantium cœtus tractavit, ideòque in libris de
Antichristo omnia in eundem sensum refert, nihil relinquens quod non An-
tichristianum & diabolicum faciat effreni, & increduli maledicentia.*

Quant à l'Antechrist réel & sensuel, & diable incarné, selon ses
principes, elle l'avoit si réellement connu en *vision de nuit ratifiée*,
qu'elle en donna une description, où l'on pouvoit voir quel teint,
quelle taille, & quels cheveux il auroit.

*Vie contin-
p. 267.*

Je dis en *vision de nuit ratifiée*; c'est qu'elle estimoit fort peu les
visions qui se font par l'entremise de l'imagination. Si elle en avoit
de cette sorte, elle les tenoit pour suspectes, jusqu'à ce que les ayant
recommandées à Dieu dans un recüeillement profond & dégagé
de toutes images, elle apprit de Dieu ce qu'elle en devoit penser,
& que Dieu lui en ratifiât la verité d'une maniere si pure, si intime,
& si secrete dans un fond d'ame si dégagée & si abandonnée à Dieu,
qu'il ne pût point y avoir de mélange, soit de la pensée humaine,
soit de l'illusion diabolique. Dieu lui ratifia en cette maniere la

verité de la vision de l'Antechrist : *Credat Judaus, non ego.*

On pretend que cette opinion qu'elle avoit de la génération de l'Antechrist sensible, étoit tirée des hypothéses que quelques Sçavans ont fait touchant les esprits incubes ; il y a des Auteurs qui ont soutenu que certains hommes d'un merité extraordinaire, ont été engendrez par ces sortes d'esprits. Leon Allatius, dans son livre de la patrie d'Homere, se declare pour ce parti, & soutient que les enfans procréés de cette façon, ne laissent pas d'être formez du fait de l'homme. L'Abbé de Villars, ou le Comte Gabalis, dans son quatriéme entretien, explique cette vision à sa maniere ; ceux qui auront la curiosité de la sçavoir, peuvent le consulter, la chose ne me paroît pas assez serieuse pour la transcrire ici.

P. 30.

Les opinions que Mlle Bourignon avoit sur la Religion en général & en particulier, sont bien d'une autre consequence, & si elles ne passent pas pour hérétiques dans les Communions Protestantes, aussi-bien que dans la Romaine, je ne sçai pas ce que c'est qu'une opinion hérétique. L'Auteur de la Republique des Lettres, parlant d'elle, dit qu'elle méprisoit les saintes Ecritures, qu'elle nioit *la Trinité des Personnes, la Divinité de J.C. la satisfaction parfaite qu'il a faite pour nos pechez par sa mort, & l'infinité de ses merites.* Qu'elle debitoit par tout, & avec véhémence, que la veritable Eglise étoit éteinte, qu'il falloit renoncer aux exercices liturgiques de la Religion, & laisser les hommes dans un libre exercice de leur foi. Qu'elle condamnoit les prieres publiques & particulieres, les lectures spirituelles, & les sermons, & aussi ne se trouvoit-elle jamais à ces exercices de la Religion Chrétienne, & n'en faisoit aucun en particulier; aussi-bien que ceux ou celles qui étoient avec elle, tous se contentant de faire quelques prieres à voix basse, en entrant & en sortant de table; qu'enfin elle faisoit consister toute la Religion dans un renoncement à soi même, & dans l'amour de Dieu. Grands mots à la verité, & qui ne signifioient rien pour elle, puisqu'elle n'avoit rien moins que ce renoncement, qui ne peut subsister avec cette humeur bilieuse, emportée, vindicative, insuportable, qui la dominoit, & dont elle faisoit trophée, & qu'on ne peut aimer Dieu, sans aimer son prochain, tel qu'il est, ce qu'elle ne faisoit pas, comme nous l'avons démontré par la dureté qu'elle avoit pour les pauvres, sur les vains pretexres que son avarice lui suggeroit.

Sur la Religion.

Année 1685.

Après toutes ces singularitez, le Ministre Poiret, autre Partisan outré de Mlle Bourignon, nous vient dire d'un air serieux, que jamais personne ne fut plus opposé à l'érection de toutes sortes de Sectes, qu'elle, & que toute sa vie a fait voir, que jamais elle n'a attiré personne, & encore moins fait changer quelqu'un de Religion, ou établi quelque culte, ou des assemblées, ou des ceremonies particulieres, ce qui est proprement ce que l'on appelle faire une Secte.

Pour refuter ce Ministre, nous n'avons qu'à lui faire ces deux argumens.

Dire, qu'il faut renoncer aux exercices liturgiques de Religion, &
même les abolir ; vivre conformément à ce principe, ne point faire
de prieres particulieres, & n'affifter jamais aux prieres publiques, aux
fermons, aux lectures fpirituelles; condamner la lecture de la Ste. Ecriture, ou la méprifer, & induire les autres à tout cela, par fes paroles, par fes
livres, & par fon exemple, c'est affurément faire bande à part , & af-
fecter d'avoir une Religion diftinguée de la Romaine, do la Pretenduë
Reformée, de la Protestante, & de beaucoup d'autres. Or, de l'aveu même de Poiret, Mlle Bourignon fe comportoit ainfi, & fe mettoit à la tête
de ceux qui vouloient faire de même ; donc elle a fait bande à part ,
& elle s'est feparée des Communions Romaine, Protestantes, &c.
& par là elle s'est fabriquée une Religion particuliere.

Repub. des
ett. 1685.
nois de Mai

Méprifer la divinité des faintes Ecritures, nier la Trinité des perfon-
fonnes en Dieu, la Divinité de J. C. fes merites infinis, & l'efficacité
de fon facrifice fur la Croix, c'est focinifer , ou croire & parler comme
Socin, & fes fectaires. Or, Mlle Bourignon a dit, crû & foutenu ces paradoxes hérétiques ; donc, à bon droit, en la feparant de la Communion Romaine, & des Communions Protestantes, & Pretenduës
Reformées, on l'a mife au nombre des Sociniens.

CHAPITRE XLIV.

ELIE SAURIN.

Accufé de Socinianifme , & pourquoi.

ELie Saurin, Pafteur de l'Eglife Walonne d'Utrecht, l'homme des
Protestans qui a le plus crié contre les Catholiques Romains, &
contre les Sociniens, & qui les damne tous fans remiffion, est néanmoins taxé de Socinianifme, & de quelque chofe de pire, par le Miniftre Jurieu ; voyons ce qu'il en dit, & ce qu'il en est.

Preface de
Saurin, de
fon livre:
Reflexions
fur les droits
de la con-
fcience.

Ce que c'est
que Latitu-
dinaire.

Jurieu accufe d'abord Saurin d'être un Latitudinaire, & par ce mot,
il entend des gens *qui font ennemis de tous les Myfteres de la Religion Chré-
zienne , qui reduifent les Articles de Foi , à croire un Dieu, une Providence ,
un Paradis , un Enfer, & dont la Religion s'étend à peine jufqu'à un J. C. crucifié ; il les appelle Latitudinaires, parce qu'ils élargiffent la voye du falut ,
afin que tous les Hérétiques , Juifs & Payens , y puiffent entrer.* Il ne le
traite pas feulement de Latitudinaire, mais un des plus outrés Latitudinaires. La verité est, (ajoute Jurieu, en parlant de Saurin, dans un
petit livre qu'il a publié contre ce Ministre) qu'étant outré Latitudinaire comme il est, il n'y a point, felon lui, d'erreurs, ni d'héréfies
mortelles; toutes les fautes que l'homme commet en prenant la verité pour le menfonge, ou le menfonge pour la verité, font des fautes
pardonnables, pourvû qu'il foit dans la bonne foi, & tout au moins

croire

croire en Dieu, croire J. C. l'Enfer, le Paradis, les bonnes mœurs de la Morale, c'eſt tout ce qui eſt neceſſaire pour être ſauvé ; car on n'eſt ni hérétique, ni blaſphêmateur, dans la belle Theologie de ces Mrs, ſi ce n'eſt qu'on ne ſoutienne des héréſies, ou qu'on produiſe des blaſ-phêmes contre ſa conſcience ; afin donc d'être en droit d'accuſer les opinions des Peres d'être des erreurs mortelles, il faut, ſelon les principes qu'il prouve & qu'il ſuppoſe, que ces Peres ont avancé ces dogmes erronés contre leur conſcience, & bien convaincuë qu'ils vou-loient ſeduire les peuples.

C'eſt là le grand principe du *Commentaire Philoſophique*, qu'on ne pe-che que quand on agit contre le *Dictamen* de ſa conſcience ; que les er-reurs en matiere de Religion, ne ſont pas des pechez ; que l'on eſt toûjours innocent devant Dieu, quand on agit de bonne foi ; & que c'eſt l'état où ſe trouvent la plûpart des hommes Proteſtans, Catholi-ques Romains, Sociniens, Juifs, Mahométans, Payens, &c. Maxi-mes que ce commentaire établit ſur des principes qui menent infailli-blement au Pyrrhoniſme, & à l'Athéïſme.

Etrange portrait de la Religion de Saurin ; auſſi l'a-t'il bien reſſenti, puiſqu'il dit que le Sabellianiſme, le Neſtorianiſme, le Pelagianiſme, le Socinianiſme tout entier, en un mot toutes les héréſies Antitrinitai-res, & toutes celles qui détruiſent la Grace, ne ſont que des pechez veniels, en comparaiſon de l'héréſie des Latitudinaires, telle que Ju-rieu la définit : *Ma Religion*, dit Saurin, *eſt donc, ſelon Jurieu, une veri-table irreligion, & un veritable Athéïſme.*

Ces accuſations ſont vagues, auſſi Jurieu n'en eſt pas demeuré là. Dans un libelle de deux feuilles volantes, ſous le titre : *Suite de la Ré-ponſe de Jurieu*, il dit : *Saurin eſt, ſans contredit, un des faux Docteurs des plus dangereux qui ſoient nés dans ce ſiecle*, & ſon livre eſt l'un des plus pernicieux ouvrages qui ſoit jamais ſorti de la Communion des Refor-més. *Toute l'héréſie Antitrinitaire, Photinienne, Pelagienne, s'y trouvent renfermées*, & d'une maniere d'autant plus dangereuſe, qu'elle eſt cou-verte d'un voile de diſſimulation, & de mauvaiſe foi, le plus épais qui ait jamais été compoſé pour tromper. Ce livre eſt plein depuis le com-mencement juſqu'à la fin, de declarations formelles, qui paroiſſent les plus orthodoxes du monde, & conformes à nos Myſteres. Cependant dans la ſuite il renverſe toute cette doctrine, non-ſeulement par des conſequences, mais formellement. Il poſe trois principes plus que ſuſ-pects, puiſqu'ils ſont évidemment hérétiques, pour ſe frayer le che-min à la ruine des Myſteres du Chriſtianiſme.

Le premier principe de la Théologie de Saurin, dit Jurieu, ruine la validité du témoignage de l'Egliſe, & combat la Regle de Vincent de Lerins, que tous les Théologiens de toutes les Communions, Papiſtes, Proteſtantes, Luthériens, Reformés, Epiſcopaux, Presbyteriens, ont toûjours regardée comme un axiome, comme une regle de bon ſens, & comme une verité inconteſtable. Cette regle porte : *Que tout ce que*

Iuſtificat. de la doct. de Saurin. p. 2.

Zzz

les Chrétiens, & particulierement tous les Docteurs de l'Eglise, ont crû par tout, en tout lieu & en tous tems , est veritable.

Saurin convient de cette accusation , & tout ce qu'il dit pour sa justification ne tend qu'à dire qu'il n'admet point cette regle de Vincent de Lerins ; & sur cet aveu, nous pouvons abandonner les traditions apostoliques , & conclure que le Mystere de la Trinité , & que les autres Mysteres de la Religion Chrétienne doivent être renvoyez , pour en avoir des preuves évidentes , à la seule Ecriture sainte , expliquée sans glose , & prise selon le caprice de chaque particulier , ou selon la lumiere intellectuelle que ces sortes de Fanatiques veulent bien se persuader avoir tout en général & en particulier.

Le second principe de Saurin porte, qu'il faut bannir de la Religion & de l'Eglise, tous les termes qui ne sont pas dans l'Ecriture sainte, comme ceux de Trinité , de Personne , d'Essence , d'Hypostase , d'Union hypostatique & personnelle, d'Incarnation , de Génération , de Procession , &c.

P. 39. Saurin convient en partie de cette accusation , & la nie en partie ; mais sa negation est comme une confirmation que l'accusation est absolument veritable. Il dit, on est obligé d'expliquer les termes de l'Ecriture par d'autres termes , pourvû que ces termes ne soient pas plus obscurs que ceux de l'Ecriture , & sur-tout qu'ils ne soient pas équivoques. *Mais je crois premierement qu'il s'en faut tenir au langage de Dieu, autant qu'il est possible. Secondement , lorsqu'il se trouve des fideles, ou même des Théologiens qui font scrupule de se servir des termes que l'on a inventez pour exprimer les Mysteres , on ne doit point les y contraindre , pourvû qu'ils fassent connoître la pureté de leur foi par d'autres expressions claires , & nullement ambigues.*

Sur cet aveu , les Sociniens sont en sureté dans la Communion de Saurin ; *Ils s'en tiennent au langage de Dieu,* & disent avoir des peines d'esprit de se servir des termes dont les Orthodoxes se servent ordinairement sur la Trinité , & sur la Divinité de J. C. pour expliquer leur créance sur ces Mysteres. Au reste, qu'ils croyent que J.C. est Dieu, sans néanmoins déterminer qu'il soit le Grand & l'Unique. De plus , si le principe de Saurin est recevable, n'usant plus dans les Chaires, dans les Academies, & dans les Instructions familieres , des termes de Trinité , de Consubstantialité , de Personne , &c. on perdra bien-tôt l'idée , la memoire, & même la foi de tous les Mysteres qui nous sont representez par ces termes.

47. Le troisiéme principe que Jurieu impute à Saurin , c'est qu'on ne doit rien croire en matiere de Foi, comme en toute autre chose , qui ne paroisse évidemment conforme à la droite raison, & aux notions communes , & dont on n'ait des perceptions claires , & des idées distinctes.

Sur ce principe, il est manifeste qu'on ne doit point admettre comme un dogme necessaire au salut, la foi d'un Dieu en trois personnes, la

confubstantialité du Verbe, l'Incarnation d'un Dieu, &c. puisque tous
ces Mysteres sont impenetrables à la raison humaine.

Aussi Jurieu dit fort bien que ces trois principes sont actuellement & *P. 48.*
de fait, & sans le secours des consequences, la ruine de toute la Religion Chrétienne; que c'est le donjon de l'héréfie, & le centre de l'impieté; que jamais il n'y eut d'hérétique, qui ne tint ces trois paradoxes;& que jamais homme ne les a soutenus, sans être hérétique; & enfin, que c'est le *Proprium quarto modo* de l'héréfie.

Jurieu va plus loin, il laisse ces consequences, & s'arrête aux paroles de Saurin, montre par là qu'il est Antitrinitaire, & qu'il croit
que la créance de la Trinité est l'héréfie des trois Dieux.

Il y a peut-être cent endroits (c'est ainsi que parle Jurieu) où
Saurin parle de la Trinité, à peu prés comme peuvent faire les Orthodoxes, & c'est ce qui me fait méprifer ce Théologien, & ce qui me por- *...3*
te à le regarder comme un homme sans bonne foi. Il dit dans son ouvrage, page 78. que le Mystere de la Trinité est si clairement contenu
dans l'Ecriture sainte, qu'on ne le peut revoquer en doute, sans dépoüiller cette divine parole de toute son autorité, & sans la mettre
au nombre des livres humains & fabuleux. On s'imagine que c'est là
ce que l'on peut dire de plus fort, mais on se trompe, dit toûjours Jurieu, c'est de tous les endroits du livre de Saurin, où la Trinité revient,
celui qui lui coûte le moins. Il n'y a pas d'hérétique qui ne consente à
recevoir ce qui est dans l'Ecriture à mots exprés; c'est pourquoi il ne
sçauroit nier qu'il n'y ait une espece de Trinité...mais il nie la Trinité *10.*
consubstantielle & égale. Le Pere, selon les hérétiques, est le seul souverain Dieu; le Fils est son Envoyé & son Vicaire, c'est une personne
créée; & le Saint-Esprit est une substance, & une personne, mais c'est
la personne du Pere, car il est sa vertu operante. Qu'on ne se laisse donc
pas éblouïr par une declaration si orthodoxe en apparence; tout ce que
dit Saurin doit être pris de cette profonde dissimulation qui est commune à tous les ennemis de la Foi, qui pour des raisons humaines ne veulent pas sortir de l'Eglise.

Jurieu ajoute selon Saurin, que sa personnalité en Dieu n'est qu'une *55.*
figure; la Génération, & la Procession ne disent rien de propre qui soit
en Dieu, ce sont des figures; le Fils de Dieu est un fils figuratif, un fils
métaphorique, tout est figure dans la Trinité, il n'y a rien de réel.

Selon Saurin, quand on dit dans un sens propre, il y a trois Person- *56.*
nes dans la Divinité, on fait une héréfie, & peut-être un blasphême,
car on fait l'héréfie des trois Dieux, ou des Trithéïtes, qui approche
fort du blasphême.

Enfin, conclut Jurieu, l'héréfie des Antitrinitaires, paroît claire- *71.*
ment dans la refutation que Saurin a faite des emblêmes que les Théologiens donnent ordinairement du Mystere de la Trinité; & on peut
assurer que les trente ou quarante pages qu'il employe à refuter ces emblêmes, sont une des plus scandaleuses pieces de tout son ouvrage; on

y voit évidemment un but de renverser le Myſtere de la Trinité , & de
prouver ce qu'il a dit , que rien ne ſçauroit concilier ce Myſtere avec la
droite raiſon , & avec les notions communes , c'eſt-à-dire , ſelon ſes
principes , que le Myſtere eſt faux. Dans toute cette diſpute on voit
très-clairement une haine ſecrette contre ce Myſtere, ne voulant pas
lui laiſſer le moindre appui dans la nature, & dans la raiſon.

Si Saurin eſt ennemi de la Trinité , il ne l'eſt pas moins de l'Incarnation, & en cela il ſuit ſon faux principe. Nous ſçavons de ſa propre
bouche, dit Jurieu, qu'il ne croit point l'union perſonnelle , & qu'il
ne conçoit qu'une union morale, ou union d'aſſiſtance entre les deux
natures de J. C. L'on eſt prêt de faire ſerment devant tout Juge, de la
verité de ce fait ; mais quand nous ne le ſçaurions point par ſa confeſſion, on lui fera voir par ſon ouvrage même, que dans cet article,
P. 72. comme dans le precedent, il eſt un profond diſſimulateur, les confeſſions orthodoxes ne lui coûtent rien.

Les perſonnes, ſelon lui , & ſelon les autres Carteſiens, ne ſont que
des negations. Or il eſt abſurde de dire qu'une negation ſe ſoit incarnée.

Mais ce qui eſt déciſif, ajoute Jurieu, c'eſt que cent & cent fois
Saurin a dit , en preſence de témoins, que Neſtorius étoit orthodoxe,
73. & que Cyrille & ſon Concile étoient hérétiques.

Ce ſont là les principales héréſies que Jurieu met ; avec beaucoup de
vrai-ſemblance, ſur le compte de Saurin;& il promet de faire voir qu'il
n'y a guéres d'erreurs parmi les Antitrinitaires, dont on ne trouve des ſe-
mences dans ſon ouvrage; on y remarque qu'il n'a aucun reſpect pour
les Sacremens, qu'il y maltraite les Magiſtrats, qu'il y nie qu'il puiſſe y
avoir une guerre legitime de mille qu'on entreprendra, tout cela eſt Socinien.

Pour conclure, Jurieu dit qu'il y a pluſieurs choſes incompre-
henſibles dans la conduite de Saurin ; celle à laquelle ſeule je m'attache, eſt qu'il y ait un ſi grand fond de corruption dans le cœur humain. Saurin fait oſtentation d'un grand fond de pieté & de Religion,
& je dis *fronti nulla fides*. En quel ſiecle ſommes-nous , bon Dieu ? Cet
homme anathématiſe les Sociniens & le Socinianiſme en cent endroits,
& dit que leur Communion eſt morte, & ſans eſperance de ſalut ; &
après ces belles proteſtations, il établit que la doctrine de la Trinité
eſt l'héréſie des trois Dieux, inconnuë & rejettée durant trois ſiecles,
par un conſentement unanime.

Toutes ces accuſations ſont fortes, Saurin les a bien reſſenties, &
auſſi y a-t'il répondu par un gros livre in 8°. de plus de 500. pages, intitulé : *Juſtification de la doctrine d'Elie Saurin*, &c. mais à dire les choſes comme je les ai conçuës, il s'y juſtifie fort mal ; il y convient de
bien des choſes, & il y débite que les Peres des trois premiers ſiecles, &
particulierement ceux qui ont un peu precedé le Concile de Nicée, ont
été Antitrinitaires, c'eſt-à-dire, Sabelliens ou Ariens ; & que ceux
du quatriéme & du cinquiéme ſiecle, ont été Trithéites, & fait de ſon

mieux pour le prouver, en rapportant differens paſſages de ces Peres, qu'il tourne à ſa maniere ; à la verité il ne veut pas que l'Egliſe des trois premiers ſiecles ait été Antitrinitaire, mais ſeulement ceux qui ont écrit ſur la matiere de la Trinité, c'eſt-à-dire, les Saints Peres, dont la plûpart ſont morts pour la foi d'un Dieu en trois Perſonnes, auſſi-bien que pour celle d'un Dieu fait homme ; & encore par une charité extraordinaire, il veut bien excuſer l'intention de ces Ecrivains, & avoüer que dans le cœur ils étoient orthodoxes, quoique dans leurs paroles ils fuſſent Ariens ou Sabelliens. Il fait la même charité aux Ecrivains qui ont vêcu & écrit après le Concile de Nicée, qu'il accuſe de Trithéïſme, par rapport à leurs écrits, quoiqu'orthodoxes dans leurs cœurs.

Saurin par là eſt aſſurément le premier homme du monde, il voit dans les anciens Peres des défauts que les Orthodoxes n'y ont pas re-marqué, pendant tous les ſiecles qui ſe ſont écoulèz depuis eux juſ-qu'à nous, & par une grace gratuite, le don de pénétrer les conſcien-ces de ces ſaints Ecrivains.

N'eſt-ce pas une plaiſante idée, de dire que les Prêtres, les Prelats, & tous ceux qui enſeignoient pendant ces heureux ſiecles, étoient An-titrinitaires, & que le peuple ne l'étoit pas ? Les oüailles avoient-ils d'autres pâturages que ceux que leur donnoient leurs Paſteurs ? Avoient-ils d'autres Catéchiſmes, d'autres inſtručtions, & d'autres Pré-dications que celles que leur donnoient ces Prelats ; & la Foi ne nous étant inſpirée de Dieu que par l'oüie & le miniſtere de l'inſtruction, ces fideles pouvoient-ils avoir une créance contradičtoire à ce qu'on leur prêchoit, & à ce qu'ils liſoient ? Et ſi ces Peres étoient Sabelliens, Ariens, & Antitrinitaires dans leurs écrits, ils l'étoient auſſi dans leurs exhortations ; ils ne prêchoient autre choſe que ce qu'ils avoient écrit, & n'avoient écrit que ce qu'ils penſoient, & que ce qu'ils croyoient ; & ſi ces Peres étoient hérétiques dans leurs diſcours publics, les peuples qui les écoutoient l'étoient donc auſſi ?

J'ajoute, quelle chimerique charité de dire que ces Peres pouvoient être Orthodoxes dans leurs cœurs, & être Antitrinitaires dans leurs énonciations & dans leurs livres ? Pour le croire il faut donc ſuppo-ſer gratuitement que ces Peres étoient des étourdis, ne ſachant pas ce qu'ils diſoient ; ou qu'ils étoient des fourbes & remplis de malice, penſant toute autre choſe que ce qu'ils diſoient en public : ou qu'ils étoient des ignorans n'entendant pas eux-mêmes çe qu'il diſoient, ce qu'ils écrivoient, & ſur quoi ils diſputoient ? Où va l'extrava-gance d'un homme, quand il ſe laiſſe aller à ſon imagination déran-gée, comme fait ici Saurin. Tout homme, ſans avoir la pénétration de Jurieu, voit bien le défaut, ou plûtôt la malice de ces para-doxes.

Je dis malice, il y a apparence que Saurin n'a fait cette injure aux anciens Peres, que pour ruiner la Tradition ſur les Myſteres de la

Trinité & de l'Incarnation d'un Dieu, & qu'afin qu'on ne croye que ce que l'Ecriture seule nous en dit, & aussi il ne s'en cache pas, & comme de l'aveu des Protestans & des Calvinistes, aussi-bien que des Catholiques, elle n'est pas si claire, que des esprits aussi inquiets & aussi amateurs de la singularité que le sont les Sociniens, & tous les libertins, n'y trouvent de l'obscurité & de l'implicance avec leur juste raison, & leurs notions ordinaires, & même des difficultez qui ne sont pas de peu de conséquence : on se trouve comme dans la necessité de n'en point parler ; &, selon les principes de Saurin, de laisser les Mysteres au nombre des choses qui ne sont pas necessaires au salut, que Dieu a voulu cacher aux hommes, & sur lesquelles on peut disputer, & prendre quel parti on voudra.

CHAPITRE XLV.

Le Ministre Jurieu convaincu de Socinianisme par les principes sur lesquels il accuse les autres de sociniser.

JUrieu Professeur en Théologie, & Ministre à Roterdam, si connu par sa capacité, ses livres, ses visions, ses Propheties, ses demêlez avec les Catholiques, & avec la plûpart de ses confreres, qui se distinguent en Hollande par leur capacité ; & encore plus connu par le feu mordicant qu'il fait sentir dans ses écrits aux personnes contre lesquelles il écrit. Au reste, homme sans foi, sans honneur, & même souvent sans bon sens, qui n'écrit que pour déguiser la verité, debiter des mensonges, faire le Prophete, soulever les sujets contre leurs Souverains, amuser les simples & les ignorans dans leurs erreurs, & noircir les personnes les plus qualifiées par des calomnies atroces inventées à plaisir, & debitées avec un air d'hypocrite, & avec une assurance capable d'imposer à tout autre qu'aux Catholiques, & qu'à ceux qui ont un peu de bon sens, & d'amour pour la verité.

Jurieu, dis-je, après avoir accusé quantité de Sçavans de toutes les Communions de sociniser, est aussi accusé de sociniser, sur les principes dont il se sert pour convaincre les autres de Socinianisme.

Esprit de M. Arnaud. Les interêts d'Angleter. entendus & imprimez en 1703. p. 285. Bail. Jug des Sçav. t. 3. p. 355.

J'ai déja opposé, part. 1. ch. 37. contre lui-même, les principes qu'il établit pour convaincre certaines Societez de France, d'être Sociniennes. Ici il produit ceux qu'il établit contre le Ministre Elie Saurin, & sur lesquels il prétend le convaincre d'être un outré Latitudinaire, & un veritable Antitrinitaire. Il veut que ce Ministre soit ennemi de la Trinité, qu'il en combatte le dogme, qu'il en ruine la foi, & par-là qu'il soit Antitrinitaire & Socinien, parce que, selon les principes de Saurin, c'est un dogme nouveau. Il est nouveau,

parce que sept ou huit siecles se sont écoulez depuis J. C. sans qu'on en ait eu une idée telle que nous l'avons aujourd'hui, & que nous, nous en avons une idée toute differente de celle qu'ont eu les Ecrivains des huit premiers siecles, parce que les Peres des trois premiers siecles étoient de veritables Sabelliens dans leurs écrits, & que le Concile de Nicée, & que les Peres ou Ecrivains qui l'ont suivi pendant trois ou quatre siecles, étoient de veritables Tritheïtes, si nous voulons nous en rapporter à leurs écrits. La conséquence que Jurieu infere de ce principe, sçavoir que Saurin est ennemi de la Trinité, & un vrai Socinien, me paroît juste; & sur cela je réponds à Jurieu.

Mr. le Ministre, vous établissés le même principe de la nouveauté du dogme de la Trinité & de l'Incarnation: vous êtes donc l'ennemi de ces Mysteres, & pour parler à votre maniere, vous êtes donc un veritable Socinien.

La conséquence est juste sur la verité des prémisses, Jurieu convient de la majeure: voici la preuve du fait, qui me sert de mineure.

Saurin, après lui avoir reproché ses variations & ses contradictions perpetuelles, lui avoir fait voir qu'il établit des principes selon les besoins qui le pressent, ausquels il en subroge d'autres contraires, quand ceux-là commencent à l'incommoder, & lui avoir dit qu'il raisonne au jour la journée, & felon la passion qui est de tour à commander dans son ame; après, dis-je, ces reproches, qui n'ont rien que de vrai, il lui soutient que lui Jurieu, parlant des Peres des trois premiers siecles, & des Peres qui ont vêcu après le Concile de Nicée, a dit: *A peine les reconnoîtra-t-on pour des Chrétiens, ou même pour des demi-Chrétiens. Les hérésies les plus capitales, & dont une seule est capable d'exclure aujourd'hui de la Communion générale du Christianisme, faisoient la Théologie & la Religion des trois premiers siecles, les Peres des siecles suivans sont tombez d'un abîme dans un autre, d'un Christianisme fort corrompu dans le commencement d'un Antichristianisme. ... Les Peres qui ont fleuri après le Concile de Nicée, se sont éloignez du Sabellianisme, & de l'Arianisme par un mouvement si impetueux & si peu mesuré, qu'il les a poussé jusqu'au Tritheïsme. Du moins il est certain que leurs expressions, leurs propositions & leurs comparaisons vont là naturellement, & qu'on leur fait une grace speciale de leur prêter une bonne intention, & de donner à leurs paroles une explication violente pour leur conserver le titre d'orthodoxe.*

De plus, parlant des Peres qui ont précedé le Concile de Nicée, il dit dans sa 6. lettre pastorale: *Dans la Théologie de ces Docteurs, Dieu a fait son Verbe, le Fils, la sapience éternelle, a été créé au commencement du monde. Le Verbe n'est pas éternel entant que Fils: sa parfaite nativité n'arriva que lorsqu'il se rendit comme une semence sur la matiere, & sur le cahos. ... Ce fut alors, c'est-à-dire, peu avant la création, qu'il devint une personne distincte de celle du Pere, ainsi la Trinité des*

Examen de la Theol. de Jurieu.

Le même p. 719.

Cité dans la just. de Saurin: 8.

Examen p. 759.

personnes ne commença qu'un peu avant la formation du monde.

Les Anciens jusqu'au quatrième siecle (c'est toujours Jurieu qui par-
le) ont eu une autre fausse pensée au sujet des personnes de la Trinité. Ils y ont
mis de l'inégalité, c'est ce qu'on ne peut nier pour peu qu'on ait de bon-
ne foi : car ils ont regardé le Fils comme les rayons qui émanent du corps
du Soleil, qui ne sont que les portions, & qui ont moins de perfection que
le tout. Tertullien est clair là-dessus. Le Pere, dit-il, est la substance entiere,
& le Fils est une dérivation du tout, & une portion, comme lui-même
l'avoüe, disant, le Pere est plus grand que moi. Le même Tertullien ex-
pliquant ces paroles de l'Ange à la Vierge : La vertu du Tout-puissant vous
couvrira de son ombre, & l'esprit de Dieu surviendra en vous; il confond
le Fils & le saint Esprit, & prétend que cet Esprit qui a ombragé la Vier-
ge est le même que celui qui a été incarné; & ce n'est pas le seul endroit
où Tertullien confond les deux personnes, le Fils & le saint Esprit. Au dire
de Jurieu, c'est-là la Théologie d'Atenagoras, de Tertullien, & de tous
les Sçavans de leurs siecles. Atenagore, & Theophile d'Antioche dans
l'Orient, & Tertullien dans l'Occident en sont témoins, car ils n'avancent
point cela comme leurs propres imaginations ; aussi est-il certain que tous
les Anciens des trois premiers siecles ont expliqué à peu près de même le
Mystere de la Trinité, ne reconnoissant qu'une substance en Dieu, & trois
personnes distinguées, mais engendrées & produites dans le tems, & souvent
confondans le Fils avec le saint Esprit, & mettant de l'inégalité entre le
Pere & le Fils.

Il est donc vrai que tous les anciens Peres ont été Ariens, si nous
avons la simplicité de nous en rapporter au jugement du Ministre
Jurieu. En vain voudra-t'il excuser leur intention ; car nous lui dirons ce que nous avons dit à Saurin, que ces Peres n'étoient ni
étourdis, ni fourbes, ni méchans, ni assez ignorans pour ne pas
sçavoir ce qu'ils disoient, & ce que valoit la force de leurs expressions : & si ces Peres étoient Ariens, qu'étoient les peuples qui
ne contredisoient point leurs Pasteurs, comme il paroît par les histoires de ce tems. Ces Peres & ces Pasteurs étoient les dépositaires
de la Foi, & des veritez necessaires au salut. Il faut donc croire que ces
Peres, n'ayant pas la foi de la Trinité telle que nous l'avons, leurs
peuples ne l'avoient pas aussi, notre foi est donc nouvelle ?

Or conclure ainsi, selon Jurieu, c'est être Socinien, Antitrinitaire,
ennemi déclaré du Mystere de la Trinité. Jurieu, selon ses principes est donc un vrai Socinien.

J'ajoute à ce raisonnement, celui-ci qui ne sera pas si long. Sauver positivement une infinité de gens dans le sein de l'Arianisme ;
acculer ceux qui refusent de les sauver, d'avoir une opinion de bourreau ; poser en fait que la Communion Arienne est pure en comparaison de la Romaine, dans laquelle néanmoins, dit Jurieu, Dieu
a conservé une infinité de fideles par la direction de leur culte, n'est-
ce pas croire que la créance des dogmes d'un Dieu en trois personnes

nes, & d'un Dieu incarné, n'est pas necessaire au salut? N'est-ce pas mettre ces dogmes parmi les points fondamentaux de la Religion Chrétienne? N'est-ce pas vouloir nous persuader que ces dogmes ne sont pas expressément & formellement dans les saintes Ecritures.

Or, Jurieu soutient la premiere partie de cette proposition, comme lui soutient Saurin. Jurieu croit donc que la créance des dogmes de la Trinité, de l'Incarnation, de la Divinité de J. C. n'est pas necessaire au salut, puisque les Ariens se sont sauvez, & se sauvent encore indépendemment de cette créance. En vain dira-t'il, que ce qui n'étoit pas necessaire au salut pour ces Ariens, l'est devenu pour nous ; car ce qui n'étoit pas de foi, ou necessaire au salut pendant les premiers siecles de l'Eglise, ne le peut être maintenant dans les principes mêmes de sa Communion.

Justif. de la doct. de Saurin p. 93.

De plus, être dans la Religion du *Latitudinaire*, vivre & écrire selon ses maximes, c'est être pire que les Ariens, que les Macedoniens, que les Nestoriens, que les Sociniens, & que tous les Antitrinitaires, cette proposition est de Jurieu ; or on sçait que Jurieu a fait un livre pour prouver que l'on peut se sauver dans toutes sortes de Religions, (livre solidement refuté par M. Nicole) il est donc dans la Religion du *Latitudinaire*, & par là il est donc pire que tous les Antitrinitaires.

Je ne doute pas que Jurieu ne s'écrie contre ces consequences, qu'il ne dise qu'on prend mal ses pensées ou ses paroles, qu'il est bon orthodoxe sur le Mystere de la Trinité, & de la Divinité de J. C. je le veux croire, n'étant pas le Juge de son cœur ; mais comme il prétend avoir le droit de taxer d'Arianisme & de Socinianisme differents Théologiens de nos jours, & même les anciens Peres, en lisant leurs écrits, pour peu d'équité qu'il ait, si jamais il en a eu, il nous doit laisser le droit & la liberté de dire, après avoir lû ses livres, qu'il y socinise, & qu'il s'y declare Antitrinitaire, ou bien de dire qu'il n'y a nulle justesse dans ses censures, & nulle liaison dans ses dogmes ; que tout y est plein de consequences mal prouvées; que l'inégalité, les contradictions & les variations regnent dans tous ses ouvrages, c'est le jugement qu'en a porté M. Bayle, qui ajoute, que si on prenoit la peine d'examiner ses ouvrages, on y trouveroit à tout moment une matiere de critique.

Dict. crit. t. 4. p. 765.

CHAPITRE XLVI.

M. le Clerc, Professeur en Hebreu & en l'Histoire Ecclesiastique chez les Remontrans à Amsterdam, accusé de Socinianisme, & les preuves que l'on en a, & où l'on voit ses talens, ses défauts & ses livres.

Ean le Clerc natif de Genêve, est sans contredit un des plus *Sçavans* qui soient parmi les Hollandois; aussi est-il issu d'une famille qui s'est beaucoup distinguée dans Genêve par des ouvrages de litterature. Son pere Etienne le Clerc, Professeur en Grec à Genêve, & Medecin; & son oncle David le Clerc, Professeur en langues Orientales, & Medecin dans la même Ville, sont les Auteurs d'un livre estimé des Sçavans, qui a pour titre : *Quæstiones sacræ de variis sacræ Scripturæ locis.* Son frere David le Clerc, aussi Medecin à Genêve, est l'Auteur, conjointement avec Jean Jacques Manget, d'un livre intitulé : *Bibliotheca Anatomica,* la Bibliothéque Anathomique, en deux volumes *in folio.*

Elevé dans une famille si sçavante, il est facile de croire que dés sa jeunesse il a fait de grands progrés dans les sciences, & a eu d'autant plus de facilité & de succès, que la nature semble avoir été prodigue envers lui, par les talens qu'elle lui a donné; un esprit pénétrant, elevé, & vaste, une imagination vive, féconde & heureuse, pour inventer tout ce qui lui plaît en matiere de litterature; une memoire fidele, & toûjours presente sur une foule de principes Philosophiques, de dogmes Théologiques, & de faits historiques; une facilité extrême d'exprimer ses pensées sur le papier en plusieurs langues, & sur toutes sortes de sujets; d'ailleurs infatigable dans les études les plus élevées, les plus abstraites, & les plus metaphysiques. En faut-il davantage pour se rendre un habile homme dans les sciences humaines & Théologiques.

Mais aussi, si la nature lui a été si favorable par ces beaux endroits, elle lui a laissé un certain je ne sçai quoi, que nous appellons temperamment, humeur, genie suffisant, critique, médisant, satirique, hardi, téméraire, & amateur des opinions nouvelles, extraordinaires, dangereuses, hérétiques; génie qui le rend insuportable à bien des gens Catholiques, Calvinistes, & Protestans, & qui lui contestent la plûpart des belles qualitez que je lui donne, & que je crois qu'on ne peut pas lui refuser, pour peu de justice que l'on veüille rendre à la multitude de ses ouvrages. La suite de ce chapitre verifiera ces blâmes, sans rien diminuer des éloges que je lui donne,

Jean le Clerc après avoir passé les premieres années de sa jeunesse à Genêve, fut envoyé à Saumur pour y étudier en Théologie dans l'Academie des Pretendus Reformés ; les sentimens orthodoxes qu'ony enseignoit sur les Mysteres de la Trinité & de l'Incarnation, ne lui plurent pas ; ceux des Freres Polonois ou Sociniens furent de son goût, & pour les soutenir, quoiqu'écolier, il fit & publia un petit livre, qu'il intitula : *Liberii à sancto amore epistolæ.*

Cet ouvrage lui suscita tant d'affaires, qu'enfin il fallut sortir de Saumur, & se retirer à Genêve. A peine y fut-il, que les Ministres de cette Republique avertis par ceux de Saumur, que le Clerc étoit un homme suspect, & qu'il n'avoit pas des sentimens orthodoxes sur les mysteres d'un Dieu en trois Personnes, & d'un Dieu incarné, l'obligerent de donner par écrit sa profession de foi sur ces Mysteres. Il obéit, & on conserve encore cette Profession dans la Bibliothéque publique de la Ville ; néanmoins ces Mrs, pour certaines ambiguitez qu'ils y remarquerent, voulurent le forcer d'en donner une autre, où il s'expliquât simplement, & conformément à la créance qu'ils ont sur ces Mysteres. M. le Clerc, pour éviter ces procedures, qui, selon sa pensée, sentoient l'Inquisition Romaine, & qui lui faisoient entrevoir qu'il ne lui seroit pas permis de croire, & de dire ce qu'il jugeroit à propos sur ces Mysteres, sortit de Genêve, se retira en Hollande, y prit parti parmi les Remontrans, & au mois de May de l'année 1684. il prêcha à Rotterdam devant leurs Ministres assemblés sinodiquement, qui contents de ses opinions, lui donnerent de l'emploi dans leur Ecole d'Amsterdam, mais non pas le pouvoir d'y prêcher.

Lettres de M. Bayle. p. 174.

Cet emploi ne lui suffisant pas pour s'entretenir, & d'ailleurs poussé par le desir de se faire connoître, il s'occupa à la correction de quelques livres ; & on dit à ce sujet, que M. Ménage engagea le Libraire qui imprimoit alors *Diogene Laërce*, de donner à M. le Clerc douze Loüis d'or, pour avoir fait la table qui se trouve dans cette nouvelle édition.

M. le Clerc sentant bien qu'il étoit capable de quelque chose de plus, que de corriger des épreuves, & que de faire des tables de livres, se mit sur le pied d'Auteur ; & pour soutenir cette qualité, il a fait un grand nombre de livres sur differentes matieres, & dont je rapporterai les titres.

Ses ennemis & ses connoisseurs, tant Catholiques que Protestans, lui reprochent qu'il ne les a fait. 1. Que pour détruire l'inspiration divine des Auteurs sacrez. 2. Fouler aux pieds tout ce que l'antiquité Ecclesiastique a de plus saint. 3. Diffamer les saints Peres, & les Conciles. 4. Relever, excuser, justifier & appuyer les hérésies anciennes & nouvelles. 5. Reduire à rien les Prophéties qui regardent le Messie. 6. Corrompre les passages qui établissent la créance que nous avons de la Trinité, & d'un Dieu incarné. 7. Annuller la verité des miracles, ou ce qu'il y a de merveilleux & de divin, les expliquant en Philosophe, & en montrant qu'il n'y a rien que de naturel. 8. Ou enfin, comme un nouveau Goliath, il crie & appelle au combat tous ceux qui ne pensent

Les plaintes que l'on fait contre M. le Clerc.

A a a a ij

pas comme lui, Catholiques, Proteſtans, Calviniſtes, Anglicans, &c.

On n'en demeure pas là, on l'accuſe : 1. D'être un vrai Plagiaire, de ſe parer de quantité de choſes qui ne lui appartiennent pas, ou qui ne ſont pas de la production de ſon eſprit. 2. Que ſon *Harmonie des Evangiles* n'eſt, quant au plan, que l'ouvrage de M. Toinard, comme celui-ci s'en eſt plaint pluſieurs fois. 3. De s'ériger en Inquiſiteur général de la Republique des Lettres, retranchant des livres, ſur leſquels il n'a aucun droit, ce qui n'eſt pas de ſon goût, ou y ajoutant ce qu'il juge à propos, détournant les Libraires d'imprimer les ouvrages où il eſt attaqué, & les engageant à imprimer ceux qui lui ſont favorables. 4. D'avoir conſeillé à un Libraire d'Amſterdam de réimprimer le Journal de Trevoux, pour y pouvoir mettre des notes de ſa façon, & des memoires contre ceux qui ne lui plaiſent pas, & par là entretenir ſes querelles perſonnelles ; que la guerre ayant empêché le commerce de ce Journal, il y a ſuppléé par ſa Bibliothéque choiſie, où il ſe donne carriere pour inſulter & calomnier qui bon lui ſemble. 5. Ils ajoutent que ſa memoire n'eſt pas fidele ; que ſon eſprit n'eſt ni juſte ni étendu, que ſon jugement eſt fort borné, ne pouvant pas pouſſer un raiſonnement, ni voir les conſequences des principes qu'il avance, & que ſon cœur eſt toûjours porté vers la nouveauté. 6. Qu'il ſouffre très-impatiemment qu'on le reprenne de ſes bévûës, qui ne ſont pas en petit nombre ; que ſon arrogance & ſa preſomption ſont ſans exemple ; qu'il s'imagine que la raiſon ne peut être dans aucune tête que dans la ſienne ; qu'il ne répond jamais pied à pied aux raiſons qu'on lui oppoſe ; que quand il ne ſçait plus que dire, il ſoutient qu'on n'a pas bien pris ſa penſée, qu'on n'a pas profité de ſes explications, qu'on n'entend pas la matiere dont il s'agit ; qu'il pretend même avoir confondu ſes adverſaires, quelques abſurdes que ſoient ſes réponſes, que c'eſt ſon refrain ordinaire, auquel il fait ſucceder un tas d'injures & de calomnies, ſi on n'entre pas dans ſes ſentimens. 7. Que depuis quelque tems il s'eſt érigé en devot, qu'il fait le Predicant (métier dont, ſelon l'aveu de ceux qui l'ont entendu, & qui ſont ſes amis, il ne devroit jamais ſe mêler, n'y étant nullement propre) & qu'il déclâme fort contre les vices, pour duper ceux qui ne le connoiſſent pas. 8. Qu'il n'a fait ſa nouvelle verſion du nouveau Teſtament en langue Françoiſe, que par vanité, & que par interêt, & qu'on n'en peut pas douter (quoiqu'il diſe que c'eſt pour nourrir la pieté des fideles) quand on ſçait certainement que les Miniſtres François de Berlin, dans le deſſein où ils étoient de faire une verſion Françoiſe à leur mode du nouveau Teſtament, lui envoyerent leur projet, auſſi-bien que d'autres Sçavans, & que lui le Clerc ne les eut pas plûtôt lû, qu'il y travailla à la hâte, pour les prevenir ; & que comme il a toûjours cinq ou ſix livres ſous la preſſe, il travailloit à ſa verſion du nouveau Teſtament, à meſure que le Libraire manquoit de Copie ; & que c'eſt de là que l'on voit tant de fautes dans ſes ouvrages. 9. Qu'il ſe flatte d'être fort eſtimé des Théologiens

Bibl. crit. t. 3 p. 556.

d'Angleterre, quoique les livres qu'ils font contre lui, nous perſua-
dent, & devroient auſſi le perſuader du contraire ; qu'il n'a dedié quelqu'uns de ſes livres aux Evêques de ce Pays, que comme un Paraſite,
pour en avoir quelques guinées ; qu'en effet il ne travaille que pour
avoir du pain, ce qui paroît par certains ouvrages qui ne peuvent être
que de commande, comme *la vie* qu'il a fait *de Tekeli*, *le bonheur & le
malheur des Lotteries*, & beaucoup d'autres ouvrages de cette nature,
& que ce ne peut être pour une autre fin qu'il a regratté tant de fois
le Dictionnaire de Moreri. 10. Enfin qu'il eſt un Socinien, un Latitudinaire outré, & un homme qui établit des maximes & des dogmes
qui vont au Judaïſme, au Mahométiſme, à l'Athéïſme, & au renverſement de toutes les Religions.

Lettre 62.
de l'année
1686.

Monſieur Bayle dans une de ſes lettres à M. Minutoli, en dit aſſez
pour autoriſer tous ces reproches. Enfin lui dit-il, M. le Clerc ſe ſi- «
gnale de jour en jour, par ſa hardieſſe à imprimer des héréſies, & à «
condamner ſans remiſſion, & avec une médiſance outrée, dans les «
boutiques des Libraires, tous les Auteurs qui ne lui plaiſent pas ; «
cela veut dire beaucoup, & enferme preſque tout le monde, ex- «
cepté Epiſcopius, Courcelles, Hammon, & quelque peu d'autres ; «
tout le reſte ne vaut rien ſelon lui. «

Proteſt. de
M. le Clerc
contre ſon
Socinianiſ.
Tom. 3.
p. 394.

M. le Clerc ſenſible à tous ces reproches, n'a pas manqué de faire
des livres pour ſe juſtifier, & particulierement ſur le fait du Socinianiſme. J'ai vû avec étonnement, dit-il dans ſa Bibliothéque choiſie, que quelques Théologiens éloignez des Provinces-Unies, ont
entrepris de diffamer ma verſion Françoiſe du nouveau Teſtament,
comme ſi j'y avois enſeigné les opinions des Sociniens. Je déclare donc
que je ne ſuis point des ſentimens de ces ſortes de gens, particulierement ſur la Divinité, & ſur le Sacrifice de J. C. qui ſont les deux
grands points que l'on cenſure dans leur Théologie. Je n'ai jamais
ſoutenu leurs opinions, ni ne les ai favoriſé ; quoique je ne croye
pas que toutes ces raiſons & ces paſſages que l'on employe communément contre eux, ſoient propres à détruire leurs ſentimens, & à
établir ceux qui leur ſont oppoſez. Comme il ne s'agiſſoit pas de controverſe ſur cette matiere, ni ſur aucune autre ſemblable, je n'ai pas
manqué de marquer quelle étoit ma penſée ſur quelques paſſages dé-
ciſifs, par exemple ſur le ch. 1. v. 1. 3. & 14. de l'Evangile de S. Jean ;
ſur le ch. 1. v. 15. 16. aux Colloſſiens, ſur le ch. 1. v. 2. 10. aux Hé-
breux. J'ai formellement diſtingué deux natures en J. C. J'ai parlé
de leur union, en vertu de laquelle il eſt nommé Dieu. J'ai dit que
la nature divine de J. C. a créé le monde, & j'ai expliqué tous ces
paſſages de la premiere création. On ſçait que ce n'eſt pas là le langage des Sociniens, & qu'ils ſoutiennent que le 1. ch. de ſaint Jean,
& que le 1. ch. aux Coloſſiens, s'entendent de la ſeconde création.
J'ai même refuté au long ſur le ch. 1. aux Colloſſ. les remarques de
Jean Crellius, & de *Hugues Grotius*, & dans mes additions aux notes

d'*Henri Hammond*. J'ai encore parlé du Sacrifice de J. C. tout autrement que ne font les Sociniens sur le ch. 20. ꝟ. 29. de saint Mathieu.

Ainsi, puisque je ne suis point du sentiment de ces gens-là, comme je l'ai dit mille fois, & comme je l'ai témoigné en expliquant autrement qu'eux quantité de passages du nouveau Testament ; c'est donc sans aucun fondement que quelques Théologiens ont voulu faire acroire à ceux qui n'ont pas lû mon ouvrage, que j'ai voulu débiter dans ce livre les opinions des Sociniens.

Répondant à la demande qu'il se fait lui-même, sçavoir, pourquoi on l'accuse de Socinianisme ? il dit que c'est à ceux qui accusent, à prouver leur accusation, & qu'il suffit qu'il nie d'être coupable, jusqu'à ce qu'on ait apporté des preuves convaincantes du contraire. Que c'est une injustice insuportable de vouloir qu'un homme soit d'un sentiment malgré lui, quoiqu'on n'en apporte aucune preuve solide ; qu'il n'est pas necessaire que les accusez rendent raison de la passion de leurs accusateurs, & que d'ailleurs on est assez accoûtumé à entendre ces sortes de Théologiens se calomnier scandaleusement les uns les autres : mais néanmoins que, puisque l'on veut qu'il rende raison des accusations dont on le charge sur le fait du Socinianisme, il veut bien dire aussi ce qui en est. C'est qu'il fait profession d'être dans les sentimens des Remontrans, & que cela suffit pour lui attirer sur les bras tous ceux qui ne sont pas de ce parti. Ces Théologiens, ajoute-t'il, n'avanceroient rien de me traiter simplement d'*Arminien*, parce qu'on sçait que les sentimens des *Arminiens* sont tolerez dans les Provinces-Unies, & qu'on n'ignore pas que les Luthériens soutiennent les cinq articles condamnez à Dordrecht, & que tout ce qu'il y a de plus illustre dans l'Eglise Anglicane, est dans la même pensée : ainsi le reproche d'*Arminianisme* seroit trop peu de chose ; ils ont donc pris la coûtume de traiter de Sociniens tous ceux qui ne sont pas dans leurs idées, parce que l'accusation est odieuse, & qu'elle peut nuire.

Bib. choisie. t. 2. p. 299.

CHAPITRE XLVII.

Preuves du Socinianisme de Monsieur le Clerc.

A Ces plaintes on répond, puisqu'il veut qu'on lui fournisse des preuves de son Socinianisme, que nous trouvons dans la plûpart de ses ouvrages des conjectures sensibles, & même des preuves manifestes, qui nous portent à croire & à dire qu'il pense comme les Sociniens, qu'il les aime comme ses Freres en Christ, qu'il les défend, & qu'il les autorise autant que pourroit faire le plus zélé

Socinien. Je commence pour soutenir mon accusation par ce qu'il nous débite dans sa Bibliothéque universelle.

1°. Voulant y infirmer les passages que M. Barrow employe pour prouver la Divinité du saint Esprit, la distinction des deux autres personnes, & la procession du Pere & du Fils, il dit qu'il se pourroit trouver deux sortes d'hérétiques, contre qui ces passages n'auroient pas la même force. La premiere seroit celle de ceux qui croiroient qu'il y auroit trois principes collateraux, qui possederoient chacun une essence aussi parfaite l'une que l'autre, & qui par-là seroient consubstantiels, c'est-à-dire, dont la substance, ou l'essence seroit parfaitement semblable, ou de la même espece dans l'un de ces principes, que dans les autres, quoique distinguez en nombre. Ces hérétiques pourroient ajouter que toute la différence qu'il y a entre ces trois principes, est que le Fils procede du Pere, comme le saint Esprit procede du Pere & du Fils de toute éternité, au lieu que le Pere ne procede d'aucune personne. Ce qu'il y a de surprenant, dit M. le Clerc, c'est que les termes dont l'Antiquité s'est servie ne sont point contraires à cette opinion, comme de sçavans hommes l'ont montré.

La seconde sorte d'hérétiques, contre qui les raisons de M. Barrow sont moins fortes, seroit celle des Ariens, qui reconnoissent trois principes, mais dont l'essence n'étoit pas égale en perfection. Le Pere ayant produit le Fils & le saint Esprit d'une essence moins parfaite que la sienne. Le P. Petau (c'est M. le Clerc qui parle ainsi) M. Huet & autres, ont accusé les Peres qui ont vêcu avant le Concile de Nicée, d'avoir été de ce dernier sentiment, & M. de Courcelles dans son *Quaternio* a prétendu montrer que saint Athanase, & que les autres Evêques de son parti, ont été dans la premiere opinion, (c'est-à-dire, que les Peres qui ont precedé le Concile de Nicée, ont été ce que depuis eux nous avons appellé Ariens, & que ceux qui ont vêcu après ce Concile, ont été Tritheïstes.)

A quoi, devons nous dire à M. le Clerc, aboutissent toutes ces belles découvertes, qui nous donnent de si affreuses idées de la Foi & de la doctrine des Peres des premiers siecles ? Sans doute c'est pour nous porter à croire que le dogme de la Trinité, & de la Divinité du saint Esprit, tel que nous le croyons aujourd'hui, est un dogme inconnu dans les premiers tems de l'Eglise, & que nous n'avons aucun passage formel & decisif dans l'Ecriture Sainte, pour nous determiner à le croire. Elie Saurin n'en a pas dit davantage pour donner lieu à ceux de sa Communion, ou au moins à Jurieu, de l'accuser de sociniser, & même d'être un outré Latitudinaire. Nous pouvons donc faire le même reproche à M. le Clerc, & d'autant plus qu'il panche plus du côté des Ariens, que du côté des Tritheïstes.

De plus, pourquoi insulter Barrow, parce qu'il dit qu'on doit absolument recevoir les Symboles de Nicée, & celui qu'on attribue à

Premiere preuve.

T. 10 p. 29

Bib. univer. t. 3. p. 107.

To.10. p. 39
saint Athanase, & lui reprocher qu'il ne parle ainsi, que parce qu'il
avoit quelque chose à gagner en Angleterre, & qu'il n'auroit pû esperer d'avancement en opinant au contraire? Pourquoi dire qu'on ne
sçauroit avoir de respect pour ces Symboles que par politique, &
que la plûpart de ceux qui les loüent dans les lieux où ils sont re-
cûs, ne sont pas libres, & que c'est inutilement qu'on cite leur autorité? Parler ainsi, n'est-ce pas rejetter ces Simboles? & peut-on
les rejetter sans donner de justes soupçons de son hétérodoxie sur
les Mysteres de la Trinité, de la Divinité de Jesus-Christ, & de
celle du saint Esprit.

Seconde
prevue-
Bib.univer.
t. 10.
2°. C'est sans doute pour favoriser les opinions des Antitrinitaires, ou pour condamner la créance que nous avons sur la Trinité,
qu'en parlant des écrits d'Eusebe de Césarée, il fait un grand détail
de la doctrine, & des expressions des Platoniciens, & qu'il en conclut que les Auteurs Evangeliques, & que les Peres des premiers
siecles étans tous attachez à la doctrine & aux expressions de Platon,
parloient comme lui, que, selon toutes les apparences, ils pensoient
comme lui: & que comme ce Philosophe admettoit trois principes
dans la Divinité, mais inégaux, aussi ces anciens Ecrivains mettoient,
autant qu'on en peut conjecturer par leurs expressions, trois principes dans Dieu, mais inégaux.

La doctrine
de Platon
sur la Div.
p. 386.
Voyez son
Art crit. t. I.
p. 2. sect. 2.
t. II. de not.
compositis
p. 536.
Il faut entrer dans un plus grand détail de ce qu'il nous débite
sur cette matiere. Il suppose d'abord que Platon est né sous le regne
d'Artaxerxes surnommé Longue-main, 416. ans avant J. C. qu'il
vêcut 80. ans, & qu'il mourut au tems que Philippe de Macedoine
se faisoit craindre: que son fils Alexandre s'étant rendu maître de toute l'Asie, on peut croire raisonnablement que les sciences des Grecs s'y
établirent avec leur domination, ce que M. le Clerc prouve assez bien.

Or Platon, ajoute-t'il, croyoit qu'il n'y avoit qu'un Dieu supré-
me, spirituel, invisible, &c. qu'il appelle Etre par excellence, le bien
même, le Pere, & la cause de tous les Etres. Il plaçoit sous ce Dieu suprême un Etre inferieur, qu'il appelloit Λογω Raison, le conducteur des
choses presentes & futures, le Créateur de l'Univers, &c. Enfin il reconnoissoit un troisiéme Etre qu'il appelloit Esprit, ou Ame du monde.
Il ajoutoit que le premier étoit le Pere du second, & que le second
P. 390
avoit produit le troisiéme. Que, quoique les disciples de Platon,
continue M. le Clerc, soient convenus avec leur maître à l'égard de
ces trois principes, cependant l'on voit dans leurs écrits diverses recherches touchant leur nature, & diverses manieres de parler, que
l'on ne voit point dans ceux de ce Philosophe, qui n'a jamais osé
écrire tout ce qu'il pensoit sur cette matiere.

M. le Clerc, après le détail qu'il fait beaucoup plus long que je
396.
ne le fais, ajoute qu'il faut prendre garde à deux choses, en voulant
se former une idée de leurs sentimens. La premiere est, qu'il ne
faut pas toujours supposer que ces Philosophes eussent une idée nette
&

& diftinéte de ce qu'ils vouloient dire , & qu'ils viffent toutes les confequences de leurs opinions ; ainfi que ce feroit pêut-être en vain , que
l'on voudroit tirer de leurs écrits une idée claire de leurs fentimens,
touchant les trois principes de toutes les Créatures , parce qu'eux-mêmes ne concevoient peut-être pas clairement ce qu'ils difoient.

La feconde chofe à laquelle il faut prendre garde , c'eft que dans
une matiere fi difficile , il faut fe contenter de ce qu'ils difent pofitive-
ment , fans entreprendre de tirer des confequences trop éloignées de
leurs principes , que nous ne pouvons entendre qu'à demi , autrement
nous courrions rifque de leur attribuer des penfées qu'ils n'eurent jamais , ni effayer de concilier dans un fujet fi abftrait , des contradictions qui fembleroient peut-être fe trouver dans leur doétrine ; ni conclure qu'ils n'ont pas pû entendre les chofes d'une certaine maniere,
parce que fi cela étoit, ils fe feroient contredits (remarquons que tout
ce préambule de M. le Clerc, ne tend qu'à attribuer ces principes & ces
inconveniens à ce qu'ont dit les Saints Peres fur le Myftere de la Trinité.)

Ce principe pofé , il vient aux Juifs , & dit que les Rois d'Egypte &   *P. 398.*
de Syrie , fucceffeurs du Grand Alexandre , porterent en Afie les fciences des Grecs ; & que les Juifs , qui étoient en grand nombre dans ce
vafte Empire , & qui étoient obligez de converfer avec eux , apprifent
d'eux leurs opinions , & ne firent pas difficulté d'embraffer celles qui
ne leurs paroiffoient pas contraires à leur Religion. Leurs livres ne
contenant rien d'incompatible avec la plûpart des dogmes des Platoniciens , ils crurent que ces dogmes pouvoient être veritables , & les
reçurent d'autant plus facilement , qu'ils croyoient pouvoir défendre
par là leur Religion contre les Payens , & la leur faire goûter plus aifément.

Platon foutient par tout l'unité de l'Etre fuprême , fans néanmoins
nier qu'il y a d'autres Etres que l'on peut appeller Dieux ; fçavoir , les
Anges , ce qui eft conforme aux expreffions de l'ancien Teftament , &
c'eft apparemment l'une des chofes qui firent le plus goûter aux Juifs
les fentimens de ce Philofophe. M. le Clerc le prouve par l'Auteur de
l'Ecclefiaftique , c. 18. ℣. 15. & 16. & dit que Philon , qui a vécu un peu
après J. C. a fi bien imité Platon , qu'on l'a appellé *le Platon des Juifs* ;
qu'il croyoit un feul Dieu fuprême , qu'il appelloit l'Etre par excellence , & qu'il reconnoiffoit encore une nature divine , qu'il appelloit   400.
la Raifon , & une autre qu'il appelloit l'Ame du monde ; que fes écrits
font fi pleins de ces expreffions Platoniciennes , qu'il n'eft pas befoin
qu'on en donne des exemples , & qu'on en pourra trouver de cofidera-
bles dans le 4. tome de fa Bibliothéque univerfelle.

Il ajoute , (& ceci merite notre attention) que les Juifs étoient   401.
dans ces fentimens , quand J. C. & fes Apôtres vinrent au monde ; &
que peut-être c'eft ce qui fait que l'on trouve , felon les remarques de quelques Sçavans , quantité de phrafes Platoniciennes dans le

nouveau Teſtament, particulierement dans l'Evangile de Saint Jean; qu'on ſçait bien qu'Amelius Philoſophe Platonicien ayant lû le commencement de cet Evangile, remarqua que cet Evangeliſte parloit comme Platon, & qu'en effet ce Philoſophe auroit pû dire, ſelon ſes principes : *La Raiſon étoit au commencement en Dieu, & elle étoit Dieu, c'eſt elle qui a fait toutes choſes, elle eſt la lumiere des hommes.* M. le Clerc, ajoute, que l'on peut remarquer ici que les Apôtres appliquent des paſſages du vieux Teſtament, que Philon avoit appliqué à la Raiſon, ou au Λογῶ, & que ce Juif avoit donné à cette raiſon la plûpart des titres que les Apôtres ont donné à J. C. Que les Payens, qui dans ces premiers tems, embraſſerent la Religion Chrétienne, & qui avoient quelque étude de Philoſophie, remarquant cette reſſemblance de termes, ſe perſuaderent que les Apôtres avoient crû la même choſe ſur ces matieres, que les Platoniciens Juifs & Païens ; & que c'eſt peut-être ce qui a attiré pluſieurs Philoſophes de cette Secte dans le Chriſtianiſme, & ce qui a porté les premiers Chrétiens à donner tant d'eſtime à Platon.

On pourroit citer, dit toûjours M. le Clerc, pluſieurs paſſages des Peres des trois premiers ſiecles, comme de Juſtin, Apologie 1. de Tertullien, c. 21. de ſon Apologetique ; de Clement d'Alexandrie, d'Origéne contre Celſe, de l'Empereur Conſtantin dans ſon harangue aux Peres du Concile de Nicée, &c. qui tous nous portent à croire que ces Peres ont crû que les ſentimens de Platon, & que celui des Apôtres étoient le même.

Mais on me demandera où tout cela aboutit ? Le voici : que les Peres ont eu ſur le Myſtere d'un Dieu en trois Perſonnes, les mêmes ſentimens qu'ont eu les Apôtres, que les Apôtres n'en ont point eu d'autres que ceux de Philon, & des autres Juifs Platoniciens ; & que ceux-ci n'en ont point eu d'autres, que ceux qu'en avoit eu Platon ; & ainſi comme Platon reconnoiſſoit trois choſes en Dieu, l'Etre ſuprême, la Raiſon, & l'Eſprit, ou l'Ame du monde ; mais Raiſon inferieure à l'Etre ſuprême, & Eſprit inferieur à cet Etre ſuprême, & à la Raiſon. Auſſi les Apôtres & les Peres des premiers ſiecles, qui ont eu la même opinion, ont auſſi crû que l'Etre ſuprême, ou le Pere Eternel, étoit plus grand que la Raiſon, ou que le Fils, & que l'Ame, ou le Saint-Eſprit ; & par une autre conſéquence, comme nous ne devons pas avoir une autre créance ſur ce Myſtere, que celle qu'en avoient les Apôtres & les anciens Peres, nous devons donc croire que le Fils, & que le Saint-Eſprit, ſont inferieurs au Pere. Hé, de bonne foi, ces conſequences qui ſuivent neceſſairement de la nouvelle découverte de M. le Clerc, & qu'il a adopté, ne compoſent-elles pas le ſyſtème des Ariens, & ne font-elles pas les premiers élemens de la doctrine des Sociniens ?

Troiſiéme preuve. 3°. Allons plus loin, & voyons quel peut-être le deſſein de Monſieur le Clerc, quand, parlant des Sectaires qui dés les premiers

siecles de l'Eglise, se sont soulevés contre la Divinité de J. C. tels qu'étoient les Ebionistes, Cerinthe, Artemon, & Paul de Samosate; il dit qu'il est difficile d'assurer précisément quelle étoit leur doctrine sur la Divinité de J. C. quoiqu'ils la niassent, parce qu'il ne nous reste rien d'eux, & qu'on ne peut pas se fier sûrement à ce que nous en ont dit les anciens Ecrivains, qui n'en ont parlé qu'avec detestation, & qu'il se peut faire que leur grand zele les aura empêché de les bien comprendre; il ajoute, que c'est ici une remarque qu'il faut faire à l'égard de tous les anciens hérétiques, dont les sentimens ne nous sont connus que par les écrits de leurs adversaires.

Pourquoi M. le Clerc veut-il ici que nous usions d'indulgence à l'égard de ces anciens hérétiques, après que l'Eglise, dans differents Conciles, les a anathématisez, & que nous croyons que les saints Peres qui nous ont rapporté leurs sentimens erronés, soient des ignorans qui n'ont jamais bien compris ce dont il étoit question avec leurs adversaires, des imposteurs qui en imposoient injustement à leurs confreres, pour les faire hérétiques malgré eux, & des emportez, qui vouloient faire entrer leurs peuples, & toutes les Eglises dans leurs passions? Pourquoi, dis-je, veut-il que nous ayons de tels sentimens de ces anciens? C'est que ces anciens hérétiques sont les Patriarches, & les Héros des Sociniens, comme eux-mêmes l'ont avoüé, 1. part. c. 1. ou c'est qu'il est lui-même dans le même cas; il a des opinions assez conformes à celles de ces hérétiques, parle souvent comme eux, à quelques termes près, & veut qu'on croye que ceux qui le taxent d'hétérodoxie sur la Divinité de J. C. ne comprennent pas ses sentimens, & ses expressions, que ce sont des emportez, & qu'ils lui en imposent injustement, & c'est aussi ce qu'il repete souvent dans ses ouvrages.

4°. Pourquoi encore tant exagerer les embarras & les ambiguitez qui se trouvent, selon lui, dans le mot d'ὁμοούσιος, si ce n'est pour en abolir l'usage, & blâmer les saints Peres qui l'ont canonisé dans le Concile de Nicée? Les Peres, dit-il, se sont servis du mot d'*Hypostase* comme ont fait les Platoniciens, sçavoir en deux manieres : Tantôt pour signifier l'existence prise d'une maniere abstraite, & tantôt pour signifier la chose même qui existe. L'équivoque de ce terme, & des mots *un* & *plusieurs*, qui se prennent tantôt de l'unité & de la pluralité spécifiques, & tantôt de l'unité & de la pluralité numeriques, ont causé de grandes controverses entre les Peres, comme le Pere Petau, M. Huet, Courcelles, Bullus, & plusieurs autres Sçavans l'ont fait voir; mais il est bon, ajoute-t'il, de remarquer une chose, c'est que Bullus, qui a beaucoup écrit sur cette matiere, n'a rien dit de l'unité numerique, ni de la spécifique, sans quoi on ne peut comprendre ce que veulent dire ces Peres, ni en conclure quoi que ce soit contre les hérétiques; néanmoins quand ils disent qu'il y a trois hypostases, ou trois essences, ou trois natures, il le prend comme s'ils disoient qu'il y a trois modifications dans une essence unique en nom-

Quatriéme preuve.

P. 419.

-bre, & seulement, parce que sans cela ceux qui ont parlé ainsi, n'auroient pas été orthodoxes, ou n'auroient pas été du sentiment reçû presentement, que ce Concile doit avoir approuvé, puisqu'autrement on
ne le récevroit pas comme on le reçoit. Il suppose au contraire, pour
les mêmes raisons, que lors que les Peres nient qu'il y ait trois hypostases, ils ne veulent pas dire simplement qu'il n'y ait pas trois essences
de differentes especes, mais qu'il n'y en a pas trois en nombre. Cepen-
P. 420. dant, dit toûjours M. le Clerc, d'autres Auteurs nieront, qu'il y ait aucun lieu où les mots de nature & d'essence se puissent prendre pour ce
qu'on appelle aujourd'hui *Personalité*, c'est-à-dire, pour une modifi-
cation, & qu'il paroisse par ces passages qu'il rapporte, que les Peres
ayent crû l'unité numerique.

Tel étoit, continue M. le Clerc, l'état des sentimens de l'Eglise Chrétienne, lorsque les querelles d'Arius la troublerent, par où on peut
voir qu'il n'étoit pas difficile aux deux partis de citer les autoritez des
anciens, dont les expressions équivoques pouvoient être interpretées
en divers sens. L'obscurité du sujet, la vaine subtilité de l'esprit humain qui veut tout sçavoir, l'envie de paroître habile, & la passion qui se mêle de toutes les disputes, firent naître ces controverses,
qui déchirerent malheureusement l'Eglise, pendant de longues années.

Si bien, pour repliquer à M. le Clerc, que les saints Peres qui ont
soutenu contre Arius, trois hypostases, ou personnalitez en Dieu,
distinguées réellement entr'elles, dans l'unité numerique de la nature
ou essence, ou substance divine, & qui ont établi la consubstantialité,
ou l'ὁμο-ουσιν du Fils, l'ont fait sans aucune raison solide, puisque les Peres qui les avoient precedés, n'ont rien dit de définitif
sur ces termes, & qu'il n'y a que la vanité, l'envie, l'entêtement, &
la passion qui les ont porté à établir ces termes. Et peut-on parler
ainsi, sans favoriser le parti des Antitrinitaires ? M. le Clerc le favorise
donc.

414. Aussi ne se fait-il pas un mystere de publier les sentimens injurieux
423. qu'il s'est formé sur la conduite de ceux qui les premiers ont condamné
Arius. Parlant de saint Alexandre, Evêque d'Alexandrie, il se plaint en
differens endroits de ce traité ; il dit qu'il a outré les matieres, qu'il en
a imposé à Arius son adversaire, & qu'il s'est comporté envers lui avec
emportement & avec passion. Parler ainsi, est-ce croire avec respect,
& avec sincerité les décisions des Conciles qui ont anathématisé Arius ?
Non, sans doute, c'est se declarer pour les Ariens, & en soutenir les
interêts.

Cinquiéme 5°. Ce ne peut être aussi qu'à ce dessein, que parlant du Concile de
preuve. Nicée, il dit, que nous n'avons rien de certain sur ce qui s'y est passé ;
P. 437. qu'aucun ancien Auteur n'en a fait une Relation complette ; qu'Eusebe
de Cesarée, qui y étoit present, a passé très-legerement sur les circonstances de cette histoire, ou de peur de choquer les Ariens, ou de
peur d'offencer les Orthodoxes ; que s'il loûe les Evêques qui s'y trou-

verent; au contraire, Sabin Evêque d'Heraclée en Thrace les traitoit d'ignorans ; que les Evêques n'insererent dans le Symbole le mot de *Consubstantiel*, ou d'ὁμοούσιον, non pas tant parce qu'il expliquoit la verité dont il étoit question, que parce que ce mot faisoit de la peine aux Ariens. Que si Arius a avoüé à la fin de la Conference qu'il eut avec le Diacre Athanase, que le Fils de Dieu étoit égal & consubstantiel à son Pere, & qu'il étoit parfaitement revenu de ses erreurs sur ce fait, ce ne fût que parce qu'il n'eut pas assez de force d'esprit, & de constance pour aller en exil avec les Evêques Second, & Theonas, & qu'il voulut bien se défendre mal sur ce sujet, avec son adversaire Athanase. *Socrate. l. 7*

P. 440.

450.

Ainsi, selon M. le Clerc, ce n'est point la force de la verité qui a convaincu Arius, si toutefois il a jamais été convaincu ; mais la lâcheté & le desir de retourner à Alexandrie ; & tous ceux qui ont écrit sur ce Concile, depuis qu'on l'a assemblé, n'en ont jamais parlé avec exactitude; la crainte que les uns ont eu d'offencer les personnes puissantes, le zele ou la passion qui animoit les autres sur la matiere controversée, & le respect que la posterité a eu pour les décisions d'une si fameuse Assemblée, ont empêché les Auteurs contemporains d'en écrire l'histoire avec le desinteressement que l'on remarque dans les veritables Historiens, ce qui a retenu ceux qui ont vêcu depuis, d'en dire ce qu'ils en sçavoient peut-être de desavantageux.

Et parlant de ce qui suivit ce Concile, il dit, que les décisions qu'on y fit, n'apporterent point le calme dans l'Eglise, & parmi les partis ; qu'au contraire, selon les remarques que Socrate a fait sur les lettres de quelques Evêques de ce tems, ils se broüillerent de plus en plus au sujet du mot de *Consubstantiel*. Ceux qui rejettoient ce mot, croyoient, que ceux qui le recevoient, introduisoient le sentiment de Sabellius, & de Montan, & les traitoient d'impies, comme niant l'existence du Fils de Dieu ; & ceux qui s'attachoient à ce mot de *Consubstantiel*, croyoient, que ceux qui le rejettoient, vouloient introduire la pluralité des Dieux, & en avoient autant d'aversion, que s'ils avoient voulu retablir le Paganisme. Eustathe Evêque d'Antioche accusoit Eusebe de Cesarée de corrompre la créance de Nicée, & Eusebe le nioit, & accusoit Eustathe de Sabellianisme. Tous néanmoins s'accordoient à dire que le Fils a son existence particuliere, & qu'il n'y a qu'un Dieu en trois hypostases ; & avec tout cela, ils ne pouvoient s'accorder, & demeurer en repos. *L. I. c. 23.*

P. 461.

C'est là l'effet, conclut M. le Clerc, des termes équivoques que l'on avoit commencé à introduire dans le Christianisme, sans les bien définir, ou de la mauvaise coûtume de la plûpart des anciens, qui ne parlent presque jamais de sens froid sur ces matieres, qui n'ont pensé à rien moins qu'à s'expliquer clairement, & qui semblent avoir voulu prouver qu'ils parloient sincerement, lorsqu'ils témoignoient croire que le Mystere sur lequel ils disputoient étoit incomprehensible, en s'expliquant sur ce fait d'une maniere intelligible. *462.*

En verité si un homme qui croiroit sincerement la consubstantialité de J. C. avec le Pere Eternel, en parloit: s'exprimeroit-il ainsi? Voudroit-il chercher dans des Auteurs les plus suspects, ce qu'il y a d'outrageant contre les anciens Peres, qui l'ont soutenuë, pour les blâmer, & nous rendre odieuses leurs décisions? Parleroit-il avec tant d'indignité du Concile de Nicée, à qui nous sommes redevables de l'éclaircissement de ce dogme? Et releveroit-il avec tant d'artifice & de malice, certaines foiblesses, soit fausses, soit veritables; mais souvent inseparables des assemblées que composent les hommes? Non, il cacheroit ces foiblesses, ou les excuseroit, & se feroit un devoir de Religion de relever leur doctrine, de rectifier leur intention, & d'appuyer leur foi. Que penser donc de M. le Clerc, qui fait tout le contraire? Sans doute qu'il n'a aucune foi sur le dogme de la consubstantialité, & par là, qu'il est un Socinien arianisant, ou un Arien socinisant. Hugues Grotius, & Elie Saurin n'en ont jamais tant dit, & la plûpart des Sçavans les ont taxé de sociniser; ce que M. le Clerc dit dans le tome 15. de sa Bibliothéque universelle, nous en convaincra encore mieux.

Sixiéme
preuve.
Bib. univ.
t. 15. p 16.
6º. Là nous donnant une idée du livre de M. de Marca, intitulé: *Marca Hispanica*, &c. il dit, (autorisé d'une lettre d'Alcuin, Precepteur de Charlemagne) qu'*Elipand* Archevêque de Tolede, *Felix* Evêque d'Urgel, & les Prêtres de Cordoüe, ne soutenoient rien autre chose de Jesus, sçavoir, qu'entant qu'homme il étoit fils adoptif de Dieu, & non pas son Fils par nature, & qu'ils ne soutenoient cette opinion que pour se mieux défendre contre les Mahometans, qui ne peuvent souffrir qu'on dise que J. C. est Fils de Dieu par sa nature, ni comprendre qu'un homme puisse être autrement Fils de Dieu que par adoption. C'est ainsi, conclut M. le Clerc, que la temerité des Theologiens qui ont voulu expliquer plus clairement que ne fait l'Ecriture, des choses dont ils n'avoient d'ailleurs aucune idée, ont rendu le Christianisme odieux, & souvent ridicule parmi les Infideles, dont un si grand nombre ne semblent avoir embrassé le Mahometisme dans le sept & le huitiéme siecle, que parce que les Chrétiens d'Orient ne cessoient d'exciter entr'eux des disputes, ausquelles le Mahometisme ne donne aucun lieu.

Que nous veut dire M. le Clerc par ces expressions plaintives? Veut-il blamer les Prêtres de Cordoüe, *Felix* & *Elipand*? Où sont ce leurs adversaires, & les Orthodoxes qui les ont censuré dans le Concile de Ratisbone? Si ce sont les premiers, ils n'y pensent plus, puisque bien loin qu'ils excitassent des contestations, ils les applanissoient en faveur des Mahometans; ils ne les éfarouchoient donc pas, & par-là ils ne donnoient aucun pretexte aux Chrétiens de se faire Mahometans, ni à ceux-ci de vivre dans le Mahometisme? Si ce sont des Orthodoxes dont il prétend parler, & s'il les blâme, parce qu'ils se sont opposez à l'hérésie de *Felix* & d'*Elipand*, il se declare donc lui-même ennemi de ces Orthodoxes, & prétend que J. C. n'a été Fils de Dieu que par adoption... & c'est-là le veritable Socinianisme.

Il ajoute que quelques Evêques & Ecclesiastiques d'Espagne ne s'opposerent avec chaleur à cette opinion de *Felix*, que parce qu'ils la croyoient Nestorienne, quoique *Felix* & ses adhérans, qui la soutenoient, disoient qu'il n'y avoit qu'une seule personne en J. C. & aussi ne les accusoient-ils de Nestorianisme, que par consequence, parce qu'un même fils ne peut être fils & par nature & par adoption, & que cette distinction suppose deux personnes; ce qui a fait l'erreur des Nestoriens.

Ceci posé, M. le Clerc dit, si quelqu'un s'étoit avisé de prendre alors chaque parti à part, & d'obliger les Chefs de ces partis de s'expliquer, & de définir clairement les termes dont ils se servoient en cette matiere; il y a bien de l'apparence qu'ils auroient reconnu de deux choses l'une, ou qu'ils parloient sans s'entendre eux-mêmes, comme des Perroquets, ou qu'ils ne disputoient que sur des paroles, entendant tous la même chose, quoiqu'ils se servissent de termes differens. Que ce n'avoit pas été la premiere fois que la mauvaise humeur, l'envie de disputer, & l'interest mondain avoient fait de semblables divisions sur de simples mots. Les hérésies de *Nestorius* & d'*Eutiches* se trouveroient peut-être de ce nombre, si on les examinoit avec soin.

Il repete quelque chose de semblable en faisant un extrait de la *Logomatie*, ou dispute des mots par *Werenfeldius*. N'étoit-ce pas, dit-il, une dispute de mots que celle des Grecs avec les Latins, où les premiers soutenoient qu'il y avoit trois hypostases en Dieu, & que les derniers nioient, & tout cela parce que par ce mot les Grecs entendoient trois personalitez, & les Latins trois substances? On convoqua des Conciles, on assembla des Evêques de toute la terre pour cela, & le tout aboutissoit à reconnoître qu'on ne s'étoit pas entendu. Ne sont-ce pas encore, continue M. le Clerc, des disputes de mots, que celles qui ont divisé les Peres, pour sçavoir si dans la matiere de la Trinité, il falloit recevoir ou rejetter les termes de cause & d'effet; s'il falloit mettre un ordre entre les personnes de la Trinité, ou non: si le Fils étoit l'image du Pere, ou si cette épithete convenoit au saint Esprit: si J. C. doit être adoré entant que Médiateur? &c.

Bib. univ. t. 23. p. 413.

Si bien que, selon M. le Clerc, ceux qui ont decidé qu'il n'y avoit qu'une seule nature en Dieu, & trois personnes réellement distinguées; que les termes de cause & d'effet dans les processions divines, ne pouvoient se souffrir, comme étant des termes qui supposoient que le Fils, & que le saint Esprit n'étoient pas égaux, & coéternels au Pere; qu'il n'y avoit qu'une personne & deux natures en J. C. qu'il étoit Fils de Dieu par nature, & non pas par adoption;

qu'il étoit l'image de son Pere, mais son image consubstantielle ; & qu'on devoit l'adorér entant que Médiateur, parce qu'il ne l'est qu'entant qu'homme-Dieu : ceux, dis-je, qui ont decidé ces points, n'étoient que des Perroquets, ne disputoient que sur des mots, ne s'entendoient pas eux-mêmes, & encore moins le fond de la question qu'ils traitoient : qu'il n'y avoit que la mauvaise humeur, l'envie de disputer, & les interests de la politique, qui leur ont fait faire ces décisions qui font le fondement de notre Religion. Hé, grand Dieu, en quel siecle vivons-nous donc, & quelle est notre créance, si les gens qui parlent ainsi ne font pas ennemis de la Trinité, & de la Divinité de J. C? Il faut avoüer que l'homme est sujet à de grands égaremens d'esprit, quand dans son cœur il est Socinien, & qu'il n'ose le dire tout net, pour ne point perdre le poste où il gagne sa vie.

Septiéme
preuve.
Bib. univ.
t. 15. p. 370.

On pourroit encore demander à M. le Clerc, à quoi aboutit cette fiction qu'il fait dans le 15. tom. de sa Bibliothéque universelle. Si tout autre que lui la faisoit, & avec autant d'artifice qu'il la fait lui-même, & qu'il fut accusé par les Sçavans de sa Communion de sociniser, ne concluëroit-il pas lui-même que l'Auteur de la fiction ne tendroit qu'à autoriser les Sociniens, à faire voir que la raison, le bon sens & l'experience sont pour eux ; qu'on a tort de les persecuter ; que leurs ennemis ne sçavent ce qu'ils disent ; que ces adversaires font des contradictions toutes manifestes ; qu'ils raisonnent sur des principes qu'ils n'ont jamais compris : & au reste, que les dogmes de la Trinité & de l'Incarnation, tels que nous les croyons, font des dogmes dont on peut, & dont on doit se passer. Je présume assez de la justesse de l'esprit de M. le Clerc, s'il n'étoit pas interessé dans l'affaire, pour inferer de telles conséquence de la fiction en question. La voici.

Après avoir plaint les Sociniens, non sur leurs égaremens & sur l'impieté de leurs opinions, mais sur ce qu'on ne leur donne pas la liberté de se défendre publiquement, & de faire des livres, sans s'exposer à de grands inconveniens, & sur ce qu'ils ne peuvent trouver des hommes qui veulent bien les défendre, & qui veulent lire leurs livres. Après, dis-je, avoir plaint les Sociniens ; il dit, supposons une chose que l'on pourroit souhaitter, mais qui n'arrivera pas : sçavoir, que les Défenseurs de la verité, & que leurs adversaires les Sociniens, font devant un Juge non prevenu sur leurs combats, & tel que pourroit être un Docteur Chinois ; qu'avant qu'il prononce l'Arrest, il demande d'être instruit sur la matiere ; que les Sociniens lui disent que pour eux ils croyent qu'il n'y a qu'un Dieu, c'est-à-dire un Etre éternel qui a créé toutes choses, & qui a envoyé en un certain tems un homme né d'une Vierge, pour apprendre sa volonté aux autres hommes, & qu'il a assisté cet homme d'une maniere si extraordinaire par sa puissance divine, qu'il n'a jamais commis de faute, ni de mensonge. Que les Orthodoxes en la personne de Jacques

ques Abbadie, (car c'est au sujet de son livre *de la verité de la Religion Chrétienne, & de la Divinité de J. C.* qu'il fait cette supposition,) lui disent à leur tour, qu'ils croyent la même chose ; mais qu'il y faut ajouter que dans cet Etre unique en nombre, qu'on appelle Dieu, il y a trois personnes, dont la premiere, que l'on nomme le Pere, a engendré de toute éternité la seconde personne que l'on nomme le Fils, & que le saint Esprit, qui est la troisiéme personne, procede du Pere & du Fils. Que la seconde personne a été unie hypostatiquement à ce saint homme qui est né d'une Vierge, & que les Sociniens nient tous les paradoxes de leurs adversaires. Que le Chinois, pour s'éclaircir davantage sur ces contestations, demande aux deux partis l'explication des termes dont ils se servent ; que pour le satisfaire on lui dit, que par le mot de personne on entend une certaine distinction incomprehensible, & qui fait qu'on distingue dans une nature unique en nombre, un Pere, un Fils, & un saint Esprit, & que par ce mot d'incomprehensible, on entend une chose, dont on ne peut avoir aucune idée. Que par ces termes engendrer & proceder, on entend certaines relations incomprehensibles, qui sont entre les trois personnes : que par être uni hypostatiquement, on entend une nature intelligente qui est unie à une autre, en sorte qu'on les regarde toutes deux, comme faisant un seul & même tout dans une seule personne, auquel on attribue les proprietez de ces deux natures, en vertu de cette union : & que l'union de la personne divine à l'humanité, est un certain nœud inéfable & incomprehensible, si bien que l'état de la question consiste en deux choses. La premiere, qu'il y a en Dieu trois distinctions dont on n'a aucune idée, & entre lesquelles il y a certaines relations incomprehensibles. La seconde, que l'une de ces distinctions, que nous appellons le Fils, ou la seconde personne, a été unie à l'humanité de J. C. d'une maniere également inconnuë. Ajoutons encore que l'on dit au Chinois que les Sociniens ont écrit quantité de gros livres, & qu'ils se sont attiré de terribles persecutions, dans la pensée qu'en niant ces deux propositions, ils défendoient la gloire de Dieu contre ses ennemis, & se mettoient en état de lui être agréables.

L'état de la controverse étant ainsi établi, le Chinois sera sans doute surpris de voir le zele de ces Sociniens, & selon l'humeur où il se trouvera, il les traitera d'esprits foibles, ou de perturbateurs du repos public ; & aussi s'étonnera-t'il, si en poussant l'explication plus loin, on lui apprend toutes les disputes que les Chrétiens ont eu autrefois sur ces Mysteres, puisqu'ils avoüent eux-mêmes qu'il s'agit de certaines choses dont on n'a point d'idée : & jugera qu'on auroit bien fait de parler peu de ce qu'on n'entend point, & encore mieux de n'engager personne par des traitemens trop violens à s'opposer, non pas tant à des termes incomprehensibles, qu'à la maniere haute & inflexible de les faire recevoir.

J'ai deux reflexions à faire sur cette supposition. La premiere, qu'elle est ridicule, & qu'elle blesse le bon sens. : car quel est l'Orthodoxe qui sachant que sa Religion est fondée sur les Saintes Ecritures ; que les Mysteres de cette Religion, sont incomprehensibles à la raison humaine, & qui ne les croit que par le don d'une foi surnaturelle, qui captive son esprit, voulut remettre la décision de ces Mysteres à un Iroquois, ou à un Chinois, ou à toute autre personne docte qui n'a point cette foi, ni la moindre teinture des Saintes Ecritures, & des explications que les hommes Apostoliques y ont donné. Ainsi M. le Clerc ne fait cette supposition que pour favoriser des Sociniens, qui ne veulent que la raison pour la regle de leur créance. La seconde reflexion est que M. le Clerc fait parler son Chinois, comme s'il parloit lui-même, c'est-à-dire, comme un bon Remontrant, qui ne veut pas que l'on parle, & encore moins que l'on raisonne sur les Mysteres incomprehensibles de notre Religion, ni qu'on persecute les gens, au sujet de la créance qu'ils ont sur ces Mysteres. Cependant si M. le Clerc en étoit demeuré-là, ceux de la Prétendue Reforme n'auroient rien à lui reprocher ; mais ce qu'il ajoute peut leur donner prise sur lui.

Il dit que, si le Chinois vouloit après cela décider la question, & juger lequel des deux partis a raison, il faudroit qu'il apprît le Grec & l'Hébreu, qu'il lût & relût plusieurs fois dans les langues originales les livres sacrez, d'où les preuves de ces matieres sont tirées, qu'il se rendît familier le style de ces livres ; qu'il pénétrât leur maniere de raisonner, & qu'il prit tous les autres secours necessaires à son dessein. Que s'il faisoit autrement, comme d'entreprendre de juger de la force des expressions des deux partis, par une version Chinoise, & par rapport à la maniere de parler de son païs, il est visible qu'il s'exposeroit à se tromper, & que s'il trouvoit la verité, ce ne seroit que par hazard. On ne peut pas dire ici, continuë M. le Clerc, le jugement qu'il pourroit faire sur chacune des preuves en particulier, parce que cela demanderoit un livre entier : on ne croit pas non plus qu'il se declarât pour les Sociniens ; mais il y a bien de l'apparence aussi, que ce ne seroit pas leurs seules explications qu'il trouveroit dures, & qu'il voudroit qu'on ne se servit pas contre eux de tant de raisonnemens métaphysiques, fondez sur des termes attachez, en nos langues modernes, à une seule idée, mais très-équivoques dans la langue des Anciens.

Mettons M. le Clerc dans la place du Docteur Chinois, & nous avons trouvé le nœud & la verité de la fiction ; c'est-à-dire, que M. le Clerc est un homme qui ne peut condamner les Sociniens, & qui donne dans leur systême, mais qui ne veut pas s'exprimer avec autant de netteté, ou de grossiereté qu'ils font, & encore moins souffrir la persecution sur ce sujet ; & un homme qui croit que la plûpart des Orthodoxes, & que les Conciles mêmes, fusse celui de Dordrecht, sont incapables de decider ces matieres, parce qu'ils ne sont pas parfaite-

ment versez dans le Grec & dans l'Hebreu, qu'ils ne se sont pas rendu
assez familier le stile des Ecritures dans leur langue originale ; & que
tout ce qu'ils en ont dit, n'est qu'une pure métaphysique, des termes
qu'ils n'entendent pas eux-mêmes, des opinions qu'ils se sont formées
sur des termes équivoques des anciens ; & que s'ils ont trouvé la verité, ce ne peut avoir été que par hazard. Ainsi qu'il n'y a encore rien de
certain sur ces controverses des Orthodoxes, avec les Sociniens. Parler
ainsi, n'est-ce pas sociniser, ou du moins prêter de legitimes soupçons
contre son orthodoxie, au sujet de la Trinité & de la Divinité de J. C.

On remarque dans son Harmonie Evangelique, dans la vie qu'il a
faite de J. C. & dans d'autres ouvrages qu'il nous a donné, quelque
chose encore de plus précis, & de plus formel de son Socinianisme,
on en jugera par le Chapitre suivant.

CHAPITRE XLVIII.

Suite des preuves du Socinianisme de M. le Clerc, & des autres hérésies qu'on lui impute.

TOus les Orthodoxes conviennent qu'un homme, 1°. Qui élude
tous les passages de l'Ecriture Sainte, dont nous nous servons
pour prouver la Divinité éternelle & Consubstantielle de J. C. ou qui
les explique à la maniere des Sociniens. 2°. Qui ne s'explique jamais
d'une maniere precise sur ce point en question ; sçavoir, que J. C. est
le vrai Dieu, & qu'il y a trois Personnes en Dieu ; quand il est pressé
de dire ce qu'il en croit. 3°. Et qui se plaint hautement de la conduite
que toutes les Communions qui croyent un Dieu en trois Personnes,
& la Divinité de J. C. tiennent à l'égard des Sociniens ; comme
d'une conduite injuste, barbare, & opposée au Christianisme. Tous
les Orthodoxes, dis-je, conviennent qu'un tel homme est un vrai
Socinien, qu'il est entierement devoüé au parti Socinien, & qu'il a
tort de se plaindre qu'on l'accuse de sociniser.

Or, M. le Clerc se comporte ainsi dans ses ouvrages, la conclusion
est facile, je fournis les preuves de l'accusation.

I. Je dis que M. le Clerc élude les passages dont nous nous servons,
pour prouver la Divinité de J. C. ou qu'il les explique à la Socinienne.

S. Jean dit dans le chap. 1. de son Evangile, que le Verbe étoit dés
le commencement qu'il étoit Dieu, & qu'il s'est fait chair. S. Irénée
dit à ce sujet, que cet Evangeliste n'a parlé ainsi, que pour préserver
les fideles contre les erreurs des Ebionistes, des Nicolaites, & desdis-
ciples de Cerinthe, qui vivoient de son tems, & qui nioient la Divinité de J. C. *Secundum autem illos*, dit cet ancien Pere, parlant de ces
hérétiques, *neque Verbum caro factum est, neque Christus, neque qui ex*
omnibus factus est Salvator.

I.
M. le Clerc
élude les
passages qui
prouvent la
Divinité de
J. C.

Irenée, l.
des hérésies
c. 11.

Cccc ij

M. le Clerc dans fa Paraphrafe, dit fur ce paffage, qu'il n'eft pas
certain que ces Hérétiques niaffent la Divinité de J. C. & qu'il y a
toute apparence que faint Jean n'a écrit fon Evangile, que pour combattre le fyftême monftrueux de plufieurs Dieux, que ces hérétiques
introduifoient dans le Chriftianifme ; & ainfi, qu'on ne peut rien conclure de cet Evangile, en faveur de la Divinité de J. C. Il ajoute, que
le Λογω, ou la Raifon n'étoit en Dieu, avant que le monde fut, que
parce que la Raifon étoit alors en Dieu, ou, pour mieux dire, qu'elle
étoit Dieu même ; & que la raifon étoit en Dieu, parce que tout ce
qui eft dans le monde, eft fait avec une fouveraine raifon, & que l'on
ne fçauroit y rien montrer qui ne foit fait fans raifon.

L'Auteur d'une lettre que l'on trouve à la fin d'un livre, intitulé ;
Lettres Philofophiques, imprimé à Trevoux en 1703. relevant cette paraphrafe du fieur le Clerc, lui reproche avec juftice, que c'eft la langue des Antitrinitaires. En effet, où eft le Juif, le Mahométan, & le
Socinien qui n'en difent pas autant fur ce paffage, que fait ici M. le Clerc?
Quelle Secte a jamais douté que Dieu ne foit un Etre intelligent, qui
ne fait rien fans raifon? Il falloit fe fervir du mot de *Verbe* ; il falloit
le diftinguer d'avec Dieu le Pere, comme a fait vifiblement faint Jean,
& ne pas confondre les Perfonnes en vrai Sabellien ; mais cela ne s'accordoit pas avec les prejugés fociniens du fieur le Clerc.

Au-refte, continue M. le Clerc, quoique le Verbe fe foit fait homme;
il ne s'enfuit pas que ce foit par une union hypoftatique & fubftantielle,
mais il s'enfuit feulement qu'il a été prefent, qu'il eft demeuré, qu'il
a agi en la nature humaine, & qu'il s'eft fait homme de la maniere que
le Demon fe fait homme, lorfqu'il entre dans le corps d'un homme
qui en devient poffedé.

Il faut donc conclure que M, le Clerc entend ainfi l'union hypoftatique du Verbe Dieu avec l'humanité de J. C. c'eft-à-dire, qu'il n'y
a point eu une union des deux natures dans une feule perfonne, comme il eft vrai que l'homme poffedé ne perd point fa perfonnalité,
étant poffedé du Demon. Ainfi il doit conclure, ou nous devons conclure fur fa belle Paraphrafe, que s'il y a eu deux natures en J. C. auffi
y a-t'il eu deux Perfonnes en J. C. ce qui fait l'héréfie Neftorienne, &
que le Verbe n'étoit uni à l'humanité que pour un tems, & non pas
pour toûjours, puifque le Demon ne poffede l'homme que pour un
tems ; & il faut bien croire qu'il l'entend ainfi, puifque pour exprimer l'union des deux natures en J. C. il ne fe fert point d'autres termes que de ceux-ci : *Incedit, concedit, habitavit*, & autres termes fem-
blables, qui tous ne fignifient qu'affiftance ou prefence.

Voulant faire connoître dans fa Paraphrafe, la difference qu'il y a
entre les épithetes que l'Evangile donne à J. C. l'appellant tantôt Fils de
l'Homme, & tantôt Fils de Dieu ; il dit que quand on l'appelle Fils de
l'Homme, c'eft pour dire qu'il eft un homme du plus bas étage, un
homme forti de la lie du peuple, un homme méprifable, le dernier

des hommes en apparence, & le rebut des hommes ; & que quand on
l'appelle Dieu, ou Fils de Dieu, c'est pour dire qu'il est un Dieu en un
sens figuré, mystique, & relevé *eximio quodam sensu*, ou par figure,
& par métaphore ; ainsi que ce Jesus qui paroit un homme de néant,
est néanmoins un homme qui est au-dessus de tous les hommes, l'Envoyé de Dieu, & qui est chargé de ses ordres pour nous les annoncer.

Et c'est ainsi que Socin s'est expliqué sur le nom de Dieu, que
l'Ecriture donne à J. C. Cependant on passeroit presque à M. le Clerc
ces expressions, toutes sociniennes qu'elles sont, s'il ajoutoit en quelque endroit de sa Paraphrase, que J. C. est le Fils de Dieu par nature,
ou consubstantiel à son Pere ; mais c'est ce qu'il n'ose faire, pour ne se
point broüiller avec les Sociniens.

J. C. dit aux Juifs qu'il est avant qu'Abraham fut né. Tous les Peres   *Ioan. c. 8.*
& les Interpretes Orthodoxes prouvent de là que J. C. étoit Dieu, &   *v. 28.*
que ce ne pouvoit être qu'en cette qualité, ou selon sa nature divine,
qu'il étoit avant Abraham, de qui il tiroit sa naissance temporelle.

M. le Clerc ne pense pas & ne parle pas comme eux, il veut que J. C.   *Hermon.*
fut avant qu'Abraham fut né, parce que Dieu avoit resolu de l'en-   *p. 255.*
voyer sur la terre avant la naissance de ce Patriarche.

Si cette expression étoit veritable, J. C. n'auroit eu aucune prérogative au-dessus d'Abraham, qui ne lui fut commune avec tous les
hommes, n'y en ayant pas un qui ne puisse dire avec verité, qu'en consequence du decret que Dieu a fait de toute éternité de le choisir à sa
gloire éternelle, ou à quelque emploi éminent, pendant qu'il seroit
sur la terre, il ne soit avant la naissance temporelle d'Abraham, & même avant la création du monde. De plus, quand J. C. parloit ainsi
aux Juifs, il n'étoit pas question de sa predestination, mais de son existence réelle & presente ; il auroit donc parlé hors de propos, & les
Juifs, tout aveugles & emportez qu'ils étoient, ne l'auroient pas in-
sulté, ne pouvant pas ignorer que les decrets de Dieu sont avant les
choses que nous voyons ; mais M. le Clerc veut ainsi parler, parce
que quelques Sociniens se sont ainsi expliqués.

Jesus dit, que *personne ne monte au Ciel, si ce n'est celui qui en est des-*   *S. Jean, c. 3*
cendu, le Fils de l'Homme qui est dans le Ciel. Les Orthodoxes prouvent   *v. 13.*
par ces paroles, que J. C. est un Dieu Eternel, puisqu'il habitoit dans
le Ciel avant qu'il fut sur la terre, & même parce qu'il étoit dans le
Ciel dans le même tems qu'il conversoit avec les hommes sur la
terre.

M. le Clerc, qui n'a pas les mêmes yeux ni le même goût, ni la mê-   *Hermon*
me foi que ces Orthodoxes, ne croit pas que J. C. fut veritablement   *p. 58. & 59.*
dans le Ciel avant sa naissance temporelle, & pendant sa vie, si ce n'est
par métaphore ; c'est-à-dire, que J. C. n'étoit dans le Ciel, que parce qu'il sçavoit par revelation divine, ce qui s'y passoit, & parce que
Dieu avoit bien voulu lui reveler ses secrets.

2. Réponse à Volanus.

C'est aussi ce que Socin avoit dit sur ce même passage. Il faut, dit-il, interpreter les paroles de J. C. & les entendre à la lettre, ou il faut dire que ce sont des métaphores. Si ce sont des métaphores, nous ne voyons pas pourquoi il ne nous sera pas permis, plûtôt que d'admettre des communications d'idiomes, de dire que le Seigneur parloit ainsi, parce qu'avant sa glorieuse Ascension, non-seulement il étoit perpetuellement d'esprit & de pensée dans le Ciel; mais encore parce qu'il connoissoit si clairement toutes les choses celestes, c'est-à-dire, tous les secrets de son Pere, tout ce qui est dans le Ciel, & tout ce qui s'y fait, qu'il contemploit ces choses, comme si elles lui avoient été presentes à ses yeux; ainsi, quoiqu'il fut sur la terre, on pouvoit dire qu'il demeuroit dans le Ciel, ce qu'il repete dans plusieurs endroits de ses ouvrages.

Refutation d'Erasme liure . . . 28.

Wolzogue s'explique de même. Monter au Ciel, selon lui, c'est sonder & connoître les secrets, ou les Mysteres celestes : In Cælum ascendere, hoc loco significat arcana atque Mysteria cælestia scrutari. J. C. est descendu du Ciel, continue cet Auteur Socinien, parce que personne ne comprend les choses celestes, si ce n'est celui que Dieu a donné aux hommes pour Docteur, & pour Maître, & qu'il a rempli d'une parfaite connoissance.

Comparons la Paraphrase de M. le Clerc, avec la glose de ces deux Sociniens, nous verrons qu'elles conviennent ensemble sur le sens de ces paroles, que Jesus est descendu du Ciel, & qu'il étoit dans le Ciel; sçavoir, qu'il étoit dans le Ciel, non pas parce qu'il étoit le souverain Dieu, mais parce que, dit Socin, il connoissoit les choses celestes, c'est-à-dire, les secrets de Dieu; parce que, dit Wolzogue, Dieu l'avoit rempli de la connoissance des choses celestes, parce que, dit M. le Clerc, Dieu lui avoit communiqué ses secrets.

Tous les Orthodoxes disent, que J. C. est le Fils de Dieu, parce qu'il lui est consubstantiel; c'est ce que le Concile de Nicée a établi, & ce qui fait la distinction de l'Orthodoxe d'avec l'Arrien & le Socinien.

Herm. P. 127.

M. le Clerc ne dit pas de même, Il veut que J. C. ne soit le Fils de Dieu que parce que la raison divine est en lui d'une maniere qui lui est propre : Qui filius Dei est, non qualis nos sumus, sed peculiari eique proprio modo.

In cap. 10. Ioan.

En quoi il imite les Sociniens, & particulierement Crellius. J. C. dit cet Auteur, est le Fils de Dieu, à cause du souverain amour que Dieu a pour lui, dont il lui a donné des marques. 1°. En le designant à un si grand emploi, tel qu'est celui de Messie. 2°. En le comblant de graces, pour le soutenir dans cet emploi. 3°. Il est Fils de Dieu, continue-t-il, à cause de la ressemblance, & de l'union très-étroite qu'il a avec lui, & cette ressemblance paroît dans la sagesse, dans sa puissance, & dans l'autorité divine; qualitez qui ont été si eminentes en J. C. qu'elles nous font dire qu'il est plus semblable à Dieu, qu'il ne l'est aux hommes, & qu'il est même égal à Dieu.

Aussi M. le Clerc dit que J. C. est appellé le Fils de Dieu, parce qu'il est le Messie, qu'il est l'Envoyé de Dieu, & qu'il nous porte sa parole; qu'il est notre Legislateur, notre Roi, notre Docteur & notre Maître; que Dieu l'a formé dans le sein de Marie, & qu'il est le très-saint homme que Dieu devoit envoyer pour délivrer le peuple Juif. Voilà, selon M. le Clerc, la cause & la seule raison pour laquelle J. C. est le Fils de Dieu; il n'en apporte aucune autre raison; ainsi s'il est Dieu, & Fils de Dieu, ce n'est point par sa nature, ou parce qu'il est engendré de toute éternité, ou parce qu'il est consubstantiel à son Pere, mais uniquement par les graces, & les autres prérogatives extraordinaires qu'il a reçû de Dieu. Cela, à mon sens, & à celui de tous les Orthodoxes, s'appelle clairement sociniser, & dire que J. C. n'est pas le grand, l'unique, & le souverain Dieu. M. le Clerc n'en demeure pas là.

Jesus-Christ dit, *que personne ne connoît le Pere, sinon le Fils, & que personne ne connoît le Fils, sinon le Pere.* Les Docteurs Orthodoxes trouvent dans ces paroles une preuve convaincante de la Divinité de J. C. y remarquant une égalité de connoissance entre celle du Pere éternel, & celle de J. C. mais M. le Clerc prétend que ces Orthodoxes sont bien éloignez de leur compte en donnant un tel sens aux paroles de J. C. Paraphrasant ce passage, il dit, tout ce que le Fils a enseigné, il l'a appris de son Pere, & personne ne sçait ce que le Fils doit faire, ni ce qu'il doit souffrir, si ce n'est le Pere: de même que personne ne sçait les desseins du Pere, si ce n'est le Fils, & celui à qui il lui plaira de les reveler.

Quelle paraphrase? Posé donc le principe de M. le Clerc, (sçavoir, que J. C. n'est pas le grand Dieu, ou qu'il n'est pas consubstantiel à Dieu:) comment pouvoir comparer ses connoissances à celles de son Pere: celles-ci sont universelles, parfaites, absoluës, naturelles, necessaires, compréhensives, indépendantes; & celles-là ne peuvent être que particulieres, limitées, imparfaites, empruntées, gratuites, appréhensives? Ce sera donc par vanité & mal-à-propos, que J. C. aura comparé ses connoissances avec celles du souverain Estre. On ne peut penser & parler ainsi (même selon les principes des Sociniens, qui croyent que J. C. est le plus saint, & le plus parfait de tous les hommes;) on ne peut, dis-je, parler ainsi sans blasphême, & un blasphême qui ne merite rien moins qu'un feu éternel. A quelles extrêmitez donc M. le Clerc se laisse-t-il aller, en paraphrasant les paroles de J. C. de la maniere qu'il l'a fait?

Les Orthodoxes trouvent une démonstration de la Divinité de J. C. en ces paroles: *Mon Pere ne cesse point d'agir jusqu'à maintenant, & moi je ne cesse point non plus d'agir avec lui;* parce que par ces paroles J. C. nous fait entendre qu'il est égal en puissance à son Pere, ou plûtôt que sa puissance est celle de son Pere, & que celle de son Pere est la sienne.

M. le Clerc croiroit bleſſer les intereſts du parti Socinien, s'il raiſonnoit comme les Orthodoxes ; c'eſt pourquoi dans ſa Paraphraſe il fait dire à J. C. Mon Pere celeſte fait chaque jour une infinité de choſes en faveur des hommes, ſans avoir égard au jour du Sabbath : ſi moi je l'imite, vous ne devez pas le trouver mauvais ; c'eſt-à-dire, au ſens de M. le Clerc, que toute la puiſſance de J. C. conſiſte à pouvoir faire quelques miracles, même le jour du Sabbath.

Si nous demandons à M. le Clerc pourquoi il reſtraint ainſi la puiſſance du Sauveur, ſçavoir, à faire quelques actions éclatantes, tandis qu'il en donne une abſoluë & générale au Pere éternel, comme celle de gouverner tout le monde ? il nous dira ſans doute, c'eſt que le Pere eſt le ſouverain Dieu, & que le Sauveur ne l'eſt pas, mais ſeulement ſon Envoyé, & que ſi l'on donnoit à celui-ci tout le pouvoir du Pere, il ſeroit un Dieu ſouverain & égal à ſon Pere, ce qui ne peut être ſelon lui.

Et ſi on ajoute: Mais pourquoi les Juifs ſe ſcandaliſerent-ils ſur ces paroles de J. C. & voulurent-ils le lapider ? Car enfin s'il ne prétendoit leur perſuader qu'il pourroit faire quelques miracles, il n'y avoit en cela nul motif de les allarmer, puiſqu'ils lui en voïoient faire ſouvent ? Un Orthodoxe diroit ſans chercher de détours, ſi on lui faiſoit une telle demande, c'eſt que par là J. C. ſe diſoit Fils de Dieu ſelon ſa nature, & que par-là il ſe faiſoit égal à Dieu : *Proptereà ergò magis quærebant eum Judæi interficere, quia non ſolùm ſolvebat Sabbathum, ſed & Patrem ſuum dicebat Deum, æqualem ſe faciens Deo.*

Mais M. le Clerc, qui ne penſe pas comme l'Orthodoxe, dit autrement ; c'eſt, à ſon ſens, que J. C. ne parloit pas avec aſſez de reſpect de Dieu, l'appellant ſon Pere, & non pas notre Pere, & que par là il ſembloit s'égaler à Dieu.

Si ce n'eſt pas là parler en Socinien, & en Socinien outré, j'avoüe, dit l'Auteur que j'ai cité, & qui m'a fourni cette matiere, que je ne m'y connois pas ; mais on ne m'ôtera jamais de l'eſprit qu'un homme qui entreprend d'expliquer les Evangiles, & qui ne parle en aucune maniere, ni en aucun endroit de la Divinité conſubſtantielle de J. C. non plus que ſi dans toutes les Evangiles il n'en fut point parlé, ou du moins qu'il ne nous la repreſente que comme une Divinité métaphorique, on ne m'ôtera, dis-je, jamais de l'eſprit qu'un homme de ce caractere, ne ſoit dans les ſentimens de Socin.

S. Iean, l. 1.
c. 5. v. 7. Nous liſons dans la Vulgate, *Qu'il y en a trois qui rendent témoignage dans le Ciel, le Pere, le Fils, & le Saint Eſprit, & que ces trois ne ſont qu'un.* Le Commentateur Hamon, tout Remontrant qu'il eſt, prouve par ce paſſage la conſubſtantialité des trois perſonnes divines, & joint à l'autorité des Ecritures la tradition des Peres qui ont vécu avant le Concile de Nicée.

Mais M. le Clerc, qui ne fait que traduire Hamon, prétend que ſon Auteur eſt un bon homme ; qu'il n'a pas bien pris le ſens de ces paroles,

roles, que tout ce qu'il en dit n'eft qu'un pur galimatias, & qu'il eft clair comme le jour que faint Jean n'a jamais voulu parler de l'unité de nature, mais de confentement. *Vitiligatur nofter contra doctiffimos quofque interpretes, qui unum funt, interpretantur de confenfu.* Qui font ces fçavans Interpretes contre qui M. Hamon efcrimoit ? Ce font fans doute les Sociniens. C'en eft affez fur cette matiere, & par-là nous fommes affez convaincus que M. le Clerc élude tous les paffages de l'Ecriture, dont nous nous fervons pour prouver la Divinité de J. C. & qu'il les explique à la maniere des Sociniens.

Voyons qu'il ne s'explique jamais d'une maniere précife fur le point que J. C. eft le grand Dieu, quand il eft preffé de dire ce qu'il en croit. Sur les accufations que les plus fçavans de fa Communion, auffi-bien que des autres, lui ont fi fouvent fait de fon Socinianifme, il devoit fans doute, pour lever leurs fcrupules & leurs foupçons, déclarer clairement qu'il croit comme un article de foi & neceffaire au falut, qu'il y a trois perfonnes en Dieu réellement diftinguées & confubftantielles; que la feconde de ces perfonnes que nous appellons le Verbe ou le Fils, s'eft fait homme; & que cet homme que nous appellons J. C. eft, en confequence de cette union de la nature divine avec la nature humaine fous une même perfonne qui eft celle du Verbe; que cet homme, dis-je, eft Dieu, & le Dieu éternel, confubftantiel & coéternel au Pere & au faint Efprit; mais ce n'eft pas ce qu'il a fait, & fans doute ce qu'il n'ofe faire, pour ne pas perdre les magnifiques & continuelles loüanges que le parti Socinien lui donne avec plaifir, & avec juftice de leur part. Se couvrant du voile de l'Arminianifme, il fe contente de dire à M. Bayle, qui l'avoit accufé de Socinianifme, (& on fçavoit d'ailleurs que ce fameux Philofophe n'étoit pas des plus rigides, ni des plus fcrupuleux fur la matiere en queftion, marque certaine que M. le Clerc avoit donc pouffé fon Socinianifme à l'excès; fe couvrant, dis-je, de fon Arminianifme, il dit, je fuis de ceux qui ne reconnoiffent point d'autre Confeffion de foi que le nouveau Teftament, & qui ne fe croyent pas obligez de défendre en toutes chofes aucun livre que celui-là. Un Socinien parlera de même, & c'eft-là le premier principe des Remontrans.

Dans le Traité qu'il a joint à la nouvelle édition qu'il a donnée du livre : *De veritate Religionis Chriftiana*, par Grotius, il détermine le parti qu'on doit prendre dans les differens fentimens qui partagent les Chrétiens, & il y fait un détail des principaux articles que l'on doit croire pour être fauvé. Il y devroit donc mettre celui de la Divinité fouveraine de J. C. s'il le croyoit neceffaire au falut : néanmoins il n'en fait rien. Il releve autant qu'il le peut les attributs de Dieu, & nous ne l'en blâmons pas : & parlant de J. C. il fe contente de dire que ce grand Dieu, fçavoir le Pere, a pour fils unique J. C. né en Bethléem de la Vierge Marie, fans la cooperation d'aucun hom-

I I.
M. le Clerc ne s'explique point nettement fur la créance d'un Dieu en trois Perfonnes, & fur la Divinité de I. C.

Bib. choifie, t. 9. p. 140.

Iourn. des Sçav 1709 mois de Novembre,

me . . . qui a été crucifié,& mort . . . que sa vie est racontée au vrai dans l'Histoire évangelique; qu'il a été envoyé par son Pere pour enseigner aux hommes la voye du salut, pour les délivrer de la corruption par sa mort, pour les reconcilier avec Dieu; qu'il a confirmé sa mission par un nombre infini de miracles; qu'il est ressuscité; qu'il a été enlevé dans le Ciel, où il regne presentement, & d'où il viendra un jour pour porter un Jugement dernier; qu'il n'y a rien de plus saint que ses preceptes; qu'il n'y a rien de meilleur & de plus convenable à la nature humaine, que les ordres qu'il nous a donné; que tous les hommes, à l'exception de ce Jesus, violent les Commandemens de Dieu, & ne peuvent pas venir au salut, que par la misericorde de Dieu. Ainsi a parlé M. le Clerc dans le tems où il devoit donner des preuves de son Orthodoxie sur la Divinité souveraine de J. C. & ainsi ont parlé tous les Sociniens, & de même ils parlent encore aujourd'hui.

De bonne foi en tout cela voyons-nous un seul terme qui ait du rapport à cette Divinité souveraine de J. C. & au Mystere d'un Dieu en trois personnes. Socin, & tous ses adhérans se sont-ils autrement expliqué sur J. C.? N'est-ce pas nous dire que, pour être sauvé, & que pour être un parfait Chrétien, il n'est pas necessaire de se former la moindre pensée sur la Trinité, sur l'Eternité & sur la Consubstantialité du Verbe Dieu, du saint Esprit,!& de J. C. que l'on doit prendre les articles fondamentaux de notre créance pour des opinions problematiques. Il est vrai qu'il dit que c'est au Pere, au Fils & au saint Esprit, que l'Eglise Chrétienne doit son origine & sa conservation; mais il est vrai aussi qu'il ne dit pas sur ce point, ce qu'il en devroit dire, puisqu'il prétend nous prescrire les points fondamentaux de notre créance & de notre salut, je veux dire qu'il ne nous dit pas que ce Pere, ce Fils & ce saint Esprit, sont trois personnes en Dieu, réellement distinguées, & néanmoins consubstantielles dans une seule nature, que nous appellons Dieu.

Il ne s'explique pas autrement dans sa Bibliotheque choisie, t. 2. art. 8. en y donnant un extrait d'un livre Anglois qui a pour titre: le livre de Mr. Locke Anglois, intitulé: *La Religion Chrétienne & très raisonnable, telle qu'elle nous est representée dans l'Ecriture Sainte*, qu'il loüe à l'excés, qu'il adopte, & auquel il nous renvoye pour sçavoir notre créance. Il dit que cet Auteur reduit toute la Religion Chrétienne à dire : 1°. Qu'il y a une certaine créance qui rend les hommes Chrétiens. 2°. Que cette créance se reduit à reconnoître Jesus de Nazareth pour le Messie. 3°. Que croire que Jesus est le Messie, emporte, qu'on le reconnoît pour son Seigneur, & que l'on se croit dans une necessité absoluë de croire que tout ce qu'il enseigne est vrai, & d'obéïr sincerement à tous ses Commandemens, dès que l'on vient à les connoître : à quoi M. le Clerc ajoute que cette proposition, J. C. est le Messie, & qui fait toute la Religion Chrétienne, suppose qu'il y a un Dieu, que ce Dieu a créé le Ciel, la terre, & tout ce qui y est renfermé; que ce Dieu a

fait connoître sa volonté aux hommes ; qu'il l'a revelée particulierement aux Juifs dans le vieux Testament. Que parmi ces revelations il
y a, qu'il leur envoyeroit quelque jour un Roi pour les delivrer des
maux ausquels ils étoient exposez ; qu'ils devoient obéir à ce Roi, &c.
& par tout ce livre, on ne voit pas un mot de la Divinité souveraine de
J. C. ni de la Trinité. On n'en doit pas être supris, parce que ce livre
est tout-à-fait Socinien, & quelque chose de plus, selon même le sentiment des Protestans, aussi-bien que selon celui des Catholiques, & contre
lequel aussi se font-ils tous recriez ; mais ce qui doit nous surprendre,
c'est que M. le Clerc ne voulant pas passer pour un Socinien, en demeure à cette créance, qu'il ne dit rien d'un Dieu en trois personnes,
ni rien de la Divinité souveraine de J. C. qu'il fait passer au même endroit
ces dogmes pour des contestations de Theologiens, pour des opinions
problematiques, & pour des sentimens qui sont de la nature telles que
le sont ceux de son Eglise sur les Indulgences, & sur la Transubstantia-
tion ; & comme la doctrine des Indulgences, & de la Transubstantia-
tion, passe dans son Eglise pour fausse, ridicule, & monstrueuse ; jugez de ce que pense M. le Clerc de la doctrine de la Trinité & de la
Divinité de J. C. Enfin ce qui ne nous doit pas moins surprendre, c'est
que M. le Clerc, pour satisfaire ceux qui se plaignent, après tant de
raisons, de son Socinianisme, n'ait point de plus frequentes repliques, que de leur dire, que c'est une injure à la mode parmi les Theologiens qui ne sont pas fort sçavans, de crier au Socinianisme, quand
ils ne sçavent plus rien dire, ni objecter à leurs adversaires.

Bayle,
lettre 212.

C'en est trop jusqu'ici, pour nous convaincre que M. le Clerc ne s'explique jamais d'une maniere précise sur le point en question ; voyons
comme il se plaint de la conduite que les Orthodoxes Protestans & Catholiques tiennent à l'égard des Sociniens, au sujet du dogme de la Trinité, & de l'Incarnation.

On sçait que toutes les Communions condamnent les Sociniens
comme des malheureux, qui renversent tous les fondemens de la Religion Chrétienne, & ne doutent pas que pour leur hérésie seule ils ne
soient un jour damnez.

III.
M. le Clerc
traite de
barbare la
conduite
que les Or-
thodoxes
tiennent à
l'égard des
Sociniens.

C'est cette conduite qui allarme la charité de M. le Clerc ; damner,
dit-il, des gens qui croyent sincerement que toute l'histoire de J. C.
contenue dans les Evangiles, est veritable ; que tout ce que ce Jesus
a dit, est vrai ; qu'on ne peut être sauvé qu'en croyant en lui, qu'en
obéissant à ses commandemens, & qu'en esperant en ses promesses ;
qu'il regne à present dans le Ciel, & qu'il viendra pour ressusciter, &
pour juger les hommes selon les Loix de l'Evangile, & les recompenser ou les punir suivant leurs actions ; qui protestent qu'ils ne voyent
pas dans l'Ecriture ce que les autres Chrétiens disent y être ; sur quelques dogmes speculatifs, qu'ils embrasseroient s'ils les y trouvoient ;
& enfin des gens dont les mœurs sont irreprochables : damner, dit-il,
de telles gens, (& tels sont les Sociniens) paroît quelque chose de si

dur, & si éloigné de la pratique de J. C. & des Apôtres, qu'on ne doit pas être surpris s'il y a des Chrétiens qui font scrupule de le faire.

Et se servant de l'autorité du livre intitulé : *La Religion Chrétienne raisonnable* ; il ajoute, pour prononcer un Arrest de damnation il faut des passages formels, qui disent, que sans croire telles & telles choses distinctement, on sera damné ; & il n'y en a point dans l'Ecriture qui exige plus, que ce que nous avons marqué là-dessus, pour obtenir le salut. Il faudroit au moins montrer en termes clairs (c'est toûjours M. le Clerc qui parle) qu'il y a quelque devoir imposé aux Chrétiens pour être sauvé, qui les oblige à croire plus que ce que je viens d'établir, ce qu'on ne fera jamais ; & je maintiens que ces principes suffisent pour remplir tous les devoirs necessaires au Chrétien. Ainsi il ne faut damner aucun de ceux qui les embrassent avec sincerité, & qui vivent conformément à cette profession, & c'est ce que font les Sociniens; donc, selon M. le Clerc, on ne peut pas croire qu'ils seront damnez pour leur créance.

Si bien qu'à son dire, la foi d'un Dieu en trois personnes consubstantielles, & d'un Dieu souverain, absolu, éternel, incarné, n'est pas un dogme necessaire au salut ; que tous les Orthodoxes qui ont assemblé tant de Conciles, ont été de grands fous de se gêner tant sur cette créance, & de faire tant de contestations pour cela, & que tous les Anciens qui ont persecuté les Ebionistes, les Ariens, les Photiniens, les Nestoriens, &c. & les modernes qui persecutent les *Sociniens*, sont des Antichrétiens, qui agissent contre l'esprit de J. C. & contre la conduite des Apôtres, & qui imposent avec violence un joug inconnu au commencement de l'Eglise.

Mais, devons-nous conclure, puisqu'il est constant que M. le Clerc élude tous les passages de l'Ecriture, dont nous nous servons pour prouver la Divinité souveraine de J. C. qu'il ne s'explique jamais d'une maniere précise, quand il est pressé de le faire, & qu'il blâme la conduite que les Orthodoxes tiennent à l'égard des Sociniens, qui les croyent dans la voye de perdition, parce qu'ils ne croyent pas ce qu'ils devroient croire. Il est donc constant que M. le Clerc est un veritable Socinien, qu'il est parfaitement devoüé au parti Socinien, qu'il a tort de se plaindre de ce qu'on l'accuse de socinifer.

Et qu'il n'est pas moins constant, devons-nous ajouter, que le Socinianisme est à la mode dans les Provinces-Unies, puisque les Magistrats des Villes, les Moderateurs des Academies de Theologie, & que les principaux Ministres des Eglises souffrent un Predicant, & un Professeur tel qu'est M. le Clerc, si prevenu du parti Socinien, & qu'ils lui font de bonnes pensions, même pour soutenir par ces paroles, & par ses écrits les Sociniens, c'est-à-dire, pour enseigner la Theologie des Remontrans.

M. le Clerc établit des principes qui favor. les Deïstes, &c

Il y a des Auteurs qui poussent encore plus loin l'accusation que nous faisons contre M. le Clerc, au sujet de son heterodoxie.

Ils lui reprochent d'établir des principes, ou des points fonda-

mentaux de la Religion, qui conviennent aux Juifs, aux Mahométans, aux Deïstes, & à tout ce qu'il vous plaira, aussi-bien qu'aux
Chrétiens ; les voici : *La seule raison*, (c'est ainsi que parle M. le Clerc,
avec quelques Théologiens de la Hollande) *nous apprend que la Religion
ne peut consister qu'en deux choses : l'une est de nous dire où se trouve le souverain bonheur auquel nous aspirons naturellement ; & l'autre de nous montrer
les moyens d'y parvenir.* On ne peut rien, ajoute-t'il, concevoir dans
la Religion, qui ne se rapporte à ces deux points ; tous les dogmes,
tous les commandemens, toutes les promesses de la Religion Chrétienne tendent à cela, soit qu'on en tire une partie de la Tradition,
soit qu'on veüille tirer tout de l'Ecriture. Il est aisé de conclure de là,
qu'il ne peut y avoir rien d'absolument necessaire dans la Religion,
que les choses sans lesquelles il n'est pas possible de connoître le bonheur, ou d'y parvenir ; car il est visible que cela étant l'unique but de la
Religion, on a sujet d'être satisfait de sa Religion, si elle apprend ces
deux choses, & on n'en doit pas demander davantage, pourvû qu'elle
fournisse des raisons assez claires pour les faire conoître à tout le monde. Il semble, conclut-il, que personne ne peut contester ces veritez.

Lettre 5.
Sentim. de
quelques
Theol.p.38.

Cependant à peine ces paradoxes furent-ils imprimez, que Richard
Simon, & tous les Catholiques avec lui, les lui ont contesté, & lui
contestent encore. Quelle apparence que les veritables Chrétiens, qui
reconnoissent & qui admettent des Mysteres dans leur Religion, passent à M. le Clerc que la seule raison nous apprend que la Religion ne
peut consister qu'en deux choses ; & une Religion, devons-nous lui
repliquer, fondée sur la seule raison, n'est plus divine, & n'a plus de
revelations pour motif & fondement ; elle ne peut donc être la Religion Chrétienne, qui est fondée sur la revelation des Ecritures ; &
même elle ne peut être la Religion des Sociniens. Ils n'ont jamais été
si loin, ils ont bien dit qu'il falloit se servir de la raison, & ne rien admettre en matiere de Religion, que ce qui étoit conforme à cette raison ; mais ils n'ont jamais pretendu qu'il ne falloit se servir que de la
Raison. La Religion Chrétienne, disent-ils, est la maniere de servir
Dieu, qui nous a été donnée de Dieu même par J. C. *Religio Christiana,
est ratio serviendi Deo, ab ipso Deo, per Christum tradita.* Ce Catéchisme ne
dit pas par la Raison, puisqu'il nous renvoye à J. C. & à sa doctrine.

Catechis.
Eccl. Polon.

De plus, qui ne voit que par un tel principe on appuye également le
Judaïsme, le Mahométisme, & même le Deïsme ; on trouvera dans ces
Societez, les points que M. le Clerc nomme fondamentaux. En vain veut-
il qu'on se serve du nouveau Testament ; on ne peut comprendre pour
quoi, selon son principe, il prefere le nouveau Testament à l'Alcoran de Mahomet, puisqu'il y trouvera les deux points fondamentaux,
en quoi, selon lui, toute la Religion consiste. C'est en vain qu'il s'efforce de prouver que l'Ecriture contient ces deux choses, sans avoir
recours à la Tradition, puisqu'il n'a pas même besoin de l'Ecriture pour
cela. C'est en vain qu'il dit qu'on ne peut pas nier que tout ce que J. C.

Rep. aux
sent. de
quelques
Theol.p 29.

& les Apôtres nous apprennent dans le nouveau Teſtament, ne tend uniquement qu'à nous obliger à croire en Dieu & en J. C. & à obéïr à l'Ecriture, puiſqu'il peut trouver ces points fondamentaux de ſa Religion dans les livres de Platon, & même dans l'Alcoran, auſſi-bien que dans l'Ecriture. En vain demande-t'il ſi le nouveau Teſtament ne nous oblige pas de croire en Dieu d'une maniere ſi claire, qu'il ne faut avoir que le ſens commun pour le croire, puiſqu'on lui ſoutient que l'Alcoran l'ordonne d'une maniere auſſi claire ; & ainſi que ce point fondamental ne ſera pas moins eſſentiel au Mahometiſme qu'au Chriſtianiſme. En vain encore dira-t'il que tout ce que Dieu nous commande dans le nouveau Teſtament, auſſi-bien que dans l'ancien, ſe rapporte aux devoirs que nous devons rendre à la Divinité, à ceux qui nous regardent, & à ceux auſquels nous ſommes obligés envers le prochain ; puiſque l'Alcoran preſcrit fort clairement les mêmes maximes aux Sectateurs de Mahomet. Il nous rapportera inutilement, que c'eſt Dieu qui nous parle dans l'Ecriture par le miniſtere de J.C. & par celui des Apôtres ; nous lui dirons que c'eſt avancer une choſe dont il doutera toûjours, tandis qu'il ne ſuivra que ſa raiſon ; & ainſi ce point n'aura point toute l'évidence qu'il juge neceſſaire pour établir un poinr fondamental. En vain dira-t'il qu'il ne faut pas être Theologien pour voir tout cela dans le nouveau Teſtament, puiſqu'un Juif qui rejette ce nouveau Teſtament, ne laiſſera pas d'admettre les deux choſes que M. le Clerc croit être ſeules eſſentielles à la Religion. En vain donnera-t'il le défi à M. Simon de montrer qu'il y a des dogmes ſans leſquels on ne peut pas parvenir au ſalut, qui ne ſont pas compris dans le nombre de ceux dont on vient de parler ; puiſqu'il ſera aiſé à M. Simon de lui repondre que tout ce raiſonnement ne conſiſte que dans une regle de ſubſtraction ; ſçavoir, qui de tout ôte tout, reſte rien, puiſque ſes principes détruiſent entierement le Chriſtianiſme, & qu'ils ne contiennent rien qui nous oblige neceſſairement à reconnoître J. C.

Lettre 3.
Réponſe à la
Défenſe.
p. 80.

M. le Clerc, ſenſible à ces accuſations, demande dans ſa défenſe, ſi l'Alcoran preſcrit, comme fait le nouveau Teſtament, que J. C. eſt veritablement mort pour l'expiation de nos pechez.

On lui répond que ce n'eſt pas là le fait dont il s'agit, & que toute la difficulté roule ſur l'explication qu'il a donnée des articles fondamentaux de la Religion Chrétienne.

Mais, continuë M. le Clerc, l'Alcoran ne défend pas d'avoir pluſieurs femmes, comme J. C. le défend.

Cela eſt vrai, lui replique-t'on ; mais les termes généraux dont il s'eſt ſervi dans *les ſentimens de quelques Theologiens*, &c. ne diſent rien de ce Commandement de J. C. ni de pluſieurs autres qui ſont dans le nouveau Teſtament ; c'eſt pourquoi on a eu raiſon d'objecter à M. le Clerc, qu'à moins qu'il ne ſorte de ſes généralitez, il ne nous donnera rien qui ſoit plus eſſentiel au Chriſtianiſme qu'au Mahométiſme.

Concluons de tout cela, que M. le Clerc établit une Religion où l'on peut aisément admettre les Juifs, les Mahométans, les Deïstes, & toutes autres Sectes que l'on voudra, & que par là il est plus que Socinien, & qu'il va jusqu'au Latitudinaire, que nous devons considerer comme l'abîme du Socinianisme.

Cette accusation paroît juste sur un autre paradoxe, qu'il établit dans le même livre *des sentimens de quelques Theologiens,* &c. Il dit que le peuple ne doit point prendre parti dans les disputes des Theologiens, mais qu'il doit s'attacher à la société, où on lui laisse la liberté de faire profession de croire, & de vivre conformément à ses lumieres. Qu'il ne faut pas être fort habile, pour juger qu'on ne doit rien faire, sans sçavoir que cela est bien fait; les Payens même l'ont dit autrefois, & S. Paul nous l'enseigne clairement. Si l'on veut donc contraindre quelqu'un de faire profession d'une doctrine qu'il ne peut pas examiner, & dont la verité ne lui paroît point, ou de faire quelque action religieuse, sans sçavoir si elle est agreable à Dieu, ou non; il fera fort bien d'abandonner la société de ceux qui le tiranisent, pour se ranger avec ceux qui lui donnent la liberté de vivre selon sa conscience, quoique d'ailleurs il ne se mêle pas de juger du fond des controverses. Cette conduite ne sçauroit être désagreable à Dieu, qui veut que chacun agisse conformément à ce dont il est pleinement persuadé.

P. 43.

Ciceron de Offic.

Rom. c. 14. v. 5 & 23.

Qui ne voit que par ce principe on ouvre la porte à toutes les erreurs, & à toutes les Sectes de Religion? Quel est l'homme dans l'erreur & dans l'hérésie, quelle qu'elle soit, qui ne croye avoir raison, & qui ne s'imagine aussi qu'on lui fait injustice, quand on le violente pour quitter ses erreurs, & pour embrasser la bonne Religion, qu'il ne connoit pas être la bonne? Les Juifs, les Mahometans, les Spinosistes, les Païens, &c. aussi-bien que les Fanatiques, les Trembleurs, & tous autres Reformez de la Prétenduë Reforme, ont tous des raisons de croire qu'ils adorent Dieu, comme ils le doivent adorer. Hé, quels étranges principes donc que ceux de M. le Clerc, qui autorisent toutes les hérésies imaginables.

J'en demeurerai-là, & peut-être en ai-je trop dit sur ce sujet, pour ne pas fatiguer mon lecteur, & je concluërai que ceux qui ont accusé M. le Clerc de sociniser, & même d'être un veritable Socinien, & quelque chose de plus, ont eu raison. S'il avoit moins d'esprit & d'érudition qu'il n'en a, on chercheroit des voyes pour l'excuser, & on lui passeroit beaucoup de choses; mais se flatant d'un vaste & pénétrant génie, sachant le François, l'Allemand, l'Anglois, l'Espagnol, le Flamand, le Latin, le Grec, l'Hébreu, le Caldéen, &c. la Poësie, la Grammaire, la Philologie, les Philosophes anciens & nouveaux, la Théologie, tous les differens systêmes des Sectes qui ont divisé les esprits & l'Eglise; l'Ecriture, la Critique, &c. on ne le peut excuser, & on doit croire que c'est avec dessein qu'il a tant dit de choses en faveur des Sociniens, & que lui-même est un bon Socinien.

Il a fait beaucoup de livres, & a travaillé à l'édition de plusieurs, Ses livres.

dont il n'eſt pas l'Auteur ; mais auſquels il a ajouté quelque choſe du ſien.　Je mets ici ce qui eſt venu à ma connoiſſance.

Liberii à ſanctô amore Epiſtola. C'eſt ce petit ouvrage qu'il compoſa dans le tems qu'il étudioit en Théologie à Saumur, & qui l'obligea de ſortir de cette Académie.

Lettre 45.

Un petit livre ſur le libre arbitre, & ſur la Prédeſtination. Mr. Bayle dit qu'il y a de la fineſſe & de la delicateſſe dans cet ouvrage, & que c'eſt le *Pelagianiſme* tout pur. M. Mercica, qui a fait des notes ſur les lettres de M. Bayle, ajoute que ce livre eſt en deux parties, que la premiere eſt de M. le Cene, & la ſeconde de M. le Clerc, qu'il a été imprimé à Amſterdam chez Welſtein, l'an 1685. *in* 12.

On lui atttibue la ſeconde partie des Entretiens ſur diverſes matieres de Théologie, où il traite cruellement ſaint Auguſtin, & y reconnoît de bonne foi que ce grand Docteur de l'Egliſe eſt *Calviniſte.*

On le fait Auteur de deux Volumes *in* 12. de lettres, en langue Françoiſe, intitulées : *Les ſentimens de quelques Théologiens de Hollande,* ſur l'Hiſtoire critique du vieux Teſtament, faite par M. Simon. Il eſt certain qu'il y a beaucoup travaillé, & qu'il eſt l'Auteur du Memoire ſur l'*Inſpiration* des Livres ſacrez, où il s'efforce de détruire l'inſpiration divine des Auteurs ſacrez, de faire voir que Moïſe n'eſt pas l'Auteur du *Pentateuque* ; que l'Hiſtoire de Job n'eſt qu'une méchante *Tragi-comedie,* & que le livre des *Cantiques* n'eſt qu'une *Idile amoureuſe & profane.* Cet ouvrage lui a fait honneur parmi les Remontrans, & parmi ceux qui n'ont pas beaucoup de veneration pour les ſaints livres. Néanmoins, au jugement de M. Bayle, il ne peut ſervir qu'à rendre odieux les Arminiens, dont il prend le parti ; car tout cela ne peut aboutir qu'à confirmer les gens dans la penſée où l'on eſt en Hollande, que tous *les Arminiens ſçavans ſont Sociniens pour le moins.* Cet ouvrage fut imprimé à Amſterdam chez H. Deſbordes, l'an 1685. *in* 8°. Il faut qu'il y en ait eu pluſieurs éditions ; j'en ay lû une en 2. vol. *in* 12.

Lettre 54.

Ars critica, in qua ad ſtudia linguarum Latinæ, Græcæ, & Hebraica via munitur : veterumque emendatarum Spuriorum ſcriptorum, à genuinis dignoſcendorum, & judicandi de eorum libris ratio traditur. Cet ouvrage eſt très-ſçavant, au ſentiment de M. Bayle, & fut imprimé à Amſterdam chez les Huguetans, l'an 1696. *in* 8°. en 2. vol. Peu de tems après on le contrefit en Angleterre, & l'an 1699. les mêmes Huguetans en ont fait une nouvelle édition fort augmentée. L'Auteur y a ajouté un troiſiéme volume intitulé :

Lettre 155.
Note 8 & 9
ſur cette Let.

Joan. Clerici Epiſtolæ criticæ & Eccleſiaſticæ, in quibus oſtenditur uſus artis criticæ, cujus poſſunt haberi volumen tertium. Acceſſere Epiſtola de Hammundo, & critica, & diſſertatio, in qua quæritur an ſit ſemper reſpondendum calumniis Theologorum.. Ces lettres ſont particulierement contre M. *Cave,* qui prétendoit que par charité on pouvoit en écrivant l'Hiſtoire Eccleſiaſtique, cacher les défauts, & les héréſies des anciens

anciens Chrétiens. On en a encore donné une quatriéme édition fort augmentée, & où toutes les additions font inſerées dans le corps de l'ouvrage. Cette derniere édition qui eſt la meilleure, s'eſt faite à Amſterdam chez Schelte & les Waeſbergues, l'an 1712. en 3. vol. in 8°.

Une Diſſertation ſur les dix-huit premiers verſets du ch. 1. de l'Evangile de ſaint Jean, imprimée à Amſterdam chez Welſtein, l'an 1695. in 8°. ſous ce titre : *XVIII. priora Commata cap. 1. Evangelii ſancti Joannis paraphraſi, & animadverſionibus illuſtrata, ubi demonſtratur contra Aloges Evangelium hoc eſſe totum Joannis Apoſtoli, & evertitur ſententia Socini de ſenſu primorum ejus Commatum.* On l'a réimprimée *in folio* pour être jointe à la premiere édition Latine de la Paraphraſe & du Commentaire de M. le Clerc ſur les cinq livres de Moïſe faite à Amſterdam chez Wolfgang, l'an 1693. & Welſtein, l'an 1696. en 2. vol. in fol. car elle n'eſt point la ſeconde édition faite dans la même Ville chez Schelte, l'an 1710. *in fol.* parce que l'Auteur avoit deſſein de la mettre à la tête de la nouvelle édition de ſa verſion Latine du Commentaire d'*Henri Hamon* ſur le nouveau Teſtament qui ſe devoit faire à Leipſic chez T. Fritſch *in fol.* M. Vander Wayen Profeſſeur en Théologie à Francker a écrit contre cette diſſertation, & non pas contre l'Art critique de M. le Clerc, & a intitulé ſon ouvrage : *Diſſertatio de Λογῦ adverſus J. Clericum*, & ſe trouve à la tête du livre d'Etienne Rittangelius, intitulé : *Libra veritatis, & de Paſchate Tractatus*, à Francker chez Hortai in 8°. l'an 1698.

Les *Parrhaſiana*.

Ses Bibliothéques univerſelle & critique. Il donna l'an 1703. le 1. vol. du Journal litteraire, intitulé : *Bibliothéque choiſie*, pour ſervir de ſuite aux 25. vol. de ſa Bibliothéque univerſelle, l'an 1714. Il y avoit déja 27. vol. in 12. de cette *Bibliothéque*, ils ſont imprimez à Amſterdam chez Schelte, & on en a donné 2. vol. par an. *Sa Bibliothéque univerſelle & hiſtorique* n'eſt pas de lui ſeul, les neuf premiers vol. ſont de lui, & de M. Jean Cornand de la Croze, qui a fait le IX. tout ſeul, le X. & le XII. & les ſuivans juſqu'à la moitié du XXII. ont été faits par M. le Clerc, & le reſte juſquà la fin du XXV. & dernier de M. Bernard Auteur de la Republique des lettres, depuis l'an 1699. juſqu'en Decembre de l'année 1710. *Lettre 209 de M. Bayle note 2.*

Sa vie, ou *Vita Joannis Clerici*.

La vie du *Comte Tekeli*.

Le bonheur & le malheur des Lotteries.

La vie de J. C. ſelon les Evangeliſtes.

Une harmonie des Evangiles, que l'on prétend n'être, quant au plan, que l'ouvrage de M. Toinard.

Il eſt certain, dit M. Bayle, qu'il eſt l'Auteur du Commentaire qui a paru ſous le nom de *Theodore Goral*. *Lettre 212. not. 3.*

Le nouveau Teſtament qu'il a traduit en *François* ſur l'original.

E e e e

Grec, avec des remarques où il explique le texte, & où il rend raison de sa version, imprimé à Amsterdam chez Delorme, l'an 1703.
en deux petits vol. *in* 4°. Il y a eu des Ministres d'Amsterdam qui se
sont donné de grands mouvemens pour faire défendre ou interdire
le débit de cet ouvrage; mais inutilement, dit M. Mercier: il ne fut
défendu que dans les Etats du Roi de Prusse. M. le Clerc en a pris
la défense dans plusieurs écrits. On les peut voir dans sa Bibliothéque choisie, tom. 2. art. 7. tom. 3. art. 13. dans une lettre intitulée,
Eclaircissement de quelques endroits des Remarques de M. le Clerc, sur le
nouveau Testament, imprimé l'an 1704. in 8°. & dans sa Bibliothéque
choisie, tom. 18. art. 12. Ce dernier article répond à un ouvrage fait
exprès contre la traduction Françoise du nouveau Testament de M.
le Clerc, par M. *Philippe Menard* Ministre François refugié à Londres; il est intitulé: *Essay sur le Socinianisme , ou Reflexions sur quelques*
articles de la doctrine de M. le Clerc , touchant les Sociniens , & Examen
de quelques passages de son nouveau Testament François, & imprimé à la
Haye chez la Veuve Troyel, l'an 1709. *in* 12.

   Il y a beaucoup d'autres ouvrages de lui, & dont les titres ne sont pas
venus à ma connoissance, & d'autres qui ne sont pas de lui ; mais qu'il
a fait imprimer avec quelques Traités, Nottes & Additions de samain.

   C'est lui qui, sous le nom de Theodore Goral, a donné de nouvelles
Bayle, lett. éditions de Pedo Albinovanus, & de Cornelius Severus, accompagnées
2 II. *not.* 2. de ses nottes , & de celles de Joseph Scaliger, de François Limden-
broch, & de N. Heinsius, elles sont imprimées à Amsterdam chez
Schelte l'an 1703. in 8°.

   Le Dictionnaire de Moreri de Hollande.

   Un ouvrage intitulé : *Sanctorum Patrum, qui temporibus Apostolicis flo-*
ruerunt , Barnaba , Clementis , Herma , Ignatii , Policarpi opera edita ,
atque inedita , &c. cum quorundam Actis , ac Martyriis , Gracè & Latinè
emendata , Latinè versa , & notis Illustrata à J. B. Cotelerio, imprimé
premierement à Paris chez Petit, l'an 1672. en deux vol. *in fol.* & réimprimé à Anvers, ou plûtôt à Amsterdam chez les Huguetans, l'an 1698.
en deux vol. *in fol.* avec les Notes de divers Sçavans.

   Le *Codex Canonum primitiva Ecclesia vindicatus* , de Beregerius.

   Dissertationes Ignatiana Dusserius.

   Vindicia Epistolarum Ignatii , de Pearson, le tout accompagné de
quelques Notes de la façon de M. le Clerc.

Vie de M.   L'an 1700. il fit réimprimer à Amsterdam chez les Huguetans , fa-
le Clerc , p. meux Libraires de Lion , & refugiés à Amsterdam , les *Dogmata Theo-*
105. *logica* du Pere Petau Jesuite , en trois volumes *in folio* , dont
le dernier contient divers *Opuscules Theologiques* de ce Jesuite,
qui ne sont point dans l'édition de cet ouvrage , faite à Paris chez Cra-
Note 17 *sur* moisy, l'an 1644. & suivantes , en cinq volumes *in folio.* Malgré cela,
la lettre dit M. Marchand , les connoisseurs estiment mieux cette édition , que
167. *de M.* celle de Hollande , qui à la verité est ample , mais qui n'est pas si cor-
Bayle. recte.

J'ai déja dit, en parlant de ses parens, que c'eft lui qui a fait imprimer *Quæstiones facra de variis fanctæ Scripturæ locis*, ouvrage fçavant
d'Etienne le Clerc fon pere, ou de David le Clerc fon oncle; & les a
fait imprimer in 8°. à Amfterdam chez Westenius, avec le titre : *Davidis Clerici quæstiones facra, in quibus multa Scriptura loca, variaque lin-
gua fanctæ idiomata explicantur, acceffere fimilis argumenti diatribus Stephani Clerici, & Annotationes J. Clerici.*

La *Bibliothéque Anatomique*, fous le titre : *Biblioteca Anatomica*,
de David le Clerc fon frere, & Jean Jacques Manget.

Il ajoute au livre *De veritate Religionis*, par Grotius, un nouveau
Traité de fa façon.

Tous ces ouvrages, & ces immenfes travaux confirment affez bien
l'étenduë de fon efprit, & les talens naturels que je lui ai donnez ; &
on peut croire qu'il n'y a que fon Socinianifme, & la liberté qu'il s'eft
donné de critiquer la plûpart des Sçavans, qui ne font pas du parti Arminien, qui lui ont attiré tous les reproches dont j'ai fait le détail.

CHAPITRE II.

Les RR. PP. MALDONAT, & PETAU, Jefuites,

Accufez d'avoir favorifé le Socinianifme, & leur juftification.

M'Etant fait un devoir de rapporter dans cette hiftoire tous ceux
qui ont été accufez de Socinianifme, & qui font venus à ma connoiffance, je me crois obligé de dire les foupçons que quelques Theologiens Sociniens & Catholiques, ont eu fur le pretendu Socinianifme
des PP. Maldonat & Petau, Jefuites fçavans, & bons Catholiques.

JEAN MALDONAT.

Jean Maldonat étoit Efpagnol, d'un lieu nommé *Las Cafas de la Reina*,
dans la Province d'Eftramadure; il vint au monde en 1534. & fe fit Jefuite à Rome en 1562. après avoir enfeigné à Salamanque la Philofophie, la Theologie, & la langue Grecque. Il prit la Prêtrife à Rome, *R. Simon.*
& en 1563. les Superieurs l'envoyerent à Paris; il y enfeigna la Philofophie dans le College que les Jefuites avoient depuis peu obtenu.
Après fon cours de Philofophie, il y enfeigna la Theologie avec un
fuccès & un concours furprenant. M. Dubois Docteur de Sorbonne,
l'Auteur d'un difcours, où il fait l'éloge de ce grand homme, nous dit
à ce fujet, que Maldonat a enfeigné la Theologie pendant dix ans, fort
loüé & approuvé de fes auditeurs, qui y accouroient de toutes parts ;
les places de l'Ecole étoient remplies trois heures avant qu'il fît fes leçons. Sa reputation étoit fi fort étenduë dans la France, que les Evêques, les Abbez, les Prédicateurs, les Curez venoient avec empref-

ment l'entendre ; & ceux qui n'avoient pû l'entendre, faisoient copier ses écrits pour les lire chez eux. Un autre Auteur ajoute, que le
nombre de ceux qui venoient pour prendre ses leçons, étoit quelquefois si prodigieux, que la Classe ne pouvant pas les contenir, Maldonat étoit obligé de dicter dans des lieux ou places publiques ; & que
parmi ceux qui venoient l'entendre, on n'y voyoit pas seulement les
personnes d'Eglise, dont parle M. Dubois, mais encore grand nombre de gens de la Prétenduë Reforme, & même leurs Ministres.

Il y a de l'erreur dans le calcul des dix ans que M. Dubois nous marque, puisque Maldonat vint à Paris en 1563. qu'il y enseignât la Philosophie, avant que d'y enseigner la Theologie ; & qu'il sortit de Paris
en 1570. par ordre de ses Superieurs, avec neuf autres Jesuites, pour
aller à Poitiers executer un de leurs desseins, qui apparemment ne tendoit qu'à y établir un College. Il en sortit après y avoir enseigné & prêché, sans avoir pû réüssir dans ce dessein, & revint à Paris.

Il n'y demeura pas long-tems, ses Superieurs l'envoyerent en Lorraine, pour un semblable sujet, & passant à Sedan il y disputa contre plus de vingt Ministres ; & Genebrard dit qu'il les confondit tous,
& qu'il y en eût deux qui se convertirent à la Foi Romaine, sçavoir,
Mathieu Launoi, & Henry Pennetier. Bayle ne convient pas que ces
deux Ministres se soient convertis par les soins du P. Maldonat ; mais ne
nous en donnant aucune raison solide, il faut nous en tenir à ce qu'en
dit Genebrard.

De retour à Paris, on forma deux chefs d'accusation contre lui. Le
premier, d'avoir seduit le President de Saint André, pour laisser sa succession aux Peres Jesuites de Paris. Le second, d'avoir soutenu une
héresie. Le Parlement qui avoit toute la consideration possible pour le
mérite du P. Maldonat, le justifiât sur le premier chef d'accusation ; &
M. Pierre de Gondi Evêque de Paris, par ordre du Pape Gregoire XIII.
devant qui on avoit porté l'accusation d'heteredoxie, le justifiât hautement du crime d'héresie ; cette héresie étoit, d'avoir soutenu qu'il n'é-
toit pas de foi que la Vierge eût été conçuë sans le peché originel.

Algembe.

Maldonat lavé de ces accusations, que ses ennemis, ou des person-
nes interessées avoient formées contre lui, pour en éviter de semblables, & pour vivre en repos, se retira dans le College de Bourges, où
il s'occupa entierement à faire des commentaires sur l'Ecriture sainte,
Dans le tems qu'il travailloit à son Commentaire sur les Evangelistes,
il eut un songe que le tems a verifié ; il crût voir un homme pendant
quelques nuits qui l'exhortoit de continuer vigoureusement ce Commentaire, & qui l'assuroit qu'il l'acheveroit un jour, mais qu'il ne sur-
vivroit guéres à la conclusion ; & tandis que cet homme lui parloit
ainsi, il lui marquoit un certain endroit du ventre, qui fut le même où
Maldonat sentit les vives douleurs dont il mourut.

Après un tel songe, il reçut un ordre du Pape pour venir à Rome
travailler à l'édition que l'on y faisoit de la Bible Grecque des Septan-

tes. Il y acheva son Commentaire, le presenta à son Général Aqua-
viva, le 21. Decembre 1582. & peu après il tomba malade, précisément selon son songe, & fut trouvé mort dans son lit la veille des
Rois 1583.

Il y a lieu de croire que sa trop grande application à l'étude a
abregé ses jours. Il a composé un grand nombre de livres, & n'en a
fait imprimer aucun, Bayle en fait un détail, & ajoute que M. de
Thou lui a donné de grands éloges, & même quelques Protestans ;
ils l'accusent néanmoins d'emportement. Il y en a aussi qui en ont parlé
indignement, comme Casaubon, & Scaliger. Les Sociniens Crellius,
Schlichtingius, Volzogenius, & quelques autres le citent souvent avec
éloge, & se servent de quelqu'unes de ses interpretations pour autoriser leurs paradoxes. M. Bossuet Evêque de Meaux en parle bien, mais
il l'accuse d'avoir favorisé les Antitrinitaires, dans son Commentaire
sur les Evangiles. Son gros grief, & sur quoi roule son pretendu So- *Son Socinia-*
cinianisme, est, que Maldonat expliquant ces paroles, que l'Ange *nisme pre-*
Gabriel dit à la sainte Vierge : *Ideòque quod nascetur ex te, vocabitur Fi-* *tendu.*
lius Dei, il dit, le Saint Esprit viendra en vous, & la vertu du Très- *Luc, c. 1.*
Haut vous couvrira de son ombre ; *& c'est pourquoi ce qui naîtra Saint* *v. 34.*
en vous sera nommé Fils de Dieu, c'est pourquoi ce Saint qui naîtra
de vous sera appellé Dieu, ou ce qui naîtra de vous sera appellé
le Saint, ou la Sainteté même, & Fils de Dieu ; ou l'enfant qui
naîtra de vous sera Saint, & Fils de Dieu. Maldonat ajoute, pour expliquer ce passage, ou pour justifier son explication : *Que quand même*
J. C. n'auroit pas été Dieu, il seroit appellé Saint, & même Fils de Dieu, en
ce lieu-ci, parce qu'il a été conçu du Saint Esprit ; c'est-à-dire, qu'il auroit été Dieu independemment de sa nature divine, & consubstantielle
au Pere Eternel.

On trouve trois défauts dans cette interpretation. Le premier,
qu'elle est nouvelle, & que Maldonat en convient, avoüant qu'il ne
suit pas ici le sentiment des anciens Interpretes, qui ne lui est pas inconnu. De là on conclut que cette interpretation étant nouvelle, elle
est vitieuse ; & que les Catholiques doivent la rejetter selon les Regles
du Concile de Trente, qui obligent d'interpreter l'Ecriture selon la
Tradition, & selon le consentement des Saints Peres.

Le second défaut est, que de cette interpretation, il s'ensuit deux
choses l'une qui ne peut être soûtenuë parmi les Catholiques ; sçavoir, ou que le titre de Fils Dieu, que l'Ange donne au fils dont Marie
sera la mere, ne prouve en aucun endroit la Divinité de J. C. ou que
ce lieu où cette Divinité n'est pas expliquée, doit être interpreté en un
sens tout different de tous les autres passages, ce qui est un inconvenient trop essentiel pour être admis ; sur quoi M. Bossuet dans sa
premiere instruction, au sujet du nouveau Testament imprimé à Trevoux, dit que si J. C. dans le passage de Saint Luc, n'est Fils de Dieu
qu'improprement, sans l'être comme le sont tous les autres fils verita-

bles, de même nature que leurs peres, on ne pourra rien conclure de tous les autres passages où J.C. est appellé Fils de Dieu; & n'est-ce pas, ajoute-t'il, un dénoüement aux Sociniens, pour en éluder la force. Le même Prelat avoit dit dans de certaines notes en mss. que Richard Simon dit avoir vûes, que c'est une Tradition constante de toute l'Eglise, que J.C. est appellé Fils de Dieu, de même nature que son Pere, & parfaitement son égal. C'est ainsi, ajoute-t'il, que s'entend le mot de Fils de Dieu dans tout le nouveau Testament, sans en excepter aucun endroit. Tous les Peres & tous les Docteurs unanimement soutiennent, que J.C. est Fils de Dieu, dés-là qu'il est appellé Fils de Dieu, avec l'excellence que ce titre lui donne dans l'Evangile.

Le troisiéme défaut est, que cette interpretation est le *Proprium quarto modo* de Servet, & des plus fameux Sociniens; celui-là rapportant les paroles de l'Ange à la sainte Vierge, au commencement de son ouvrage contre le Mystere de la Trinité, insiste fortement sur la particule illative, ou causale *Ideò*, qu'il exprime par *Quapropter*, c'est pourquoi. Pesez bien, dit-il, ce mot, *c'est pourquoi*, remarquez l'illation, & remarquez la raison pour laquelle J.C. est appellé Fils de Dieu. *Pondera verbum quapropter, nota illationem, nota relationem, quare Filius Dei vocetur.*

Fauste Socin dans son institution de la Religion Chrétienne, dit que J.C. est appellé Fils de Dieu, parce qu'il a été conçu & formé par la vertu du Saint Eprit dans le sein de la Vierge; & que c'est là la seule raison que l'Ange ait renduë de sa filiation.

Volzogue, dans son Commentaire sur saint Luc, dit; que J.C. est Fils de Dieu, parce que Dieu a fait par sa vertu, ce qu'un pere fait dans la génération ordinaire; ce qu'il prouve par Maldonat, dont il rapporte au long les paroles.

Episcopius, le grand Docteur des Sociniens, voulant expliquer les causes pour lesquelles J.C. est appellé Fils de Dieu, unique & par excellence, met à la tête de ces causes, sa conception par l'operation du Saint Esprit, comme le fondement de toutes les autres; & tous concluënt unanimement, que c'est en qualité d'homme que J.C. est appellé Fils de Dieu, ce qui s'accorde parfaitement avec l'explication de Maldonat, qui porte que la nature divine de J.C. ne lui est pas necessaire, pour lui faire donner par une excellence & une prerogative particuliere, le titre de Fils de Dieu.

Ainsi, devons-nous conclure, Maldonat raisonnant comme les Sociniens, & leur abandonnant un texte si essentiel, il leur donne un droit égal sur tous les autres passages où J.C. est appellé le Fils de Dieu; & c'est ce que l'on appelle sociniser.

Réponse. Tous ces faits, & toutes ces consequences supposées, & même averées, je dis qu'il ne s'ensuit pas que Maldonat ait donné dans le Socinianisme, ou qu'il l'ait favorisé; les Sociniens même ne le croyent pas, puisqu'ils lui donnent la gloire d'avoir été un parfait défenseur de

la Divinité confubftantielle & éternelle de J. C. *Strenuum defensorem*;
& on n'a qu'à consulter son Traité de la Trinité, qu'il a dicté a Paris,
& même son Commentaire sur les Evangiles, par tout on verra que
non-seulement il a crû fermement, & prouvé solidement la Divinité
confubftantielle de J. C. mais encore qu'il a combattu, autant qu'un
homme auffi fçavant, & auffi Orthodoxe qu'il étoit, pouvoit combattre les ennemis de la Trinité, & de la Divinité souveraine de J. C.

Tout le reproche qu'on peut lui faire, eft d'avoir expliqué dans son
Commentaire les paroles de l'Ange de la maniere que nous l'avons
dit, reproche dont il eft facile de le laver.

Premierement, on dit que ce Commentaire ayant été imprimé plus
de vingt fois en Italie, en France, en Allemagne, & eftimé de tous
les Sçavans, & même dans les païs d'Inquifition, on n'a pû raifonna-
blement le blâmer, fans vouloir s'attirer à dos tout ce qu'il y a de plus
confiderable parmi ceux qui fçavent la valeur & l'excellence de cet ouvrage.

2°. On dit que fi cet Interprete s'eft éloigné de l'interpretation de
tous les autres Commentateurs, & particulierement des anciens, fur
l'explication en queftion, ce n'a pas été dans le deffein de fe diftinguer,
mais feulement, comme il le dit lui-même, afin de ne point combattre les Neftoriens, & les Antitrinitaires, par des preuves qui lui fembloient foibles, en ayant beaucoup d'autres contre eux qui lui paroiffoient folides & convaincantes. Nous ne devons point, dit-il, abufer
des lettres facrées, pour refuter les hérétiques. *Non debemus litteris facris abutentes, hereticos refutare.* C'eft un reproche qu'il faifoit à Calvin, qui avoit mal expliqué ce paffage dans fa difpute contre Servet.

3°. On dit que fi les plus fameux Sociniens ont expliqué le verfet en
queftion de la maniere qu'a fait Maldonat, on ne peut rien conclure
contre lui. On condamne les Sociniens, non pas precifément parce
qu'ils ont ainfi expliqué le verfet 34. du 1. ch. de S. Luc, mais parce
qu'ils inferent de ce verfet, & de l'explication qu'ils lui donnent, que
J. C. n'avoit pas la nature divine, ou qu'il n'étoit pas le Fils confubftantiel du Dieu Très-Haut, mais feulement fon Fils, à raifon de fa
conception extraordinaire, & à raifon des prerogatives que Dieu lui
avoit donnez; ou qu'il n'étoit veritablement & proprement Fils de
Dieu, que parce qu'il a été conçû du Saint Efprit; & que dans tous les
autres paffages de l'Ecriture, où il eft dit Fils de Dieu, il n'y eft dit que
dans ce fens. Au lieu que Maldonat établit par tout la Confubftantialité de J. C. avec le Pere Eternel. Quand les Sociniens auront confeffé
& foutenula Divinité confubftantielle de J. C. comme a fait Maldonat,
on leur paffera aifément l'interpretation qu'ils donnent au verfet cité.

4°. On dit que M. Boffuet s'avance trop, quand il dit que l'interpretation de Maldonat doit fervir de dénouëment aux Sociniens, pour
éluder la force des autres expreffions de l'Ecriture, où J. C. eft appellé le Fils de Dieu, & quand il dit que c'eft une tradition conftante

de toute l'Eglise, que J. C. est appellé le Fils de Dieu, comme étant son unique Fils, & de même nature que lui.

Bibl. crit.
t. 1. p. 383.
& les suiv.

Je dis qu'il s'avance trop, puisque cette Tradition pretenduë est contrariée par saint Jean Chrysostome, & par de fameux Interpretes, qui n'ont pas crû pour cela donner un dénoüement aux ennemis de la Divinité de J. C. pour pouvoir éluder les autres passages où J. C. est appellé le Fils de Dieu, égal à son Pere en toutes choses.

Jean. c. 1.
v. 49.

Matth. c.
16. v. 16.

Je dis que cette Tradition est combattuë par S. Jean Chrysostome. Ce saint Docteur comparant les paroles de Nathanaël, où il confesse que J. C. est Fils de Dieu, avec celles de saint Pierre qui fait la même confession, dit clairement, qu'ils se sont servis des mêmes termes, mais qu'ils n'ont pas été du même sentiment. Que quand saint Pierre a appellé J. C. le Fils de Dieu, il a reconnu qu'il étoit veritablement Dieu; & que quand Nathanaël lui a donné le même titre, il ne le reconnut que comme un homme. Ce qui est manifeste, ajoute ce saint Docteur, par la suite des paroles de Nathanaël. Ceux qui voudront douter de ce fait, pourront consulter l'Homelie 55. sur le chap. 16. de saint Mathieu.

Euthymius, qui copie ordinairement saint Jean Chrysostome, s'explique là-dessus en ces termes : *Petrus, Christum natura Dei filium esse confessus est; Nathanaël verò Dei filium adoptione, & ille quidem propriè Deum, hic autem per gratiam; quod manifestum est ex eo quod subditur, tu es Rex Israël, qui enim natura Dei filius est, non Israëlitarum solùm, sed & omnium Rex est.*

Je dis que cette Tradition est combattuë par quelques sçavans Interpretes. Luc de Bruges, dans son Commentaire sur le chap. 1. ✝. 49. de saint Jean, confirme cette explication de saint Jean Chrysostome, en y ajoutant de nouveaux éclaircissemens. Il dit que Nathanaël a confessé que J. C. étoit le Fils de Dieu, de la maniere que les Juifs d'alors croyoient que le Messie seroit le Fils de Dieu, c'est-à-dire, le plus Saint de tous les hommes, & le plus agréable à Dieu, surpassant en graces, & en toutes sortes de dons, tous les autres Juifs. Sa raison est, que le Mystere de la Trinité, n'avoit point encore été divulgué, ni annoncé aux Juifs.

Le Cardinal Tolet, qu'on ne soupçonnera pas d'avoir voulu favoriser les Sociniens, prefere cette explication à toutes autres. *Magis mihi probatur non tantâ adhuc fide Nathanaëlem imbutum fuisse, sed filium Dei vocasse Christum, eo modo quo Judai communiter futurum Dei filium Messiam credebant; illi enim quibus Trinitatis Mysterium adhuc non erat revelatum, filium Dei credebant futurum eminenti quadam filiatione supra omnem adoptionem Angelorum & hominum.*

Le Cardinal Cajetan, qui a écrit avant que les Sociniens eussent commencé à gâter le monde par leurs écrits, entre dans le sentiment de saint Jean Chrysostome, & dit comme lui, que saint Pierre a reconnu que J. C. étoit veritablement, & de sa nature le Fils de Dieu; & que Nathanaël,

Nathanaël, qui ne connoissoit point le Mystere de la Trinité, n'a fait autre chose que d'exprimer les qualitez du Messie. Il dit quelque chose de semblable dans son Commentaire sur le c. 1. ⅴ. 49. de saint Jean, il repete la même chose avec plus d'étenduë sur ces paroles de Marthe à J. C. *Oui, Seigneur, je crois que vous êtes le Fils de Dieu vivant, qui êtes venu au monde.* Enfin, il conclut que cette Sainte, & que Caïphe, n'ont pas entendu par le nom de Fils de Dieu, la seconde Personne de la Trinité, mais un don excellent de la grace de Dieu. *Itaquè per hoc quod dicebant (Martha & Caïphas) Christum filium Dei, non intelligebant secundam in Trinitate Personam, sed excellens donum divinæ gratiæ.* On pourroit ajouter d'autres Interpretes, mais la chose me paroît inutile.

Iean. ⅱ. ⅱ. ⅴ. 27.

Ces Interpretes n'ont pas cru que ce fut une tradition constante de toute l'Eglise, que J. C. est appellé Fils de Dieu dans tout le nouveau Testament, comme étant l'unique Fils de Dieu, & de même nature que son Pere. On ne peut pas dire que saint Chrysostome, Eutimius, Luc de Bruges, Tolet, Cajetan, &c. ayent voulu favoriser les Sociniens, & leur fournir un dénoüement pour éluder la force de la qualité de Fils de Dieu, que l'Ecriture donne à J. C. Autre chose est de s'expliquer sur certains passages de cette Ecriture, à la maniere des Sociniens ; & autre chose est d'appuyer leurs erreurs. On doit supposer, comme un fait constant, que les Sociniens ont emprunté des Commentateurs Catholiques plusieurs explications, dont ils ont abusé. Rendroit-on justice à ces doctes Commentateurs, si on les accusoit d'avoir eu une pente au Socinianisme ? A Dieu ne plaise qu'on ait cette pensée de ceux que nous avons cité, quoiqu'ils ayent employé des expressions qui se trouvent dans les livres des Sociniens.

Il faut donc revenir à ce principe, que les Commentateurs de l'Ecriture ne sont obligez de suivre les anciens Docteurs, que dans ce qui regarde la foi & les mœurs ; or le passage dont il est question, n'a jamais été proposé ni par les Peres, ni par l'Ecriture, comme s'il étoit de foi que ce passage fut une preuve de la Divinité de J. C. C'est ainsi qu'a raisonné Richard Simon au sujet de la prétenduë hétérodoxie de Maldonat. Concluons donc, que ce sçavant Jésuite a pû sans s'écarter des régles de la foi expliquer le ⅴ. 34. du 1. ch. de saint Luc, de la maniere qu'il l'a expliqué. Je passe au prétendu Socinianisme du P. Petau.

LE REVEREND PERE PETAU, JESUITE.

Denis Petau natif d'Orleans entra dans la Compagnie des Reverends Peres Jésuites l'an 1605. âgé de 22. ans, & s'y distingua par la beauté de son esprit, son érudition universelle, les belles leçons qu'il dicta dans leur College de Loüis le Grand sur les Humanitez, la Rethorique & la Théologie, & enfin par la multitude des ouvrages qu'il a donné au public sur differens sujets. Il mourut à Paris le onzième jour du mois de Decembre de l'année 1652, & non pas le

onziéme de Decembre, comme l'a dit le Pere Labbe dans fa Chronologie Françoife, tom. 5. p. 894.

On peut dire que ce ne fut qu'après fa mort que l'on connut l'excellence de fon merite, & qu'on lui rendit la juftice qui lui étoit
dûë. Pendant fa vie, fi nous nous en rapportons à M. Richard Simon,
les Peres de la Societé n'en avoient pas une idée fort avantageufe, ou
du moins qui fut proportionnée en ce qui en étoit : on vouloit même
qu'il n'étoit pas capable de pouffer loin un raifonnement Théologique ; mais depuis fa mort tous les Sçavans fans parti fe font fait un
devoir de lui donner des louanges, qui nous font connoître qu'ils
le confideroient comme le premier homme de fon fiecle en fait de
fciences.

M. Baillet dit, qu'au fentiment de Gaffendi, il étoit fans contredit le plus fçavant homme de toute la Societé des Jefuites, (c'eft
en dire beaucoup ;) qu'il paffoit non feulement le Reverend Pere
Sirmond, mais encore M. *Saumaife* de plufieurs coudées ; & que fi
Grotius avoit quelque avantage fur lui en quelque fcience, il lui rendoit bien le change en d'autres connoiffances.

Que M. Henri Valois & quelques autres ont été plus loin, prétendant qu'il ait été le premier du fiecle en toutes fortes de fciences,
en quoi ils lui donnent l'avantage fur *Eratofthane* qui n'y tenoit que
le fecond rang. Que dans les trois langues des Sçavans, dans la Critique, dans la Chronologie, dans l'Hiftoire, dans les Mathematiques,
dans la Théologie, & dans tout genre de fciences, il ait été plus
profond & mieux verfé que ceux qui n'en avoient étudié qu'une feule
toute leur vie ; & qu'il ait été fi exact, & fi fûr dans chacune en particulier, qu'on n'auroit pas jugé qu'il en eut fçû d'autres que celle
dont il parloit, ou dans laquelle il écrivoit actuellement.

Son ftile, ajoute M. Baillet, fe fent prefque par tout de la force
de fon génie ; il eft mâle, élevé, & quand la matiere le demande,
il lui donne des ornemens & des fleurs ; qu'à la verité il le rendoit
quelque fois trop fort & trop vehement, fur tout quand il avoit en
vûë de refuter un adverfaire.

Il y a encore beaucoup d'Auteurs qui ont parlé avec éloge de cet
excellent Jefuite, particulierement M. Perrault : *Eloges des Hommes
Illuftres.* Henri Valois dans l'Oraifon funebre qu'il a faite en Latin fur
ce grand homme : *Gallia Orientalis*, par M. Colomiés, pag. 217. & rapporte les titres de la plûpart de fes livres, auffi-bien que le temps
auquel ils ont été imprimez.

Il faut l'avoüer, nonobftant ces éloges donnez par de fçavans Critiques, gens ordinairement qui ne prodiguent pas volontiers leur encens, il s'eft trouvé des gens qui ont étrangement décrié ce Théologien, particulierement au fujet de fes *Dogmata Theologica*, imprimez
à Paris chez Cramoify, 1644 en 5. vol. *in fol.* quoiqu'il y deffende
d'une maniere digne de fon orthodoxie & de fa fcience, les dogmes

que l'Eglise Romaine a fur un Dieu en trois personnes coéternelles, consubstantielles, réellement distinctes entre elles, & unies dans une seule nature ; & quoiqu'il y refute les cavillations des Ariens, des Sociniens & de tous les ennemis d'un Dieu en trois personnes, de la Divinité souveraine & absolue de J. C. & d'une maniere si orthodoxe, si solide & si claire, que tous les Connoisseurs en cette matiere, disent qu'on ne peut rien voir de meilleur, & qu'après lui on ne peut rien écrire de plus persuasif ; néanmoins il y en a qui l'ont hautement accusé de socinifer dans cet ouvrage, & d'autres, qui bien loin de l'en blâmer, l'en ont loüé ; du nombre de ceux-ci est Sandius.

Ce fameux Socinien pour faire honneur à ceux de son parti, met ce sçavant Jesuite au nombre des Auteurs qui, selon lui, se sont rendu illustres, en soutenant, deffendant, & adherant aux dogmes des anciens & nouveaux Ariens. Sa raison est, que ce Pere si versé dans l'Antiquité, & si zelé pour les traditions de son Eglise, avance dans ses *Dogmes Théologiques*, qu'on doit s'en tenir à la tradition pour avoir une certitude & une évidence du dogme de la Trinité, & de celui de la Divinité de J. C. Ce principe établi, faisant le détail des sentimens que les Peres des trois premiers siecles de l'Eglise ont eu sur ces dogmes, il montre qu'ils en ont très-mal parlé, & qu'à prendre toutes leurs paroles à la rigueur, & selon leur signification naturelle, on diroit qu'ils auroient donné dans le Sabelianisme, & dans l'Arianisme. Cela est manifeste, ajoute Sandius, par les sentimens que ce Jesuite attribuë aux Ecrivains des trois premiers siecles, dans son Traité de la Trinité, liv. 1. c. 5. §. 7. *Igitur*, ce sont les paroles du Pere Petau : *Nonnullis veterum de Divinitate, ac Personarum in ea diversitate insederat opinio, unum esse summum ingenitum, nequè aspectabilem Deum, qui* Λογῶ *ex se se foras produxerit vocalem, & sonantem, nec tamen vocis instar, soni-què transeuntem ac dissipabilem ; sed ejusmodi, ut velut corporatus, ac subsistens, cætera deinceps efferret. Tum autem à supremo Deo ac Patre productum esse, cum hanc rerum universitatem moliri statuit, ut illum velut administrum haberet.*

Scriptura S.
Trinitatis
revelatrix,
Auctore Herman. 120.
Cingallo.
1678.

On voit dans ces paroles, que les anciens Peres croyoient que le Pere celeste étoit le Dieu suprême, & que le Verbe n'étoit qu'une creature que ce Dieu suprême avoit produit, pour lui servir de Ministre dans la creation de l'Univers. Le Pere Petau ajoute pour nous désigner ceux qui croyoient, ou qui enseignoient cet Arianisme, avant qu'Arius fut au monde. *Quam sententiam alii clarius, obscurius alii significant, sed isti ferè Athenagoras, Tatianus, Theophilus, Tertulianus, & Lactantius, tam ii verò quam reliqui, quos commemoravi.* Or ceux qu'il avoit déja nommé, étoient saint Justin Martyr, saint Irenée, saint Clement de Rome, saint Clement d'Alexandrie, saint Gregoire Taumaturge, Methodius, Lucien d'Antioche, les six Evêques qui ont écrit à Paul de Samosate, ausquels il ajoute ici Origene : *Ut*

Origenes avo dignitate ac potentia superiorem Verbo Patrem arbitrati sunt, & tametsi de Patris esse substantia, sivè natura filium esse asfererent, qua una re à ceteris, qua creatura propriè vocantur, illius conditionem diversam faciebant; non minus tamen quam ceteras creaturas initium habuisse, hoc est minimè ex æterno distinctam hypostasim fuisse putarunt.

C'en est assez, au sentiment de Sandius, pour sçavoir, que le Pere Petau s'est formé à la doctrine des anciens Ecrivains, sur le Mystere de la Trinité, & sur celui de la Divinité de Jesus-Christ. De là il conclut, que puisque l'on doit s'en tenir à la Tradition sur les points contestez, tels que sont ceux dont nous parlons, & que la Tradition des trois premiers siecles y est contraire ; il faut donc croire & soutenir que ce Mystere d'un Dieu en trois Personnes, & d'un Dieu incarné, n'est point certain, & même qu'il ne s'est introduit dans l'Eglise que depuis les premiers siecles, pendant lesquels le Christianisme étoit dans sa pureté sur la Foi, aussi-bien que sur les mœurs.

Or penser & croire ainsi, c'est donner tout à plein dans le Socinianisme. Donc le Pere Petau a socinisé, dit Sandius ; la conclusion est violente, aussi est-elle celle d'un Socinien, qui *per fas & nefas*, veut avoir des gens de mérite dans son parti.

Il n'est pas le seul qui ait pretendu que le Pere Petau ait favorisé le Socinianisme, M. Richard Simon dit dans une lettre qu'il écrivit l'an 1665. à un de ses amis de l'Oratoire : »J'ai appris de M. Hardi, que
» M. de l'Aubespine avoit eu quelques démêlez avec le Pere Petau, &
» & qu'il l'avoit menacé de faire condamner quelqu'unes de ses notes
» sur saint Epiphane ; mais je suis persuadé que ce sçavant Jesuite se
» seroit bien défendu. S'il y a quelque chose à reprendre dans les livres
» de ce Pere, c'est particulierement dans le deuxiéme tome de ses Dog-
» mes Theologiques, où il paroît favorable aux Ariens ; il est vrai
» qu'il adoucit dans sa Preface ces endroits là ; mais comme le corps
» du livre demeure dans son entier, & que la Preface, qui est une ex-
» cellente piece, n'est venuë qu'après coup ; on n'a pas tout-à-fait re-
» medié au mal que ce livre peut faire en ce tems-ci, où les nouveaux
» Unitaires se vantent que le Pere Petau a mis sa tradition de leur côté.
» J'ai vû ici (c'est à Paris) des gens qui croyent que Grotius, qui
» avoit de grandes liaisons avec Crellius, & quelques autres Sociniens,
» a surpris ce sçavant Jesuite ; mais il n'y a aucune vrai-semblance
» qu'un homme aussi habile qu'étoit Petau, se soit laissé tromper par
» Grotius son ami, il est bien plus probable qu'il a écrit de bonne foi
» ses pensées.

La pensée de M. Simon (sçavoir, que la Preface du second Tome des Dogmes theologiques, quelque solide & orthodoxe qu'elle soit, n'a pas été capable de guerir les esprits des Sçavans) n'étoit pas mal fondée, la suite l'a verifié. Vers l'an 1698. on voulut faire imprimer à Londres les *Dogmata Theologica*, & à peine la nouvelle en fut-elle repanduë, que quelques Docteurs de l'Eglise Anglicane s'y opposerent,

Lettres choisies. t. I. p. 12.

Lettre 167. de M. Bayle

repréfentant que ce livre par *accidens* & par *abus*, eft fort propre à confirmer les Ariens & les Sociniens dans leurs erreurs, par le grand
nombre de paffages des anciens Peres, que l'on y trouve, où la doctrine de la Trinité eft debitée fi mal, qu'elle ne reffemble point du tout
aux décifions du Concile de Nicée. Les Sociniens, ajoute cet Auteur,
étoient ignorans tout ce qu'il peut, dans la connoiffance des Peres ; &
ils ont trouvé dans les écrits du Pere Petau, de quoi s'en inftruire à peu
de frais, & ils en ont étrangement abufé.

Les Efprits de Paris, & qui n'étoient pas amis des Reverends Peres
Jefuites, pouffèrent leurs plaintes plus loin, & dirent hautement que
l'ouvrage du Pere Petau, étoit dangereux à l'orthodoxie fur la Trinité,
& fur la Divinité de J. C. Ils ne fe contenterent pas de le dire en public, ils en avertirent ces Reverends Peres dans un écrit intitulé : *Avis*
au R. P. Recteur des Jefuites de Paris. S'ils en étoient demeurez aux fimples avis, ou repréfentations, ils n'auroient rien dit de trop ; mais un
faifeur de notes fur les lettres de M. le Prince de Conti, au R. P. Des-
champs, accufe le Pere Petau, de n'avoir point de jugement, & ne
demande rien moins que cet excellent ouvrage, dont nous parlons,
foit mis au feu. Il copie ces paroles : » Le Pere Petau avoit une érudition prefque univerfelle, & fon nom eft celebre parmi les Sçavans. «
Si fon jugement eût répondu à fes études, ceux qui font plus de cas «
de cette partie de l'homme, que d'une lecture immenfe, & qui «
croyent qu'un habile homme eft un homme qui avec une étude rai- «
fonnable fait bien juger des chofes, feroient plus contens de fes ou- «
vrages, qu'ils ne le font. C'eft quelque chofe de furprenant, & «
d'inconcevable, de voir comment dans les Dogmes theologiques, il «
a abandonné aux Ariens, les Peres des trois premiers fiecles, & «
comment il les a tous rendus fauteurs de l'Arianifme. Je n'ai garde «
de croire que cela en fut moins Catholique, ni d'en tirer toutes les «
autres confequences outrées qu'en ont tiré les Calviniftes, les Pro- «
teftans, & les Sociniens, je n'en accufe que *fon jugement.* Il eft vrai «
qu'il crut reparer fa faute en quelque maniere par une Preface que «
les Docteurs de Sorbonne l'obligerent de faire ; mais c'étoit mettre le re- «
mede auprès du mal, & non pas le guerir ; *il falloit brûler cet ouvrage* «
infortuné, & il fe feroit épargné par là beaucoup de honte. «

Notes fur
la troifiéme
Rép. du P.
de Conti au
P. Defch.
p. 74.

Quand j'ai fait reflexion à ces critiques, ces plaintes & ces raifonnemens, je me fuis figuré des Pigmées, qui veulent être plus grands que
des Géans, ou des Roitelets qui pretendent s'élever au-deffus des
Aigles. Un homme comme le Pere Petau, qui a tant écrit pour la Trinité, & la Divinité de J. C. & qui en a fi folidement prouvé, & même
on peut dire, mieux qu'on n'avoit fait jufqu'à lui, qu'il y a un Dieu
en trois Perfonnes ; que ces Perfonnes font confubftantielles, coéternelles, réellement diftinguées les unes des autres, & tous les Myfteres qui fuivent de ce dogme ; & qui a prouvé la Divinité confubftantielle & éternelle de J. C. l'unité de fa Perfonne divine, fes

Réponfe.

deux natures, & tout ce qui suit de ce dogme, ne peut être accusé avec quelque apparence de justice, de sociniser. Il vrai qu'il a dit que les Anciens se sont expliqués d'une maniere obscure sur ces Mysteres; & qu'on diroit à la barbarie de leurs expressions, qu'ils auroient donné dans le Sabelianisme, & dans l'Arianisme; mais, ajoûte-t'il, on doit les excuser, parce que les dogmes en question n'étoient pas encore dans toute leur évidence, & qu'on n'avoit pas alors des termes pour parler precisément sur cette matiere, & d'une maniere qui fût uniforme. Termes qui ne se sont éclaircis qu'avec le tems, & particulierement dans les Conciles de Nicée & de Constantinople.

Au reste, il prouve par tout que tous ces anciens Peres ont crû, soûtenu, enseigné, & défendu la Divinité souveraine & absoluë de J. C. contre ceux qui la combattoient; & de la maniere qu'on l'a définie dans le Concile de Nicée, & comme on la croit dans l'Eglise Romaine.

C'est ce que M. Bossuet Evêque de Meaux dit plus amplement dans son premier Avertissement aux Protestans, en répondant au Ministre Jurieu, qui, pour éluder les justes reproches que ce sçavant Evêque faisoit aux Pretendus Reformés, sur leurs variations, avoit dit dans sa sixiéme lettre Pastorale de l'année 1688. *Enfin la Theologie des anciens Peres a été si imparfaite sur le dogme de la Trinité, que le Jesuite Petau a été contraint d'avoüer en propres termes, qu'ils ne nous en ont donné que les premiers lineamens.*

A cette injustice du Ministre Jurieu, M. Bossuet répond: » Après
» cela, fiez-vous à votre Ministre, quand il vous cite des passages.
» Non, mes freres, il ne les lit pas, ou il ne les lit qu'en courant;
» il y cherche des difficultez, & non pas des solutions.... Il n'épargne
» rien pour vous surprendre; comme quand pour vous faire accroire
» que *la Theologie des Peres étoit imparfaite* sur le Mystere de la Tri-
» nité, il fait dire au Pere Petau en propres termes, *qu'il ne nous*
» *en ont donné que les premiers lineamens.* Mais ce sçavant Auteur dit

Theol. dog. Pras. c. I. du 2. tom. n. 10. & 12.

» le contraire à l'endroit que le Ministre produit.... car il entre-
» prend d'y prouver que la doctrine Catholique a toûjours été con-
» stante sur ce sujet; & dés le premier chapitre de cette Preface,
» il démontre que *le principal & la substance* du Mystere a toûjours
» été bien connu par la Tradition; que les Peres des premiers sie-
» cles *conviennent avec nous dans le fond, dans la substance, dans la*
» *chose même,* quoique non toûjours dans la maniere de parler; ce
» qu'il continuë à prouver au second chap. par le témoignage de
» saint Ignace, de saint Policarpe, & de tous les anciens Docteurs.
» Enfin dans le troisiéme chap. qui est celui que le Ministre nous
» objecte, en parlant de saint Justin, celui de tous les Anciens qu'on
» veut rendre le plus suspect. Ce sçavant Jesuite décide que ce saint
» Martyr *a excellemment & clairement proposé ce qu'il y a de principal*

eſt de ſubſtantiel dans ce Myſtere , ce qu'il prouve auſſi d'Athenago- «
ras, de Theophile, d'Antioche, & des autres, *qui tous ont tenu*, dit-il, «
le principal & la *ſubſtance du dogme* , *ſans aucune tache*, d'où il conclut, «
que s'il ſe trouve dans les ſaints Docteurs quelque paſſage plus obſ- «
cur, c'eſt à cauſe qu'ayant à traiter *avec les Payens & les Philoſophes*, «
ils ne déclaroient pas avec la derniere ſubtilité & préciſion, l'intime & «
le ſecret du Myſtere , dans les livres qu'ils donnoient au public ; & pour «
attirer les Philoſophes , ils le tournoient d'une maniere plus conforme au Pla- «
toniſme , qu'ils avoient appris, de même qu'on a fait encore long-tems après «
les Catéchiſmes , qu'on faiſoit pour inſtruire ceux qu'on vouloit attirer au «
Chriſtianiſme , à qui , au commencement , on ne donnoit que les premiers «
traits , ou comme le Miniſtre le traduit , *les premiers lineamens des* «
Myſteres , non qu'ils ne fuſſent bien connus ; mais parce qu'on ne «
jugeoit pas que ces ames encore infirmes en puſſent ſoutenir tout «
le poids ; en ſorte qu'on ne jugeoit à propos de les introduire «
dans un ſecret profond , qu'avec un ménagement convenable à «
leur foibleſſe. Voilà en propres termes , ce que dit ce Pere... «
dahs *ſa ſçavante Preface, qui eſt le dénouèment de toute ſa doctrine ſur* «
cette matiere. «

Sur ce détail de M. Boſſuet , l'homme de ſon ſiecle le plus capable
de juger des écrits d'un Auteur , & d'en inferer les conſequences qu'on
en doit naturellement tirer , je concluërai deux choſes. La premiere , que tout l'ouvrage des *Dogmes Theologiques* du R. P. Petau eſt
orthodoxe , que ce Pere y a établi la veritable doctrine de l'Egliſe
Romaine , & que ce n'eſt que par malice , ou par ignorance , ou par
parti , qu'on lui a imputé les fauſſes conſequences dont nous avons
tant parlé. Cette conſequence ſuit naturellement de la Préface qu'il
a miſe au commencement de ſon ſecond volume ; il y prouve invinciblement que les anciens Ecrivains ont cru & enſeigné les Myſteres de la Trinité , & de la Divinité de J. C. de la maniere que nous
les croyons , & il nous la donne comme le dénoüement de toute ſa
doctrine. Or ſi elle en eſt le dénoüement, cet Auteur y a donc renfermé en abregé le ſens , & toute la doctrine qu'il avoit avancée dans
le corps de ſon ouvrage. Sa Préface eſt donc ſans reproche , & par
conſequent le gros de l'ouvrage eſt orthodoxe ; ou bien il faudroit croire que ce Pere vouloit en impoſer , ce qu'aucun Sçavant ne lui a reproché ; ou que M. Boſſuet auroit mal raiſonné , ce que l'on ne peut
croire ſans lui faire inſulte.

La ſeconde conſequence eſt contre Sandius & les autres Sociniens,
qui veulent ſe prévaloir des *Dogmes Théologiques*. Suppoſé, comme ils le
font, qu'il faut s'en tenir à la tradition ſur la créance des Myſteres de
la Trinité & de la Divinité de J. C. il faut donc qu'ils croyent , comme de foi Chrétienne , ces Myſteres , puiſque cet Auteur prouve ſolidement que les anciens Ecrivains ont cru ſincerement , & enſeigné publiquement ces Myſteres , quoique quelquefois en des termes

**

obſcurs & ambigus, pour les raiſons qu'en allegue M. Boſſuet ; & qu'il n'y a que la malice, l'entêtement, & l'intereſt d'avoir des Hommes illuſtres dans leur parti, qui puiſſent les porter à ſoutenir que ce Pere ait favoriſé la perverſité de leurs opinions.

Je n'oſe pas ici rapporter les autres accuſations que l'on a ſouvent faites contre quelques ſçavans Théologiens & Commentateurs, qui ſemblent, au jugement de leurs adverſaires, avoir affoibli certains paſſages de l'Ecriture, ou avoir établi certains principes capables de favoriſer le Socinianiſme. Ce détail me conduiroit trop loin ; & me paroît fort inutile, d'autant que ceux qui ſe ſont trouvé offenſez par ces Critiques, ſe ſont fort bien juſtifiez.

F I N.

NOTES

Sur quelques endroits de l'Histoire du Socinianisme.

PREMIERE PARTIE.

N· I.
Luther.

Chez San-
dius, dans
son Nucleus
Hist. Ecclef·

CHapitre 3. page 9. *Luther arianisant.* Il y a beaucoup d'Auteurs catoliques , & prétendus Réformez, qui ont accusé Luther d'avoir
donné dans l'Arianisme ; comme Possevin, Gregoire de Valence ,
Gretzerus, Cocceïus, Bellarmin, Ederus, Bozius, Campianus, Wolzogenius, Herman, Prateolus, Coppenstem, Carnæus, Lampadius, Sladus, Mortanus, & particulierement Zuingle , qui après avoir examiné
la version Allemande , que cet Heresiarque avoit faite du nouveau Testament, si peu conforme au Texte, le traite de corrupteur de la parole de
Dieu , & de sectateur des Marcionites, & des Ariens.

On peut ajouter aux sentimens de ces Auteurs, les discours que Luther a
souvent tenu sur le mot d'*Homoousion. Il ne faut pas*, ce sont ses paroles, *m'objecter
l'Homoousion reçû contre les Ariens : ce mot que saint Ieróme souhaitoit qu'on abolit , a
été rejetté de plusieurs personnes très célébres : & on a si peu évité le peril par l'invention de ce terme , que saint Ieróme s'en plaignoit , comme s'il y eut eu quelque venin caché sous ces sillabes. Aussi les Ariens s'attachoient plus à faire voir les inconveniens de
ce terme , qu'à répondre aux Ecritures ; que si je hais le mot d'Homoousion , & si je ne
veux pas m'en servir , je ne suis pas pour cela heretique , qui m'obligera de m'en servir ,
pourvû que je retienne la chose même , qui a été definie dans le Concile , & par les Ecritures ? Bien que les Ariens ayent erré dans la Foi , ils ont néanmoins eu raison de demander , soit dans un bon , soit dans un mauvais dessein , qu'on ne se servit point de ce terme prophane dans les matieres de la foi ; car il faut conserver la pureté de l'Ecriture ,
& se persuader que l'homme ne peut pas parler plus clairement & plus purement, que Dieu
même.*

Bibliot. univ
tom.   22.
p. 12.

Ceux qui ont voulu excuser Luther disent, & particulierement Seckendorf , que Luther n'a parlé que conditionellement , lors qu'il a dit
qu'il haïssoit *l'Homoousion* , & qu'il n'y avoit rien que de raisonnable dans la
pensée de ce Docteur de Wittemberg , qui vouloit qu'on ne disputât pas
des mots, quand on convenoit de la chose même. Ces Auteurs ajoûtent qu'il
paroît dans tous ses écrits, qu'il n'a pas eu d'autres sentimens sur la dispute
des Ariens, que ceux de toute l'Eglise , nous pouvons le croire avec eux.

N. II.
Calvin.

Nucleus
Hist. Ecclef.

Chapitre 3. p. 9. *Calvin arianisant*, Sanctius ajoûte que Calvin a été aussi accusé d'avoir donné dans l'Arianime par Possevin, Cocceïus, Sponde, Prateolus , Bellarmin, Colpenstein, Costerus, Jacques-Deshaies, & par quelques
autres fameux Auteurs Protestans; comme Pelargus & Stancar. Celui-ci dans
les démêlez qu'il a eu avec Calvin, & avec les Ministres de Genéve, de Zurich , & quelques Sociniens de Pologne, parle ainsi dans son Livre intitulé ,
contra Ministros Genevenses, & Tigurinos , & qui se trouve dans l'Epitome de la Bibliotheque de Gesnes : *Concinsum est , ô Calvine , doctrinam tuam de filio Dei esse
planè Arianam , à qua resilias quam primum , te oro; atque obsecro : & has hereses, quam
citius, fieri potest , retractes , & liberes Ecclesiam dei ab istis blasphemiis quibus eam con-
taminasti :* O Calvin , c'est un fait certain que votre doctrine touchant le
fils de Dieu est absolument Arienne : je vous prie, & je vous conjure de
vous en retracter au plutôt, afin que par là vous puissiez délivrer l'Eglise

Pages 94.
& 95.

de Dieu, de ces sortes de blasphémes, dont vous l'avez souillée: & il dit ailleurs p. 94 & 95. qu'il a démontré que les Eglises que l'on appelle Réformées sont Ariennes, & Eutichienes. *Omnes Ecclesiæ , quas vos appellatis Reformatas per Evangelium filii Dei , Ariana & Eutichiana sunt ; nec hoc negari potest, ut supra demonstrative probavi.*

Grotius parlant de Calvin, dit, qu'il a affoibli la plus part des passages de l'Ecriture dont les Orthodoxes se servent pour refuter les Ariens, à la reserve du premier Chapitre de l'Evangile de saint Jean.

C'est à peu près dans les mêmes termes qu'en parle Gille-Hunnius Professeur en Theologie dans l'Université de Wittemberg. Il a fait un petit Livre in 8° de 178 pages & imprimé l'an 1604. auquel il donne un titre qui promet beaucoup, pour convaincre Calvin d'heterodoxie sur la divinité de Jesus, il est tel : *Calvinus Iudaïsans, hoc est Iudaïca fedta , & corruptele , quibus I. Calvinus illustrissima Scripturæ sacræ loca , & testimonia de glorissima Trinitate , deïtate Christi, & Spiritus sancti, cum primis autem vaticiniarum Prophetarum de adventu Messiæ , nativitate ejus , Passione , Resurrectione , Ascensione in cælos , & sessione ad dexteram Dei , detestandum in modum corrumpere non exhorruit. Addita est corruptelarum confutatio per Egidium Hunnium P. Theol Doctorem.*

Sanctius met l'époque de ce Livre en l'année 1604. & Monsieur Baillet la met en 1599. & en donne les raisons ; elles ne sont rien à mon sujet : on peut les voir dans le dixiéme tome pag. 359. des jugemens des Sçavans.

Lettres
choisies, to.
2. R. 39.

Mais s'il y a des Auteurs qui taxent Calvin d'avoir donné dans l'Arianisme , il y en a aussi , qui se sont mis en devoir de le justifier sur ce point : Richard-Simon dit, qu'Hunnius ne rend pas toûjours justice à Calvin, que celui-ci n'a jamais eu dessein de favoriser les Juifs , & les Ariens ; mais qu'aïant eu des disputes contre Servet , & contre une Secte de nouveaux Ariens, qui de son tems s'éleva dans Genéve , il crut qu'il devoit se précautioner dans ses interpretations sur l'Ecriture , d'une maniere à ne pas donner prise sur lui. Simon ajoûte, qu'il a lû ses Institutions, avec ses Opuscules , & que ce qu'il en a lû sur la Trinité l'a plus satisfait que tout ce qu'il a lû sur ce sujet dans tous nos Theologiens. C'est parler bien indignement des Orthodoxes ; mais qu'y faire, cet Auteur se fait une gloire de ne pas penser comme les autres.

Iustific.
contre
Iurieu.
p. 40.

Elie Saurin parle encore plus favorablement de Calvin, il le justifie hautement de son Arianisme , & proteste être de son sentiment sur tout ce qu'il a dit au sujet de la Trinité. Ne nous étonnons pas si cet Auteur s'exprime ainsi, c'est qu'il est Calviniste de profession , & même un Socinien outré , au jugement de Jurieu.

N. 3.
Erasme.

Ch. 3. p. 12. *Erasme.* Ce n'est pas sans fondement que les Sociniens se font honneur d'avoir le fameux Erasme de Rotterdam, pour un de leur Héros, puisque beaucoup de Docteurs Catholiques ont accusé ce sçavant critique d'avoir soutenu des propositions contraires aux dogmes que nous avons sur la Trinité , sur l'Incarnation, & sur la divinité souveraine de J. C. On met au nombre de ces accusateurs Stunica Docteur en Théologie de l'Université d'Alcala, Sanctius, Caranza, Bedda Docteur de Sorbonne & Syndic de l'Université , le Cardinal du Peron, qui ,parlant d'Erasme : dit, qu'il est le grand ennemi de la Trinité , & des traditions On peut ajouter à ces accusateurs , des societez entieres de Religieux.

Caranza fit un Livre pour appuyer les Notes que Stunica avoit fait contre la version du nouveau Testament faite par Erasme, & contre les Notes ajoutées à cette version ; & dans lesquelles, selon les prétentions de Stunica, on avoit diminué la force des preuves, que l'Ecriture fournit sur la divinité de J. C. Bedda, soutenu de quelques Religieux , fit des extraits des livres d'Erasme, & les reduisit à douze, ou treize chefs, qui prouvoient que cet Auteur combattoit les mysteres de la Trinité, de la divinité du Fils, & du saint Esprit.

Sandius dit, que le Cardinal Bellarmin, & Possevin, ont prétendu qu'Erasme a été un veritable Arien; parce qu'il paroît qu'il a écrit beaucoup de choses en faveur des Ariens; & qu'il a affoibli un grand nombre de passages de la sainte Ecriture, dont nous nous servons contre les Ariens, & qu'il a dit, que dans le quatriéme siecle les Ariens l'emportoient sur ceux qui confessoient l'*Homoousion*, en nombre, en noblesse, en sciences, en bonnes mœurs, & qu'alors on ne pouvoit pas assurer où étoit la veritable Eglise. *Adeo ut Ecclesia fuerat dubia, in quas partes potius inclinaret.*

Nucleus Hist. Eccl.

Ce ne sont pas les seuls Catholiques qui ont formé ces accusations contre l'heterodoxie d'Erasme: les Protestans, & les autres prétendus Réformez ne se sont pas tûs sur ce sujet. Theodore de Beze a trés maltraité ses Annotations, & lui a reproché non-seulement d'abandonner les passages les plus celebres, dont on se sert pour prouver la divinité souveraine de J. C. mais même de faire de son mieux pour nous les arracher.

Titul. 2. 13. & ailleurs.

M. Baillet convient que tous les Sçavans ont consideré Erasme comme le Précurseur des nouveaux Photiniens, & des Sociniens, mais il ajoute qu'il faut reconnoître qu'on l'a fait un peu plus criminel qu'il ne l'est, sur les chefs en question; & que peut-être il n'est pas plus difficile de le disculper sur son Socinianisme, qu'il l'a été autrefois, de justifier Clement d'Alexandrie de l'Arianisme, & saint Jean Chrysostome du Pelagianisme; d'autant que s'il a affoibli quelques passages de l'Ecriture favorables à la foi de la divinité de J. C. on sçait d'ailleurs qu'il a souvent condamné les Ariens; qu'il a expliqué contr'eux plusieurs passages du nouveau Testament; & que lui-même s'est suffisamment justifié contre tous ses accusateurs, leur déclarant que s'il ne sçavoit pas que ce nom de Dieu fut attribué clairement à J. C. dans quelques passages du nouveau Testament, il n'ignoroit pas aussi qu'il y en avoit beaucoup, dont on pouvoit, & dont même on devoit conclure qu'il étoit le grand Dieu; & qu'il suffisoit, selon l'usage ordinaire des Théologiens, d'avoir un petit nombre de passages clairs, & sans réplique sur un point de notre créance, pour nous y déterminer, sans être obligez à nous servir d'autres passages, qui, ne concluant pas juste, pourroient révolter ses adversaires, & leur donner lieu de nous mépriser, ou de nous accuser de vouloir les surprendre.

Iugem. des Sçav. tom. 3. p. 136.

Dupin siecle 16. tom. 2. p. 252.

Au reste, je puis ajouter que les Sçavans de nos jours, qui ont lû avec application les ouvrages d'Erasme, sont bien revenus des accusations que ces anciens Docteurs ont fait contre lui. Tous lui donnent de grandes loüanges, autant par justice, que pour le récompenser des avantages qu'ils ont retiré de ses Ecrits.

Chap. 5. p. 14. *Un Avanturier Hollandois nommé l'Esprit.* Buelzinius, dans son histoire manuscrite, rapporte le détail de ce festin, & dit, que cet Hollandois qui prit le nom d'Esprit ou *Spiritus*, pourroit bien avoir été Adam Pastor. *Suspicor an non Adamus Pastor sub ipsius nomine latuerit.*

N. 1. l'Esprit.

Ch. 6. p. 18. *Comme Reine on lui défera les honneurs qui lui étoient dûs.* Cette décision du Sénat déconcerta la Reine Mere, & les Princesses ses filles: Elle prit la résolution de ne plus voir son fils, se retira à Varsovie, & s'y mit à la tête des Seigneurs mécontens, qui n'avoient pas approuvé ce mariage. Ces Seigneurs, au rapport du Chevalier Lubientefki, étoient presque tous attachez aux nouvelles opinions, ou, comme il parle, s'étoient déclarez pour la verité, & pour la réforme. *Nam cum multi etiam ex*

Brouilleries de la Reine Mere avec son fils Sigismond II.

a ij

Hist. Ref-
Ecclef. Pol-
p. 21.

illis, qui veritati, & reformationi favere cœperunt, Connubium illud, ut pote tum privata, & privatim inconfulto Senatu contractum. Il n'y a pas lieu de douter que fur ce procedé de la Reine Mere, les affaires fe broüillerent encore plus qu'elles n'étoient ; il eft vrai que la mort de la nouvelle Reine Madame de Radzivil (qui arriva, non pas fans foupçon de poifon, quelque tems après la déclaration du mariage) apporta quelques trêves à fes mécontentemens ; mais la Reine Mere fe laiffant aller à fon humeur impérieufe à l'égard de fon fils, les renouvella bien-tôt en lui reprochant fouvent, & mal à propos, l'alliance qu'il avoit faite avec Madame de Radzivil ; & le Roi, qui de fon naturel n'étoit pas fort endurant, lui difoit, pour arrêter ces reproches : Qu'il n'avoit pas fait tant de déshonneur à la Maifon Royale des Jagellons, & à la Couronne de Pologne, en époufant publiquement & en face d'Eglife cette belle Veuve, en qui les graces du corps & de l'efprit récompenfoient ce qui manquoit à fa naiffance, ou plutôt à celle de fon premier mari *Gaftold* ; qu'elle en avoit fait elle-même, Reine qu'elle étoit, en fe mariant fecretement après la mort de Sigifmond I. d'heureufe mémoire à Pappacoda, homme de baffe & de fimple condition.

Hilarion
de Cofte,
Eloge des
Dames
illuf. tom.
I. p. 201.
M. de Thou
hift. l. 6.
ann. 1555.
Art. d'Ara-
gon p. 326.

Ch. 6. p. 10. *Pour former des Eglifes.* Il faut remarquer ici que Sigifmond Augufte fit ce que fon pere n'avoit jamais ofé faire : Sçavoir d'accorder la liberté de confcience aux fectes qui s'étoient féparées de l'Eglife Romaine. Quoique divifées entr'elles, elles ne faifoient néanmoins qu'une Société oppofée à la communion Romaine ; mais quand les Evangeliftes, c'eft-à-dire, les Luthériens, les Sacramentaires, & les Calviniftes eurent reconnu les fentimens des Unitaires, ils ne voulurent plus communiquer avec eux, & firent une Eglife féparée. Cette rupture commença à Cracovie, par les foins de Gregoire Pauli ; ce qui donna lieu aux Sociniens de fe former plufieurs Eglifes, comme je l'ai rapporté.

N. I.
Stancar.

Son opinion
fur le Me-
diateur.

Ch. 7. p. 25. *Stancar y difputa fortement pour foûtenir que Iefus-Chrift n'étoit notre Médiateur, que felon fa nature humaine.* Cette opinion fit grand bruit dans les Eglifes prétenduës Réformées ; j'en parle, mais je n'en dis pas affez. J'ajoute ici que les Proteftans & les Calviniftes, la combatirent ; & que les Pinczowiens en profiterent au grand fcandale de ces Eglifes ; & on peut dire même, que par une telle doctrine, Stancar leur fournit un beau moyen pour autorifer leur opinion de la prééminence du Pere Eternel fur le Fils, & fur le faint Efprit.

Dict. de
Bayle, 3.
édit. tom. 3.
Stancar.

Stancar raifonnoit ainfi : Si J. C. a été Médiateur entant que Dieu, il eft moindre que fon Pere, quant à la nature divine. Il n'eft donc point coeffentiel à Dieu le Pere ; ceux donc qui le font Médiateur entant que Dieu, renouvellent l'herefie des Ariens. Il preffoit cette confequence avec toute la fubtilité que fon efprit, & la nature de fon fujet lui fuggeroient. De là fe forma un tiers parti ; il y eut des gens, qui, ébranlez

L'effet de
cette opi-
nion.

d'un côté par ces raifons, & de l'autre par les argumens des prétendus Réformez, établirent que J. C. faifoit l'office de Médiateur, & à l'égard de l'humanité qu'il avoit prife dans le fein de la fainte Vierge, & à l'égard d'une nature divine inferieure à celle du Pere Eternel ; ou quant à la nature fpirituelle, qu'il avoit avant que de naître de Marie. C'eft là le pur Arianifme.

Blandrat, & quelques autres fugitifs de Genêve, pour des erreurs qui ont du rapport aux myfteres de la Trinité, & de la divinité de J. C. fe prévalurent des raifons de Stancar, & prétendirent que fes adverfaires ne pouvant pas les réfoudre avec folidité, il falloit chercher un autre fyftème. Et c'eft ce qui forma en Pologne les Tritéïtes, les Ariens, & les Sociniens.

Auſſi le Chevalier Lubienieski dit poſitivement que le Synode de Pinczow de l'an 1558. où l'on diſcuta profondement la cauſe de Stancar, & où l'avantage du combat fut égal, ouvrit la porte à la deſtruction du dogme d'un Dieu en trois perſonnes. Son latin en dira davantage que je n'en dis. *Hæc mox, ut & illa Serveti de præeminentia Patris viros . . . Ad hoc argumentum diſcutiendum haud leviter incitavit. Itaque merito illam Synodum Pinczowiæ anno 1558. celebratam Andreas Lubienieski ſenior in Mſſ. de Synodis magnum ingreſſum ad demoliendum dogma Trinitatis feciſſe, dixit . . . Et certè ex his quæ ſecuta ſunt ex illa Pinczowiana Synodo portam, ad diſcutienda vulgo recepta dogmata, apertam eſſe nemo non videbit: hoc enim ipſo anno cum veniſſet Pinczowiam Blandrata . . . Habitis Pinczowiæ cum Liſmanino, multis de hoc argumento ſermonibus, & videns Stancari adverſarios ei non ſatisfeciſſe, tantum effecit, ut & ille de dogmate Trinitatis dubitare incœperit. Hinc Liſſmanus in ſuſpicionem Arianiſmi apud Miniſtros inſolitis erroribus tenacius adhærentes, incidit.*

Remarquez que Lubienieski met ici l'époque de l'opinion de Stancar à l'année 1558. & que je l'ai indiquée après Sandius à l'année 1559. Pour concilier ces deux Sociniens, qui ſçavoient bien l'hiſtoire de leur ſecte, il faut croire que Stancar s'expliqua ainſi dans les deux Synodes de Pinczow. La ſuppoſition eſt certaine.

Non-ſeulement Lubienieski & Sandius, prétendent que l'opinion de Stancar ſervit beaucoup à établir l'hereſie de la prééminence du Pere ſur J. C. & à détruire la doctrine d'un Dieu en trois perſonnes conſubſtantielles, & réellement diſtinctes, mais tel a été encore le ſentiment de Calvin, & de Beze; celui-ci dit, que le Tritheiſme, & que l'Arianiſme, qui ſe renouvelloient de ſon tems en Pologne, tiroient leur origine des diſputes de Stancar contre les Miniſtres de ſa Réforme.

Pour ce qui eſt de Calvin, après avoir dit aux Miniſtres de Pologne, qu'il avoit toujours prévû, que leurs diſputes continuelles, *ſi le Chriſt, & ſi le S. Eſprit étoient un autre Dieu que le Pere*, ne pourroient avoir d'heureux ſuccez; & que l'importunité de Stancar pourroit bien ſurprendre les Freres, qui n'étoient pas ſi verſez dans l'Ecriture que l'étoit leur adverſaire: & qu'en voulant combattre une abſurdité, ils tomberoient dans une plus grande: il ajoute, que c'eſt avec juſtice qu'ils ont rejetté la ſotte opinion de Stancar; mais qu'en voulant éviter le piége que ce démon leur tendoit, ils avoient donné dans un autre, que leur a dreſſé Blandrat, autre impoſteur, & plus dangereux que Stancar. *Craſſum Stancari delirium merito à fratribus Polonicis repudiatum eſt; ſed dum tibi ab una diaboli aſtutia cavent, obrepſit alter impoſtor Blandrata Stancaro deterior; & hac occaſione abuſus eſt ad errorem, non minus deteſtabilem ſpargendum.*

Et dans ſa Lettre datée de l'an 1563. aux mêmes Miniſtres de Pologne: Cette erreur pernicieuſe & déteſtable, dit-il, en parlant de celle de la préeminence du Pere ſur les deux autres perſonnes de la Trinité qui s'eſt inſinuée parmi vous, n'y a trouvé entrée qu'à la faveur de vos diſputes; car lorſque ce méchant homme, & ce ſophiſte de ſoulfre & de ſalpêtre, & enragé, *nam cum Stancarus inſulſus ſophiſta, & rabula improbiſſimus*, avançoit & ſoûtenoit ſes extravagances, ſçavoir, *que Jeſus eſt mediateur ſeulement entant qu'homme, & que ce n'eſt qu'en cette qualité qu'il intercede auprès de toute la Trinité*, quelques uns des vôtres ſe ſont imaginé qu'ils mettroient fin à toutes ces conteſtations, s'ils ſoûtenoient, que le ſeul Pere étoit le vrai, & l'unique Dieu: ou qu'il étoit le ſeul, qui fut proprement Dieu. *Optimum compendium quidam eſſe duxerunt, ſi reſponderent ſolum Patrem verè, & propriè eſſe Deum.* Opinion que pluſieurs embraſſerent avec trop de précipitation, ſe flattant encore un coup d'avoir trouvé par-là le ſecret de refuter ſolidement les ſottiſes de Stancar, *ita effugium illud nimis cupidè multi arripuerunt, quod ita*

Hiſt. Ref. Eccl. l. 2. c. 6.

Apolog. ad Claud. de Xinctes p. 345. tom. 2.

In admo. ad FF. Pol. p. 683. Tract. de Theolog.

putaret nulla negotio refutari Stancari ineptias. Je ne doute pas, continuë Calvin, qu'il n'y en ait beaucoup parmi vous, qui par ignorance, ou par une trop grand facilité à croire tout ce qu'on leur dit, ont embraffé cette opinion, de la prééminence du Pere fur le Fils, & que d'autres se soient fait un plaisir de se servir de la sottise de Stancar, pour pouvoir, sans danger, insinuer aux ignorans, & aux simples cette execrable opinion, qu'ils prévoyoient leur devoir être agréable.

Il est donc vrai, que c'est l'opinion de Stancar, fur la médiation de J. C. entant qu'homme, qui a ouvert en Pologne la porte aux nouveaux Ariens. Si cela est, pourquoi me dira-t'on, ne le pas mettre au nombre des chefs des Sociniens, d'autant plus que des Auteurs Catholiques & prétendus Réformez, l'ont taxé de cette herefie?

Pour fatisfaire à cette demande, il faut entrer dans le détail de quelques circonstances de fa conduite, & on verra qu'il est affez difficile de décider de quelle Religion étoit cet homme.

Le caractere de Stancar. Stancar avoit de bonnes & de mauvaises qualitez, quoiqu'en ait dit Calvin. Il étoit Théologien, sçavoit les saints Peres, poffedoit les langues Orientales, parloit aisément, écrivoit de même, & a fait un grand nombre de Livres; mais il étoit violent, vain, superbe, amateur des nouveautez en fait de Religion, ingenieux à trouver, & à établir des systêmes extraordinaires de Théologie, ne cherchoit qu'à disputer, & chargeoit d'injures ceux qui le contrarioient. C'est-à-dire, tous les Theologiens de quelques communions qu'ils fussent.

Sa patrie étoit Mantouë, on l'y éleva dans le sein & dans la creance de l'Eglise Romaine, y prit la Prêtrise, & en fit les fonctions; mais trouvant le joug du celibat trop lourd pour lui, il chercha dans les maximes de la prétenduë Réforme, de quoi s'en délivrer: il se maria, & par un reste de respect pour les saints Canons, il se priva de célebrer les saints Mysteres. Apprehendant les poursuites de l'Inquisition, il sortit d'Italie, alla chercher fortune en Allemagne, & ne l'ayant pas trouvée, il se retira en Pologne, & où il a paffé le reste de ses jours. L'Evêque de Cracovie, qui le croyoit bon Catholique, quoiqu'alors il fut un entêté Lutherien, lui procura une chaire dans fa Ville, pour y enfeigner l'Hebreu: il n'y fut pas longtems fans y donner des preuves de fon Lutheranisme; on en fit des plaintes, & l'Evêque le fit mettre en prison, d'où il sortit par le crédit d'Olefnieski, qui le retira chez lui. A peine y fut-il qu'il donna des preuves, qu'il étoit plus Sacramentaire que Lutherien. Il voulut engager ce Seigneur Polonois, pour servir Dieu, lui disoit-il, comme il le devoit servir selon la prétenduë Réforme, de chaffer les Cordeliers de Pinczow, lieu de fa réfidence, & de briser les Images qui étoient dans leur Eglise. Ce violent conseil ne fut pas du goût d'Olefnieski, ni de celui de ses amis. Le tems n'étoit pas convenable pour faire un tel éclat; ce tems arriva enfin, j'en ai parlé; & en l'attendant Stancar faisoit faire la Cene dans le Château de Pinczow, à la maniere des Sacramentaires. Et après s'être bien accredité dans cette Ville, autant par fa science que par l'excez de fon zele, à y établir la prétenduë Réforme, il y dreffa l'an 1550. un College qui devint fameux, & s'y rendit néceffaire aux nouvelles Eglises par ses courses, & les differens emplois qu'on lui confia; mais encore plus terrible par les disputes & les injures dont il accabloit ceux qui le contrarioient.

Tout Protestant & Sacramentaire qu'il fut, on ne voit pas qu'il ait jamais juré *in Verba Magistri*, ou d'avoir pris hautement le parti des chefs du Lutheranisme, du Calvinisme, & du Zuinglianisme, non plus que celui des nouveaux Ariens ou Sociniens, il semble que *Pierre Lamberd*, le Maître des Sentences, & le Chef de tous les fameux Theologiens Orthodoxes ait été son Heros : il le préferoit à tous ceux qui ont écrit sur la Theologie, & disoit qu'il valoit mieux que cent Luthers, que deux cens Melancthons, que trois cens Bullingers, que quatre cens Pierres Martirs, que cinq cens Calvins; & que si tous ces nouveaux Réformateurs étoient mis dans un mortier, on n'en retireroit pas une once de Theologie.

Miral.
Syntag.
Hist. Eccles.
p. 890.

A cette idée, jugez, si vous pouvez, de quelle Réligion étoit Stancar, & ajoûtez-y les démêlez continuels qu'il a eu avec les plus célébres Theologiens de Wittemberg, de Genéve, de Zurich, Strasbourg, de Pologne, & de la Secte des Sociniens? En vain Melancthon, Ostiender, Pierre-Martir, Lisismaninn, Gonez, Crovicius, Blandrat, & plusieurs autres se sont-il efforcez de lui faire changer de sentiment ; & en vain les Eglises de la prétenduë Réforme de Pologne, consulterent-elles le Consistoire de Genéve pour pacifier les troubles qu'il avoit excité au sujet de son nouveau dogme. Le Consistoire leur envoya l'an 1560. une courte instruction sur le sujet de leurs disputes, & Calvin y ajoûta un écrit raisonné. Toutes ces démarches, aussi bien que les Décrets faits contre la doctrine ne servirent de rien. On écrivit contre lui, il repliqua. On lui fit des reproches au sujet de son opinion sur J. C. médiateur, il usa de represailles. On l'accusa de Sabellianisme, & il accusa ses accusateurs d'Arianisme.

Lettre des
Ministres
de Pologne,
à l'Eglise de
Strasbourg
l'an 1562.
Voyez
Hoornbeeck
in appar.
ad controv.
Socinia. p.
29.
Hoornbeeck.

Enfin sa bile, & son humeur emportée, qui vouloit toûjours avoir le dessus, porterent les choses si loin, que les novateurs, qui demandoient souvent, & qui accordoient volontiers des conférences, refuserent à Stancar celle qu'il leur demanda, censurerent sa doctrine, & condamnerent ses livres au feu. *Libros ejus condamnasse & tradidisse rogo.*

Ce procedé des Ministres de Wittemberg & de Zurich, appaisa un peu les fumées de la bile de Stancar, il demanda d'entrer en composition, & offrit de nouvelles formules de foi ; mais étant conçuës en termes ambigus, on les refusa, c'est ce que l'on voit dans la lettre 28. de Beze du 1. Septembre de l'an 1568. Les Lutheriens, les Calvinistes, & les Zuingliens ne le reconnoissent donc pas pour un des leurs ? Que conclure de là ? qu'il étoit Arien, ou Socinien : beaucoup l'ont ainsi conclu, je produis leurs raisons.

Le Chevalier Lubienieski dit, que Stancar travailla beaucoup à la reforme des Eglises de Pologne que ce fut à la solicitation de Jacques-Comte-d'Ostorogow, qu'il fit plusieurs livres ; que ce Seigneur l'honora de sa protection dans les persecutions qu'on lui suscita. Que Felix Cruciger, Jérôme-Philippovius, Nicolas-Olesnieski, & plusieurs autres personnes de qualité étoient ses amis ; or toutes ces personnes étoient Sociniennes, ou attachées au parti Socinien ; conjecture très forte que Stancar étoit Socinien.

Hist. Ref.
Eccl. Pol.
l. 1. c. 6.
Stancar
Arien.

Orichovius disoit qu'Arius, Macedonius, Nestorius, &c. revivoient dans Stancar, donc qu'il socinisoit.

In chimera
apud Spon-
danum.

Les Ministres de Pologne dans leur lettre aux Theologiens de Strasbourg, accuserent hardiment Stancar d'arianiser ; ils le connoissoient bien, ils avoient souvent des disputes avec lui, aussi bien qu'avec les Sociniens, ils croyoient donc qu'il étoit Arien.

Hoornbeeck rapporte que l'intemperance ou l'excez de la doctrine de Stancar ne consistoit pas seulement à soûtenir, que J. C étoit médiateur en qualité d'homme ; mais qu'il poussoit les choses plus loin, jusqu'à ôter la vraie Trinité des Personnes divines, *sed ultra progressus quoque veram Personarum Trinitatem sustulit*, il confessoit un seul Dieu, en confondant la

In appar.
ad disput.
Socinia. p.
29.

Trinité. *Unum Deum confusa Trinitate*, auprès duquel J. C. homme faisoit
les fonctions de médiateur. *Apud quem Christus homo mediatorem ageret* ; il s'i-
maginoit, comme Sabellius, une Trinité, qui ne consistoit que dans trois
noms. *Trinonium cum Sabellio imaginans.* Le voilà donc déclaré ennemi de la
Trinité, & si par cette accusation il n'est pas Arien, il est Socinien ou
Sabellien.

Melchior-Adam, ajoûte que Stancar a disputé sur les deux natures de
J. C. d'une maniere, que les sçavans ont cru qu'il ne les distinguoit pas,
cependant il les séparoit. *Ita disseruit de duabus naturis, ut non distinguere, verum separare, plerisque visus sit.*

Le Pere Gautier Jesuite, dit, après Florimond de Raimond, & Pra-
tæolus, que Stancar pour combattre Osiander, étoit tombé dans un autre excez tout opposé, combattant la divinité de J. C. comme ont fait
des Ariens. *In oppositum extremum eodem circiter tempore, se præcipitem egit Iesu
Christi nimirum divinitatem, Arianorum more impugnando.*

Le Dictionaire de Moreri a suivi le Pere Gautier, & ajoûte pour l'autoriser, que Stancar voulant s'opposer à l'opinion d'Osiander, qui vouloit, que *l'humanité de J. C. fut la cause de notre justification*, il tomba dans l'extrêmité contraire, & qu'il combatit en Arien la divinité de J. C.

Toutes ces raisons sont fortes pour nous porter à croire, que Stancar
a donné dans le Socinianisme ; cependant je ne les trouve pas convaincantes, d'autant plus que Sandius, qui n'a rien épargné pour grossir sa Bi-
bliotéque des Antitrinitares, & qui à ce dessein y a fourré des Auteurs
qui n'étoient rien moins que Sociniens, ou qui étoient fort équivoques
sur les Mysteres de la Trinité, & de la divinité de J. C. n'y a point mis
Stancar, marque certaine qu'il n'étoit point un Theologien qui eut attaqué la divinité souveraine de J. C.

Je dis que ces raisons ne sont point convaincantes : on avoüe sur le témoignage de Lubienieski, que les plus fameux Sociniens de Pologne
étoient les bons amis de Stancar, c'est qu'il avoit de l'esprit, de la
capacité, & des talens pour se faire considerer par de telles personnes, &
qui n'étoient pas encore separées des Eglises de la prétenduë Reforme.

Oricovius & ses Ministres l'ont accusé de faire revivre les anciens Hé-
rètiques ; mais ils ne sont pas recevables sur cette accusation ; ils étoient
ses ennemis déclarez, ils l'avoient excommunié, & ne cherchoient que
l'occasion de le diffamer : il est assez ordinaire d'attribuer à un homme
les consequences, que l'on prétend suivre de sa doctrine, soit qu'il les
avance, soit qu'il ne les avance pas : car on peut supposer, s'il les de-
savoüe, qu'il ne le fait que frauduleusement ; il faut donc juger de la doctrine de ce Theologien, non par ce que ses ennemis ont dit de lui, mais
par ses propres écrits. Or les connoisseurs dés-interessez croient qu'ils ne
contiennent rien moins que l'Arianisme, le Sabellianisme, & le Nestorianisme.

Melchior-Adam n'avance rien de positif, il dit seulement qu'il a sem-
blé à plusieurs, qu'il séparoit les deux natures de J. C. c'est une marque,
replique-t-on, qu'il ne faisoit pas profession de les séparer ; & même
qu'il ne posoit pas des principes, d'où cette séparation résultât necessairement. Car dans ces deux cas, ses adversaires l'eussent accusé de l'hérésie
Nestorienne. Melchior-Adam parle seulement du sens que plusieurs donnoient aux doctrines de Stancar ; or il n'y a rien de plus trompeur, que
de juger de la doctrine d'un homme, par les interprétations de ses ennemis ; pour en convaincre mon lecteur, je cite les paroles mêmes de Stancar. Il avoit accusé les Ministres de Zurich d'hérésie : ceux-ci lui repli-
querent, qu'ils pouvoient retorquer sur lui la même accusation, en le
taxant

taxant du Neſtorianiſme. Sur ce reproche, il répond, puiſque ceux de Zurich n'aſſûrent pas que je ſuis Neſtorien, il n'eſt pas néceſſaire de me défendre ſur ce fait ; s'ils l'aſſûroient, comme ils ne le prouvent pas, les ſçavans ne les croîront pas, d'autant plus que ces Theologiens de Zurich ne ſçavent pas en quoi conſiſte l'opinion de Neſtorius. Cependant je proteſte devant Dieu, & devant les hommes, & je confeſſe que je ne prens aucun intereſt à la perſonne, & à la doctrine de cet Héréſiarque. *Hoc tamen profiteor coram Deo & hominibus : fateor me nihil negotii habere cum Neſtorio, & Neſtoris doctrina.* Cette proteſtation ſe trouve dans ſon traité *de Trinitate & mediatione adverſ. Tigurinos.*

Le Pere Gautier, ceux qu'il cite, & ceux qui l'ont ſuivi, n'accuſent Stancar que ſur un faux principe, leur accuſation a donc le même caractere, car il eſt faux qu'Oſiander ait avancé que l'humanité de J. C. étoit la ſeule cauſe de notre juſtification ; au contraire il diſoit, que la juſtice eſſentielle de Dieu, & que J. C. entant que Dieu ſont notre juſtification ; & il eſt faux auſſi que Stancar ait enſeigné que la divinité de J. C. eſt la cauſe de notre juſtification. Son dogme étoit diametralement oppoſé à cette propoſition, puiſqu'il ſoûtenoit que J. C. n'étoit notre médiateur qu'entant qu'homme, & que bien loin qu'il eût par une telle opinion, la penſée de combattre en Arien la divinité ſouveraine de J. C. au contraire il ne ſoûtenoit ce dogme, que parce qu'il prétendoit que le ſentiment oppoſé entraînoit néceſſairement dans l'Arianiſme. Le Pere Gautier n'a donc pas raiſonné juſte, quand il a mis Stancar au nombre des Arianiſans, à raiſon de ſon oppoſition à Oſiander.

Monſieur Baile, que j'ai ſuivi dans cette notte, pour juſtifier Stancar du Socinianiſme, dit que l'on peut conſiderer ſa propoſition en deux manieres. 1°. Si en ſoûtenant, que J. C. n'étoit notre médiateur, que ſelon ſa nature humaine, il prétendoit nier ſa nature divine, aſſurément il étoit plus qu'Arien ; mais encore Samoſatien & Socinien. 2°. Et s'il prétendoit ſeulement ne point admettre aucune inferiorité dans la nature divine de J. C. inferiorité que la qualité de médiateur ſembloit lui ſuppoſer, & qu'il ne s'eſt exprimé ainſi, que dans l'appréhenſion d'ouvrir la porte à l'Arianiſme, il n'eſt ni Arien, ni Socinien, puiſqu'il ſuppoſe la divinité de J. C. ſouveraine, éternelle & coëſſentielle à celle du Pere. Son erreur ſur ce fait ne conſiſte, qu'en ce qu'il ſuppoſe, que la médiation renferme une inferiorité incompatible avec la divinité du Verbe.

Ajoûtons qu'un Theologien qui a écrit contre les Trithéïtes, les Ariens, les Macedoniens, les Eutichiens, les Macharianiens, les Cerinthiens, les Ebionites, les Photiniens, qui a toûjours combattu les principes des Sociniens ; & qui étoit perſuadé qu'on ne pouvoit pas faire un plus ſenſible reproche à un homme, que de l'accuſer d'être Socinien ou Arien. Ajoûtons, dis-je, qu'un tel Theologien ne peut pas être taxé du Socinianiſme, ſi l'on n'en a des preuves évidentes, priſes dans les principes mêmes. *Tract. de Trinit. de unitate Dei, & de incarnat. D. N. I. C.*

Je conclus de tout ce détail, ce que j'ai déja avancé, qu'il eſt difficile de décider de quelle ſecte a été Stancar, depuis ſon apoſtaſie à la foi Romaine : & que s'il eſt permis de prendre parti dans ces difficultez, je dirai qu'il étoit un Theologien de la Prétenduë Reforme ; mais qui ne convenoit pas de tous les dogmes, qui y ſont communement ſuivis, y découvrant des contradictions qui revoltoient ſon eſprit, & qui d'ailleurs ſe croyoit peut être avec vanité, comme lui reprochoit Calvin, peut être auſſi avec raiſon, avoir plus de capacité, & de raiſonner plus conſequemment que tous ces Theologiens, qui ont fabriqué & ſoûtenu la prétenduë Reforme.

Chapitre VIII. pag. 28. *On y lut les Lettres de Calvin que Crecovius y avoit* N. r.

b

apportées de Genéve, il faut faire attention, que j'ai dit
toire, sur le rapport de Lubienieski, que Czecovi
née d'après pour porter les lettres du Synode de P
que est sure, il faut croire que ces lettres que C
Synode, n'étoient pas la réponse au Synode de Pin
ou bien dire, qu'il n'attendit pas un an pour por
étoit chargé.

Chapitre 9. pag. 47. *l'engagea à faire de son mieux*
ne convient pas de ces circonstances, & en ajoûte
échappées, ou qui m'ont paru fabuleuses. Quoiqu
Martinusius étoit d'une naissance noble, de la fam
Dalmatie, qu'il prit le nom de Martinusius par ce
ques Martinusius Evêque de Scardone son oncle ma
maison ruinée, & sans aucun patrimoine, se fit M
Monastere de saint Paul proche Bude, d'où il pa
être Superieur dans le Monastere de Koniano, &
charge, quand Zapoliha chassé de Hongrie par le
chercher du secours auprès du Roi de Pologne.

Il ajoûte, que la fortune de l'un & de l'autre adre
nastere, où il vit Martinusius, gouta son esprit, l
gouverner un Etat qu'un Convent, & trouva ses ra
si solides, qu'il résolut de se servir de lui pour rem
me. Que ce fut par les conseils de ce Moine, c
Laski (ou de Lasko) à la Porte Ottomane, pour
Soliman II. que Martinusius né avec un cœur de I
Zapoliha en Hongrie ; mais peut-être moins dans
à l'établir sur le Trône de Hongrie, que pour se fai
monter lui-même, quand il en trouveroit l'occa
chimeres inventées par Larrey, & dont nul Auteur
core que Martinusius quitta son Convent, & son ha
est certainement faux, il ne quitta point son habit)
parcourut les Provinces, s'insinua dans les maisons
Principaux du peuple, & les disposa tous à quitter l
pour suivre celui de Zapoliha, & que ce sont ces d
terent à Soliman la conquête de la Hongrie : ces d
dise Larrey, se firent avant que Zapoliha eut quitt
ce qui me fait croire que le narré de cet historien
& du Roman, que de la verité.

Page 49. *Caftalde revêtu de ce décret.* Larrey ajoûte
ce, qui servit de motif à la Cour de Vienne, de déc
tinusius : il dit que le Marquis Castalde aïant pris e
de Lippa sur les Turcs, voulut faire passer au fil de
son ; mais que sur les remonstrances du Cardinal, i
position honorable ; que les deux Maréchaux de Ca
rent grand bruit, publierent que Martinusius ne s'éto
affaire, que pour s'attirer un degré de merite aupr
donnerent avis à Ferdinand par des lettres qu'ils l
Roi, qui avoit d'ailleurs d'autres preuves de l'infide
voïa des ordres à Castalde.

Il ajoûte d'autres circonstances du massacre de Mar
échappées, sçavoir que ce Cardinal après la prise d
talde de venir se rafraîchir dans son Château de Bin
qui avoit déja reçû les ordres de la Cour de Vienn
que pour cacher son dessein à ce Cardinal, dont il

défiance, il y alla en petite compagnie, après néanmoins avoir ordonné à
ſes deux Lieutenans, de s'approcher avec des troupes à un certain jour
qu'il leur marqua. Que tout étant diſpoſé pour cette tragique action,
Marc-Antoine-Ferrare, Secrétaire de Caſtalde, & Flour Pallavicini, l'un
des LieutenansGénéraux s'entretenoient dans l'appartement de Martinuſius,
que celui-ci ſe tint à la porte de la chambre, tandis que celui-là entra
dans l'appartement du Cardinal, pour lui faire ſigner une dépêche, donc,
diſoit-il, le Général l'avoit chargé ; qu'au moment que Martinuſius ou-
vroit le paquet, cet Aſſaſſin lui donna un coup de poignard dans le ſein,
& que le bleſſé faiſant du bruit, Pallavicini y accourut, lui décharga un
coup de ſabre ſur la tête, & que les deux redoublant leurs coups, acheverent de le tuer.

Meurtre horrible, ajoûte Larrey, d'un vieillard de ſoixante dix ans, il-
luſtre par la ſublimité de ſon génie, vénérable par ſa pourpre, & qui venoit de procurer à Ferdinand la ceſſion d'une Couronne. A l'égard de ſon
infidelité, elle n'étoit au plus que douteuſe, & les ſoupçons que l'on en
avoit ne devoient pas l'emporter ſur des ſervices effectifs. ... Auſſi l'Empereur Charles-Quint, & Ferdinand ont-ils deſavoüé cette action, & par
ce deſaveu, ils ſejmirent à couvert des cenſures de l'Egliſe ; mais, puis je
ajoûter, les Auteurs qui en ont parlé, n'en ont pû diſculper Ferdinand, ce
qui paroît par la notte qui ſuit.

Page 50. *Sforce Pallavicini.* Le Cardinal de ce nom, prétend juſtifier la
conduite de Ferdinand ſur les fictions qu'on s'étoit forgées à la Cour
de Vienne au ſujet du Cardinal Martinuſius. Il eſt facile d'entrevoir le deſſein du Cardinal Pallavicin ; c'eſt que deſcendant de la maiſon des Sforces,
Pallavicini, il a crû qu'il étoit plus expedient, pour l'honneur de la maiſon, de ſauver la reputation d'un particulier de ſa famille, que de rendre
juſtice à un des plus grands hommes de ſon ſiecle ; & de condamner cet
homme juſte, pour juſtifier un criminel qui lui appartenoit. Pour nous
convaincre que l'auguſte maiſon d'Autriche a eu part au maſſacre de Martinuſius, auſſi bien que Sforce Pallavicini qui l'a executé, on peut conſulter
Onufre, vie du Pape Jule III. qui dit. *Paulo poſt Cæſaris juſſu, per inſidias à
Sfortia Pallavicino interſectas eſt.* André-Moros, qui dit, parlant du meurtre
en queſtion : *Illius auriculæ teſtes ad Ferdinandum delatæ,* qu'on apporta à Ferdinand les oreilles de Martinuſius, pour l'aſſurer de la mort de ce Cardinal. S'il n'eut pas été l'auteur de cet aſſaſſin, auroit-on oſé lui faire un
tel preſent ? Celui-là eſt toûjours préſumé l'Auteur d'une méchante trame
& ſecrette, de laquelle il tire quelque profit. Ferdinand prétendoit tirer
de grands avantages de la mort de Martinuſius ; il y a donc toutes les apparences poſſibles qu'il en a été l'Auteur. Au reſte, Monſieur de Thou
dit, que Martinuſius étoit innocent du crime dont on l'accuſoit, & que
Caſtalde eſt accuſé de ſon aſſaſſin.

Chapitre 14. pag. 59. *Les Unitaires avoient raiſonné juſte.* Les Proteſtans,
& autres prétendus Réformez ont toûjours ſuppoſé comme un principe
fondamental chez eux, que non-ſeulement l'Ecriture étoit le ſeul juge
des controverſes ; mais encore, que tous les particuliers avoient droit de
l'interpréter pour eux, & ſelon leur genie. Ce principe ſuppoſé, les
Sociniens étoient en droit de dire aux prétendus Réformez pour les mettre hors de replique ſur le ſujet de leurs démêlez : Nous avons fait ce que
vous nous avez enſeigné & ordonné ; nous avons examiné par l'Ecriture
les Conciles de Nicée, de Conſtantinople, d'Epheſe, de Calcedoine,
touchant les Myſteres de la Trinité, & d'un Dieu incarné : & les autres
Conciles qui ont été aſſemblez contre les Pelagiens, touchant le peché originel; & nous avons vû, ſenti, jugé & conclu, qu'il n'y avoit rien de tout

N. III.

*Hiſt. de
Veniſe.
l. 7.*

*N. I.
Raiſonne-
ment contre
ceux qui ne
veulent pour
luge des
Controver-
ſes que la
ſainte Ecri-
ture.*

*Apologie
pour les Ca-
tholiques.
tom. 2. p.
43.*

cela dans la parole de Dieu. Les paſſages dont ſe ſont ſervi les Aſſemblées pour établir ces dogmes, nous paroiſſent ambigus, & capables d'un autre ſens, tel qu'eſt celui que nous y trouvons aujourd'hui, pour établir notre opinion. N'avons nous donc pas bien fait ? Nous ſommes nous éloignez des maximes que vous nous avez enſeignées ? Ne nous ſommes nous pas ſervis à propos de notre droit, pour conclure, qu'il n'y avoit pas trois perſonnes réellement diſtinctes en Dieu ; que J. C. n'a pas été le grand Dieu, & qu'il n'y a point de peché originel ?

Raiſonner ainſi, puis-je ajoûter, c'eſt tirer une conſequence véritable, ſi le principe eſt véritable, & il eſt tel dans la Theologie des prétendus Réformez, la conſequence leur doit donc paroître juſte & véritable ; & par une autre conſequence, je dirai que les prétendus Réformez ont ſociniſé, avant même qu'il y eût des Sociniens : ou bien qu'ils ont été de mauvais Philoſophes, n'ayant pas vû les ſuites funeſtes qui ſuivoient neceſſairement de leurs principes. Mais ſi cette conſequence des Sociniens doit paroître juſte aux prétendus Réformez, elle ne peut pas paroître telle aux Catoliques, qui croient le principe très faux, & qui ne peut être ſoûtenu que par des Fanatiques ; puiſqu'il fait des ignorans, & même des femmes, maîtres du ſens des ſaintes Ecritures, qu'il les égale à l'Egliſe, aux Conciles, aux Docteurs, & même qu'il leur donne le droit d'examiner leurs doctrines, leurs déciſions, & de les cenſurer, ſi elles ne ſont pas conformes aux chimeres, dont les Fanatiques, les ignorans, & les femmes qui ſe croyent ſçavantes, ne manquent jamais.

Page 60. *Sigiſmond Roi de Hongrie mourut le 16. du mois de Mars de l'an 1571.* Le Chevalier Lubienieski dit qu'il mourut le 14. du même mois ; mais dans l'année 1679. il y a apparence qu'il s'eſt trompé.

Chapitre 16. pag. 65, *Un Auteur dit, que Ferdinand,* cet Auteur eſt contrarié par d'autres. On voit ailleurs que ce Prince importuné des plaintes continuelles qu'on lui faiſoit contre les Anabatiſtes de Moravie, leur ordonna par un Edit, & ſous de rigoureuſes peines, de ſortir de toutes les terres de ſa dépendance. Ils obéïrent, & ſe retirerent dans des lieux deſerts pour les cultiver : mais l'an 1543. par un nouvel ordre de Ferdinand, ils furent encore chaſſez de leurs tanieres, & dans une ſaiſon où tout étoit couvert de neiges & de glaces. Le Roi porta encore les choſes plus loin l'an 1550. ſur les avis qu'on lui donna dans ſes Dietes, qui ſe tinrent en Moravie, que les Anabatiſtes rodoient en grand nombre dans la Province, il fit publier un Edit qui leur ordonnoit d'en ſortir inceſſamment ſous peine de la vie, & d'autres punitions exemplaires, ce qui excita une terrible perſecution contre ces malheureux, tant en Moravie que dans la Bohéme.

Beaucoup d'années avant ces Edits, Ferdinand n'avoit eu aucune complaiſance pour les Anabatiſtes. On voit ſur ce ſujet une lettre *d'Hutter,* écrite l'an 1535. & adreſſée aux Seigneurs de Moravie, où il traite le Roi, de Prince des ténébres, cruel tiran, ennemi de la verité de Dieu & de ſa Juſtice, qui a fait maſſacrer ſans aucune miſericorde pluſieurs de ſes Freres innocens. A ces invectives on voit bien que Ferdinand ne ménagoit point les Anabatiſtes.

Je l'avoüe, je ſçai comment accommoder cette contradiction, qui ſe trouve entre ces Auteurs au ſujet de la conduite que Ferdinand a tenu à l'égard des Anabatiſtes. J'ai dit ſur l'autorité de bons Auteurs, que ce Prince les toleroit, & ici on voit qu'il ne les épargnoit point. Je crois que pour concilier ces contradictions véritables ou apparentes, il faut dire que Ferdinand élû Roi des Romains vers l'an 1531. apprehendant quelque revolution dans la Moravie de la part des Huterittes, leur permit l'exercice de leur Réligion, & que dans la ſuite ſe voïant bien affermi,

& eux abufant de la tolerance qu'il leur avoit accordée, il fe fit un point de Réligion de les chaffer, & de les perfecuter.

Chapitre 17. pag. 68. *Il ne falloit pas adorer J. C. en fa chair humaine.* Baile veut juftifier Richer fur cette accufation, que le Pere Gautier apporte contre cet Apoftat; mais Baile ne fe foûtient pas ici d'une maniere digne de lui, pour infirmer ce reproche; tout ce qui refulte de fon raifonnement eft, qu'il y a bien des Miniftres & des Théologiens de l'école de Calvin, qui enfeignent qu'on n'eft pas obligé d'adorer l'humanité de J. C. *in ab-ftractio*, précifément comme humanité, & la feparant de la divinité, il cite Elie-Saurin, *Examen de la Theologie de Iurieu.* pag. 738.

N. I.
Pierre Ri-cher.
Dict. Crit.
3. Edi.
tom. 3.
Richer

Je conviens qu'il y a des Théologiens Calviniftes qui ont ainfi parlé; mais la difficulté eft de fçavoir s'ils ne focinifent point en faifant telle précifion, & s'ils n'infultent point la doctrine Orthodoxe que nous avons, & qu'ils difent avoir fur l'humanité de J. C.

Concevoir J. C. comme homme, & en faifant abftraction de fa divinité, c'eft le concevoir comme un pur homme, & qui a toutes les perfections humaines, telles que les ont tous les hommes. On ne le peut concevoir tel, fans concevoir qu'il eft fubfiftant par fa perfonne, ou par fa perfonnalité. Suppofer que cette perfonne eft humaine, c'eft donner vifiblement par cette fuppofition dans le *Neftorianifme*, détefté des Calviniftes, auffi bien que des Catholiques Romains. Il faut donc fuppofer que c'eft par la per-fonne du Verbe, elle eft divine, & Dieu même, il merite donc nos adora-tions, l'humanité de J. C. doit être adorée. C'eft donc fe forger une chi-mere de faire une belle précifion qui paroît impoffible, ou qui fuppofe une autre perfonne en J. C. que celle du Verbe, & c'eft une impieté fo-cinienne, que de conclure d'une telle abftraction, que l'humanité de J. C. n'eft pas adorable.

Je dis plus, c'eft même encherir fur l'héréfie de Faufte-Socin. Cet Hé-réfiarque a toûjours confideré l'humanité de J. C. independemment de la divinité fuprême, puis qu'il a toûjours nié l'union hipoftatique, ou de la divine avec la nature humaine fous la perfonne du Verbe; cependant il a toûjours crû, foûtenu & enfeigné qu'il falloit adorer J. C. & fe broüilla à n'en jamais revenir avec François-Davidis, parce que celui-ci, qui comme celui-là ne reconnoiffant point de nature divine en J. C. mais feu-lement une humanité parfaitement douée de beaucoup de dons celeftes, affuroit qu'on ne devoit, ni prier, ni invoquer, ni adorer J. C. Pierre-Ri-cher a donc focinifé, & même donné dans les excez impies de François-Davidis, quand il a enfeigné pendant fon Minifteriat de l'Amerique & de la Rochelle, *qu'il ne falloit point adorer I. C. en fa chair humaine, qu'il n'étoit pas permis de l'adorer comme homme. Que celui-là eft hérétique, qui croit que I. C. doit neceffairement être prié & invoqué; qu'il faut invoquer le feul Pere par I. C. & jamais ne prier I. C. pour ne deferer aucun culte divin à fon humanité.*

Le même chap. p. 69. *Qui s'en revinrent en France.* Richer, âgé d'en-viron 53 ans, fe retira l'an 1559. à la Rochelle, où, au rapport de Theo-dore de Beze, il trouva environ cinquante perfonnes, que les Miniftres de la Fontaine & de la Place y avoient affemblé. Richer fortifia, & augmenta fi bien ce petit troupeau (Calvinifte) que peu après on y établit un Confiftoire, & la difcipline Ecclefiaftique. Ce commence-ment, ajoute Beze, fut fi bien favorifé, qu'en peu de tems une bonne partie de la Ville fe rangea à l'Eglife du Seigneur, (c'eft-à-dire, de Jean Calvin.

N. II.
Hiftoire
Eccl. l. 2.
p. 139.

Richer étoit encore en vie l'an 1577. & Miniftre de la Rochelle fous le nom de l'*Ifle*, & avoit pour affocié de fon Minifteriat le fieur *Fayet*.

Pendant qu'il demeura à la Rochelle, il publia quelques ouvrages contre M. Durand de Villegagnon. Le Livre qui a pour titre : *Refutation des folles rêveries & mensonges de Nicolas Durand, dit le Chevalier de Villegagnon*, imprimé *in octavo*, l'an 1562. est de Richer, quoiqu'il porte le nom de Jacques Spifame, & que Duverdier de Vauprivas l'attribuë à ce dernier. L'épitome de la Bibliotheque de Gesner lui donne ce titre à la page 682. *Petri Richerii Apologetici libri duo contra Nicolaum Durandum, qui se Villegagnonem vocat, quibus illius in pios Americanos tyrannidem exponit &c. Geneva 1561. in quarto.*

Cette fatyre qui contient quelques circonftances de la vie de M. de Villegagnon fût fuivie de deux petits livres contre le même, intitulez : L'*Etrille* ou l'*Epoussette des Armoiries*, &c. on ne fçait pas qui en eft l'Auteur, mais Calvin y eut bonne part, fi ce ne fut par fa plume, ce fut par fes confeils, & par des gens qui lui étoient dévoüez.

N. I.
Les Ana-
batiftes.

Chap. 18. p. 71. *Soutenu qu'une femme eft obligée de confentir à la paffion de celui qui la recherchoit.* M. Bayle ne veut pas croire que les anciens Anabatiftes ayent enfeigné une telle impieté. Après avoir bien raifonné à fa maniere fur les mauvaifes fuites de cette abominable doctrine ; il dit, que peut-être il ne fe tromperoit pas, s'il conjecturoit, que les faifeurs de catalogues d'herefies, & les originaux de Prateolus, ont forgé cette

Dict. Cri-
tiq. 3 Edit.
tom. 1. art.
Anab.

chimere, en donnant un mauvais fens, ou par ignorance, ou par malice à l'une des confequences du dogme de l'égalité des conditions. Il eft certain, ajoute-t-il, qu'au commencement les Anabatiftes enfeignoient cette égalité ; d'où il s'enfuivoit, qu'une fille de bonne maifon ne devoit pas refufer les propofitions de mariage avec un fils de payfan: & qu'un Gentilhomme ne pouvoit pas refufer les recherches d'une payfane. Si nos faifeurs de catalogues ont bâti fur ce fondement la doctrine abfurde qu'ils ont imputée aux Anabatiftes, font-ils moins impertinens que ce dogme même ?

Je l'avoüé, je crois que Bayle n'a voulu révoquer en doute le dogme en queftion, que pour donner carriere à la Philofophie, qui trouve à raifonner à fond perdu pour & contre les faits les plus certains. Que l'on faffe un peu d'attention aux extravagances impies & monftrueufes d'un Jean Becold, & de tant d'autres, qui, les premiers fe font fignalez dans Amfterdam, dans Munfter, & dans tant d'autres Villes dont je parle, aura-t-on le moindre doute, que ces impies extravagans, qui fe faifoient un point de Religion de violer ce que la nature, le droit des gens, & l'Evangile ont de plus facré ne fe foient pas fait auffi un point de Religion, d'obliger fur le même principe, les femmes à confentir aux paffions brutales des hommes qui les recherchoient, & les hommes de faire la même chofe à l'égard des femmes, d'autant plus que ces fortes de gens autorifoient ordinairement leurs impudicitez & leurs meurtres, de l'infpiration & du mouvement du faint Efprit ?

N. II.

Le même chap. p. 72. fçavoir, *Nicolas Stork, & Thomas Munzer ou Muntzer:* on y ajoute *Marc Stubner,* qui tous trois fe prévalurent, ou abuferent de la doctrine que Luther avoit établie dans fon livre, *De libertate Chriftiana,* publié l'an 1520. fçavoir que l'*homme Chretien eft le maître de toutes chofes, & n'eft foumis à perfonne.* Ces feules paroles leur fuffirent pour faire bande à part, & pour s'ériger en maîtres parmi le peuple.

N. III.

Le même chap. page 76. *Sans fe faire connoître.* J'ajouterai que Stork en mourant laiffa beaucoup de perfonnes héritieres de fes erreurs, & qui ne firent guéres moins de défordres qu'il en avoit fait.

Hutter.

Adam
1530. n. 20.

Un des plus fameux fut Jacob *Hutter.* Sponde dit qu'il avoit été difciple de *Stork* ; mais qu'il l'avoit emporté fur lui en méchanceté. L'Hiftorien des Anabatiftes que j'ai cité, dit, que de tous ces chefs des Anabatiftes il n'y en eût point qui eut plus d'orgueil & de préfomption que

Hutter. Il avoit l'arrogance de se comparer, tantôt à J. C. tantôt à saint Paul, & tantôt à tous les Apôtres : il commençoit ses Lettres par ces termes : *Iacob Ministre & Apôtre de I. C. serviteur de tous les saints Elûs qui sont épars çà & là dans toutes les Provinces, &c. je ne converserai plus guéres avec vous : Car le Prince du monde vient, qui n'a point de puissance sur moi, &c.* par ces belles qualitez, & la licence de ses opinions, il pervertit un grand nombre de pauvres gens, à qui il donna le titre d'*Elûs*, de *Saints*, d'*Enfans de Dieu*, de *sages Conviez*, & de *Pelerins bien-aimez du Seigneur. Vous êtes*, leur disoit-il, *la Nation élûë, & le Sacrificateur Royal.* Après en avoir enchanté un grand nombre, & s'être fait un gros parti, il se retira avec eux dans la Moravie, pour y vivre separez des Villes & des Bourgades, selon les principes des Anabatistes. Mais le Roi Ferdinand voulant purger ses Etats de cette peste, qui avoit fait tant de désordres dans toute l'Allemagne, donna ses ordres au Gouverneur qui, pour les mettre en execution, envoya ses Officiers les signifier à *Hutter*, & à tous ceux de sa secte. Et à peine *Hutter* les eut-il entendu, qu'il dit plein de colere, & en parlant de Ferdinand, Roi de Boheme : *Comment, ce tyran, ce meurtrier, ne se contente pas de nous avoir deja chassez de nos maisons, enlevé nos biens, fait massacrer une partie de nos gens; il veut encore nous faire sortir d'ici ? Allez dire à votre maître*, s'adressant à ces Officiers, *que nous ne voulons point nous en aller, & que si ce scelerat a encore soif de notre sang, il n'a qu'à venir, nous l'attendons.* Ces Officiers lui ayant répondu, qu'ils ne pouvoient pas faire ce rapport de bouche, & qu'il feroit mieux d'écrire ses intentions, s'il vouloit qu'on les sçût, il leur écrivit une grande lettre, où, après s'être donné beaucoup de loüanges, il répand d'effroyables injures contre Ferdinand, elle est dattée de l'année 1535. A peine le Gouverneur eut-il reçu cette lettre, qu'il envoya des troupes pour lui amener *Hutter* ; mais ces troupes ne trouverent personne, *Hutter* & ses gens s'étoient retirez ; le Roi les fit chercher par-tout ; on le trouva, & il fut conduit à Inspruck, de là à Oenipont, où après avoir enduré de violents tourmens, on le brûla vif.

Le même chap. pag. 78. *Mais enfin ils s'en délivrerent par la severité de leurs Ordonnances.* M. Spanheim dit, que le Sénat de Zurich fit l'an 1530. un Edit qui condamnoit à la mort les Docteurs Anabatistes, & à une grosse amende, ceux qui leur donneroient retraite.

Nonobstant ces Edits, ils ne laissoient pas de faire bruit, se plaignant devant ceux qui vouloient les écouter, qu'on les persecutoit sans vouloir entendre leurs raisons. On les avoit entendu plusieurs fois, & on les avoit refutées ; cependant par un esprit de clémence en fait de Religion, & assez naturel aux Suisses, les Magistrats du Canton de Berne ordonnerent l'an 1532. une nouvelle conference de ses Docteurs, avec ceux des Anabatistes ; elle dura neuf jours, ceux-ci eurent le dessous, on en publia les Actes, pour faire connoître à tous les loüables Cantons de la prétenduë Réforme, les circonstances de la victoire, & pour détourner de cette secte ceux qui y avoient quelque penchant ; mais les Edits que l'on fit contr'eux, eurent beaucoup plus de succès. On emprisonna à Strasbourg *Melchior Hofman* l'un de leurs Chefs. La plûpart des principaux de ceux qui s'étoient retirez dans la Moravie, dans la Boheme, dans la Pologne, dans l'Autriche, dans la Hongrie, dans la Silesie, &c. passerent par la main du Bourreau. *Balthazar Hubmeyer* fut brûlé à Vienne : La Reine Elizabeth les chassa l'an 1560. de ses Etats : L'Electeur Palatin en fit de même l'an 1594. Les Dietes de Spire des années 1529. & 1544. & celle d'Ausbourg de l'année 1551. firent de sanglans décrets contr'eux. Philippe II. Roi d'Espagne l'an 1565. & la Gouvernante des Pays Bas, voulurent qu'on les punit selon toute la rigueur des Loix ; qui voudra

N. IV.

Pag. 202. *de origine gressu sectis, & nominibus Anabaptistarum*, inserée dans le *Gangrena Theologiæ Anabaptistæ* de Cloppenbourg.

sçavoir un plus grand détail des poursuites, & des châtimens qu'on a fait pour exterminer ces Anabatistes, peut consulter leurs Annales faites par *Iean Henri Ottius*.

Il faut ajouter à ces rigoureuses Loix, de la part des Puissances seculieres, les Livres que les Sçavans ont fait pour combattre leurs heresies, & ceux où on fait l'histoire de leurs entreprises, de leurs séditions, de leurs massacres, & de leurs turpitudes.

Ceux qui ont écrit contre, sont *Zuingle*, *Luther*, *Calvin*, *Melancthon*, *Oecolampade*, *Urbain Regius*, *Iuste Menius*, *Bullinger*, *Iean Lascus*, *Gui de Brés*, *Taffin*, *Hunnius*, *Osiander*, *Cloppenbourg*, *Spanheim*, & plusieurs autres.

Dict. Crit. 3e. Edi. tom. 1. Anab.

Il ne faut pas, dit Bayle, oublier un Livre, qui a pour titre *Babel*, publié l'an 1621. par *Harman Faukelius* Ministre de Middelbourg, & qui a assisté au Synode de Dordrecht : il montre dans cet ouvrage la diversité énorme des sentimens qui regnent parmi les Anabatistes. Le même Auteur ajoute que les Livres que l'on a écrit contre leurs dogmes sont innombrables, aussi bien que ceux où on rapporte leurs faits.

Ceux qui ont écrit contre les Anabatistes.

Les Auteurs qui ont fait l'histoire des faits des Anabatistes, sont *Conrad Heresbachius* Gouverneur du fils du Duc de Cleves & depuis Conseiller ; il étoit au siege que l'Evêque de Munster fit pour reprendre sa Ville, il écrivit ce qu'il sçavoit sur ce fait à Erasme l'an 1536. & elle a été imprimée à Amsterdam l'an 1637. *Cum Hipomnamaticis, ac notis Theologicis ; Historicis, ac Politicis Theodori Strackii. Pastoris Budericensis Lambert Hortasius, liber de tumultibus Anabaptistarum. Liber de Anabaptismo publicato*, par *Iean Wigandus*.

La *Relation* d'Henry d'*Orpius*, Bourgeois de Munster, publiée l'an 1536. *De initiis sectæ Anabaptistica*, par Harman *Modée*.

Ceux qui ont écrit leur histoire.

André *Meshovius* a fait en Latin l'histoire des Anabatistes.

Un Anonyme a fait en Flamand la succession Anabatistique, imprimé à Cologne, l'an 1603.

Il y a aussi un Livre Flamand, imprimé l'an 1695. *De origine & progressu sectarum inter Anabaptistas.*

Ottius Professeur à Zurich a fait en Latin les *Annales* de cette secte, jusqu'à l'année 1671.

Hoornbeck. *In summa controversiarum : Micralius 'in Syntagm. Hist. Eccl. & Spanheim. In Elencho controversiarum*, parlant de tous ces Ouvrages.

Cassender dans sa Lettre Dedicatoire, *Tractatus de bapt. infantium*, parle de Nicolas-Besdick comme d'un Auteur qui après avoir suivi dès sa jeunesse la secte des Anabatistes, & l'avoir quittée, a écrit contre, pour en marquer l'origine, le progrès & les absurdités. Ce Nicolas, au rapport d'Hoornbeck, étoit gendre de David-George, & son histoire a été renduë publique par les soins de Revius.

On a encore imprimé en François deux histoires des Anabatistes, l'une à Amsterdam *in* 12. l'an 1695. & l'autre à Paris quelques années après, elle est *in* 4°.

Livres que les Anabatistes ont fait pour leur défense.

Les Anabatistes n'ont pas été insensibles à tous ces écrits : à la vérité ils n'ont commencé à donner des preuves de leur sensibilité sur ce fait, que quand ils ont eu des gens capables dans leur secte ; ils ont donné au public quantité d'ouvrages, les uns didactiques ou historiques, & les autres polemiques. Ils publierent à Horn l'an 1624. une confession de foi, qu'ils munirent de passages tirez de la sainte Ecriture, & de quelques autres autoritez. Douze ans après ils en publierent une autre à Dordrecht, qui faisoit voir leur concorde : on a vû des *Apologies* de leur confession, on a vû aussi de leurs Catechismes, & de leurs Manuels de Réligion.

J'ai parlé du Livre intitulé *Babel*, fait contre eux ; ils y répondirent l'an 1624.

1624. par une pofeffion de foi qu'ils publierent, & uferent de retorfion, car ils publierent à Amfterdam une *Babel* des *Pædobatiftes*, c'eft-à-dire ceux qui batifent les enfans: *Antoine-Iacob* Miniftre Anabatifte, & Medecin d'Amfterdam, en eft l'Auteur.

Ils refuterent le Manifefte de Zurich l'an 1544. l'Auteur fe defigna par ces trois lettres G. V. V. c'eft-à-dire Gerard Vryburg.

Abraham de David Anabatifte publia un Livre l'an 1636. contre Bontems Miniftre de Haerlem, il l'intitula: *Smegma Hollandicum contra maculas quat P. Bontems Mennonitis adfperfit.* Le même Bontems fut refuté par d'autres ouvrages, fçavoir, 1°. par l'*Afperfio accufationum gravium Petri Bontems, facta per P. V. K. anno 1643.* 2°. *Confutatio argumentorum quibus P. Bontems conatur probare Anabaptiftas injurios effe in Deum & homines. Anno 1643.* 3°. *Spongia ad abluendas maculas P. Bontems, contra certàm Anabaptiftarum fectam.* 4°. *fodeci Henrici lixivium contra ejufdem maculas. Probatio lixivii P. Bontems ubi per G. V. V. fides potiffimùm Autoris, & methodus agendi follicitatur.*

Monfieur Bayle dit avoir tiré les Titres des Livres d'*Hottinger*, Bibliot. Theol. l. 3. c. 5. pag. 420. & 421.

Chapitre 24. pag. 106. *L'an 1579. tems auquel Faufte Socin vint en Pologne.* J'ai fuivi ici la narration de Wiffowatz, qui fait entrer Faufte Socin en Tranfilvanie l'an 1578. & qui le fait paffer en Pologne l'an 1579. j'avouë qu'il y a du mal entendu dans cette narration; car il n'y a aucune apparence que Socin ait demeuré trois ans en Tranfilvanie, quoiqu'il y ait des Auteurs qui l'ayent dit. Si quelqu'un peut débrouiller cette diverfité d'époque, à la bonne heure.

Chapitre 25. pag. 114. *La Diette decreta que les Miniftres, &c.* Le Chevalier Lubienieski prétend que les Miniftres & les Predicateurs ne furent pas bannis, mais feulement les Profeffeurs. *Quamquam Miniftri Cracovie decreto pulfi non funt, fed foli Profeffores.*

Chapitre 27. pag. 124. *Par des gens appoftez de la Maifon d'Autriche.* Sponde dit, quant au meurtre du Cardinal André-Batori executé felon quelques-uns par le commandement des Princes d'Autriche: ainfi qu'autrefois Ferdinand avoit fait tuer dans la même Tranfilvanie le Cardinal Martinufius.

Chapitre 28. pag. 127. *Il y en eut d'affez hardis pour en faire une profeffion publique.* J'ajouterai ici après Larrey, que la tempête qui chaffa une partie des Prêtres de l'Allemagne, fit paffer avec eux beaucoup d'Anabatiftes en Angleterre: tous y répandirent leurs opinions; mais ceux-ci le firent avec moins de bruit. Il y en avoit de deux fortes, les uns qu'on appelloit Anabatiftes moderez, parce qu'ils fe bornoient à croire que le Barême conferé aux petits enfans étoit nul, & qu'ils le conferoient de nouveau aux adultes, qui vouloient entrer dans leur Communion: à cette pratique prêt, ils convenoient affez avec les prétendus Réformez dans tous leurs autres dogmes.

Les autres nioient la plupart de ces dogmes, comme ceux de la Trinité, de l'Incarnation du Fils de Dieu, du peché originel, de la neceffité de la grace, (telle eft la doctrine des Sociniens.) La plûpart de ces Anabatiftes étoient brutaux, feditieux, cruels, & tels qu'étoient ceux qui exciterent ces cruelles guerres d'Allemagne. Il y en avoit même qui reduifoient toute leur Réligion en Allegories, que perfonne n'entendoit, & qu'ils n'entendoient pas eux-mêmes. Quoiqu'il y eut une grande difference entre ces deux bandes d'Anabatiftes, les Catholiques & les Pretendus Réformez ne laiffoientpas que de les confondre, & de les avoir également en horreur.

Le Confeil du Roi inftruit de leurs demarches, & ne voulant pas fouffrir que leurs erreurs infectaffent la doctrine de la Prétenduë Réforme, nomma l'an 1549. des Commiſſaires pour en faire la recherche, auſſi bien que des autres heretiques qui renverſoient le Chriſtianiſme, & même de ceux qui blâmoient la nouvelle Liturgie. Les Commiſſaires étoient des Prélats & des Theologiens, auſquels on ajoûta deux Chevaliers; leur or- dre portoit qu'ils feroient de leur mieux pour convertir les heretiques, & que s'ils réuſſiſſoient, ils leurs impoſeroient une pénitence; que s'ils ne pouvoient vaincre les opiniâtres, ils les excommunieroient, les met- troient en priſon, & les livreroient au bras ſeculier.

Quelques-uns abjurerent leurs erreurs, & leur abjuration fit connoître l'horreur & les excez de leurs opinions; mais il ſe trouva parmi ces mal- heureux, des perſonnes qui aimerent mieux ſouffrir la mort, que de re- noncer à leurs impietez.

N. II.   Page 127. ligne 31. *Cet Allemand étoit George.* Larrey veut que ce George ait été Hollandois, & qu'il ſe nommoit Van-Dare; qu'il ne s'étonna pas de ſon ſupplice, & qu'il baiſa le poteau ou il devoit être attaché.

N. III.   Pag. 128. *La Reine Elizabeth fit un Arreſt qui banniſſoit tous les Anabatiſtes de l'Angleterre.* Cette Déclaration portoit, que tous les Sectaires ſeditieux ſor- tiroient du Royaume dans vingt jours, ſoit qu'ils en fuſſent originaires, ou non, à peine de priſon, & de la confiſcation de leurs biens. Nonob- ſtant la rigueur de ces Loix, la plûpart de ces Sectaires demeurerent dans le Royaume, & infecterent de leurs erreurs les Egliſes Françoiſes & Al- lemandes de la nouvelle Réforme; ce qui engagea Pierre-Martyr de com- poſer un Traité contre les nouvelles opinions, pour en garantir les Egli- ſes de la prétenduë Réforme, & pour appaiſer les troubles, que les con- troverſes commençoient d'y exciter.

N. IV.   Page 130. *Le Roi Iacques I. ſe fit un devoir de Religion, &c.* Il ne borna pas ſon zele aux ſeuls Anabatiſtes, il l'étendit auſſi ſur les Arminiens qui par- loient comme faiſoient les Anabatiſtes, & comme font aujourd'hui les Sociniens ſur la plûpart des dogmes de la Religion, & particulierement ſur ceux de la Trinité, & de l'Incarnation.

Ce Roi averti qu'on enſeignoit dans les Ecoles de Cambrige *l'Arianiſme,* & que la plûpart des Etudians de cette Univerſité en étoient imbûs, fit de vives cenſures aux Profeſſeurs, & leur ordonna de s'en tenir au ſiſtême de l'Egliſe Anglicane. (Preuve que celui des Arminiens n'étoit pas celui de cette Egliſe, ou celui des prétendus Réformez.)

Monſieur Coke ajoûte, que nonobſtant ces précautions, le parti Ar- minien ſe rendit ſi conſiderable, qu'il prévalut ſur les autres. Auſſi le Roi Jacques s'étoit-il relâché ſur ce fait, & on dit que depuis qu'il eut fait brûler à Londres, à Cambrige & à Oxford les Livres de Vorſtius, par **Larrey.**   les mains du bourreau, il laiſſa vers l'an 1611. introduire l'Arminianiſme dans ſon Royaume.

Le Parlement de l'année 1625. & les ſuivans, ont fait ſouvent des plain- tes, & même ont entrepris de punir ceux qui autoriſoient ce parti. Re- marquez qu'ils le confondoient avec celui des Sociniens. C'eſt pourquoi on doit trouver bon que je m'étende un peu ſur ce fait, qui revient à mon ſujet, & que je diſe ici ce qui m'eſt échappé quand j'ai parlé du So- cinianiſme d'Angleterre.

Ces Parlemens, moins par zele pour les veritez Orthodoxes, que par paſſion & par antiparie pour le Roi Charles I. & pour ſes amis, entre- prirent de pourſuivre juridiquement ceux qu'ils vouloient être attachez à l'Arminianiſme, & commencerent par trois célèbres Docteurs, & quali- fiez; ſçavoir, *Montaigu, Laud, & Mainwaring.* Au moment que la Cham- bre Baſſe voulut condamner le premier, le Roi le repeta comme étant ſon Chapelain; procedé de la part de ce Monarque, qui irrita ſi fort les Com-

munes, qu'il y a lieu de croire qu'elles n'auroient eu aucune consideration pour les ordres suprêmes, si la peste, qui continuoit ses ravages,
n'eut fait dissoudre ce Parlement pour le transferer à Oxford. A peine
y fut-il assemblé, que les Communes y renouvellerent leurs plaintes, &
leurs accusations contre Montaigu, & les choses allerent si loin au Parlement
suivant, que le Roi se vit forcé d'abandonner ce Docteur. Le Parlement de
l'année 1626. sur le rapport que les Commissaires firent des Livres, & des
sentimens de Montaigu, les Communes, la Chambre assemblée, furent
d'avis de le punir, & de faire brûler ses Livres ; mais la dissolution de ce
Parlement arrêta pour une seconde fois l'execution de ce dessein.

Nonobstant ces plaintes & ces poursuites, que les Parlemens faisoient
contre ce Docteur & les deux autres, le Roi les honora toûjours de sa
protection & de sa bienveillance ; il fit passer *Laud* de l'Evêché de Bath,
& de Welf à celui de Londres, & confera à Montaigu l'Evêché de Chi-
chester. Ce procedé surprit extrêmement les Anglois, ils ne pouvoient
comprendre, disoient-ils, qu'un Roi qui porte dans ses Titres la qualité
de défenseur de la Foi, put autoriser par une telle conduite un Montaigu, dont les Livres contenoient non-seulement l'Arminianisme, mais
encore le Socinianisme tout pur.

Le Parlement de l'année 1629. fit quelque chose encore de plus écla-
tant contre le parti Arminien. Un des membres de la Chambre Basse y
dit en haranguant : *Ne souffrons pas que l'Arminianisme s'établisse dans les Chaires*
& dans les Ecoles publiques, pour opprimer la créance Orthodoxe. Nous voyons tran-
quillement ce malheureux dogme, nous lui avons ouvert nos portes, il est entré dans
nos murailles, comme un autre Cheval de Troyes, qui cache dans ses flancs nos enne-
mis mortels.

Dans la Seance du 17. du mois de Fevrier, un autre Deputé representa que la liberté que l'on donnoit à l'Arminianisme alloit à perdre le Royaume ; excita la Chambre à soûtenir ses droits, & à renouveller son zele,
pour faire une exacte perquisition des faux Docteurs, (il parloit de ceux
qui enseignoient l'Arminianisme, ou le Socinianisme) & de leurs Livres,
pour supprimer leurs pernicieux ouvrages, & pour les bannir eux-mêmes
des Chaires & des Ecoles publiques.

Le Chevalier Eliot ne fut pas moins vif dans sa harangue. *Faisons notre*
devoir, ce sont ses paroles, *& que rien ne soit capable de nous détourner de la grande*
affaire dont il s'agit, qu'elle ne soit terminée, & que la Religion ne soit en sureté ; c'est
à nous à ne pas souffrir que l'Arminianisme infecte, & détruise la créance Orthodoxe.

La Chambre, après avoir entendu les discours de ces Députez, protesta
qu'elle se conserveroit toûjours dans la pureté de la foi, selon le Statut
qu'en avoit fait le Parlement tenu l'an 13. du regne d'Elizabeth, sans y vouloir introduire aucune alteration, & rejetta toutes les explications Armi-
niennes, & toutes autres contraires au système de l'Eglise Anglicane.

Il faut croire, comme je l'ai dit plus haut, que les membres de la
Chambre Basse ne firent tant d'éclat contre le Socinianisme & l'Arminianisme, que par l'antipatie qu'ils avoient pour le Roi, & pour ceux qu'il pro-
tegeoit ; puisque le Parlement après s'être défait, ou après avoir abbatu
ces favoris, laissa l'Arminianisme s'introduire sans opposition dans les Academies d'Oxford & de Cambrige, d'où il passa au Clergé, dit Coke Auteur Anglois, & du Clergé dans toutes les Provinces du Royaume.

L'an 1640. on fit une autre démarche contre le Socinianisme, le Roi
Charles I. qui avoit convoqué un Concile à Londres, auquel présida *Laud*
Archevêque de Cantorberi, voulut que le Concile examinât trois chefs ; sçavoir le Papisme, le Socinianisme, & le Presbyterianisme : On y fit des Canons
sur ces sujets ; mais les Communes, qui avoient du penchant pour le der-

Larrey
hist. d'Ang.
tom. 4. p.
1526.

c ij

hiftoire des ouvrages des Sçavans, Fevrier de l'an 1702. pag. 79. & Monfieur Bayle louë ce que ces Journaliftes ont dit de Monfieur Locke, & de fon livre ; fiez-vous sur cela à l'Orthodoxie prétenduë de ces Sçavans, quand ils parlent des livres Sociniens, ou favorifans le Socinianifme.

Chapitre 35. pag. 171. de Vifé, ou Verfé, felon Monfieur Bayle *fi connu dans le monde, &c.* Ajoûtez, & par fes déreglemens. L'Auteur que je cite, dit, qu'après qu'on eut dépofé Aubert de Verfé pour fon Socinianifme, il fe revolta (contre la puiffance Ecclefiaftique) & qu'il mena une vie fort déreglée ; & dans fa lettre 50. il nous porte à croire, qu'il s'érigea en faifeur de gazettes vers l'an 1685. J'ai vû, ce font fes paroles, quatre ou cinq » fois les Gazettes, que Mademoifelle de faint Glain, veuve d'un Gaze-» tier de ce nom, d'Amfterdam, dont la Gazette s'intitule, *Nouvelles fo-*» *lides & choifies,* a fait faire, tantôt par de Verfé, & tantôt par le fieur » Fleurnois, & tantôt par d'autres, & cela n'étoit pas grande chofe.

Le même Chapitre pag. 172. *Proteftant pacifique.* Il montre dans ce 2. livre qu'on peut fort bien faire une même focieté de Religion des Papiftes, des Calviniftes, desSociniens, des Anabatiftes, des Trembleurs. Et quand il y adoucit les dogmes de l'Eglife Romaine, il s'attache à écrire contre le *Prefervatif* de Monfieur Jurieu. Tous les fectaires, ajoûte Bayle, font grand cas de ce livre, & il faut avoüer qu'il y a de l'efprit en bien des endroits. Il a un autre titre, fçavoir, *Traité de la Paix de l'Eglife, &c. contre Jurieu.* L'Auteur s'y déguife fous le nom de *Leon de la Guitonniere,* & il fit imprimer fon livre à Amfterdam chez Geneft-Taxor l'an 1684. in 12.

On lui attribue un autre livre contre *Spinofa,* & contre Monfieur *Defcartes,* il eft intitulé : *L'Impie convaincu, ou Differtation contre Spinofa, dans laquelle on refute les fondemens de fon Atheïfme.* A Amfterdam chez Jean Crellemens l'an 1684. in 80.

Le même Chapitre pag. 171. *M'ont affuré qu'il n'a jamais été bon Catholique.* Ils ne m'en donnerent aucune preuve, ils pourroient bien confondre les circonftances de la vie du fieur Aubert ; car il eft vrai qu'après avoir été chaffé du Minifteriat qu'il exerçoit en Bourgogne, par les membres du Confiftoire ou du Synode de cette Province, qui le convainquirent de focinianifer, il fe retira à l'Inftitution, maifon que les Peres de l'Oratoire ont dans le Fauxbourg de faint Jacques, & qui eft comme leur Noviciat de Paris ; que là il dogmatifa le Socinianifme à ceux des penfionaires de cette maifon qui vouloient bien l'écouter, & particulierement à Preaut jeune homme d'Orleans, que fes parens y avoient mis pour apprendre ce qui convient à un homme deftiné à l'Eglife, & dont de Vifé tourna fi bien la cervelle par des leçons qu'il lui donna fur l'Apocalypfe, & fur le Socinianifme, que depuis il quitta la foi Romaine, & s'eft déclaré Calvinifte, & enfin Socinien. Ce qui porta Meffieurs de l'Oratoire à chaffer Aubert de Vifé de leur maifon ; ce fait eft autorifé par deux témoins contemporains & oculaires, fçavoir, Monfieur Simon, comme il le rapporte dans fa lettre 17. tom. 1. & Monfieur le Vaffeur dans une lettre à Monfieur Bayle en datte du 2. Janvier 1697.

Mais il faut avoüer que cette conduite *d'Aubert* de Vifé eft beaucoup anterieure à fon dernier retour dans l'Eglife Romaine, & que ce fut avant qu'il fe retirât en Hollande, puifque Monfieur Simon écrit ce fait dès l'an 1684. & comme étant déja fort ancien.

N. 1.

Aubert de Vifé.

Lettre 42.

N. 2.

Lett. 47.

Bayle Lett. 48.

N. 3.

NOTES

Sur quelques endroits de l'Histoire du Socinianisme.

SECONDE PARTIE.

N. I.
Reuclin.

Chapitre 1. pag. 202. *Reuclin, dit Capnion.* Mezerai veut que *Reuclin* en Allemand, signifie en nôtre langue, *Fumée*, & en Grec, *Capnos*, dont Reuclin prit le nom de Capnion.

N. I.
Servet,
Votum pro pace Eccle-siæ.

Biblio. Critique to. I. P. 35.

Chapitre 3. pag. 213. *Servet chef des nouveaux Unitaires.* Grotius n'est pas de ce sentiment, il dit qu'après avoir parcouru les ouvrages de Servet, quoi qu'il ne les ait pas lû exactement, pour avoir une connoissance parfaite de ses opinions, il n'a pas laissé d'y remarquer qu'elles étoient differentes de celles de Fauste Socin, & de ses sectaires. *Serveti dogmata fateor non omnia mihi esse nota, & ea quæ novi neque cum Socino neque cum ejus discipulis congruunt.* Aussi ceux qui ont pris le soin de faire imprimer la Bibliotheque des Freres Polonois n'y ont pas mis les ouvrages de Servet. Bien que l'on puisse dire en general, qu'il est d'acord avec eux sur le fond du Mystere de la Trinité, qu'ils nient également avec lui, il y a néanmoins une grande difference entre lui & les Sociniens, tant pour ce qui regarde les principes, que pour ce qui regarde les raisons particulieres sur lesquelles ils établissent les fausses doctrines qu'ils ont sur la divinité, & sur la satisfaction de J. C. j'ai touché quelque chose de cette difference, en rapportant les erreurs de Servet & de Socin.

N. II.

Le même Chap. pag. 214. *Ce fut vers l'an 1523. qu'il s'érigea en Maître.* Je mets son époque à cette année, sur le rapport de Beze, qui dit dans sa preface des actes de Gentilis, que Servet mourut trente ans après qu'il eût commencé à dogmatiser; or il mourut l'an 1553. A la verité ses écrits ne parurent que vers l'année 1530. & 1532. tems auquel on vendit à la journée de Ratisbonne ses livres sur la Trinité, ses dialogues & quelques autres. Et c'est ce qui a donné lieu à quelques écrivains, particulierement à Calvin, de dire que Servet mourut vingt ans après qu'il eût commencé à paroître comme un geant.

N. III.

Le même Chap. pag. 227. *C'est ainsi qu'a raisonné Servet, ou à peu près en ces termes.* Je dis à peu près, c'est qu'on ne peut pas sçavoir au juste son raisonnement, ni les réponses de Calvin, si ce n'est des principes & des preuves qu'ils ont établi dans leurs livres, & comme on sçait qu'ils eurent une conference sur la divinité souveraine de J. C. je n'ai pas cru en imposer au public, en les faisant raisonner comme j'ai fait avec le Chevalier Lubienieski. Je sçai bien que Richard-Simon tourne en ridicule cet Auteur, parce qu'il rapporte les particularitez de cette dispute de Calvin avec Servet, dont aucun Auteur contemporain n'a fait le détail: mais nous dirons à Monsieur Simon qu'il a moins de fondement de critiquer Lubienieski, & de douter des circonstances de cette conference, que ce Chevalier n'en a eu pour parler comme il a fait. J'ajoute que quoique les livres de Servet soient extrêmement rares, on peut néanmoins sçavoir ses sentimens, en consultant les traitez Théologiques de Calvin imprimez à Genéve l'an 1597. où l'on voit les actes du procez de Servet, & les réponses qu'il fit pour soûtenir ses opinions.

N. IV.

Le même Chap. pag. 220. *Pere Eternel ayez pitié de moi.* Je mets ces seules

paroles à la bouche de Servet. Quoique Lubieniesaki parle d'un sermon que fit Servet au moment de sa mort, il n'y a pas de vrai-semblance, qu'un homme ait pû faire un discours reglé dans un état violent, tel qu'étoit celui où étoit Servet attaché à un poteau, & environné de feu. Aussi Richard-Simon dans sa réponse aux Theologiens de Hollande, prétend que ce sermon est une piece supposée.

Le même Chap. pag. 220. *Servet mourut le 27. du mois d'Octobre de l'année 1553.* Tous les Auteurs ne conviennent pas de cette époque, non plus que de l'âge de Servet, ni de la maniere dont Calvin proceda contre lui. Varillas veut qu'il soit mort âgé de 37. ans; & Bellarmin veut qu'il soit mort l'an 1555. Le premier se trompe, puisque selon la lettre 156. de Calvin écrite à Sulzere l'an 1553. il y avoit plus de vingt ans que Servet dogmatisoit quand il fut arrêté, & est-ce qu'un homme âgé seulement de dix-sept ans auroit été capable de s'ériger en Maître, & même en géant parmi les Maîtres de la prétenduë Réforme, comme il fit ? Bien plus il faudroit dire qu'il n'auroit eu que sept ans, quand il commença à dogmatiser, puisque selon Beze, il fut trente ans à courir, & à repandre ses erreurs. De plus, Fauste Socin, qui connoissoit mieux l'âge de Servet, que ne le connoissoit Varillas, écrivant contre Wichus, & contre le Cardinal Bellarmin dit, *certissimum est Servetum cum supplicio affectus est, senem fuisse, & Calvino multò grandiorem natu.* Si Servet étoit vieux, & plus âgé que Calvin, il avoit donc plus de trente sept ans, puis qu'un homme n'est pas vieux à cet âge, & que Calvin en avoit bien alors quarante-quatre. Concluons donc que Servet pouvoit avoir cinquante-sept ans, ou au moins cinquante-cinq quand il mourut.

Bellarmin se trompe aussi, lorsqu'il met cette mort en l'année 1555. puisque Calvin la met à l'année 1553. & qu'il a fait un livre l'an 1554. où il parle du supplice & de la mort de Servet.

Si les Auteurs ne conviennent pas de l'âge de Servet, aussi ne conviennent-ils pas de la maniere dont on l'arrêta à Genéve. Un manuscrit que l'on attribue à Hugue Grotius, & qui renferme la vie de Jean-Calvin, rapporte autrement les circonstances du procez, & de la mort de Servet, que je n'ai fait, & d'une maniere qui n'est pas glorieuse à Calvin; puis qu'on l'y accuse de fourberie, & de perfidie à l'égard de Servet son ami.

Le Manuscrit porte, que Servet à son retour d'Espagne, s'arrêta quelque tems en France, que de là il passa à Genéve, où il fit connoissance avec Calvin, & eût le bonheur de lui plaire, & d'entrer dans sa confidence. Devenus bons amis, Calvin lui persuada d'aller en Pologne, pour inspirer sa nouvelle Réforme aux Lutheriens de ce Royaume. Servet bien loin d'y rendre les Lutheriens Calvinistes, un Lutherien nommé Blandrat qui s'étoit retiré dans ce Royaume, parce qu'il ne croyoit pas le Mystere de la Trinité, le pervertit. Servet imbû de l'Arianisme de Blandrat revint à Genéve, & s'y fit un devoir de ne point dissimuler sa nouvelle doctrine à Calvin. Celui-ci n'ayant pû le desabuser, le fit arrêter; Calvin n'ayant point de preuves suffisantes pour convaincre Servet de ses erreurs, parce qu'il ne s'étoit expliqué qu'à lui, & en particulier, le procez demeura suspendu jusqu'au tems que Calvin s'étant transporté dans la prison pour dire à Servet, que s'il vouloit demeurer d'accord de son erreur, il lui conserveroit la vie, en consideration de leur ancienne amitié, & ajouta des sermens à ses promesses. Servet ennuyé de sa promesse, & comptant sur ses promesses & sur ses sermens, avoüa dès le lendemain qu'il n'avoit pas cru jusqu'alors le mystere de la Trinité. Sur cet aveu, bien loin de le mettre en liberté, on le resserra encore plus étroitement. Il ne vit plus Calvin, quelques instances qu'il fit pour lui parler. On poursuivit son

Hist. Refor. Eccl. Pol.

N. w.

Ce que l'on dit de la maniere dont Calvin arrêta Servet.

Bibliot. Canonique tom. 2. fl. 699.

procez, & il fut condamné à mort. Le Greffier du Conseil lui prononça la sentence. Ce fut alors que Servet découvrit la fourberie que Calvin lui avoit fait. Cela n'empêcha pas qu'il ne fut brûlé à petit feu, & Calvin pour ôter toute créance à ce qu'auroit pû dire, ou à ce qu'avoit dit ce malheureux, fit trois Lettres contre lui.

On répond, qu'il n'est pas certain que ce manuscrit soit de Grotius; que quand il seroit de la main de ce sçavant homme, il ne seroit pas recevable sur le fait en question; parce qu'il ne rapporte pas quantité de faits, & de circonstances du procez, & de la mort de Servet, qu'il auroit dû rapporter; parce qu'il est manifestement faux, que Blandrat ait perverti Servet en Pologne, puisqu'ils n'ont pû se voir en ce Royaume qu'après l'année 1550. & que Servet s'étoit déclaré contre le Mystere de la Trinité dès l'année 1533. parce que le contenu du manuscrit est manifestement contraire à ce que dit Calvin dans sa Lettre 156. à Sulzerus, où parlant de la maniere dont Servet tomba entre ses mains, il ne dit rien de son voyage en Pologne, ni de la doctrine qu'il y avoit apprise, ni de la confidence qu'il lui avoit faite; mais seulement que Servet étant sorti des prisons de Vienne en Dauphiné, vint à Genêve après avoir couru pendant quatre mois quelques parties de l'Italie, & que sçachant que depuis plus de vingt ans, il infectoit le monde Chrétien de ses erreurs, il l'avoit fait arrêter par un des Syndics de la Ville.

N. I.
B. Okin.

Chap. 4. p. 231. *Elurent Okin pour leur General.* Il y a des Auteurs qui le font Fondateur de ces Freres Mineurs Réformez, mais ils se trompent ces Auteurs n'ont aucune connoissance de l'origine de cette Réforme. C'est le Frere Matthieu Basci, qui, l'an 1524. en jetta les fondemens, & qui en fut le premier General, ou plutôt le premier Vicaire General dépendant du General des Cordeliers. Et Okin n'entra dans cette Réforme que l'an 1534 Ce Frere Matthieu Basci, ou Baschi, ou Bassi, qui, cinq ans après l'établissement de son Ordre, avoit été choisi Vicaire General, abdiqua peu de tems après, pour des raisons à lui connuës, & on mit en sa place Frere Louis, avec la qualité de Commissaire Apostolique : il avoit gouverné l'Ordre pendant huit ans; & comme il n'avoit point été élû capitulairement, & qu'il ne fit aucun Chapitre general, les Capucins ne le comptent pas au nombre de leurs Generaux. Après lui on élut l'an 1536. pour General, ou pour Vicaire General, Bernardin Asti, à qui succeda Bernardin Okin l'an 1538. & c'est la raison, pour laquelle on dit qu'il fut le troisiéme General des Capucins, ayant eu avant lui Basci, & Asti.

*Annal.
Capucin.
par Zacharie Bouiserinus.*

N. II.

Le même chap. p. 234. *Okin choisi pour Prédicateur & Confesseur du Pape.* Bayle n'ose pas assurer qu'Okin ait eu ces qualitez; & pour s'autoriser dans son doute, il dit avoir lû dans le gros volume du Docteur Seckendorf, que l'on imprima en Allemagne vingt sermons qu'Okin encore Capucin avoit prêché, dans lesquels il s'en falloit peu, qu'on n'y trouvât la doctrine des Protestans sur la justification, sur les bonnes œuvres, sur la Confession, sur la Satisfaction, sur les Indulgences, sur le Purgatoire, &c. De là il veut conclure, qu'il n'y a aucune apparence qu'un Pape voulut avoir un tel Prédicateur, & un tel Confesseur.

*Bib. Ant.
p. 3.
Hist. Ref.
Eccles. Pol.
p. 219.*

Mais la difficulté est de sçavoir, si ces sermons ont été imprimez en Allemagne, tels qu'Okin les a prêchez en Italie. Ils furent imprimez à Neubourg l'an 1545. n'auroit-il pas pû les avoir retouchez, pour les mettre au goût de la prétenduë Réforme, ou ceux qui les ont fait imprimer n'auroient-ils pas pû les avoir accommodez eux mêmes à leur maniere? On peut donc s'en tenir à ce qu'en disent Sandius & Lubienieski, qui, pour faire honneur à leur secte, disent qu'Okin a été le Prédicateur & le Confesseur du Pape. Il est vrai que le premier rapporte une chose

pour

pour confirmer, ce qu'il dit d'Okin, qui ne peut pas s'accommoder avec
ce que le Chronologiste des Capucins dit des actions d'Okin, qui sans doute
devoir mieux les sçavoir que tout autre. Quoiqu'il en soit, je rapporterai
ici ce que les deux Sociniens disent sur la qualité de Prédicateur du Pape,
dont Okin fut honoré, selon eux.

On l'engagea de prêcher devant le Pape le jour du Dimanche des Ra-
meaux, & il prit son dessein sur l'entrée pauvre & simple que J. C. fit dans
Jerusalem, ce qui lui servit de motif pour invectiver contre le faste de
la Cour Romaine. Il partagea son discours en deux parties ; promit de donner dans la premiere toute l'étenduë possible aux reproches que les hérétiques du tems faisoient sans cesse contre l'orgueil, le faste, & les richesses du Pape, & d'y répondre solidement dans la seconde partie. Mais
par emportement de zele, ou peut-être par malice, il employa tout le
tems destiné au Sermon, à pousser ses objections, qui furent une censure
verte, piquante, & injurieuse du Pape, & de sa Cour. Cette maniere de
prêcher, jointe au bruit que ses Sermons de Naples avoient fait, indisposa
si vivement le Pape contre le Prédicateur, qu'en sortant du Sermon, il
fit connoître à quelques Cardinaux, qu'on feroit bien de s'en assûrer :
& un Cardinal en donna avis à Okin, qui ne sentant pas sa conscience
nette, & sa personne en assurance, prit le parti de s'enfuïr.

Le même chap. p. 237. *D'autant plus que quelques-uns d'eux avoient déja donné*   N. 3.
lieu de soupçonner, &c. Les Annales des Capucins disent à ce sujet, qu'aussi-
tôt que le Pere Bernardin Asti, Procureur General de sa Congregation,
eut appris la fuite d'Okin, il établit une espece d'Inquisition, pour sçavoir
s'il ne trouveroit point quelques-uns de ses Freres qui eussent embrassez
les nouveaux dogmes. Ces perquisitions se firent avec plus de soin dans
la Province de Venise, où Okin avoit dogmatisé, que par tout ailleurs.
Ce ne fut pas inutilement : on y en trouva, & les uns pour éviter le
châtiment, suivirent l'exemple d'Okin, & se retirerent en Suisse ; les
autres renoncerent à leurs erreurs. Un des plus celebres de ceux qui
apostasierent fut le Frere Jerôme meilleur Prédicateur que Théologien :
il avoit étudié à Verone sous Okin. Pour éviter les poursuites que l'on
faisoit de tous ceux qui avoient eu un tel Maître, il se retira à Genêve,
mais n'y pouvant pas supporter les remords de sa conscience, il en sortit,
parcourut l'Allemagne, & enfin pour mettre fin à ses troubles, il mit volontairement le feu à un amas de pailles, dont sa chambre étoit pleine,
& s'y laissa dévorer par les flammes, invoquant le secours de la sainte
Vierge. Quelle bizarre dévotion !

Le même chap. p. 238. *Calvin accusa Okin d'Arianisme.* Tout ce que je dis   N. 4.
ici d'Okin à Genêve, passe pour un Roman dans l'esprit de Bayle, qui
n'a eu de réalité, que dans l'imagination de Varillas. Il prétend qu'il
est faux qu'Okin ait renouvellé dans cette Ville l'hérésie d'Arius. La
preuve est, qu'Okin sortit de Genêve l'an 1547. & que l'an 1550. Calvin
lui donna des loüanges dans son histoire *de Scandalis.* Donc, conclut Bayle,
Calvin n'avoit pas encore remarqué ces horribles hérésies d'Okin.

Pitoyable conclusion pour un homme d'esprit ! Souvenons-nous que
Calvin étoit l'homme du monde le plus jaloux d'honneur, & qu'on l'avoit
accusé de favoriser l'Arianisme, ou pour ses expressions, ou pour sa tolérance. Ce fait posé, Calvin voit qu'Okin prime dans Genêve par ses
Prédications. Motif de jalousie, qui le porte à remuer toutes les machines dont il étoit capable, pour chasser un si redoutable concurrent. On
lui dit qu'Okin prêche l'Arianisme ; autre motif de le faire chasser hautement, & par les voyes de la Justice ; autant pour ne point avoir de
rival, ou de supérieur, que pour apprendre à tous ceux qui le soupçon-

noient de favoriser l'Arianisme, qu'il en étoit l'ennemi déclaré. Néanmoins deux ou trois ans après il donna des loüanges à Okin. Rien
d'extraordinaire dans ce procedé ; Okin avoit de très-beaux endroits pour
être loüé par Calvin, il avoit quitté l'Eglise Romaine, & avoit écrit
contre le Pape ; il prêchoit bien, il écrivoit beaucoup, il faisoit bruit,
& s'acqueroit de la réputation parmi les Protestans. Tout cela méritoit
bien que Calvin lui donnât quelques grains de son encens; mais remarquez,
qu'il ne les lui donne, que quand il est éloigné de lui, qu'il n'est plus
son competiteur, & qu'il continuë à prêcher la prétenduë Réforme.

Bayle ajoute que si Okin avoit été Arien, on ne l'auroit pas envoyé en
Angleterre.

Pitoyable conclusion ! Est-ce Calvin qui l'y a envoyé ? Rien moins, le
Duc de Sommerset veut avoir des gens d'esprit, capables de faire bruit
en Angleterre, & zelez pour prêcher le Zuinglianisme : il sçait que Bucer,
Vermilli, & Okin pourront lui rendre de grands services sur ce fait, c'en
est assez pour le déterminer à les appeller à son secours, sans faire attention aux bruits faux ou veritables de l'Arianisme d'Okin ; & peut-être
n'avoit-il jamais sçû que le Prédicateur se fut échappé de dire quelque
chose favorisant l'Arianisme, & qu'il eut eu des affaires sur ce fait à Genêve: Si Okin eut fait bande à part avec les prétendus Réformez, &
s'il eut formé une secte d'Ariens, pour combattre celle des Sacramentaires, Bayle pourroit avoir quelque raison de dire, qu'on se seroit opposé
à sa vocation de l'Angleterre ; mais rien de tout cela.

Bayle croit avoir poussé à bout Varillas, en disant que Beze, qui devoit mieux connoître Okin que tout autre, assûre que cet Excapucin a caché
très long tems les hérésies qu'il avoit dans l'ame, & qu'il ne les a fait
connoître que quand il a fait imprimer ses Dialogues ; c'est-à-dire, l'an 1562.

Quel raisonnement encore ! Posé que Beze dît vrai, que pouvons-nous
conclure ? si-non, qu'Okin étoit un veritable Arien, sous le voile de la
prétenduë Réforme, & qu'il ne faisoit pas ostentation de ses sentimens,
parce qu'il n'en trouvoit pas les occasions favorables : étant souvent, &
presque toujours obligé de prêcher devant de pauvres Paysans, devant des
Suisses, & devant quelques malheureux fugitifs ; mais que s'étant mis en
tête de faire des Livres, qui de leur nature devoient passer dans les mains
des Sçavans, plutôt que dans celles des ignorans, par la qualité des matieres qu'il y traitoit, il a voulu y mettre ce qu'il pensoit sur les Mysteres
de la Trinité, & de l'Incarnation : & ces Livres étant tombez entre les
mains des Sçavans & des Curieux, toute l'Europe a sçû par là, ce que très-
peu de Suisses sçavoient ; qu'Okin étoit un veritable Arien, & quelque
chose de plus.

Bayle n'en demeure pas là. A ces raisons, il ajoute l'amitié que Bullinger
son Sacramentaire, eut pour Okin, & qui dura jusqu'au tems que ses
Dialogues furent rendus publics. D'où il conclut qu'Okin ne fut point
Arien avant ses Dialogues.

En verité peut-on croire, qu'une si foible raison ait eu tant de force sur
un génie tel qu'étoit celui de Bayle, pur le déterminer à révoquer en
doute, ce dont aucun Auteur avant lui n'avoit douté ? Est-ce qu'Okin,
fin Italien, ne pouvoit pas sentir le caractere de l'esprit de Bullinger, à
qui il vouloit plaire, pour menager son poste dans Zurich, & son seul
gagne-pain ? Et le sçachant fort opposé aux Ariens, & bien entêté de la
confession de Zurich, quelle difficulté de croire que ce rusé Italien ne
l'ait joüé, en lui cachant ses sentimens sur un Dieu en trois Personnes,
& sur un Dieu incarné ? Et que Bullinger connoissant par l'impression des
Dialogues en question, qu'Okin l'avoit trompé, il ait rompu avec lui?

Quoi de plus naturel qu'une telle conduite? Je fçai bien qu'il ne pouvoit pas ignorer qu'il avoit été chaſſé de Genève pour ſon Arianiſme : auſſi eut-il grand ſoin de le faire jurer, qu'il ne prêcheroit rien, & qu'il n'écriroit rien, que conformément à la confeſſion de Zurich. Cette précaution priſe, il demeura en repos. Précaution auſſi qui donne lieu de croire qu'il ſe méfioit de l'Arianiſme d'Okin.

Bayle veut encore que les raiſons que l'on apporte, de ce que Calvin ſe contenta de chaſſer Okin de Genève, & qu'il ne le fit pas brûler, ne ſoient que des fictions.

Ne prouvant pas, que ces raiſons ſoient telles, je me diſpenſe de lui répondre.

Le même chap. p. 238. *Il n'y a point de vrai-ſemblance qu'Okin ſe ſoit trouvé* **N. V.**
aux Conferences de Vicenſe. Sandius veut qu'il ſe ſoit trouvé à ces Conferences. Ce fait me paroît non-ſeulement douteux, mais encore impoſſible. Ces Conferences ſe faiſoient l'an 1546. & Okin quitta les Capucins l'an 1542. cela poſé, comment pouvoir ſe perſuader, qu'il ait frequenté ces Aſſemblées? Il faudroit qu'il y fut venu depuis ſon apoſtaſie; la choſe n'eſt pas croyable, d'autant qu'il n'y alloit pas moins que de ſa vie, ſi on l'y avoit reconnu. Dirons-nous que ces Conferences avoient commencé dès l'année 1541. mais nul Auteur n'en a parlé, & tous ont fixé leur époque à l'an 1546. il eſt vrai que Zanchius dit que Lelie Socin s'efforça d'empoiſonner Okin de ſes héréſies, plus en les lui propoſant comme des doutes, qu'en les ſoûtenant avec opiniâtreté. Mais quand eſt-ce qu'ils ont eu ces conferences? C'eſt à Genève, & au premier voyage qu'y fit Lelie Socin.

Le même chap. p. 238. *Bucer engagea les Magiſtrats de Straſbourg de donner* **N. VI.**
une Chaire de Theologie à Okin. Bayle le nie, comme une Fable inventée à plaiſir. La raiſon eſt que Sleidan n'en dit rien. Belle raiſon, qui ne peut rien conclure. Il ajoute pour ſeconde peuve, qu'Okin prêchoit à Ausbourg l'an 1546. tems auquel on le met à Straſbourg. Cela peut être; mais on peut aiſément croire qu'un Miniſtre quitte ſon Egliſe, & qu'un Profeſſeur quitte ſa chaire pendant quelque tems, pour aller ailleurs débiter quelques ſermons. Okin étoit le premier homme de ſon tems ſur le fait de la Prédication, on en convient. Quel inconvenient donc peut-on ſe figurer pour ne pas croire que ce fameux Prédicateur ait été prêcher dans une grande Ville, ou pour y avoir été appellé de la part des Bourgeois, ou pour s'y faire connoître lui-même, afin d'y pouvoir gagner ſa vie mieux qu'il ne faiſoit à Straſbourg?

Le même chap. p. 238. *Bucer, Vermilly, & Okin firent enſemble le voyage* **N. VII.**
d'Angleterre. Bayle nie que Bucer ait été de ce voyage, parce qu'il y alla l'an 1549. c'eſt ce qu'il ne prouve pas; & quand il le prouveroit, ne pourrois-je pas lui répliquer que Bucer auroit fait deux voyages en Angleterre, le premier l'an 1547. accompagné d'Okin & de Vermilly, & le ſecond l'an 1549. pour ſes propres affaires.

Le même chap. p. 239 *Okin en Angleterre, Chanoine de Cantorbery, & Predi-* **N. VIII.**
cateur de la Cour, débitoit en ſecret des impietez ſur le Myſtere de la Trinité, &c.
Bayle le nie, & ſa raiſon eſt, que Balceus Anglois, & Antipapiſte, donne des loüanges à Okin. Foible raiſon. Un Novateur dit du bien d'Okin, donc celui-ci n'a jamais mal parlé d'un Dieu en trois perſonnes, & d'un Dieu incarné. Encore un coup, ſi Okin avoit fait une ſocieté publique d'Arianiſme, un bon Antiarien n'auroit pas dû le loüer; mais de dire qu'un Novateur, qui fait le bel eſprit, & qui ne veut blâmer perſonne de ceux qui ſe diſtinguoient alors par leurs imprécations contre l'Egliſe Romaine, ne pourra pas donner des loüanges à un homme ſur ſa belle

nioient la validité du Baptême des enfans, & la Foi d'un Dieu en trois
Personnes consubstantielles, & réellement distinctes, fit tant de bruit,
soutenu de ses amis, qui étoient puissans & en grand nombre, auprès du
Roi & du Sénat, qui avoient de la consideration pour lui, qu'enfin on
fit une Ordonnance à la Diette de Varsovie de l'année 1564. pour chasser
tous les Etrangers qui faisoient bruit dans le Royaume, par la nouveauté
de leurs dogmes sur le Mystere de la Trinité. Si cela est vrai, ce ne sera
plus au Cardinal Commendon qu'on aura l'obligation de cet Edit, mais
à Calvin & à Sarnicius. Pour concilier ce que j'ai dit, avec ce que dit
ici Lubienieski, il faut croire que le Cardinal fut un des premiers, &
des plus zelez à accorder à Sarnicius ce qu'il demandoit à la Diette.

Page 243. *Nous n'y pouvons pas compter sa femme.* Plusieurs Auteurs assurent
qu'il y avoit du tems qu'elle étoit morte, quand Okin fut forcé de
sortir de Pologne, pour se retirer en Moravie. L'Auteur que j'ai cité
pourroit bien en sçavoir sur ce fait plus que les autres, puisqu'il étoit sur les
lieux.

N. XIV.

Page 243. *L'Analiste des Capucins le fait mourir bon Catholique, & même Martyr.*
En quoi il se rend ridicule, les preuves qu'il en donne le font assez connoître. Je les rapporte ici pour la rareté du fait.

N. XV.
Okin Mar-
tyr, selon
les Capucins.

Après s'être plaint du silence des Auteurs contemporains sur la mort
d'Okin, il dit que cet Apostat étant à Genêve, & fort avancé en âge,
tomba dans une maladie mortelle, & que sa conscience lui reprochant ses
heresies & ses autres désordres, il en conçut une douleur extrême, en
demanda pardon à Dieu, & dit à son domestique de lui faire venir un
Curé du voisinage de Genêve; que le Curé le confessa, mais qu'il ne
voulut pas lui donner l'absolution, qu'il n'eut renoncé publiquement à
ses heresies. Qu'Okin lui promit de le faire; que sur cette promesse le
Curé lui donna l'absolution, & qu'Okin insistant pour avoir le saint
Viatique, il lui dit, qu'il ne pouvoit le lui apporter sans risquer sa vie,
& la reverence dûë au saint Sacrement, & qu'il suffisoit qu'il crut, selon
les paroles de saint Augustin, *crede & manducasti.* Okin, dit-on, tint
parole au Curé, il détesta ses heresies devant ses oüailles, & devant tous
ceux qui le visiterent dans le cours de sa maladie. Ses oüailles, bien loin de
profiter de ces rétractations, les firent passer pour des égaremens d'esprit,
en donnerent avis au Magistrat; lequel surpris de ce changement, ordonna à ces oüailles de demander à leur Pasteur, s'il adheroit à l'Eglise
Romaine, & de le tuer s'il l'avouoit; ce qu'elles firent; & Okin perse-
verant dans ses rétractations, elles se jetterent sur lui, & le poignar-
derent, ou, comme d'autres ont rapporté, elles l'enleverent de sa chambre, le porterent hors la Ville, & le lapiderent.

L'Auteur, pour autoriser sa fable, rapporte les témoignages de plusieurs
personnes de toute sorte d'états & de conditions, qui toutes disent avoir
appris par hommes dignes de foi, qu'Okin s'étoit converti sur la fin de
ses jours, & que les Genêvois, en haine de sa conversion, l'avoient lapidé. Il ajoute qu'on ne peut pas douter de ce fait, parce qu'il a été ré-
velé d'enhaut au Reverend Pere Bernardin Afti, second General des
Capucins; & que ces Peres ont souvent prié Dieu pour le retour de cette
malheureuse brebis égarée.

J'aurois cru abuser de la patience du Lecteur, si j'avois rapporté les circonstances de ces témoignages, & je la pousserois à bout si je m'appliquois
à les réfuter; nous avons trop d'Auteurs contemporains, qui assurent
qu'Okin est mort de peste en Moravie, pour en pouvoir douter; & nous
n'avons aucune raison pour croire le contraire, & encore moins pour
croire, qu'après le bruit scandaleux qu'avoient fait ses Dialogues, il se

foit retiré à Genêve, & qu'il y ait été Pasteur dans une Eglise de cette Ville.

Page 244. *Labyrinti de prædestinatione.* Ce livre qui fut traduit de l'Italien d'Okin en Latin est au sentiment d'un connoisseur, l'ouvrage d'un homme qui a l'esprit net, & pénétrant. L'Auteur y montre, avec une grande force de raisonnement, que ceux qui soûtiennent que l'homme agit librement s'embarrassent dans quatre labyrinthes, & que ceux qui croyent que l'homme agit nécessairement tombent dans quatre autres labyrinthes, qui ne sont pas moins embarrassans. Si bien qu'il forme huit difficultez, quatre contre le franc arbitre, & quatre contre la nécessité ; il s'y tourne de tous les côtez imaginables, pour pouvoir trouver une issuë, & n'en trouve point. Il conclut à la fin de chaque labyrinthe, par une priere ardente qu'il adresse à Dieu, pour le délivrer de ces abîmes. Néanmoins sur la fin de l'ouvrage il entreprend de fournir des ouvertures pour en sortir, & il conclut que l'unique voye est de dire comme Socrate : *Unum scio, quod nihil scio.* Je sçai qu'une chose, c'est que je ne sçai rien. Il faut demeurer dans le silence, ajoute-t-il, & croire que Dieu n'exige de nous ni l'affirmative, ni la négative, sur ces points controversez.

Le Lecteur Catholique voit bien que cette conclusion est heretique, puisqu'il est de foi que l'homme est libre pour agir, & pour ne pas agir.

Page 244. *Liber de Poligamia.* Sandius veut que ce Livre ait été écrit en Pologne, & présenté à Sigismond Auguste l'an 1542. & cite Bzovius. Ce fait est manifestement faux, puisque Sigismond I. vivoit encore, qu'Okin ne quitta les Capucins que cette année, & que les Historiens qui ont parlé de lui, disent qu'il n'est venu en Pologne que l'an 1563. j'ai déja dit la raison qui pouvoit l'avoir porté à mettre au jour ce livre monstrueux.

Page 244. *Dialogi triginta.* Ces trente Dialogues sont renfermez dans deux volumes. Le premier contient dix huit Dialogues sur la Messe, & le second, des Traitez sur la Trinité & sur d'autres matieres. Celui-là est dédié au Comte de Bethfort, & celui ci au Prince Nicolas de Radzivil Palatin de Vilna.

Je crois que Daubiné, *Confession Catholique de Sanci,* veut parler de ces Dialogues, quand il dit : » je voudrois que le Service fut en François, » pourvû que l'on en ôtât quelques drôleries capables de faire rire les » gens ; comme de commencer la Messe par un *& cætera,* & autres absur- » ditez, qui sont subtilement, & proprement décrites, par Bernardin » Okin, au Traité de la naissance de la Messe ; quant aux ornemens, en » ôter les plus ridicules ; & pour le reste, répondre à ce que dit Okin ; » que c'est la Cene du Seigneur déguisée, & qui s'est fait Religieuse, » pour paroître plus pieuse. (On voit bien que c'est un impie bouffon qui parle ainsi.)

Bayle raisonnant, avec sa liberté ordinaire, sur ces railleries, dit, que pour parler plus juste il faudroit dire, au sermon de la naissance de la Messe, & non pas au Traité. Sa raison est qu'ayant parcouru les douze sermons d'Okin sur la Cene, il a trouvé que le septiéme a pour titre ; *Tragedie de la Messe.* 1. Comment elle a été conçuë. 2. Comment elle est née. 3. Comment elle a été baptisée, &c. Le huitiéme a pour titre, comment elle a été nourrie & élevée, comment elle a crû, & comment elle est parvenuë au suprême degré de son excellence. Le neuviéme a pour titre : *L'accusation de la Messe, sa réponse, & les autres accusations que l'on a faites contre.* Le dixiéme a pour titre ; *La sentence que Dieu a prononcé contr'elle.* Cette maniere dragmatique est toute Italiénne, & n'en est pas, au senti- ment de Bayle, plus conforme au stile naturel, évangelique, & prédi- cable.

Richard Simon parle du second volume de ces Dialogues, & dit, que Okin ne s'y est pas déclaré tout à fait Unitaire, qu'il s'est contenté d'y rapporter les raisons pour & contre, que dans le Dialogue de la Trinité il s'est étendu beaucoup sur les raisons des Catholiques, & des Antitrinitaires : & qu'il a poussé le plus qu'il a pû les raisons de ceux-ci, sous le prétexte d'y répondre. *Hist. Crit. des Comment. du N. Test. c. 55. p. 831.*

On dit que ces Dialogues furent brûlez dans une Ville considerable dès l'année 1552. cela ne peut être ; comment auroit-on pû faire tant de bruit contre lui à Zurich, huit ou neuf ans après, sur le prétexte de ces Dialogues, après y avoir vêcu en paix pendant cet espace d'années, car il n'y vint que l'an 1553. à moins de supposer que ces Dialogues ont été imprimez sans nom dès l'an 1551. ou 1552. & que dix ans après on les imprima à Basle sous le nom d'Okin. *Bullinger chez Bonborn. Hist. Univ. pag. 74. Annal. 1552.*

Ces Dialogues furent traduits de l'Italien en Latin par Pierre Parma Interprète de Castalion, & fameux Maître des Ecoles de Genève, & imprimez l'an 1563. Bullinger pense autrement, il veut que ce furent des Italiens, amis d'Okin, qui l'an 1568. donnerent cette version latine, & à l'insçu des Ministres de Zurich. Néanmoins, quoiqu'en dise Bullinger, Castalion s'en déclare l'Auteur dans la Lettre *ad Consulem & Senatum Basiliensem*, ou du moins y a-t'il travaillé avec Parma. Les Magistrats de Basle l'avoient accusé de plusieurs griefs, & particulierement d'avoir traduit les Dialogues d'Okin, de l'Italien en Latin ; & il le leur avoüa dans sa Lettre. Elle porte : *Quod ad accusationis partem . . . . Videlicet quod B. Okini Dialogos transtulerim, non puto id mihi fraudi esse debere : transtuli enim sicut & alia opera transtuleram, non ut judex, sed ut translator, & ejusmodi opera, ad alendam familiam quæstum facere solitus : & Typographus librum se dixit obtulisse, eumque secundum Basiliensa instituta fuisse censurâ approbatum.*

Bzovius ajoute que ces Dialogues ont été traduits, en Flamand & en plusieurs autres Langues.

Pag. 244. *Scavenius le fait Auteur du livre* qui a pour titre : *De Tribus Impostoribus*. Il n'est pas le seul, le Chevalier d'Igbi dans une lettre à un de ses amis, au sujet du livre intitulé, *la Religion du Medecin*, n'en doute pas. Parlant d'Okin, il dit qu'après avoir été Fondateur, & Patriarche des Capucins. (Il se trompe, il n'en a été que le troisiéme General,) est devenu Heretique, Juif, Turc, s'est montré vindicatif, & a écrit contre les trois, qu'il nomme les plus grands Imposteurs qui ayent jamais été au monde ; sçavoir, Christ notre Sauveur, Moïse, & Mahomet. N. XIX. *De Tribus Impostoribus.*

Daniel George Morhosius, dans son livre intitulé : *Notitia Autorum, & rerum Commentarii, &c.* parlant du livre *De tribus Impostoribus*, dit, qu'il y en a qui l'ont attribué à Bernardin Okin, d'autres à Muret, &c. N. XX. Le livre de Tribus Impostoribus.

Je crois que les Auteurs avancent trop. Il y a beaucoup d'Auteurs qui ont parlé de ce détestable livre, avant qu'Okin se fut érigé en Auteur. Et même je puis ajouter, que tout ce que l'on en a dit, n'a pû encore convaincre grand nombre de Sçavans, qu'il ait jamais existé.

Je dis qu'on en a parlé avant Okin. Florimond de Raimond, ou le Pere Richeome Jésuite, parlant au nom de cet ancien Conseiller du Parlement de Bourdeaux, dit „ N'a-t'on pas vû un détestable livre forgé en Allemagne, quoiqu'imprimé ailleurs, au même tems que l'heresie joüoit " ainsi son personnage, portant cet horrible titre : *Des trois Imposteurs, &c.* " se mocquant des trois Religions Maîtresses, qui seules reconnoissent le " vrai Dieu, la Juive, la Chrétienne, & la Mahometane. Le seul titre " montroit qu'il sortoit de l'Enfer, & quel étoit le siecle de sa naissance, " qui osoit produire un monstre si formidable : je n'aurois pas osé en " parler, si Hosius, & Genebrard avant moi n'en eussent parlé. Je me " De la naissance de l'heresie, l. 2. c. 16.

,,souviens qu'en mon enfance (c'étoit au commencement du feiziéme
,,fiécle) j'en vis l'exemplaire au College de Préle, entre les mains de
,, *Ramus*, homme affez remarqué pour fon haut & éminent fçavoir, qui
,, embroüilla fon efprit parmi plufieurs recherches des fecrets de la Re-
,,ligion, qu'il manioit avec fa Philofophie. On faifoit paffer ce méchant
,, livre de main en main parmi les plus doctes defireux de le voir.

Il femble qu'on pourroit attribuër ces paroles à *Okin*, d'autant qu'il
étoit contemporain à Florimon de Raimond, mais il n'y a pas d'apparence;
parce que celui-ci dit avoir vû le livre dans fon enfance, & que celui-là
ne s'eft érigé en Auteur que fort vieux.

Somme
Theologique
Pag. 19.

Le paffage qui fuit eft plus précis pour affurer que le livre en queftion,
ne peut être d'*Okin*. Le P. Garaffe Jéfuite parle de ce livre, comme ayant
été imprimé à Paris, l'an 1531. chez Chrétien Wechet, & prétend que
cette édition fit, par un jufte jugement de Dieu, la ruine entiere de ce
riche & fameux Libraire. A la verité, il ne rapporte point le titre de ce
livre. ,, Il dit feulement: L'an 1530. il s'éleva un avorton d'Enfer qui fit
,, un livre contre la juftice divine, en faveur des enfans morts fans baptême:
,, du refte, grace à Dieu, il ne nous refte que le titre dans la Bibliotheque
,, de Gefner... Ce fut ce malheureux Anonyme, qui, fous un nom em-
,, prunté d'*Antoine Cornelius*, traça les premiers linéamens de ce monftre
,, d'Atheïfme, qui, peu à peu comme un ferpent a pris fon accroiffement
,, & tortis coulant, s'eft gliffé jufqu'à nous. Il repete prefque la même
chofe à la page 298.

Quelques-uns ont cru que le P. Garaffe a déguifé par ce *Monftre d'A-*
theïfme le livre *de Tribus Impoftoribus*; & fi on veut s'en rapporter au fentiment d'un de fes Confreres Theophile Raynaud, un des plus fçavans hom-

Hiptotheca
fect. 22.
Fori 2. c.
14. p. 259.

mes qui ait été de fon tems, on n'en doutera pas. Il dit: *Chriftus Dominus...*
Impoftor, atque adeo mendax, & planus audivit, non modo à Celfo... fed etiam ab
impio, & immoderato homine; imo dæmone comparato, cujus opus de tribus magnis im-
poftoribus Moyfe, Chrifto, Mahomete, exitiale fuiffe Wecheto, infigni alias Typographo,
fed ejus libri peftifero attactu funditus everfo referunt, qui legerunt aigni fide teftes. Mihi
inceffare oculos tam infanda fcriptionis lectione, ad ingens fcelus videtur pertinere. J. C.
notre Seigneur s'eft entendu traiter d'impofteur, de menteur, & d'affron-
teur, non-feulement par le Philofophe Celfe; mais encore par un homme
étourdi, impie, & femblable au démon, dont l'ouvrage a pour titre: Les
trois plus grands impofteurs, Moïfe, le Chrift, & Mahomet; livre qui
a caufé la ruine de Wechet, autrefois fameux Libraire, felon le témoignage des perfonnes dignes de foi, & qui ont eu ce malheureux livre.
Pour moi je n'ai pas ofé foüiller mes yeux par fa lecture; une telle étude
me paroiffant un peché énorme.

Mais, puis-je ajouter, fi ce livre a été imprimé l'an 1530. ou 1531. par
Wechet, il ne peut donc pas être d'Okin, qui n'apoftafia à la foi que
plus d'onze ans après.

Auffi d'autres Auteurs l'attribuënt à des hommes qui ont précédé Okin.
Thomas Brwn, Auteur du livre qui a pour titre: *La Religion du Medecin*,
dit, il faut que je l'avouë, *j'ai lû, & relû toutes ces chofes*, (il parle du livre
en queftion, & de quelques autres fujets, qui regardoient les Sociniens.)
Il a donc exifté, doit-on conclure: Son Commentateur n'ofe pas affurer
qu'*Okin* en foit l'Auteur, il dit qu'il y en a qui le donnent à Machiavel,
& d'autres à Erafme, parce que dans la loüange que celui-ci a fait de la
folie, & dans quelques endroits de fes Ecrits, il femble fe mocquer de la
Religion.

Leferes
choifies tom.
1. Ed. 16.

M. Simon dit que quelques Proteftans ont affuré que Guillaume Poftel
en étoit l'Auteur, & que celui-ci leur a rendu le change. Je me fouviens,
dit-il,

dit-il, d'avoir lû dans ses Ecrits, qu'il avoit été composé par un Huguenot de Caën ; mais il est constant, ajoute-t'il, qu'on a parlé de ce fameux livre long-tems avant que Postel fut au monde, & que le nom d'Huguenot fût connu. La haine que des partis opposez ont les uns pour les autres produit ordinairement ces sortes de livres. Veut-on perdre un ennemi, on lui impute des crimes ausquels il n'a jamais pensé. Je me trompe fort (c'est toujours M. Simon qui parle,) si le livre *De tribus Impostoribus* a d'autre origine que cela, je vous laisse à juger qui peut être celui à qui on l'a d'abord attribué, comme en étant le veritable Auteur ? Et après avoir dit que Postel a accusé les Huguenots d'avoir fait imprimer le livre à Caën, il conclut qu'il n'a jamais été, & que tout ce que l'on en dit n'est fondé que sur de faux bruits, qui ont été malicieusement répandus dans le monde.

Quoiqu'il en soit ici du sentiment de M. Simon, il est certain qu'on en a parlé longtems avant *Okin*, Postel, Erasme, Muret, Machiavel, & que les Huguenots fussent au monde ; que du tems d'Aretin on en parloit comme d'un ouvrage sorti de sa main, & que le P. Mersenne Minime a dit avoir appris d'un de ses amis, qui avoit lû ce livre, qu'il y avoit remarqué le stile d'Aretin.

Grotius porte encore plus loin le bruit qu'on a fait de ce livre. Il dit, que les ennemis de l'Empereur Frederic Barberousse. (Il se trompe, c'est Frederic II selon Lipsius, & Matthieu Paris citez par Thomas le Brwn) lui ont fait dire, peut-être sans fondement : *qu'il y a eu trois Imposteurs, qui pour satisfaire leur ambition, ont seduit le peuple de leur tems.* *Appendix ad Comm. Antich pag. 133.*

On veut même qu'Averroés, qui vivoit en grande réputation de Sçavant dans le douziéme siecle, lui ait donné son commencement sur ce que Claude Berigard dit, que plusieurs Auteurs ont rapporté qu'Averroés écrivit contre les trois grands Légistateurs, Moïse, J. C. & Mahomet, & que c'est lui qui a fourni les materiaux du livre *De tribus Impostoribus.* *Religion du Medecin. In Proemio circuli Pisani, p. 5.*

Quoiqu'il en soit de l'époque de ces bruits, la difficulté est de sçavoir si le livre en question a jamais existé ; tous ceux que nous avons cité le supposent : & même le Commentateur du livre de *la Religion du Medecin*, homme d'ailleurs assez incredule, dit, qu'il a parlé à quelques personnes qui l'ont assuré, que ce livre leur fut montré en France entr'autres raretez, & qu'on pouvoit voir dans une certaine Bibliotheque, le titre de ce livre, qu'ils l'avoient vû ; mais qu'ils n'avoient pû lire le dedans.

Cependant la plûpart des Sçavans, non-seulement ne veulent pas croire, mais nient hautement que ce livre ait jamais paru, qu'il ait été imprimé, & même qu'il soit en manuscrit. C'est l'opinion de M. Bayle. Il s'autorise d'une Dissertation que M. de la Monnoye de Dijon a fait, pour prouver que le livre *De tribus Impostoribus* est une pure chimere, & qu'il n'a jamais existé, que dans la bouche de ceux qui en ont parlé. Il renvoye à l'Histoire des ouvrages des Sçavans, par M. de Beuval, qui en fait le même jugement, après l'Auteur dont il donne l'Extrait. *Dict. Crit.*
Fév. l'an 1695.

M. Simon écrivant à un de ses amis sur ce sujet, lui dit ; est-il possible que vous ne soyez pas encore convaincu de la fausseté des bruits qui courent sur le livre auquel on donne le titre fameux *De tribus Impostoribus.* *Lett. 16. tom. I.*

Burcard Gotthelfius Struvius dans son *Introduction à la connoissance des livres, &c* rapporte une longue Dissertation sur les doctes Imposteurs ; & la plus grande partie est employée à examiner si le livre dont nous parlons existe, ou si ce n'est qu'une chimere. Struve dans la premiere édition de sa Dissertation est du sentiment de Grotius, de Bayle, de M. de la Monnoye, de M. Simon, &c. sçavoir, que ce livre n'a jamais existé ; mais que c'est seulement une idée de quelque libertin. Il est vrai qu'après avoir lû Campanella, sur ce sujet, il a changé de sentiment ; mais les preuves de sa premiere opinion subsistent toujours : & celles de son changement n'étant appuyées que sur ce que dit Campanella, homme, de son aveu, d'une imagination étrangement déreglée, je ne crois pas qu'on puisse faire grand fond sur son changement, non plus que ce qu'il l'a appuyé.

Février
l'an 1702.
pag. 215. &
216.

Je n'ai rien vû de plus judicieux, & de plus décisif sur ce fait que ce que l'Auteur des Mémoires de Trévoux en dit. Pesant les raisons que l'on a pour & contre l'existence de ce livre, il dit, que les raisons pour, découvrent sensiblement leur foiblesse : les uns, ajoute-t-il, & c'est le plus grand nombre, n'en parlent que sur le témoignage d'autrui : ceux qui disent l'avoir vû, sont suspects, & ne s'accordent pas ensemble : Personne ne dit l'avoir lû ; l'avidité du gain pourroit à la fin produire quelque manuscrit sous ce titre ; mais il est probable que jusqu'ici ce livre est un livre en idée.

Après tous ces raisonnemens, je crois que je puis dire ici ce que j'ai appris de vive voix sur ce sujet, & les conjectures que j'en ai inferé. L'an 1705. un Gentilhomme me dit qu'étant en Flandres, on lui apporta dans sa tente des livres de toutes sortes d'especes, parmi lesquels il y en avoit un qui avoit pour titre *De tribus Impostoribus*. Qu'on lui avoit demandé dix-sept francs pour ce seul livre ; & qu'aimant mieux son argent que ces mechans livres, il avoit chassé ces Colporteurs de devant lui. Il ajouta que ces livres lui venoient de Hollande, & que quelques uns de ses amis en acheterent. Comme j'étois instruit sur les raisons que l'on avoit de croire que ce livre n'a jamais été ; je lui dis que c'étoit un faux titre, & qu'assurément on n'avoit jamais fait un tel livre. Il me répondit en homme de guerre, aussi étoit-il Maréchal des Logis de la Compagnie des Gendarmes de la Garde du Roi ; qu'il n'y avoit que des ignorans qui le nioient, qu'il avoit ouvert le livre, & qu'il en avoit lû quelques pages.

Jugem. des
Sçav. tom.
3. p. 540.

Je ne voulus plus insister ; mais sur son témoignage, aussi-bien que sur celui de plusieurs personnes de distinction, qui m'avoient dit autrefois avoir lû un livre intitulé *De tribus Impostoribus*, je me figurai, que depuis qu'on en parle, quelque sçavant libertin & sans Religion s'étoit mis en tête d'écrire quelque chose, pour soutenir cet abominable titre ; ou bien qu'on avoit présenté au Gentilhomme, dont je viens de parler, le livre d'un bas Allemand, nommé Christian Kottholt, dont parle M. Baillet, qui, pour réveiller le souvenir du livre en question, a eu la fantaisie de donner le même titre à un livre qu'il a fait imprimer à Kyel l'an 1680. contre *Edouard Herbert, Thomas Hobbe, & Benoist Spinosa*, comme contre trois fameux Imposteurs.

Peut-être aussi est-ce un autre livre, qui a le même titre, & qu'un nouveau Visionaire a donné contre trois Auteurs Catholiques, d'une grande réputation, & dont M. Baillet, selon sa prudence & sa charité ordinaire, n'a pas voulu nous faire connoître les noms, non plus que celui de l'Auteur.

Pour une plus grande instruction sur le livre *De tribus Impostoribus*, attribué à Okin, & à d'autres ; on peut consulter *Rhodius*, p. 33. vers la fin du livre *De Scriptoribus Anonimis. Placcius, Voëtius.* Disput. vol. 1. p. 206. & *Spizelius*, Atheis. scrut. p. 18.

N I.
Lett. Socin.

Chap. 5. p. 247. *Calvin lui écrivit une Lettre, l'an 1552.* J'ai suivi la Bibliotheque des Antitrinitaires, & même Bayle, qui affecte une grande exactitude dans les faits de Chronologie : cependant, je l'avoue, il y a de la contradiction dans cette époque. Selon toutes les apparences, Calvin parle ici du châtiment, dont il avoit puni Servet : Ce châtiment, selon eux, s'est fait l'an 1553. il faut donc que la Lettre soit posterieure, ou dire qu'il parle d'un autre châtiment, tel que pouvoit être celui qu'il exerça contre Okin, en le forçant par sentence de sortir de Genève, pour avoir prêché quelques opinions contre la Trinité.

Page 148. *Il passa par la Moravie, accompagné d'Alciat, & de Gentilis.* J'ai beaucoup d'Historiens qui m'assurent de ce fait. Cependant, il y a peu d'apparence que Gentilis ait été en Pologne l'an 1558. Ce fut l'année de son grand Procez qui ne fut terminé que vers le commencement de Septembre, & il est certain, qu'il fit tant de personnages avant que de partir pour la Pologne, qu'il y a lieu de croire, qu'il n'y alla que l'an 1560. Les Historiens Sociniens en disent davantage, prétendant que ce ne fut que l'an 1562. ou 1563. qu'il fit ce voyage.

Chap. 6. p. 252. *Ils dressèrent un formulaire de foi.* Ce fait historique n'est pas sans quelque difficulté. Aretius, & Calvin, (contre Gentilis) ne parlent que de ce formulaire fait par le Consistoire Italien, & ne nomment que cinq personnes, qui le signèrent, & disent que Gentilis & cinq autres n'ayant pas voulu le signer à la première instance, le signèrent dans la suite, lorsqu'on les appella en particulier; mais ils ne disent pas qu'il fut l'un des sept, qui aimèrent mieux quitter Genève, que de donner leur signature, jusqu'à ce que les fortes sollicitations de leurs compatriotes les eussent obligez à revenir, & à signer.

M. Leti, sans rien dire du formulaire dressé par le Consistoire Italien, en rapporte un beaucoup plus long, qui, selon lui, fut proposé à signer devant le Conseil. Ce formulaire n'étoit autre chose que la confession de foi, que Calvin avoit composée depuis peu, & que les Ministres, les Syndics, le Conseil des vingt-cinq, celui des deux Cens, & l'Assemblée generale du Peuple avoient approuvée. Il nomme un grand nombre de personnes, qui la signèrent, & il ajoute qu'il y en eut sept, qui refusèrent d'y souscrire, & qui pour cette raison, sortirent de la Ville.

M. Spon ne convient pas de tout ce narré, il dit que le Conseil fit souscrire cette confession aux seuls Italiens suspects, & il avoüe qu'il y en eut qui sortirent de la Ville, mais non pas qu'ils y rentrerent pour souscrire; & ne met point Gentilis au nombre de ceux qui sortirent de la Ville. Je laisse à ceux qui voudront approfondir ce fait historique, plus que je n'ai fait, à débroüiller ces variations.

Page 255. *Arrivé en Pologne l'an 1562.* C'est le sentiment universel, contre Maimbourg, qui dit, qu'il se retira en Pologne l'an 1561. & qu'y étant, il prêcha un Arianisme rafiné, secondé de Blandrat, de François Davidis, d'Alciat, de Lelie Socin, de Campanus, &c.

Chap. 8. p. 260. *Qu'Alciat s'étoit fait Musulman.* Beze le dit, ajoute, qu'il est mort en Turquie, & s'autorise du témoignage de Gentilis, qui, interrogé par les Magistrats de Bearne sur son ami Alciat, leur dit qu'il s'étoit fait Musulman, & qu'il y avoit long-tems qu'il n'avoit plus de commerce avec lui. On répond que Gentilis est un mauvais témoin à l'égard d'Alciat, ayant eu ensemble de violentes disputes en Pologne, qui les avoient divisez.

C'est sur cette lettre de Beze, que plusieurs ont assuré qu'Alciat s'étoit fait Turc. Lubienieski veut, qu'il n'y ait que ses ennemis, tels qu'étoient les Genêvois, qui l'ayent avancé. Je l'ai aussi dit, parce qu'il y a apparence qu'Alciat se voyant persecuté de tous côtez, se sera laissé aller à ses boutades ordinaires; & que dans ces momens, il aura passé en Turquie, pour voir s'il y pourroit trouver la paix, qu'il ne trouvoit pas parmi les Chrétiens; que par une autre boutade, il sera revenu à Dantzic, où j'ai dit qu'il est mort. On ne peut douter qu'il ne soit mort dans cette Ville, après ce qu'en a écrit Martin Ruar. Ce Ministre Arien dit, que

Marginal notes:
N. 11b

N. 1.
Gentilis.

Beze, vie de Calvin.

Hist. de Genève an. 1558.

N. 11.
Traité de la parole de Dieu.

N. 1.
Paul Alciat.

Lett. 81.

Alciat a vêcu quelque tems à Dantzic avec la réputation d'un bon Chrétien, qu'en mourant il recommanda son ame à J. C. Il ajoute que Catherine Wimera ayeule de sa femme, qui le connoissoit familierement, & qui avoit assisté à sa mort, l'avoit souvent dit à David Wernabutelle son mari, qui étoit encore en vie l'an 1640. Ma belle-mere, continuë Ruar, me dit encore hier, qu'elle avoit souvent vû dans cette Ville la veuve d'Alciat, qui a survêcu à son mari de quelques années. Sa lettre est adressée à Calovius, & de l'an 1640. on ne peut rien voir sur ce fait de plus certain, pour assurer qu'Alciat n'est point mort en Turquie, & que Beze qui l'a dit, s'est trompé.

Hist. de l'Arian. N. I. Lisismanin.

Chap. 12. p. 293. *Blandrat lui tourna si bien la tête l'an 1558.* Cette époque est contre Maimbourg, qui dit sans fondement que Gentilis étant en Pologne, où Blandrat l'avoit fait venir, que Lelie Socin, & Gribault y allerent le joindre, & que Stator, Lisismanin, Gonez, & Okin y accoururent, pour y combattre ouvertement la Divinité de J. C. & veut que ces entreprises se soient faites l'an 1561. Tout ce que dit ici Maimbourg est une fable, Lisismanin revient en Pologne cinq ans avant qu'on y eût appellé Gentilis ; & il est certain que ce ne fut pas pour combattre la Divinité de J. C. car il paroît qu'il n'a adopté cette heresie qu'après avoir entendu les disputes de Stancar, & qu'après avoir conferé avec Blandrat, qui étoit retourné en Pologne deux ans après lui ; & que Gonez n'alla pas joindre Gentilis ; puisqu'il étoit en Pologne dès l'année 1556.

N. I. Hoffman.

Chap. 19. p. 340. *Hoffeman ou Hoffman.* Il y a quelques circonstances de la vie, & des avantures de ce fameux Anabatiste, qui m'ont échappées, je les mets ici. Il étoit de Holstein, & Foureur de son métier, il s'érigea en Prédicateur dans les Villes & Bourgades, qui sont sur le Rhin, vers l'an 1527. après la défaite des Paysans. Les opinions extravagantes qu'il y débita lui attirerent de fâcheuses affaires. Pour s'en délivrer il se refugia dans le Holstein, & sous l'autorité du Roi de Dannemark il exerça le Ministeriat à Kiel. Luther, qui le craignoit, écrivit contre lui à un Ministre de sa secte, & lui marqua toutes ses raisons, pour le porter à empêcher qu'Hoffman prêchât dans la Ville. Le Ministre obeït, & fit grand bruit, Hoffman ne s'en embarrassa pas, il continua ses fonctions, & prêcha, non les dogmes des Lutheriens, & des Sacramentaires ; mais de certaines matieres ausquelles sans doute les sçavans, non plus que les ignorans n'entendoient rien. Elles regardoient le Tabernacle de la Loi, les Propheties de l'Apocalypse, & le jugement dernier, qui, selon ses visions, devoit arriver l'année 1534.

Il trouva des gens qui combattirent ses paradoxes chimériques ; il les réfuta ; si ce ne fut pas par des raisons solides, ce fut par des injures, & des reproches, en récriminant contr'eux. Le Roi de Dannemark, pour mettre fin à ces querelles, ordonna une Conference à Flinsbourg l'an 1529. Hoffman y eut le dessous : on le chassa du Holstein ; banni de son pays, il vint à Strasbourg, & y fit grand bruit. *Tumultum quos Hoffmannus post reditum ex Holsatia Argentine, & Embdæ conditavit,* dit Hoornbéek. Le Magistrat de Strasbourg le fit arrêter ; mais ses sectaires remuerent tant de machines, qu'ils l'arracherent des bras de la Justice.

Somm. Controv. p. m. 362.

Sorti de prison, il se retira à Embdem vers l'an 1531. selon Mollerus, s'y érigea en Evêque, s'y fit des disciples, & en sortit sur la prédiction d'un vieux fanatique de la cabale, qui, dans le tems qu'Offman baptisoit tous ceux qui prêchoient avec chaleur ses chimeres, prophetisa que les Magistrats de Strasbourg emprisonneroient Hoffman, qu'au bout de six mois il sortiroit de prison, & qu'il iroit prêcher l'Evangile du Seigneur par tout le monde, comme un autre Elie, accompagné d'un grand nombre de Prophetes, & des cent quarante-quatre mille marquez, dont il est parlé au chapitre 7. & 14. de l'Apocalypse.

Hoffman flatté de cette prétenduë prophetie sortit d'Embdem. Cassender semble lui faire faire un voyage en Hollande, avant que de se rendre à Strasbourg. Il dit que l'an 1532. Hoffman & quelques uns de ses sectaires infecterent la basse-Allemagne, & la Hollande de la perversité de leurs erreurs. *Donec tandem sub anno 1532. Melchior quidam Hoffmannus . . . Hanc novam contagionem, cum aliis quibusdam non minus perniciosis erroribus in Germaniam hanc inferiorem, & Belgicam invexit.*

Quoiqu'il en soit de ce voyage, qui pourroit bien être réel, il vint à Strasbourg, & les bruits qu'il y excita donnerent lieu à la convocation d'un Synode l'an 1532. il y disputa, & il y fut confondu sur ses erreurs. Il continua néanmoins de les débiter, ce qui causa de grandes allarmes dans la Ville; d'autant plus que ses sectaires disoient partout, que Strasbourg devoit être la nouvelle Jerusalem, où Jesus-Christ établiroit son nouveau regne : qu'Offman étoit l'Elie qui devoit venir, & que Polterman étoit l'Enoch qui le seconderoit. Ces bruits déterminerent le Magistrat de faire encore enfermer Hoffman. Ce coup donna lieu à celui-ci de s'imaginer qu'enfin la prédiction du vieux fanatique d'Embdem s'alloit accomplir, ce qui le rendit encore plus extravagant. Il secoüa la poudre de ses souliers, jetta son chapeau par terre, & prit Dieu à témoin, qu'il ne se nourriroit que de pain & d'eau, jusqu'à ce qu'il montrât au doigt celui qui l'avoit envoyé. Ses esperances furent vaines: il mourut en prison l'an 1533.

J'ai dit qu'après la dispute qu'il eut avec les Ministres de Strasbourg, on le mit en prison l'an 1532. Spanheim, Hoornbeck, & plusieurs Auteurs l'assurent; mais Ottius qui en cite beaucoup d'autres, dit que ce fut l'an 1533. & qu'Offman sortit de la prison pour disputer avec les Ministres, & qu'il prophetisa que le regne de J. C. s'établiroit cette même année, appuyant ses visions de Leonard Joest, habitant de Strasbourg, & Anabatiste zelé, qui, avec quelques autres de sa cabale, disoient que Strasbourg seroit assiégé l'an 1533. & qu'il s'y feroit une grande tuerie.

Le même chap. p. 247. *Un Soldat qui avoit deserté.* Sponde dit la chose autrement, il veut que ce fut le Prévôt du Guet, & bon ami de Jean Becold, qui sous le prétexte de faire venir des vivres, & du secours dans Munster, alla trouver l'Evêque, & lui promit de lui livrer la Ville le 28. du mois de Juin. L'Evêque ayant acccepté la proposition, le Prévôt s'en retourna dans Munster, & assura Becold que le 24. jour du mois de Juin il feroit entrer des vivres & du secours dans la Ville. Ce secours étoit les soldats les plus déterminez de l'armée de l'Evêque, qui entrerent dans la Ville, & y tuerent tous les Anabatistes qui voulurent leur résister.

Page 347. *On l'attacha à la queuë d'un cheval, & on le conduisit dans un Château à quatre lieuës de Munster.* Sponde ajoute que Becold, Knipperdollin, & quelques autres des principaux Conseillers furent pris, enchainez, & traînez honteusement par les Provinces, pour y servir de risée aux Princes.

Page 347. *Pour tâcher à le convertir, mais inutilement.* Corvin dit qu'ils moururent tous opiniâtres dans leurs erreurs, & qu'il n'y eut que Becold, qui reconnut sa faute, & ses heresies, excepté celle qu'il avoit sur le Baptême des enfans, & sur l'Incarnation du Fils de Dieu.

Page 348. *On lui pinça la chair . . . & mourut dans ses tourmens.* Sponde dit quelque chose de plus. Il veut qu'on l'ait attaché, aussi-bien que ses complices, à un carcan; que les Bourreaux l'ayent tenaillé, & déchiré avec des tenailles toutes brûlantes pendant une heure entiere, & qu'après ces tourmens, on lui ait fait passer une épée au travers du cœur. J'avoüe

Epistola dedica. Tract. de Baptist.

Hist. des Annab.

N. II. Jean Becold, prise de la ville de Munster.

N. III.

N. IV.

N. V.

que toutes ces circonstances qui m'avoient échappé peuvent être vrayes.

Chap. 25. p. 417. *J'en dirai mes raisons dans mes Notes.* Il est vrai que Monsieur Stoupe attribuë cette incendie aux Etats Generaux ; mais il se trompe. Les Etats ne se mêlent point du gouvernement de la Police d'Amsterdam. Ce n'est point à eux de permettre, ou de défendre quelque chose que ce soit aux Libraires de la Province de la Hollande. M. Stoupe ajoute, que c'est peut-être à la priere de Guillaume Bleau, qui avoit imprimé le livre en question, qu'on a condamné au feu cet ouvrage. Il se trompe encore ici, ce n'est point Guillaume qui a imprimé le livre de Volkelius, c'est Jean Bleau, & d'ailleurs il n'y a aucune apparence que ce Libraire ait fait une démarche si imprudente, & si préjudiciable à ses propres interêts ; puisqu'outre la perte de ses exemplaires, il fut encore condamné à douze cens livres d'amende.

N. I.
Le livre de
Volkelius
condamné
au feu.

Apologie
pour la Re-
ligion des
Hollandois.

Jean Brun écrivant à ce sujet contre Stoupe, lui dit en l'insultant : » Si » l'on n'avoit brûlé qu'une douzaine d'exemplaires, l'on pourroit dire » que votre petit esprit soupçonneux a eu quelque fondement de faire une » si malicieuse conjecture ; mais sçachez que l'Officier ayant eu ordre de » brûler le livre, dont vous parlez, saisit le sieur Bleau, dans la maison d'un » de ses amis, & qu'il l'y fit garder par un Sergent, tandis qu'il alla droit » au Magazin de ce Libraire, où il trouva tous les exemplaires, & qu'à » l'instant il les fit tous brûler. (Remarquez que Courcelles y met un intervalle de huit jours, & qu'il pouvoit sçavoir la chose mieux que beaucoup d'autres, puisqu'il étoit sur les lieux, & qu'il y prit beaucoup de » part.) Que cette incendie dura une demie journée, sans faire autre chose » que de jetter continuellement les livres dans le feu, & qu'on n'en laissa » aucun : ce qui, sans doute, devoit apporter un grand dommage au » Libraire, outre qu'il fut condamné à une amande de deux mille livres. (Courcelles ne l'a fait monter qu'à douze cens livres.) Jugez par lui, » conclut le sieur Brun, si c'est à la priere de Jean Bleau que les exem-» plaires ont été brûlez, & s'il en devoit retirer un grand profit ?

On ajoute, qu'il est aussi très-faux que peu de tems après cette incendie, & même dans aucun tems, ce même Libraire ait exposé en vente le livre de Volkelius, & qu'il ait fait mettre dans la Lettre, que c'étoit le même livre, qui, par ordre des Etats avoit été condamné à être brûlé par la main du Boureau.

Fin des Notes.

TABLE

Des Matieres contenuës dans ce Livre.

A

TABLE, &c.

Fin de la Table des Matieres.

Fautes survenuës dans l'impression de ce Volume.

Page 88. ligne 30. Depuis l'an 1570. jusqu'à l'an 1532. lisez. Depuis l'an 1570. jusqu'à l'an 1632.

Page 116. lig. 14. Il avoit été captif, &c. lisez Il faisoit la fonction de Secretaire d'un Régiment Polonois, quand les Tartares le prirent.

Page 137 lig. 2 les changemens, lis. ces changemens ont produit.

Page 154 lig. 24, il en sortit pour aller à, lisez, il en sortit & vint à celle.

Page 166 à la marge, il y a 1471. lisez 471.

Page 166 lig. 39, il dit, lis. dit à M. Bossuet.

Page 246 lig. 8, & des ignorans, ajoutez, furent sa principale occupation.

Page 258 lig. 1, alla vers Blandrat, lisez, alla avec Blandrat.

Page 267 lig. 26, c'est comme, lisez, réformez comme, &c.

Page 390 ligne 5, on met ici au nombre des erreurs de Fauste Socin, cette proposition : *Que les forces de l'homme ne sont pas si petites, que s'il vouloit se faire violence, aidé du secours de Dieu, il ne put remplir tous les Commandemens.* Cette proposition, en la prenant selon ses termes, n'est point erronée ; au contraire, elle est orthodoxe ; mais c'est une erreur dans le sens de Socin ; qui, comme Pélage, veut que le premier homme n'ait rien perdu par sa rébellion, que nous ne contractons point le peché originel ; & que d'ailleurs la grâce dont il parle, n'est point cette grace actuelle & surnaturelle, qui doit prévenir l'homme, sans laquelle il ne peut rien faire de surnaturel : puisque, comme il le dit ici lui-même : *Que c'est le don que Dieu donne à l'homme qui lui obéit.*

Page 398 lig. 41, cette réponse fut écrite en 1592, elle fut imprimée, lisez, cette réponse est dattée de l'an 1592, & on l'imprima.

Page 606 lig. 6, pour sçavoir que le Pere Peteau, lisez, pour sçavoir le sentiment que le Pere Peteau s'est formé de la doctrine, &c.

CATALOGUE

Des Livres qui se vendent à Paris chez FRANÇOIS BAROIS, *ruë de la Harpe, à la Ville de Nevers, vis-à-vis le Collège de Harcourt.*

L'Infaillibilité de l'Eglise , par feu M. l'Abbé de Cordemoy, 1. l. 15. f. Nouveaux entretiens Politiques & Historiques entre plusieurs grands Hommes aux Champs Elizées, sur la Paix traitée à la Haye , à Gertrudemberg , & concluë à Utrecht , in 12. 1. vol.   1. l. 10. f.

Cas de Pratique touchant les Sacremens, tirez de l'Ecriture Sainte, par M. l'Abbé Genet Auteur de la Morale de Grenoble, in 12. 1. vol.   1. l. 15. fols.

La Vie de Messire Nicolas Chouart de Buzanval, Evêque & Comte de Beauvais, Vidame de Gerberoy , Pair de France , in 12. 1. vol. 1. l. 15. f.

Histoire des Démêlez du Pape Boniface VIII. avec Philippe le Bel Roi de France , par M. Baillet , in 12. 1. vol.   2. liv. 10. f.

Histoire de Henry de la Tour d'Auvergne , Duc de Boüillon, où l'on trouve ce qui s'est passé de plus remarquable sous les regnes de François II. de Charles IX. de Henry III. Henry IV. & les douze premieres années du regne de Loüis XIII. par M. l'Abbé de Marsollier ancien Prévôt & Chanoine de l'Eglise d'Uzez , 3. vol. in 12. 7. l. 10 f.

———— *Idem* in quarto.   7. l. 10. f.

Prieres à l'usage des personnes Religieuses & de celles qui sont dans la Retraite, par un Prêtre de l'Oratoire , in 12. 1. vol.   1. l. 10. f.

La Vie d'Abeillard & d'Heloïse , 2. vol. in 12.   4. l. 10. f.

Maximes & Sentences sur les sources de la corruption du cœur de l'homme, par M.*** un vol. in 18.   1. l.

Histoire des Révolutions, arrivées dans le Gouvernement de la République Romaine ; nouvelle Edition , corrigée & augmentée dans le corps de l'Ouvrage , & d'une Lettre de Milord Stanhope, avec la Réponse de l'Auteur au Milord , à la fin du troisième volume , par M. l'Abbé de Vertot, de l'Académie Royale des Inscriptions & belles Lettres , in 12. 3. vol.   7. l. 10. f.

Histoire Critique de l'établissement des Bretons dans les Gaules , par M. l'Abbé de Vertot , 2. vol. in 12   4. l. 10. f.

Histoire des Révolutions de Portugal , seconde Edition , revûë & augmentée , par M. l'Abbé de Vertot , 1. vol. in 12.   2. l. 10. f.

Histoire des Révolutions de Suede, troisième Edition ; revûë par M. l'Abbé de Vertot , 2. vol. in 12.   4. l. 10. f.

Diurnal Romain Latin & François , 1. vol. in 8º.   7. l. 10. f.

Diurnal Monastique, à l'usage des Religieuses Benedictines de la Congregation de saint Maur , 1. vol. in 8º.   7. l. 10. f.

Défense de la Grace efficace par elle-même , par feu Monseigneur l'Evêque de Mirepoix . 1. vol. in 12.   2. l. 10. f.

Histoire de Suger Abbé de saint Denis , Ministre d'Etat sous le regne de Loüis le Gros, & Regent du Royaume sous celui de Loüis le Jeune , 3. vol. in 12.   7. l. 10. f.

Entretiens de Cicéron fur les vrais biens & les vrais maux, par feu M. l'Abbé Regnier des Marais, Secretaire de l'Académie Françoife, 1. vol. in 12.   2. l. 10. f.

Recueïl de Lettres fpirituelles, fur divers fujets de Morale & de pieté, in 12. deux vol. 5. l. le troifiéme *fous preffe*.

L'Hiftoire Civile & Ecclésiaftique du Comté d'Evreux, où l'on voit tout ce qui s'y eft paffé depuis le commencement de la Monarchie, tant par rapport aux Rois de France, qu'aux anciens Ducs de Normandie, & aux Rois d'Angleterre. Par M. le Braffeur Aumônier du Confeil, 1. vol. in 4º.   10. l.

L'Hiftoire du Socinianifme, où l'on voit fon origine, & les progrès que les Sociniens ont fait dans differens Royaumes de la Chretienté, un vol. in 4º.   10. l.

Hiftoire Anecdote du Cardinal de Richelieu, 2. vol. in 12.   4. l. 10. f.

Hiftoire Anecdote du Comte Duc d'Olivarez, premier Miniftre du Roi d'Efpagne, avec un paralelle de ce Duc & du Cardinal de Richelieu, un vol. in 12.   2. l. 10. f.

Les veritables Lettres d'Abeillard & d'Heloïfe Latines & Françoifes, *fous preffe*, 2. vol. in 12.

La Vie de faint Irenée, fecond Evêque de Lyon, *fous preffe*, 2. vol. in 12.

Mémoires & négociations fecretes du Comte d'Harrach Ambaffadeur de l'Empereur en plufieurs Cours, 2. vol.   4. l.

Lightning Source UK Ltd.
Milton Keynes UK
UKOW06f1916260115

245159UK00007B/370/P